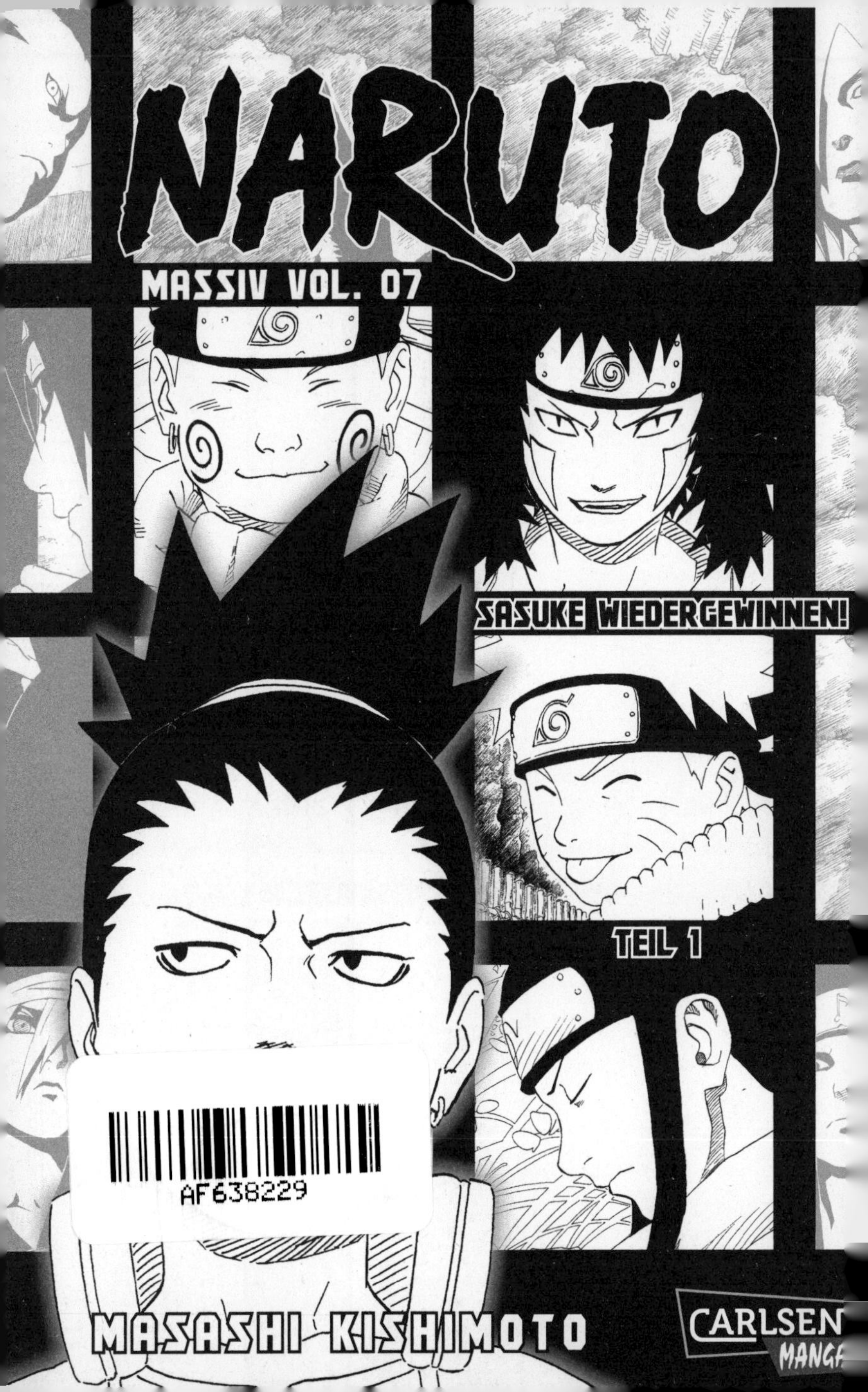
NARUTO
MASSIV VOL. 07
SASUKE WIEDERGEWINNEN!
TEIL 1
MASASHI KISHIMOTO
CARLSEN
MANGA

NARUTO CHARACTERS

KONOHAGAKURE

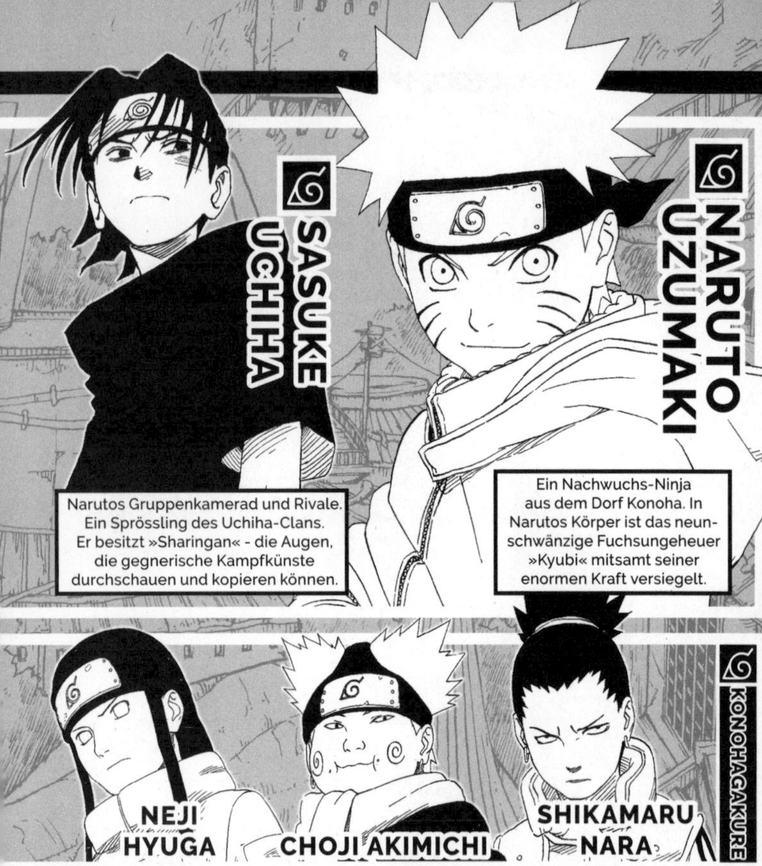

NARUTO UZUMAKI

Ein Nachwuchs-Ninja aus dem Dorf Konoha. In Narutos Körper ist das neunschwänzige Fuchsungeheuer »Kyubi« mitsamt seiner enormen Kraft versiegelt.

SASUKE UCHIHA

Narutos Gruppenkamerad und Rivale. Ein Sprössling des Uchiha-Clans. Er besitzt »Sharingan« - die Augen, die gegnerische Kampfkünste durchschauen und kopieren können.

SHIKAMARU NARA

CHOJI AKIMICHI

NEJI HYUGA

STORY

1 Die grausame Vergangenheit kommt ans Licht!!

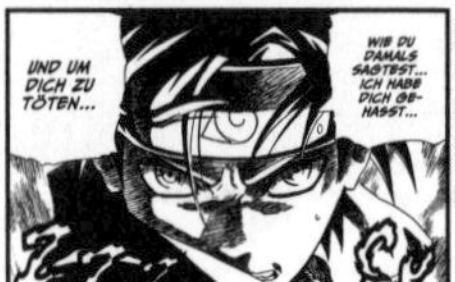

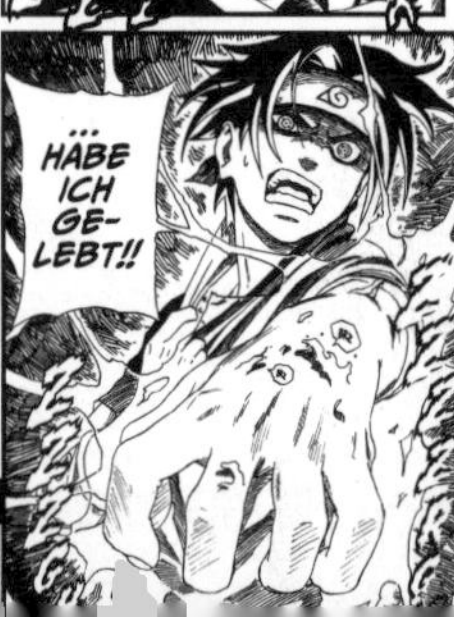

Die Uchiha-Brüder begegnen sich!!

Naruto ist nicht mehr der Tunichtgut von Konoha. Er will Hokage werden, der stärkste Ninja im Dorf – und für diesen Traum trainiert er hart. Nach Orochimarus Angriff befindet sich das Dorf im Wiederaufbau, da taucht Sasukes Bruder Itachi auf.

Er gehört der kriminellen Organisation Akatsuki an und versucht, Naruto zu entführen, um an das in Naruto versiegelte Kyubi zu gelangen. Dabei sieht auch Sasuke seinen Bruder wieder. Sasuke lässt seinem Hass freien Lauf und fordert Itachi zum Kampf heraus, ist seinem großen Bruder aber nicht gewachsen und wird schwer verletzt.

2 Für den Titel »Hokage«...!! Naruto meistert die unschlagbare Kunst Rasengan!!

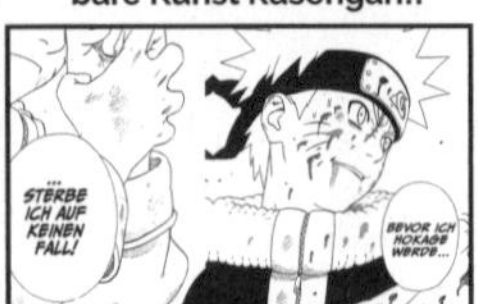

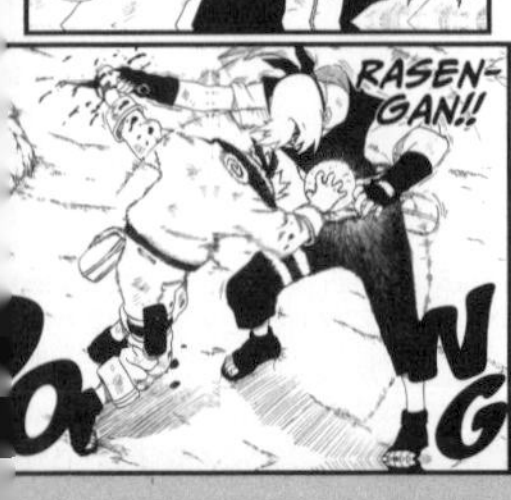

Naruto geht mit Jiraiya auf eine Reise, um zu trainieren und gleichzeitig nach der Hokage-Kandidatin Tsunade zu suchen!

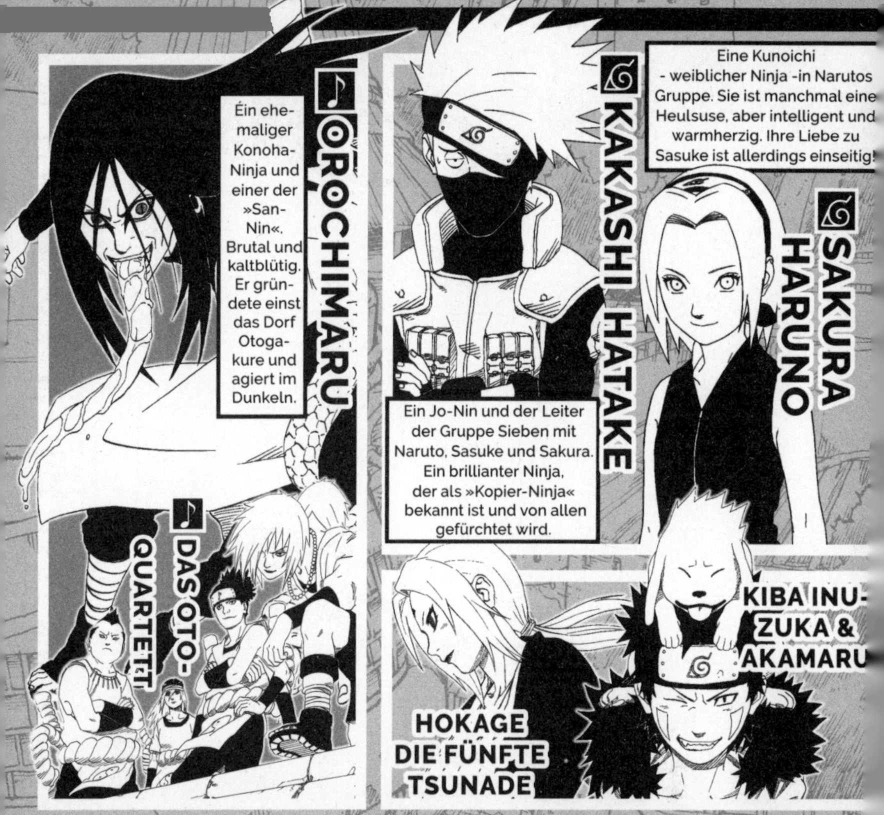

Tsunade übernimmt das Amt des fünften Hokage!! Der Frieden hält jedoch nicht lange: Sasuke reißt aus und Orochimarus Schergen treiben ihr Unwesen... Über Konoha ziehen wieder dunkle Wolken auf!!

Der schicksalhafte Ninjutsu-Kampf!! Die legendären drei stärksten Ninja »San-Nin« kämpfen gegeneinander!!

3

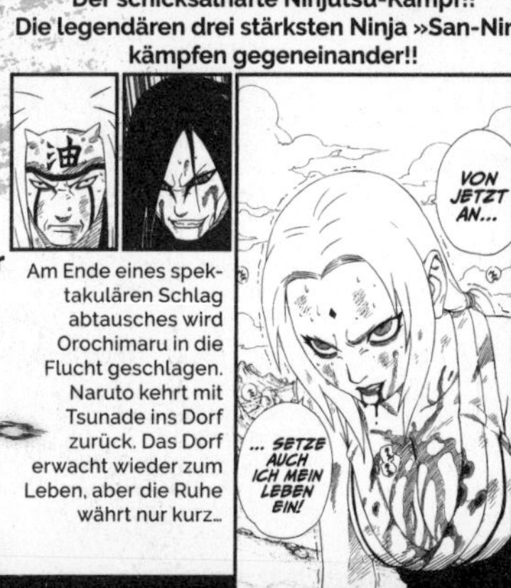

Am Ende eines spektakulären Schlagabtausches wird Orochimaru in die Flucht geschlagen. Naruto kehrt mit Tsunade ins Dorf zurück. Das Dorf erwacht wieder zum Leben, aber die Ruhe währt nur kurz...

Von Narutos starkem Willen überwältigt, entschließt sich Tsunade, Hokage zu werden! Der Kampf der San-Nin – Tsunade und Jiraiya vs. Orochimaru – entwickelt sich zum Kuchiyose-Kampf!

Unterdesse[n] sucht auc[h] Orochimar[u] Tsunade auf, we[il] er sich von de[r] Ärztin behandel[n] lassen wil[l]. Tsunade lehn[t] seine Bitte ab, di[e] beiden kämpfe[n]. Naruto und Jiraiy[a] kommen Tsunad[e] zu Hilfe, abe[r] Orochimaru[s] überlegene Kräft[e] gestalten de[n] Kampf schwieri[g]. Naruto gi[bt] dennoch nicht au[f]. Am Ende meiste[rt] er die schwierig[e] Kunst Rasenga[n] und rett[et] Tsunad[e].

NARUTO

560 SEITEN MASSIV 100% NARUTO

INHALT

174. Kapitel: Jeder hat seine Wünsche

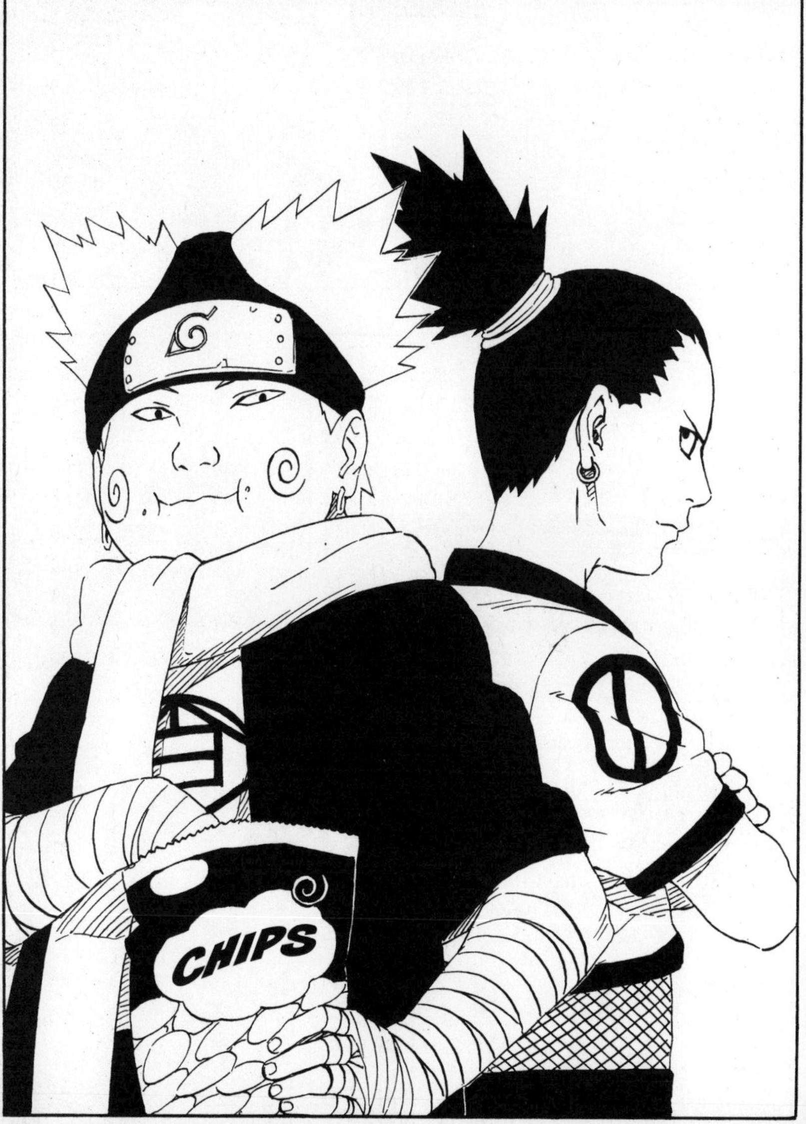

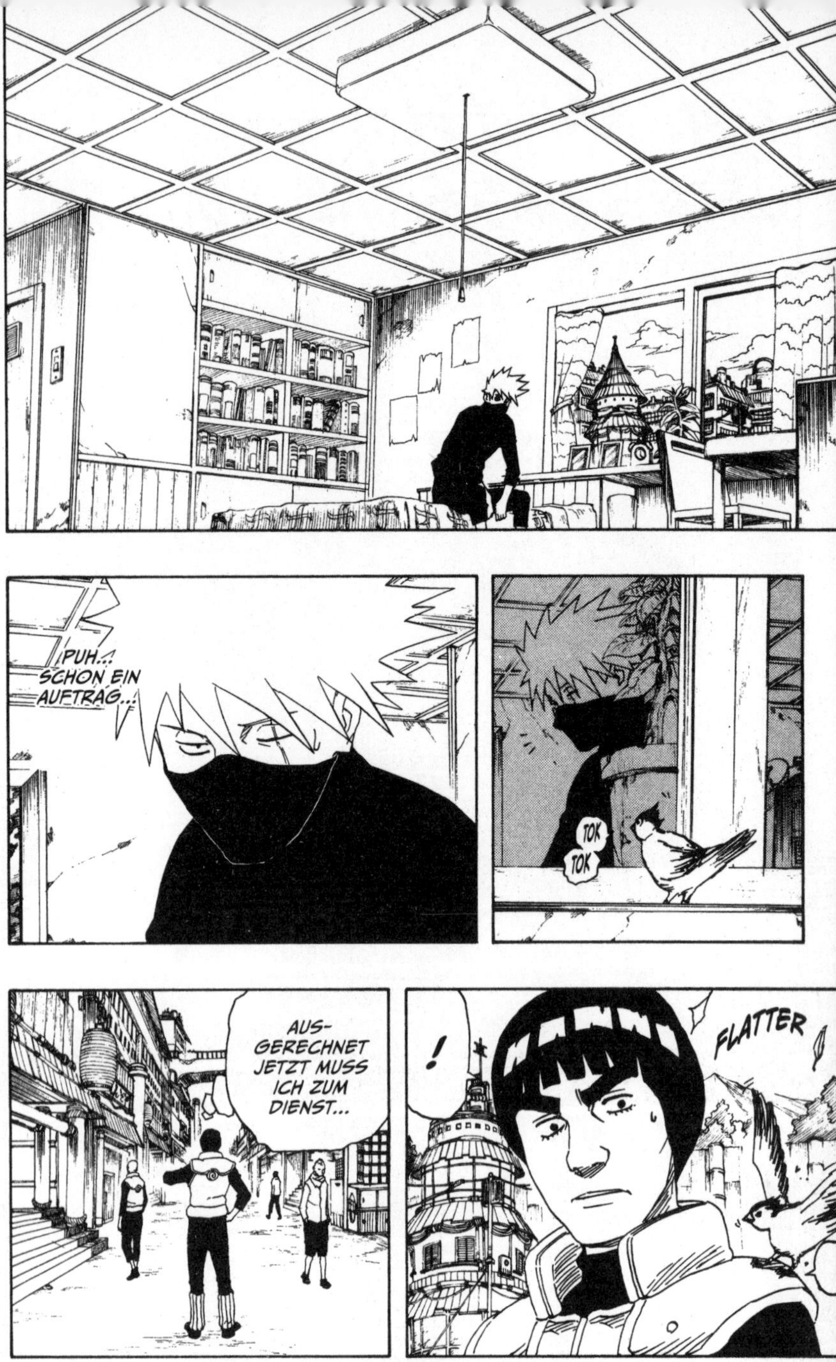
PUH... SCHON EIN AUFTRAG...
TOK TOK
AUS-GERECHNET JETZT MUSS ICH ZUM DIENST...
FLATTER
!

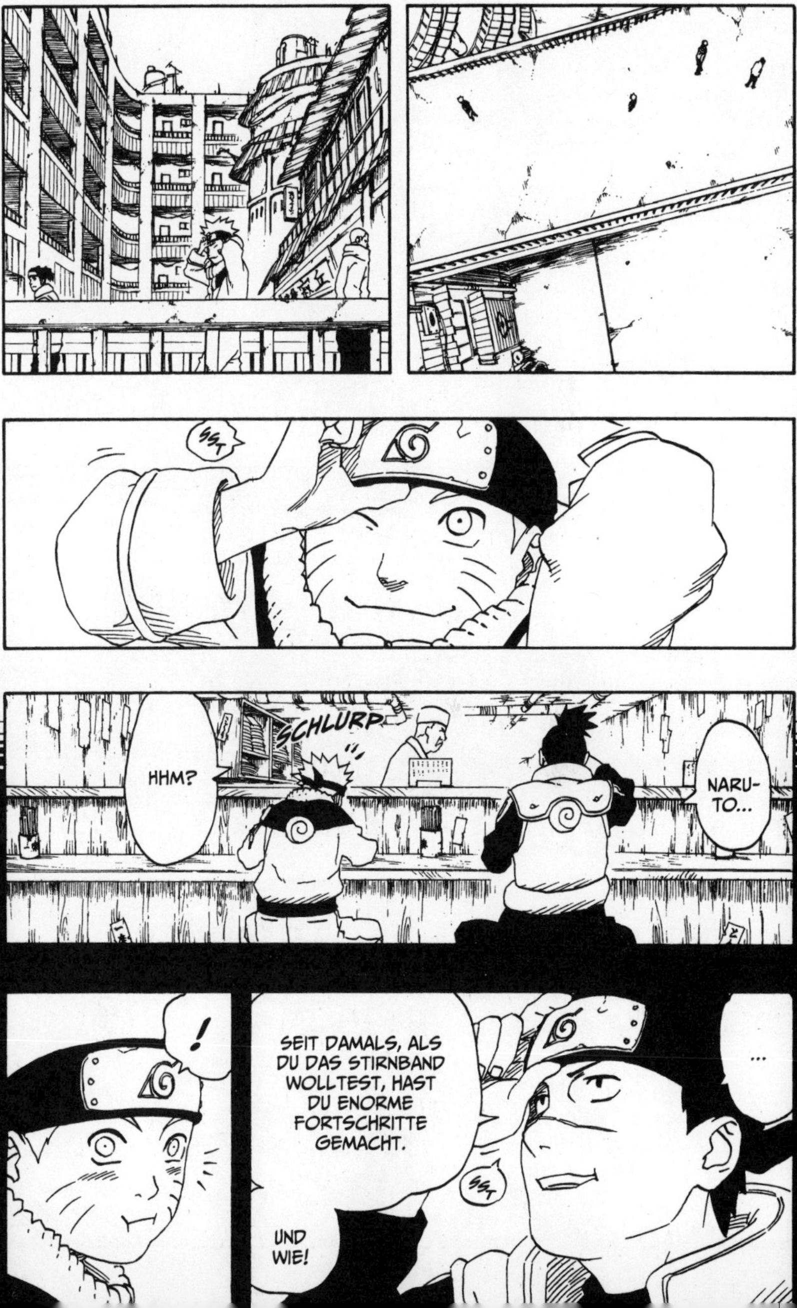

SST
NARU-TO...
SCHLURP
HHM?
...
SEIT DAMALS, ALS DU DAS STIRNBAND WOLLTEST, HAST DU ENORME FORTSCHRITTE GEMACHT.
SST
UND WIE!
!

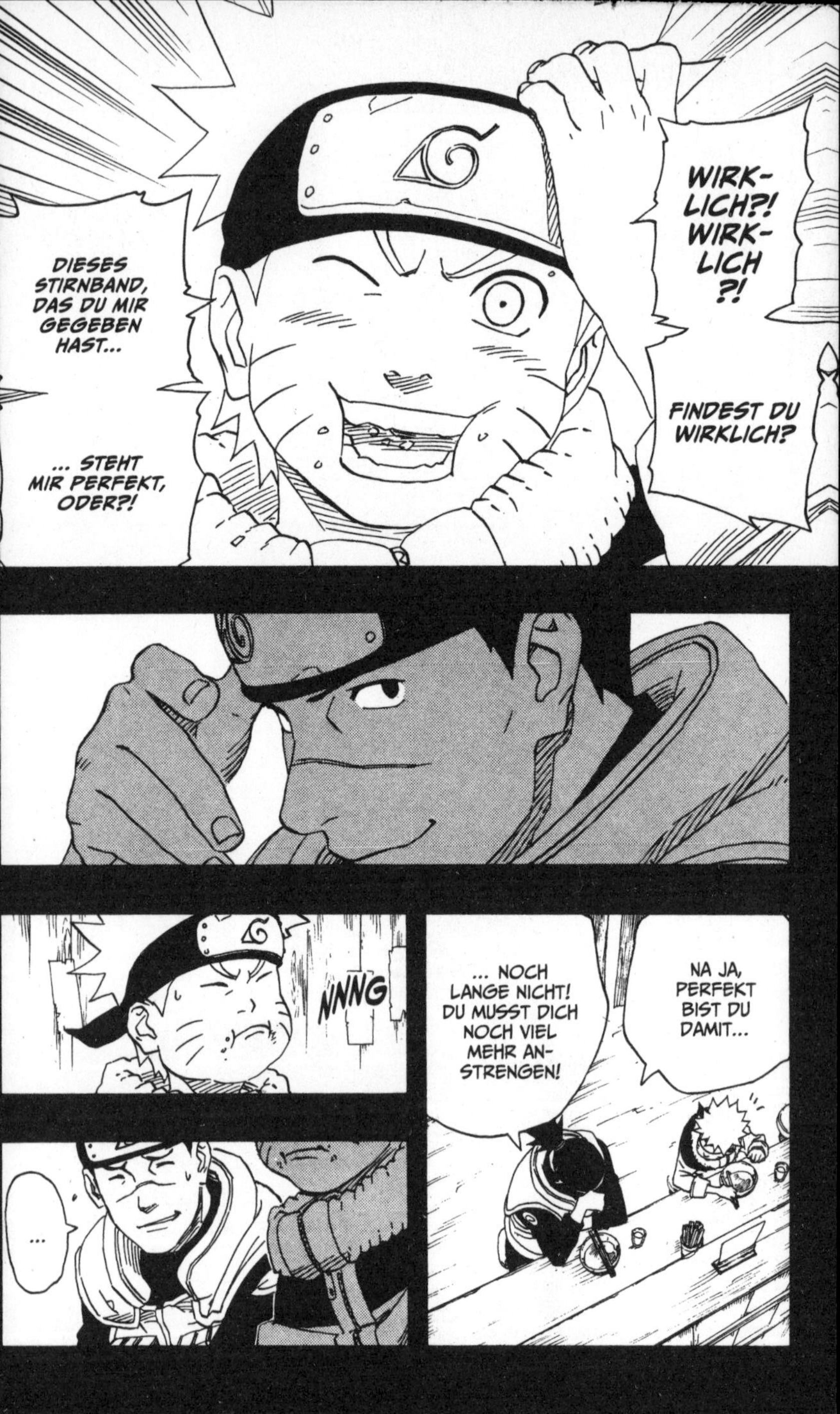
WIRK-LICH?! WIRK-LICH ?!
FINDEST DU WIRKLICH?
DIESES STIRNBAND, DAS DU MIR GEGEBEN HAST...
... STEHT MIR PERFEKT, ODER?!
NA JA, PERFEKT BIST DU DAMIT...
... NOCH LANGE NICHT! DU MUSST DICH NOCH VIEL MEHR AN-STRENGEN!
NNNG
...

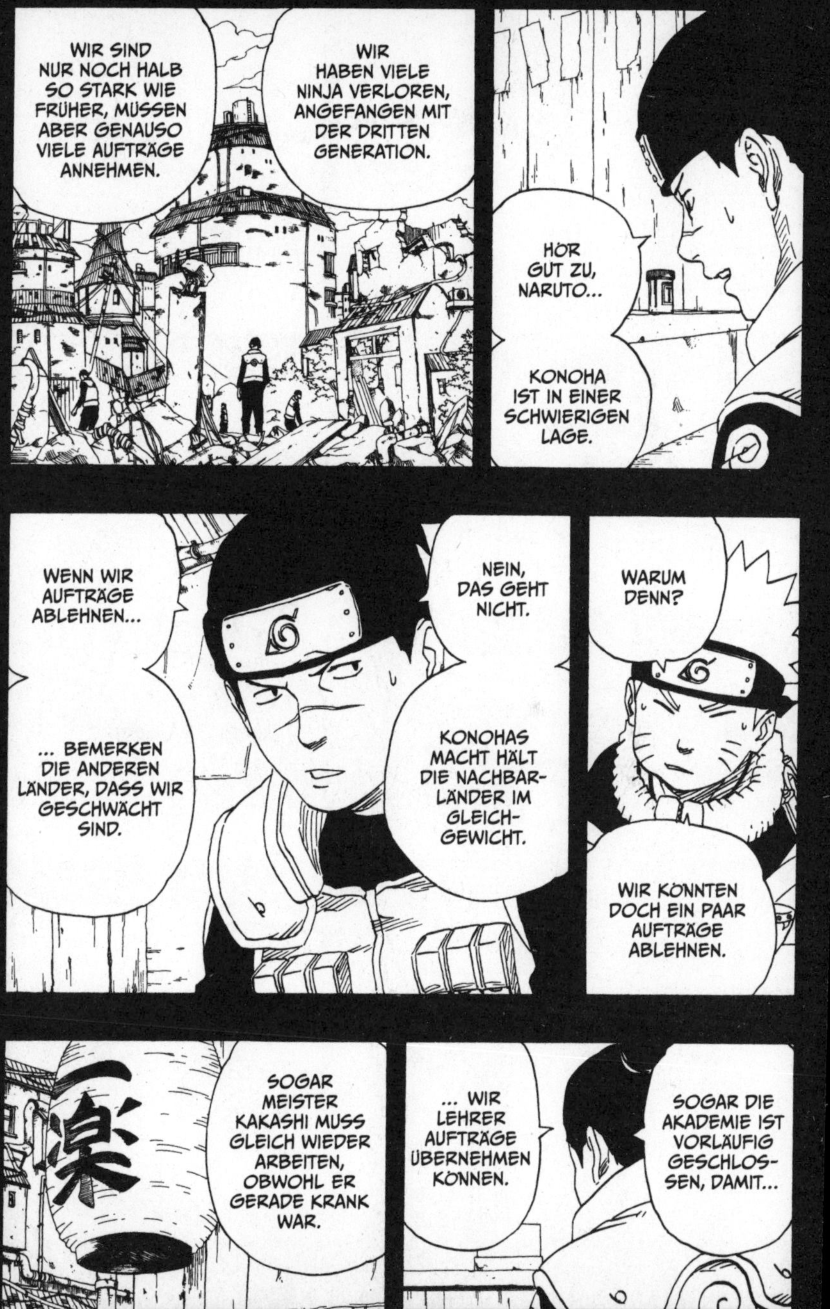
HÖR GUT ZU, NARUTO...
KONOHA IST IN EINER SCHWIERIGEN LAGE.
WIR HABEN VIELE NINJA VERLOREN, ANGEFANGEN MIT DER DRITTEN GENERATION.
WIR SIND NUR NOCH HALB SO STARK WIE FRÜHER, MÜSSEN ABER GENAUSO VIELE AUFTRÄGE ANNEHMEN.
WARUM DENN?
WIR KÖNNTEN DOCH EIN PAAR AUFTRÄGE ABLEHNEN.
NEIN, DAS GEHT NICHT.
KONOHAS MACHT HÄLT DIE NACHBARLÄNDER IM GLEICHGEWICHT.
WENN WIR AUFTRÄGE ABLEHNEN...
... BEMERKEN DIE ANDEREN LÄNDER, DASS WIR GESCHWÄCHT SIND.
SOGAR DIE AKADEMIE IST VORLÄUFIG GESCHLOSSEN, DAMIT...
... WIR LEHRER AUFTRÄGE ÜBERNEHMEN KÖNNEN.
SOGAR MEISTER KAKASHI MUSS GLEICH WIEDER ARBEITEN, OBWOHL ER GERADE KRANK WAR.

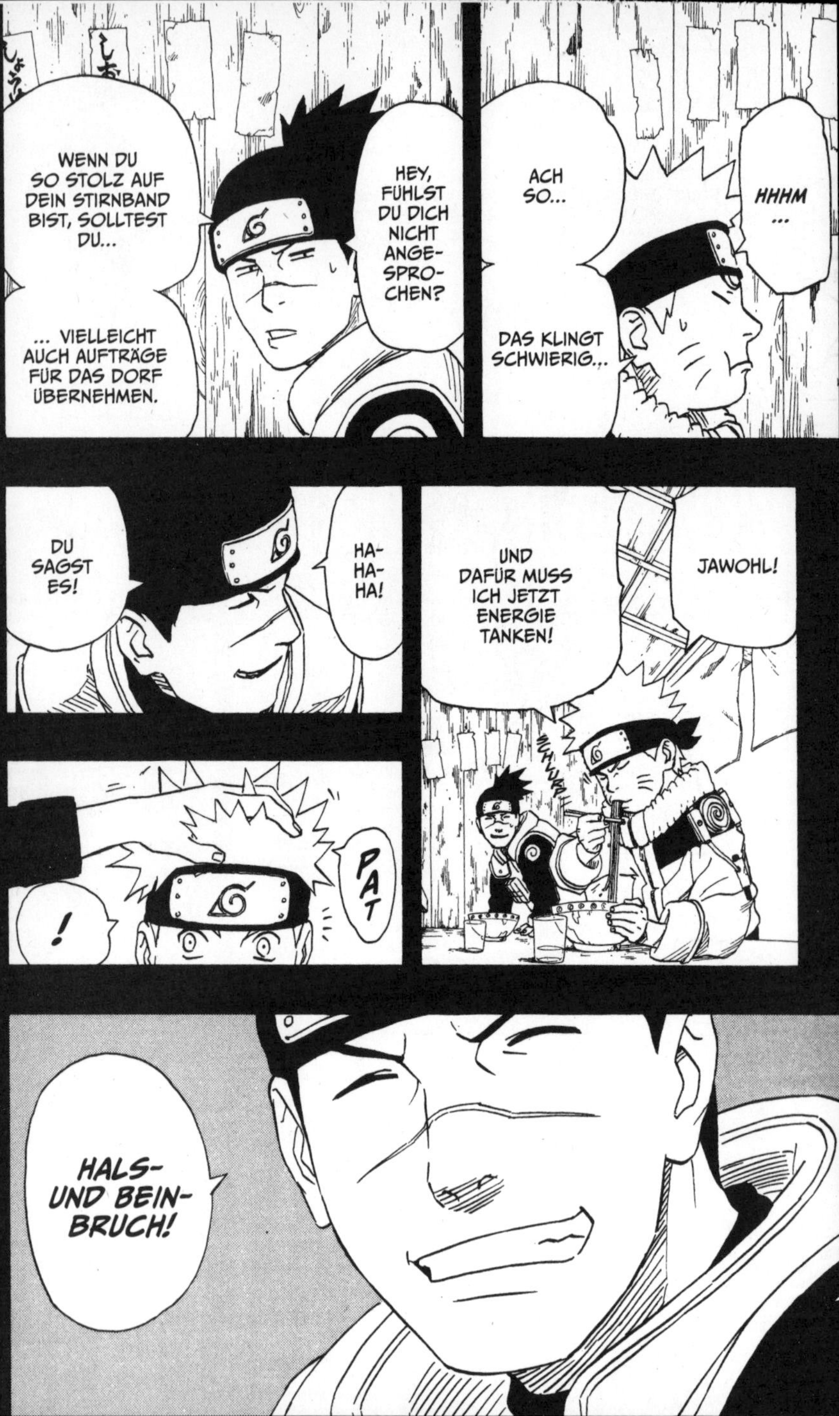
HHHM ...
ACH SO...
DAS KLINGT SCHWIERIG...
HEY, FÜHLST DU DICH NICHT ANGE-SPROCHEN?
WENN DU SO STOLZ AUF DEIN STIRNBAND BIST, SOLLTEST DU...
... VIELLEICHT AUCH AUFTRÄGE FÜR DAS DORF ÜBERNEHMEN.
JAWOHL!
UND DAFÜR MUSS ICH JETZT ENERGIE TANKEN!
SCHWURP
HA-HA-HA!
DU SAGST ES!
PAT
!
HALS- UND BEIN-BRUCH!

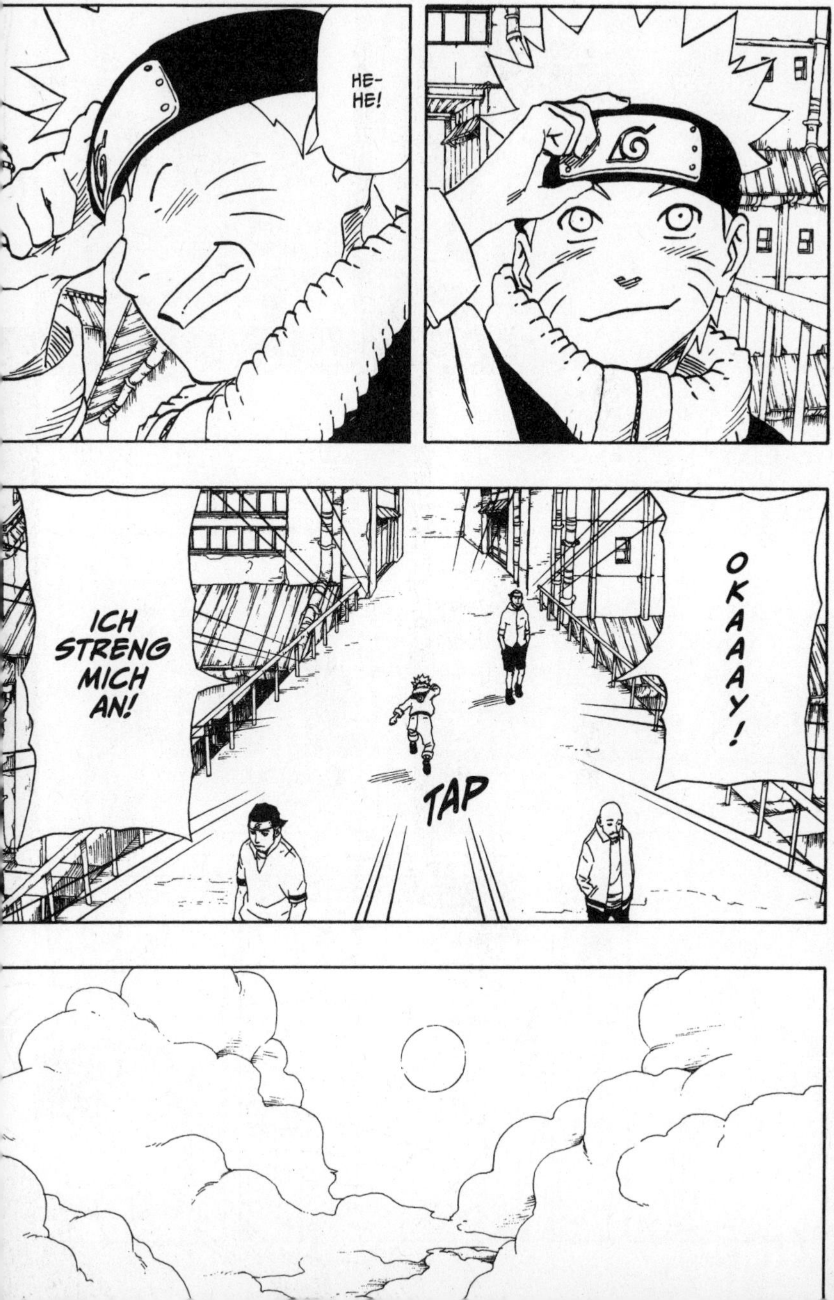
HE-HE!
OKAAAAY!
ICH STRENG MICH AN!
TAP

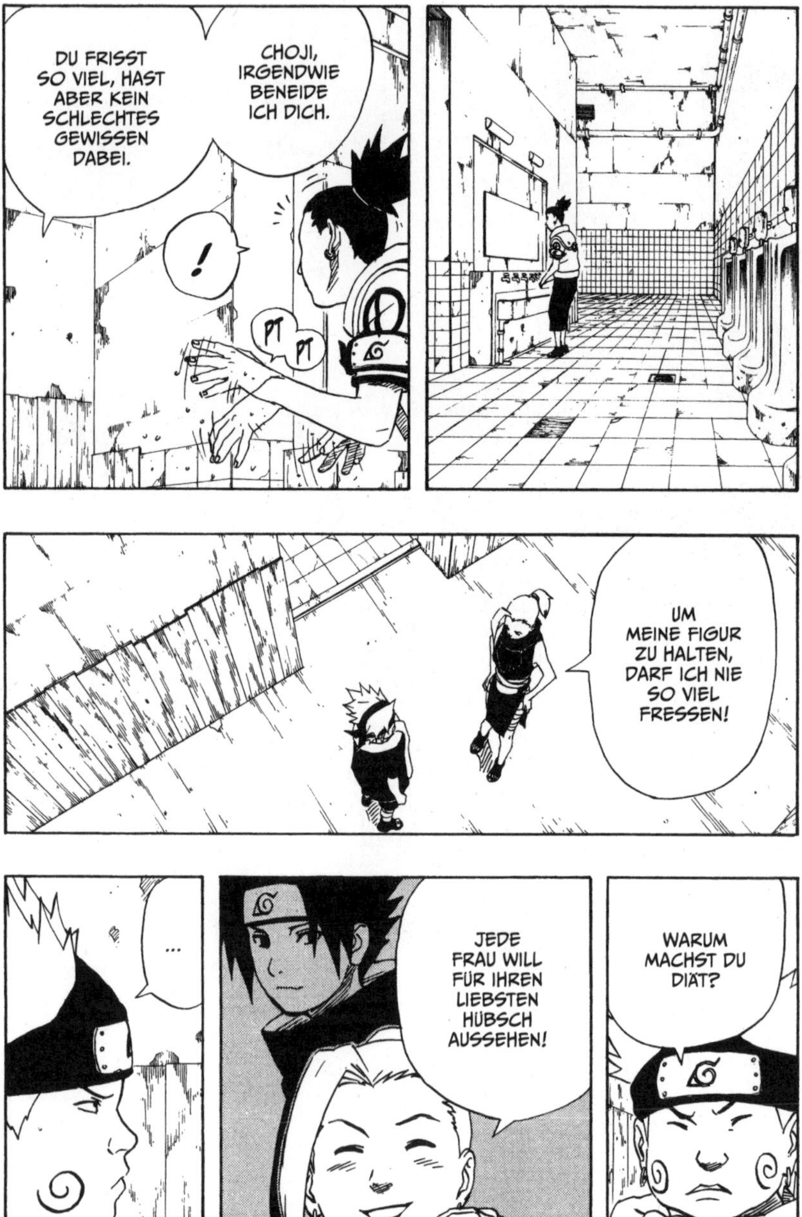
CHOJI, IRGENDWIE BENEIDE ICH DICH.
DU FRISST SO VIEL, HAST ABER KEIN SCHLECHTES GEWISSEN DABEI.
!
PT
PT
UM MEINE FIGUR ZU HALTEN, DARF ICH NIE SO VIEL FRESSEN!
WARUM MACHST DU DIÄT?
JEDE FRAU WILL FÜR IHREN LIEBSTEN HÜBSCH AUSSEHEN!
...

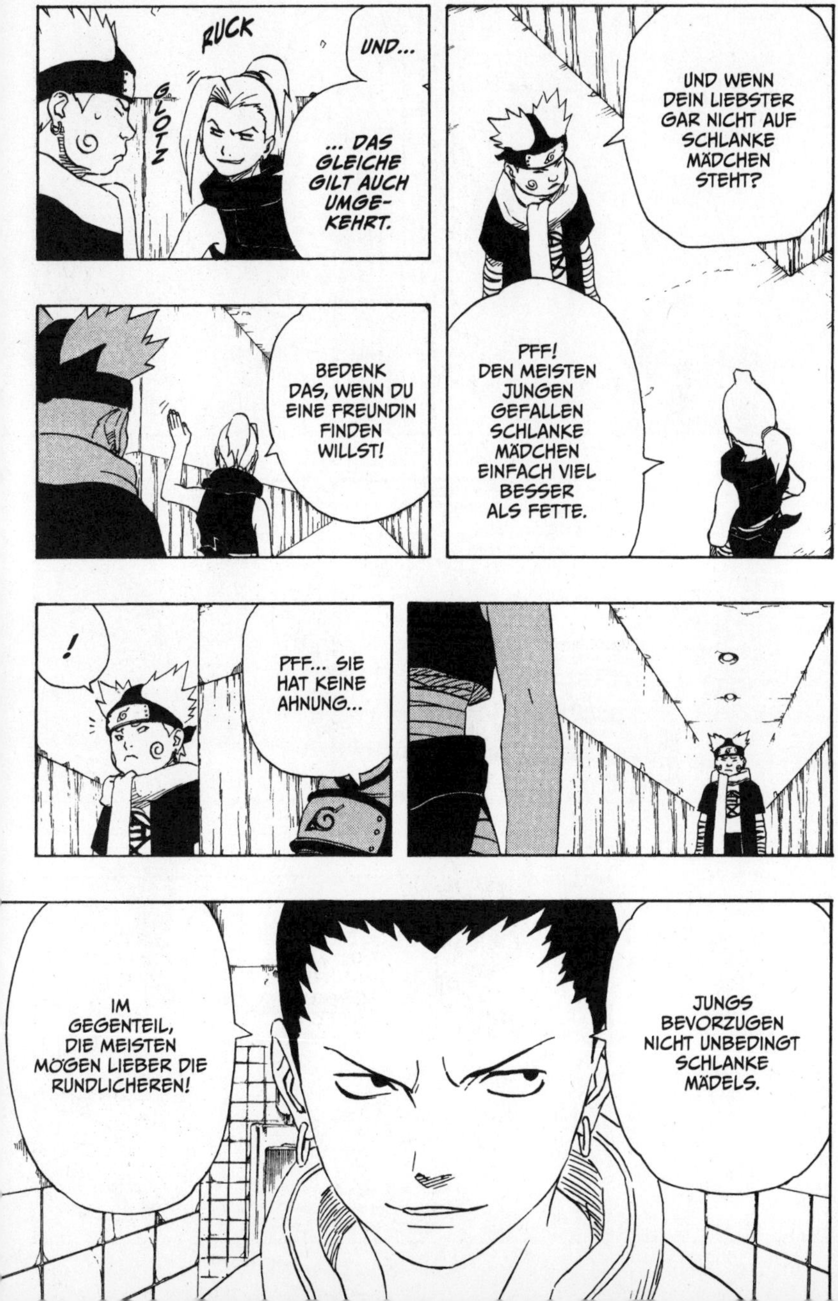
UND WENN DEIN LIEBSTER GAR NICHT AUF SCHLANKE MÄDCHEN STEHT?
PFF! DEN MEISTEN JUNGEN GEFALLEN SCHLANKE MÄDCHEN EINFACH VIEL BESSER ALS FETTE.
RUCK
GLOTZ
UND...
... DAS GLEICHE GILT AUCH UMGE-KEHRT.
BEDENK DAS, WENN DU EINE FREUNDIN FINDEN WILLST!
PFF... SIE HAT KEINE AHNUNG...
!
JUNGS BEVORZUGEN NICHT UNBEDINGT SCHLANKE MÄDELS.
IM GEGENTEIL, DIE MEISTEN MÖGEN LIEBER DIE RUNDLICHEREN!

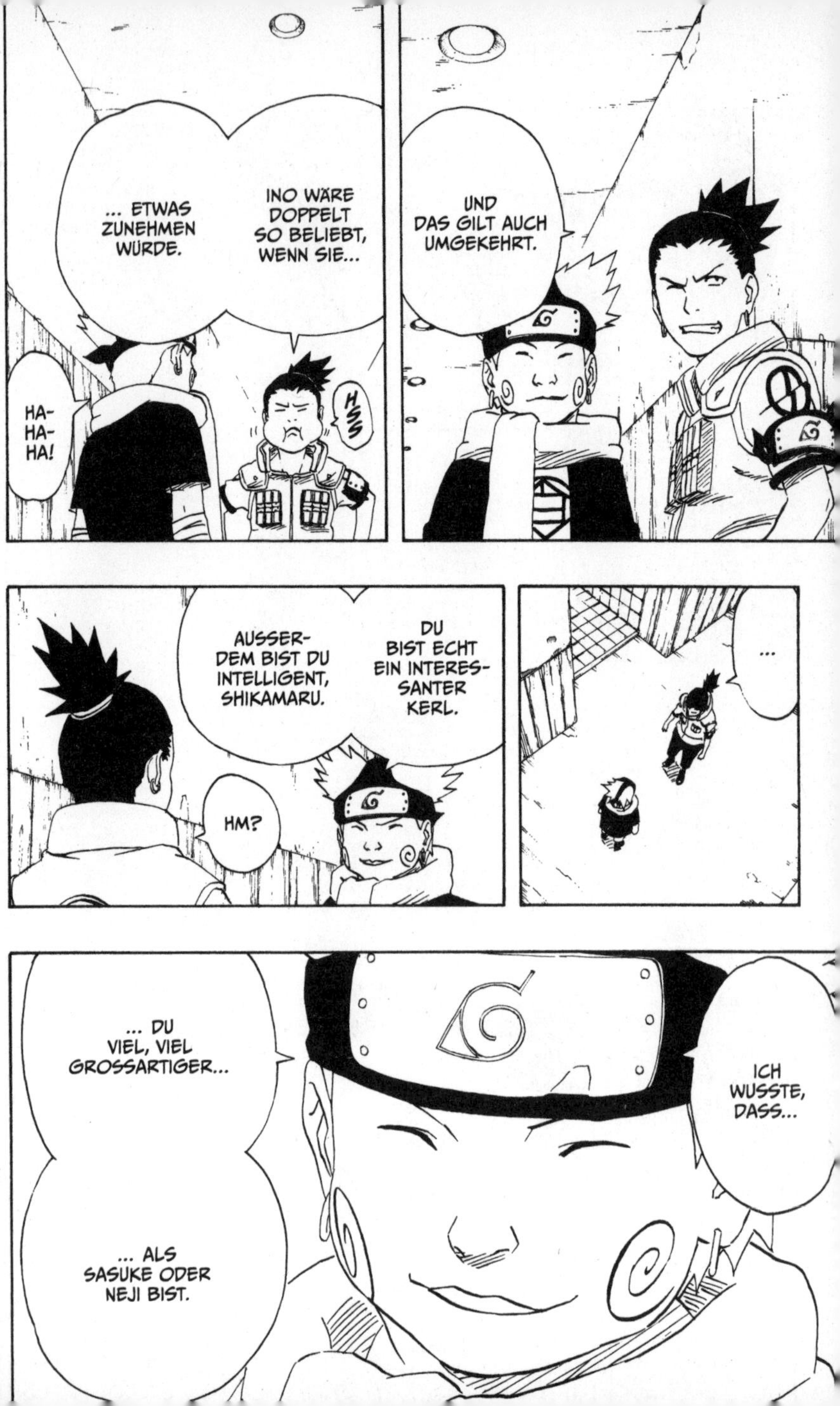
UND DAS GILT AUCH UMGEKEHRT.
INO WÄRE DOPPELT SO BELIEBT, WENN SIE...
... ETWAS ZUNEHMEN WÜRDE.
HSS
HA-HA-HA!
...
DU BIST ECHT EIN INTERES-SANTER KERL.
AUSSER-DEM BIST DU INTELLIGENT, SHIKAMARU.
HM?
ICH WUSSTE, DASS...
... DU VIEL, VIEL GROSSARTIGER...
... ALS SASUKE ODER NEJI BIST.

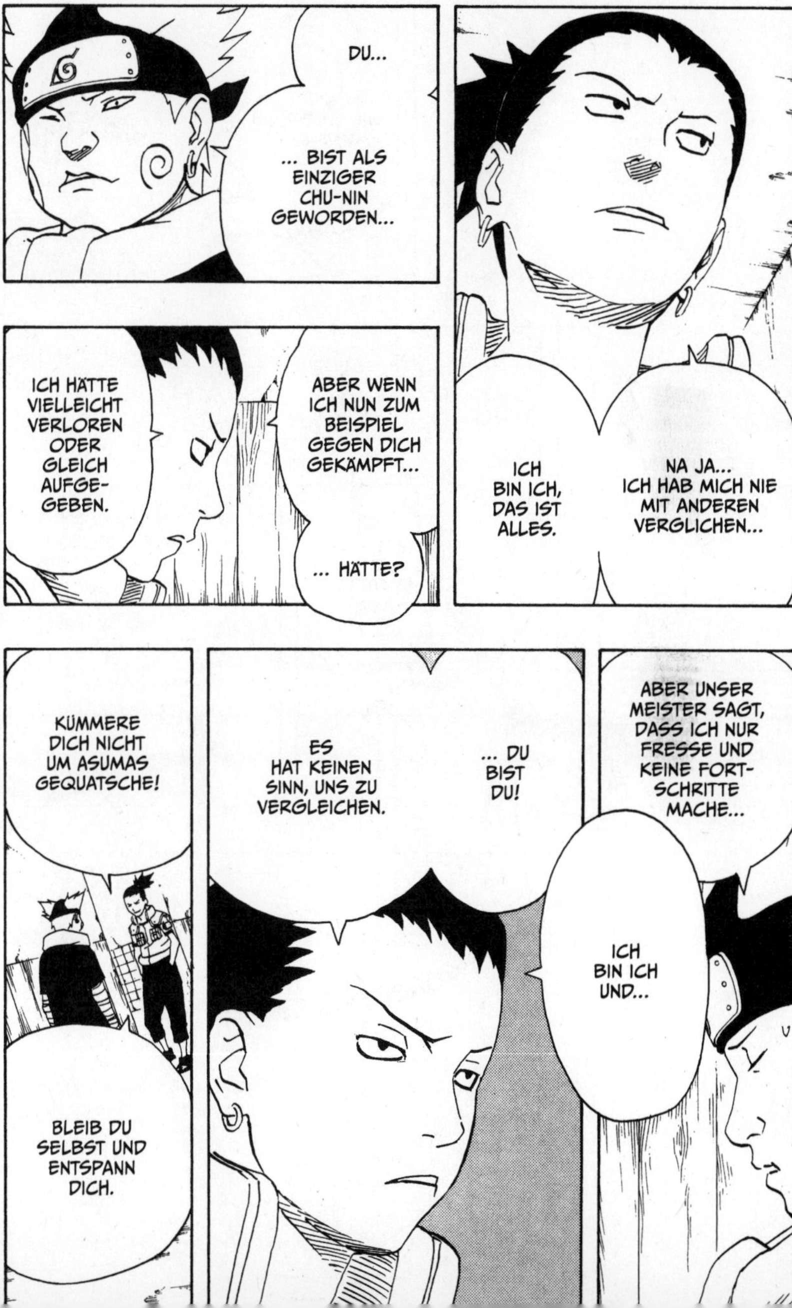
NA JA... ICH HAB MICH NIE MIT ANDEREN VERGLICHEN...
ICH BIN ICH, DAS IST ALLES.
DU...
... BIST ALS EINZIGER CHU-NIN GEWORDEN...
ABER WENN ICH NUN ZUM BEISPIEL GEGEN DICH GEKÄMPFT...
... HÄTTE?
ICH HÄTTE VIELLEICHT VERLOREN ODER GLEICH AUFGEGEBEN.
ABER UNSER MEISTER SAGT, DASS ICH NUR FRESSE UND KEINE FORT-SCHRITTE MACHE...
ICH BIN ICH UND...
... DU BIST DU!
ES HAT KEINEN SINN, UNS ZU VERGLEICHEN.
KÜMMERE DICH NICHT UM ASUMAS GEQUATSCHE!
BLEIB DU SELBST UND ENTSPANN DICH.

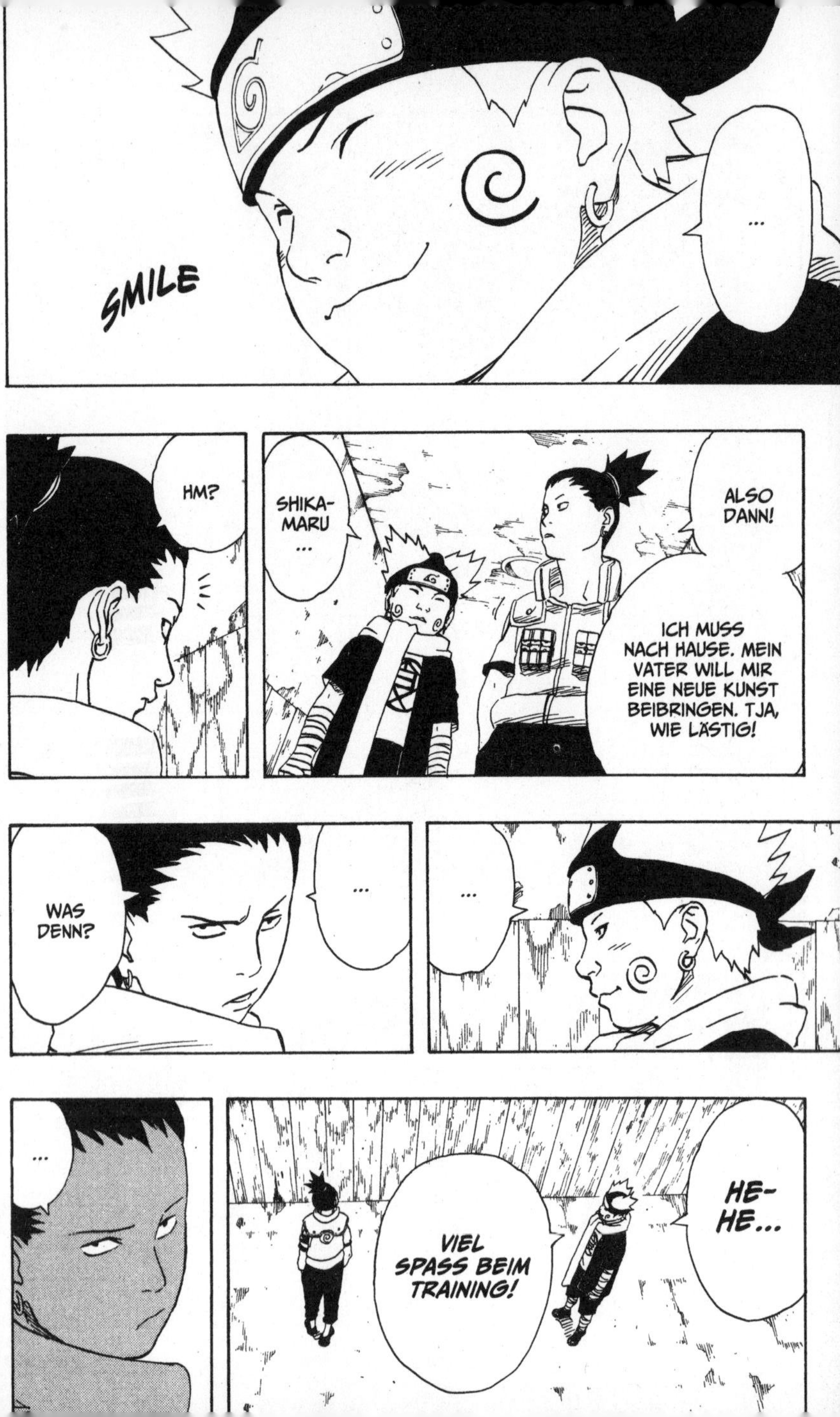
...
SMILE
ALSO DANN!
ICH MUSS NACH HAUSE. MEIN VATER WILL MIR EINE NEUE KUNST BEIBRINGEN. TJA, WIE LÄSTIG!
SHIKA-MARU ...
HM?
...
...
WAS DENN?
HE-HE...
VIEL SPASS BEIM TRAINING!
...

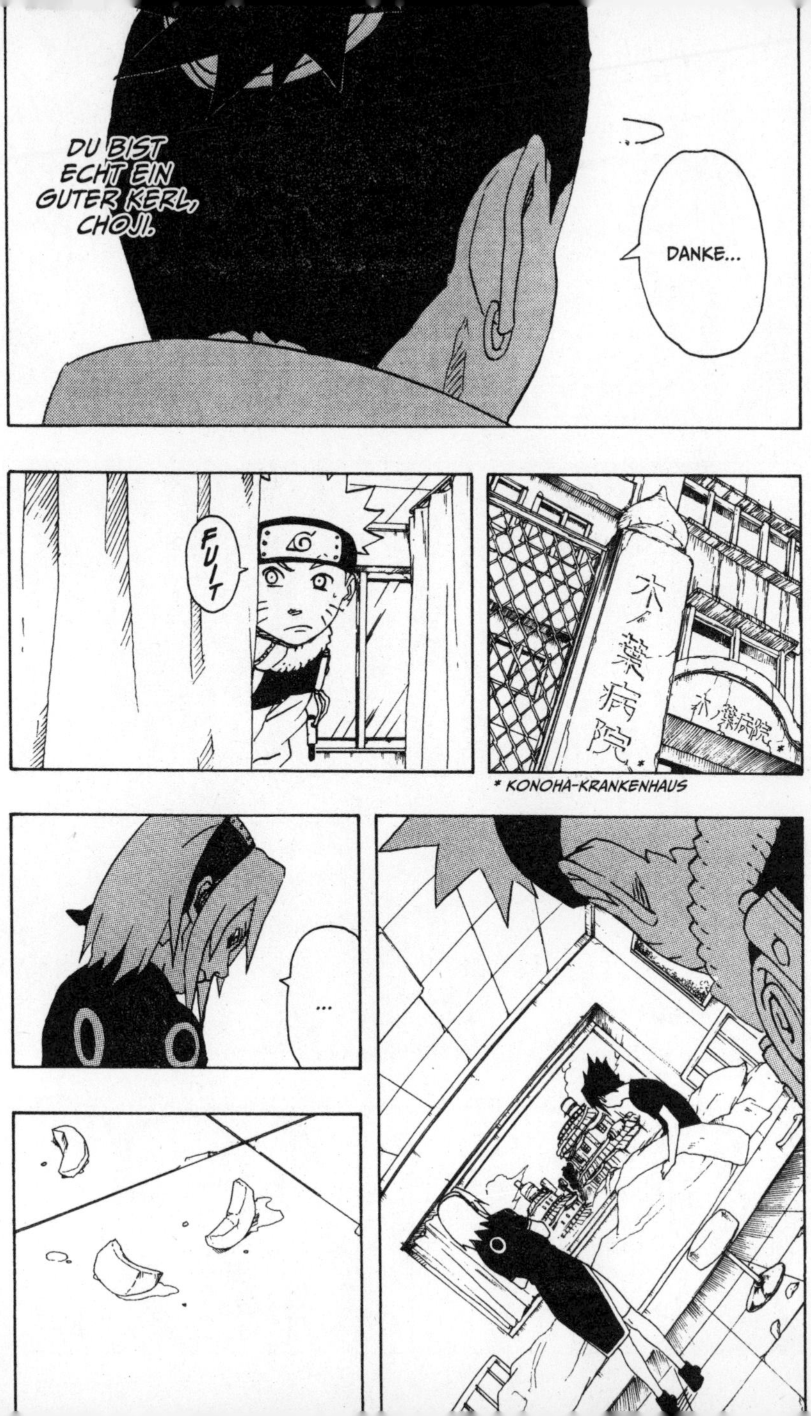
DANKE...
DU BIST ECHT EIN GUTER KERL, CHOJI.
FUIT
木ノ葉病院
木ノ葉病院
* KONOHA-KRANKENHAUS
...

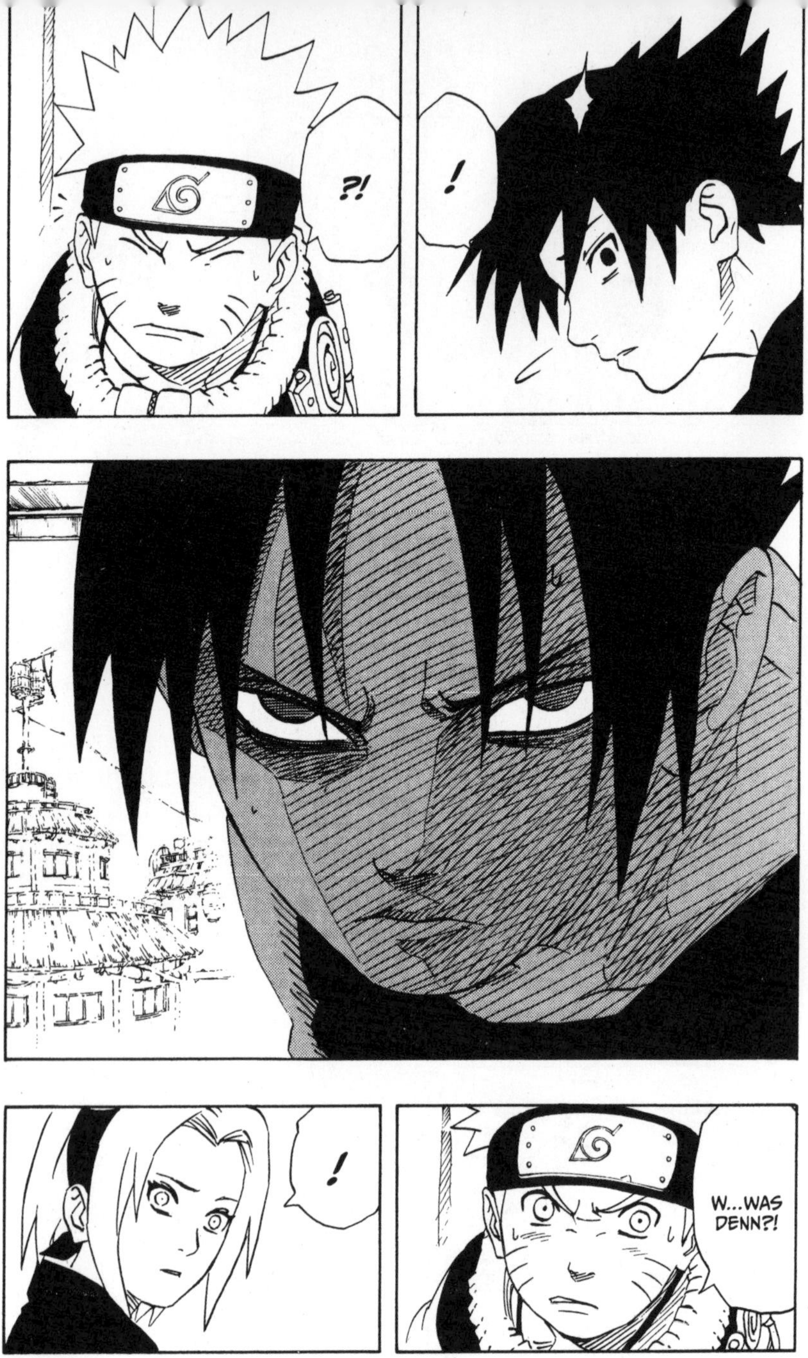

!
?!
!
W...WAS DENN?!

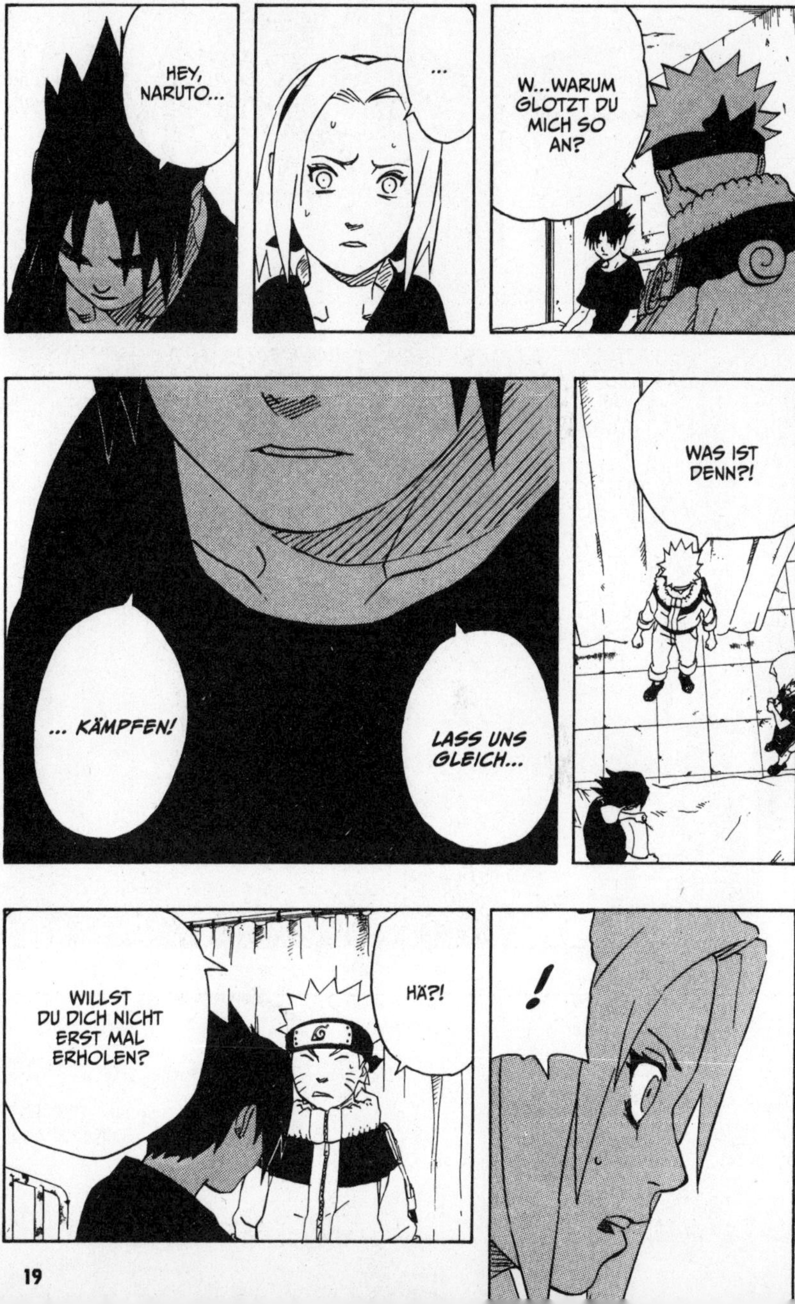
W...WARUM GLOTZT DU MICH SO AN?
...
HEY, NARUTO...
WAS IST DENN?!
LASS UNS GLEICH...
... KÄMPFEN!
!
HÄ?!
WILLST DU DICH NICHT ERST MAL ERHOLEN?

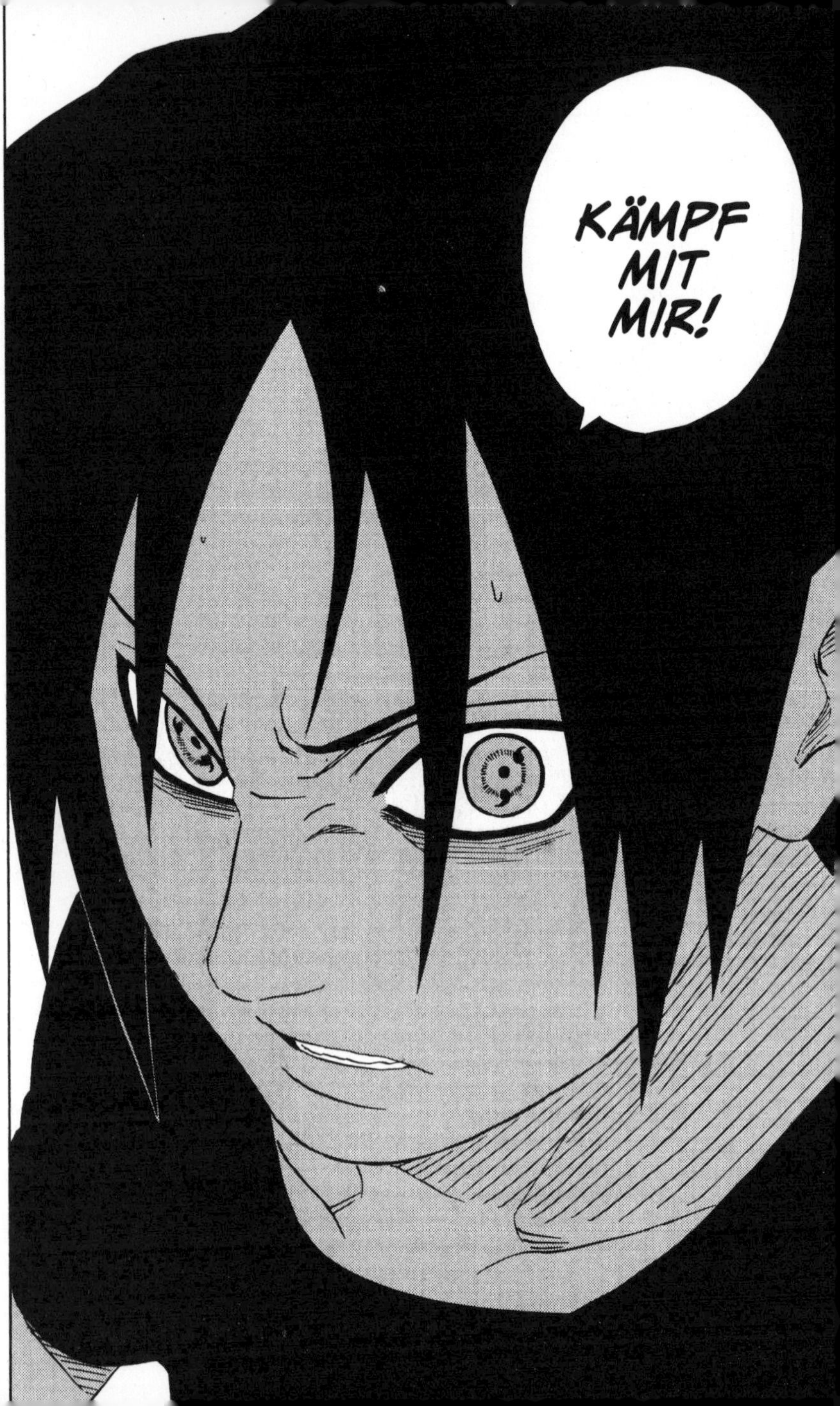
KÄMPF MIT MIR!

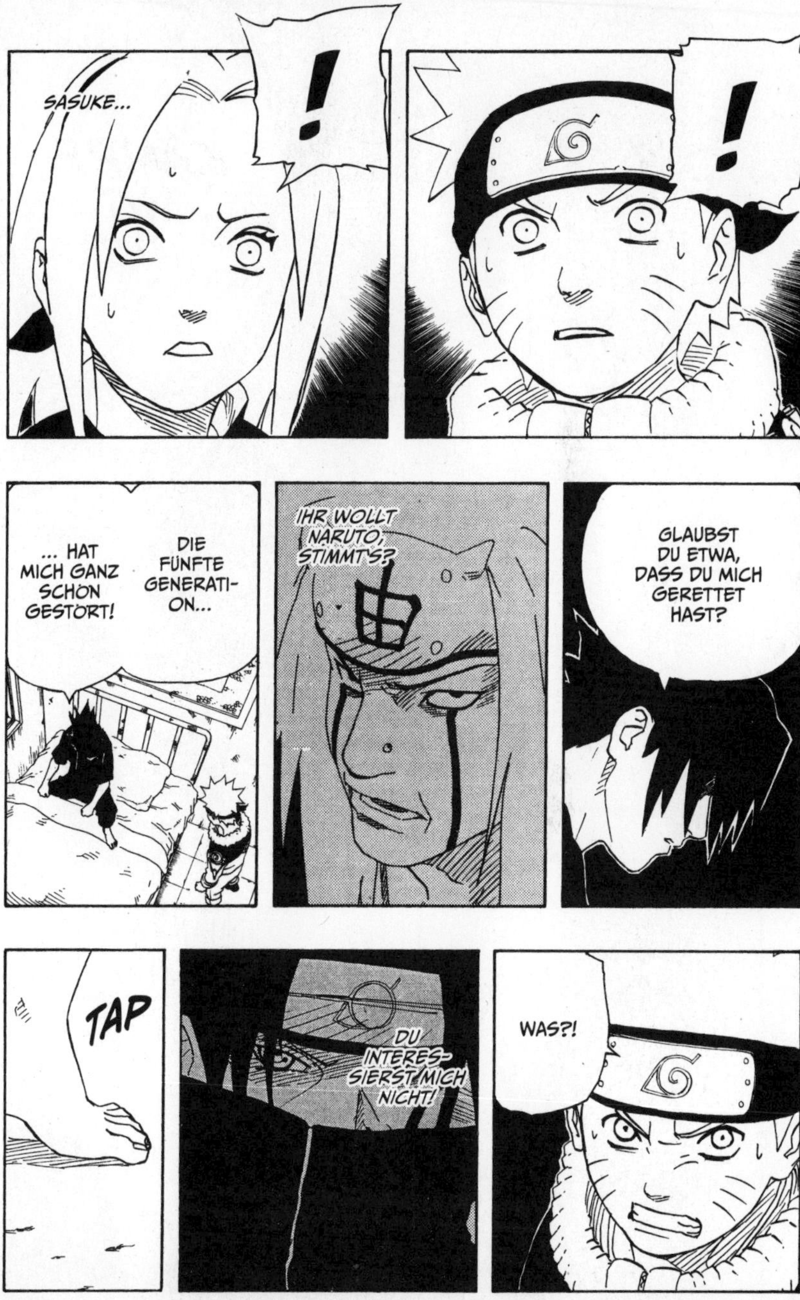
!
SASUKE...
!
GLAUBST DU ETWA, DASS DU MICH GERETTET HAST?
IHR WOLLT NARUTO, STIMMT'S?
DIE FÜNFTE GENERATI-ON...
... HAT MICH GANZ SCHÖN GESTÖRT!
WAS?!
DU INTERES-SIERST MICH NICHT!
TAP

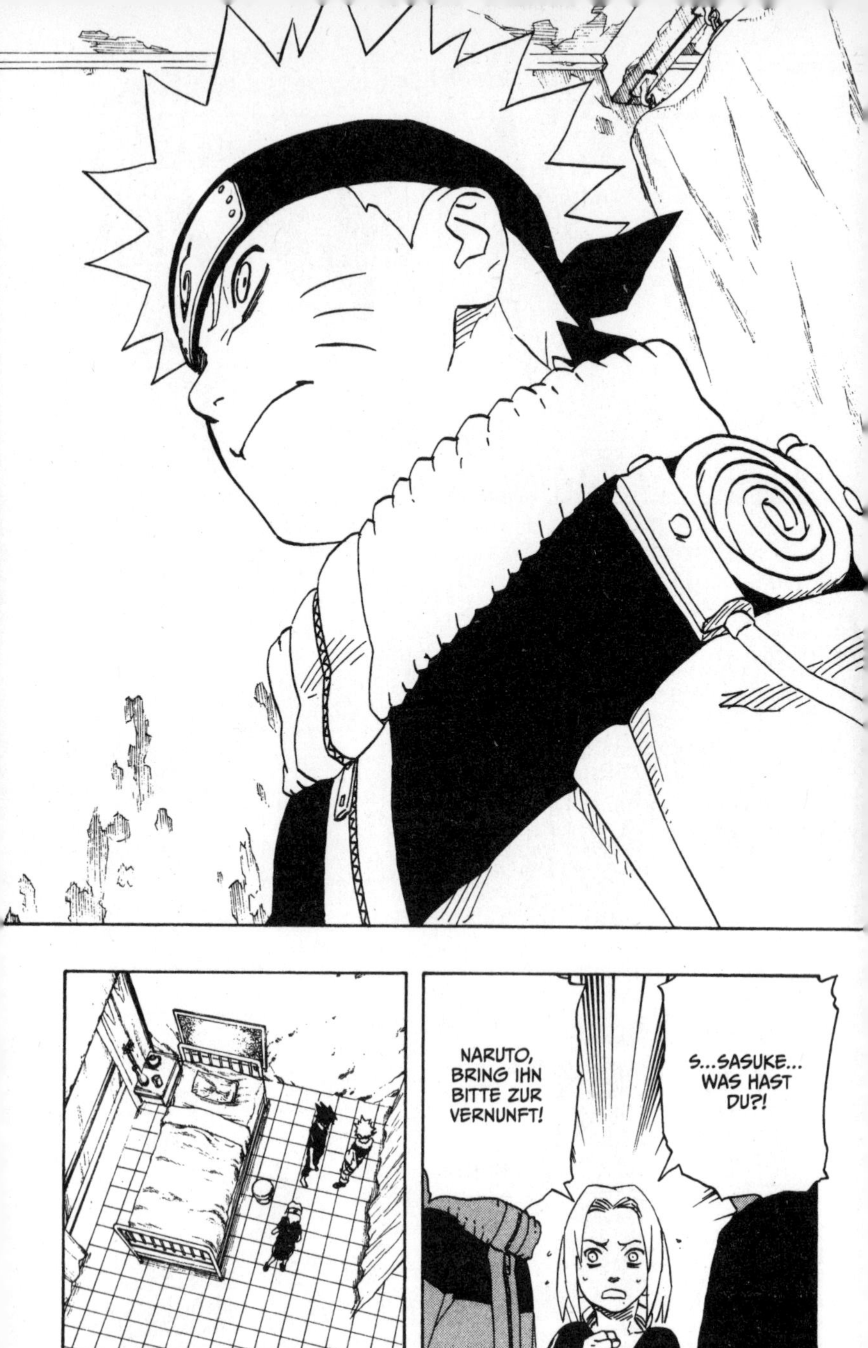
S...SASUKE... WAS HAST DU?!
NARUTO, BRING IHN BITTE ZUR VERNUNFT!

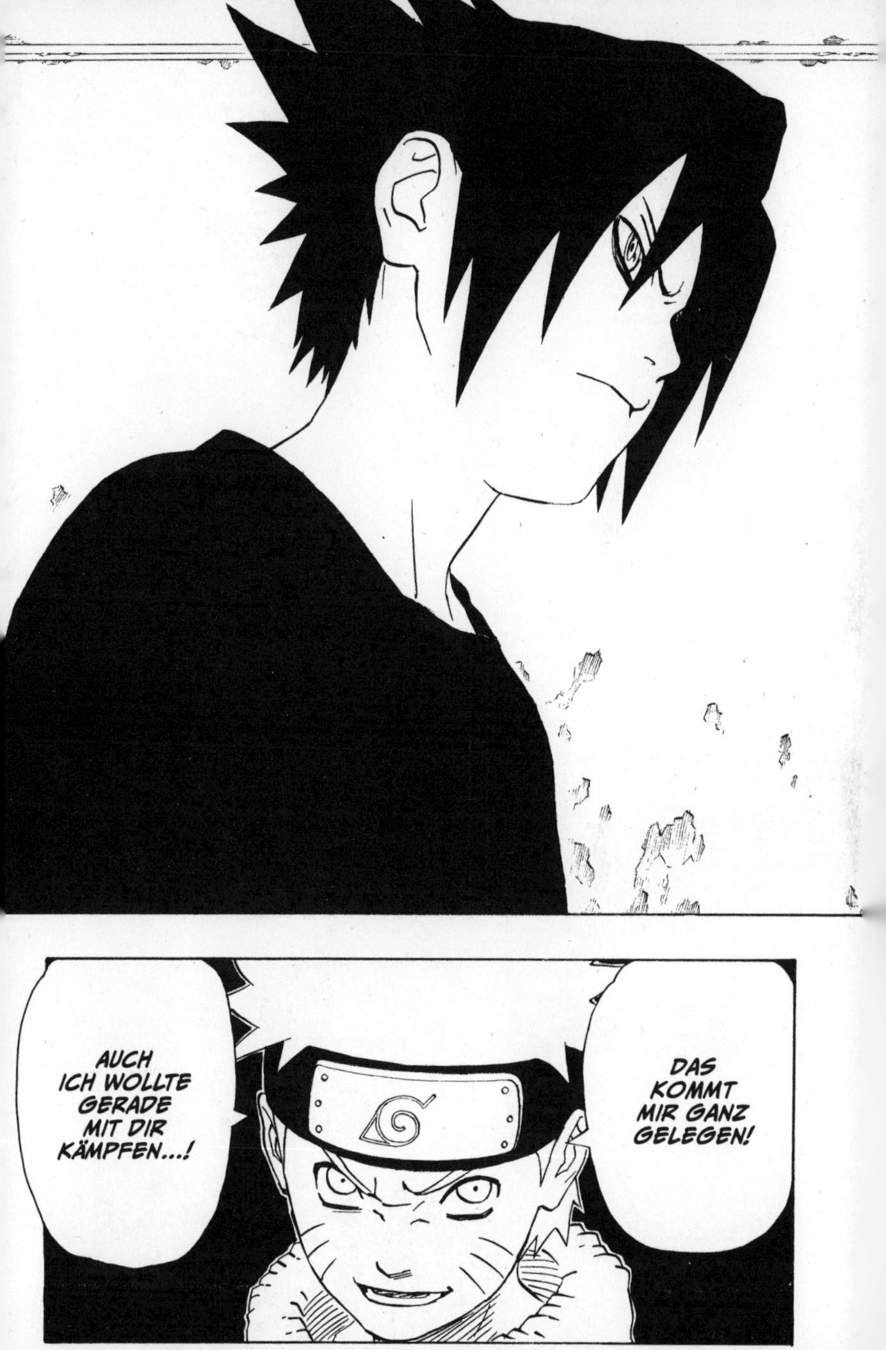
DAS KOMMT MIR GANZ GELEGEN!
AUCH ICH WOLLTE GERADE MIT DIR KÄMPFEN...!

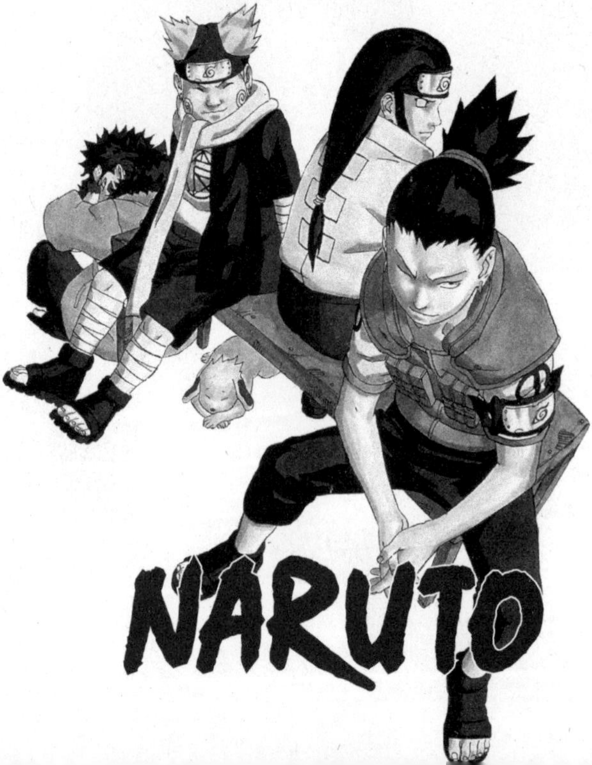
NARUTO

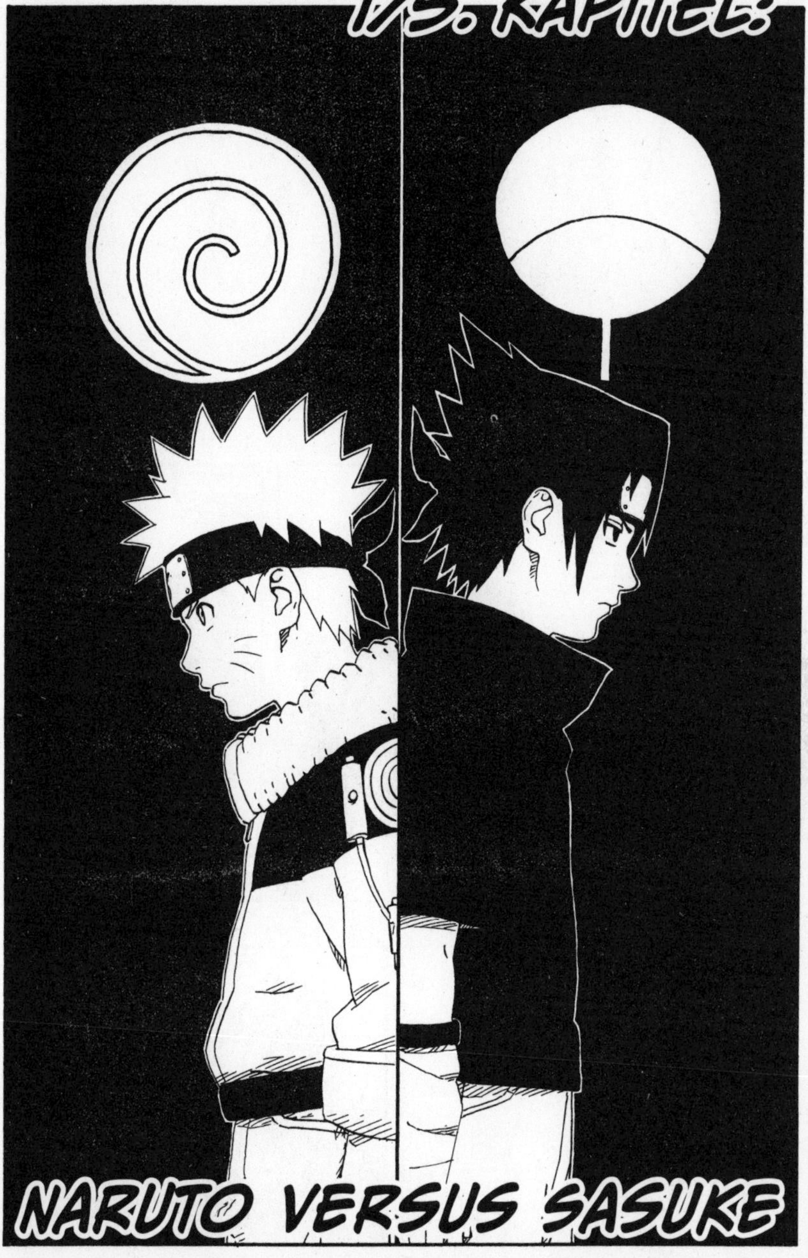
175. KAPITEL:
NARUTO VERSUS SASUKE

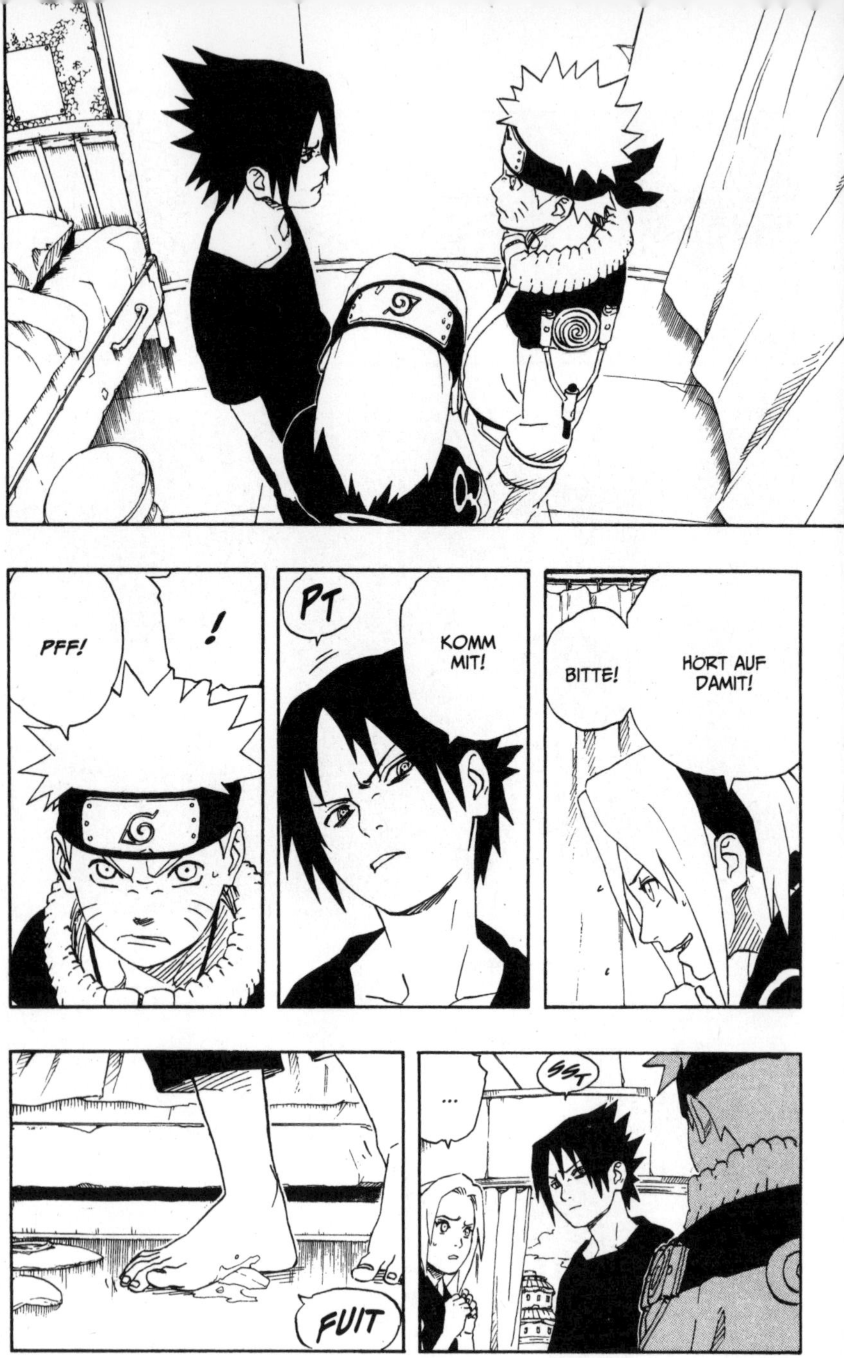
HÖRT AUF DAMIT!
BITTE!
KOMM MIT!
PT
!
PFF!
SSK
...
FUIT

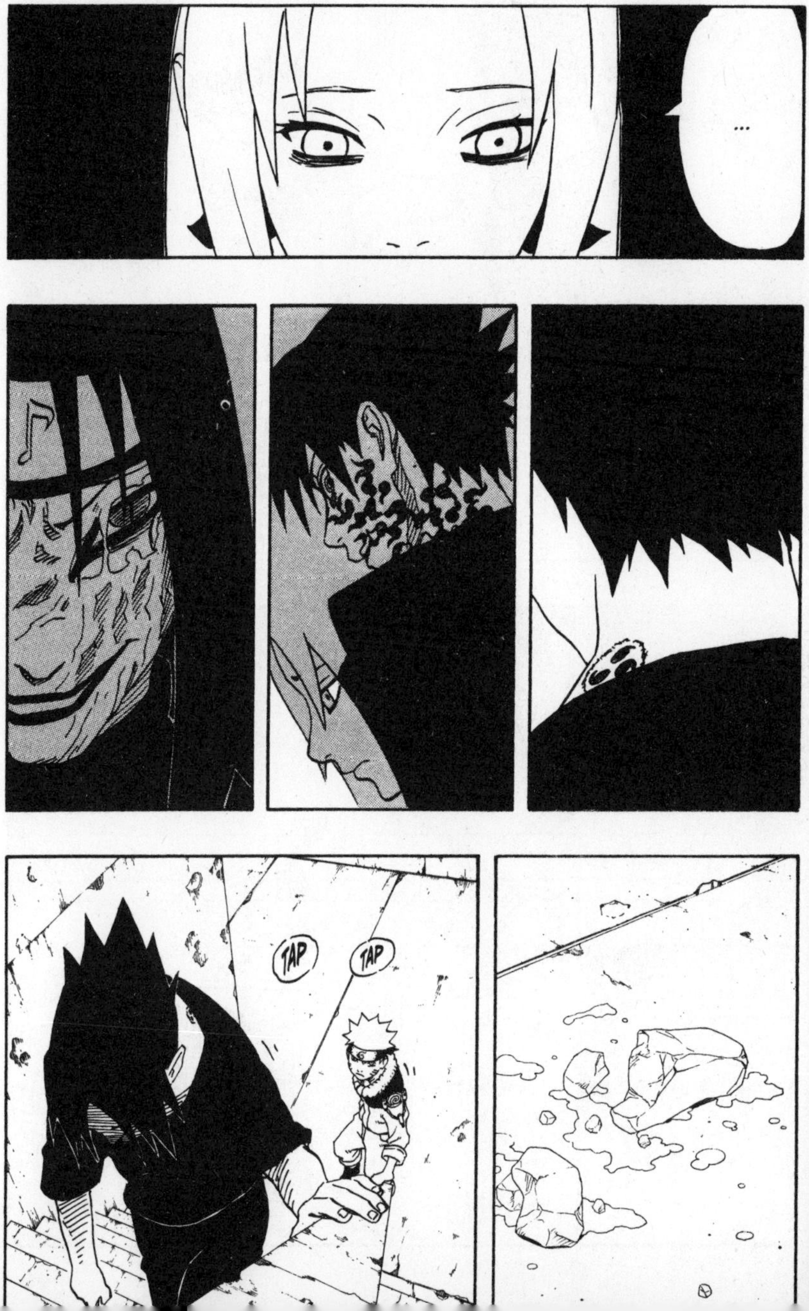
...
TAP
TAP

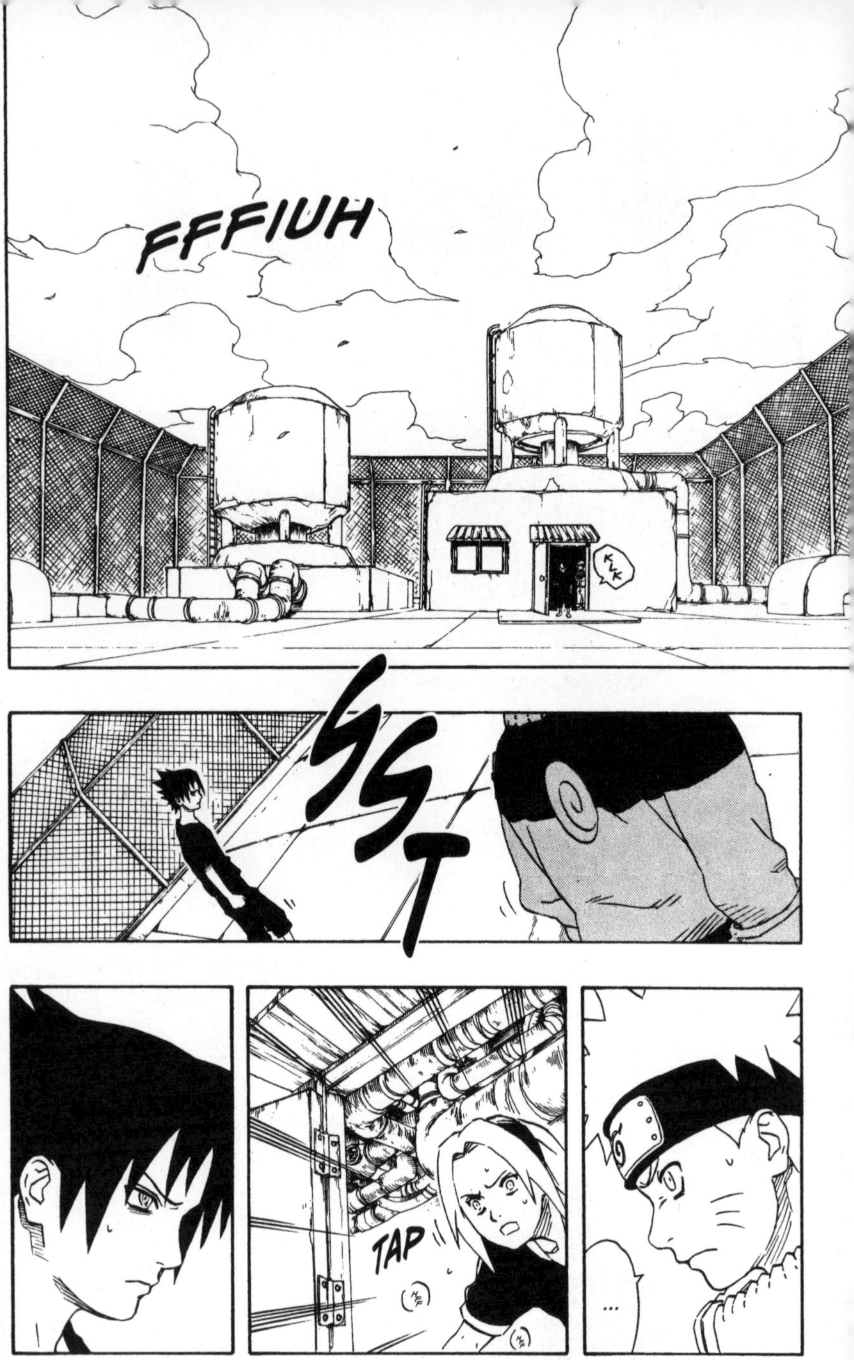
FFFIUH
KLK
SST
TAP
HF
HF
...

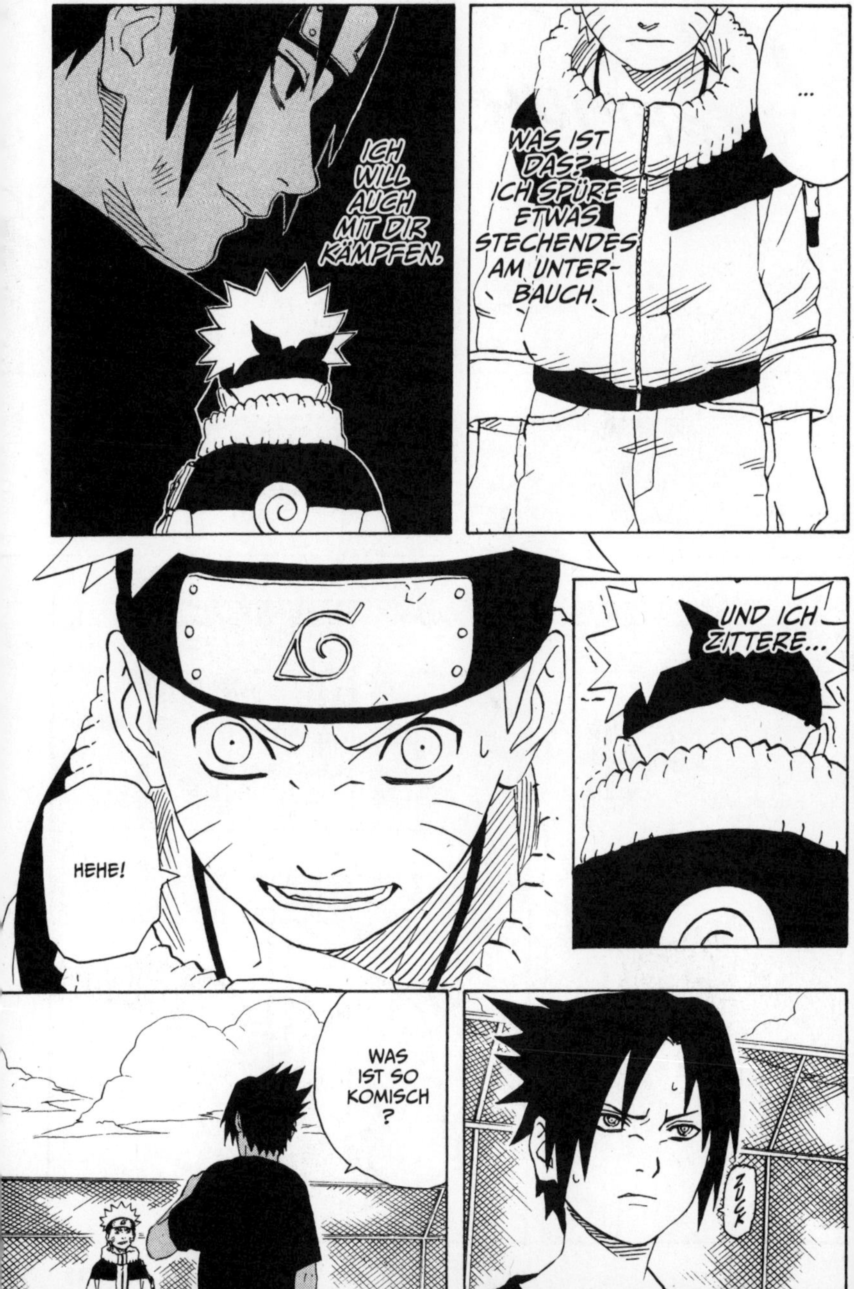
...
WAS IST DAS? ICH SPÜRE ETWAS STECHENDES AM UNTER-BAUCH.
ICH WILL AUCH MIT DIR KÄMPFEN.
UND ICH ZITTERE...
HEHE!
ZUCK
WAS IST SO KOMISCH?

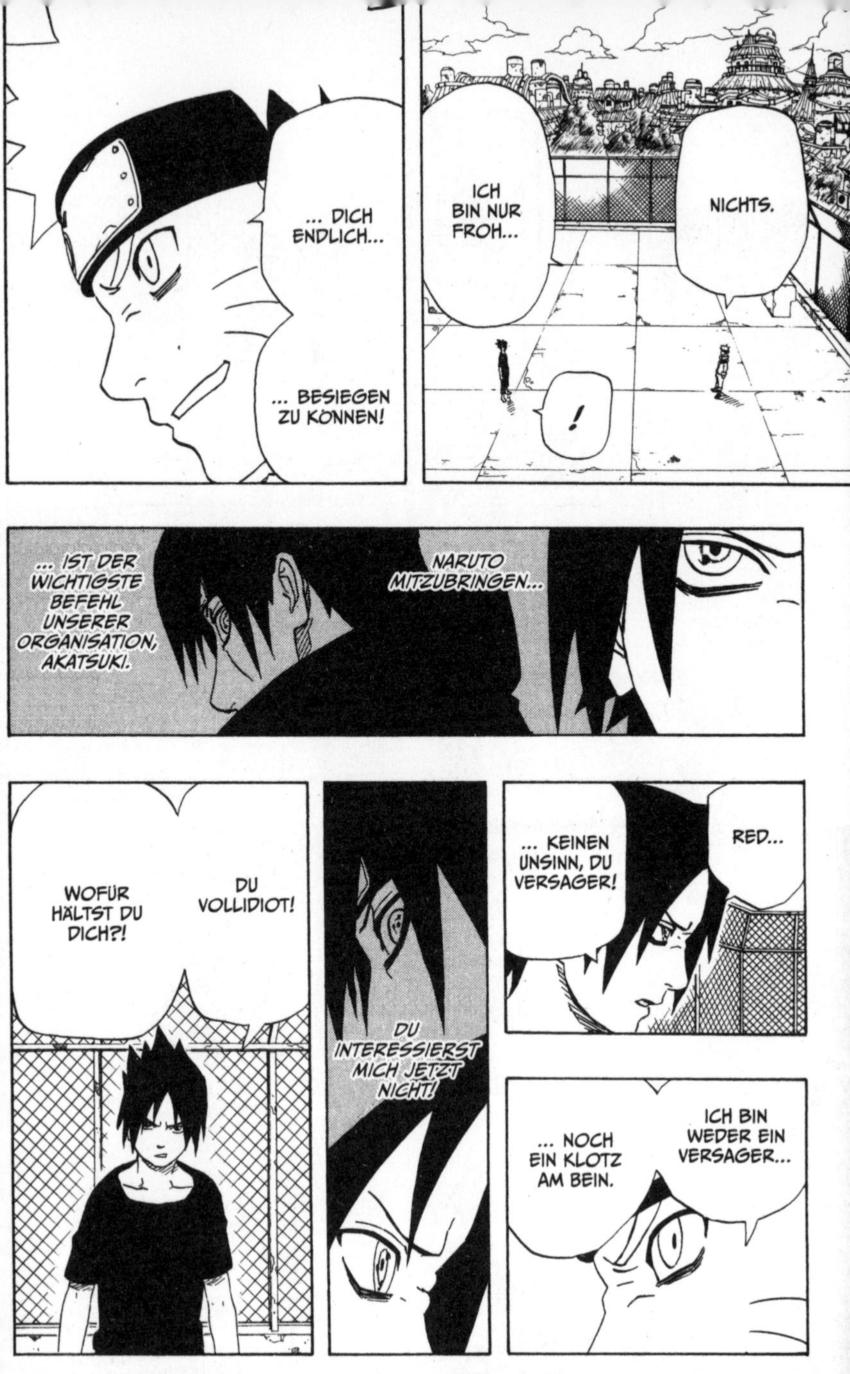
NICHTS.
ICH BIN NUR FROH...
!
... DICH ENDLICH...
... BESIEGEN ZU KÖNNEN!
NARUTO MITZUBRINGEN...
... IST DER WICHTIGSTE BEFEHL UNSERER ORGANISATION, AKATSUKI.
RED...
... KEINEN UNSINN, DU VERSAGER!
DU INTERESSIERST MICH JETZT NICHT!
ICH BIN WEDER EIN VERSAGER...
... NOCH EIN KLOTZ AM BEIN.
DU VOLLIDIOT!
WOFÜR HÄLTST DU DICH?!

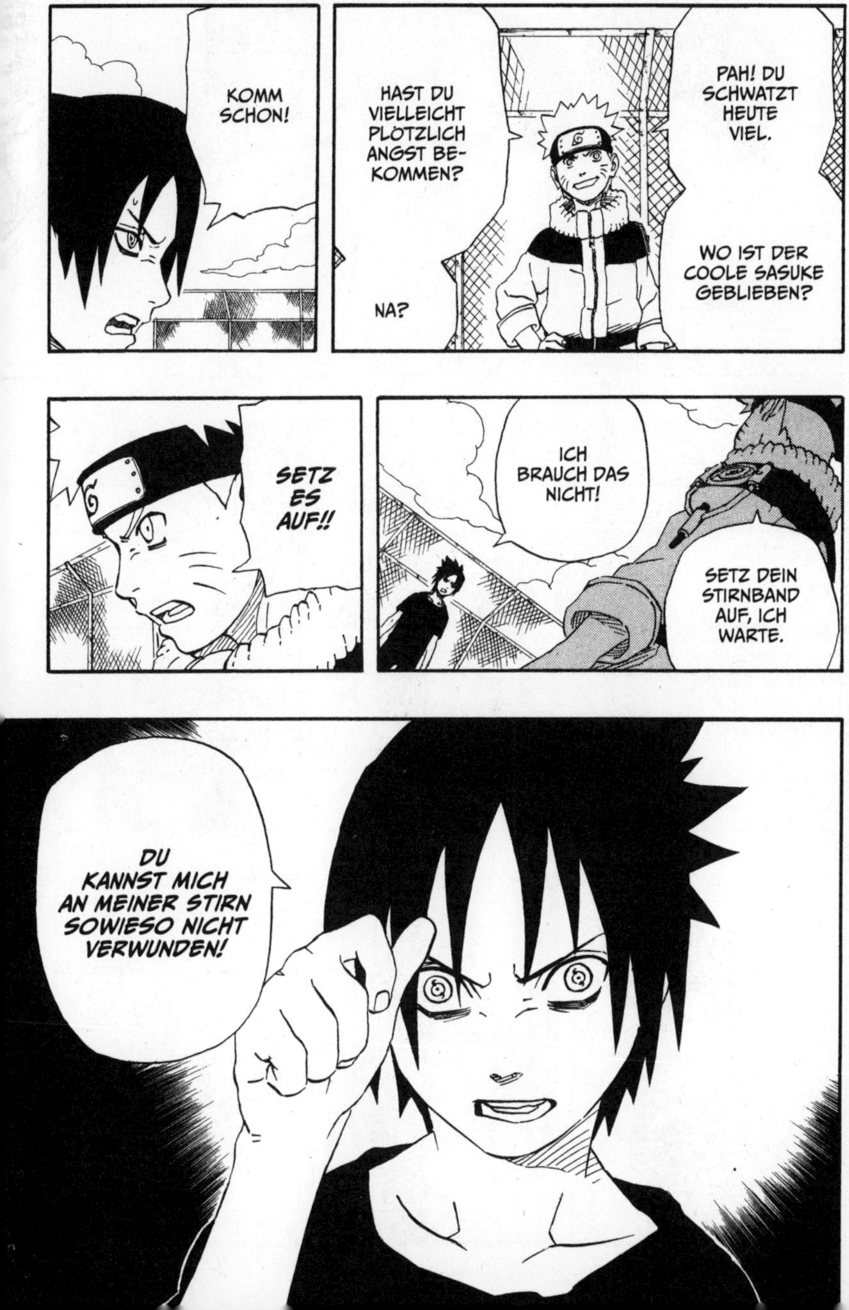
PAH! DU SCHWATZT HEUTE VIEL.
WO IST DER COOLE SASUKE GEBLIEBEN?
HAST DU VIELLEICHT PLÖTZLICH ANGST BE-KOMMEN?
NA?
KOMM SCHON!
SETZ DEIN STIRNBAND AUF, ICH WARTE.
ICH BRAUCH DAS NICHT!
SETZ ES AUF!!
DU KANNST MICH AN MEINER STIRN SOWIESO NICHT VERWUNDEN!

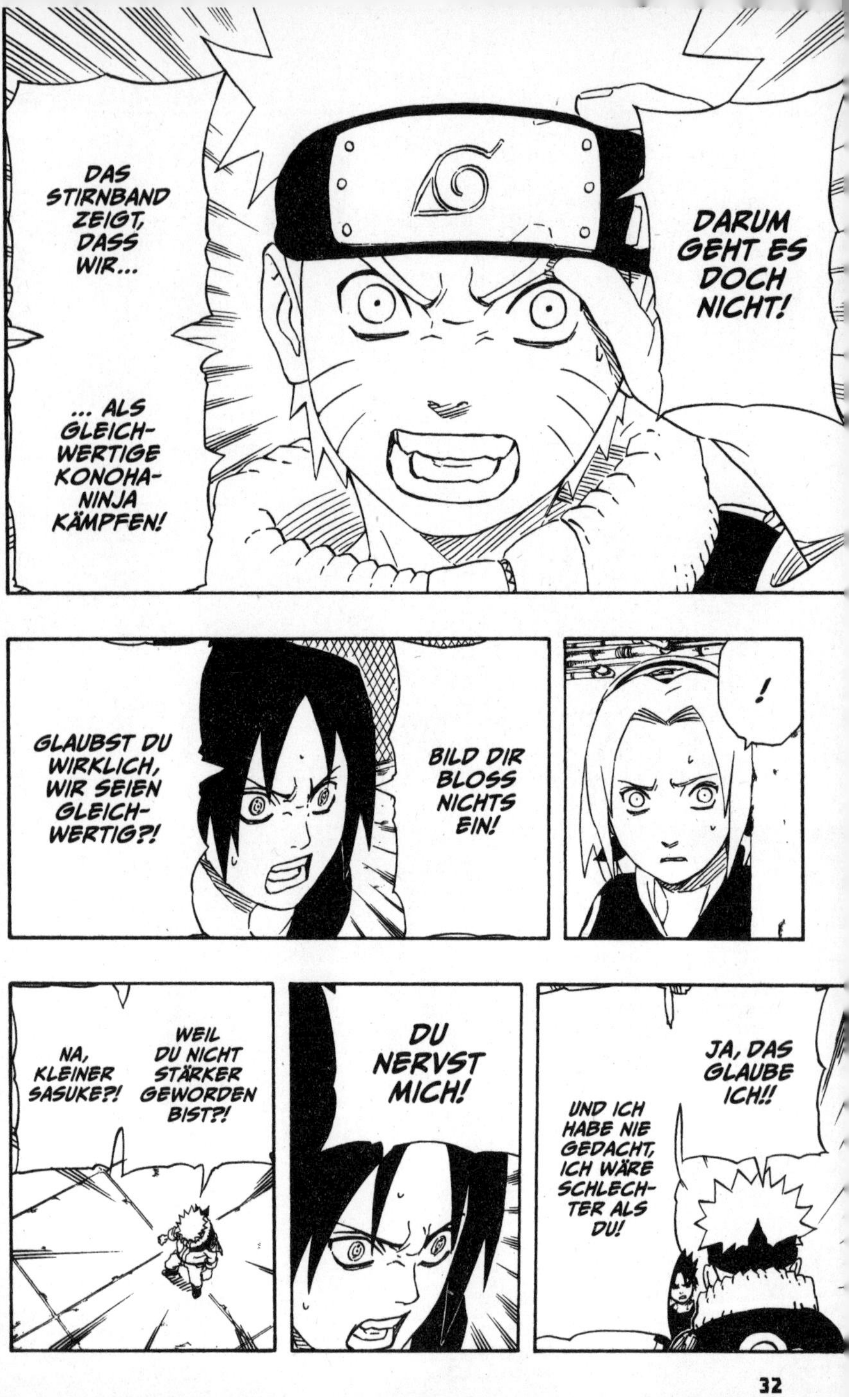
DARUM GEHT ES DOCH NICHT!
DAS STIRNBAND ZEIGT, DASS WIR...
... ALS GLEICH-WERTIGE KONOHA-NINJA KÄMPFEN!
!
BILD DIR BLOSS NICHTS EIN!
GLAUBST DU WIRKLICH, WIR SEIEN GLEICH-WERTIG?!
JA, DAS GLAUBE ICH!!
UND ICH HABE NIE GEDACHT, ICH WÄRE SCHLECH-TER ALS DU!
DU NERVST MICH!
WEIL DU NICHT STÄRKER GEWORDEN BIST?!
NA, KLEINER SASUKE?!

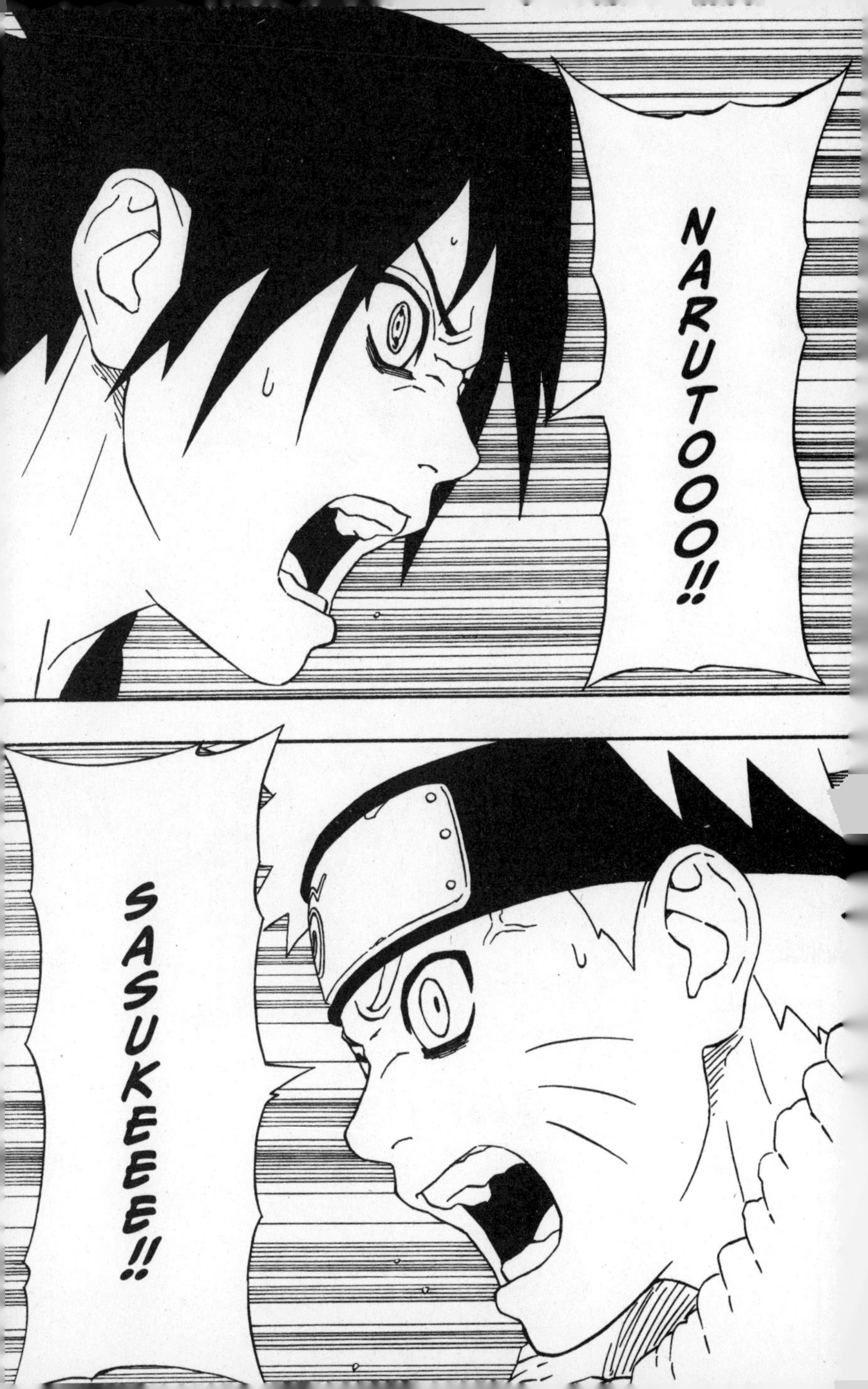
NARUTOOOO!!
SASUKEEEE!!

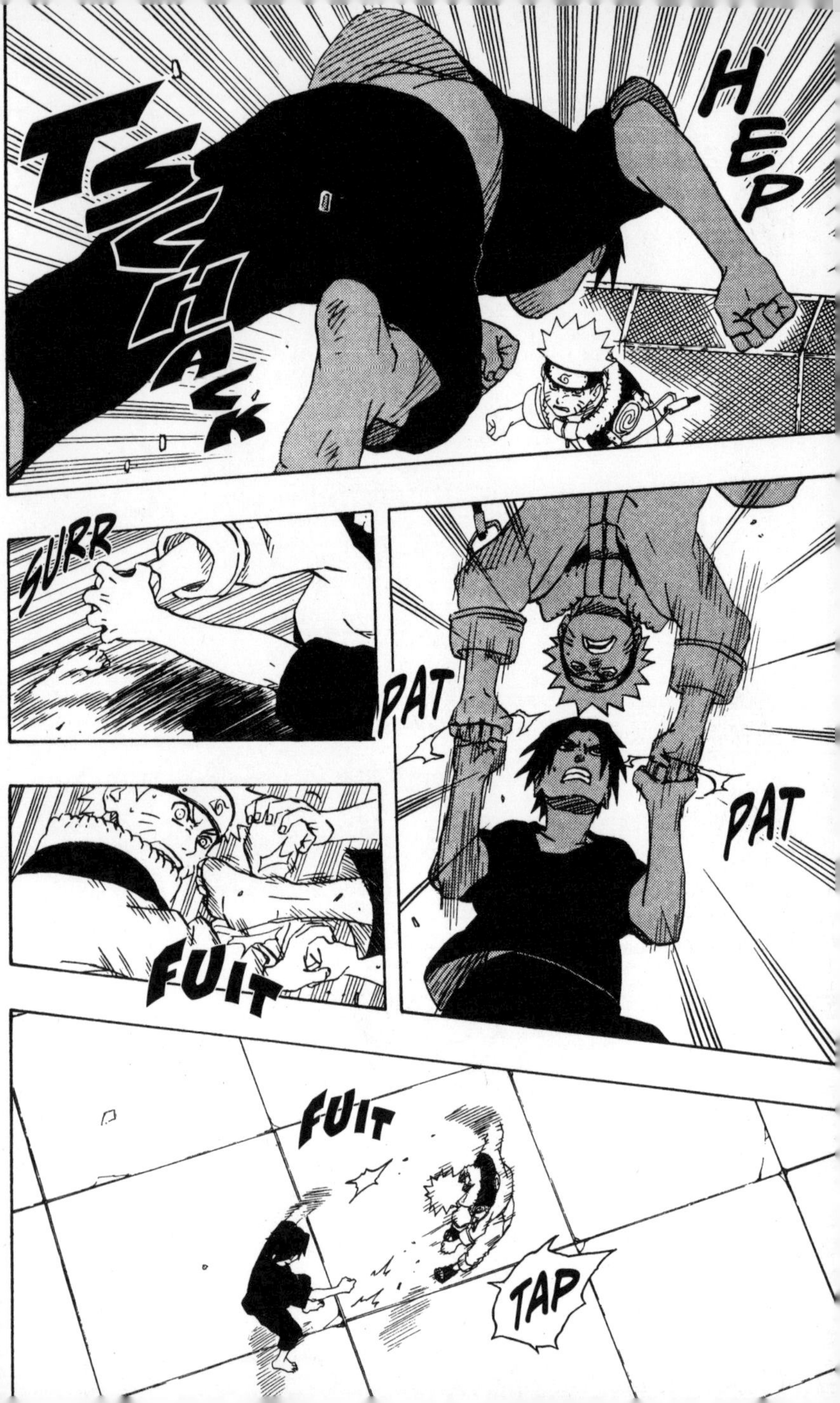
HEP
TSCHACK
SURR
PAT
PAT
FUIT
FUIT
TAP

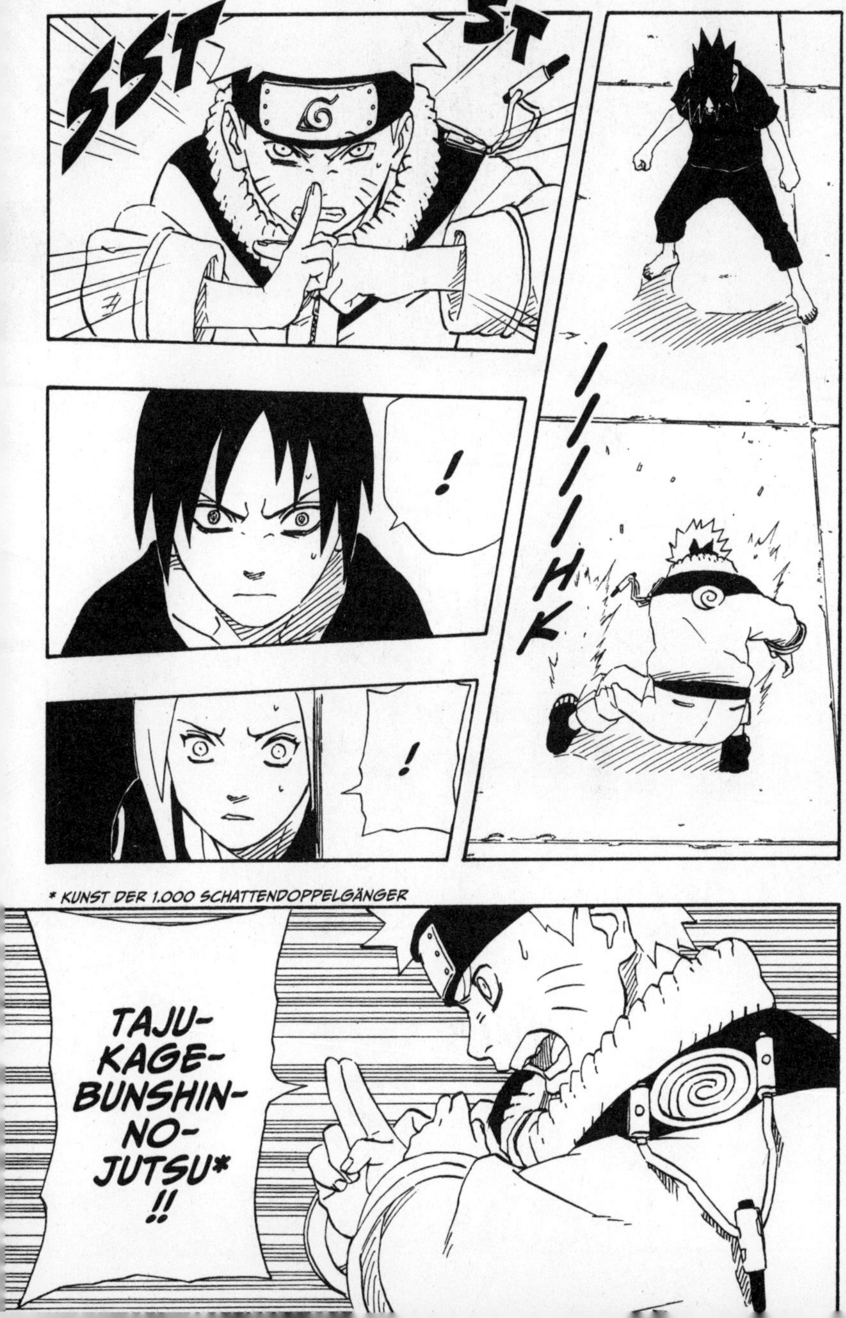

* KUNST DER 1.000 SCHATTENDOPPELGÄNGER

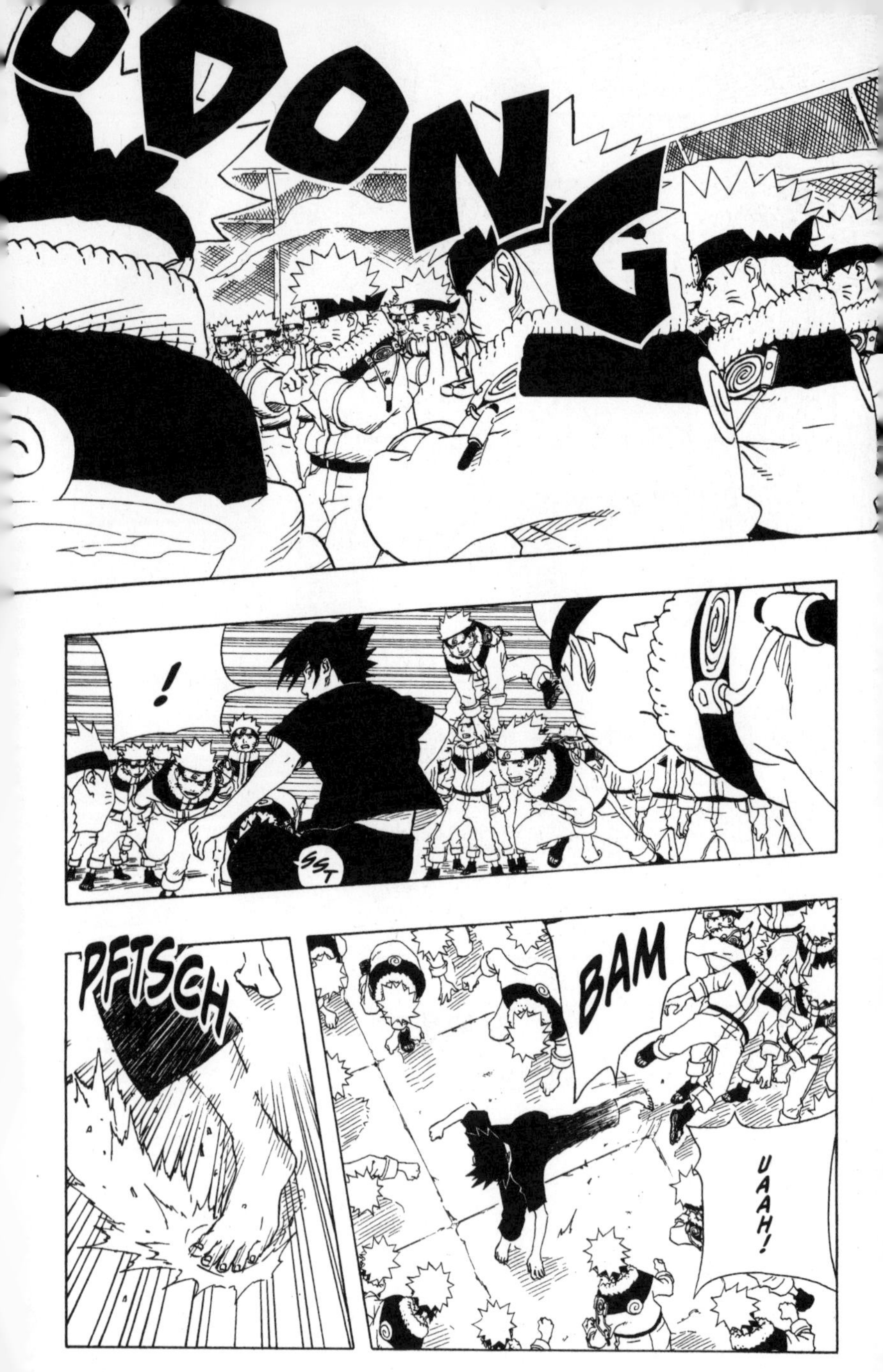
DONG
!
SST
BAM
PFTSCH
UAAH!

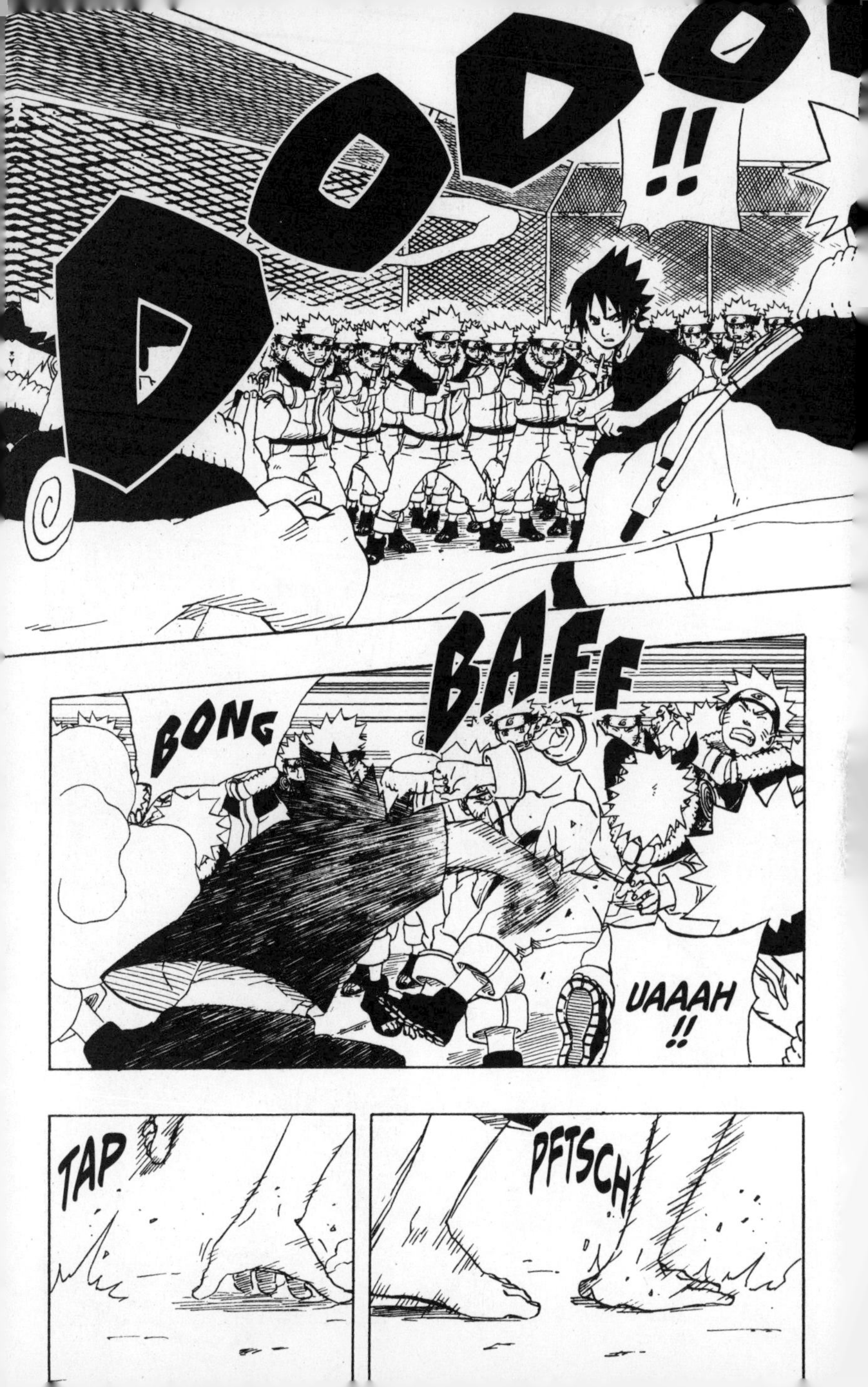
DOOOO
!!
BAFF
BONG
UAAAH
!!
TAP
PFTSCH

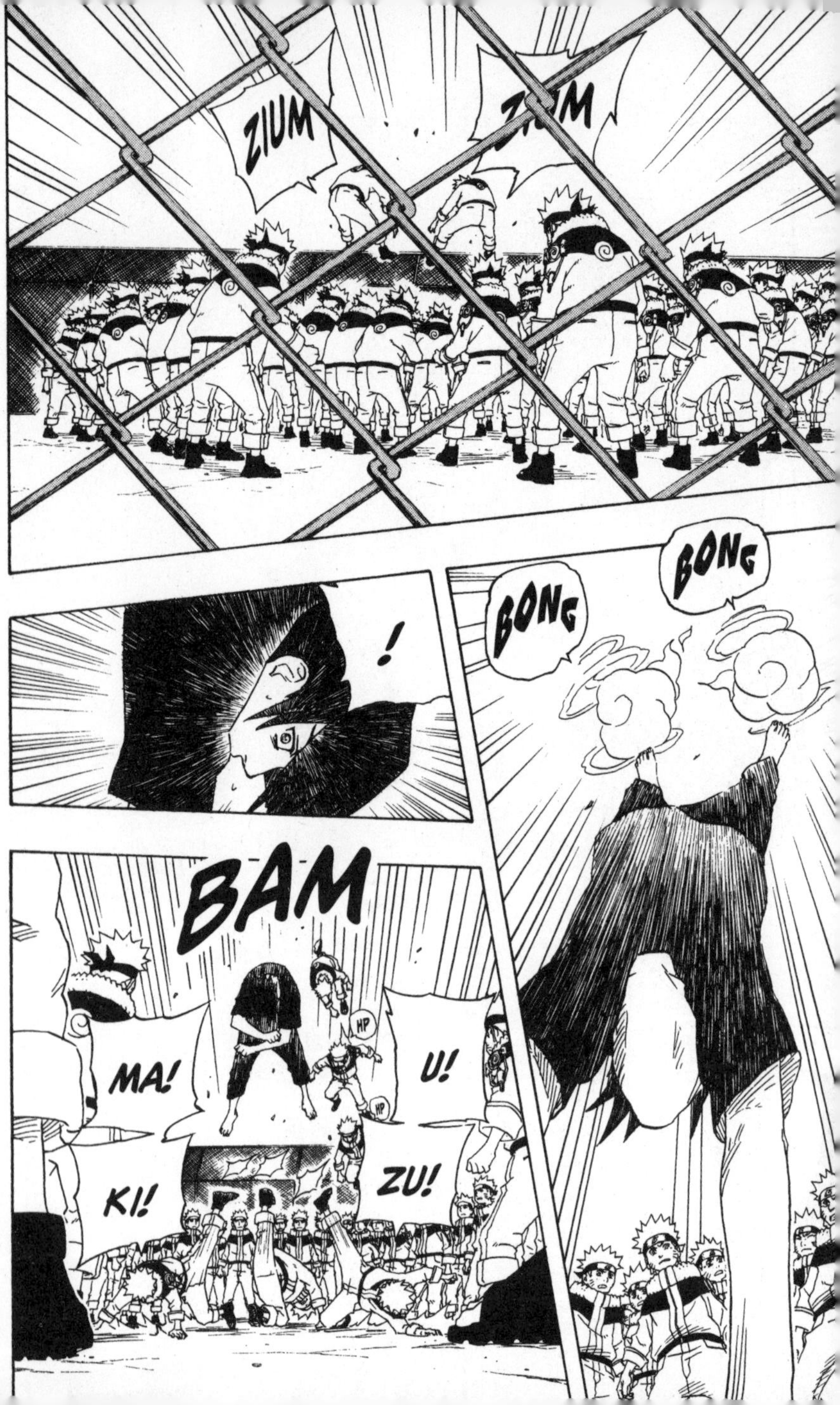
ZIUM
ZIUM
BONG
BONG
!
BAM
U!
ZU!
MA!
KI!

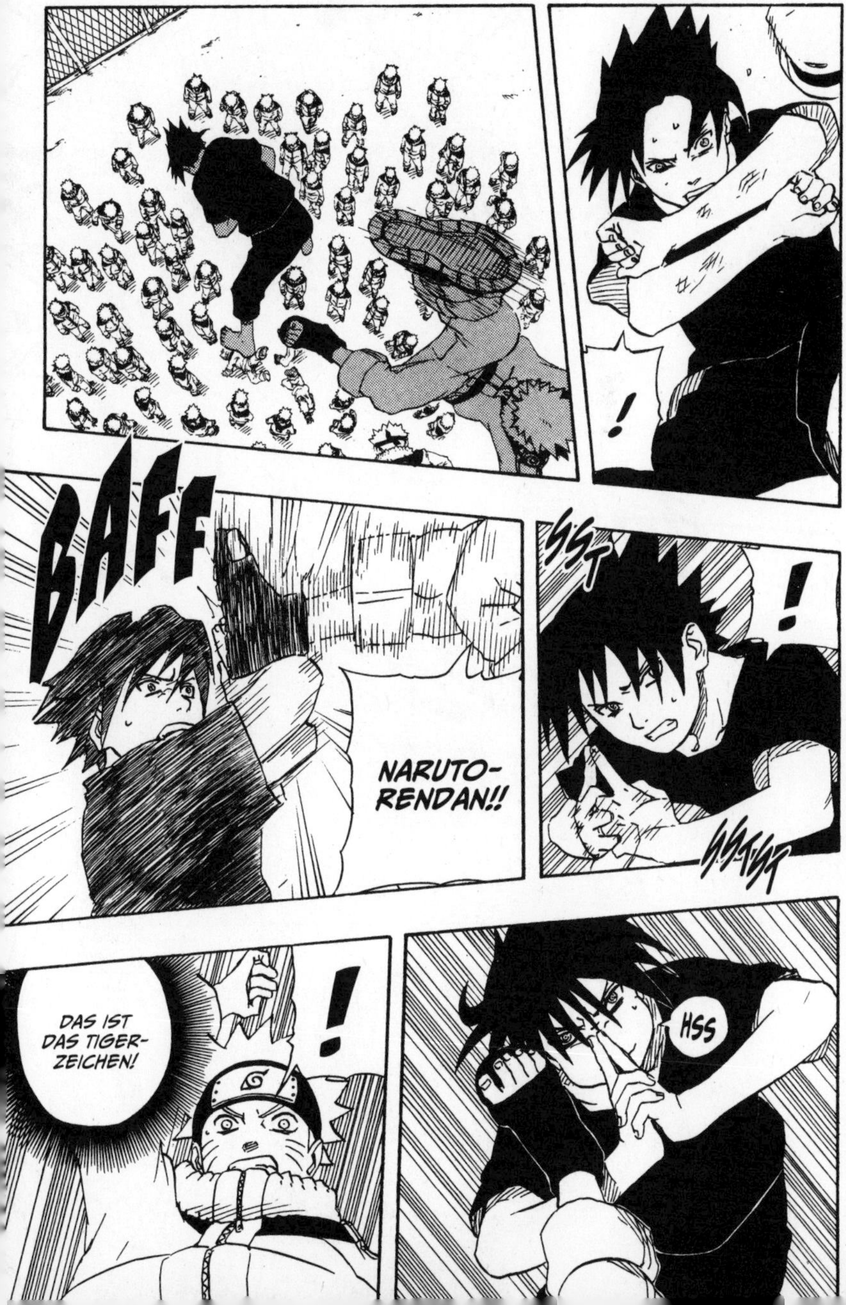
!
BAFF
NARUTO-
RENDAN!!
SST
!
SSTSST
!
DAS IST
DAS TIGER-
ZEICHEN!
HSS

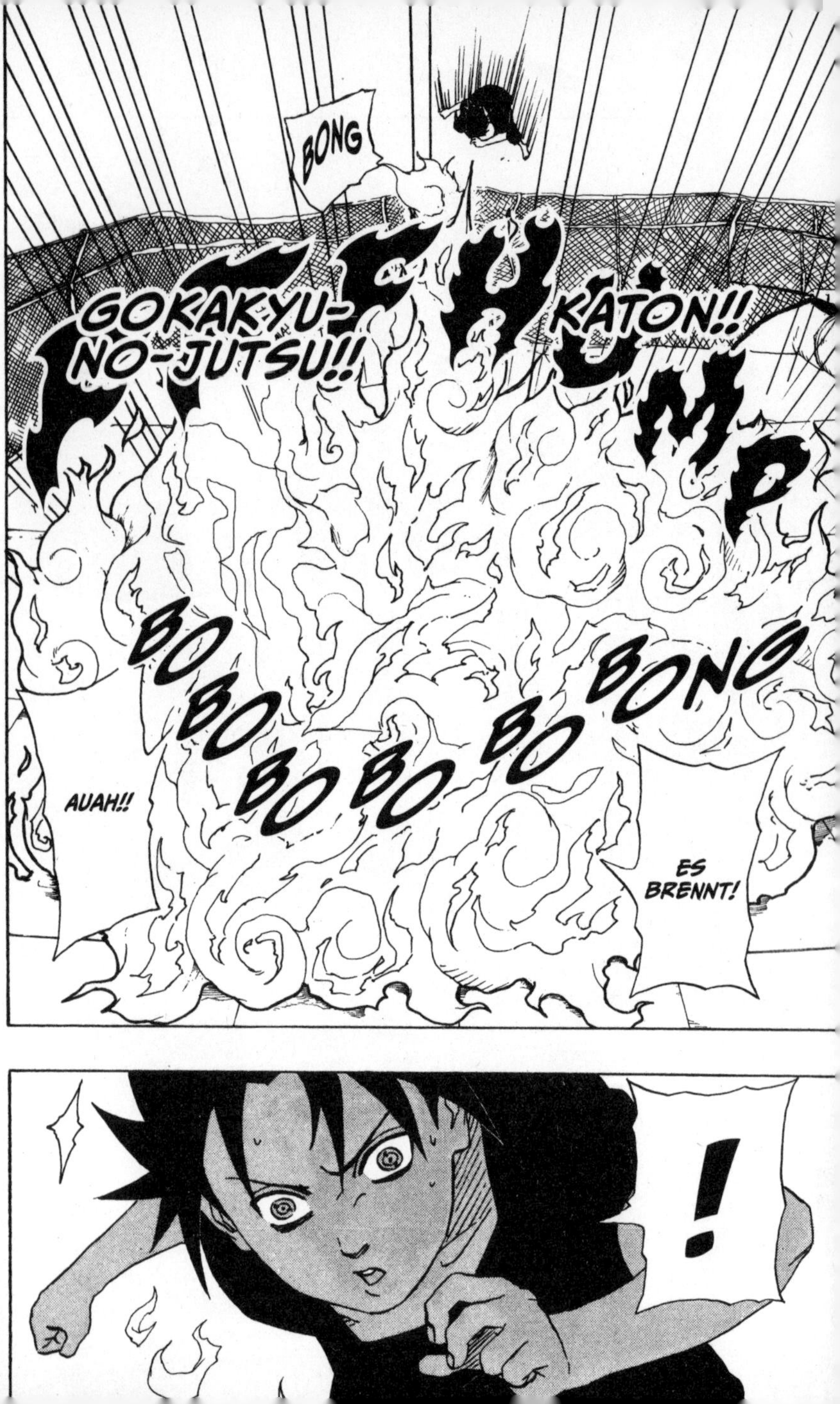
BONG
KATON!!
GOKAKYU-NO-JUTSU!!
BO BO BO BO BO BO BONG
ES BRENNT!
AUAH!!
!

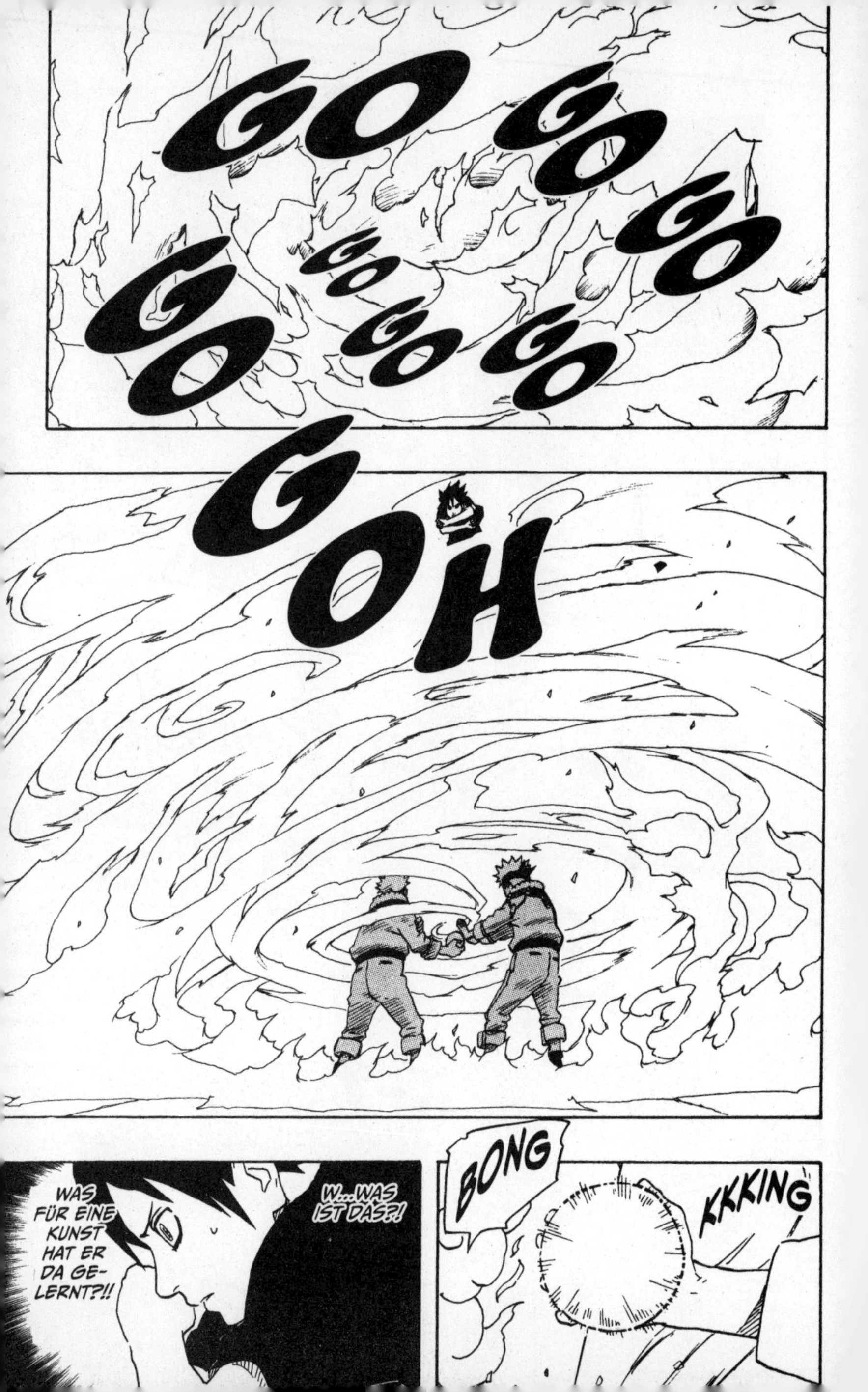
GO GO GO GO GO GO GO
GOH
BONG
KKKING
W...WAS IST DAS?!
WAS FÜR EINE KUNST HAT ER DA GELERNT?!!

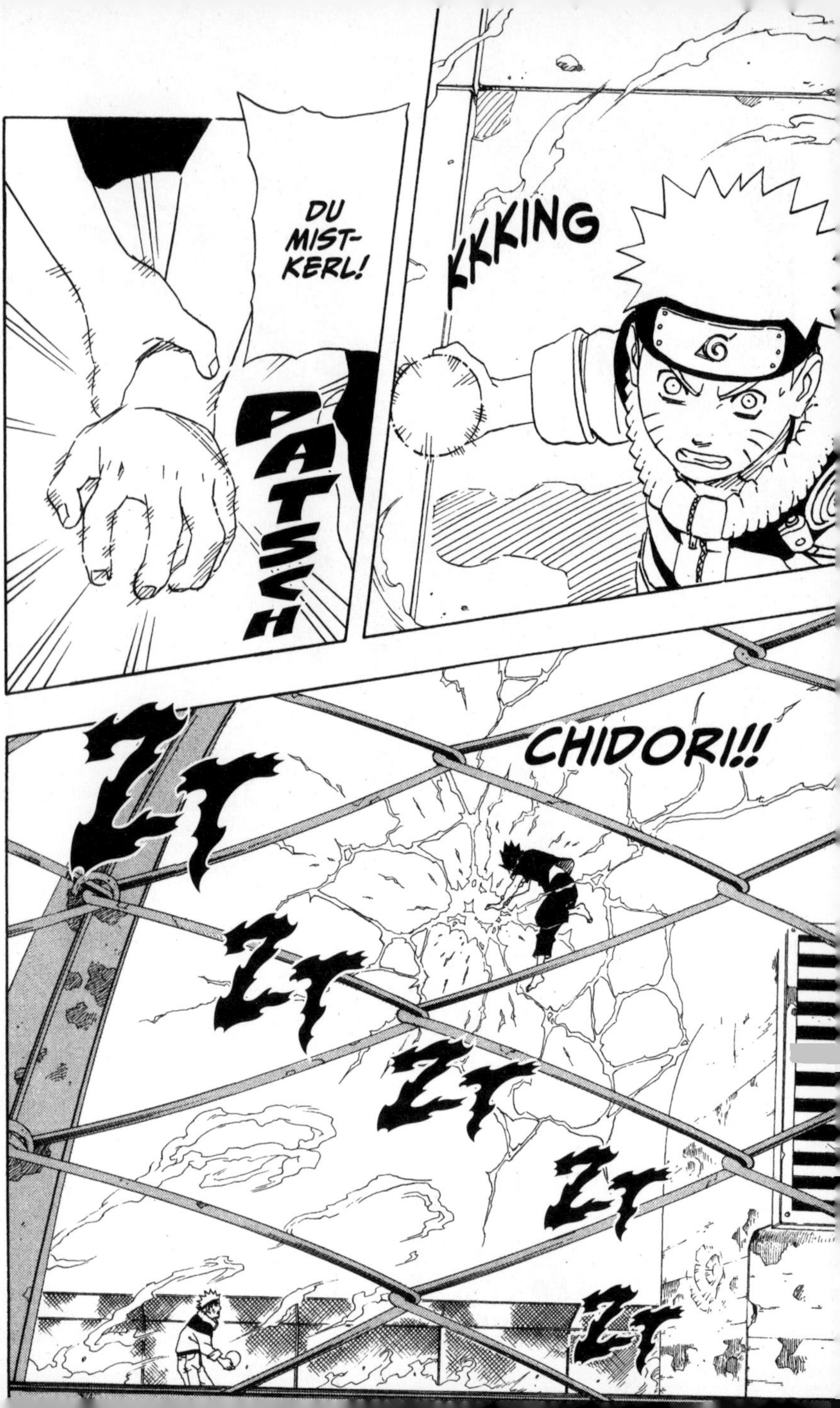
KKKING
DU MIST-KERL!
PATSCH
CHIDORI!!
ZT
ZT
ZT
ZT
ZT

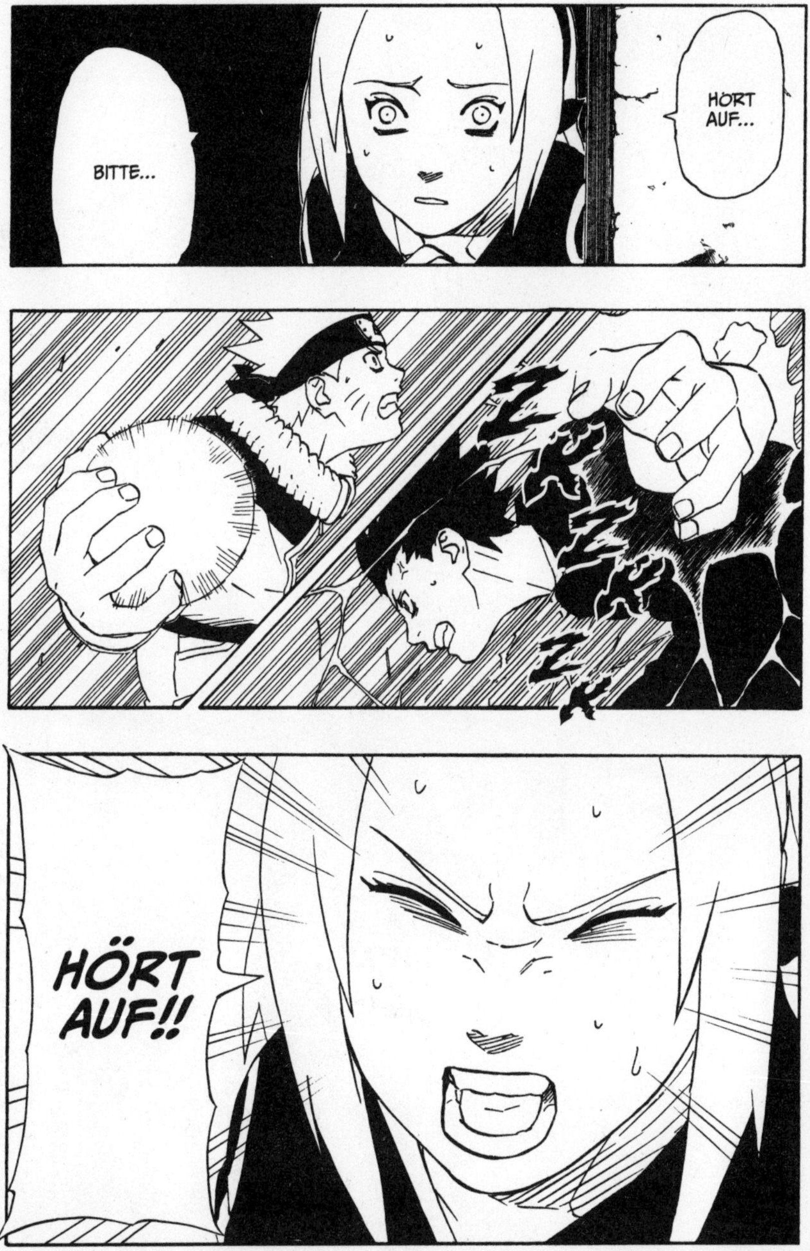
HÖRT AUF...
BITTE...
HÖRT AUF!!

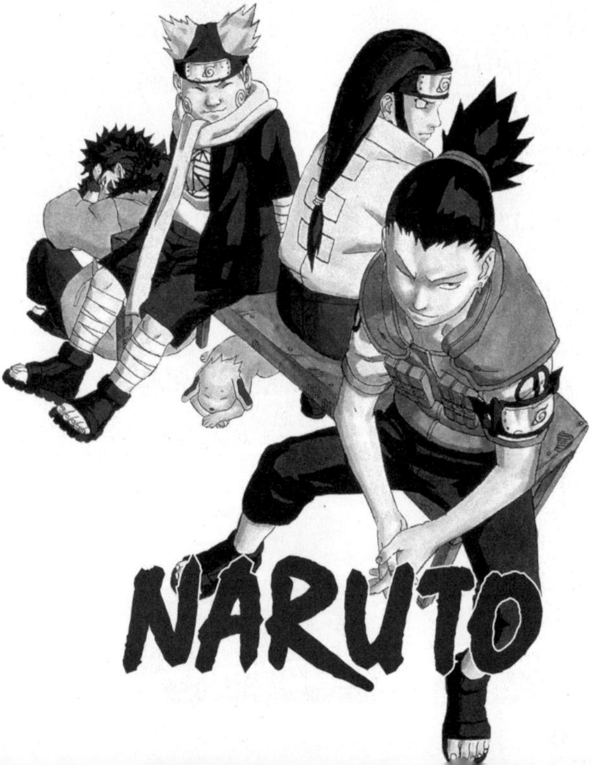
NARUTO

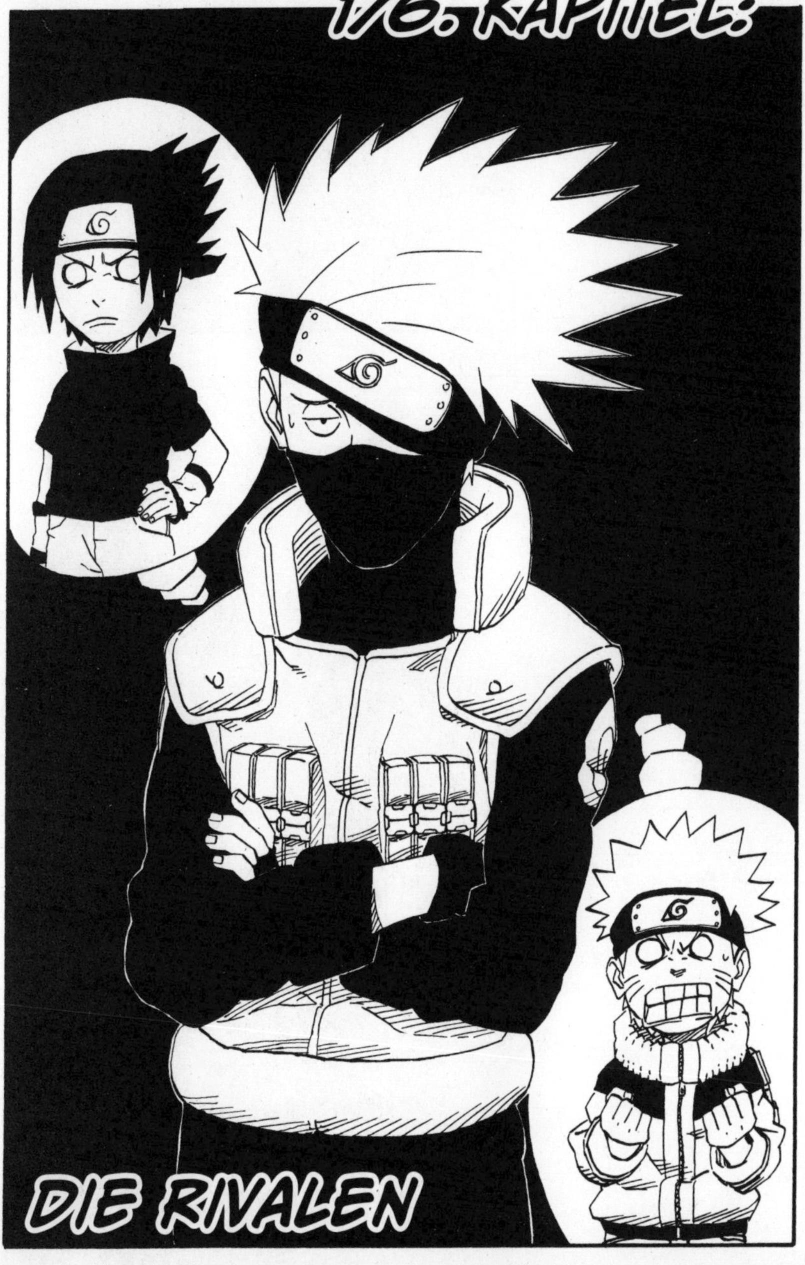
176. KAPITEL:
DIE RIVALEN

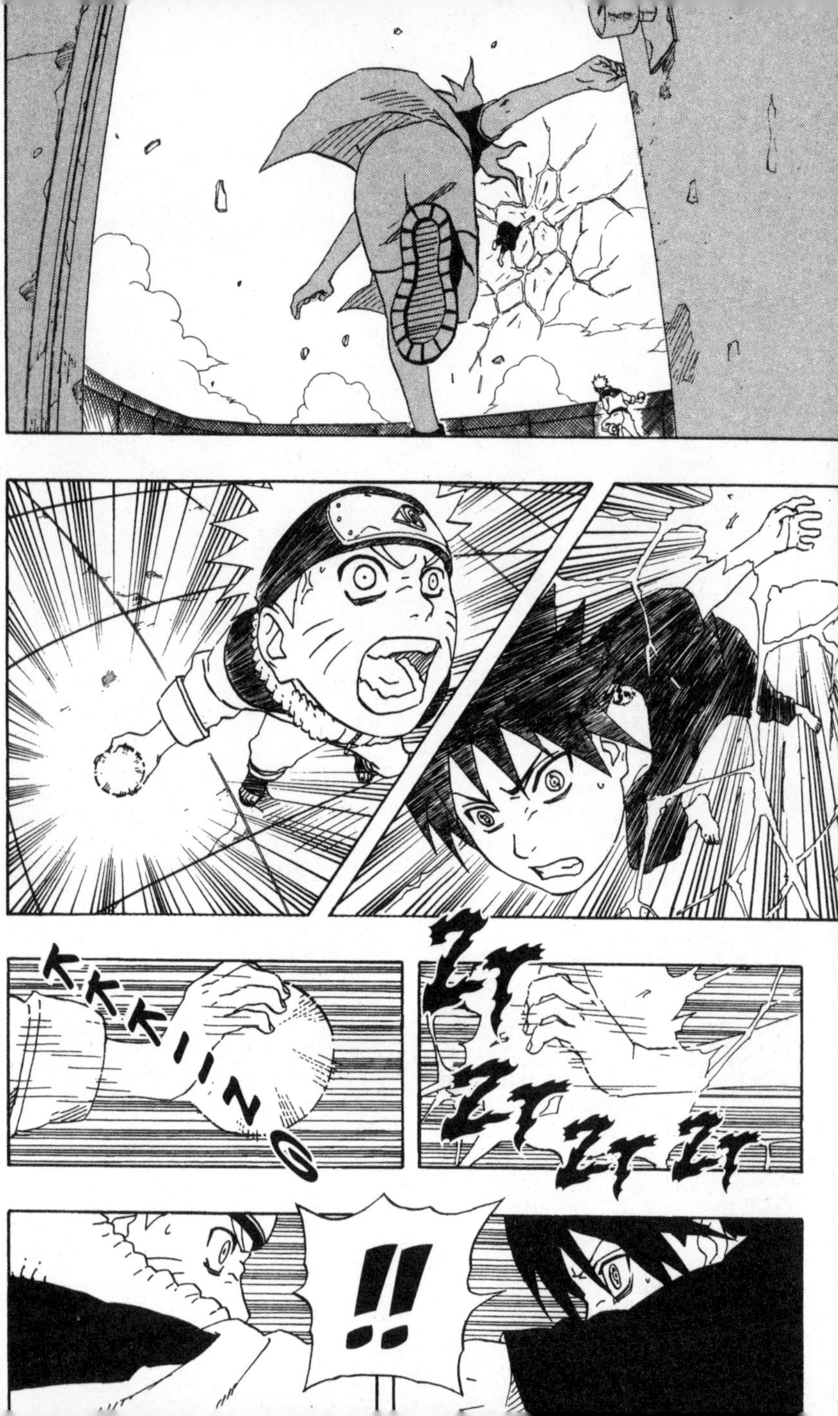

KKKIIING
ZT
ZT
ZT ZT
!!

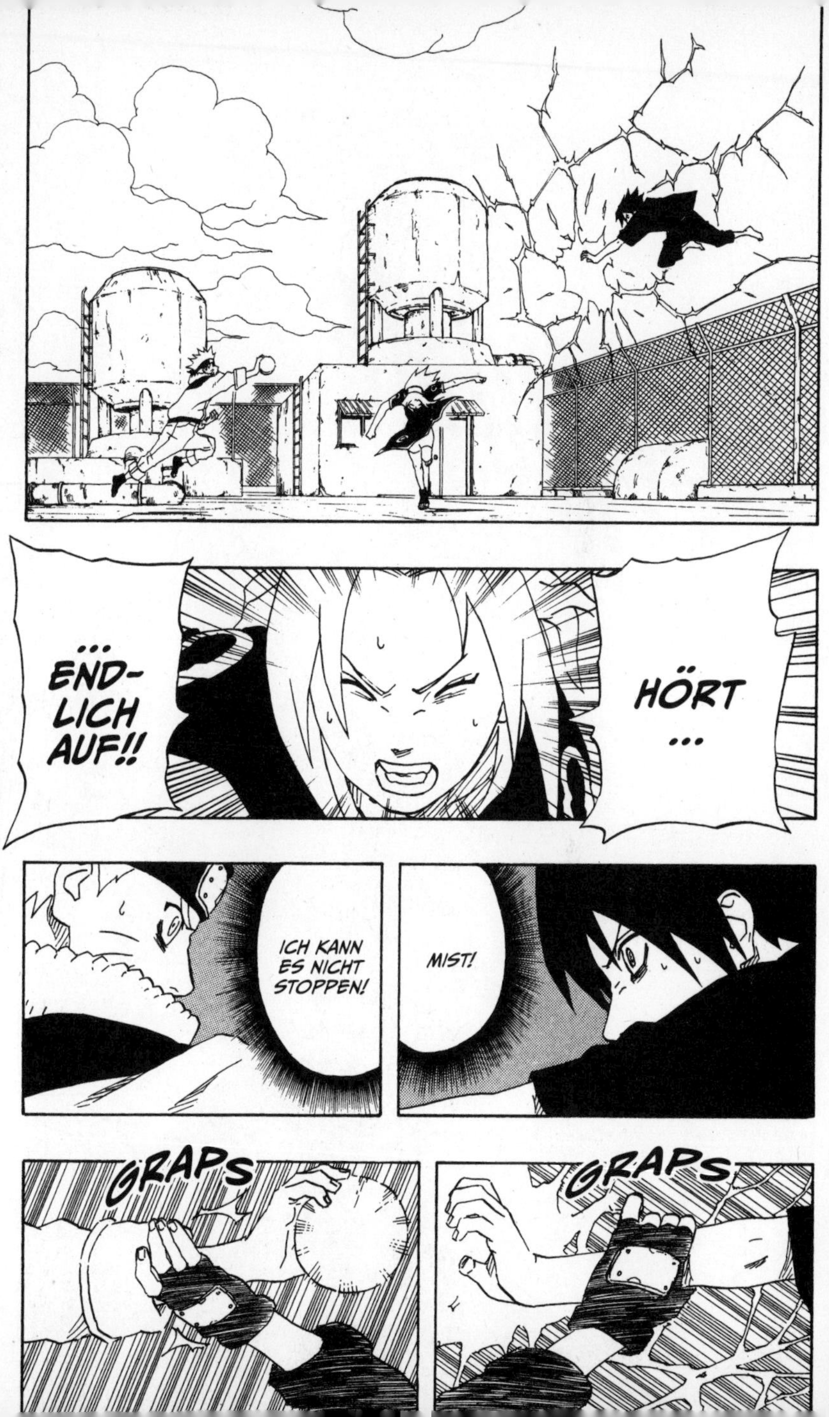
HÖRT ...
... END-
LICH
AUF!!
MIST!
ICH KANN
ES NICHT
STOPPEN!
GRAPS
GRAPS

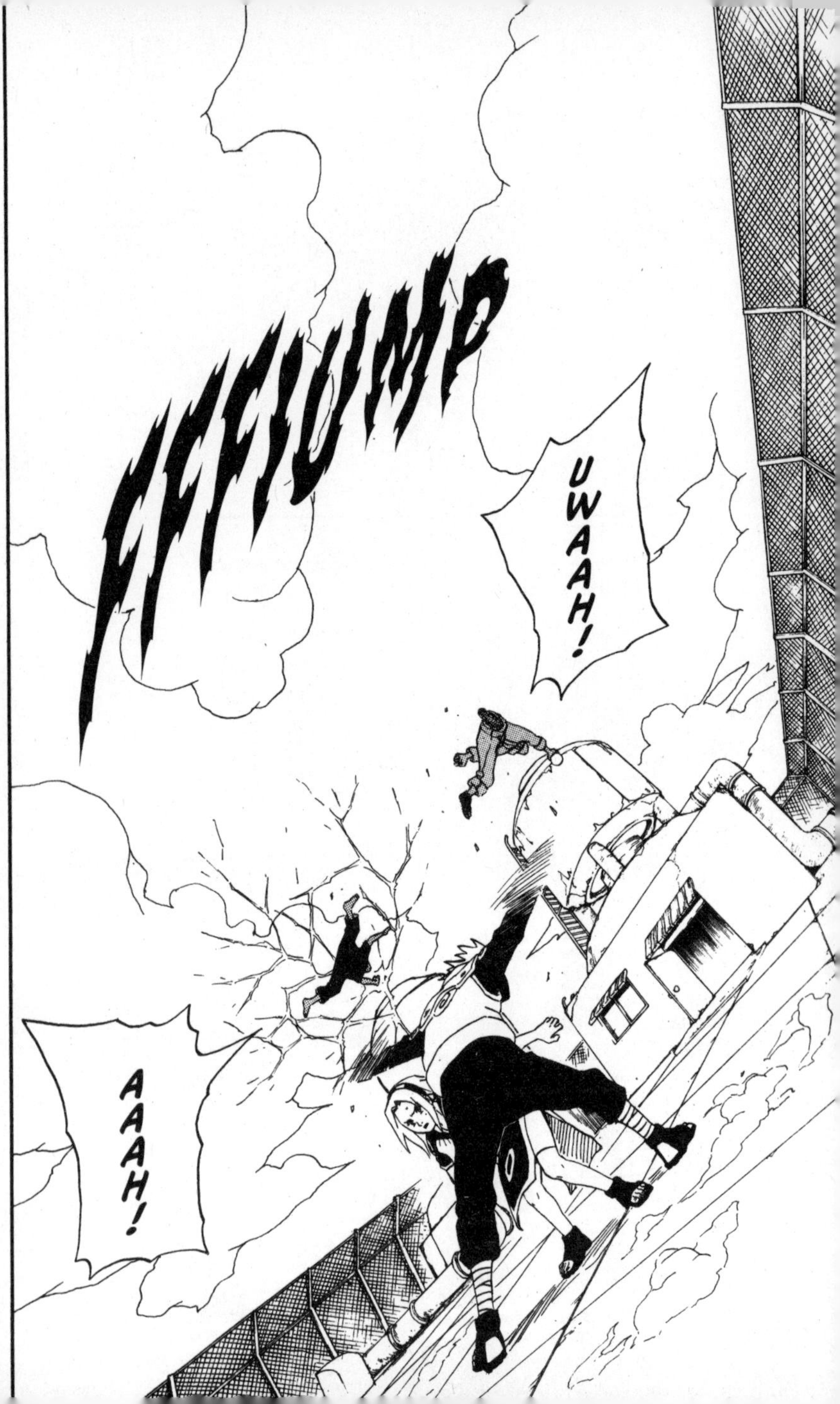
FFFUMP
UWAAAH!
AAAAH!

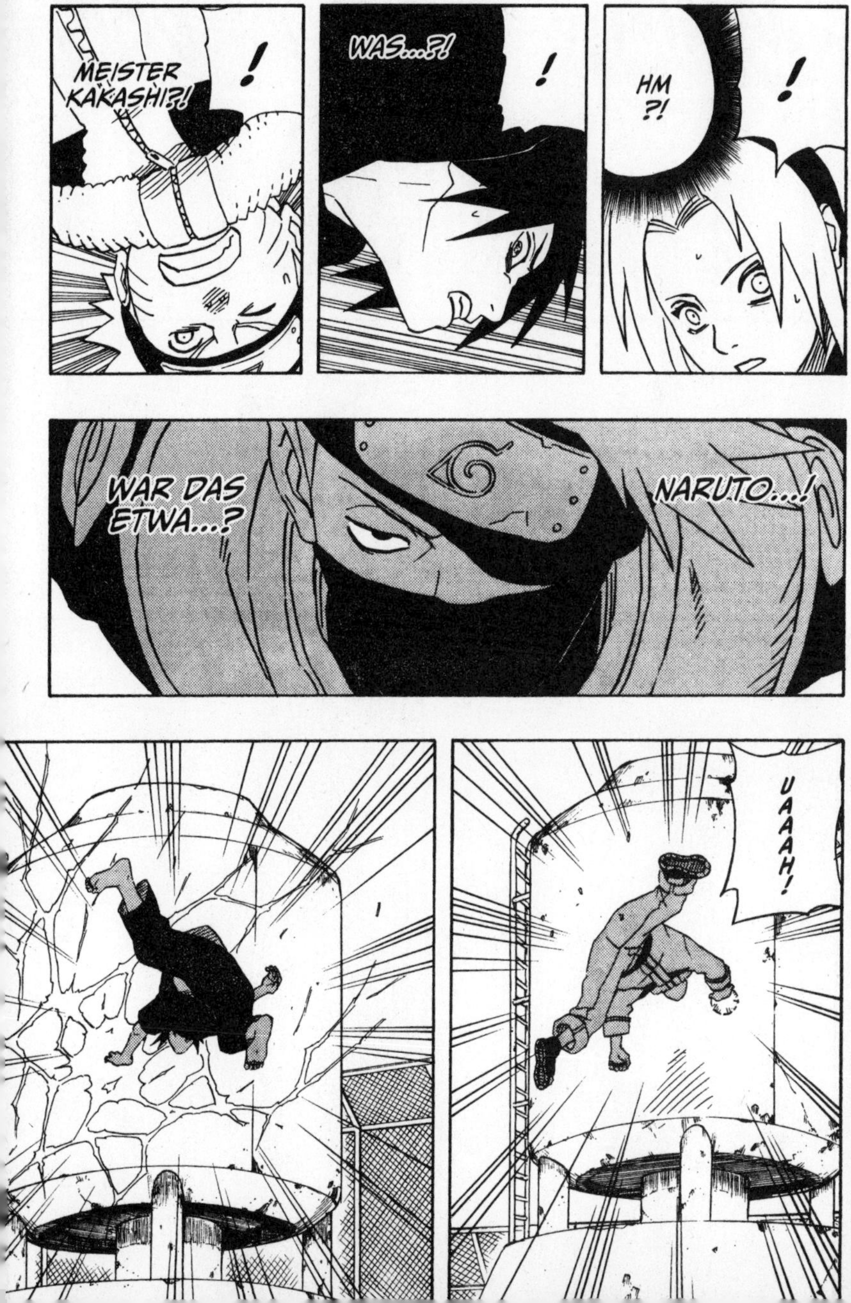
!
MEISTER KAKASHI?!
!
WAS...?!
!
HM ?!
NARUTO...!
WAR DAS ETWA...?
UAAAAH!
!

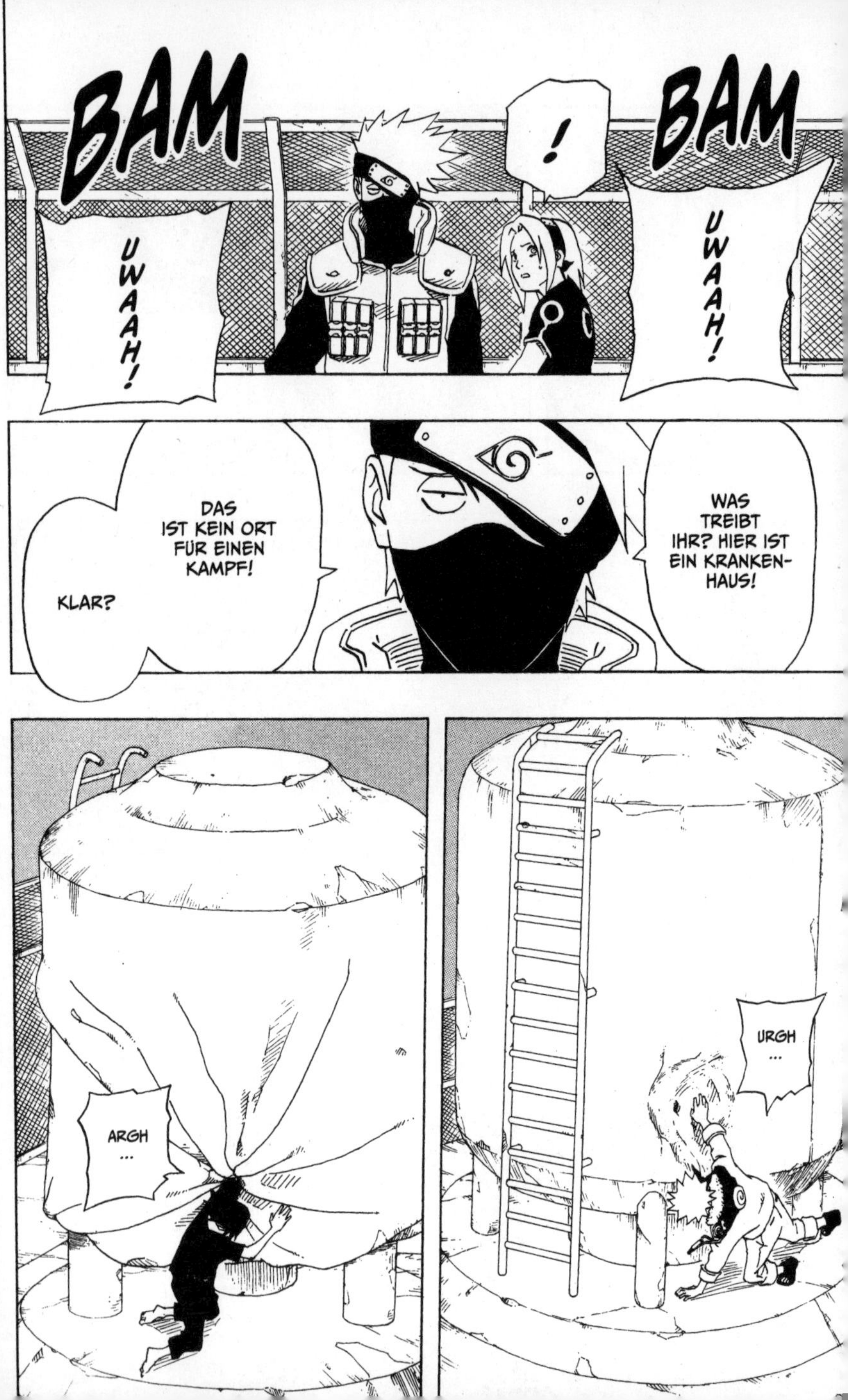
BAM
!
BAM
UWAAH!
UWAAH!
WAS TREIBT IHR? HIER IST EIN KRANKEN-HAUS!
DAS IST KEIN ORT FÜR EINEN KAMPF!
KLAR?
URGH ...
ARGH ...

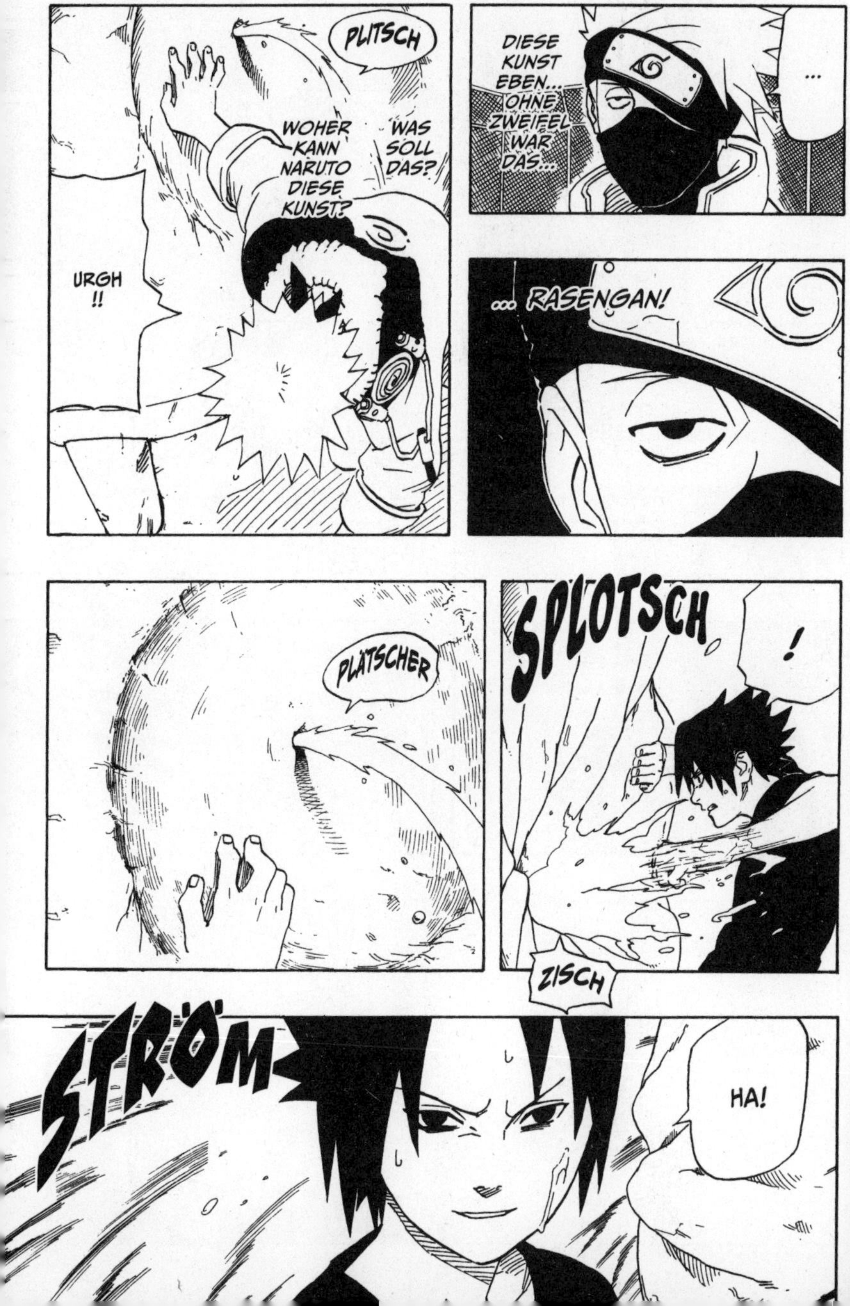
DIESE KUNST EBEN... OHNE ZWEIFEL WAR DAS...
...
PLITSCH
WAS SOLL DAS?
WOHER KANN NARUTO DIESE KUNST?
URGH !!
... RASENGAN!
SPLOTSCH
!
ZISCH
PLÄTSCHER
HA!
STRÖM

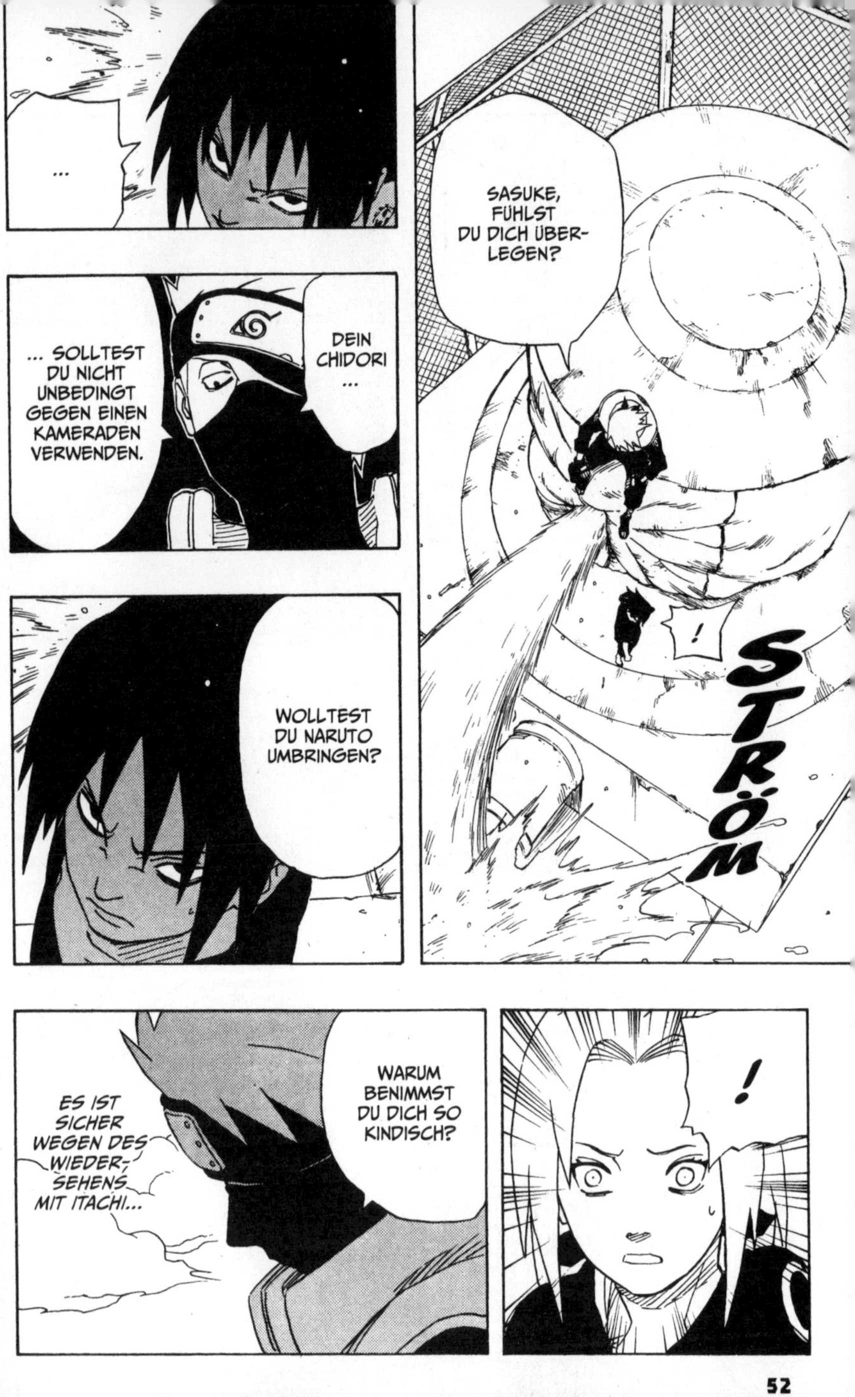

SASUKE, FÜHLST DU DICH ÜBER-LEGEN?
!
STRÖM
...
DEIN CHIDORI ...
... SOLLTEST DU NICHT UNBEDINGT GEGEN EINEN KAMERADEN VERWENDEN.
WOLLTEST DU NARUTO UMBRINGEN?
!
WARUM BENIMMST DU DICH SO KINDISCH?
ES IST SICHER WEGEN DES WIEDER-SEHENS MIT ITACHI...

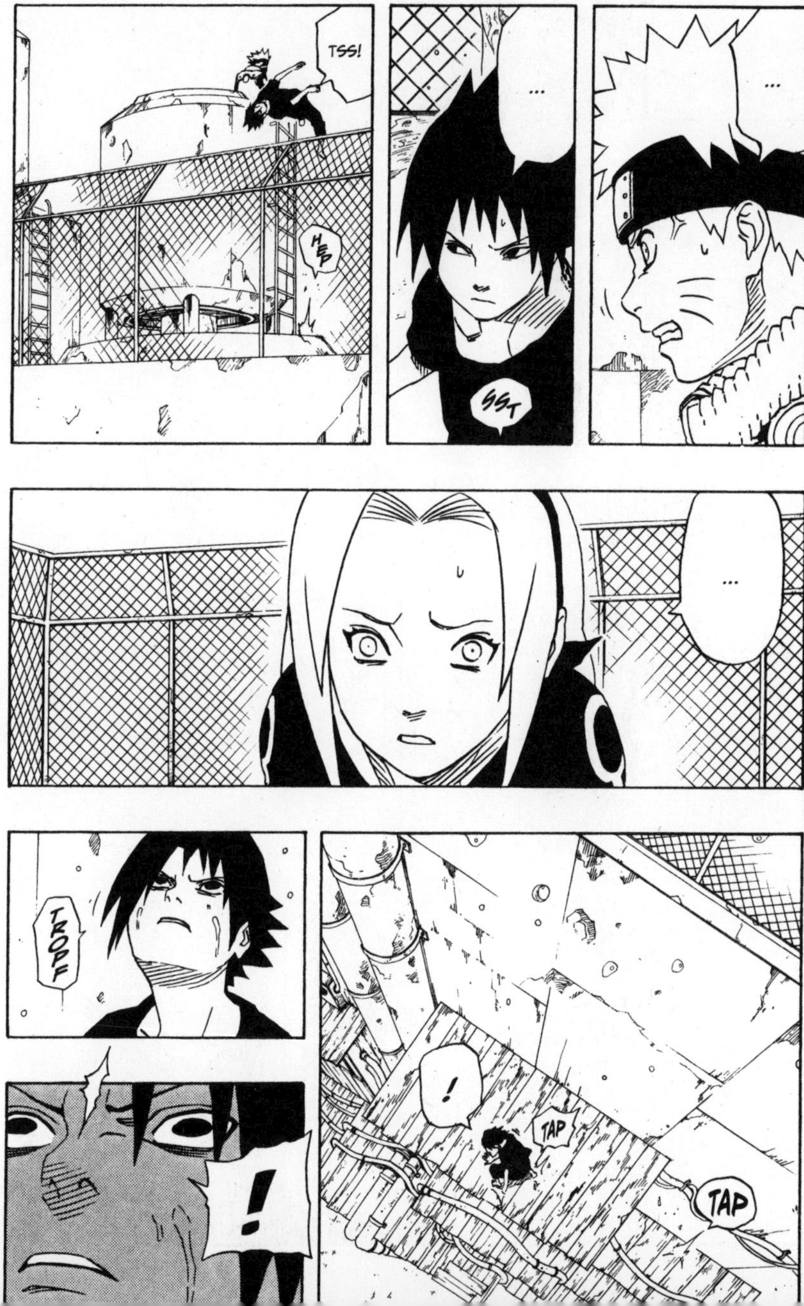
...
SST
...
TSS!
HEP
...
TROPP
!
TAP
TAP
!

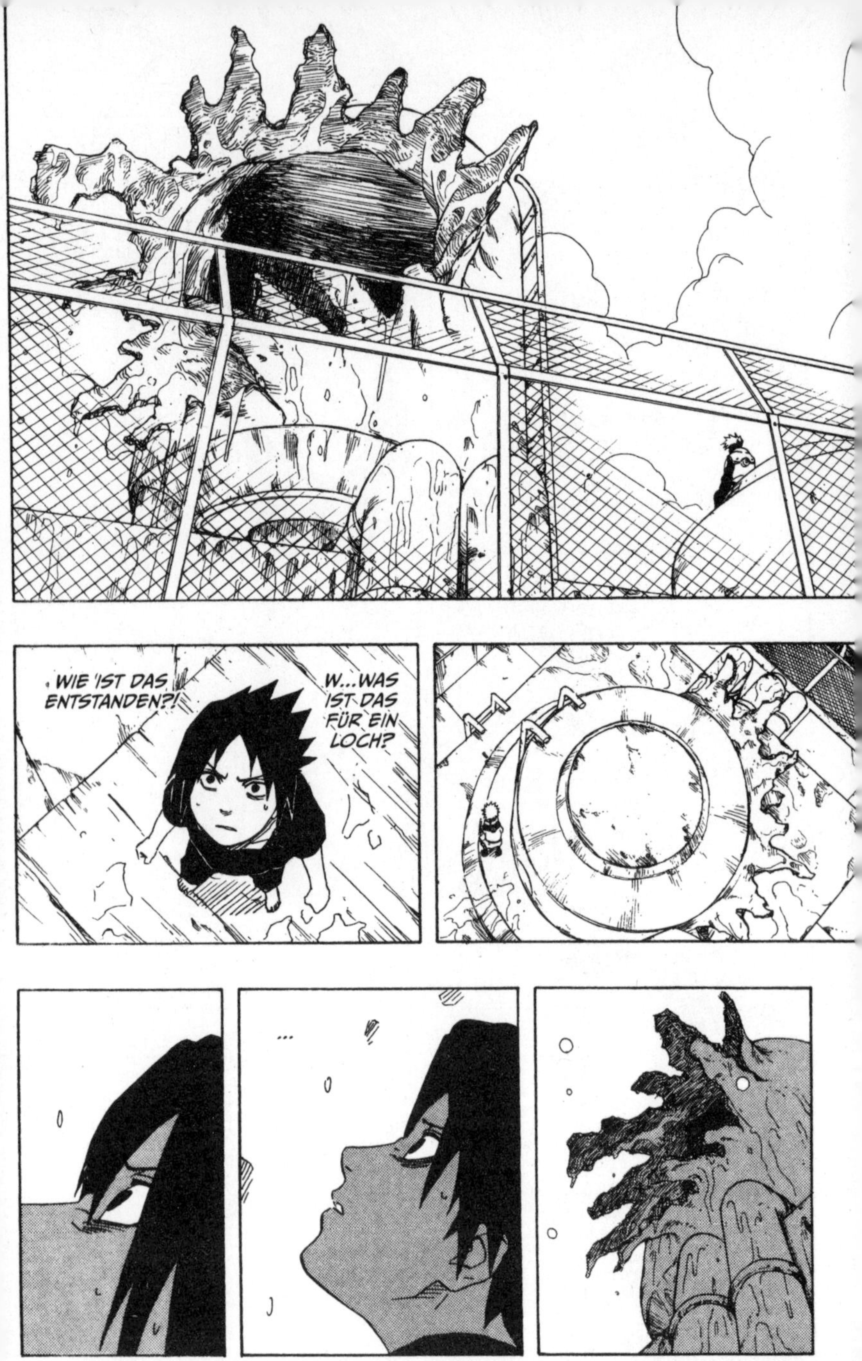
W...WAS IST DAS FÜR EIN LOCH?
WIE IST DAS ENTSTANDEN?!
...

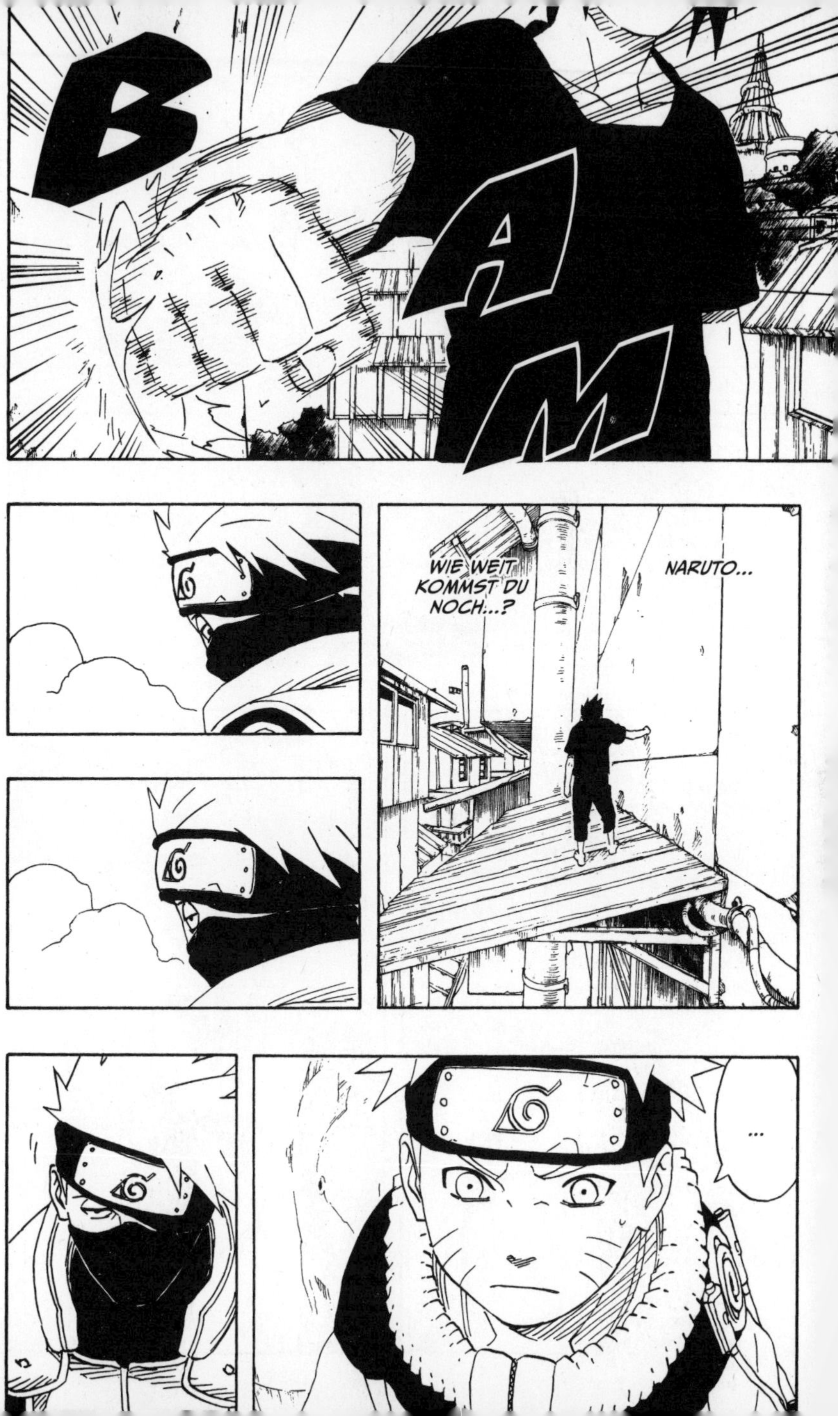
BAM
NARUTO...
WIE WEIT KOMMST DU NOCH...?
...

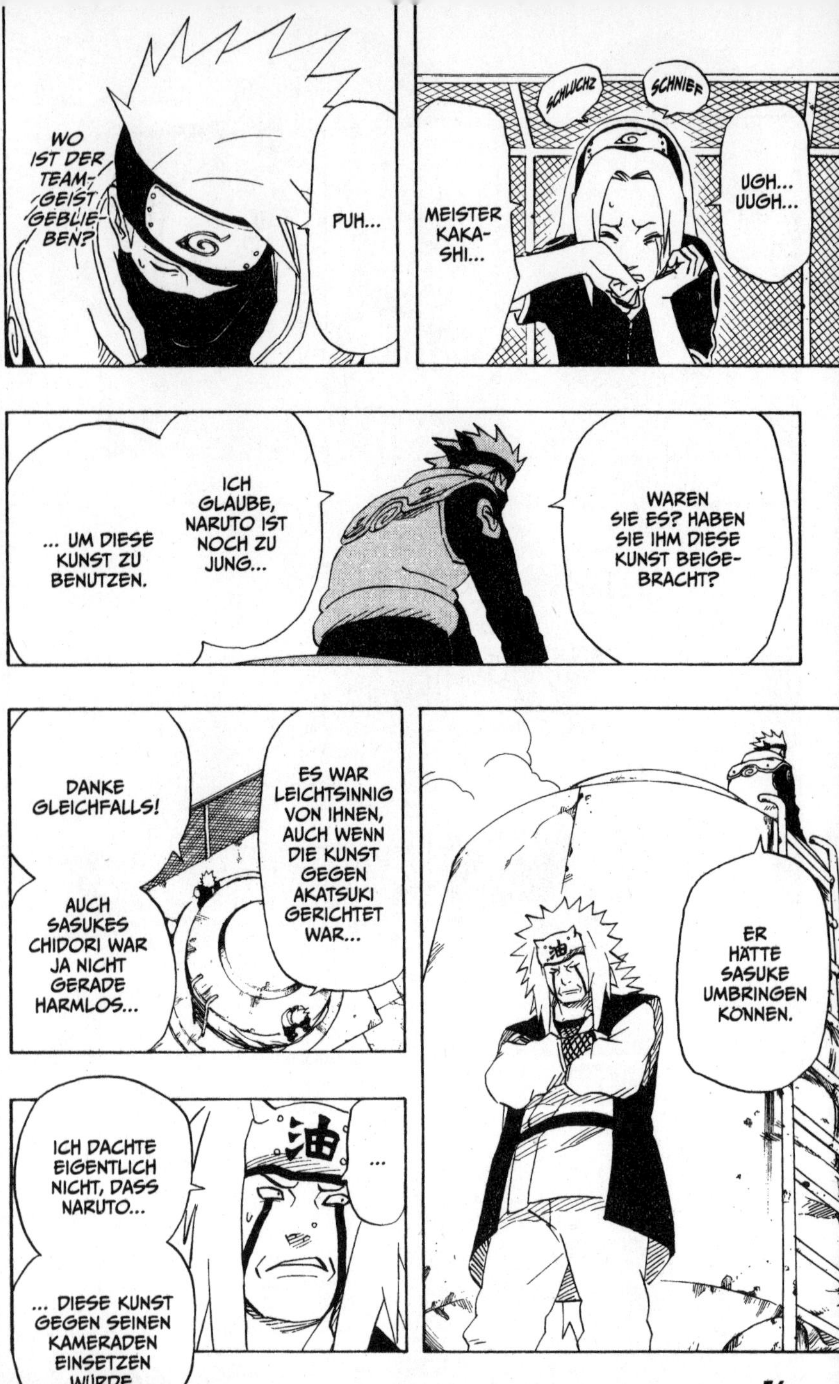
SCHLUCHZ
SCHNIEF
UGH... UUGH...
MEISTER KAKASHI...
PUH...
WO IST DER TEAMGEIST GEBLIEBEN?
WAREN SIE ES? HABEN SIE IHM DIESE KUNST BEIGEBRACHT?
ICH GLAUBE, NARUTO IST NOCH ZU JUNG...
... UM DIESE KUNST ZU BENUTZEN.
ER HÄTTE SASUKE UMBRINGEN KÖNNEN.
ES WAR LEICHTSINNIG VON IHNEN, AUCH WENN DIE KUNST GEGEN AKATSUKI GERICHTET WAR...
DANKE GLEICHFALLS!
AUCH SASUKES CHIDORI WAR JA NICHT GERADE HARMLOS...
...
ICH DACHTE EIGENTLICH NICHT, DASS NARUTO...
... DIESE KUNST GEGEN SEINEN KAMERADEN EINSETZEN WÜRDE.

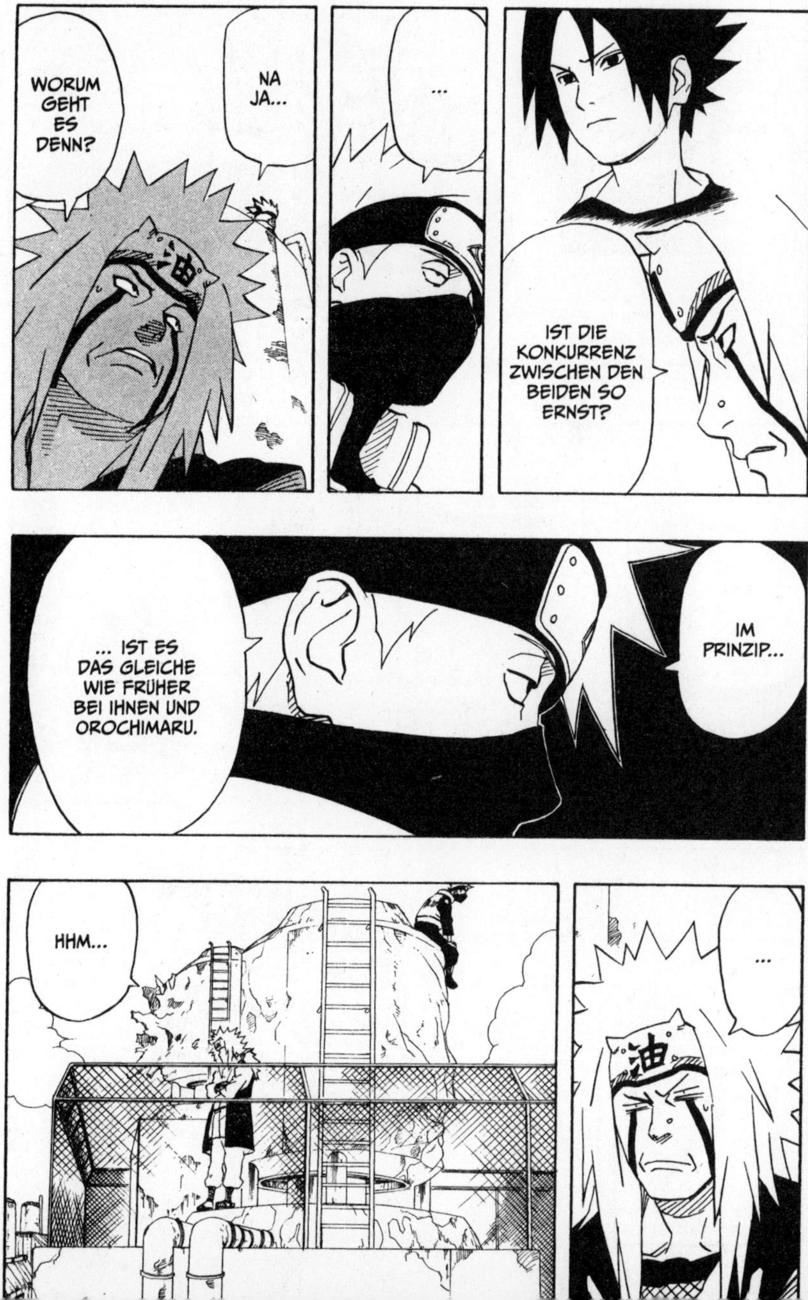
IST DIE KONKURRENZ ZWISCHEN DEN BEIDEN SO ERNST?
...
NA JA...
WORUM GEHT ES DENN?
IM PRINZIP...
... IST ES DAS GLEICHE WIE FRÜHER BEI IHNEN UND OROCHIMARU.
...
HHM...

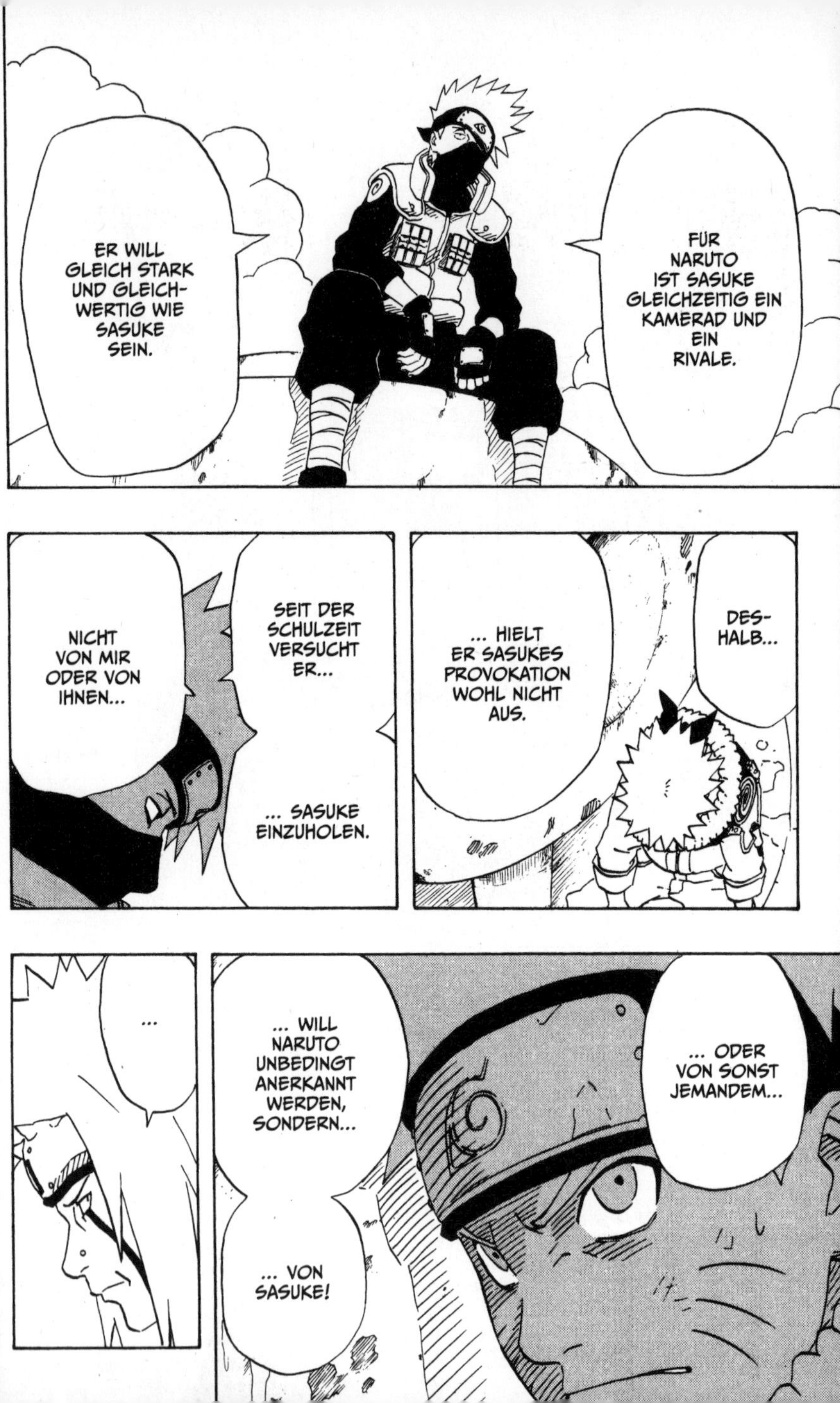
FÜR NARUTO IST SASUKE GLEICHZEITIG EIN KAMERAD UND EIN RIVALE.
ER WILL GLEICH STARK UND GLEICHWERTIG WIE SASUKE SEIN.
DESHALB...
... HIELT ER SASUKES PROVOKATION WOHL NICHT AUS.
SEIT DER SCHULZEIT VERSUCHT ER...
... SASUKE EINZUHOLEN.
NICHT VON MIR ODER VON IHNEN...
... ODER VON SONST JEMANDEM...
... WILL NARUTO UNBEDINGT ANERKANNT WERDEN, SONDERN...
... VON SASUKE!
...

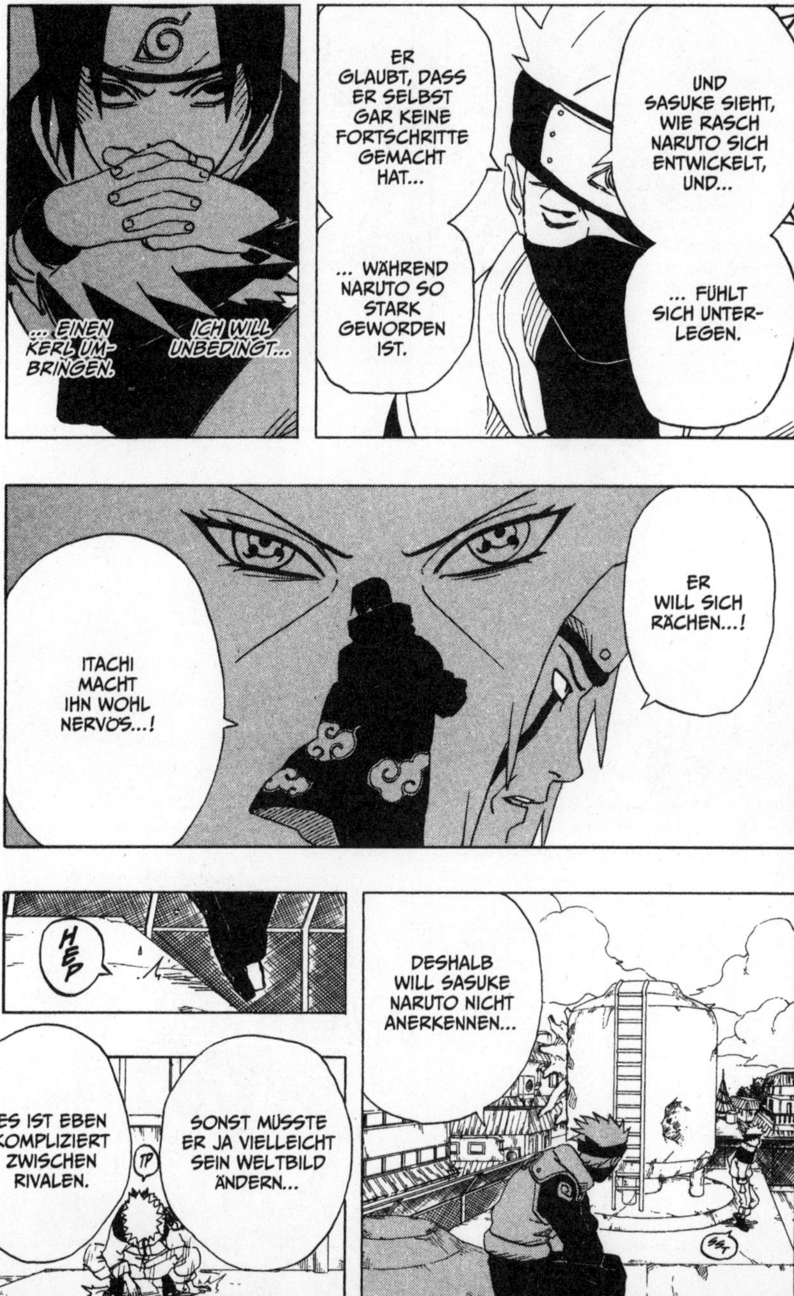
UND SASUKE SIEHT, WIE RASCH NARUTO SICH ENTWICKELT, UND...
... FÜHLT SICH UNTER-LEGEN.
ER GLAUBT, DASS ER SELBST GAR KEINE FORTSCHRITTE GEMACHT HAT...
... WÄHREND NARUTO SO STARK GEWORDEN IST.
ICH WILL UNBEDINGT...
... EINEN KERL UMBRINGEN.
ER WILL SICH RÄCHEN...!
ITACHI MACHT IHN WOHL NERVÖS...!
DESHALB WILL SASUKE NARUTO NICHT ANERKENNEN...
HEP
SONST MÜSSTE ER JA VIELLEICHT SEIN WELTBILD ÄNDERN...
TP
ES IST EBEN KOMPLIZIERT ZWISCHEN RIVALEN.

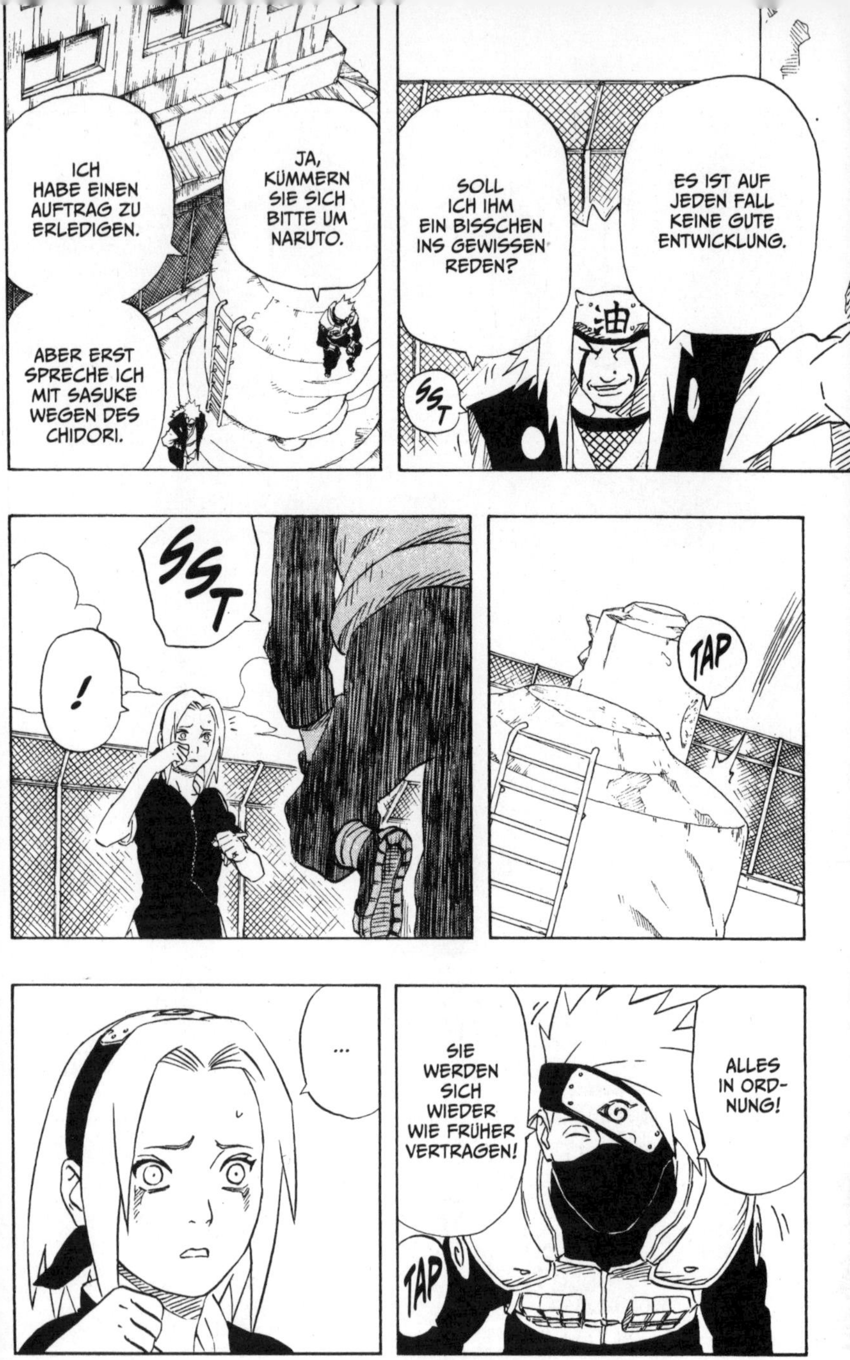
ES IST AUF JEDEN FALL KEINE GUTE ENTWICKLUNG.
SOLL ICH IHM EIN BISSCHEN INS GEWISSEN REDEN?
SST
JA, KÜMMERN SIE SICH BITTE UM NARUTO.
ICH HABE EINEN AUFTRAG ZU ERLEDIGEN.
ABER ERST SPRECHE ICH MIT SASUKE WEGEN DES CHIDORI.
TAP
SST
!
ALLES IN ORD-NUNG!
SIE WERDEN SICH WIEDER WIE FRÜHER VERTRAGEN!
TAP
...

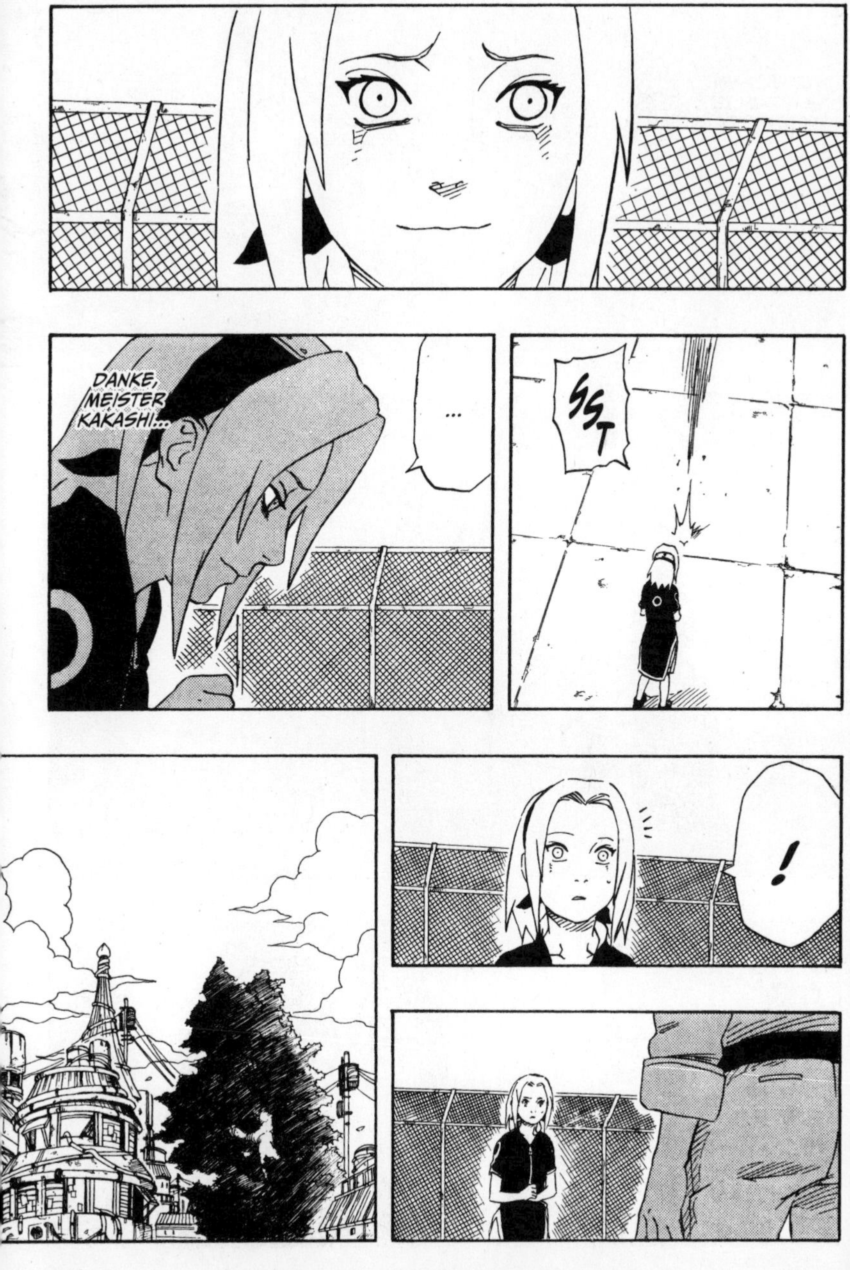
SST
...
DANKE, MEISTER KAKASHI...
!

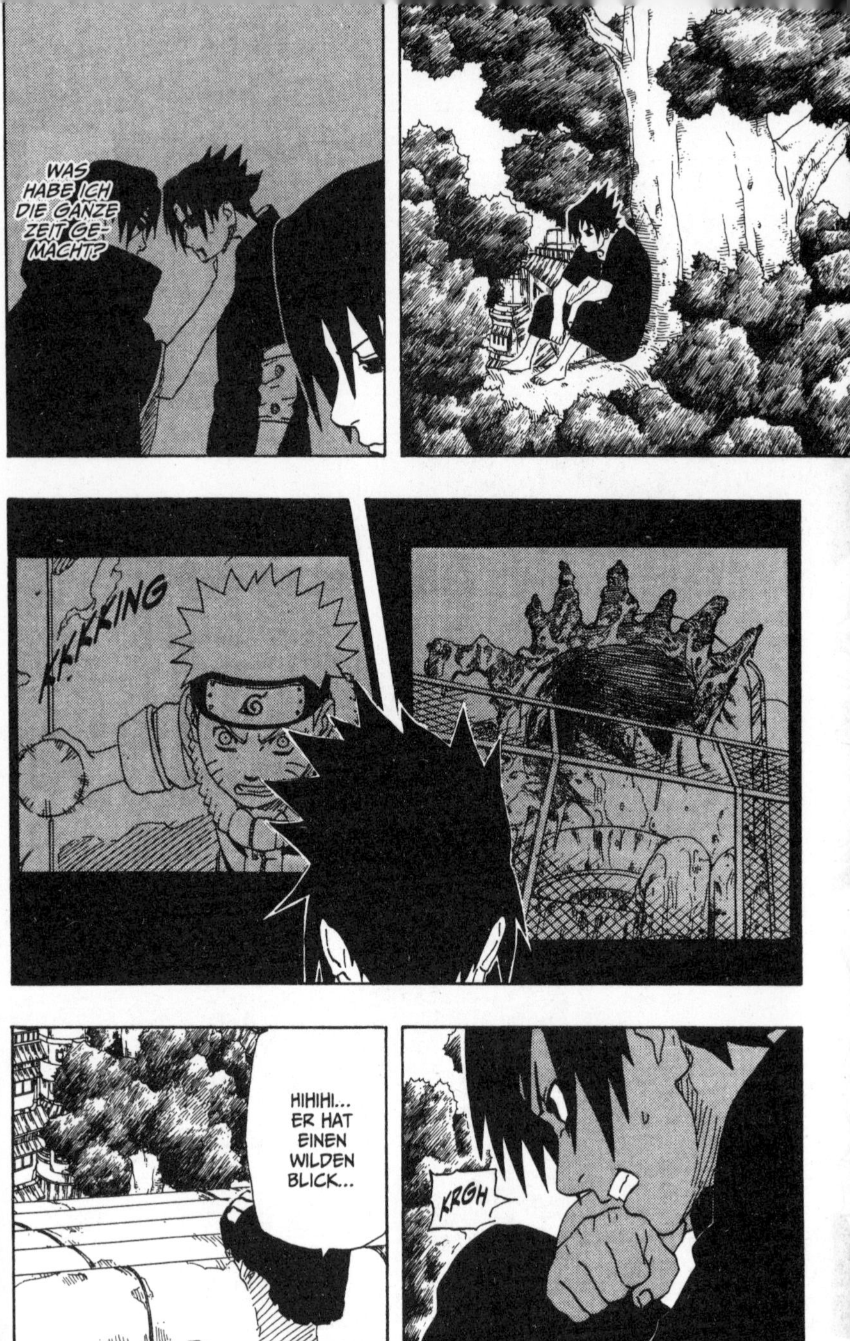
WAS HABE ICH DIE GANZE ZEIT GE-MACHT?
KKKKING
HIHIHI... ER HAT EINEN WILDEN BLICK...
KRGH

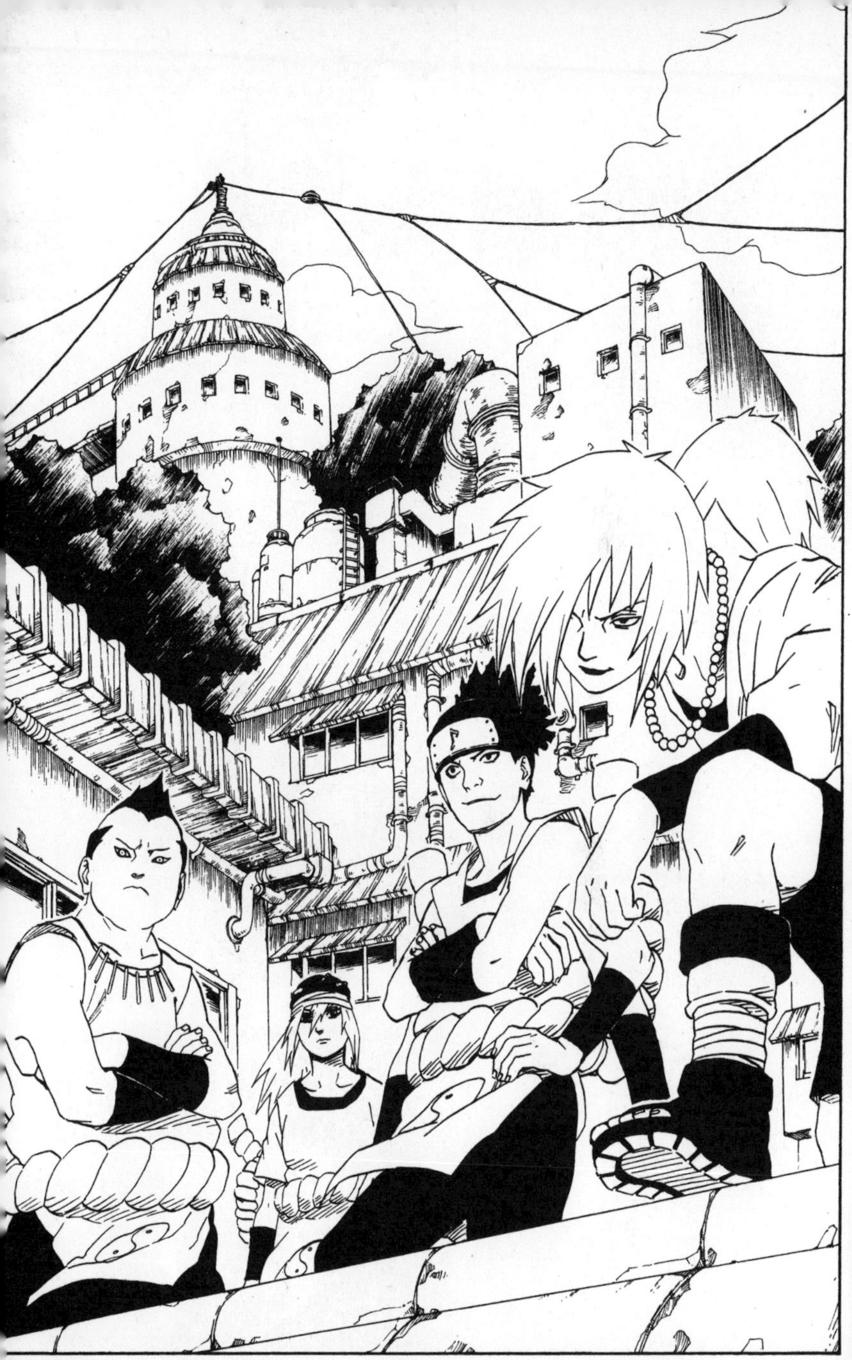

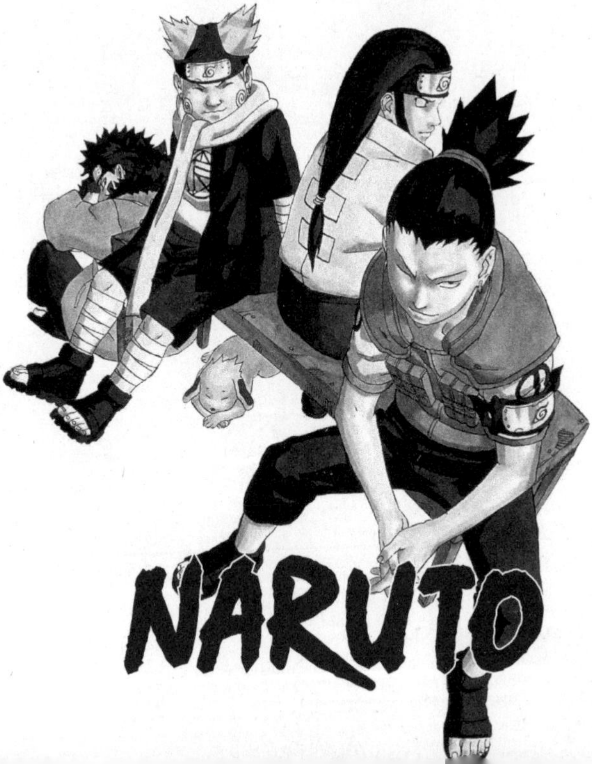
NARUTO

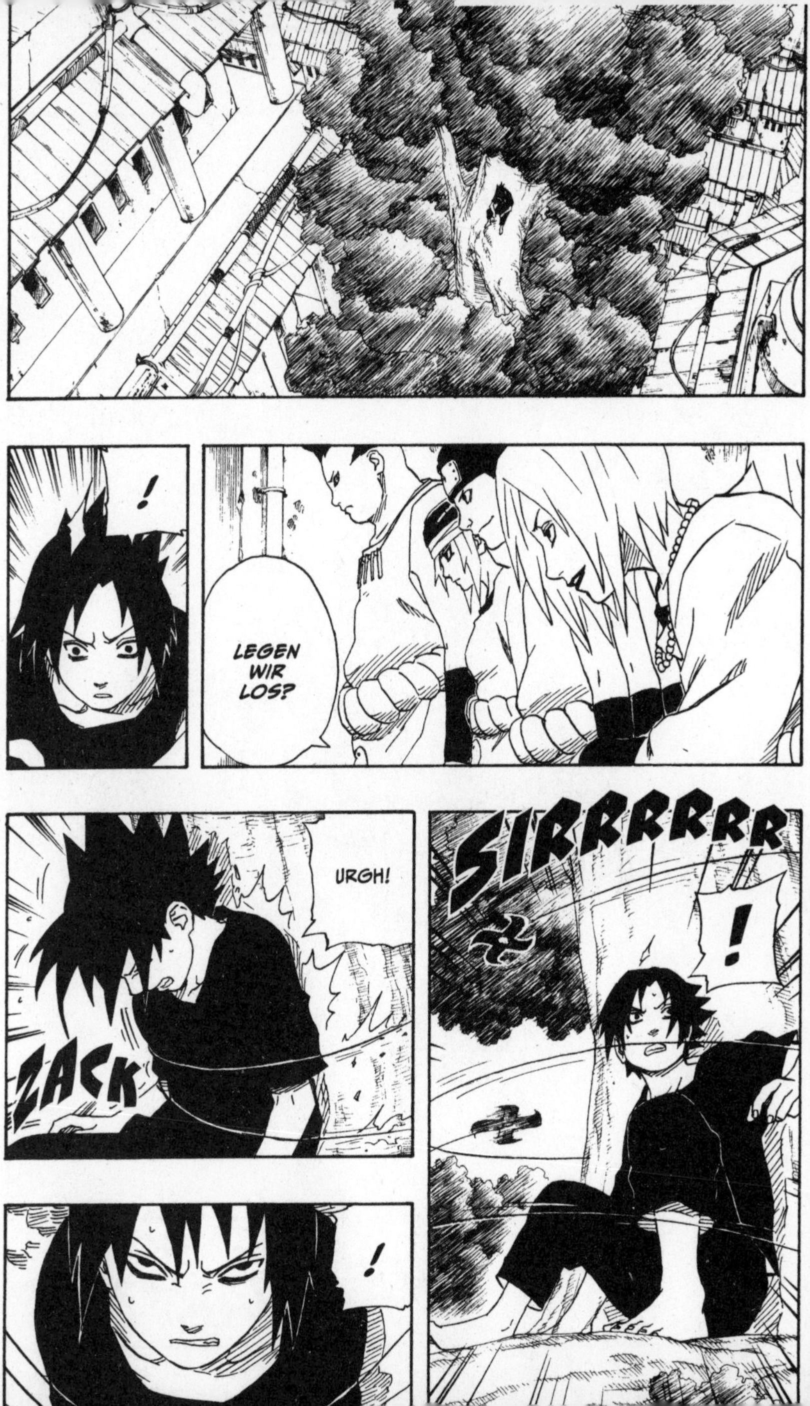
LEGEN WIR LOS?
!
SIRRRRRR
!
URGH!
ZACK
!

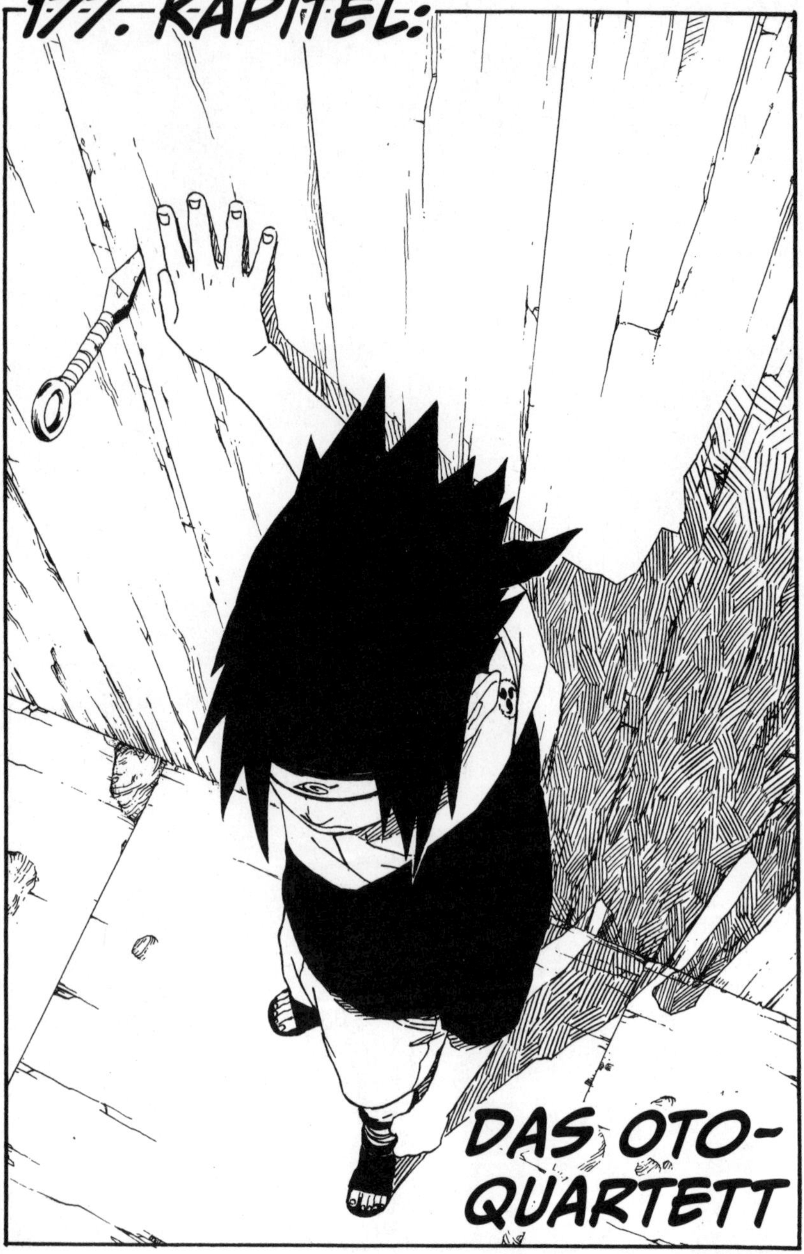
177. KAPITEL:
DAS OTO-
QUARTETT

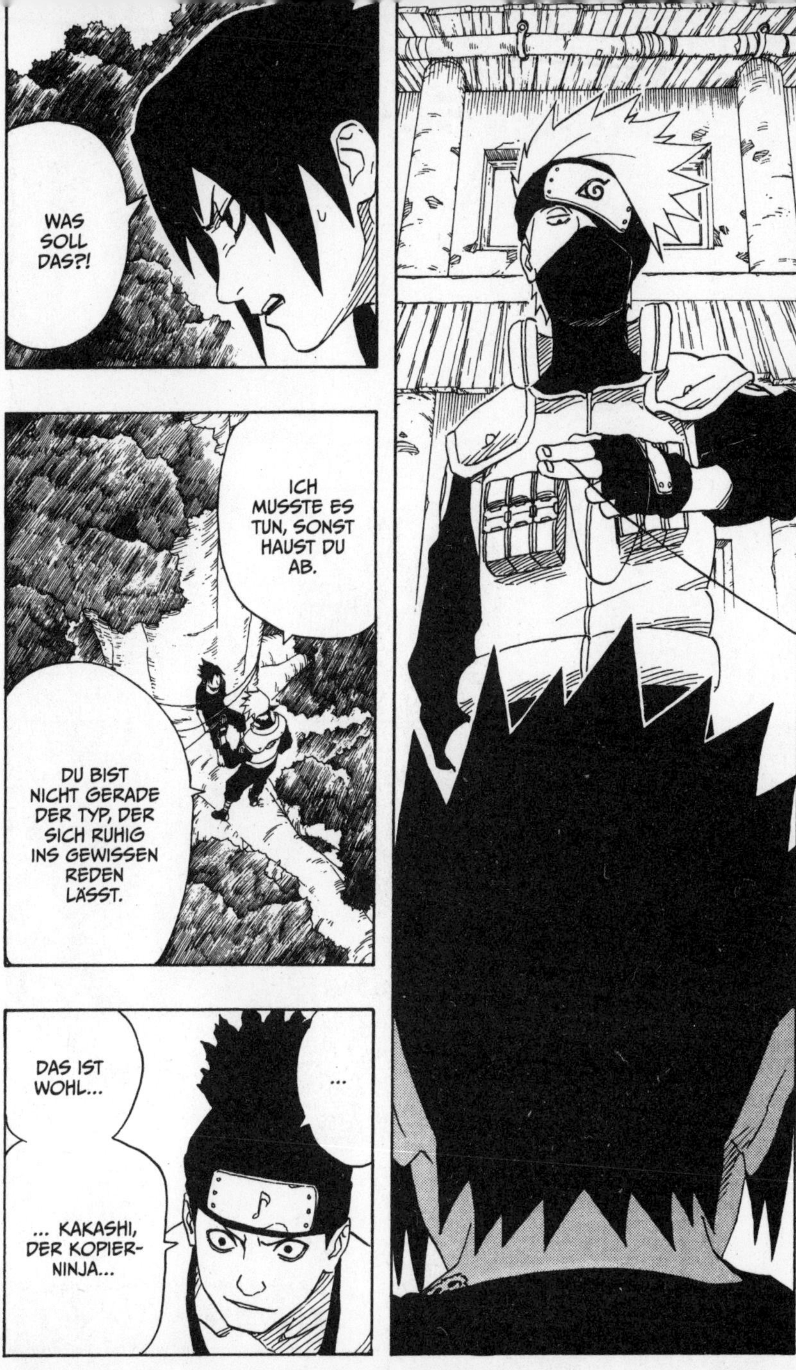
WAS SOLL DAS?!
ICH MUSSTE ES TUN, SONST HAUST DU AB.
DU BIST NICHT GERADE DER TYP, DER SICH RUHIG INS GEWISSEN REDEN LÄSST.
...
DAS IST WOHL...
... KAKASHI, DER KOPIER-NINJA...

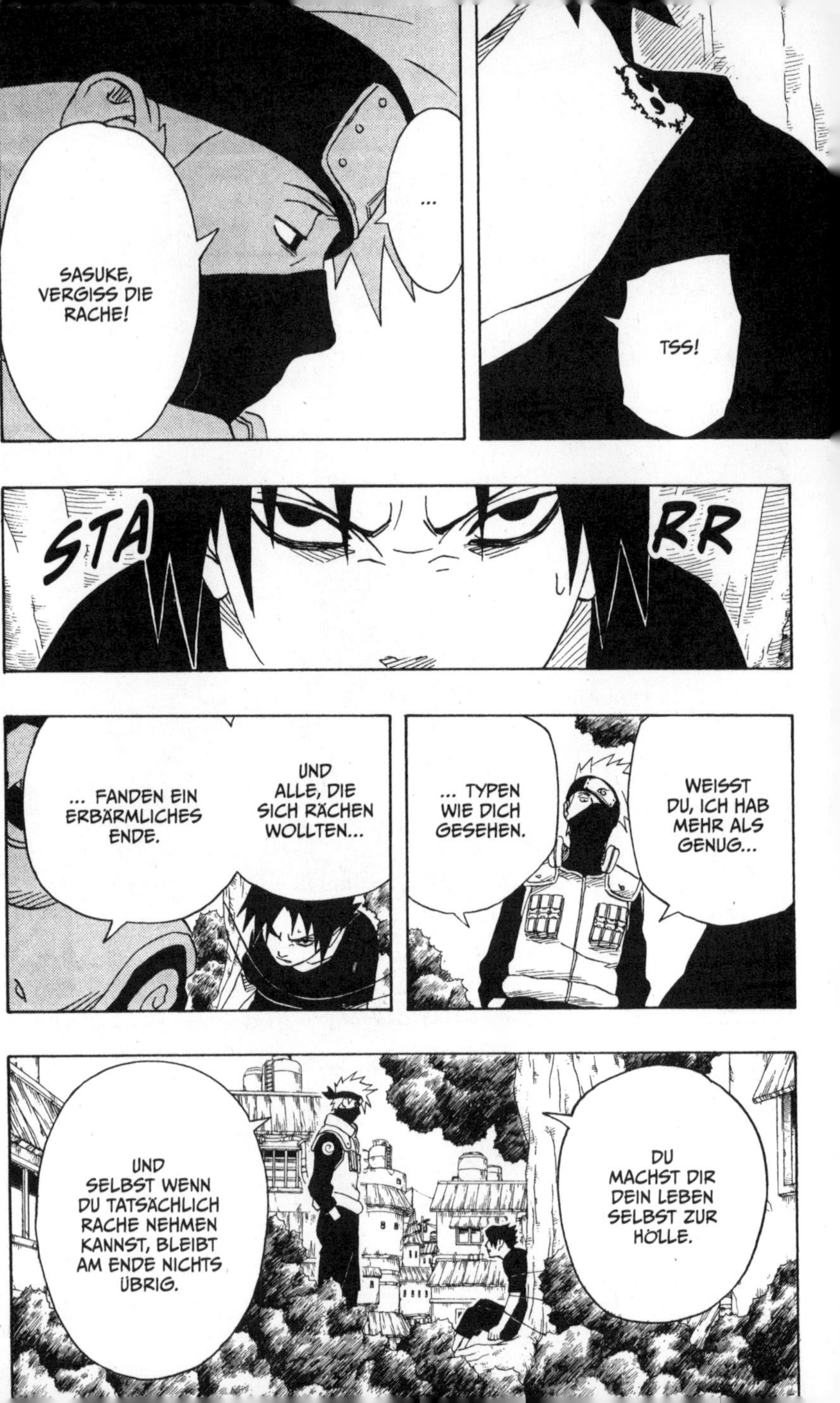
TSS!
...
SASUKE, VERGISS DIE RACHE!
STARR
WEISST DU, ICH HAB MEHR ALS GENUG...
... TYPEN WIE DICH GESEHEN.
UND ALLE, DIE SICH RÄCHEN WOLLTEN...
... FANDEN EIN ERBÄRMLICHES ENDE.
DU MACHST DIR DEIN LEBEN SELBST ZUR HÖLLE.
UND SELBST WENN DU TATSÄCHLICH RACHE NEHMEN KANNST, BLEIBT AM ENDE NICHTS ÜBRIG.

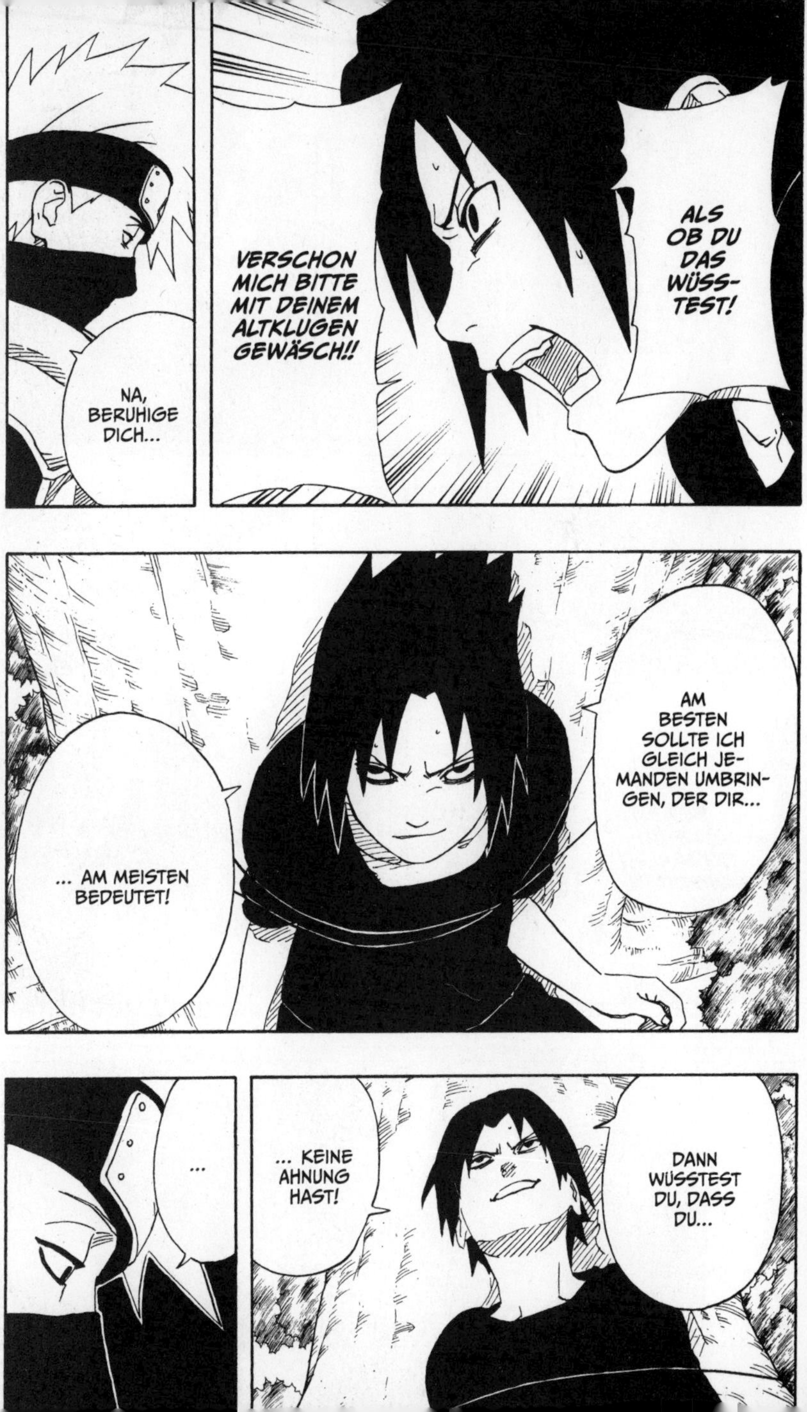
ALS OB DU DAS WÜSS-TEST!
VERSCHON MICH BITTE MIT DEINEM ALTKLUGEN GEWÄSCH!!
NA, BERUHIGE DICH...
AM BESTEN SOLLTE ICH GLEICH JE-MANDEN UMBRIN-GEN, DER DIR...
... AM MEISTEN BEDEUTET!
DANN WÜSSTEST DU, DASS DU...
... KEINE AHNUNG HAST!
...

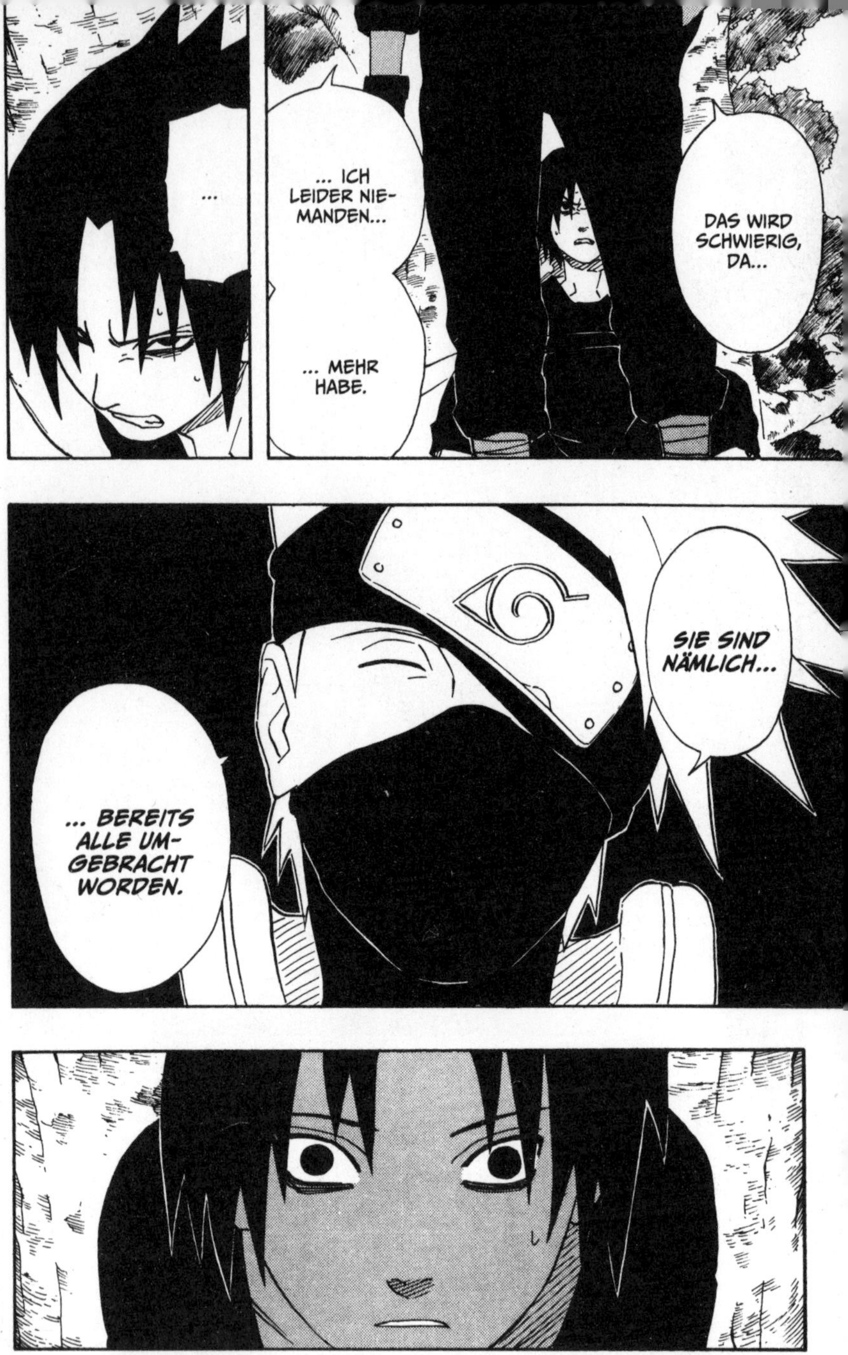
DAS WIRD SCHWIERIG, DA...
... ICH LEIDER NIEMANDEN...
... MEHR HABE.
...
SIE SIND NÄMLICH...
... BEREITS ALLE UMGEBRACHT WORDEN.

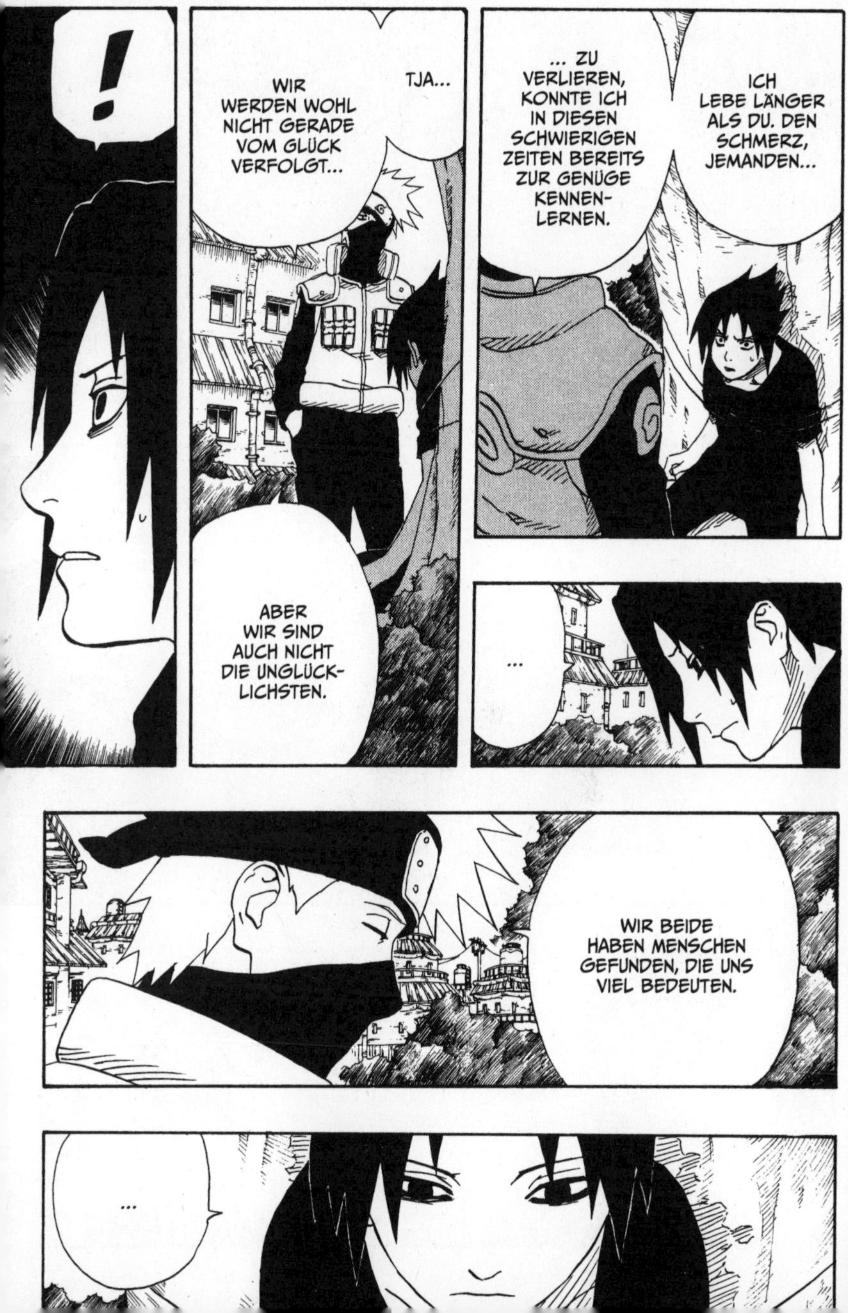

ICH LEBE LÄNGER ALS DU. DEN SCHMERZ, JEMANDEN...
... ZU VERLIEREN, KONNTE ICH IN DIESEN SCHWIERIGEN ZEITEN BEREITS ZUR GENÜGE KENNEN-LERNEN.
...
TJA...
WIR WERDEN WOHL NICHT GERADE VOM GLÜCK VERFOLGT...
ABER WIR SIND AUCH NICHT DIE UNGLÜCK-LICHSTEN.
!
WIR BEIDE HABEN MENSCHEN GEFUNDEN, DIE UNS VIEL BEDEUTEN.
...

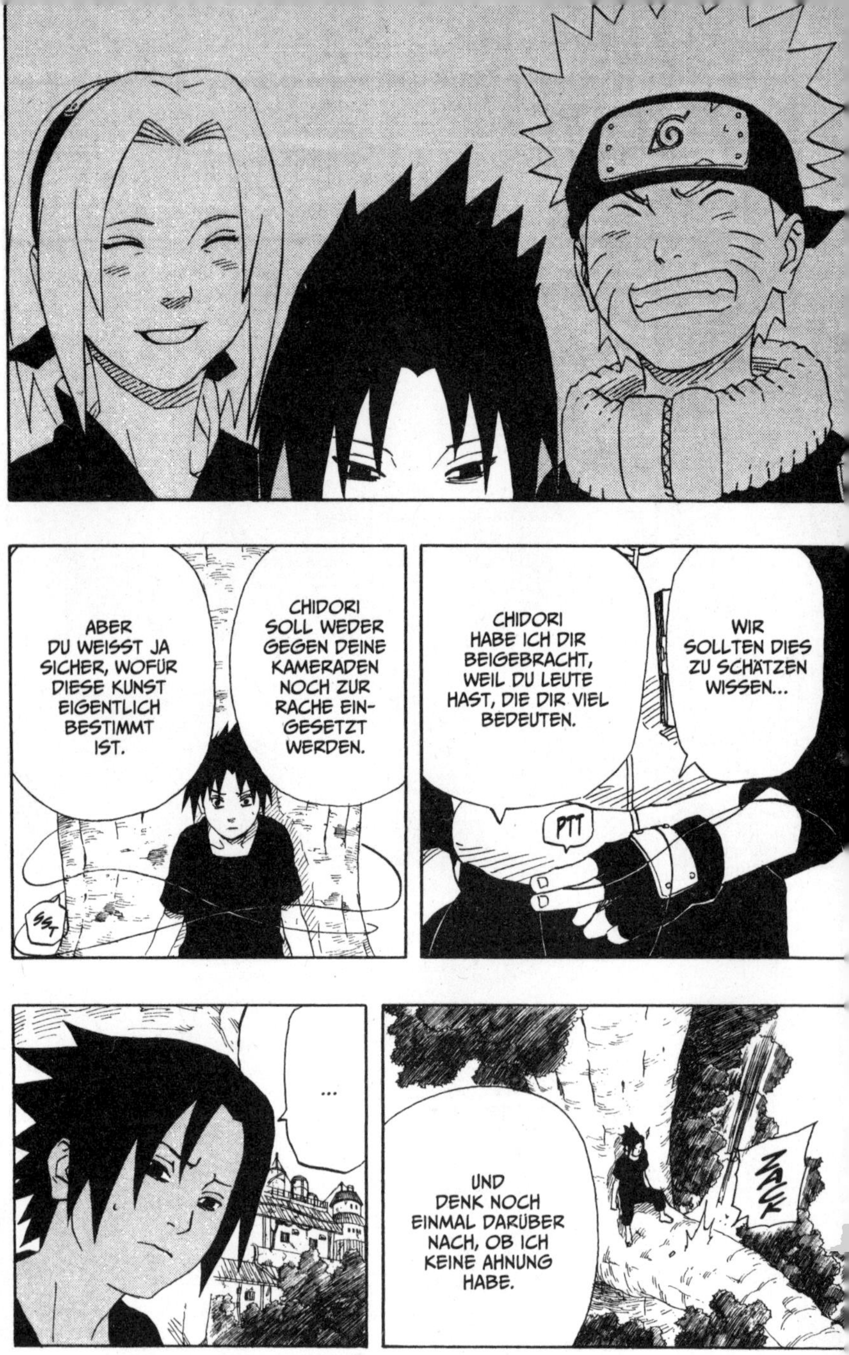
WIR SOLLTEN DIES ZU SCHÄTZEN WISSEN...
CHIDORI HABE ICH DIR BEIGEBRACHT, WEIL DU LEUTE HAST, DIE DIR VIEL BEDEUTEN.
PTT
CHIDORI SOLL WEDER GEGEN DEINE KAMERADEN NOCH ZUR RACHE EINGESETZT WERDEN.
ABER DU WEISST JA SICHER, WOFÜR DIESE KUNST EIGENTLICH BESTIMMT IST.
SST
UND DENK NOCH EINMAL DARÜBER NACH, OB ICH KEINE AHNUNG HABE.
ZACK
...

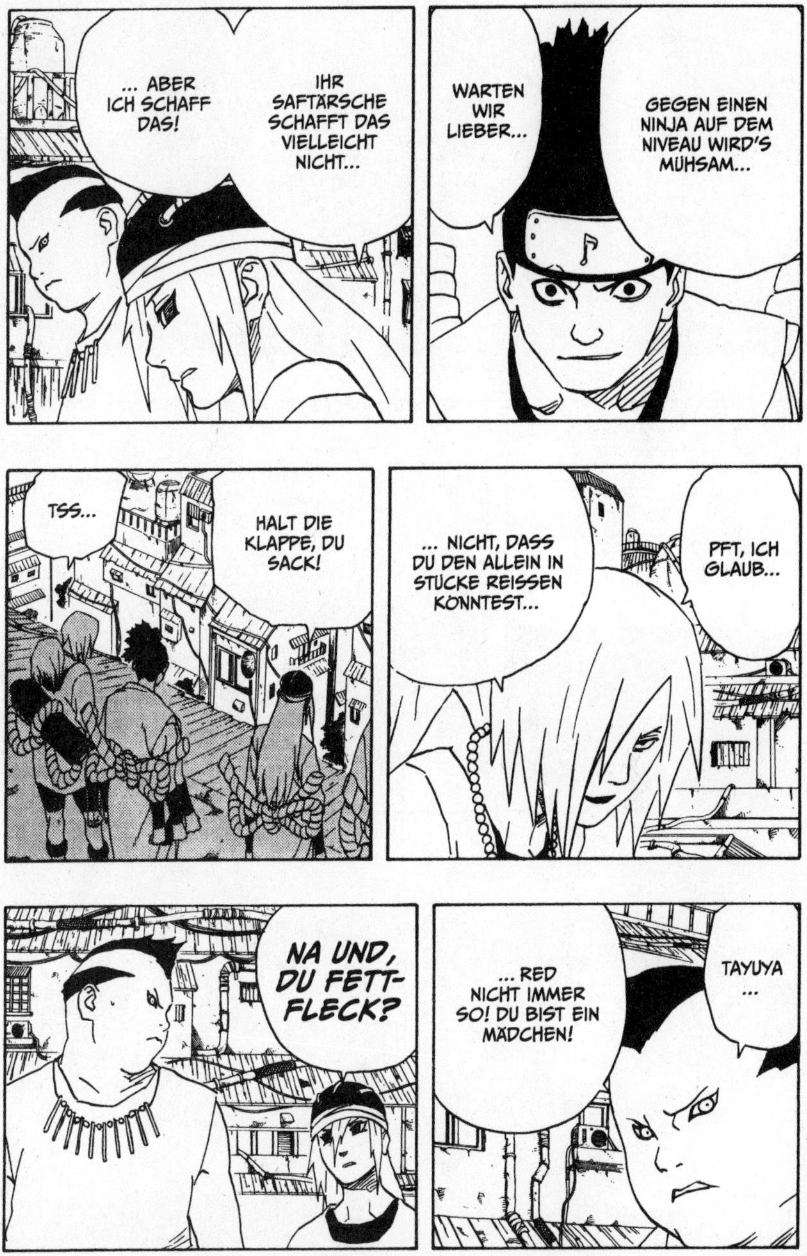
WARTEN WIR LIEBER...
GEGEN EINEN NINJA AUF DEM NIVEAU WIRD'S MÜHSAM...
IHR SAFTÄRSCHE SCHAFFT DAS VIELLEICHT NICHT...
... ABER ICH SCHAFF DAS!
PFT, ICH GLAUB...
... NICHT, DASS DU DEN ALLEIN IN STÜCKE REISSEN KÖNNTEST...
HALT DIE KLAPPE, DU SACK!
TSS...
TAYUYA ...
... RED NICHT IMMER SO! DU BIST EIN MÄDCHEN!
NA UND, DU FETT-FLECK?

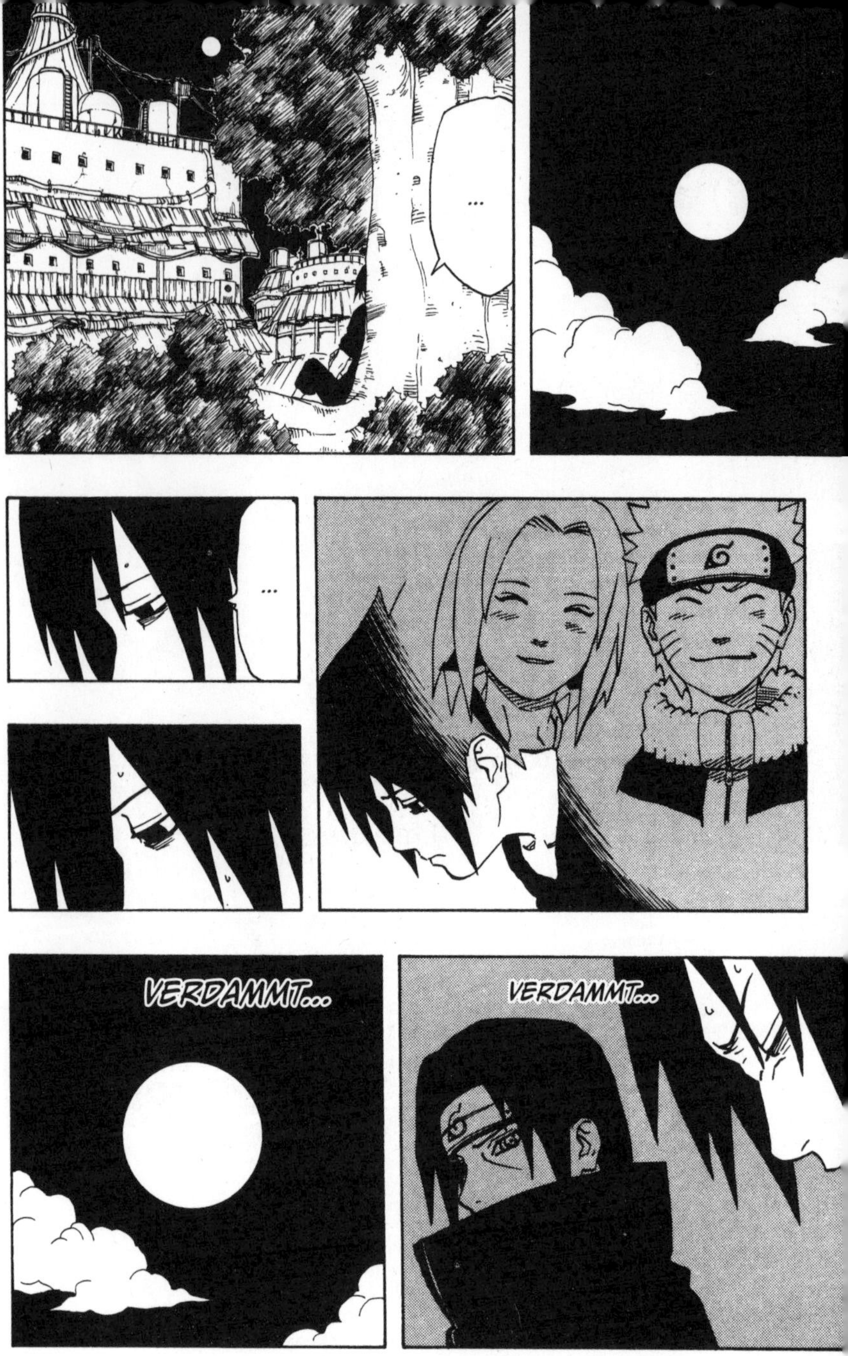
...
...
VERDAMMT...
VERDAMMT...

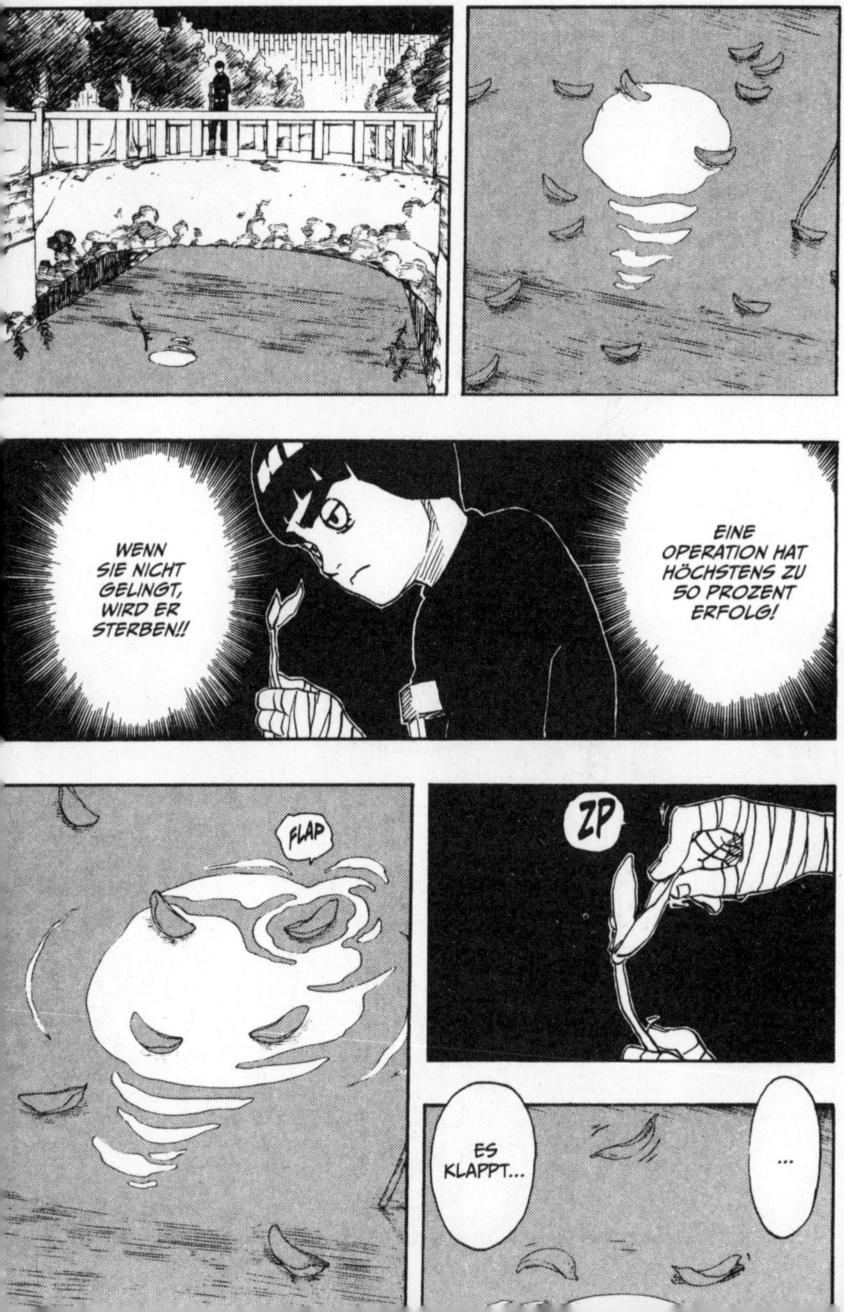
EINE OPERATION HAT HÖCHSTENS ZU 50 PROZENT ERFOLG!
WENN SIE NICHT GELINGT, WIRD ER STERBEN!!
FLAP
ZP
...
ES KLAPPT...

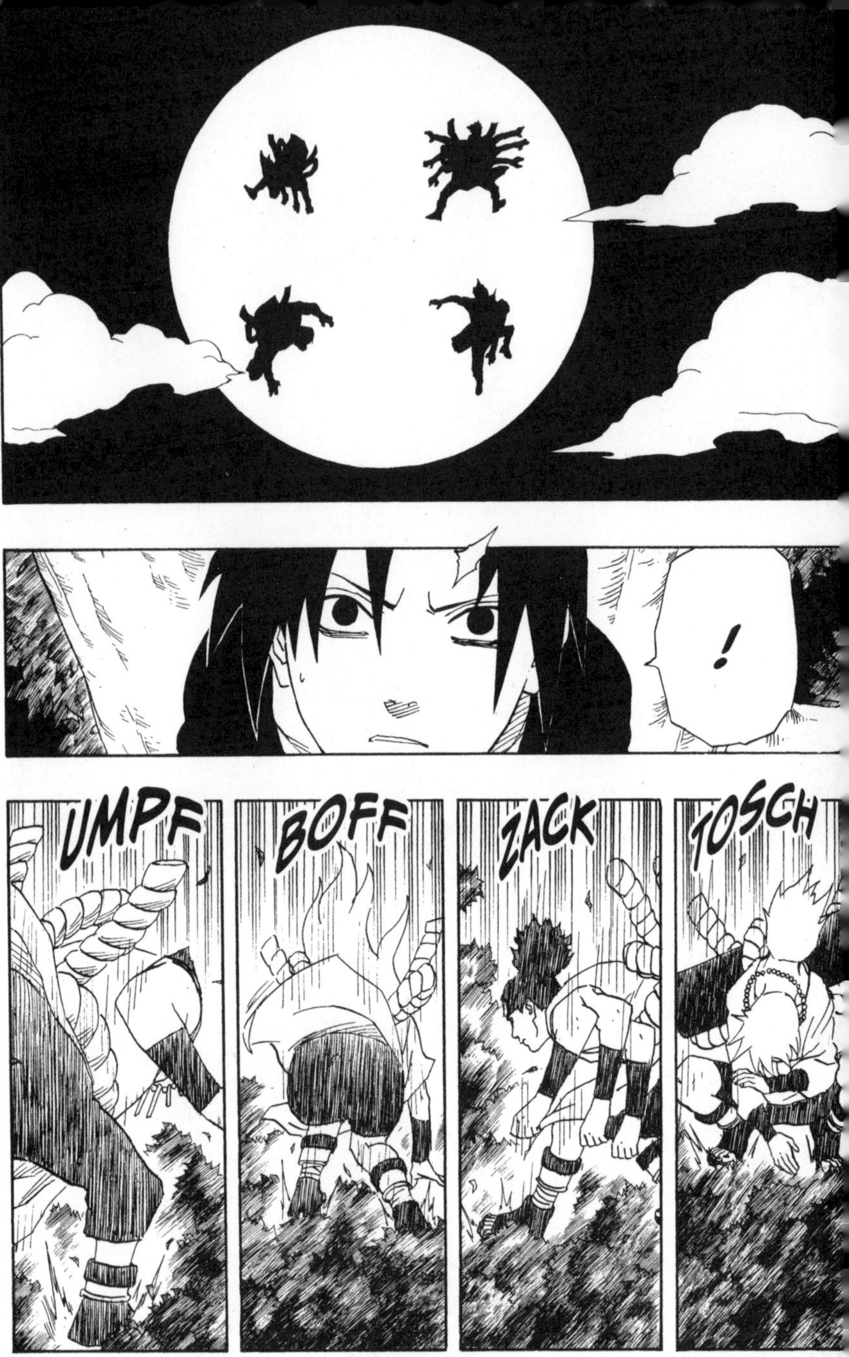
!
TOSCH
ZACK
BOFF
UMPF

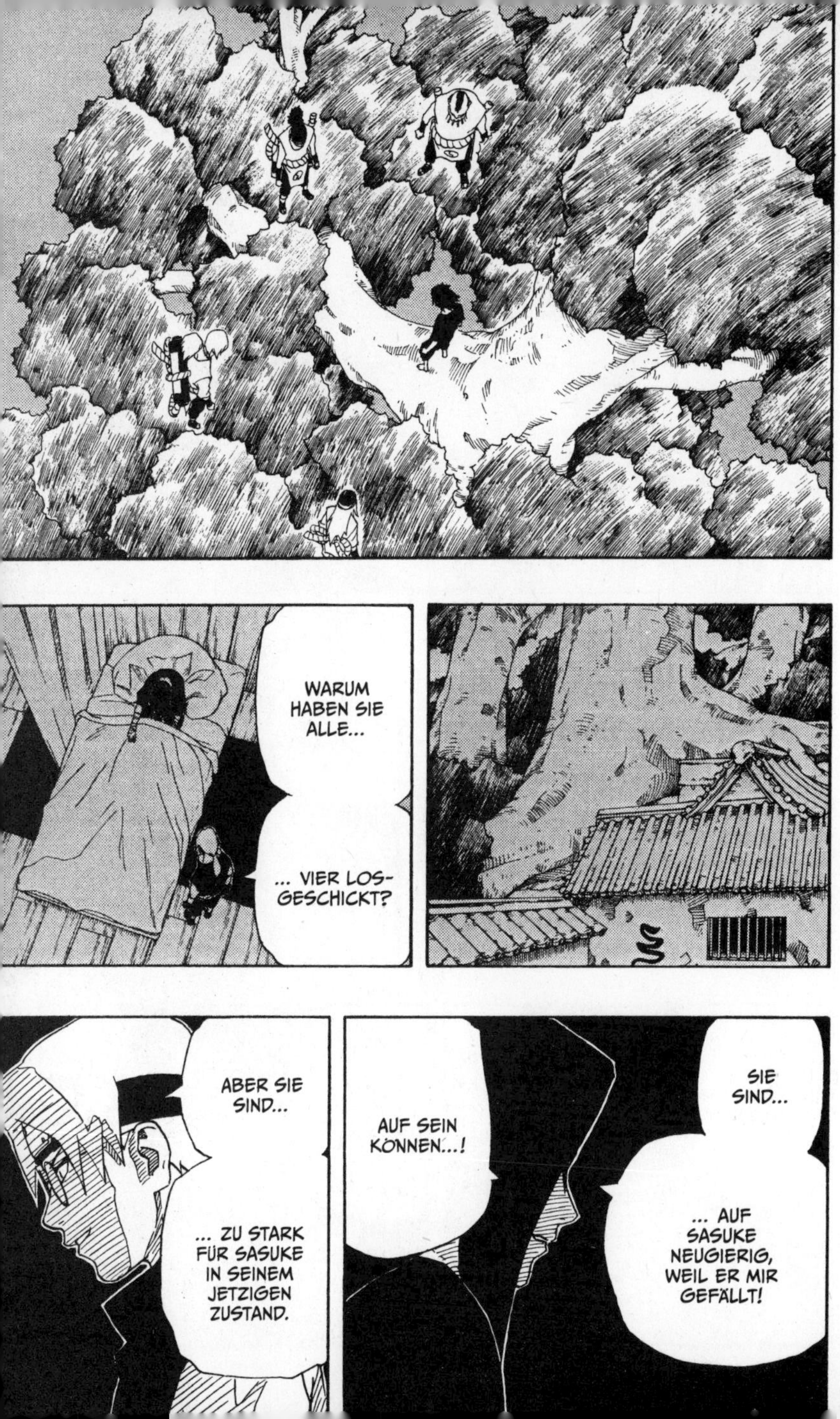

WARUM HABEN SIE ALLE...
... VIER LOS-GESCHICKT?
ABER SIE SIND...
... ZU STARK FÜR SASUKE IN SEINEM JETZIGEN ZUSTAND.
SIE SIND...
AUF SEIN KÖNNEN...!
... AUF SASUKE NEUGIERIG, WEIL ER MIR GEFÄLLT!

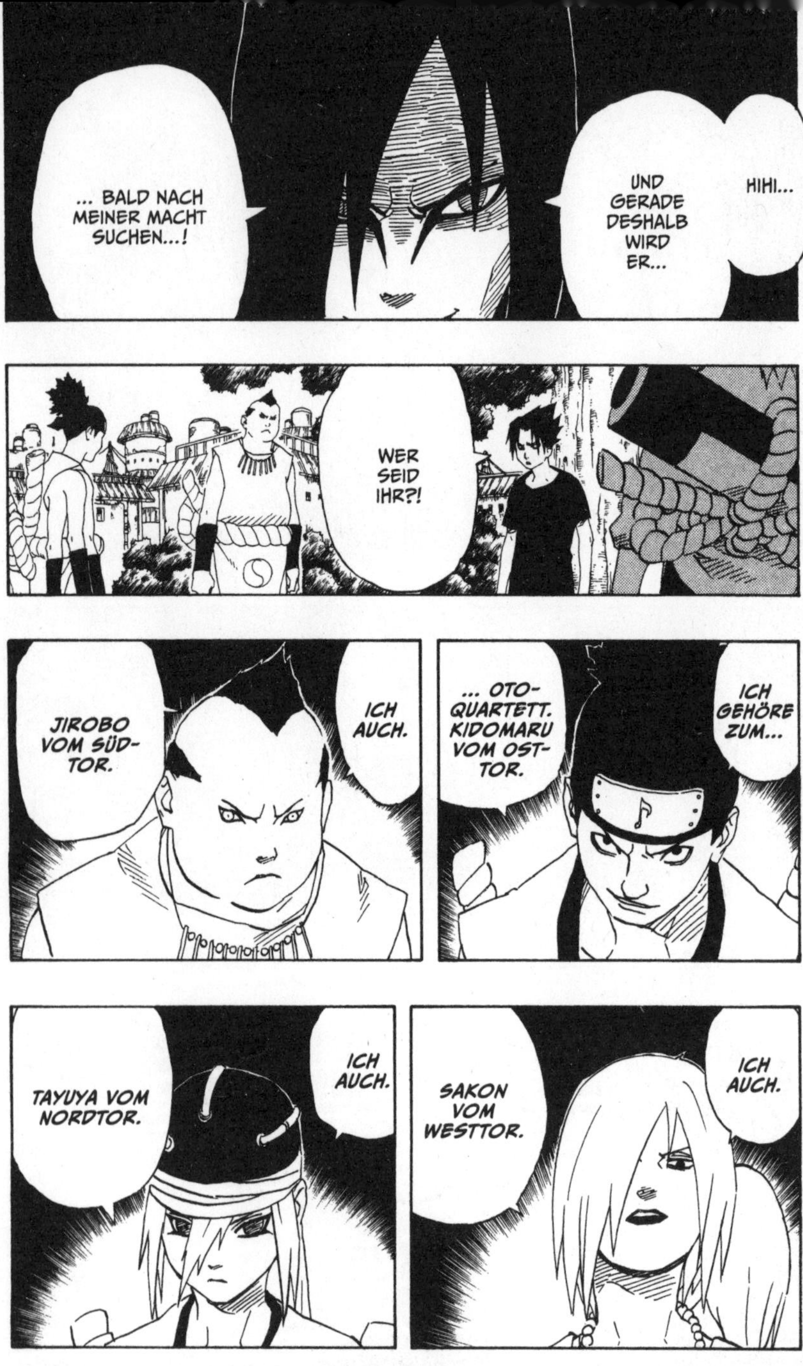
HIHI...
UND GERADE DESHALB WIRD ER...
... BALD NACH MEINER MACHT SUCHEN...!
WER SEID IHR?!
ICH GEHÖRE ZUM...
... OTO-QUARTETT. KIDOMARU VOM OST-TOR.
ICH AUCH.
JIROBO VOM SÜD-TOR.
ICH AUCH.
SAKON VOM WESTTOR.
ICH AUCH.
TAYUYA VOM NORDTOR.

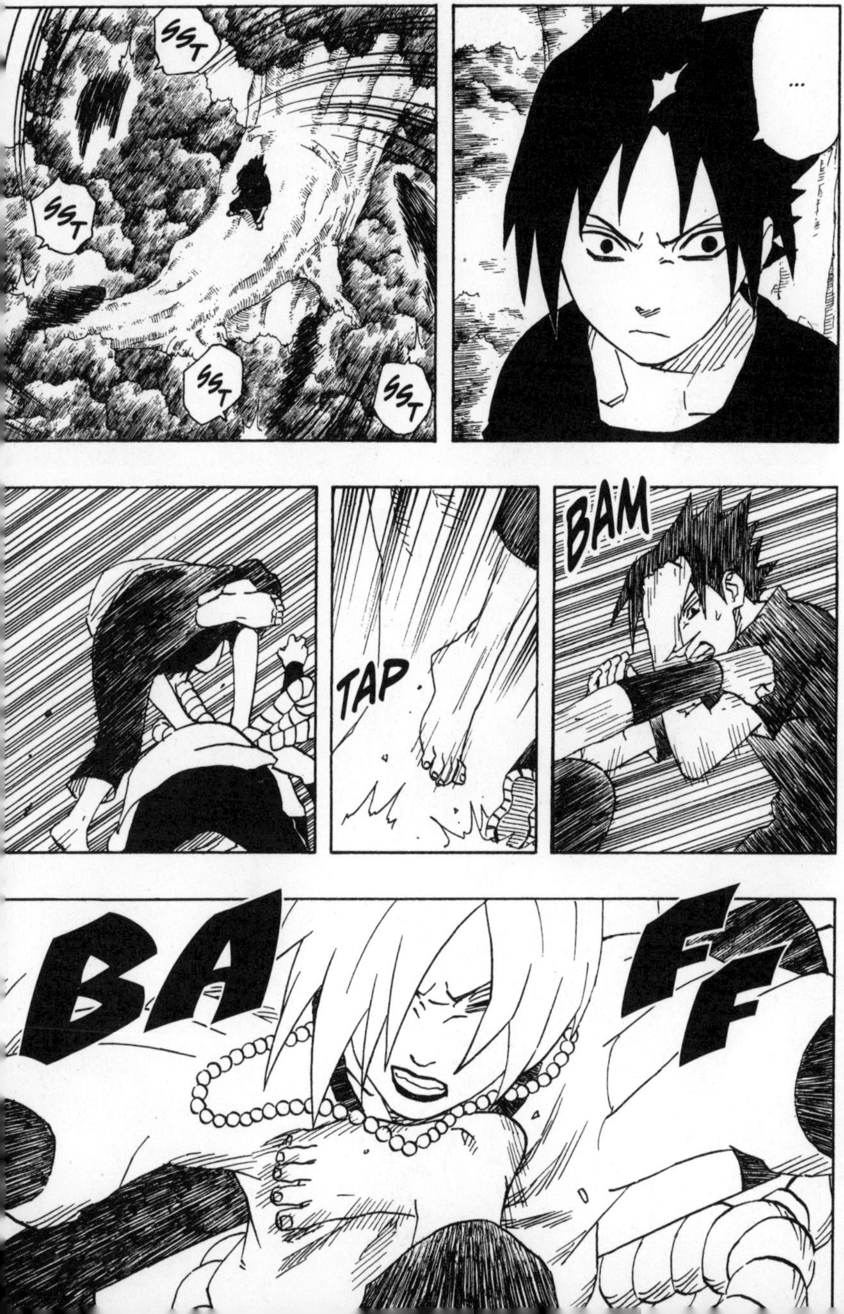
SST
SST
SST
SST
...
TAP
BAM
BA
FF

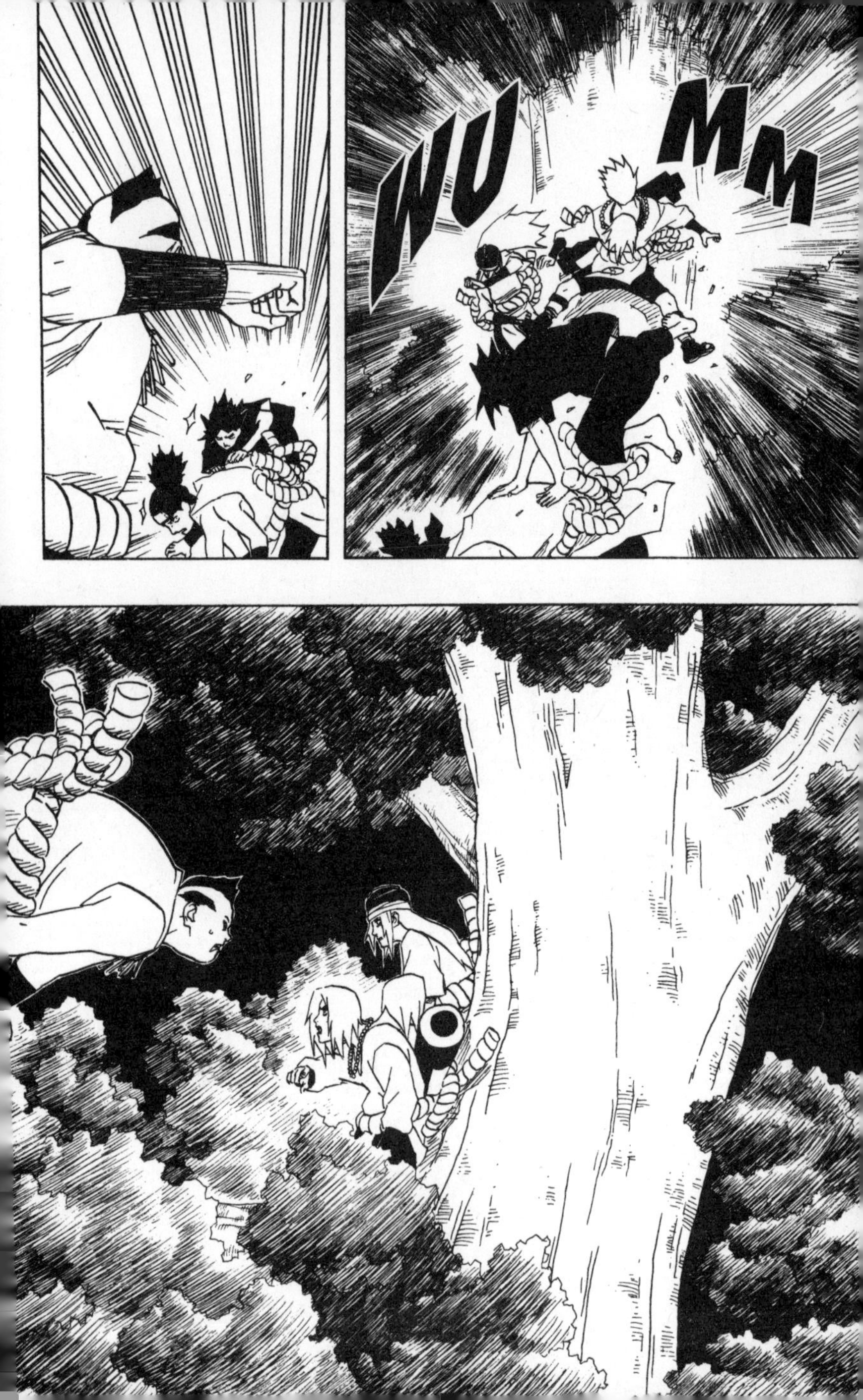
WUMM

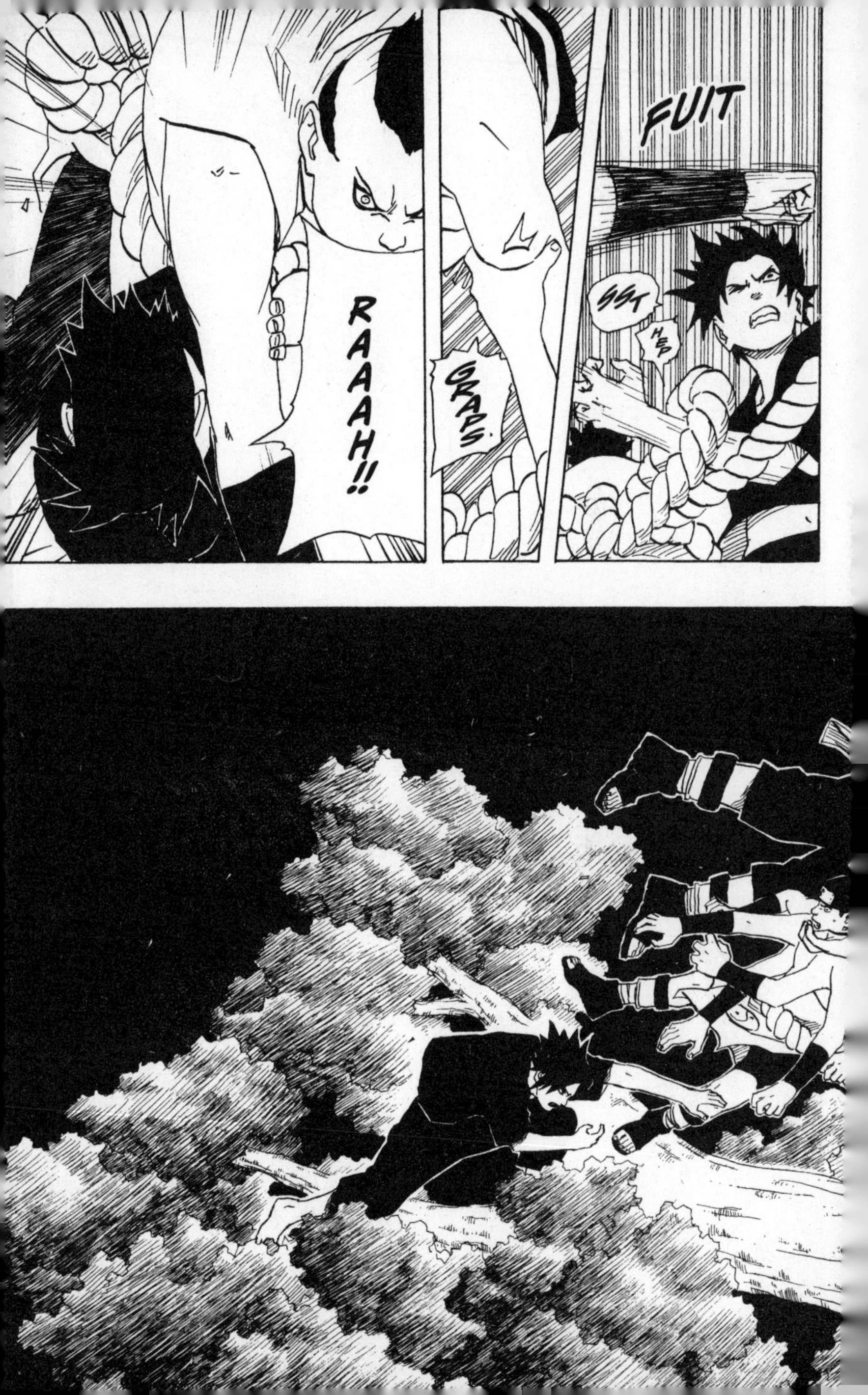
FUIT
SST
HEP
GRAPS.
RAAAAH!!

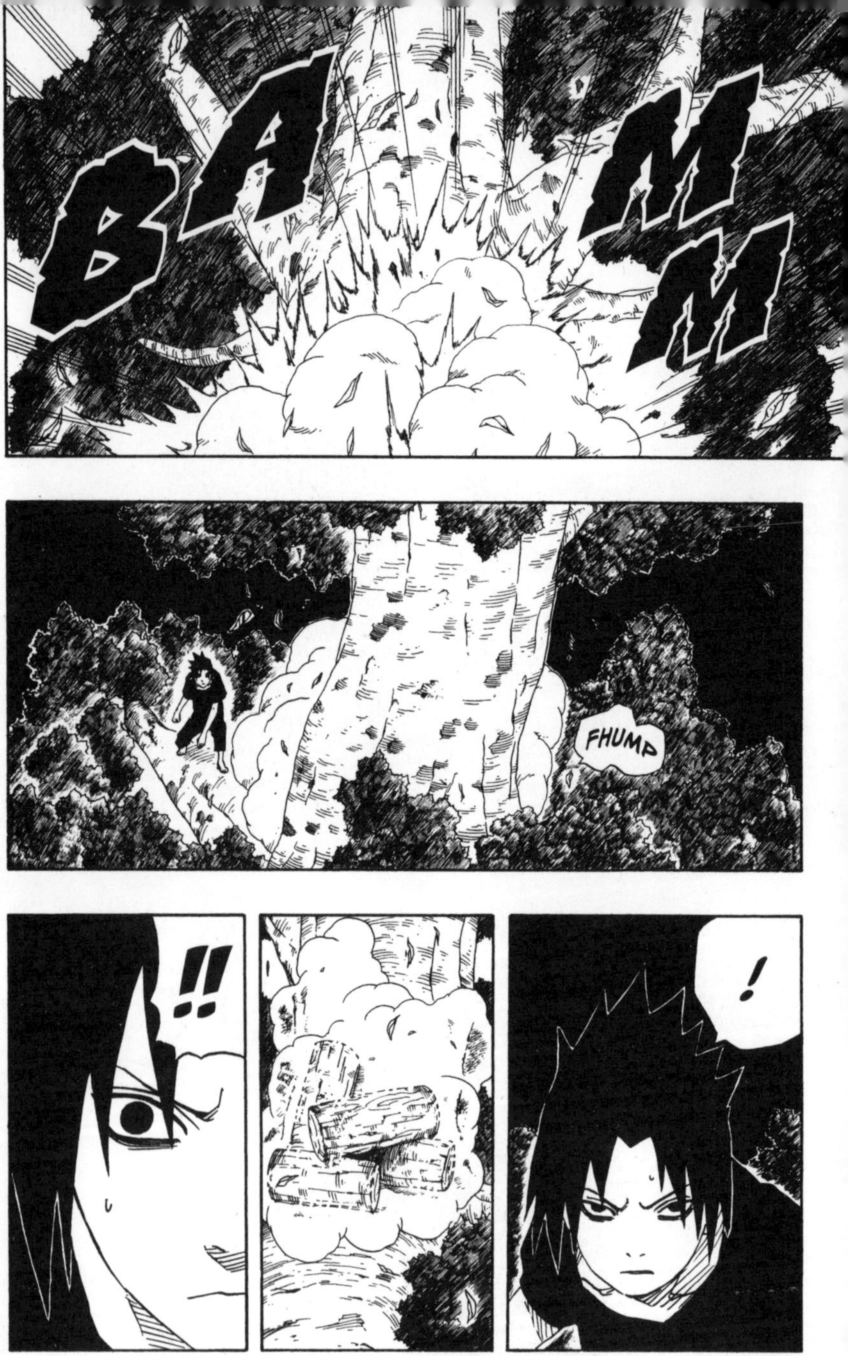
BAMM
FHUMP
!!
!

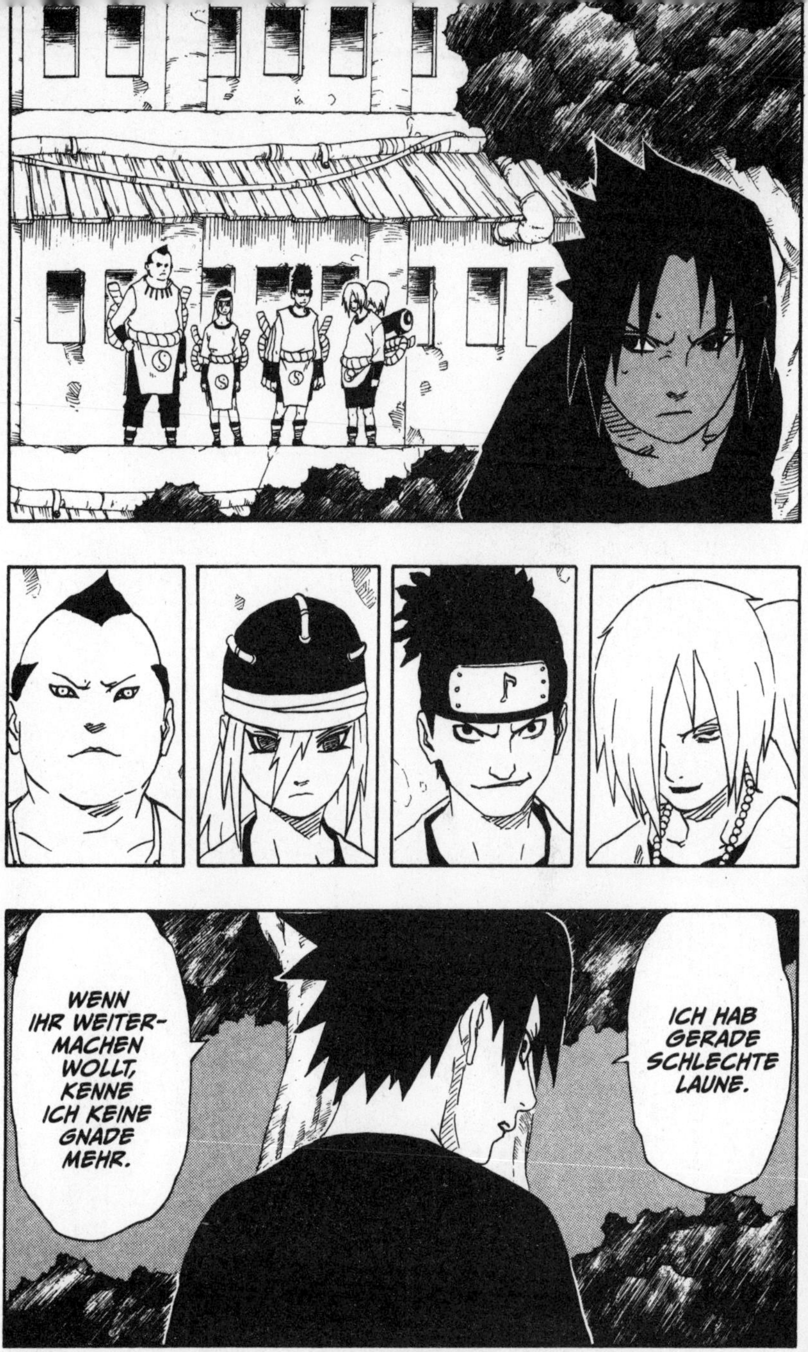
ICH HAB GERADE SCHLECHTE LAUNE.
WENN IHR WEITER-MACHEN WOLLT, KENNE ICH KEINE GNADE MEHR.

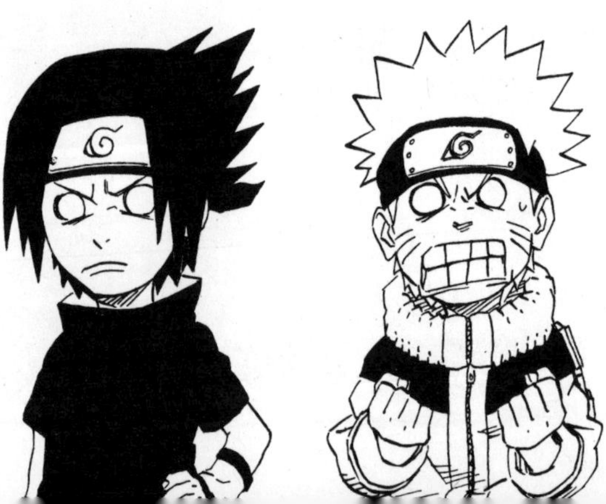

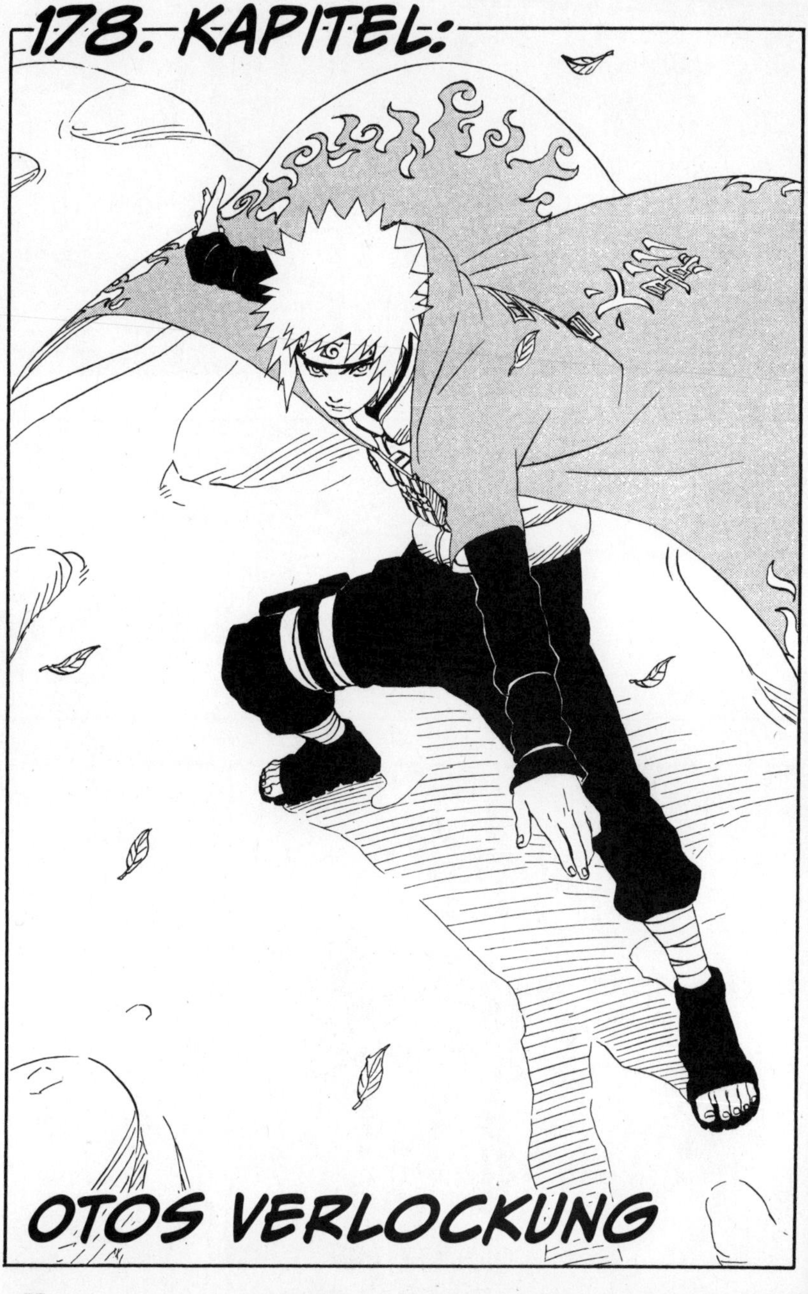
178. KAPITEL:
OTOS VERLOCKUNG

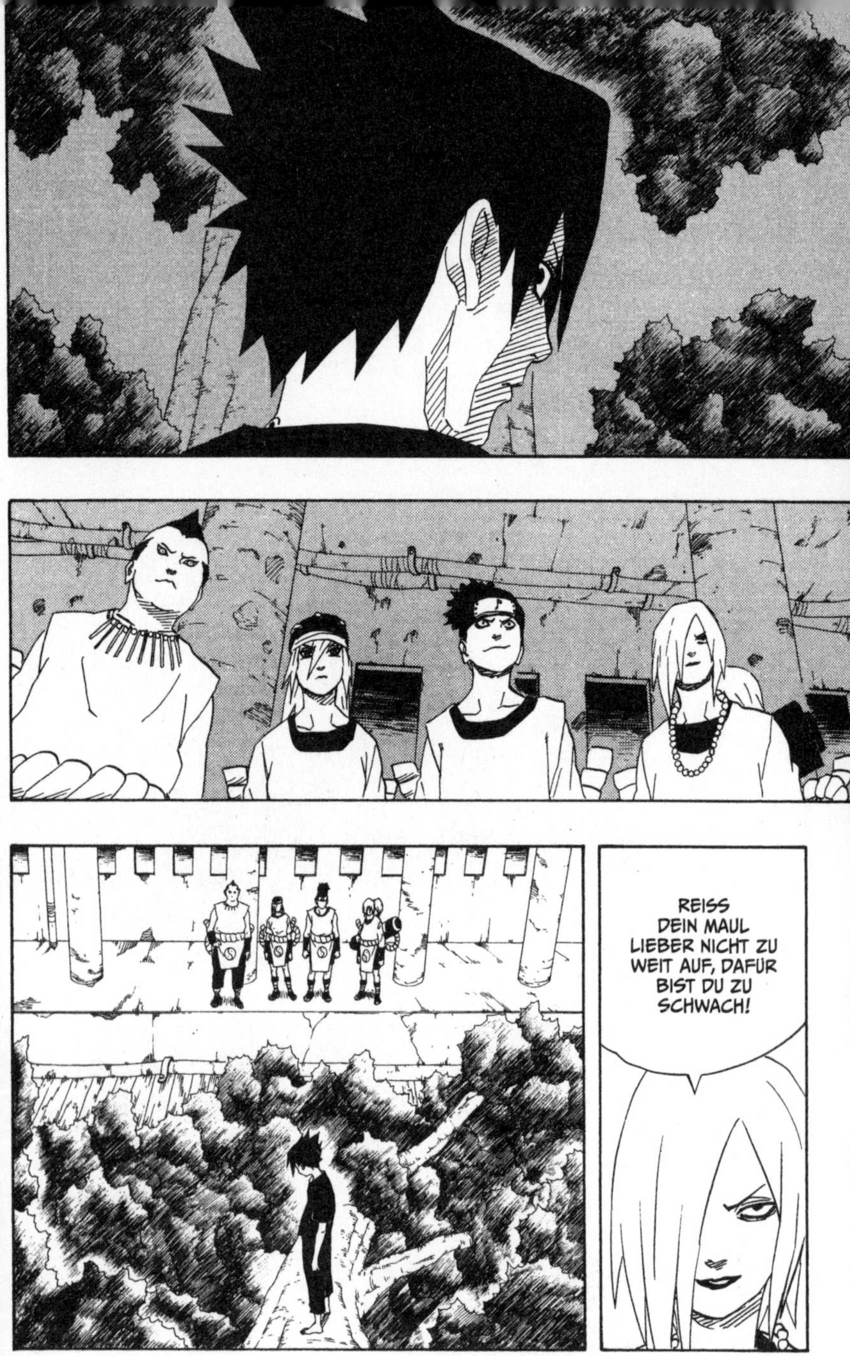
REISS DEIN MAUL LIEBER NICHT ZU WEIT AUF, DAFÜR BIST DU ZU SCHWACH!

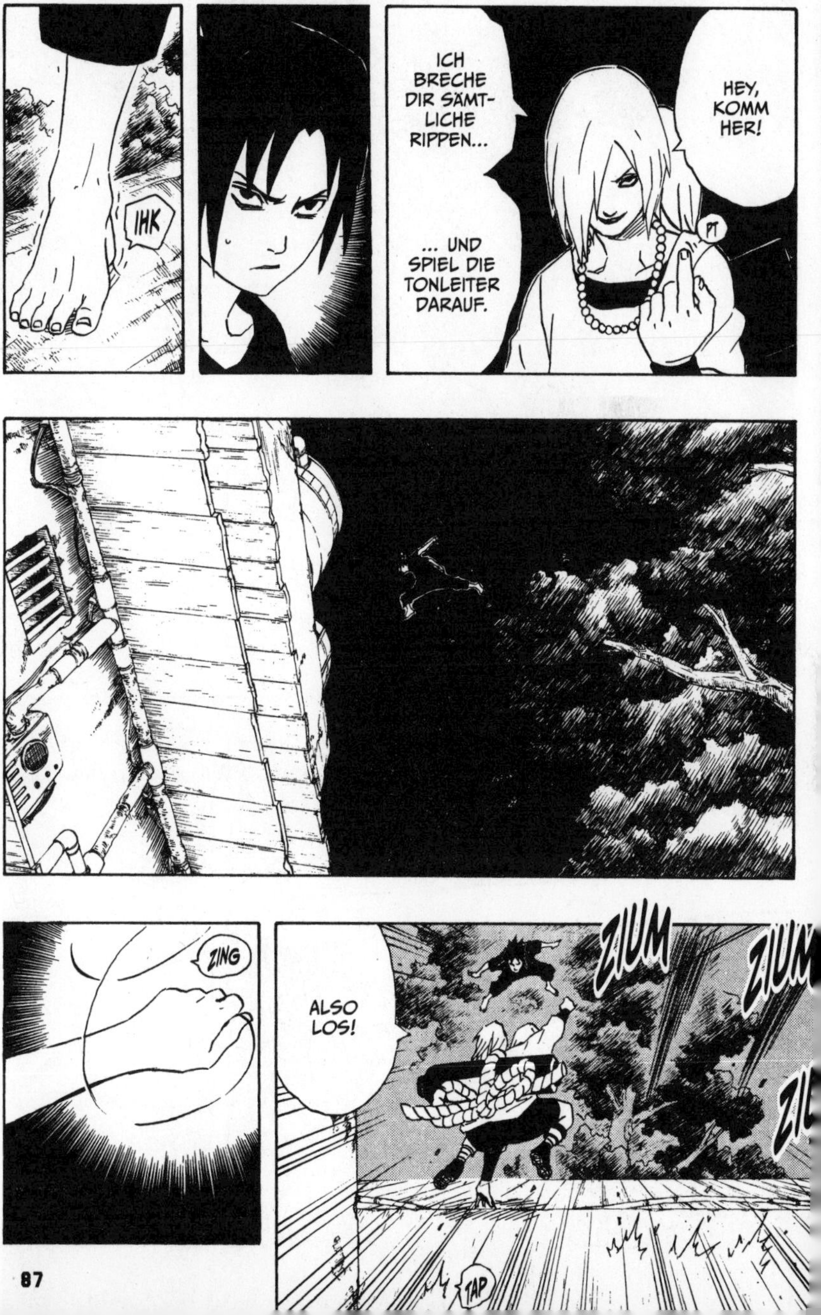
HEY, KOMM HER!
PT
ICH BRECHE DIR SÄMTLICHE RIPPEN...
... UND SPIEL DIE TONLEITER DARAUF.
IHK
ZIUM
ALSO LOS!
ZING
TAP

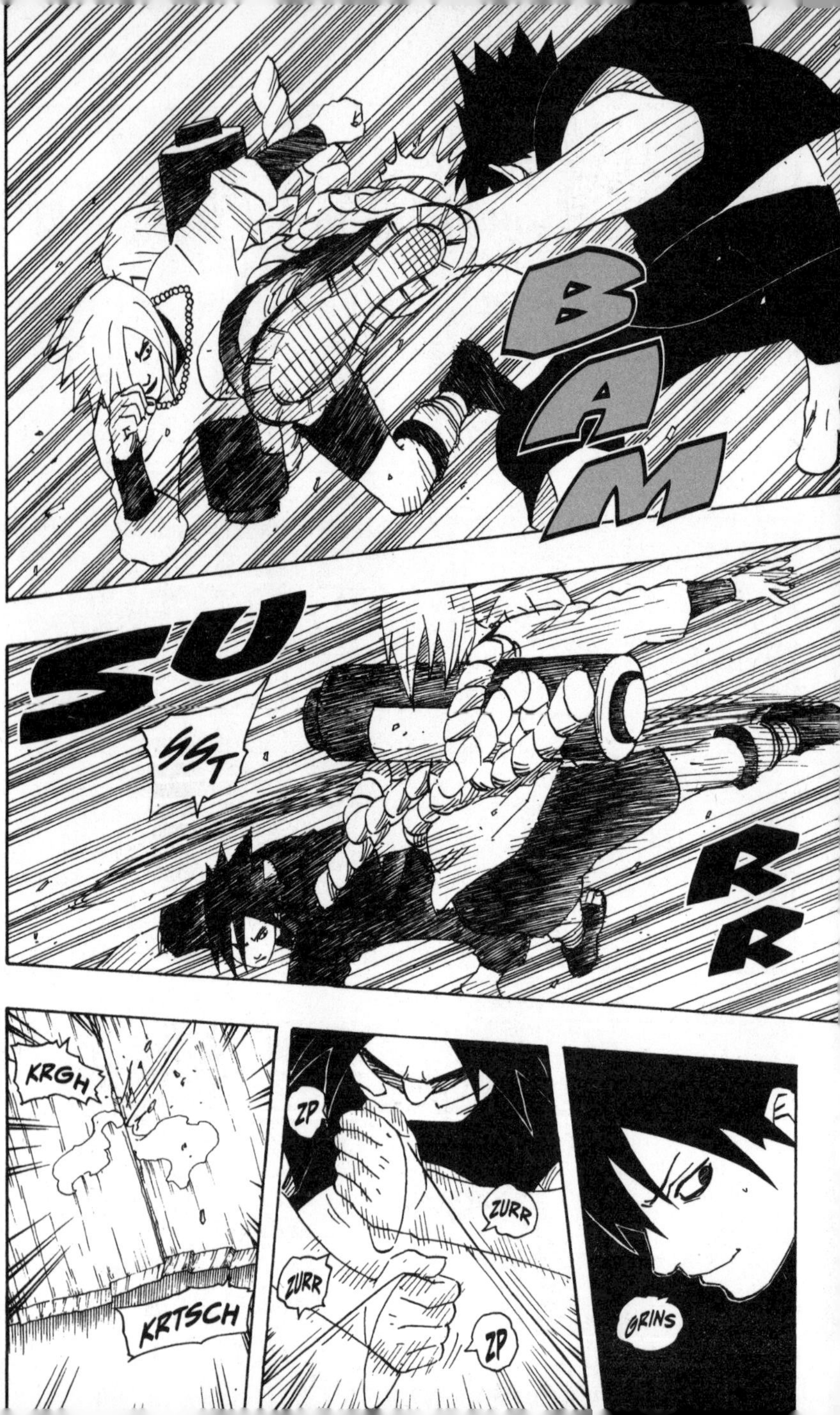

BAM
SU
SST
RRR
ORINS
ZP
ZURR
ZURR
ZP
KRGH
KRTSCH

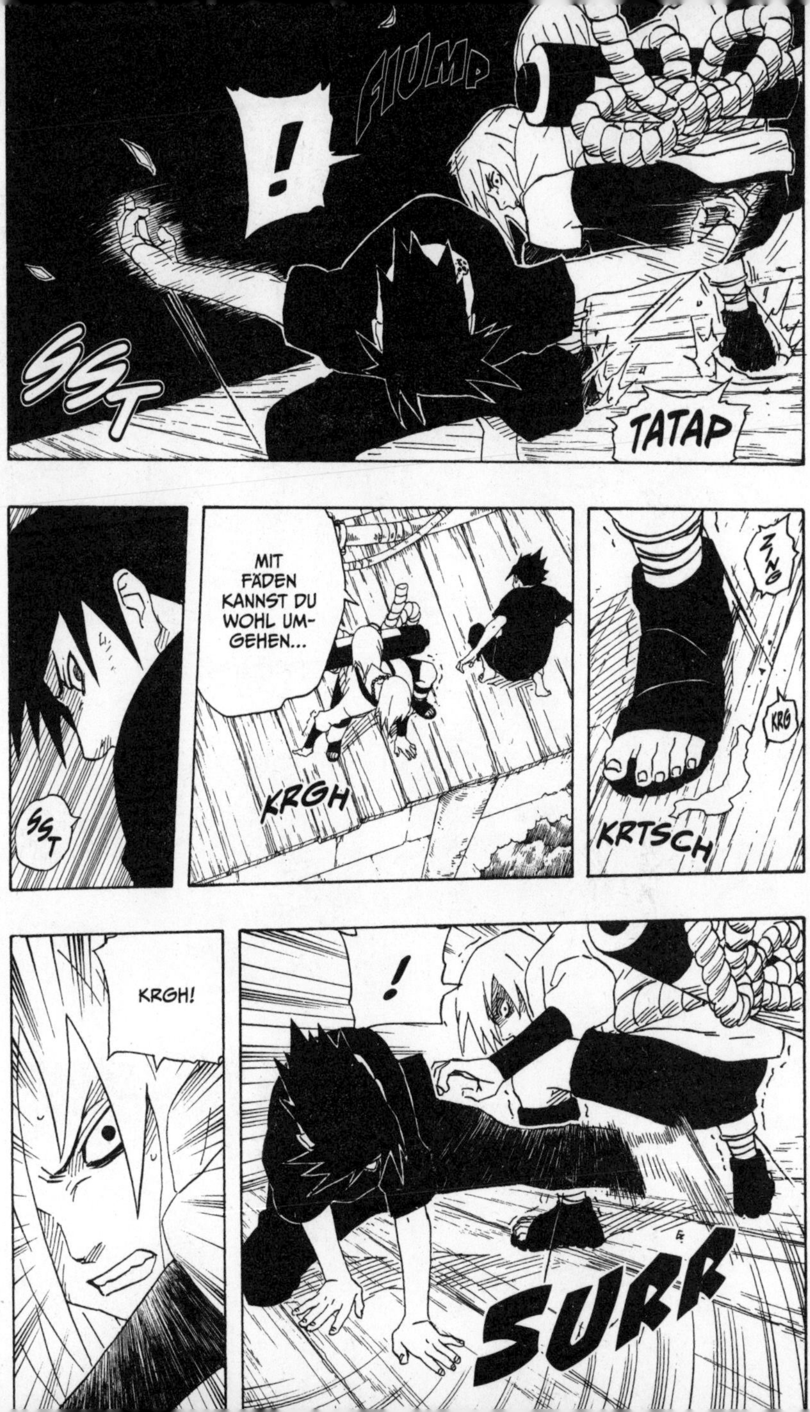
FIUMP
!
SST
TATAP
ZING
KRG
KRTSCH
MIT FÄDEN KANNST DU WOHL UMGEHEN...
KRGH
SST
!
SURR
KRGH!

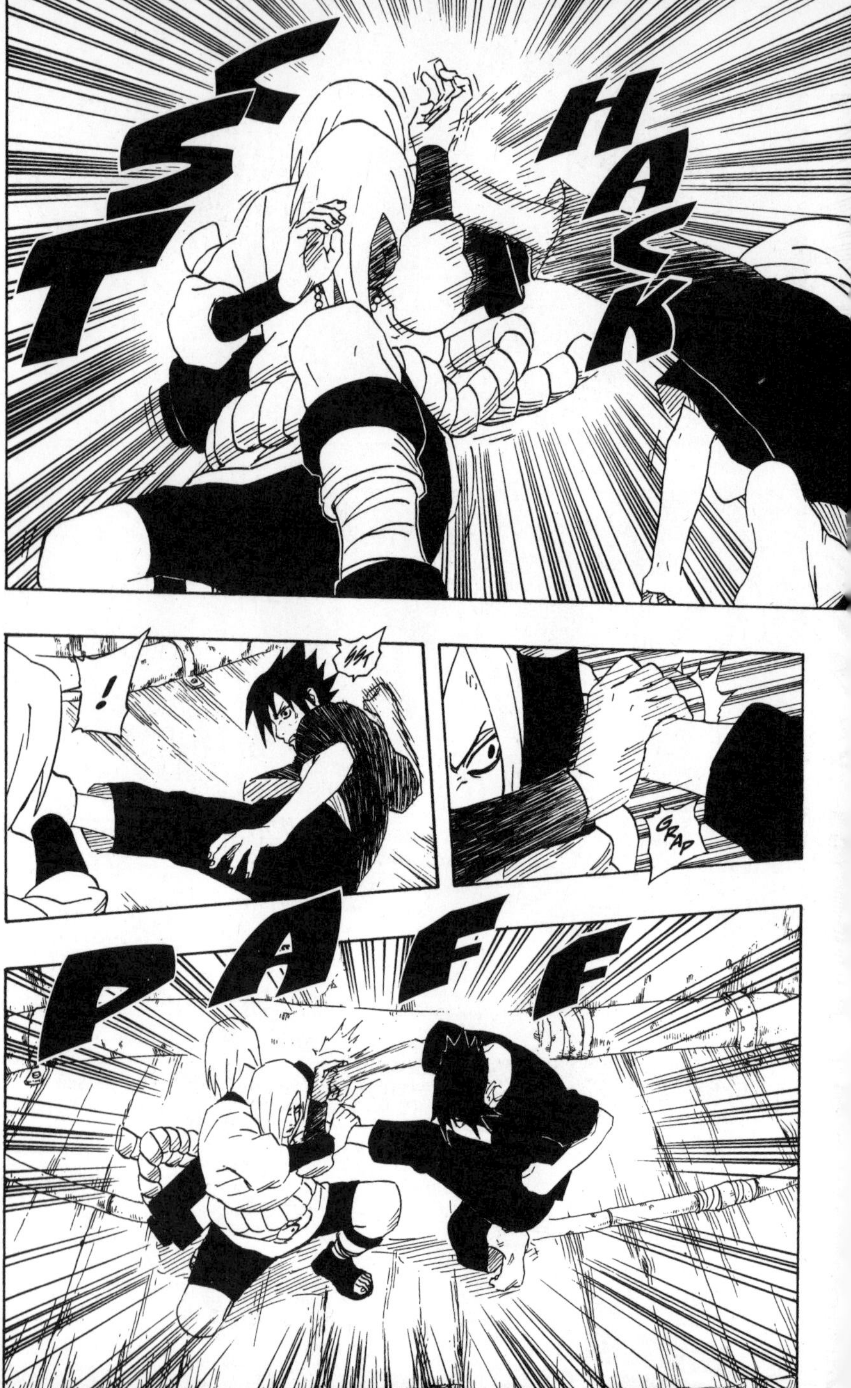

!
GRAP
PAFF

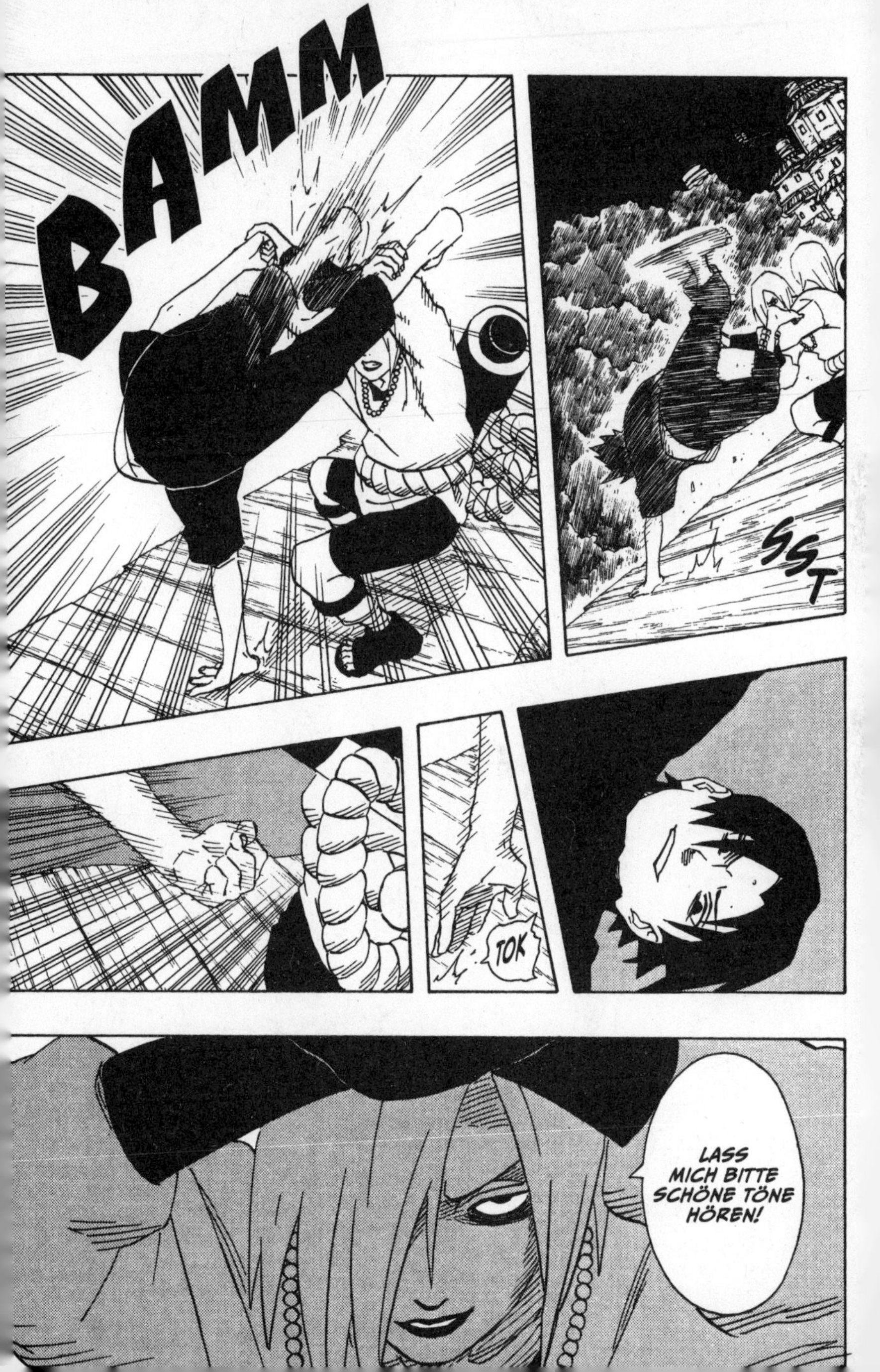
BAMM
SST
TOK
LASS MICH BITTE SCHÖNE TÖNE HÖREN!

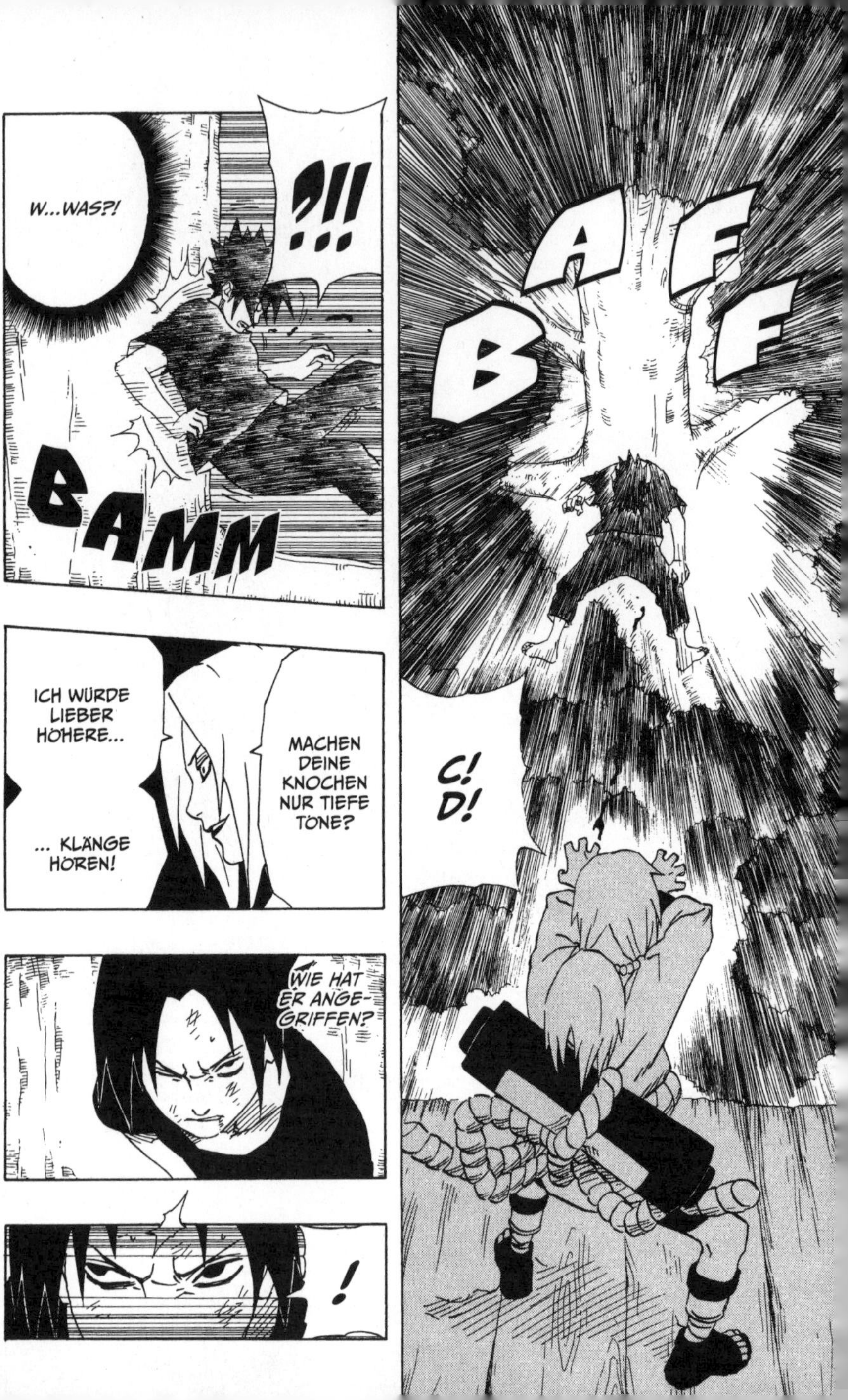
BAFF
C! D!
?!!
W...WAS?!
BAMM
MACHEN DEINE KNOCHEN NUR TIEFE TÖNE?
ICH WÜRDE LIEBER HÖHERE...
... KLÄNGE HÖREN!
WIE HAT ER ANGE-GRIFFEN?
!

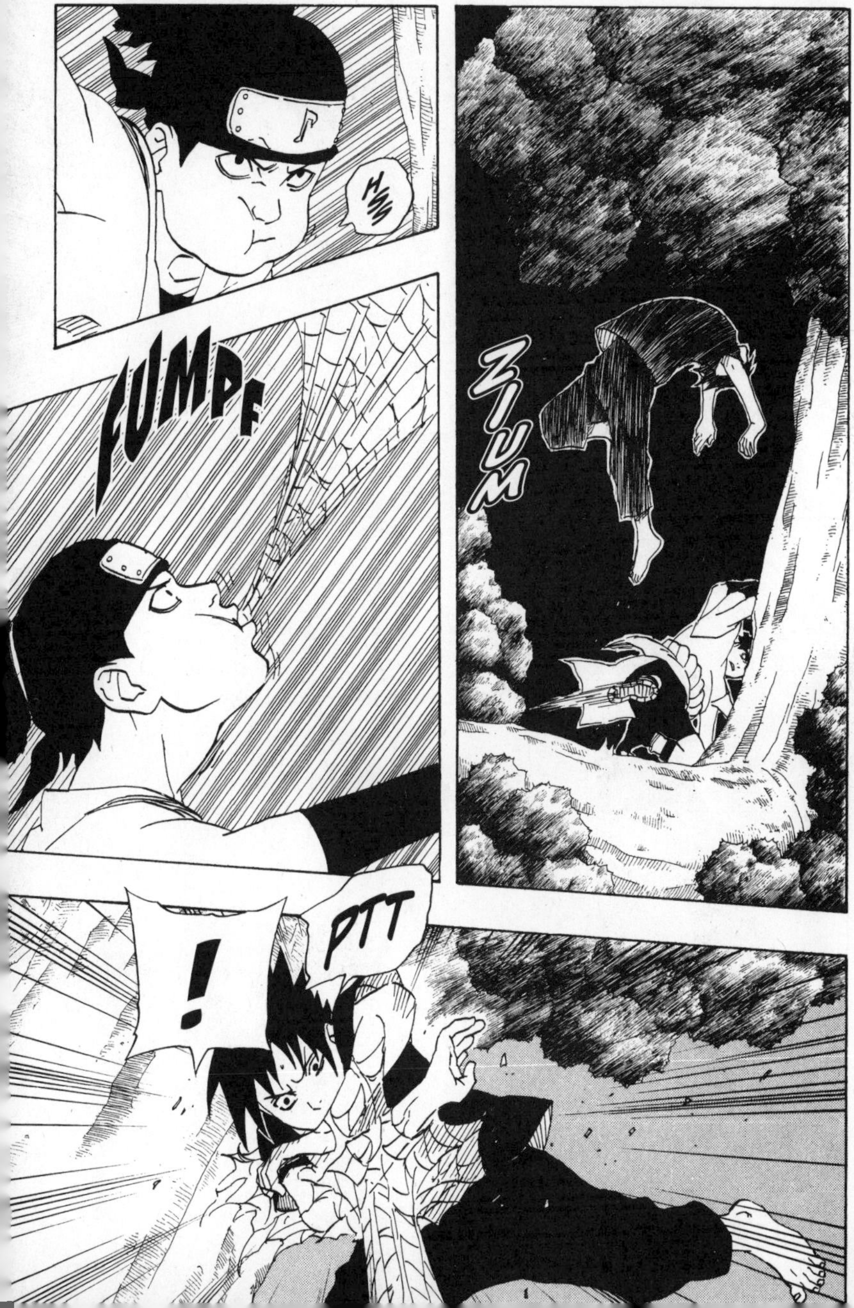
ZIUM
HM
FUMPF
PTT
!

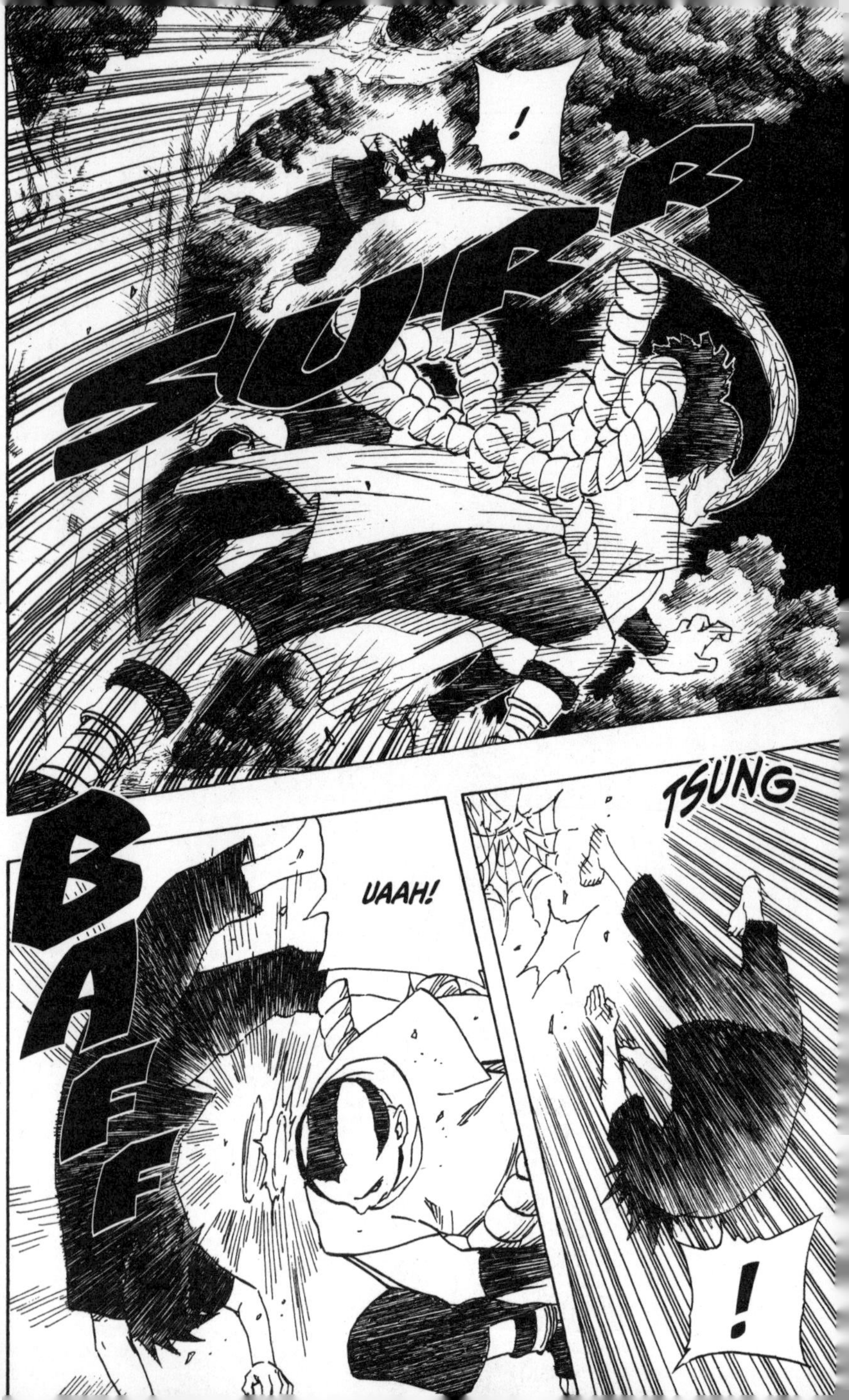
!
SURR
TSUNG
!
BAFF
UAAH!

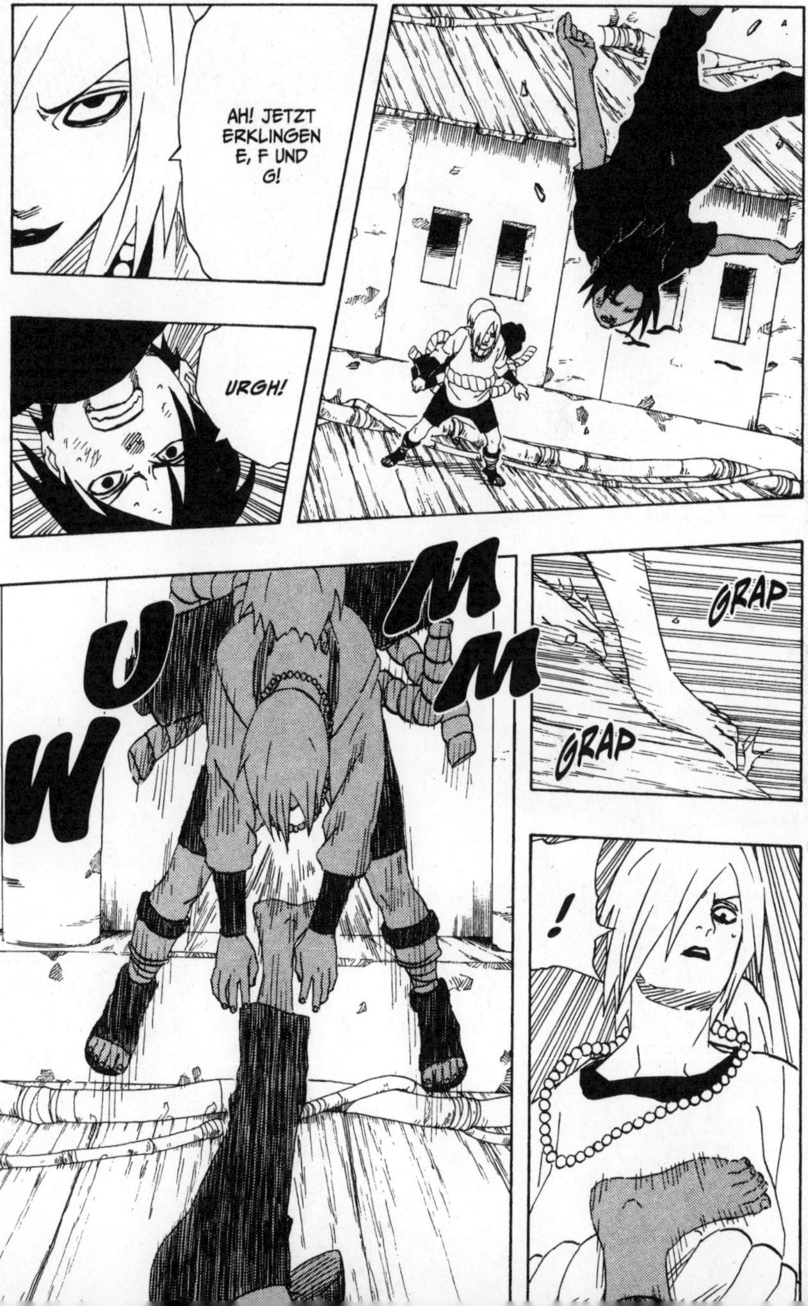
AH! JETZT ERKLINGEN E, F UND G!
URGH!
GRAP
GRAP
WUMM
!

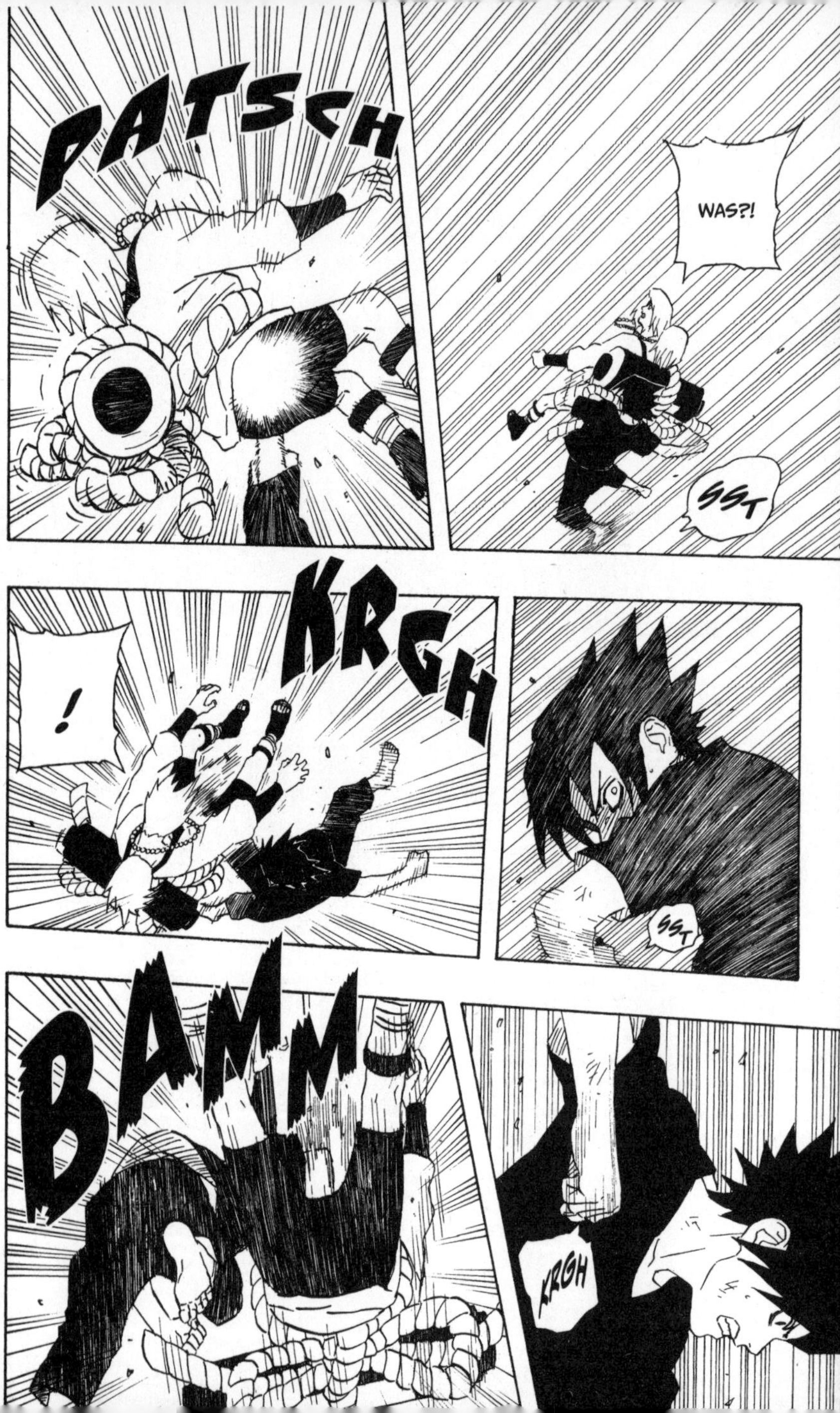
WAS?!
SST
PATSCH
SST
KRGH
!
KRGH
BAMM

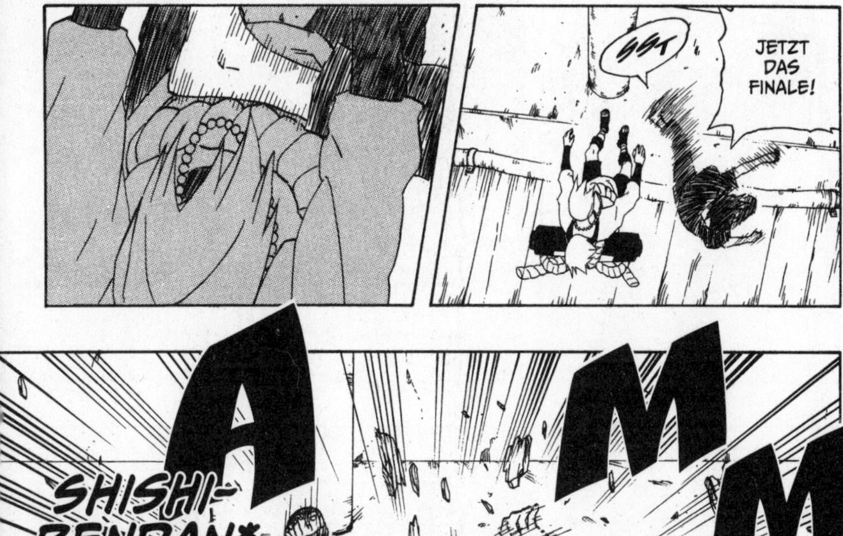

* SHISHI = TIGER, RENDAN = EINE ANGRIFFSSERIE

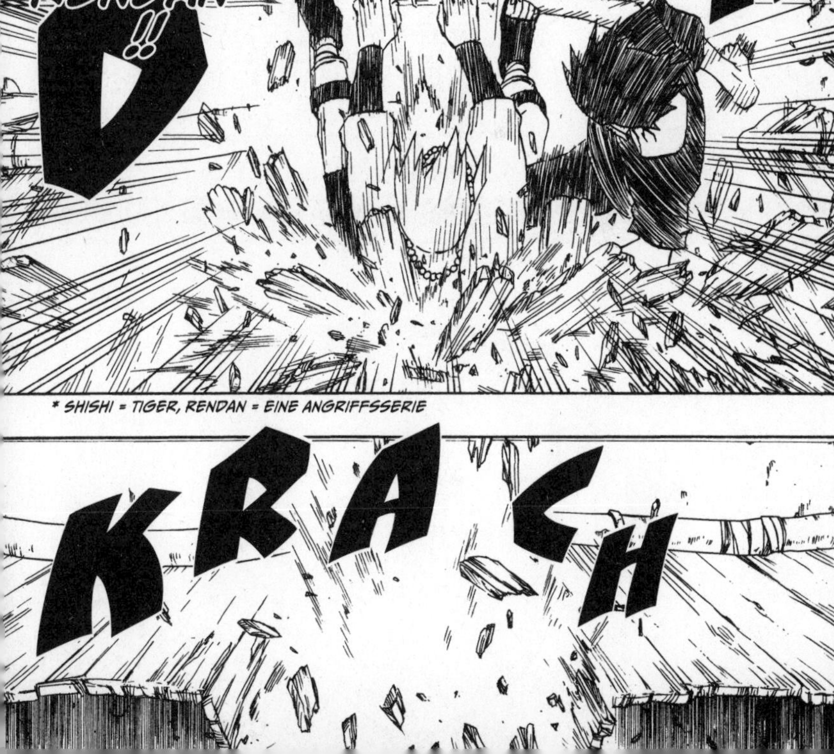

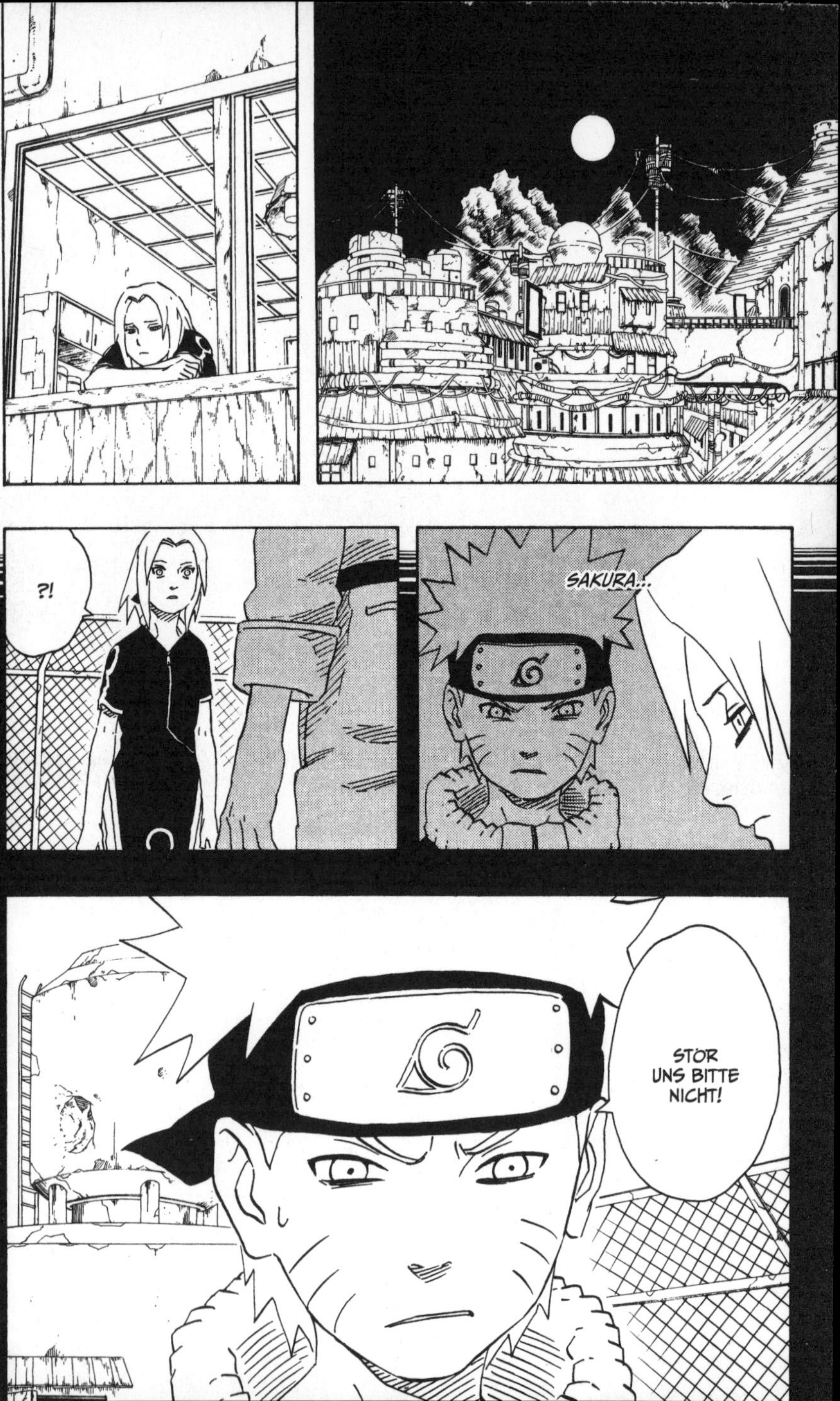

SAKURA...
?!
STÖR UNS BITTE NICHT!

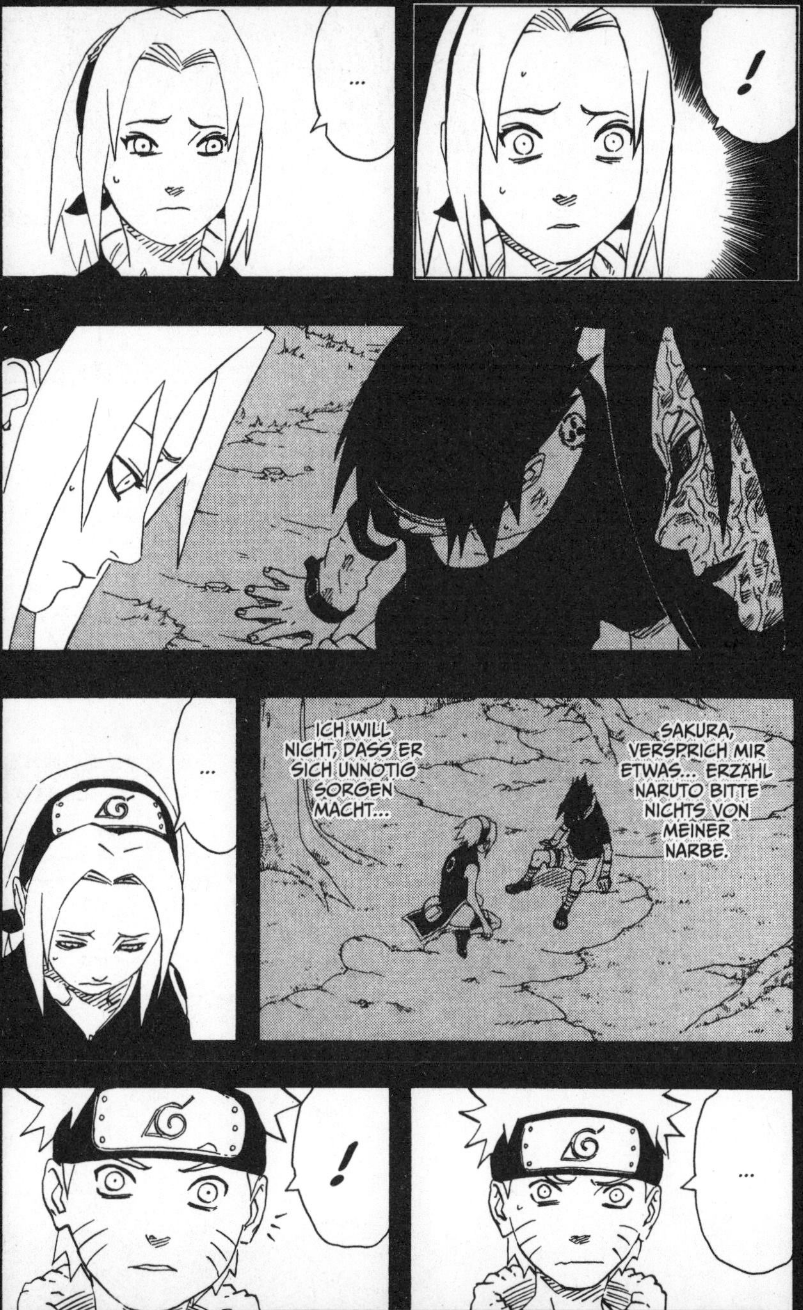
!
...
SAKURA, VERSPRICH MIR ETWAS... ERZÄHL NARUTO BITTE NICHTS VON MEINER NARBE.
ICH WILL NICHT, DASS ER SICH UNNÖTIG SORGEN MACHT...
...
...
!

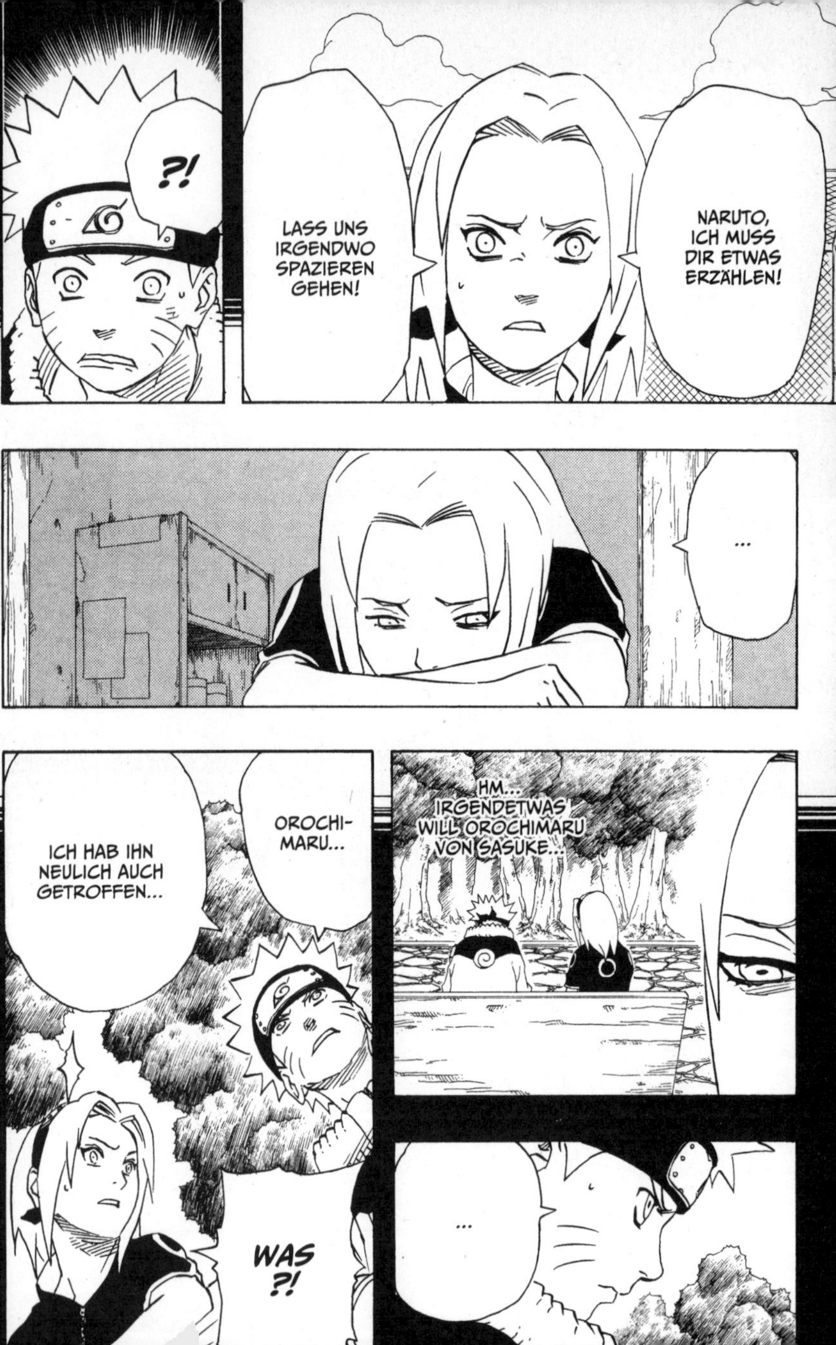
NARUTO, ICH MUSS DIR ETWAS ERZÄHLEN!
LASS UNS IRGENDWO SPAZIEREN GEHEN!
?!
...
HM... IRGENDETWAS WILL OROCHIMARU VON SASUKE...
...
OROCHI-MARU...
ICH HAB IHN NEULICH AUCH GETROFFEN...
WAS ?!

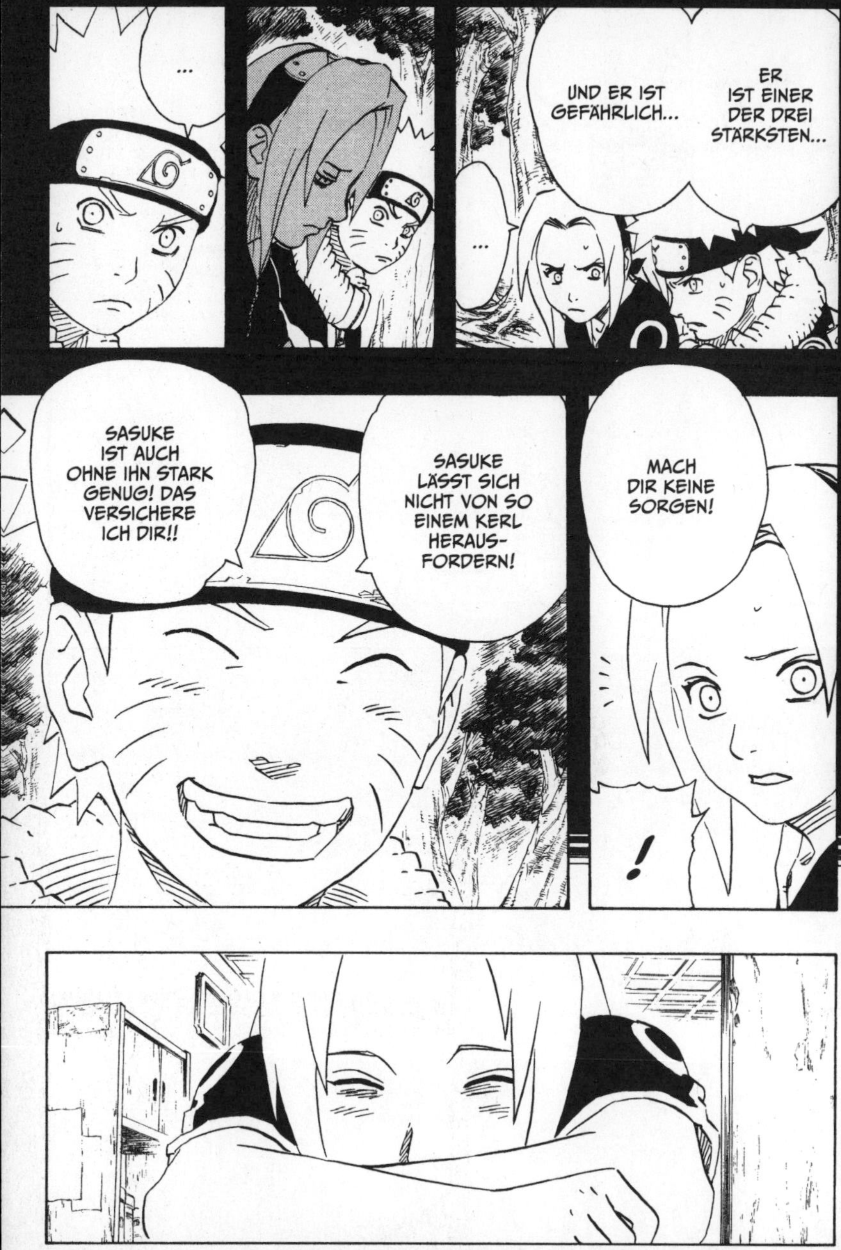
ER IST EINER DER DREI STÄRKSTEN...
UND ER IST GEFÄHRLICH...
...
...
MACH DIR KEINE SORGEN!
!
SASUKE LÄSST SICH NICHT VON SO EINEM KERL HERAUSFORDERN!
SASUKE IST AUCH OHNE IHN STARK GENUG! DAS VERSICHERE ICH DIR!!

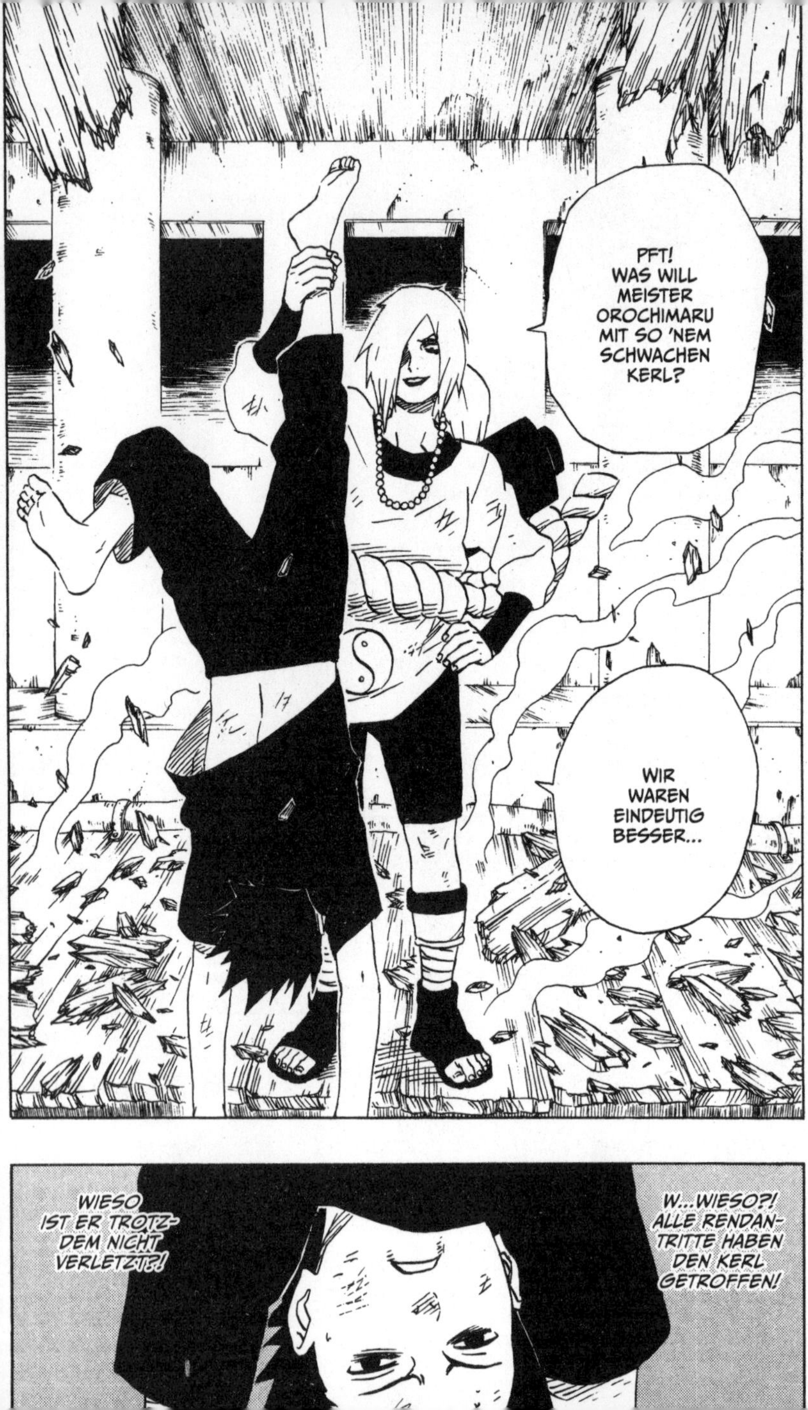
PFT! WAS WILL MEISTER OROCHIMARU MIT SO 'NEM SCHWACHEN KERL?
WIR WAREN EINDEUTIG BESSER...
W...WIESO?! ALLE RENDAN-TRITTE HABEN DEN KERL GETROFFEN!
WIESO IST ER TROTZ-DEM NICHT VERLETZT?!

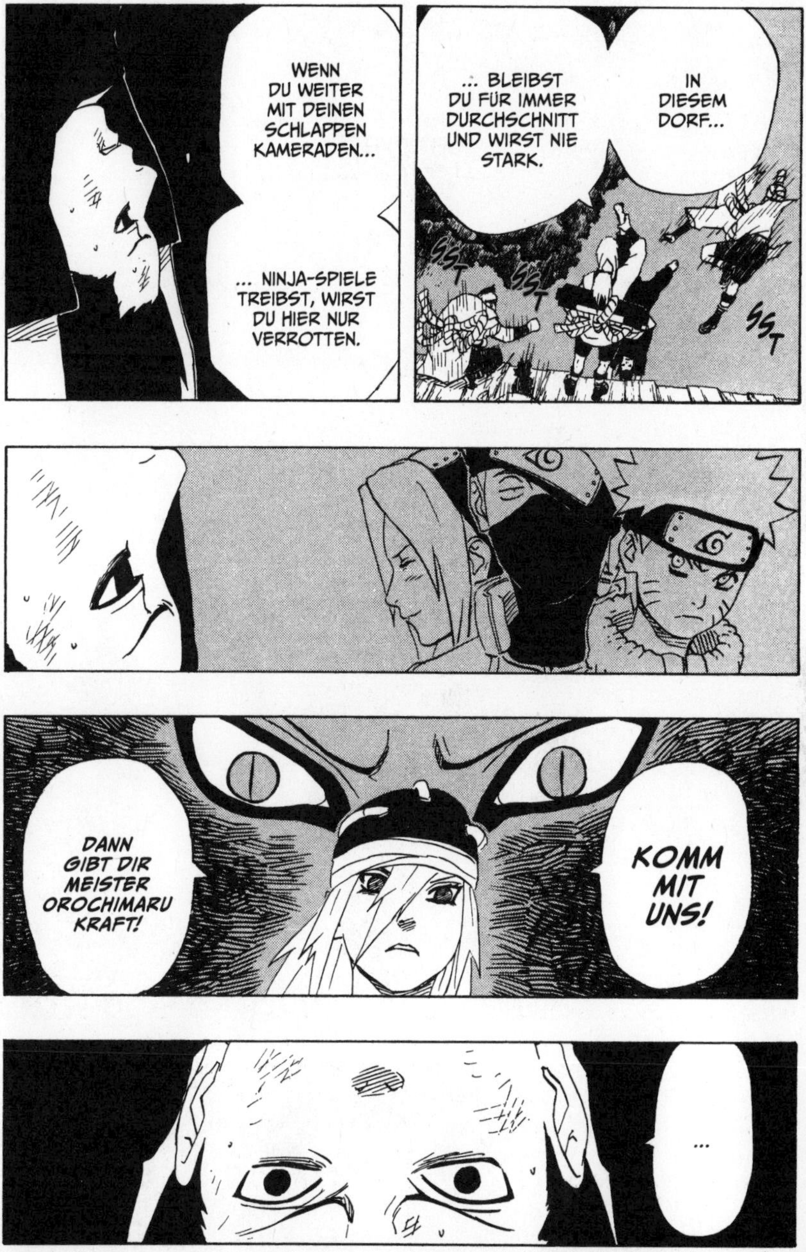
IN DIESEM DORF...
... BLEIBST DU FÜR IMMER DURCHSCHNITT UND WIRST NIE STARK.
SST
SST
SST
WENN DU WEITER MIT DEINEN SCHLAPPEN KAMERADEN...
... NINJA-SPIELE TREIBST, WIRST DU HIER NUR VERROTTEN.
KOMM MIT UNS!
DANN GIBT DIR MEISTER OROCHIMARU KRAFT!
...

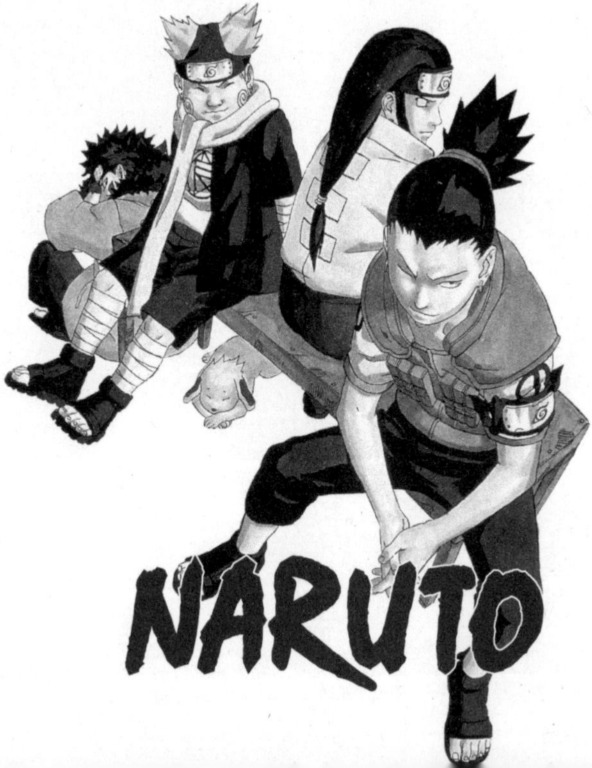
NARUTO

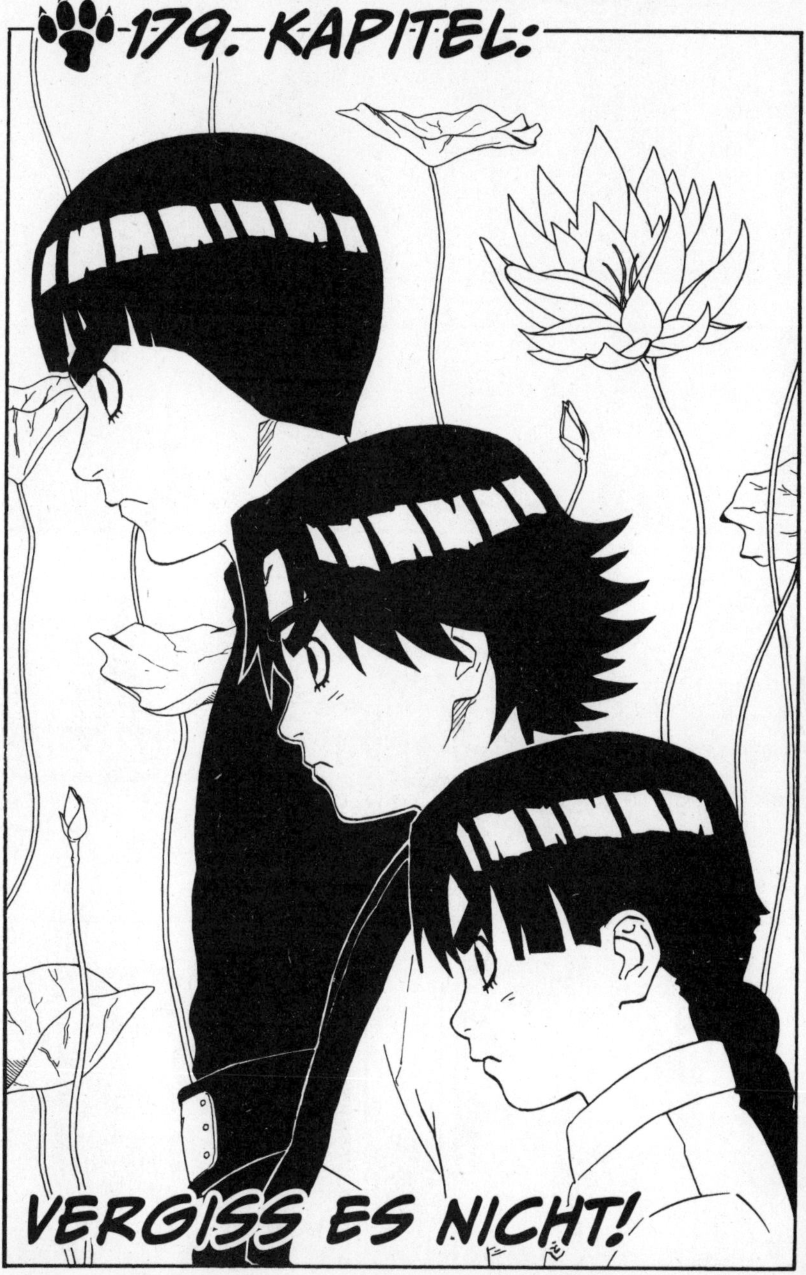
179. KAPITEL:
VERGISS ES NICHT!

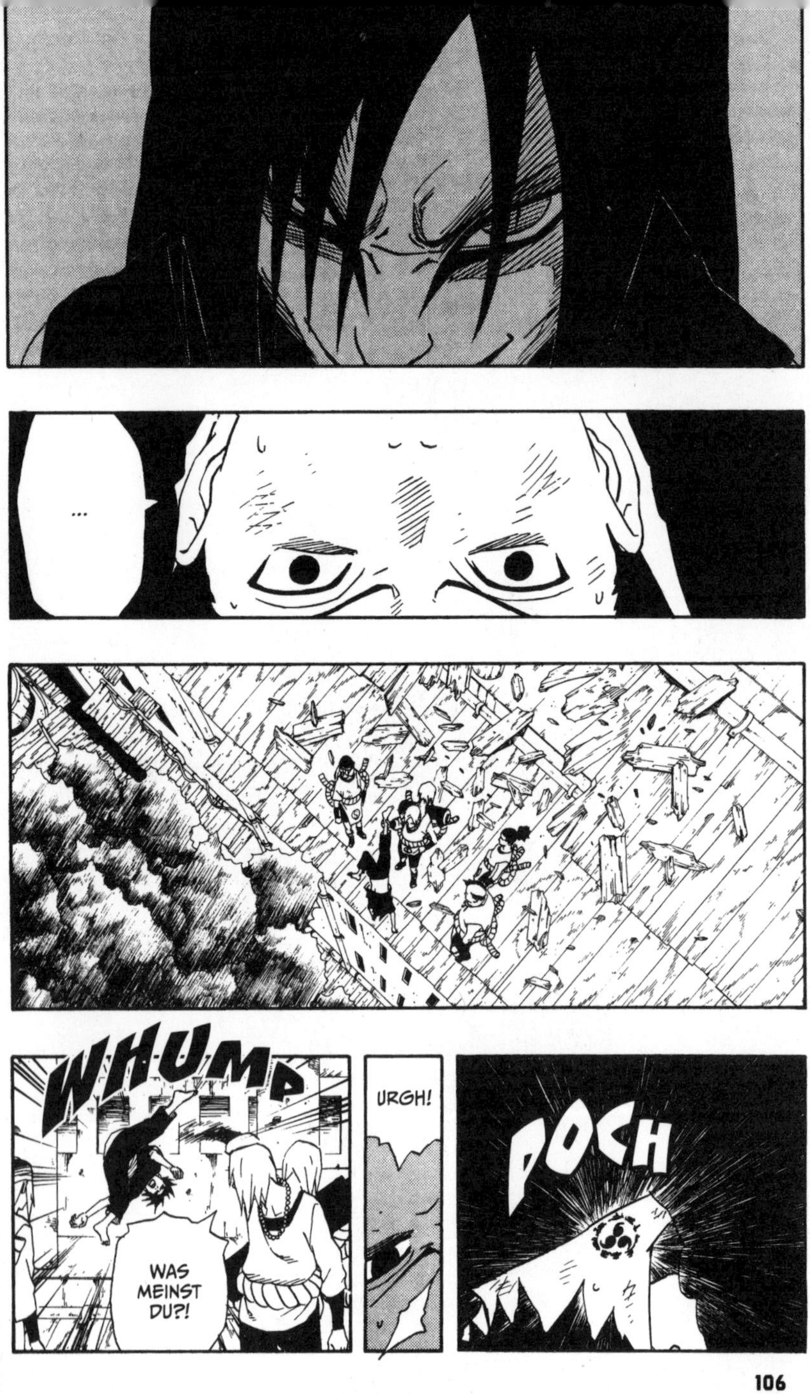
...
DOCH
URGH!
WHUMP
WAS MEINST DU?!

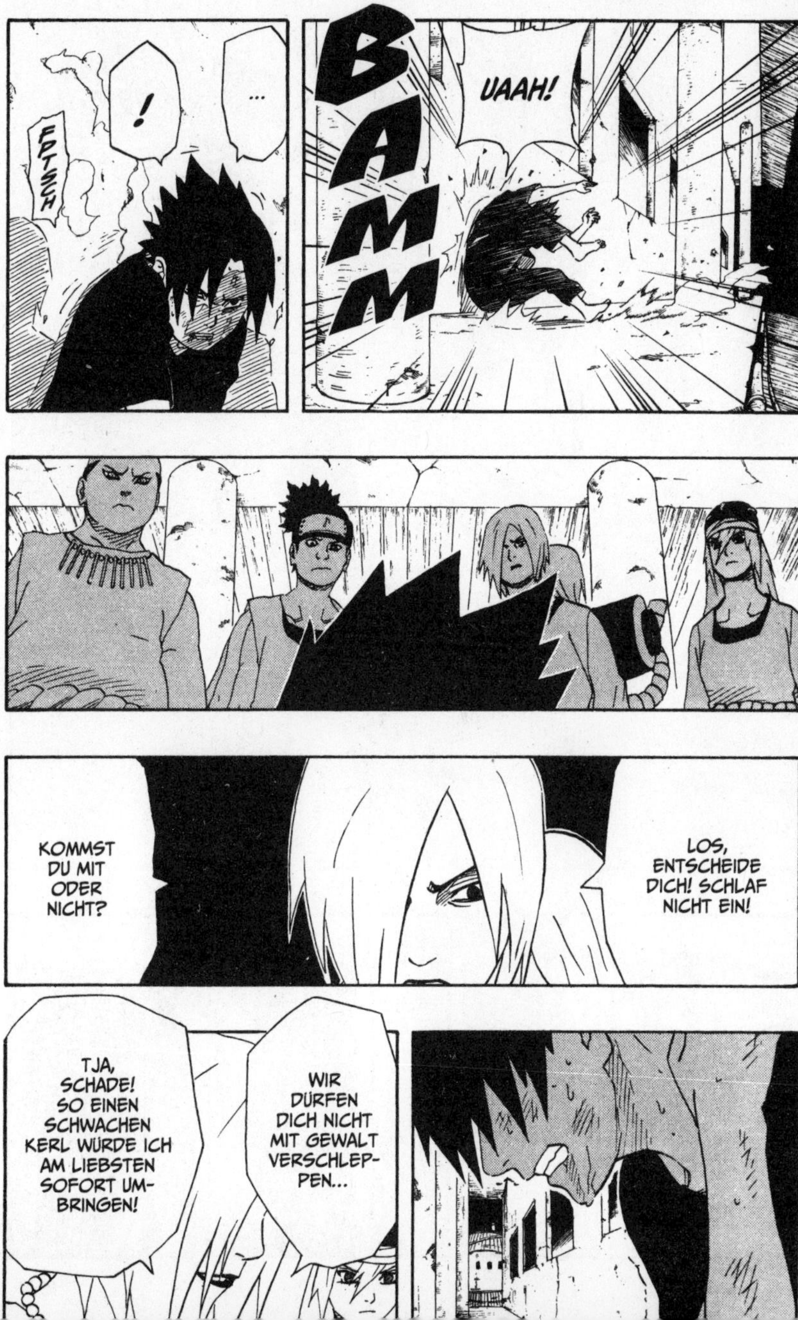
BAMM
UAAH!
...
!
FPTSCH
LOS, ENTSCHEIDE DICH! SCHLAF NICHT EIN!
KOMMST DU MIT ODER NICHT?
WIR DÜRFEN DICH NICHT MIT GEWALT VERSCHLEP-PEN...
TJA, SCHADE! SO EINEN SCHWACHEN KERL WÜRDE ICH AM LIEBSTEN SOFORT UM-BRINGEN!

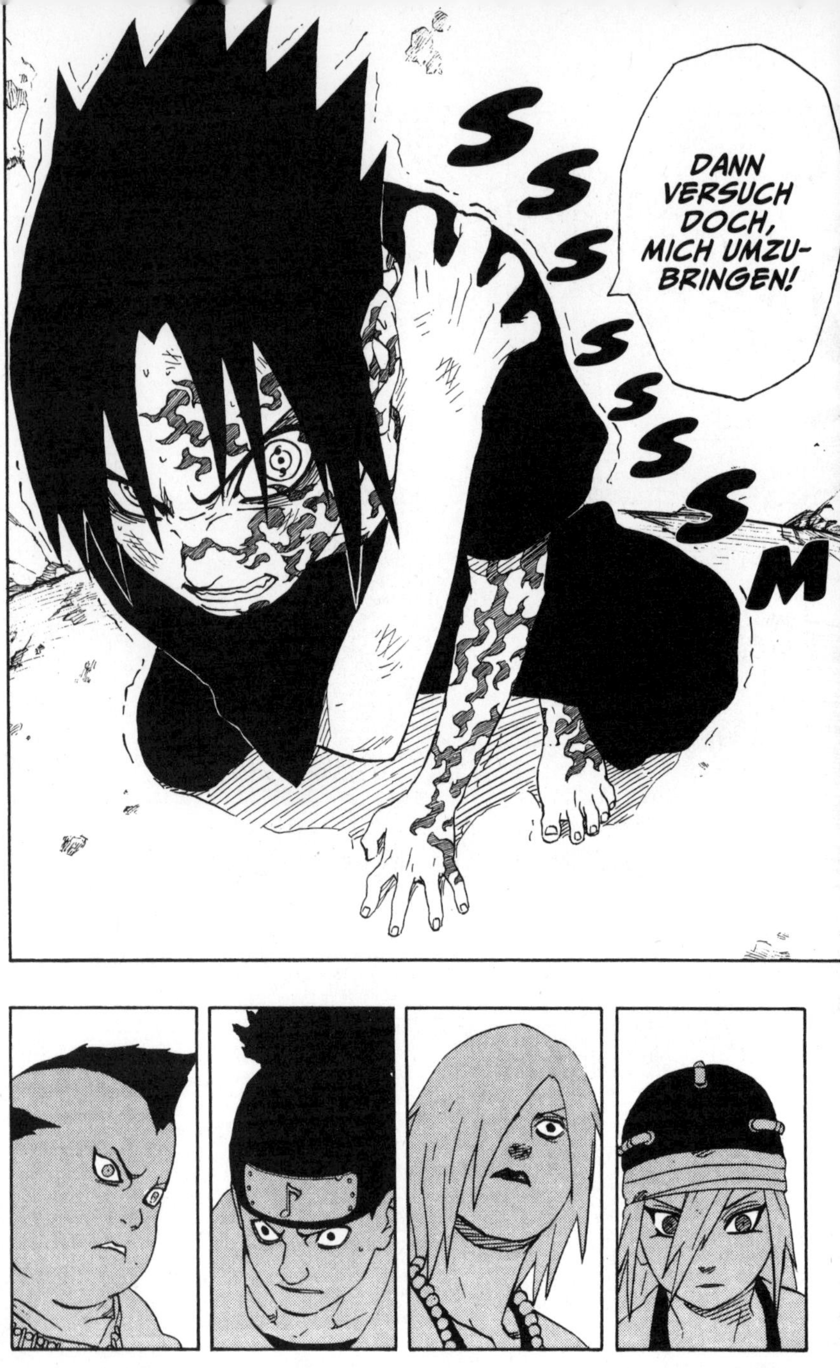
DANN VERSUCH DOCH, MICH UMZUBRINGEN!
SSSSSSSM

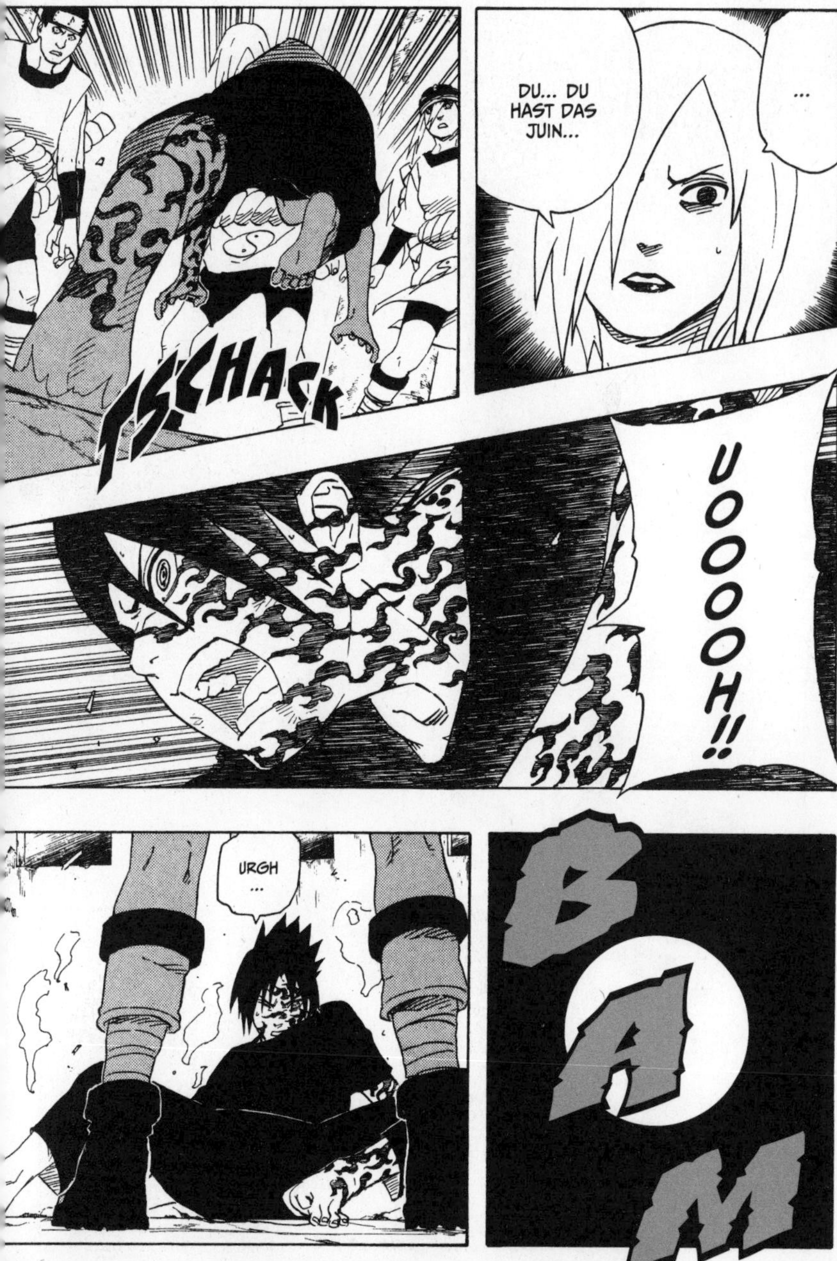
...
DU... DU HAST DAS JUIN...
TSCHACK
UOOOOOH!!
BAM
URGH ...

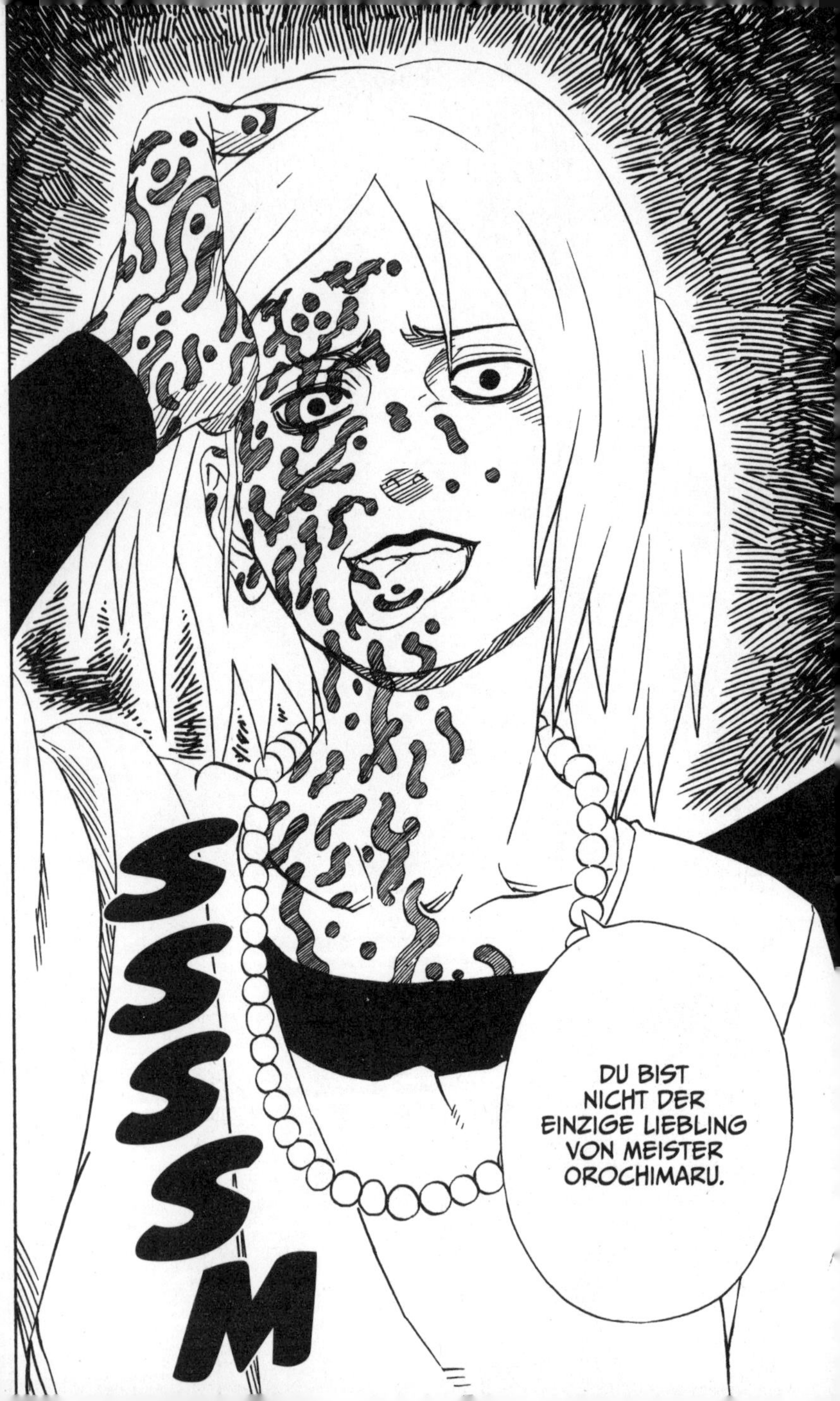
DU BIST
NICHT DER
EINZIGE LIEBLING
VON MEISTER
OROCHIMARU.
SSSSSM

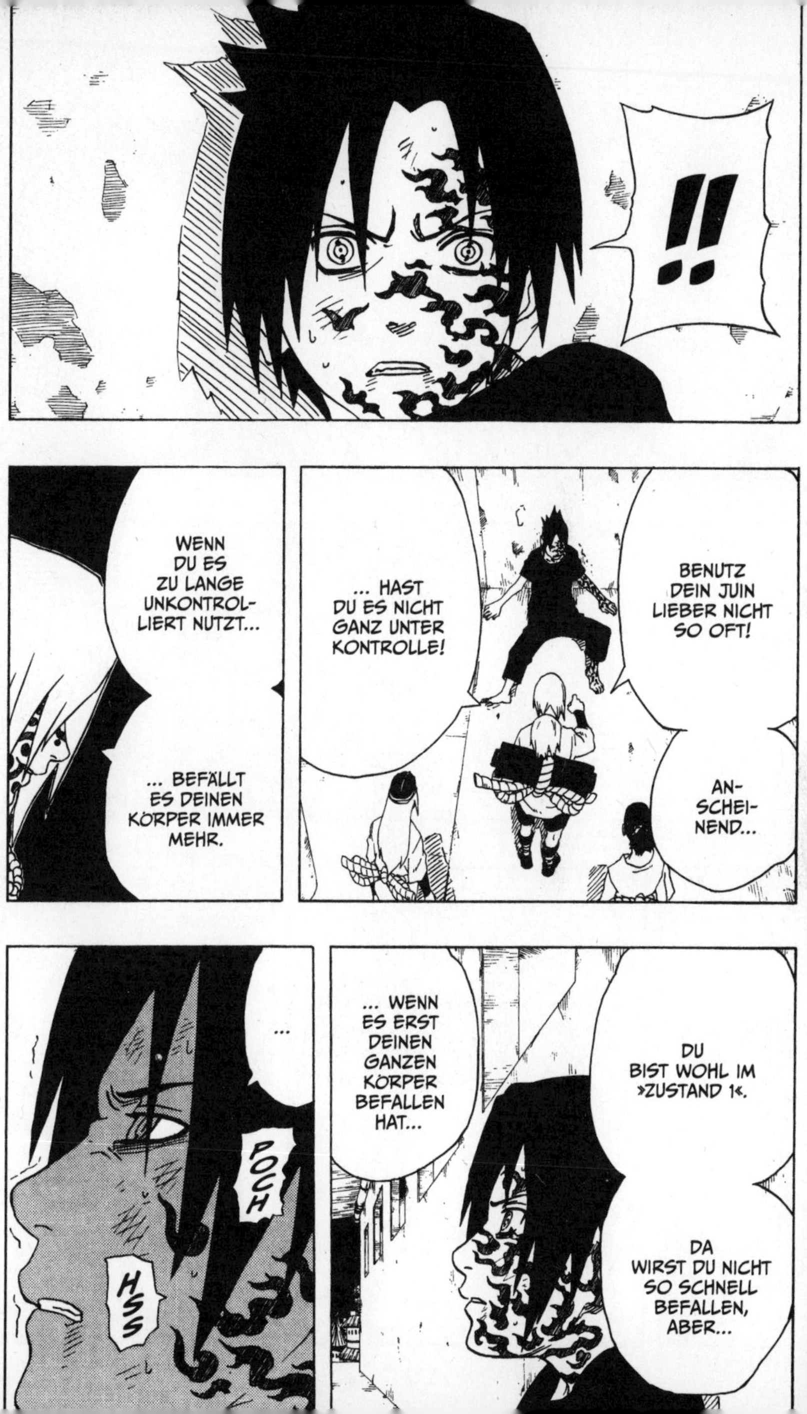
!!
BENUTZ DEIN JUIN LIEBER NICHT SO OFT!
AN-SCHEI-NEND...
... HAST DU ES NICHT GANZ UNTER KONTROLLE!
WENN DU ES ZU LANGE UNKONTROL-LIERT NUTZT...
... BEFÄLLT ES DEINEN KÖRPER IMMER MEHR.
DU BIST WOHL IM »ZUSTAND 1«.
DA WIRST DU NICHT SO SCHNELL BEFALLEN, ABER...
... WENN ES ERST DEINEN GANZEN KÖRPER BEFALLEN HAT...
...
POCH
HSS

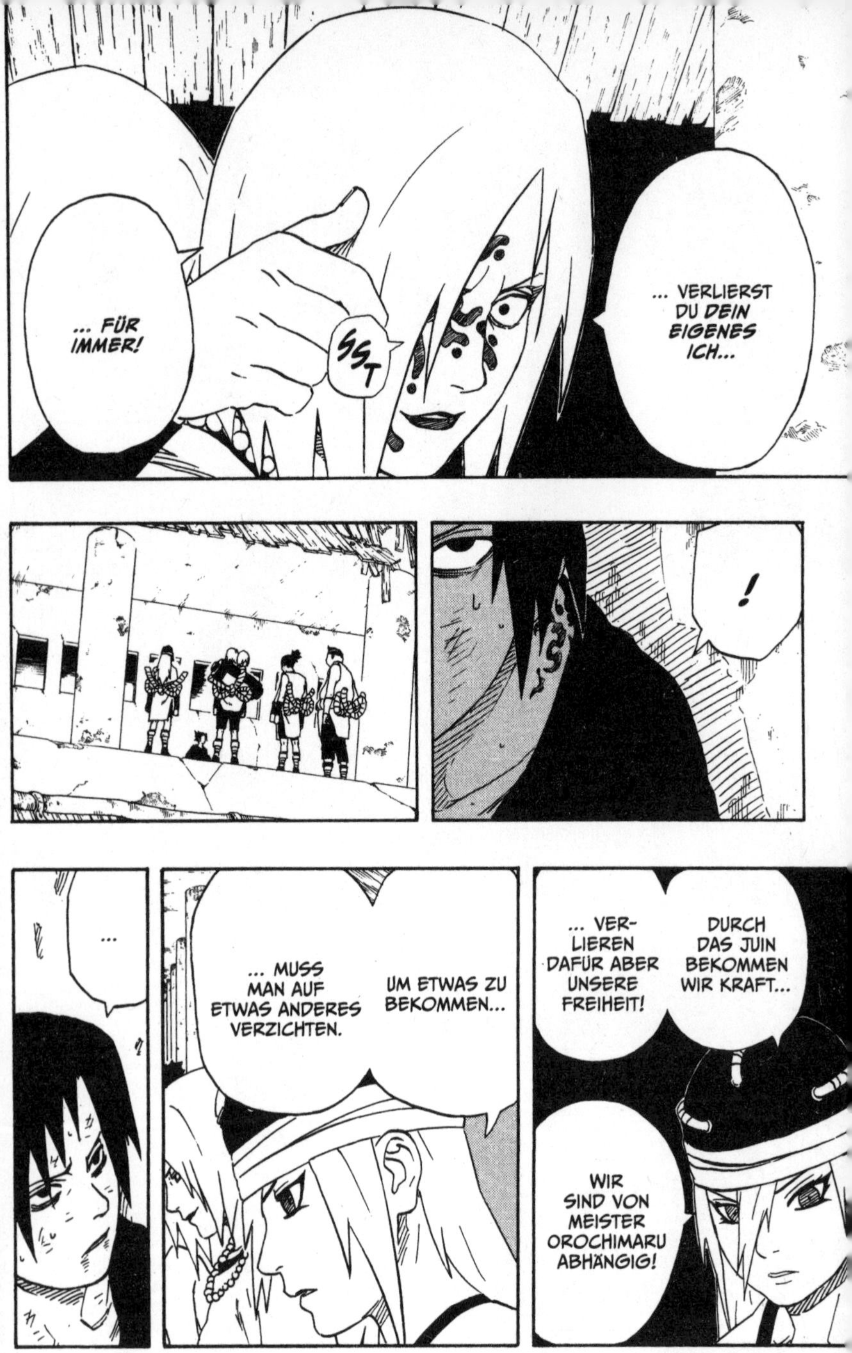
... VERLIERST DU DEIN EIGENES ICH...
SST
... FÜR IMMER!
!
DURCH DAS JUIN BEKOMMEN WIR KRAFT...
... VER-LIEREN DAFÜR ABER UNSERE FREIHEIT!
WIR SIND VON MEISTER OROCHIMARU ABHÄNGIG!
UM ETWAS ZU BEKOMMEN...
... MUSS MAN AUF ETWAS ANDERES VERZICHTEN.
...

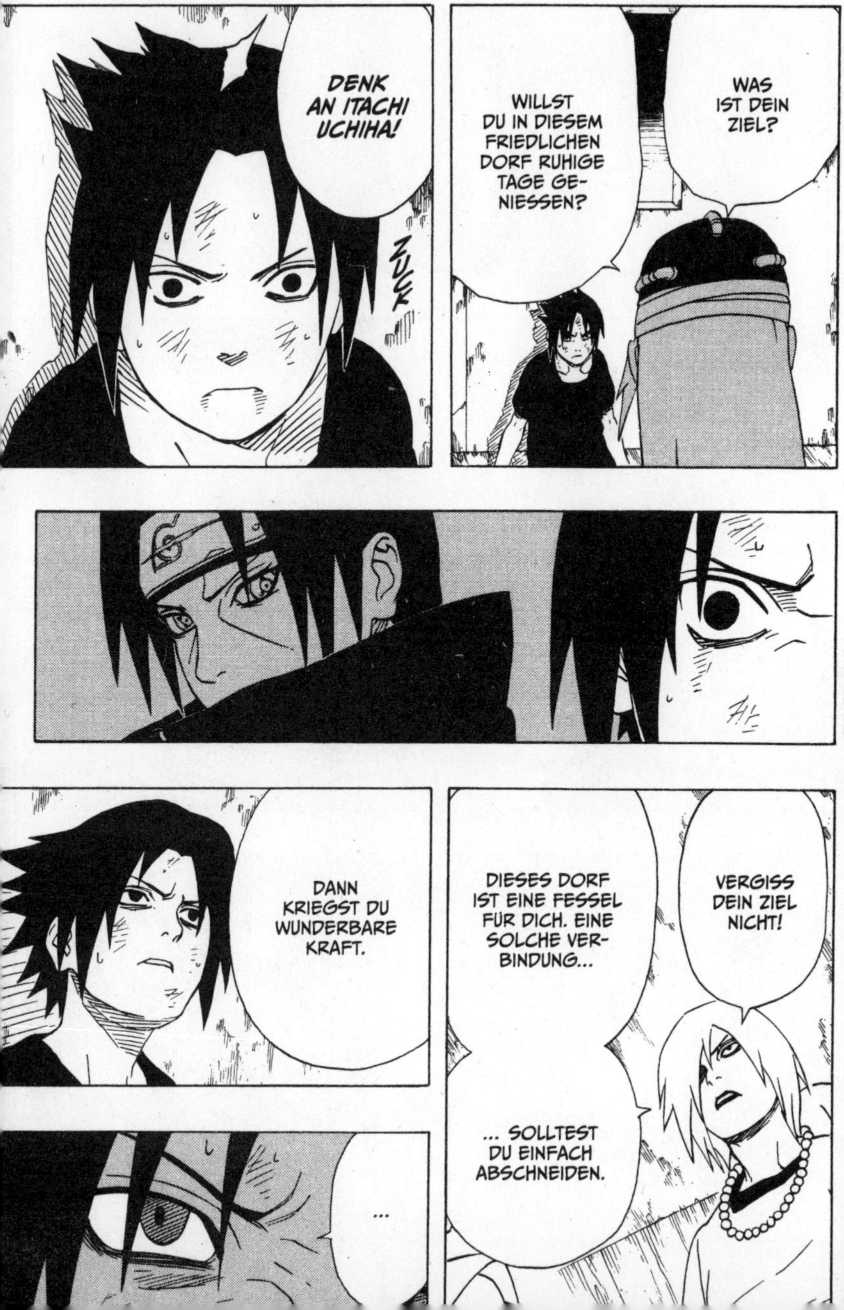
WAS IST DEIN ZIEL?
WILLST DU IN DIESEM FRIEDLICHEN DORF RUHIGE TAGE GE-NIESSEN?
DENK AN ITACHI UCHIHA!
ZUCK
VERGISS DEIN ZIEL NICHT!
DIESES DORF IST EINE FESSEL FÜR DICH. EINE SOLCHE VER-BINDUNG...
... SOLLTEST DU EINFACH ABSCHNEIDEN.
DANN KRIEGST DU WUNDERBARE KRAFT.
...

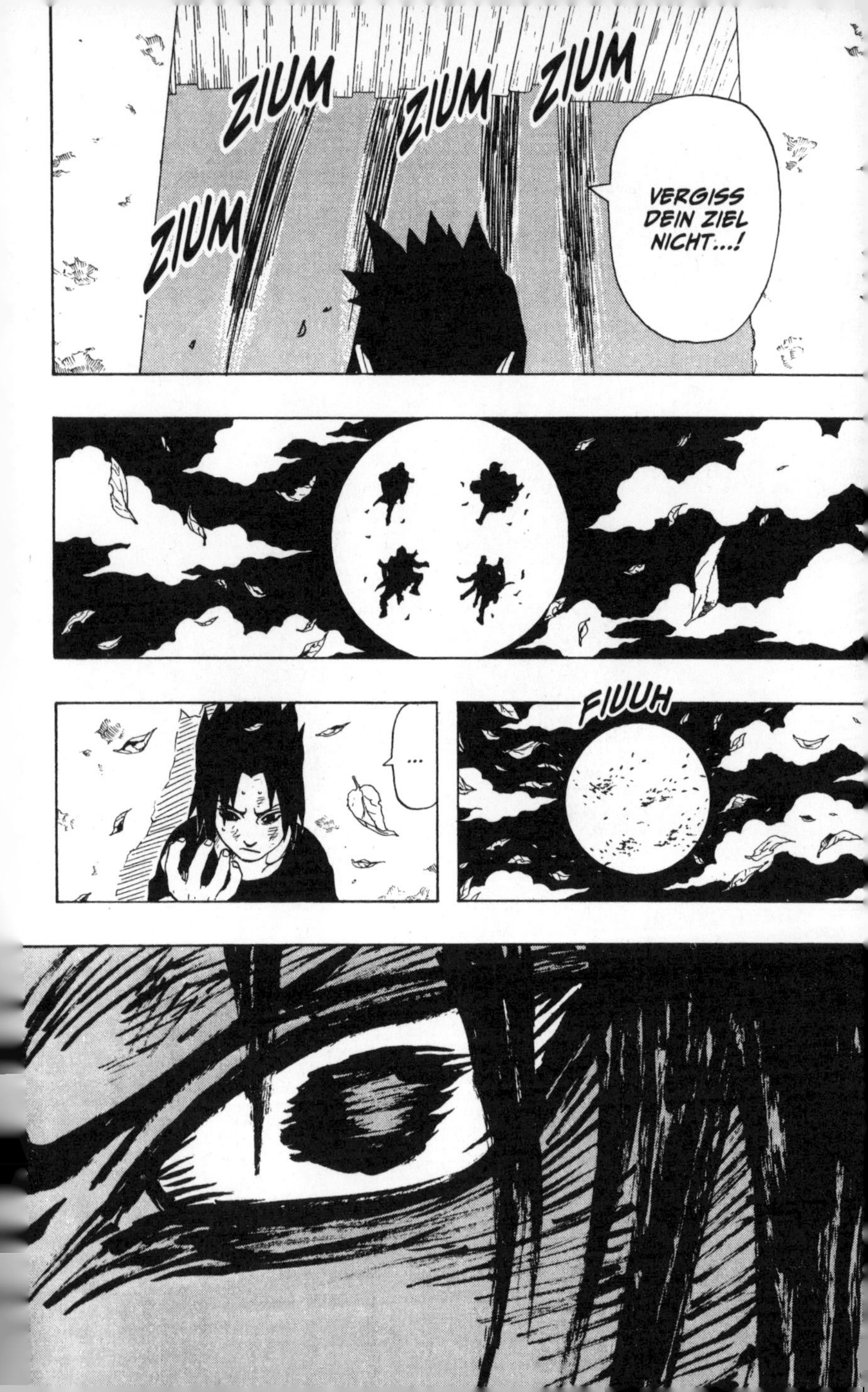
ZIUM
ZIUM
ZIUM
ZIUM
VERGISS DEIN ZIEL NICHT...!
FIUUH
...

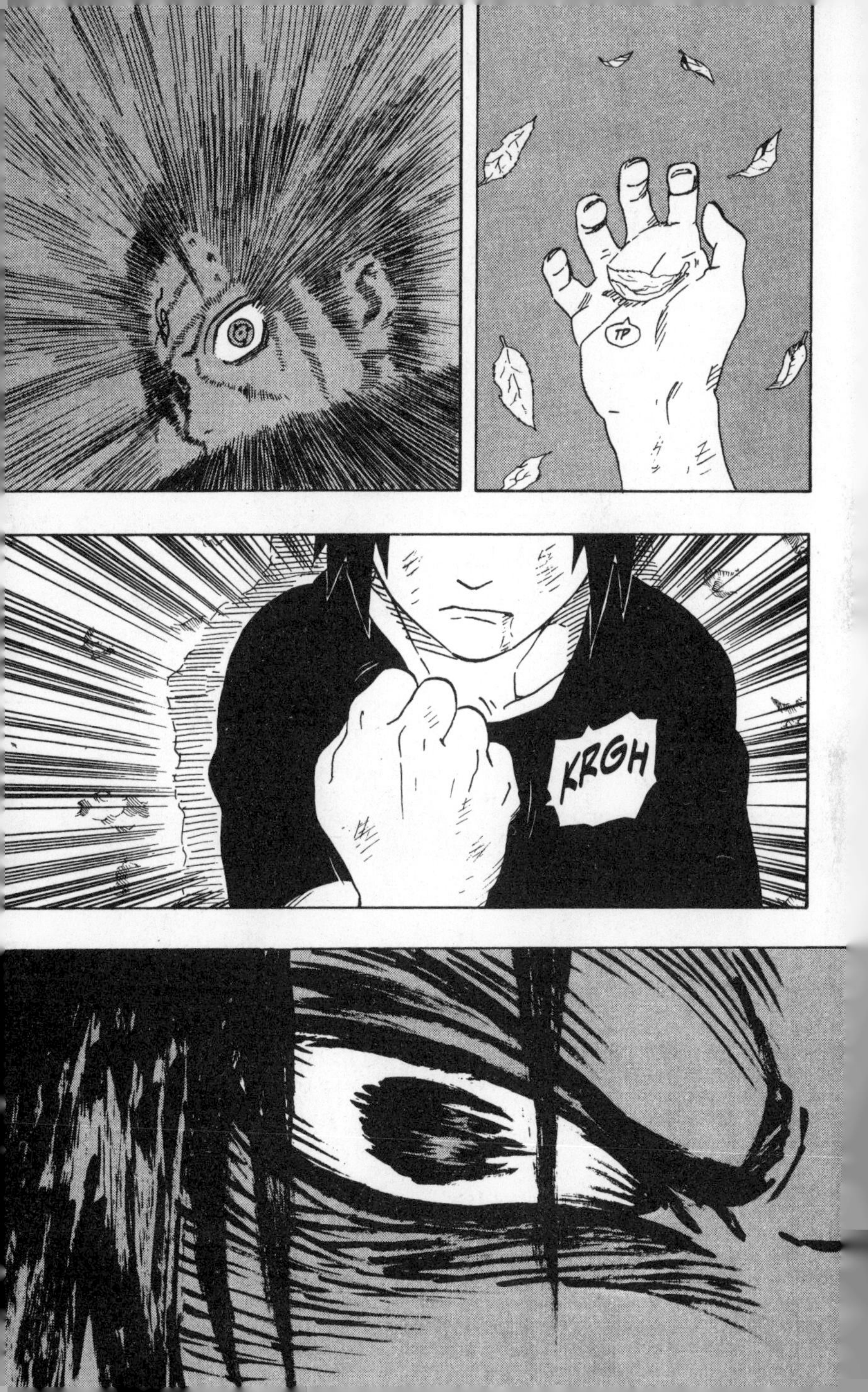
TP
KRGH

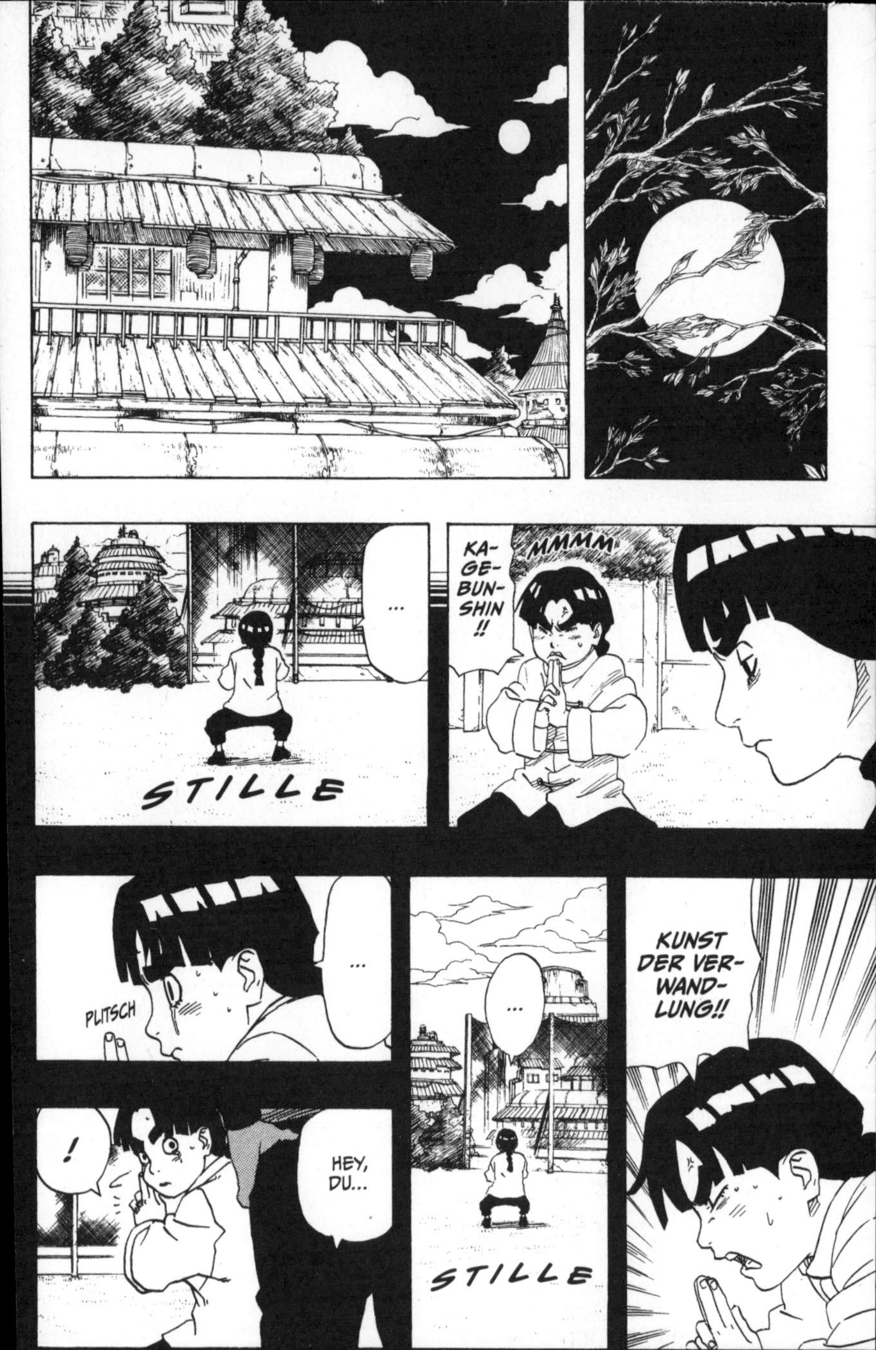

...
STILLE
MMMM
KAGEBUNSHIN!!
KUNST DER VERWANDLUNG!!
...
STILLE
...
PLITSCH
HEY, DU...
!

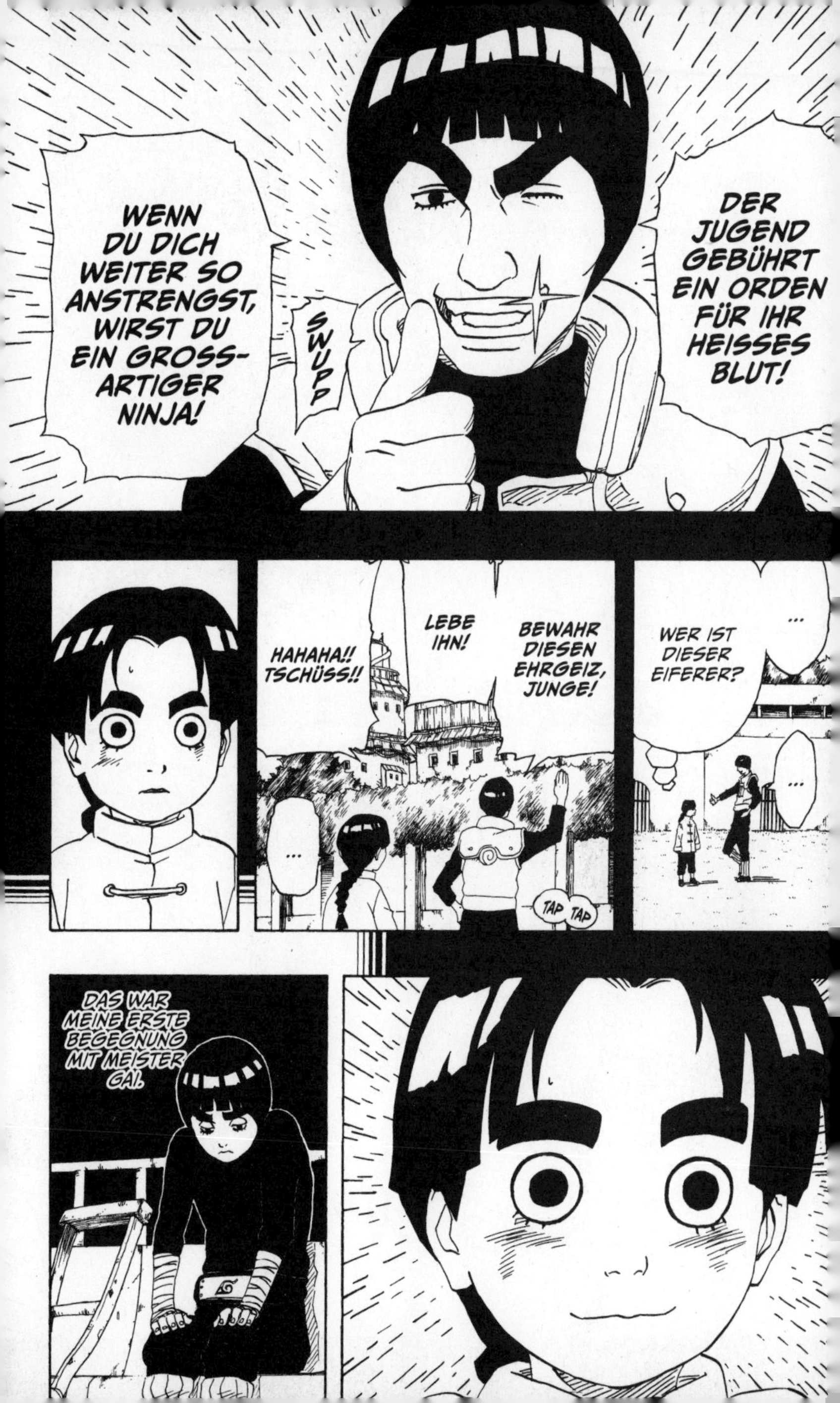
DER JUGEND GEBÜHRT EIN ORDEN FÜR IHR HEISSES BLUT!
SWUPP
WENN DU DICH WEITER SO ANSTRENGST, WIRST DU EIN GROSS-ARTIGER NINJA!
...
WER IST DIESER EIFERER?
...
BEWAHR DIESEN EHRGEIZ, JUNGE!
LEBE IHN!
HAHAHA!! TSCHÜSS!!
...
TAP TAP
DAS WAR MEINE ERSTE BEGEGNUNG MIT MEISTER GAI.

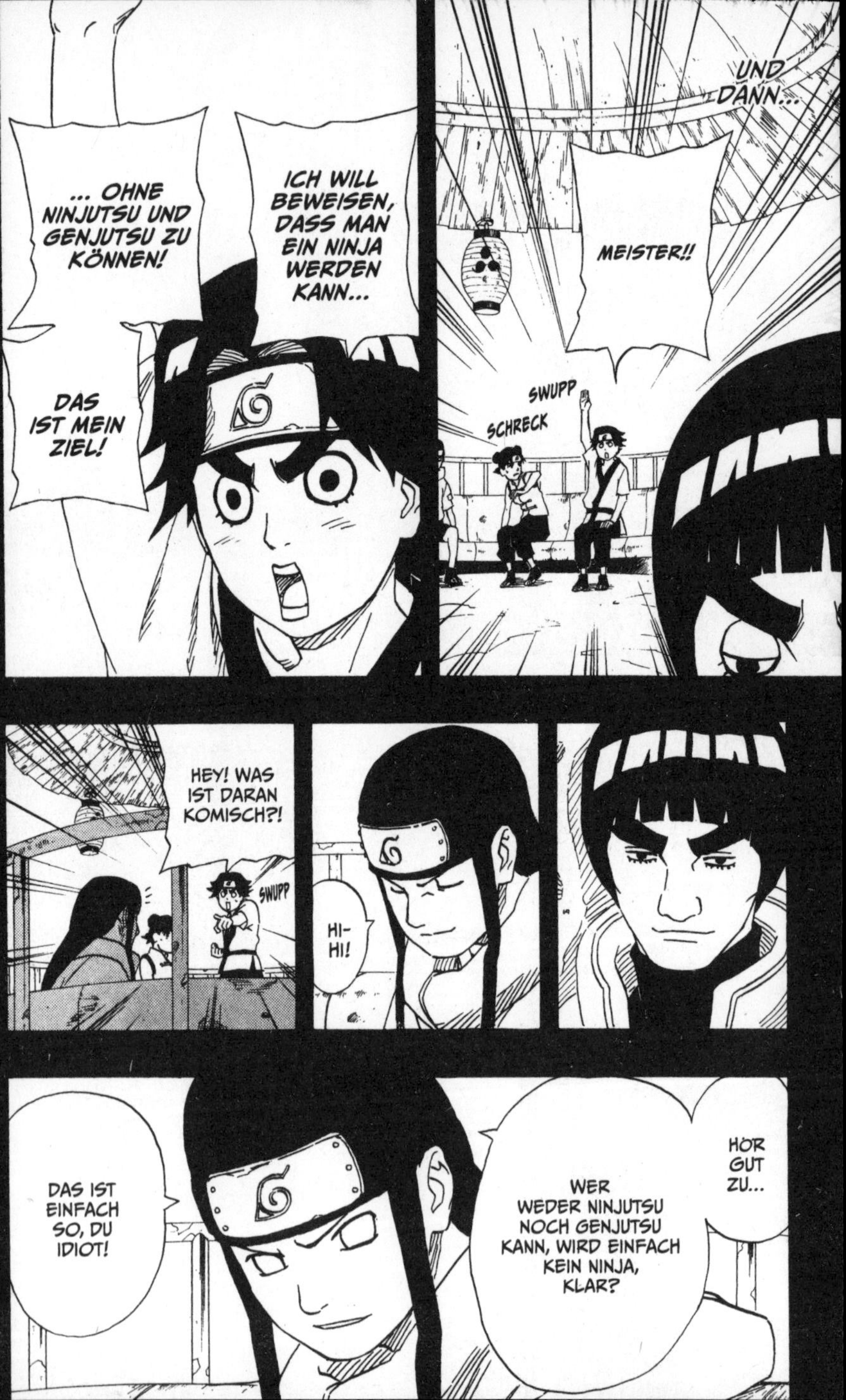
ICH WILL BEWEISEN, DASS MAN EIN NINJA WERDEN KANN...
... OHNE NINJUTSU UND GENJUTSU ZU KÖNNEN!
DAS IST MEIN ZIEL!
UND DANN...
MEISTER!!
SWUPP
SCHRECK
HI-HI!
HEY! WAS IST DARAN KOMISCH?!
SWUPP
HÖR GUT ZU...
WER WEDER NINJUTSU NOCH GENJUTSU KANN, WIRD EINFACH KEIN NINJA, KLAR?
DAS IST EINFACH SO, DU IDIOT!

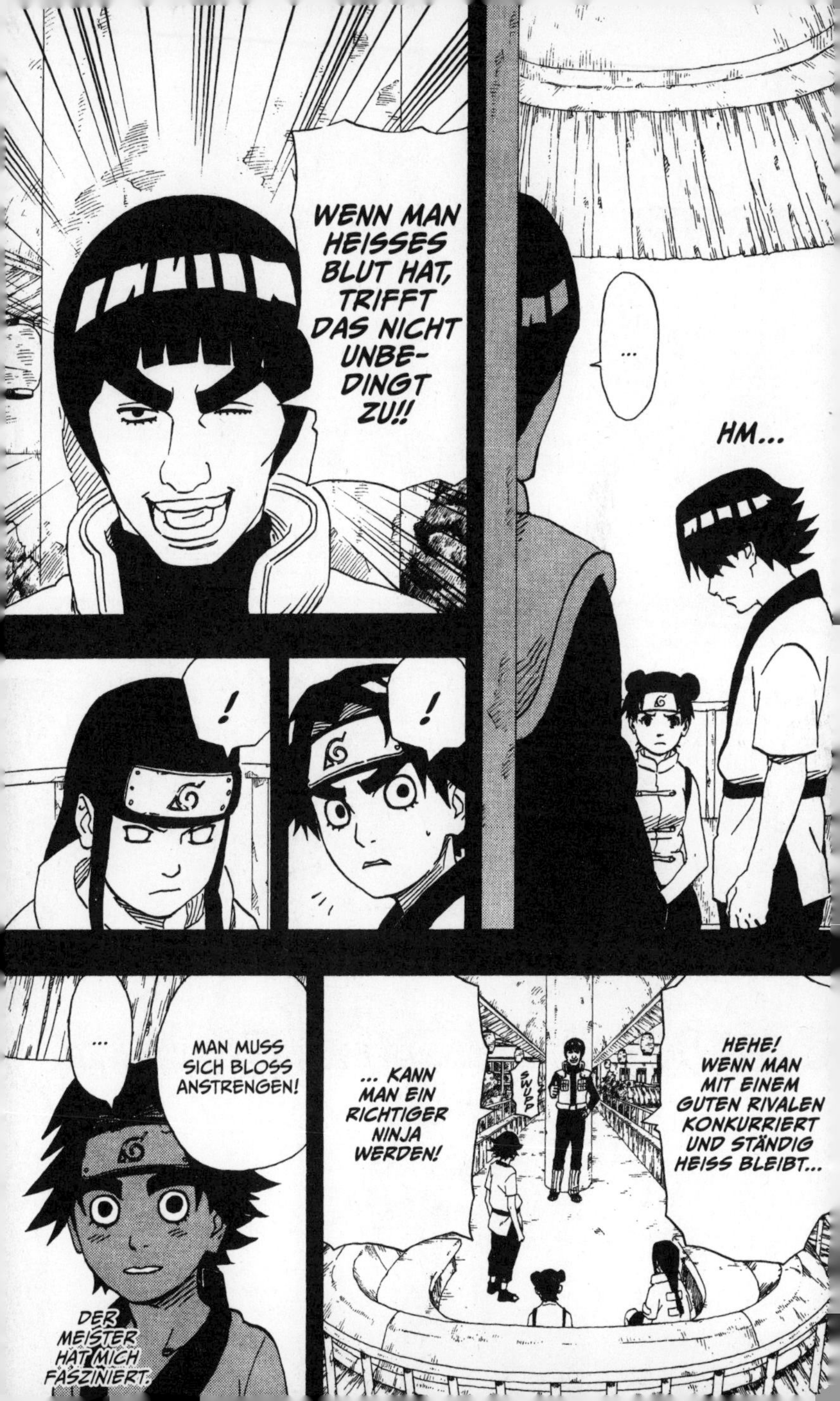
...
HM...
WENN MAN HEISSES BLUT HAT, TRIFFT DAS NICHT UNBE-DINGT ZU!!
!
!
HEHE! WENN MAN MIT EINEM GUTEN RIVALEN KONKURRIERT UND STÄNDIG HEISS BLEIBT...
SWUP
... KANN MAN EIN RICHTIGER NINJA WERDEN!
MAN MUSS SICH BLOSS ANSTRENGEN!
...
DER MEISTER HAT MICH FASZINIERT.

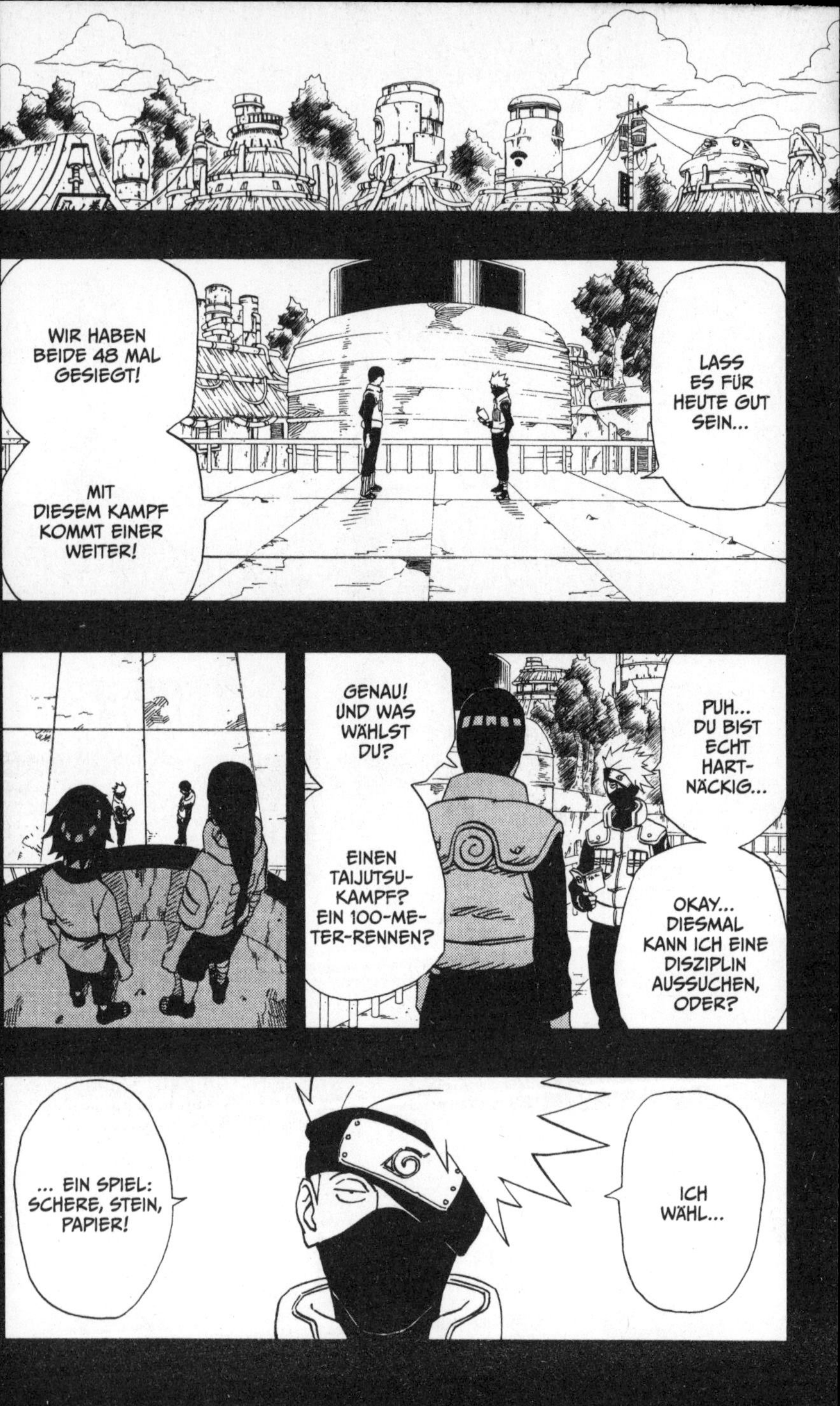
LASS ES FÜR HEUTE GUT SEIN...
WIR HABEN BEIDE 48 MAL GESIEGT!
MIT DIESEM KAMPF KOMMT EINER WEITER!
PUH... DU BIST ECHT HART-NÄCKIG...
OKAY... DIESMAL KANN ICH EINE DISZIPLIN AUSSUCHEN, ODER?
GENAU! UND WAS WÄHLST DU?
EINEN TAIJUTSU-KAMPF? EIN 100-ME-TER-RENNEN?
ICH WÄHL...
... EIN SPIEL: SCHERE, STEIN, PAPIER!

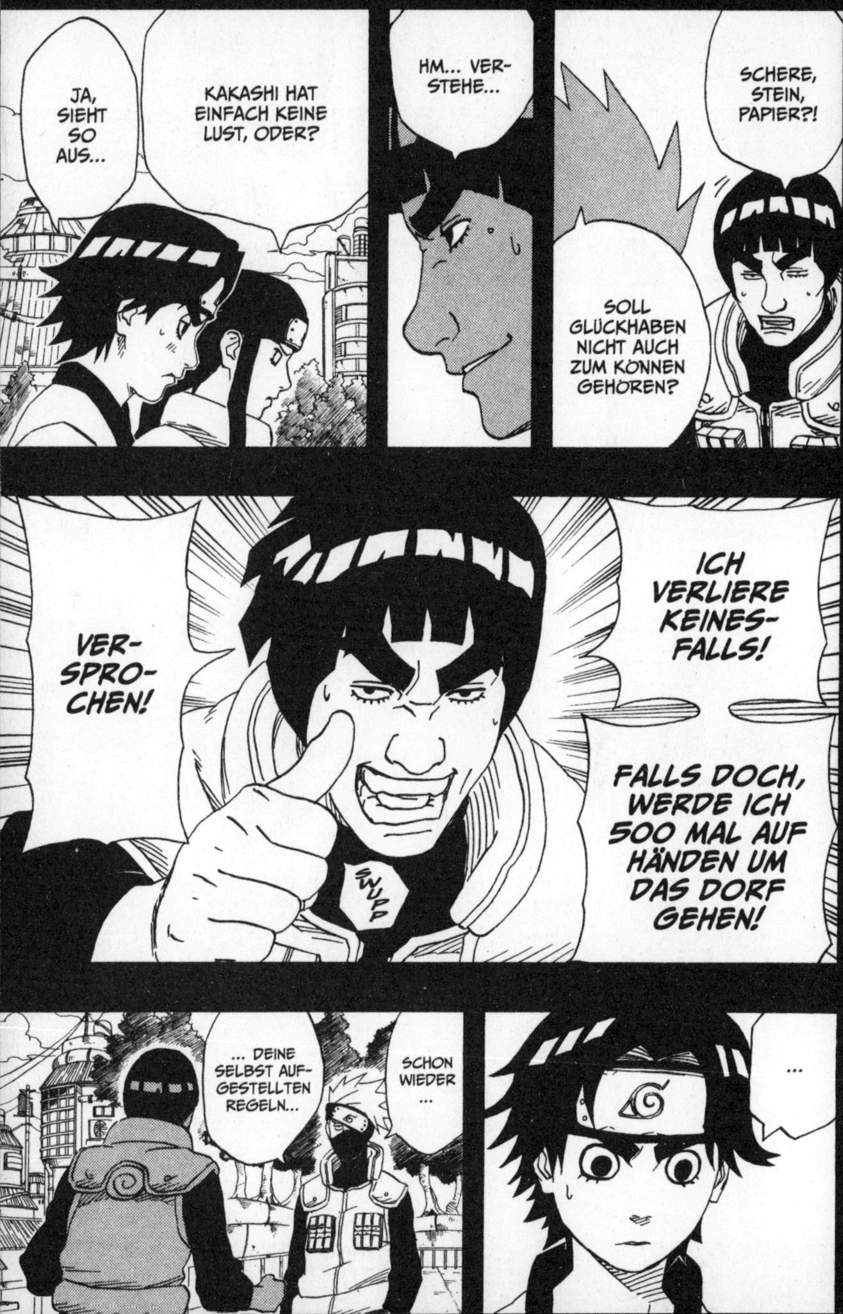
SCHERE, STEIN, PAPIER?!
SOLL GLÜCKHABEN NICHT AUCH ZUM KÖNNEN GEHÖREN?
HM... VER-STEHE...
KAKASHI HAT EINFACH KEINE LUST, ODER?
JA, SIEHT SO AUS...
ICH VERLIERE KEINES-FALLS!
FALLS DOCH, WERDE ICH 500 MAL AUF HÄNDEN UM DAS DORF GEHEN!
VER-SPRO-CHEN!
SWUPP
...
SCHON WIEDER ...
... DEINE SELBST AUF-GESTELLTEN REGELN...

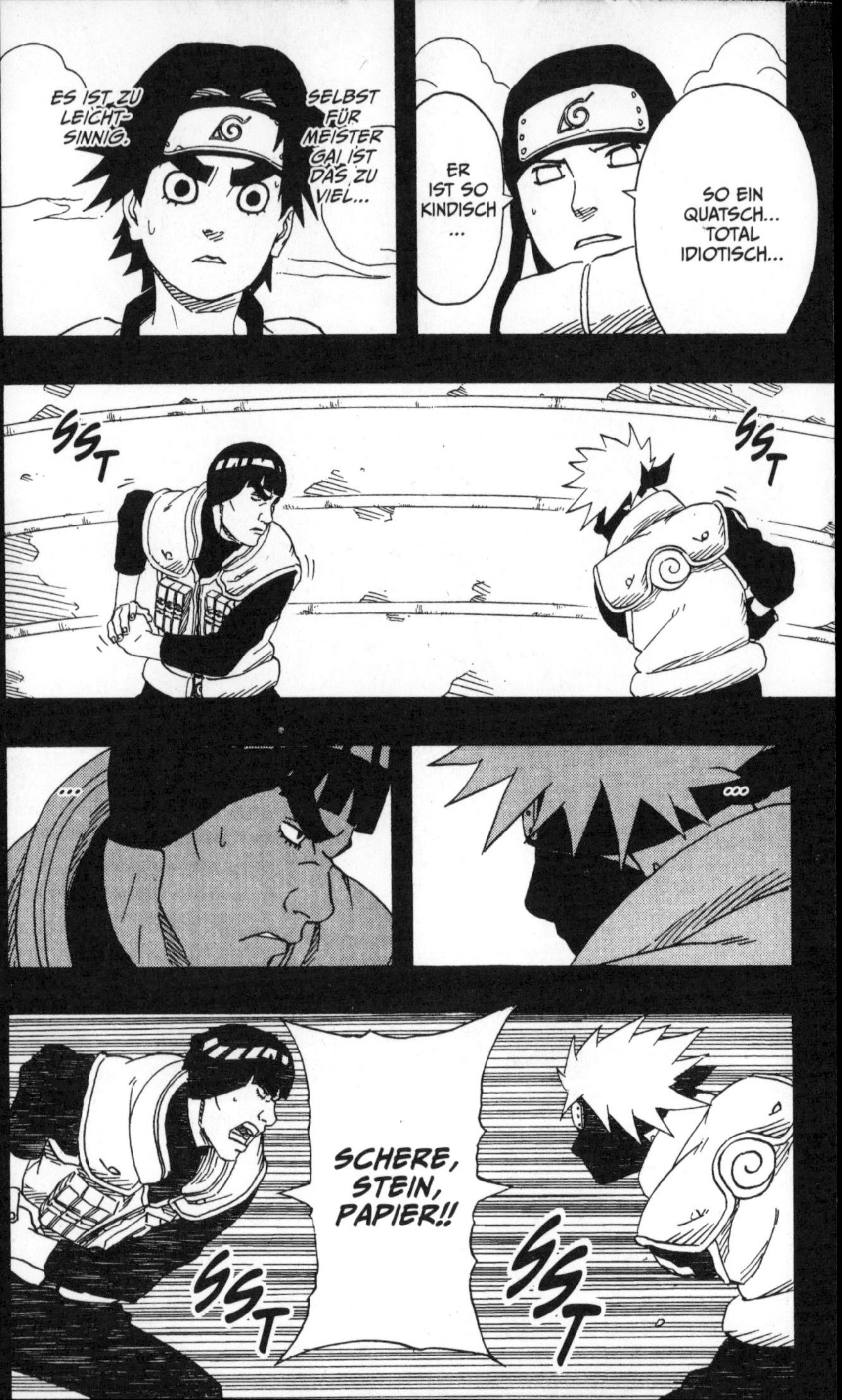
So ein Quatsch... total idiotisch...
Er ist so kindisch ...
Selbst für Meister Gai ist das zu viel...
Es ist zu leichtsinnig.
SST
SST
...
...
Schere, Stein, Papier!!
SST
SST

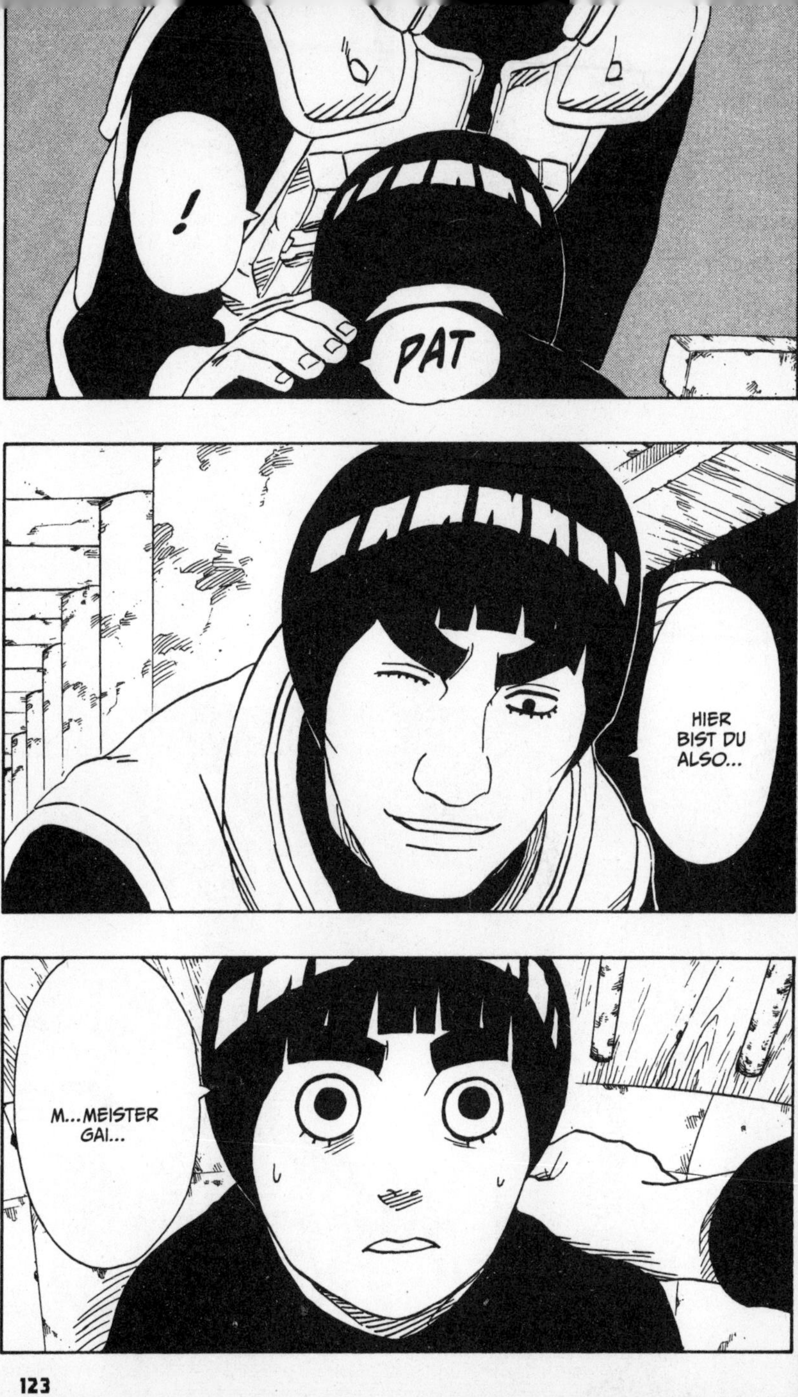
!
PAT
HIER BIST DU ALSO...
M...MEISTER GAI...

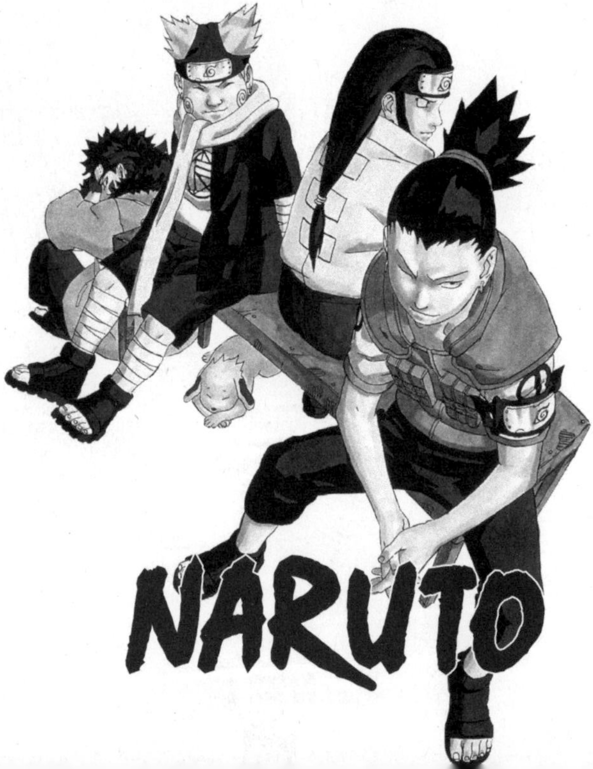
NARUTO

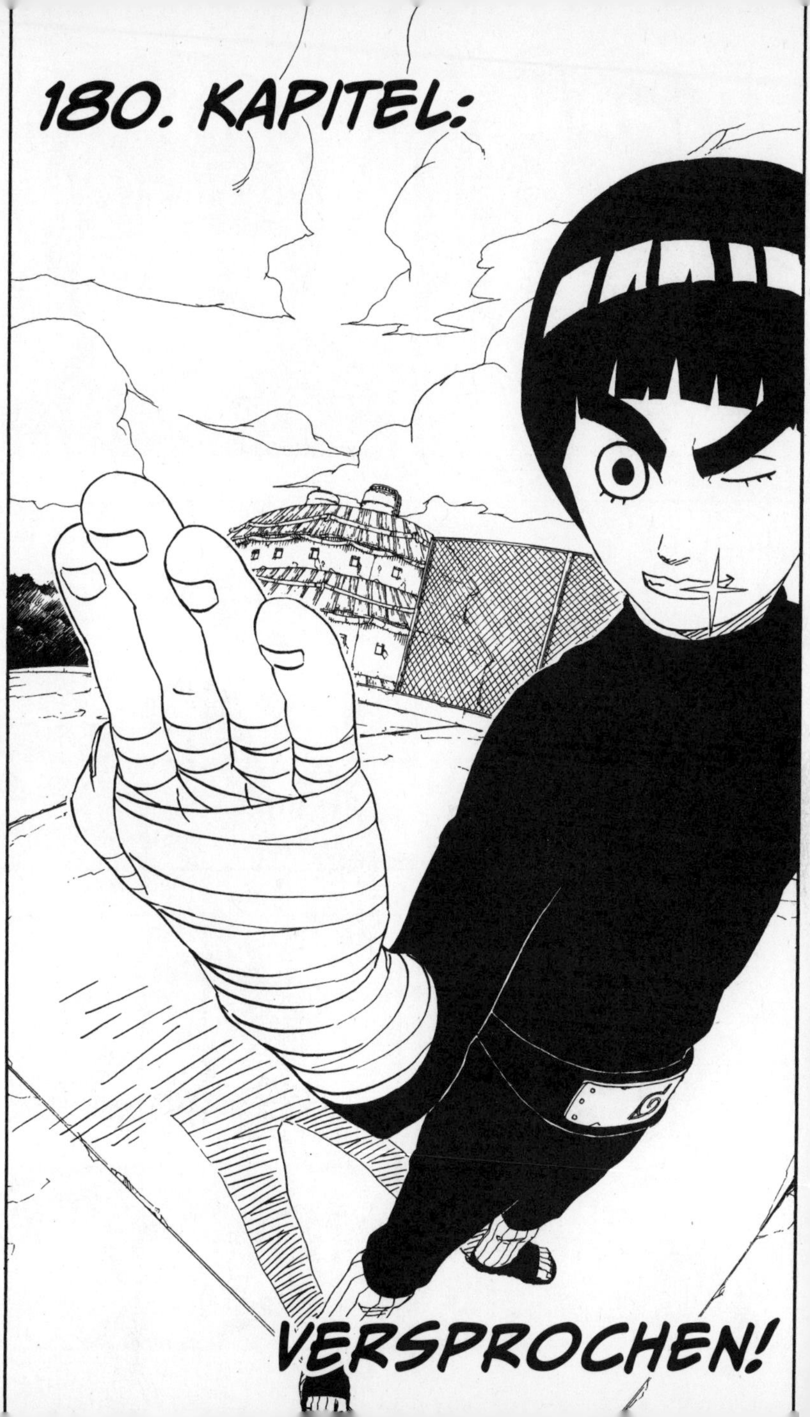
180. KAPITEL:
VERSPROCHEN!

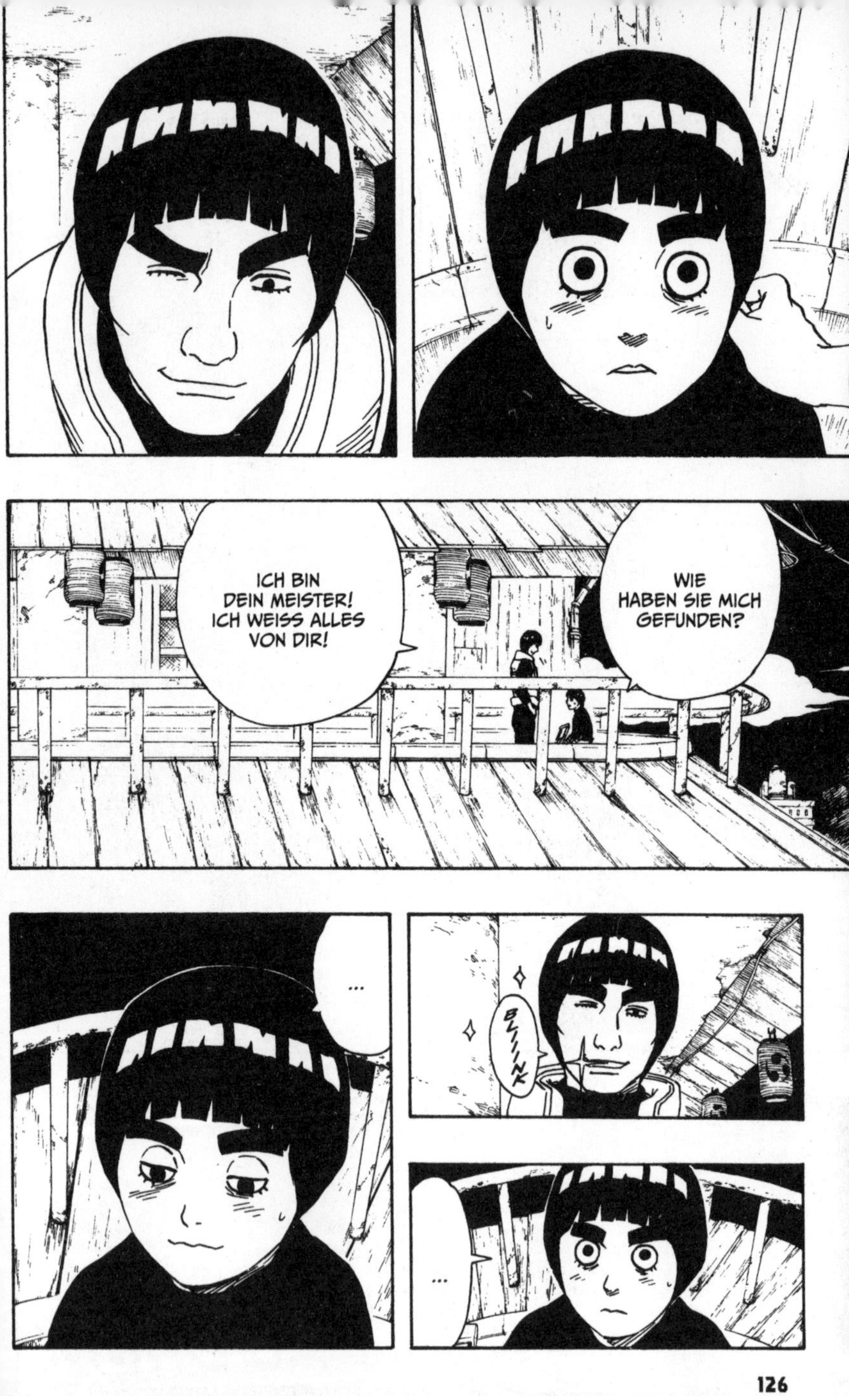
WIE HABEN SIE MICH GEFUNDEN?
ICH BIN DEIN MEISTER! ICH WEISS ALLES VON DIR!
BLIIINK
...
...

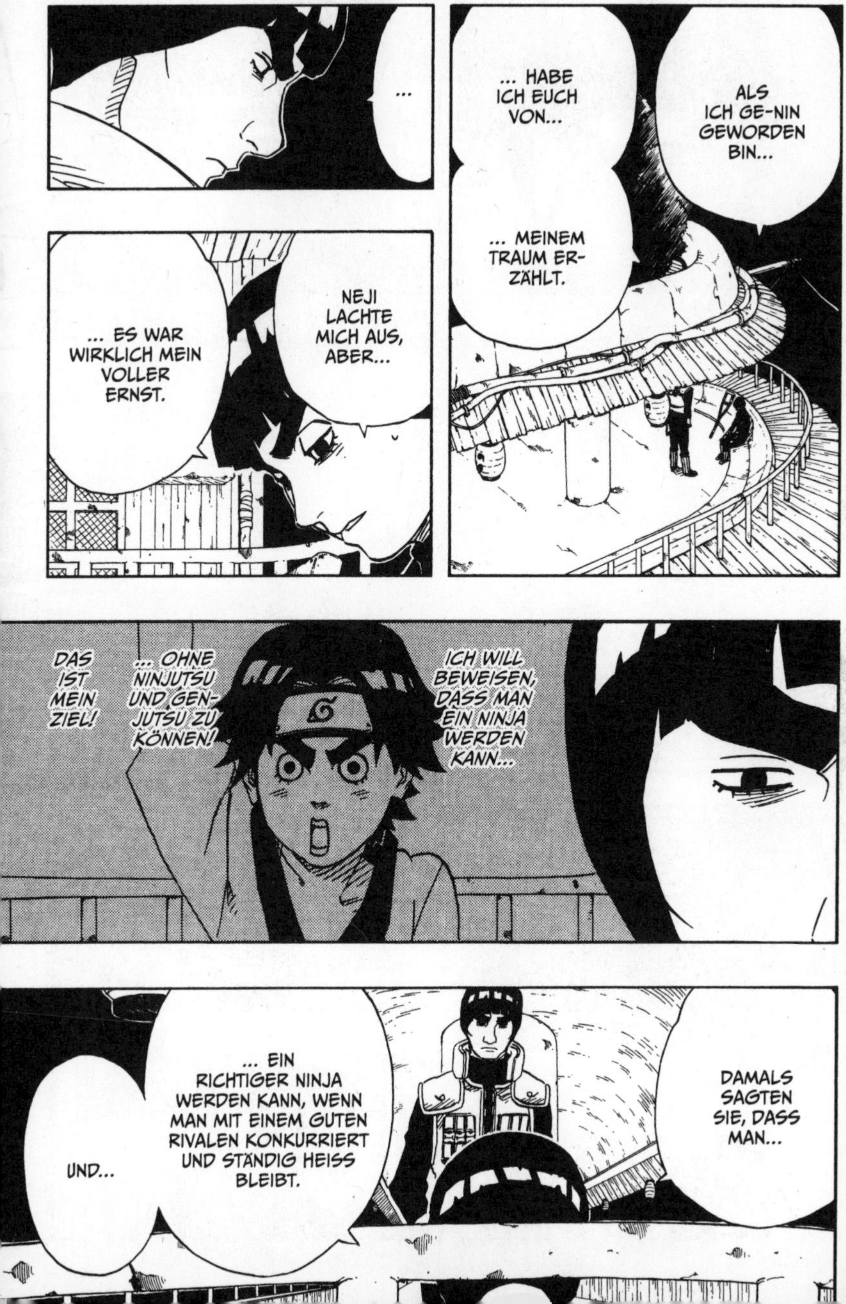
ALS ICH GE-NIN GEWORDEN BIN...
... HABE ICH EUCH VON...
... MEINEM TRAUM ERZÄHLT.
...
NEJI LACHTE MICH AUS, ABER...
... ES WAR WIRKLICH MEIN VOLLER ERNST.
ICH WILL BEWEISEN, DASS MAN EIN NINJA WERDEN KANN...
... OHNE NINJUTSU UND GEN-JUTSU ZU KÖNNEN!
DAS IST MEIN ZIEL!
DAMALS SAGTEN SIE, DASS MAN...
... EIN RICHTIGER NINJA WERDEN KANN, WENN MAN MIT EINEM GUTEN RIVALEN KONKURRIERT UND STÄNDIG HEISS BLEIBT.
UND...

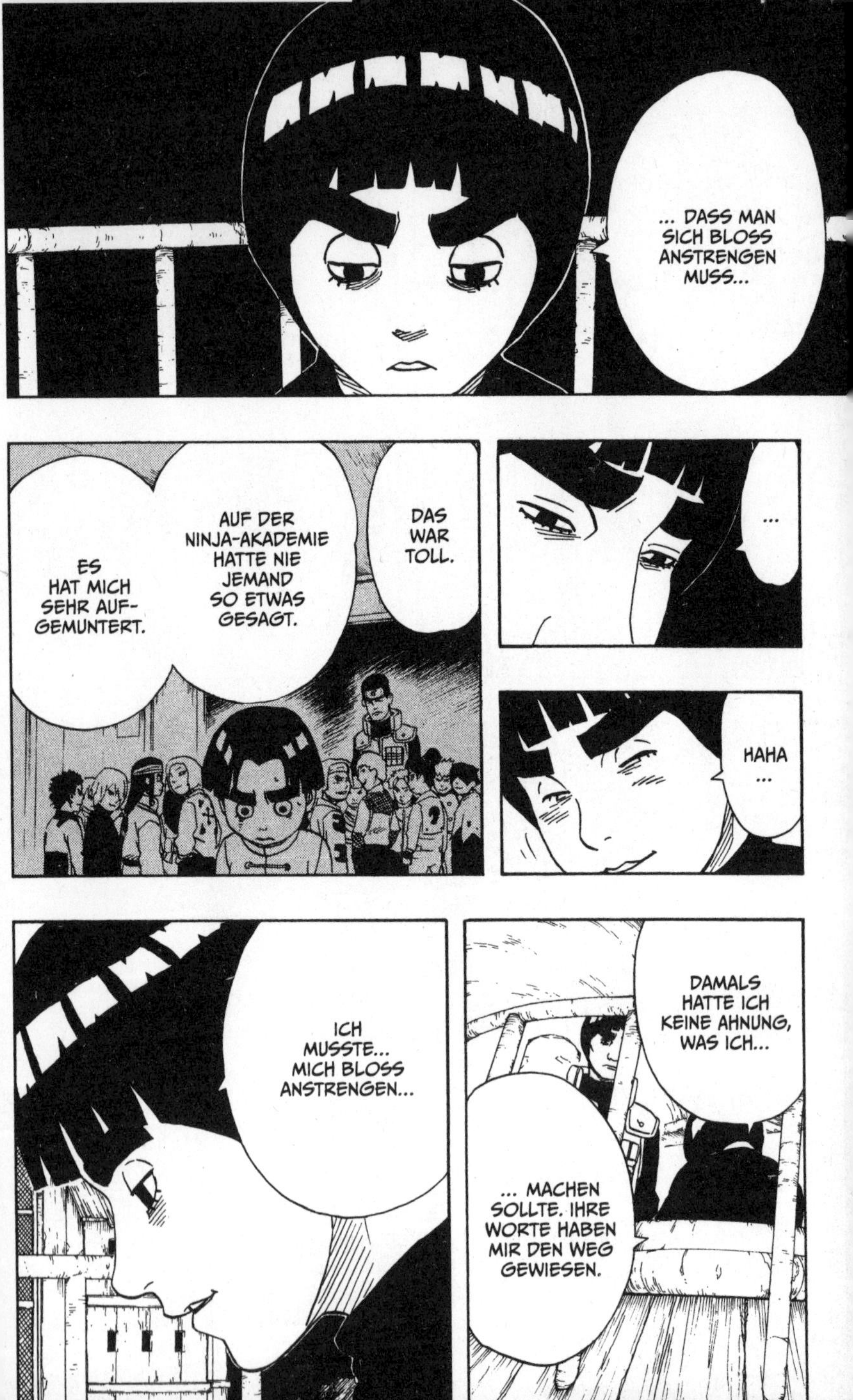
... DASS MAN SICH BLOSS ANSTRENGEN MUSS...
...
HAHA ...
DAS WAR TOLL.
AUF DER NINJA-AKADEMIE HATTE NIE JEMAND SO ETWAS GESAGT.
ES HAT MICH SEHR AUF-GEMUNTERT.
DAMALS HATTE ICH KEINE AHNUNG, WAS ICH...
... MACHEN SOLLTE. IHRE WORTE HABEN MIR DEN WEG GEWIESEN.
ICH MUSSTE... MICH BLOSS ANSTRENGEN...

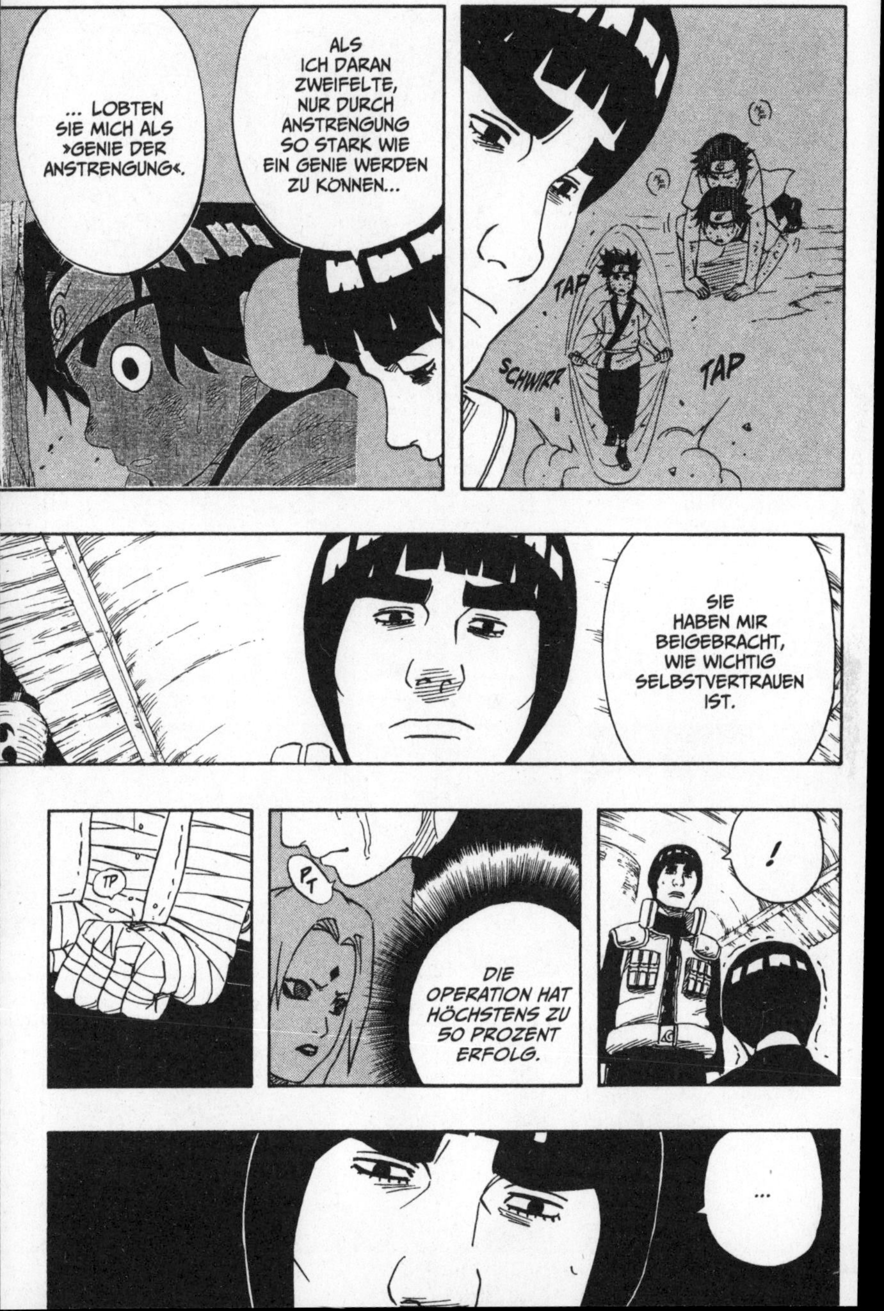
TAP
SCHWIRR
TAP
ALS ICH DARAN ZWEIFELTE, NUR DURCH ANSTRENGUNG SO STARK WIE EIN GENIE WERDEN ZU KÖNNEN...
... LOBTEN SIE MICH ALS »GENIE DER ANSTRENGUNG«.
SIE HABEN MIR BEIGEBRACHT, WIE WICHTIG SELBSTVERTRAUEN IST.
!
DIE OPERATION HAT HÖCHSTENS ZU 50 PROZENT ERFOLG.
PT
TP
...

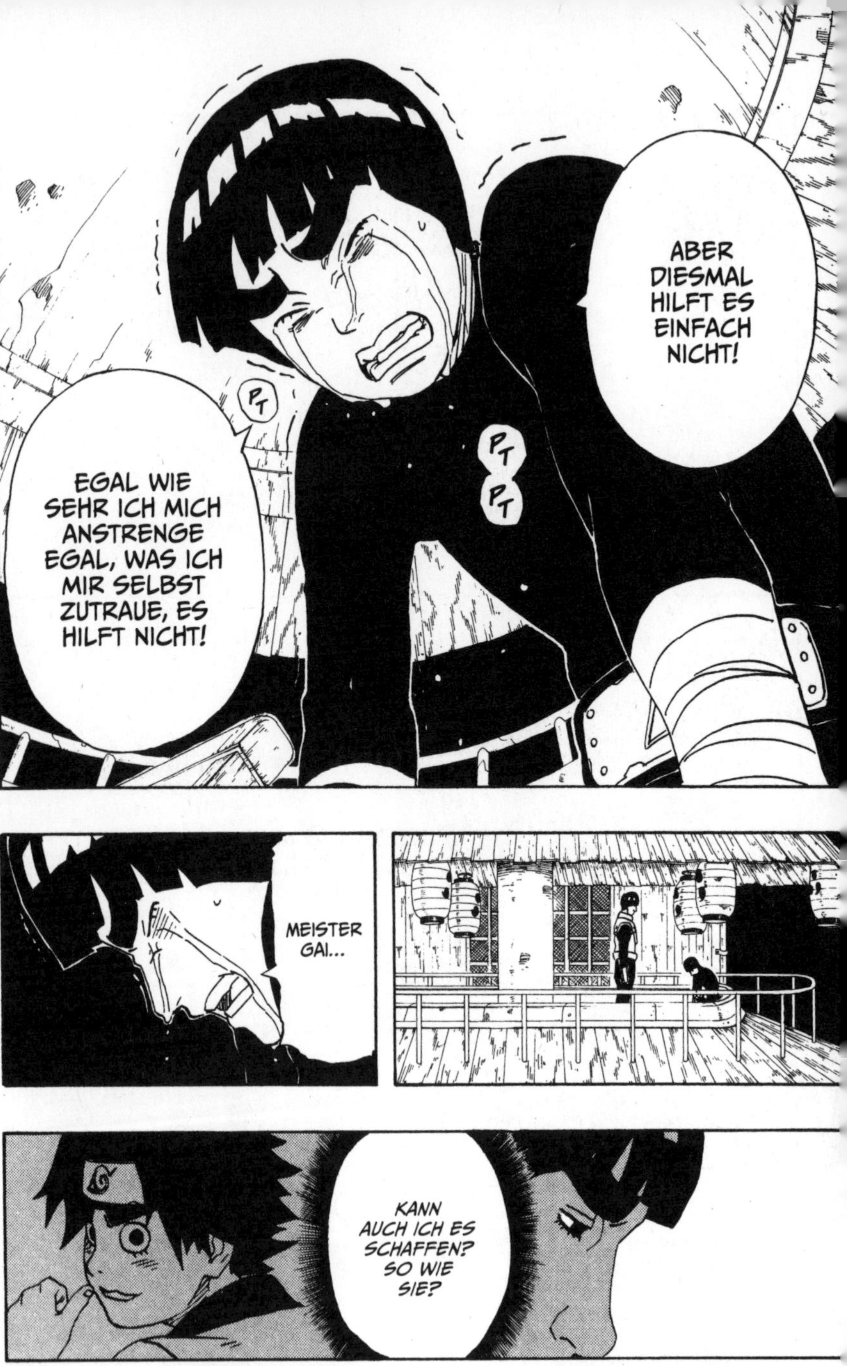
ABER DIESMAL HILFT ES EINFACH NICHT!
PT
EGAL WIE SEHR ICH MICH ANSTRENGE EGAL, WAS ICH MIR SELBST ZUTRAUE, ES HILFT NICHT!
PT PT
MEISTER GAI...
KANN AUCH ICH ES SCHAFFEN? SO WIE SIE?

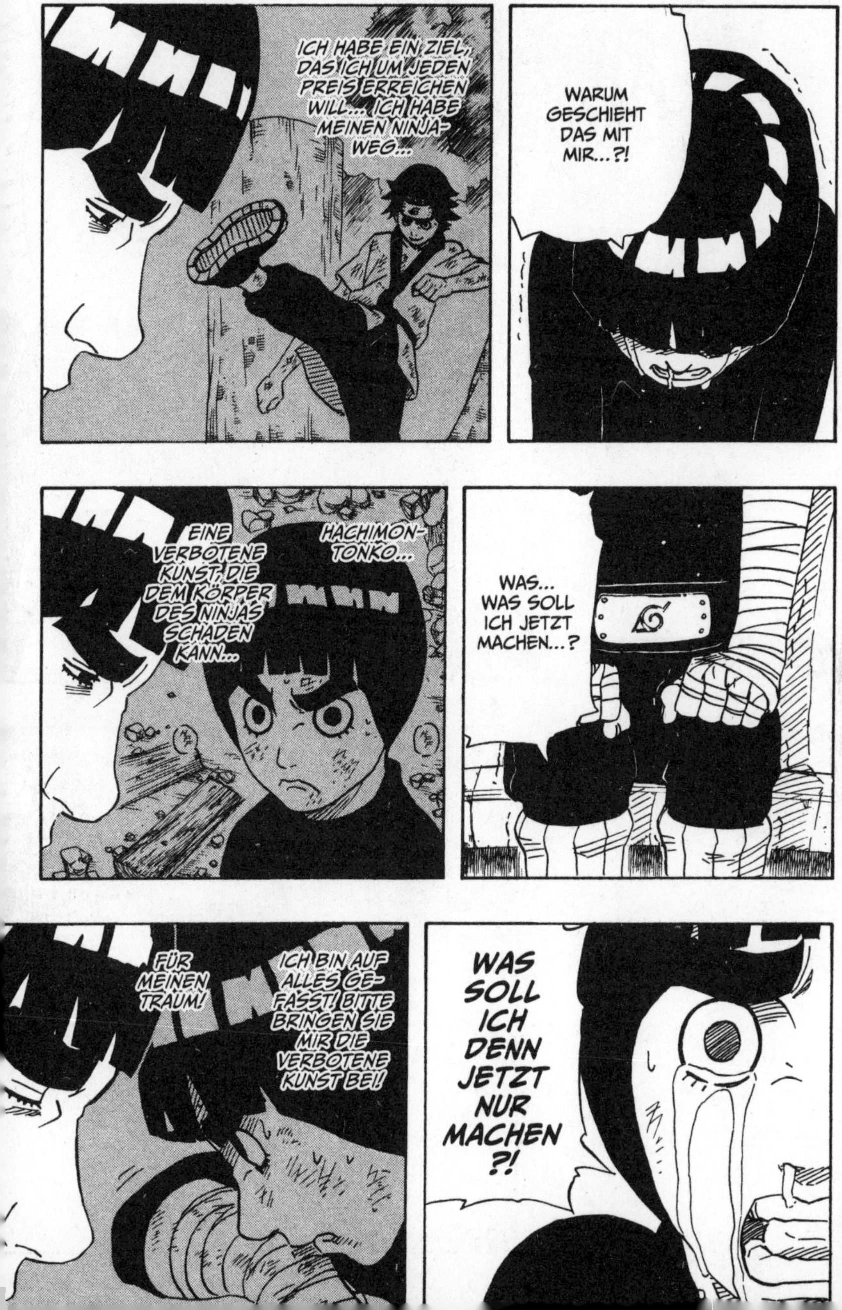
WARUM GESCHIEHT DAS MIT MIR...?!
ICH HABE EIN ZIEL, DAS ICH UM JEDEN PREIS ERREICHEN WILL... ICH HABE MEINEN NINJA-WEG...
WAS... WAS SOLL ICH JETZT MACHEN...?
HACHIMON-TONKO...
EINE VERBOTENE KUNST, DIE DEM KÖRPER DES NINJAS SCHADEN KANN...
WAS SOLL ICH DENN JETZT NUR MACHEN?!
ICH BIN AUF ALLES GEFASST! BITTE BRINGEN SIE MIR DIE VERBOTENE KUNST BEI!
FÜR MEINEN TRAUM!

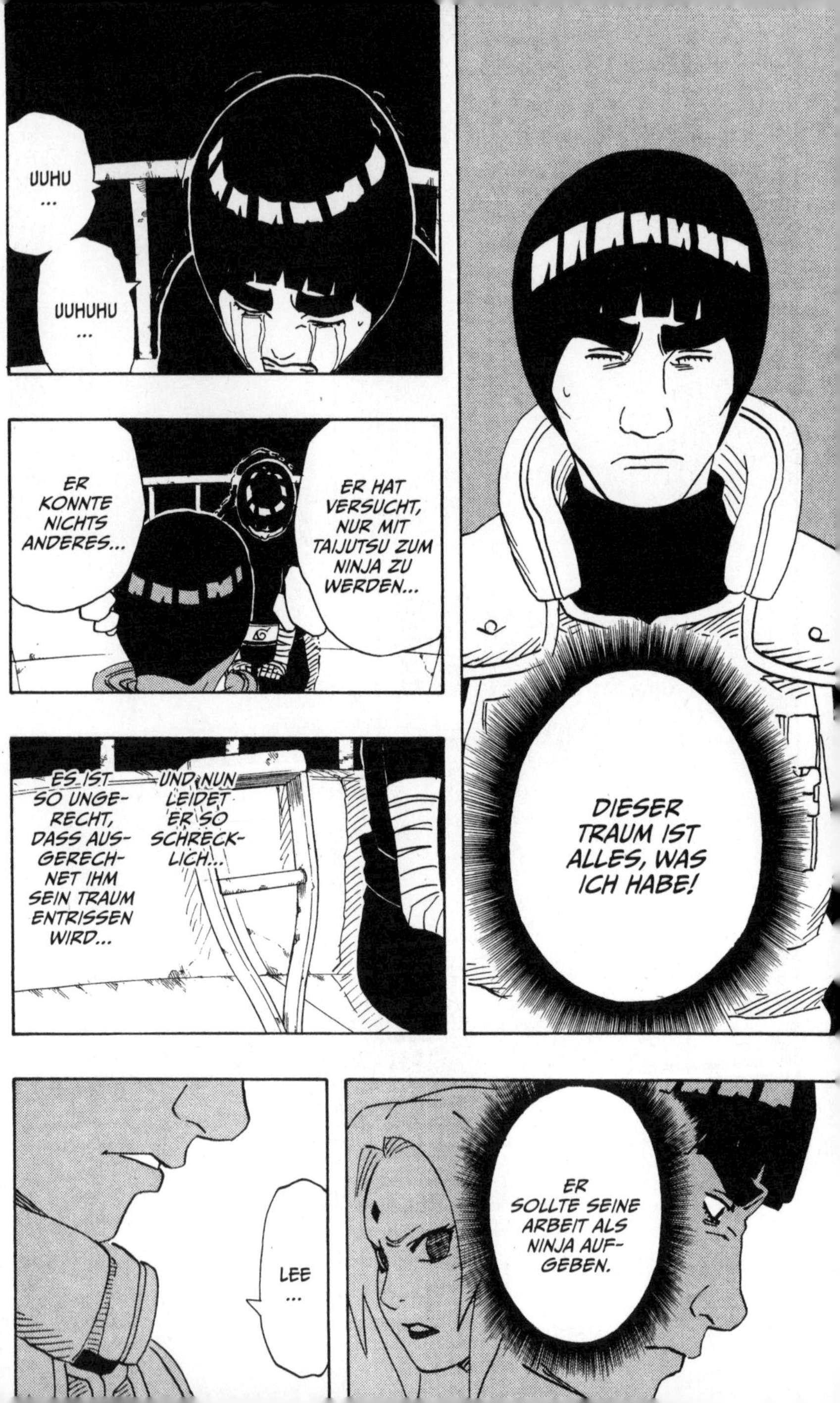

DIESER TRAUM IST ALLES, WAS ICH HABE!
UUHU ...
UUHUHU ...
ER HAT VERSUCHT, NUR MIT TAIJUTSU ZUM NINJA ZU WERDEN...
ER KONNTE NICHTS ANDERES...
UND NUN LEIDET ER SO SCHRECKLICH...
ES IST SO UNGERECHT, DASS AUSGERECHNET IHM SEIN TRAUM ENTRISSEN WIRD...
ER SOLLTE SEINE ARBEIT ALS NINJA AUFGEBEN.
LEE ...

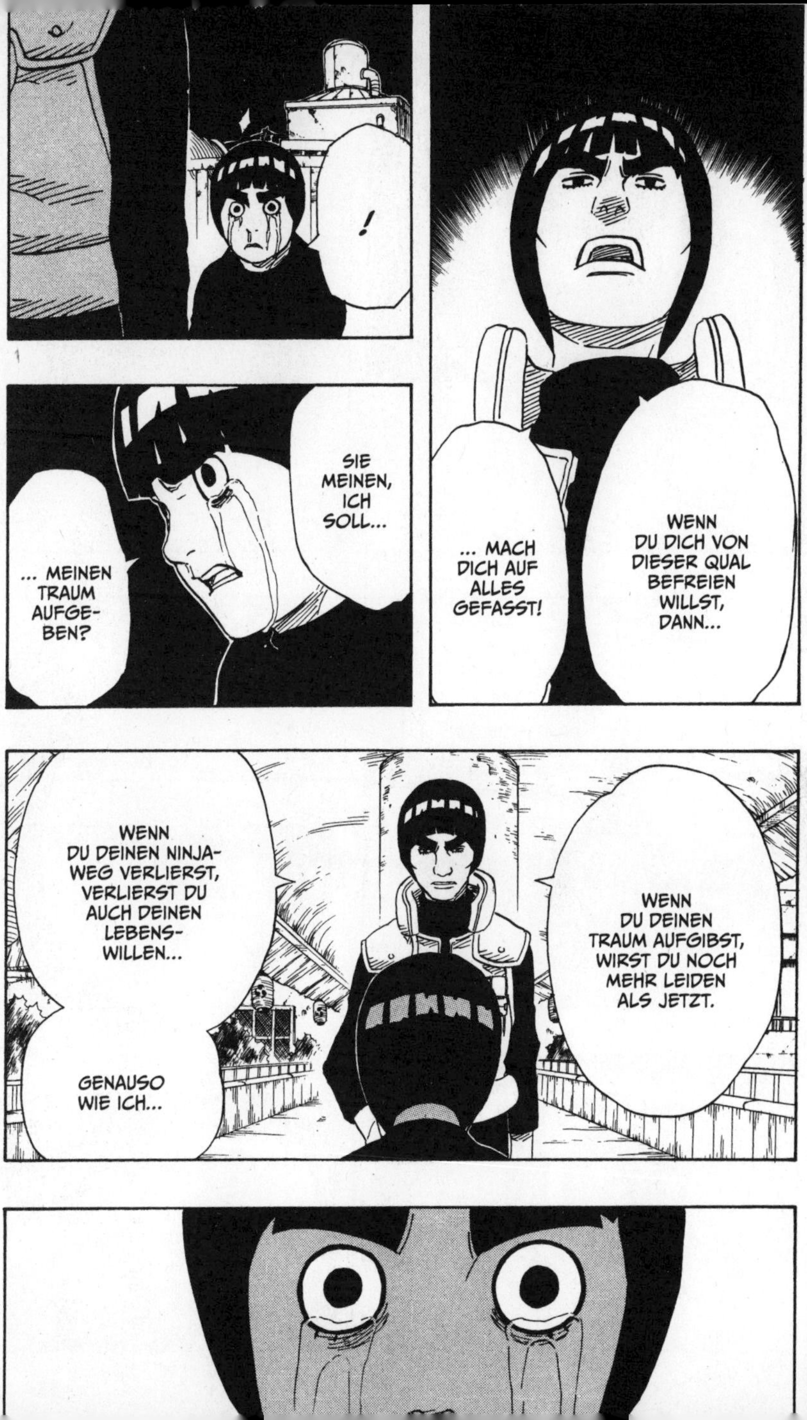
WENN DU DICH VON DIESER QUAL BEFREIEN WILLST, DANN...
... MACH DICH AUF ALLES GEFASST!
!
SIE MEINEN, ICH SOLL...
... MEINEN TRAUM AUFGEBEN?
WENN DU DEINEN TRAUM AUFGIBST, WIRST DU NOCH MEHR LEIDEN ALS JETZT.
WENN DU DEINEN NINJAWEG VERLIERST, VERLIERST DU AUCH DEINEN LEBENSWILLEN...
GENAUSO WIE ICH...

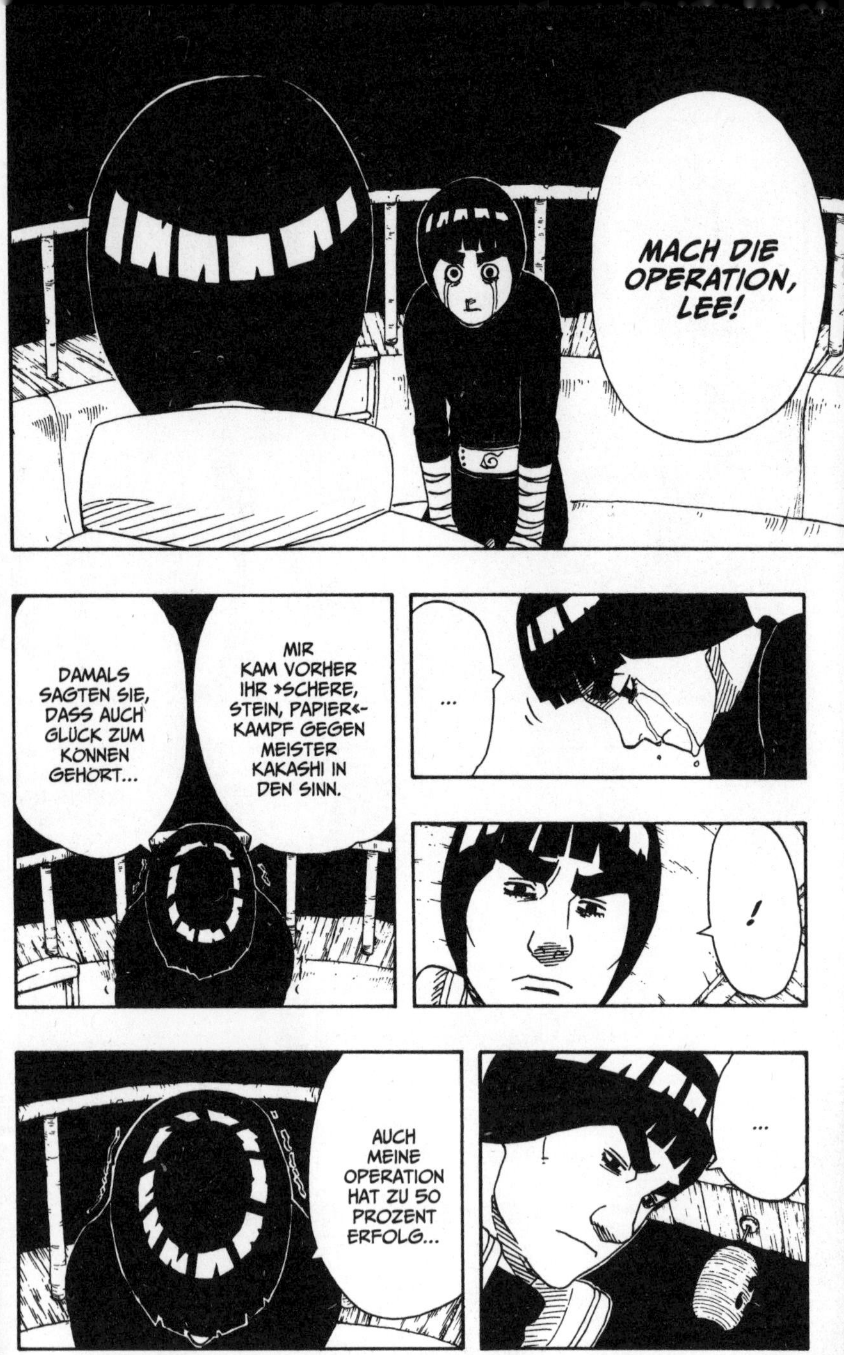
MACH DIE OPERATION, LEE!
...
!
MIR KAM VORHER IHR »SCHERE, STEIN, PAPIER«-KAMPF GEGEN MEISTER KAKASHI IN DEN SINN.
DAMALS SAGTEN SIE, DASS AUCH GLÜCK ZUM KÖNNEN GEHÖRT...
...
AUCH MEINE OPERATION HAT ZU 50 PROZENT ERFOLG...

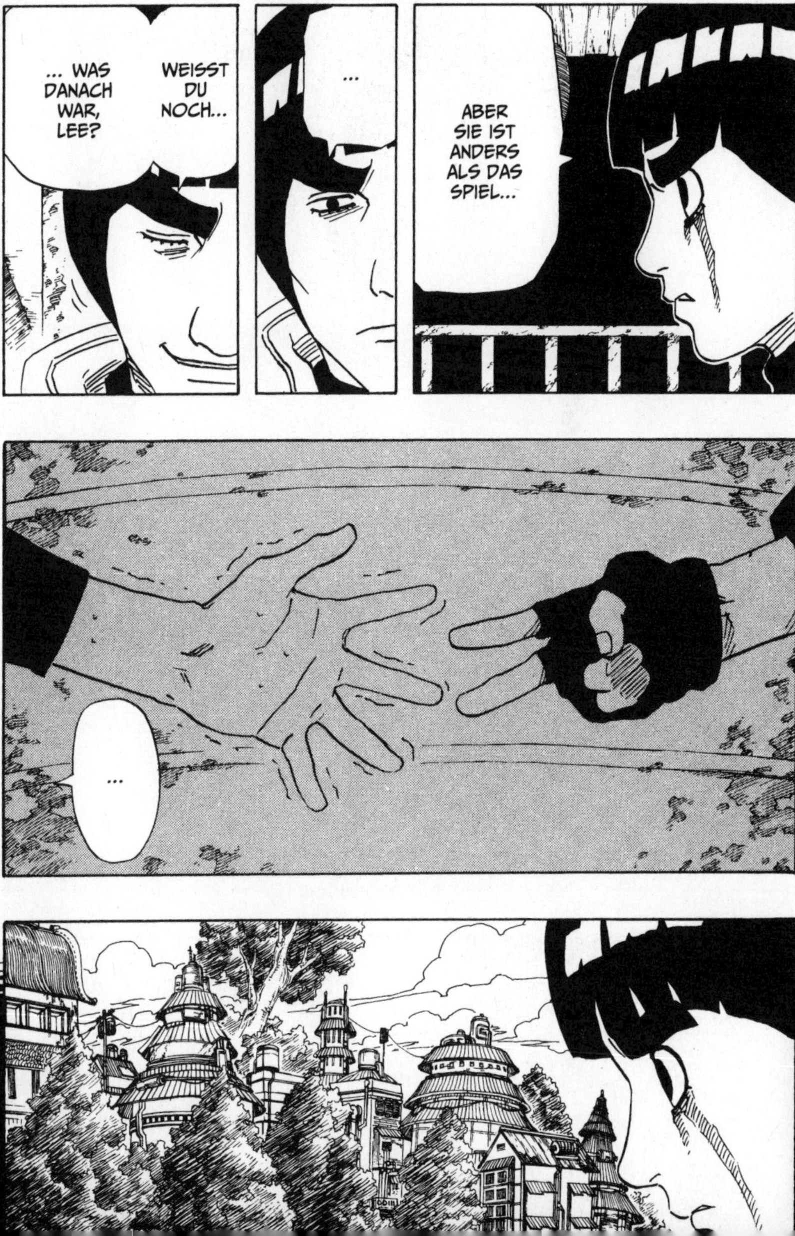
ABER SIE IST ANDERS ALS DAS SPIEL...
...
WEISST DU NOCH...
... WAS DANACH WAR, LEE?
...

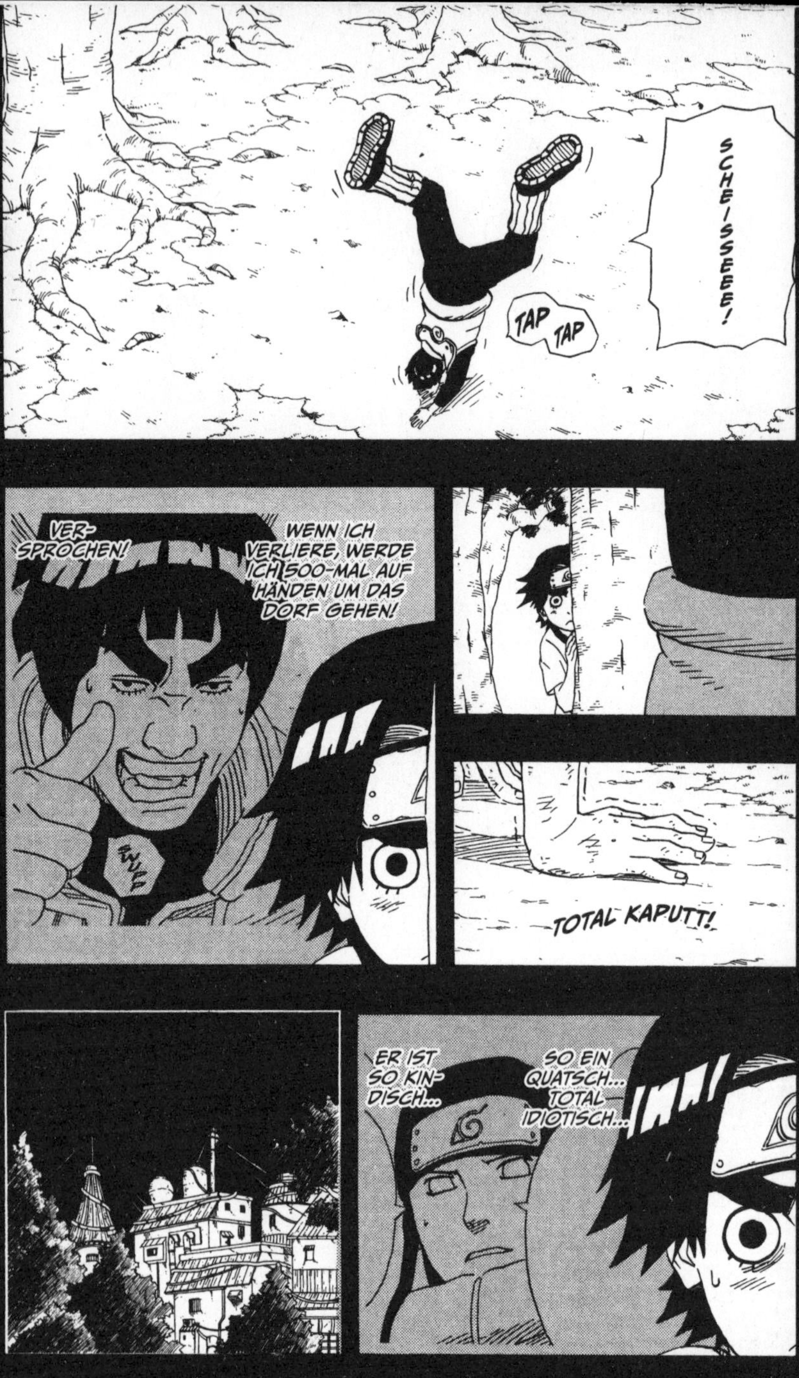

SCHEISSEEE!
TAP
TAP
TOTAL KAPUTT!
WENN ICH VERLIERE, WERDE ICH 500-MAL AUF HÄNDEN UM DAS DORF GEHEN!
VER-SPROCHEN!
SO EIN QUATSCH... TOTAL IDIOTISCH...
ER IST SO KIN-DISCH...

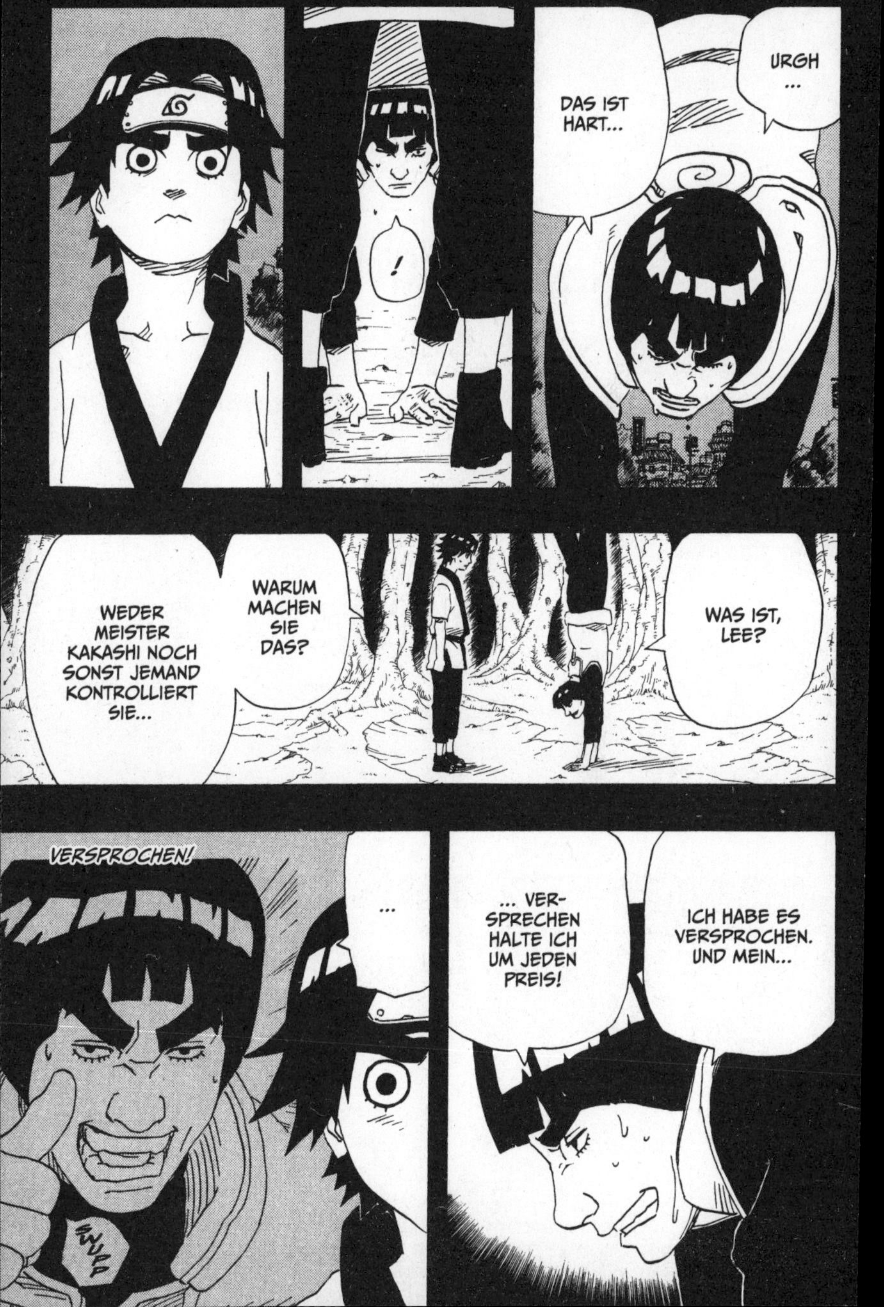
URGH ...
DAS IST HART...
!
WAS IST, LEE?
WARUM MACHEN SIE DAS?
WEDER MEISTER KAKASHI NOCH SONST JEMAND KONTROLLIERT SIE...
ICH HABE ES VERSPROCHEN. UND MEIN...
... VER-SPRECHEN HALTE ICH UM JEDEN PREIS!
...
VERSPROCHEN!
SWUPP

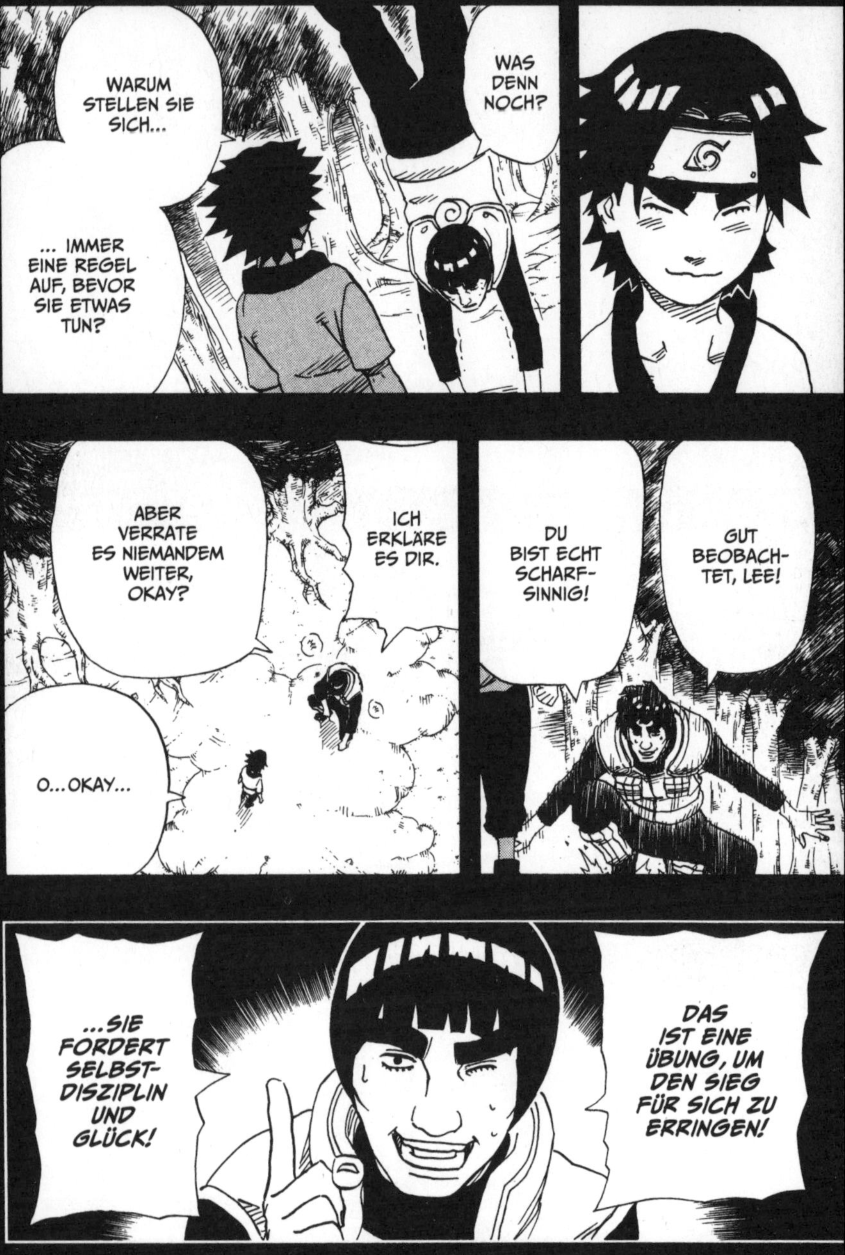

WAS DENN NOCH?
WARUM STELLEN SIE SICH...
... IMMER EINE REGEL AUF, BEVOR SIE ETWAS TUN?
GUT BEOBACHTET, LEE!
DU BIST ECHT SCHARF-SINNIG!
ICH ERKLÄRE ES DIR.
ABER VERRATE ES NIEMANDEM WEITER, OKAY?
O...OKAY...
DAS IST EINE ÜBUNG, UM DEN SIEG FÜR SICH ZU ERRINGEN!
...SIE FORDERT SELBST-DISZIPLIN UND GLÜCK!

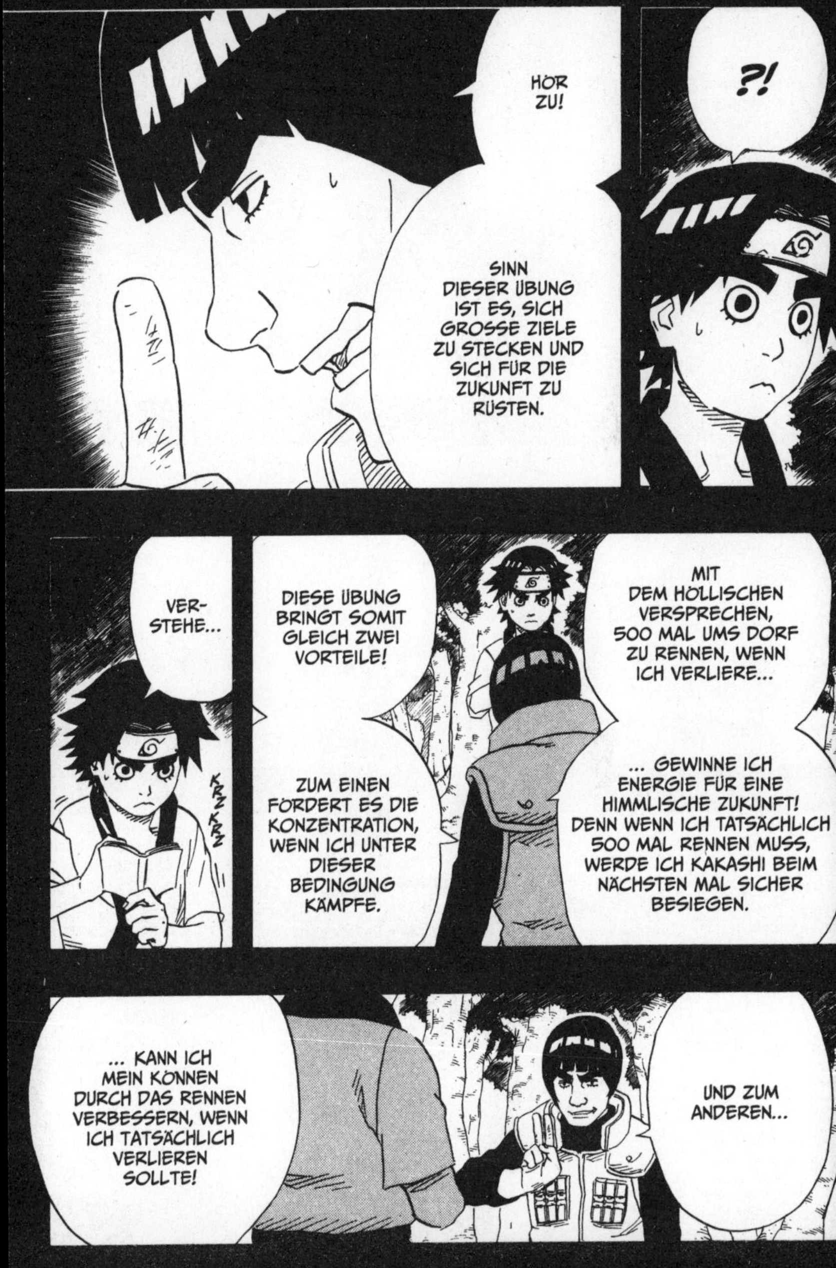
?!
HÖR ZU!
SINN DIESER ÜBUNG IST ES, SICH GROSSE ZIELE ZU STECKEN UND SICH FÜR DIE ZUKUNFT ZU RÜSTEN.
MIT DEM HÖLLISCHEN VERSPRECHEN, 500 MAL UMS DORF ZU RENNEN, WENN ICH VERLIERE...
... GEWINNE ICH ENERGIE FÜR EINE HIMMLISCHE ZUKUNFT! DENN WENN ICH TATSÄCHLICH 500 MAL RENNEN MUSS, WERDE ICH KAKASHI BEIM NÄCHSTEN MAL SICHER BESIEGEN.
DIESE ÜBUNG BRINGT SOMIT GLEICH ZWEI VORTEILE!
ZUM EINEN FÖRDERT ES DIE KONZENTRATION, WENN ICH UNTER DIESER BEDINGUNG KÄMPFE.
VER-STEHE...
KRZ KRZ
UND ZUM ANDEREN...
... KANN ICH MEIN KÖNNEN DURCH DAS RENNEN VERBESSERN, WENN ICH TATSÄCHLICH VERLIEREN SOLLTE!

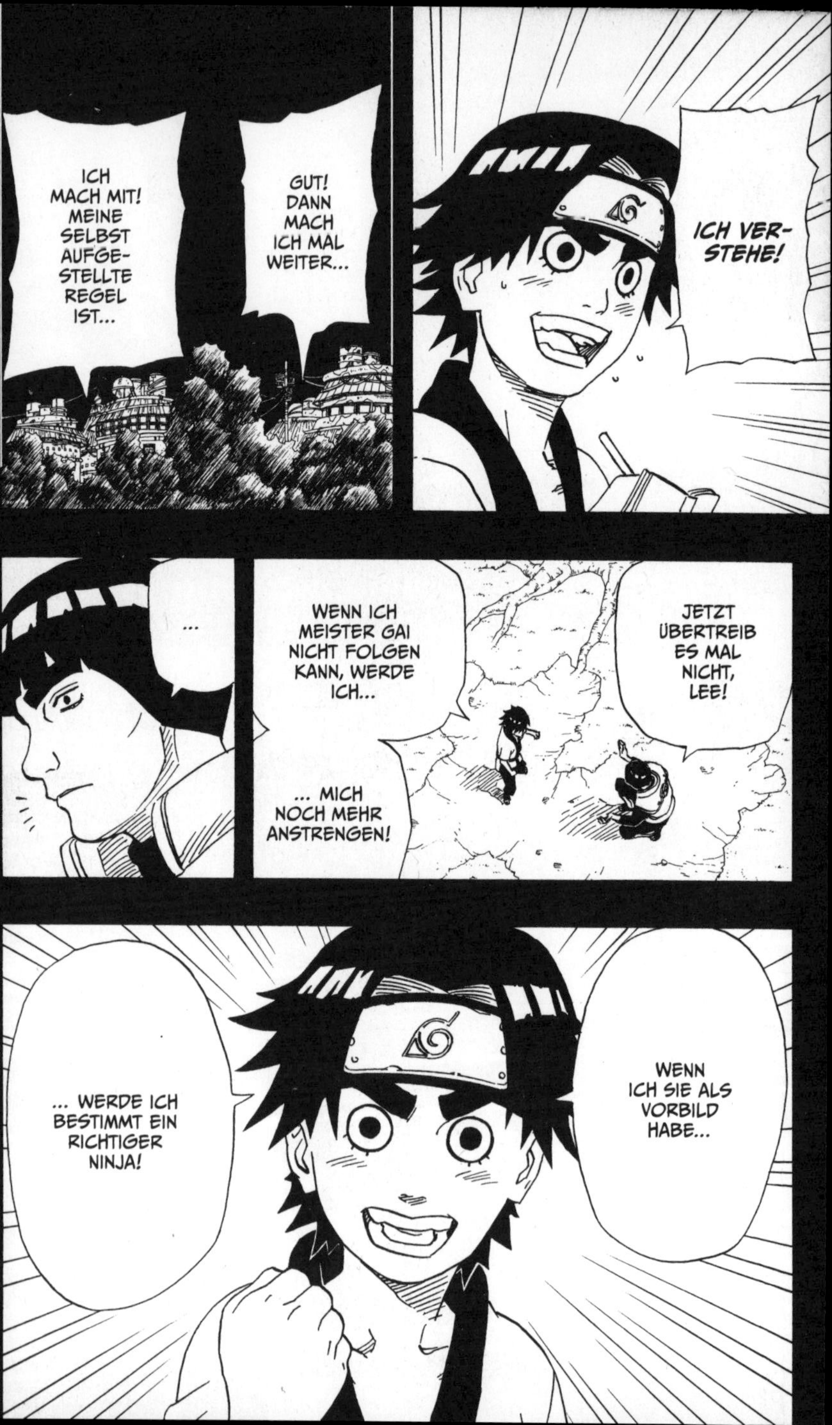

ICH VER-STEHE!
GUT! DANN MACH ICH MAL WEITER...
ICH MACH MIT! MEINE SELBST AUFGE-STELLTE REGEL IST...
JETZT ÜBERTREIB ES MAL NICHT, LEE!
WENN ICH MEISTER GAI NICHT FOLGEN KANN, WERDE ICH...
... MICH NOCH MEHR ANSTRENGEN!
...
WENN ICH SIE ALS VORBILD HABE...
... WERDE ICH BESTIMMT EIN RICHTIGER NINJA!

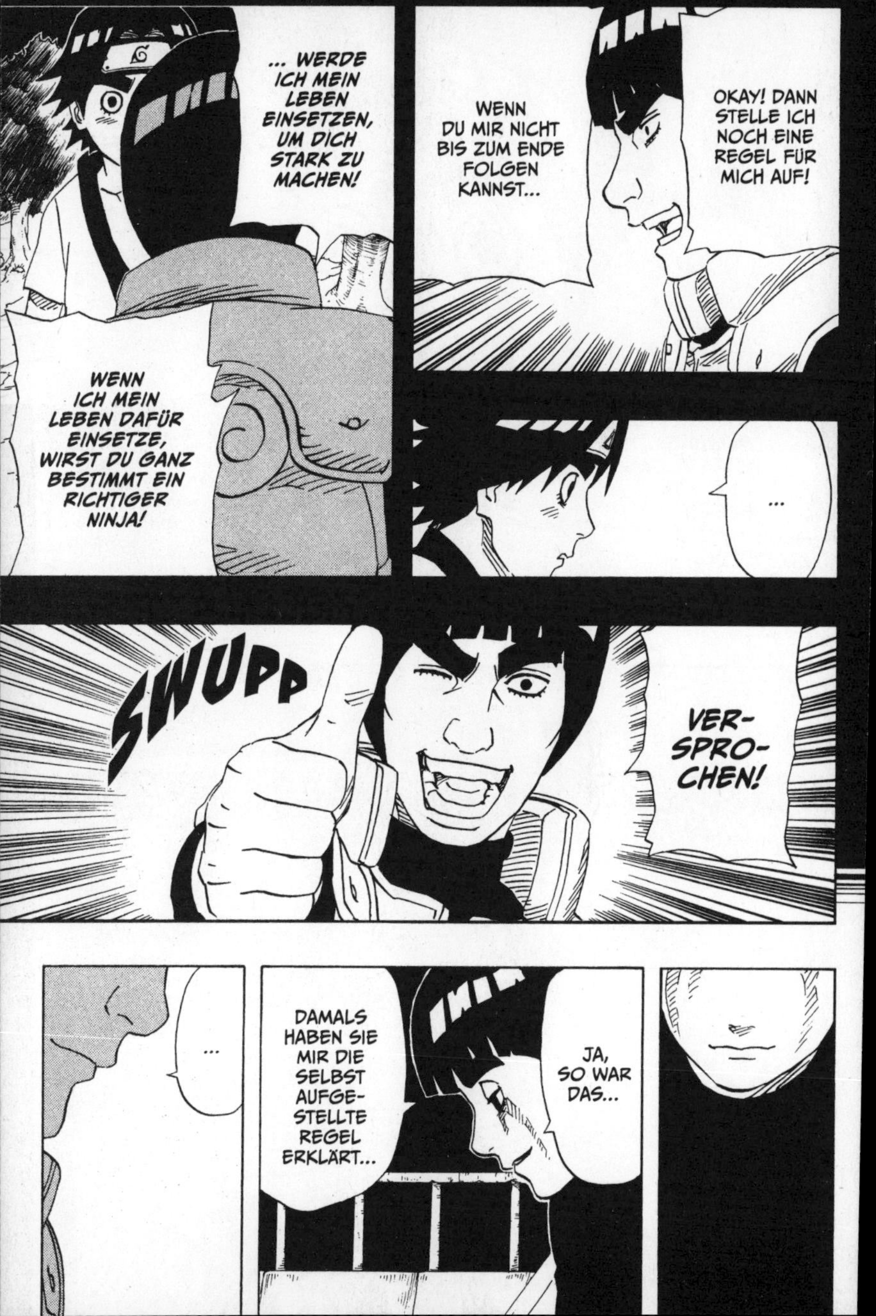
OKAY! DANN STELLE ICH NOCH EINE REGEL FÜR MICH AUF!
WENN DU MIR NICHT BIS ZUM ENDE FOLGEN KANNST...
... WERDE ICH MEIN LEBEN EINSETZEN, UM DICH STARK ZU MACHEN!
...
WENN ICH MEIN LEBEN DAFÜR EINSETZE, WIRST DU GANZ BESTIMMT EIN RICHTIGER NINJA!
VER-SPRO-CHEN!
SWUPP
JA, SO WAR DAS...
DAMALS HABEN SIE MIR DIE SELBST AUFGE-STELLTE REGEL ERKLÄRT...
...

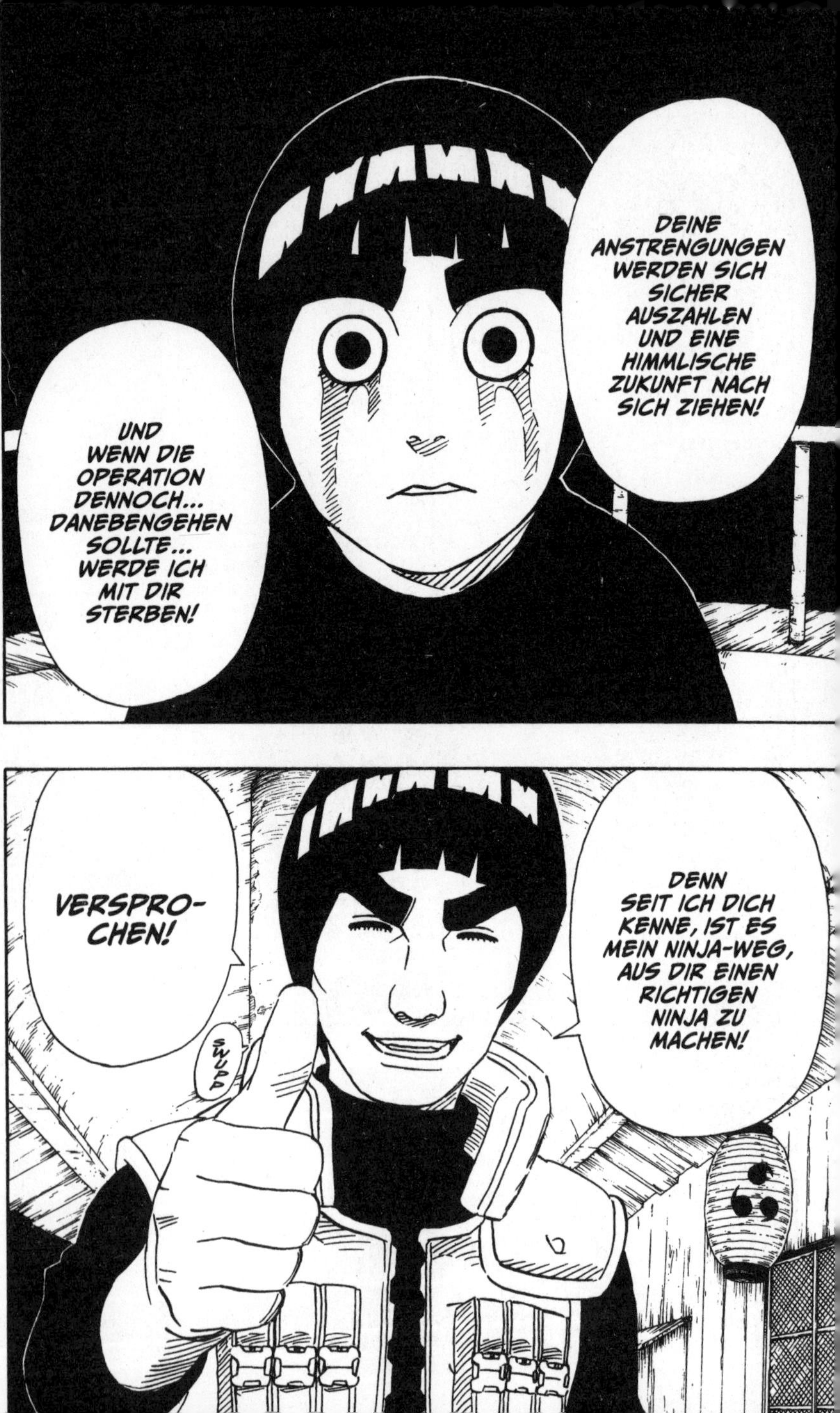
DEINE ANSTRENGUNGEN WERDEN SICH SICHER AUSZAHLEN UND EINE HIMMLISCHE ZUKUNFT NACH SICH ZIEHEN!
UND WENN DIE OPERATION DENNOCH... DANEBENGEHEN SOLLTE... WERDE ICH MIT DIR STERBEN!
DENN SEIT ICH DICH KENNE, IST ES MEIN NINJA-WEG, AUS DIR EINEN RICHTIGEN NINJA ZU MACHEN!
SWUPP
VERSPRO-CHEN!

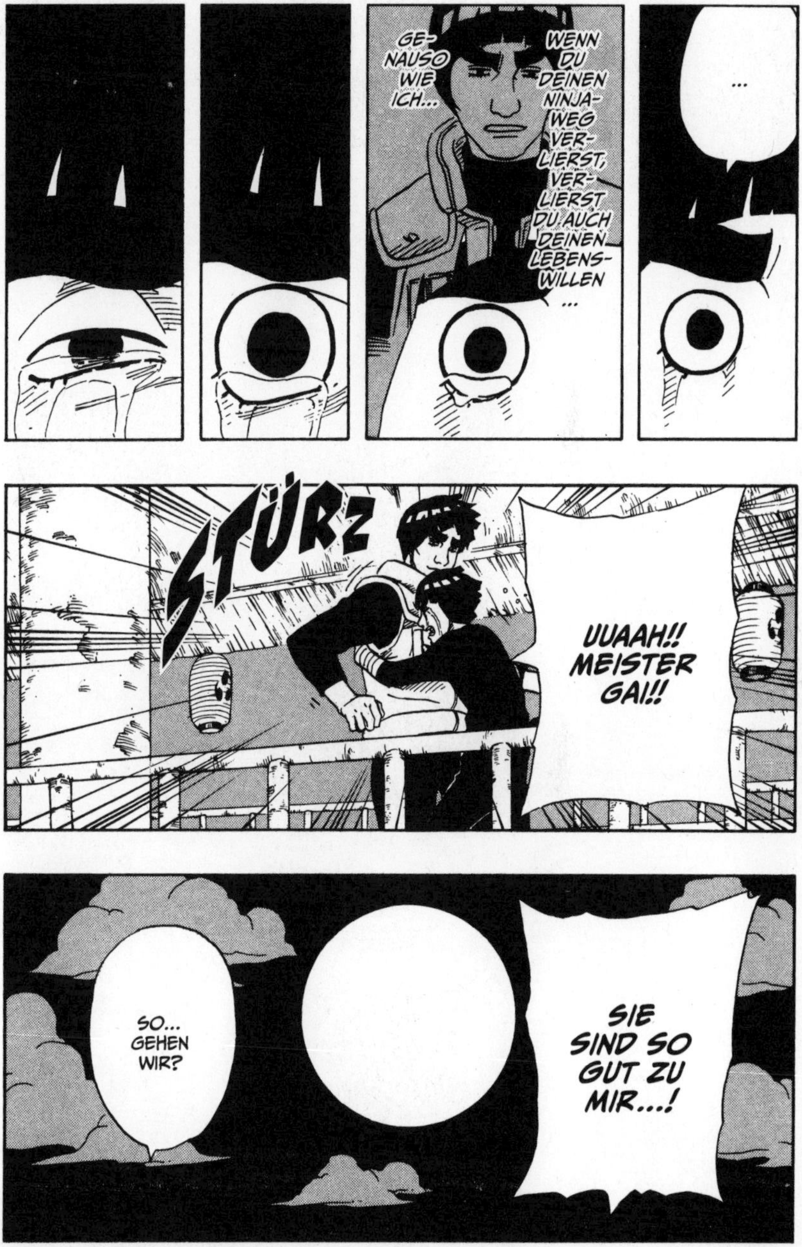
...
WENN DU DEINEN NINJA-WEG VERLIERST, VERLIERST DU AUCH DEINEN LEBENSWILLEN ...
GENAUSO WIE ICH...
STÜRZ
UUAAH!! MEISTER GAI!!
SIE SIND SO GUT ZU MIR...!
SO... GEHEN WIR?

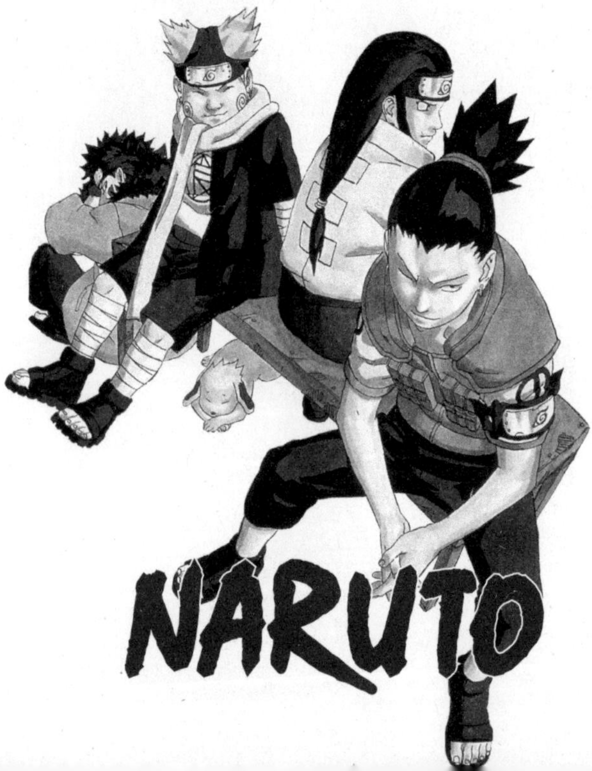
NARUTO

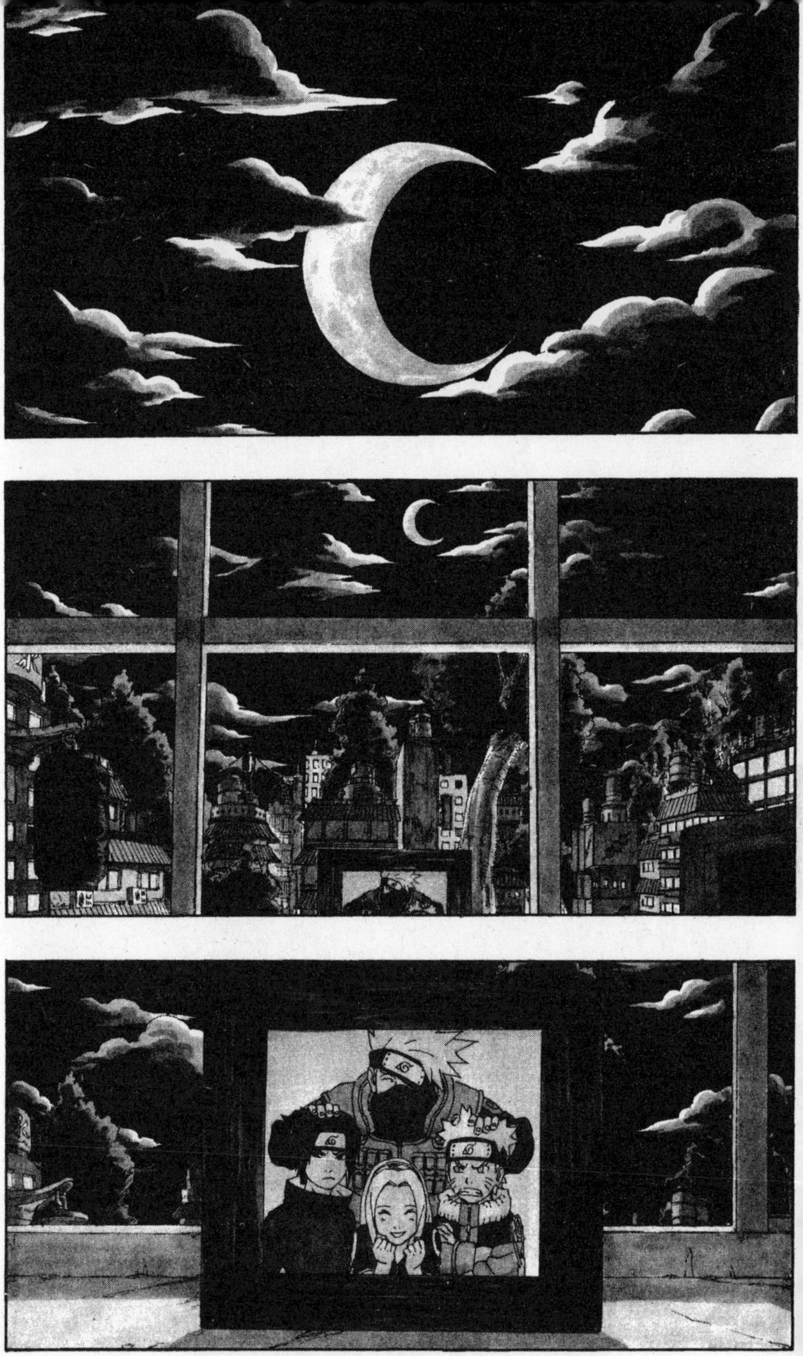

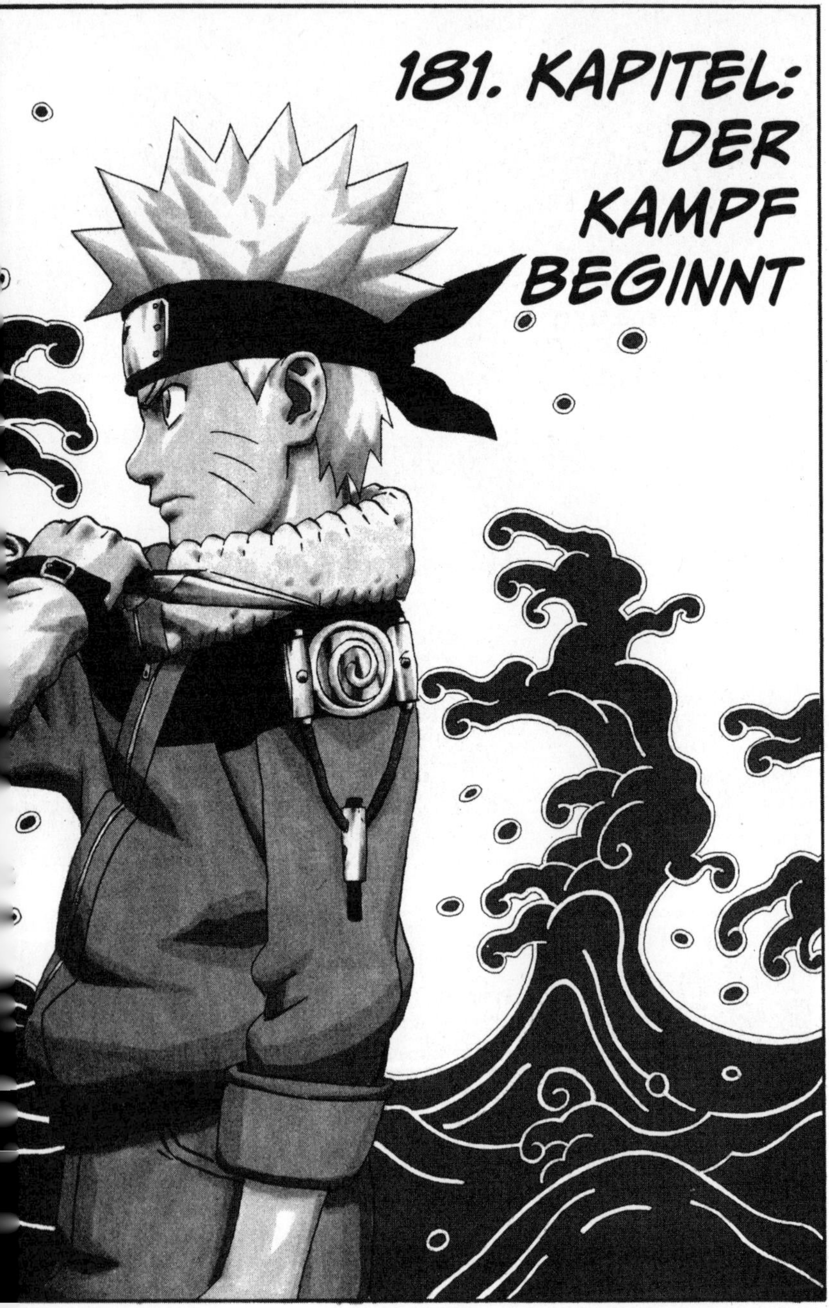
181. KAPITEL:
DER
KAMPF
BEGINNT

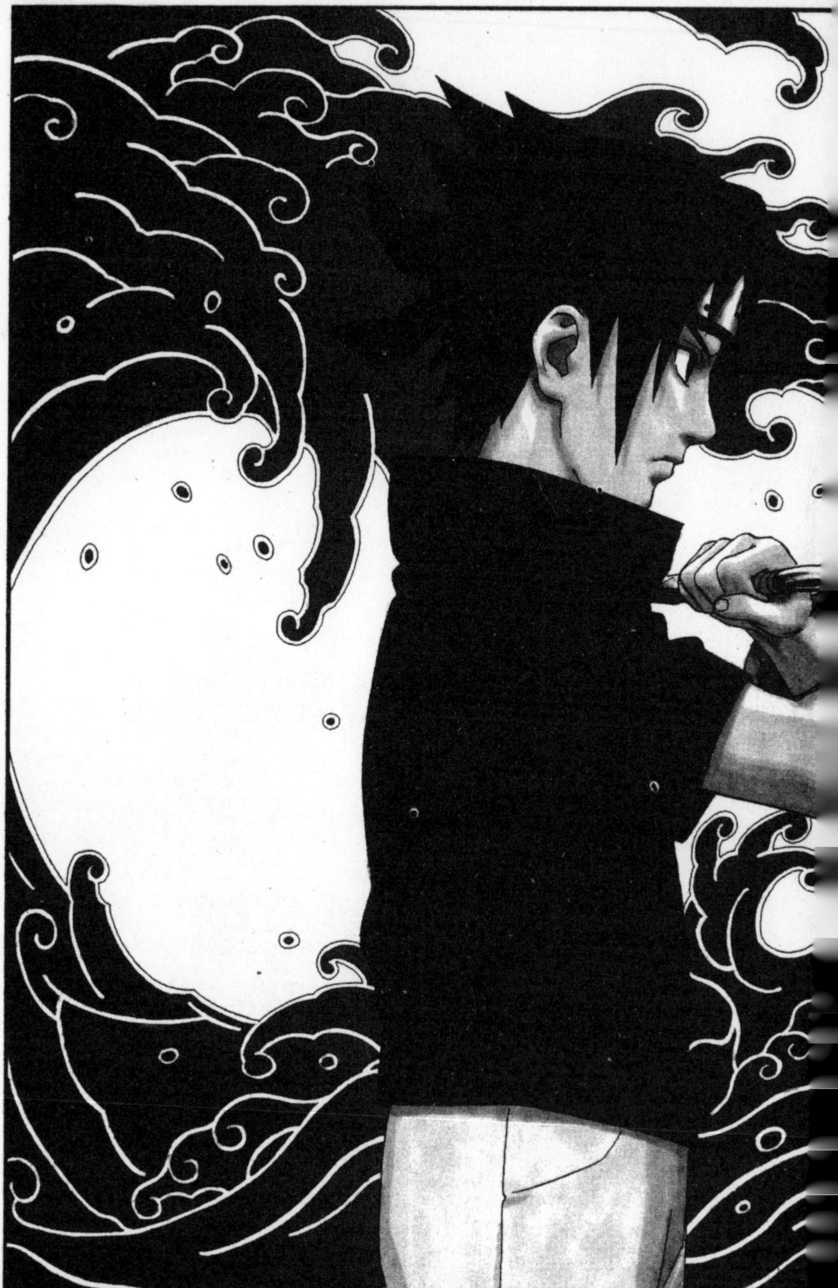

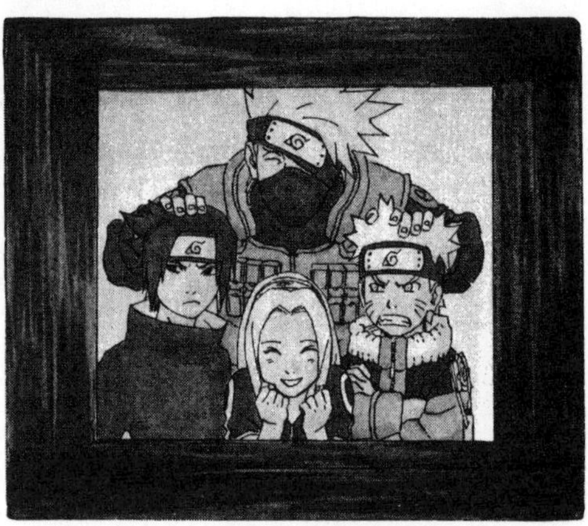

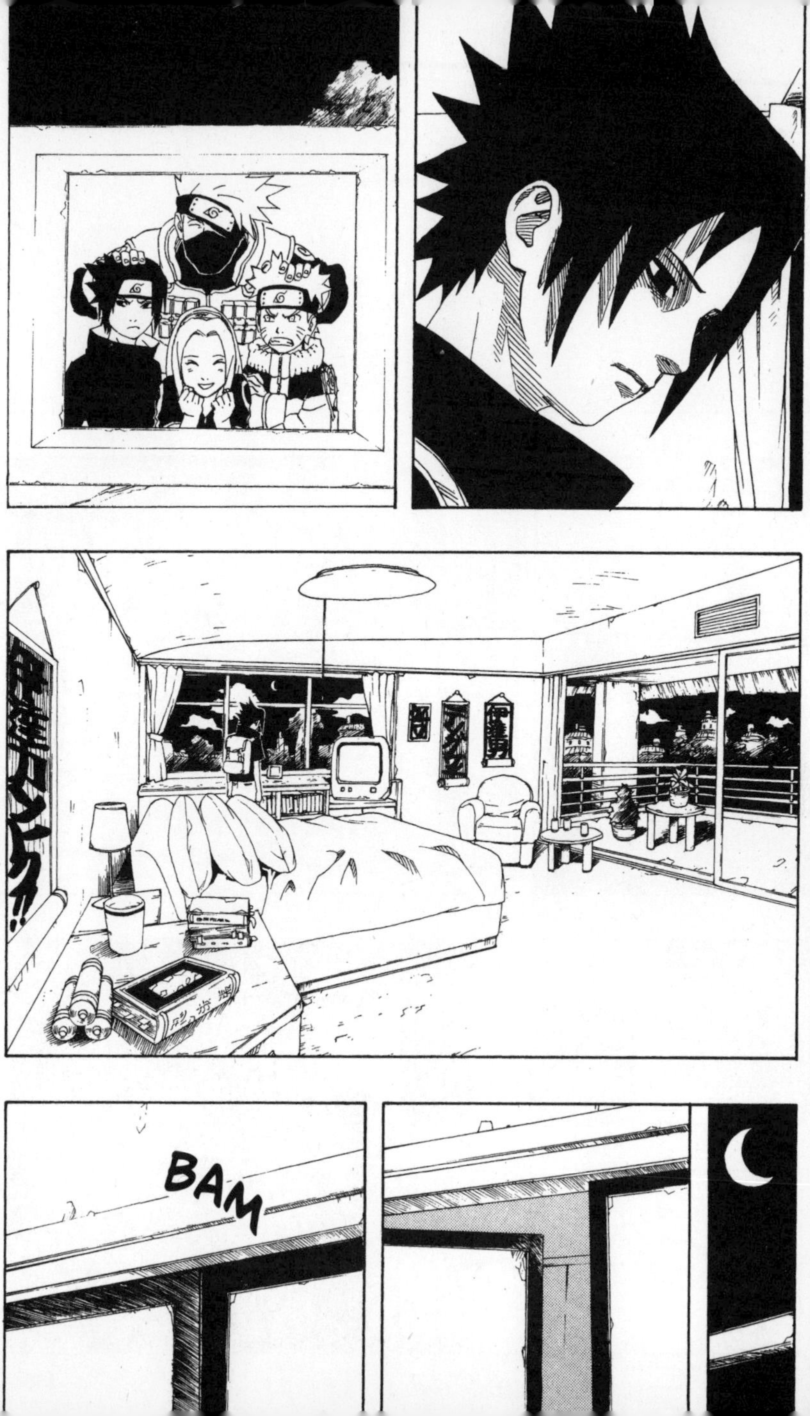
BAM

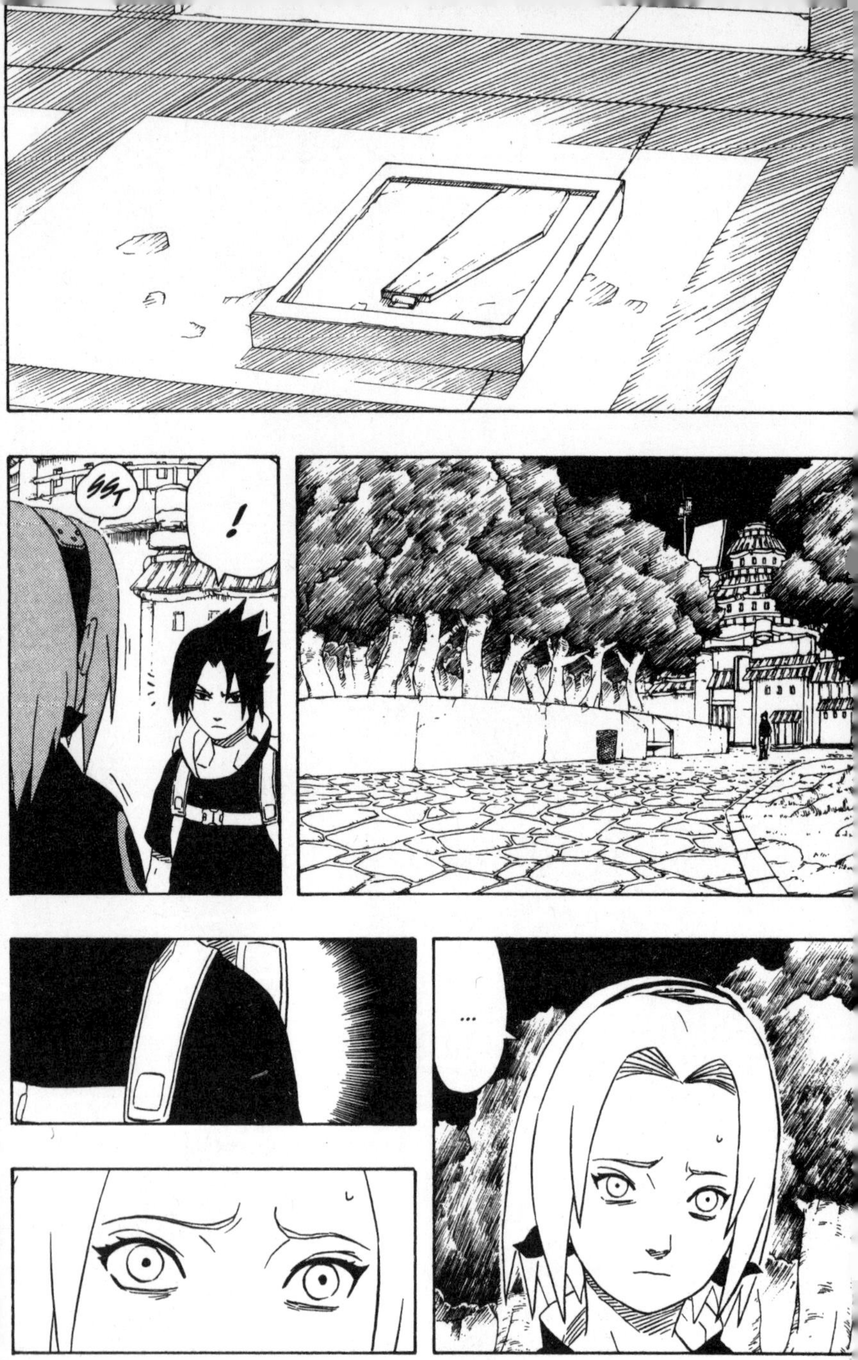
SST
!
...

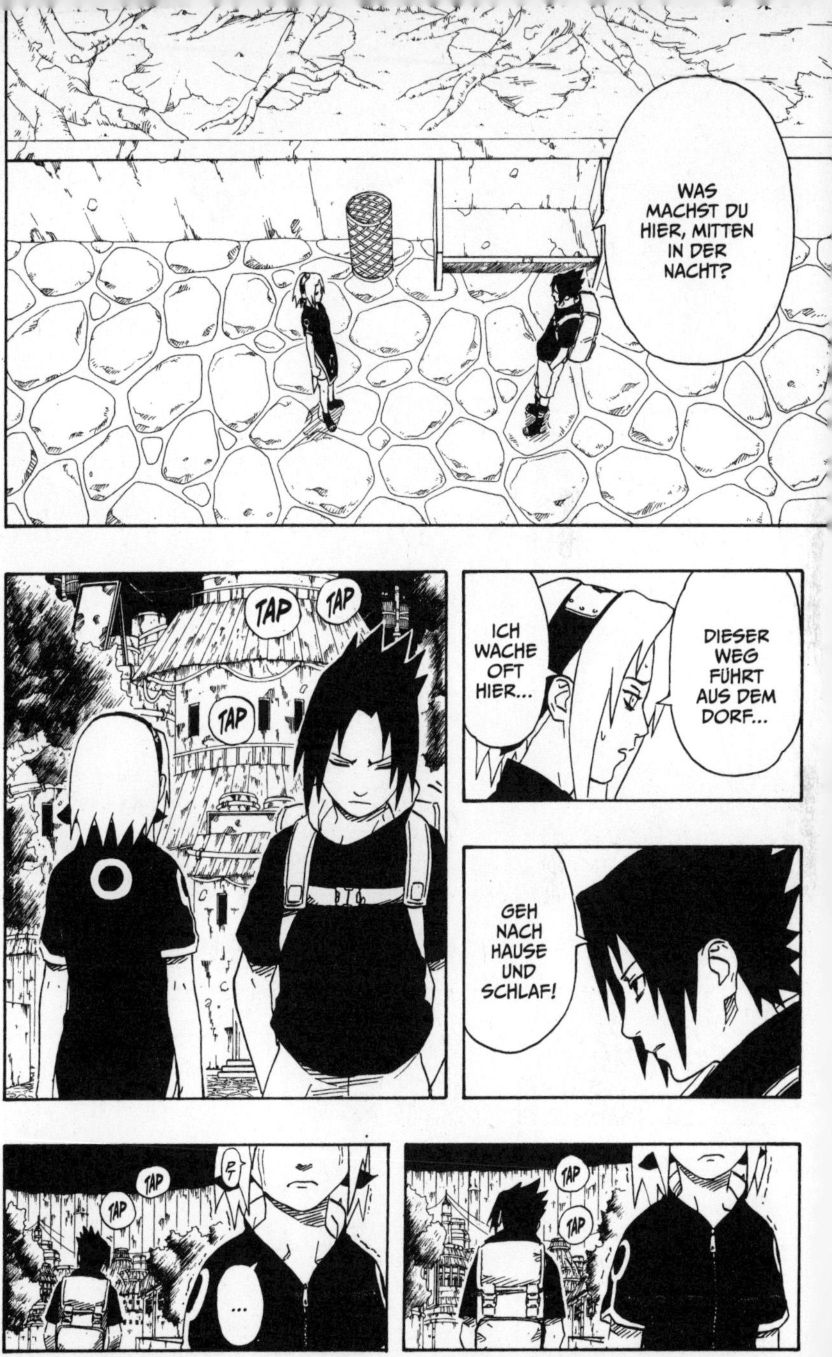
WAS MACHST DU HIER, MITTEN IN DER NACHT?
DIESER WEG FÜHRT AUS DEM DORF...
ICH WACHE OFT HIER...
GEH NACH HAUSE UND SCHLAF!
TAP
TAP
TAP
TAP
TAP
TAP
TAP
...

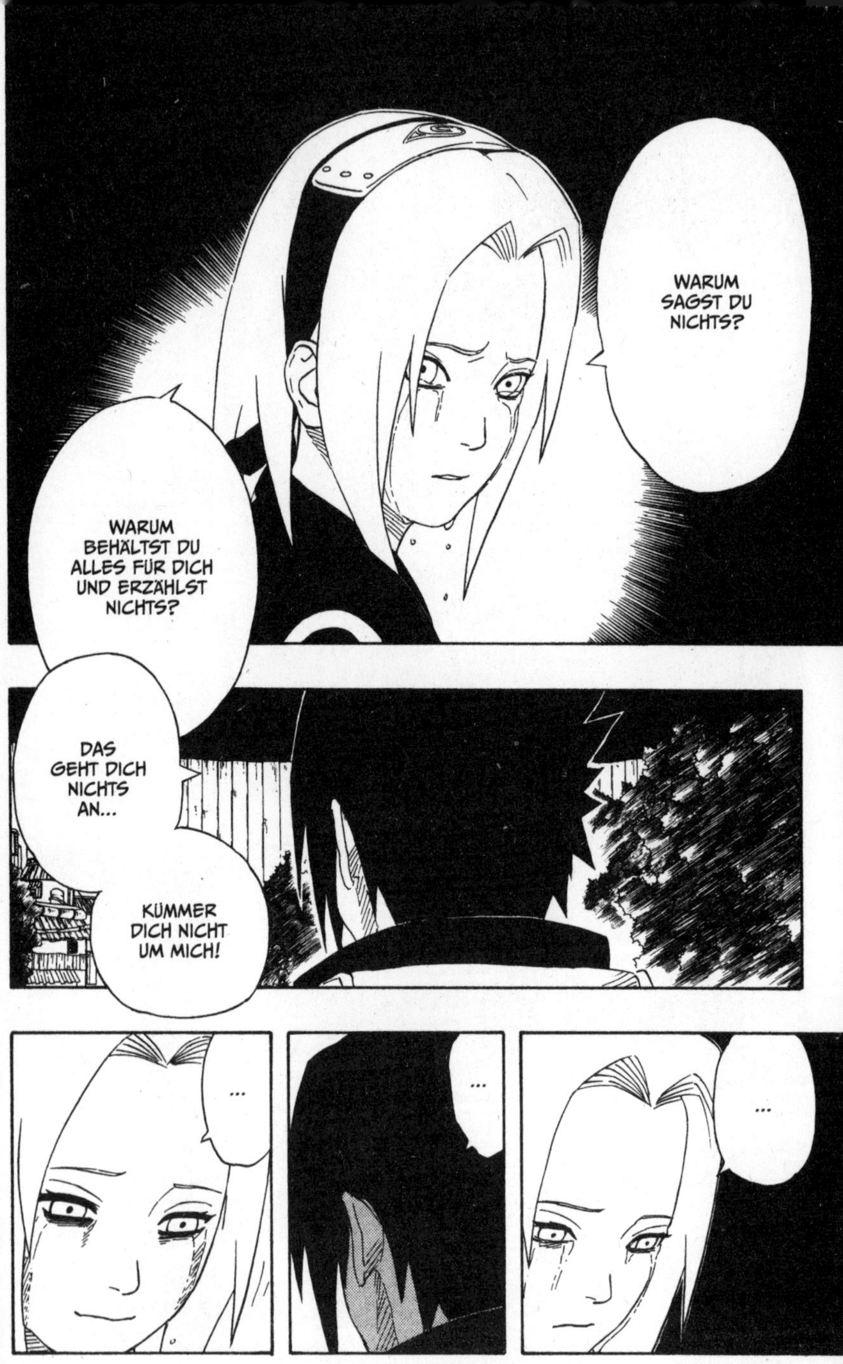
WARUM SAGST DU NICHTS?
WARUM BEHÄLTST DU ALLES FÜR DICH UND ERZÄHLST NICHTS?
DAS GEHT DICH NICHTS AN...
KÜMMER DICH NICHT UM MICH!
...
...
...

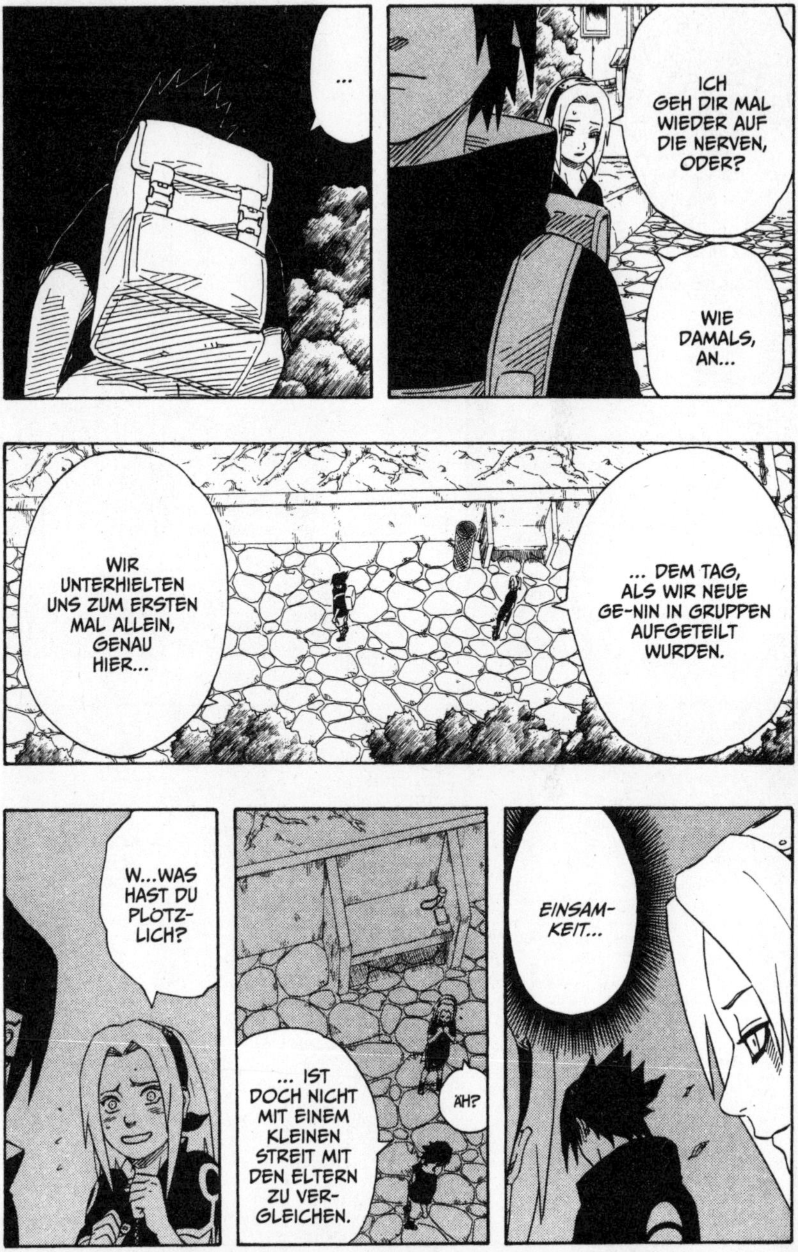

ICH GEH DIR MAL WIEDER AUF DIE NERVEN, ODER?
WIE DAMALS, AN...
...
... DEM TAG, ALS WIR NEUE GE-NIN IN GRUPPEN AUFGETEILT WURDEN.
WIR UNTERHIELTEN UNS ZUM ERSTEN MAL ALLEIN, GENAU HIER...
EINSAM-KEIT...
... IST DOCH NICHT MIT EINEM KLEINEN STREIT MIT DEN ELTERN ZU VER-GLEICHEN.
ÄH?
W...WAS HAST DU PLÖTZ-LICH?

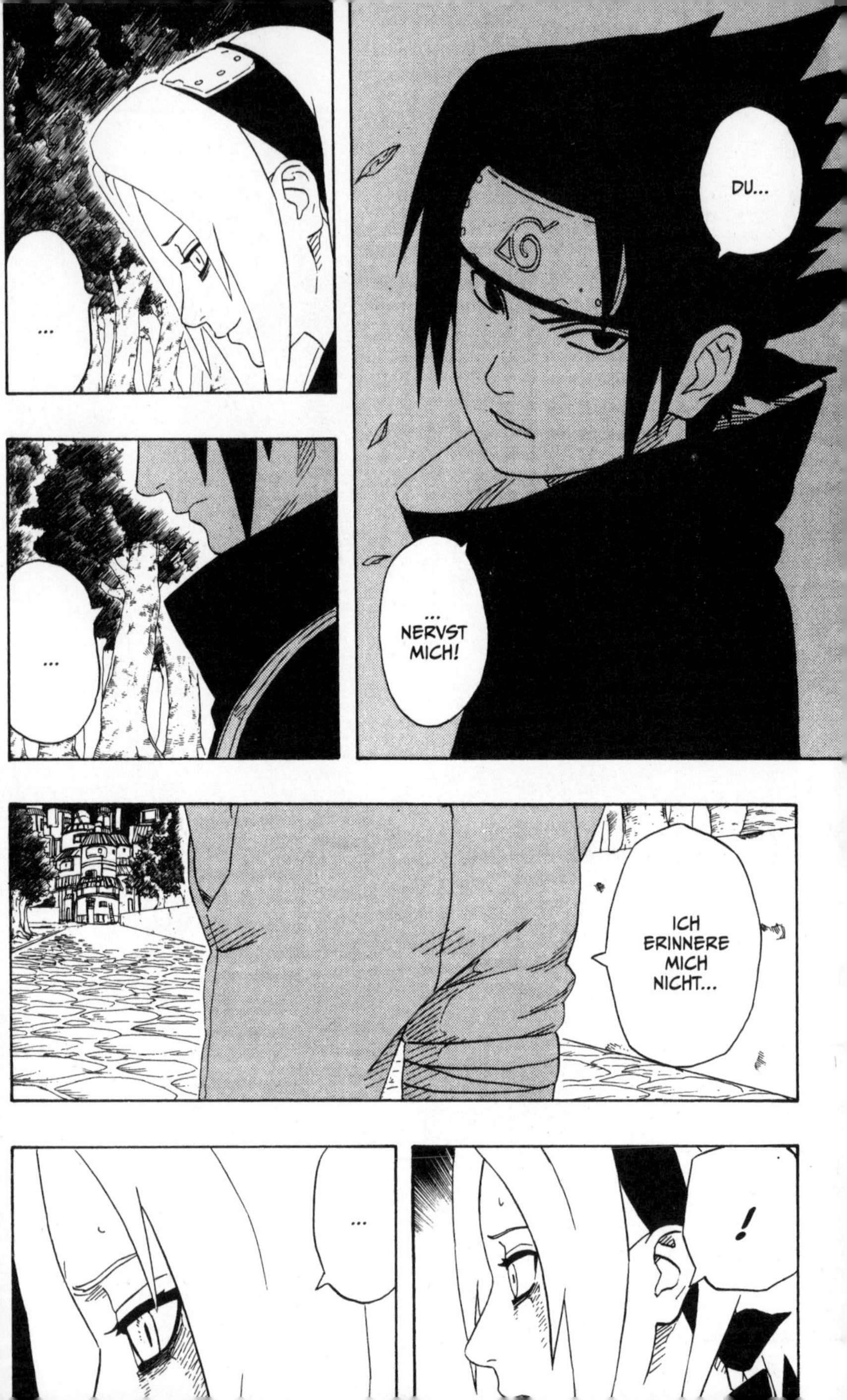
DU...
... NERVST MICH!
...
...
ICH ERINNERE MICH NICHT...
!
...

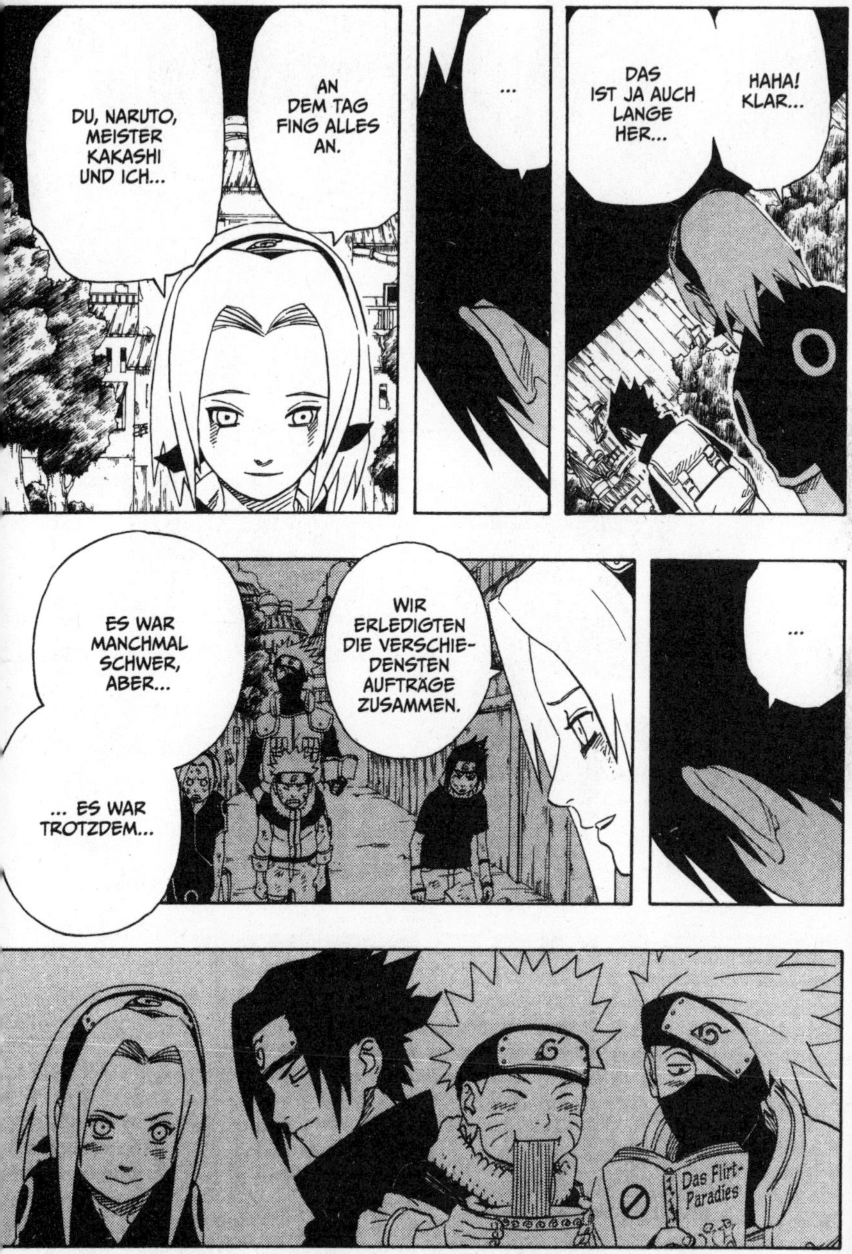
HAHA! KLAR...
DAS IST JA AUCH LANGE HER...
...
AN DEM TAG FING ALLES AN.
DU, NARUTO, MEISTER KAKASHI UND ICH...
...
WIR ERLEDIGTEN DIE VERSCHIEDENSTEN AUFTRÄGE ZUSAMMEN.
ES WAR MANCHMAL SCHWER, ABER...
... ES WAR TROTZDEM...
Das Flirt-Paradies

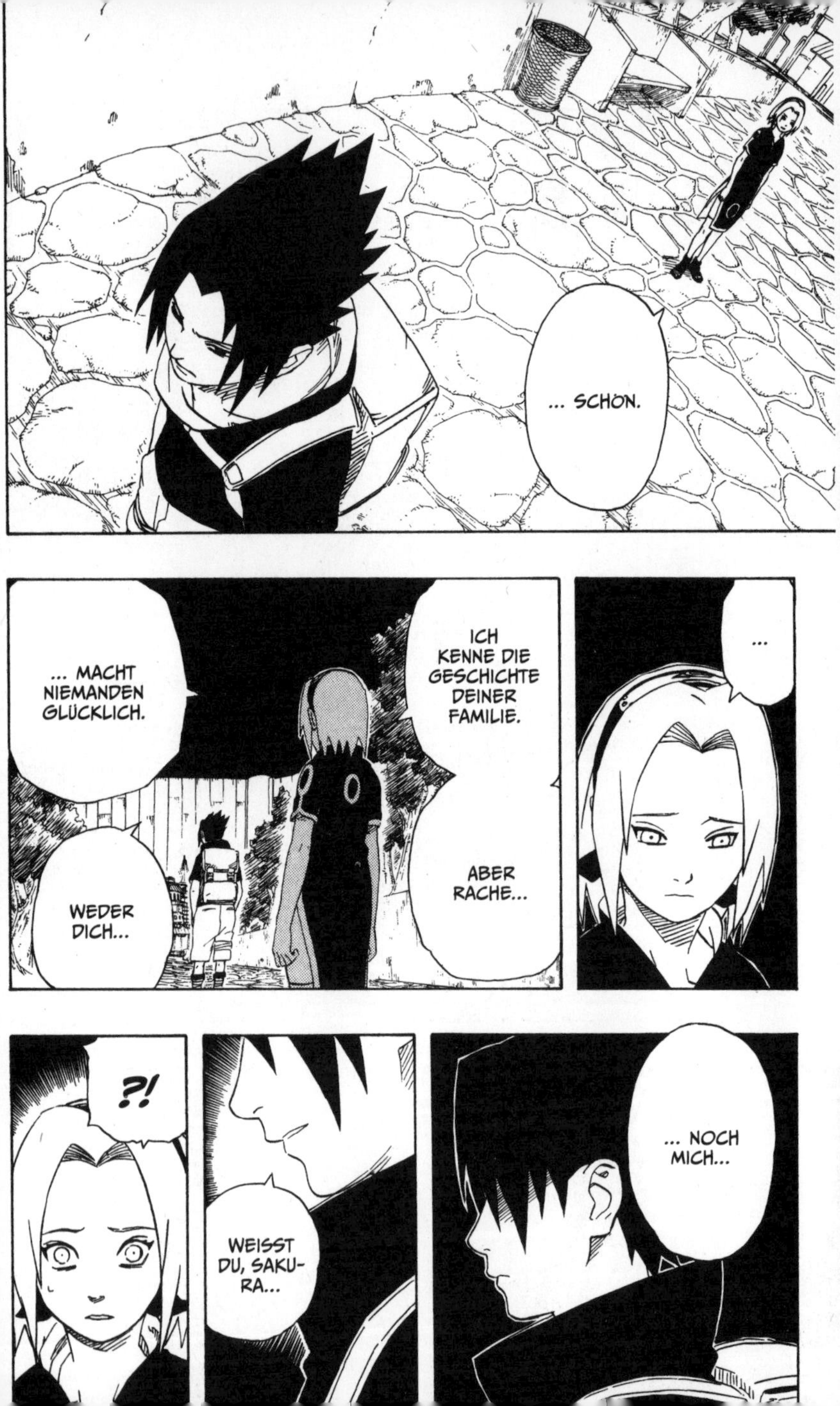
... SCHÖN.
...
ICH KENNE DIE GESCHICHTE DEINER FAMILIE.
ABER RACHE...
... MACHT NIEMANDEN GLÜCKLICH.
WEDER DICH...
... NOCH MICH...
WEISST DU, SAKU-RA...
?!

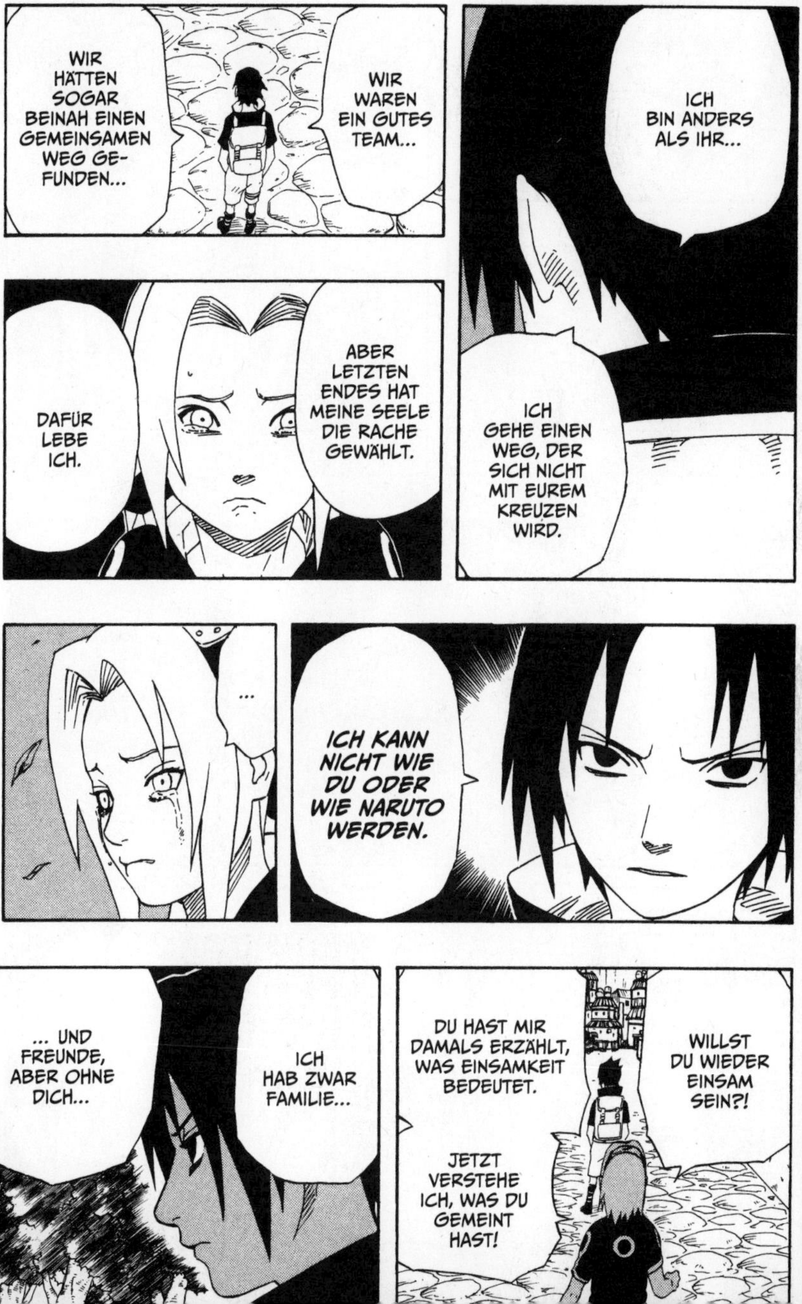

ICH BIN ANDERS ALS IHR...
ICH GEHE EINEN WEG, DER SICH NICHT MIT EUREM KREUZEN WIRD.
WIR WAREN EIN GUTES TEAM...
WIR HÄTTEN SOGAR BEINAH EINEN GEMEINSAMEN WEG GEFUNDEN...
ABER LETZTEN ENDES HAT MEINE SEELE DIE RACHE GEWÄHLT.
DAFÜR LEBE ICH.
ICH KANN NICHT WIE DU ODER WIE NARUTO WERDEN.
...
WILLST DU WIEDER EINSAM SEIN?!
DU HAST MIR DAMALS ERZÄHLT, WAS EINSAMKEIT BEDEUTET.
JETZT VERSTEHE ICH, WAS DU GEMEINT HAST!
ICH HAB ZWAR FAMILIE...
... UND FREUNDE, ABER OHNE DICH...

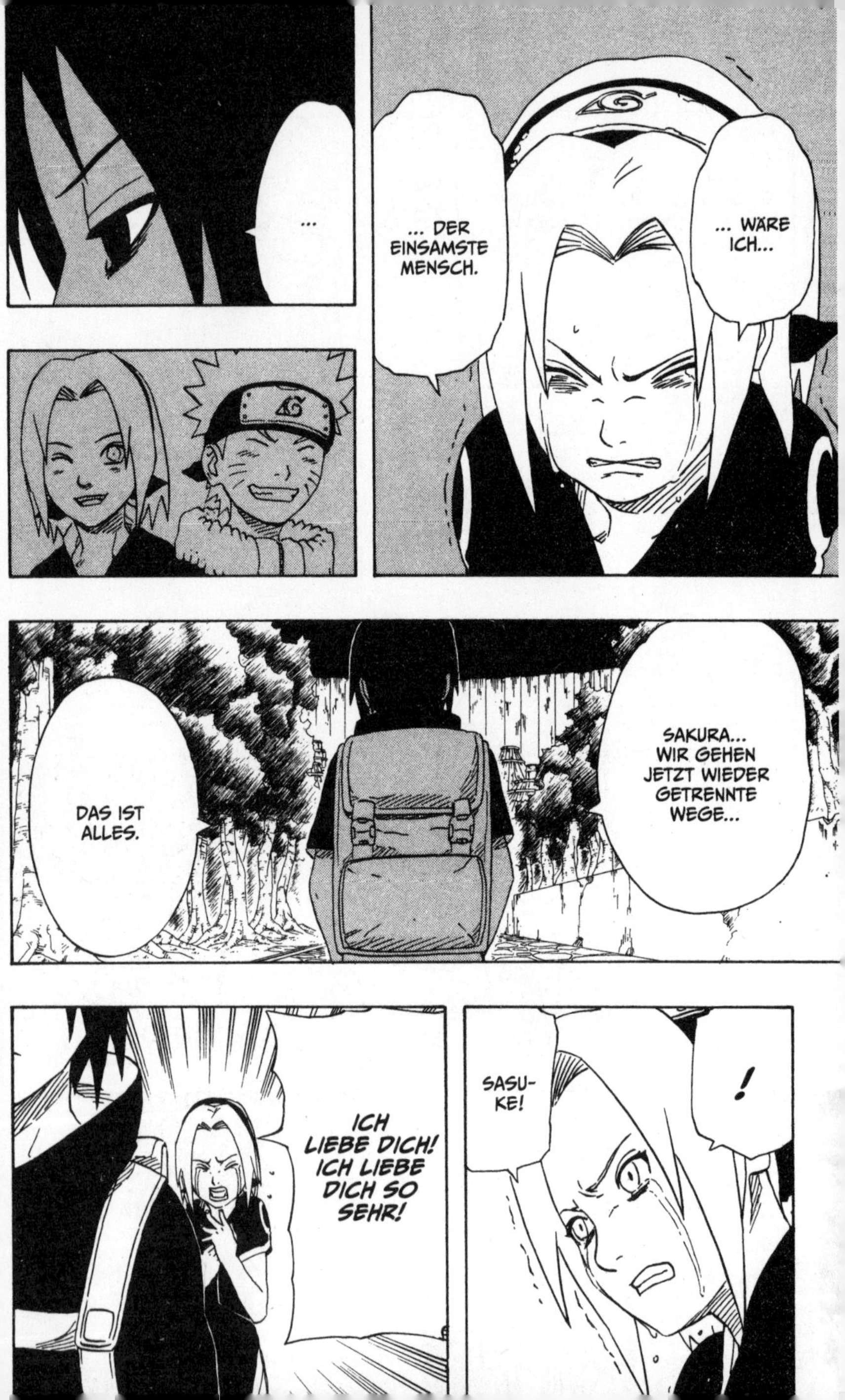

... WÄRE ICH...
... DER EINSAMSTE MENSCH.
...
SAKURA... WIR GEHEN JETZT WIEDER GETRENNTE WEGE...
DAS IST ALLES.
!
SASU-KE!
ICH LIEBE DICH! ICH LIEBE DICH SO SEHR!

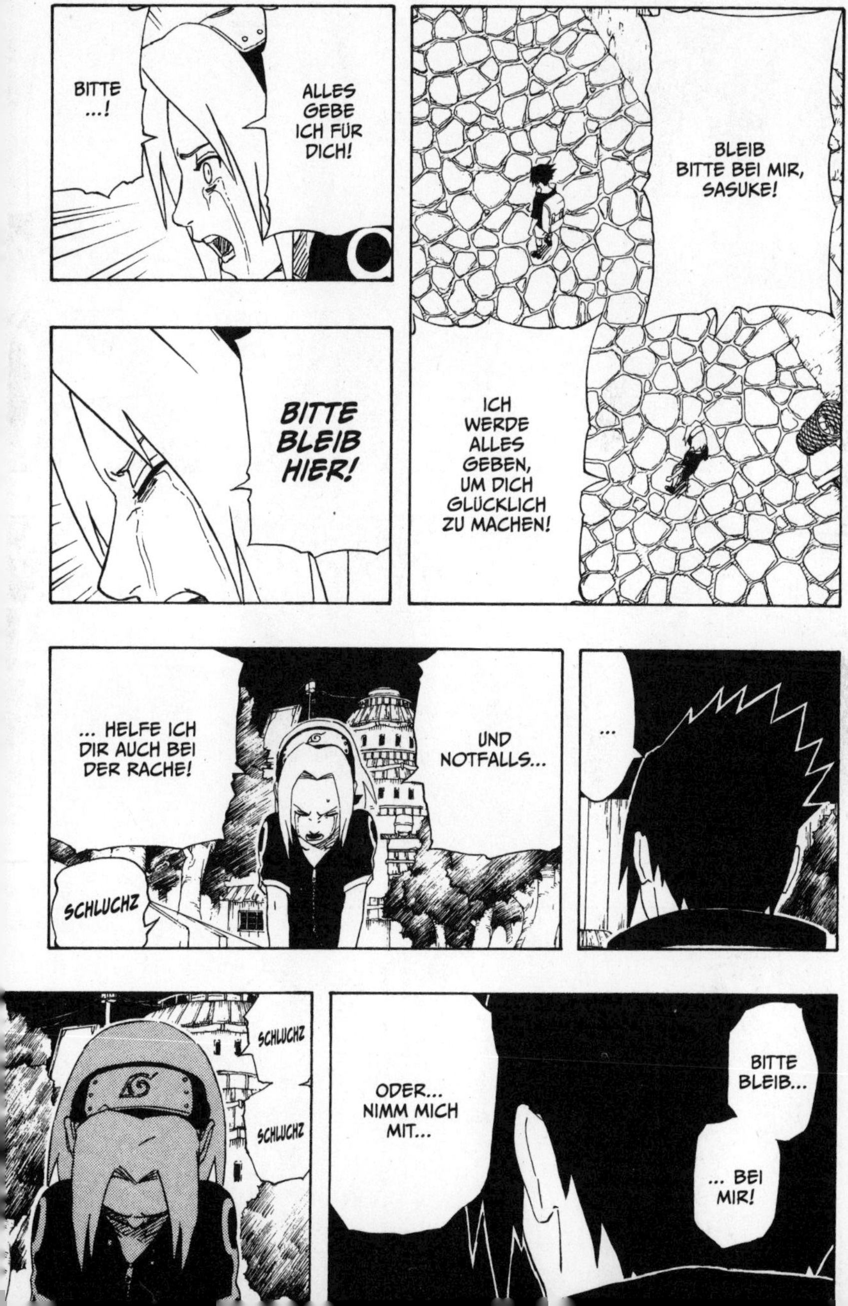
BLEIB BITTE BEI MIR, SASUKE!
ICH WERDE ALLES GEBEN, UM DICH GLÜCKLICH ZU MACHEN!
ALLES GEBE ICH FÜR DICH!
BITTE ...!
BITTE BLEIB HIER!
...
UND NOTFALLS...
... HELFE ICH DIR AUCH BEI DER RACHE!
SCHLUCHZ
BITTE BLEIB...
... BEI MIR!
ODER... NIMM MICH MIT...
SCHLUCHZ
SCHLUCHZ

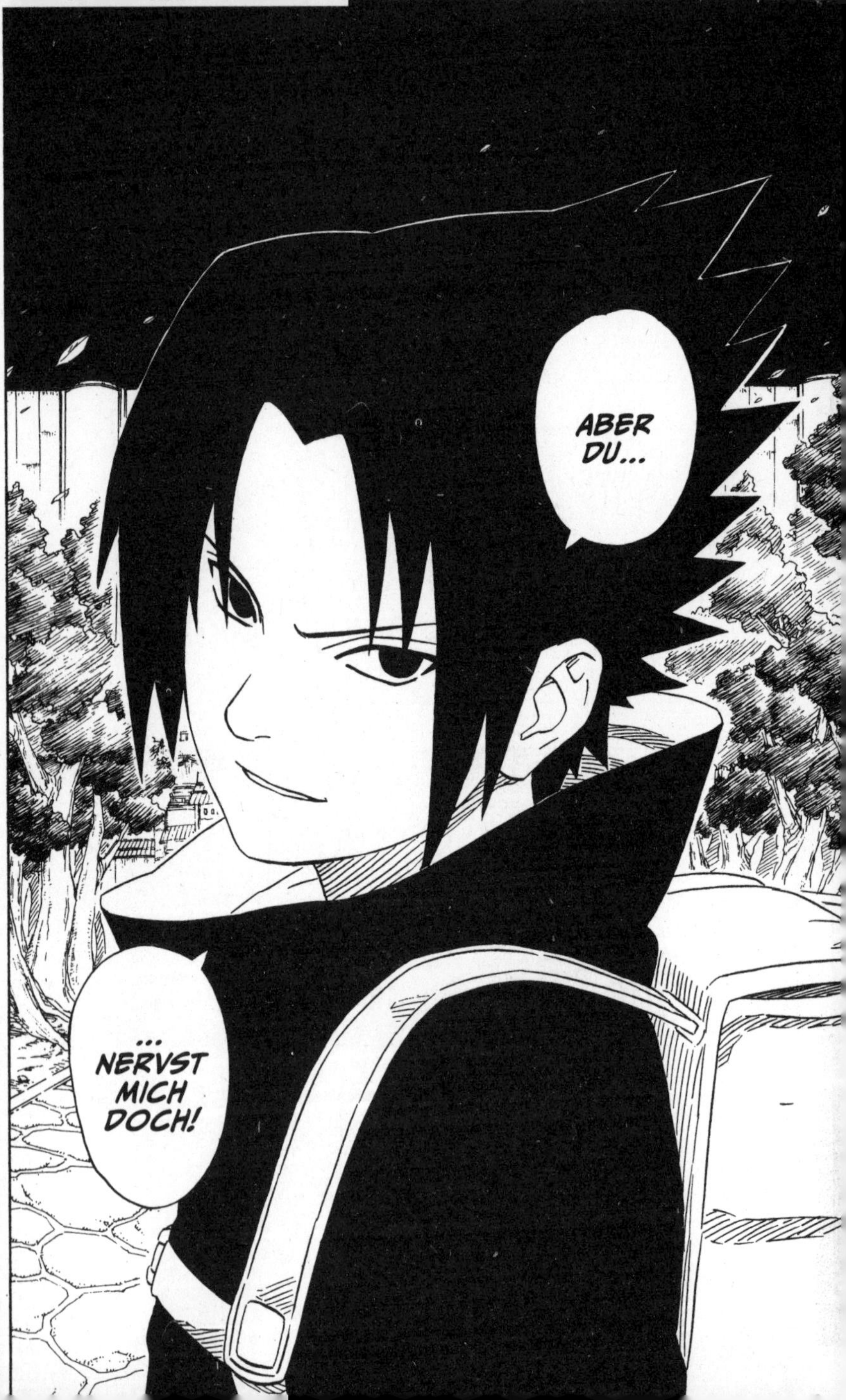
ABER DU...
... NERVST MICH DOCH!

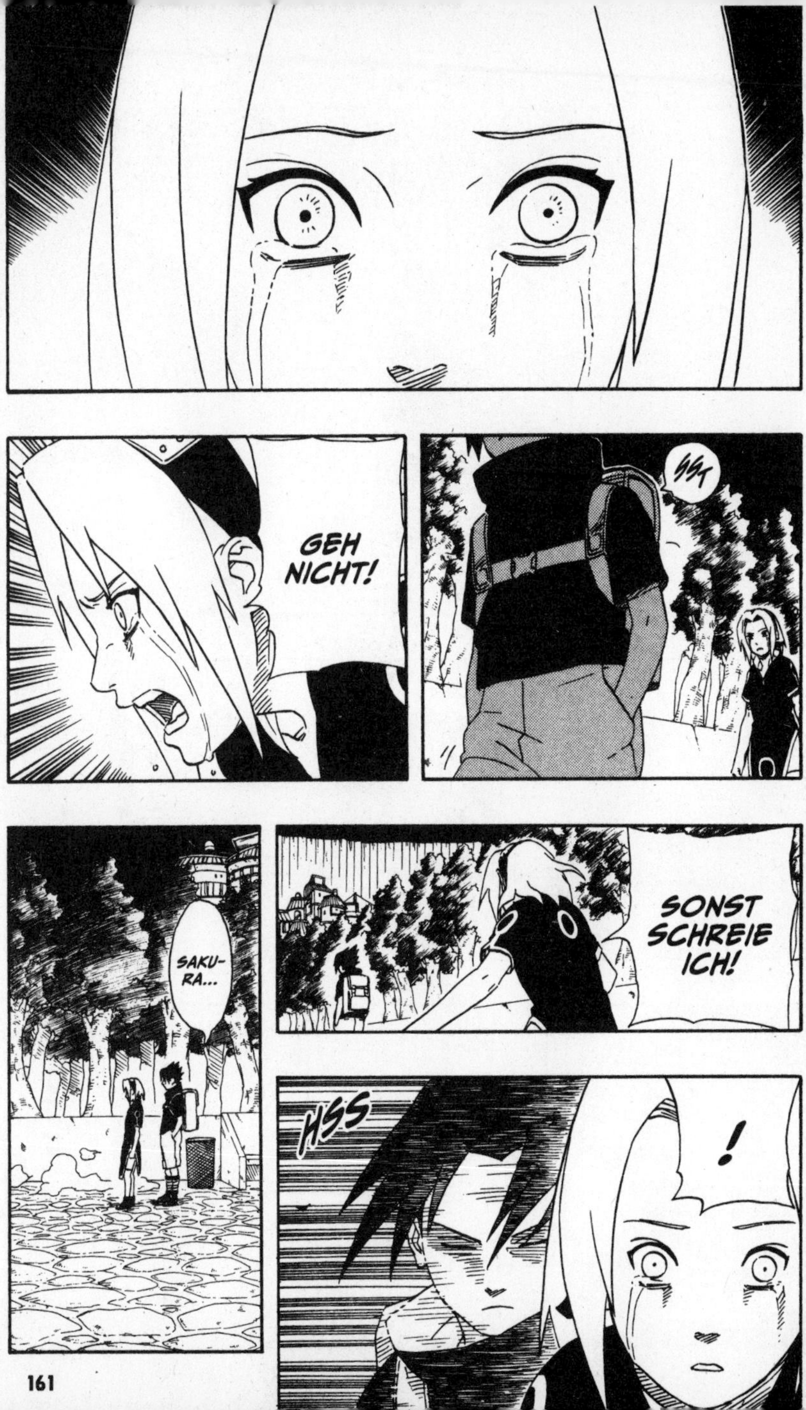
SSK
GEH NICHT!
SONST SCHREIE ICH!
SAKU-RA...
HSS
!

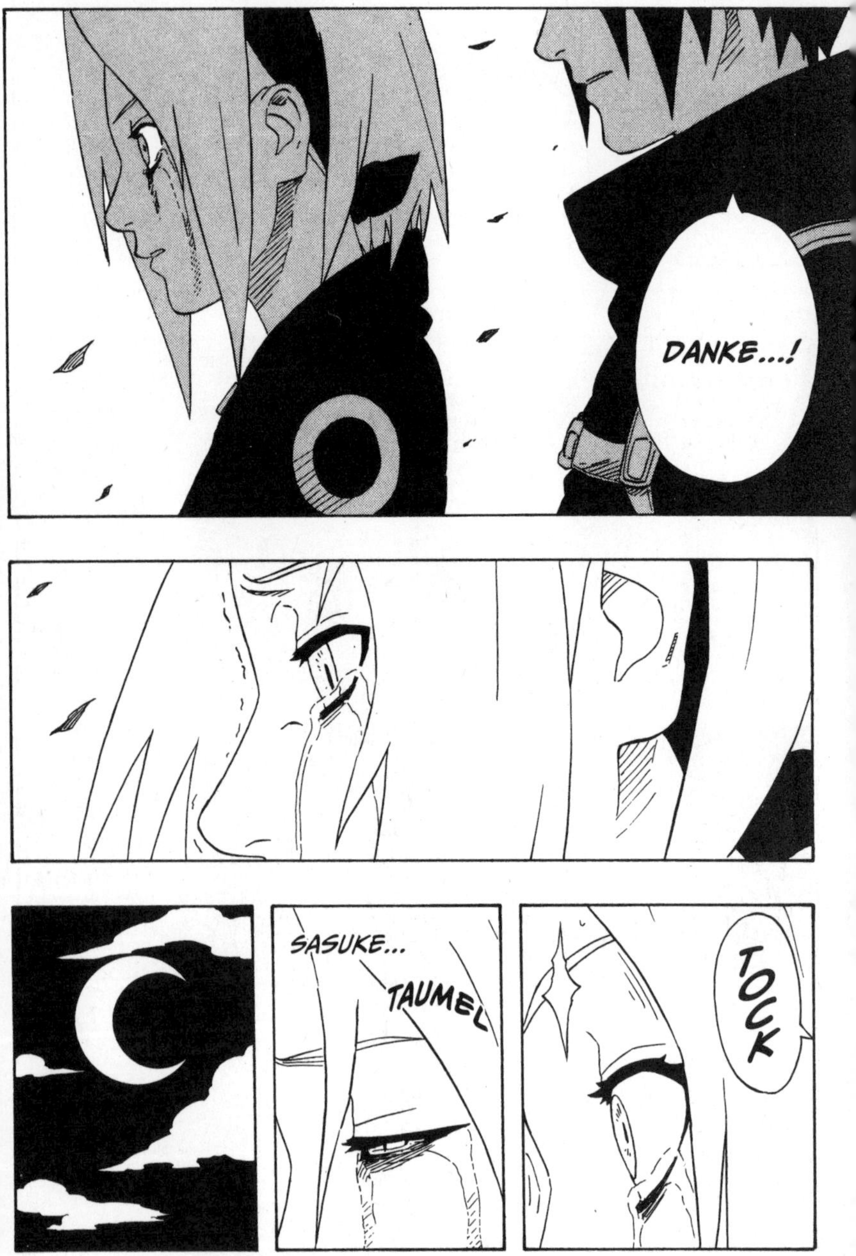
DANKE...!
SASUKE...
TAUMEL
TOCK

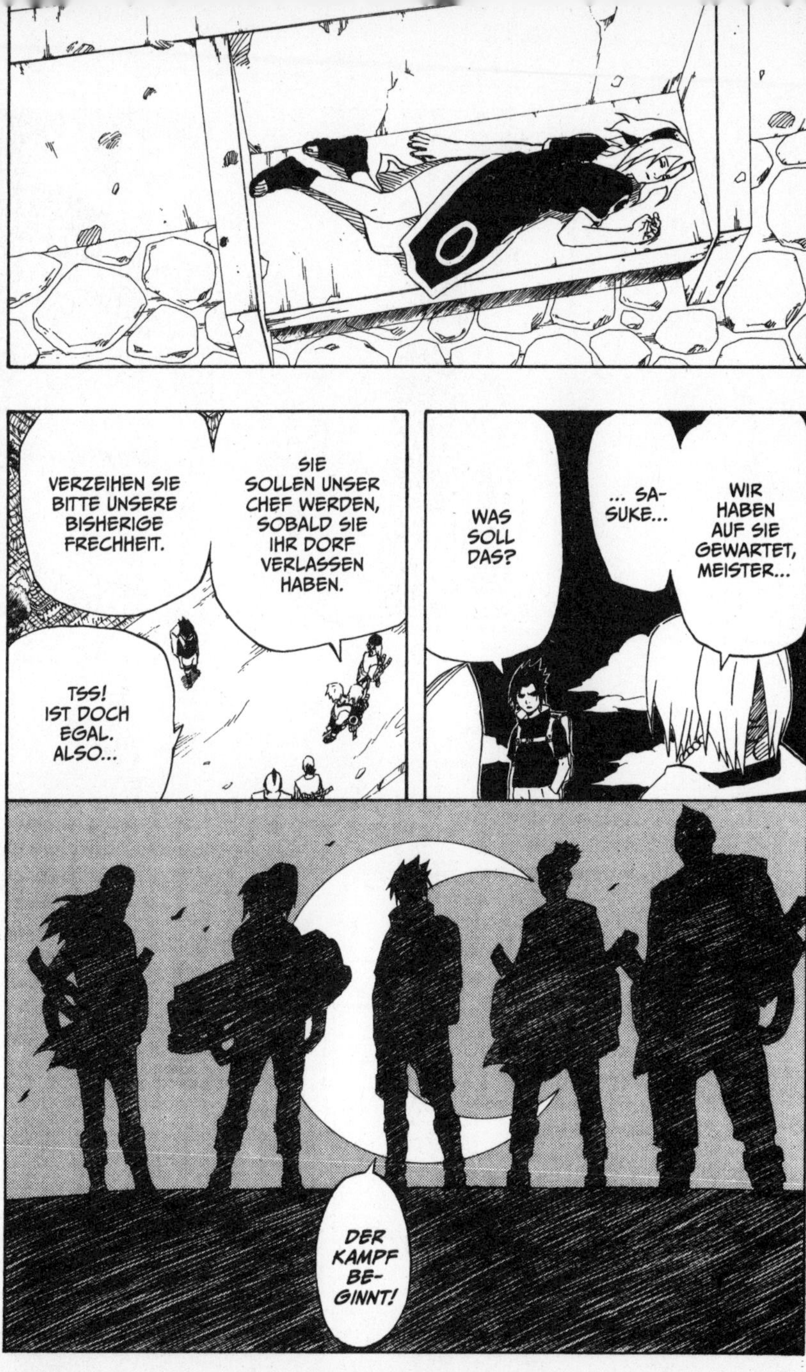
WIR HABEN AUF SIE GEWARTET, MEISTER...
... SA-SUKE...
WAS SOLL DAS?
SIE SOLLEN UNSER CHEF WERDEN, SOBALD SIE IHR DORF VERLASSEN HABEN.
VERZEIHEN SIE BITTE UNSERE BISHERIGE FRECHHEIT.
TSS! IST DOCH EGAL. ALSO...
DER KAMPF BE-GINNT!

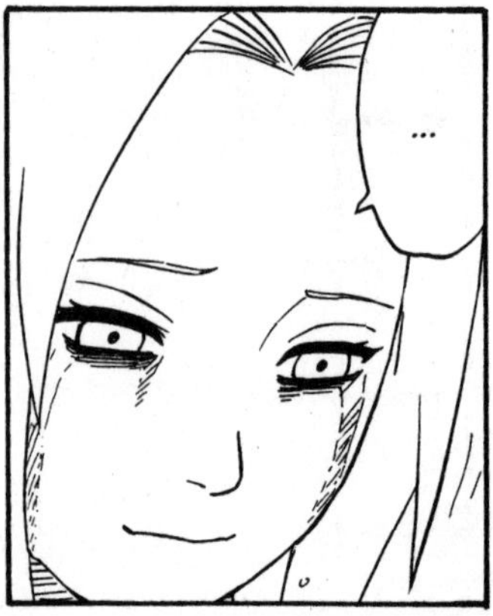

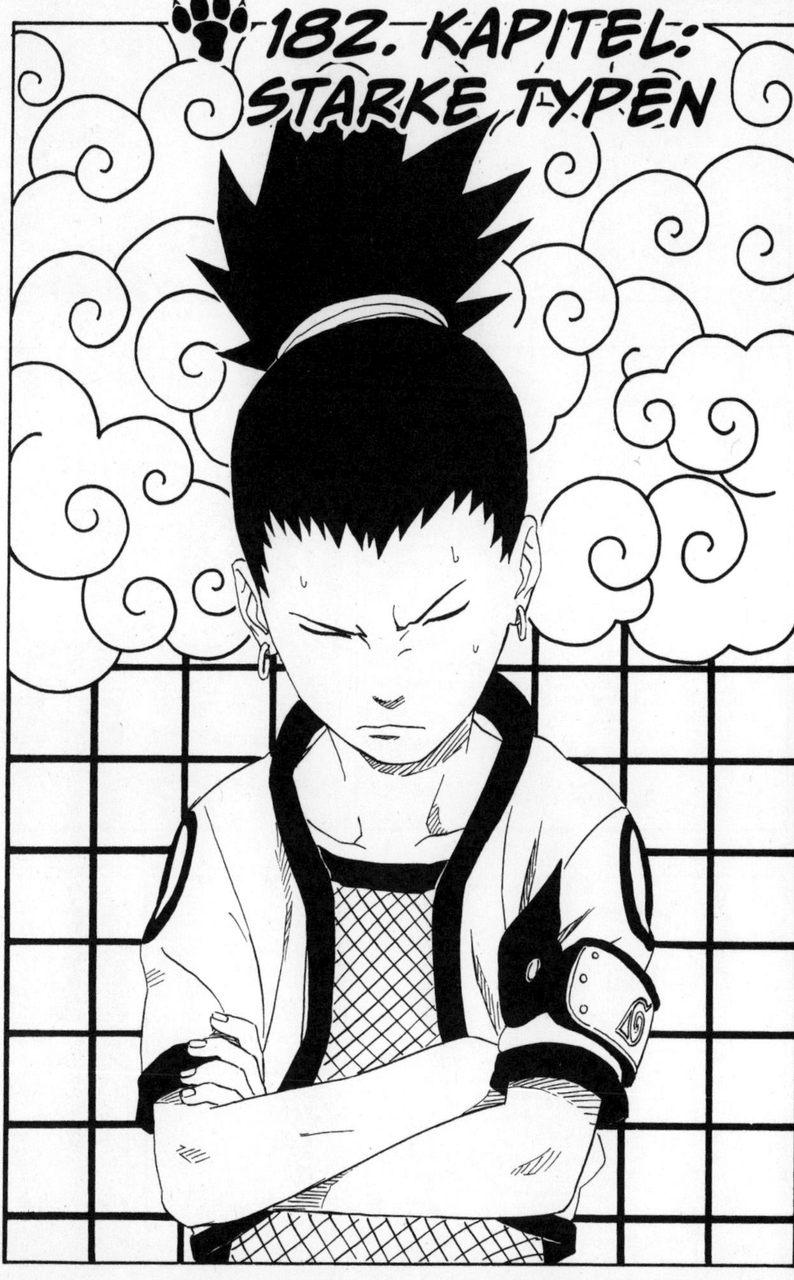
182. KAPITEL:
STARKE TYPEN

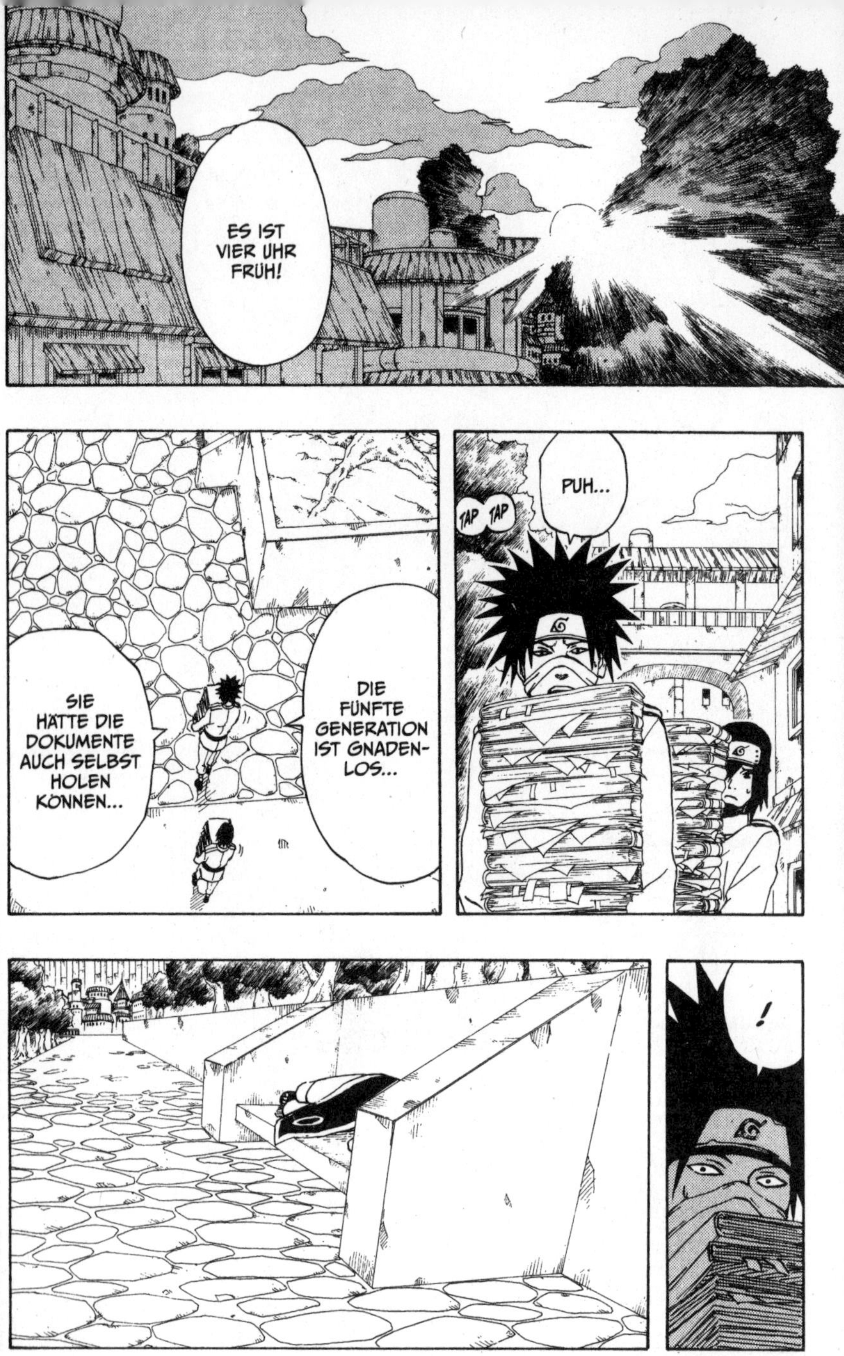
ES IST VIER UHR FRÜH!
TAP TAP
PUH...
DIE FÜNFTE GENERATION IST GNADEN-LOS...
SIE HÄTTE DIE DOKUMENTE AUCH SELBST HOLEN KÖNNEN...
!

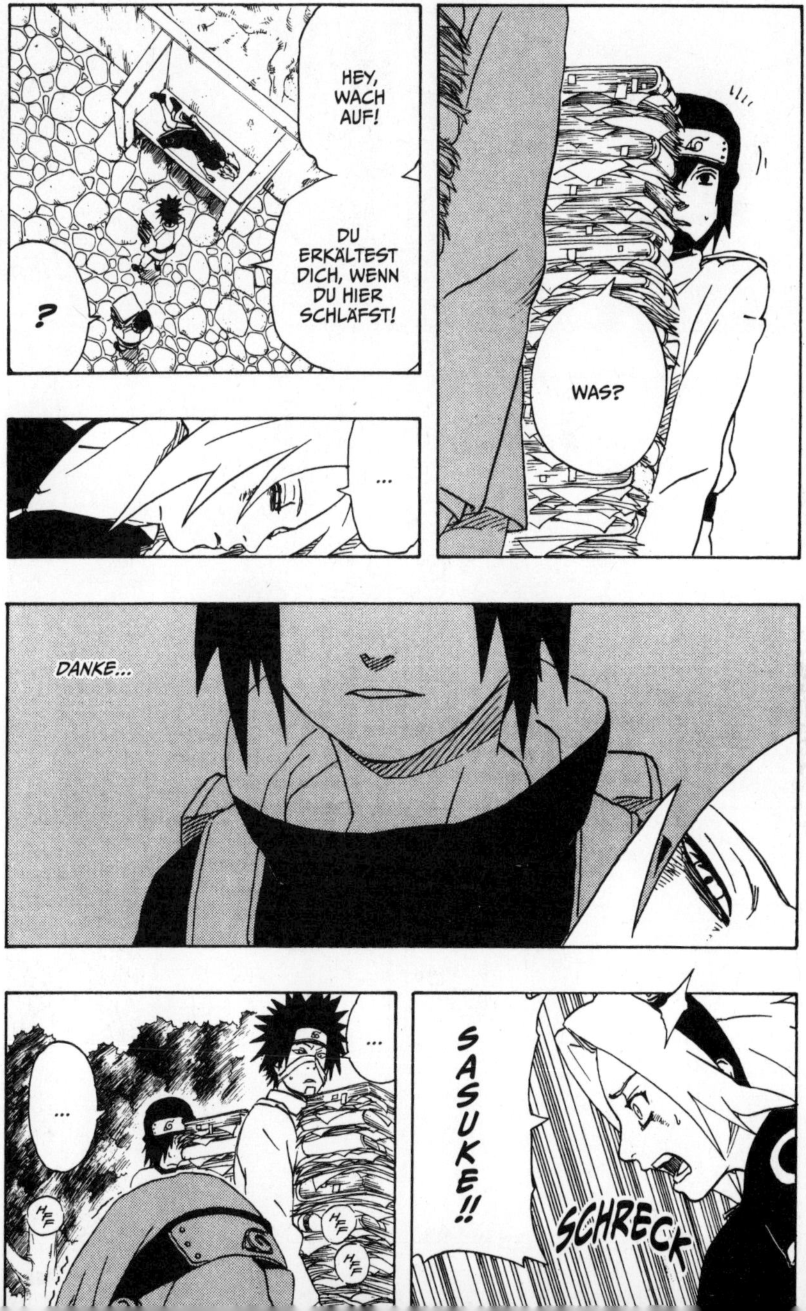

HEY, WACH AUF!
DU ERKÄLTEST DICH, WENN DU HIER SCHLÄFST!
?
WAS?
...
DANKE...
SASUKE!!
SCHRECK
...
...
HEF
HEF
HEF

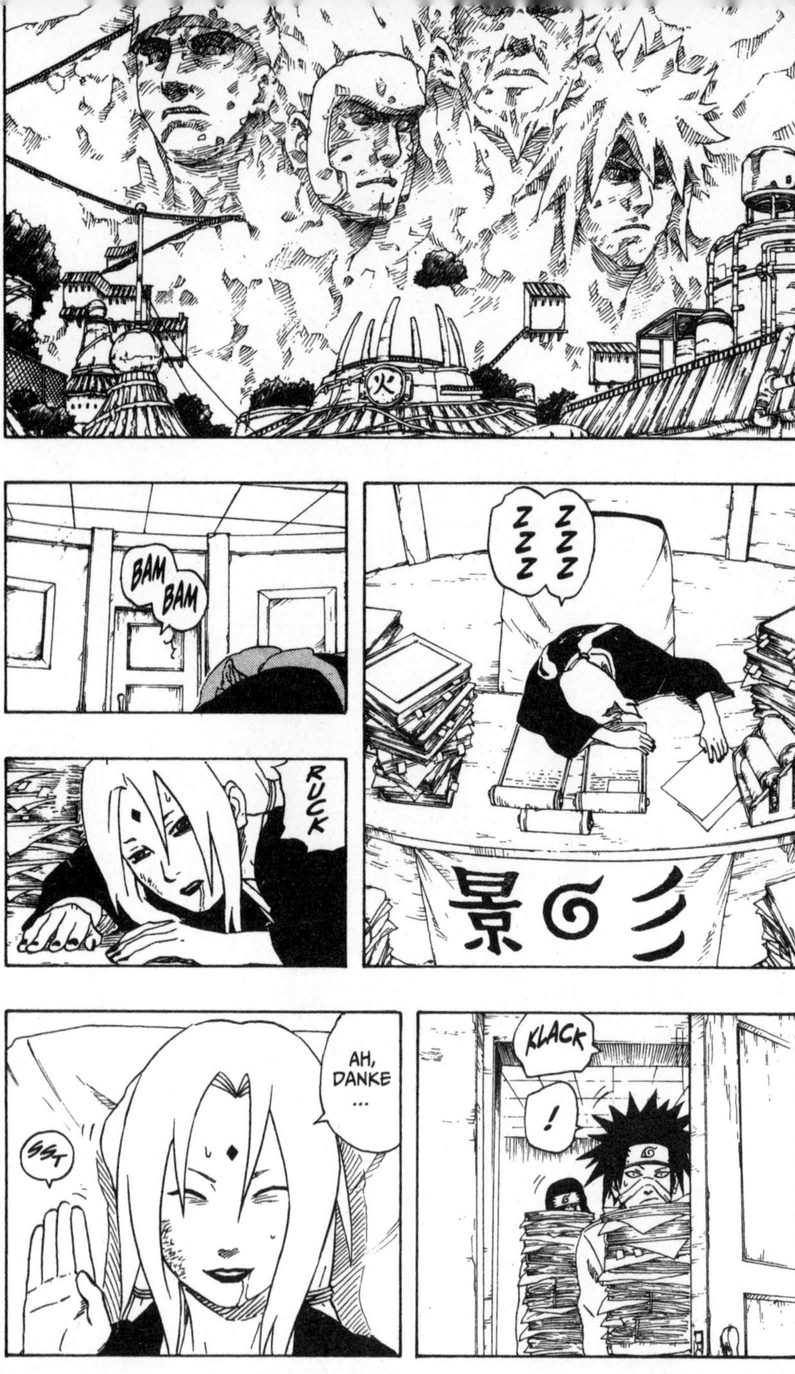

BAM
BAM
ZZZ ZZZ
RUCK
KLACK
!
AH, DANKE ...
SST

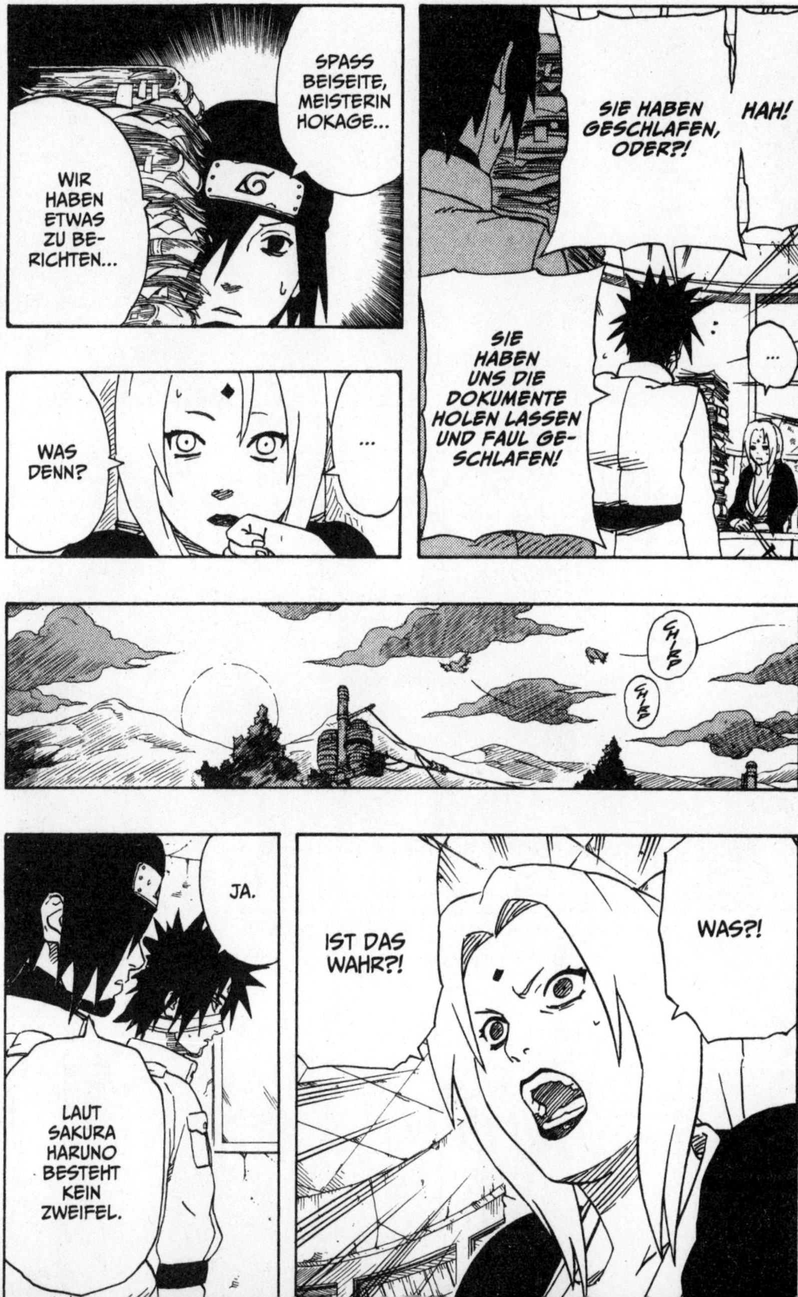
HAH!
SIE HABEN GESCHLAFEN, ODER?!
SIE HABEN UNS DIE DOKUMENTE HOLEN LASSEN UND FAUL GESCHLAFEN!
...
SPASS BEISEITE, MEISTERIN HOKAGE...
WIR HABEN ETWAS ZU BERICHTEN...
...
WAS DENN?
CHIRP
CHIRP
WAS?!
IST DAS WAHR?!
JA.
LAUT SAKURA HARUNO BESTEHT KEIN ZWEIFEL.

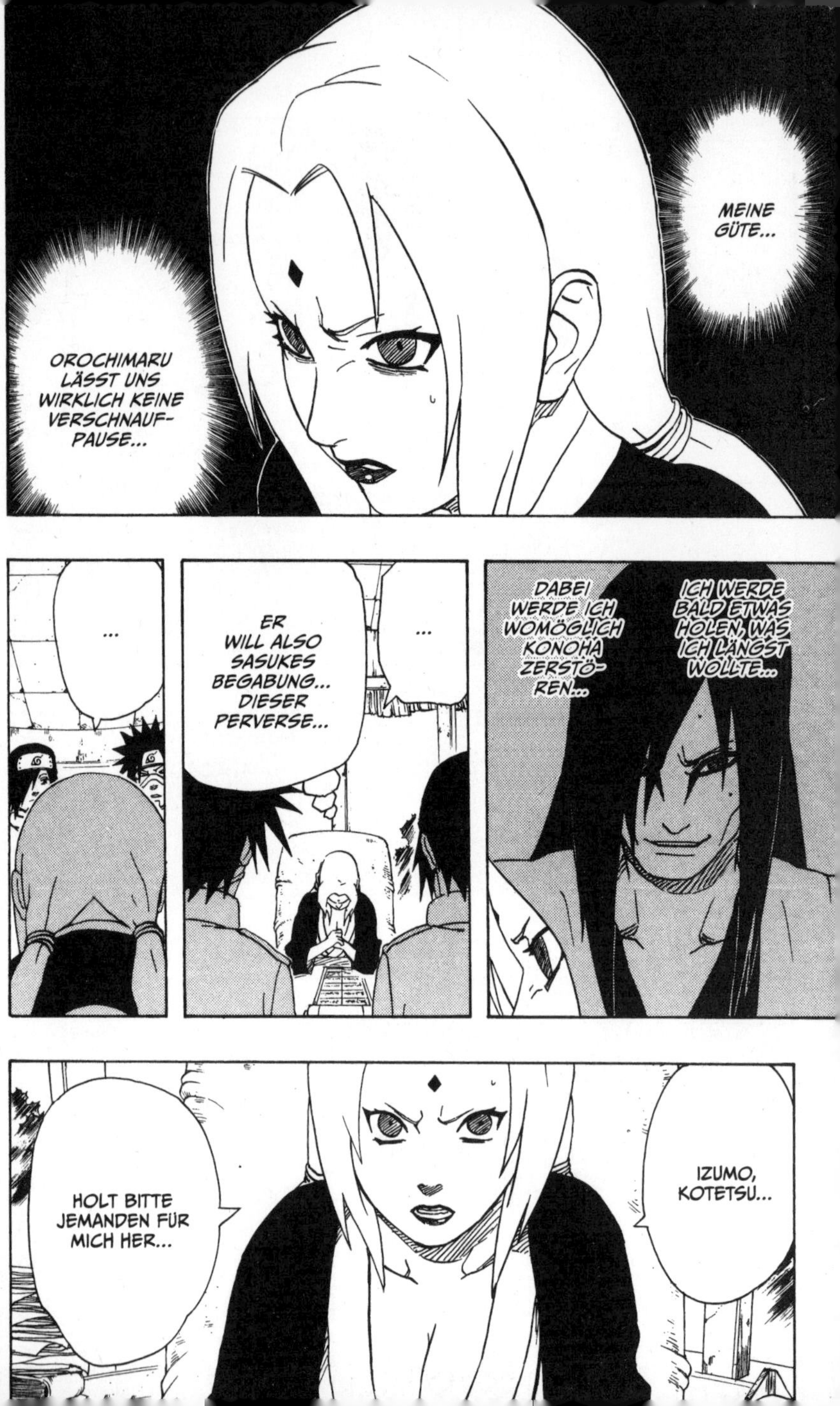
MEINE GÜTE...
OROCHIMARU LÄSST UNS WIRKLICH KEINE VERSCHNAUF-PAUSE...
ICH WERDE BALD ETWAS HOLEN, WAS ICH LÄNGST WOLLTE...
DABEI WERDE ICH WOMÖGLICH KONOHA ZERSTÖ-REN...
...
ER WILL ALSO SASUKES BEGABUNG... DIESER PERVERSE...
...
IZUMO, KOTETSU...
HOLT BITTE JEMANDEN FÜR MICH HER...

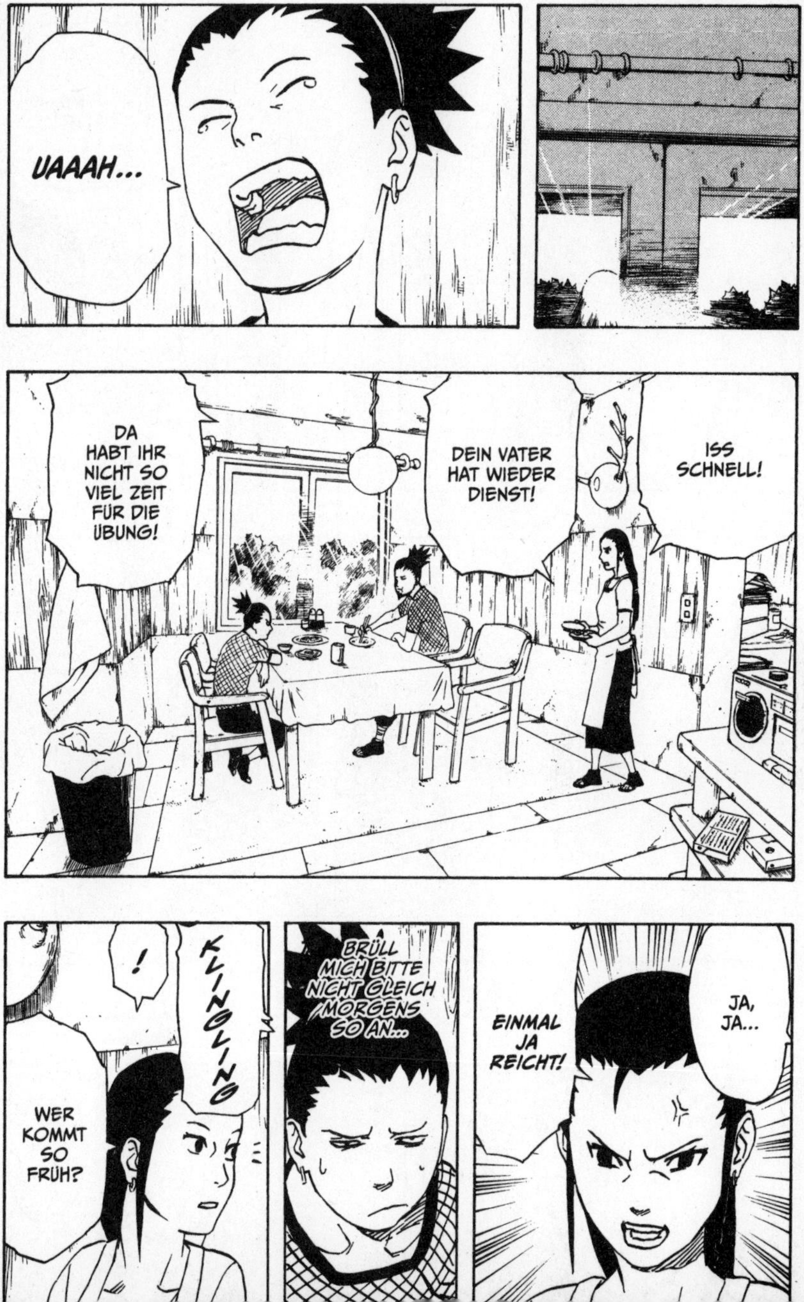
UAAAH...
ISS SCHNELL!
DEIN VATER HAT WIEDER DIENST!
DA HABT IHR NICHT SO VIEL ZEIT FÜR DIE ÜBUNG!
JA, JA...
EINMAL JA REICHT!
BRÜLL MICH BITTE NICHT GLEICH MORGENS SO AN...
KLINGLING
!
WER KOMMT SO FRÜH?

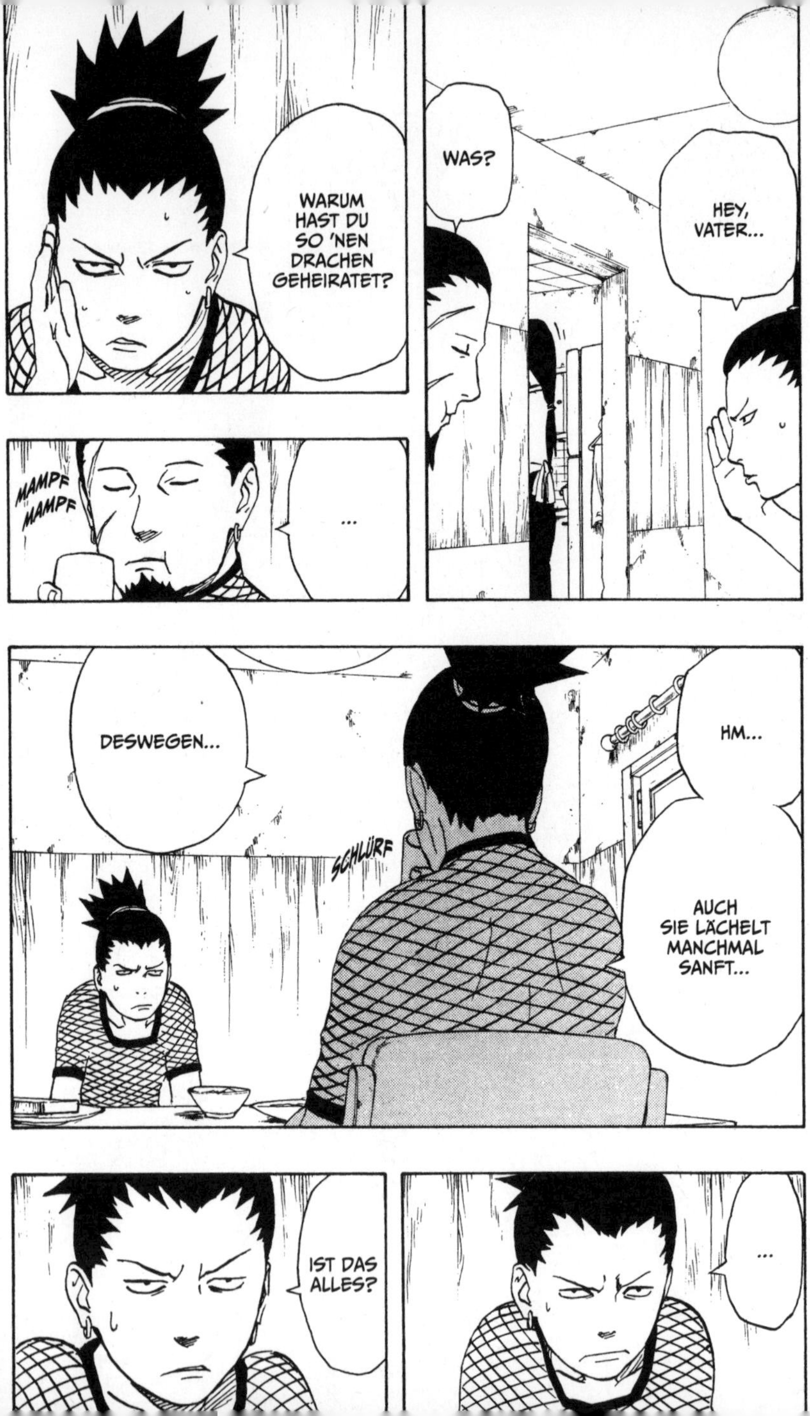
HEY, VATER...
WAS?
WARUM HAST DU SO 'NEN DRACHEN GEHEIRATET?
...
MAMPF MAMPF
HM...
AUCH SIE LÄCHELT MANCHMAL SANFT...
SCHLÜRF
DESWEGEN...
...
IST DAS ALLES?

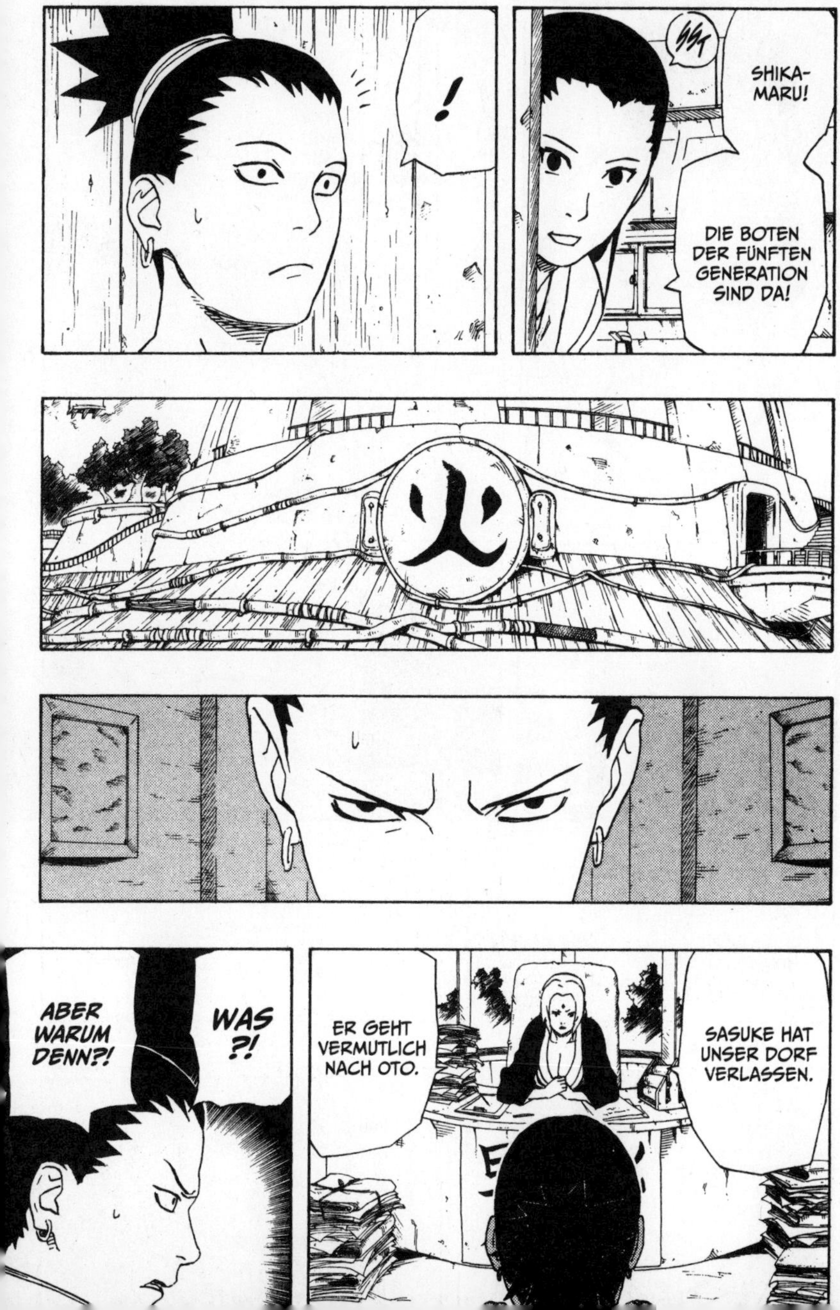
SHIKA-MARU!
DIE BOTEN DER FÜNFTEN GENERATION SIND DA!
!
SASUKE HAT UNSER DORF VERLASSEN.
ER GEHT VERMUTLICH NACH OTO.
WAS?!
ABER WARUM DENN?!

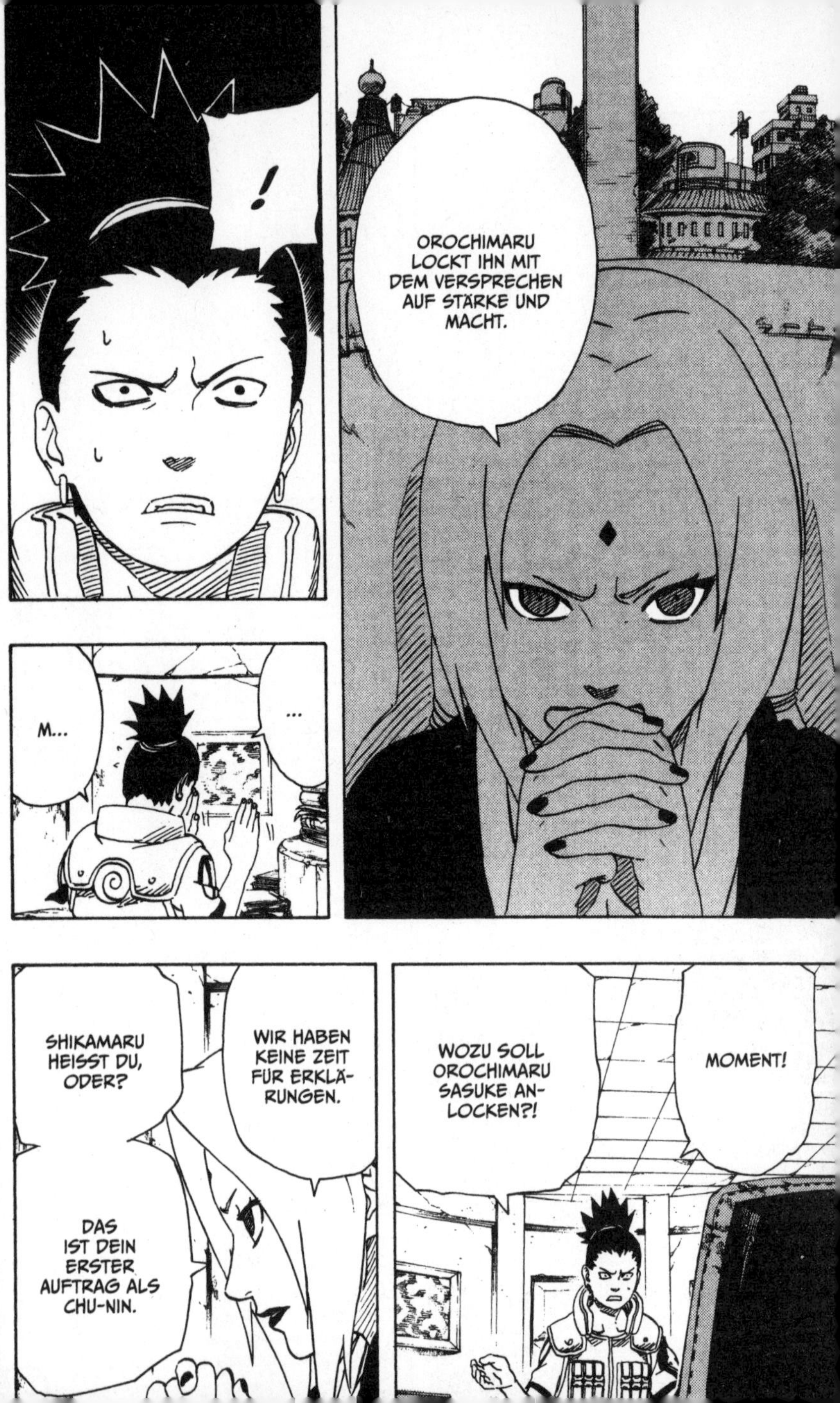
OROCHIMARU LOCKT IHN MIT DEM VERSPRECHEN AUF STÄRKE UND MACHT.
!
...
M...
MOMENT!
WOZU SOLL OROCHIMARU SASUKE AN-LOCKEN?!
WIR HABEN KEINE ZEIT FÜR ERKLÄ-RUNGEN.
SHIKAMARU HEISST DU, ODER?
DAS IST DEIN ERSTER AUFTRAG ALS CHU-NIN.

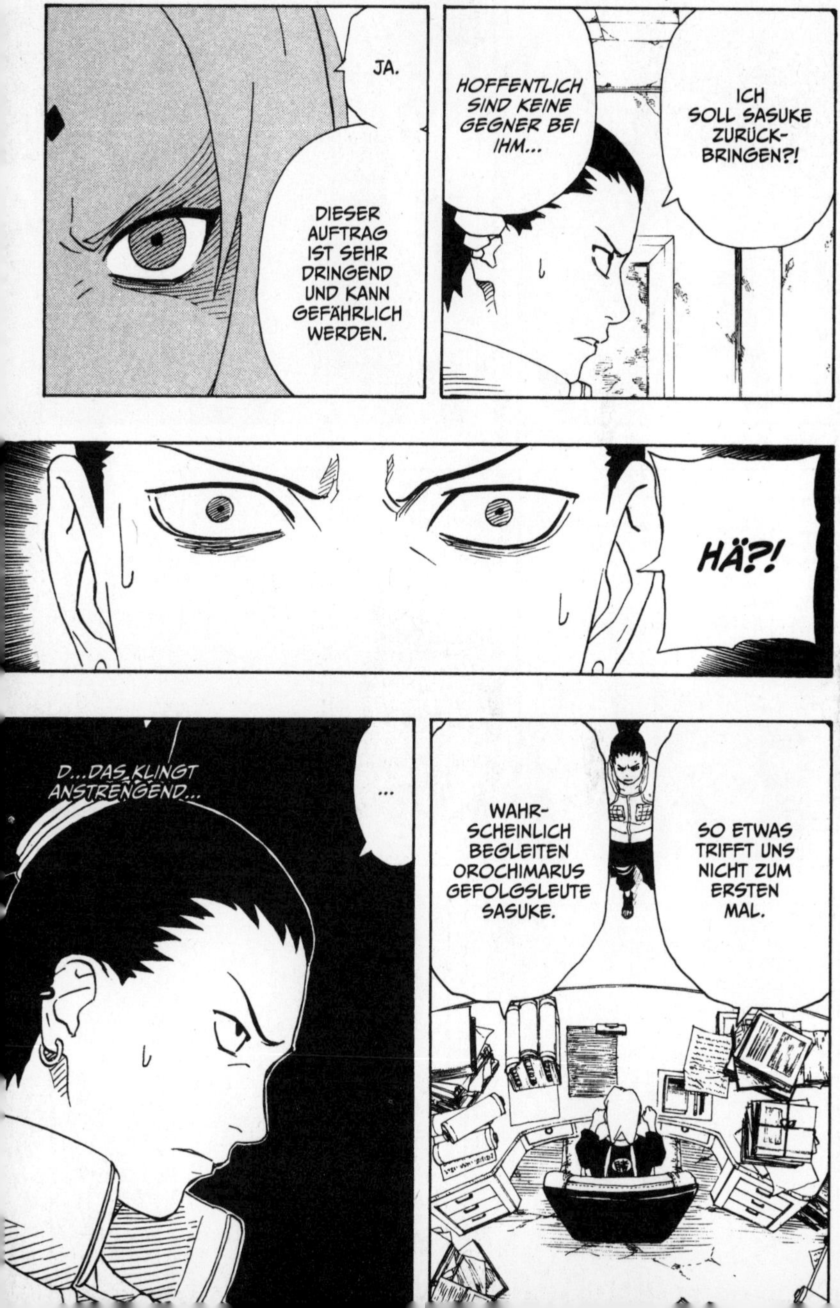
ICH SOLL SASUKE ZURÜCK-BRINGEN?!
HOFFENTLICH SIND KEINE GEGNER BEI IHM...
JA.
DIESER AUFTRAG IST SEHR DRINGEND UND KANN GEFÄHRLICH WERDEN.
HÄ?!
SO ETWAS TRIFFT UNS NICHT ZUM ERSTEN MAL.
WAHR-SCHEINLICH BEGLEITEN OROCHIMARUS GEFOLGSLEUTE SASUKE.
...
D...DAS KLINGT ANSTRENGEND...

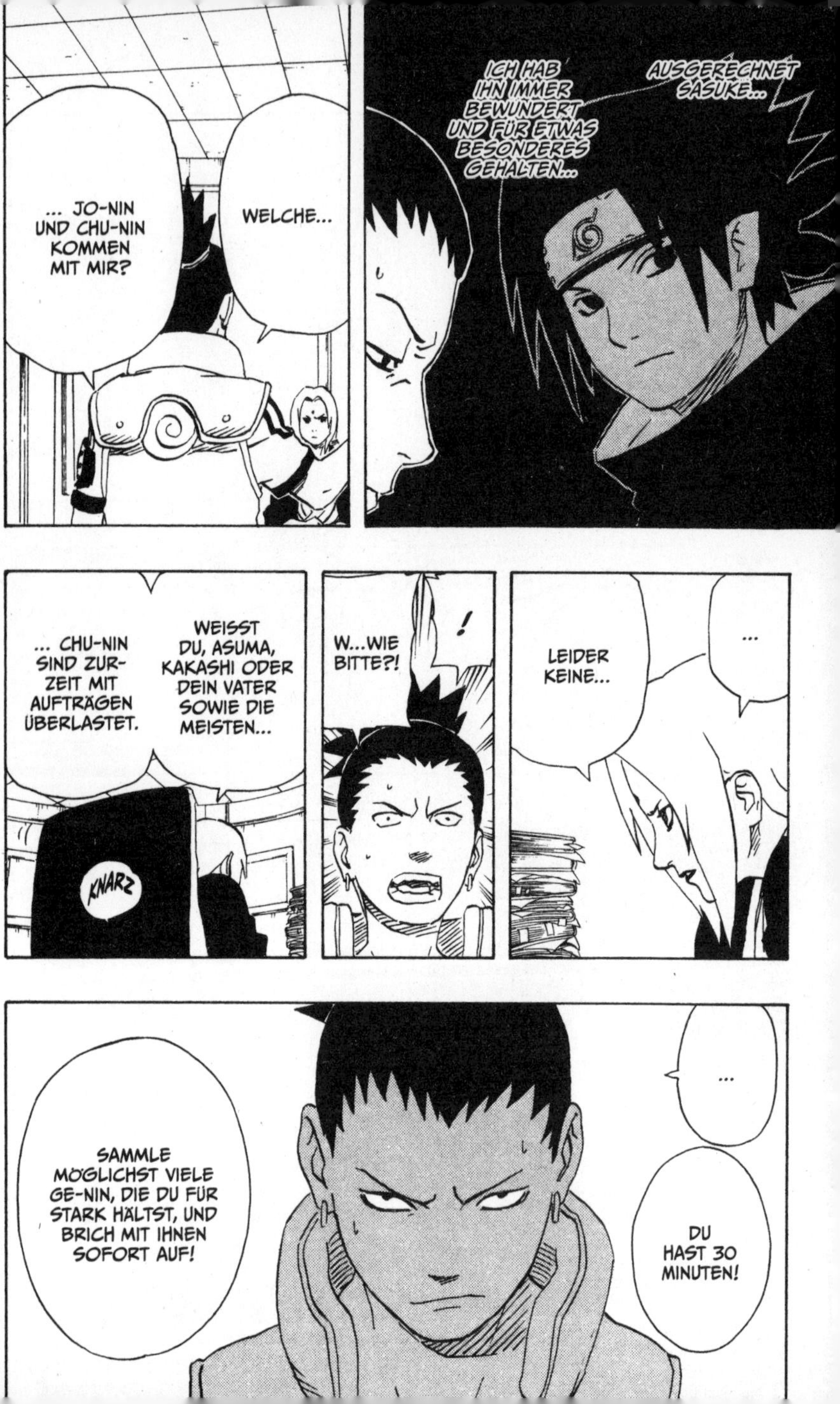
AUSGERECHNET SASUKE...
ICH HAB IHN IMMER BEWUNDERT UND FÜR ETWAS BESONDERES GEHALTEN...
WELCHE...
... JO-NIN UND CHU-NIN KOMMEN MIT MIR?
...
LEIDER KEINE...
!
W...WIE BITTE?!
WEISST DU, ASUMA, KAKASHI ODER DEIN VATER SOWIE DIE MEISTEN...
... CHU-NIN SIND ZUR-ZEIT MIT AUFTRÄGEN ÜBERLASTET.
KNARZ
...
DU HAST 30 MINUTEN!
SAMMLE MÖGLICHST VIELE GE-NIN, DIE DU FÜR STARK HÄLTST, UND BRICH MIT IHNEN SOFORT AUF!

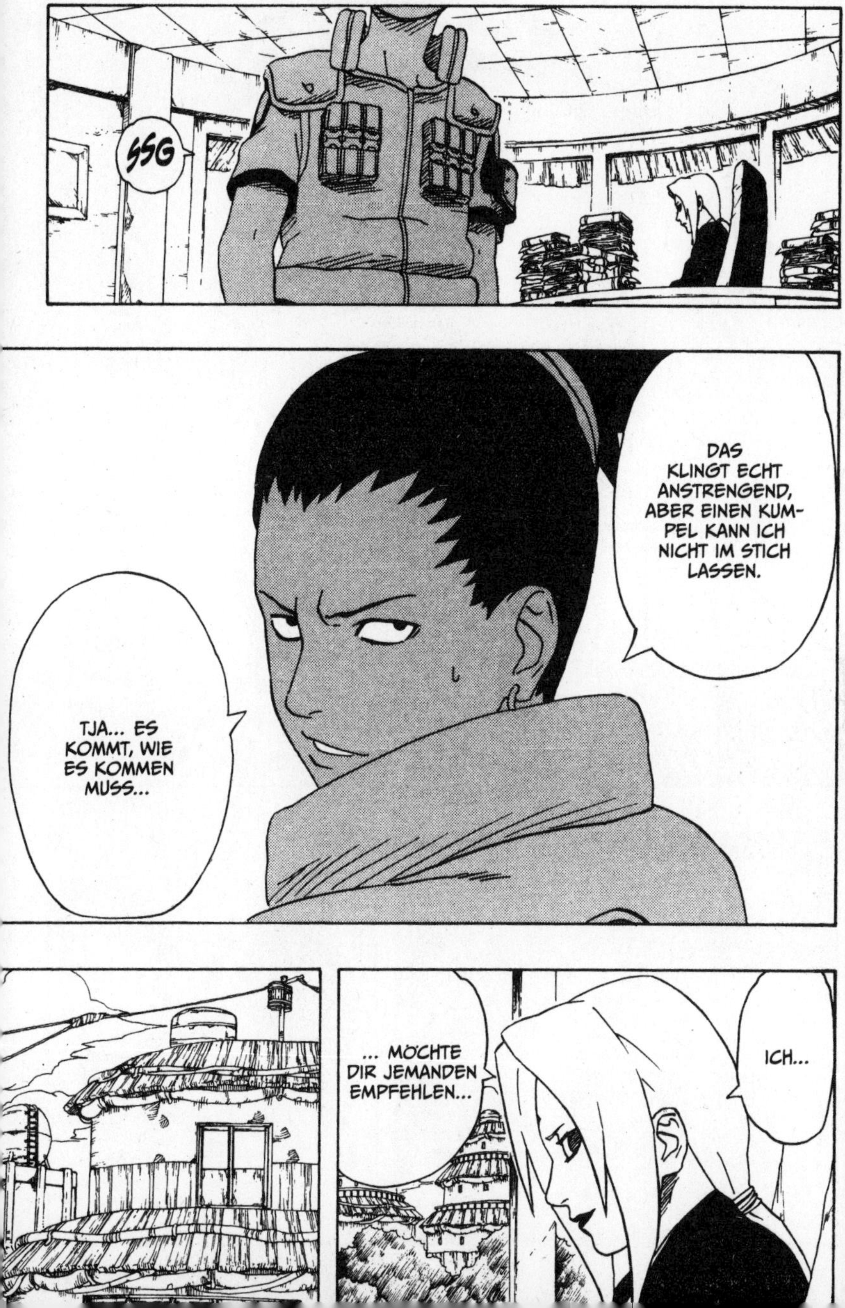
SSG
DAS KLINGT ECHT ANSTRENGEND, ABER EINEN KUMPEL KANN ICH NICHT IM STICH LASSEN.
TJA... ES KOMMT, WIE ES KOMMEN MUSS...
ICH...
... MÖCHTE DIR JEMANDEN EMPFEHLEN...

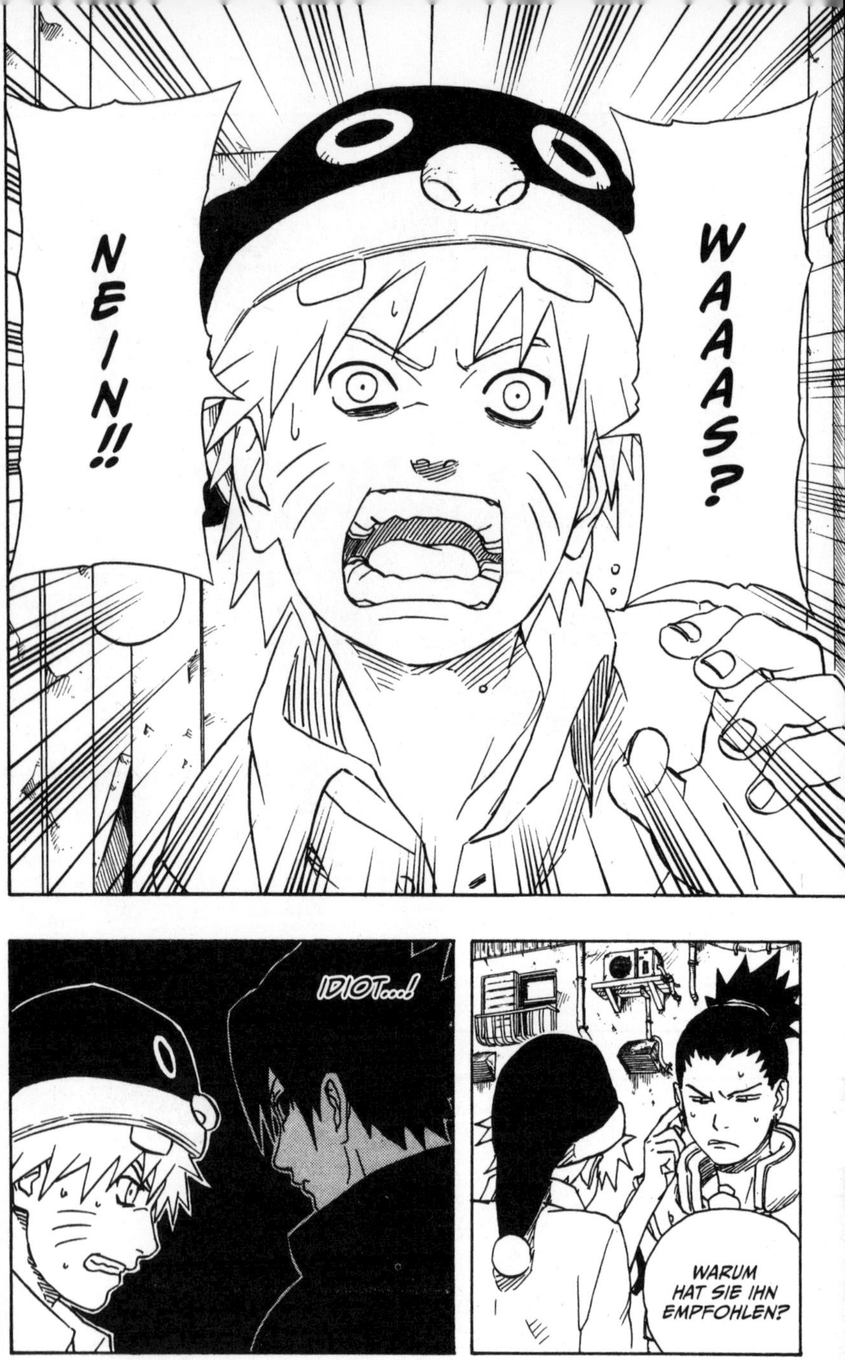
WAAAS?
NEIN!!
WARUM HAT SIE IHN EMPFOHLEN?
IDIOT...!

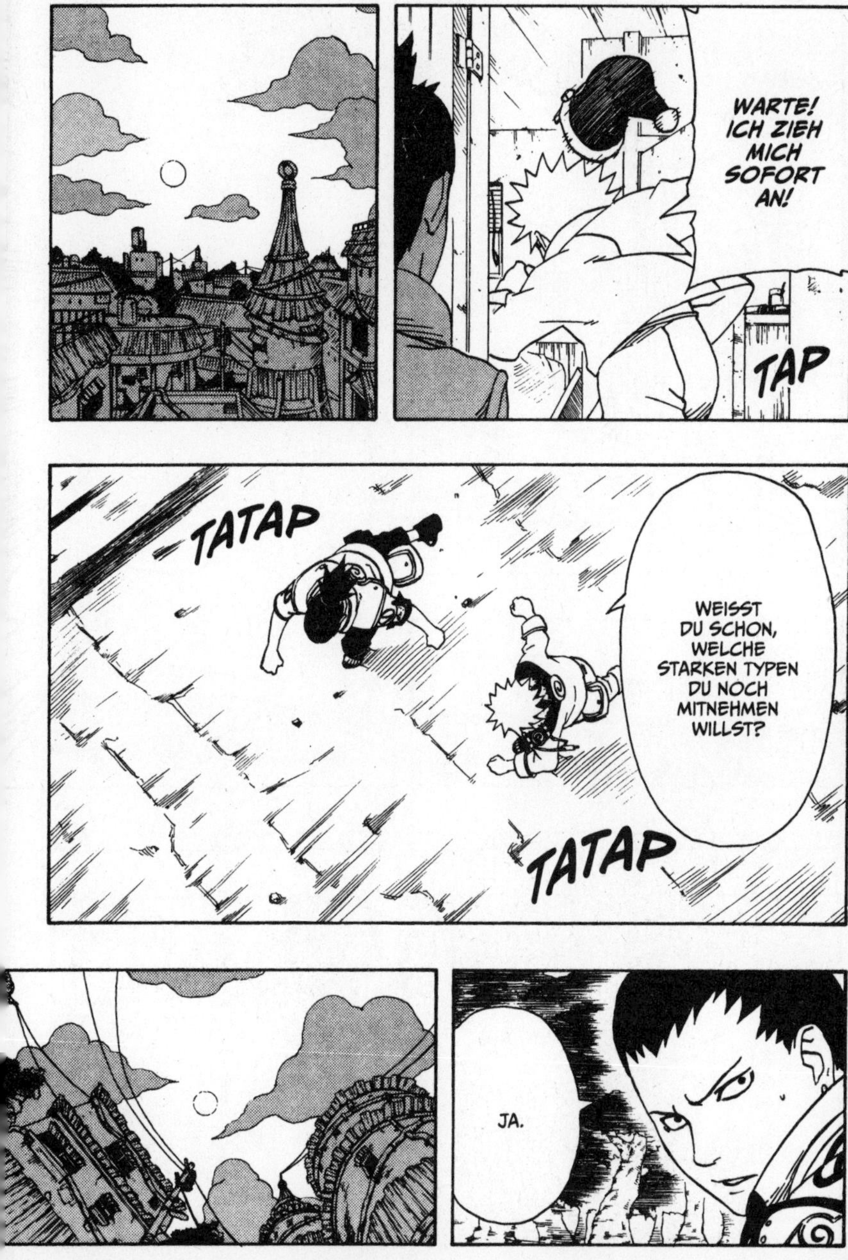
WARTE! ICH ZIEH MICH SOFORT AN!
TAP
WEISST DU SCHON, WELCHE STARKEN TYPEN DU NOCH MITNEHMEN WILLST?
TATAP
TATAP
JA.

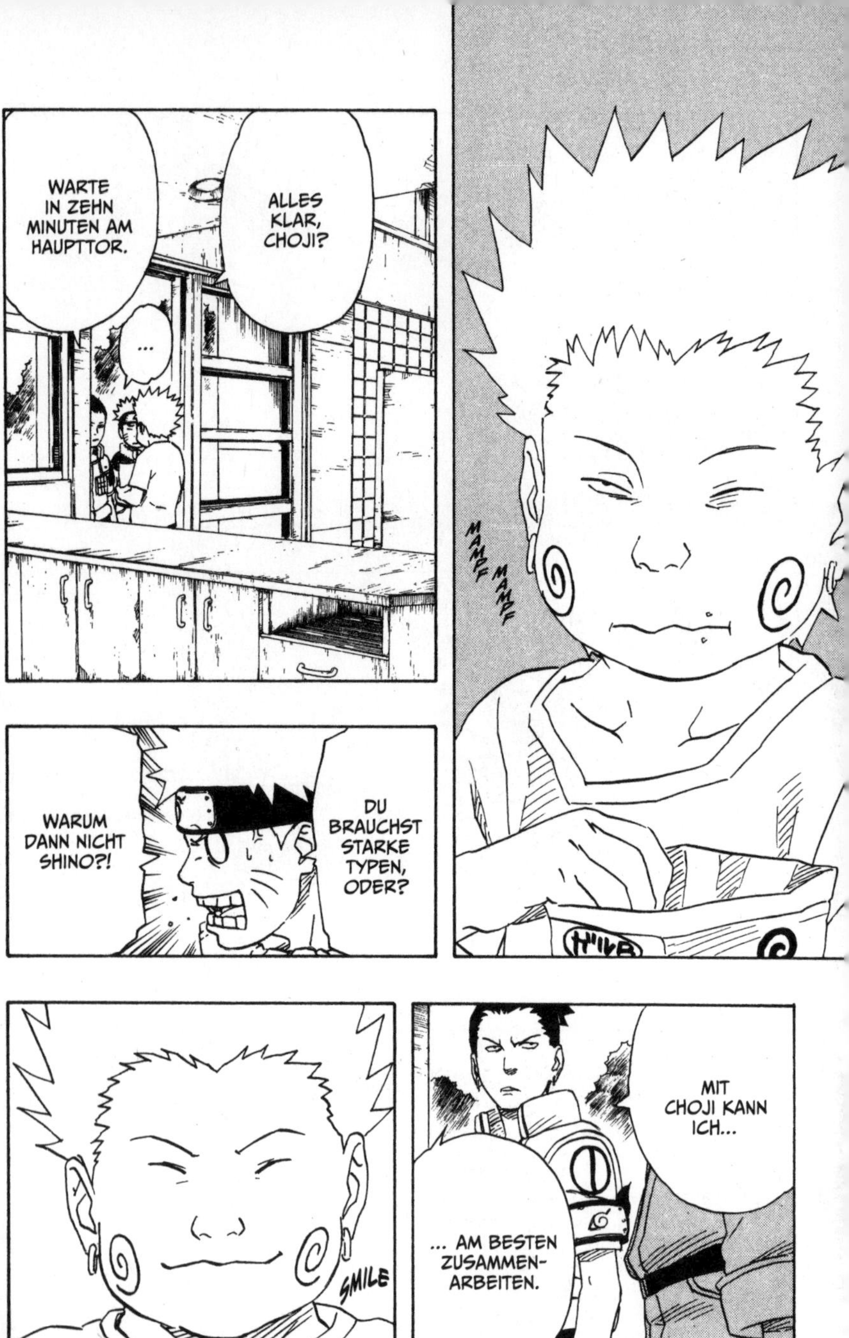
ALLES KLAR, CHOJI?
WARTE IN ZEHN MINUTEN AM HAUPTTOR.
...
MAMPF MAMPF
DU BRAUCHST STARKE TYPEN, ODER?
WARUM DANN NICHT SHINO?!
MIT CHOJI KANN ICH...
... AM BESTEN ZUSAMMEN-ARBEITEN.
SMILE

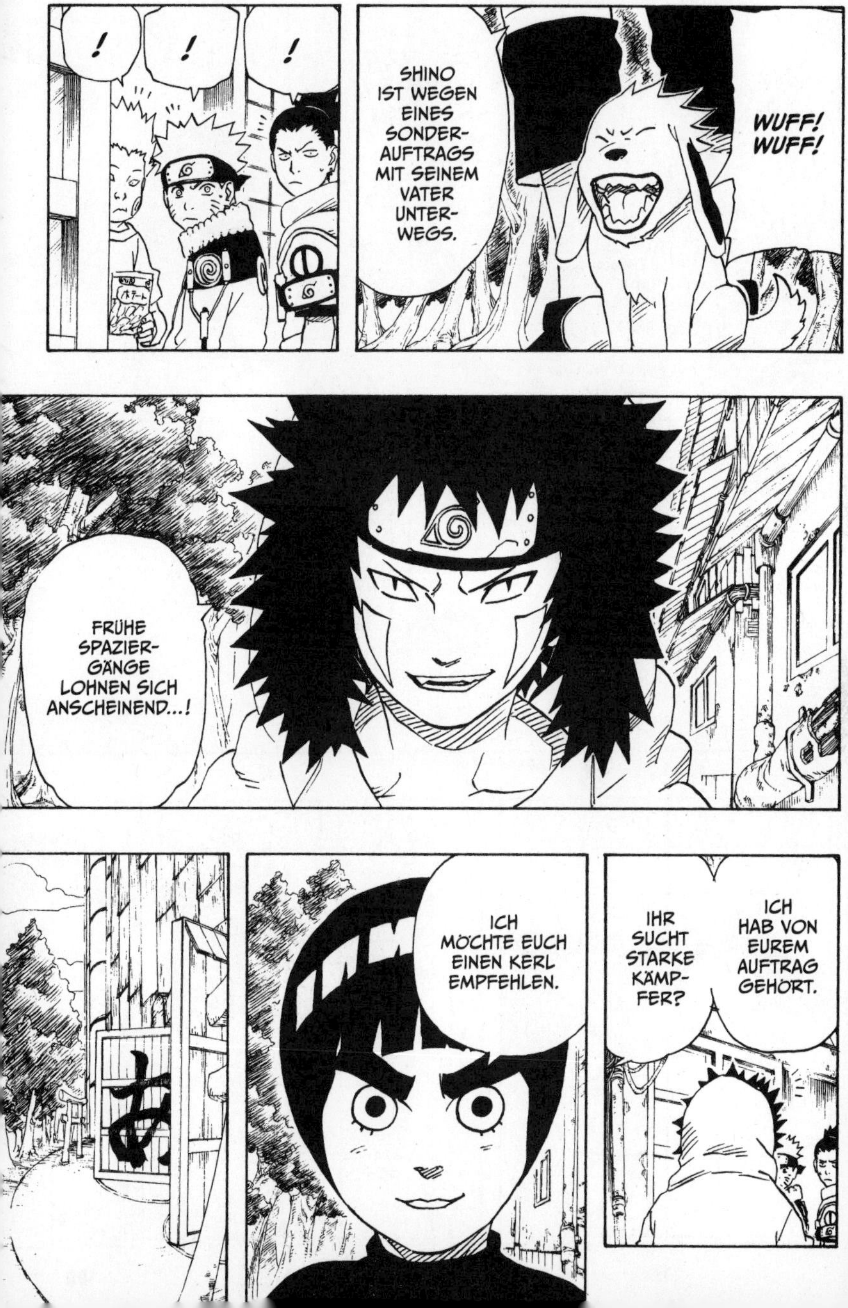
WUFF! WUFF!
SHINO IST WEGEN EINES SONDER-AUFTRAGS MIT SEINEM VATER UNTER-WEGS.
!
!
!
FRÜHE SPAZIER-GÄNGE LOHNEN SICH ANSCHEINEND...!
ICH HAB VON EUREM AUFTRAG GEHÖRT.
IHR SUCHT STARKE KÄMP-FER?
ICH MÖCHTE EUCH EINEN KERL EMPFEHLEN.

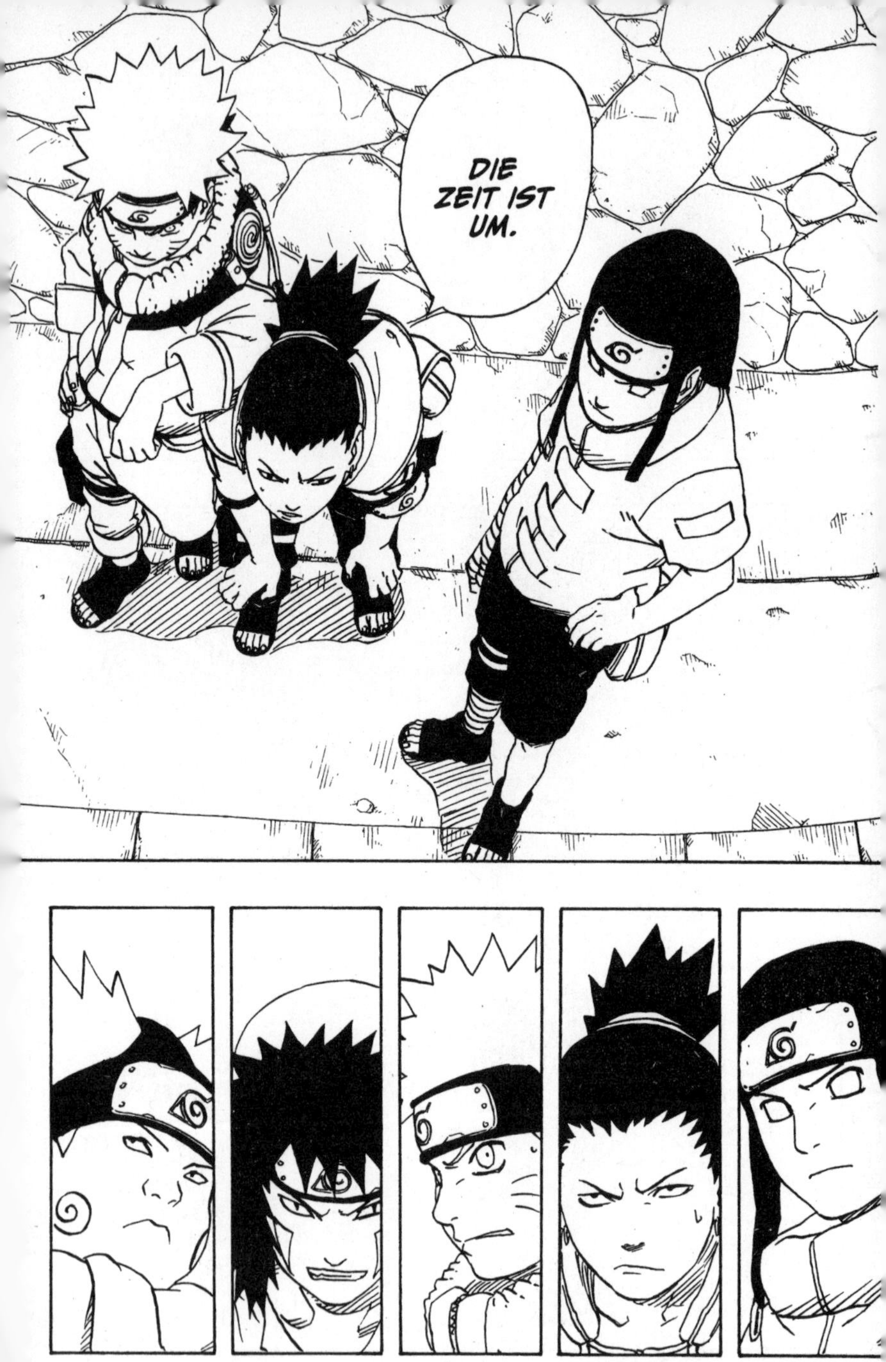
DIE ZEIT IST UM.

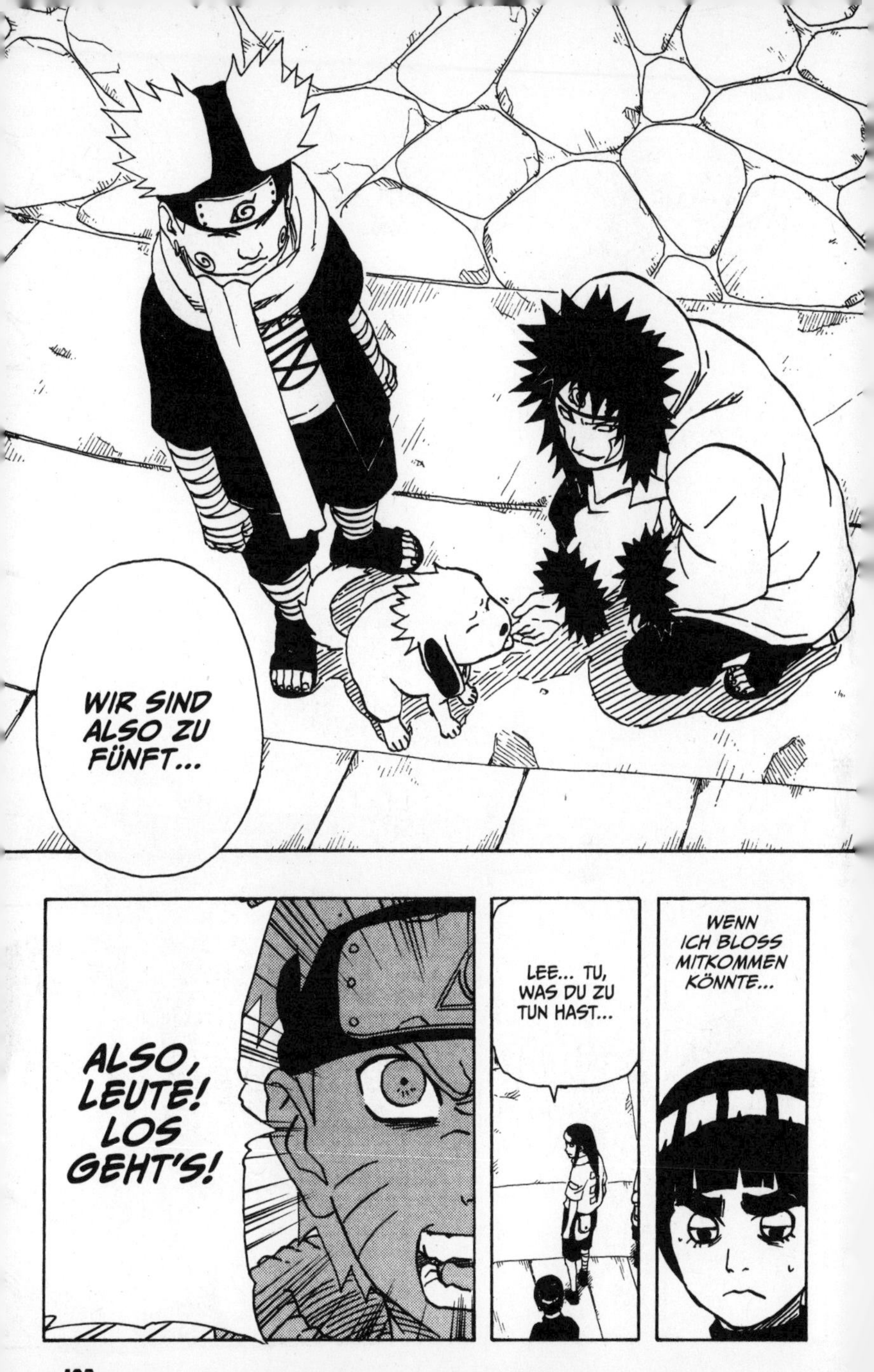
WIR SIND ALSO ZU FÜNFT...
WENN ICH BLOSS MITKOMMEN KÖNNTE...
LEE... TU, WAS DU ZU TUN HAST...
ALSO, LEUTE! LOS GEHT'S!

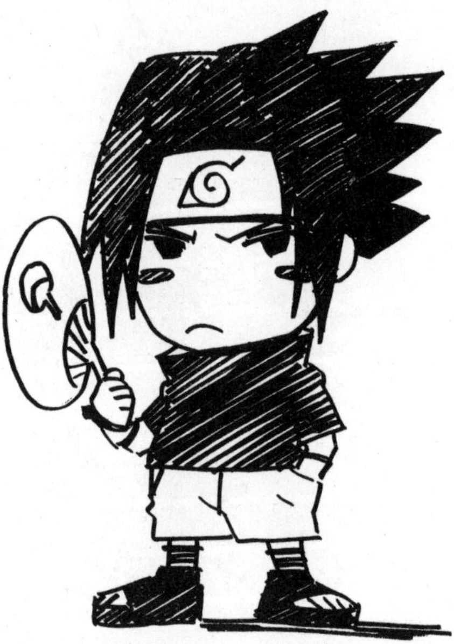

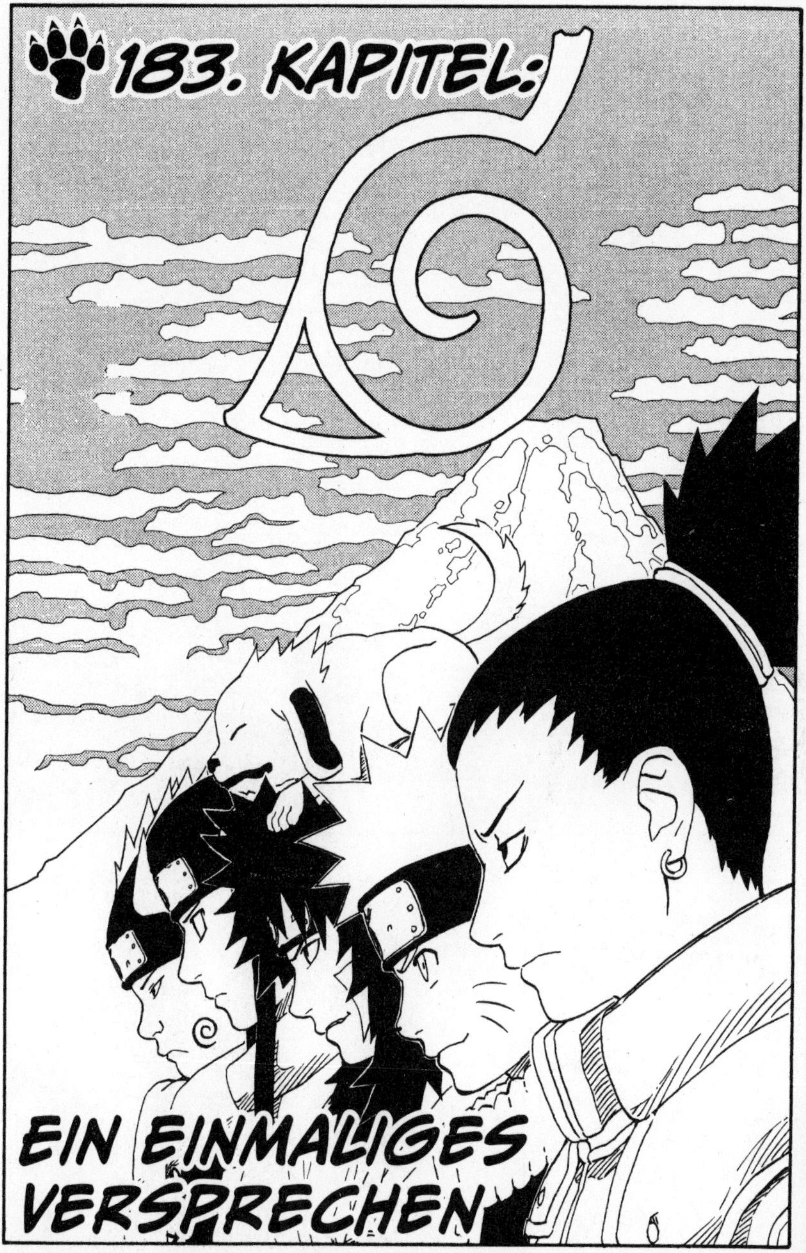
183. KAPITEL:
EIN EINMALIGES VERSPRECHEN

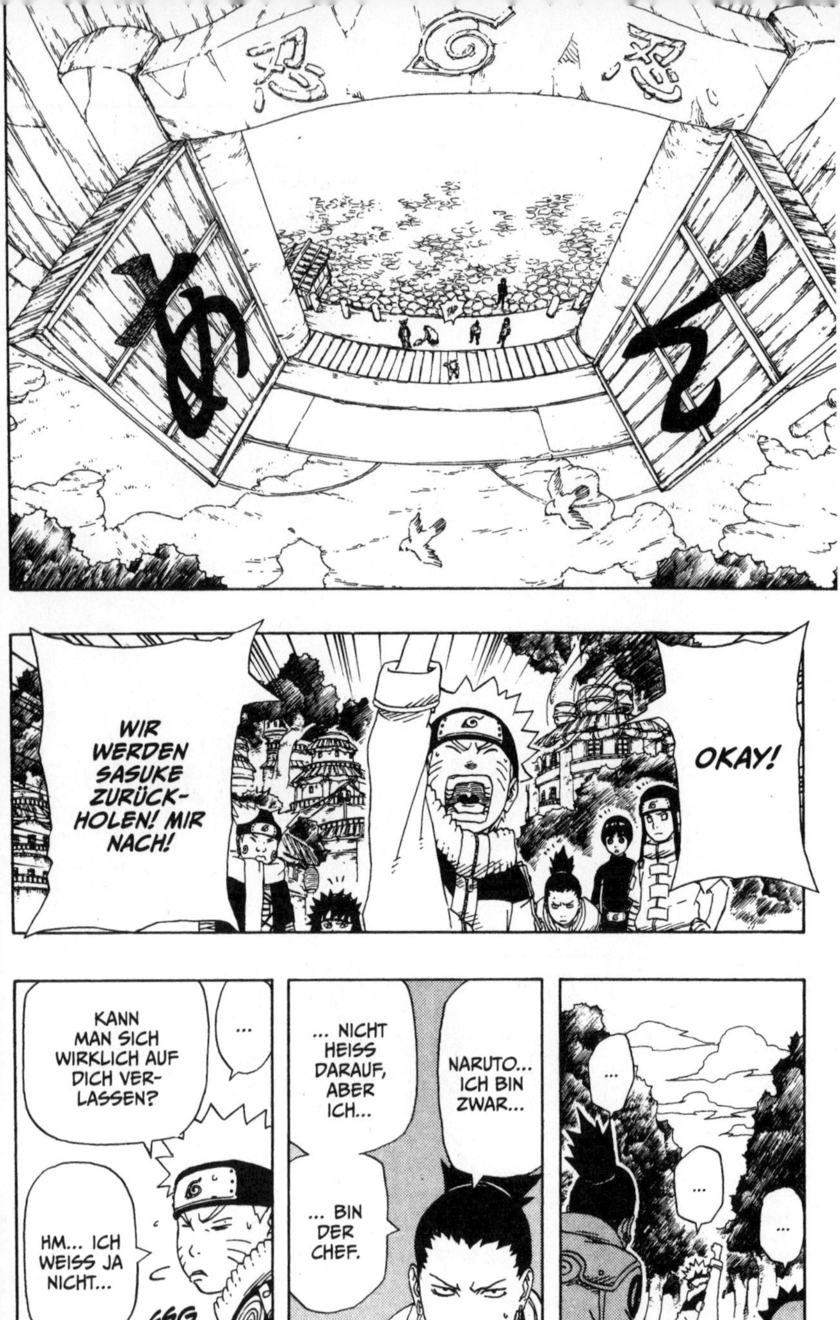
WIR WERDEN SASUKE ZURÜCK-HOLEN! MIR NACH!
OKAY!
...
...
...
NARUTO... ICH BIN ZWAR...
... NICHT HEISS DARAUF, ABER ICH...
... BIN DER CHEF.
...
KANN MAN SICH WIRKLICH AUF DICH VER-LASSEN?
HM... ICH WEISS JA NICHT...
SSG

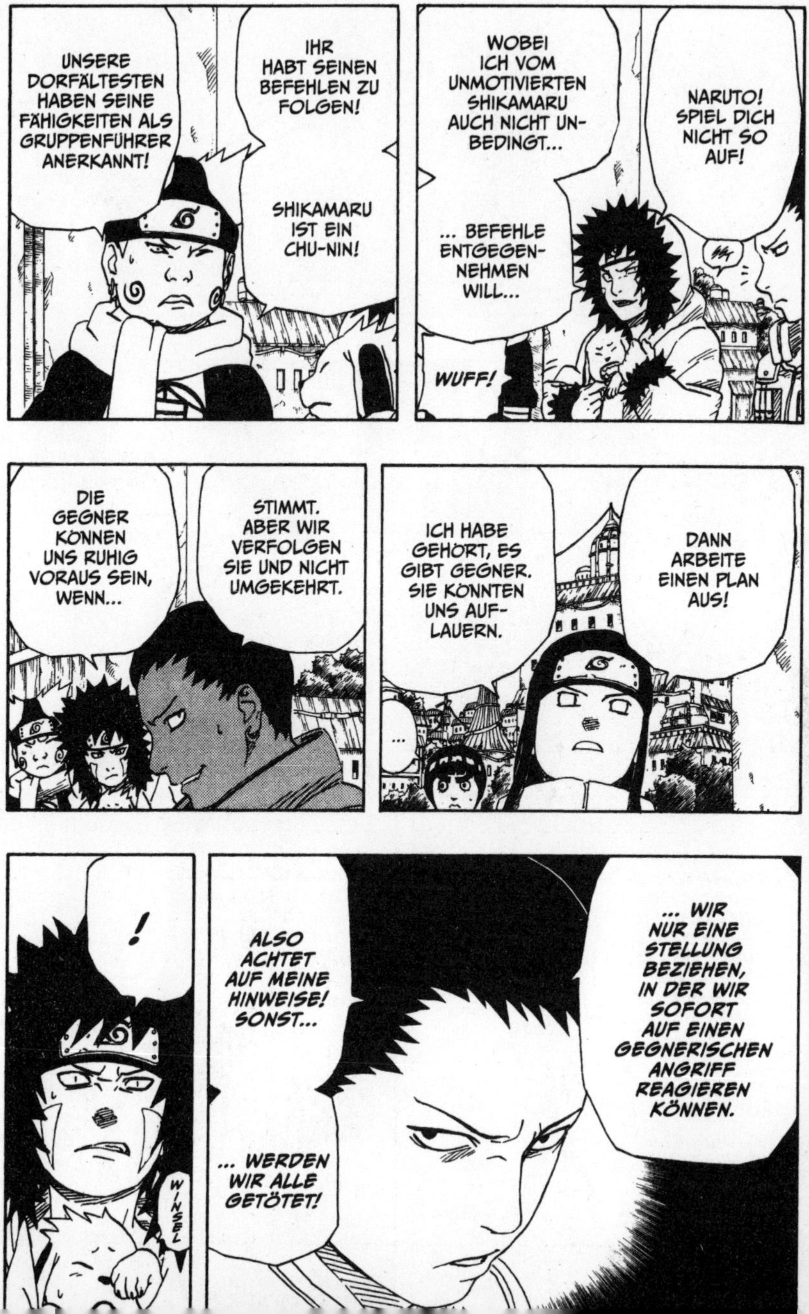
IHR HABT SEINEN BEFEHLEN ZU FOLGEN!
SHIKAMARU IST EIN CHU-NIN!
UNSERE DORFÄLTESTEN HABEN SEINE FÄHIGKEITEN ALS GRUPPENFÜHRER ANERKANNT!
NARUTO! SPIEL DICH NICHT SO AUF!
WOBEI ICH VOM UNMOTIVIERTEN SHIKAMARU AUCH NICHT UNBEDINGT...
... BEFEHLE ENTGEGENNEHMEN WILL...
WUFF!
STIMMT. ABER WIR VERFOLGEN SIE UND NICHT UMGEKEHRT.
DIE GEGNER KÖNNEN UNS RUHIG VORAUS SEIN, WENN...
DANN ARBEITE EINEN PLAN AUS!
ICH HABE GEHÖRT, ES GIBT GEGNER. SIE KÖNNTEN UNS AUFLAUERN.
...
... WIR NUR EINE STELLUNG BEZIEHEN, IN DER WIR SOFORT AUF EINEN GEGNERISCHEN ANGRIFF REAGIEREN KÖNNEN.
ALSO ACHTET AUF MEINE HINWEISE! SONST...
... WERDEN WIR ALLE GETÖTET!
!
WINSEL

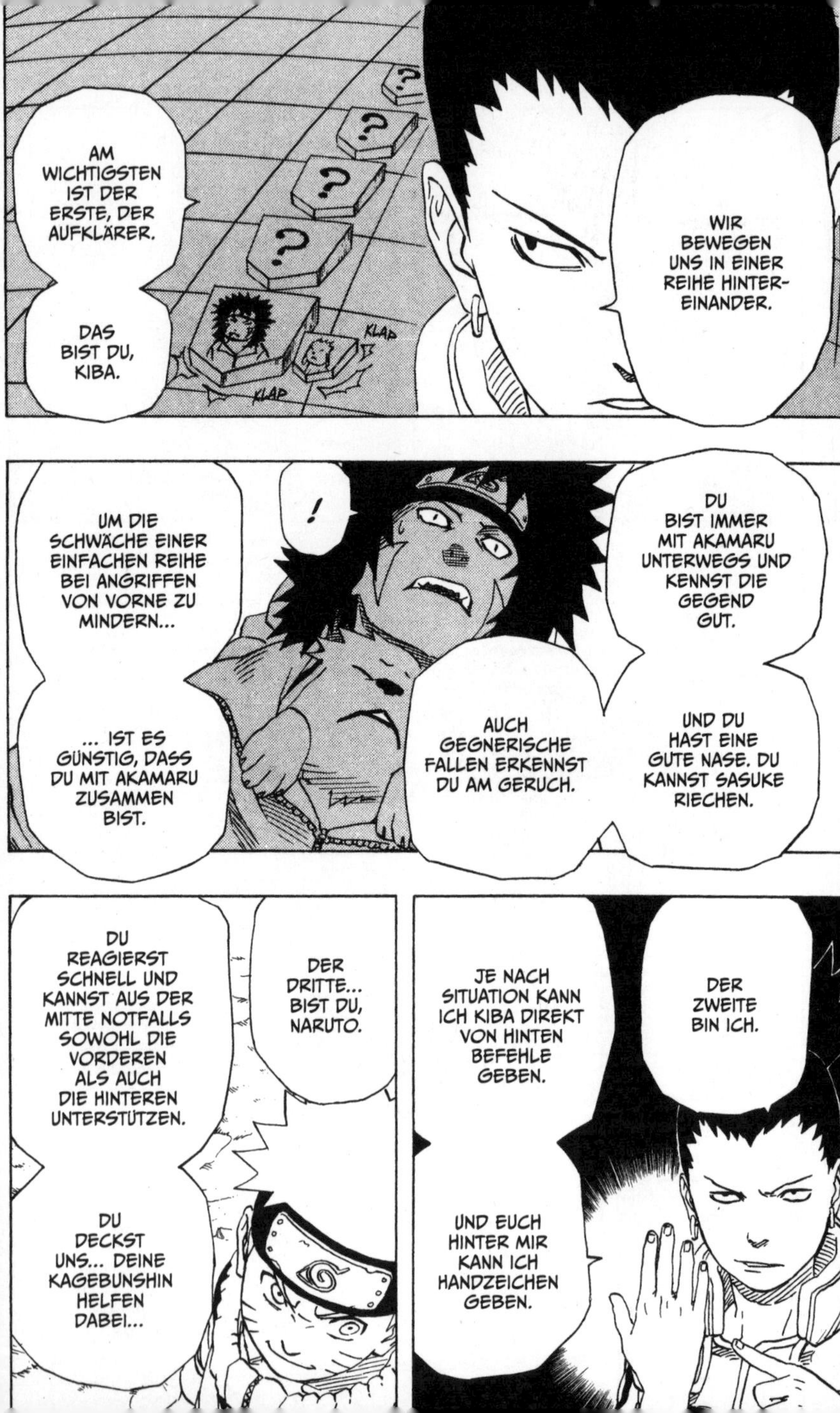
WIR BEWEGEN UNS IN EINER REIHE HINTER-EINANDER.
AM WICHTIGSTEN IST DER ERSTE, DER AUFKLÄRER.
DAS BIST DU, KIBA.
KLAP
KLAP
DU BIST IMMER MIT AKAMARU UNTERWEGS UND KENNST DIE GEGEND GUT.
UND DU HAST EINE GUTE NASE. DU KANNST SASUKE RIECHEN.
AUCH GEGNERISCHE FALLEN ERKENNST DU AM GERUCH.
!
UM DIE SCHWÄCHE EINER EINFACHEN REIHE BEI ANGRIFFEN VON VORNE ZU MINDERN...
... IST ES GÜNSTIG, DASS DU MIT AKAMARU ZUSAMMEN BIST.
DER ZWEITE BIN ICH.
JE NACH SITUATION KANN ICH KIBA DIREKT VON HINTEN BEFEHLE GEBEN.
UND EUCH HINTER MIR KANN ICH HANDZEICHEN GEBEN.
DER DRITTE... BIST DU, NARUTO.
DU REAGIERST SCHNELL UND KANNST AUS DER MITTE NOTFALLS SOWOHL DIE VORDEREN ALS AUCH DIE HINTEREN UNTERSTÜTZEN.
DU DECKST UNS... DEINE KAGEBUNSHIN HELFEN DABEI...

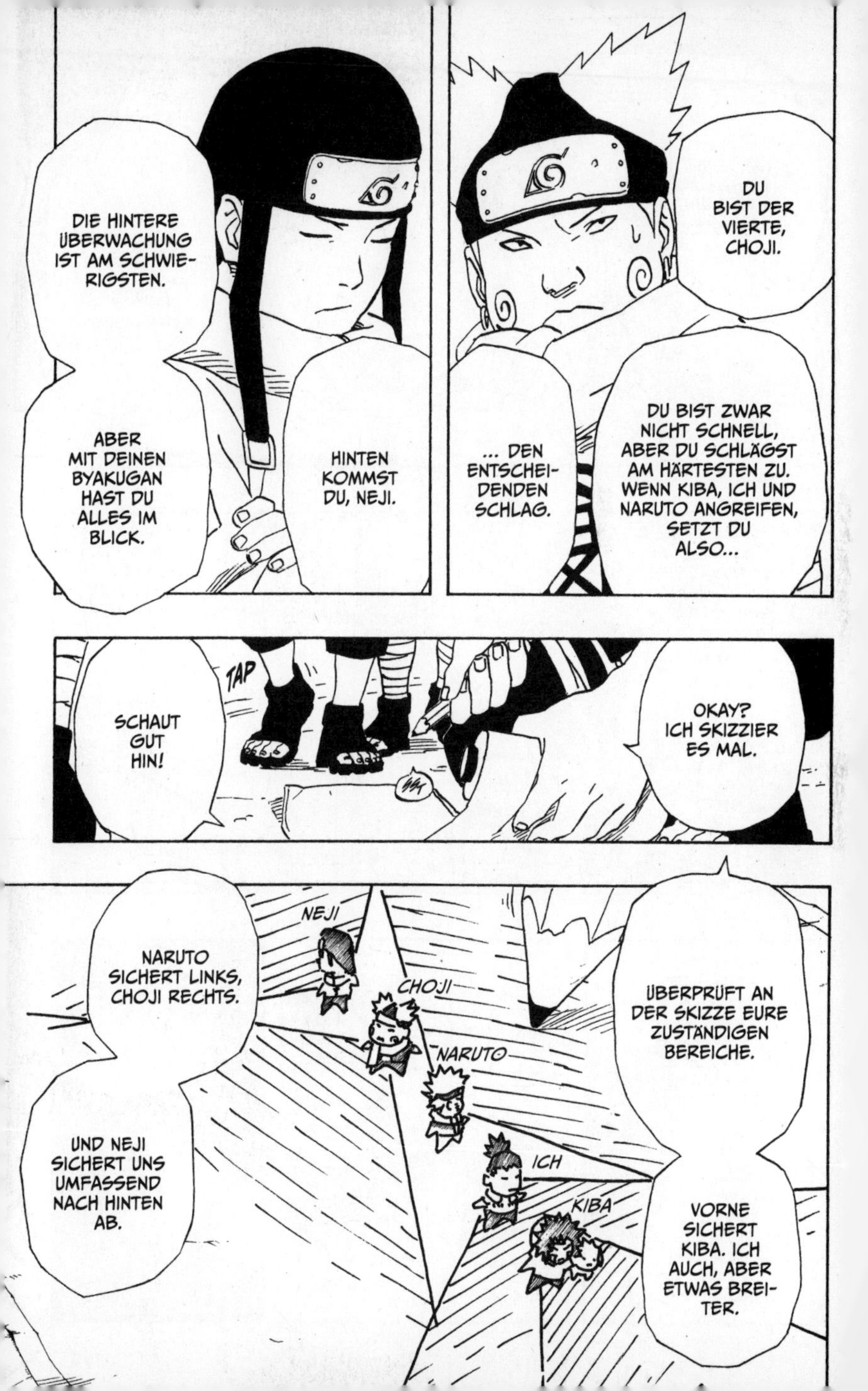
DU BIST DER VIERTE, CHOJI.
DU BIST ZWAR NICHT SCHNELL, ABER DU SCHLÄGST AM HÄRTESTEN ZU. WENN KIBA, ICH UND NARUTO ANGREIFEN, SETZT DU ALSO...
... DEN ENTSCHEIDENDEN SCHLAG.
HINTEN KOMMST DU, NEJI.
DIE HINTERE ÜBERWACHUNG IST AM SCHWIERIGSTEN.
ABER MIT DEINEN BYAKUGAN HAST DU ALLES IM BLICK.
OKAY? ICH SKIZZIER ES MAL.
TAP
SCHAUT GUT HIN!
ÜBERPRÜFT AN DER SKIZZE EURE ZUSTÄNDIGEN BEREICHE.
VORNE SICHERT KIBA. ICH AUCH, ABER ETWAS BREITER.
NARUTO SICHERT LINKS, CHOJI RECHTS.
UND NEJI SICHERT UNS UMFASSEND NACH HINTEN AB.
NEJI
CHOJI
NARUTO
ICH
KIBA

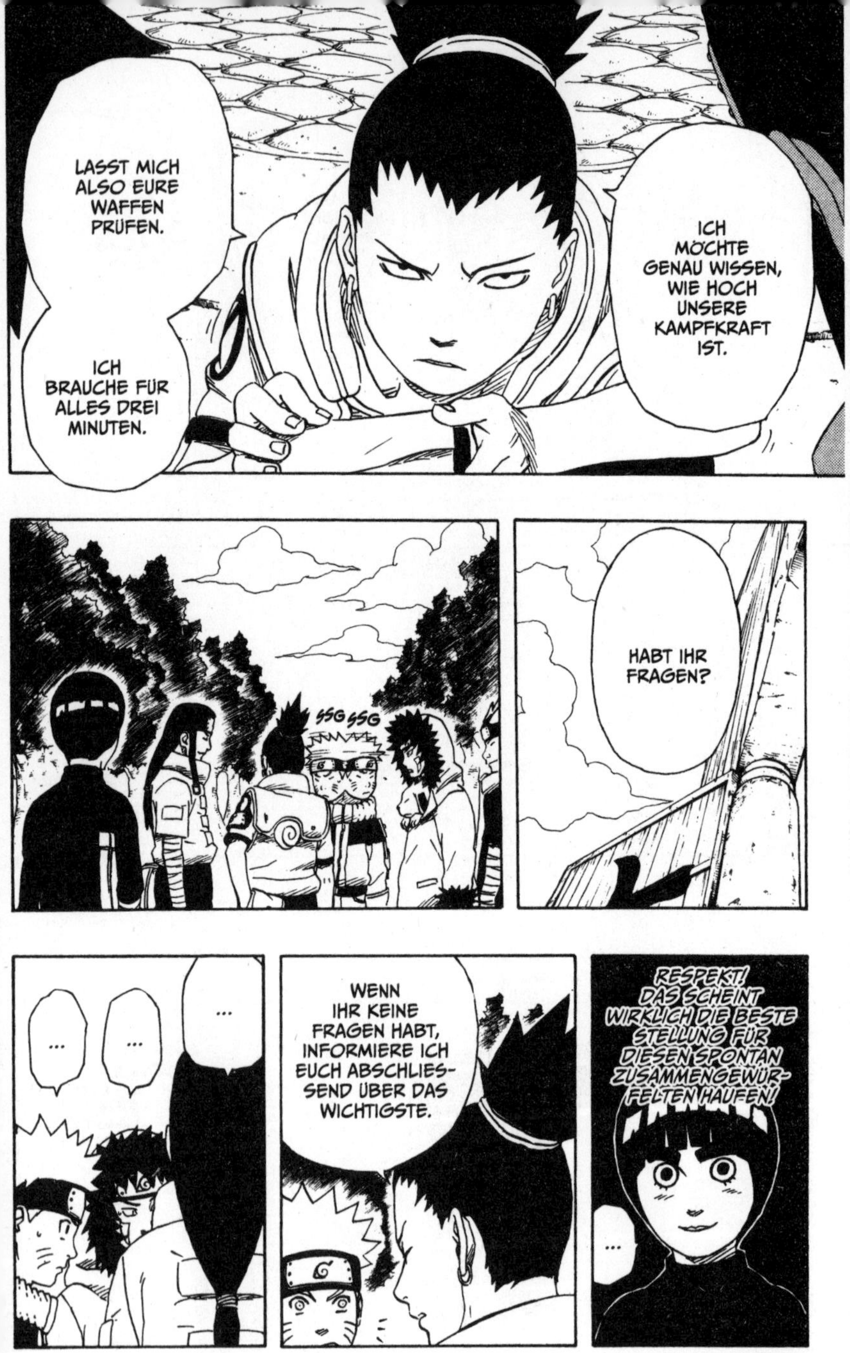
ICH MÖCHTE GENAU WISSEN, WIE HOCH UNSERE KAMPFKRAFT IST.
LASST MICH ALSO EURE WAFFEN PRÜFEN.
ICH BRAUCHE FÜR ALLES DREI MINUTEN.
HABT IHR FRAGEN?
SSG SSG
RESPEKT! DAS SCHEINT WIRKLICH DIE BESTE STELLUNG FÜR DIESEN SPONTAN ZUSAMMENGEWÜRFELTEN HAUFEN!
...
WENN IHR KEINE FRAGEN HABT, INFORMIERE ICH EUCH ABSCHLIES-SEND ÜBER DAS WICHTIGSTE.
...
...
...

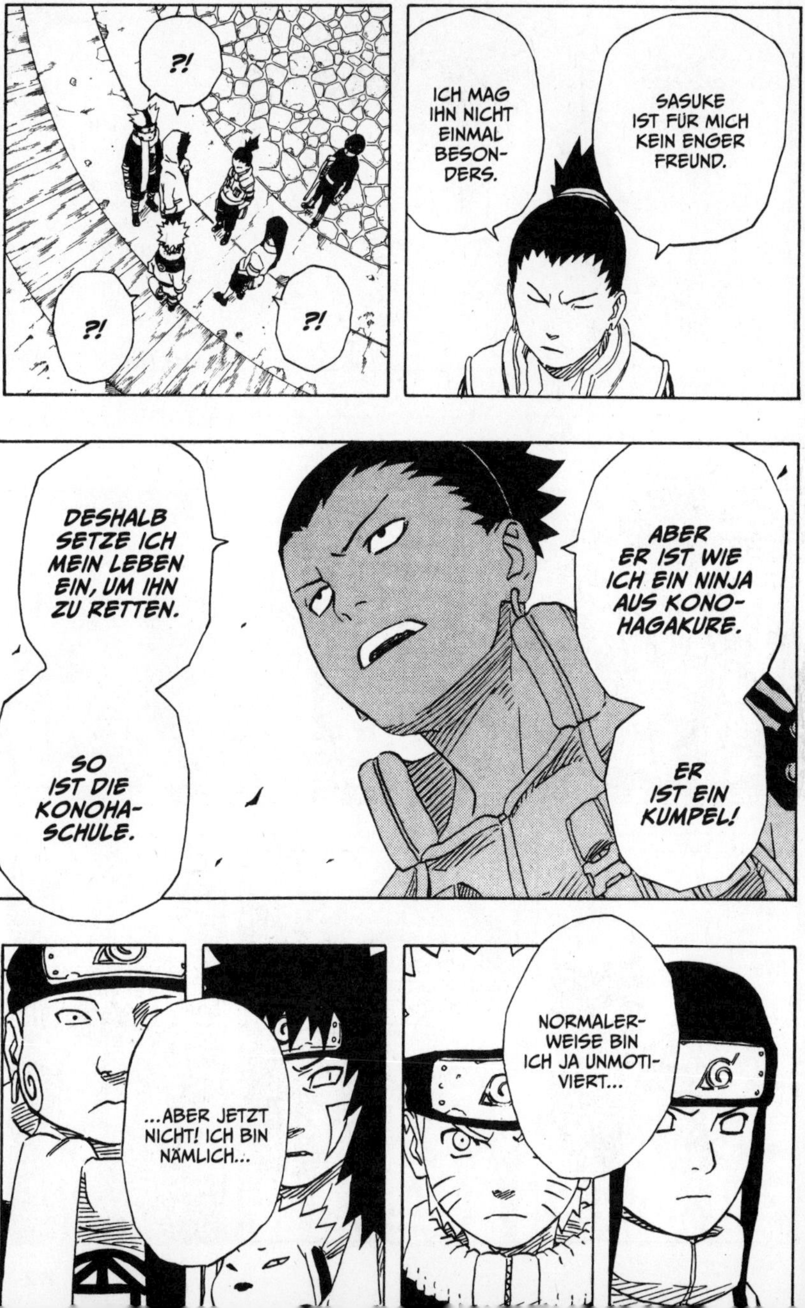
SASUKE IST FÜR MICH KEIN ENGER FREUND.
ICH MAG IHN NICHT EINMAL BESON-DERS.
?!
?!
?!
ABER ER IST WIE ICH EIN NINJA AUS KONO-HAGAKURE.
ER IST EIN KUMPEL!
DESHALB SETZE ICH MEIN LEBEN EIN, UM IHN ZU RETTEN.
SO IST DIE KONOHA-SCHULE.
NORMALER-WEISE BIN ICH JA UNMOTI-VIERT...
...ABER JETZT NICHT! ICH BIN NÄMLICH...

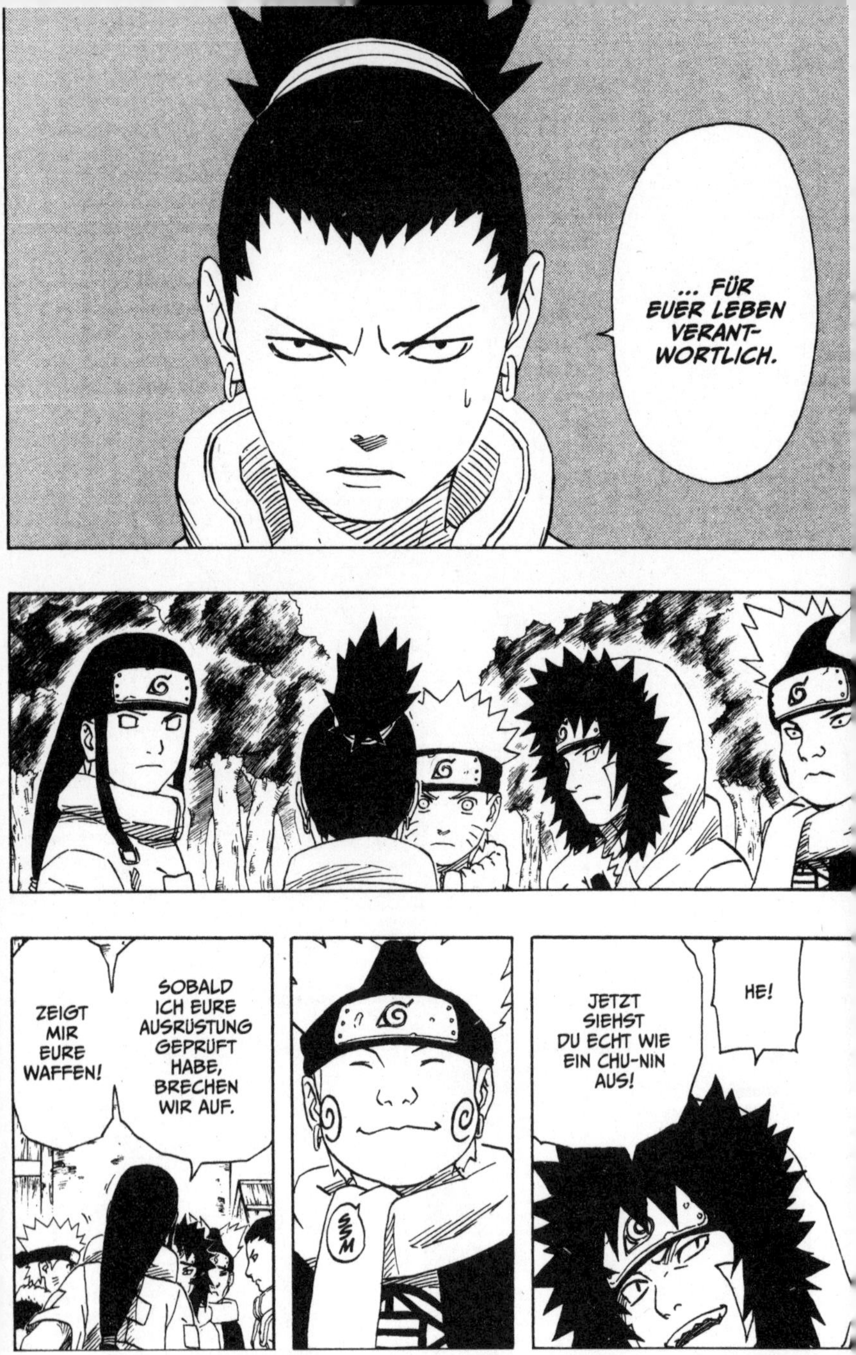
... FÜR EUER LEBEN VERANT-WORTLICH.
HE!
JETZT SIEHST DU ECHT WIE EIN CHU-NIN AUS!
SOBALD ICH EURE AUSRÜSTUNG GEPRÜFT HABE, BRECHEN WIR AUF.
ZEIGT MIR EURE WAFFEN!

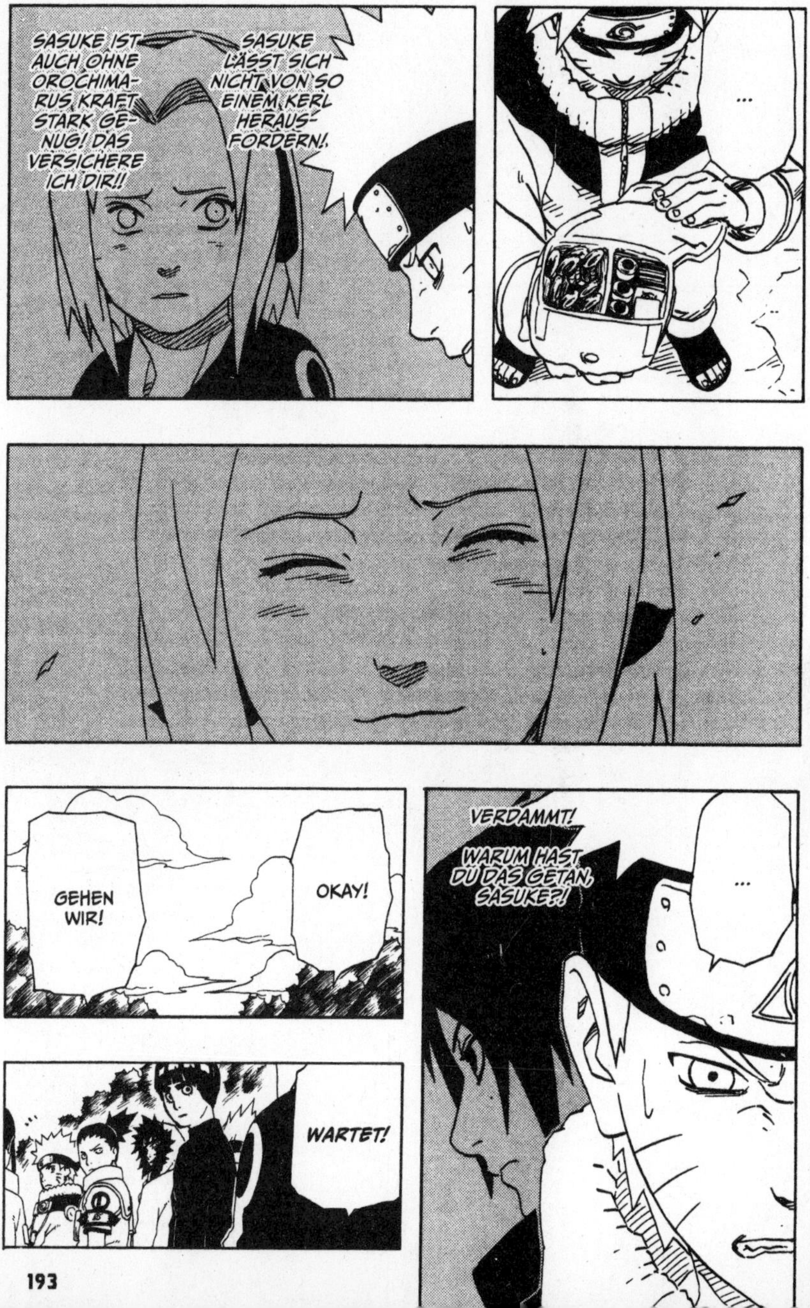
SASUKE LÄSST SICH NICHT VON SO EINEM KERL HERAUSFORDERN!.
SASUKE IST AUCH OHNE OROCHIMARUS KRAFT STARK GENUG! DAS VERSICHERE ICH DIR!!
...
GEHEN WIR!
OKAY!
VERDAMMT!
WARUM HAST DU DAS GETAN, SASUKE?!
...
WARTET!

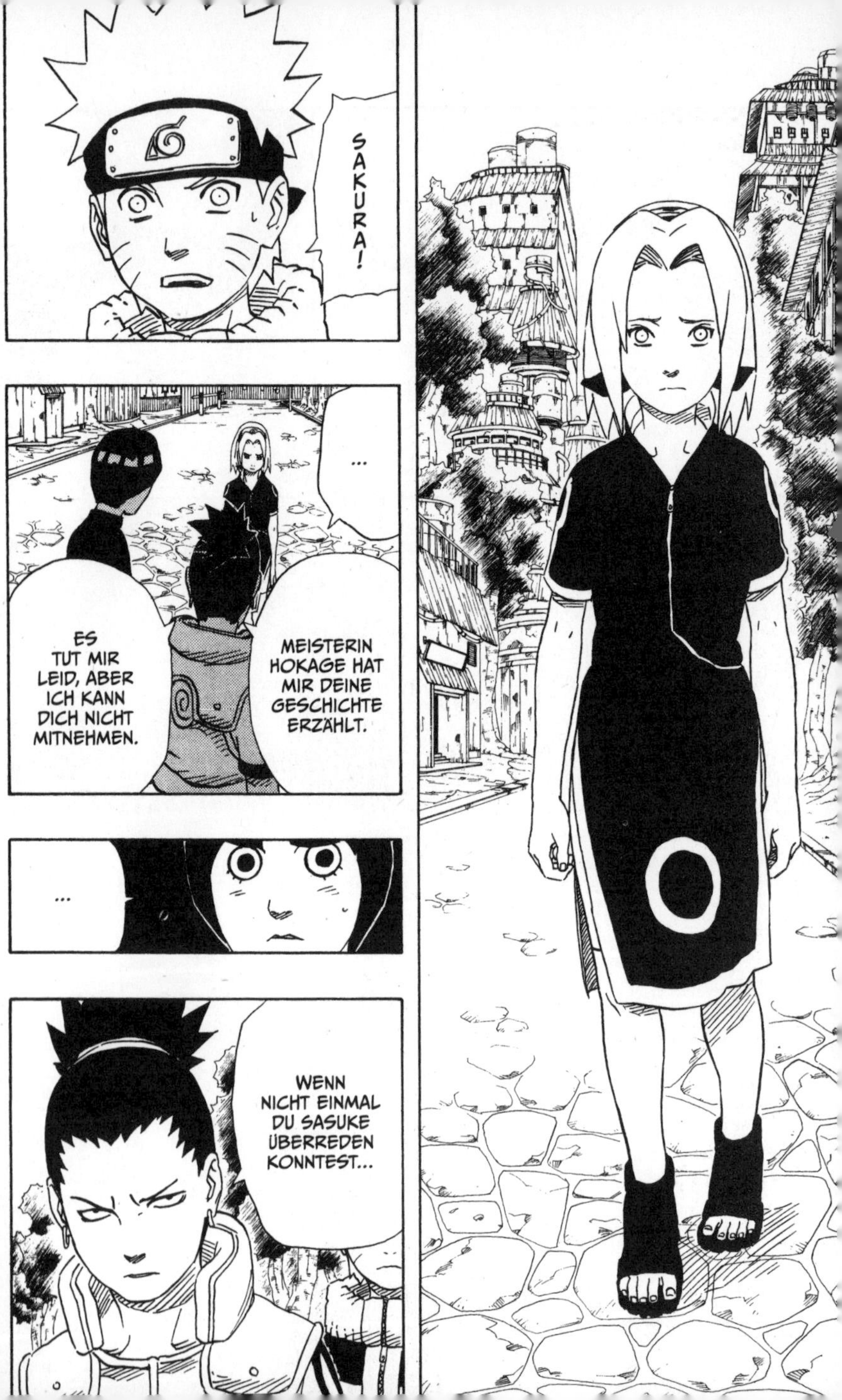
SAKURA!
...
MEISTERIN HOKAGE HAT MIR DEINE GESCHICHTE ERZÄHLT.
ES TUT MIR LEID, ABER ICH KANN DICH NICHT MITNEHMEN.
...
WENN NICHT EINMAL DU SASUKE ÜBERREDEN KONNTEST...

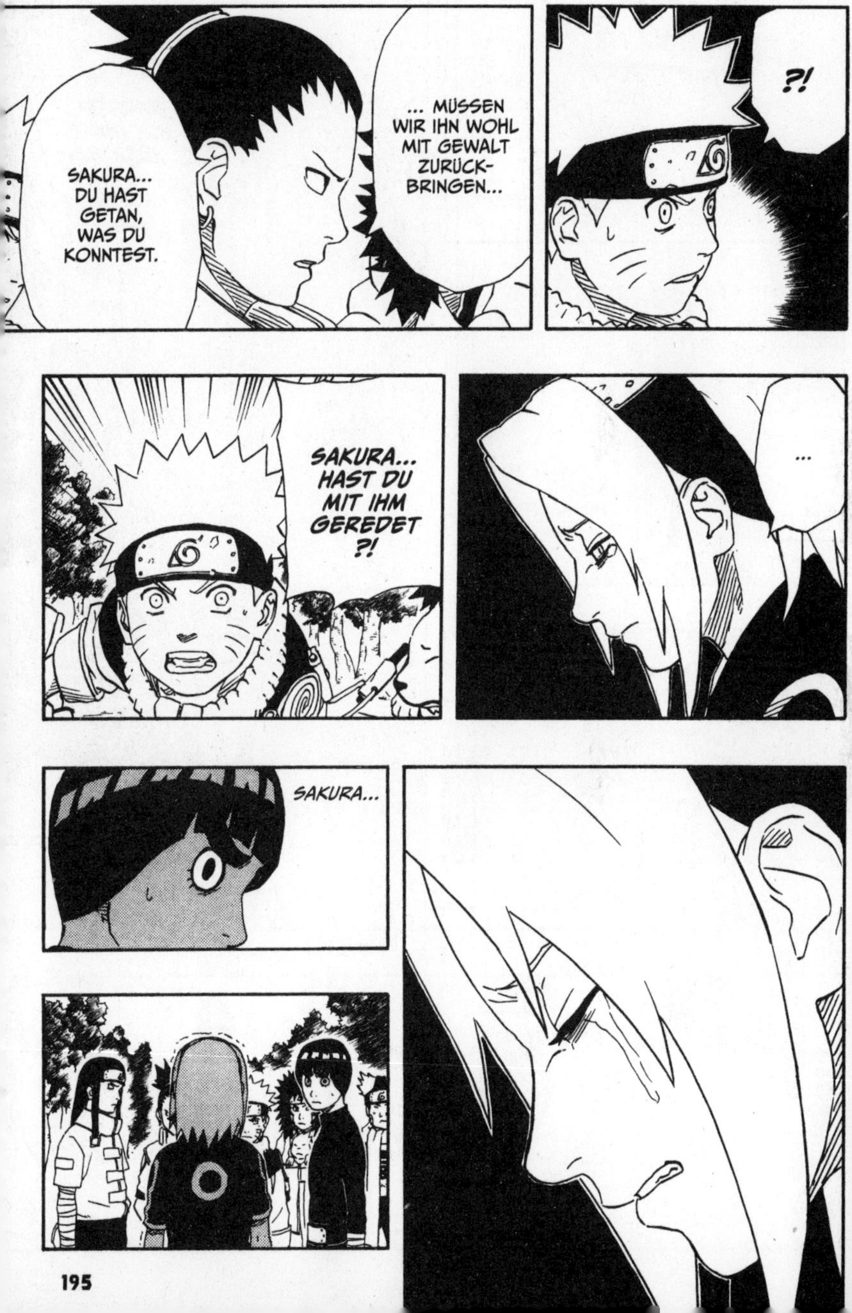
?!
... MÜSSEN WIR IHN WOHL MIT GEWALT ZURÜCK-BRINGEN...
SAKURA... DU HAST GETAN, WAS DU KONNTEST.
...
SAKURA... HAST DU MIT IHM GEREDET ?!
SAKURA...

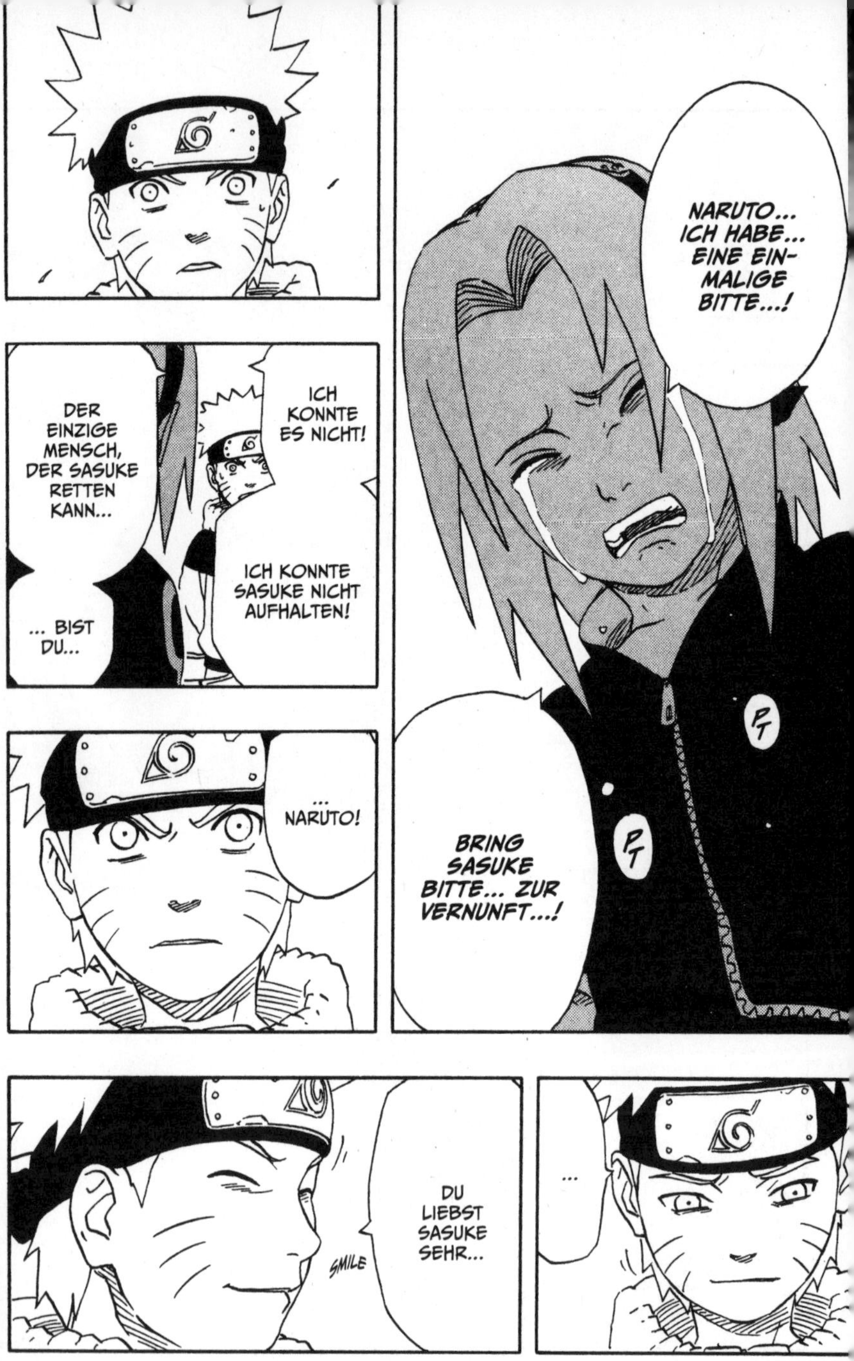
ICH KONNTE ES NICHT!
ICH KONNTE SASUKE NICHT AUFHALTEN!
DER EINZIGE MENSCH, DER SASUKE RETTEN KANN...
... BIST DU...
... NARUTO!
NARUTO... ICH HABE... EINE EIN-MALIGE BITTE...!
BRING SASUKE BITTE... ZUR VERNUNFT...!
PT
PT
...
DU LIEBST SASUKE SEHR...
SMILE

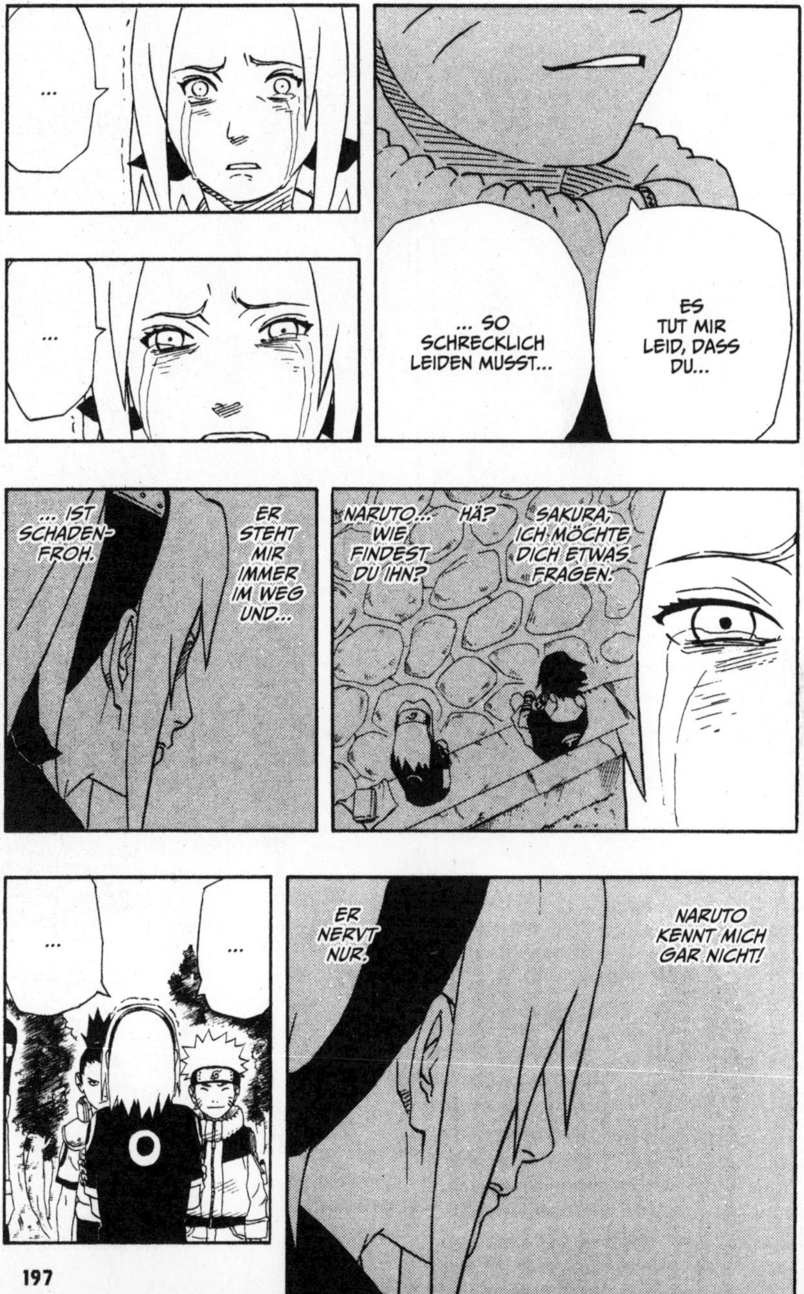

ES TUT MIR LEID, DASS DU...
... SO SCHRECKLICH LEIDEN MUSST...
...
...
SAKURA, ICH MÖCHTE DICH ETWAS FRAGEN.
HÄ?
NARUTO... WIE FINDEST DU IHN?
ER STEHT MIR IMMER IM WEG UND...
... IST SCHADEN-FROH.
NARUTO KENNT MICH GAR NICHT!
ER NERVT NUR.
...
...

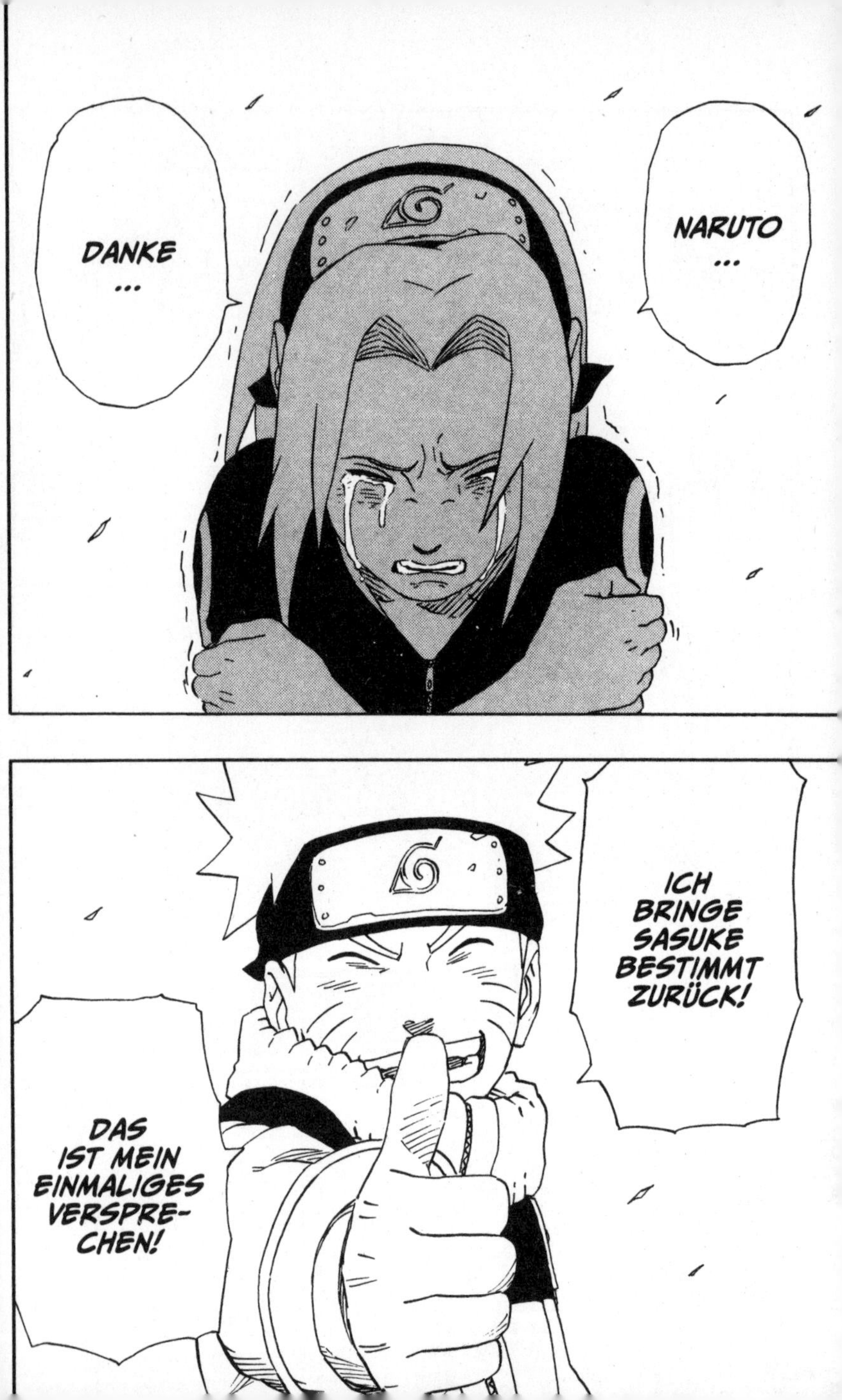
NARUTO ...
DANKE ...
ICH BRINGE SASUKE BESTIMMT ZURÜCK!
DAS IST MEIN EINMALIGES VERSPRE-CHEN!

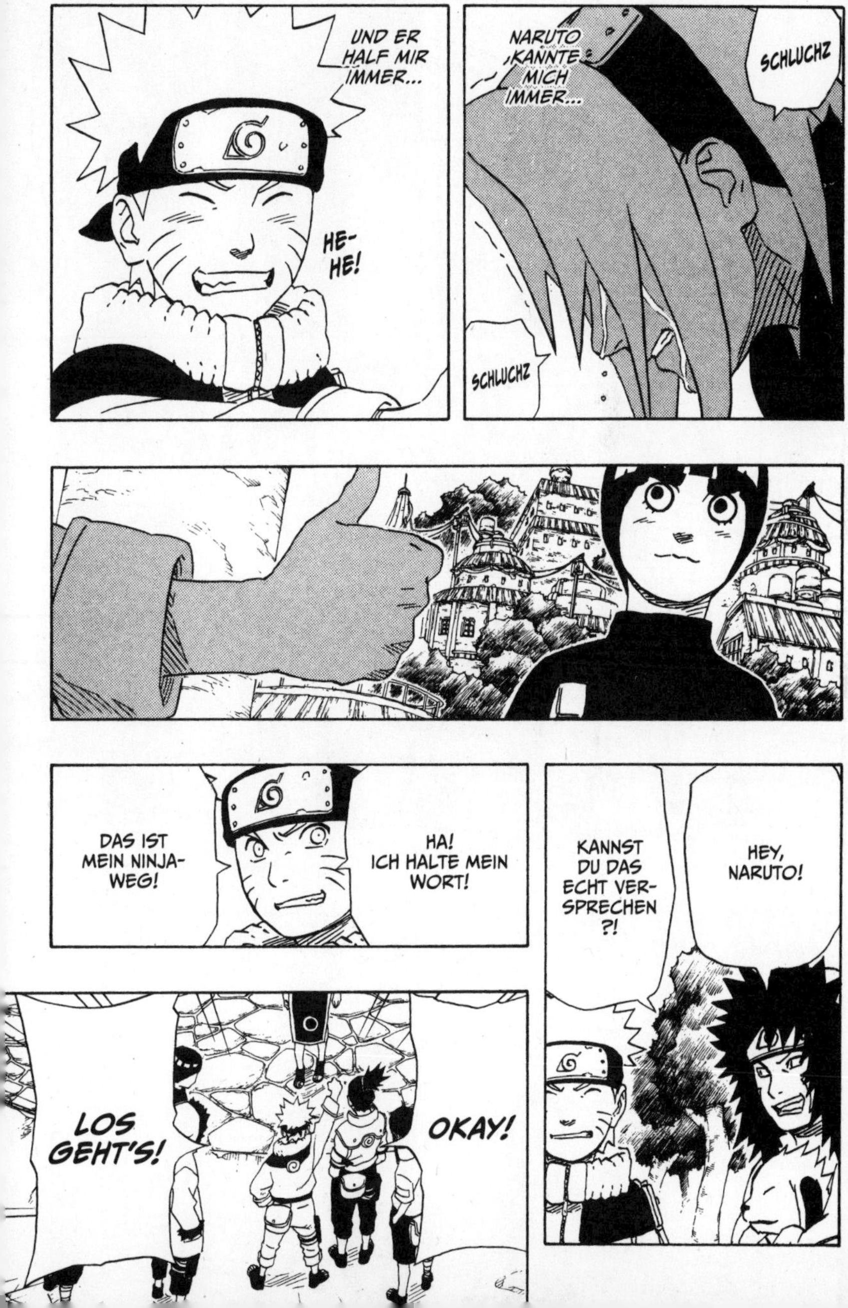
NARUTO KANNTE MICH IMMER...
SCHLUCHZ
SCHLUCHZ
UND ER HALF MIR IMMER...
HE-HE!
HA! ICH HALTE MEIN WORT!
DAS IST MEIN NINJA-WEG!
HEY, NARUTO!
KANNST DU DAS ECHT VERSPRECHEN ?!
OKAY!
LOS GEHT'S!

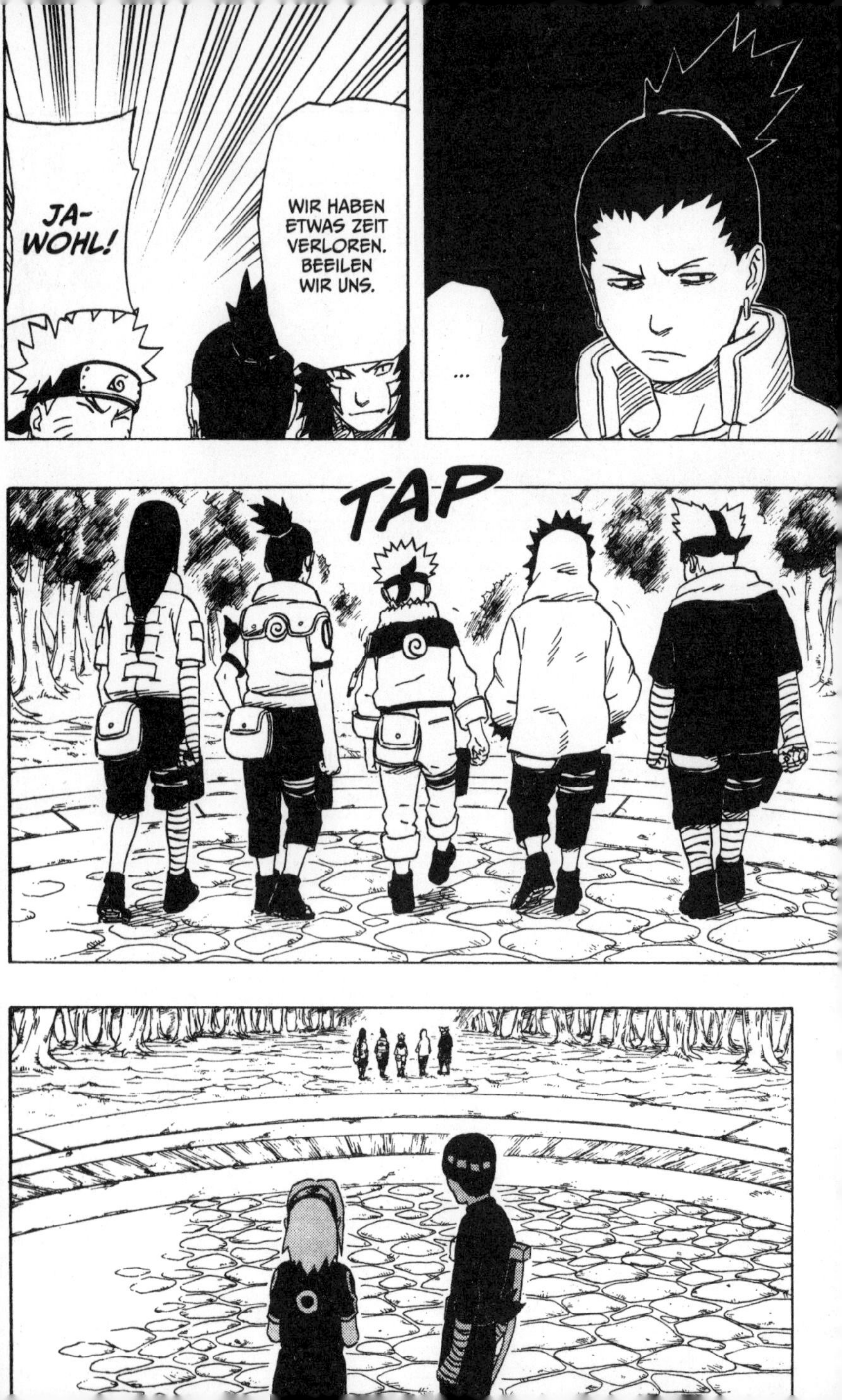
...
WIR HABEN ETWAS ZEIT VERLOREN. BEEILEN WIR UNS.
JA-WOHL!
TAP

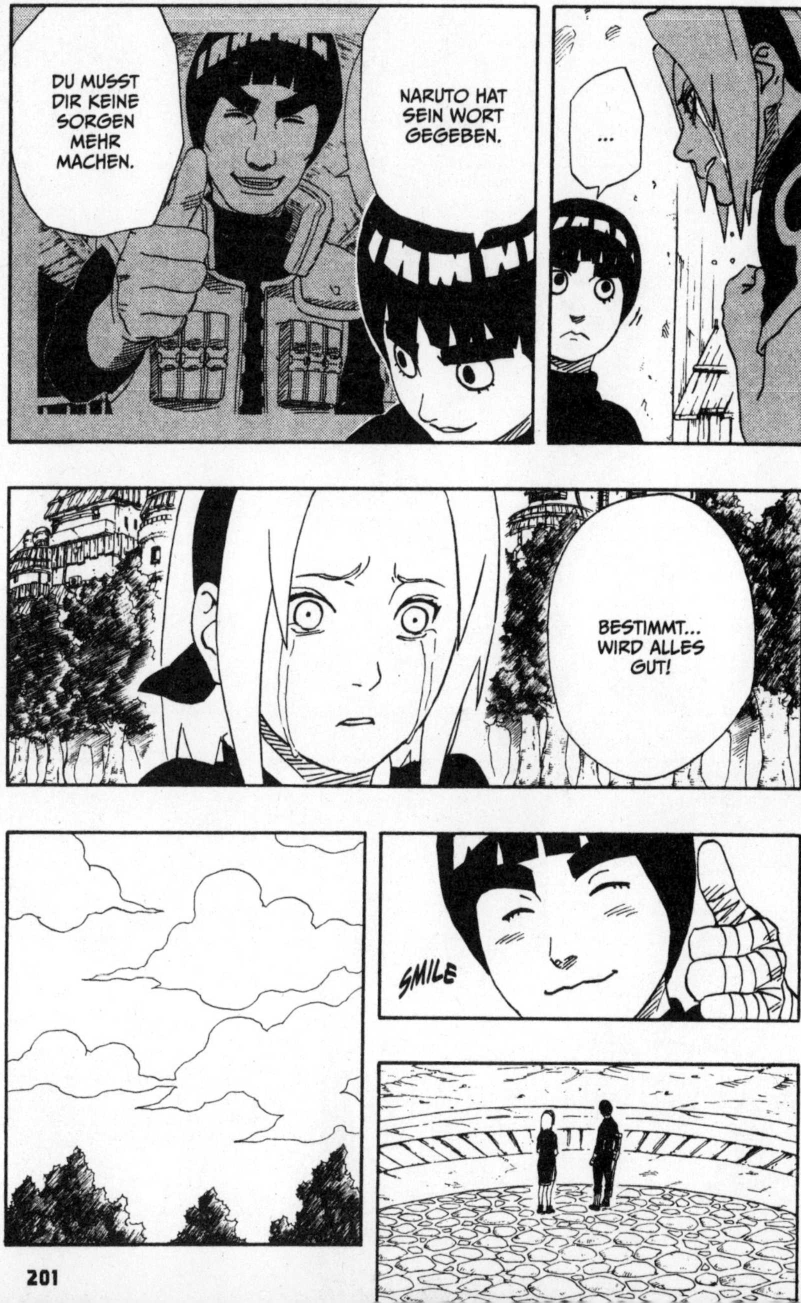
...
NARUTO HAT SEIN WORT GEGEBEN.
DU MUSST DIR KEINE SORGEN MEHR MACHEN.
BESTIMMT... WIRD ALLES GUT!
SMILE

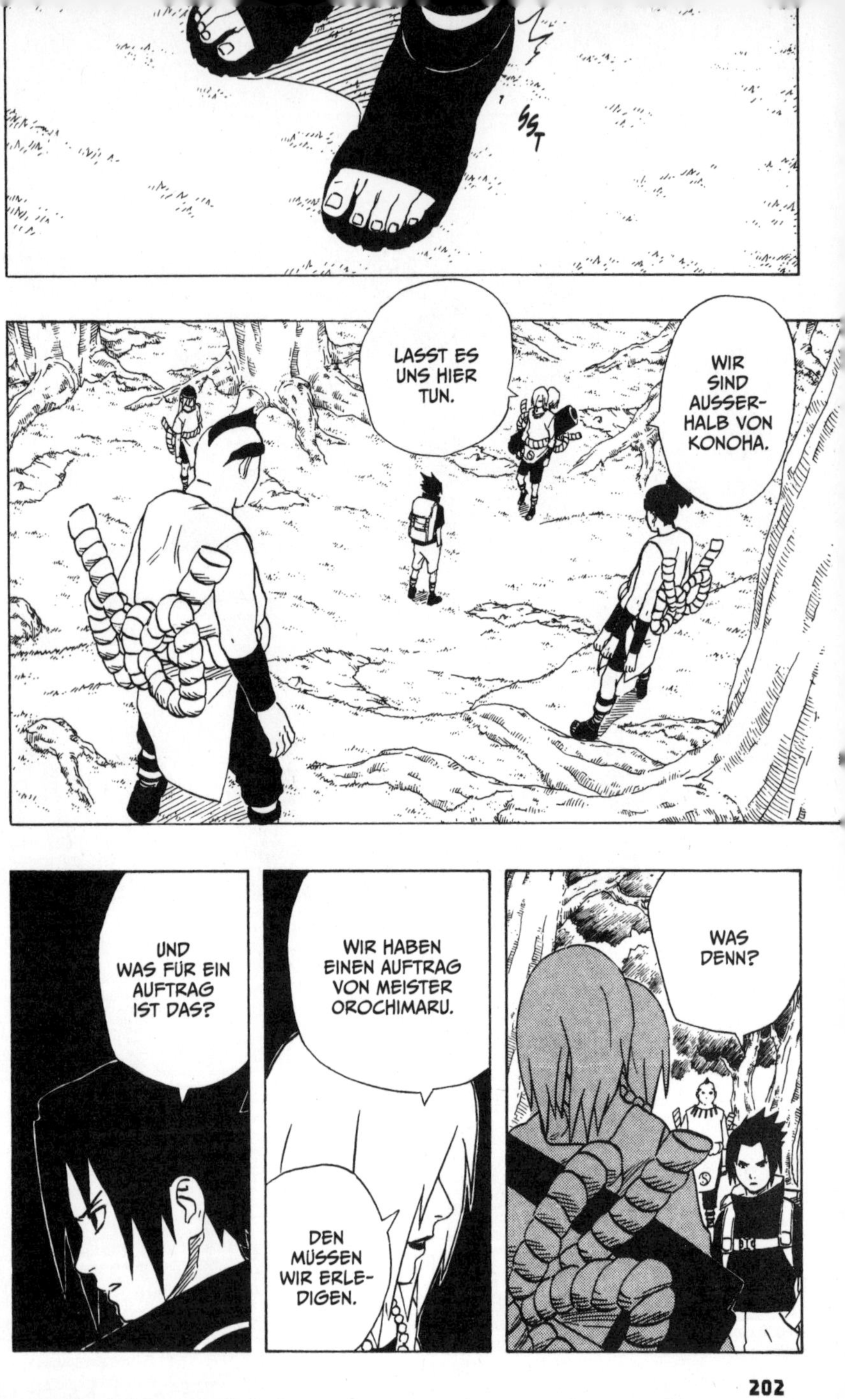
SST
WIR SIND AUSSER-HALB VON KONOHA.
LASST ES UNS HIER TUN.
WAS DENN?
WIR HABEN EINEN AUFTRAG VON MEISTER OROCHIMARU.
DEN MÜSSEN WIR ERLE-DIGEN.
UND WAS FÜR EIN AUFTRAG IST DAS?

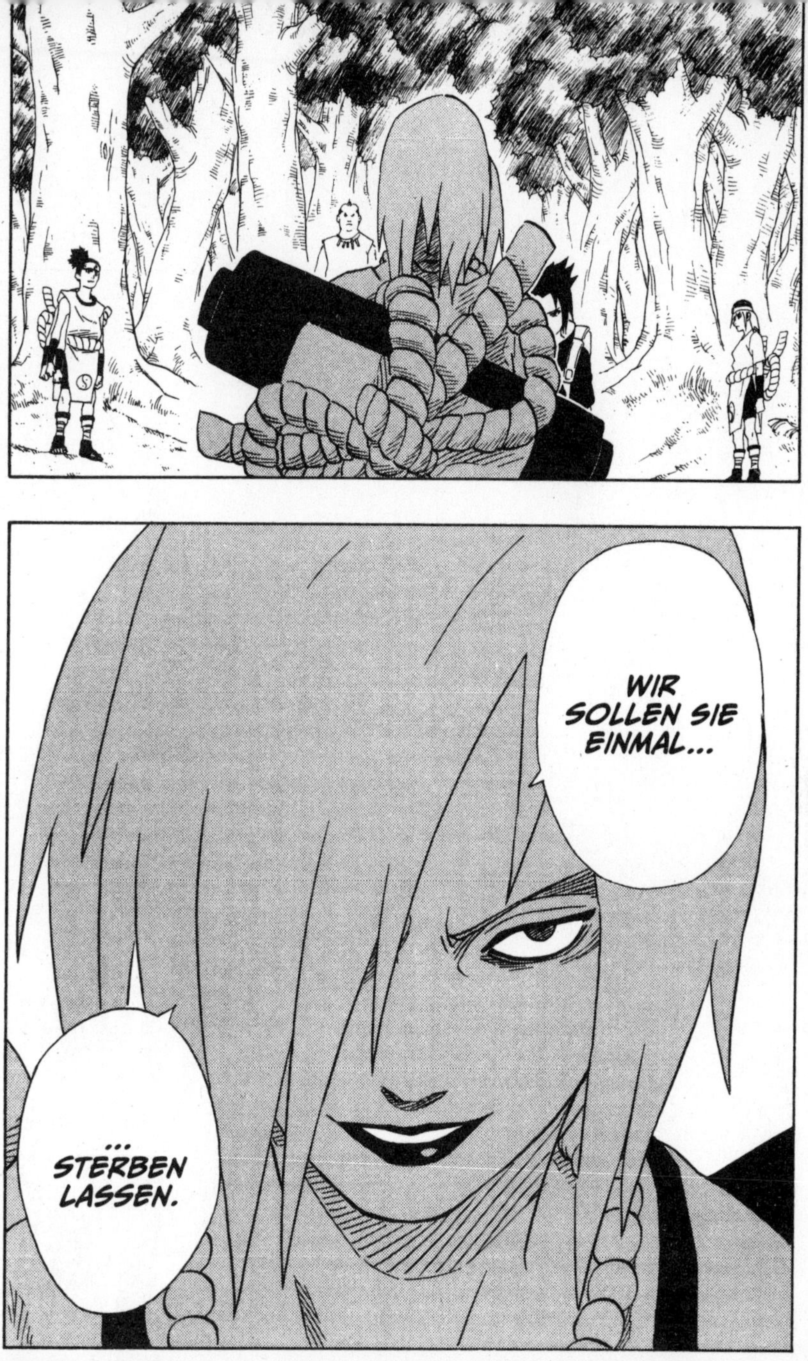
WIR SOLLEN SIE EINMAL...
... STERBEN LASSEN.

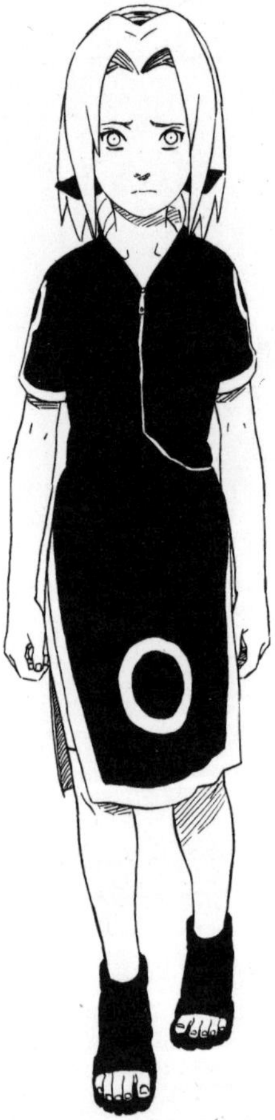

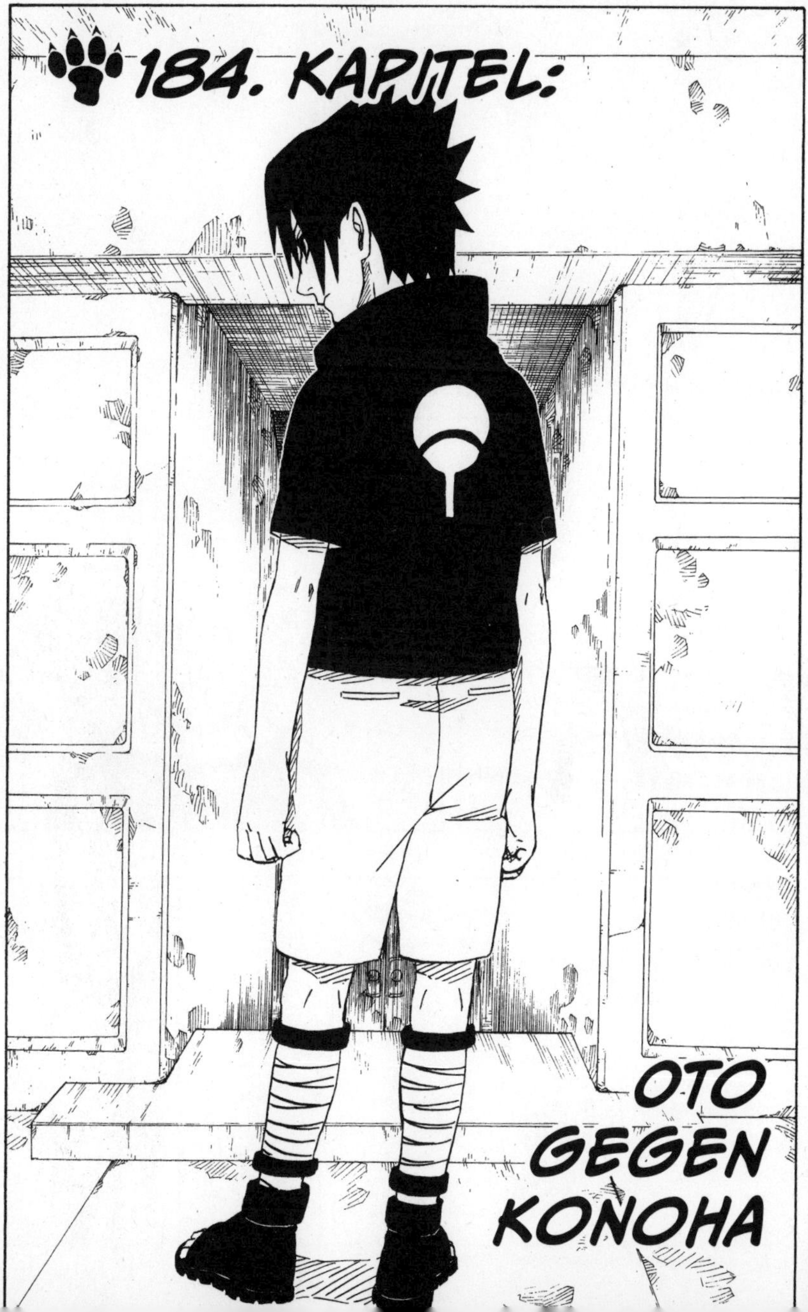
184. KAPITEL:
OTO GEGEN KONOHA

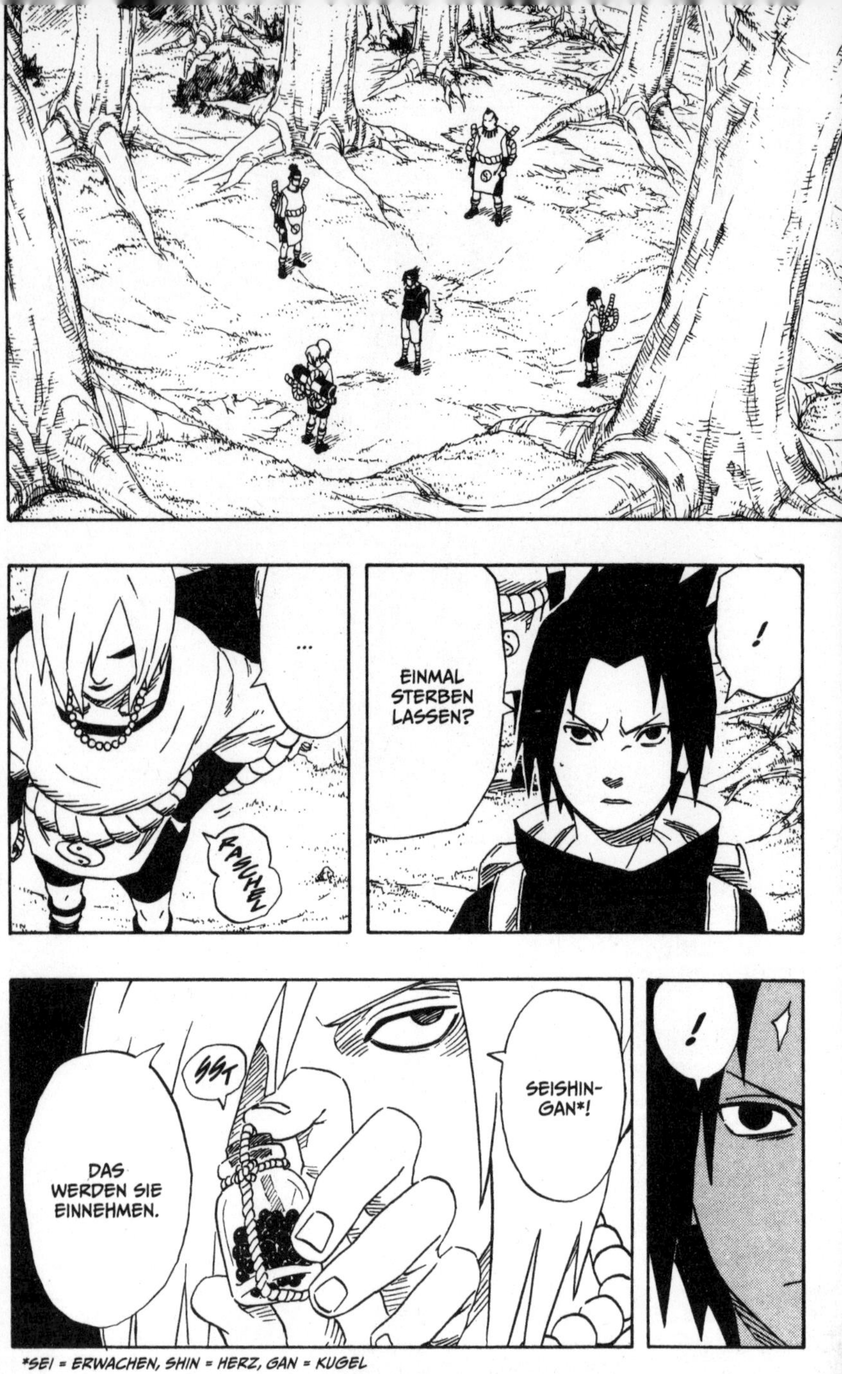

*SEI = ERWACHEN, SHIN = HERZ, GAN = KUGEL

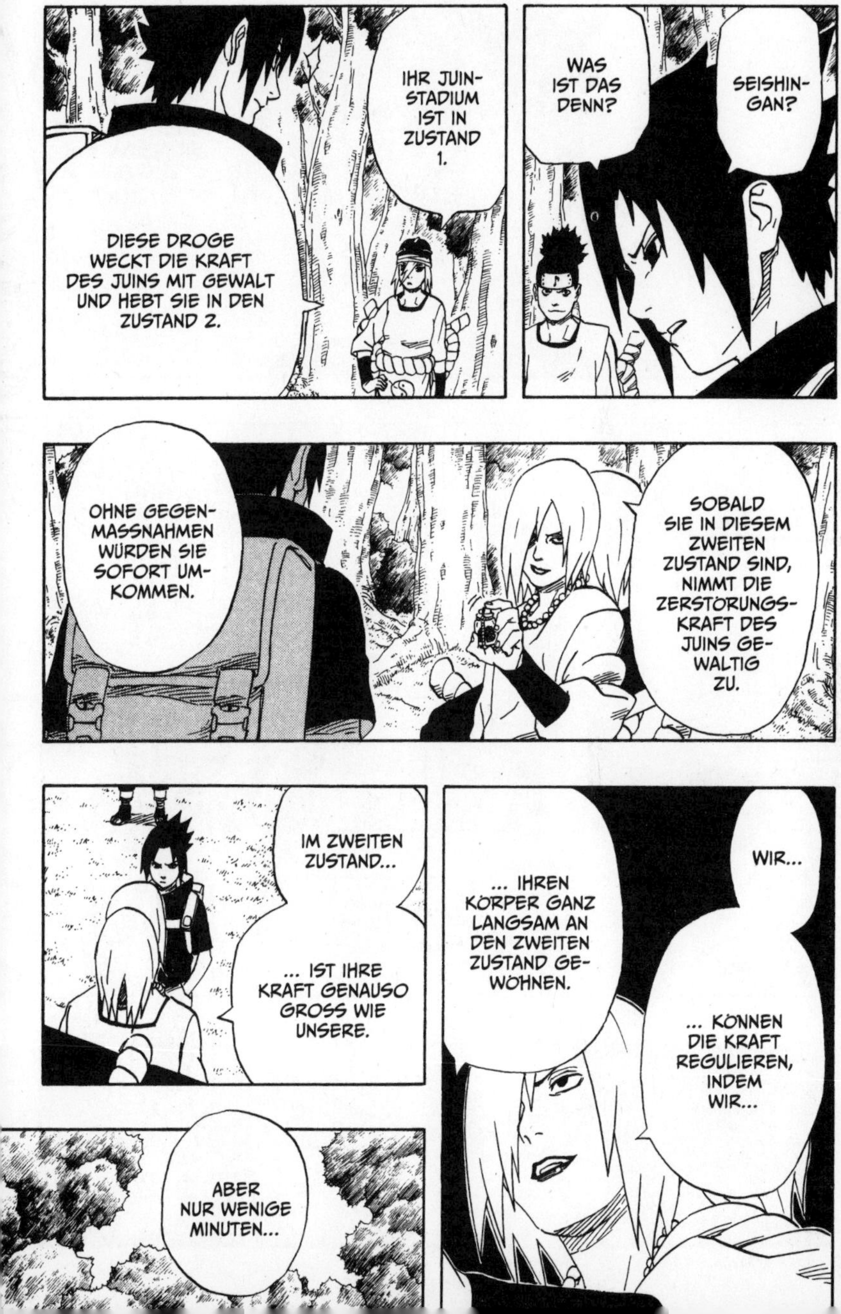
SEISHIN-GAN?
WAS IST DAS DENN?
IHR JUIN-STADIUM IST IN ZUSTAND 1.
DIESE DROGE WECKT DIE KRAFT DES JUINS MIT GEWALT UND HEBT SIE IN DEN ZUSTAND 2.
SOBALD SIE IN DIESEM ZWEITEN ZUSTAND SIND, NIMMT DIE ZERSTÖRUNGS-KRAFT DES JUINS GE-WALTIG ZU.
OHNE GEGEN-MASSNAHMEN WÜRDEN SIE SOFORT UM-KOMMEN.
WIR...
... KÖNNEN DIE KRAFT REGULIEREN, INDEM WIR...
... IHREN KÖRPER GANZ LANGSAM AN DEN ZWEITEN ZUSTAND GE-WÖHNEN.
IM ZWEITEN ZUSTAND...
... IST IHRE KRAFT GENAUSO GROSS WIE UNSERE.
ABER NUR WENIGE MINUTEN...

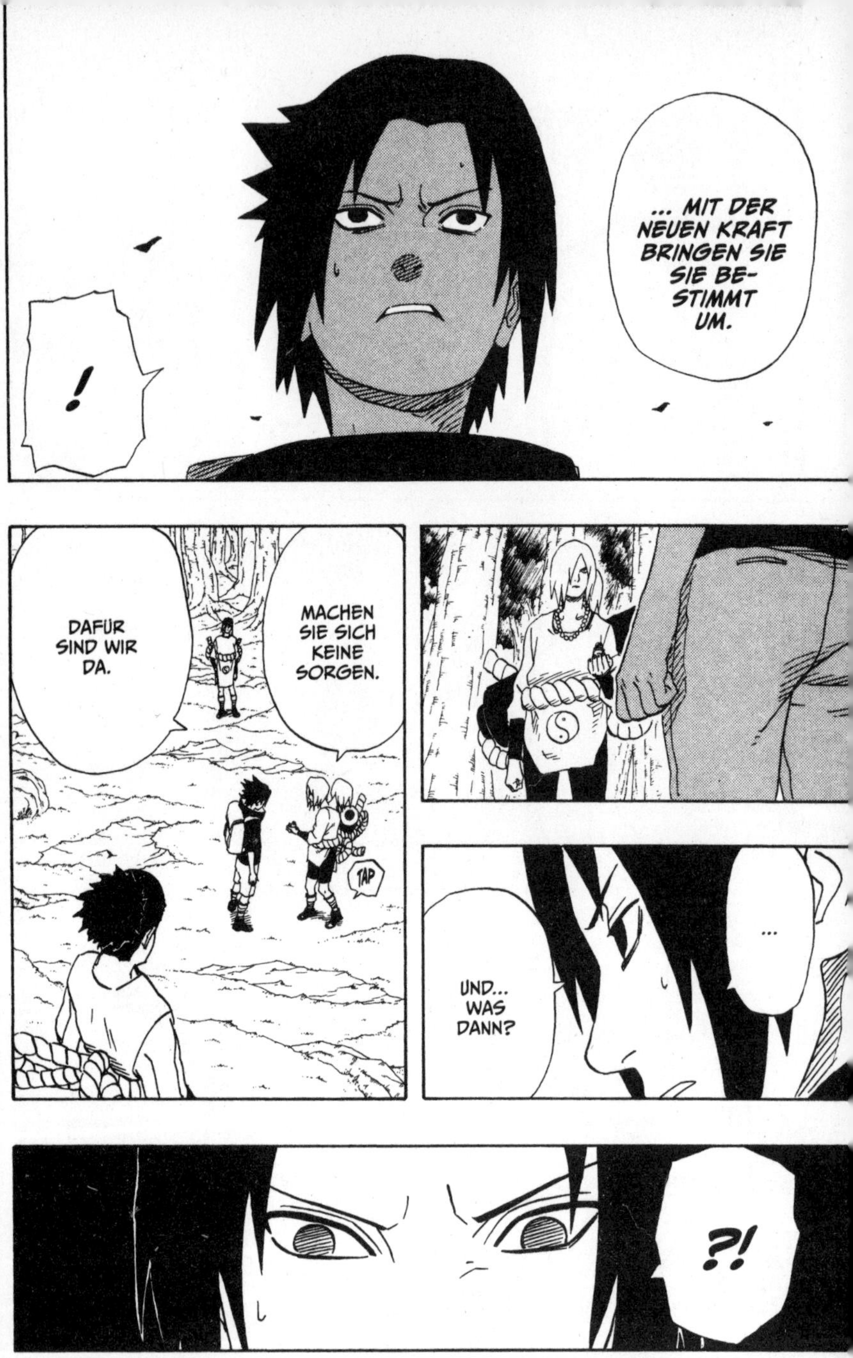
... MIT DER NEUEN KRAFT BRINGEN SIE SIE BE-STIMMT UM.
!
MACHEN SIE SICH KEINE SORGEN.
DAFÜR SIND WIR DA.
TAP
...
UND... WAS DANN?
?!

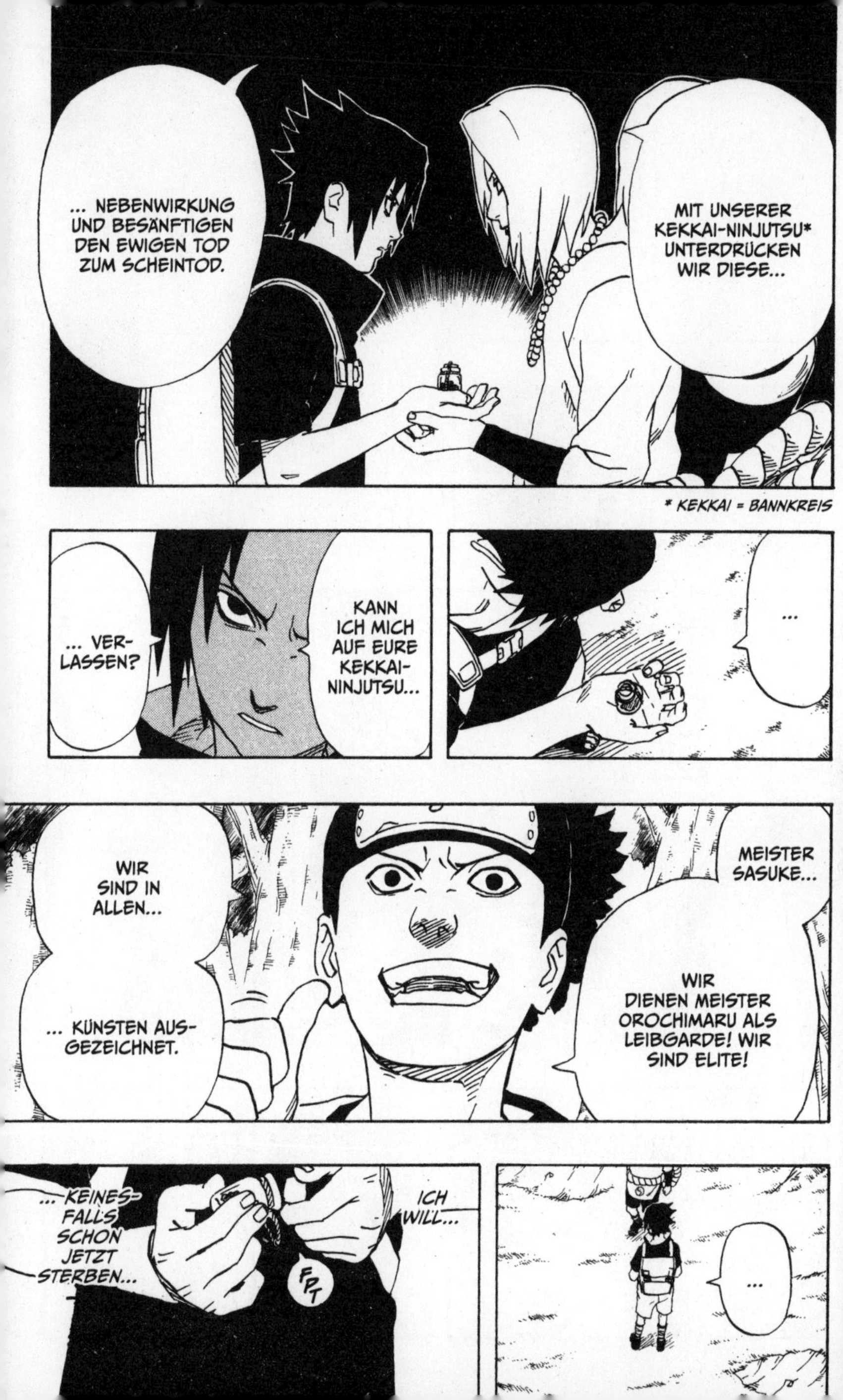
MIT UNSERER KEKKAI-NINJUTSU* UNTERDRÜCKEN WIR DIESE...
... NEBENWIRKUNG UND BESÄNFTIGEN DEN EWIGEN TOD ZUM SCHEINTOD.
* KEKKAI = BANNKREIS
...
KANN ICH MICH AUF EURE KEKKAI-NINJUTSU...
... VER-LASSEN?
MEISTER SASUKE...
WIR DIENEN MEISTER OROCHIMARU ALS LEIBGARDE! WIR SIND ELITE!
WIR SIND IN ALLEN...
... KÜNSTEN AUS-GEZEICHNET.
...
ICH WILL...
... KEINES-FALLS SCHON JETZT STERBEN...
FPT

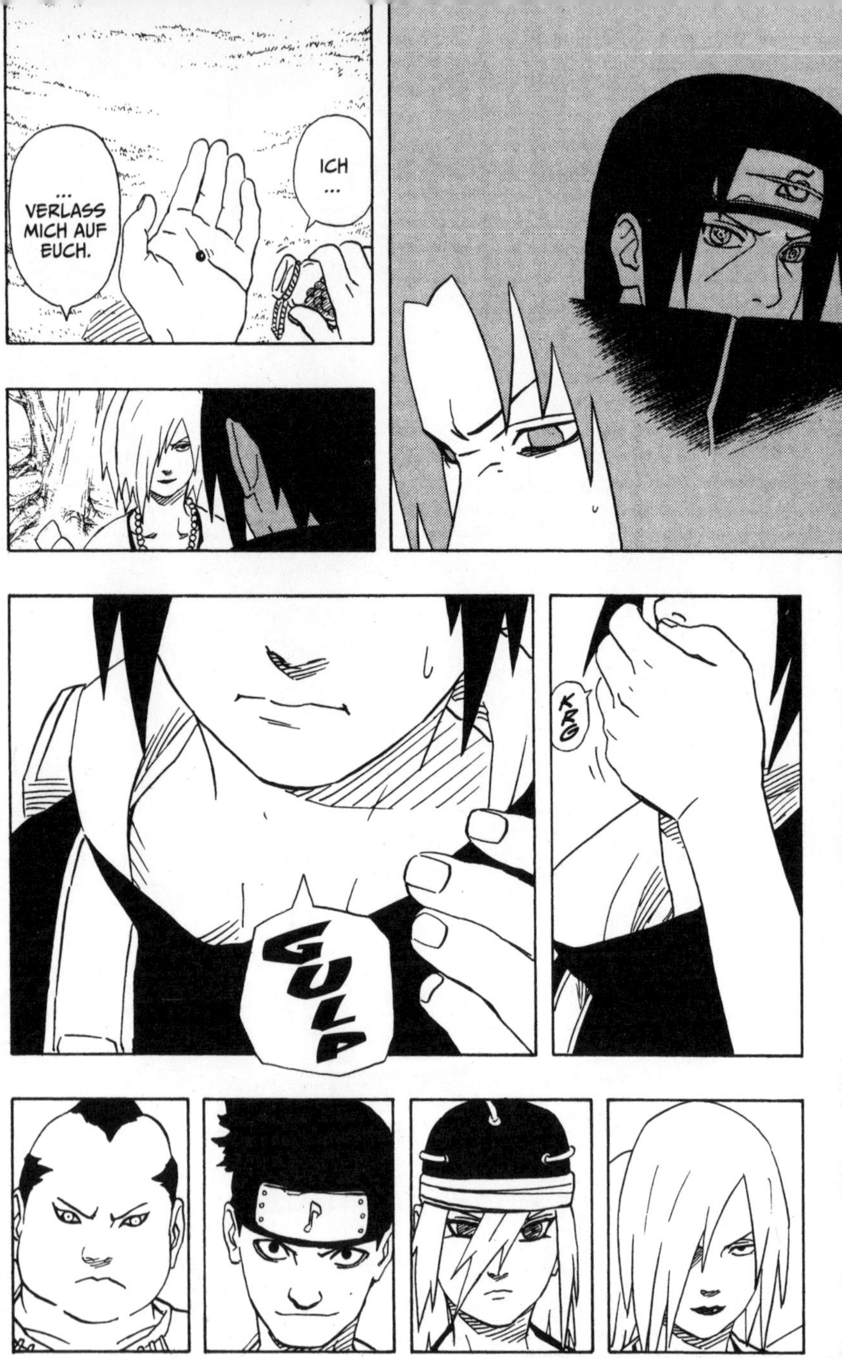
ICH ...
... VERLASS MICH AUF EUCH.
KRG
GULP

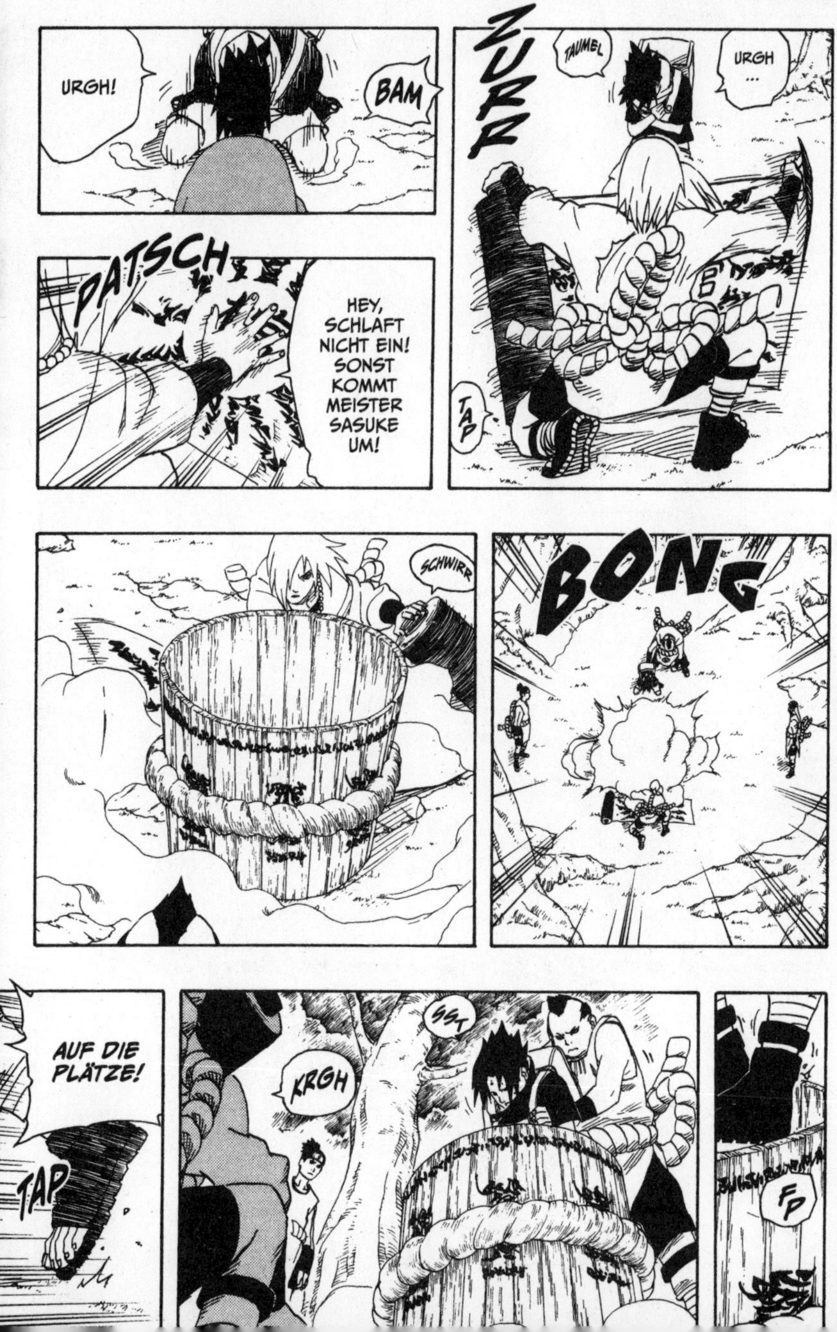

ZURR
TAUMEL
URGH ...
URGH!
BAM
HEY, SCHLAFT NICHT EIN! SONST KOMMT MEISTER SASUKE UM!
PATSCH
TAP
BONG
SCHWIRR
FP
SSK
KRGH
AUF DIE PLÄTZE!
TAP

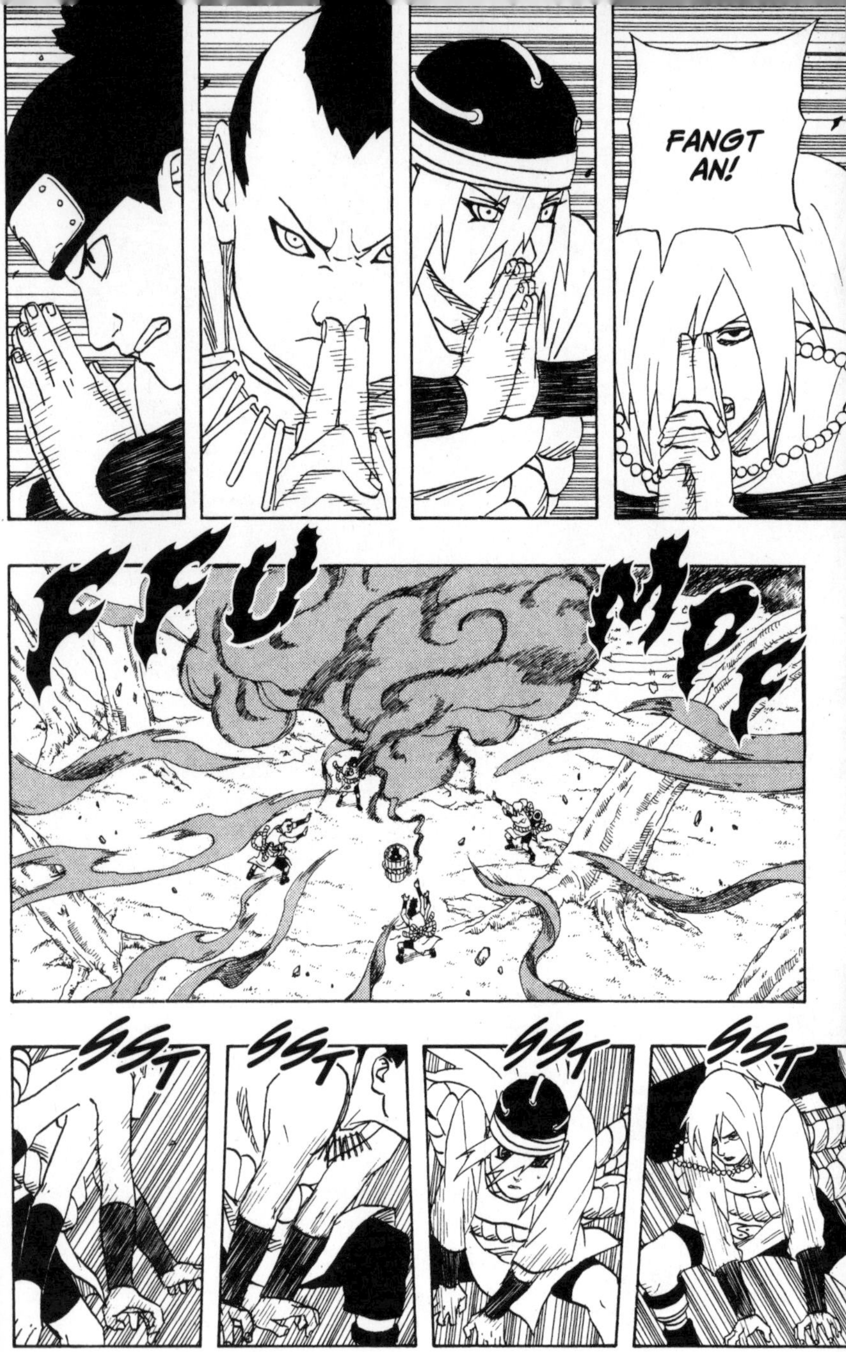
FANGT AN!
FFUMPF
SST
SST
SST
SST

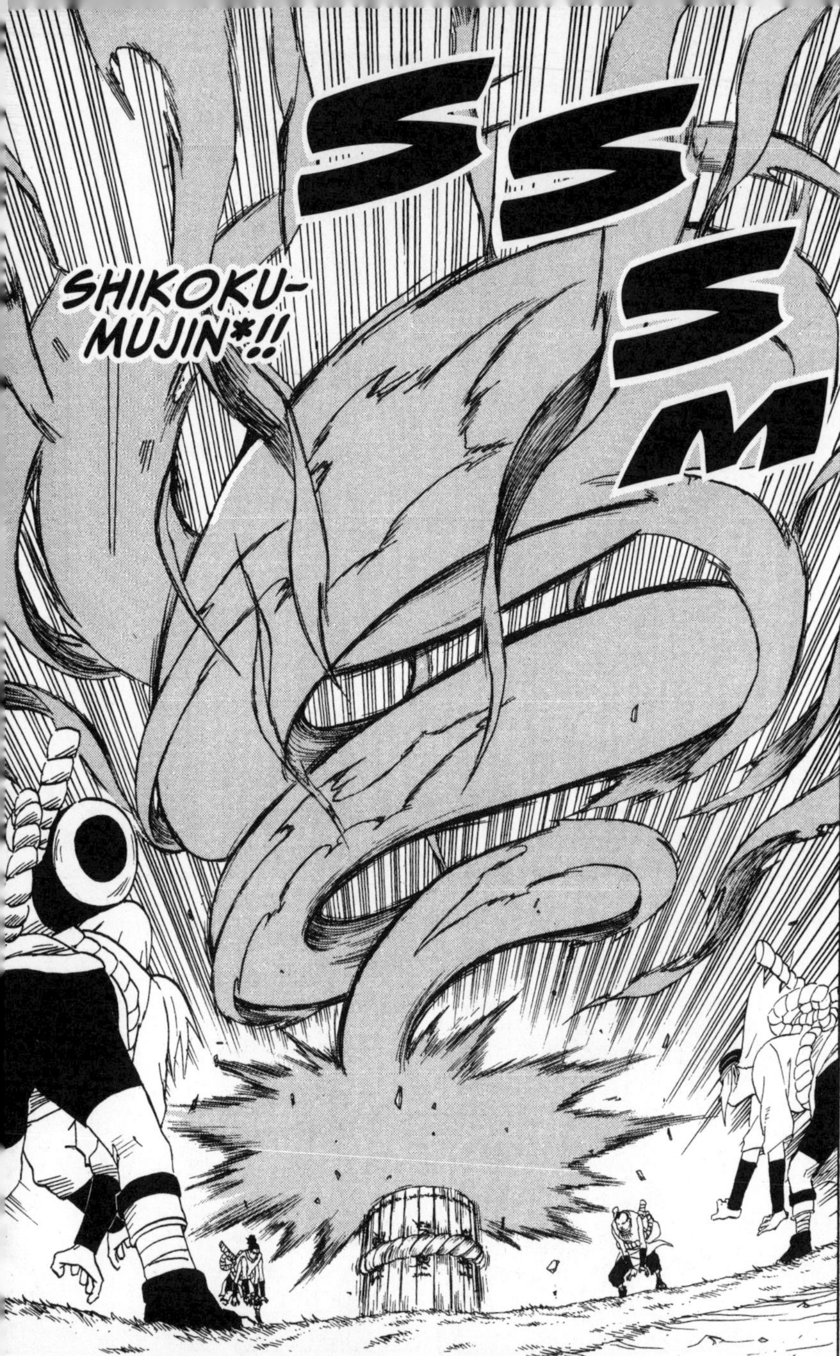

*SHI = VIER, KOKU = SCHWARZ, MU = NEBEL, JIN = STELLUNG

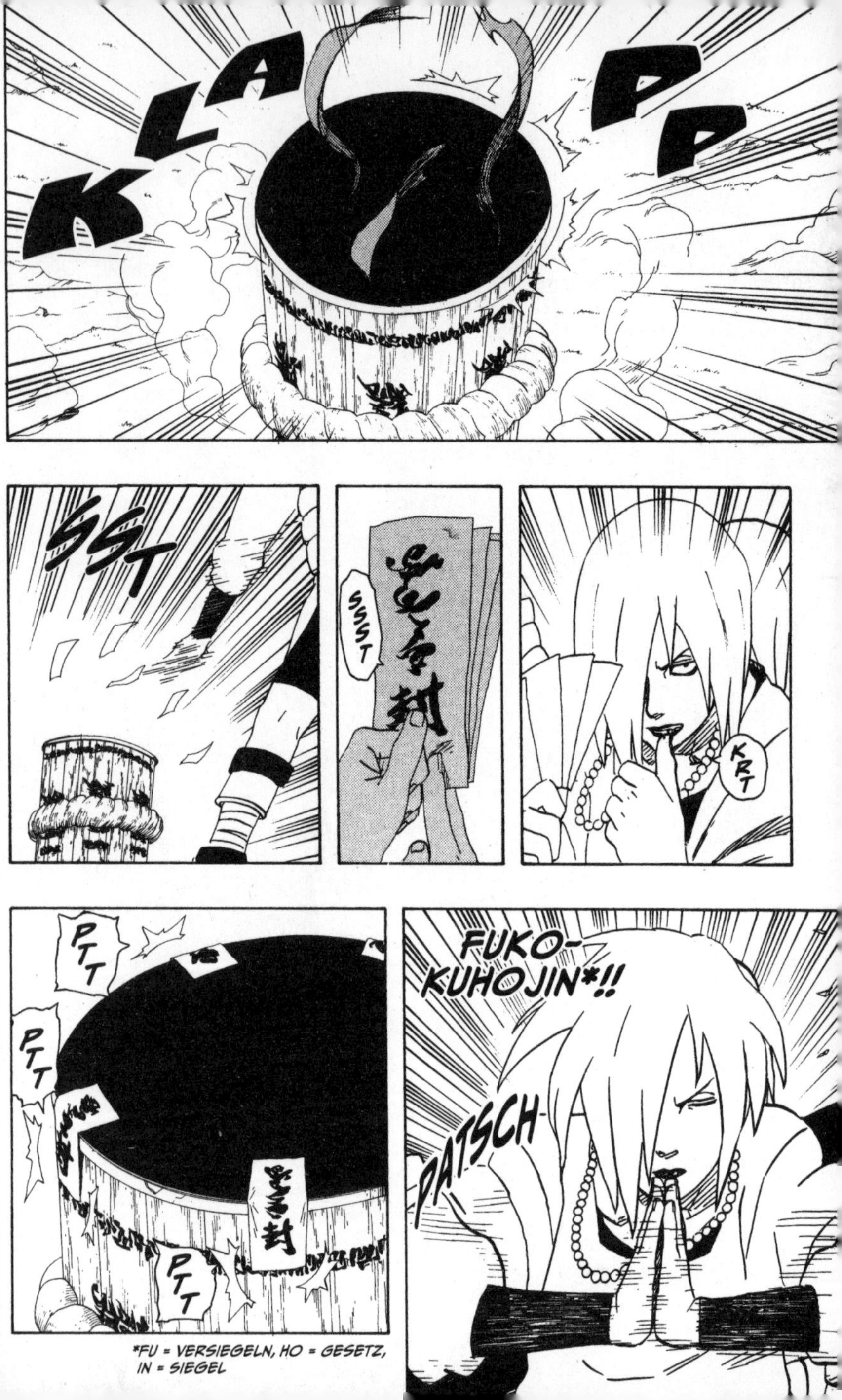

*FU = VERSIEGELN, HO = GESETZ, IN = SIEGEL

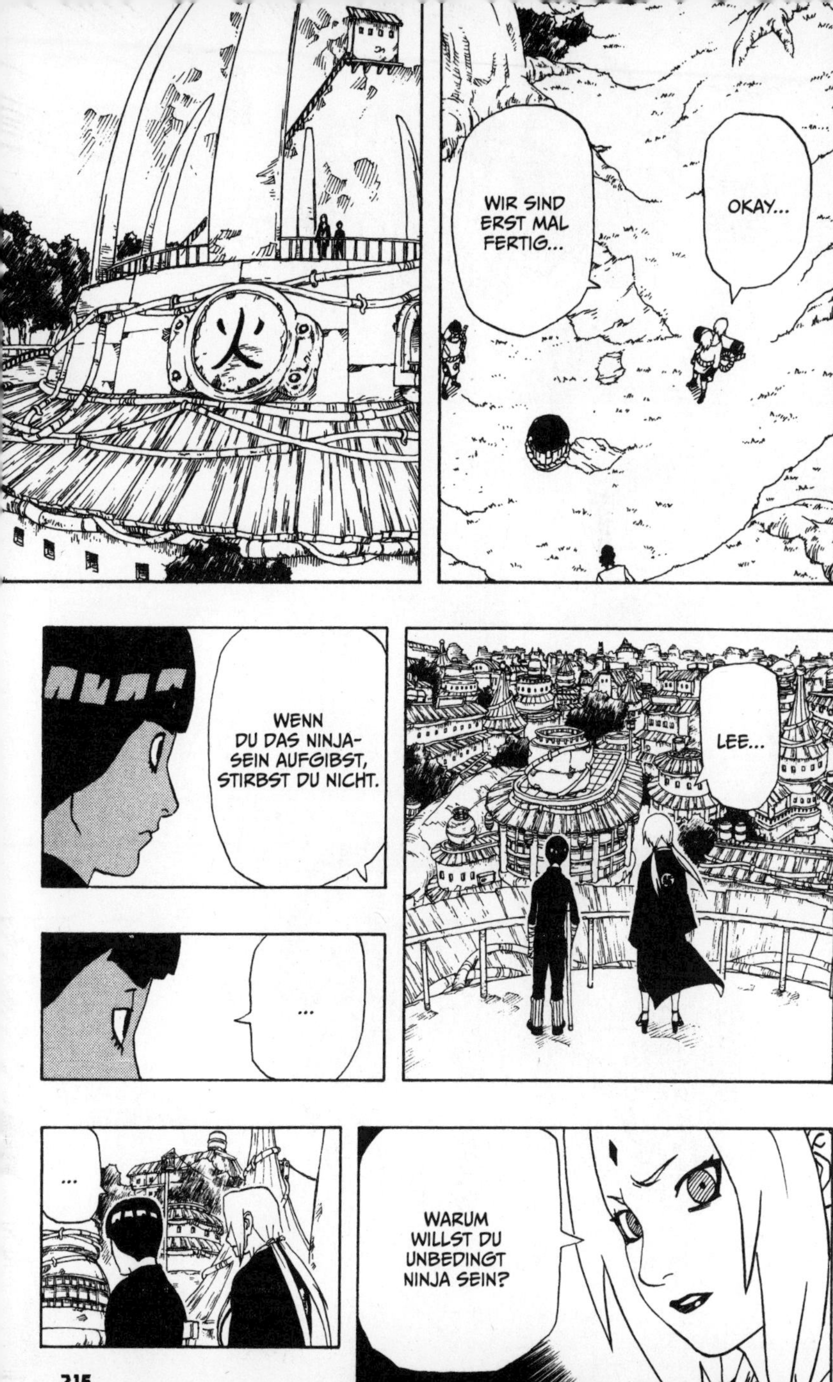
OKAY...
WIR SIND ERST MAL FERTIG...
LEE...
WENN DU DAS NINJA-SEIN AUFGIBST, STIRBST DU NICHT.
...
WARUM WILLST DU UNBEDINGT NINJA SEIN?
...

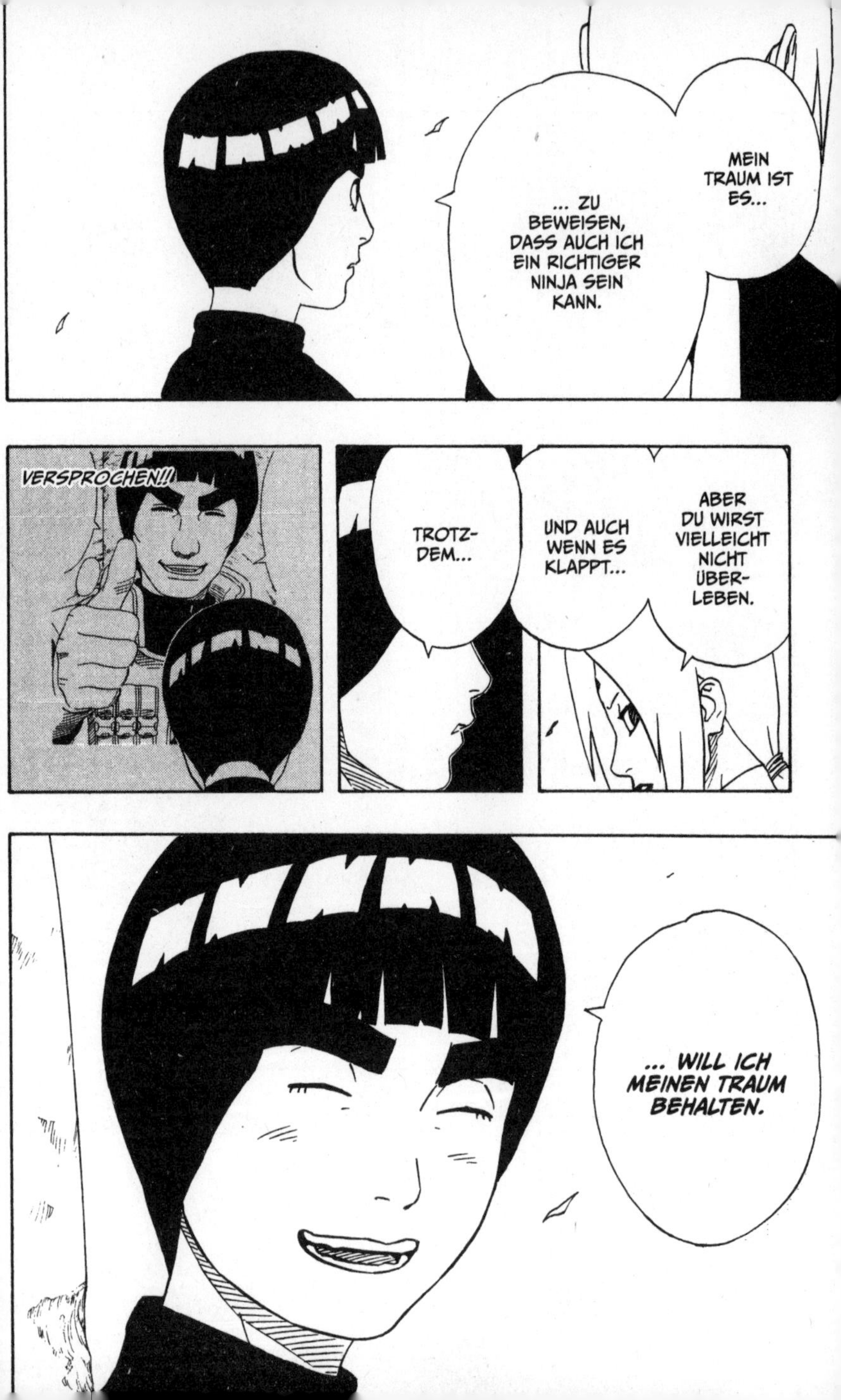
MEIN TRAUM IST ES...
... ZU BEWEISEN, DASS AUCH ICH EIN RICHTIGER NINJA SEIN KANN.
ABER DU WIRST VIELLEICHT NICHT ÜBER-LEBEN.
UND AUCH WENN ES KLAPPT...
TROTZ-DEM...
VERSPROCHEN!!
... WILL ICH MEINEN TRAUM BEHALTEN.

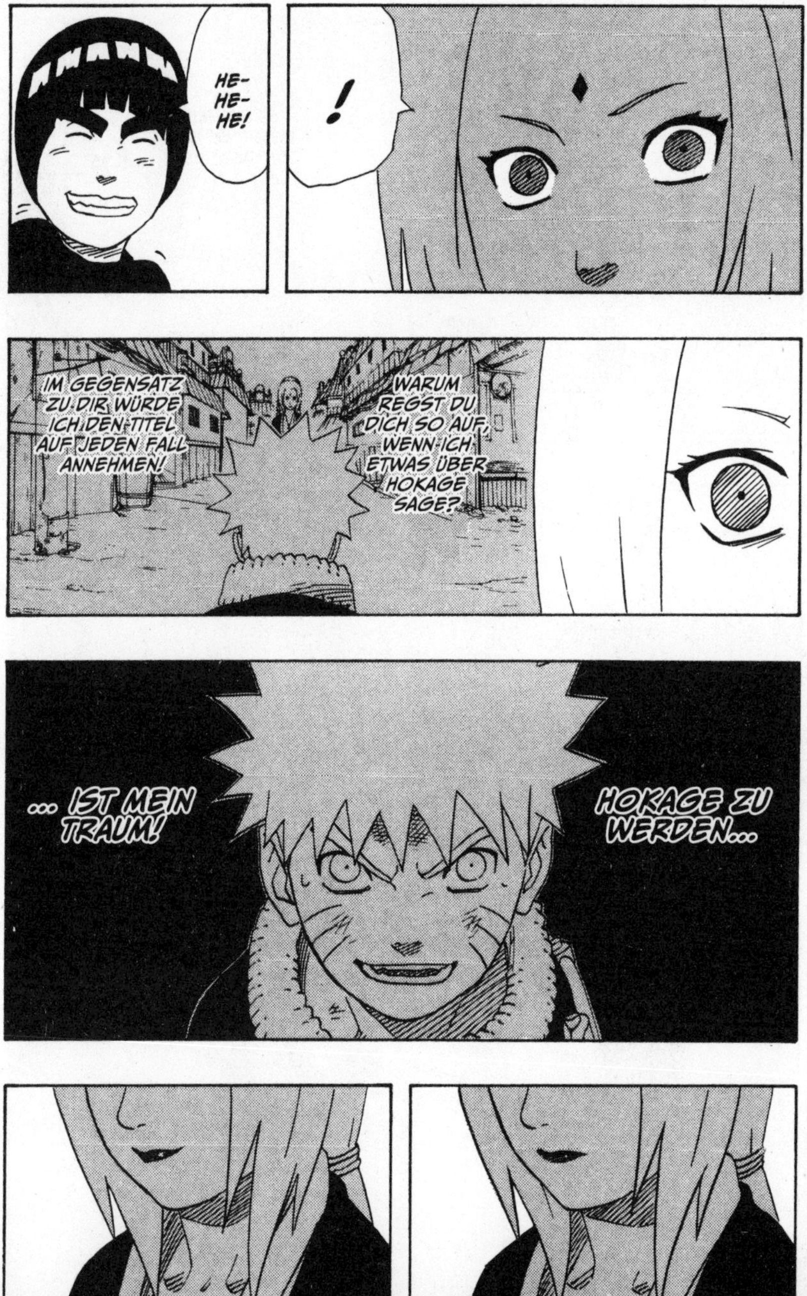
!
HE-HE-HE!
WARUM REGST DU DICH SO AUF, WENN ICH ETWAS ÜBER HOKAGE SAGE?
IM GEGENSATZ ZU DIR WÜRDE ICH DEN TITEL AUF JEDEN FALL ANNEHMEN!
HOKAGE ZU WERDEN...
... IST MEIN TRAUM!

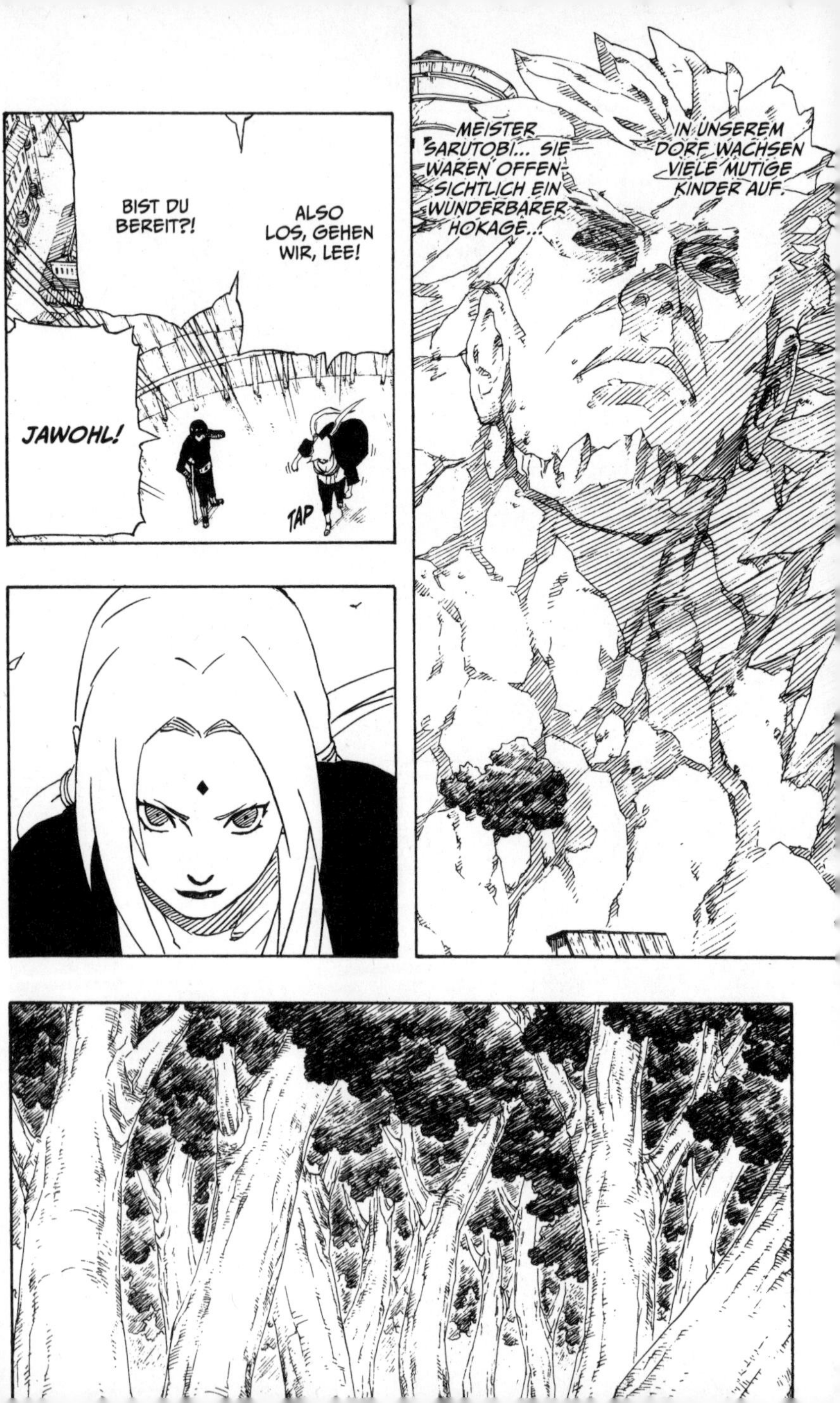
IN UNSEREM DORF WACHSEN VIELE MUTIGE KINDER AUF.
MEISTER SARUTOBI... SIE WAREN OFFENSICHTLICH EIN WUNDERBARER HOKAGE...
ALSO LOS, GEHEN WIR, LEE!
BIST DU BEREIT?!
JAWOHL!
TAP

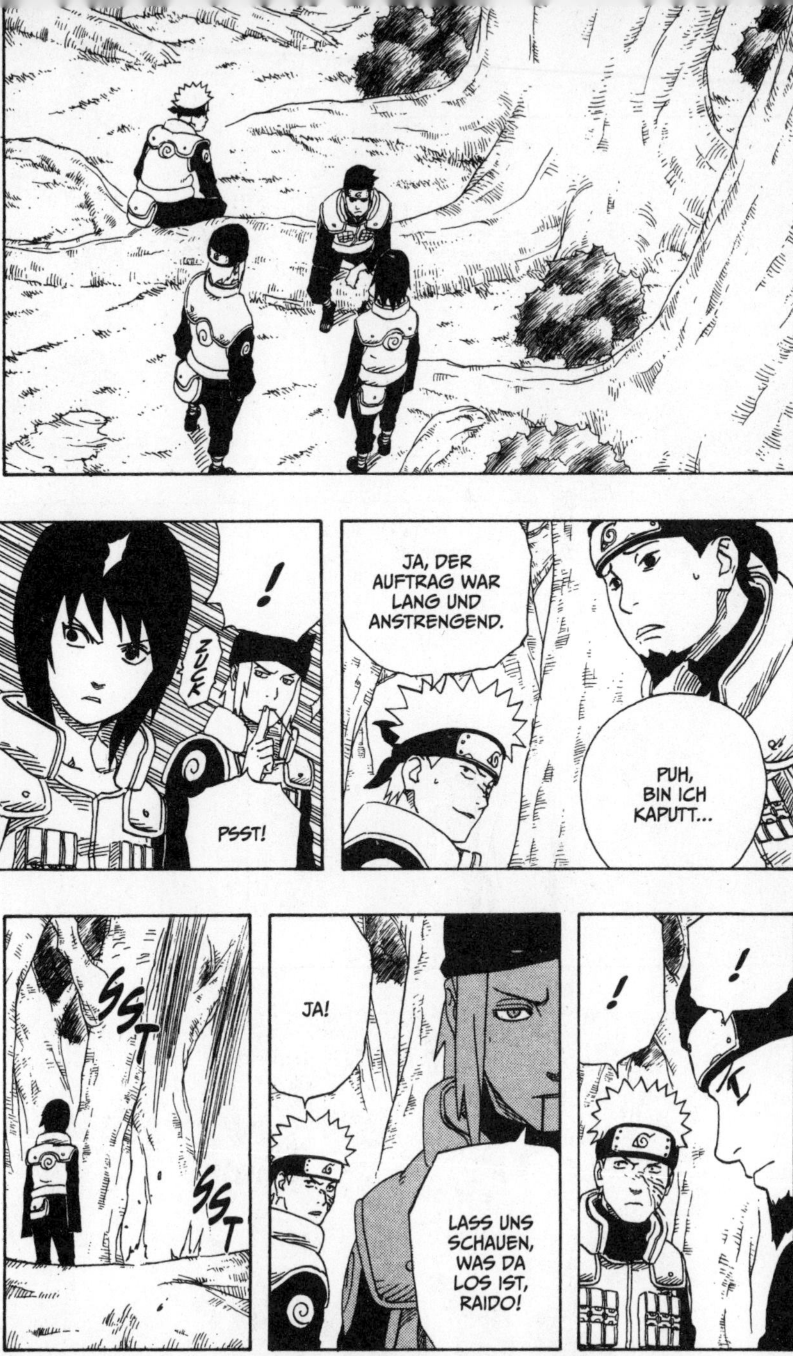
PUH, BIN ICH KAPUTT…
JA, DER AUFTRAG WAR LANG UND ANSTRENGEND.
!
ZUCK
PSST!
!
!
LASS UNS SCHAUEN, WAS DA LOS IST, RAIDO!
JA!
SST
SST

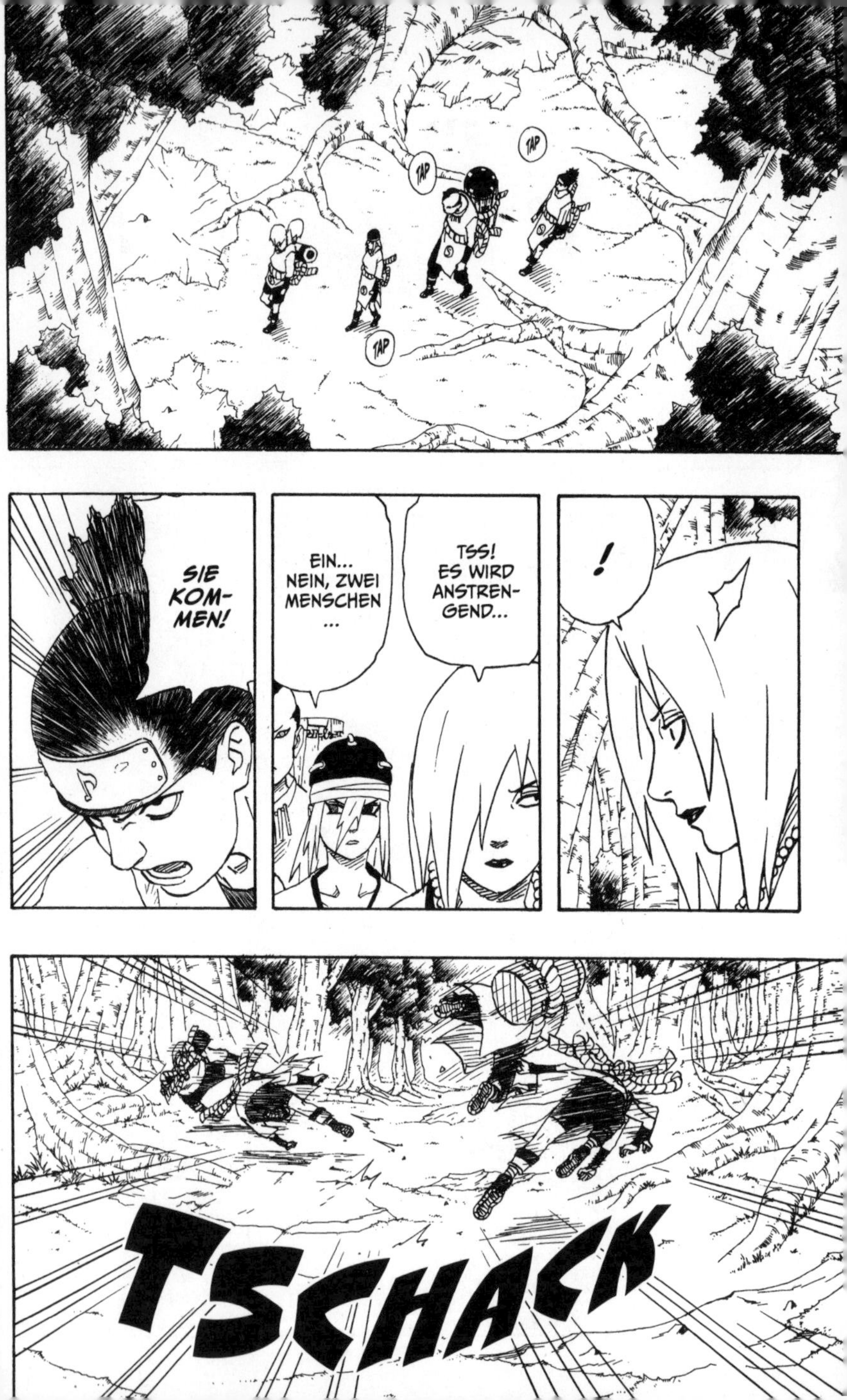
TAP
TAP
TAP
!
TSS! ES WIRD ANSTREN-GEND...
EIN... NEIN, ZWEI MENSCHEN ...
SIE KOM-MEN!
TSCHACK

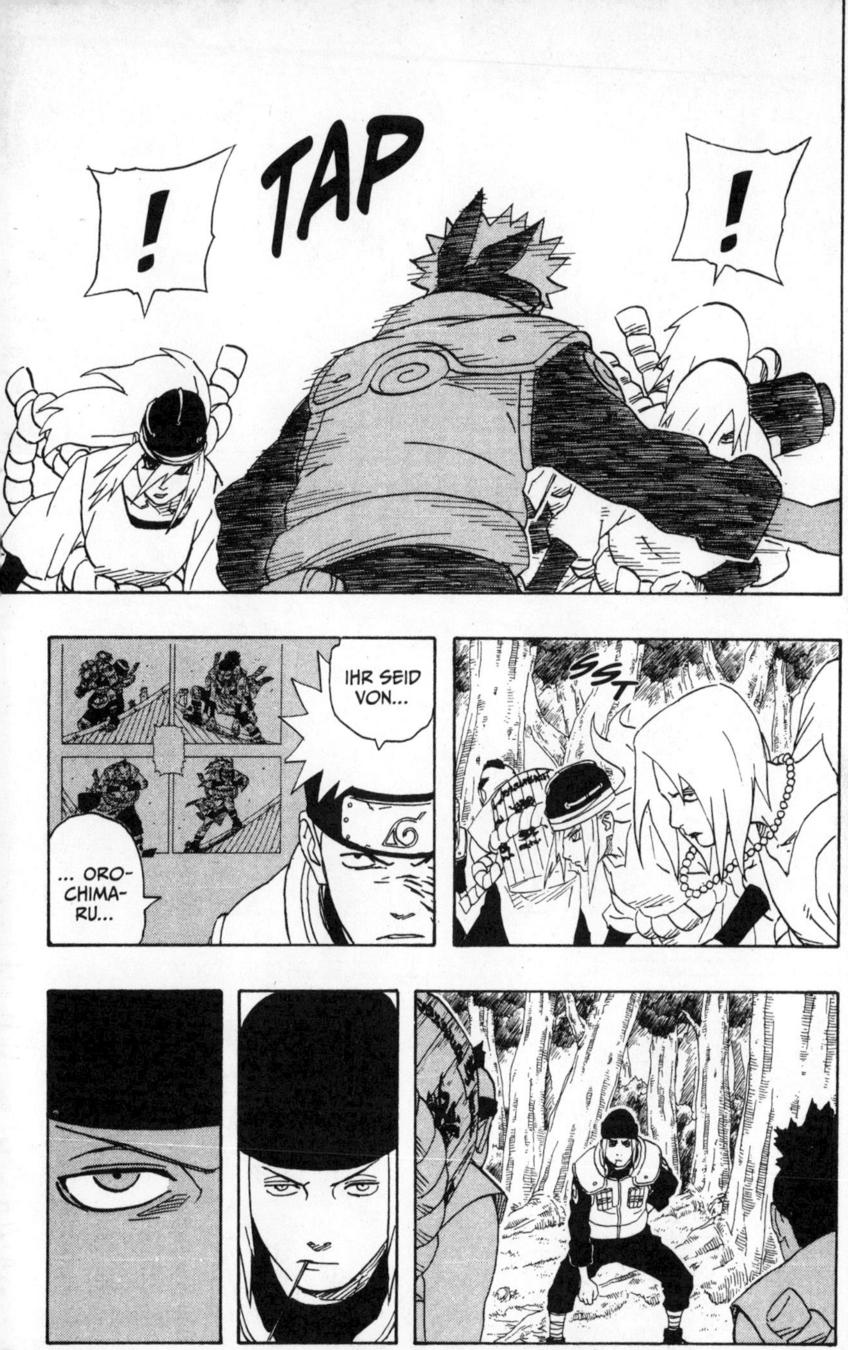

!
TAP
!
SST
IHR SEID VON...
... OROCHIMARU...

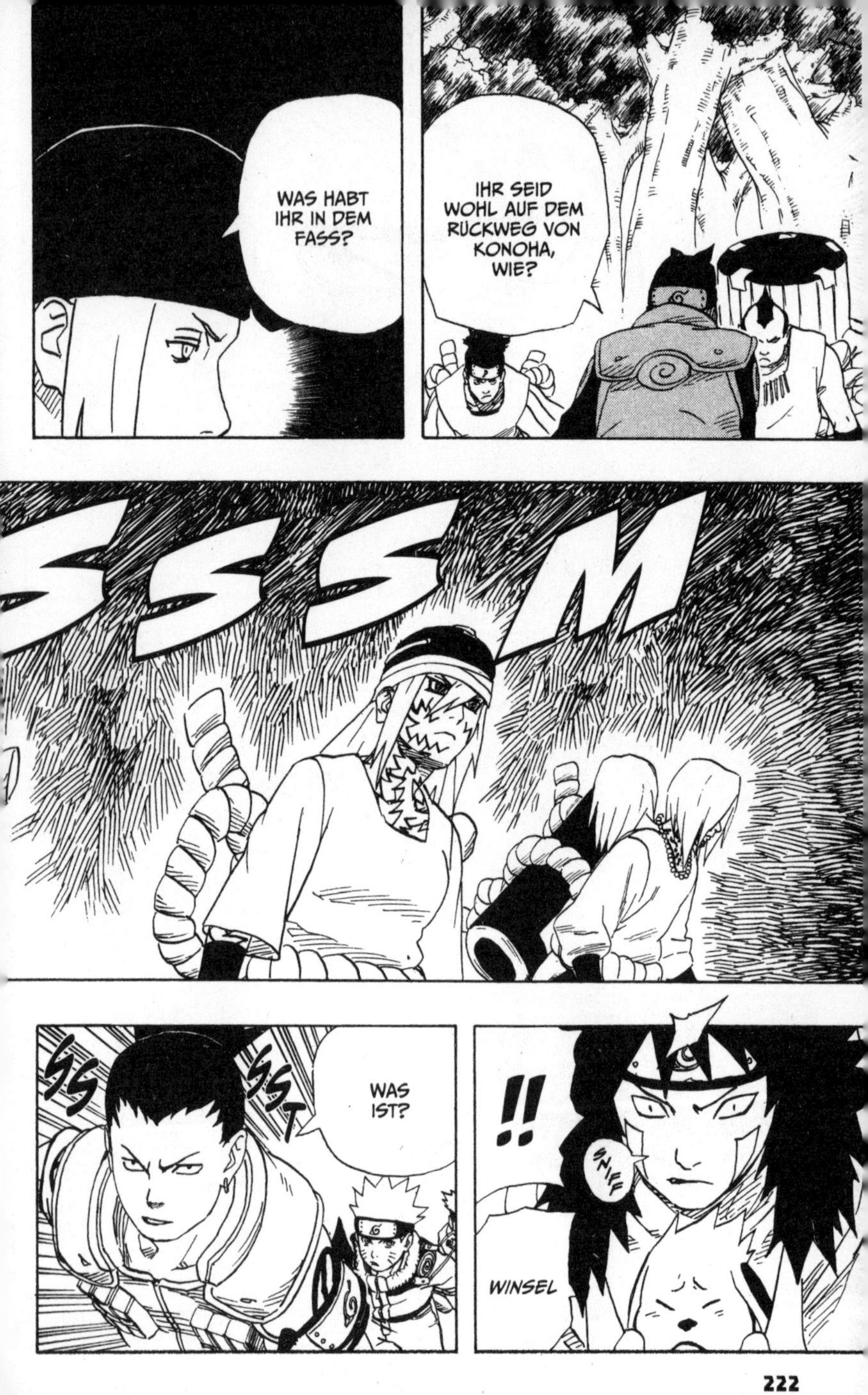
IHR SEID WOHL AUF DEM RÜCKWEG VON KONOHA, WIE?
WAS HABT IHR IN DEM FASS?
SSSM
SNIFF
!!
WINSEL
SSSST
WAS IST?

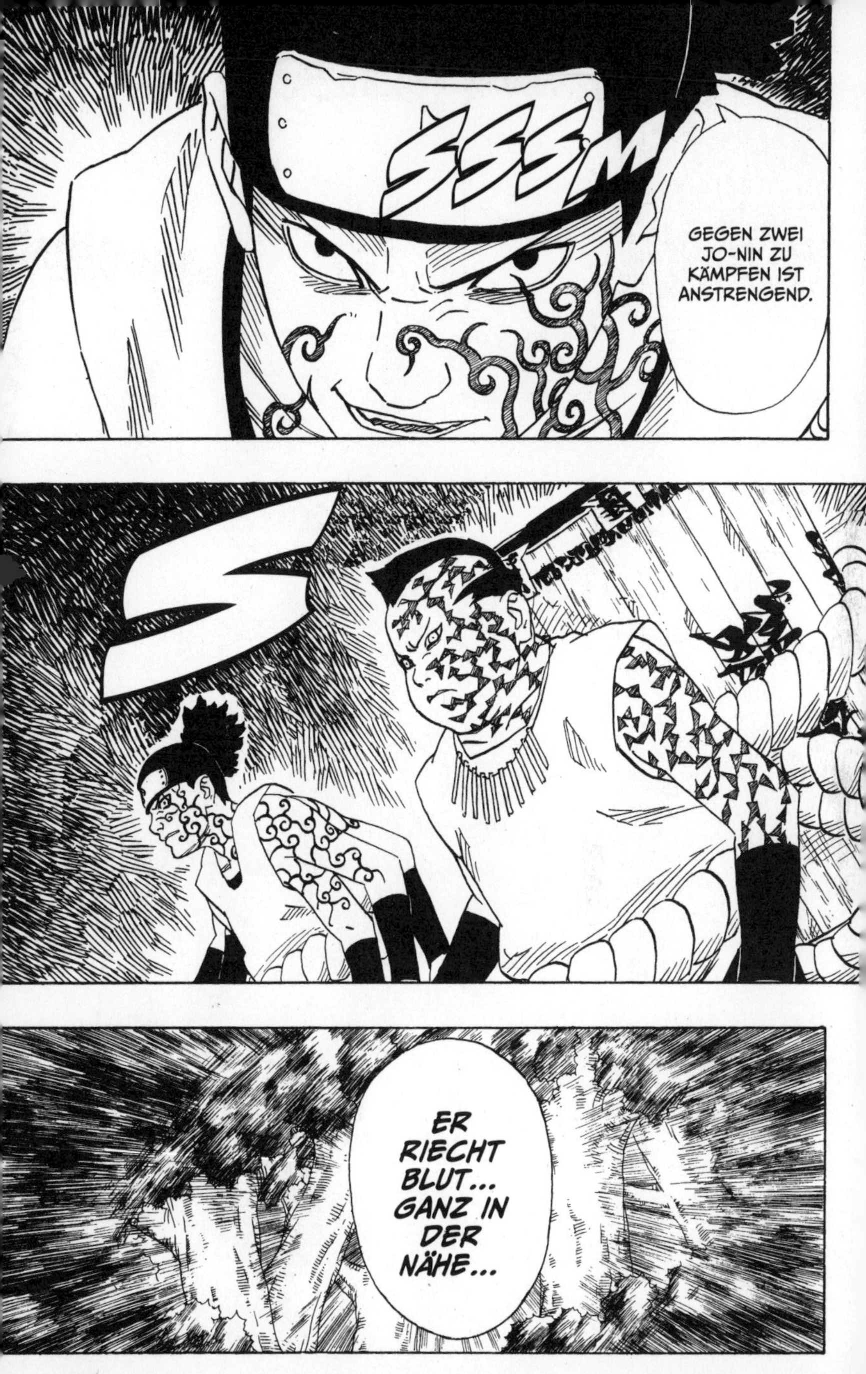
SSSM
GEGEN ZWEI JO-NIN ZU KÄMPFEN IST ANSTRENGEND.
S
ER RIECHT BLUT... GANZ IN DER NÄHE...

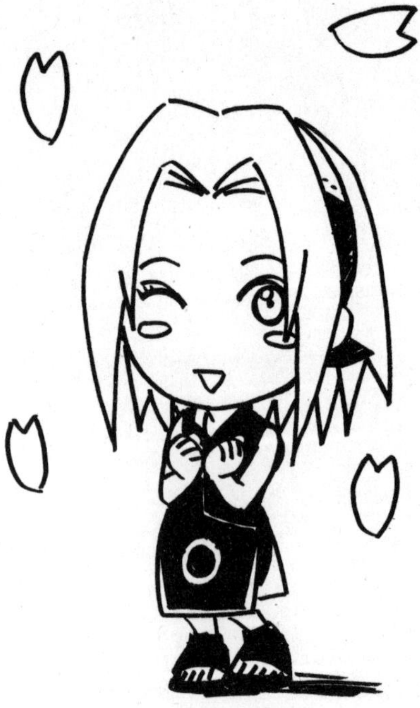

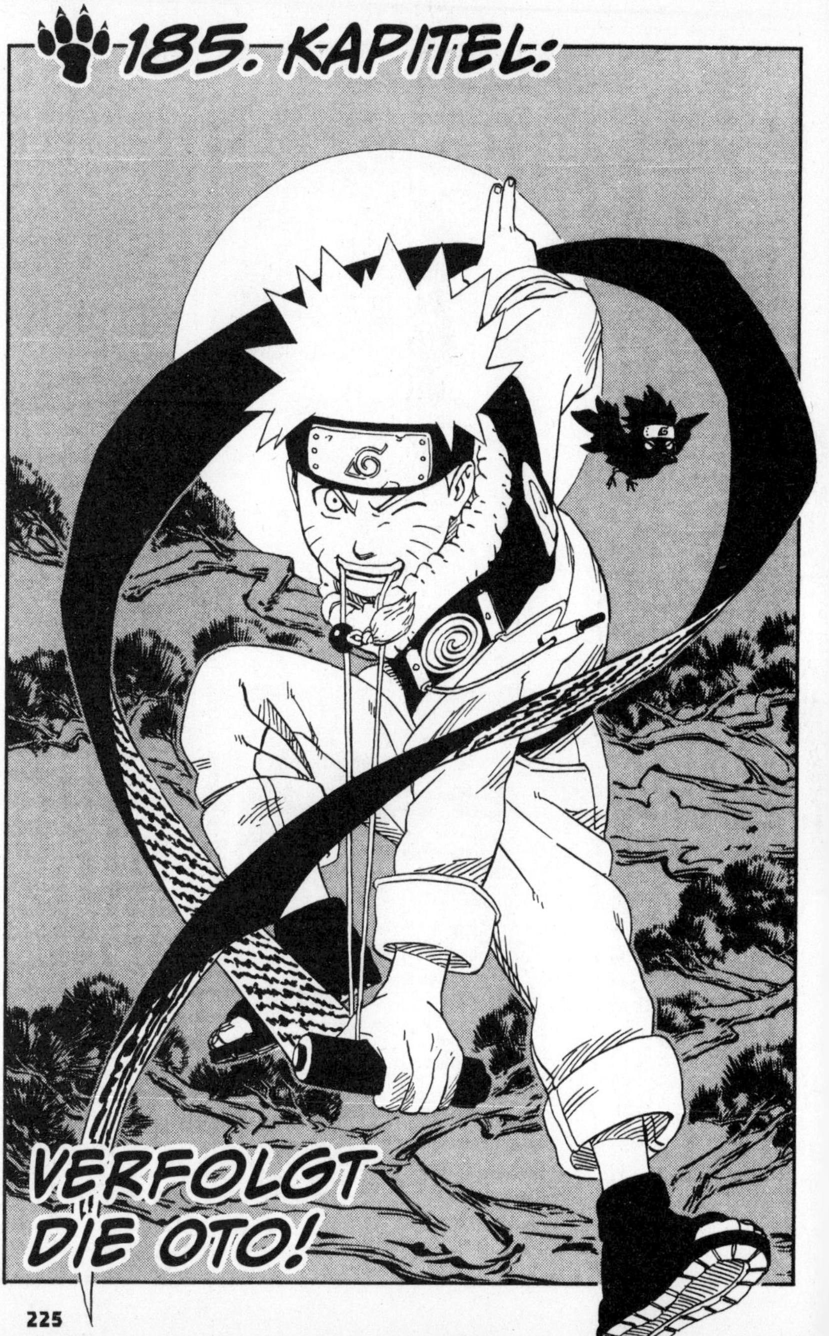
185. KAPITEL:
VERFOLGT DIE OTO!

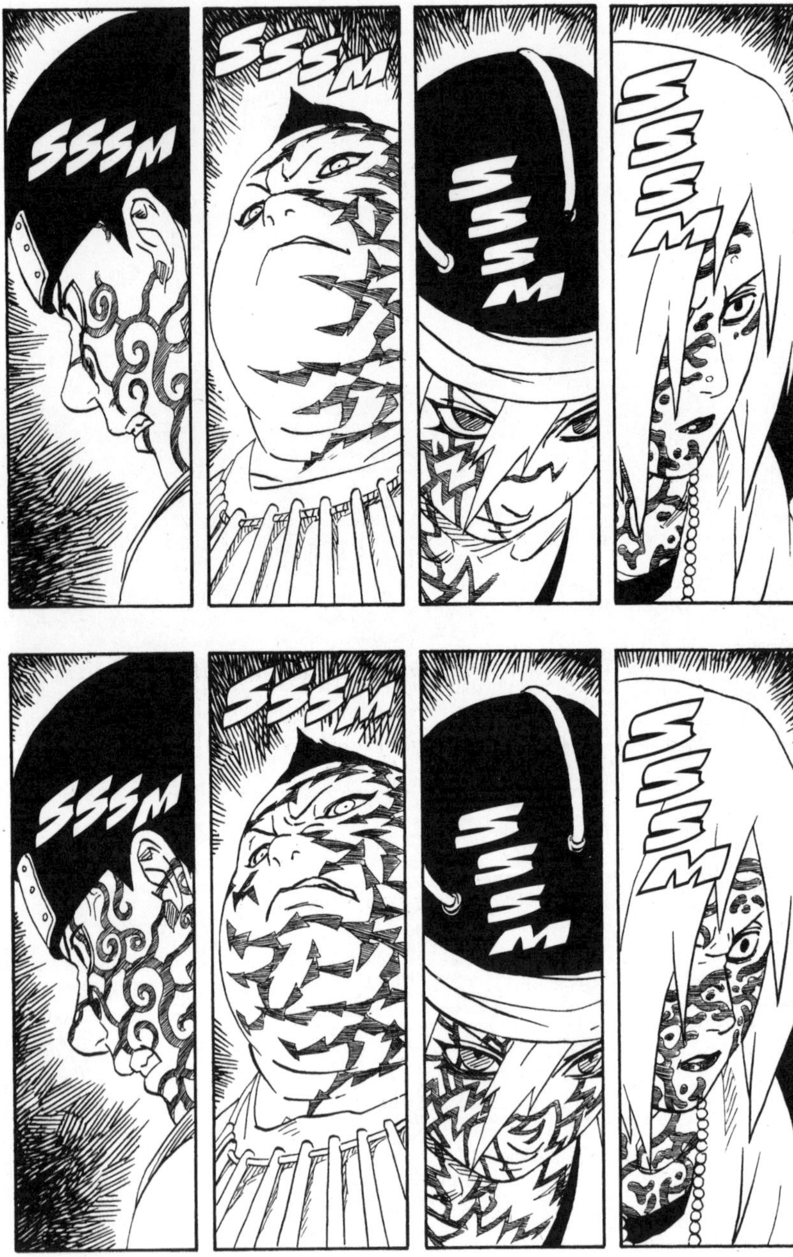
SSSM
SSSM
SSSM
SSSM
SSSM
SSSM
SSSM
SSSM

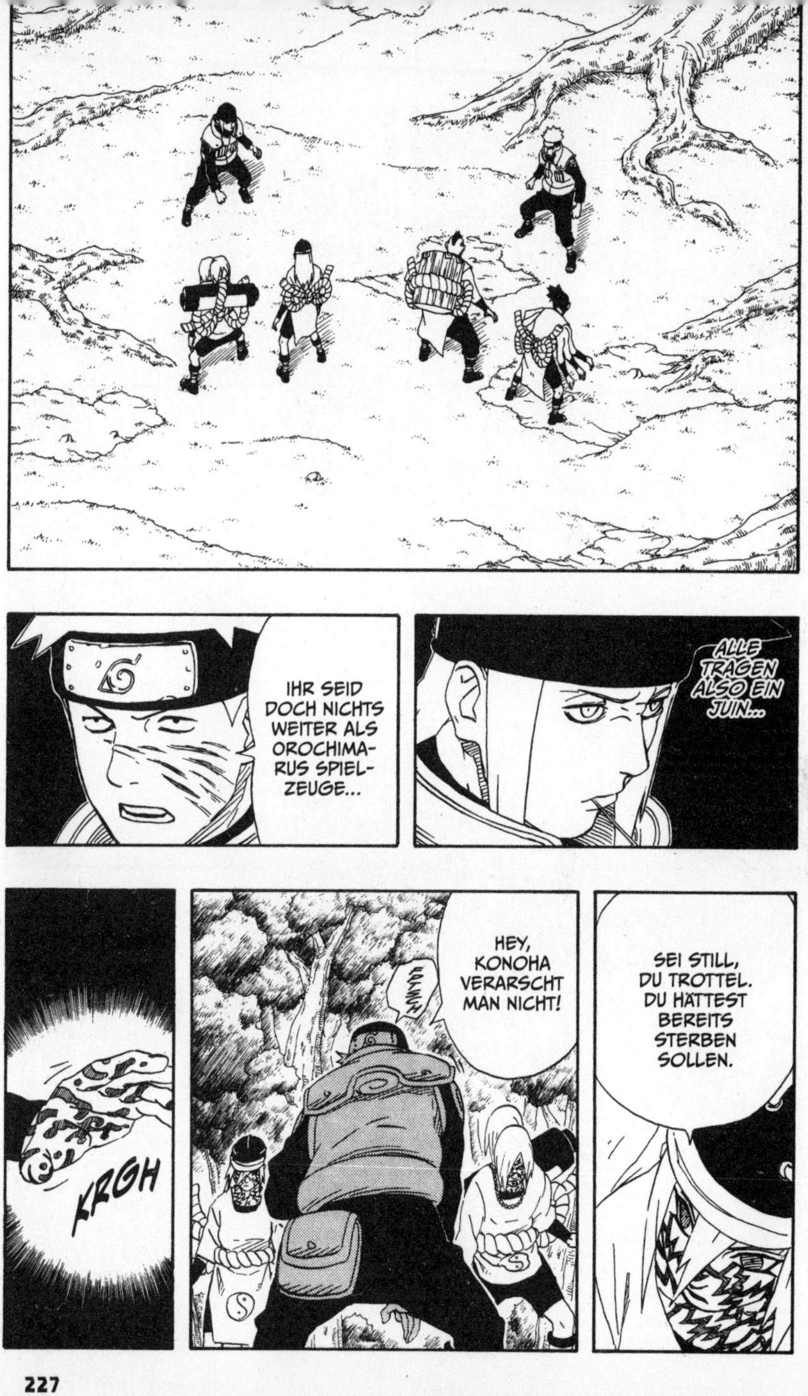
ALLE TRAGEN ALSO EIN JUIN...
IHR SEID DOCH NICHTS WEITER ALS OROCHIMA-RUS SPIEL-ZEUGE...
SEI STILL, DU TROTTEL. DU HÄTTEST BEREITS STERBEN SOLLEN.
HEY, KONOHA VERARSCHT MAN NICHT!
KRGH

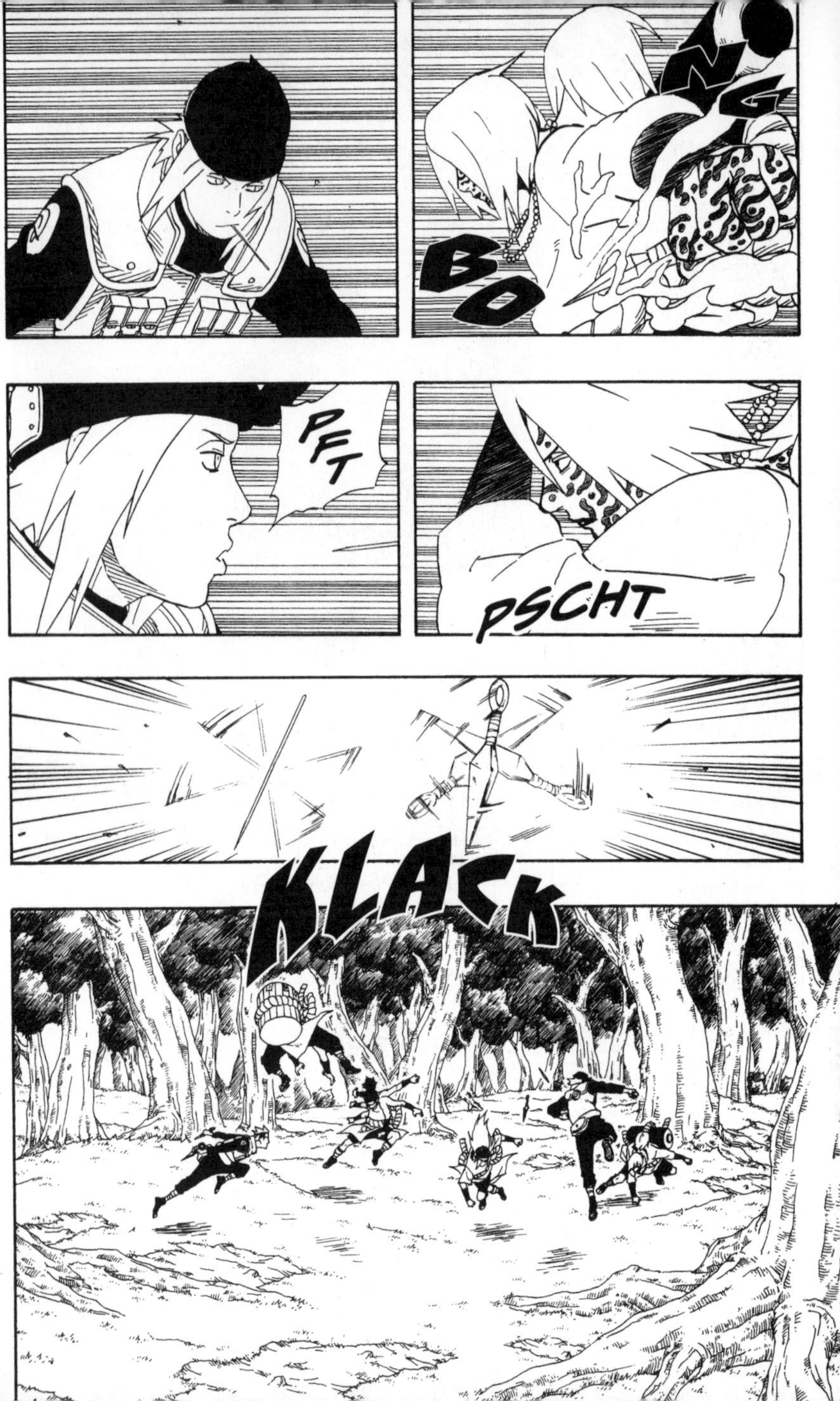

NG
BO
PFT
PSCHT
KLACK

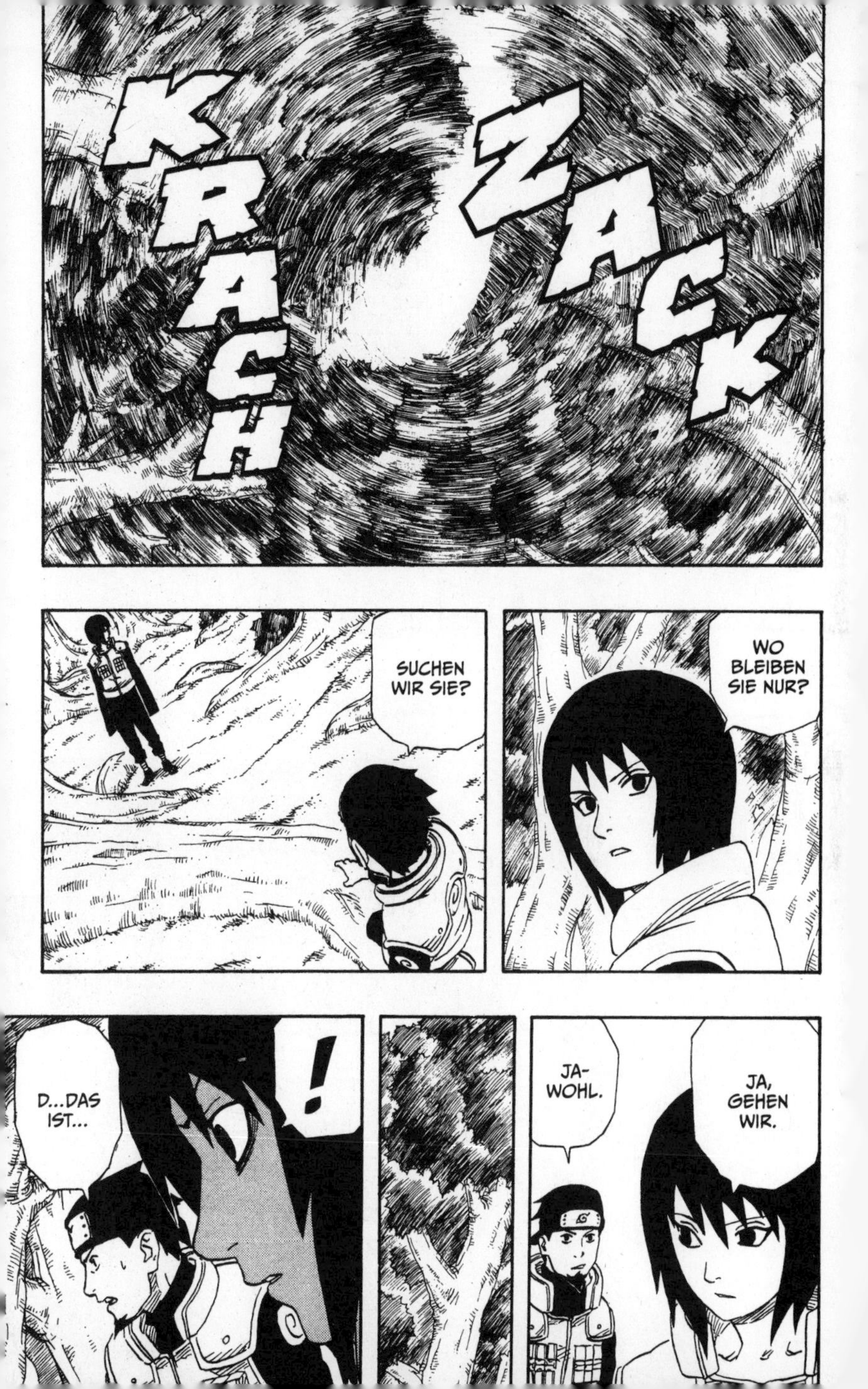
KRACH
ZACK
WO BLEIBEN SIE NUR?
SUCHEN WIR SIE?
!
D...DAS IST...
JA, GEHEN WIR.
JA-WOHL.

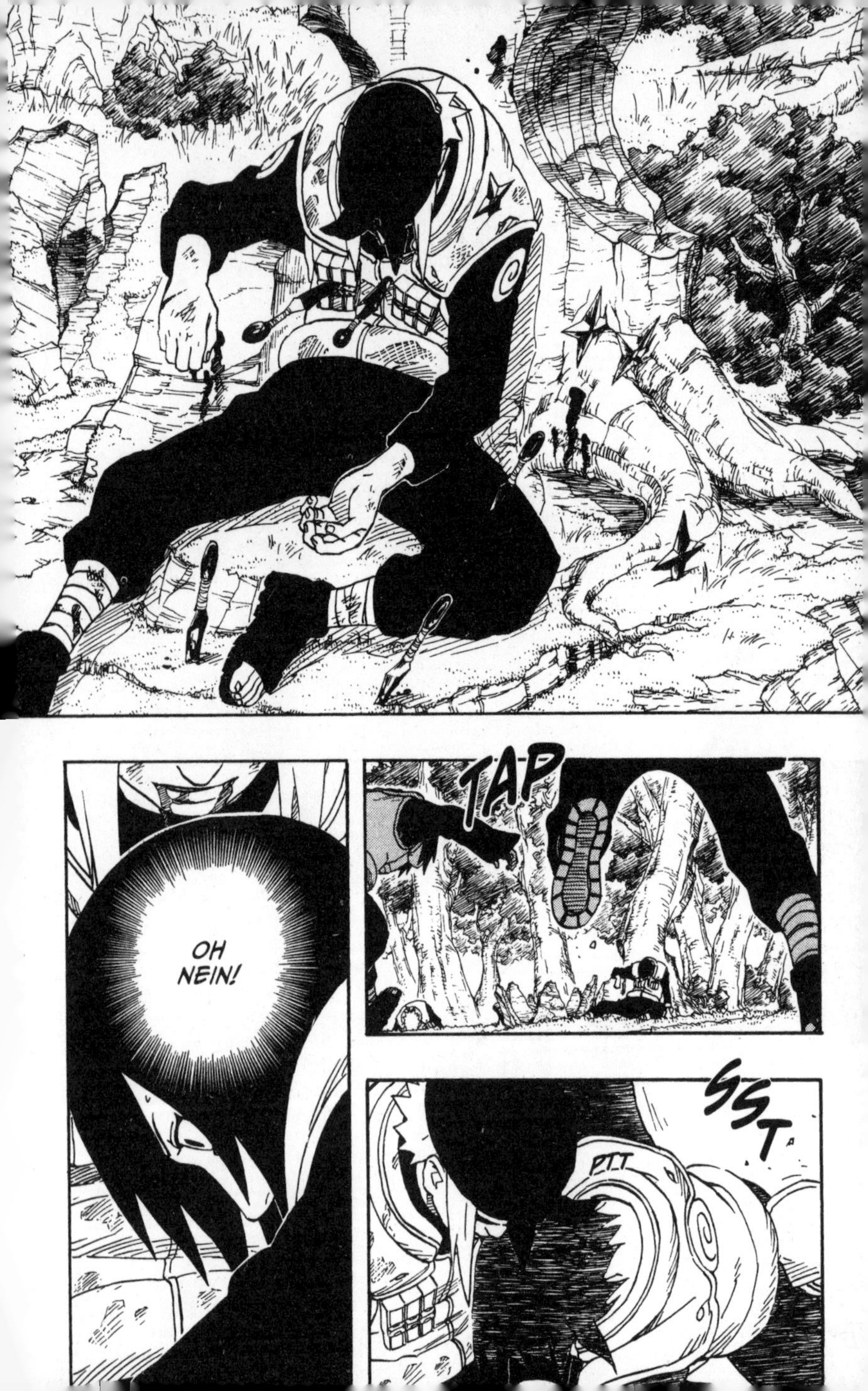
TAP
OH NEIN!
SST
P.T.T

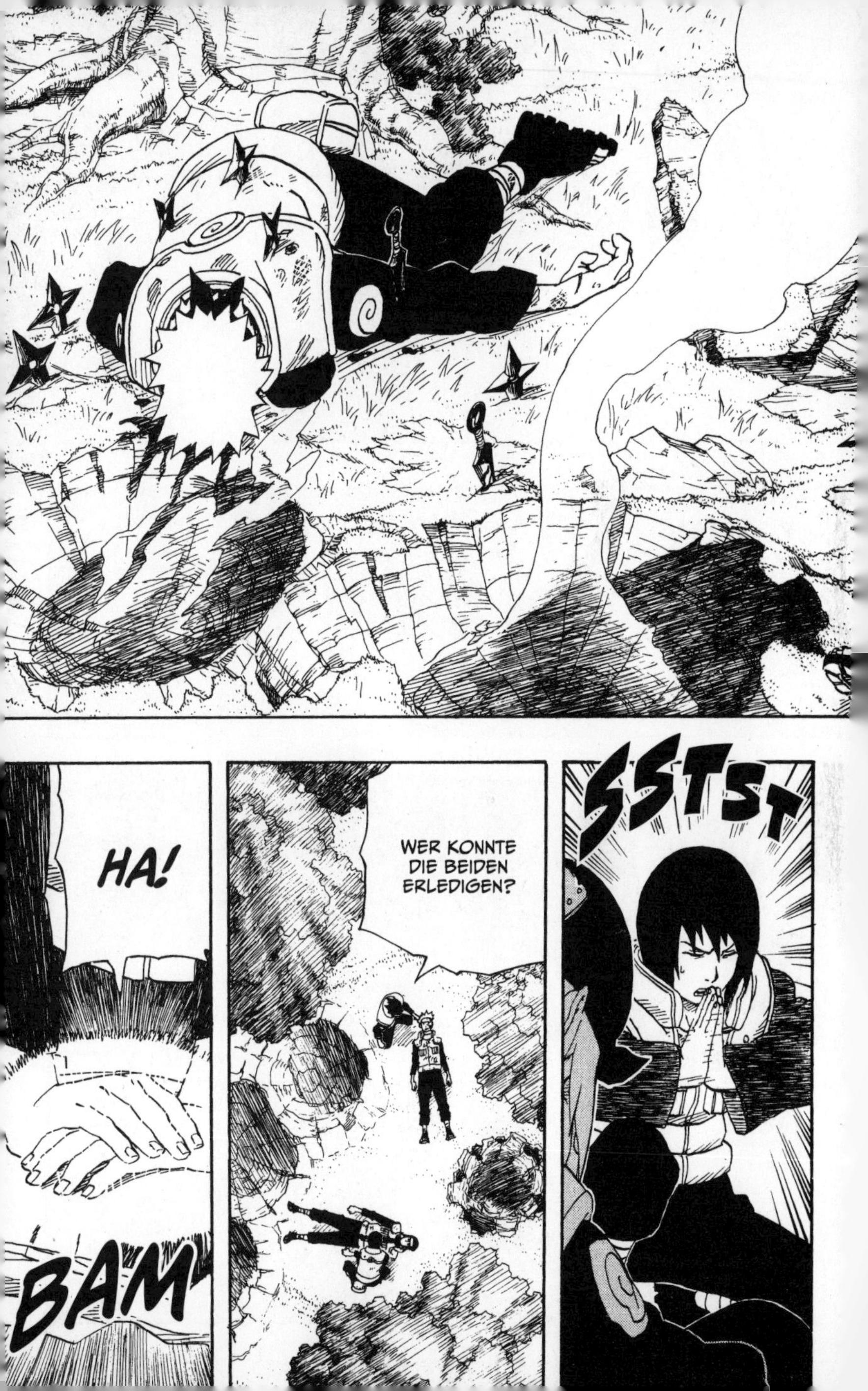
SSTST
WER KONNTE DIE BEIDEN ERLEDIGEN?
HA!
BAM

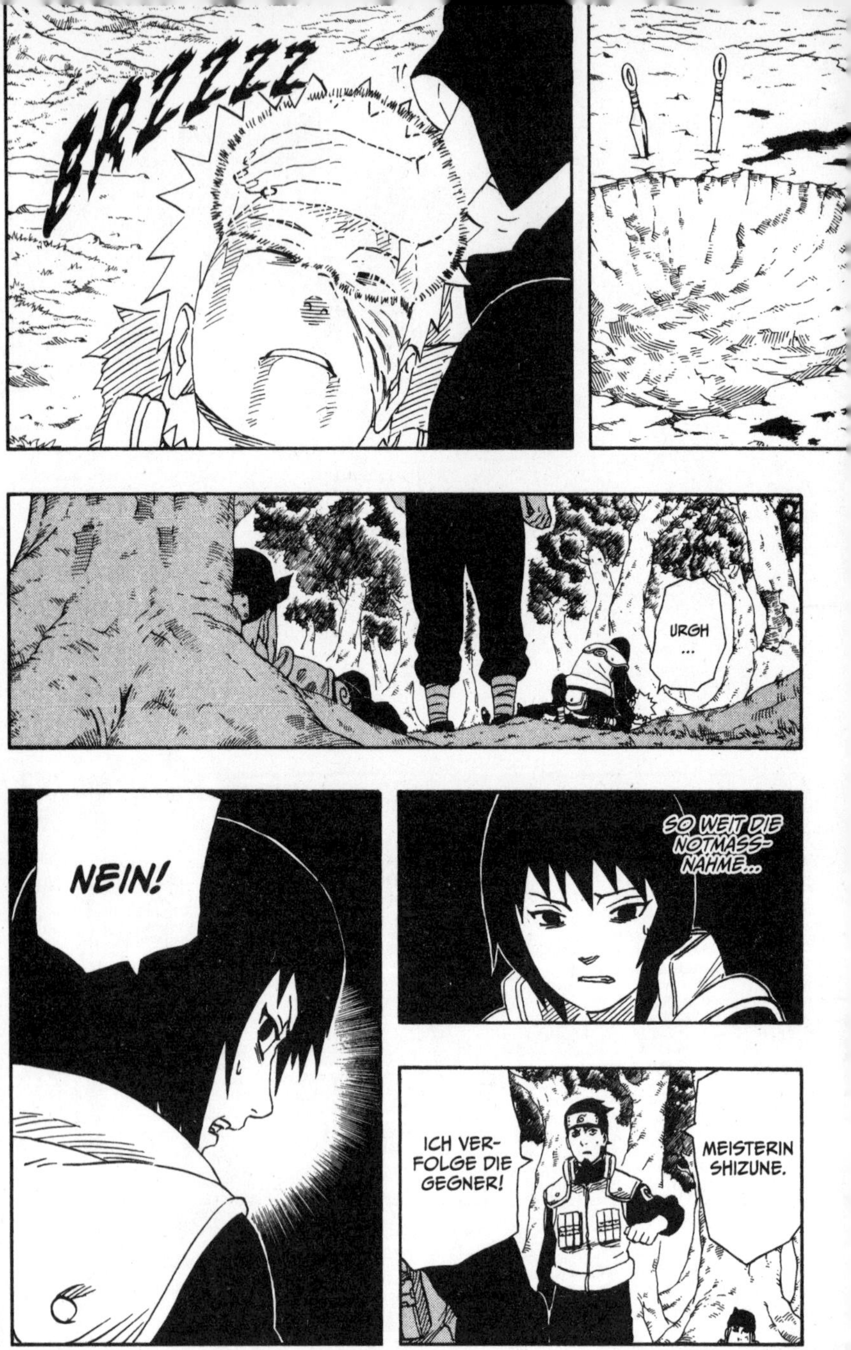
BRZZZZ
URGH ...
SO WEIT DIE NOTMASS-NAHME...
NEIN!
MEISTERIN SHIZUNE.
ICH VER-FOLGE DIE GEGNER!

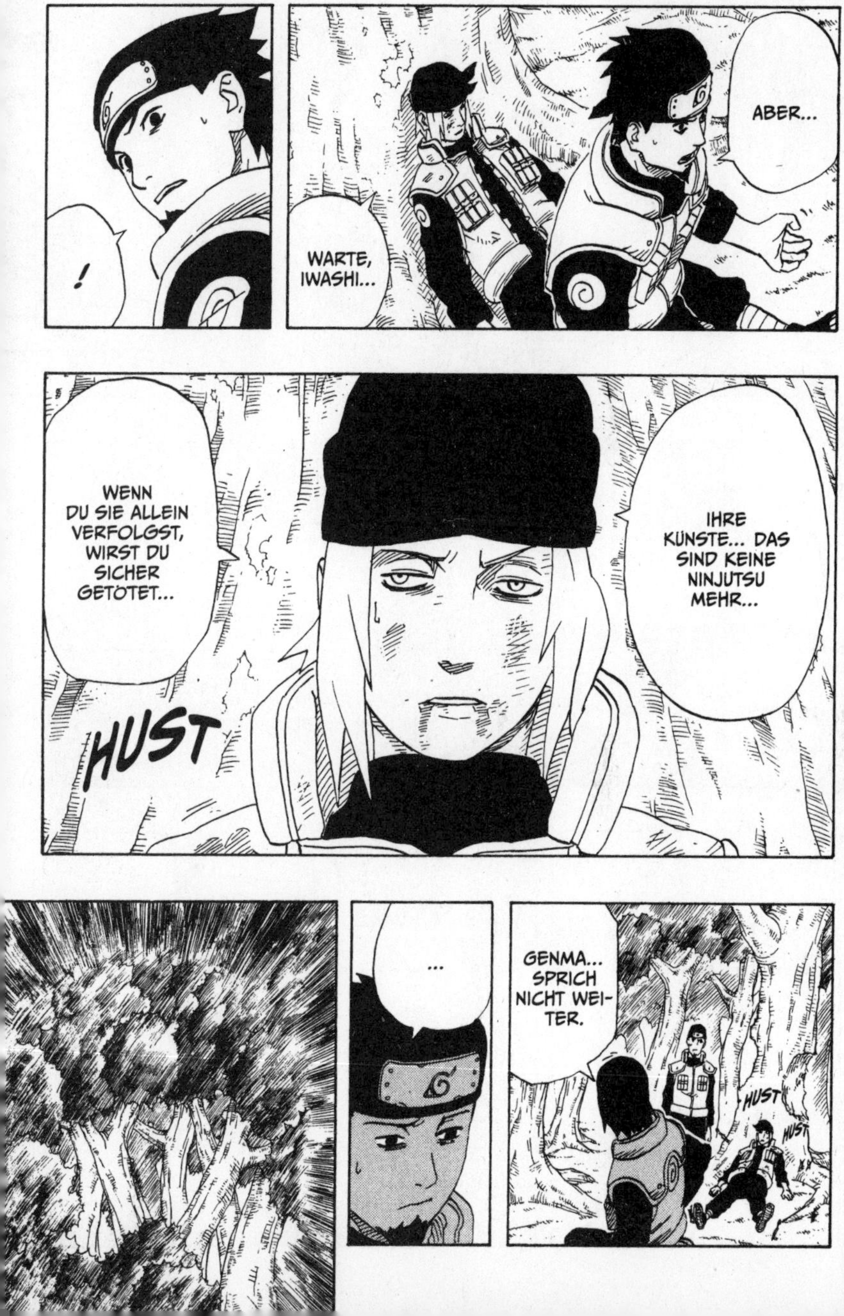
ABER...
WARTE, IWASHI...
!
IHRE KÜNSTE... DAS SIND KEINE NINJUTSU MEHR...
WENN DU SIE ALLEIN VERFOLGST, WIRST DU SICHER GETÖTET...
HUST
GENMA... SPRICH NICHT WEI-TER.
HUST
HUST
...

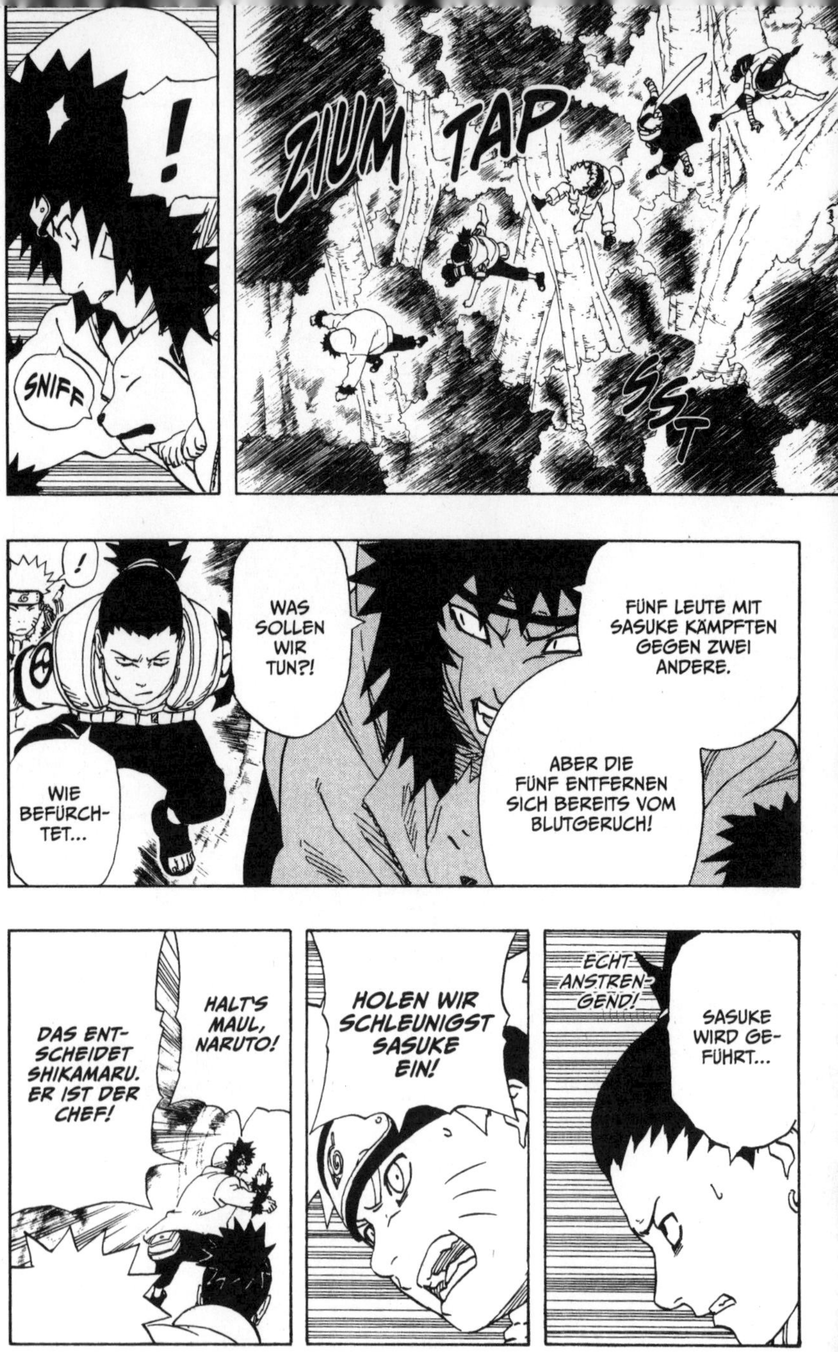
ZIUM TAP
SSST
!
SNIFF
FÜNF LEUTE MIT SASUKE KÄMPFTEN GEGEN ZWEI ANDERE.
ABER DIE FÜNF ENTFERNEN SICH BEREITS VOM BLUTGERUCH!
WAS SOLLEN WIR TUN?!
!
WIE BEFÜRCH-TET...
SASUKE WIRD GE-FÜHRT...
ECHT ANSTREN-GEND!
HOLEN WIR SCHLEUNIGST SASUKE EIN!
HALT'S MAUL, NARUTO!
DAS ENT-SCHEIDET SHIKAMARU. ER IST DER CHEF!

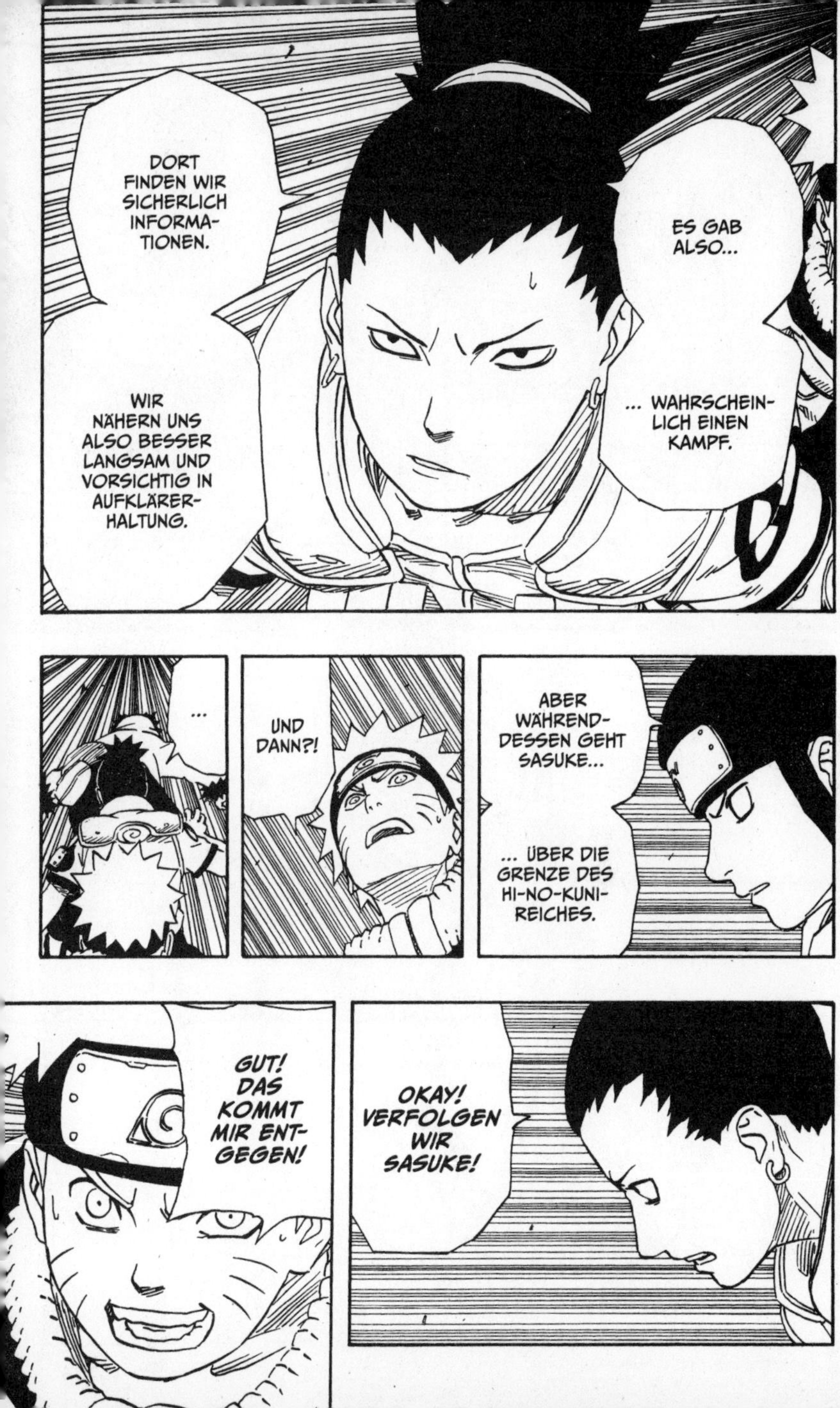
ES GAB ALSO...
... WAHRSCHEINLICH EINEN KAMPF.
DORT FINDEN WIR SICHERLICH INFORMATIONEN.
WIR NÄHERN UNS ALSO BESSER LANGSAM UND VORSICHTIG IN AUFKLÄRERHALTUNG.
ABER WÄHRENDDESSEN GEHT SASUKE...
... ÜBER DIE GRENZE DES HI-NO-KUNI-REICHES.
UND DANN?!
...
OKAY! VERFOLGEN WIR SASUKE!
GUT! DAS KOMMT MIR ENTGEGEN!

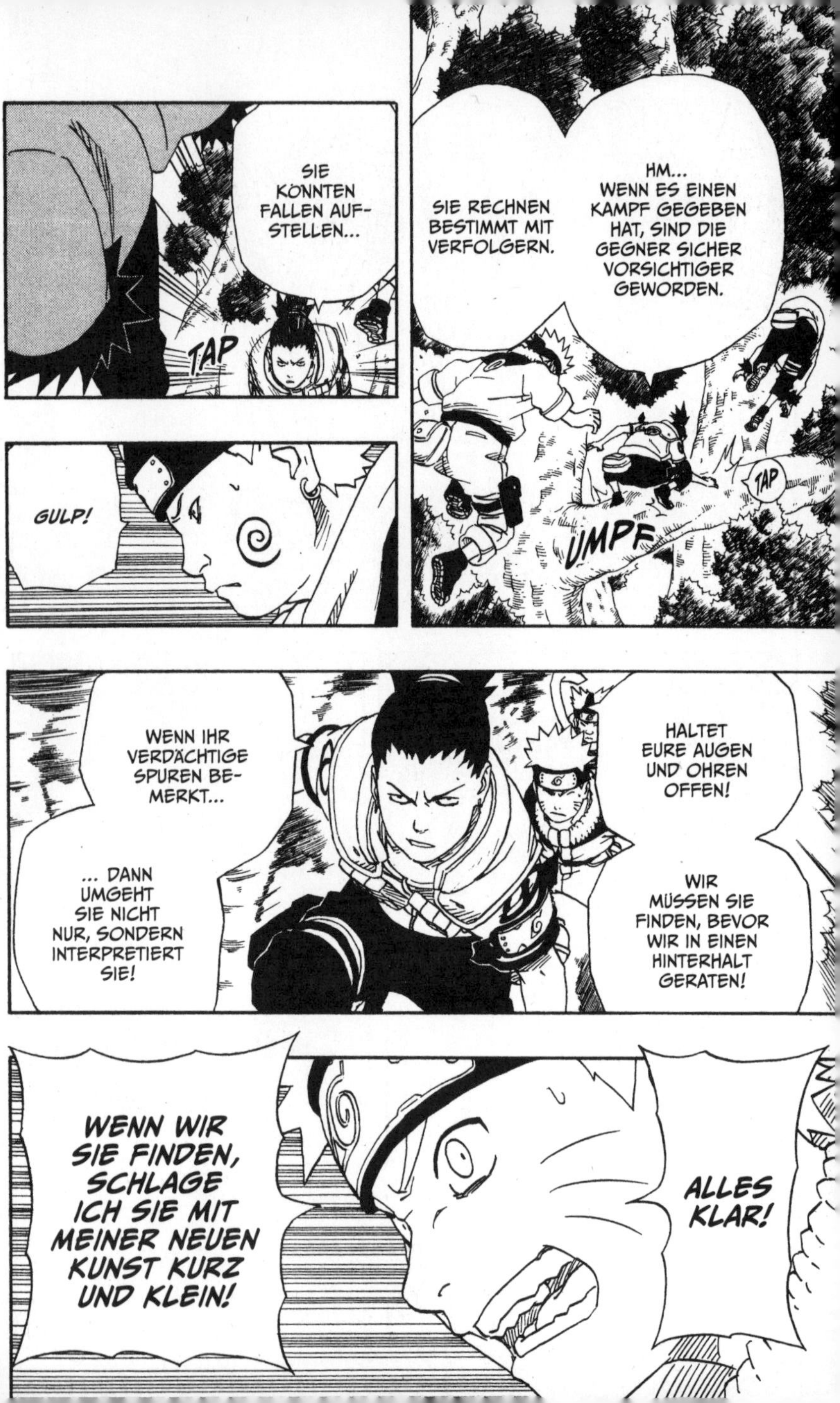
HM... WENN ES EINEN KAMPF GEGEBEN HAT, SIND DIE GEGNER SICHER VORSICHTIGER GEWORDEN.
SIE RECHNEN BESTIMMT MIT VERFOLGERN.
TAP
UMPF
SIE KÖNNTEN FALLEN AUF-STELLEN...
TAP
GULP!
HALTET EURE AUGEN UND OHREN OFFEN!
WIR MÜSSEN SIE FINDEN, BEVOR WIR IN EINEN HINTERHALT GERATEN!
WENN IHR VERDÄCHTIGE SPUREN BE-MERKT...
... DANN UMGEHT SIE NICHT NUR, SONDERN INTERPRETIERT SIE!
ALLES KLAR!
WENN WIR SIE FINDEN, SCHLAGE ICH SIE MIT MEINER NEUEN KUNST KURZ UND KLEIN!

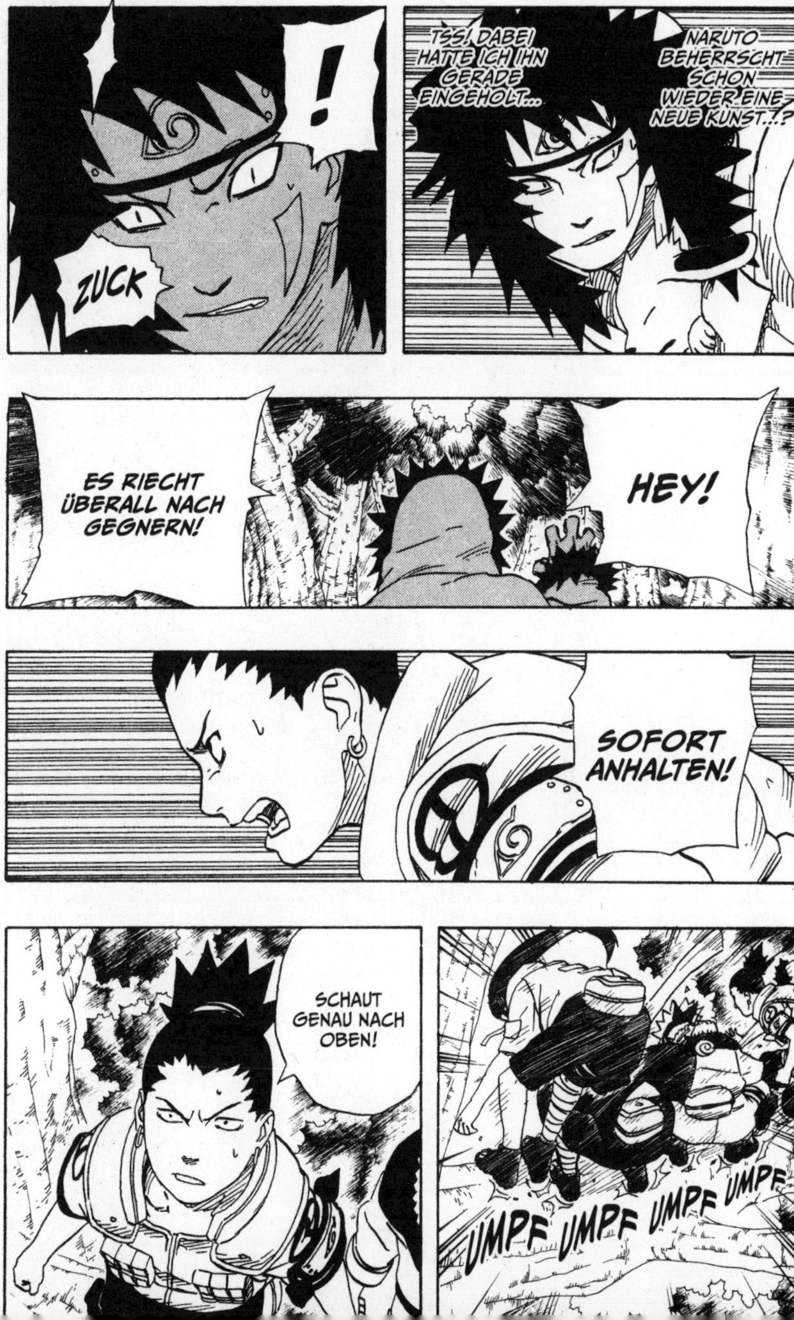
NARUTO BEHERRSCHT SCHON WIEDER EINE NEUE KUNST...?
TSS! DABEI HATTE ICH IHN GERADE EINGEHOLT...
!
ZUCK
HEY!
ES RIECHT ÜBERALL NACH GEGNERN!
SOFORT ANHALTEN!
UMPF UMPF UMPF UMPF
SCHAUT GENAU NACH OBEN!

*KI = LÖSEN, BAKU = EXPLOSION, FUDA = KARTE

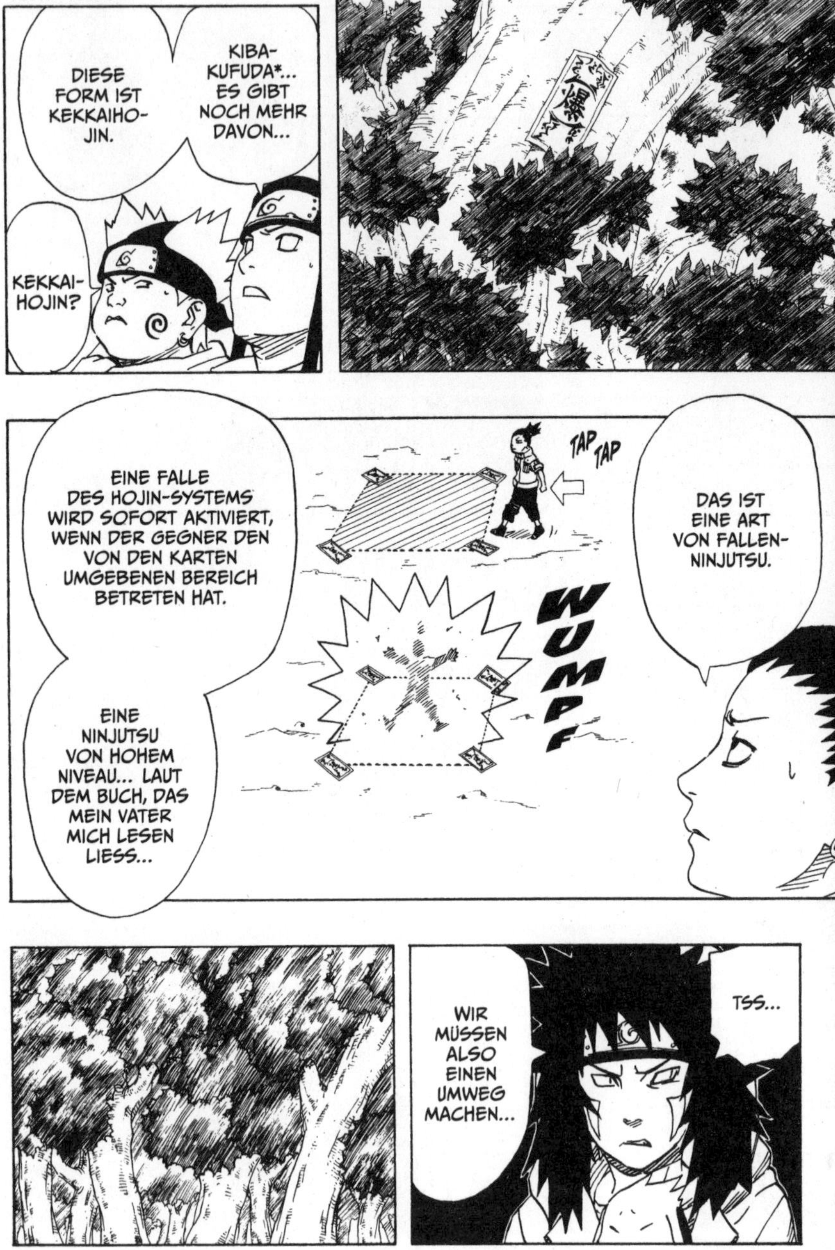

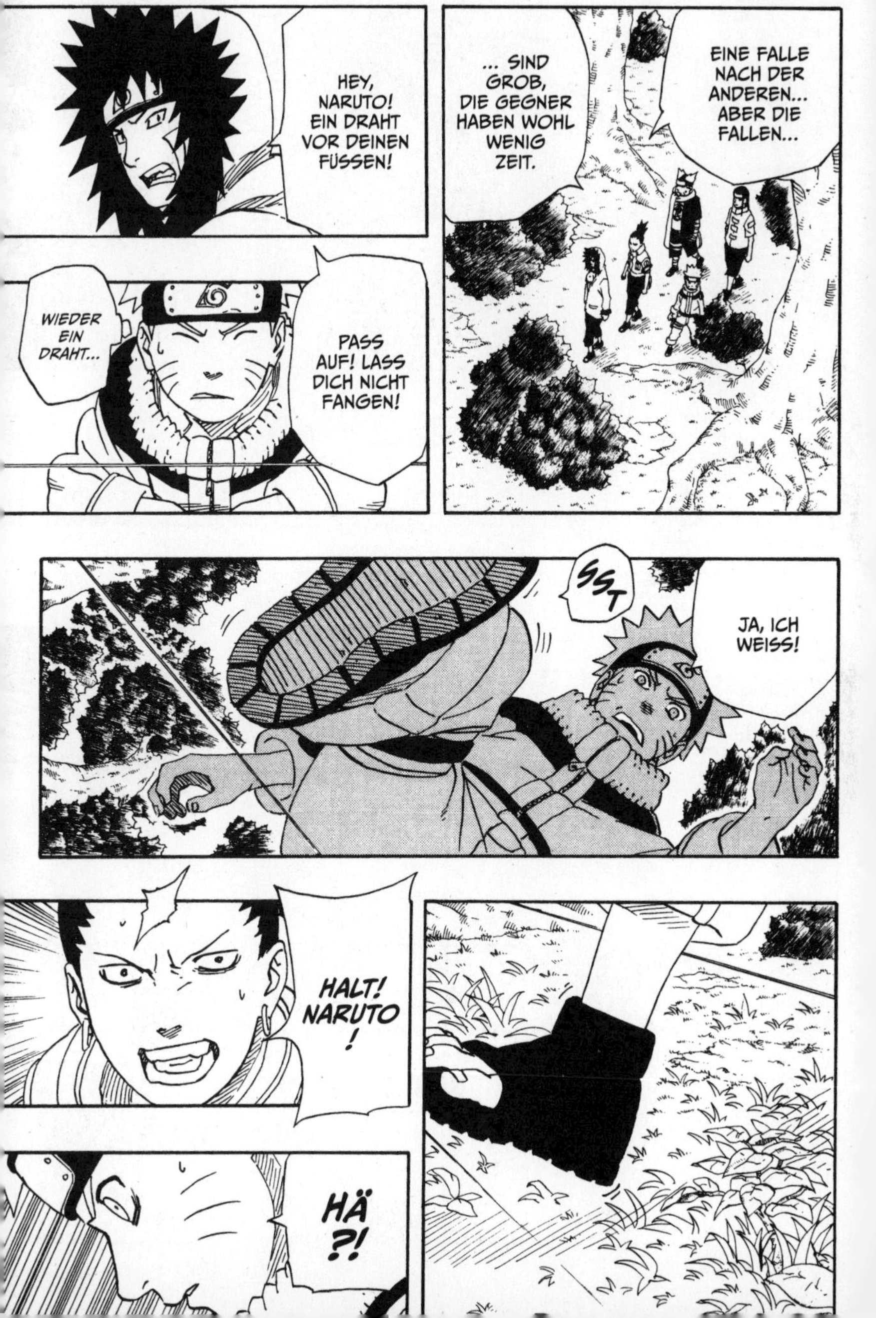
EINE FALLE NACH DER ANDEREN... ABER DIE FALLEN...
... SIND GROB, DIE GEGNER HABEN WOHL WENIG ZEIT.
HEY, NARUTO! EIN DRAHT VOR DEINEN FÜSSEN!
PASS AUF! LASS DICH NICHT FANGEN!
WIEDER EIN DRAHT...
SST
JA, ICH WEISS!
HALT! NARUTO!
HÄ ?!

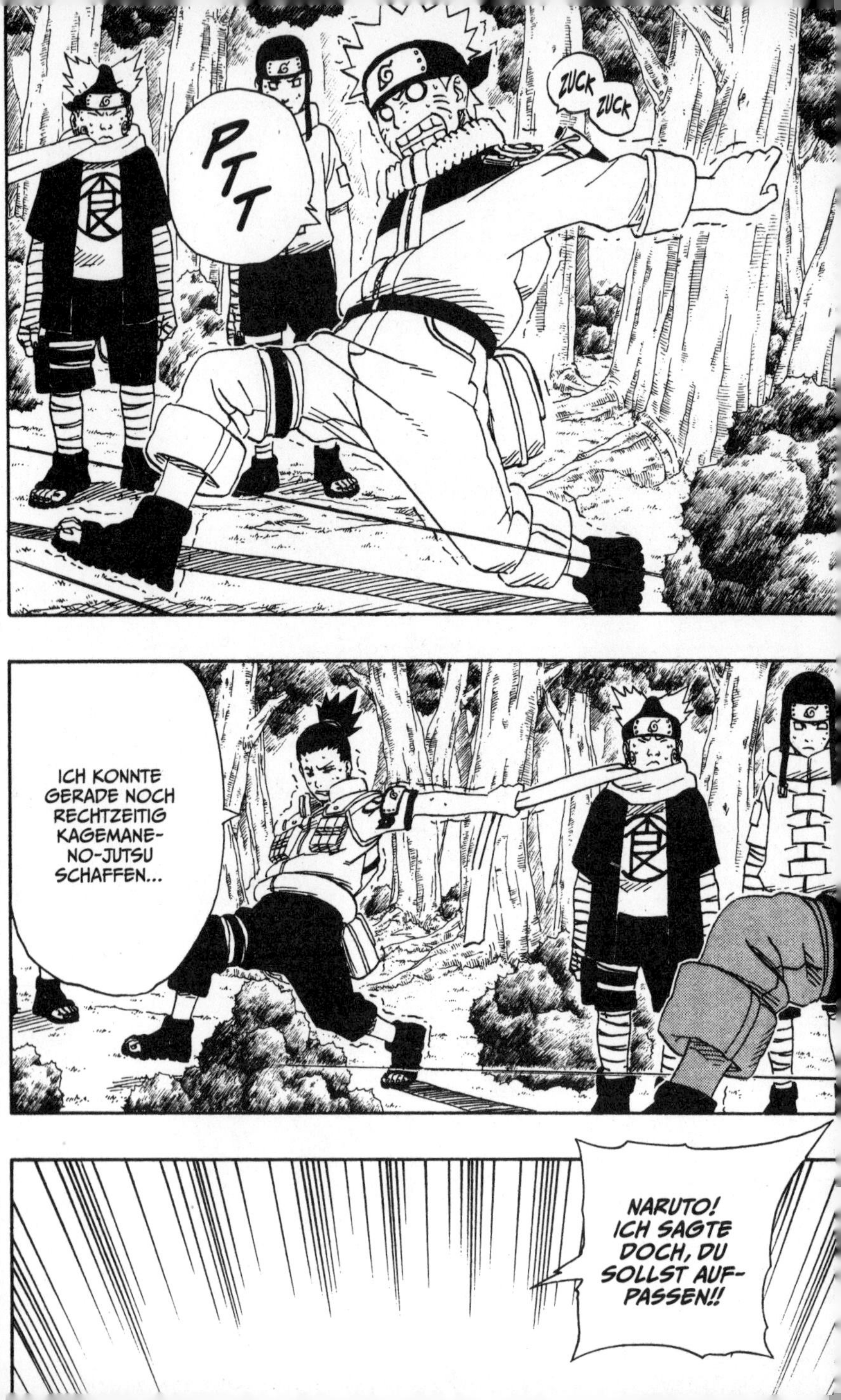
ZUCK
ZUCK
PTTT
ICH KONNTE GERADE NOCH RECHTZEITIG KAGEMANE-NO-JUTSU SCHAFFEN...
NARUTO! ICH SAGTE DOCH, DU SOLLST AUF-PASSEN!!

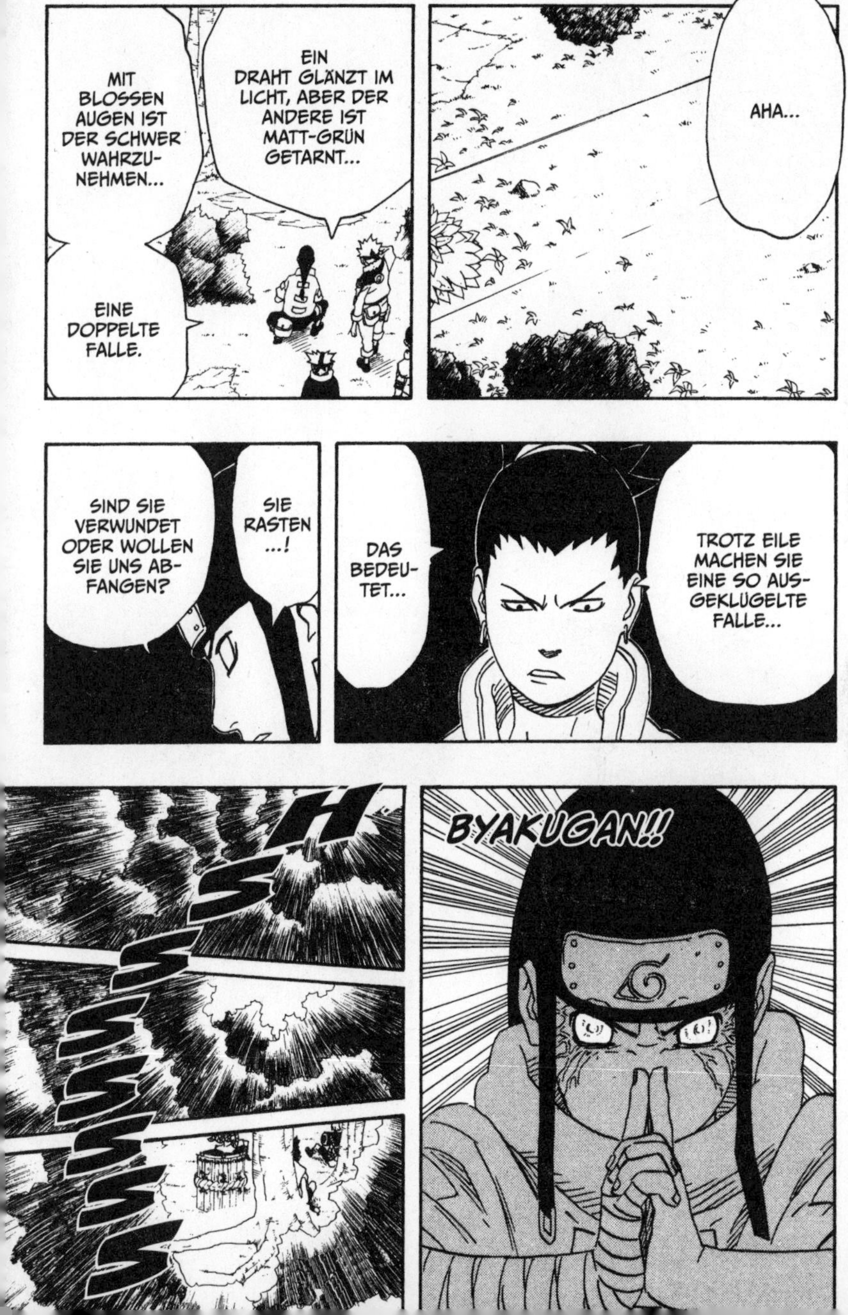
AHA...
EIN DRAHT GLÄNZT IM LICHT, ABER DER ANDERE IST MATT-GRÜN GETARNT...
MIT BLOSSEN AUGEN IST DER SCHWER WAHRZUNEHMEN...
EINE DOPPELTE FALLE.
TROTZ EILE MACHEN SIE EINE SO AUSGEKLÜGELTE FALLE...
DAS BEDEUTET...
SIE RASTEN ...!
SIND SIE VERWUNDET ODER WOLLEN SIE UNS ABFANGEN?
BYAKUGAN!!

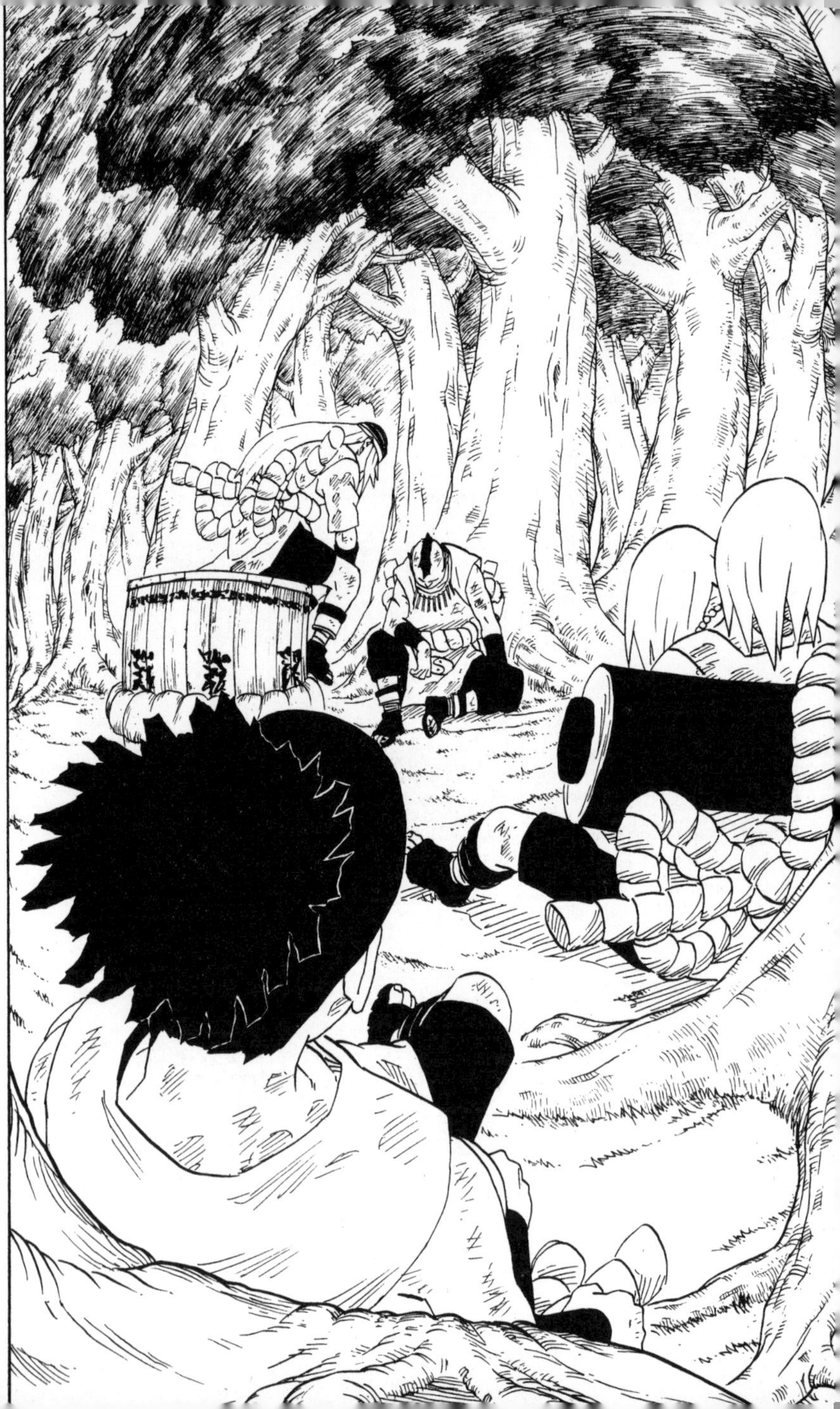

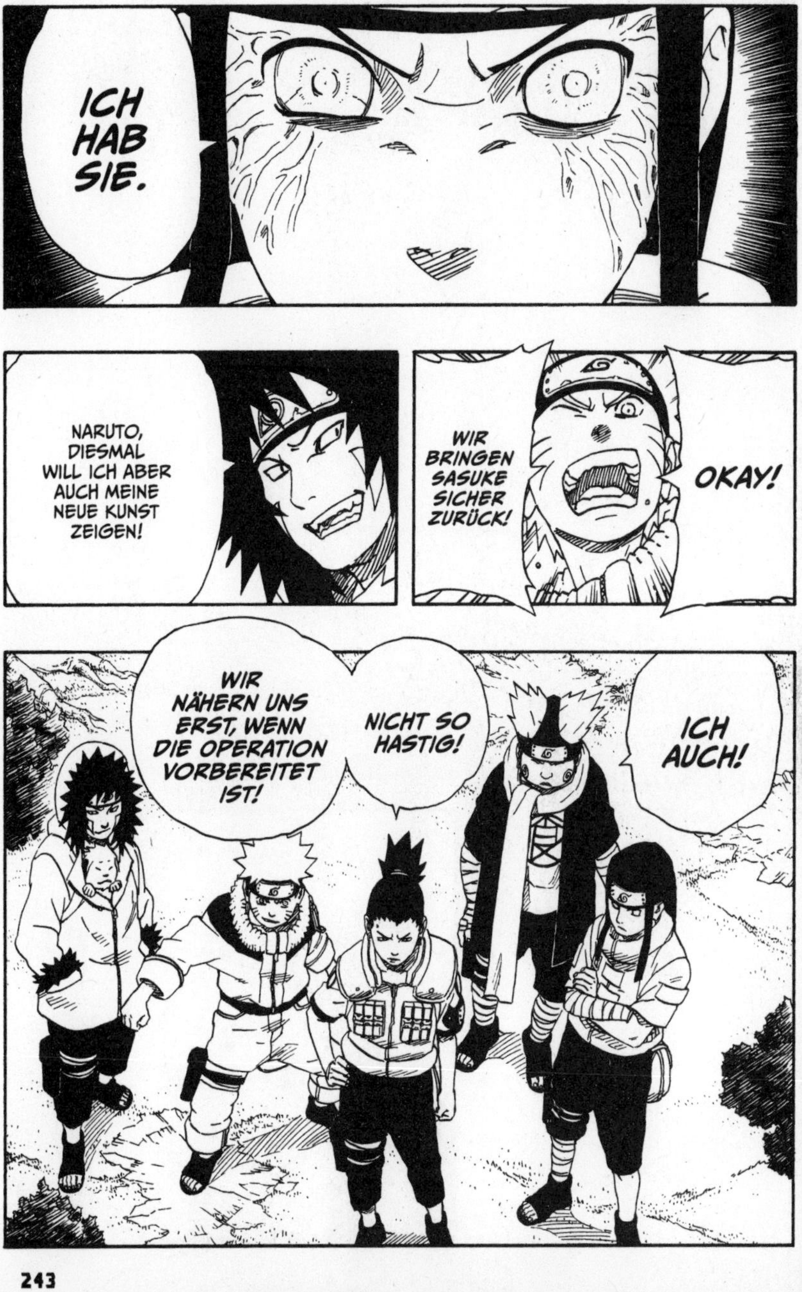
ICH HAB SIE.
OKAY!
WIR BRINGEN SASUKE SICHER ZURÜCK!
NARUTO, DIESMAL WILL ICH ABER AUCH MEINE NEUE KUNST ZEIGEN!
ICH AUCH!
NICHT SO HASTIG!
WIR NÄHERN UNS ERST, WENN DIE OPERATION VORBEREITET IST!

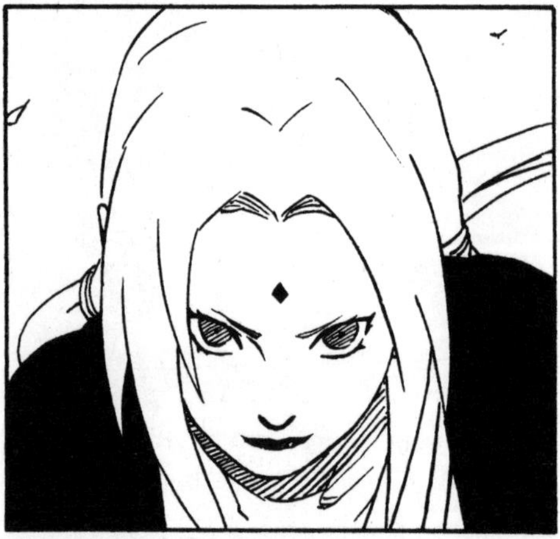

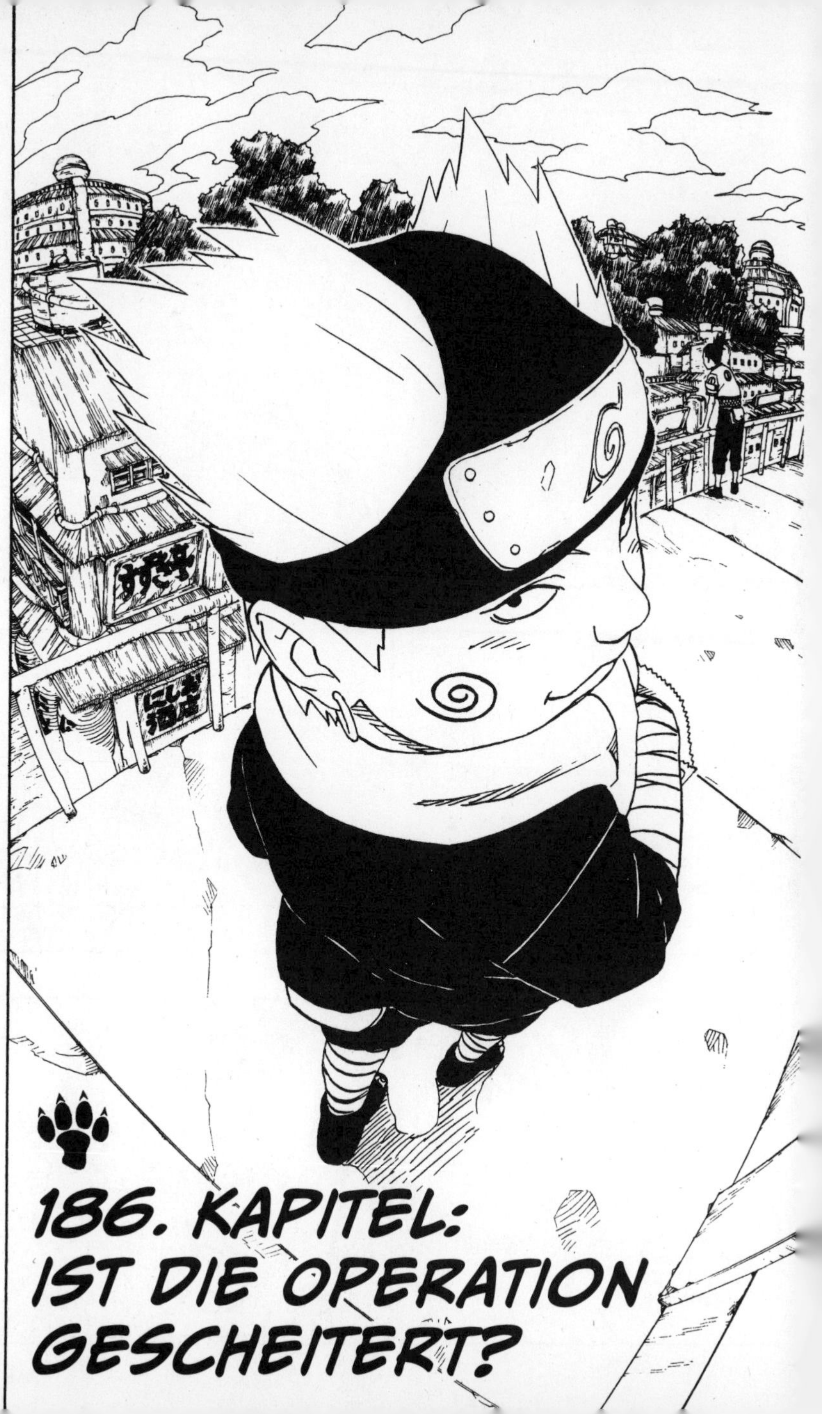

186. Kapitel: Ist die Operation gescheitert?

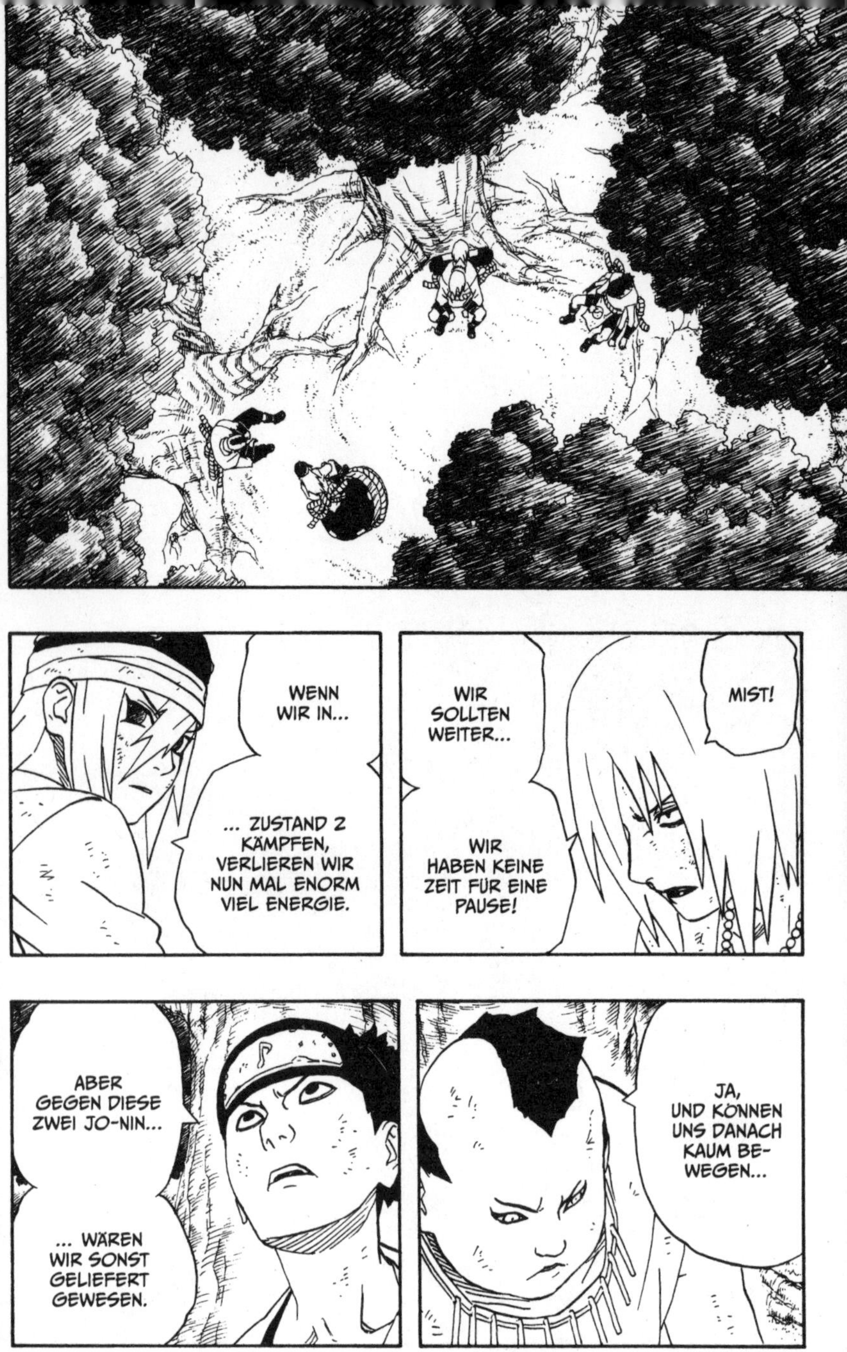
MIST!
WIR SOLLTEN WEITER...
WIR HABEN KEINE ZEIT FÜR EINE PAUSE!
WENN WIR IN...
... ZUSTAND 2 KÄMPFEN, VERLIEREN WIR NUN MAL ENORM VIEL ENERGIE.
JA, UND KÖNNEN UNS DANACH KAUM BE-WEGEN...
ABER GEGEN DIESE ZWEI JO-NIN...
... WÄREN WIR SONST GELIEFERT GEWESEN.

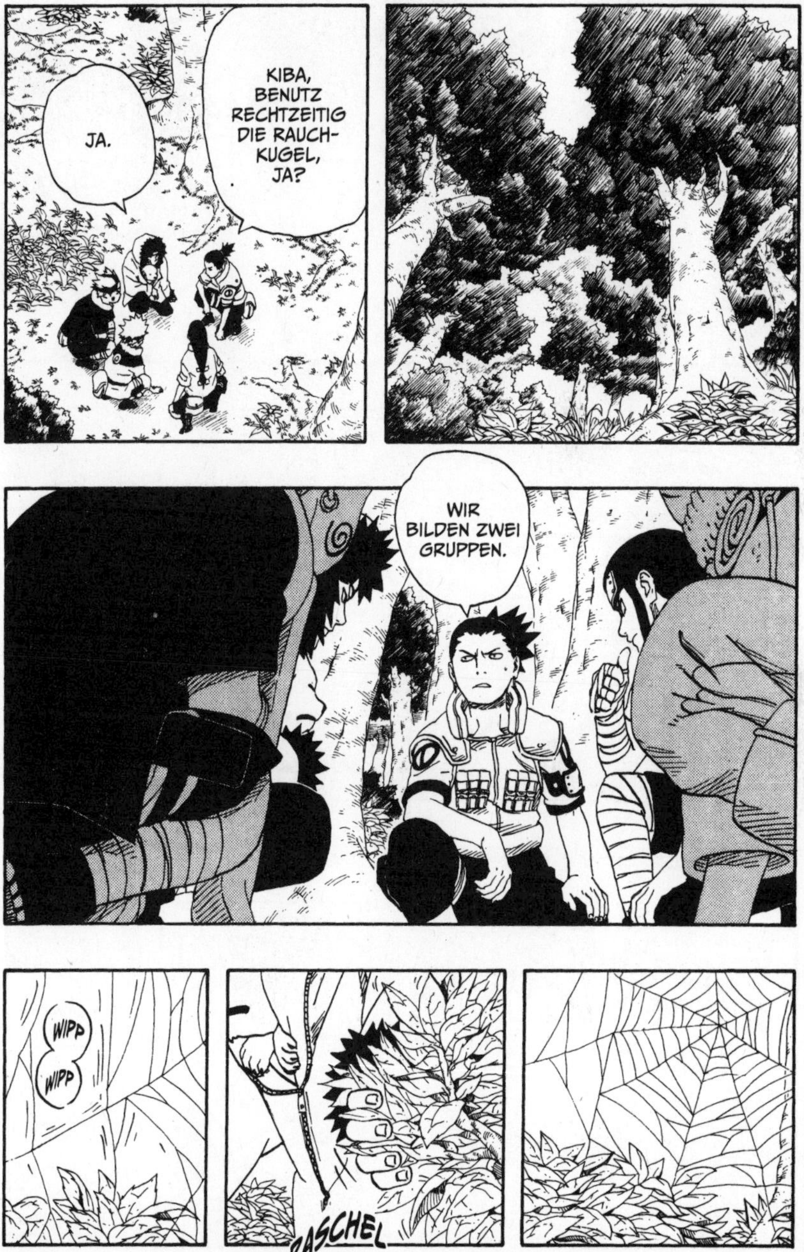
KIBA, BENUTZ RECHTZEITIG DIE RAUCH-KUGEL, JA?
JA.
WIR BILDEN ZWEI GRUPPEN.
WIPP
WIPP
RASCHEL

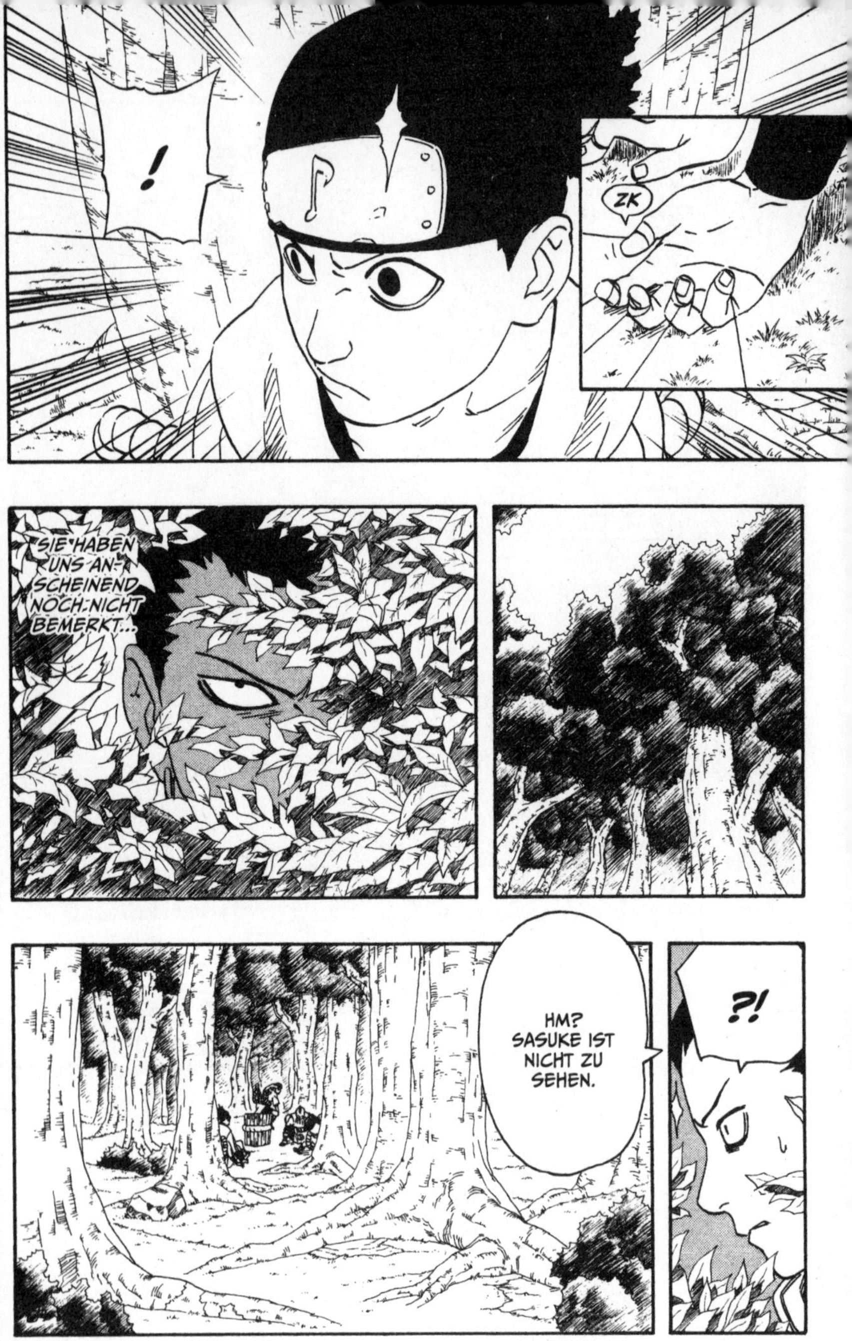
ZK
!
SIE HABEN UNS ANSCHEINEND NOCH NICHT BEMERKT...
?!
HM? SASUKE IST NICHT ZU SEHEN.

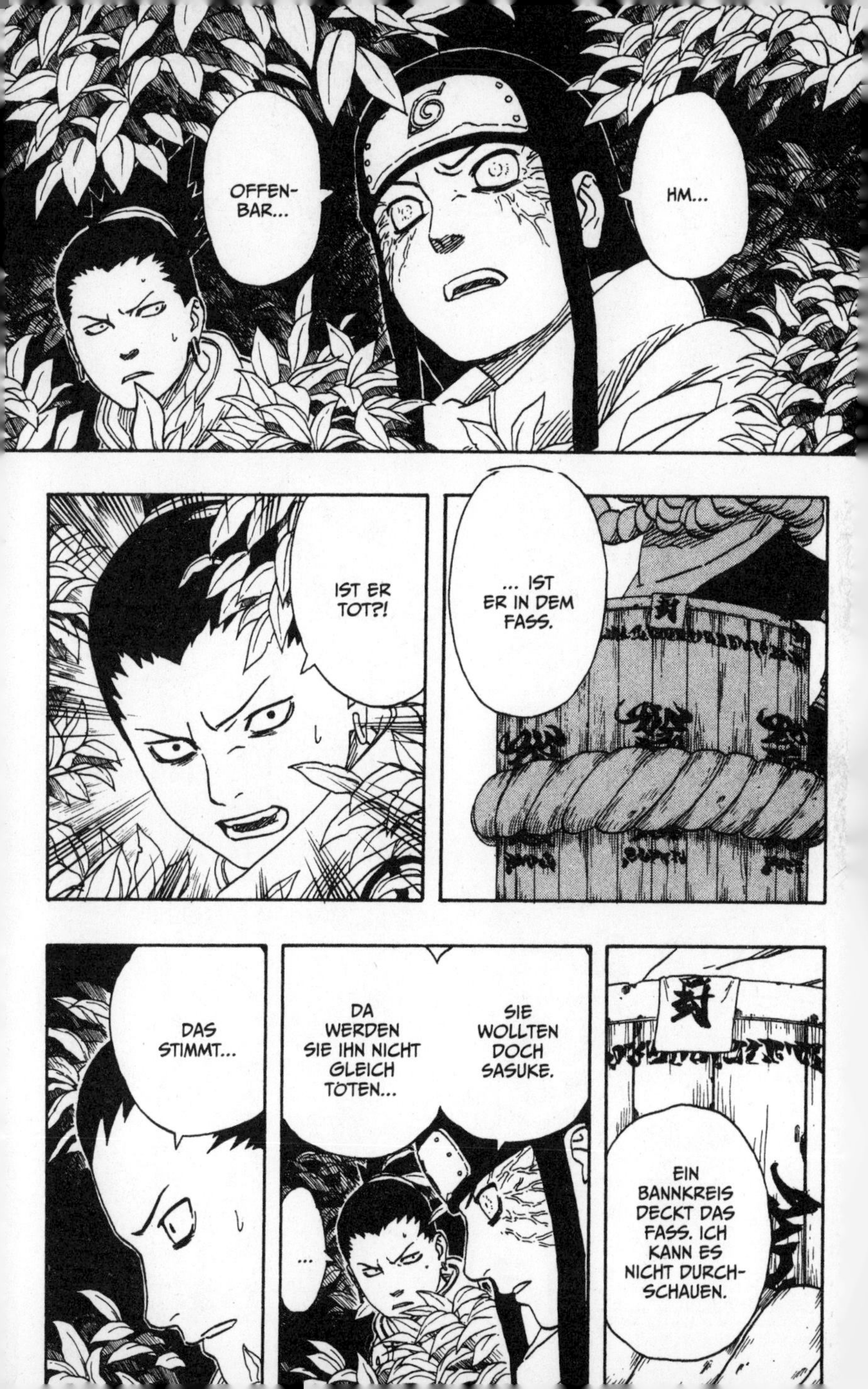
HM...
OFFEN-
BAR...
... IST
ER IN DEM
FASS.
IST ER
TOT?!
EIN
BANNKREIS
DECKT DAS
FASS. ICH
KANN ES
NICHT DURCH-
SCHAUEN.
SIE
WOLLTEN
DOCH
SASUKE.
DA
WERDEN
SIE IHN NICHT
GLEICH
TÖTEN...
...
DAS
STIMMT...

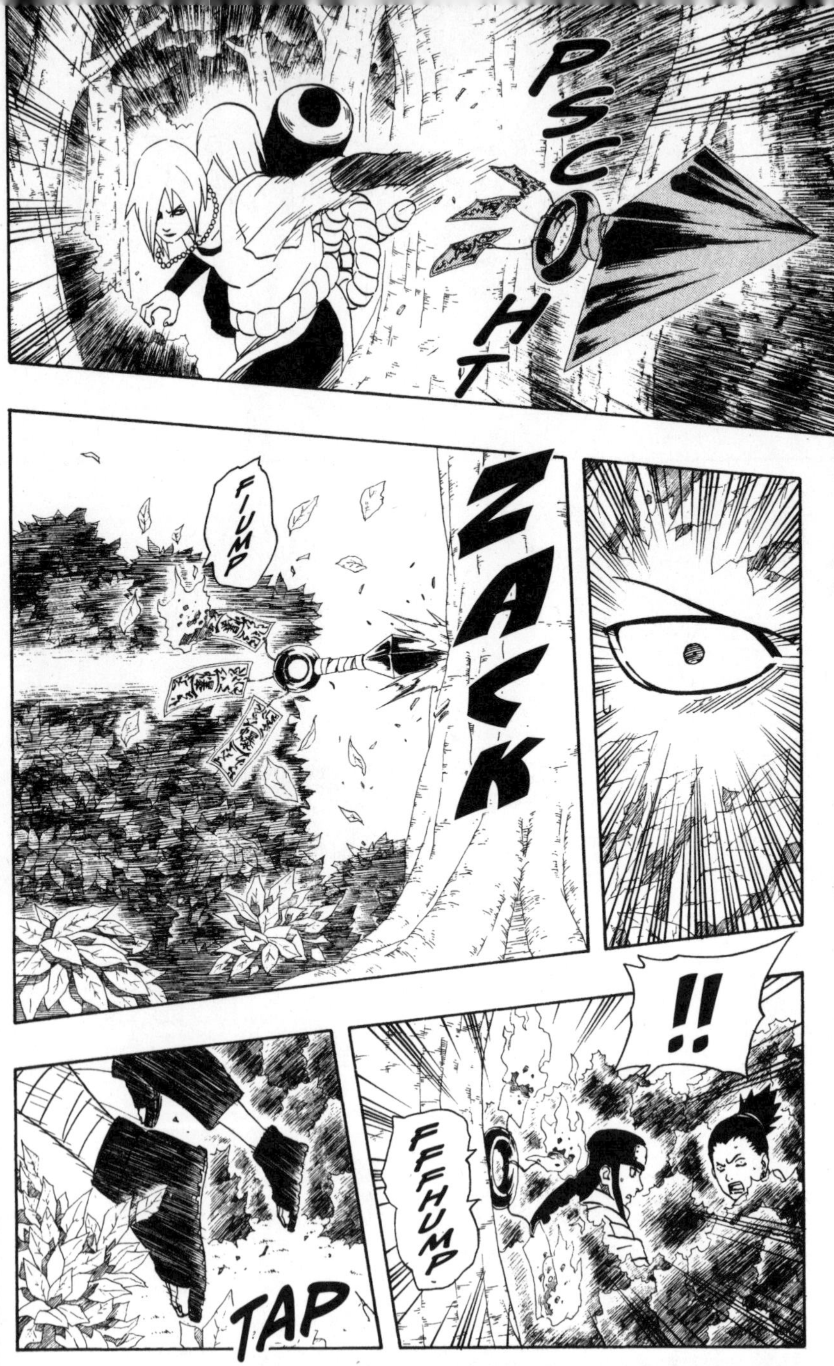
PSCHT
ZACK
FLUMP
!!
FFFHUMP
TAP

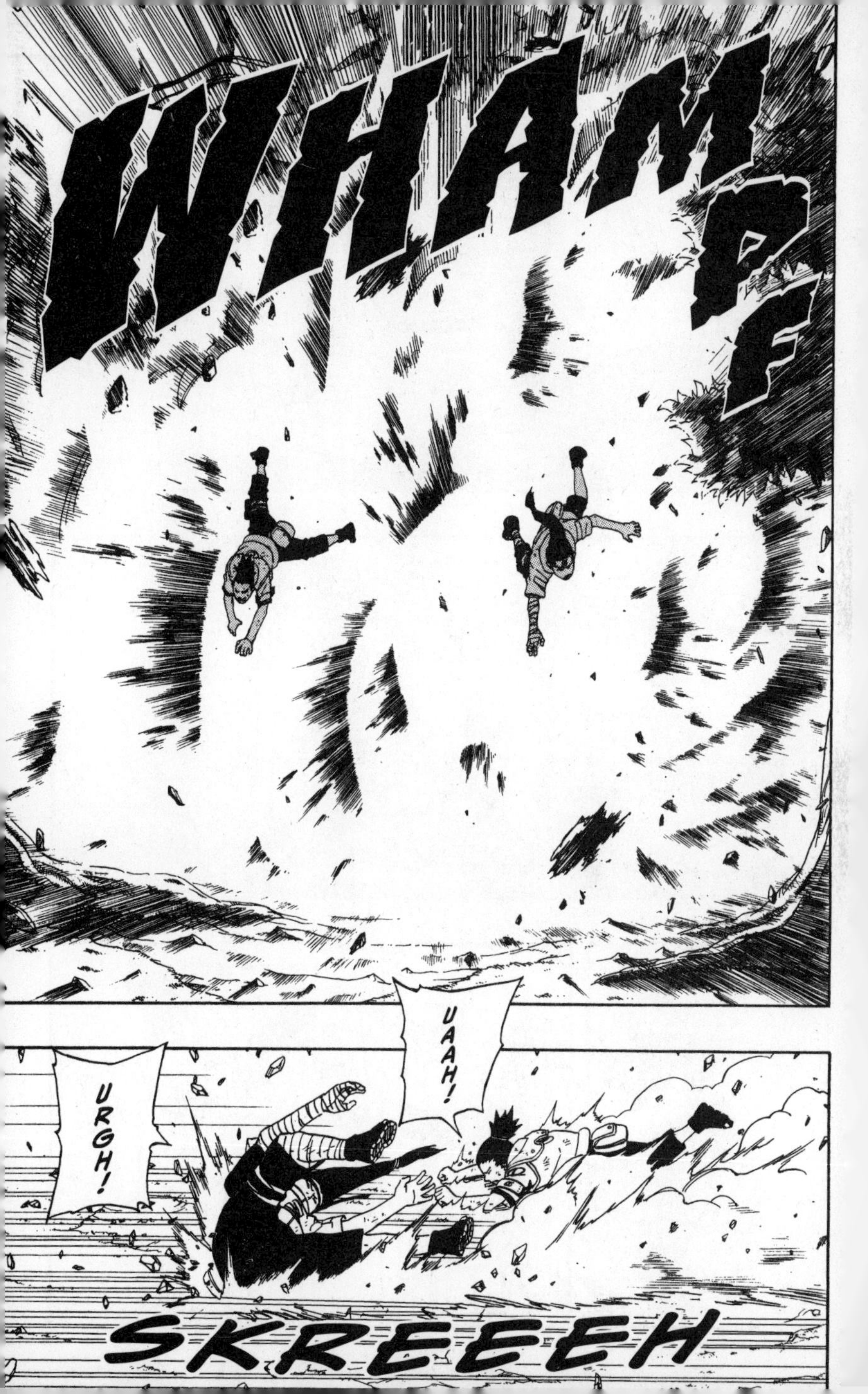
WHAMPF
UAAAH!
URGH!
SKREEEH

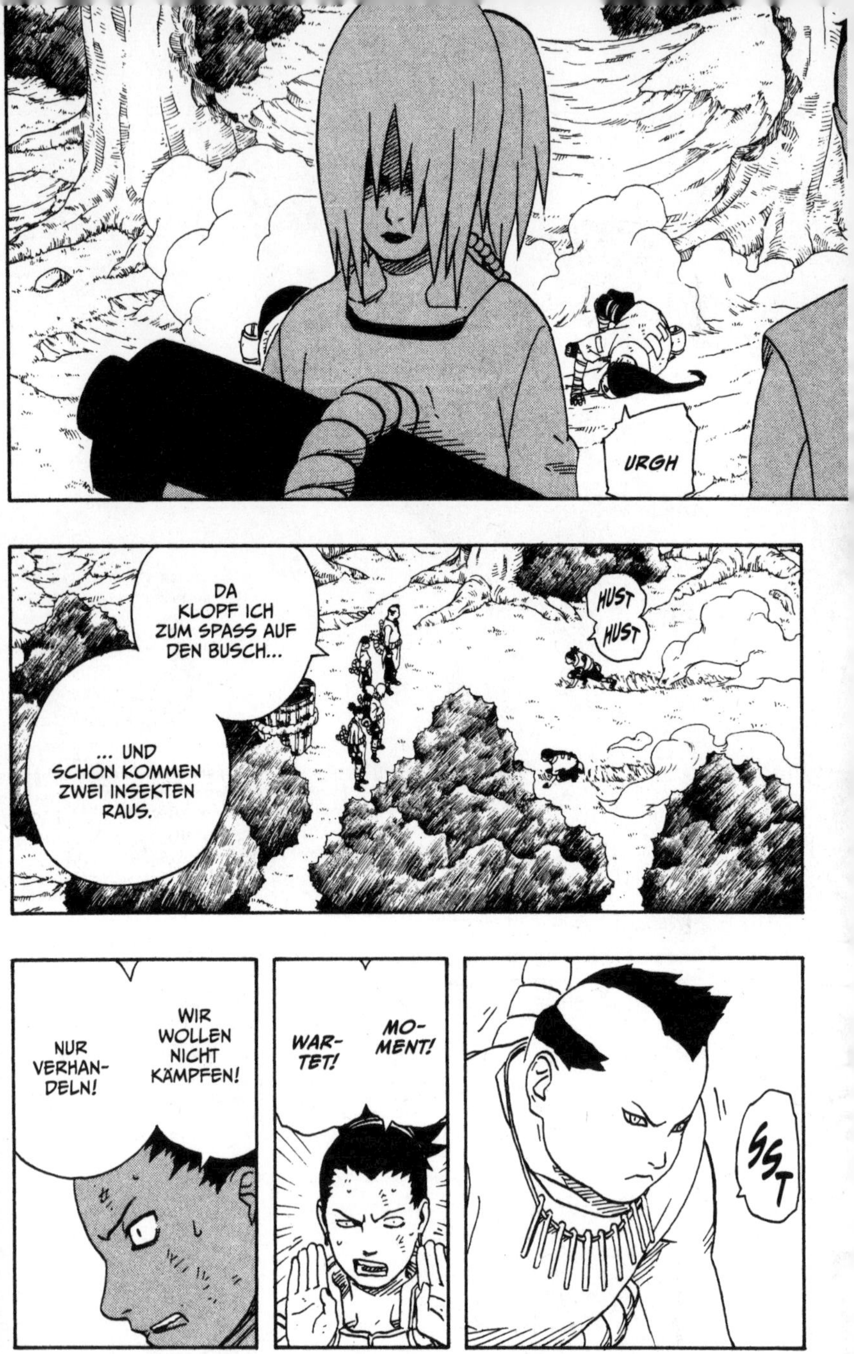
URGH
HUST HUST
DA KLOPF ICH ZUM SPASS AUF DEN BUSCH...
... UND SCHON KOMMEN ZWEI INSEKTEN RAUS.
SST
MO-MENT!
WAR-TET!
WIR WOLLEN NICHT KÄMPFEN!
NUR VERHAN-DELN!

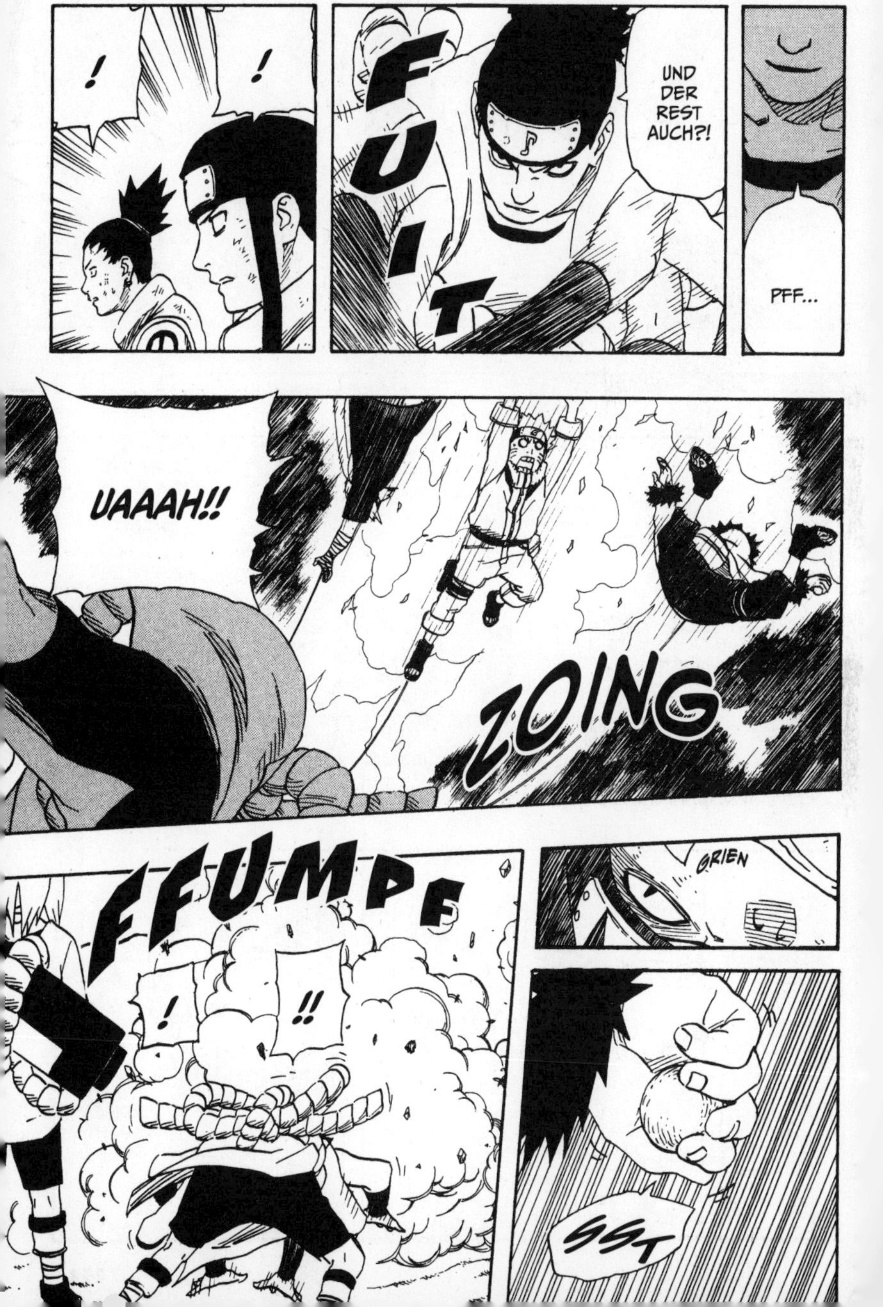

PFF...
UND DER REST AUCH?!
FUIT
!
!
UAAAH!!
ZOING
GRIEN
SST
FFUMPF
!!
!

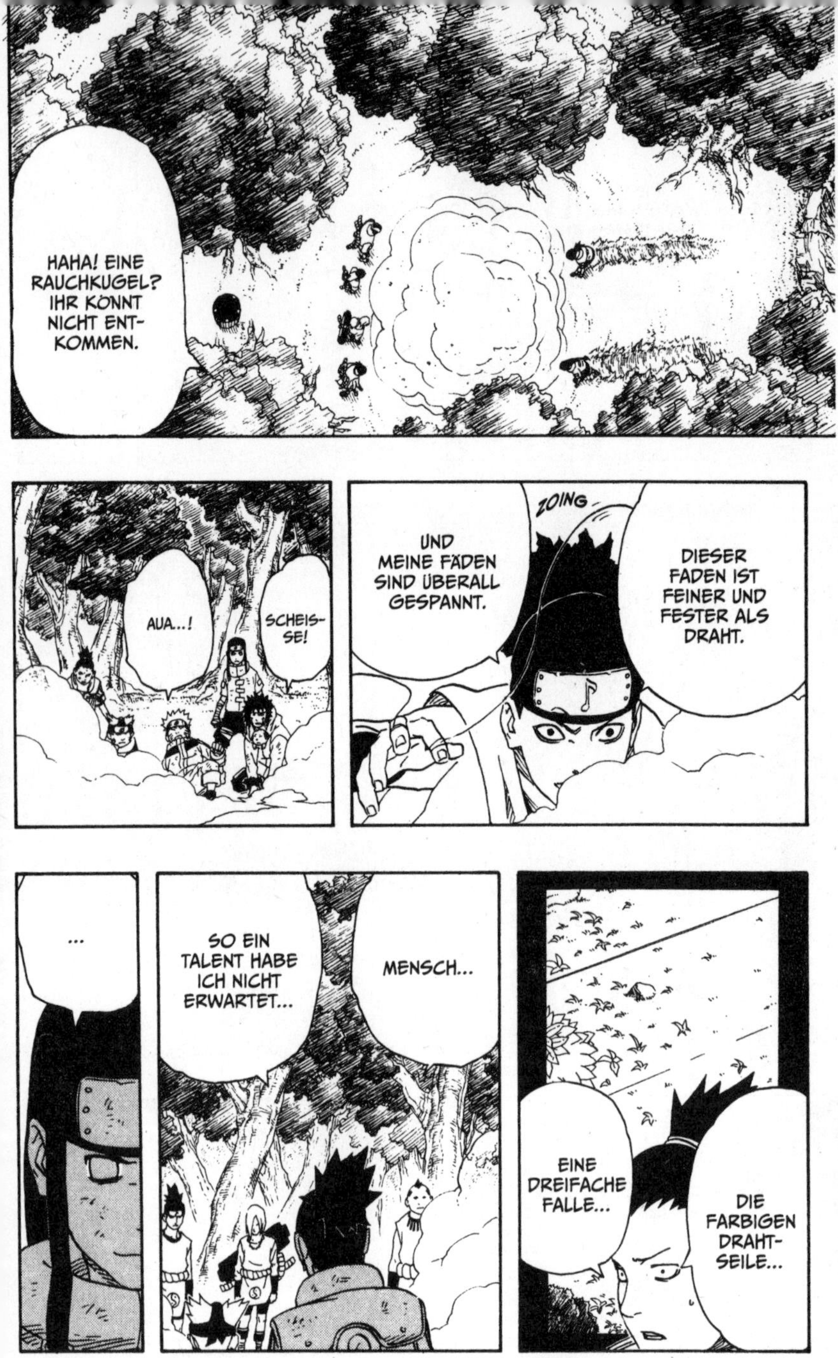
HAHA! EINE RAUCHKUGEL? IHR KÖNNT NICHT ENT-KOMMEN.
DIESER FADEN IST FEINER UND FESTER ALS DRAHT.
ZOING
UND MEINE FÄDEN SIND ÜBERALL GESPANNT.
SCHEIS-SE!
AUA...!
DIE FARBIGEN DRAHT-SEILE...
EINE DREIFACHE FALLE...
MENSCH...
SO EIN TALENT HABE ICH NICHT ERWARTET...
...

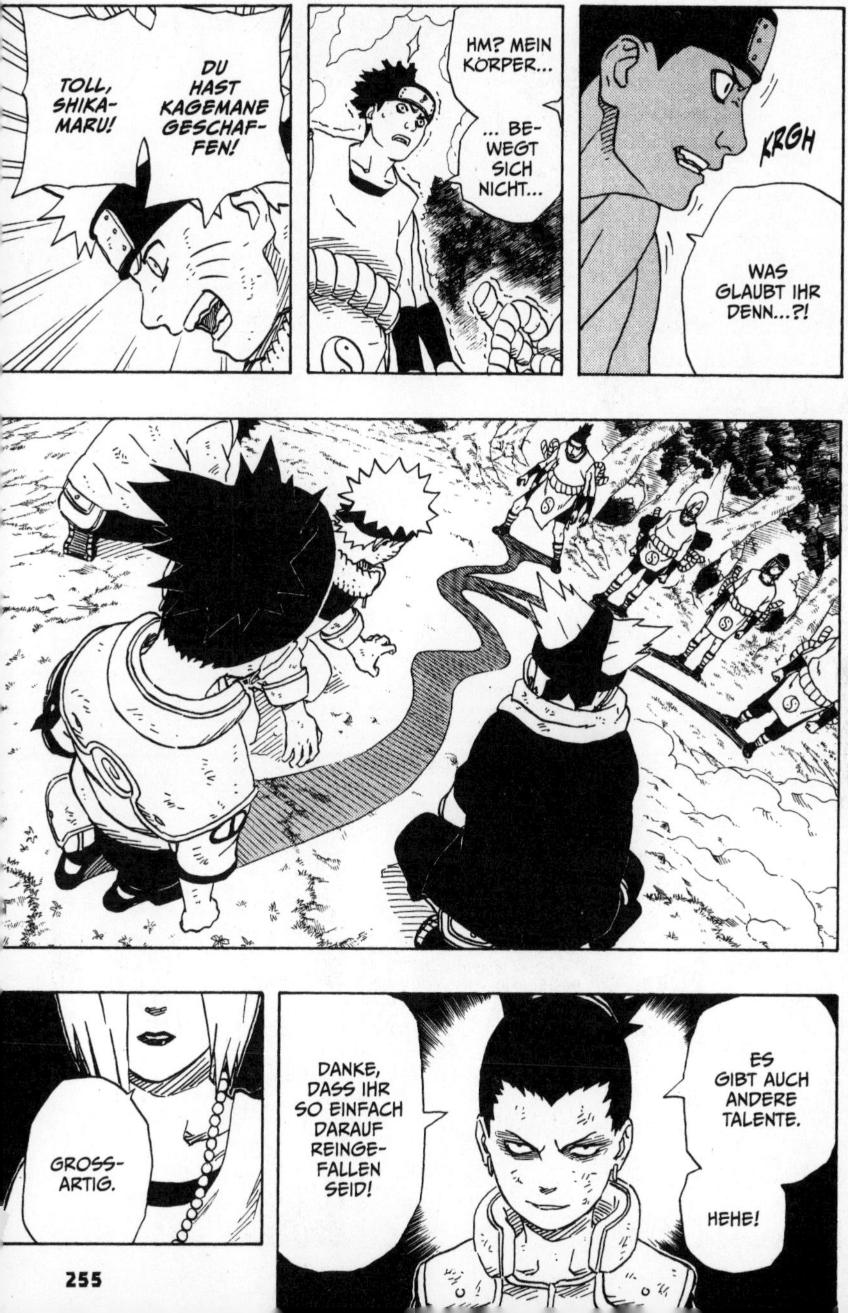
TOLL, SHIKA-MARU!
DU HAST KAGEMANE GESCHAF-FEN!
HM? MEIN KÖRPER...
... BE-WEGT SICH NICHT...
KRGH
WAS GLAUBT IHR DENN...?!
ES GIBT AUCH ANDERE TALENTE.
HEHE!
DANKE, DASS IHR SO EINFACH DARAUF REINGE-FALLEN SEID!
GROSS-ARTIG.

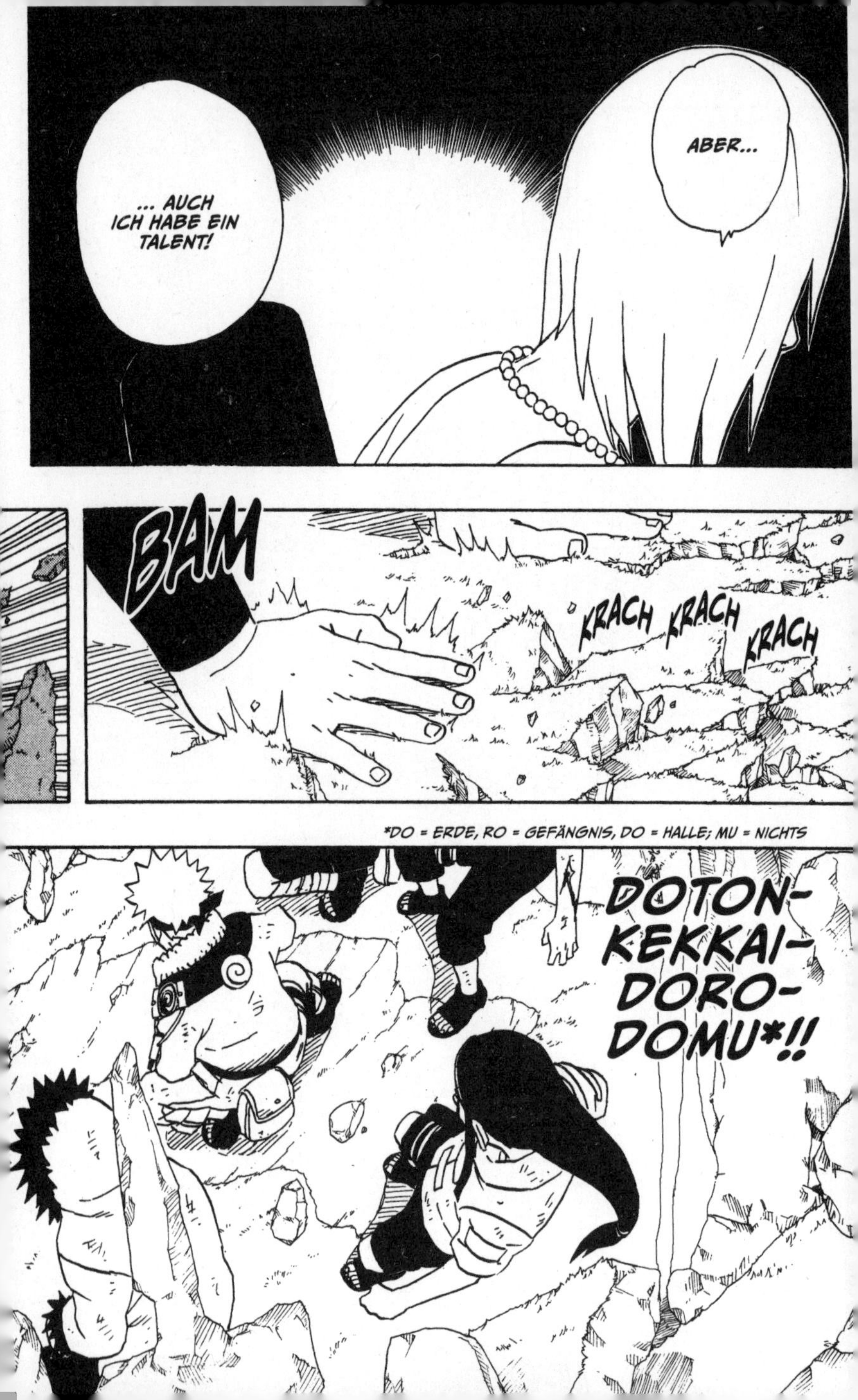

ABER...
... AUCH ICH HABE EIN TALENT!
BAM
KRACH KRACH KRACH
*DO = ERDE, RO = GEFÄNGNIS, DO = HALLE; MU = NICHTS
DOTON-KEKKAI-DORO-DOMU*!!

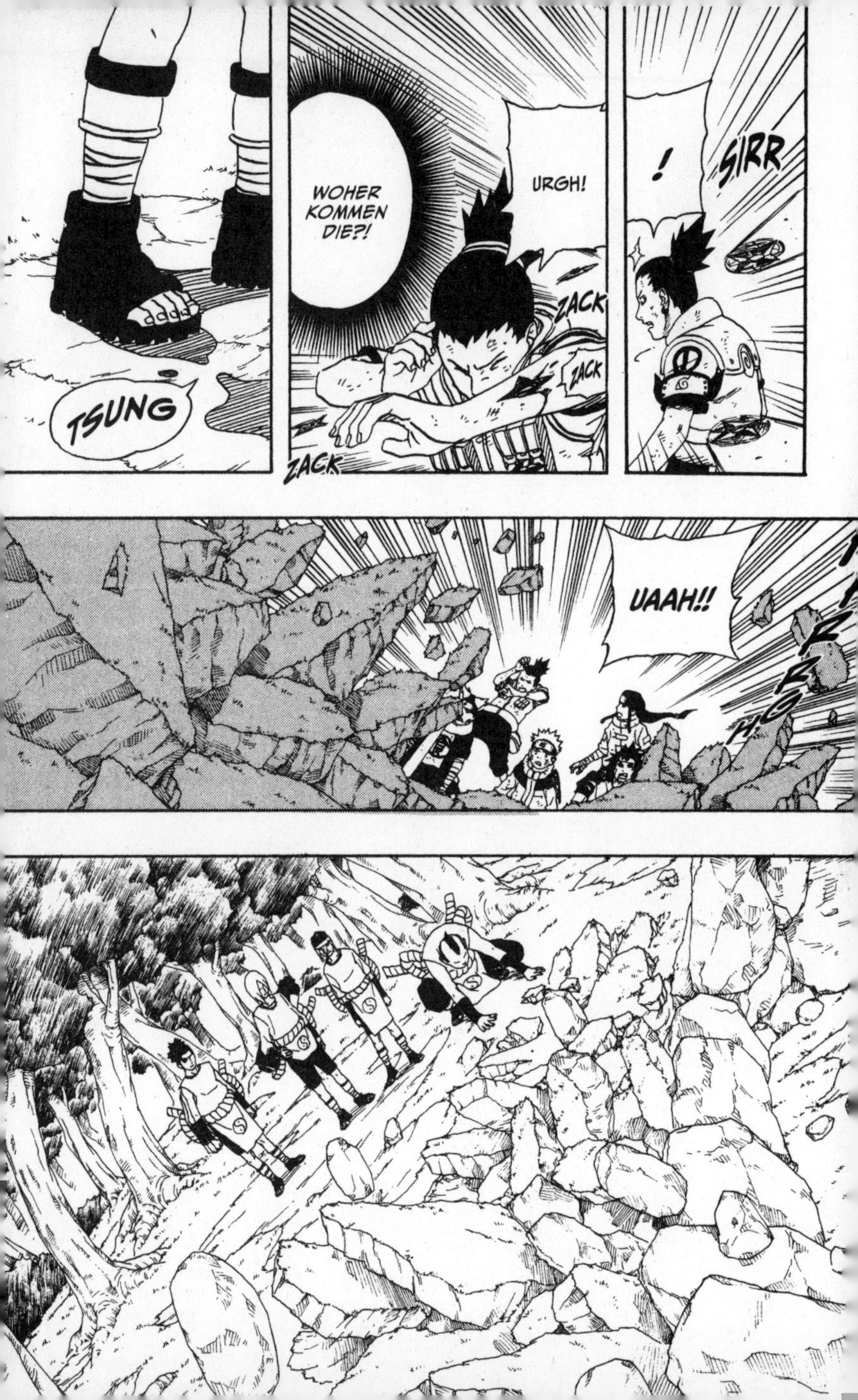

!
SIRR
URGH!
WOHER KOMMEN DIE?!
ZACK
ZACK
ZACK
TSUNG
UAAH!!

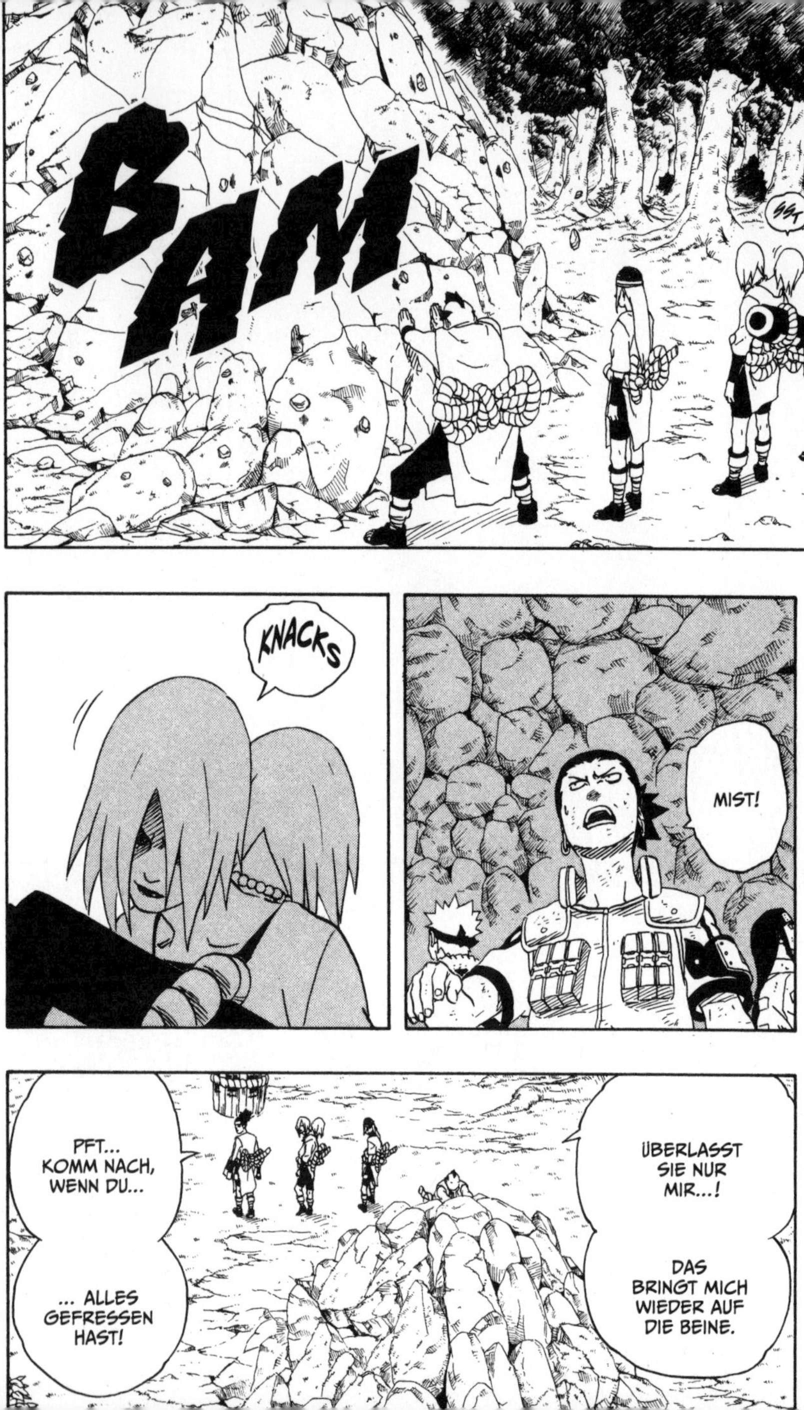
BAM
SST
MIST!
KNACKS
ÜBERLASST SIE NUR MIR...!
DAS BRINGT MICH WIEDER AUF DIE BEINE.
PFT... KOMM NACH, WENN DU...
... ALLES GEFRESSEN HAST!

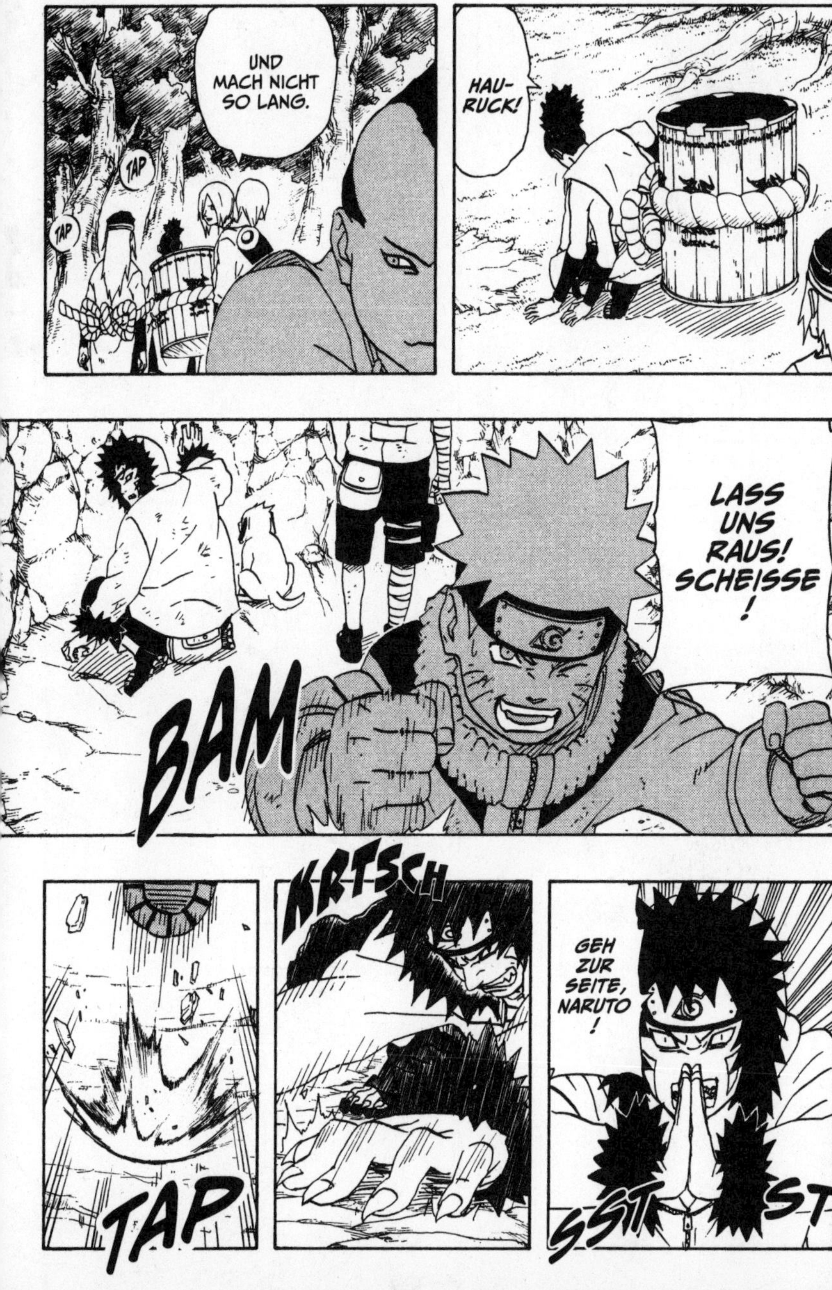
HAU-RUCK!
UND MACH NICHT SO LANG.
TAP
TAP
LASS UNS RAUS! SCHEISSE!
BAM
GEH ZUR SEITE, NARUTO!
SSST
ST
KRTSCH
TAP

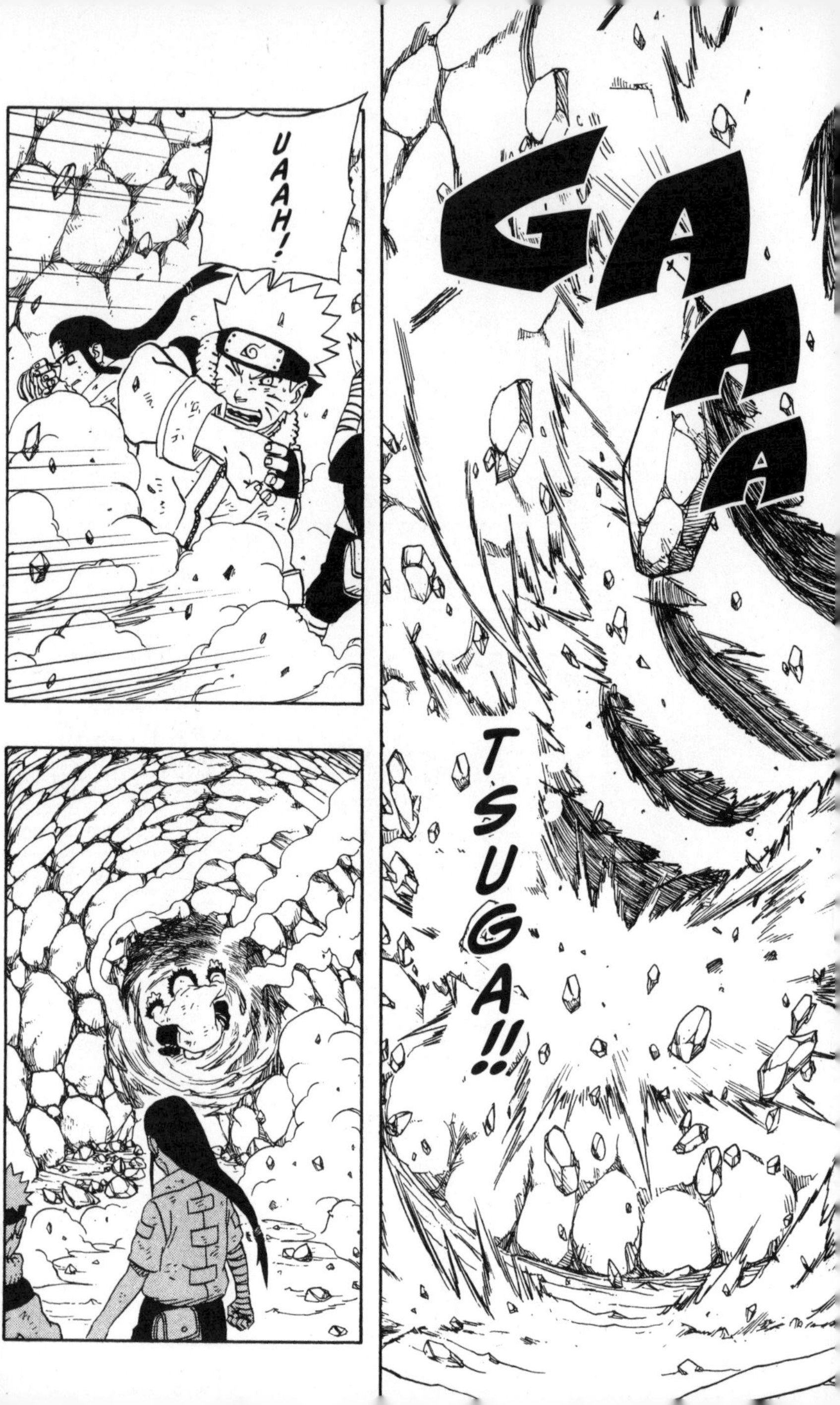
GAAAA
TSUGA!!
UAAAH!

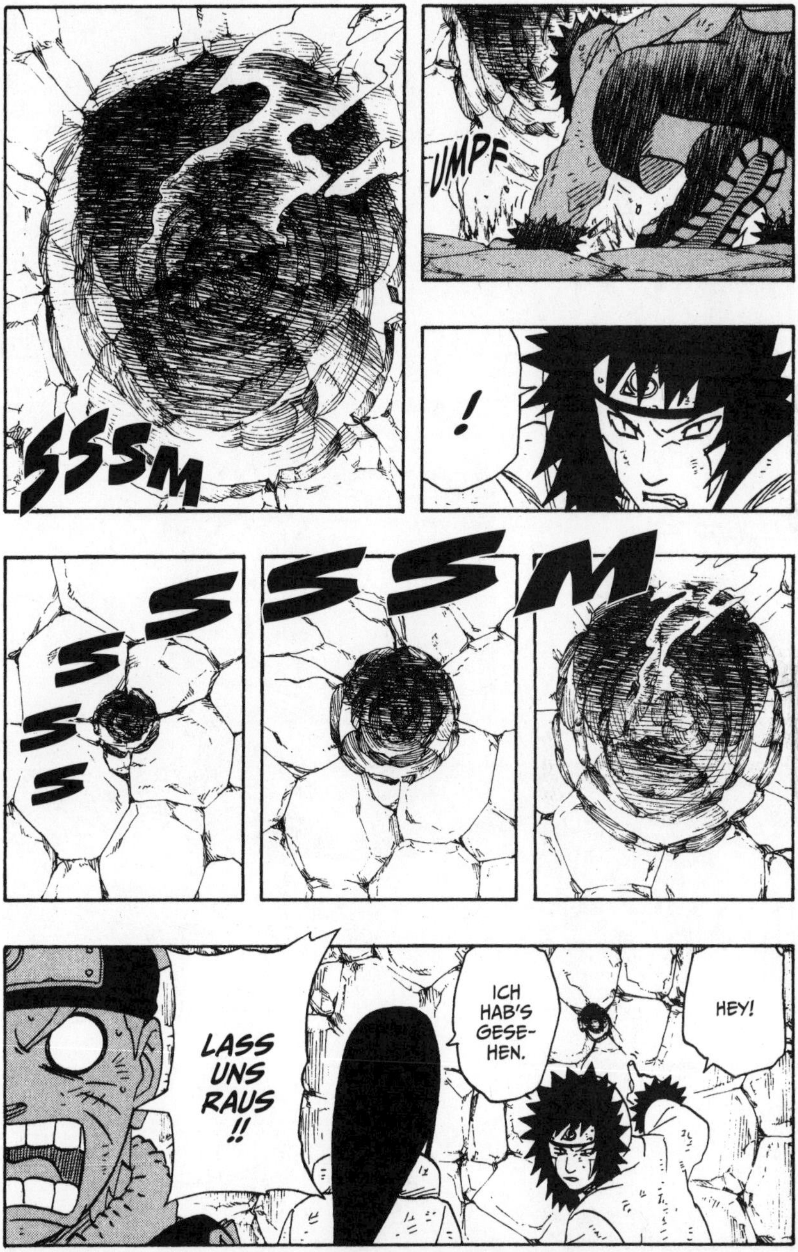
UMPF
SSSM
!
SSSSSSM
HEY!
ICH HAB'S GESE-HEN.
LASS UNS RAUS !!

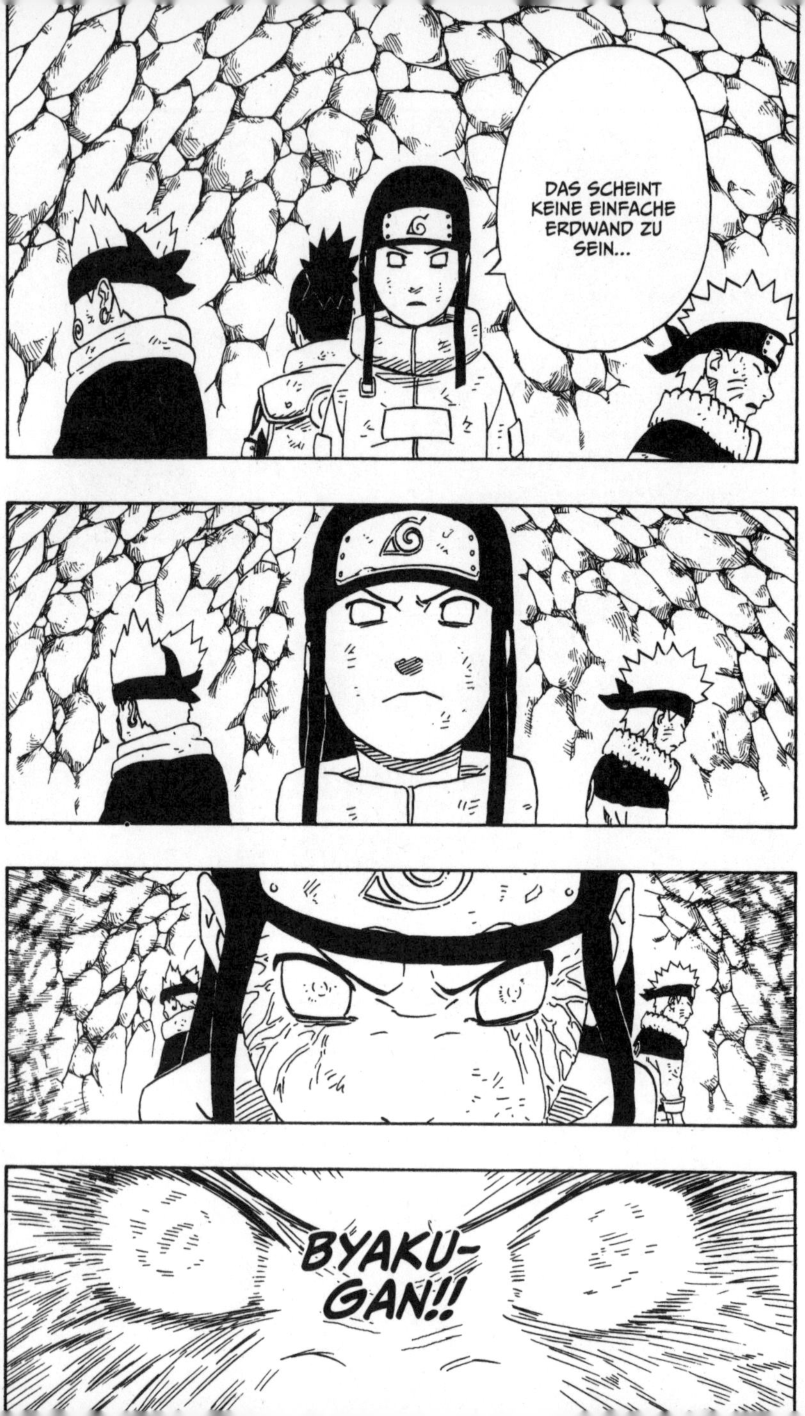
DAS SCHEINT KEINE EINFACHE ERDWAND ZU SEIN...
BYAKU-GAN!!

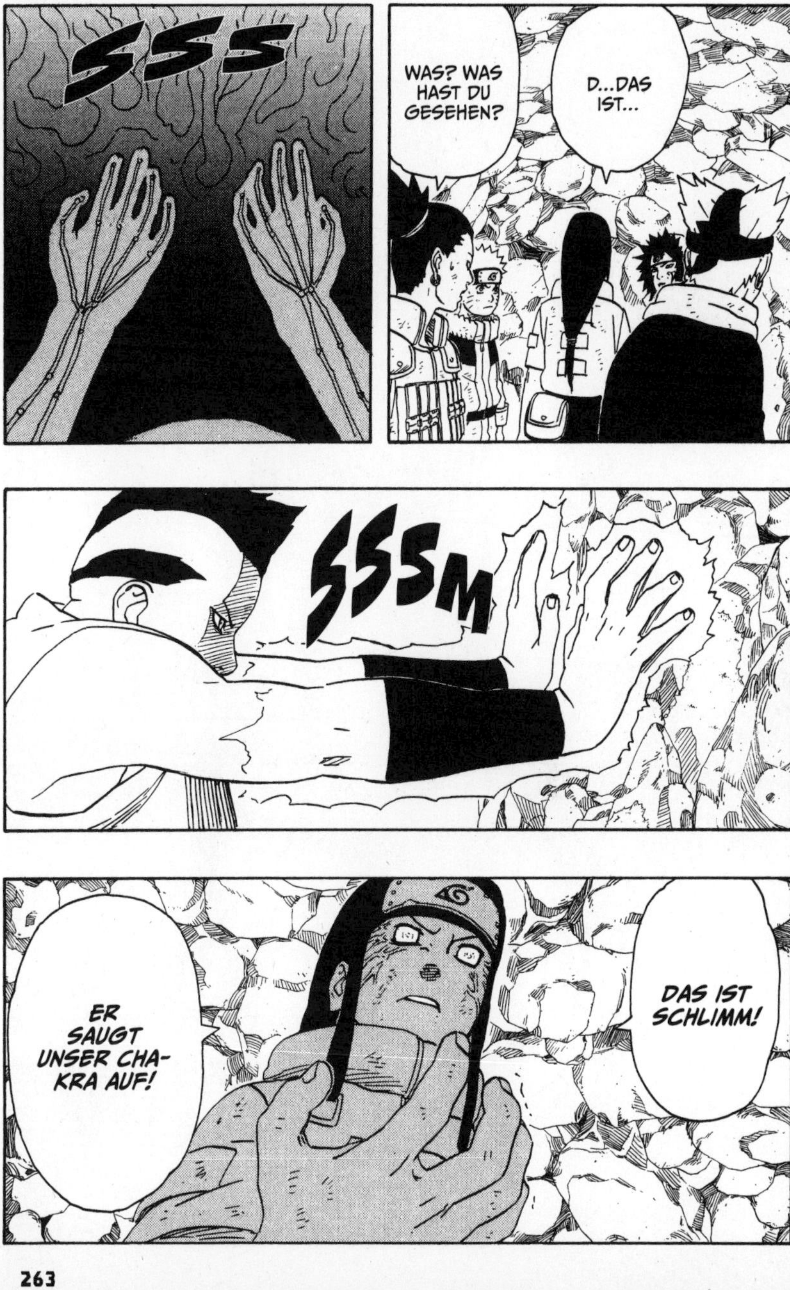
D...DAS IST...
WAS? WAS HAST DU GESEHEN?
SSS
SSSM
DAS IST SCHLIMM!
ER SAUGT UNSER CHA-KRA AUF!

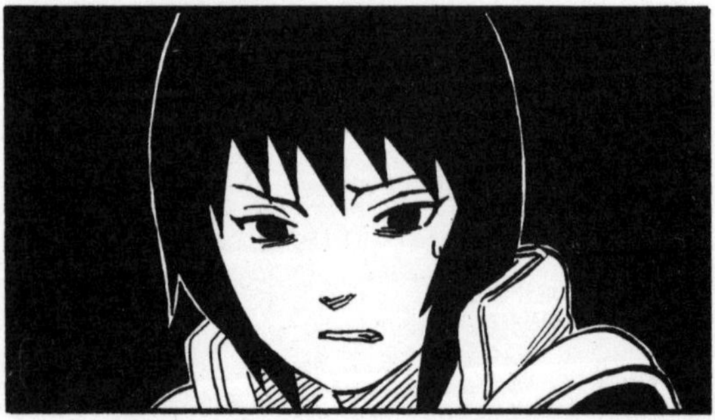

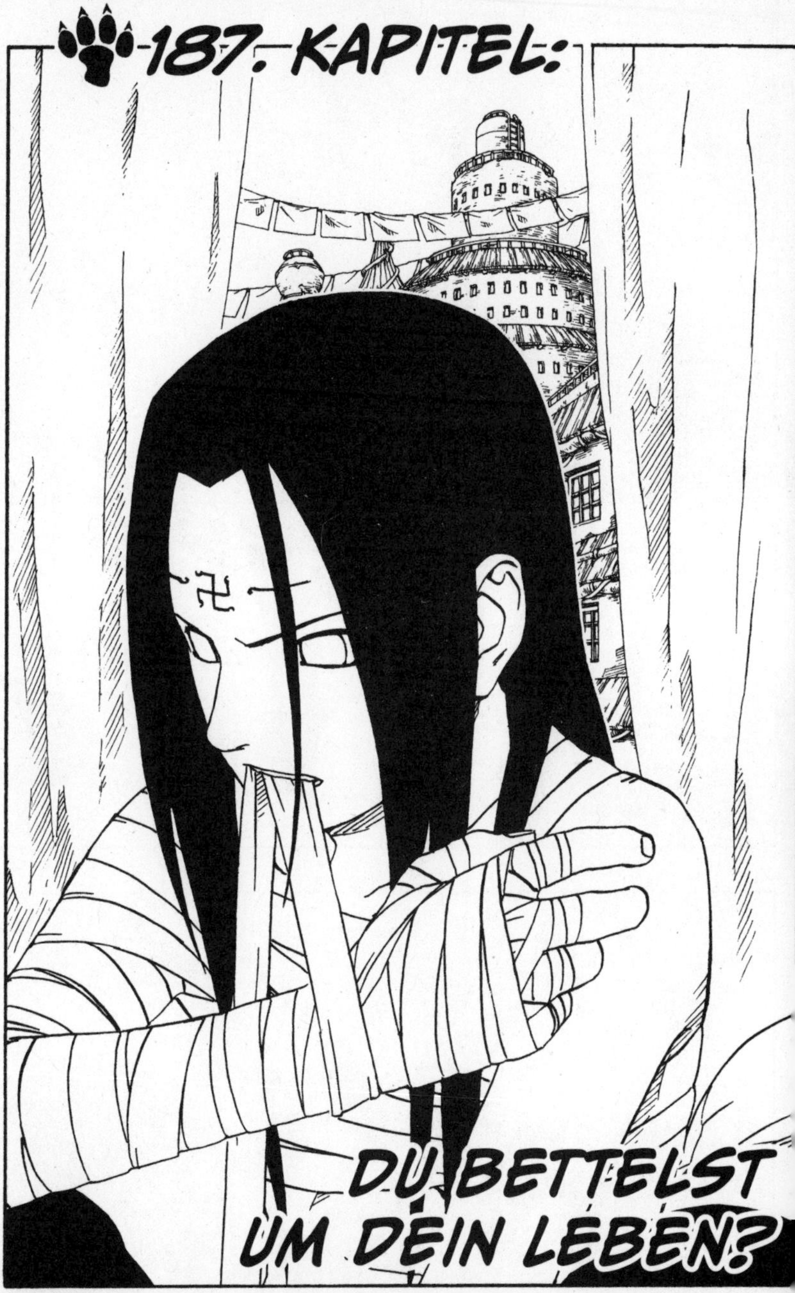
187. KAPITEL:
DU BETTELST UM DEIN LEBEN?

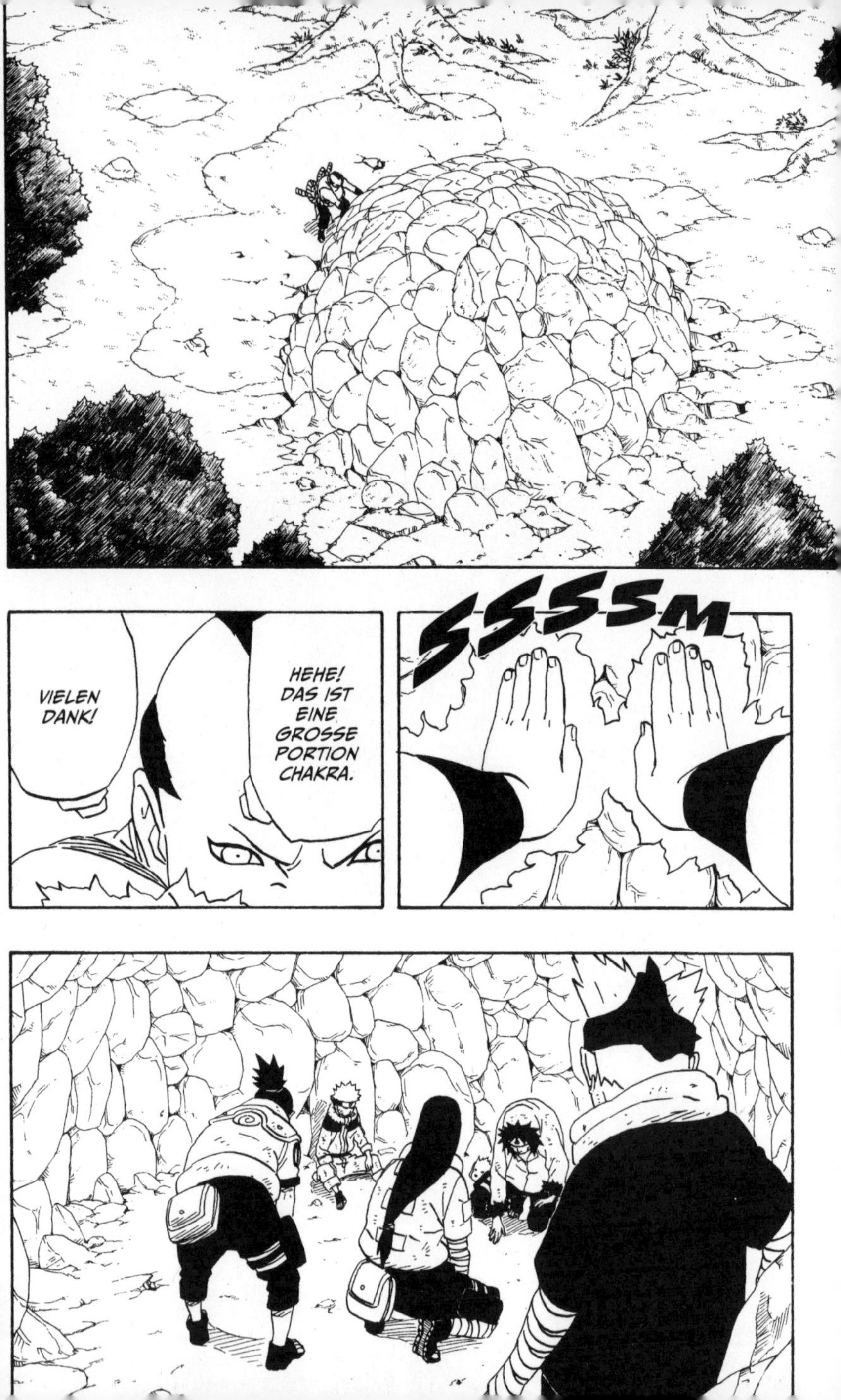
SSSSM
HEHE! DAS IST EINE GROSSE PORTION CHAKRA.
VIELEN DANK!

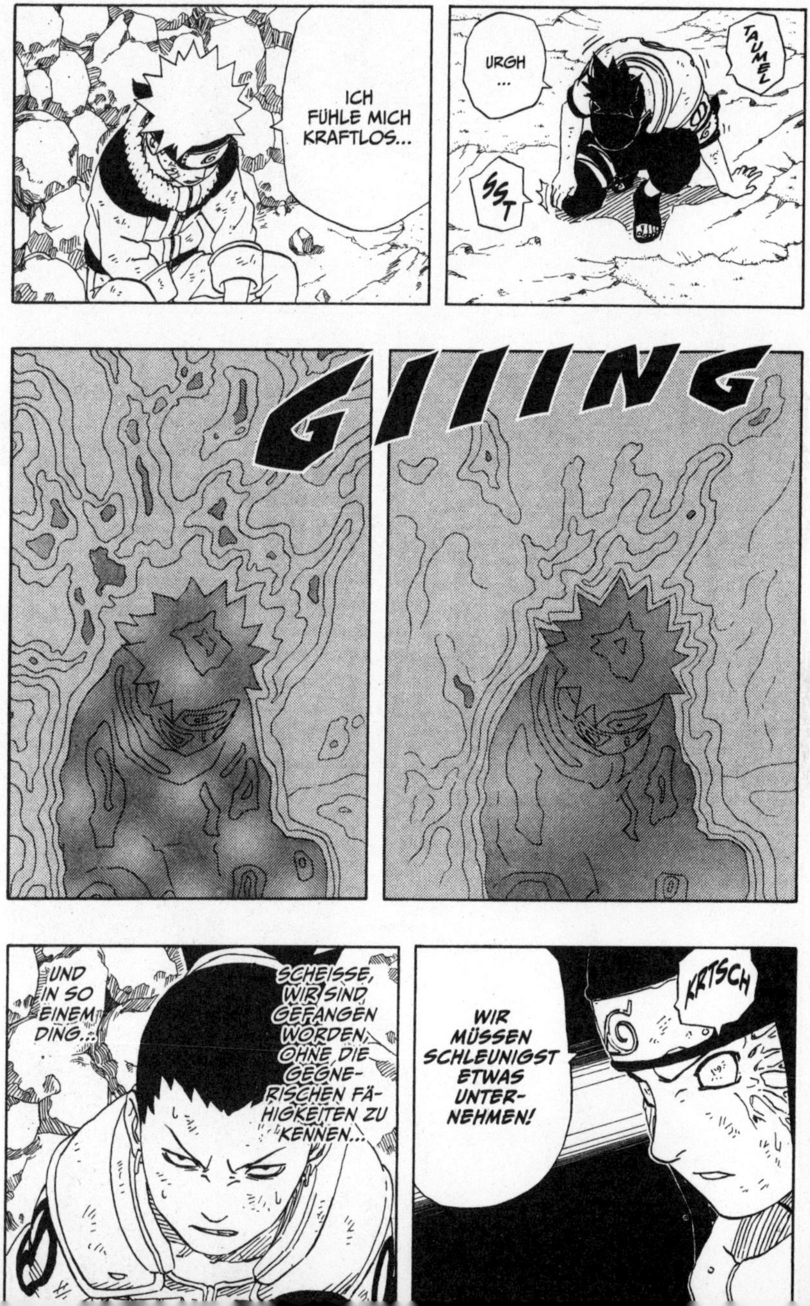
TAUMEL
URGH ...
SST
ICH FÜHLE MICH KRAFTLOS...
GIIING
WIR MÜSSEN SCHLEUNIGST ETWAS UNTER-NEHMEN!
KRTSCH
SCHEISSE, WIR SIND GEFANGEN WORDEN, OHNE DIE GEGNE-RISCHEN FÄ-HIGKEITEN ZU KENNEN...
UND IN SO EINEM DING...

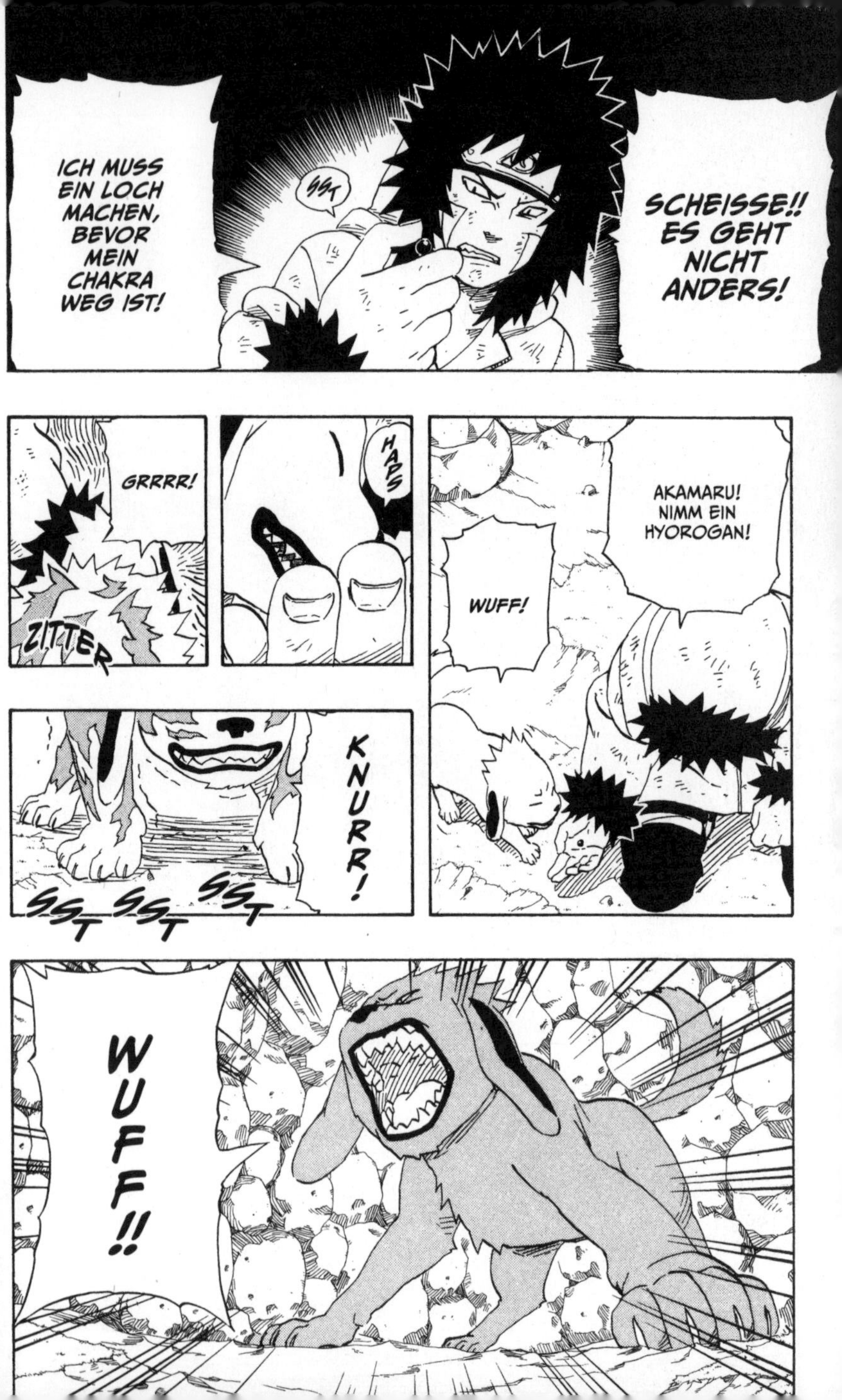
SCHEISSE!! ES GEHT NICHT ANDERS!
SSK
ICH MUSS EIN LOCH MACHEN, BEVOR MEIN CHAKRA WEG IST!
AKAMARU! NIMM EIN HYOROGAN!
WUFF!
HAPS
GRRRR!
ZITTER
KNURR!
SST SST SST
WUFF!!

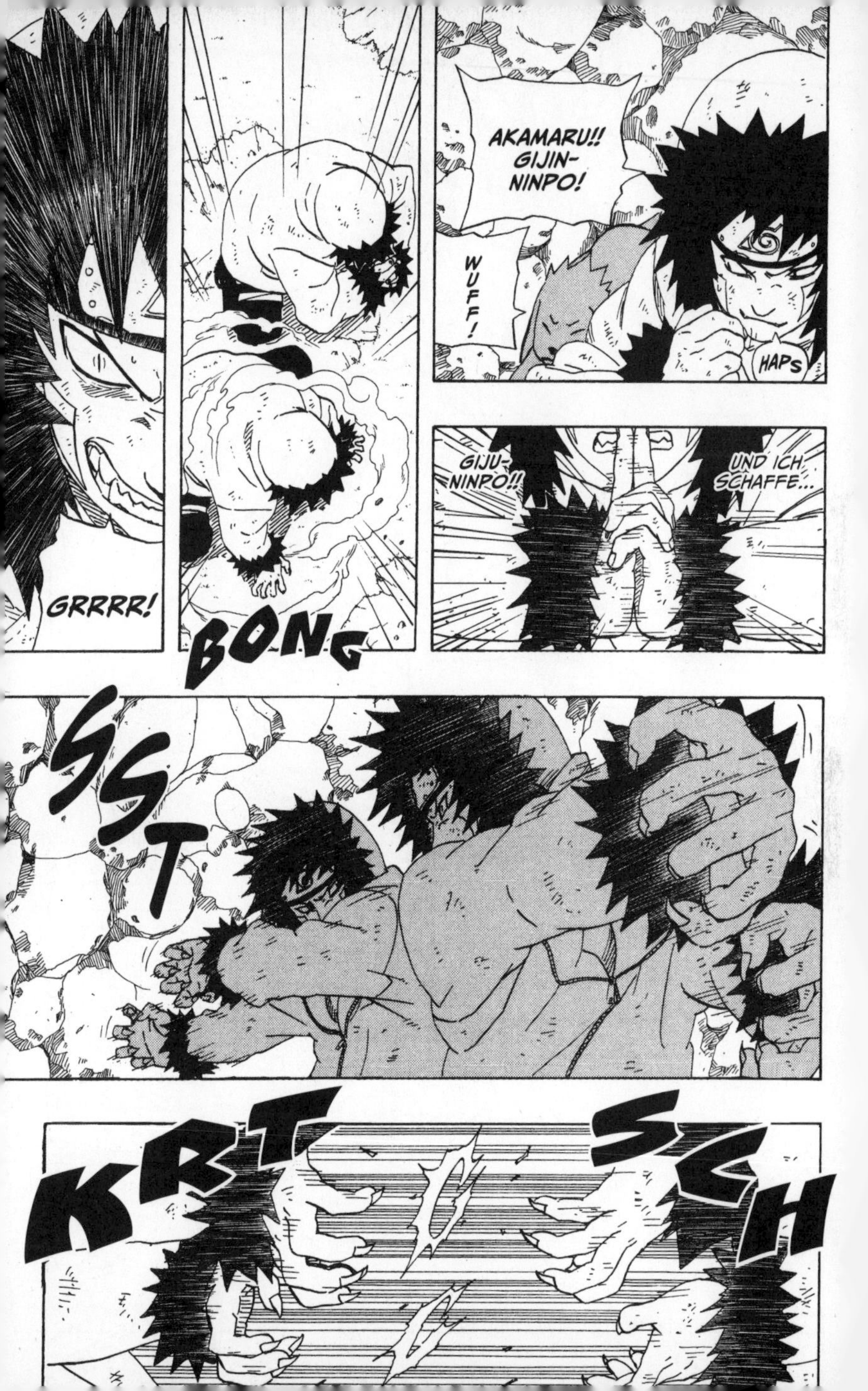
AKAMARU!! GIJIN-NINPO!
WUFF!
HAPS
BONG
GRRRR!
UND ICH SCHAFFE...
GIJU-NINPO!!
SST
KRTSCH

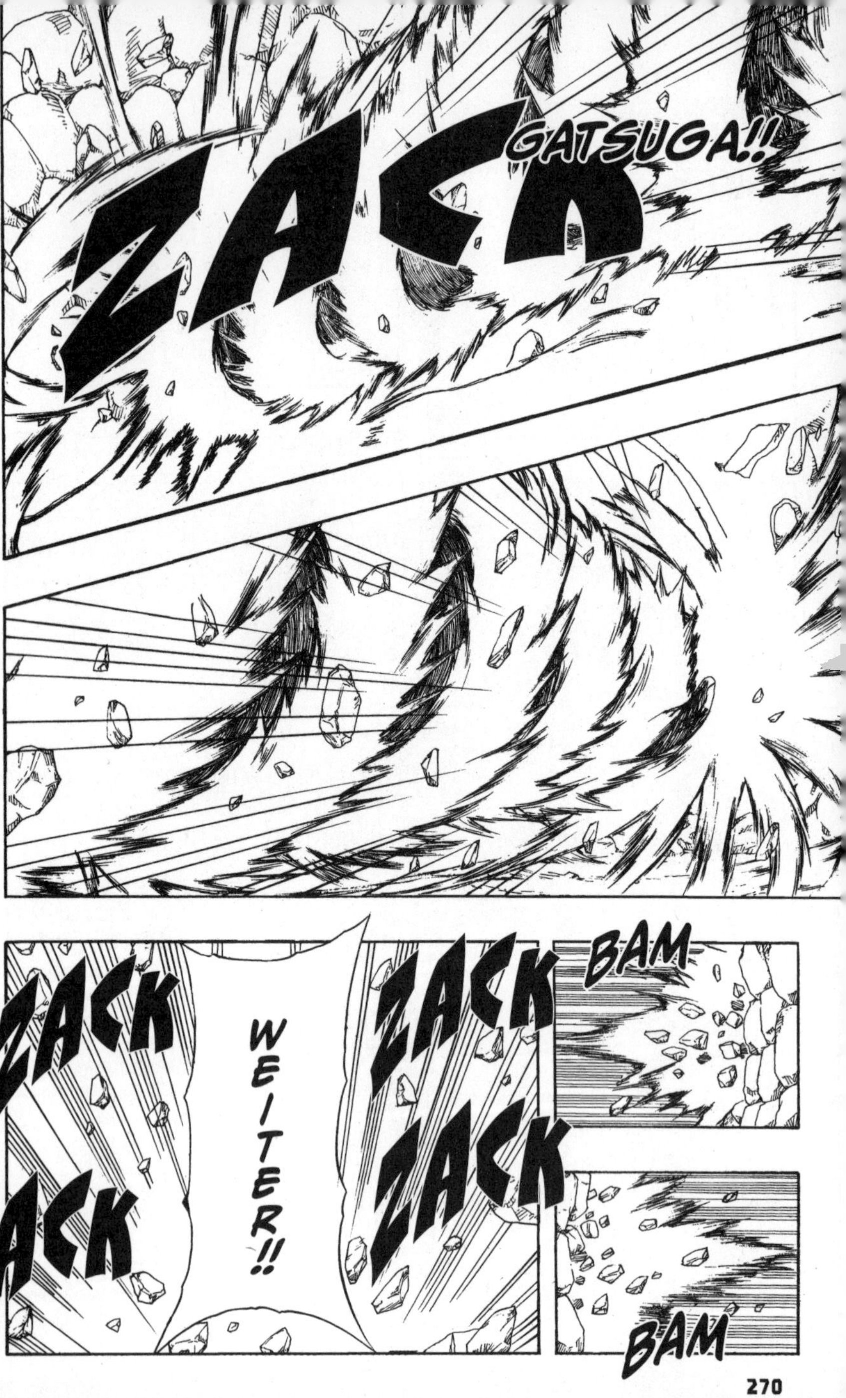
GATSUGA!!
ZACK
BAM
BAM
ZACK
ZACK
ZACK
WEITER!!
ZACK
ACK

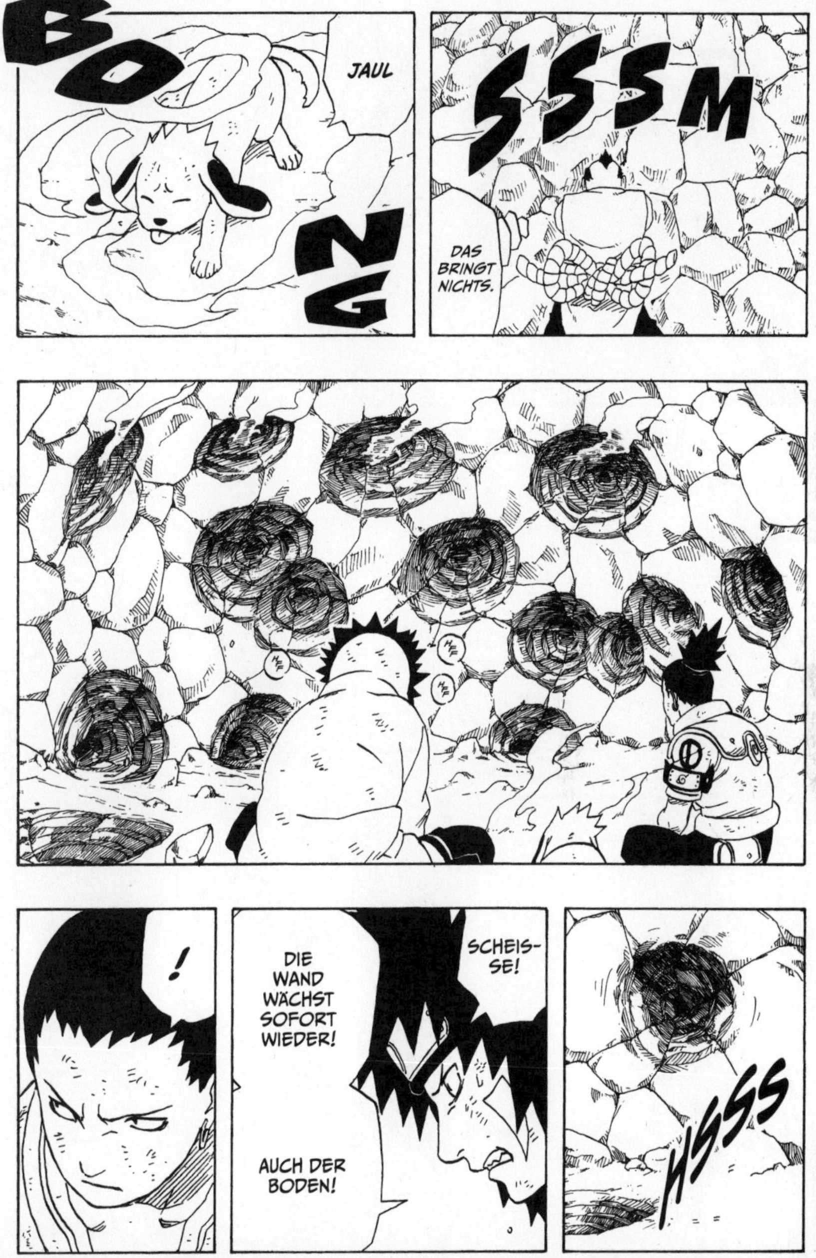
SSSM
DAS BRINGT NICHTS.
BONG
JAUL
HEF
HEF
HEF
HSSS
SCHEIS-SE!
DIE WAND WÄCHST SOFORT WIEDER!
AUCH DER BODEN!
!

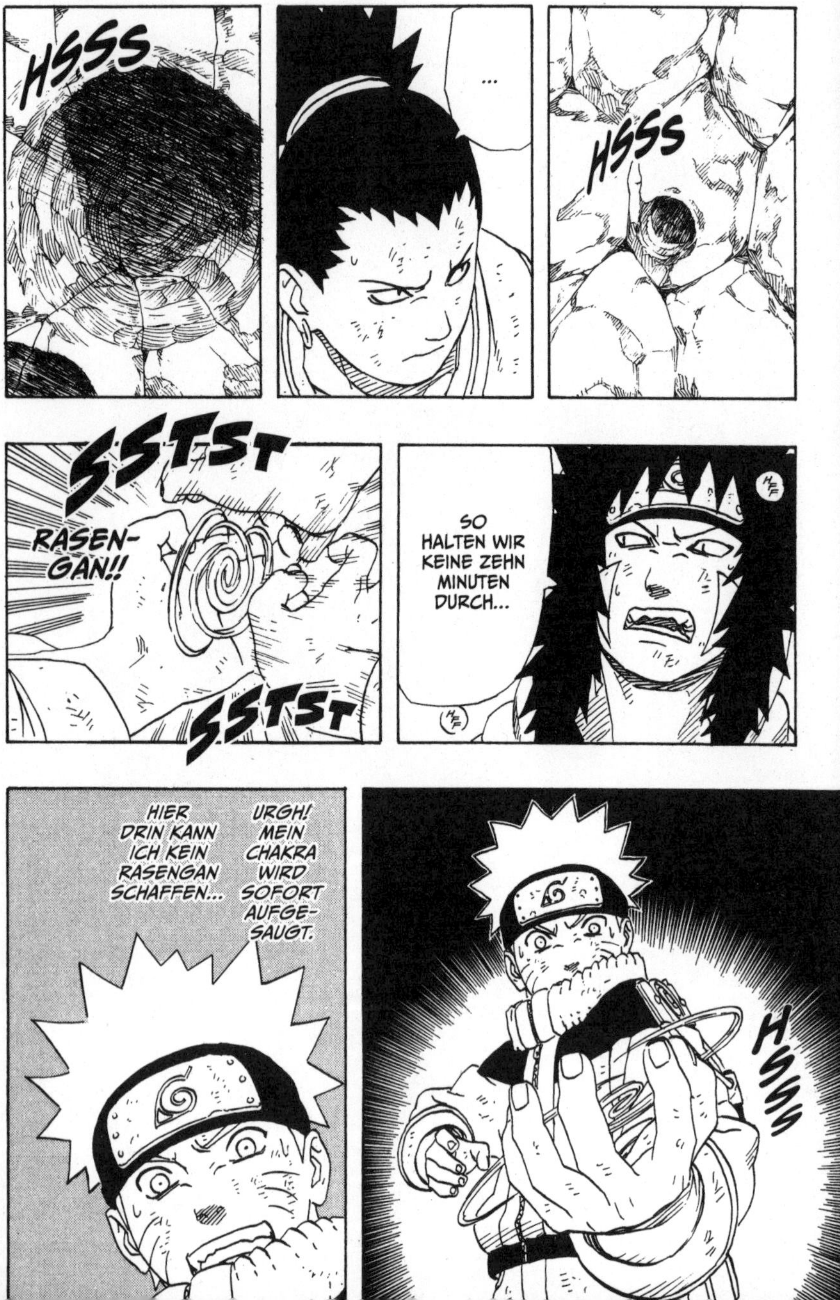
HSSS
...
HSSS
HFF
SO HALTEN WIR KEINE ZEHN MINUTEN DURCH...
HFF
SSTST
RASEN-GAN!!
SSTST
HSSS
URGH! MEIN CHAKRA WIRD SOFORT AUFGE-SAUGT.
HIER DRIN KANN ICH KEIN RASENGAN SCHAFFEN...

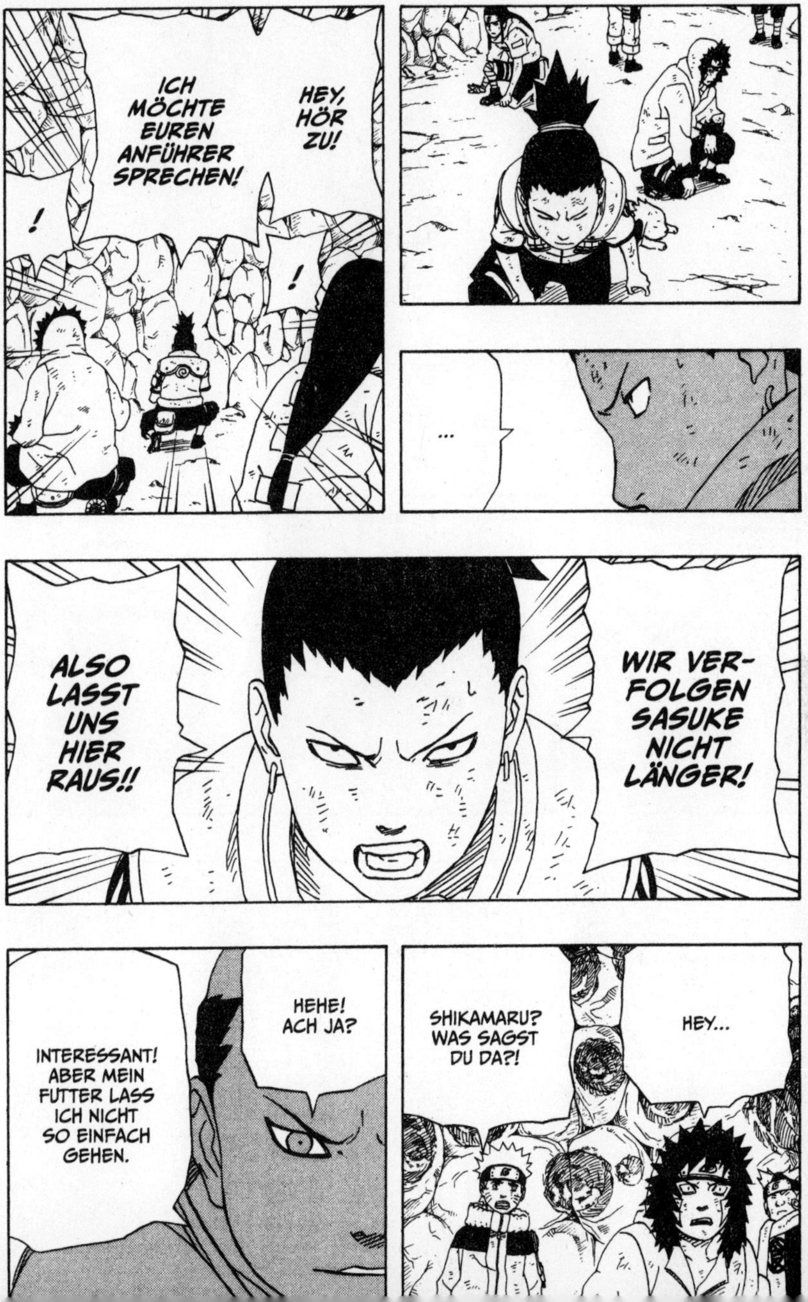

HEY, HÖR ZU!
ICH MÖCHTE EUREN ANFÜHRER SPRECHEN!
!
!
...
WIR VERFOLGEN SASUKE NICHT LÄNGER!
ALSO LASST UNS HIER RAUS!!
HEY...
SHIKAMARU? WAS SAGST DU DA?!
HEHE! ACH JA?
INTERESSANT! ABER MEIN FUTTER LASS ICH NICHT SO EINFACH GEHEN.

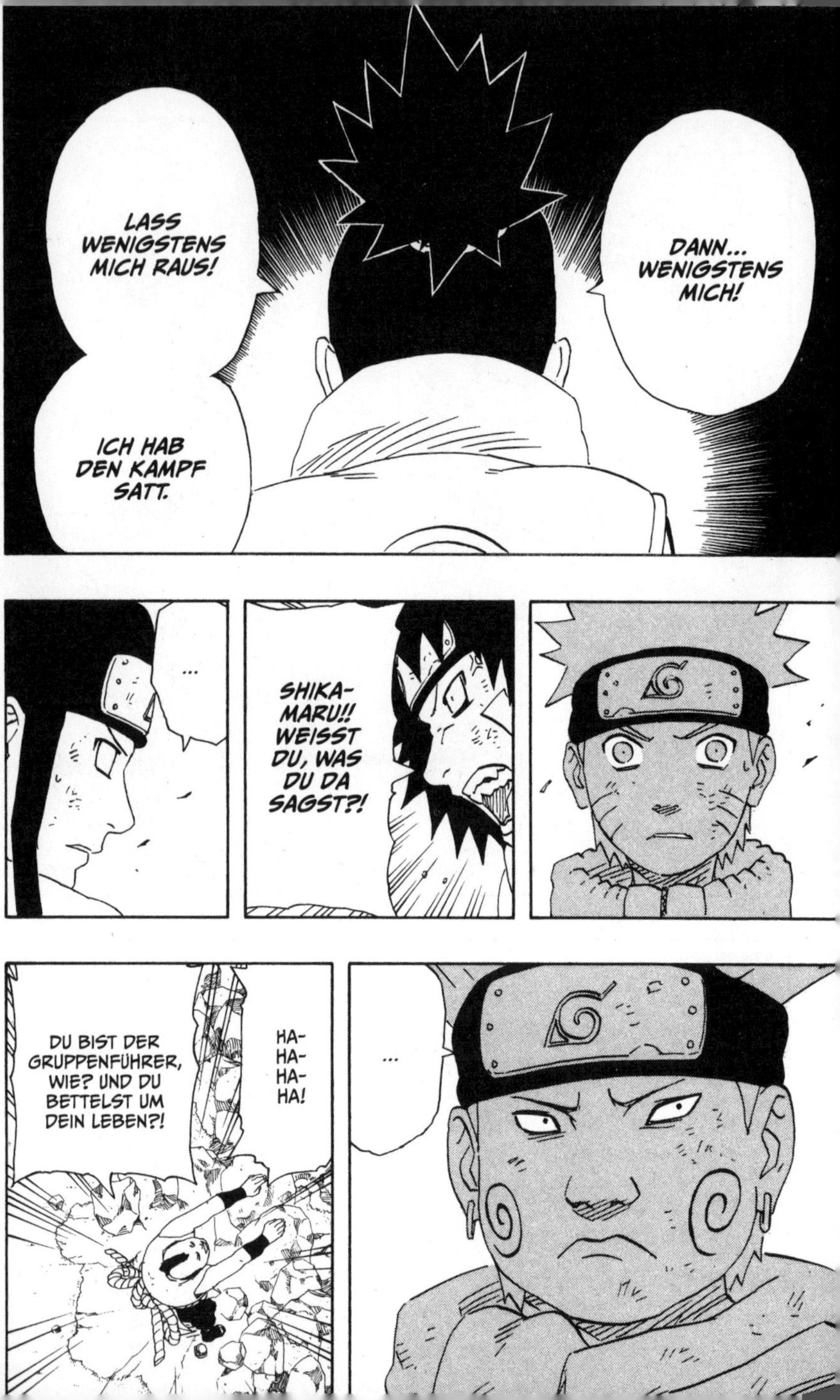
DANN... WENIGSTENS MICH!
LASS WENIGSTENS MICH RAUS!
ICH HAB DEN KAMPF SATT.
SHIKA-MARU!! WEISST DU, WAS DU DA SAGST?!
...
...
HA-HA-HA-HA!
DU BIST DER GRUPPENFÜHRER, WIE? UND DU BETTELST UM DEIN LEBEN?!

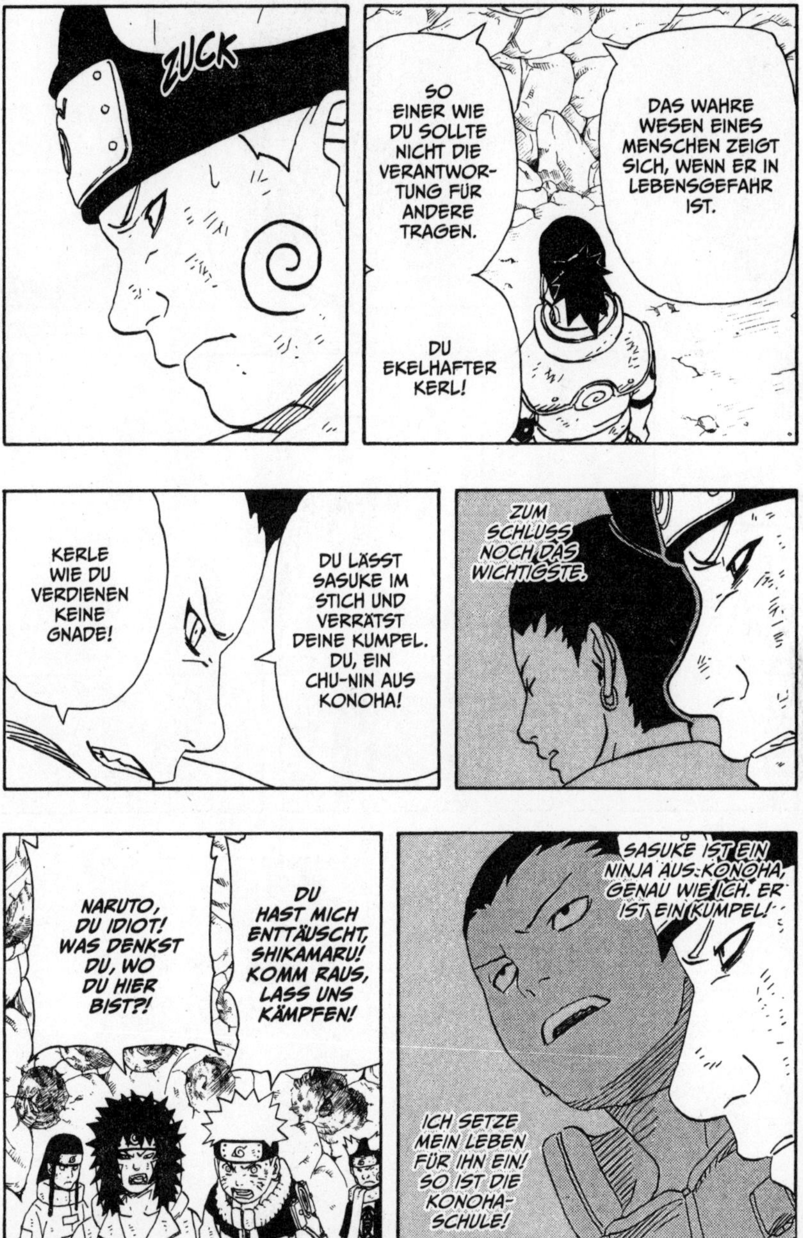
DAS WAHRE WESEN EINES MENSCHEN ZEIGT SICH, WENN ER IN LEBENSGEFAHR IST.
SO EINER WIE DU SOLLTE NICHT DIE VERANTWORTUNG FÜR ANDERE TRAGEN.
DU EKELHAFTER KERL!
ZUCK
ZUM SCHLUSS NOCH DAS WICHTIGSTE.
DU LÄSST SASUKE IM STICH UND VERRÄTST DEINE KUMPEL. DU, EIN CHU-NIN AUS KONOHA!
KERLE WIE DU VERDIENEN KEINE GNADE!
SASUKE IST EIN NINJA AUS KONOHA, GENAU WIE ICH. ER IST EIN KUMPEL!
ICH SETZE MEIN LEBEN FÜR IHN EIN! SO IST DIE KONOHA-SCHULE!
DU HAST MICH ENTTÄUSCHT, SHIKAMARU! KOMM RAUS, LASS UNS KÄMPFEN!
NARUTO, DU IDIOT! WAS DENKST DU, WO DU HIER BIST?!

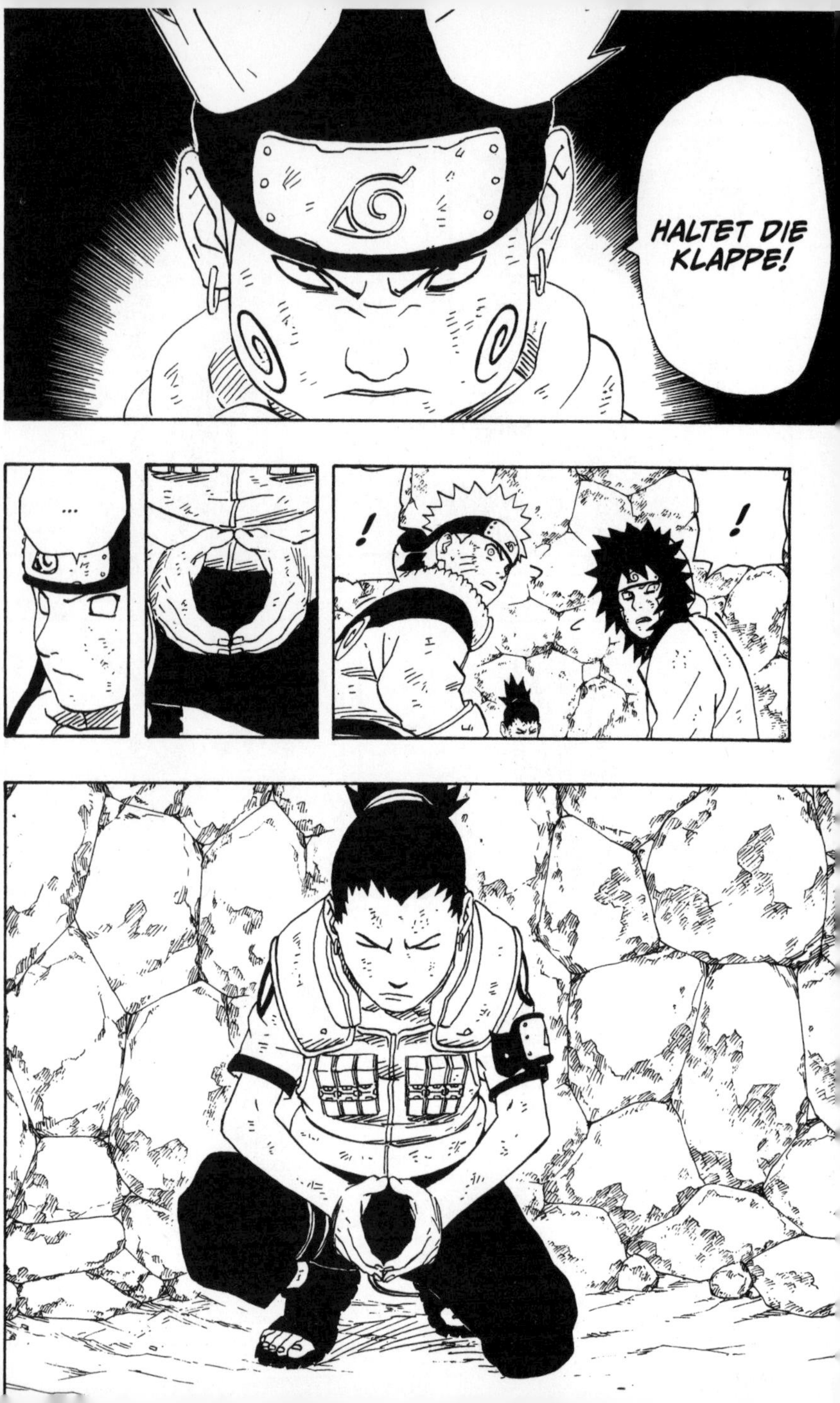
HALTET DIE KLAPPE!
...
!
!

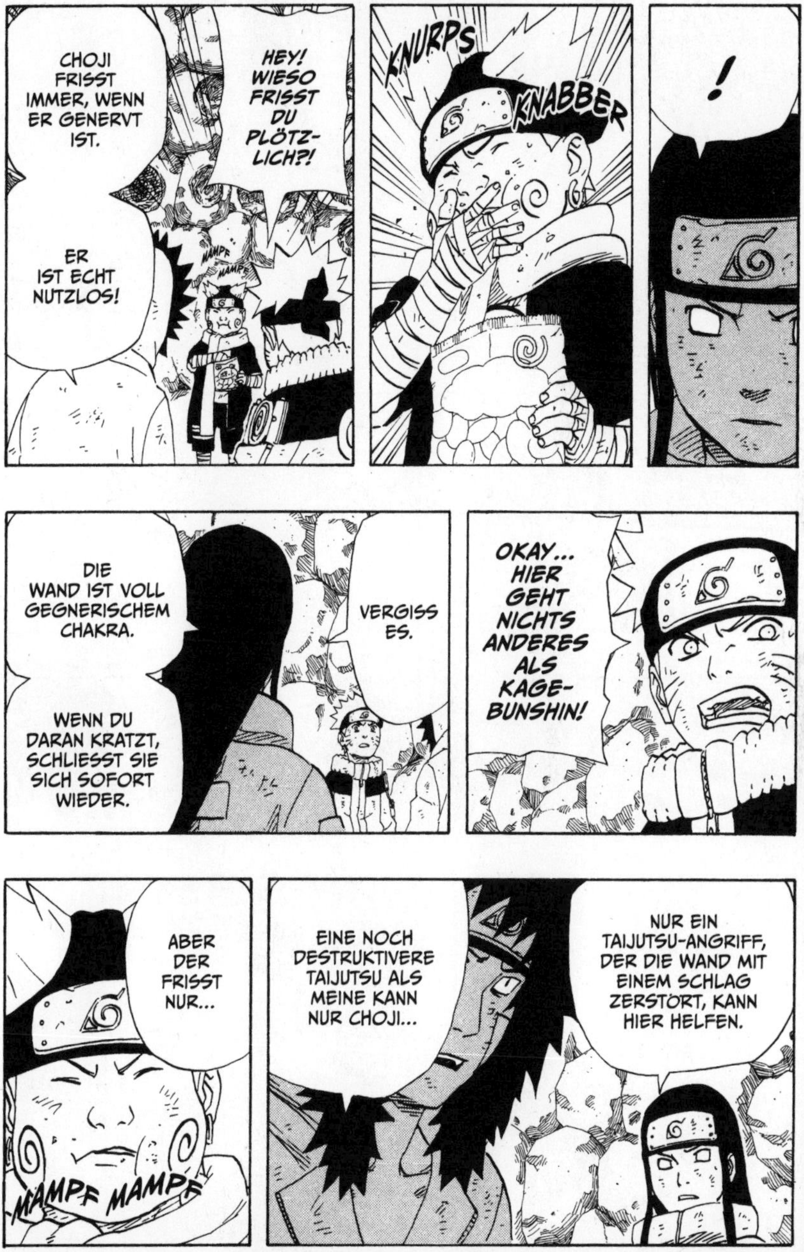

!
KNURPS
KNABBER
HEY! WIESO FRISST DU PLÖTZLICH?!
MAMPF MAMPF
CHOJI FRISST IMMER, WENN ER GENERVT IST.
ER IST ECHT NUTZLOS!
OKAY... HIER GEHT NICHTS ANDERES ALS KAGE-BUNSHIN!
VERGISS ES.
DIE WAND IST VOLL GEGNERISCHEM CHAKRA.
WENN DU DARAN KRATZT, SCHLIESST SIE SICH SOFORT WIEDER.
NUR EIN TAIJUTSU-ANGRIFF, DER DIE WAND MIT EINEM SCHLAG ZERSTÖRT, KANN HIER HELFEN.
EINE NOCH DESTRUKTIVERE TAIJUTSU ALS MEINE KANN NUR CHOJI...
ABER DER FRISST NUR...
MAMPF MAMPF

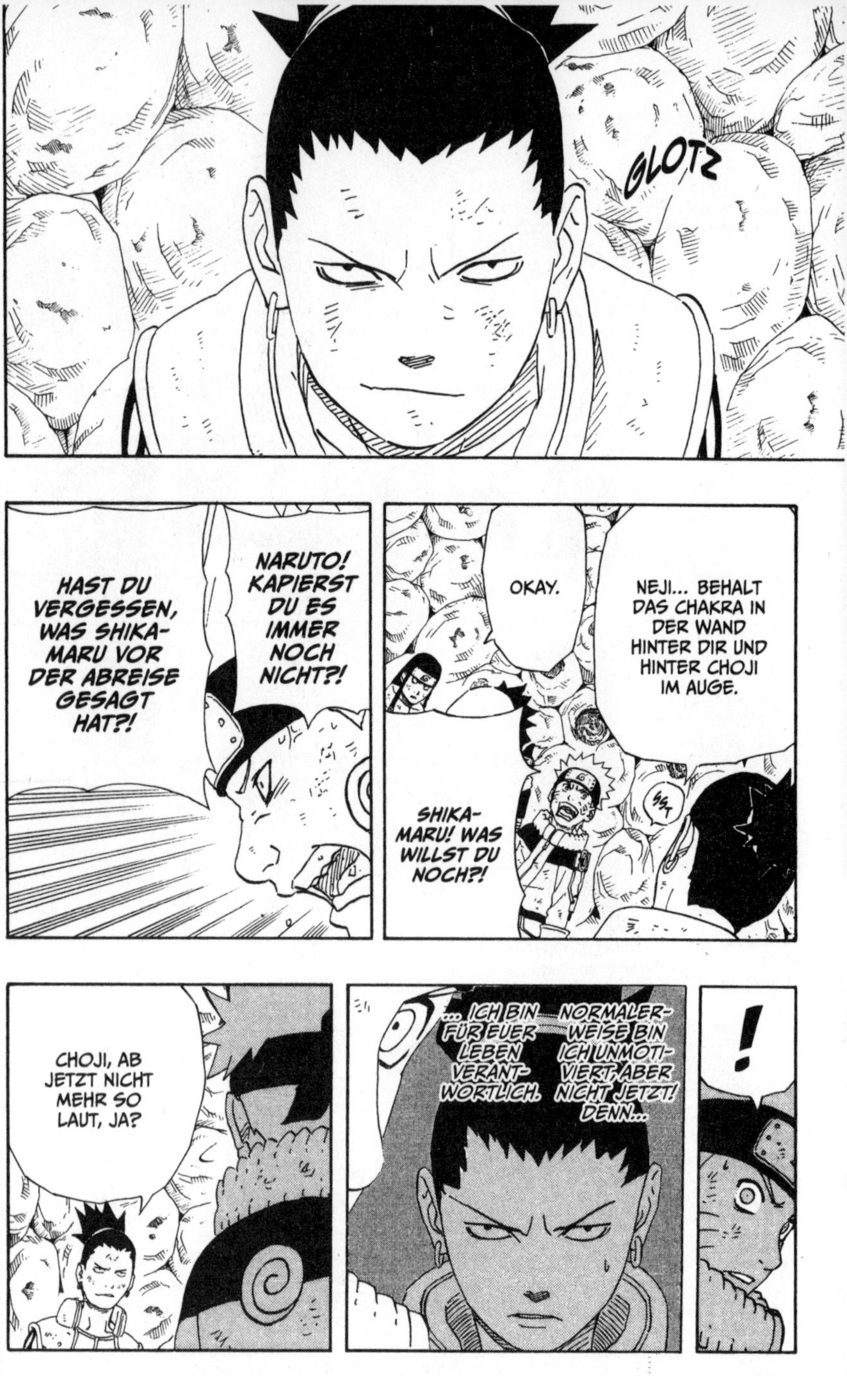
GLOTZ
NEJI... BEHALT DAS CHAKRA IN DER WAND HINTER DIR UND HINTER CHOJI IM AUGE.
OKAY.
SHIKA-MARU! WAS WILLST DU NOCH?!
SST
NARUTO! KAPIERST DU ES IMMER NOCH NICHT?!
HAST DU VERGESSEN, WAS SHIKA-MARU VOR DER ABREISE GESAGT HAT?!
!
NORMALER-WEISE BIN ICH UNMOTI-VIERT, ABER NICHT JETZT! DENN...
... ICH BIN FÜR EUER LEBEN VERANT-WORTLICH.
CHOJI, AB JETZT NICHT MEHR SO LAUT, JA?

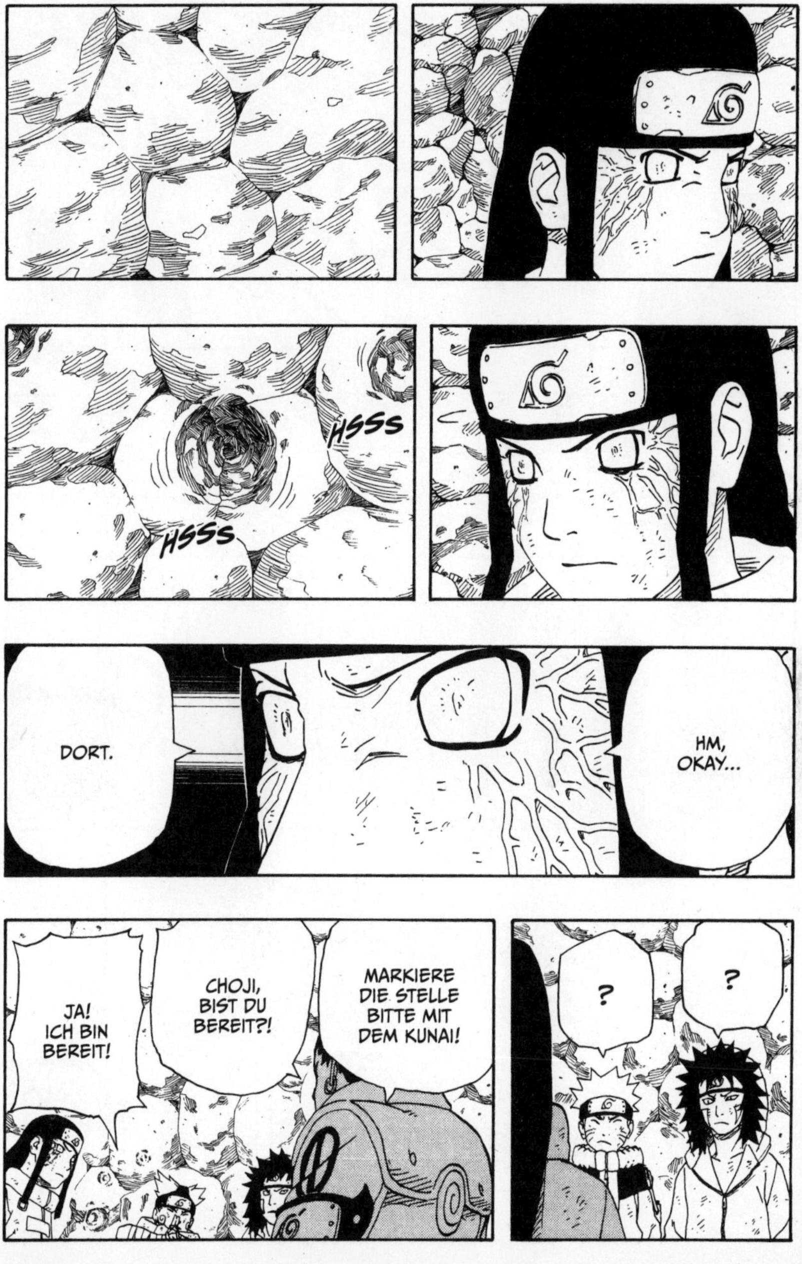
HSSS
HSSS
HM, OKAY...
DORT.
MARKIERE DIE STELLE BITTE MIT DEM KUNAI!
CHOJI, BIST DU BEREIT?!
JA! ICH BIN BEREIT!
?
?

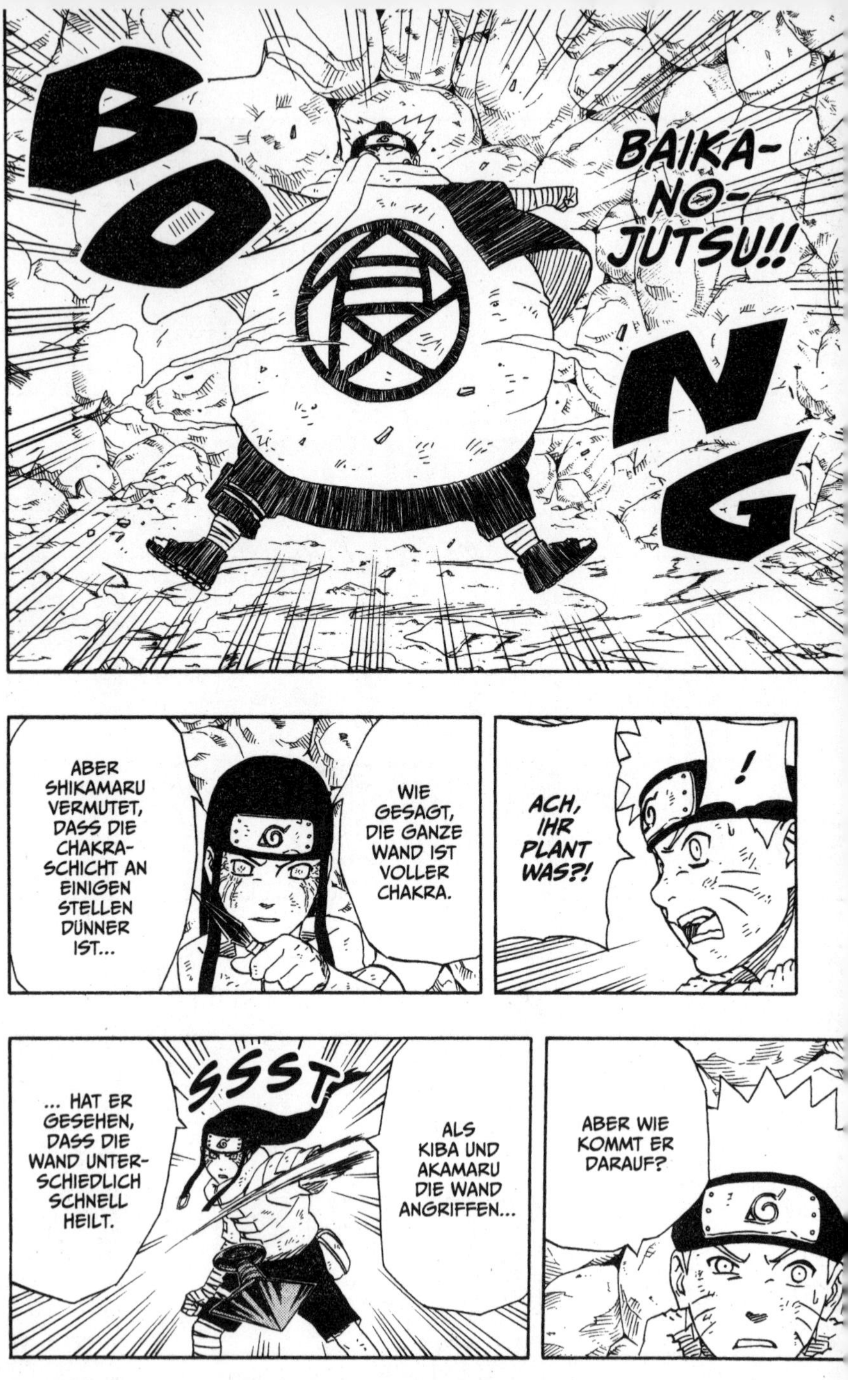

BAIKA-NO-JUTSU!!
BONG
!
ACH, IHR PLANT WAS?!
WIE GESAGT, DIE GANZE WAND IST VOLLER CHAKRA.
ABER SHIKAMARU VERMUTET, DASS DIE CHAKRA-SCHICHT AN EINIGEN STELLEN DÜNNER IST...
ABER WIE KOMMT ER DARAUF?
ALS KIBA UND AKAMARU DIE WAND ANGRIFFEN...
SSST
... HAT ER GESEHEN, DASS DIE WAND UNTER-SCHIEDLICH SCHNELL HEILT.

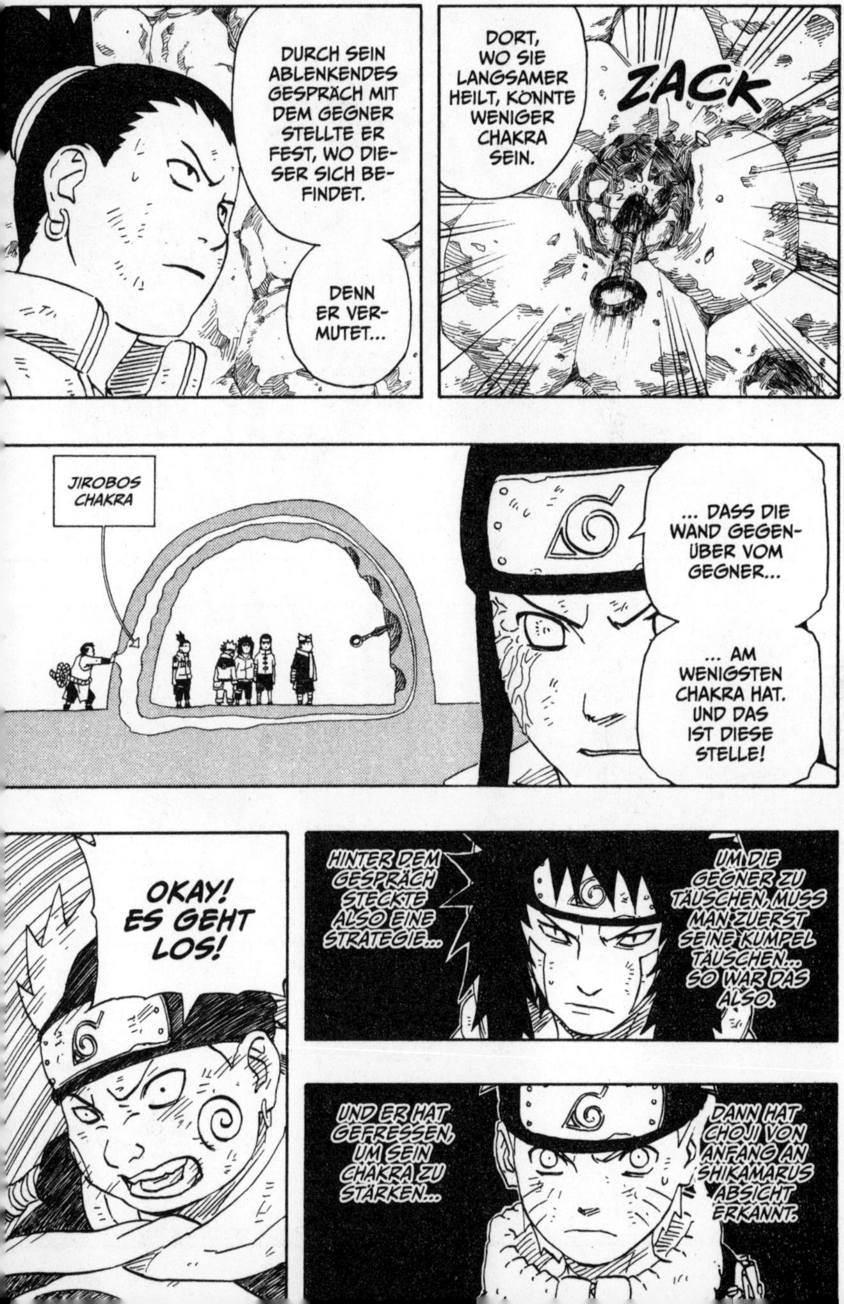

DURCH SEIN ABLENKENDES GESPRÄCH MIT DEM GEGNER STELLTE ER FEST, WO DIESER SICH BEFINDET.
DENN ER VERMUTET...
DORT, WO SIE LANGSAMER HEILT, KÖNNTE WENIGER CHAKRA SEIN.
ZACK
JIROBOS CHAKRA
... DASS DIE WAND GEGENÜBER VOM GEGNER...
... AM WENIGSTEN CHAKRA HAT. UND DAS IST DIESE STELLE!
OKAY! ES GEHT LOS!
HINTER DEM GESPRÄCH STECKTE ALSO EINE STRATEGIE...
UM DIE GEGNER ZU TÄUSCHEN, MUSS MAN ZUERST SEINE KUMPEL TÄUSCHEN... SO WAR DAS ALSO.
UND ER HAT GEFRESSEN, UM SEIN CHAKRA ZU STÄRKEN...
DANN HAT CHOJI VON ANFANG AN SHIKAMARUS ABSICHT ERKANNT.

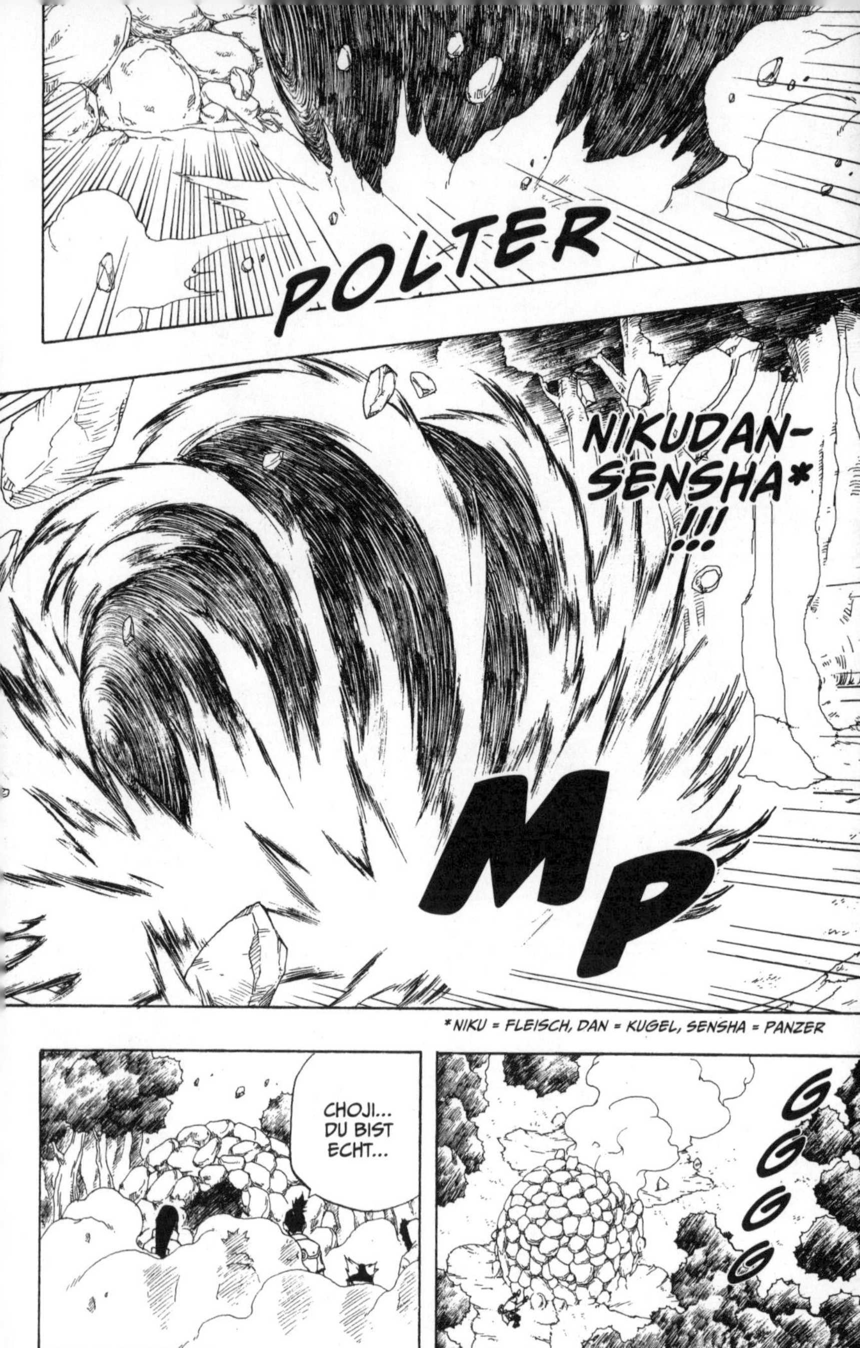
POLTER
NIKUDAN-SENSHA* !!!
MP
*NIKU = FLEISCH, DAN = KUGEL, SENSHA = PANZER
GGGG
CHOJI... DU BIST ECHT...

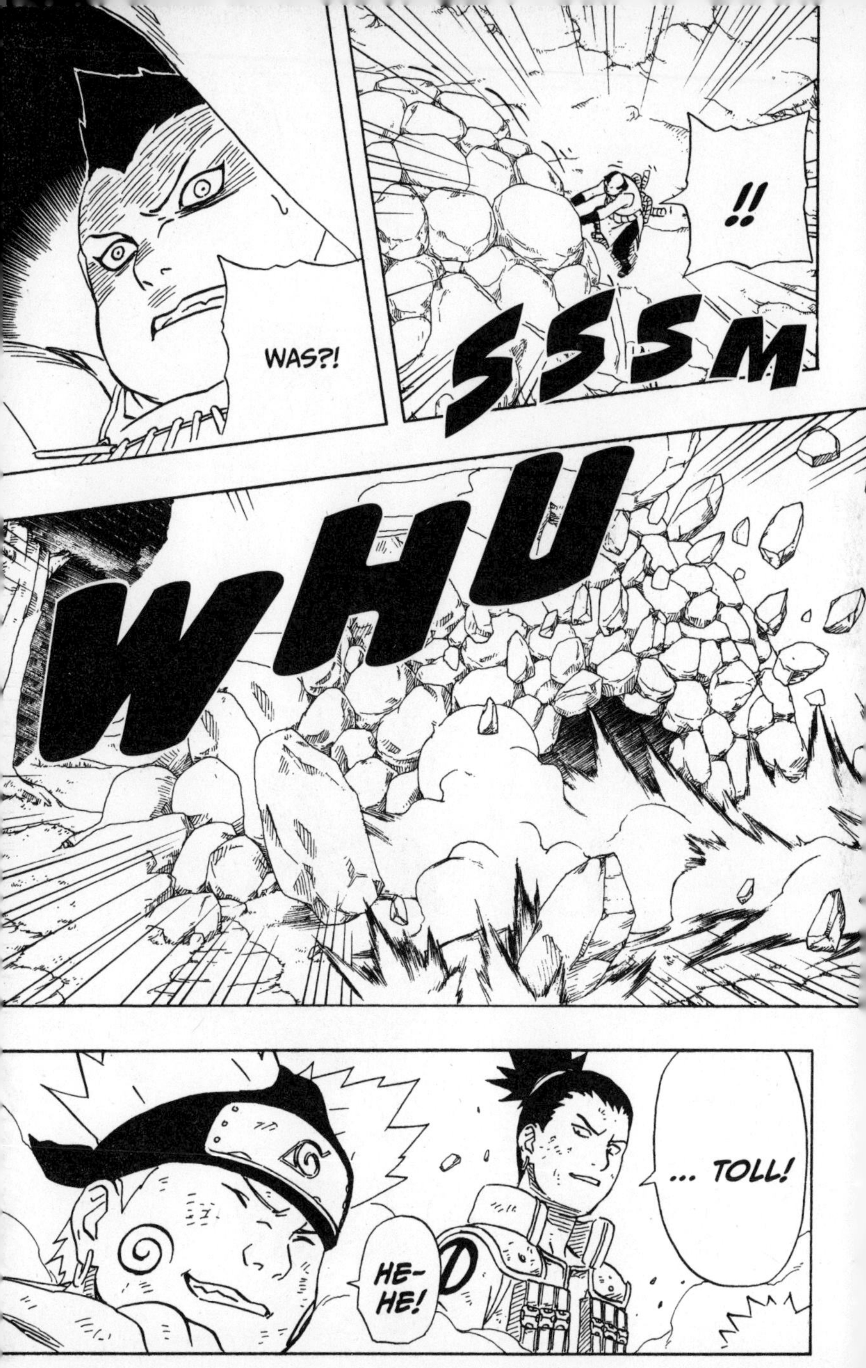
!!
SSSM
WAS?!
WHU
... TOLL!
HE-HE!

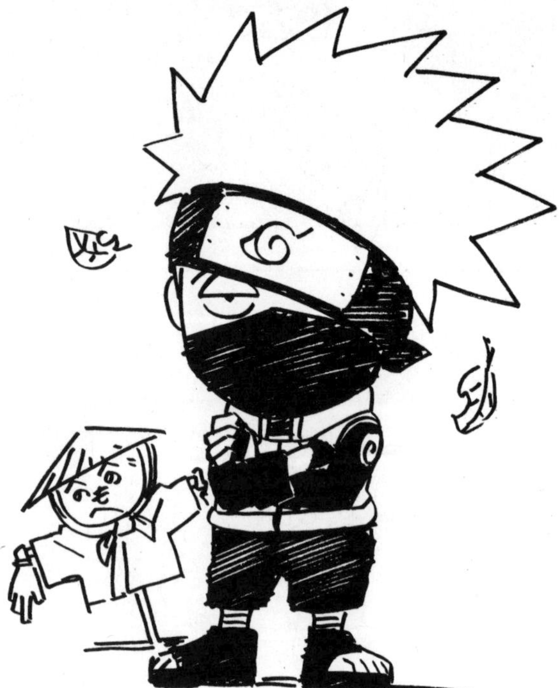

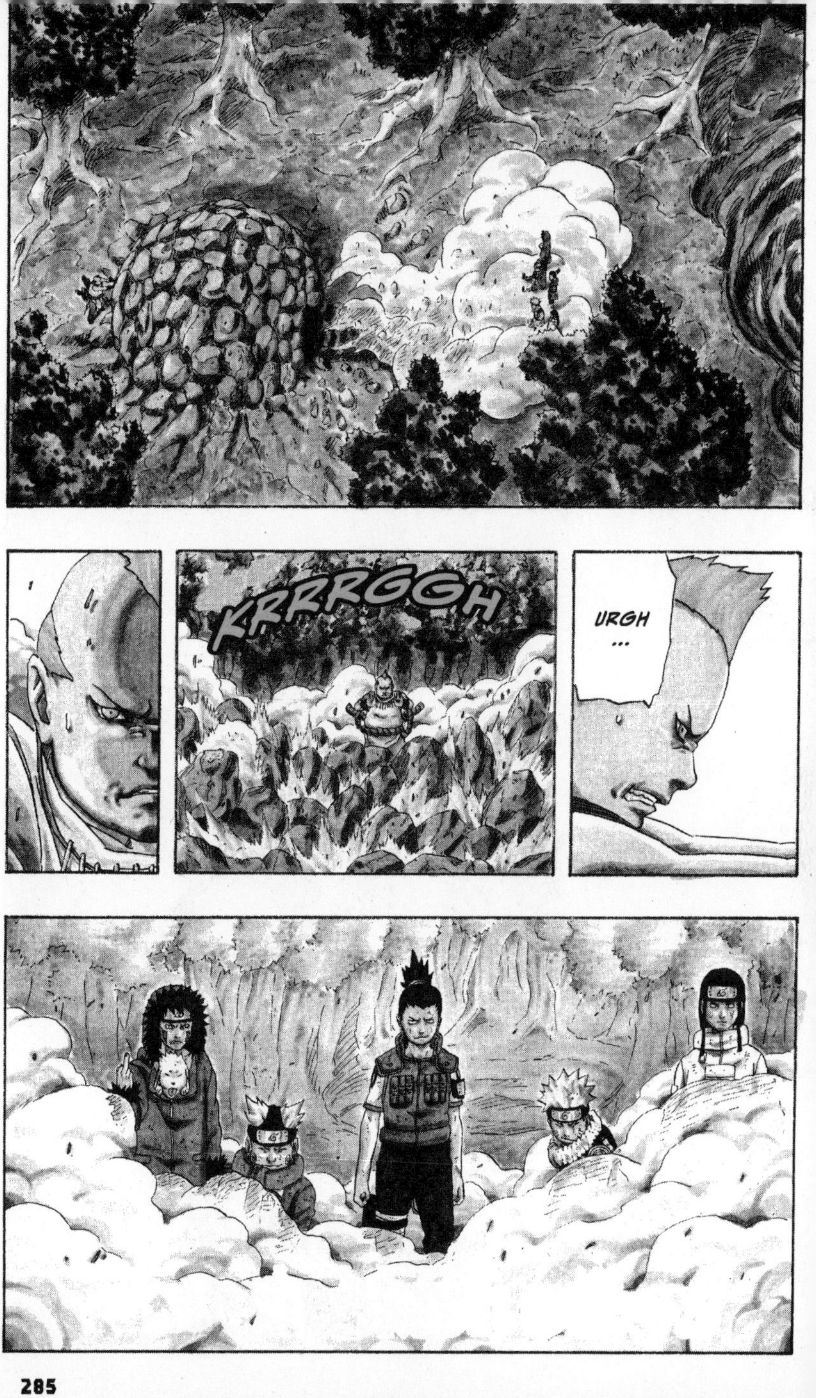
KRRRGGH
URGH ...

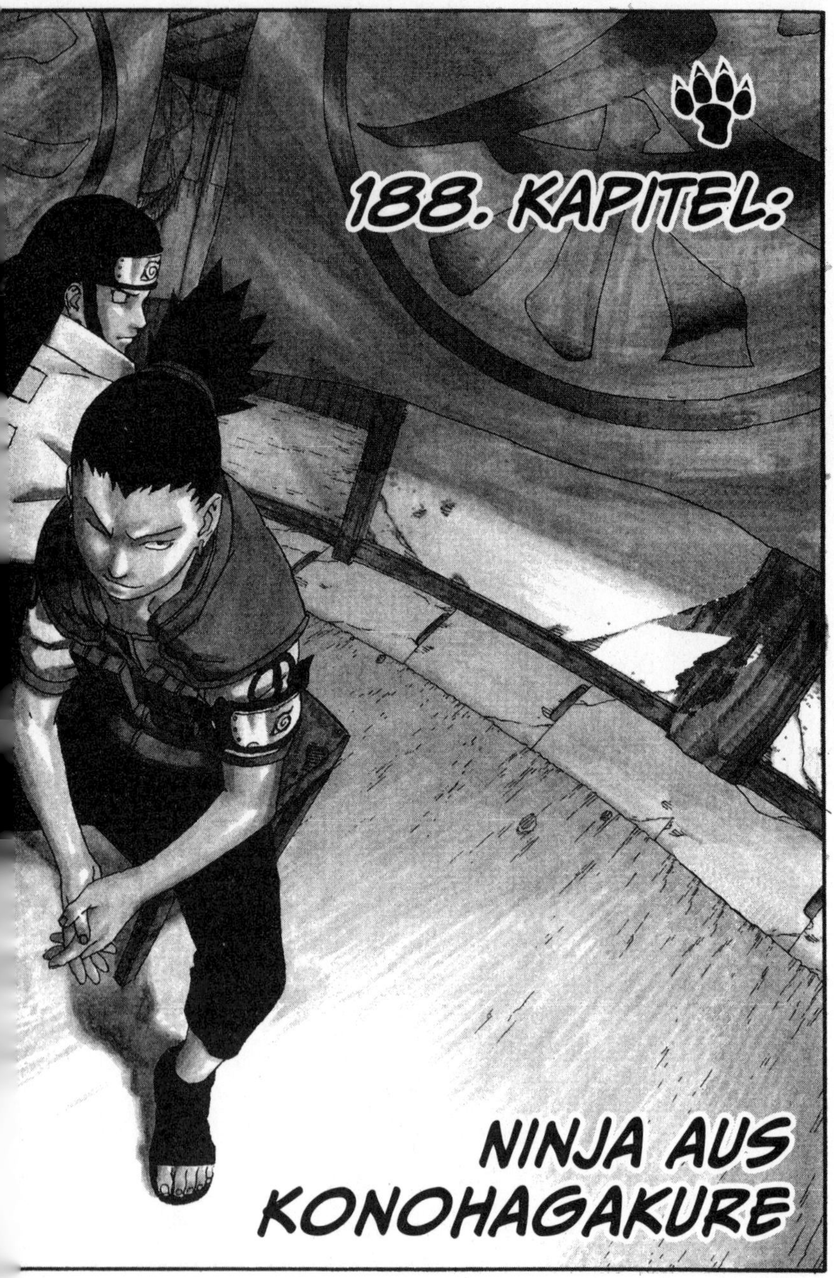
188. KAPITEL:
NINJA AUS KONOHAGAKURE

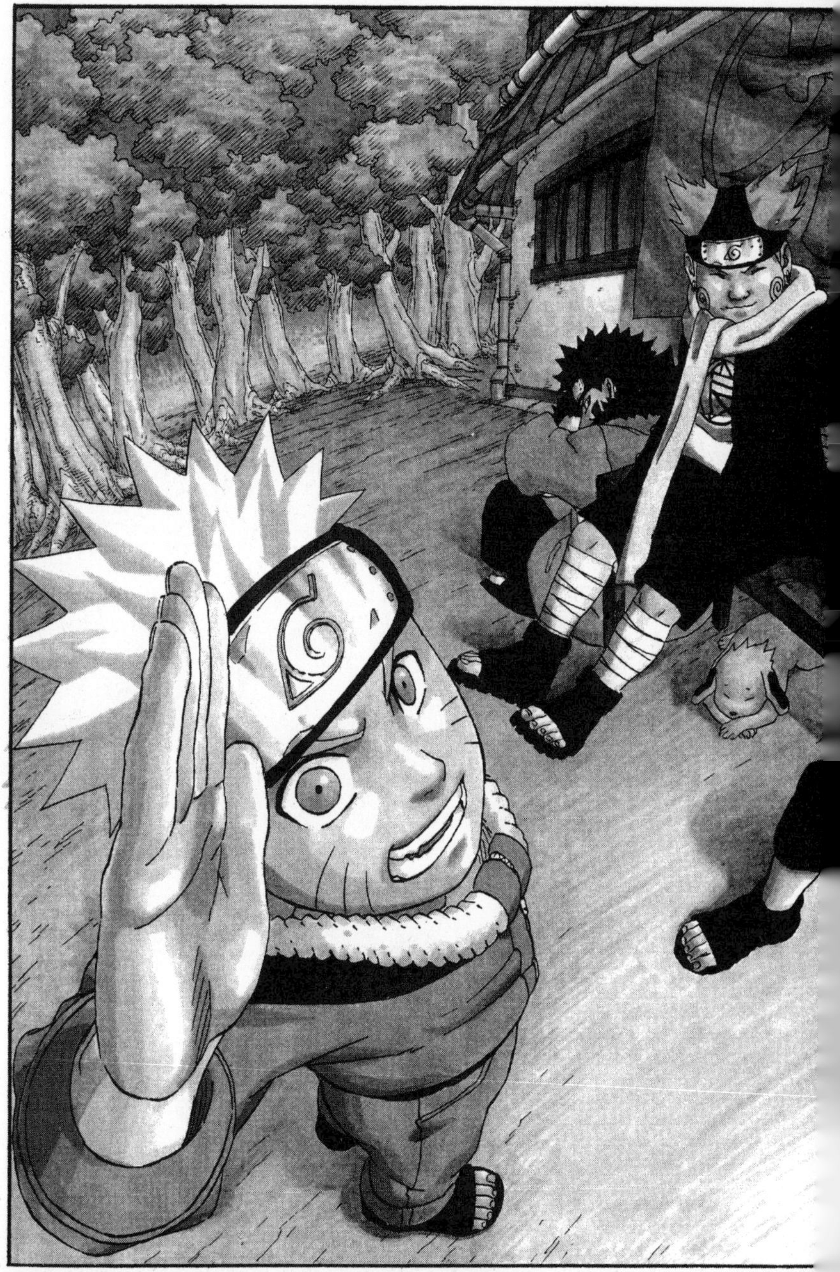

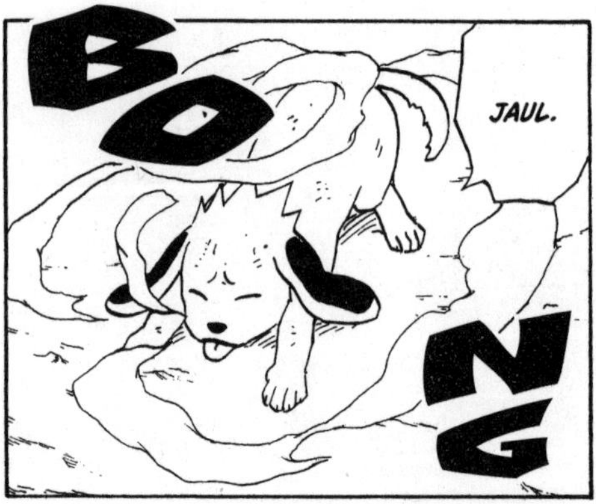

JAUL.
BONG

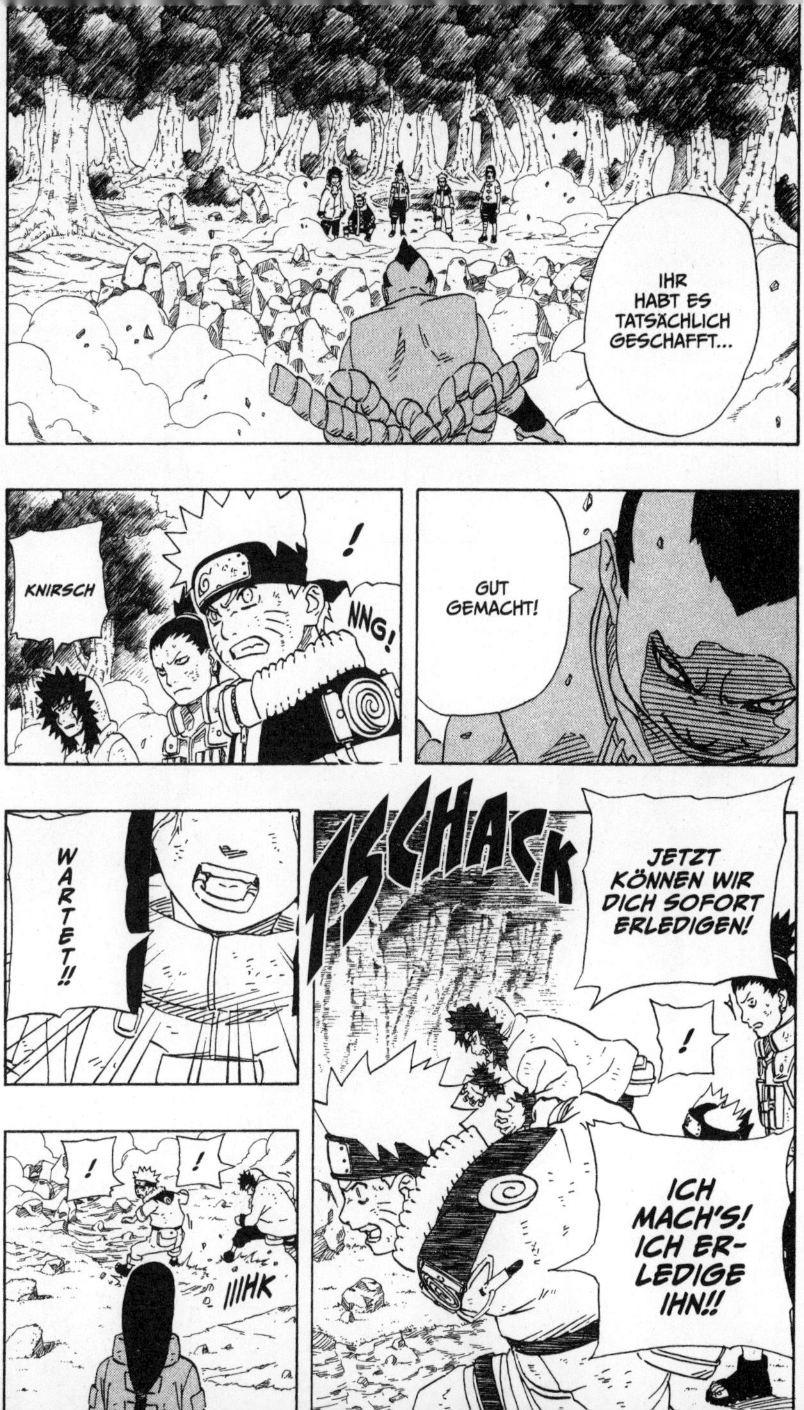
IHR HABT ES TATSÄCHLICH GESCHAFFT...
GUT GEMACHT!
!
NNG!
KNIRSCH
JETZT KÖNNEN WIR DICH SOFORT ERLEDIGEN!
!
ZSCHACK
WARTET!!
ICH MACH'S! ICH ER-LEDIGE IHN!!
!
!
HK

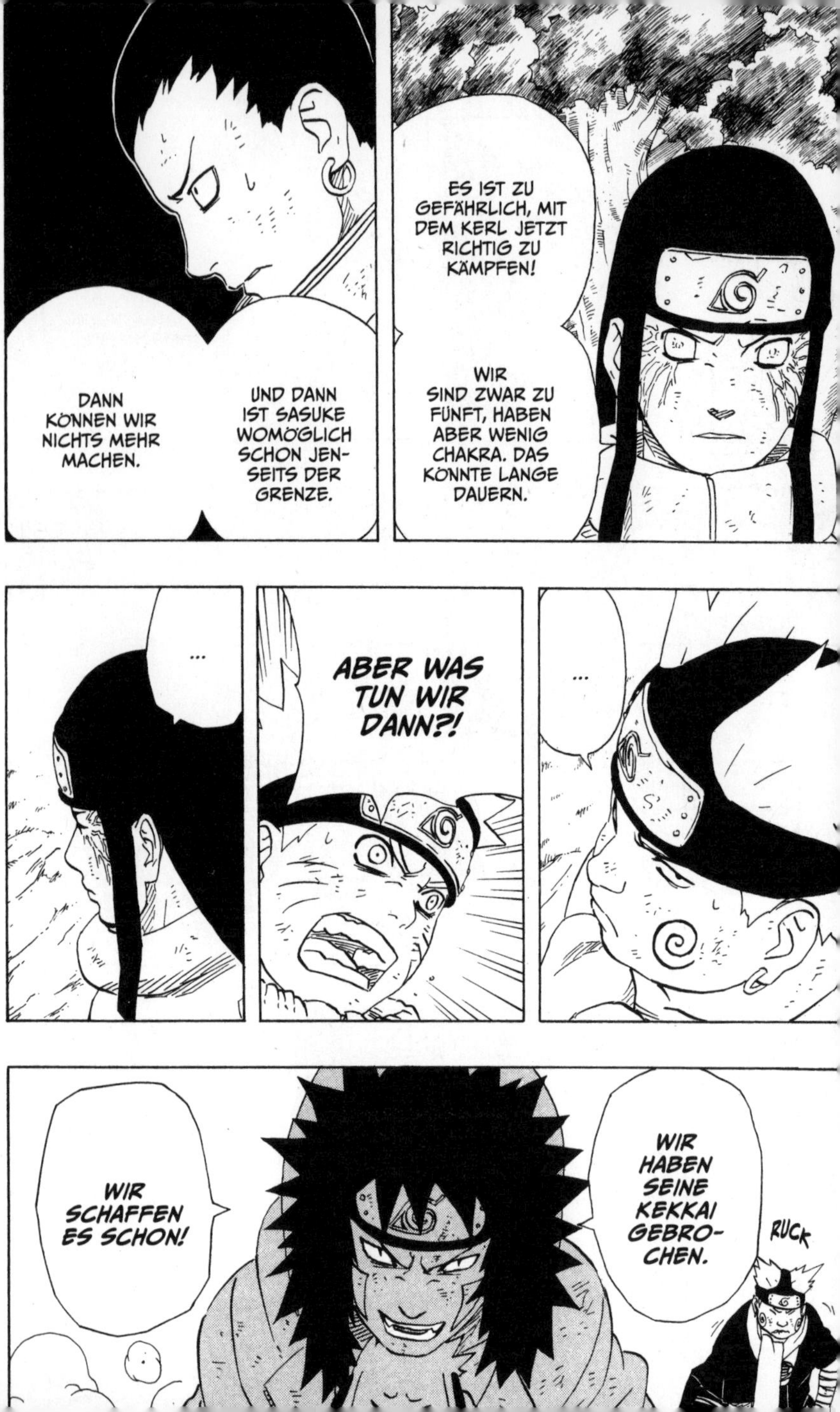
ES IST ZU GEFÄHRLICH, MIT DEM KERL JETZT RICHTIG ZU KÄMPFEN!
WIR SIND ZWAR ZU FÜNFT, HABEN ABER WENIG CHAKRA. DAS KÖNNTE LANGE DAUERN.
UND DANN IST SASUKE WOMÖGLICH SCHON JEN-SEITS DER GRENZE.
DANN KÖNNEN WIR NICHTS MEHR MACHEN.
...
ABER WAS TUN WIR DANN?!
...
RUCK
WIR HABEN SEINE KEKKAI GEBRO-CHEN.
WIR SCHAFFEN ES SCHON!

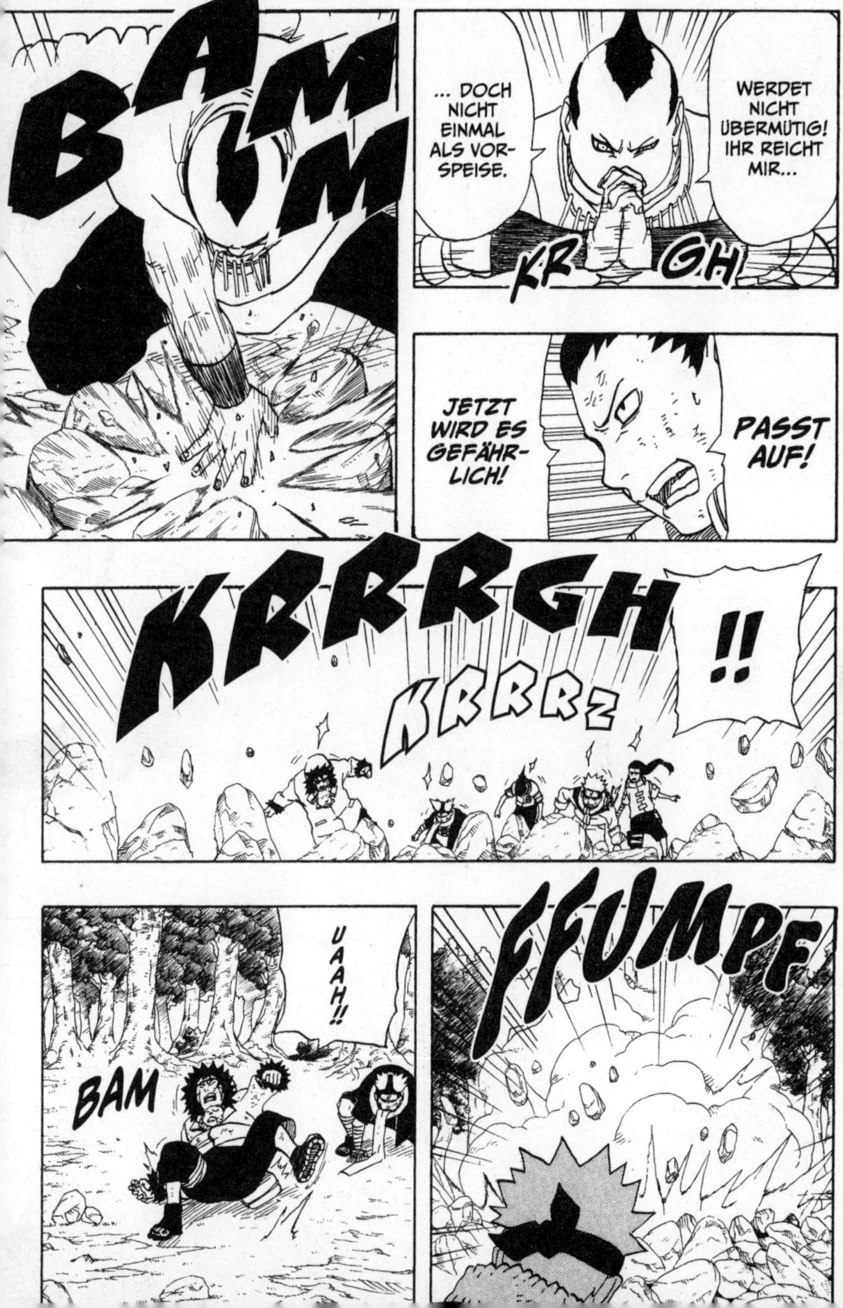
WERDET NICHT ÜBERMÜTIG! IHR REICHT MIR...
... DOCH NICHT EINMAL ALS VOR-SPEISE.
KR GH
PASST AUF!
JETZT WIRD ES GEFÄHR-LICH!
BAMM
KRRRGH!!
KRRRZ
FFUMPF
UAAH!!
BAM

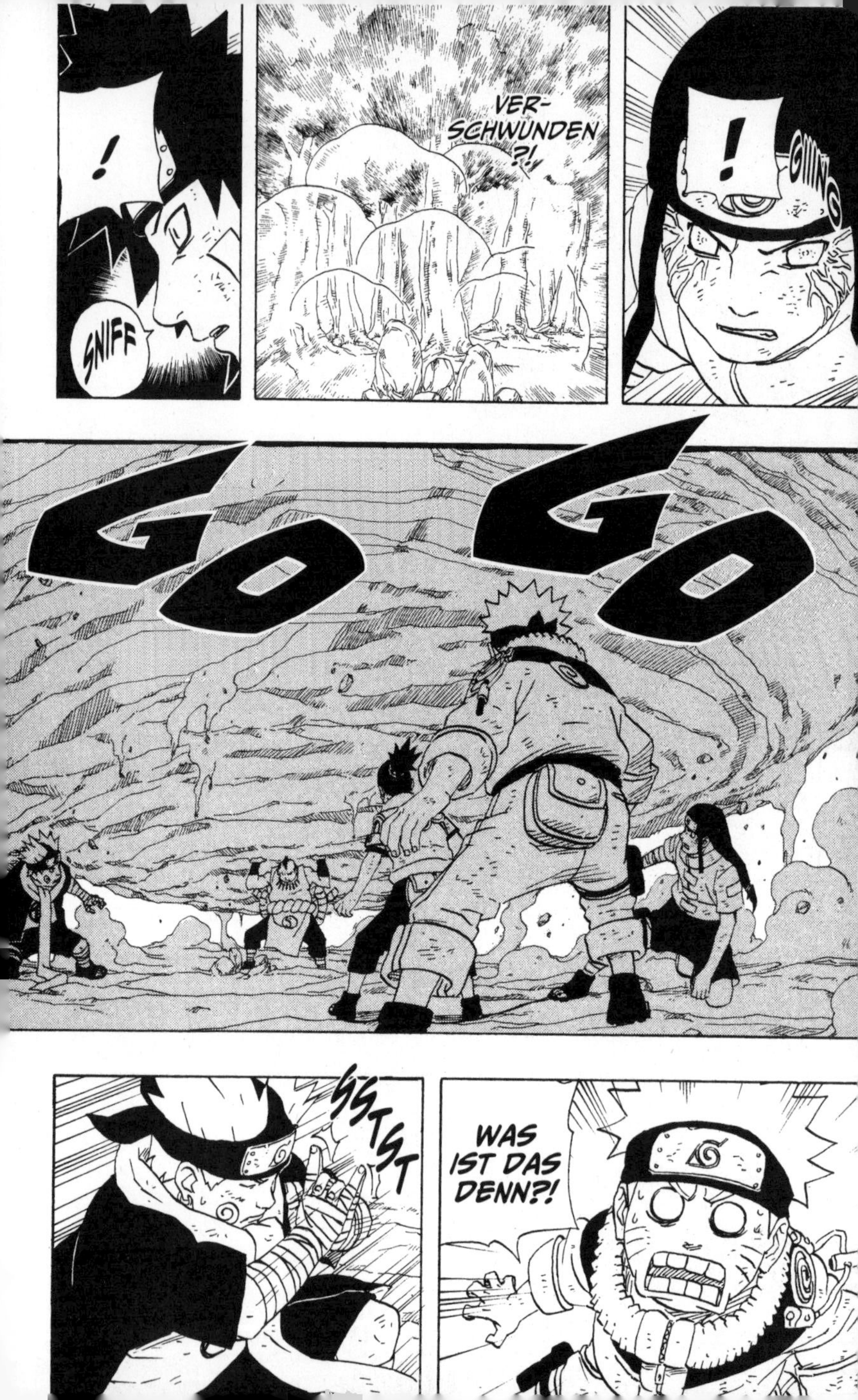
!
GIIING
VER-
SCHWUNDEN
?!
!
SNIFF
GO GO
WAS
IST DAS
DENN?!
SSTST

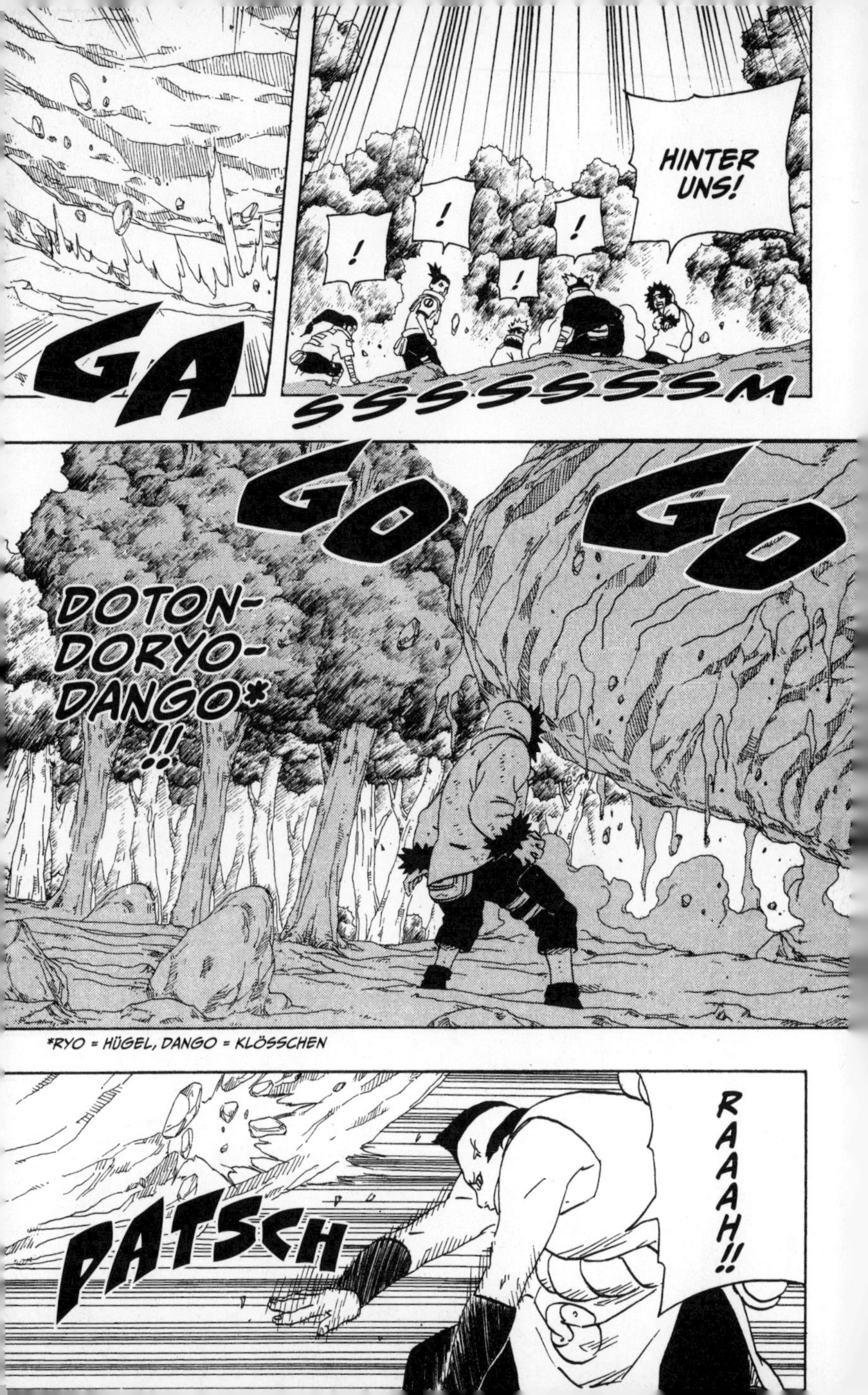

*RYO = HÜGEL, DANGO = KLÖSSCHEN

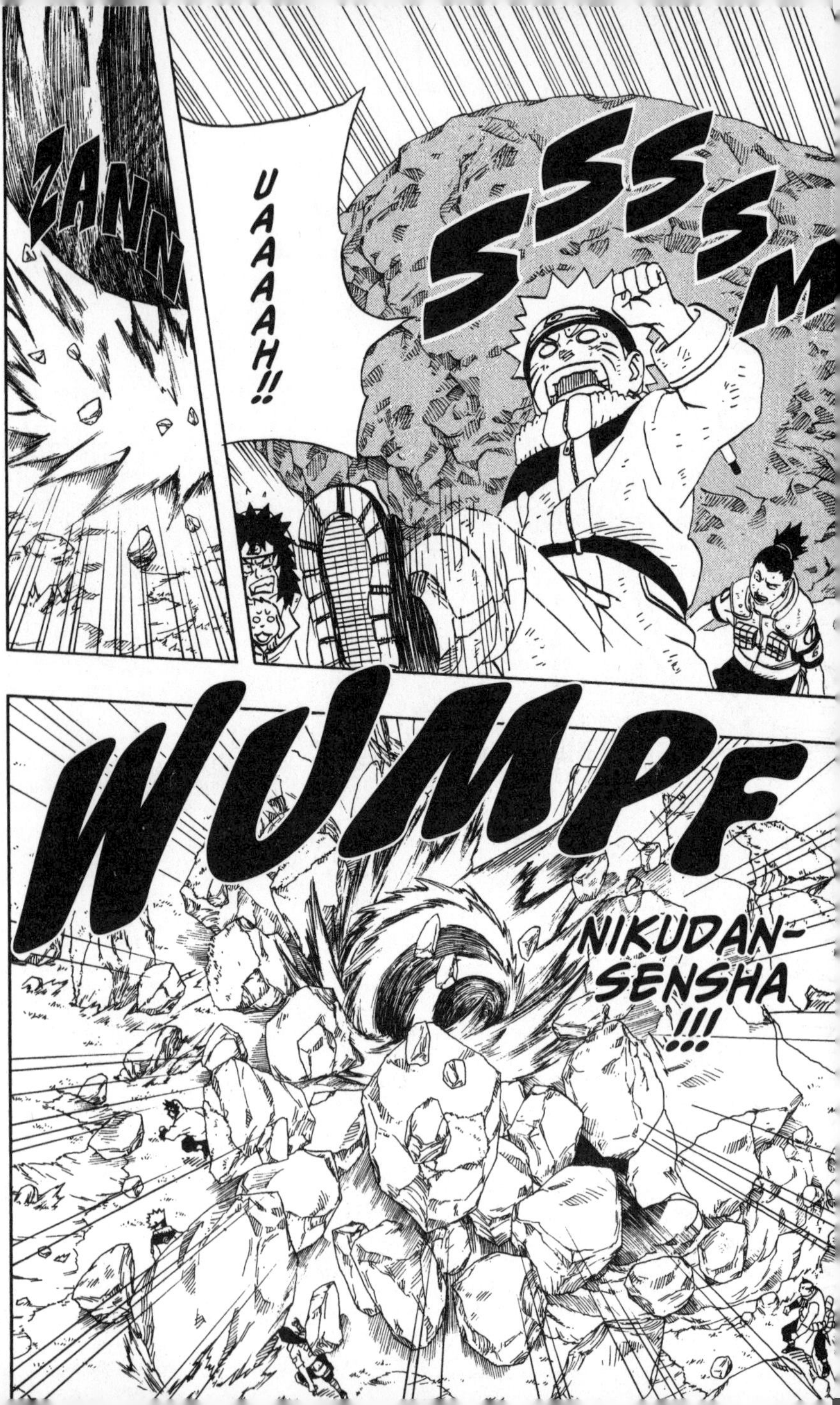

UAAAAAH!!
SSSSM
ZANN
WUMPF
NIKUDAN-SENSHA!!!

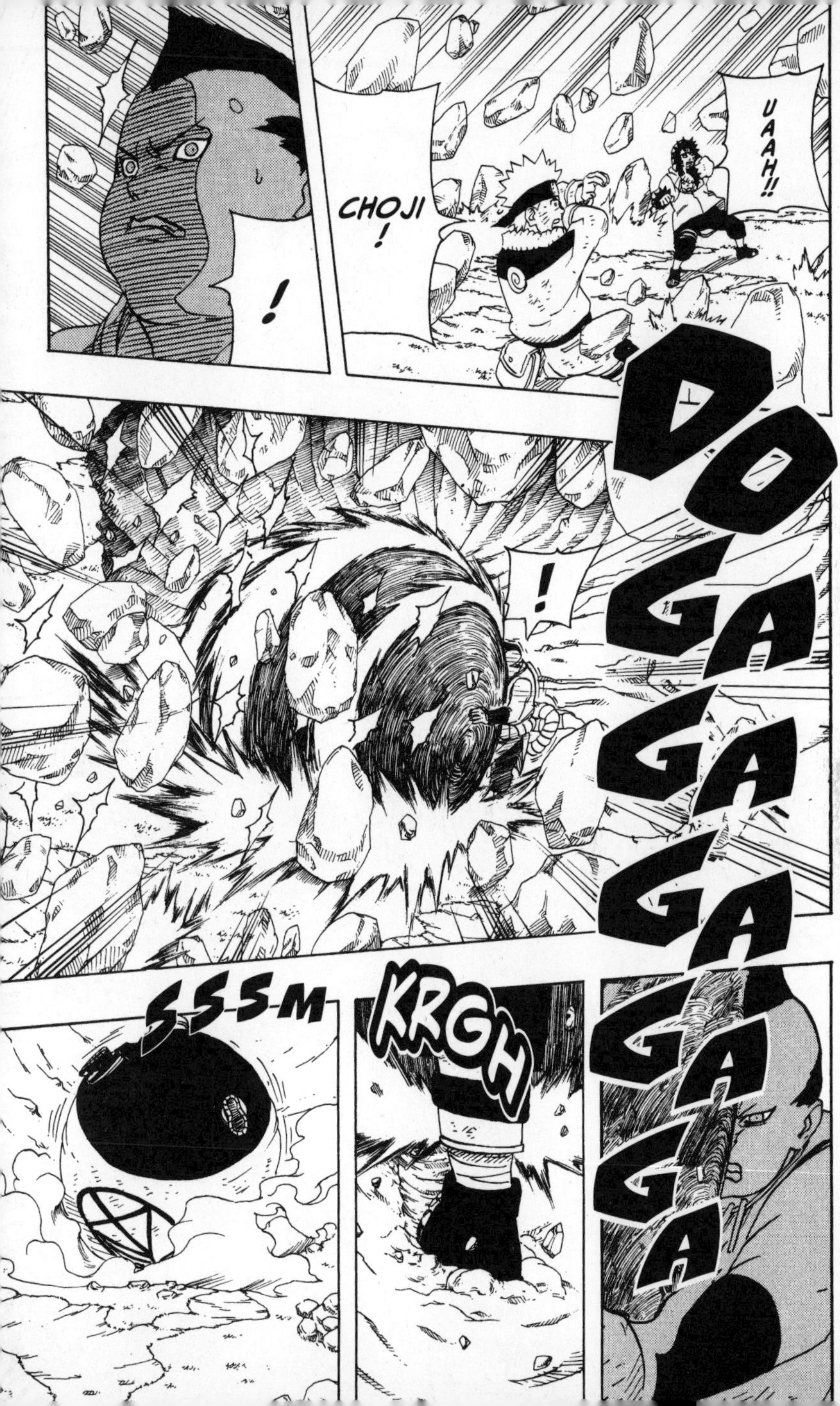

UAAAH!!
CHOJI !
!
!
DOGAGAGAGAGA
KRGH
SSSM

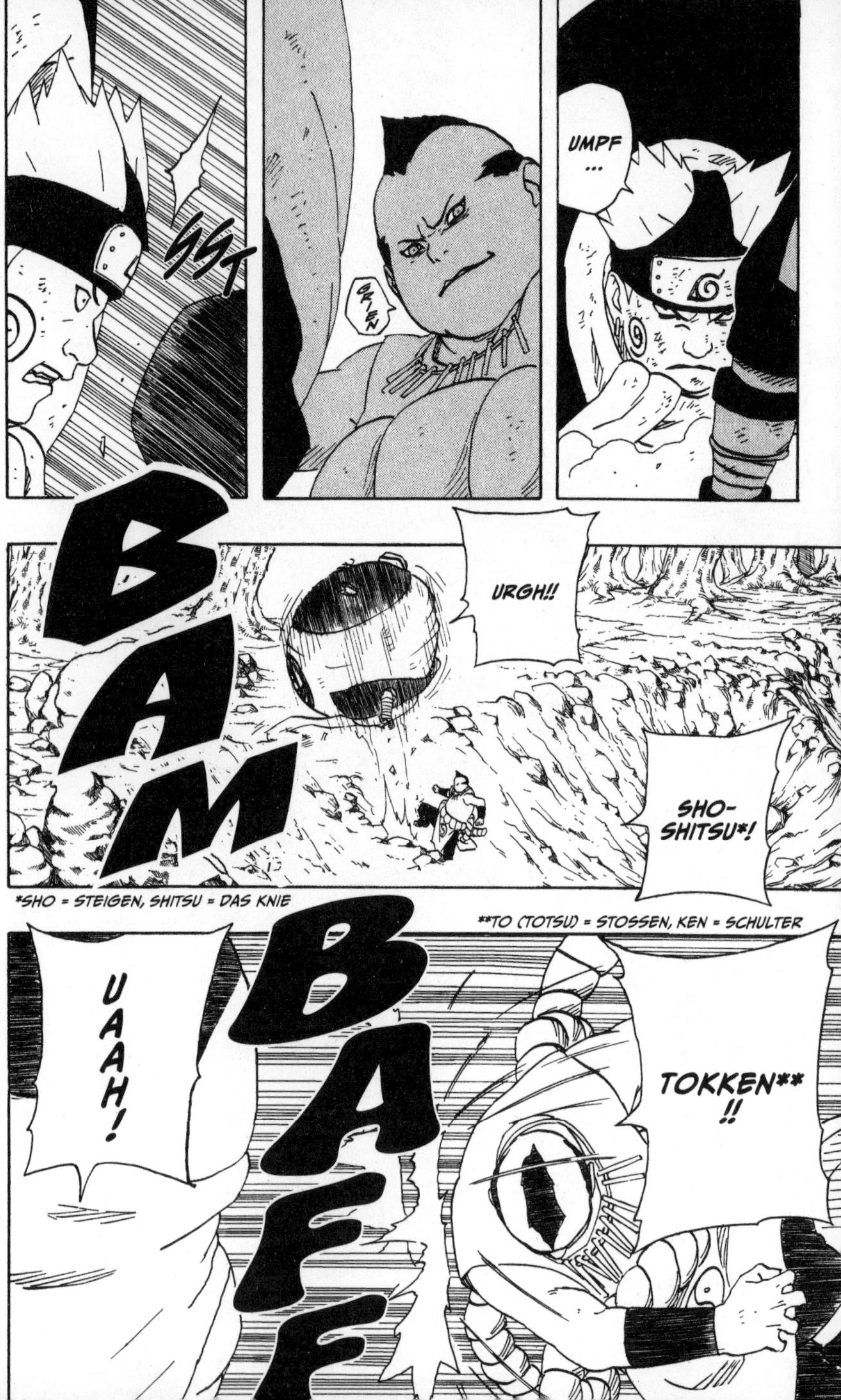
UMPF ...
GRIEN
SSST
URGH!!
BAM
SHO-SHITSU*!
*SHO = STEIGEN, SHITSU = DAS KNIE
**TO (TOTSU) = STOSSEN, KEN = SCHULTER
TOKKEN** !!
BAFF
UAAAH!

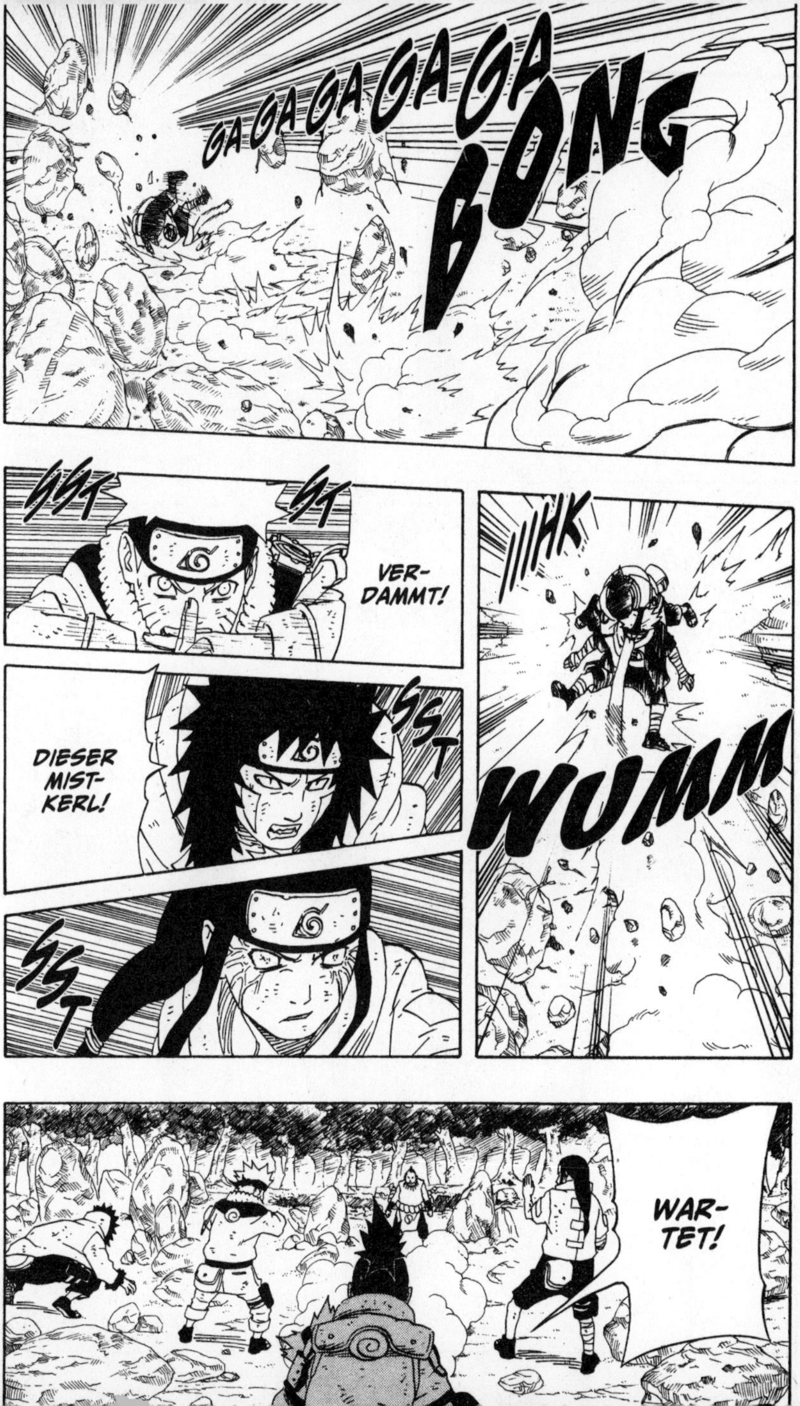
GA GA GA GA GA GA
BONG
HK
WUMM
ST
SST
VER-
DAMMT!
SST
DIESER
MIST-
KERL!
SST
WAR-
TET!

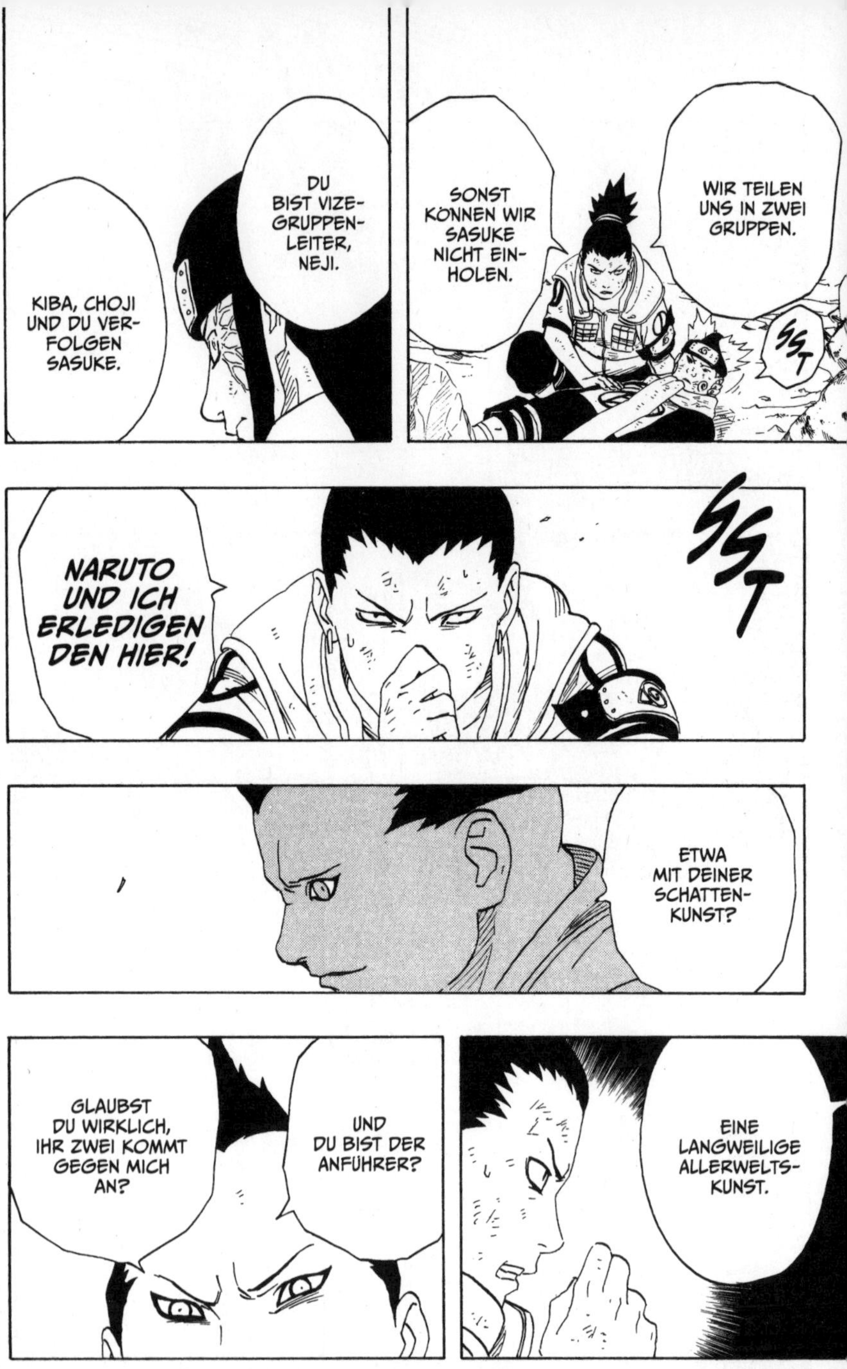
WIR TEILEN UNS IN ZWEI GRUPPEN.
SONST KÖNNEN WIR SASUKE NICHT EIN-HOLEN.
SST
DU BIST VIZE-GRUPPEN-LEITER, NEJI.
KIBA, CHOJI UND DU VER-FOLGEN SASUKE.
SST
NARUTO UND ICH ERLEDIGEN DEN HIER!
ETWA MIT DEINER SCHATTEN-KUNST?
EINE LANGWEILIGE ALLERWELTS-KUNST.
UND DU BIST DER ANFÜHRER?
GLAUBST DU WIRKLICH, IHR ZWEI KOMMT GEGEN MICH AN?

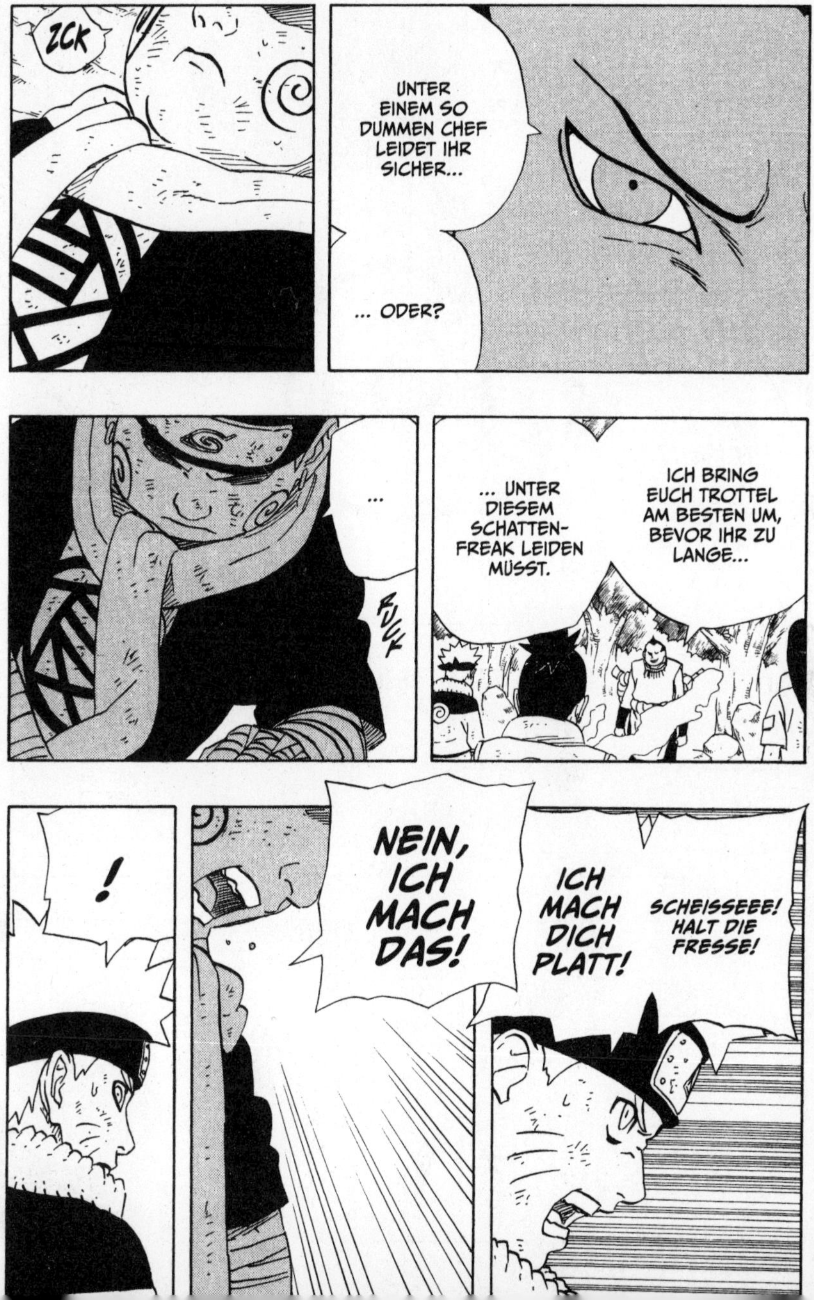
UNTER EINEM SO DUMMEN CHEF LEIDET IHR SICHER...
... ODER?
ZCK
ICH BRING EUCH TROTTEL AM BESTEN UM, BEVOR IHR ZU LANGE...
... UNTER DIESEM SCHATTEN-FREAK LEIDEN MÜSST.
...
RUCK
SCHEISSEEE! HALT DIE FRESSE!
ICH MACH DICH PLATT!
NEIN, ICH MACH DAS!
!

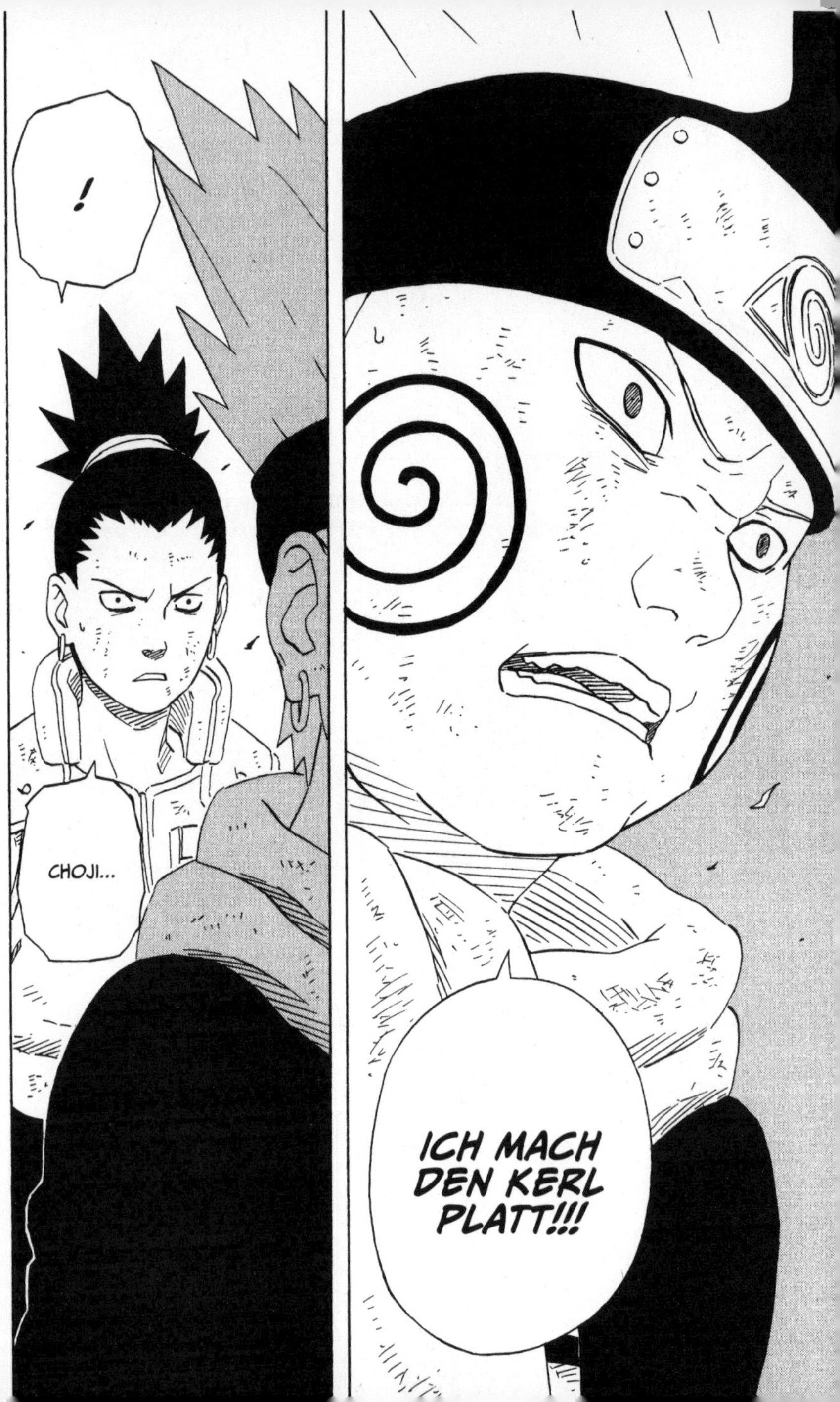

ICH MACH DEN KERL PLATT!!!
!
CHOJI...

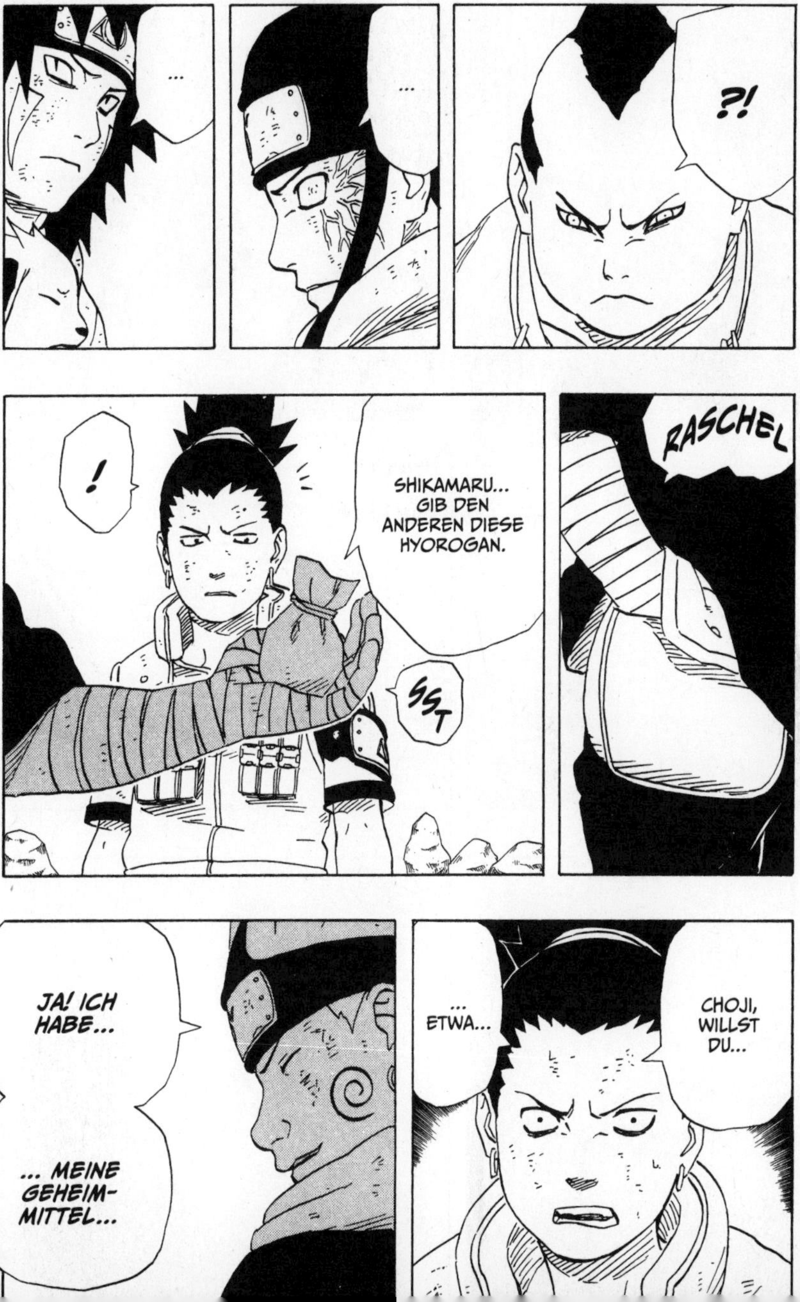

?!
...
...
RASCHEL
SHIKAMARU... GIB DEN ANDEREN DIESE HYOROGAN.
SST
!
CHOJI, WILLST DU...
... ETWA...
JA! ICH HABE...
... MEINE GEHEIM-MITTEL...

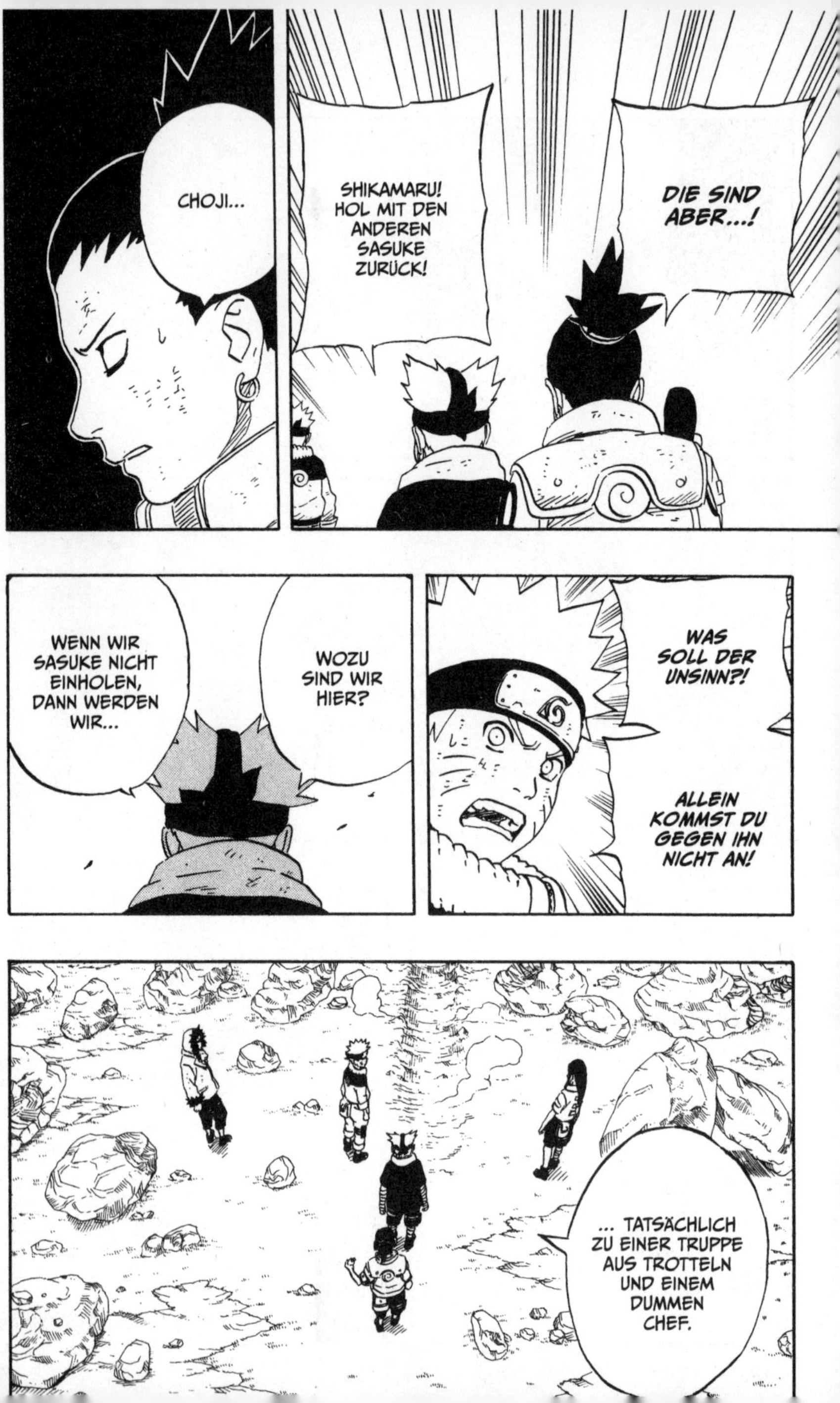
DIE SIND ABER...!
SHIKAMARU! HOL MIT DEN ANDEREN SASUKE ZURÜCK!
CHOJI...
WAS SOLL DER UNSINN?!
ALLEIN KOMMST DU GEGEN IHN NICHT AN!
WOZU SIND WIR HIER?
WENN WIR SASUKE NICHT EINHOLEN, DANN WERDEN WIR...
... TATSÄCHLICH ZU EINER TRUPPE AUS TROTTELN UND EINEM DUMMEN CHEF.

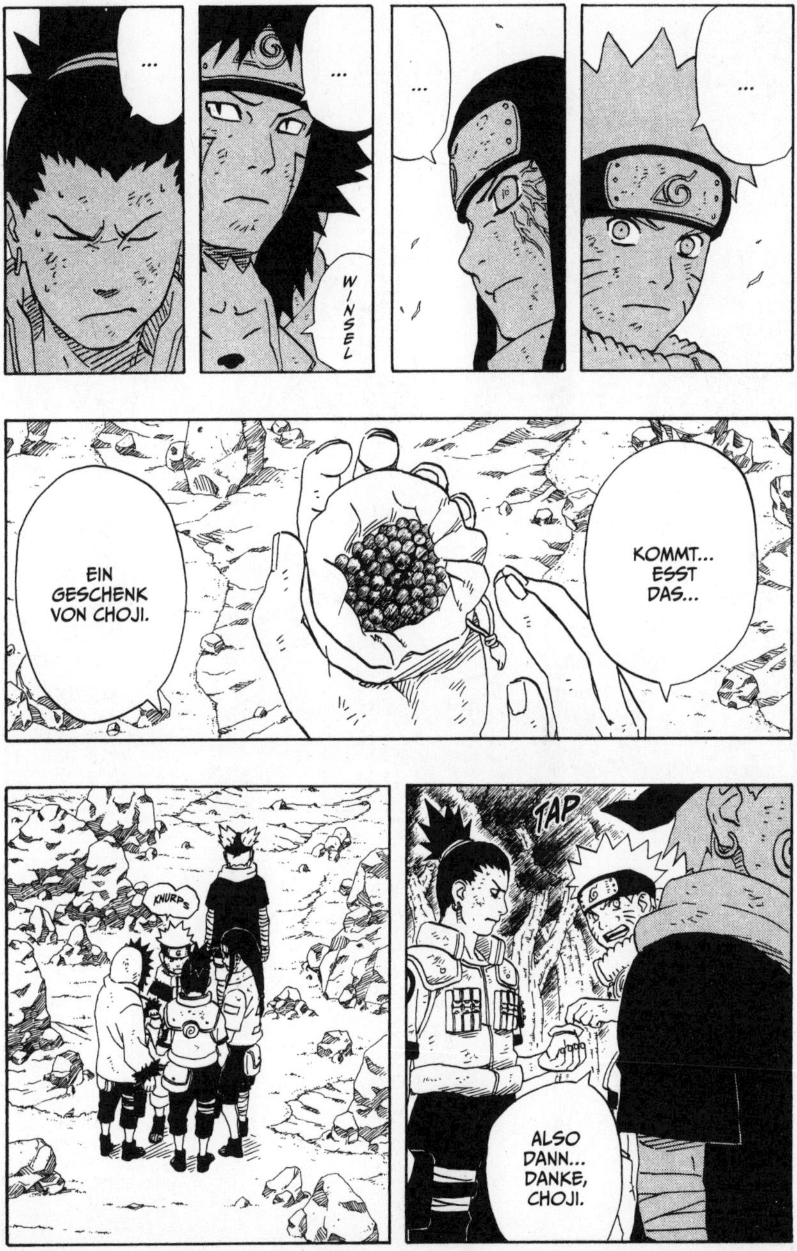
...
...
...
...
WINSEL
KOMMT... ESST DAS...
EIN GESCHENK VON CHOJI.
TAP
ALSO DANN... DANKE, CHOJI.
KNURPS

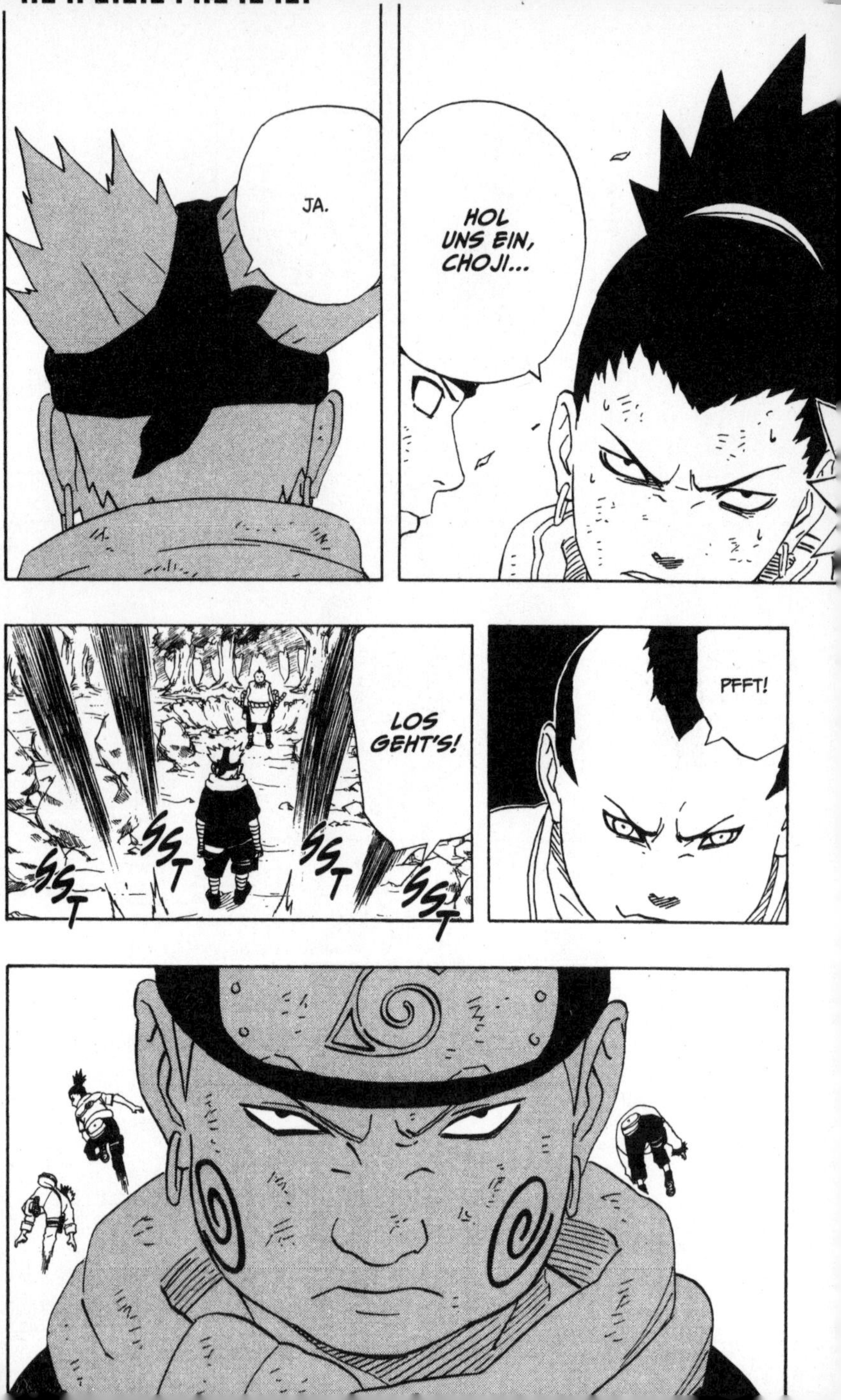
HOL UNS EIN, CHOJI...
JA.
PFFT!
LOS GEHT'S!
SST
SST
SST
SST

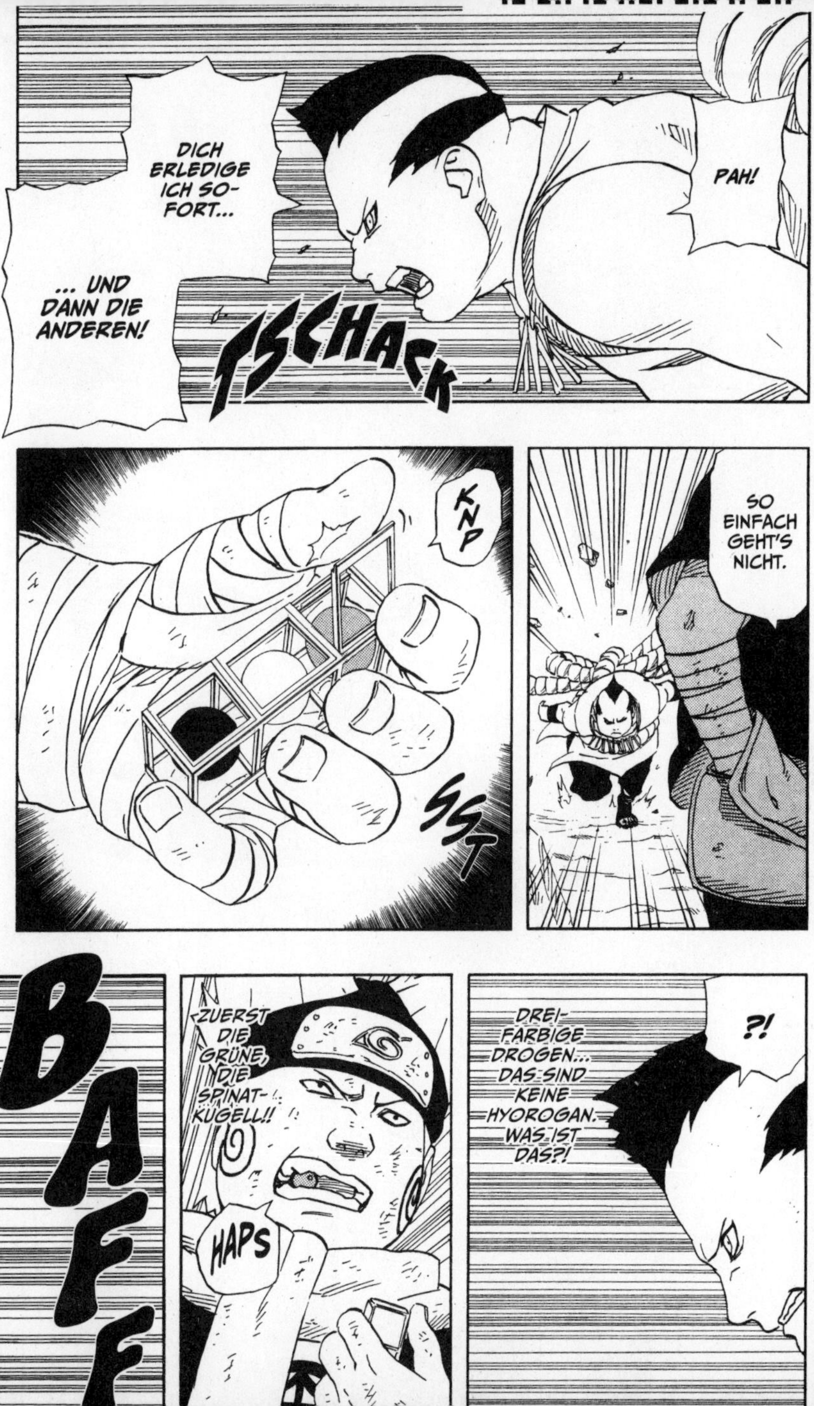

PAH!
DICH ERLEDIGE ICH SO-FORT...
... UND DANN DIE ANDEREN!
TSCHACK
SO EINFACH GEHT'S NICHT.
KNP
SST
?!
DREI-FARBIGE DROGEN... DAS SIND KEINE HYOROGAN. WAS IST DAS?!
ZUERST DIE GRÜNE, DIE SPINAT-KUGELL!!
HAPS
BAFF

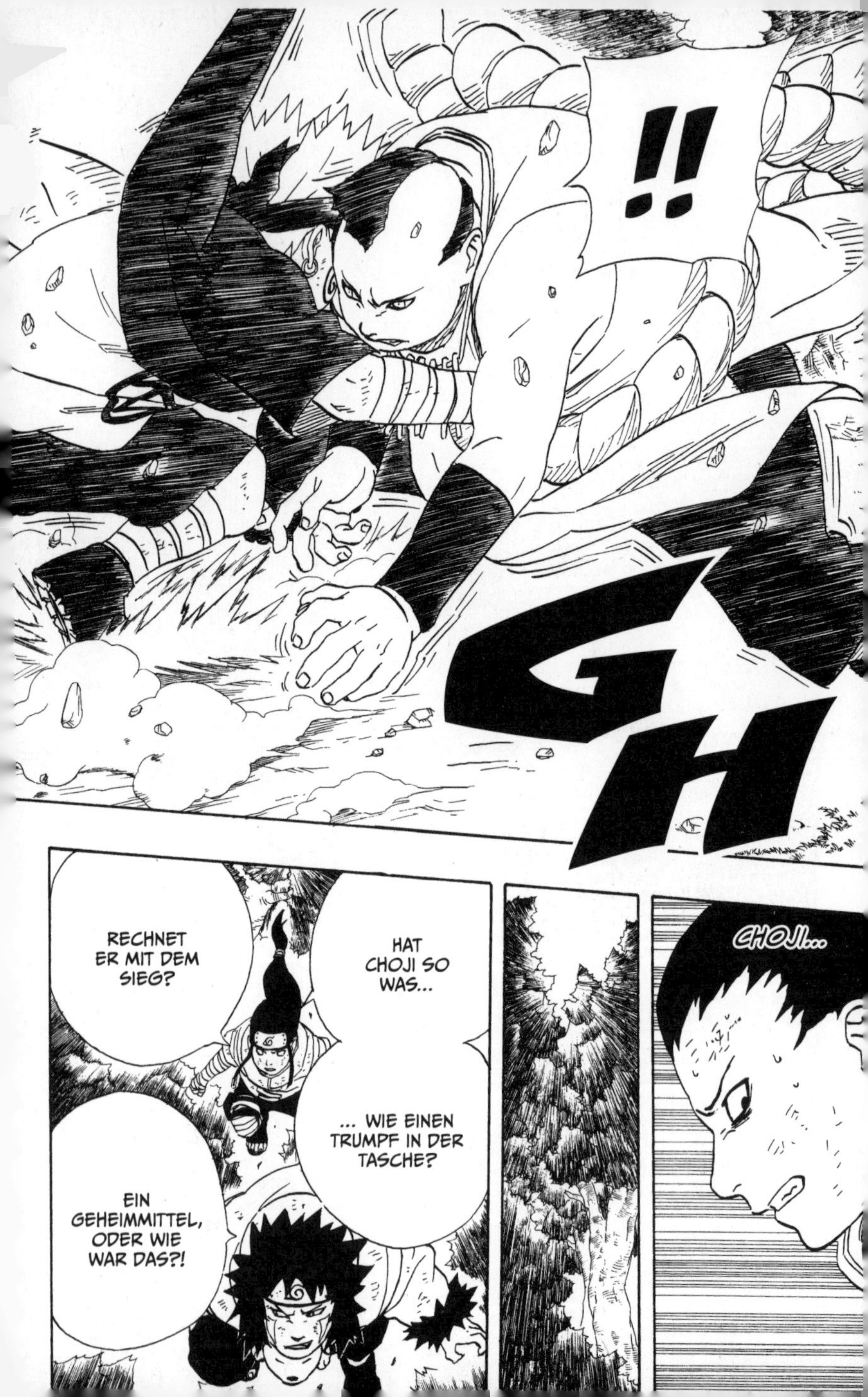
!!
GH
CHOJI...
HAT CHOJI SO WAS...
... WIE EINEN TRUMPF IN DER TASCHE?
RECHNET ER MIT DEM SIEG?
EIN GEHEIMMITTEL, ODER WIE WAR DAS?!

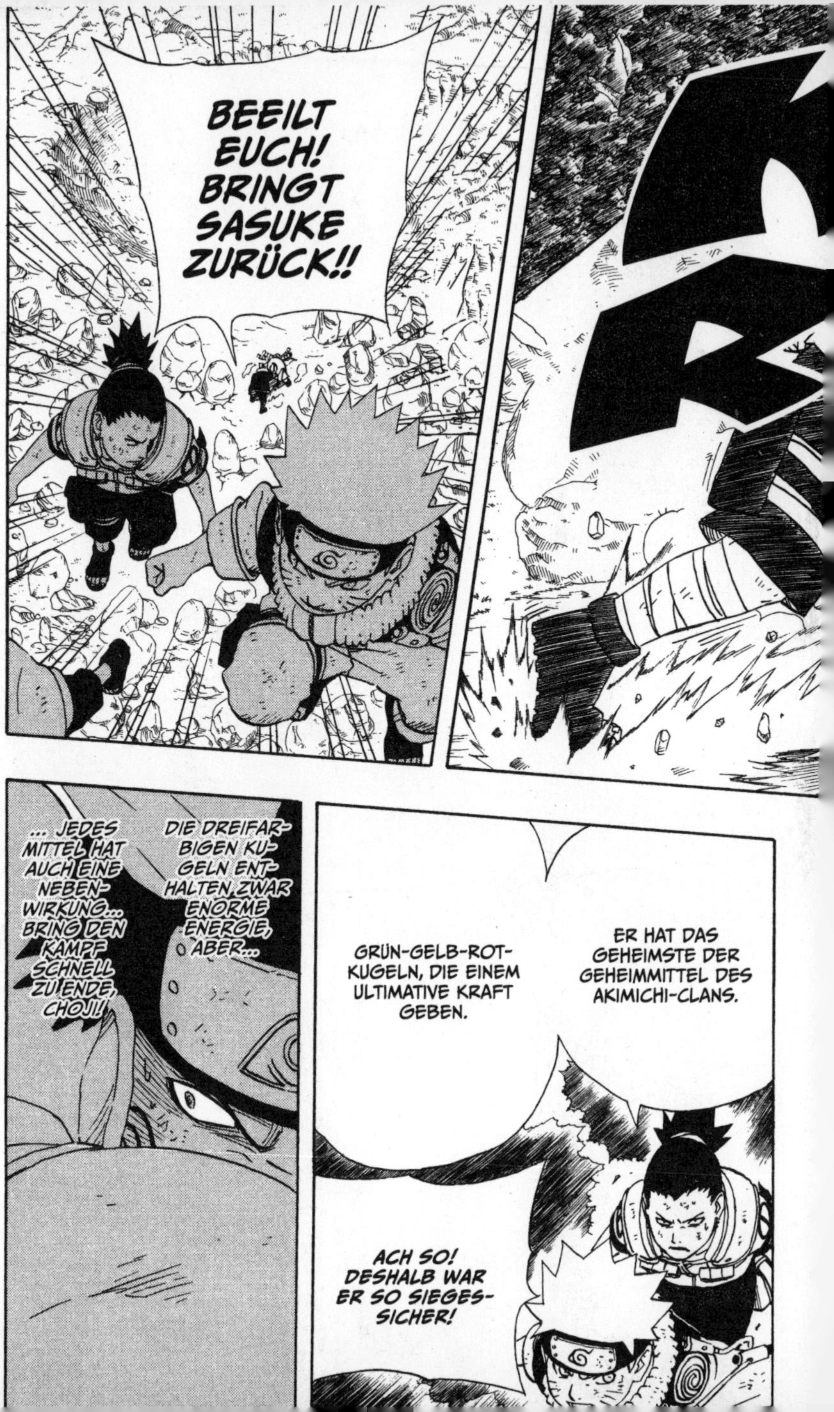

BEEILT EUCH! BRINGT SASUKE ZURÜCK!!
DIE DREIFARBIGEN KUGELN ENTHALTEN ZWAR ENORME ENERGIE, ABER...
... JEDES MITTEL HAT AUCH EINE NEBENWIRKUNG... BRING DEN KAMPF SCHNELL ZU ENDE, CHOJI!
ER HAT DAS GEHEIMSTE DER GEHEIMMITTEL DES AKIMICHI-CLANS.
GRÜN-GELB-ROT-KUGELN, DIE EINEM ULTIMATIVE KRAFT GEBEN.
ACH SO! DESHALB WAR ER SO SIEGESSICHER!

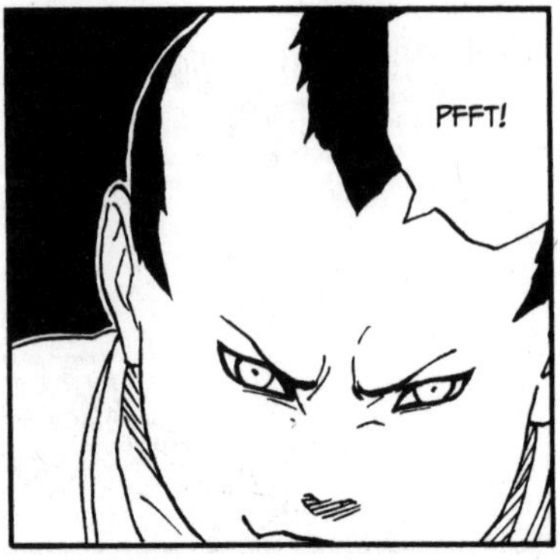
PFFT!

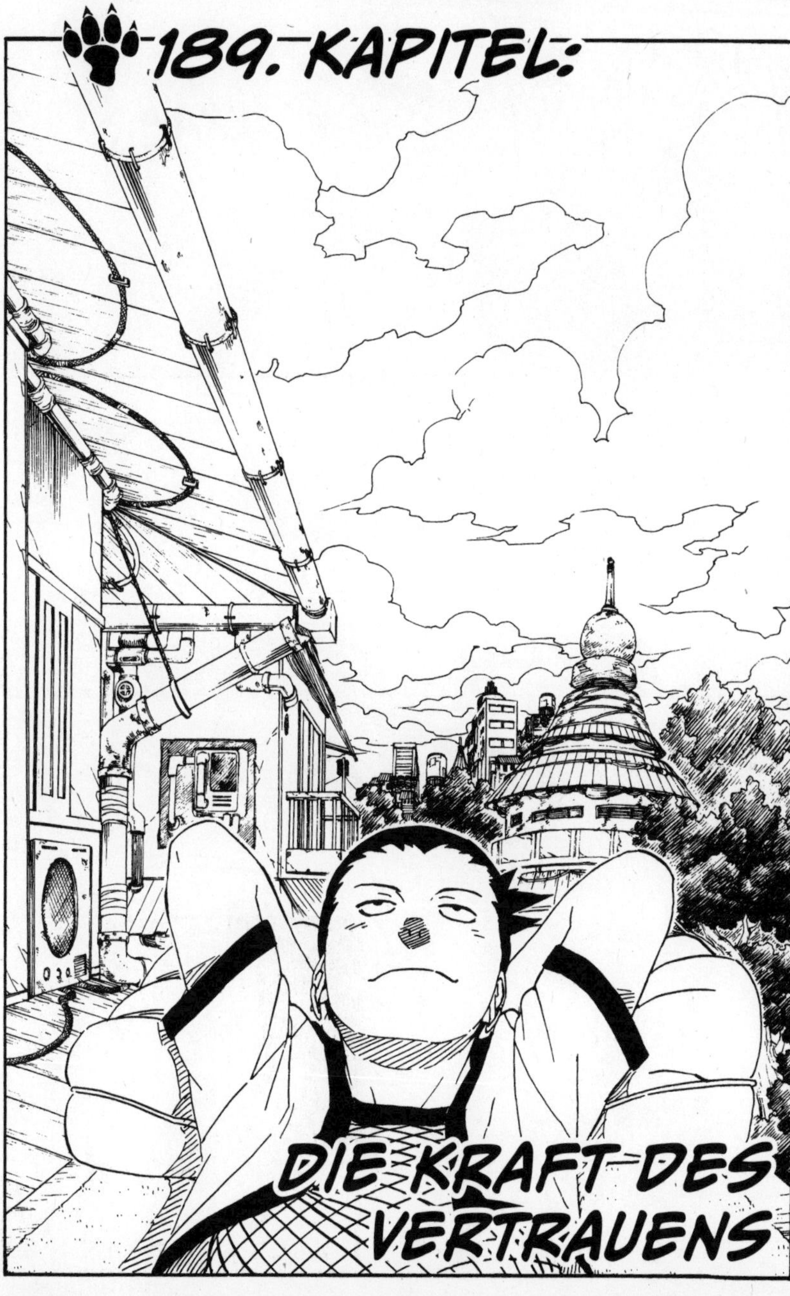
189. KAPITEL:
DIE KRAFT DES VERTRAUENS

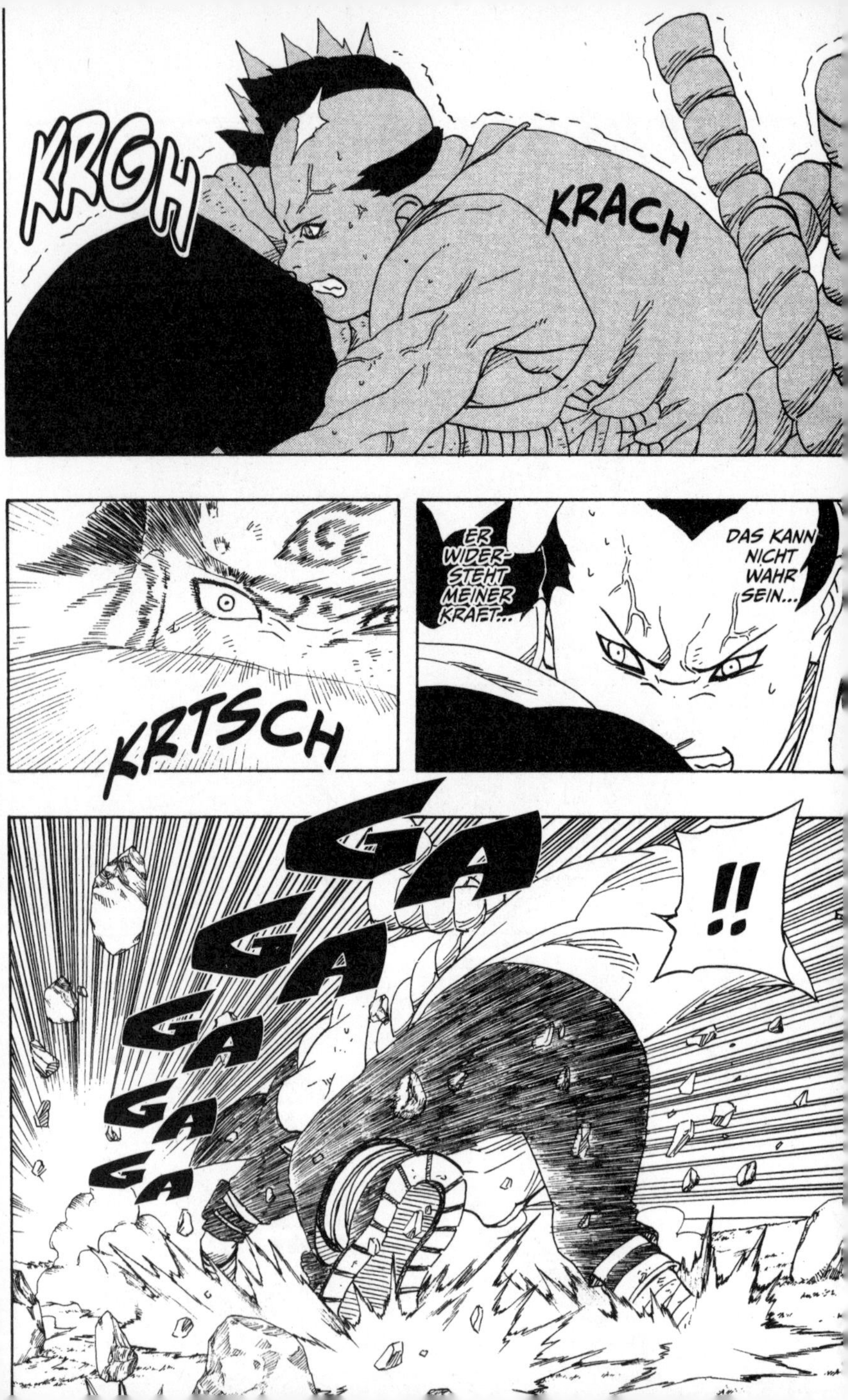
KRACH
KRGH
DAS KANN NICHT WAHR SEIN...
ER WIDERSTEHT MEINER KRAFT...
KRTSCH
!!
GA GA GA GA GA GA

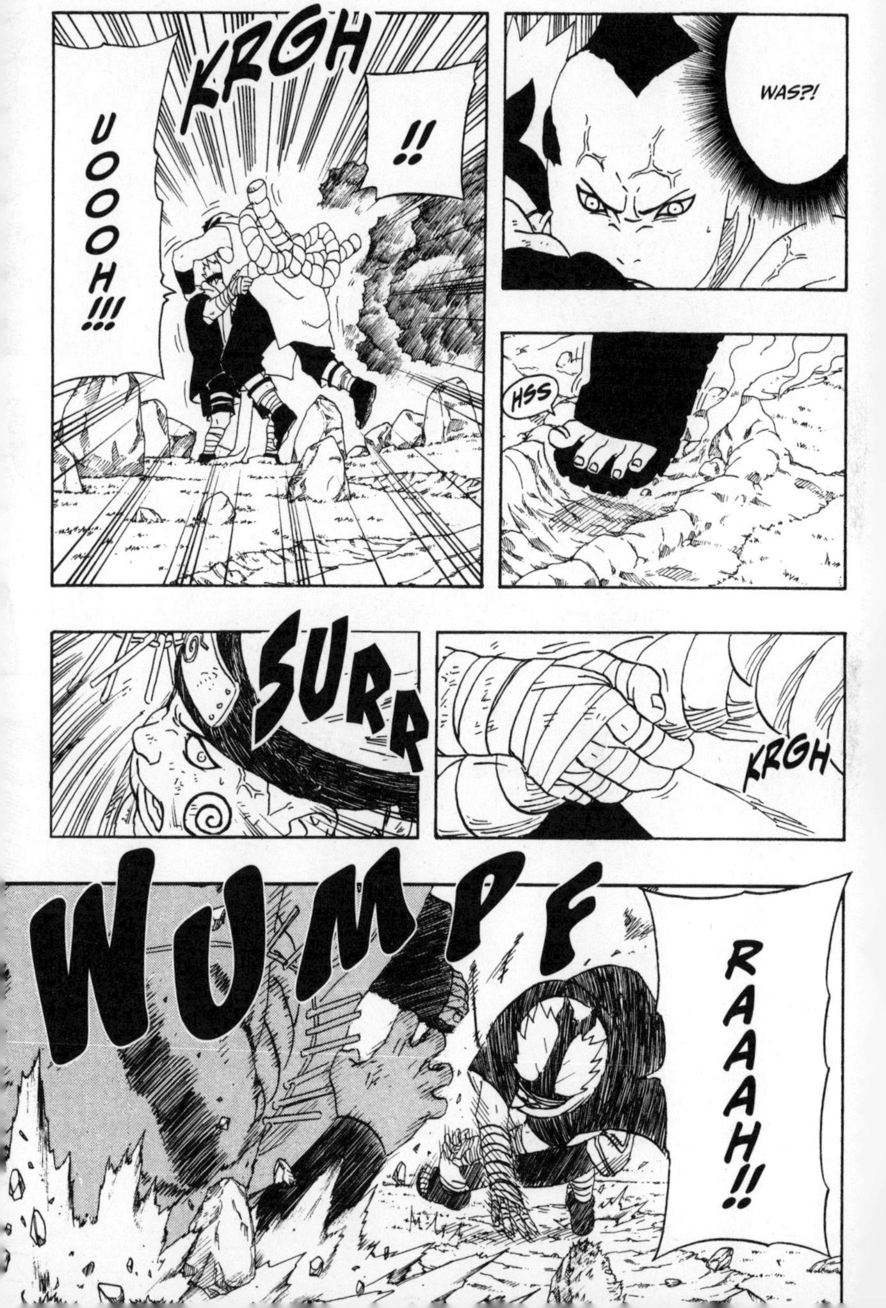
WAS?!
!!
KRGH
UOOOOH!!!
HSS
KRGH
SURR
RAAAAH!!
WUMPF

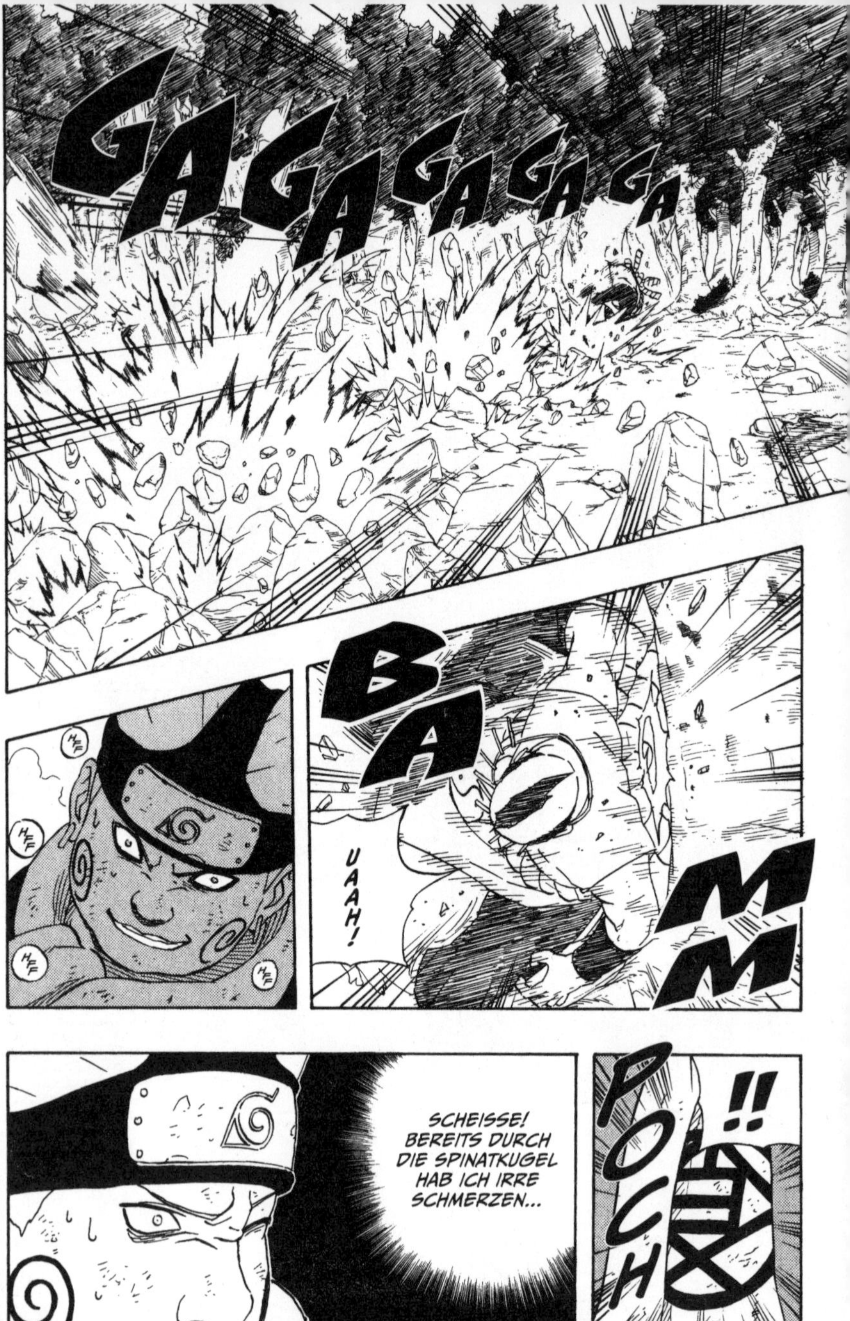
GAGAGAGAGAGA
BAMM
UAAH!
HEF
HEF
HEF
HEF
POCH
!!
SCHEISSE! BEREITS DURCH DIE SPINATKUGEL HAB ICH IRRE SCHMERZEN...

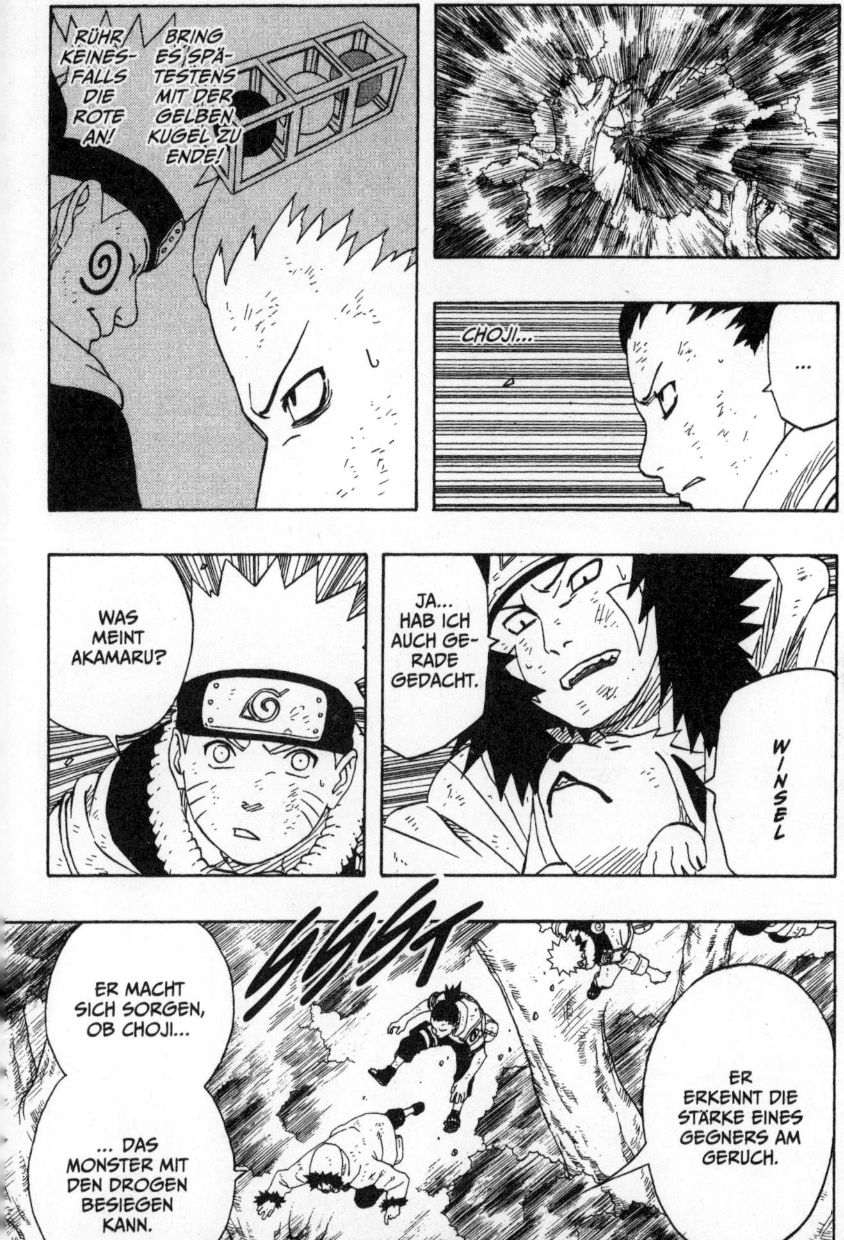
BRING ES SPÄTESTENS MIT DER GELBEN KUGEL ZU ENDE!
RÜHR KEINESFALLS DIE ROTE AN!
...
CHOJI...
WINSEL
JA... HAB ICH AUCH GERADE GEDACHT.
WAS MEINT AKAMARU?
SSST
ER ERKENNT DIE STÄRKE EINES GEGNERS AM GERUCH.
ER MACHT SICH SORGEN, OB CHOJI...
... DAS MONSTER MIT DEN DROGEN BESIEGEN KANN.

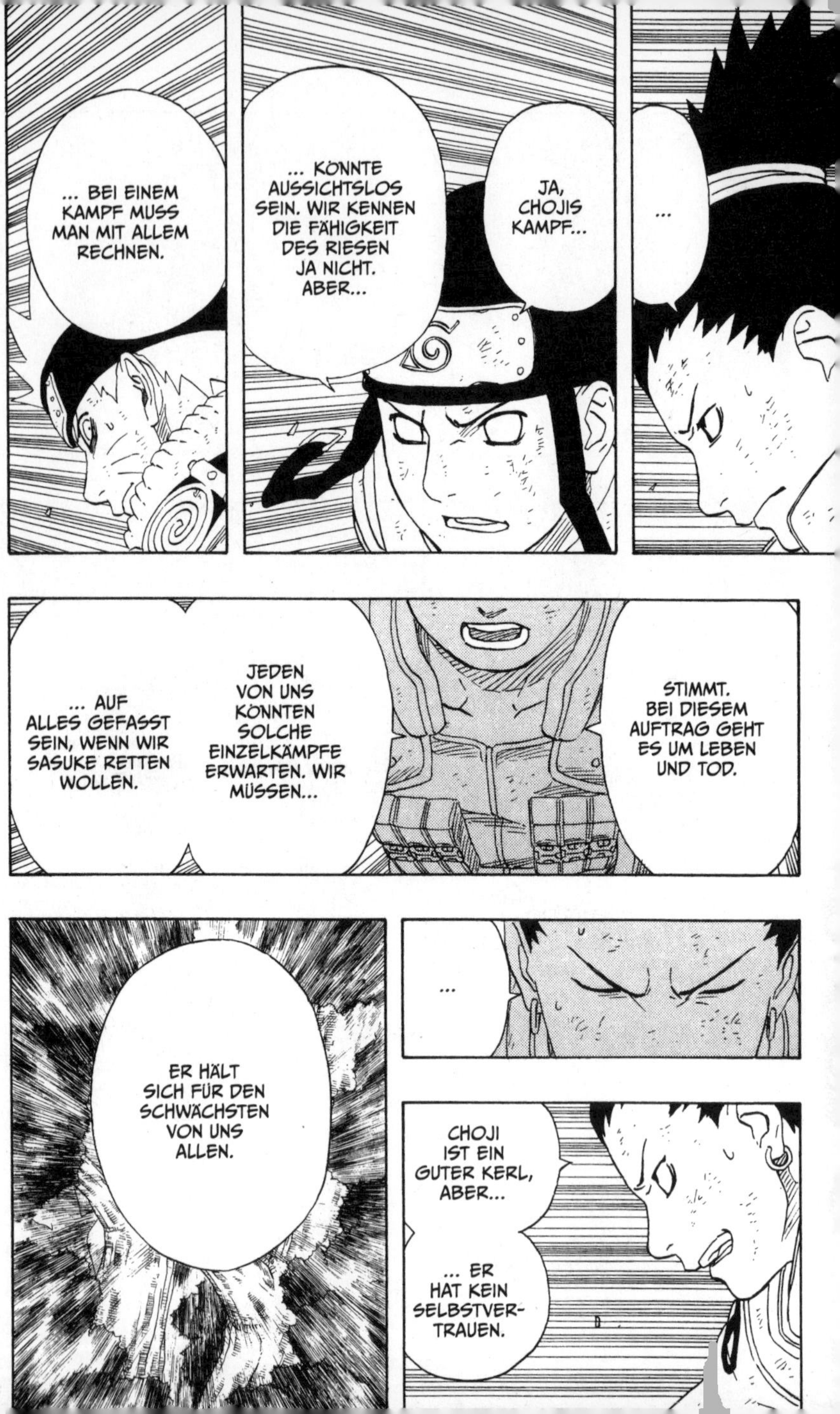
...
JA, CHOJIS KAMPF...
... KÖNNTE AUSSICHTSLOS SEIN. WIR KENNEN DIE FÄHIGKEIT DES RIESEN JA NICHT. ABER...
... BEI EINEM KAMPF MUSS MAN MIT ALLEM RECHNEN.
STIMMT. BEI DIESEM AUFTRAG GEHT ES UM LEBEN UND TOD.
JEDEN VON UNS KÖNNTEN SOLCHE EINZELKÄMPFE ERWARTEN. WIR MÜSSEN...
... AUF ALLES GEFASST SEIN, WENN WIR SASUKE RETTEN WOLLEN.
...
CHOJI IST EIN GUTER KERL, ABER...
... ER HAT KEIN SELBSTVERTRAUEN.
ER HÄLT SICH FÜR DEN SCHWÄCHSTEN VON UNS ALLEN.

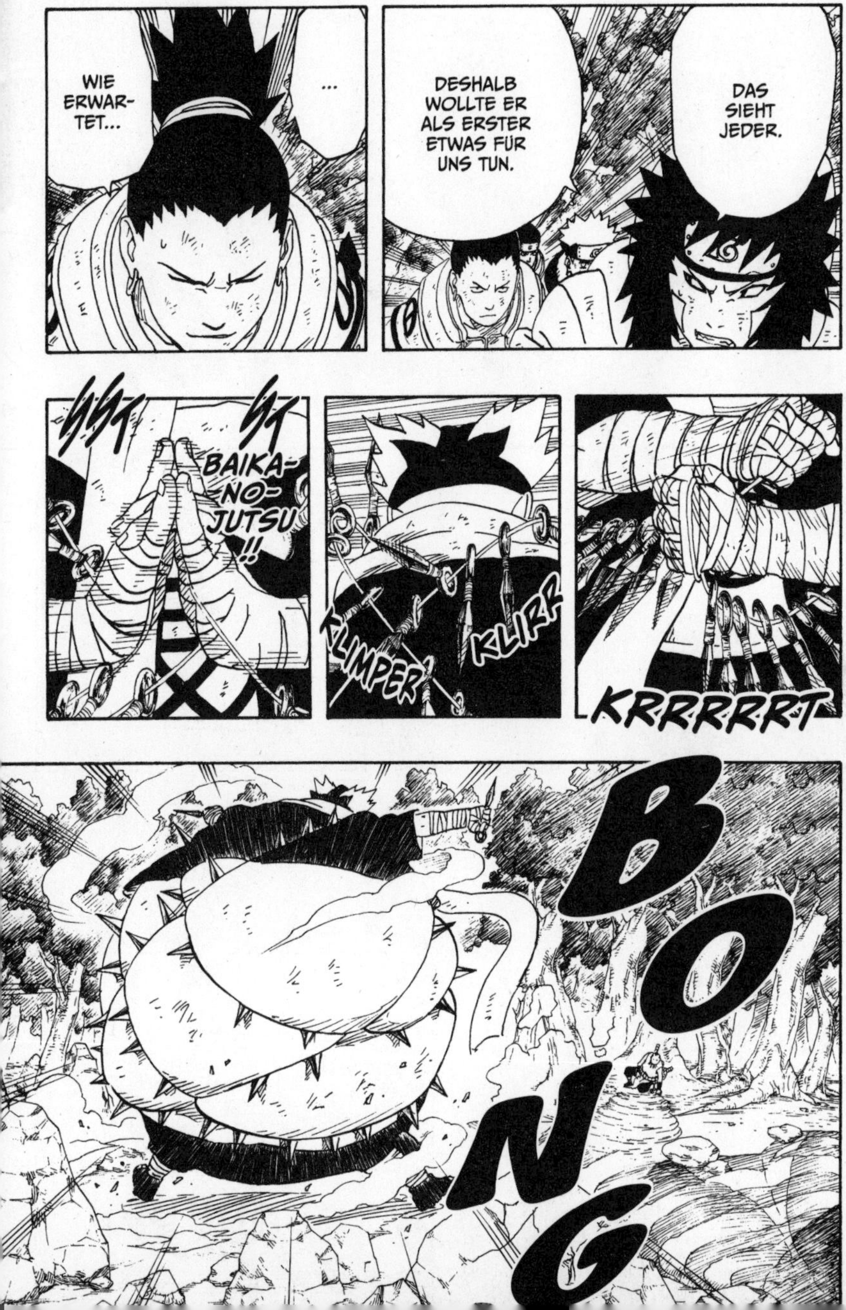
DAS SIEHT JEDER.
DESHALB WOLLTE ER ALS ERSTER ETWAS FÜR UNS TUN.
...
WIE ERWAR-TET...
KRRRRRRT
KLIRR
KLIMPER
BAIKA-NO-JUTSU!!
BONG

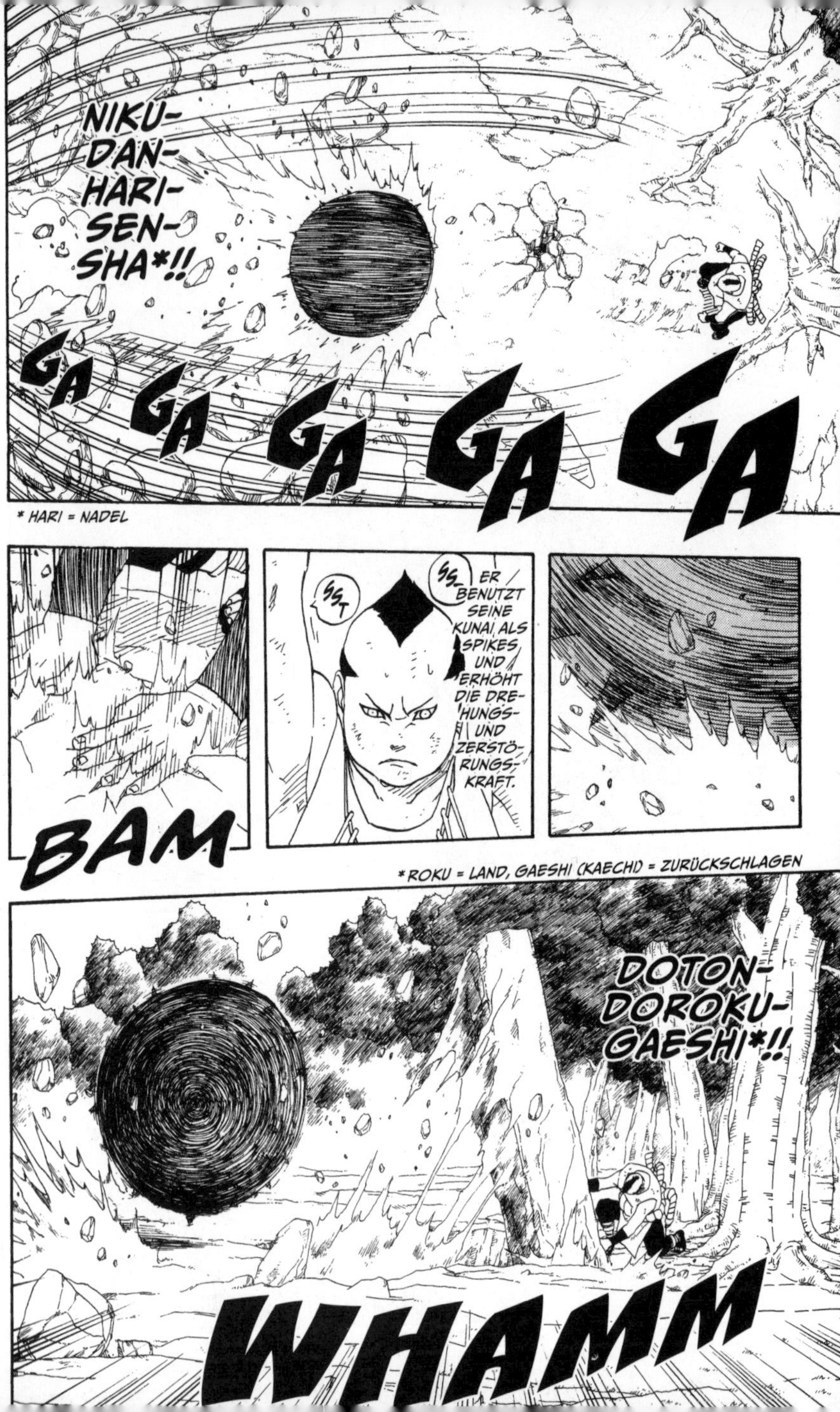
NIKU-DAN-HARI-SENSHA*!!
GA GA GA GA GA
* HARI = NADEL
SST
SS
ER BENUTZT SEINE KUNAI ALS SPIKES UND ERHÖHT DIE DREHUNGS- UND ZERSTÖRUNGSKRAFT.
BAM
*ROKU = LAND, GAESHI (KAESHI) = ZURÜCKSCHLAGEN
DOTON-DOROKU-GAESHI*!!
WHAMM

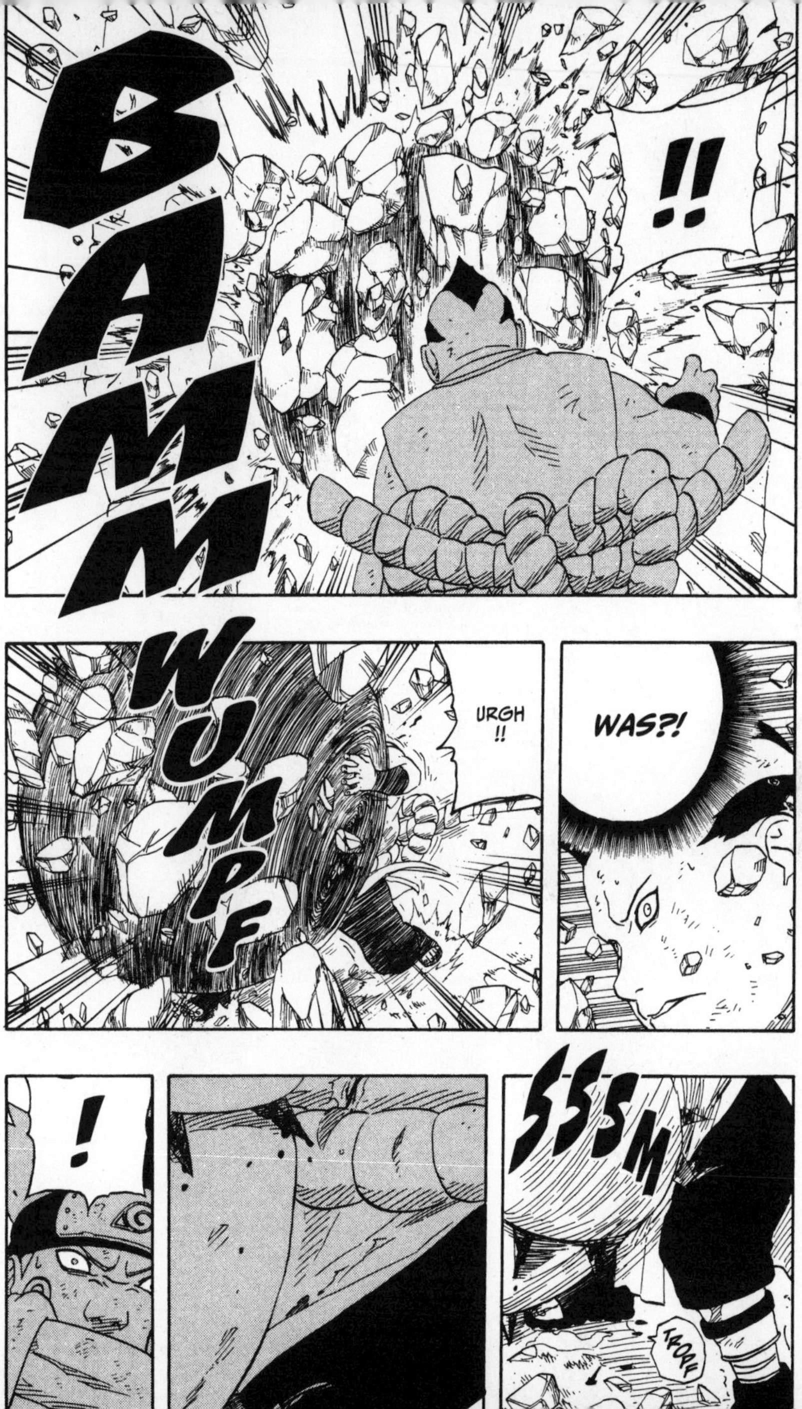
!!
BAMM
WAS?!
URGH !!
WUMPF
SSSM
!

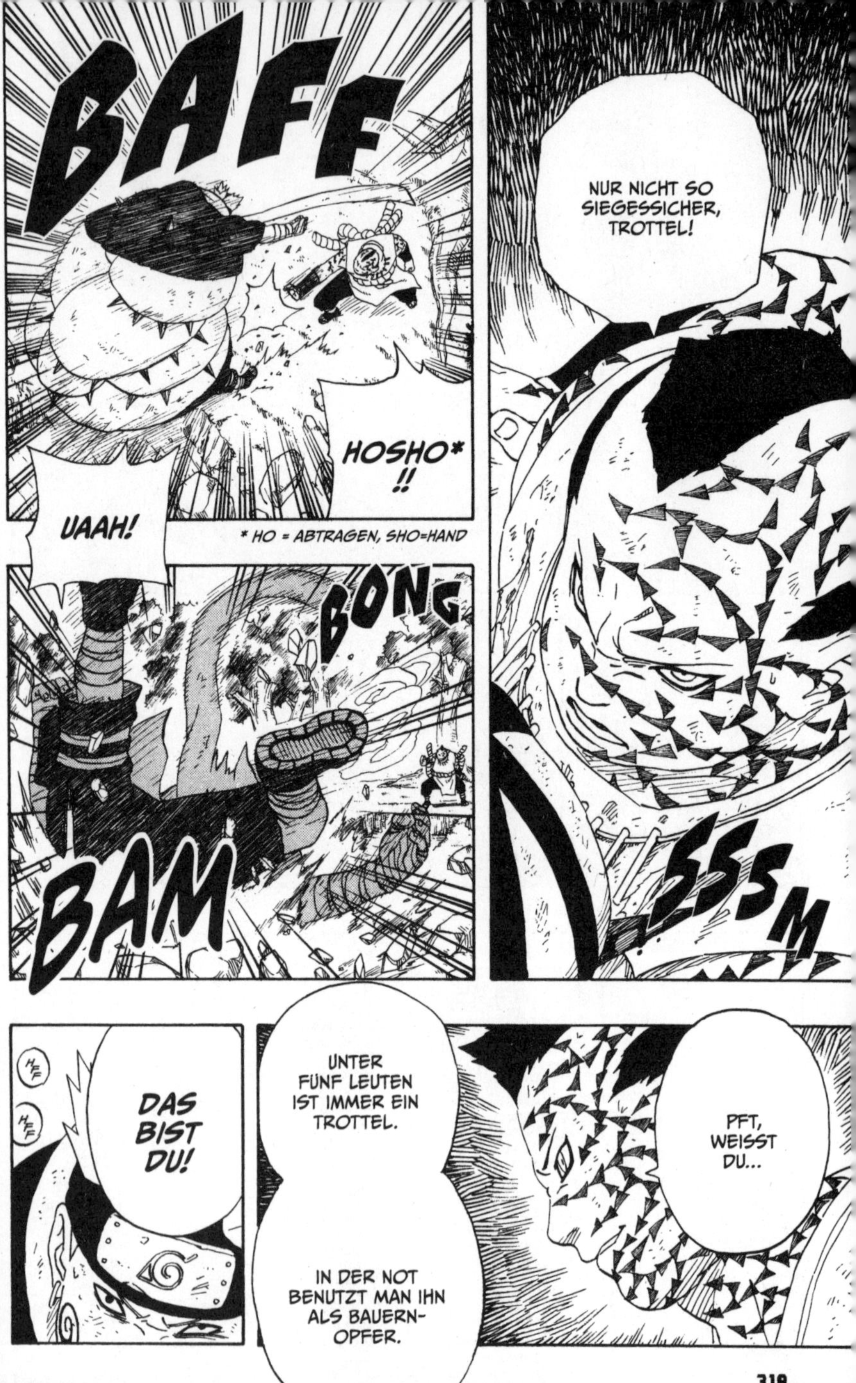
NUR NICHT SO SIEGESSICHER, TROTTEL!
SSSM
BAFF
HOSHO* !!
UAAH!
* HO = ABTRAGEN, SHO=HAND
BONG
BAM
PFT, WEISST DU...
UNTER FÜNF LEUTEN IST IMMER EIN TROTTEL.
IN DER NOT BENUTZT MAN IHN ALS BAUERN-OPFER.
DAS BIST DU!

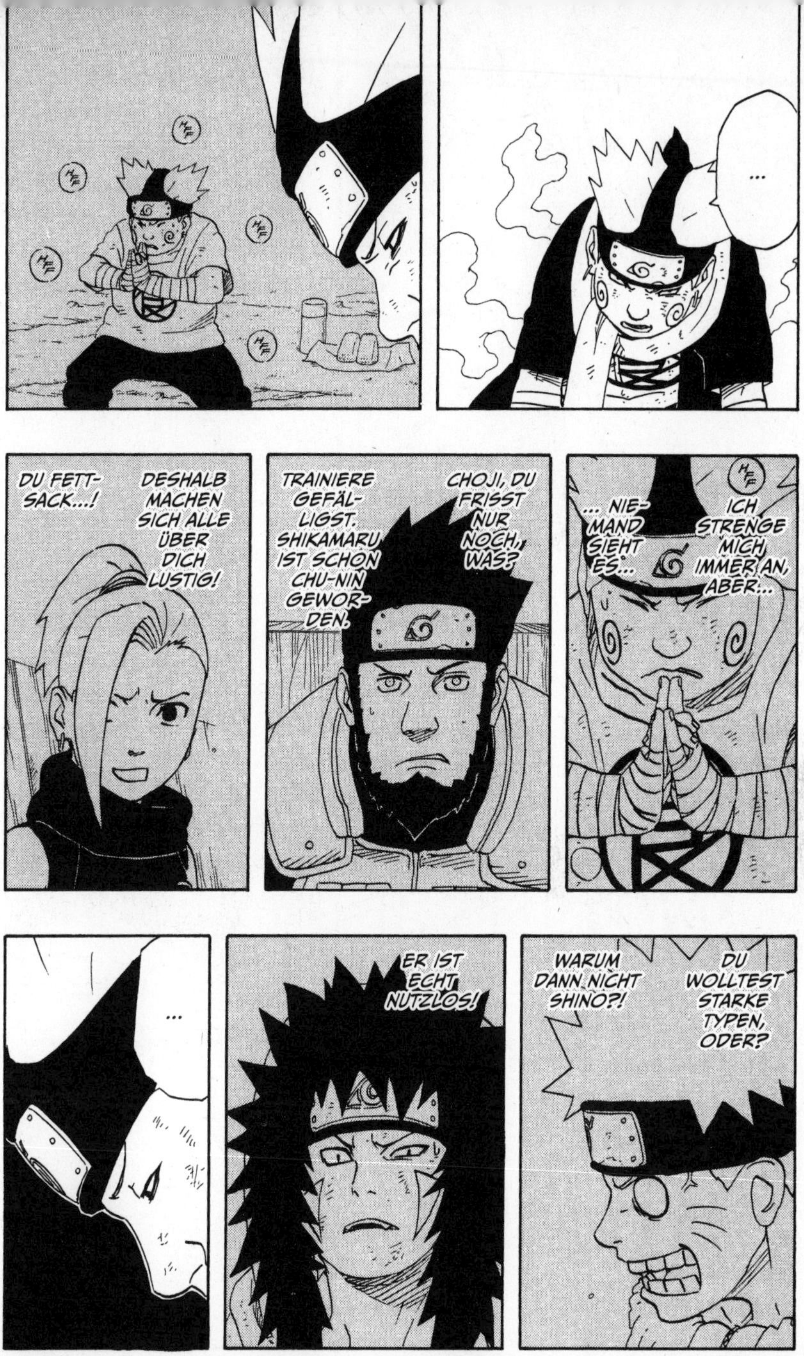
...
ICH STRENGE MICH IMMER AN, ABER...
... NIEMAND SIEHT ES...
CHOJI, DU FRISST NUR NOCH, WAS?
TRAINIERE GEFÄLLIGST. SHIKAMARU IST SCHON CHU-NIN GEWORDEN.
DESHALB MACHEN SICH ALLE ÜBER DICH LUSTIG!
DU FETTSACK...!
DU WOLLTEST STARKE TYPEN, ODER?
WARUM DANN NICHT SHINO?!
ER IST ECHT NUTZLOS!
...

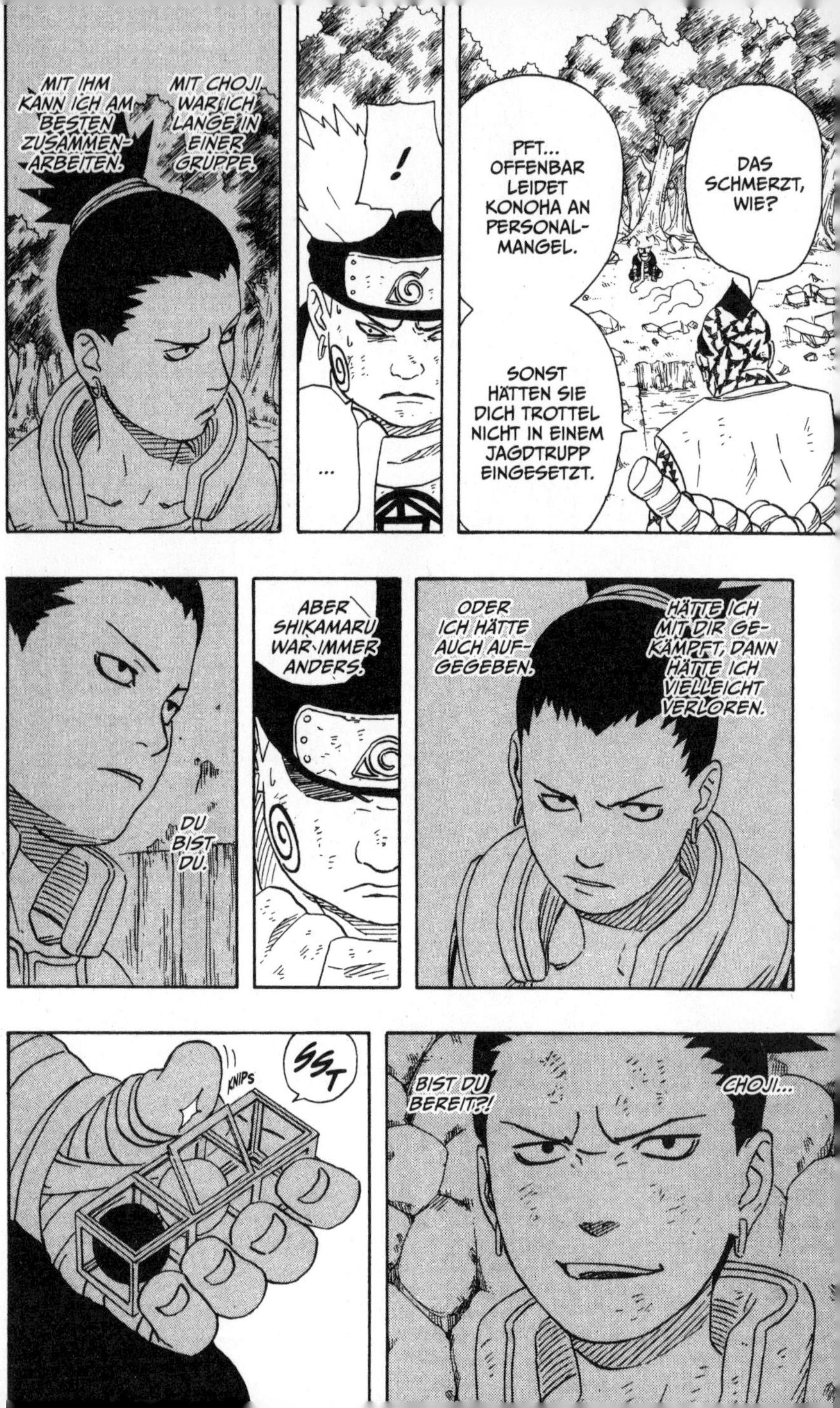
DAS SCHMERZT, WIE?
PFT... OFFENBAR LEIDET KONOHA AN PERSONAL-MANGEL.
SONST HÄTTEN SIE DICH TROTTEL NICHT IN EINEM JAGDTRUPP EINGESETZT.
!
...
MIT CHOJI WAR ICH LANGE IN EINER GRUPPE.
MIT IHM KANN ICH AM BESTEN ZUSAMMEN-ARBEITEN.
HÄTTE ICH MIT DIR GE-KÄMPFT, DANN HÄTTE ICH VIELLEICHT VERLOREN.
ODER ICH HÄTTE AUCH AUF-GEGEBEN.
ABER SHIKAMARU WAR IMMER ANDERS.
DU BIST DU.
CHOJI...
BIST DU BEREIT?!
SST
KNIPS

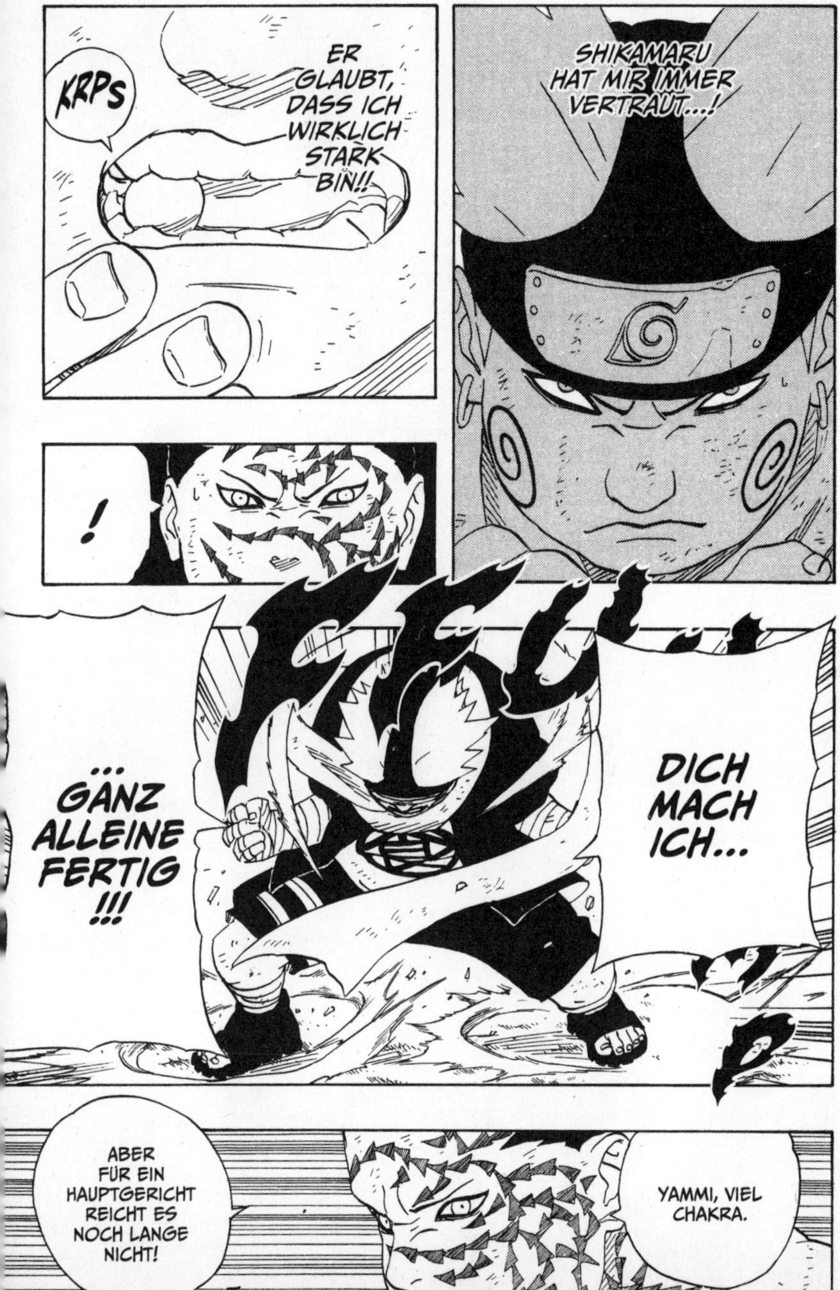
SHIKAMARU HAT MIR IMMER VERTRAUT...!
KRPS
ER GLAUBT, DASS ICH WIRKLICH STARK BIN!!
!
DICH MACH ICH...
... GÄNZ ALLEINE FERTIG !!!
YAMMI, VIEL CHAKRA.
ABER FÜR EIN HAUPTGERICHT REICHT ES NOCH LANGE NICHT!

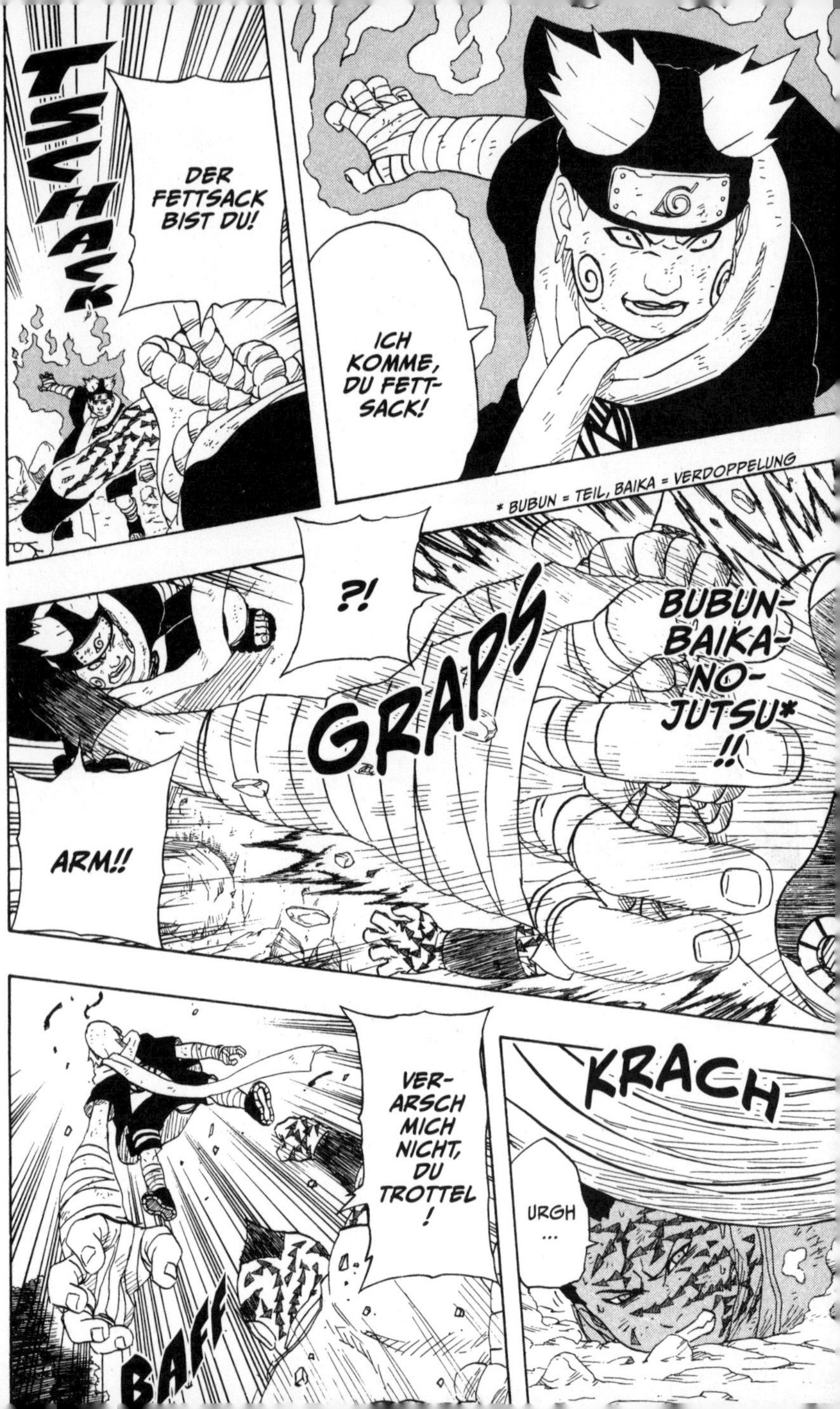

ICH KOMME, DU FETT-SACK!
DER FETTSACK BIST DU!
TSCHACK
* BUBUN = TEIL, BAIKA = VERDOPPELUNG
BUBUN-BAIKA-NO-JUTSU* !!
?!
GRAPS
ARM!!
KRACH
URGH ...
VER-ARSCH MICH NICHT, DU TROTTEL!
BAFF

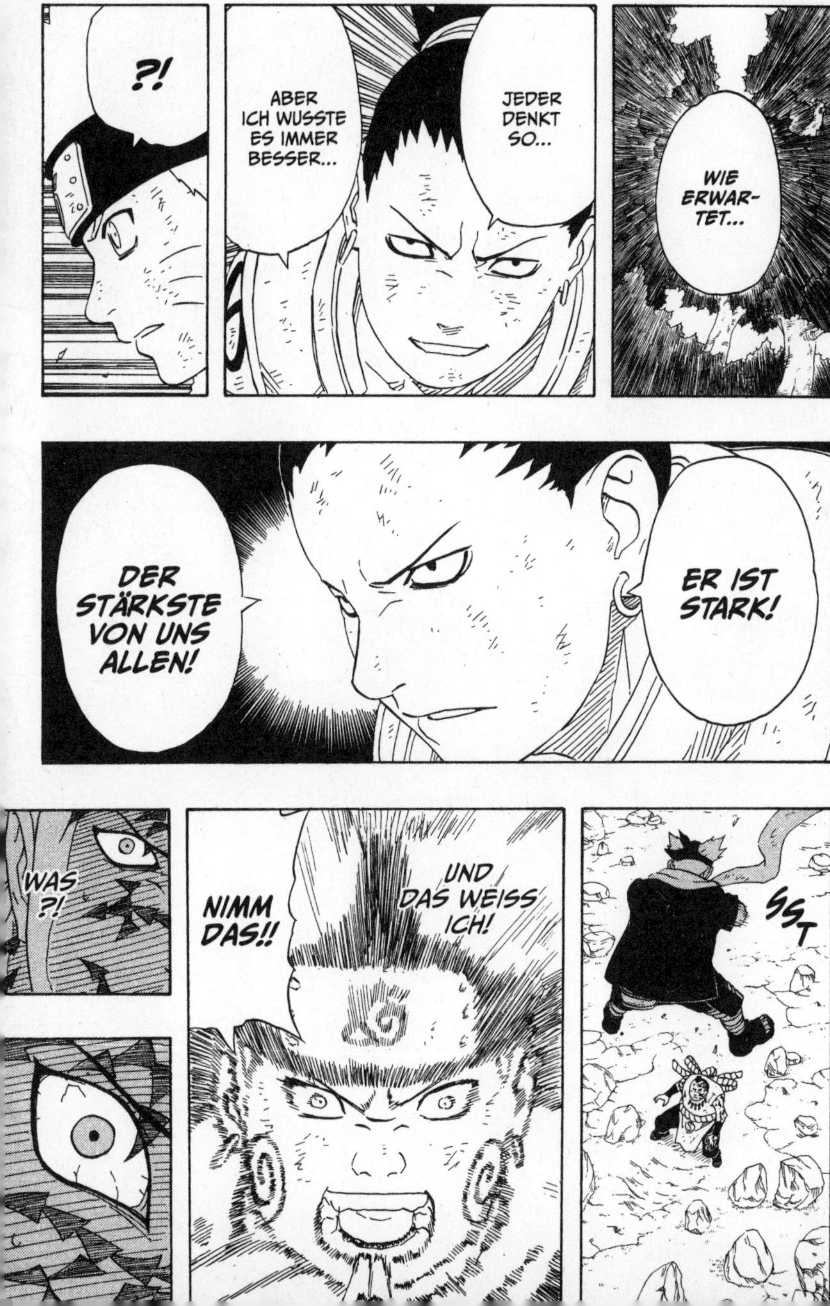
WIE ERWAR-TET...
JEDER DENKT SO...
ABER ICH WUSSTE ES IMMER BESSER...
?!
ER IST STARK!
DER STÄRKSTE VON UNS ALLEN!
SST
UND DAS WEISS ICH!
NIMM DAS!!
WAS ?!

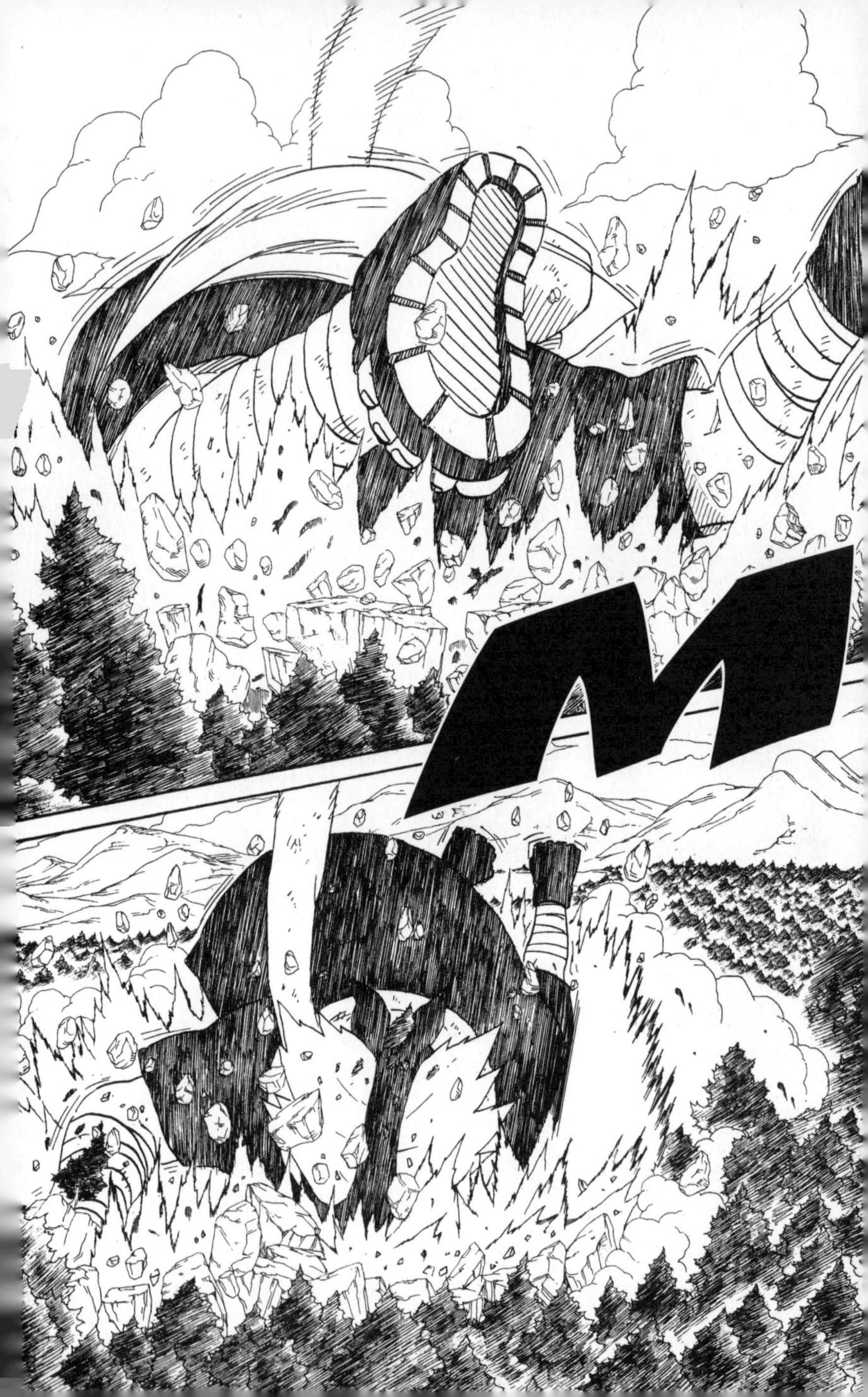
M

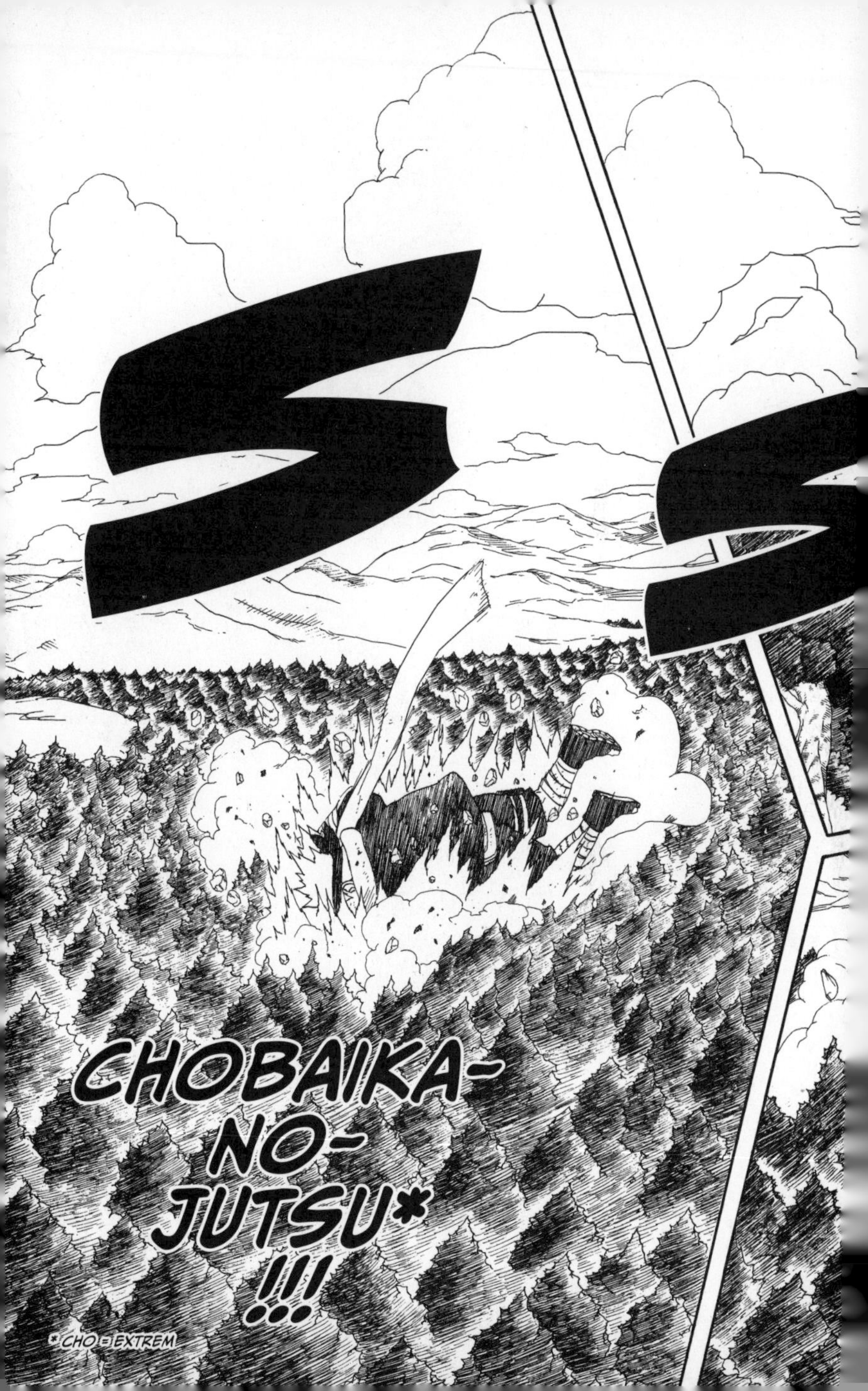
CHOBAIKA-NO-JUTSU*!!!
* CHO = EXTREM

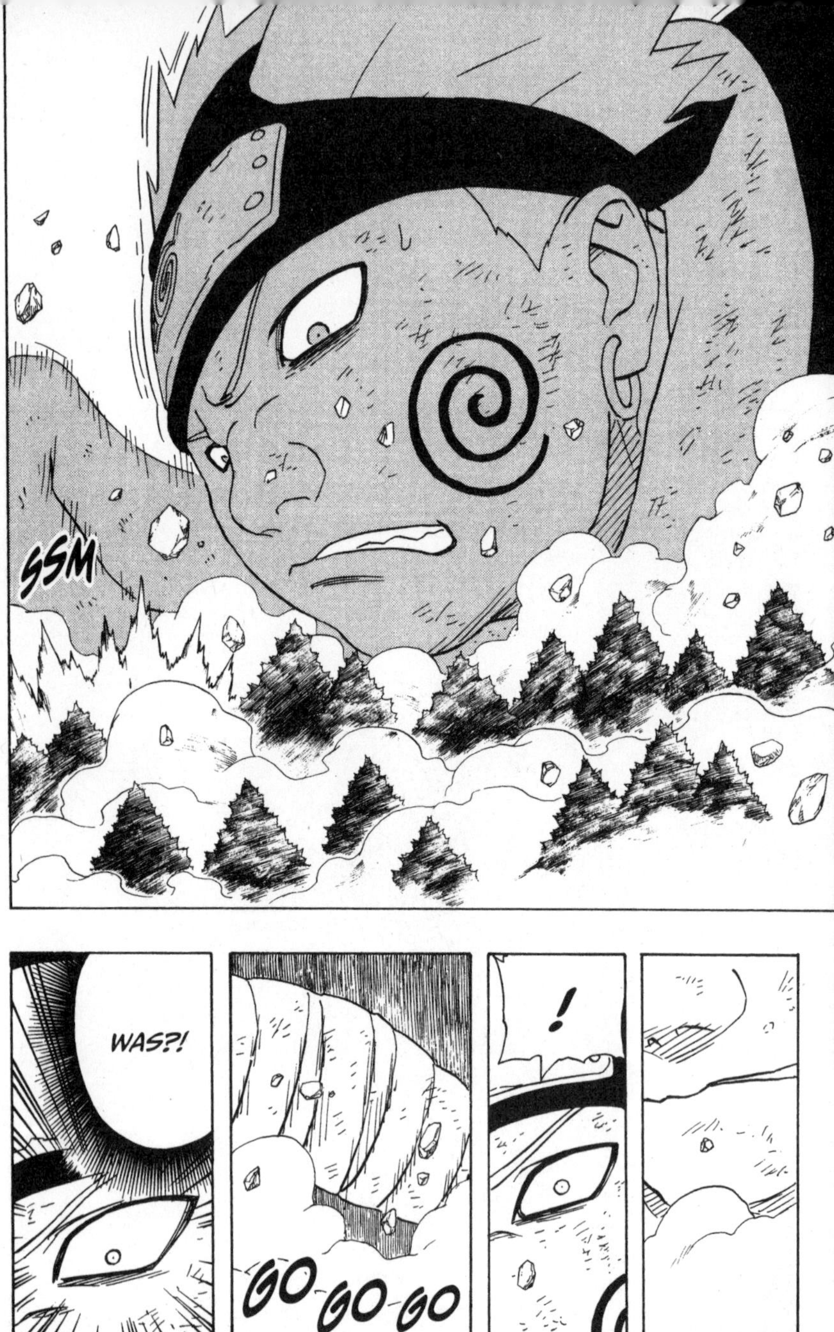
SSM
!
GO-GO-GO
WAS?!

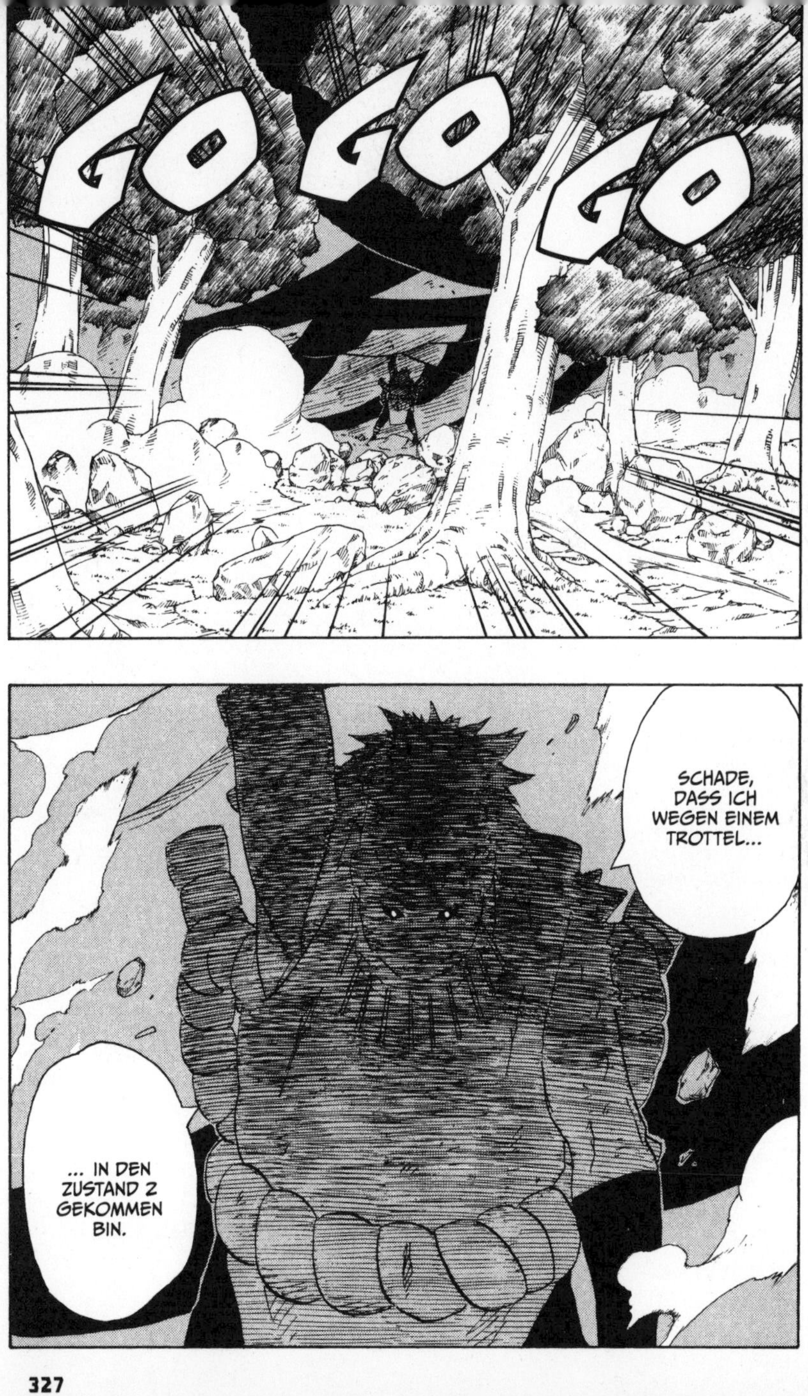
GO GO GO
SCHADE, DASS ICH WEGEN EINEM TROTTEL...
... IN DEN ZUSTAND 2 GEKOMMEN BIN.

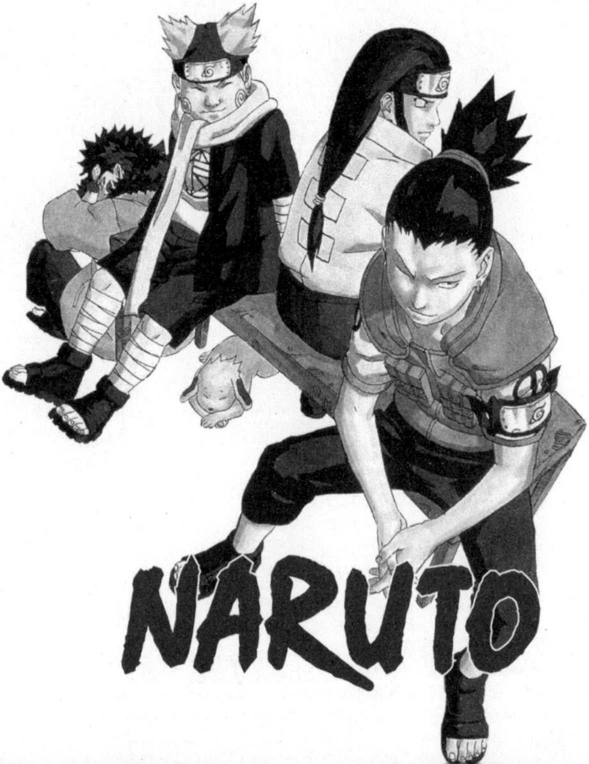
NARUTO

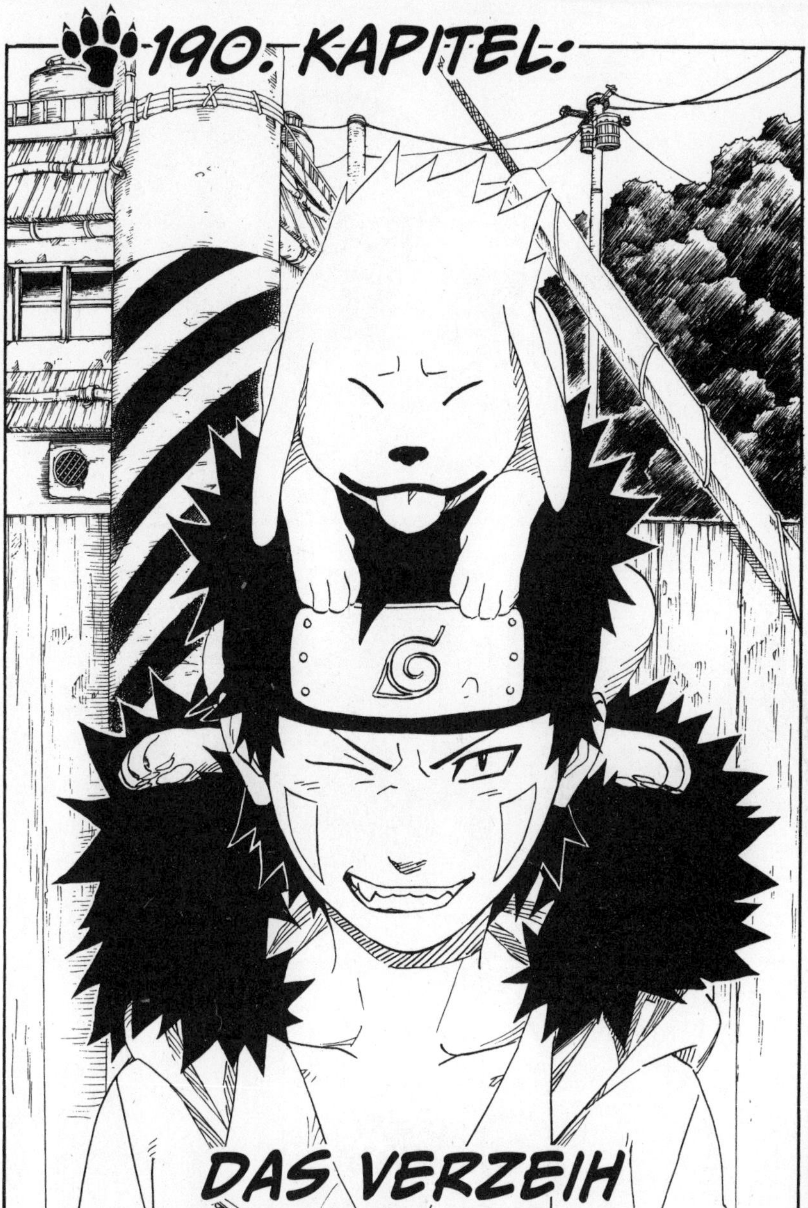
190. KAPITEL:
DAS VERZEIH ICH DIR NICHT!

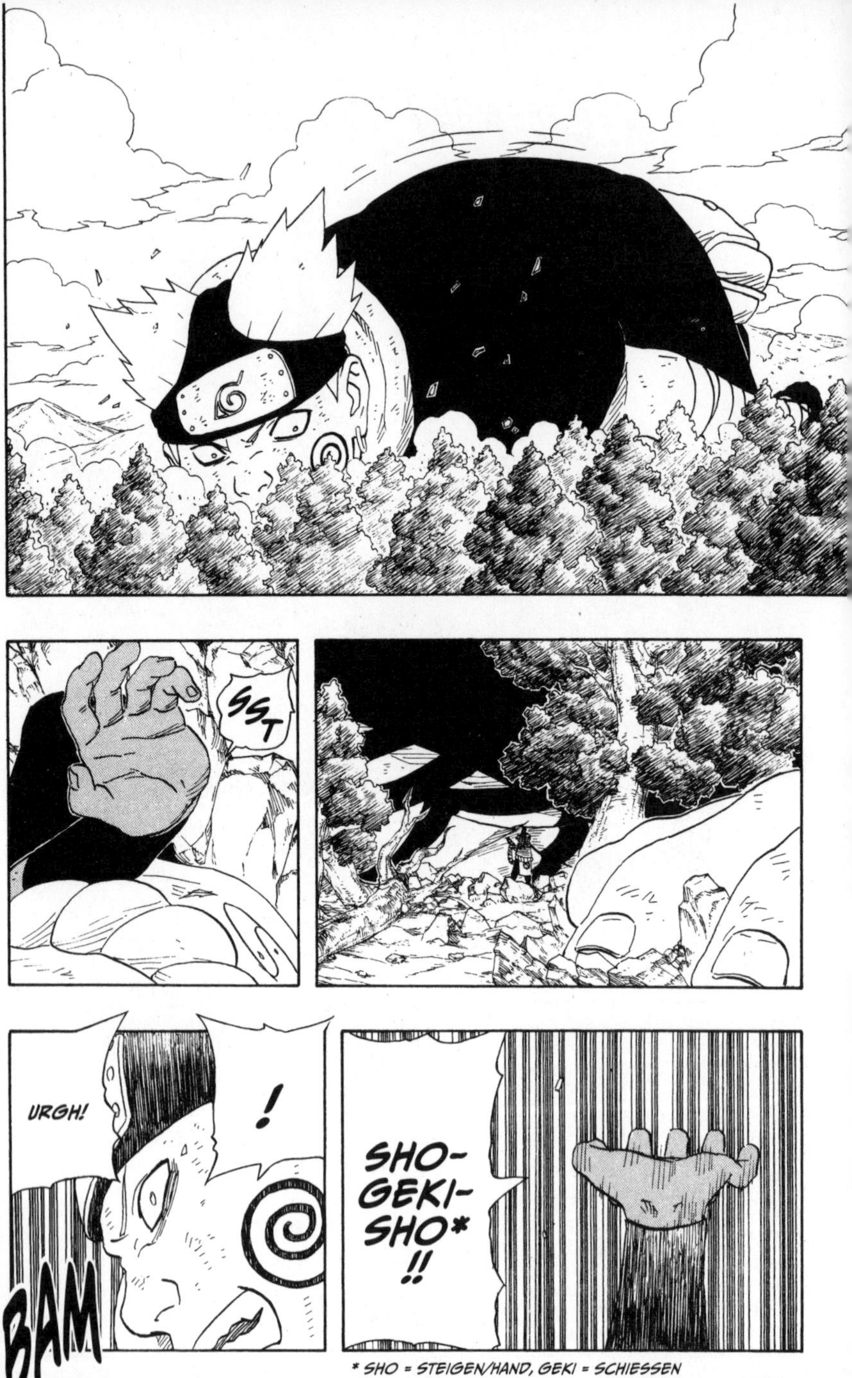

* SHO = STEIGEN/HAND, GEKI = SCHIESSEN

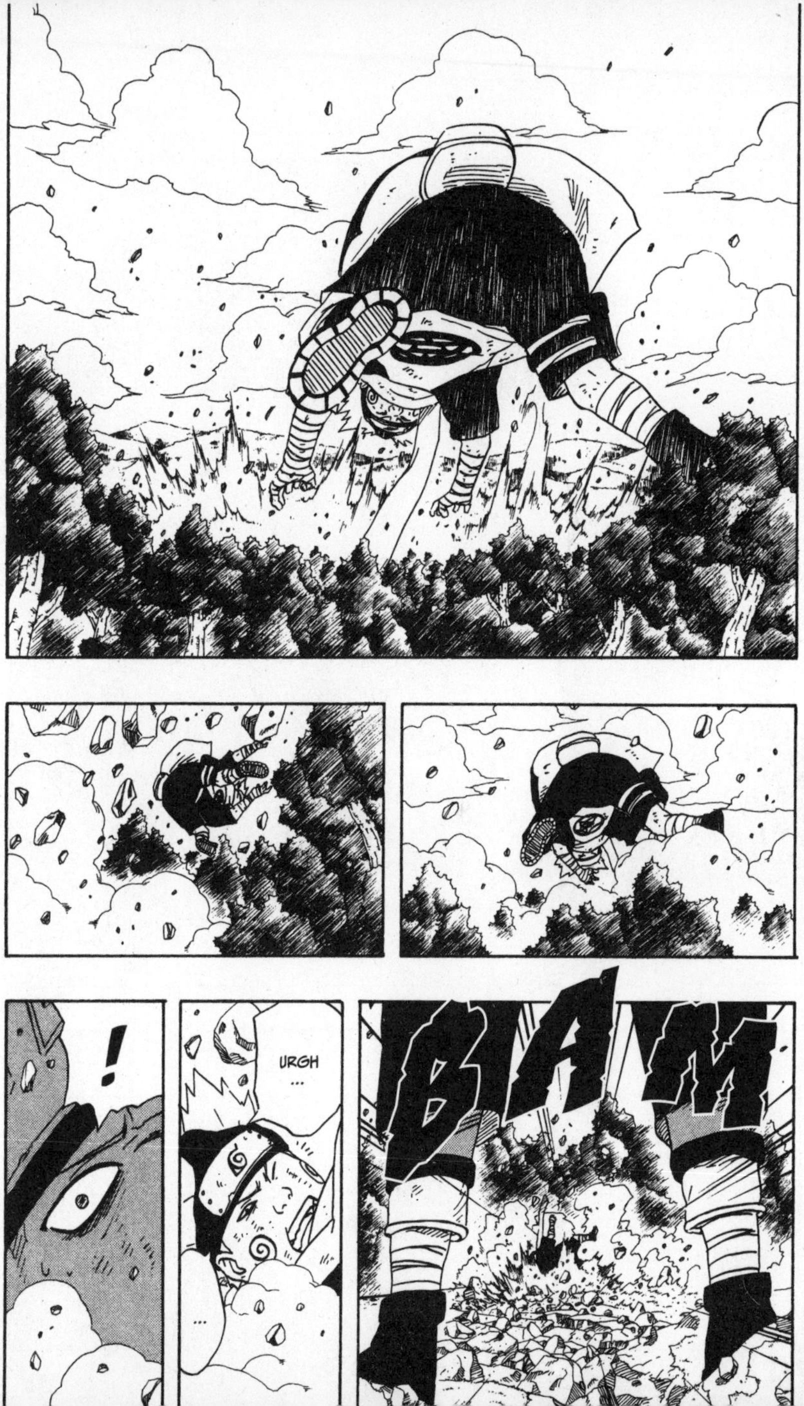
!
URGH ...
...
BAM

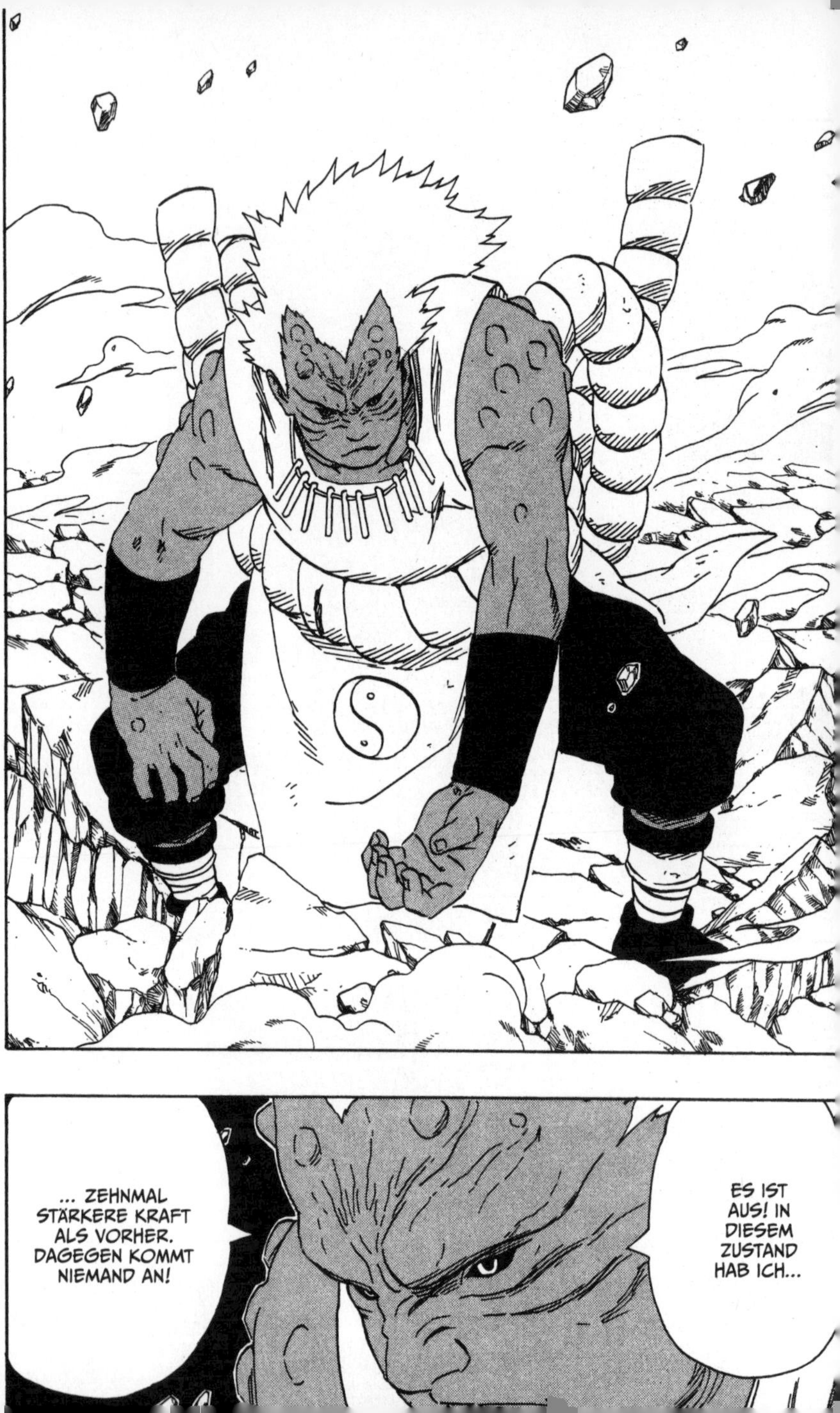
ES IST AUS! IN DIESEM ZUSTAND HAB ICH...
... ZEHNMAL STÄRKERE KRAFT ALS VORHER. DAGEGEN KOMMT NIEMAND AN!

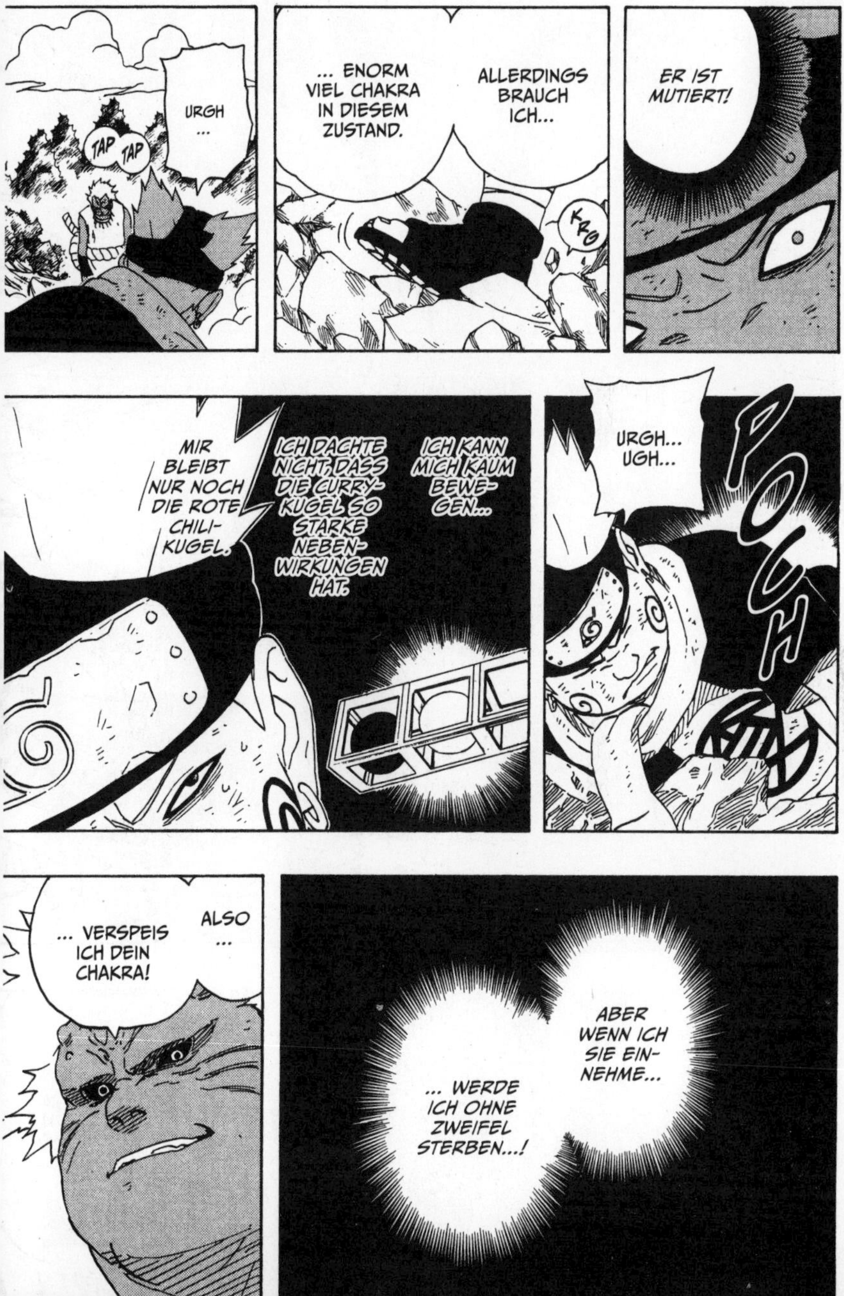
ER IST
MUTIERT!
ALLERDINGS
BRAUCH
ICH...
... ENORM
VIEL CHAKRA
IN DIESEM
ZUSTAND.
KRG
URGH
...
TAP
TAP
URGH...
UGH...
POUCH
ICH KANN
MICH KAUM
BEWE-
GEN...
ICH DACHTE
NICHT, DASS
DIE CURRY-
KUGEL SO
STARKE
NEBEN-
WIRKUNGEN
HAT.
MIR
BLEIBT
NUR NOCH
DIE ROTE
CHILI-
KUGEL.
ABER
WENN ICH
SIE EIN-
NEHME...
... WERDE
ICH OHNE
ZWEIFEL
STERBEN...!
ALSO
...
... VERSPEIS
ICH DEIN
CHAKRA!

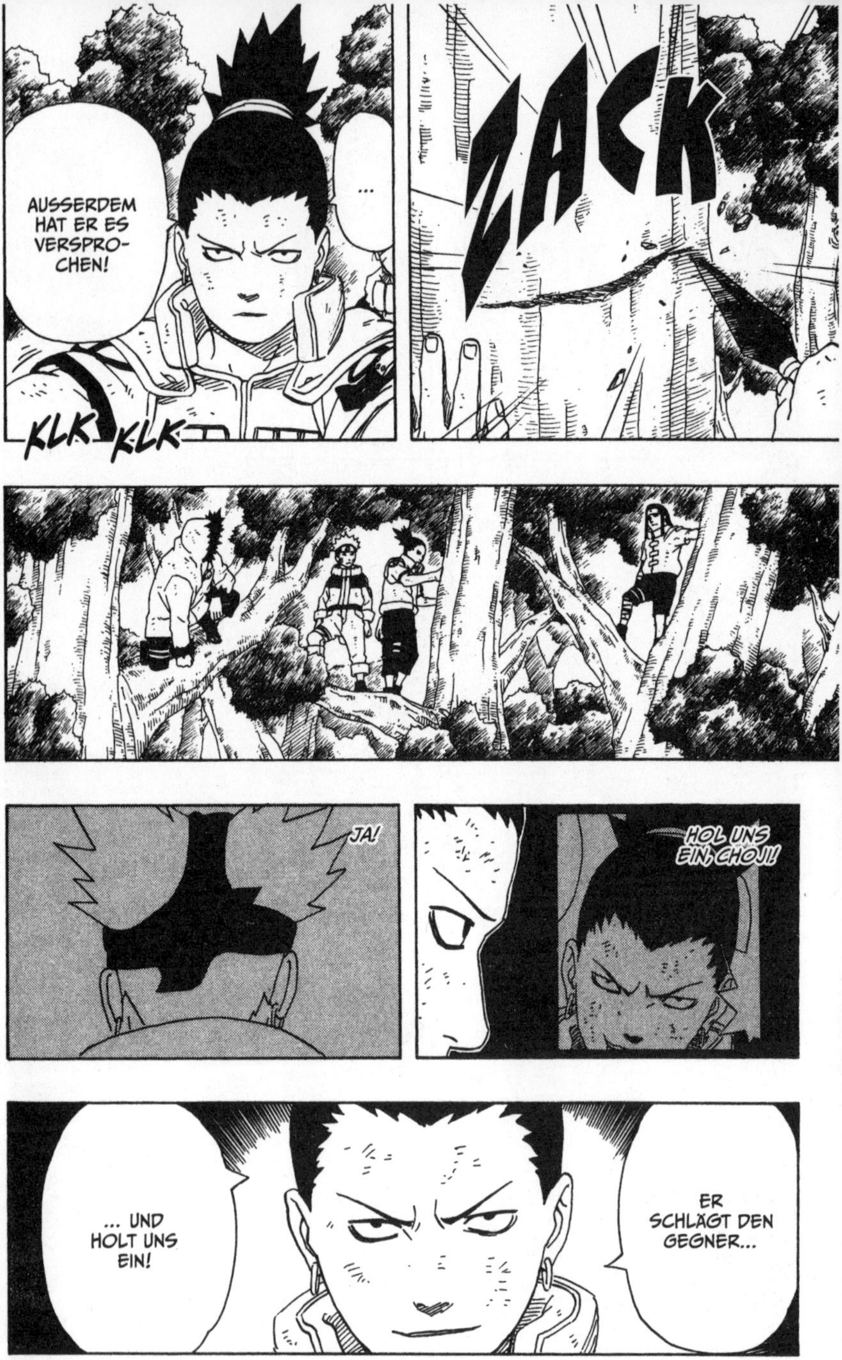
ZACK
...
AUSSERDEM HAT ER ES VERSPROCHEN!
KLK KLK
HOL UNS EIN, CHOJI!
JA!
ER SCHLÄGT DEN GEGNER...
... UND HOLT UNS EIN!

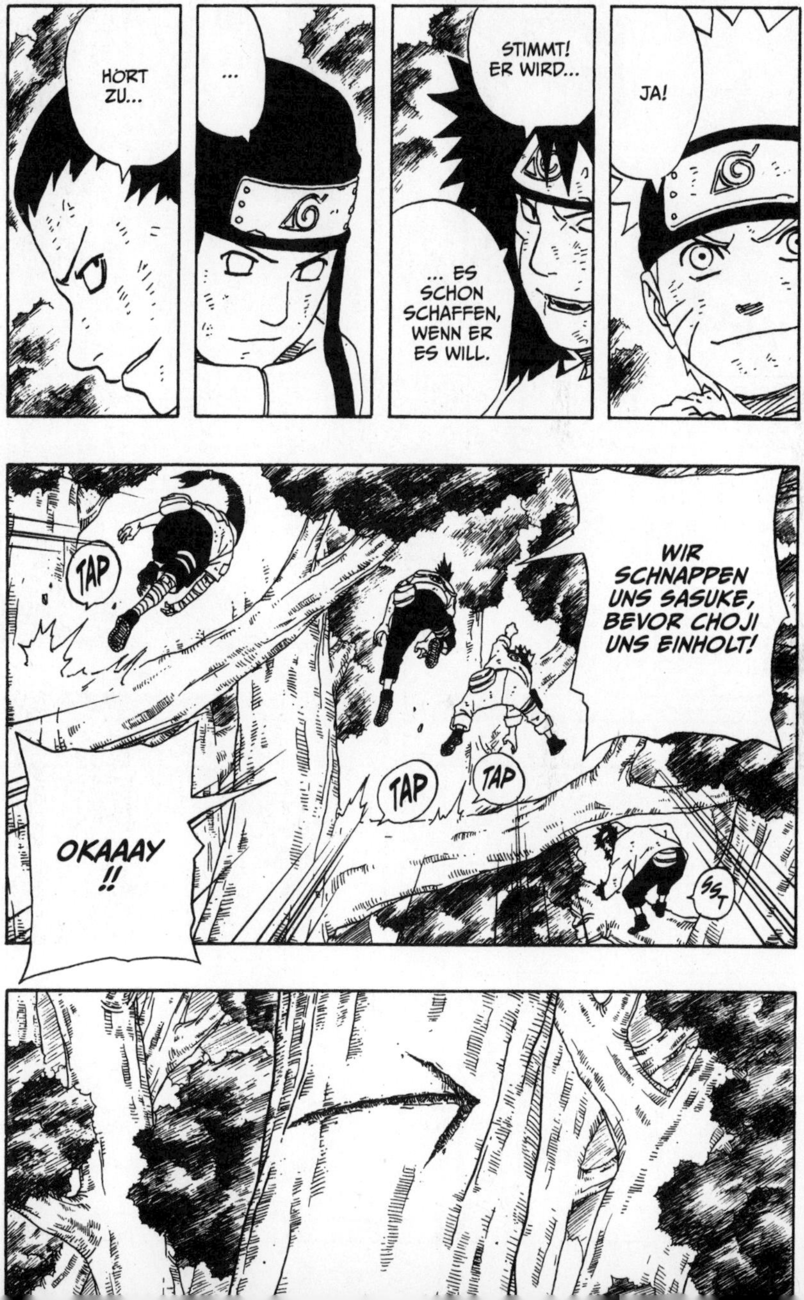
HÖRT ZU...
...
STIMMT! ER WIRD...
... ES SCHON SCHAFFEN, WENN ER ES WILL.
JA!
TAP
WIR SCHNAPPEN UNS SASUKE, BEVOR CHOJI UNS EINHOLT!
TAP
TAP
OKAAAY !!
SST

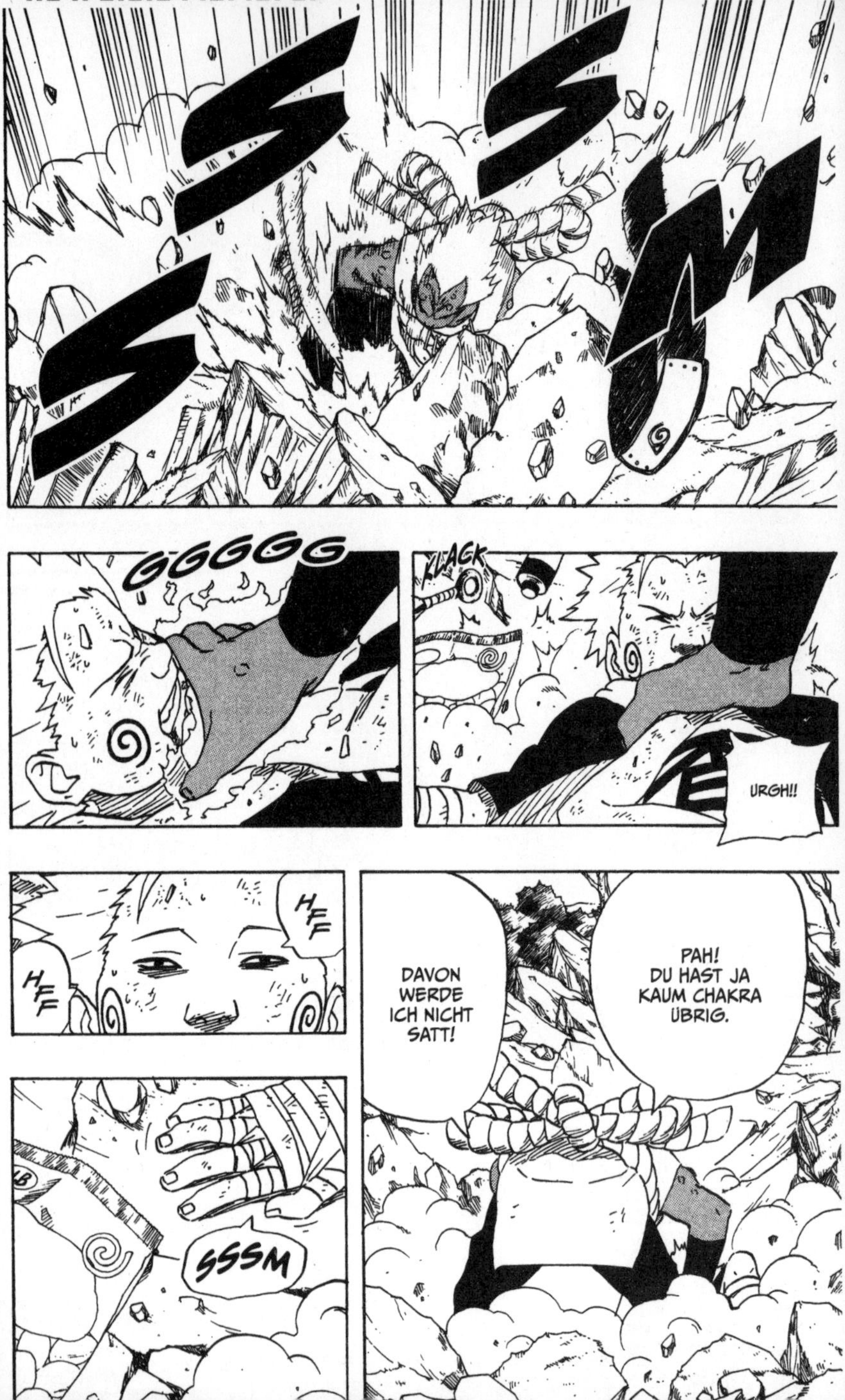
SSSM
GGGGG
KLACK
URGH!!
HFF
HFF
PAH! DU HAST JA KAUM CHAKRA ÜBRIG.
DAVON WERDE ICH NICHT SATT!
SSSM

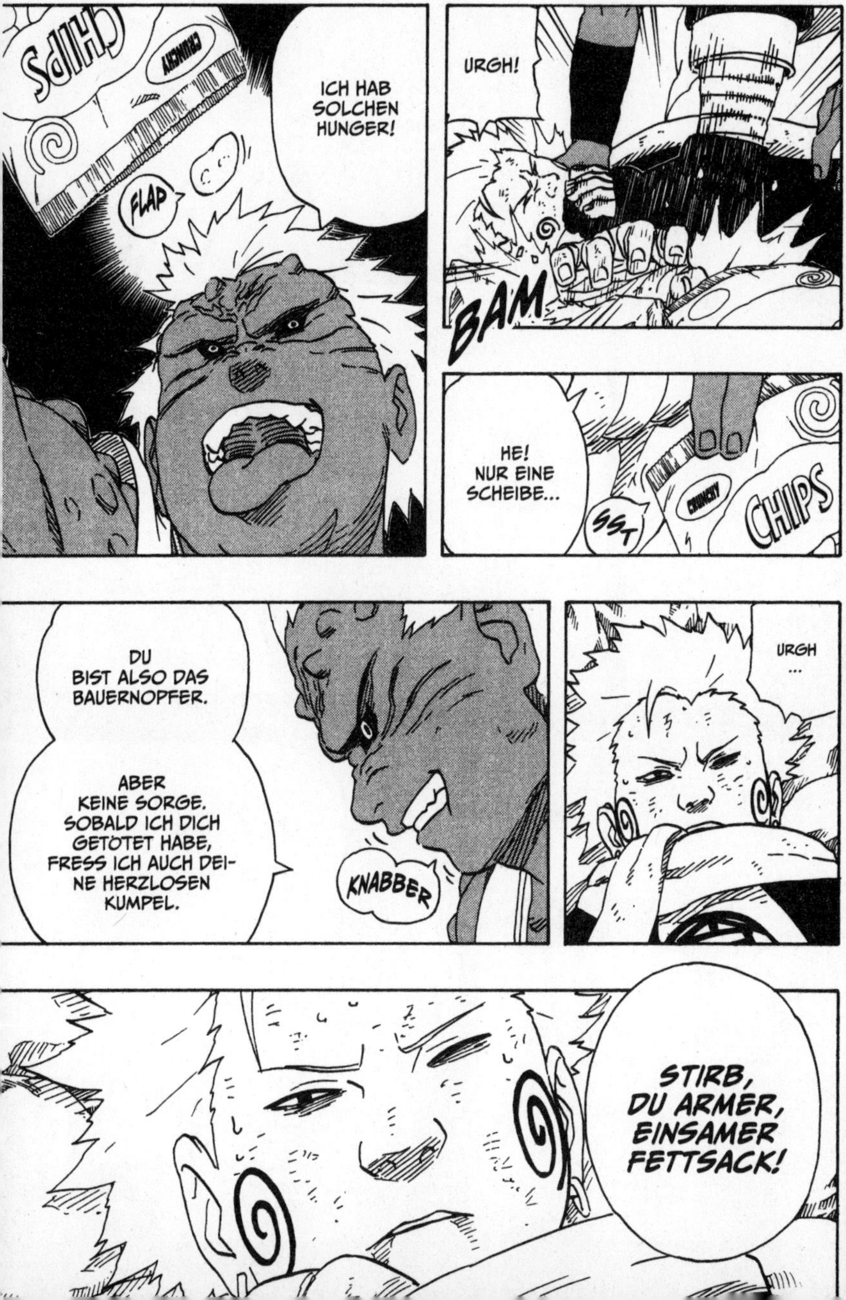
URGH!
BAM
HE! NUR EINE SCHEIBE...
SST
CRUNCHY
CHIPS
ICH HAB SOLCHEN HUNGER!
FLAP
CRUNCHY
CHIPS
URGH ...
DU BIST ALSO DAS BAUERNOPFER.
ABER KEINE SORGE. SOBALD ICH DICH GETÖTET HABE, FRESS ICH AUCH DEINE HERZLOSEN KUMPEL.
KNABBER
STIRB, DU ARMER, EINSAMER FETTSACK!

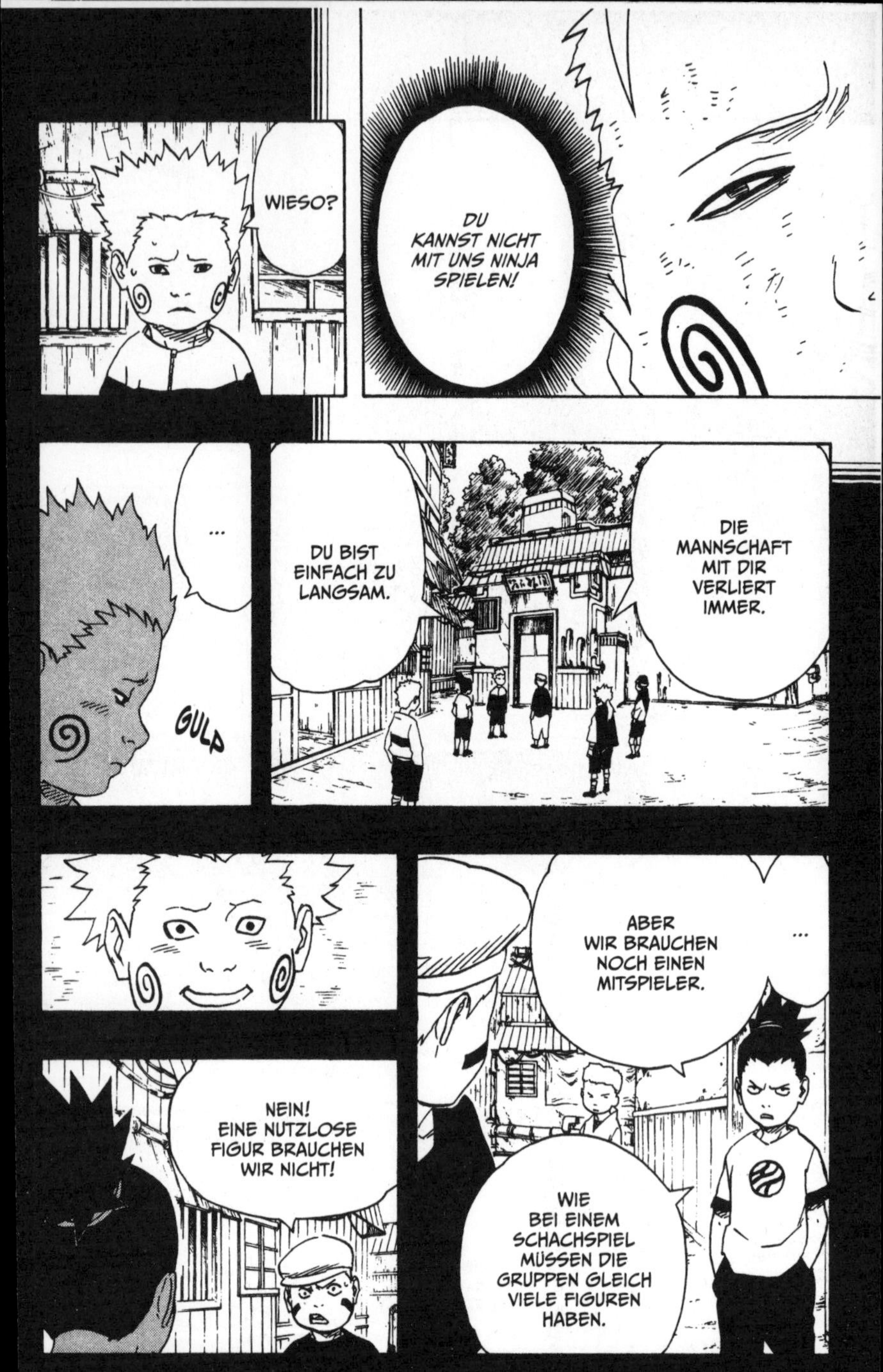
DU KANNST NICHT MIT UNS NINJA SPIELEN!
WIESO?
DIE MANNSCHAFT MIT DIR VERLIERT IMMER.
DU BIST EINFACH ZU LANGSAM.
...
GULP
ABER WIR BRAUCHEN NOCH EINEN MITSPIELER.
...
WIE BEI EINEM SCHACHSPIEL MÜSSEN DIE GRUPPEN GLEICH VIELE FIGUREN HABEN.
NEIN! EINE NUTZLOSE FIGUR BRAUCHEN WIR NICHT!

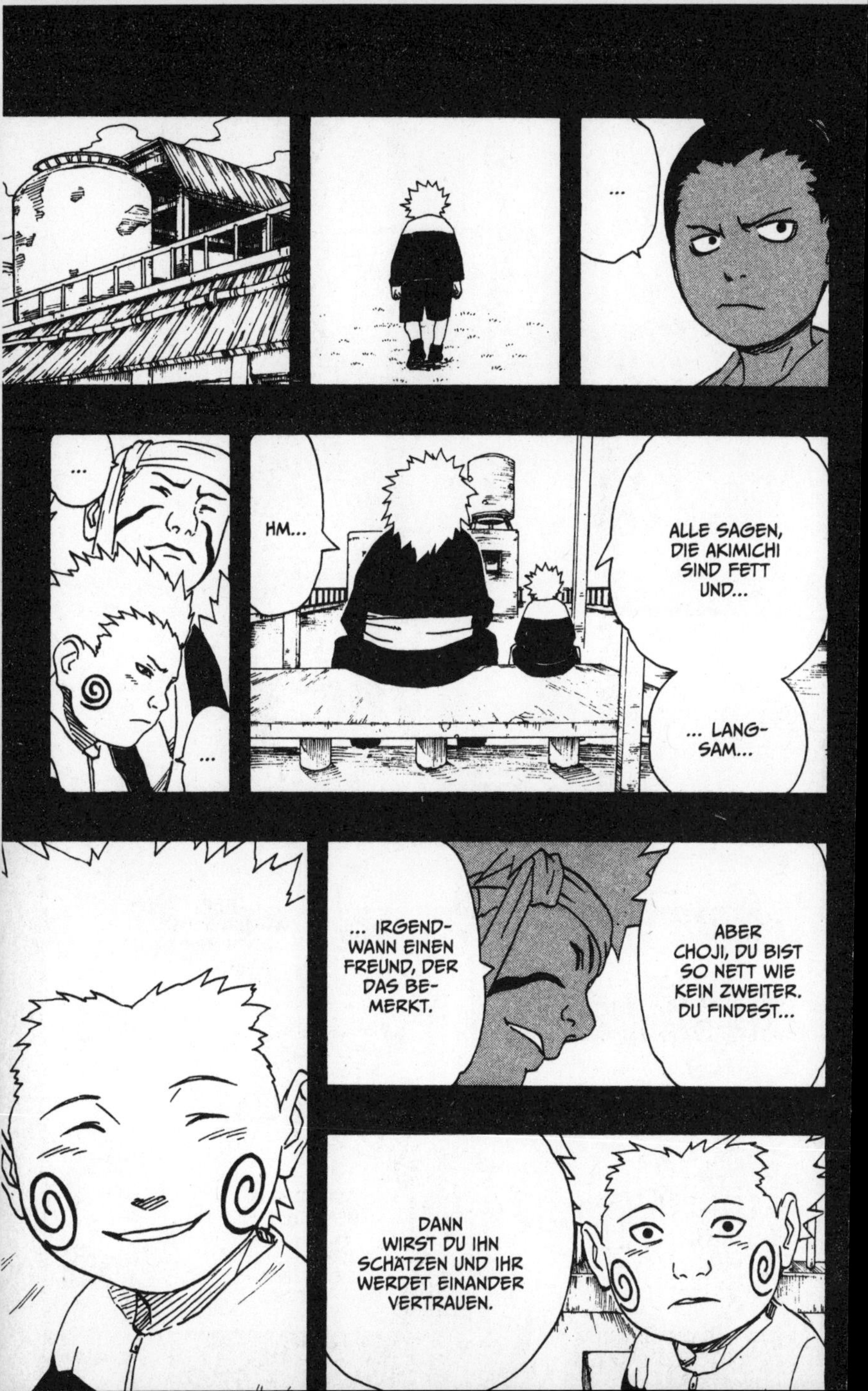
...
ALLE SAGEN, DIE AKIMICHI SIND FETT UND...
... LANG-SAM...
HM...
...
...
ABER CHOJI, DU BIST SO NETT WIE KEIN ZWEITER. DU FINDEST...
... IRGEND-WANN EINEN FREUND, DER DAS BE-MERKT.
DANN WIRST DU IHN SCHÄTZEN UND IHR WERDET EINANDER VERTRAUEN.

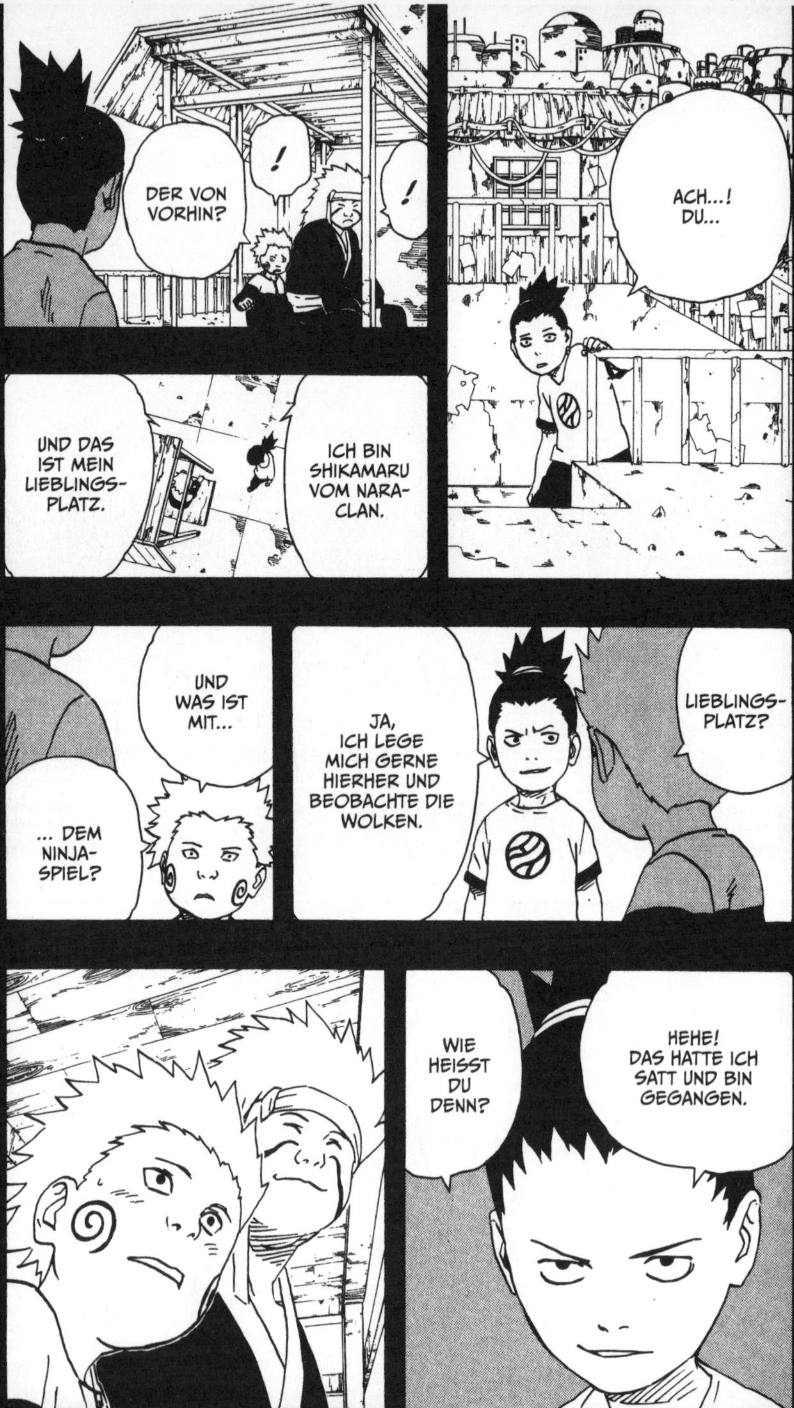
ACH...! DU...
!
!
DER VON VORHIN?
ICH BIN SHIKAMARU VOM NARA-CLAN.
UND DAS IST MEIN LIEBLINGS-PLATZ.
LIEBLINGS-PLATZ?
JA, ICH LEGE MICH GERNE HIERHER UND BEOBACHTE DIE WOLKEN.
UND WAS IST MIT...
... DEM NINJA-SPIEL?
HEHE! DAS HATTE ICH SATT UND BIN GEGANGEN.
WIE HEISST DU DENN?

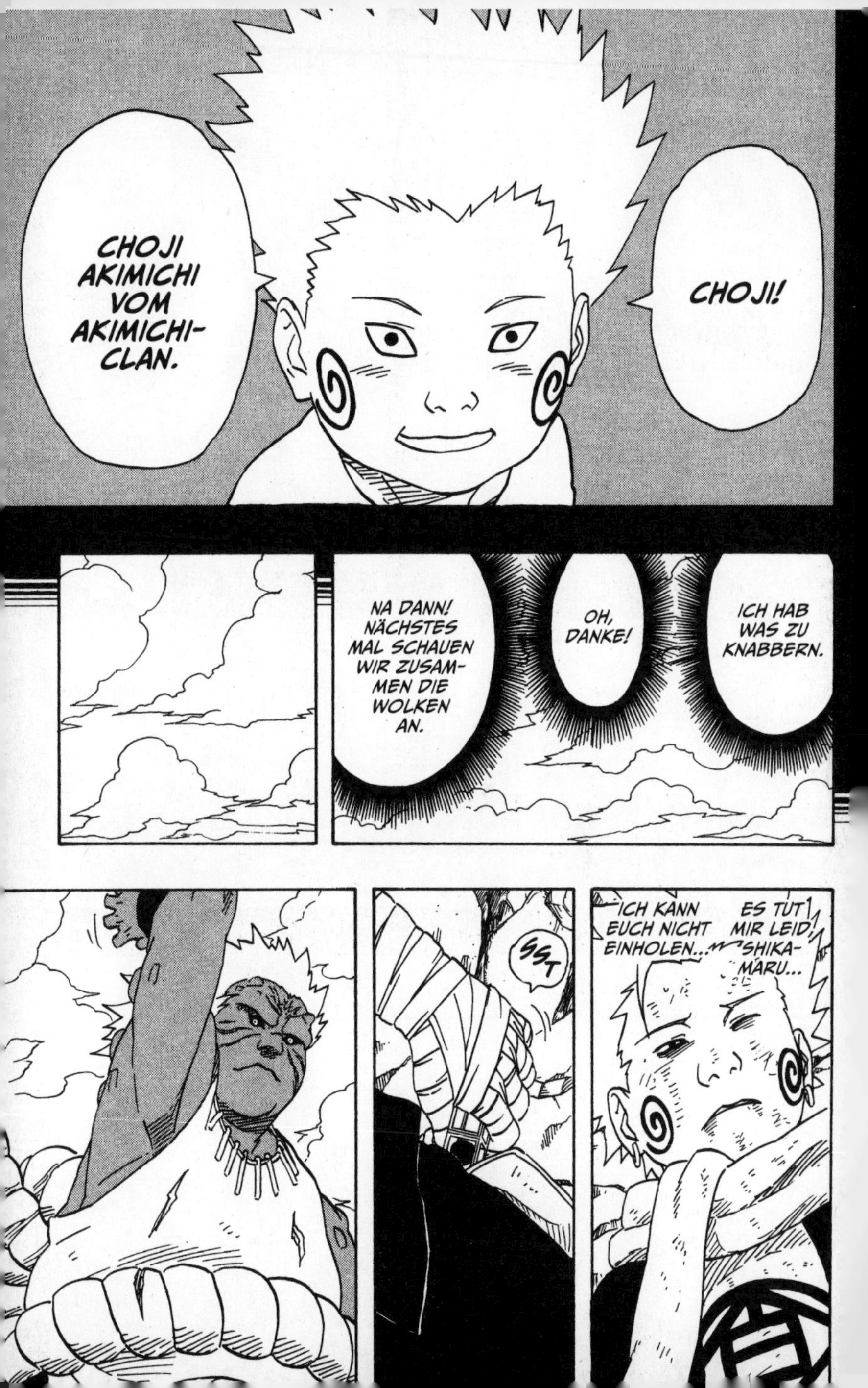
CHOJI!
CHOJI AKIMICHI VOM AKIMICHI-CLAN.
ICH HAB WAS ZU KNABBERN.
OH, DANKE!
NA DANN! NÄCHSTES MAL SCHAUEN WIR ZUSAMMEN DIE WOLKEN AN.
ES TUT MIR LEID, SHIKAMARU...
ICH KANN EUCH NICHT EINHOLEN...
SST

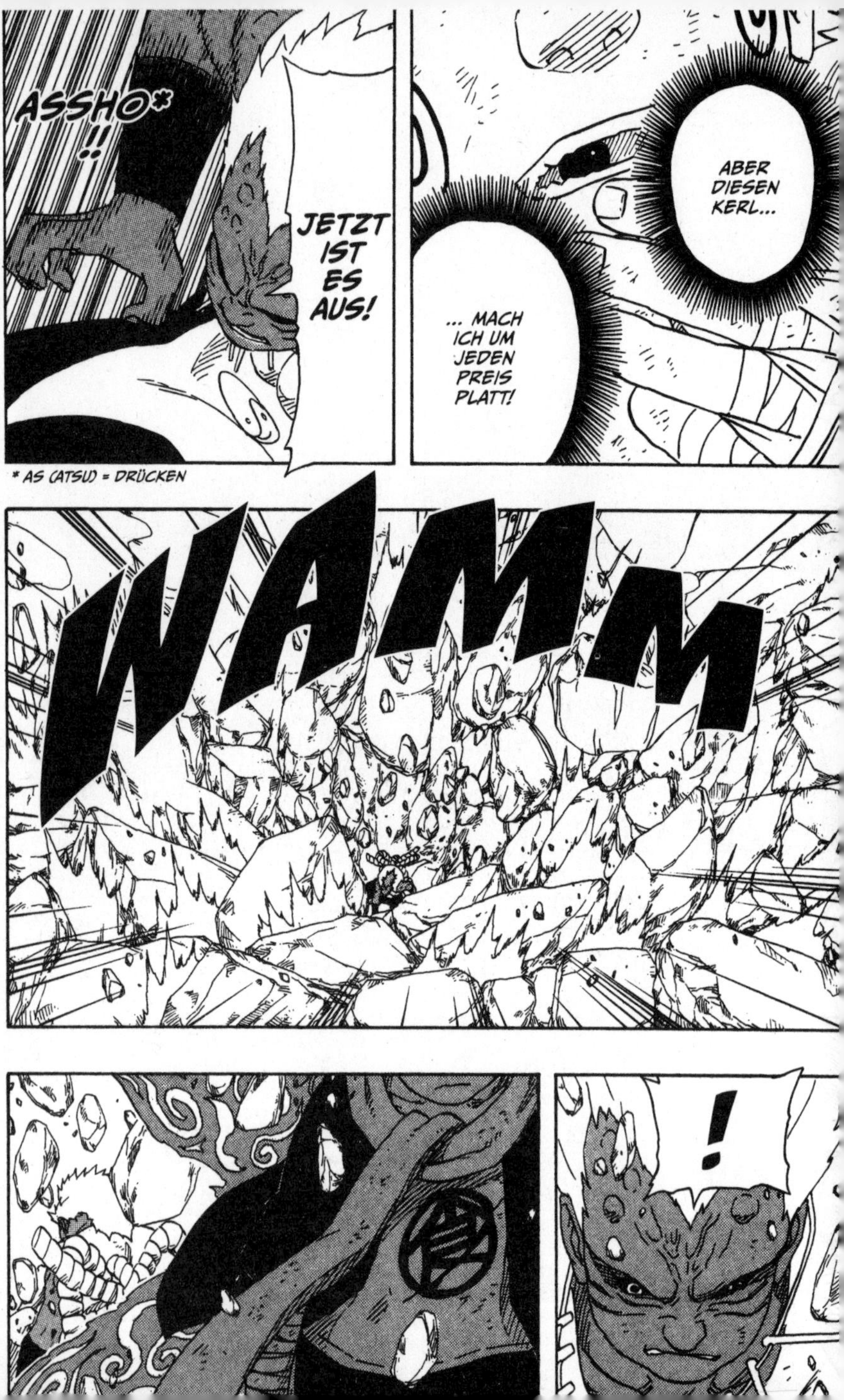
ASSHO* !!
JETZT IST ES AUS!
ABER DIESEN KERL...
... MACH ICH UM JEDEN PREIS PLATT!
* AS (ATSU) = DRÜCKEN
WAMM
!

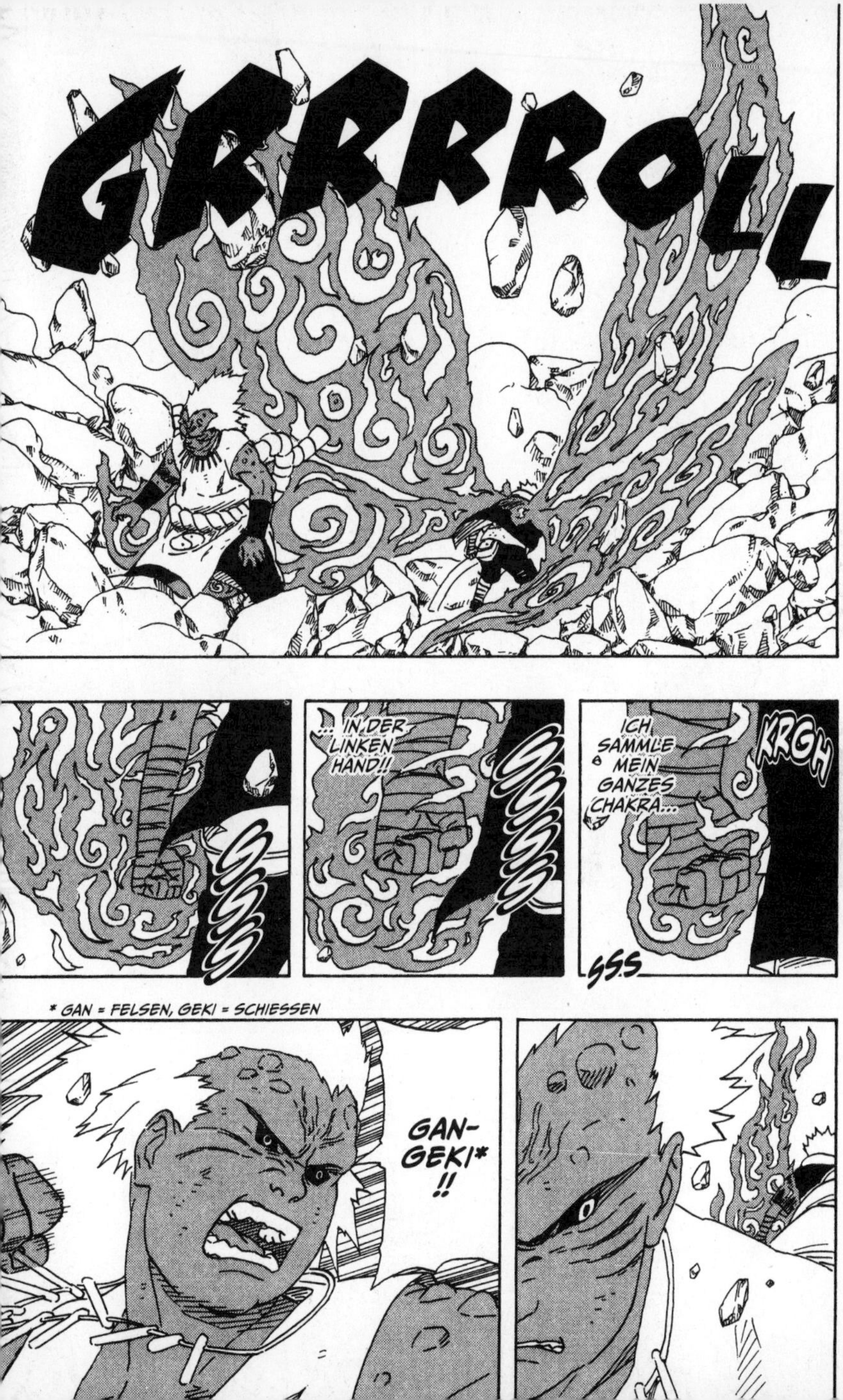
GRRRROLL
... IN DER LINKEN HAND!!
ICH SAMMLE MEIN GANZES CHAKRA ...
KRGH
SSS
* GAN = FELSEN, GEKI = SCHIESSEN
GAN-GEKI* !!

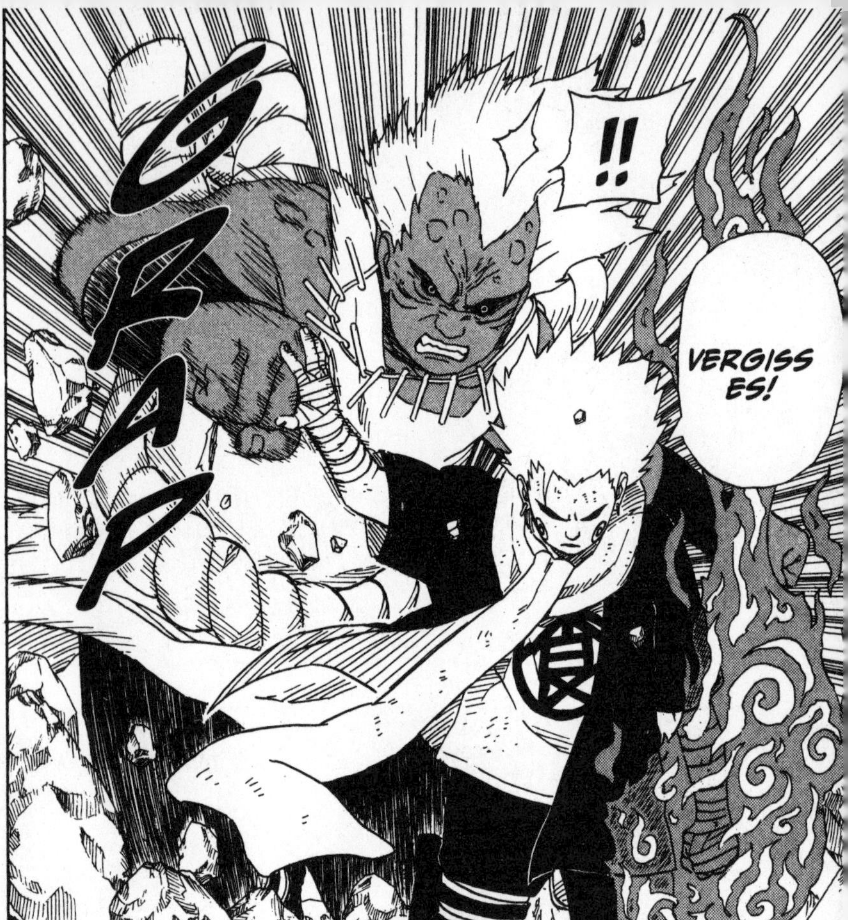
GRAPP
!!
VERGISS ES!
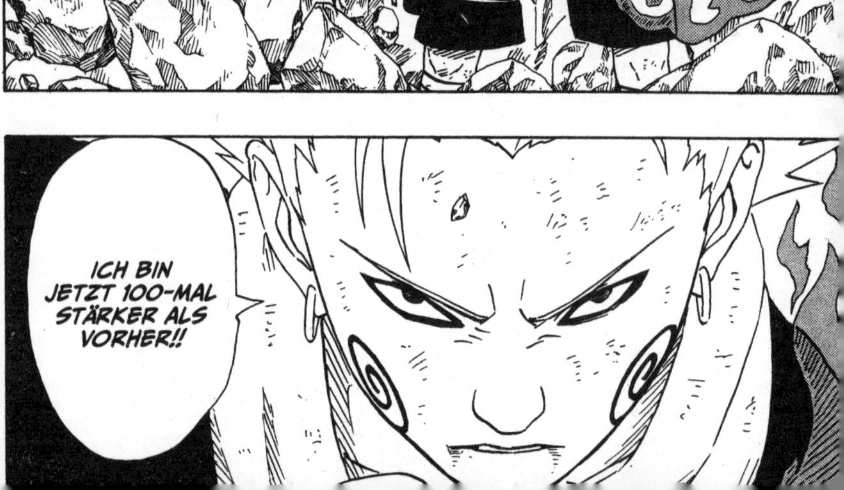
ICH BIN JETZT 100-MAL STÄRKER ALS VORHER!!

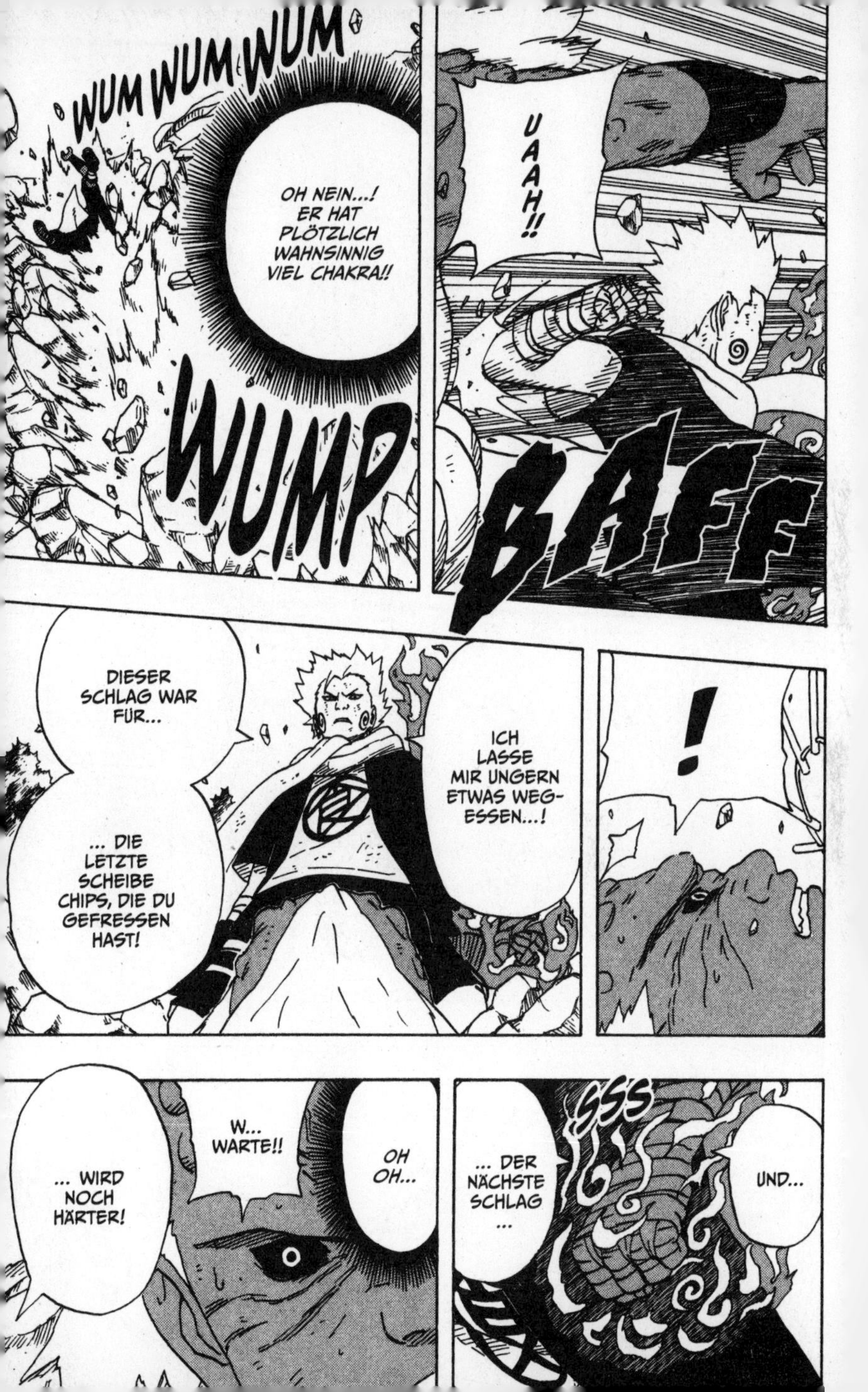
UAAAH!!
BAFF
WUM WUM WUM
OH NEIN...! ER HAT PLÖTZLICH WAHNSINNIG VIEL CHAKRA!!
WUMP
!
ICH LASSE MIR UNGERN ETWAS WEG-ESSEN...!
DIESER SCHLAG WAR FÜR...
... DIE LETZTE SCHEIBE CHIPS, DIE DU GEFRESSEN HAST!
UND...
SSS
... DER NÄCHSTE SCHLAG ...
OH OH...
W... WARTE!!
... WIRD NOCH HÄRTER!

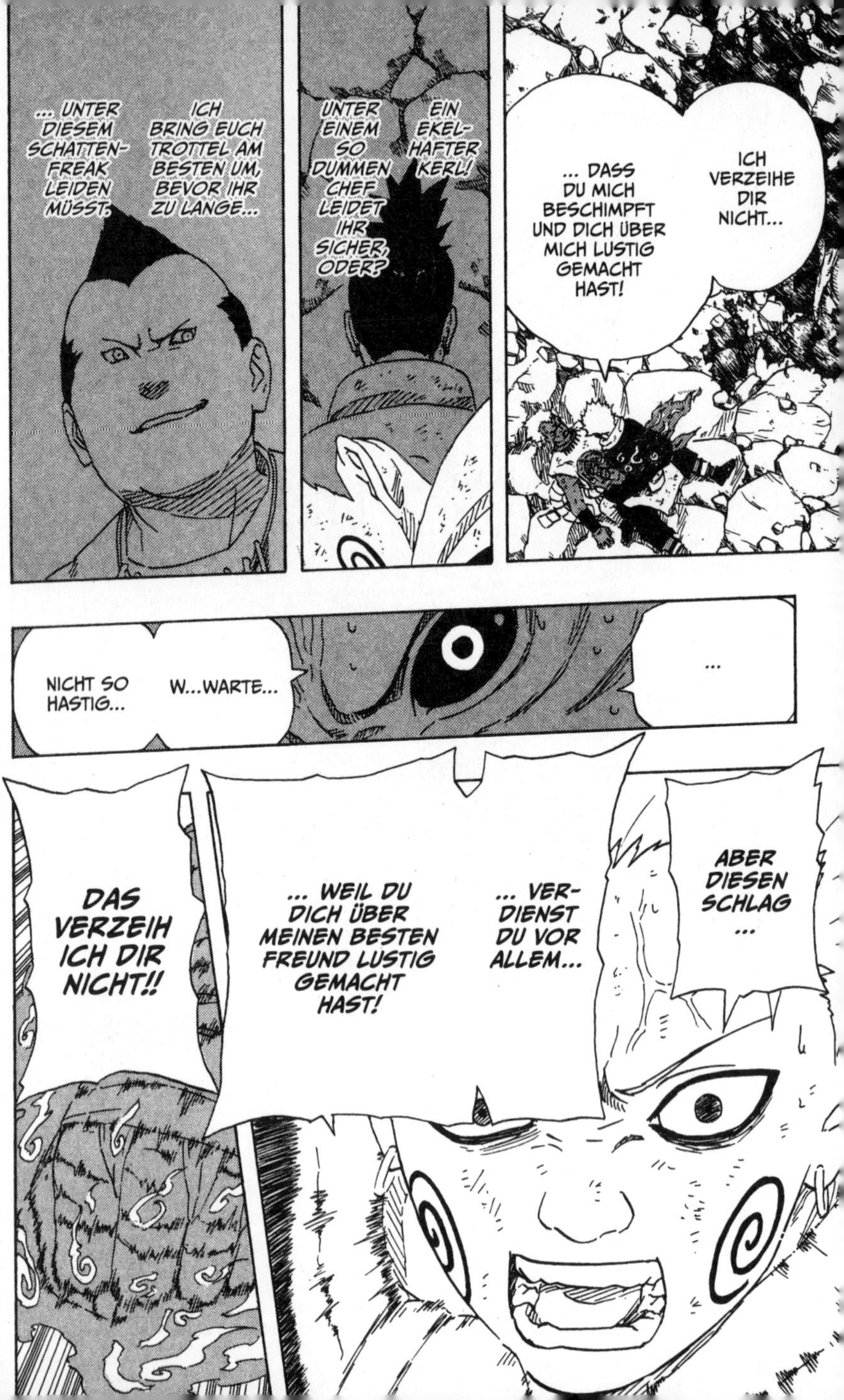
ICH VERZEIHE DIR NICHT...
... DASS DU MICH BESCHIMPFT UND DICH ÜBER MICH LUSTIG GEMACHT HAST!
EIN EKEL-HAFTER KERL!
UNTER EINEM SO DUMMEN CHEF LEIDET IHR SICHER, ODER?
ICH BRING EUCH TROTTEL AM BESTEN UM, BEVOR IHR ZU LANGE...
... UNTER DIESEM SCHATTEN-FREAK LEIDEN MÜSST.
...
W...WARTE...
NICHT SO HASTIG...
ABER DIESEN SCHLAG ...
... VER-DIENST DU VOR ALLEM...
... WEIL DU DICH ÜBER MEINEN BESTEN FREUND LUSTIG GEMACHT HAST!
DAS VERZEIH ICH DIR NICHT!!

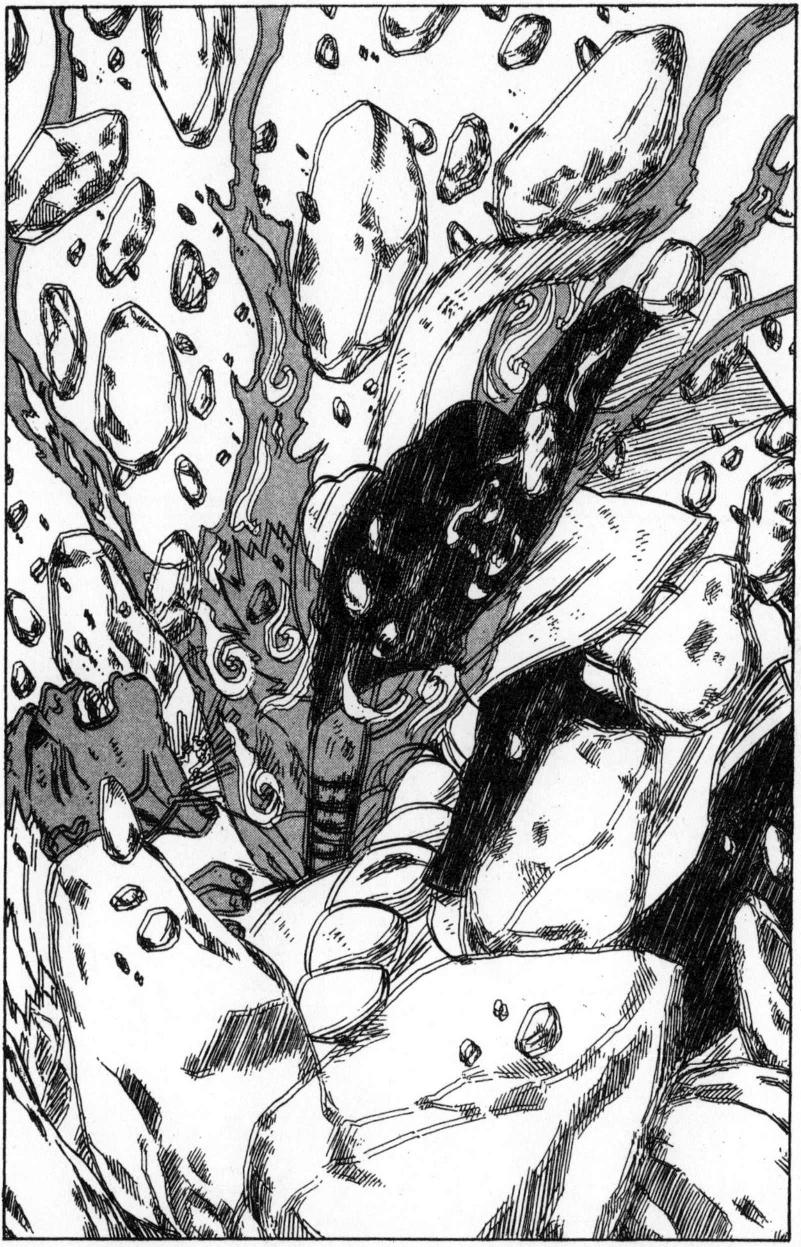

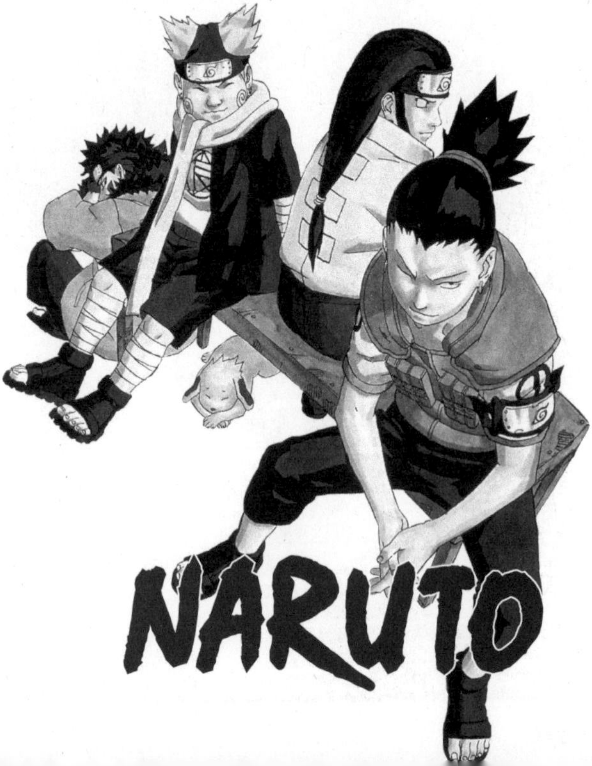
NARUTO

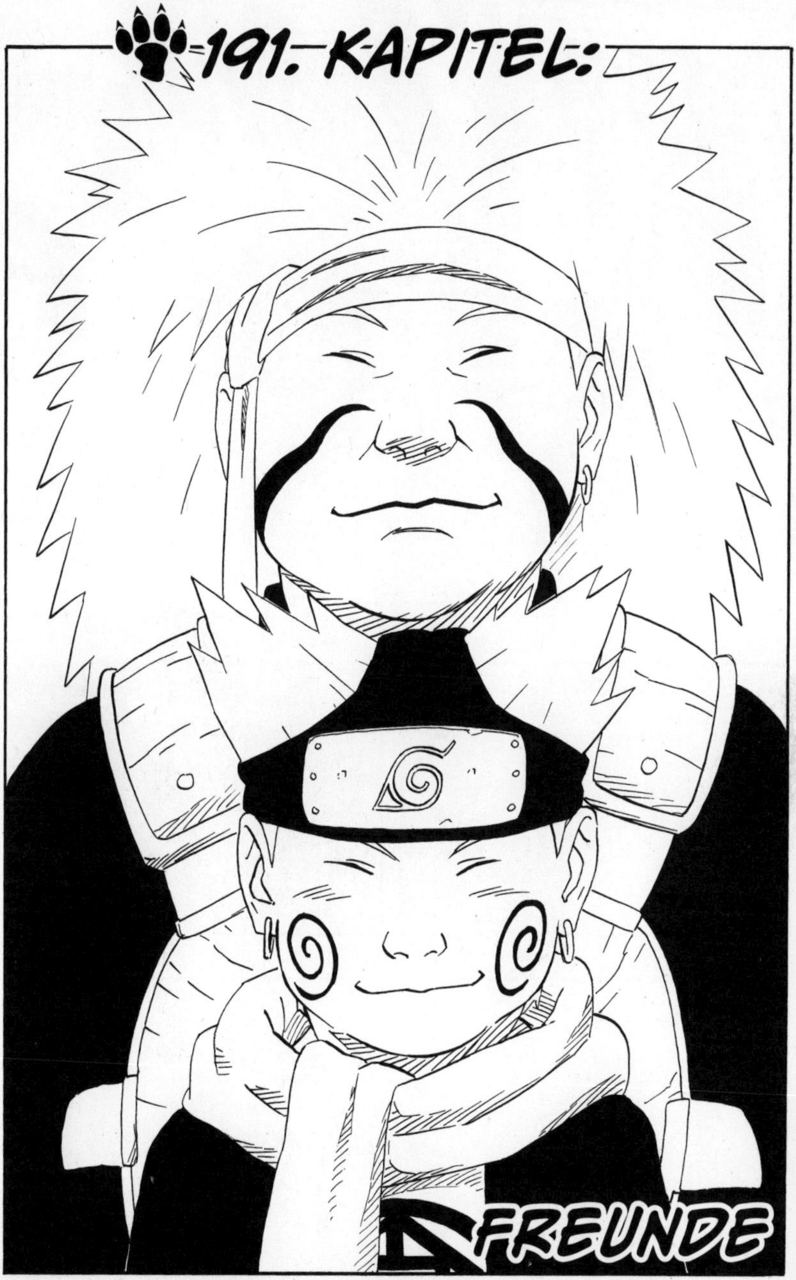
191. KAPITEL:
FREUNDE

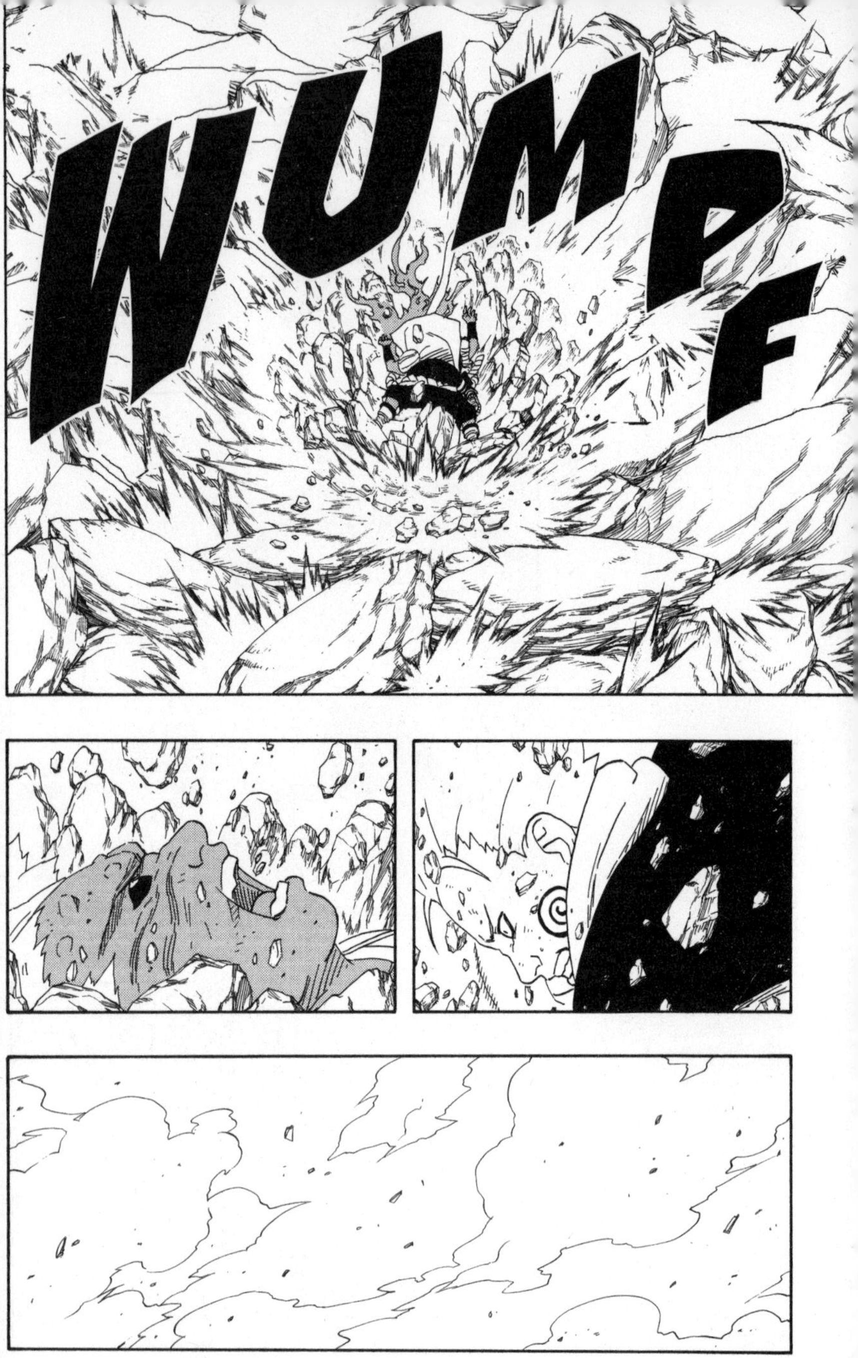
WUMPF

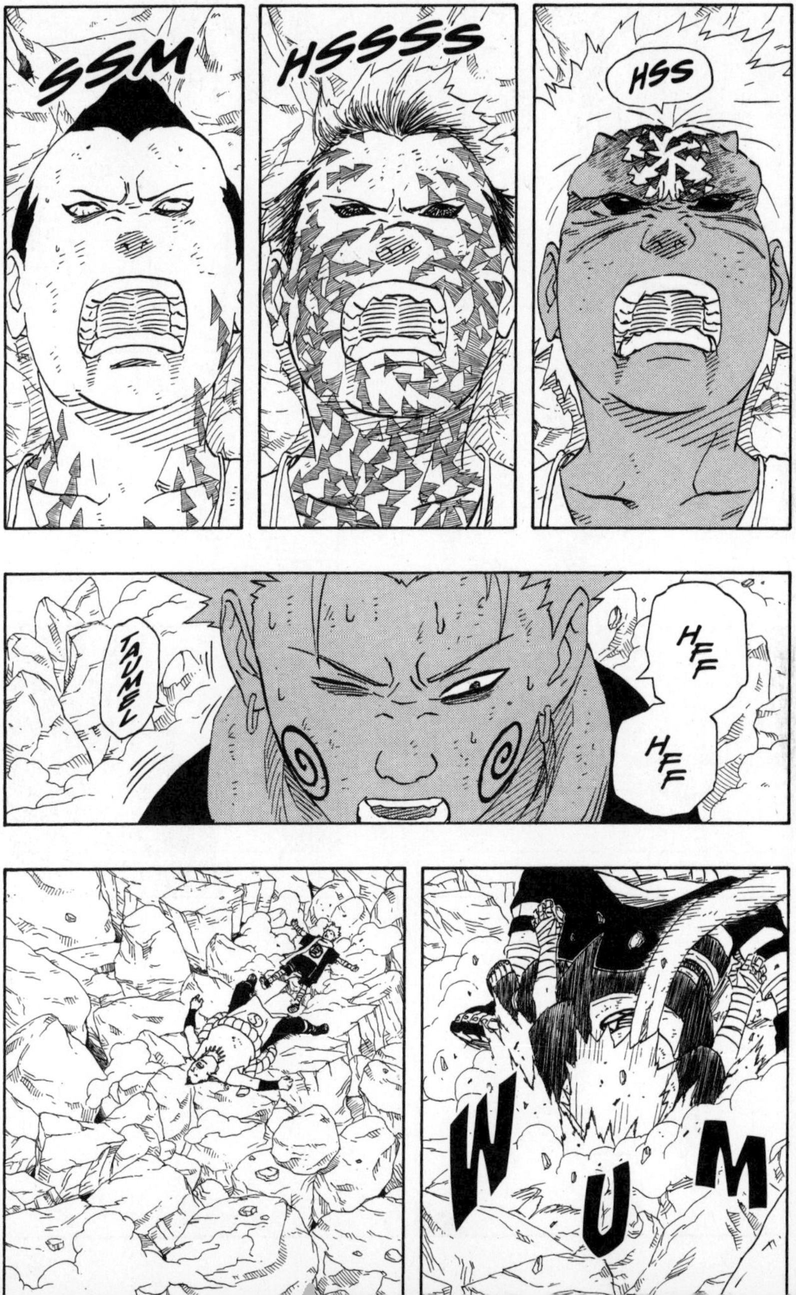
HSS
HSSSSS
SSM
HFF
HFF
TAUMEL
WUM

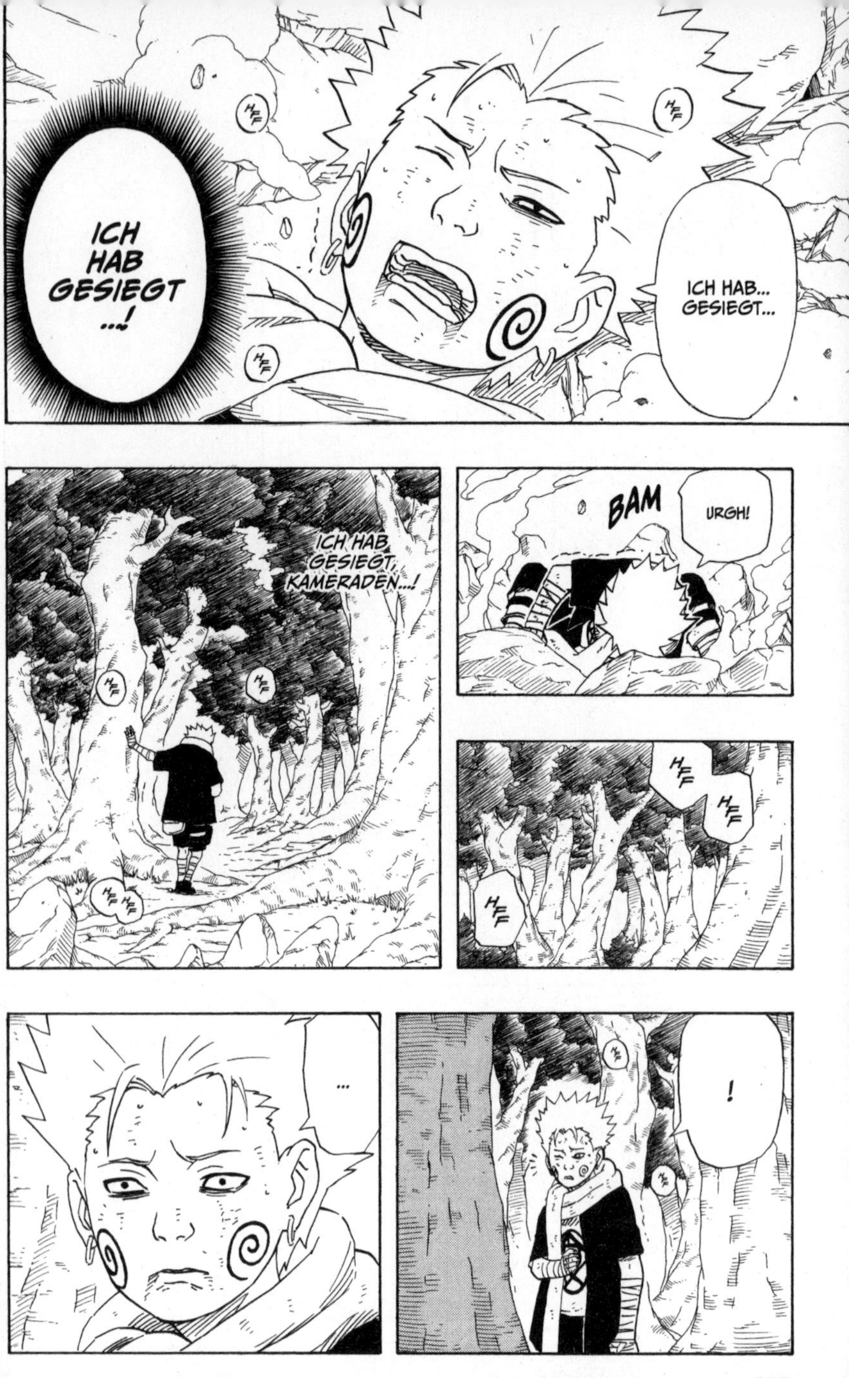
HFF
ICH HAB... GESIEGT...
HFF
ICH HAB GESIEGT ...!
HFF
BAM
URGH!
ICH HAB GESIEGT, KAMERADEN...!
HFF
HFF
HFF HFF
HFF
HFF
HFF
HFF
HFF
!
...

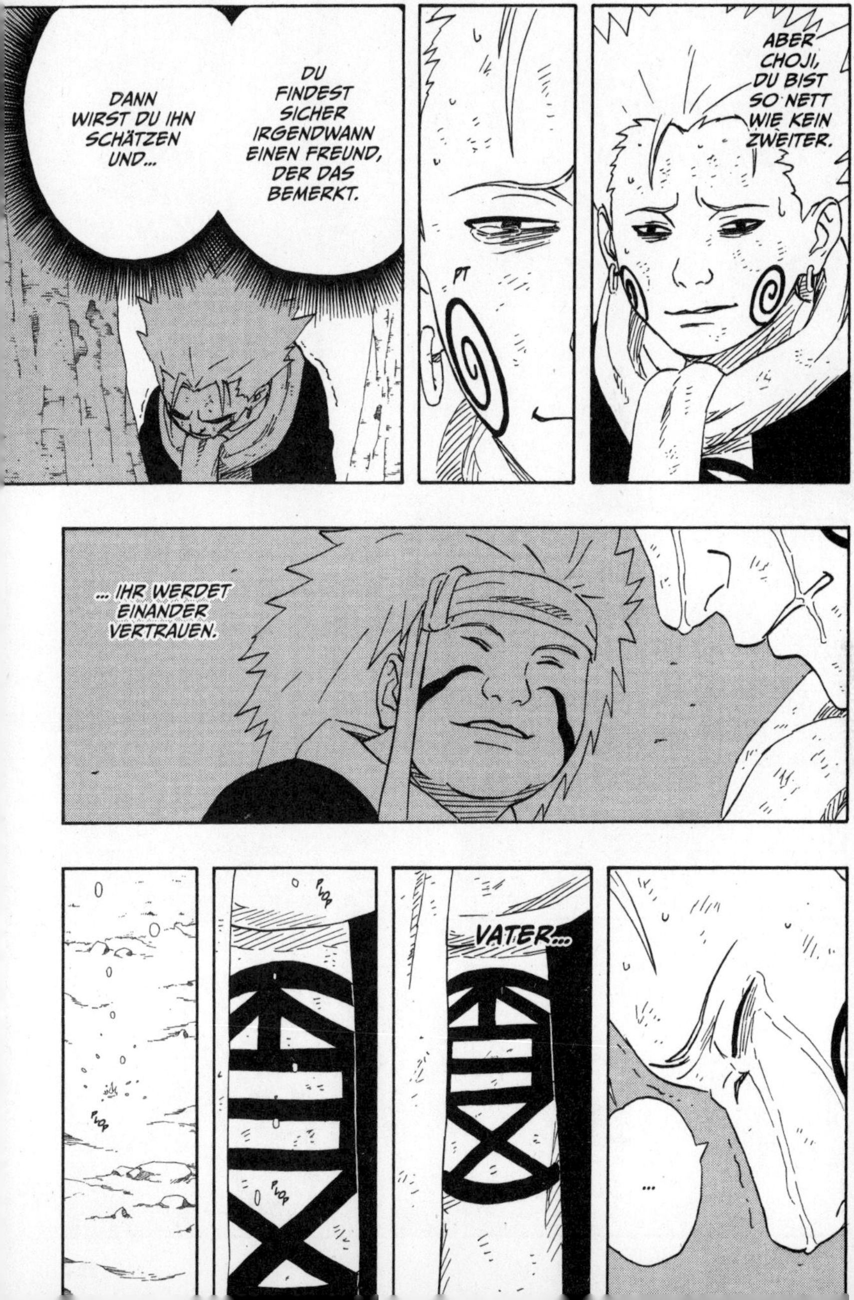
ABER CHOJI, DU BIST SO NETT WIE KEIN ZWEITER.
PT
DU FINDEST SICHER IRGENDWANN EINEN FREUND, DER DAS BEMERKT.
DANN WIRST DU IHN SCHÄTZEN UND...
... IHR WERDET EINANDER VERTRAUEN.
...
VATER...

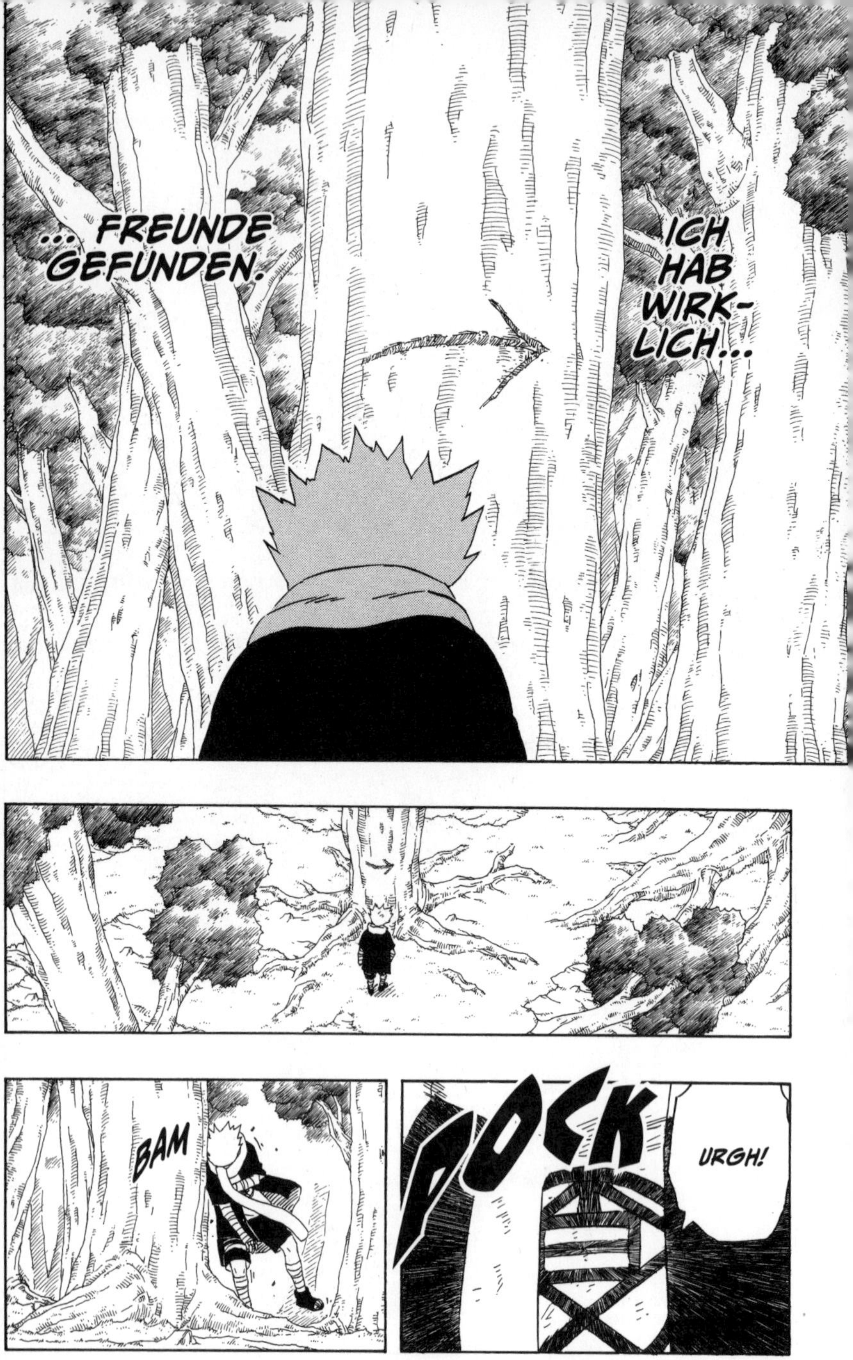
ICH HAB WIRK-LICH...
... FREUNDE GEFUNDEN.
URGH!
DOCK
BAM

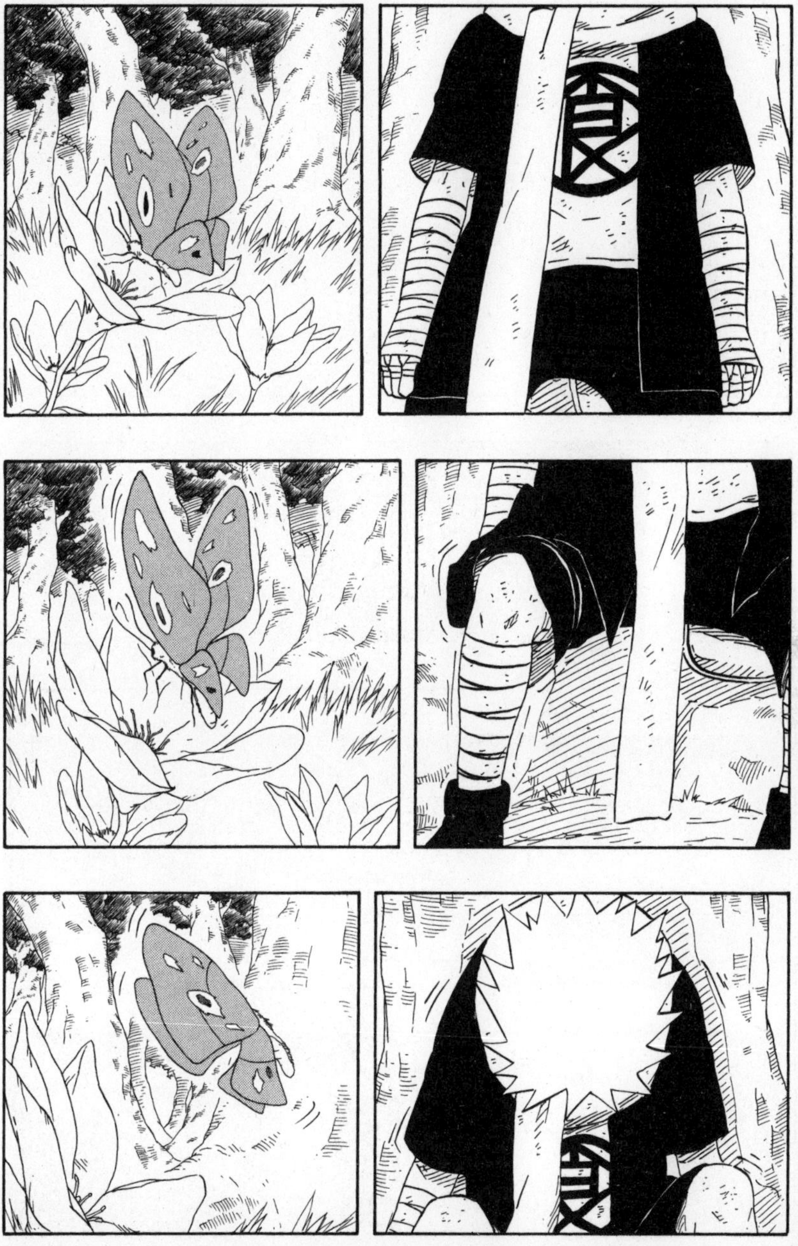

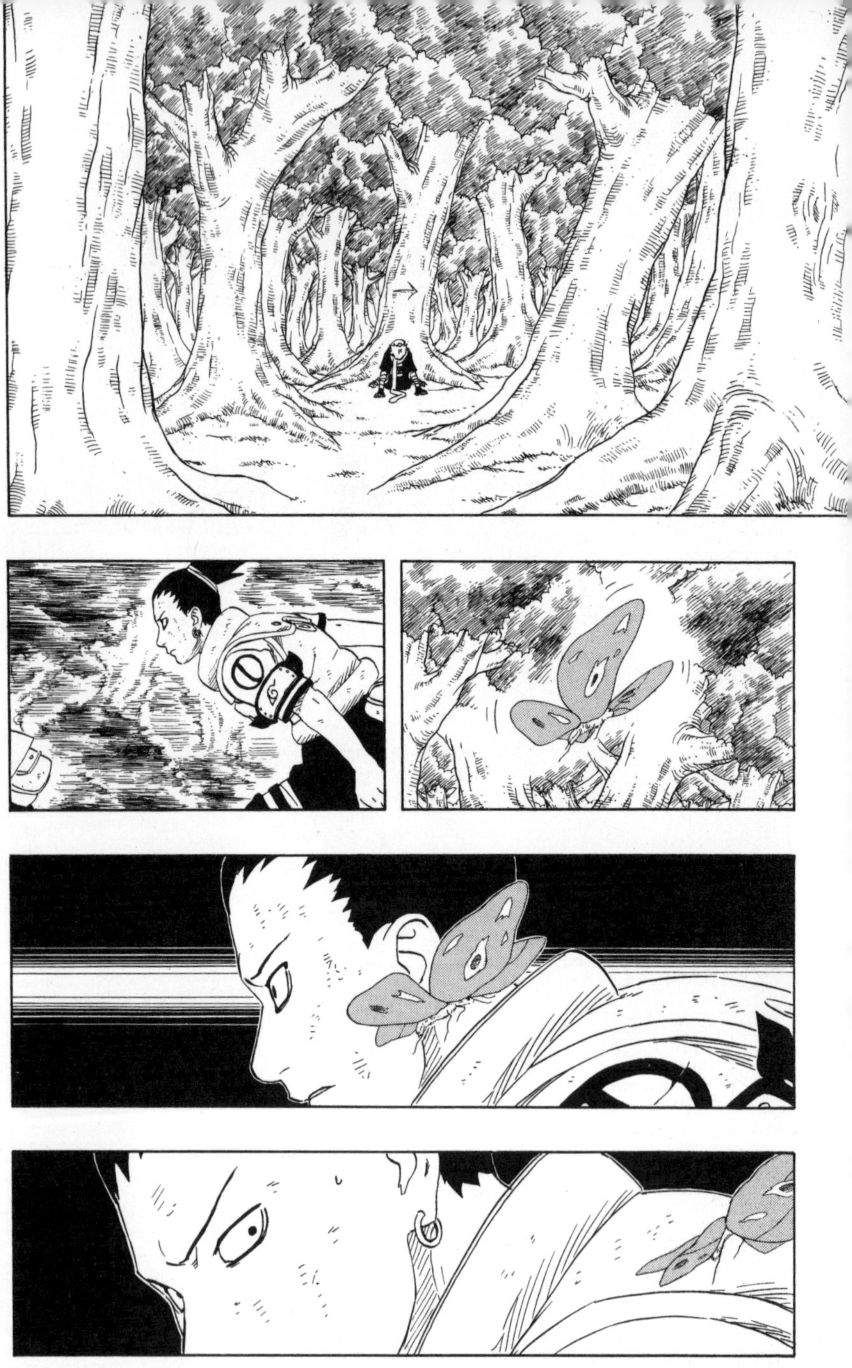

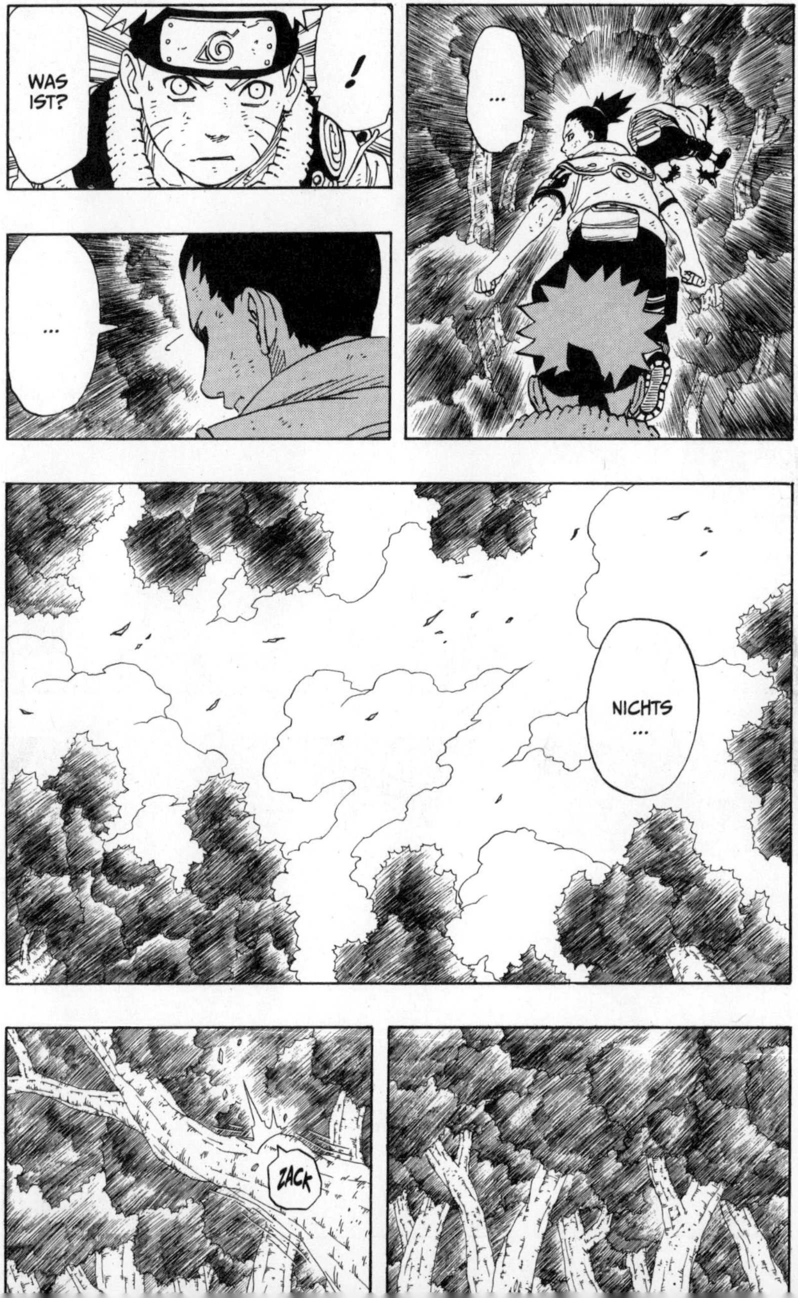
!
WAS IST?
...
...
NICHTS ...
ZACK

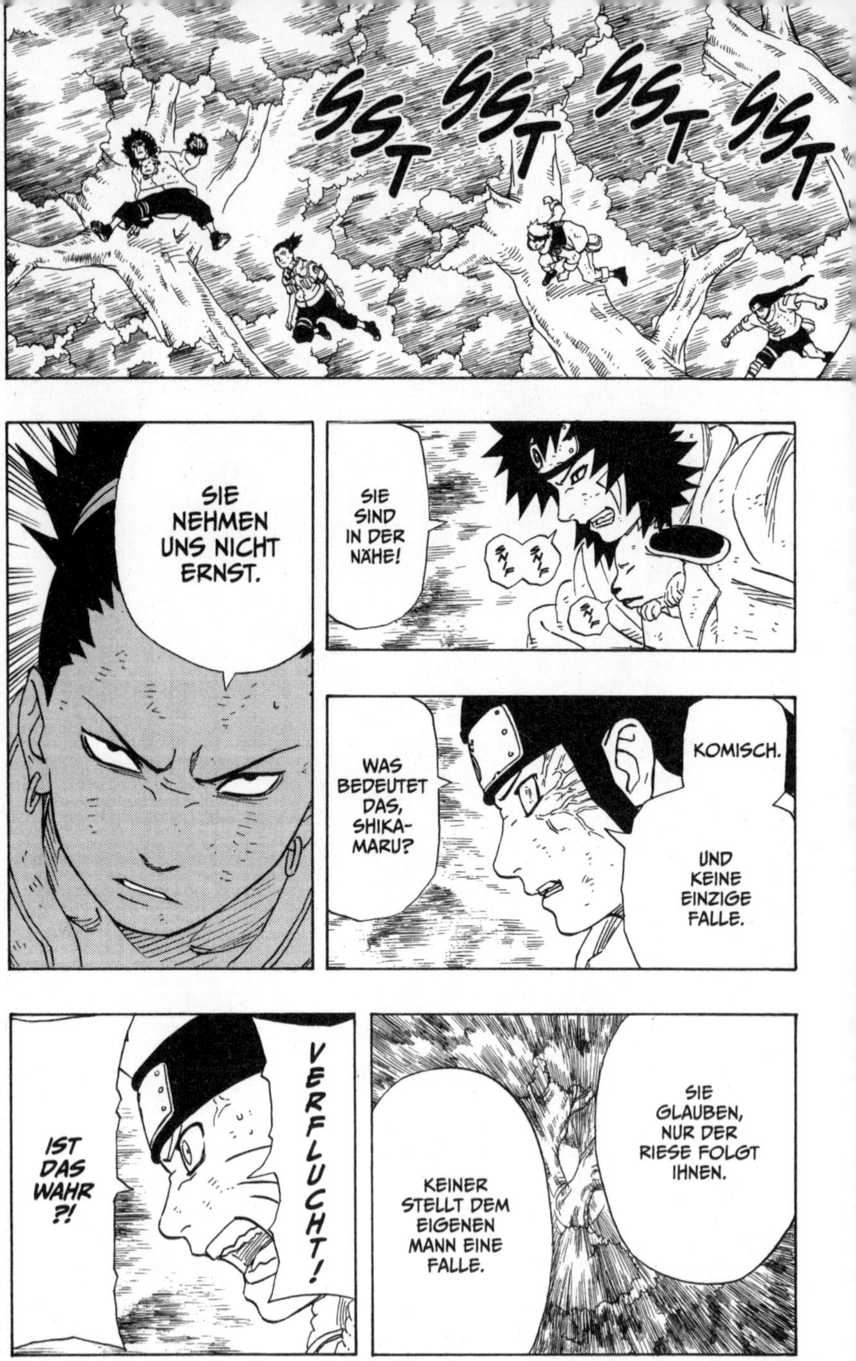
SST SST SST SST
SIE SIND IN DER NÄHE!
SIE NEHMEN UNS NICHT ERNST.
KOMISCH.
UND KEINE EINZIGE FALLE.
WAS BEDEUTET DAS, SHIKA-MARU?
SIE GLAUBEN, NUR DER RIESE FOLGT IHNEN.
KEINER STELLT DEM EIGENEN MANN EINE FALLE.
VERFLUCHT!
IST DAS WAHR?!

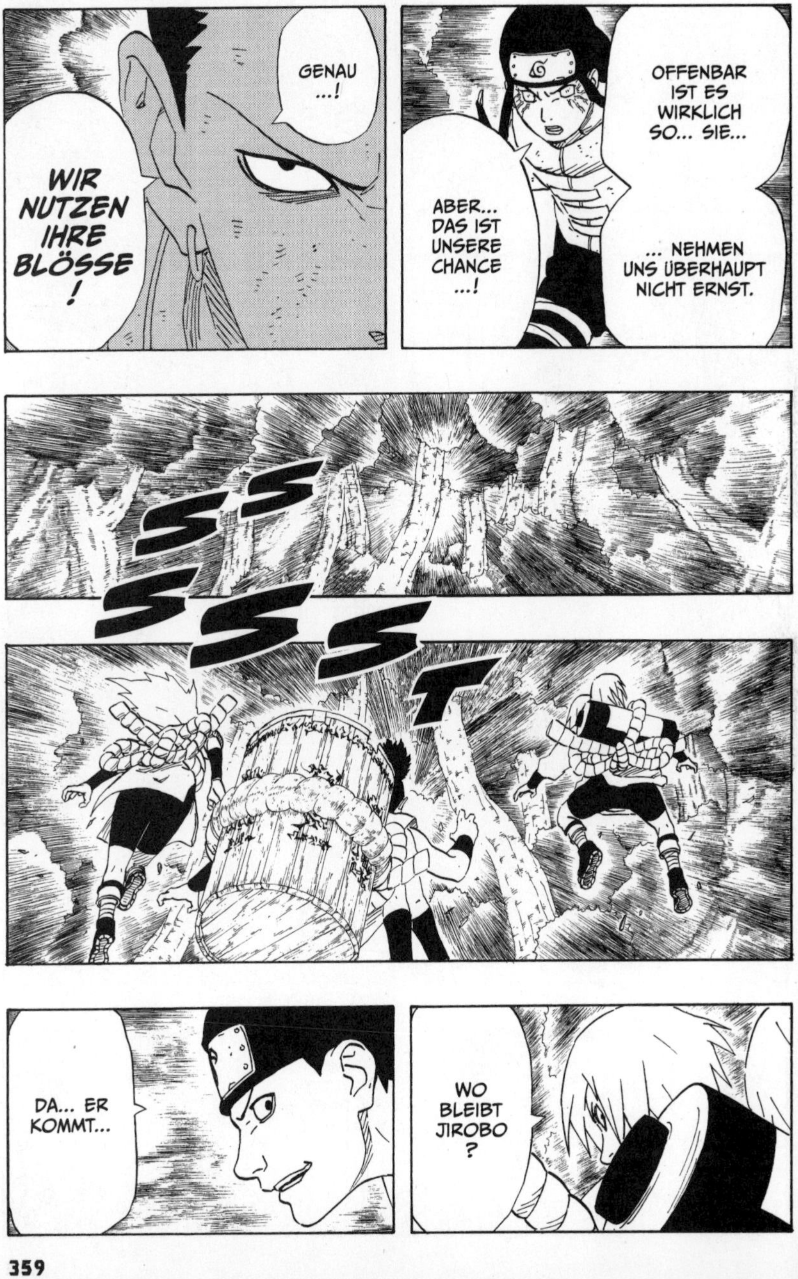
OFFENBAR IST ES WIRKLICH SO... SIE...
... NEHMEN UNS ÜBERHAUPT NICHT ERNST.
ABER... DAS IST UNSERE CHANCE ...!
GENAU ...!
WIR NUTZEN IHRE BLÖSSE !
SSSSSST
WO BLEIBT JIROBO ?
DA... ER KOMMT...

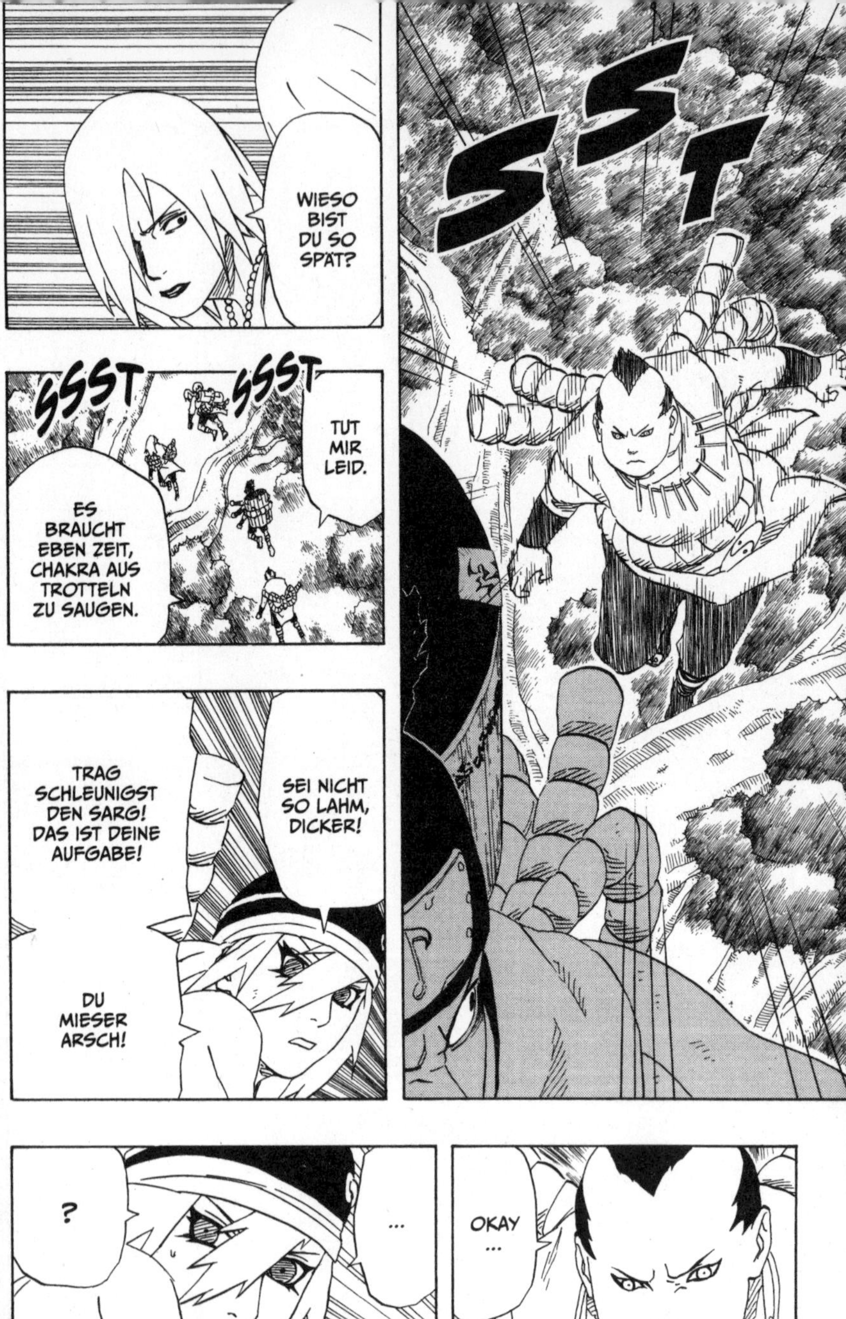
SSST
WIESO BIST DU SO SPÄT?
SSST
SSST
TUT MIR LEID.
ES BRAUCHT EBEN ZEIT, CHAKRA AUS TROTTELN ZU SAUGEN.
SEI NICHT SO LAHM, DICKER!
TRAG SCHLEUNIGST DEN SARG! DAS IST DEINE AUFGABE!
DU MIESER ARSCH!
OKAY ...
...
?

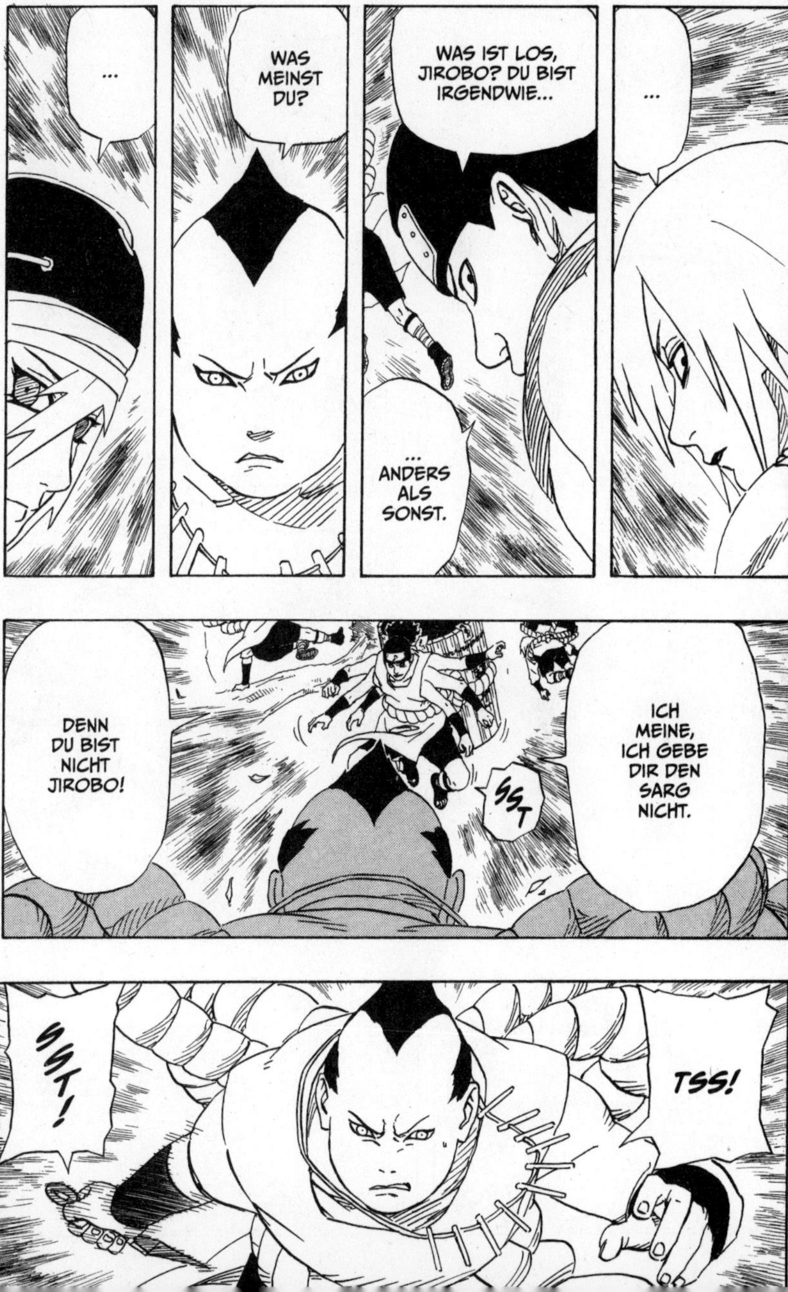
...
WAS IST LOS, JIROBO? DU BIST IRGENDWIE...
... ANDERS ALS SONST.
WAS MEINST DU?
...
ICH MEINE, ICH GEBE DIR DEN SARG NICHT.
SST
DENN DU BIST NICHT JIROBO!
TSS!
SST!

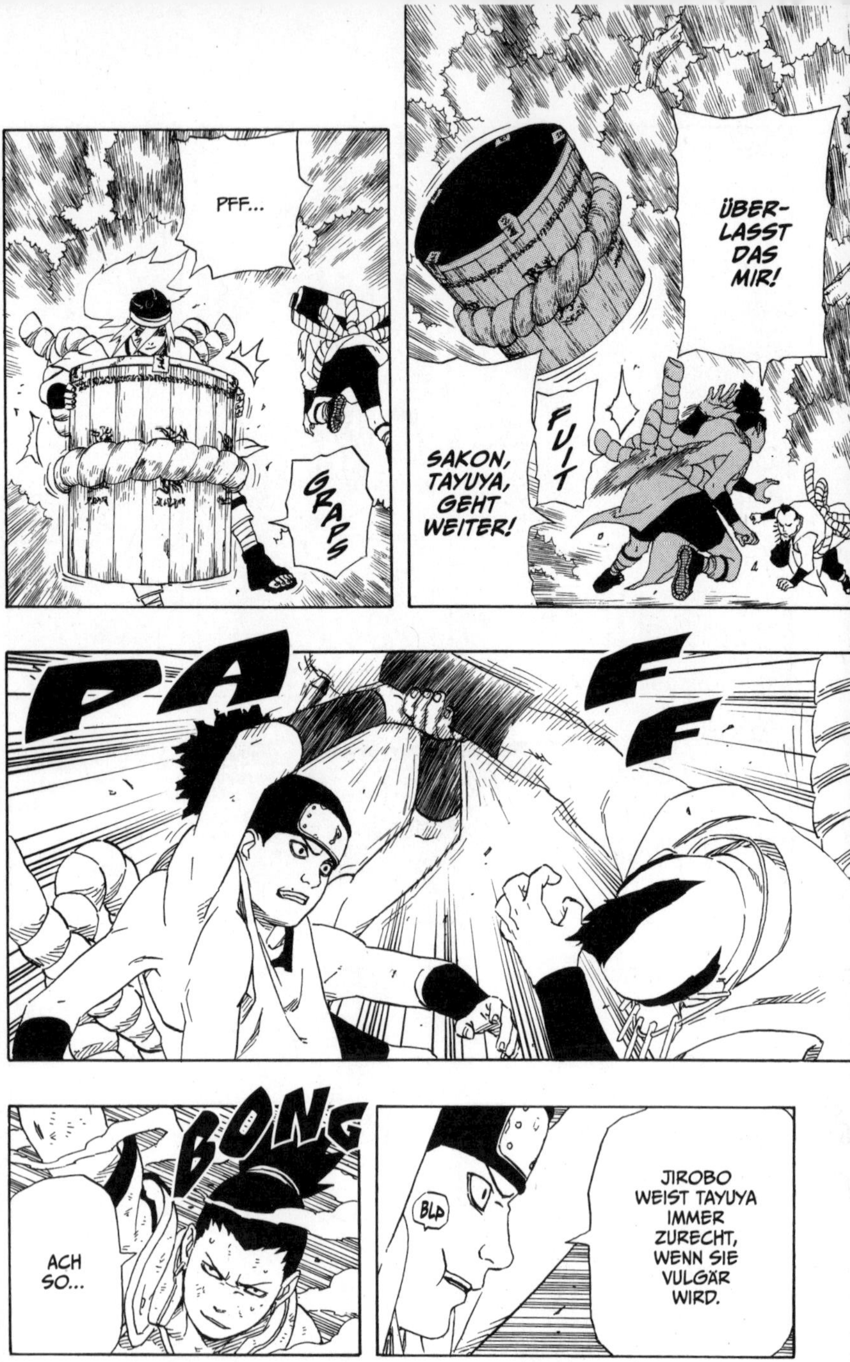
ÜBER-LASST DAS MIR!
FUIT
SAKON, TAYUYA, GEHT WEITER!
PFF...
GRAPS
PA
FF
BLP
JIROBO WEIST TAYUYA IMMER ZURECHT, WENN SIE VULGÄR WIRD.
BONG
ACH SO...

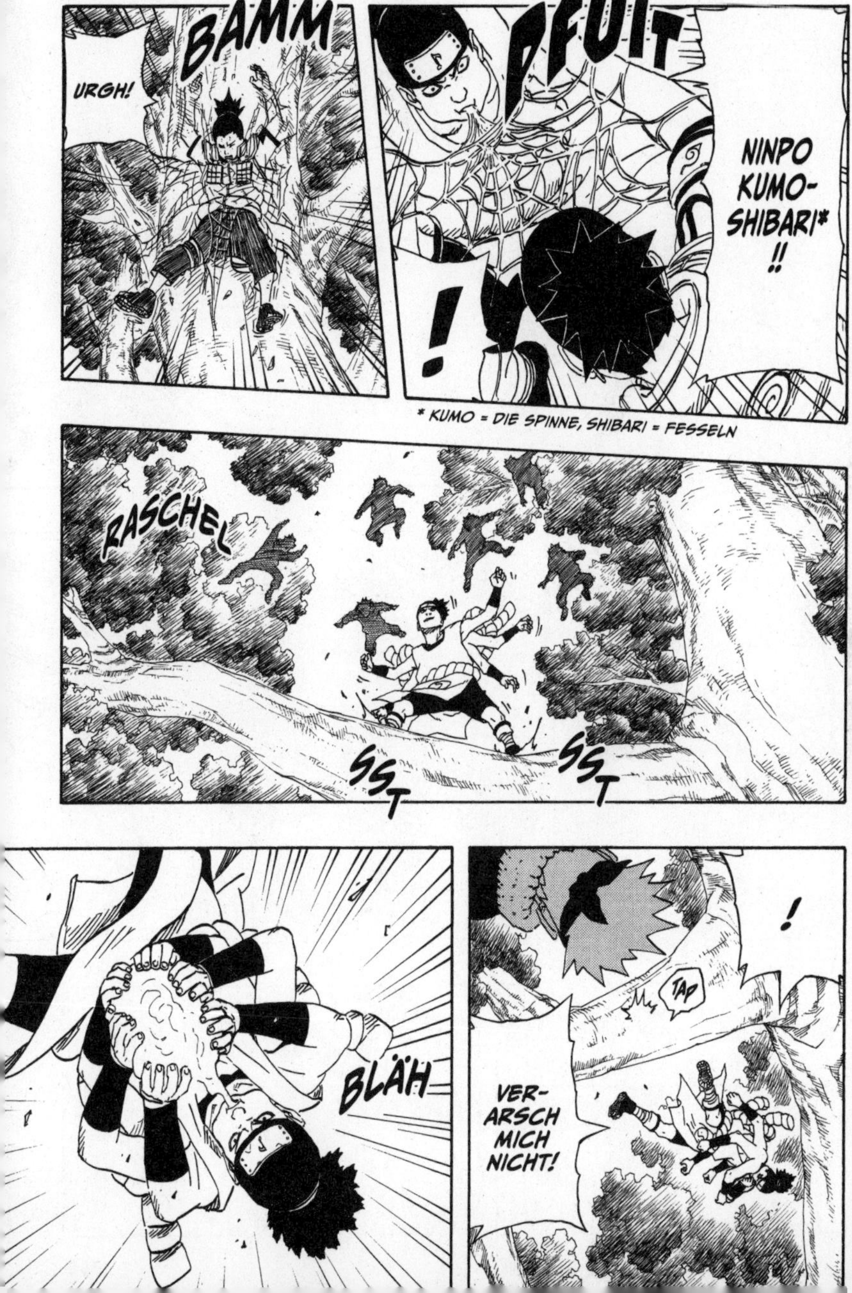

* KUMO = DIE SPINNE, SHIBARI = FESSELN

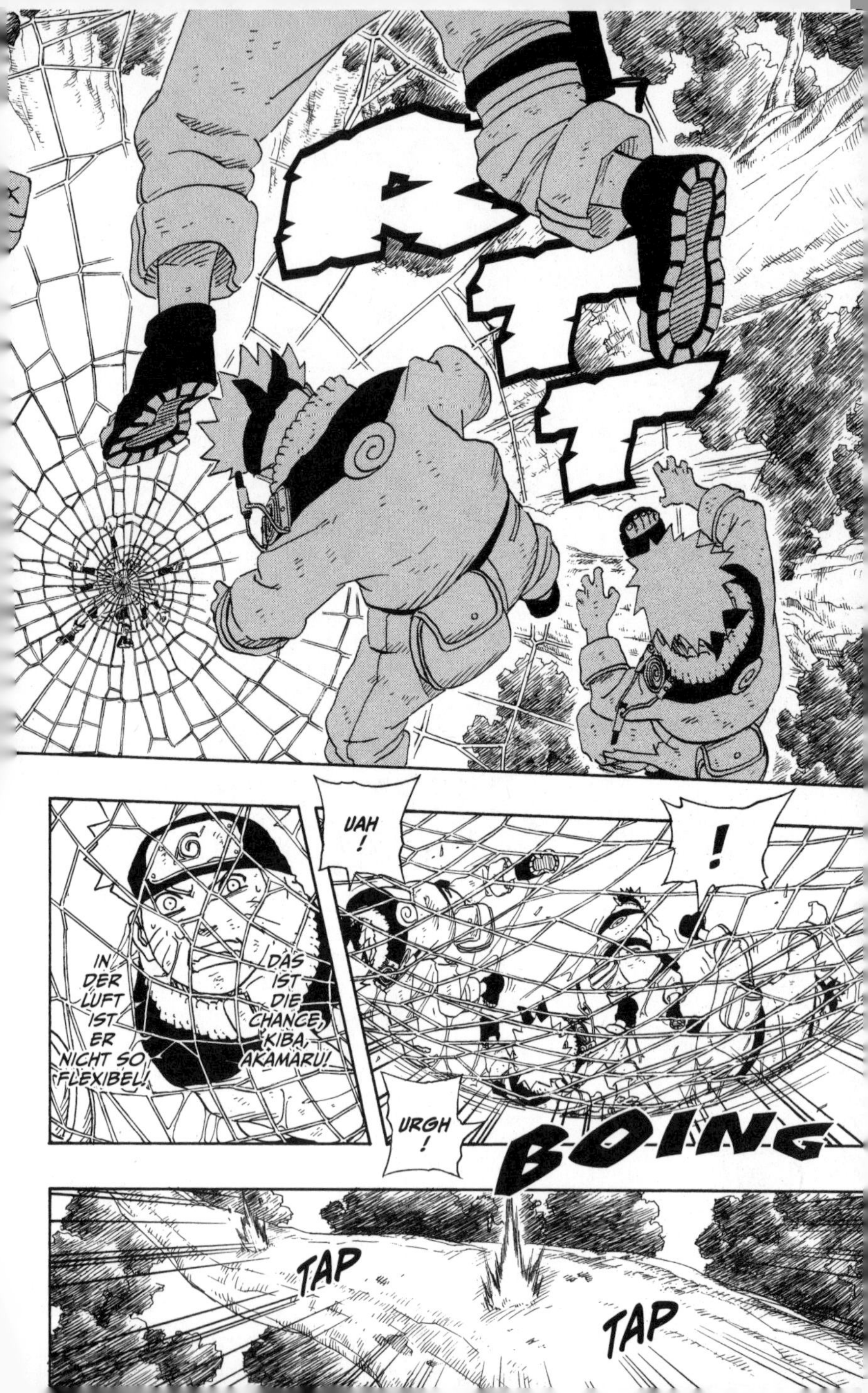
!
UAH!
URGH!
BOING
DAS IST DIE CHANCE, KIBA, AKAMARU!
IN DER LUFT IST ER NICHT SO FLEXIBEL!
TAP
TAP

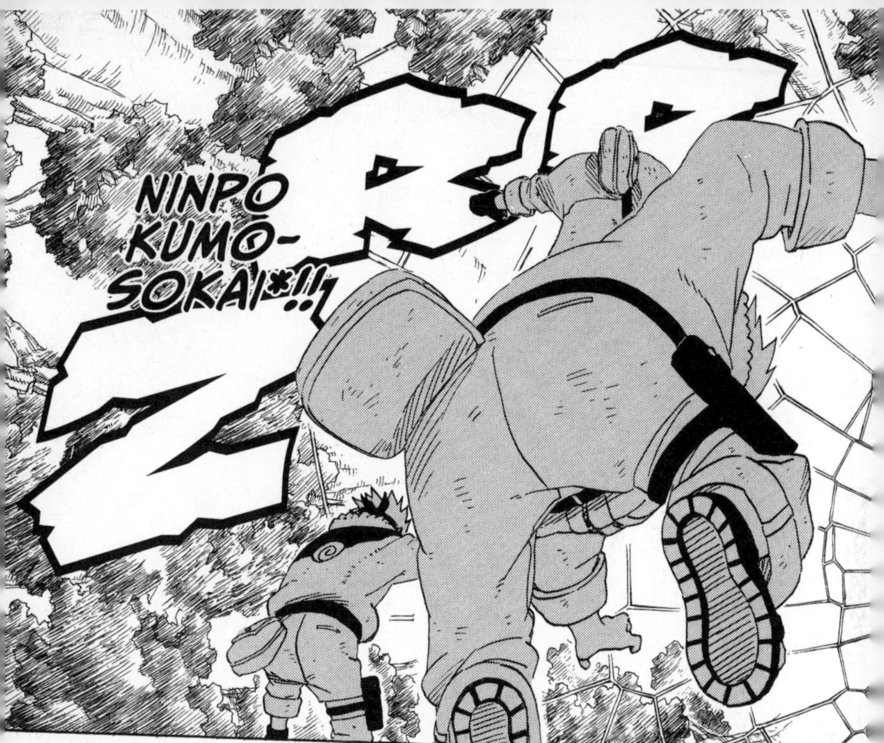

* SO = DAS NETZ, KAI = ÖFFNEN

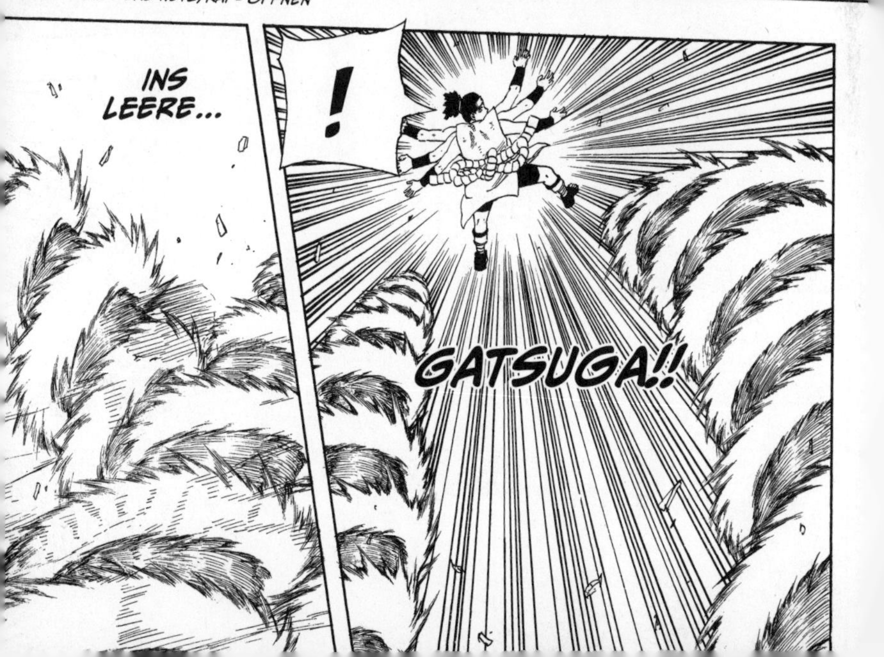

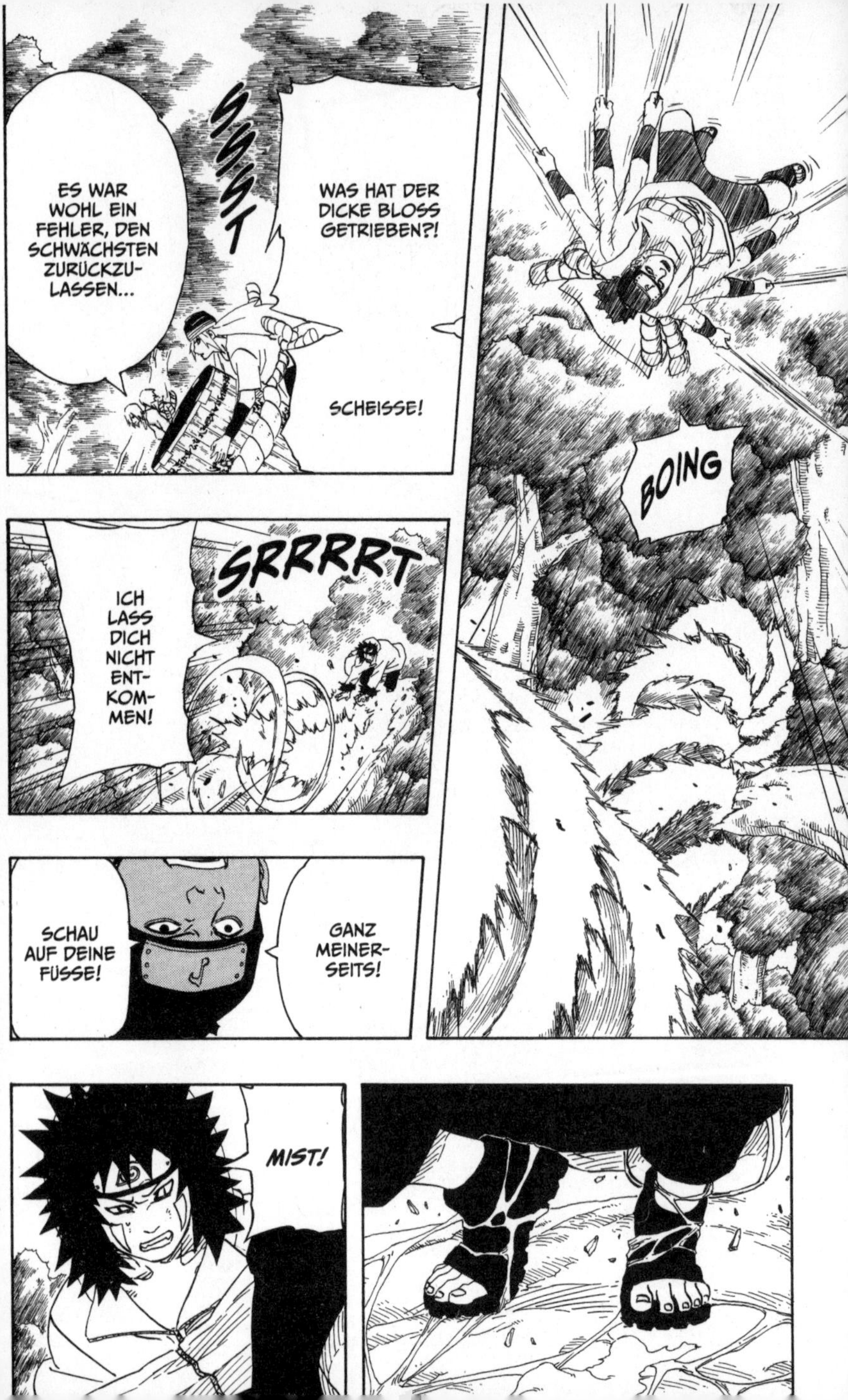

BOING
WAS HAT DER DICKE BLOSS GETRIEBEN?!
SCHEISSE!
SSSST
ES WAR WOHL EIN FEHLER, DEN SCHWÄCHSTEN ZURÜCKZU-LASSEN...
SRRRRT
ICH LASS DICH NICHT ENT-KOM-MEN!
GANZ MEINER-SEITS!
SCHAU AUF DEINE FÜSSE!
MIST!

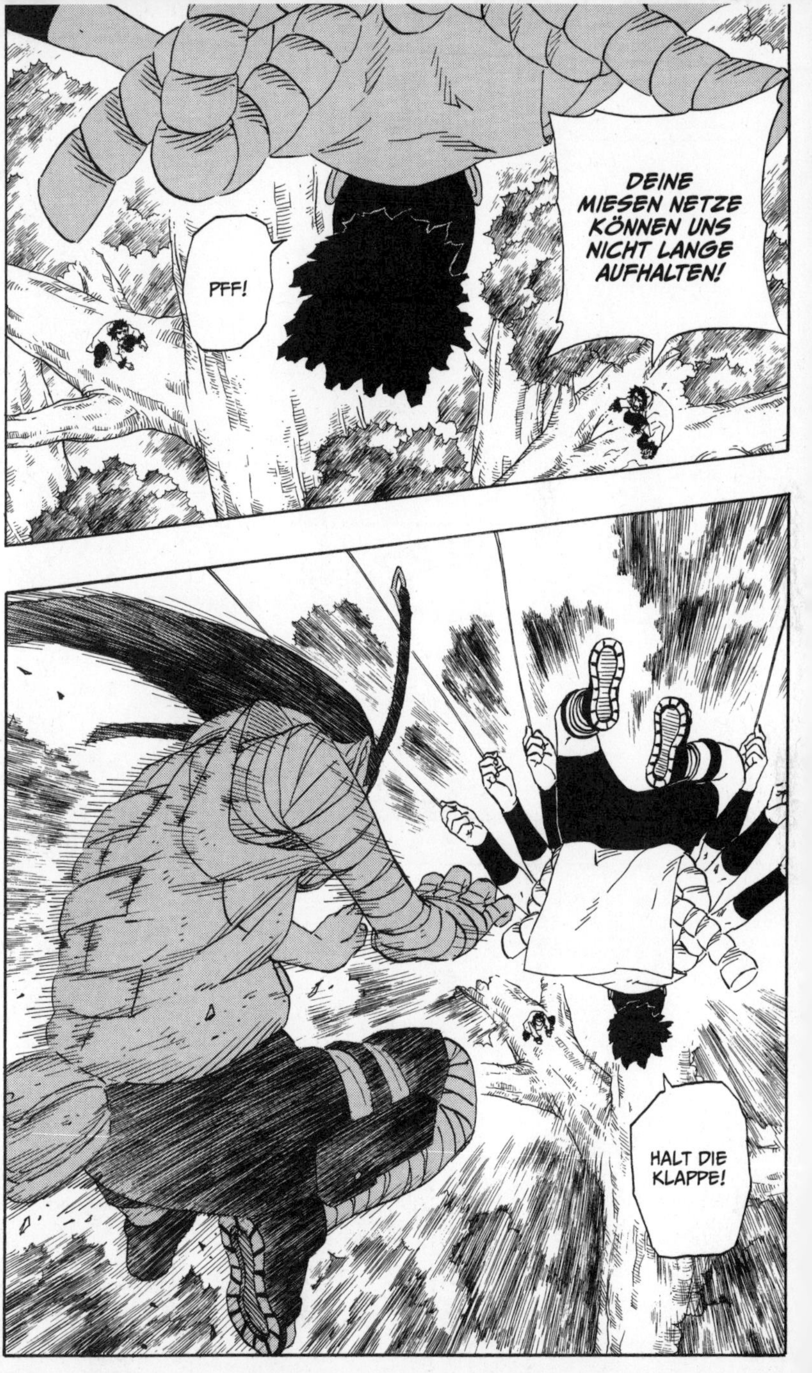
DEINE MIESEN NETZE KÖNNEN UNS NICHT LANGE AUFHALTEN!
PFF!
HALT DIE KLAPPE!

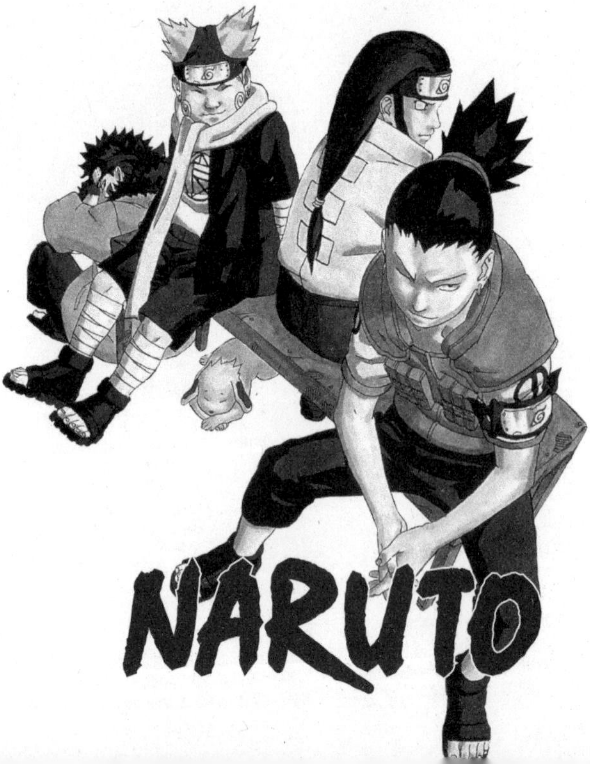
NARUTO

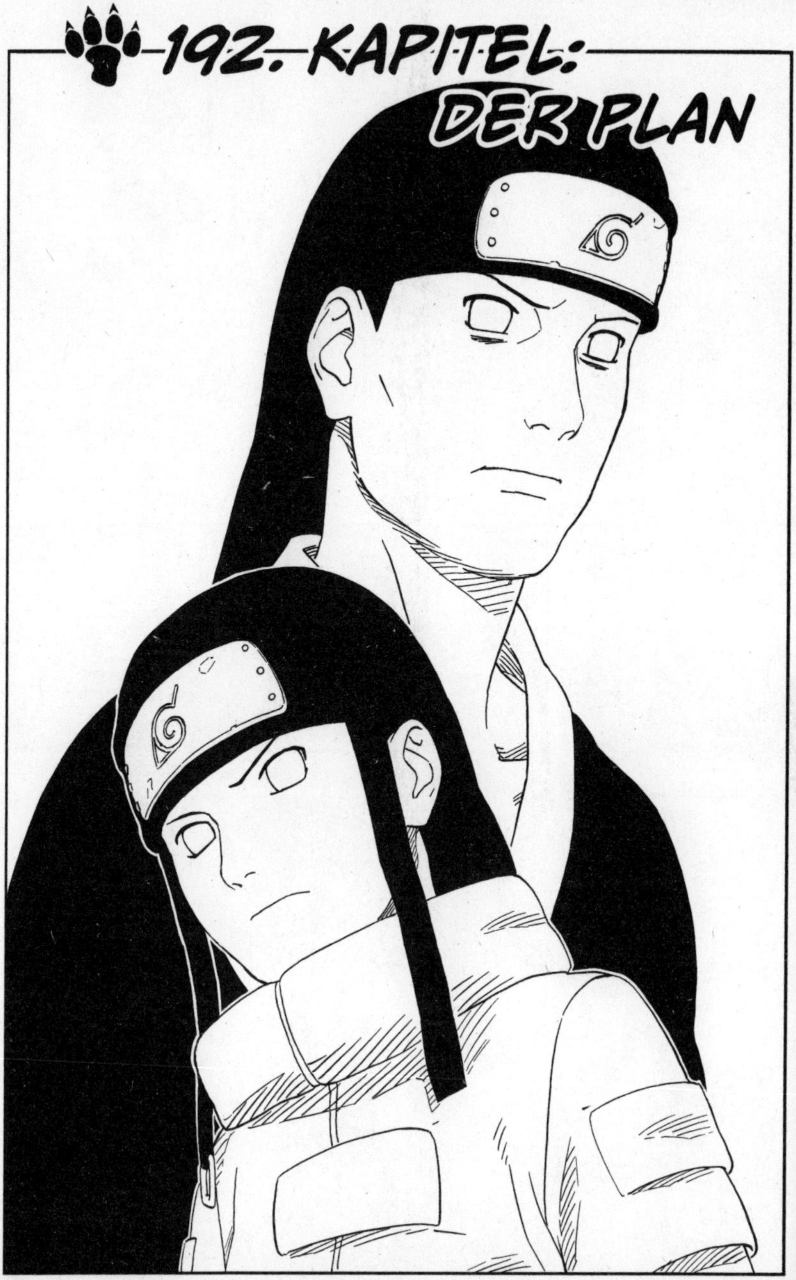
192. KAPITEL:
DER PLAN

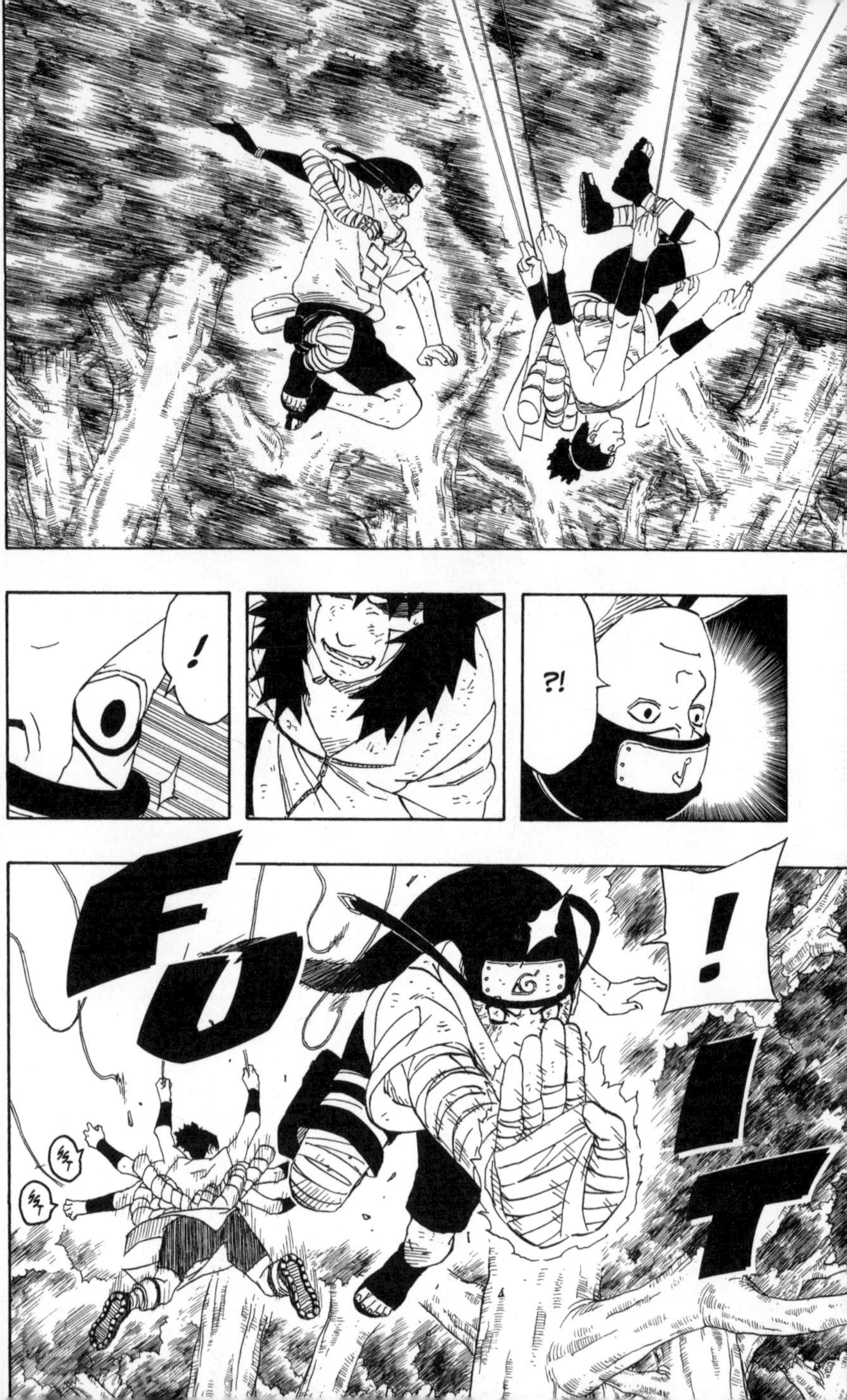
!
?!
FUIT
!

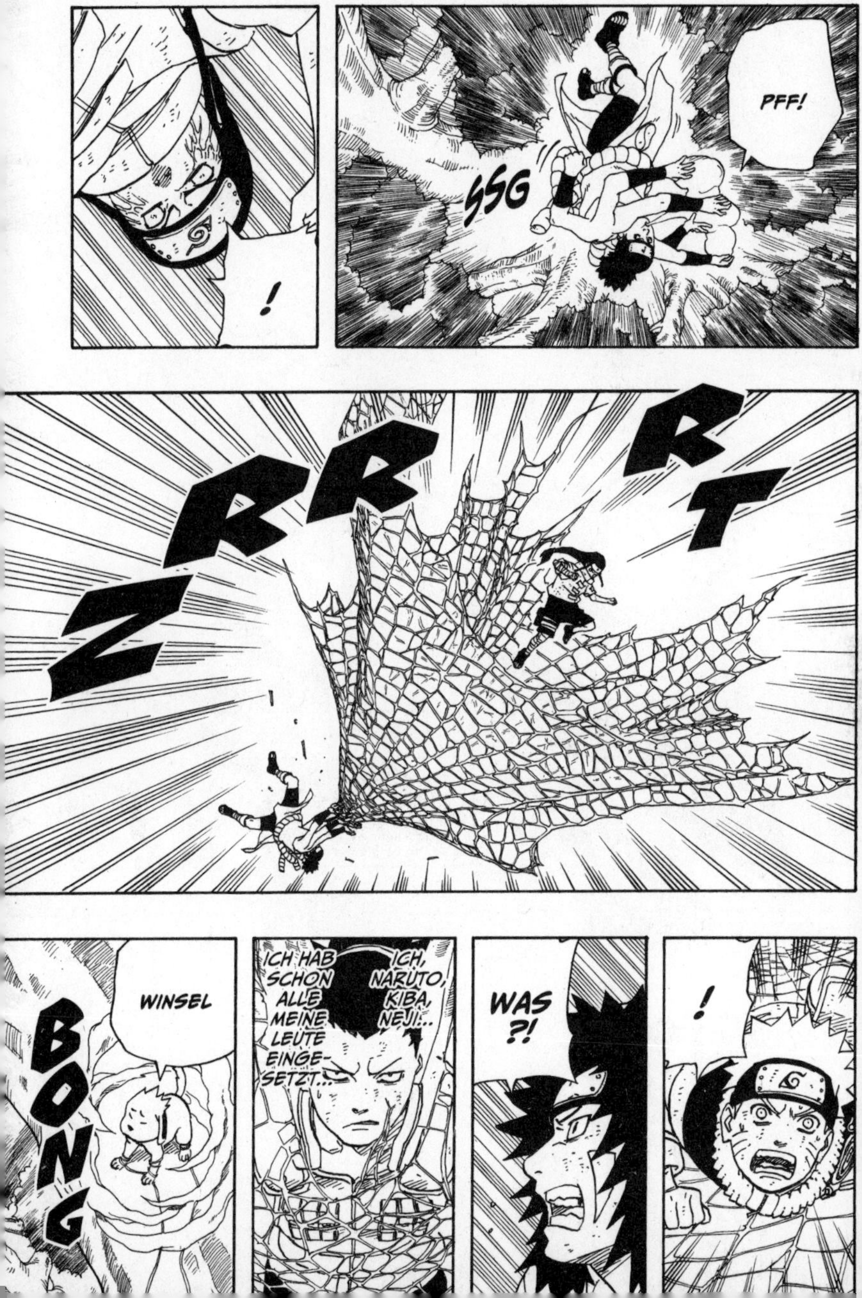
PFF!
SSG
!
ZRRRT
!
WAS ?!
ICH, NARUTO, KIBA, NEJI...
ICH HAB SCHON ALLE MEINE LEUTE EINGESETZT...
WINSEL
BONG

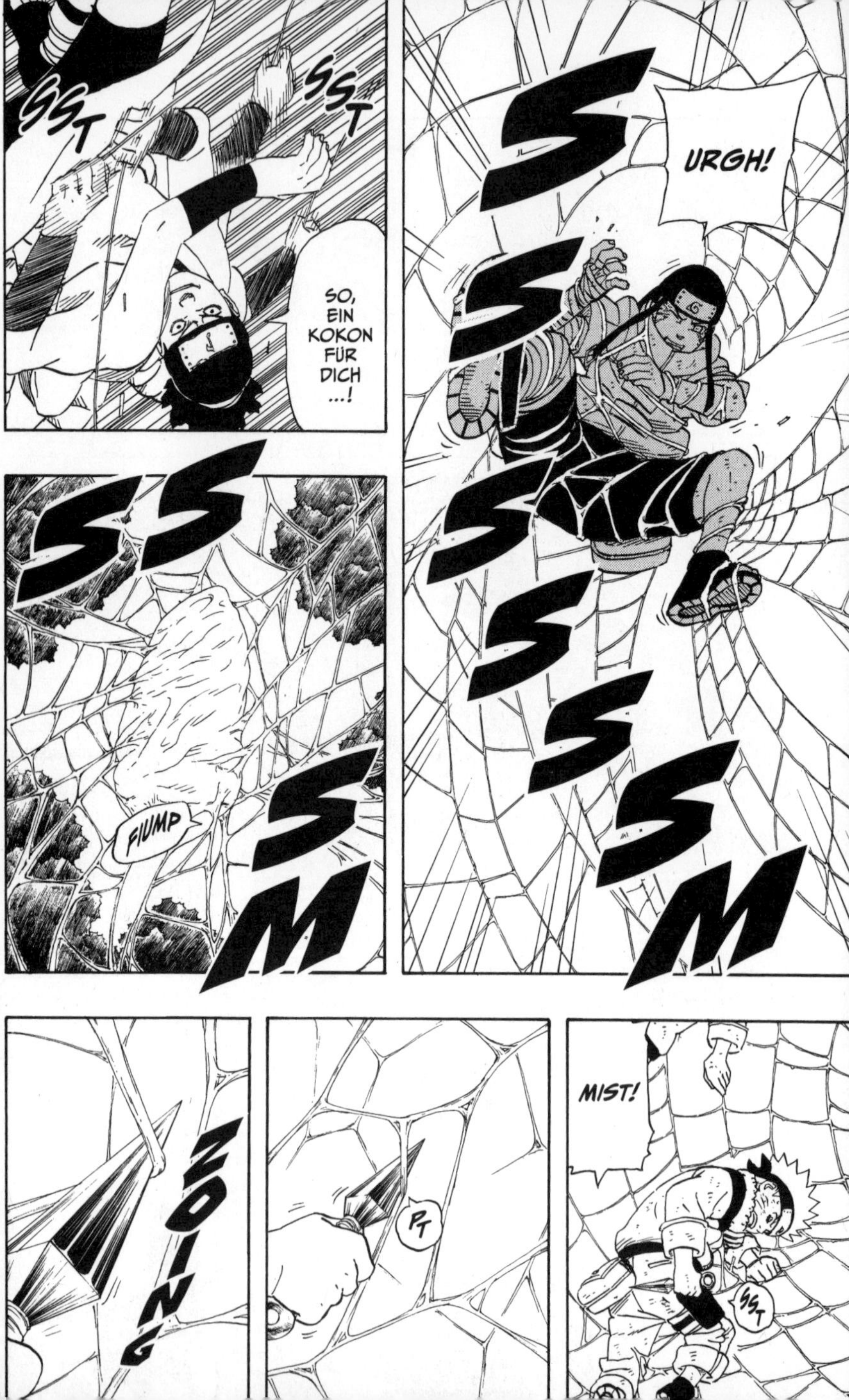

URGH!
SSSSSSM
SST
SST
SO, EIN KOKON FÜR DICH ...!
SSSM
FIUMP
MIST!
SST
PT
ZOING

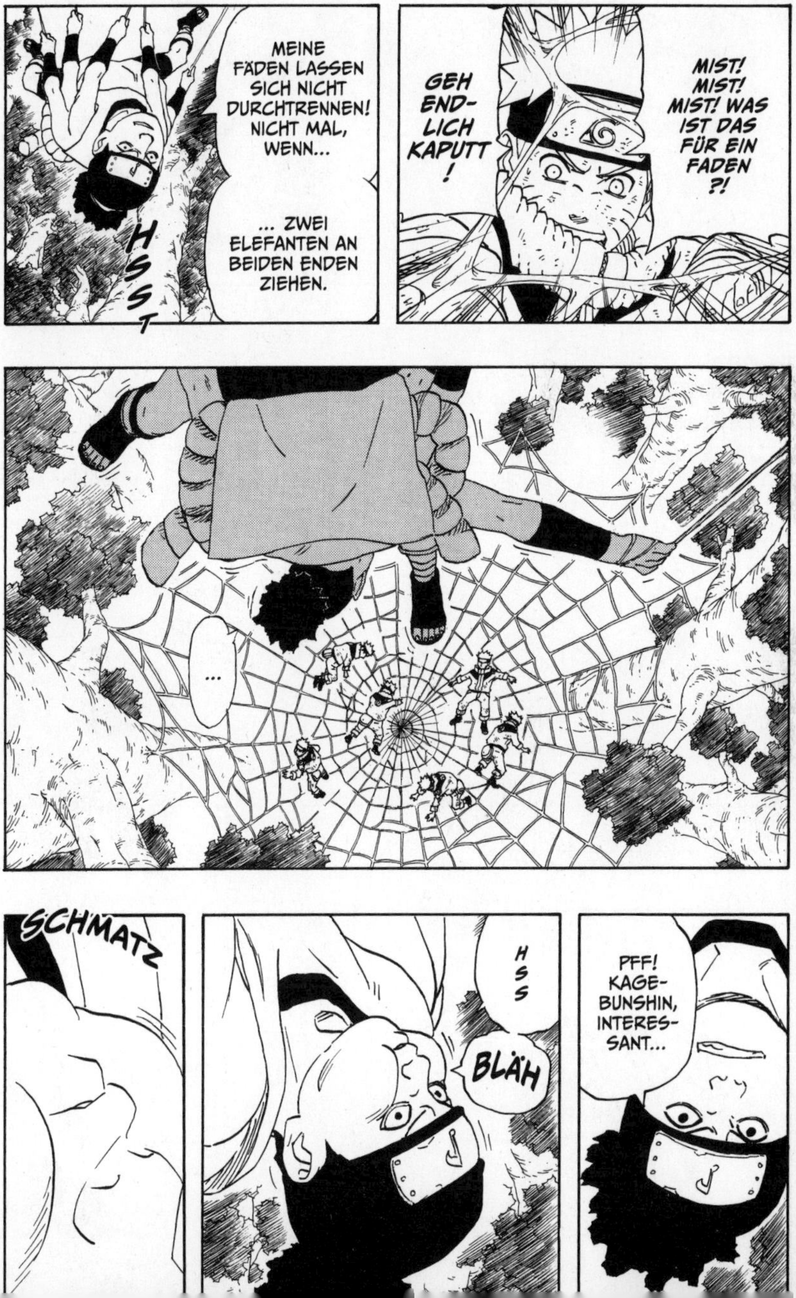
MIST! MIST! MIST! WAS IST DAS FÜR EIN FADEN ?!
GEH END-LICH KAPUTT !
MEINE FÄDEN LASSEN SICH NICHT DURCHTRENNEN! NICHT MAL, WENN...
... ZWEI ELEFANTEN AN BEIDEN ENDEN ZIEHEN.
HSSST
...
PFF! KAGE-BUNSHIN, INTERES-SANT...
HSS
BLÄH
SCHMATZ

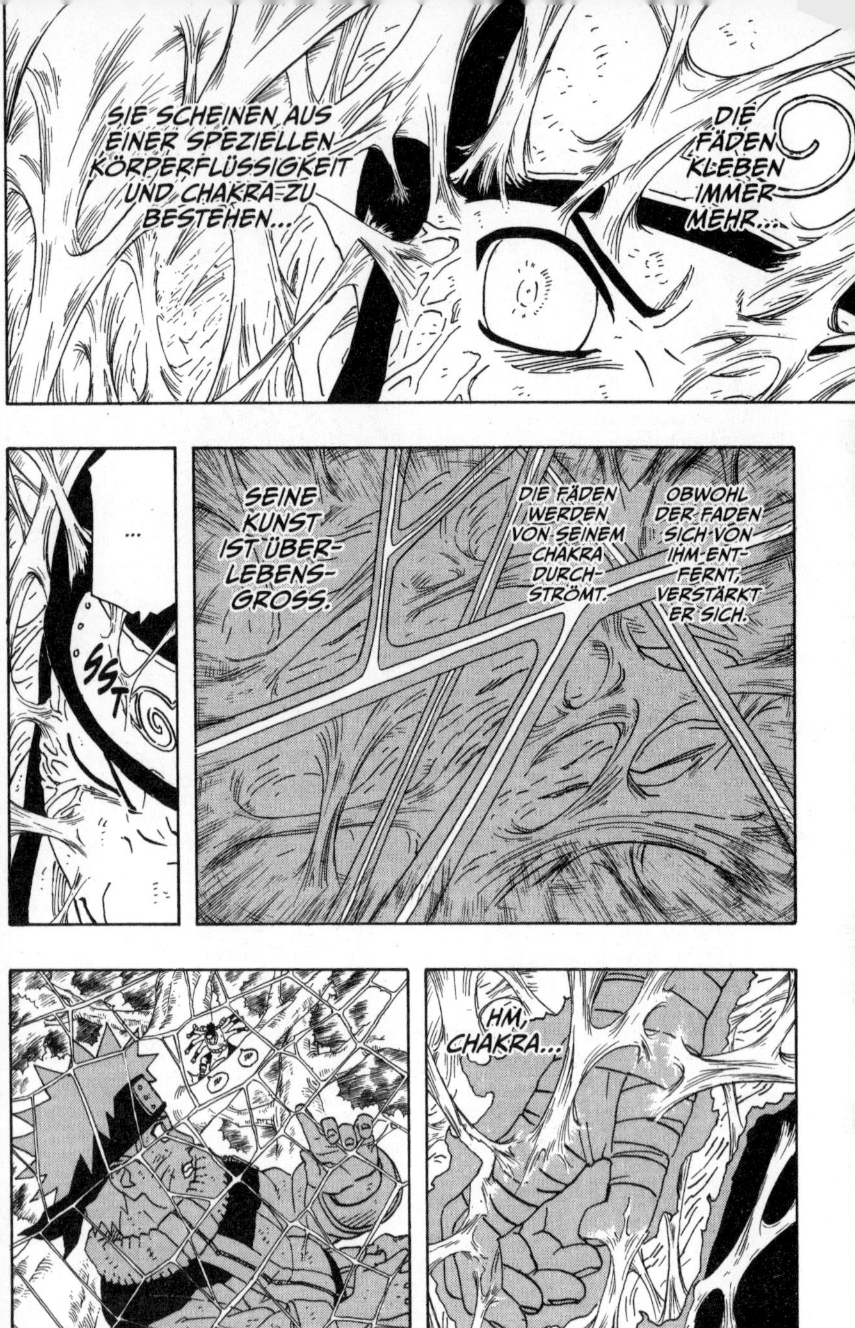
DIE FÄDEN KLEBEN IMMER MEHR...
SIE SCHEINEN AUS EINER SPEZIELLEN KÖRPERFLÜSSIGKEIT UND CHAKRA ZU BESTEHEN...
OBWOHL DER FADEN SICH VON IHM ENTFERNT, VERSTÄRKT ER SICH.
DIE FÄDEN WERDEN VON SEINEM CHAKRA DURCHSTRÖMT.
SEINE KUNST IST ÜBERLEBENSGROSS.
...
SST
HM, CHAKRA...

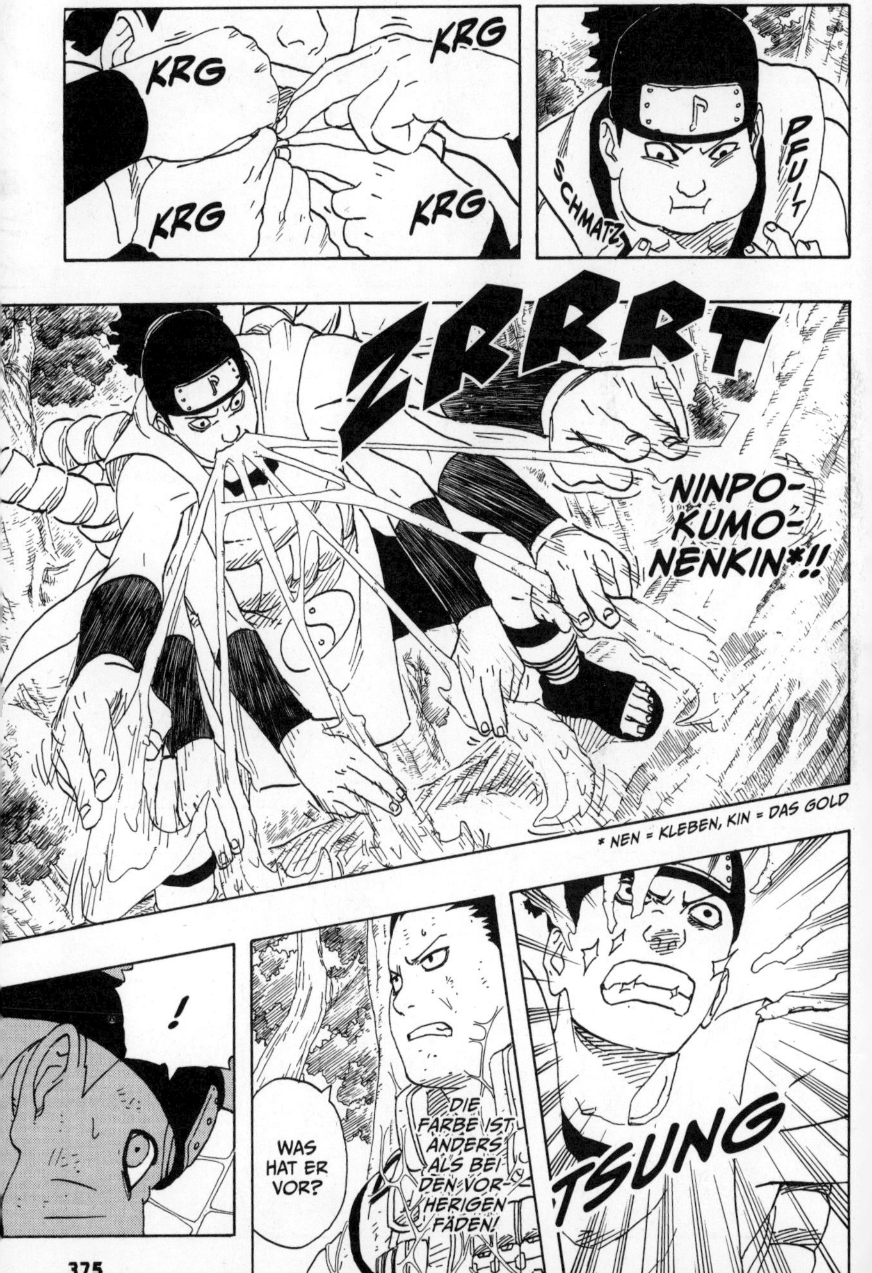
SCHMATZ
PFUIT
KRG
KRG
KRG
KRG
ZBRRT
NINPO-KUMO-NENKIN*!!
* NEN = KLEBEN, KIN = DAS GOLD
TSUNG
DIE FARBE IST ANDERS ALS BEI DEN VORHERIGEN FÄDEN!
WAS HAT ER VOR?
!

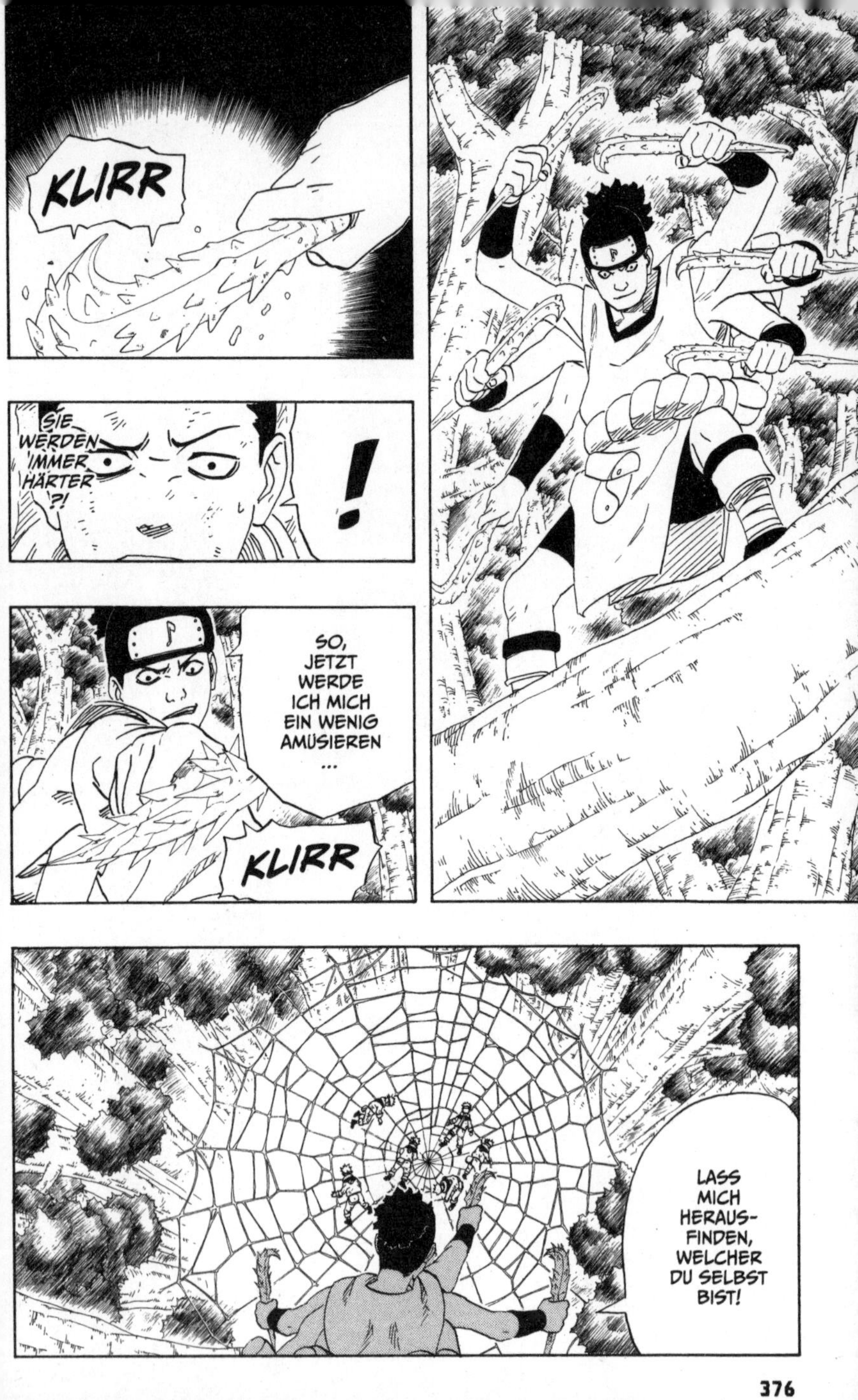
KLIRR
SIE WERDEN IMMER HÄRTER ?!
!
SO, JETZT WERDE ICH MICH EIN WENIG AMÜSIEREN ...
KLIRR
LASS MICH HERAUS-FINDEN, WELCHER DU SELBST BIST!

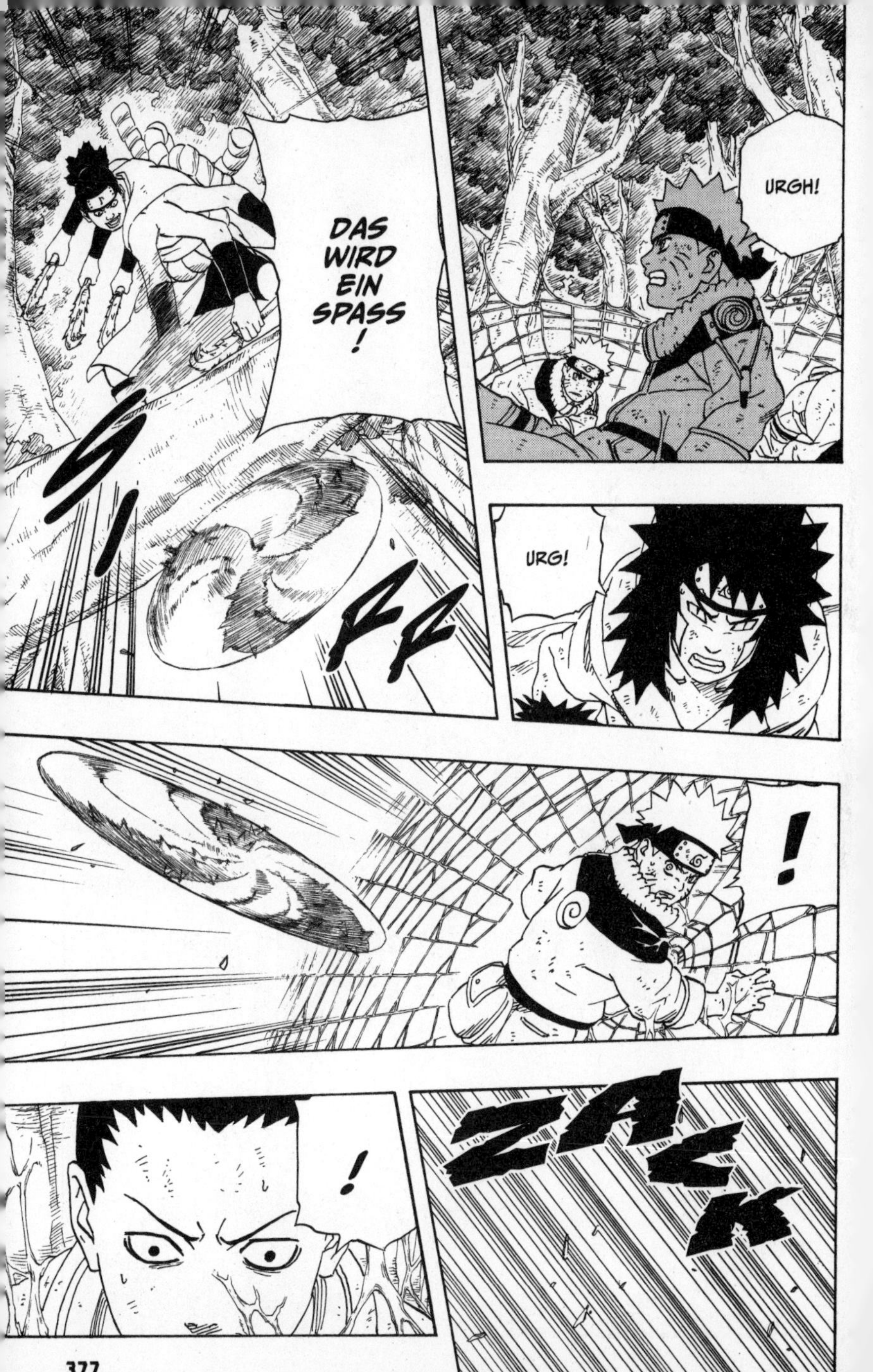

URGH!
DAS WIRD EIN SPASS!
URG!
!
!
ZAK

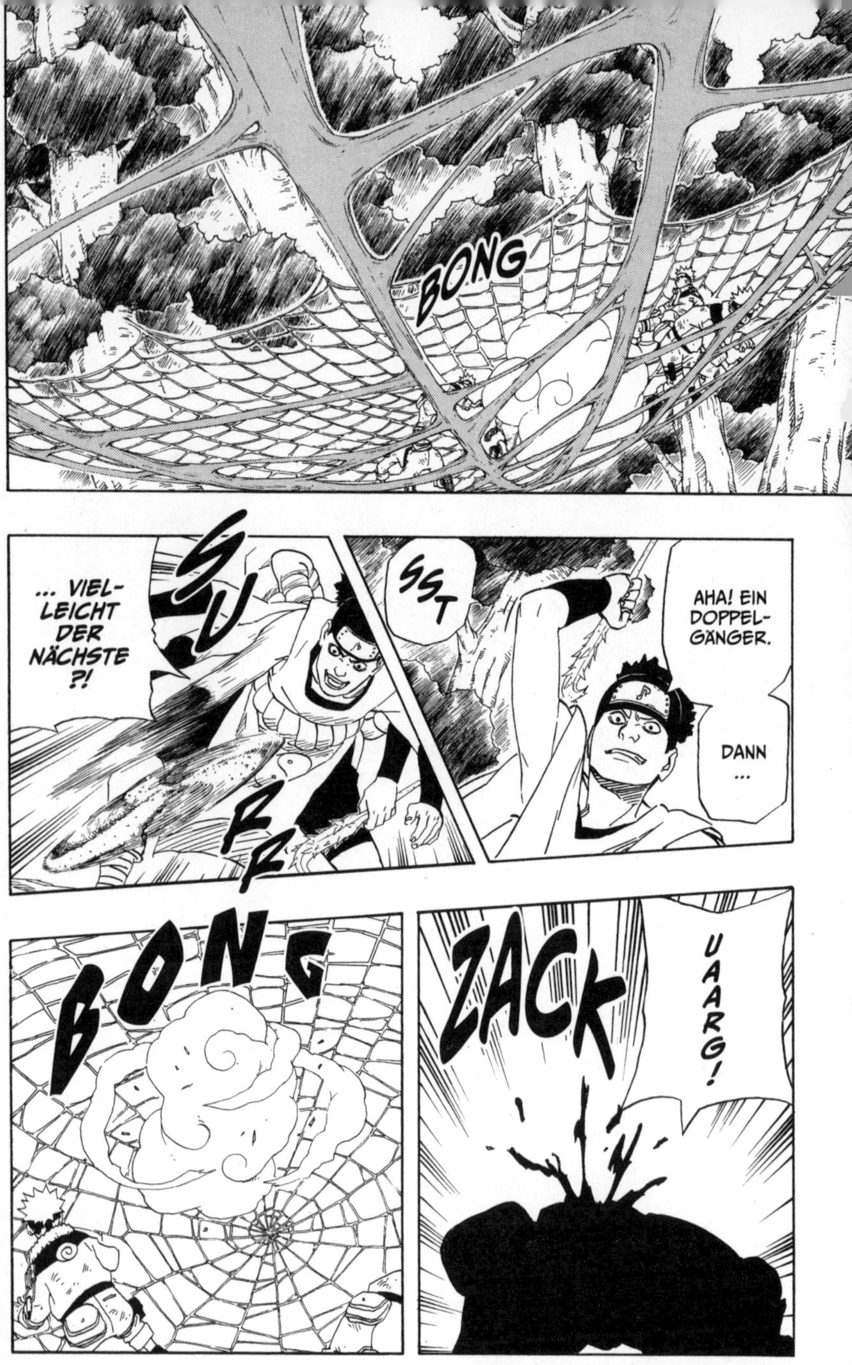
BONG
AHA! EIN DOPPEL-
GÄNGER.
DANN ...
SST
... VIEL-
LEICHT
DER
NÄCHSTE
?!
ZACK
UAARG!
BONG

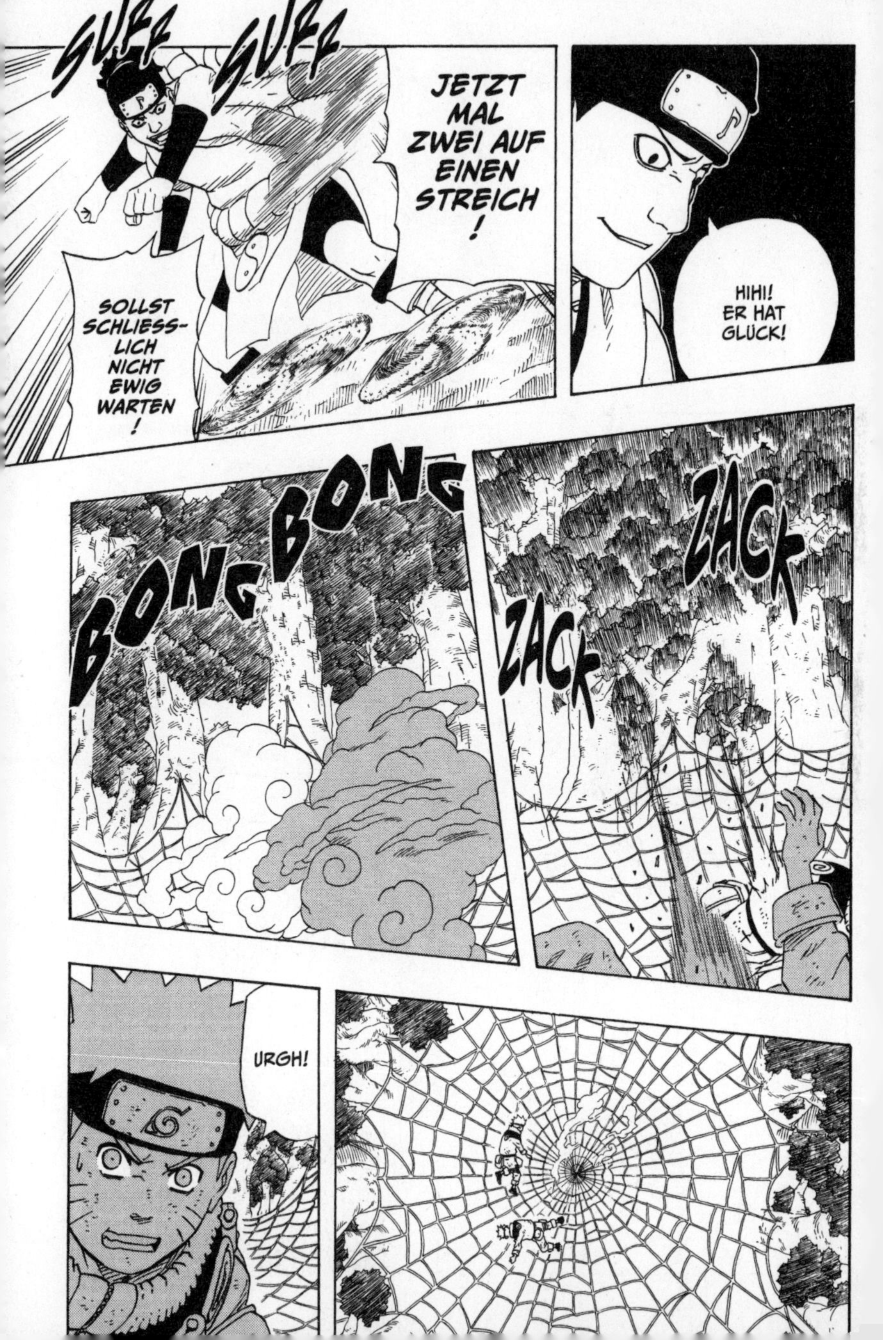
HIHI! ER HAT GLÜCK!
SUFF SUFF
JETZT MAL ZWEI AUF EINEN STREICH!
SOLLST SCHLIESS-LICH NICHT EWIG WARTEN!
ZACK ZACK
BONG BONG BONG
URGH!

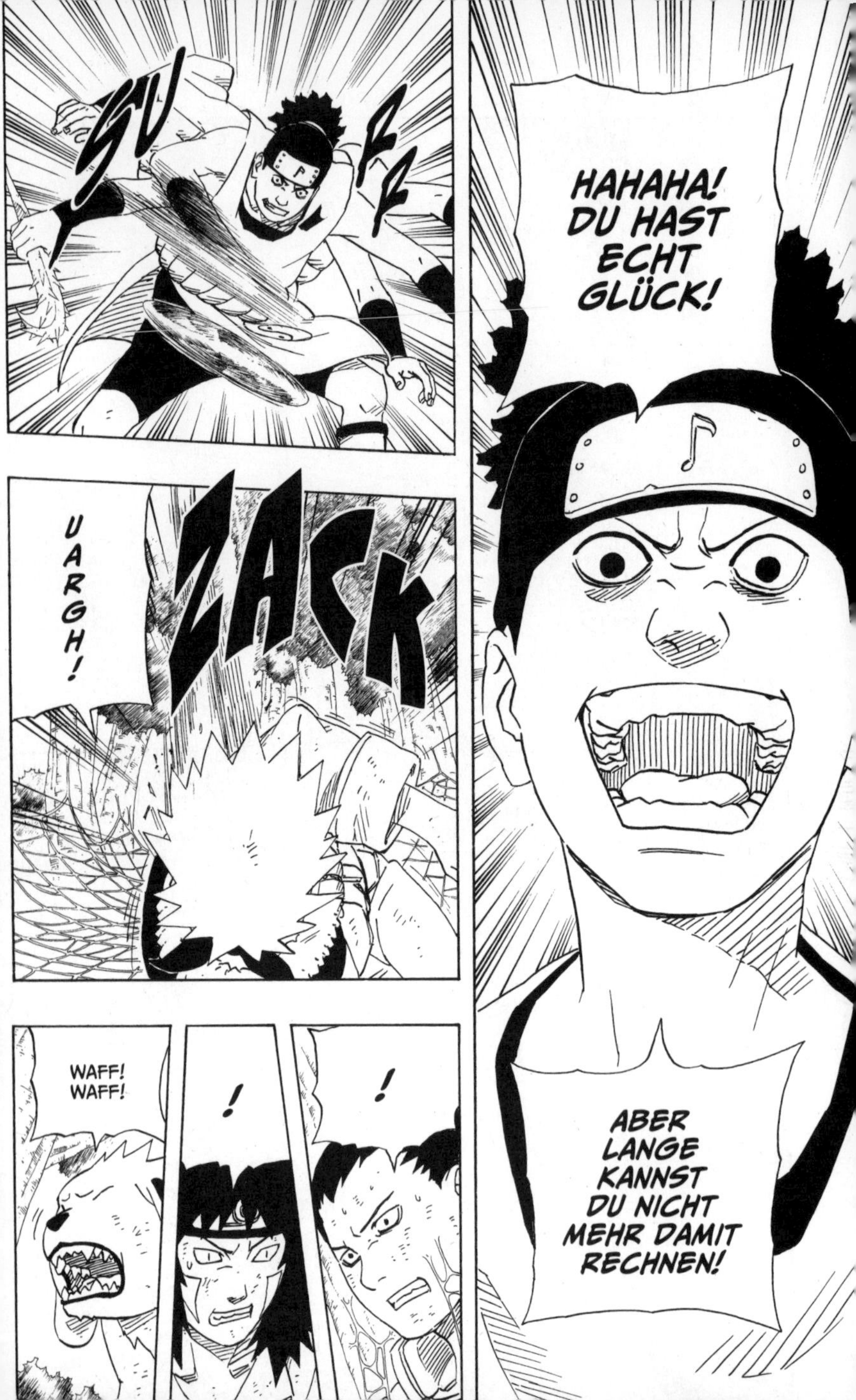
HAHAHA! DU HAST ECHT GLÜCK!
ABER LANGE KANNST DU NICHT MEHR DAMIT RECHNEN!
SU
ZACK
UARGH!
!
!
WAFF! WAFF!

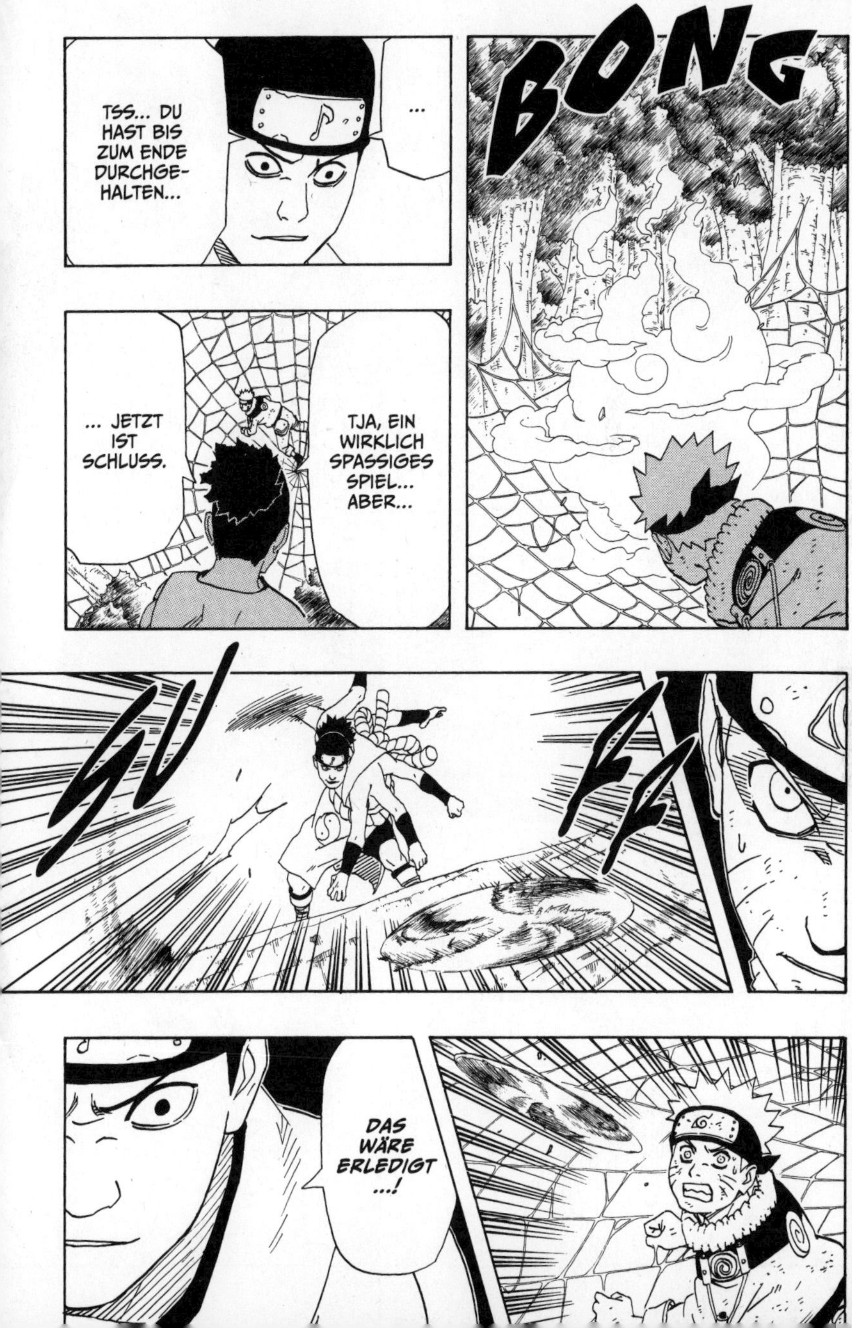
BONG
...
TSS... DU HAST BIS ZUM ENDE DURCHGE-HALTEN...
TJA, EIN WIRKLICH SPASSIGES SPIEL... ABER...
... JETZT IST SCHLUSS.
SU
DAS WÄRE ERLEDIGT ...!

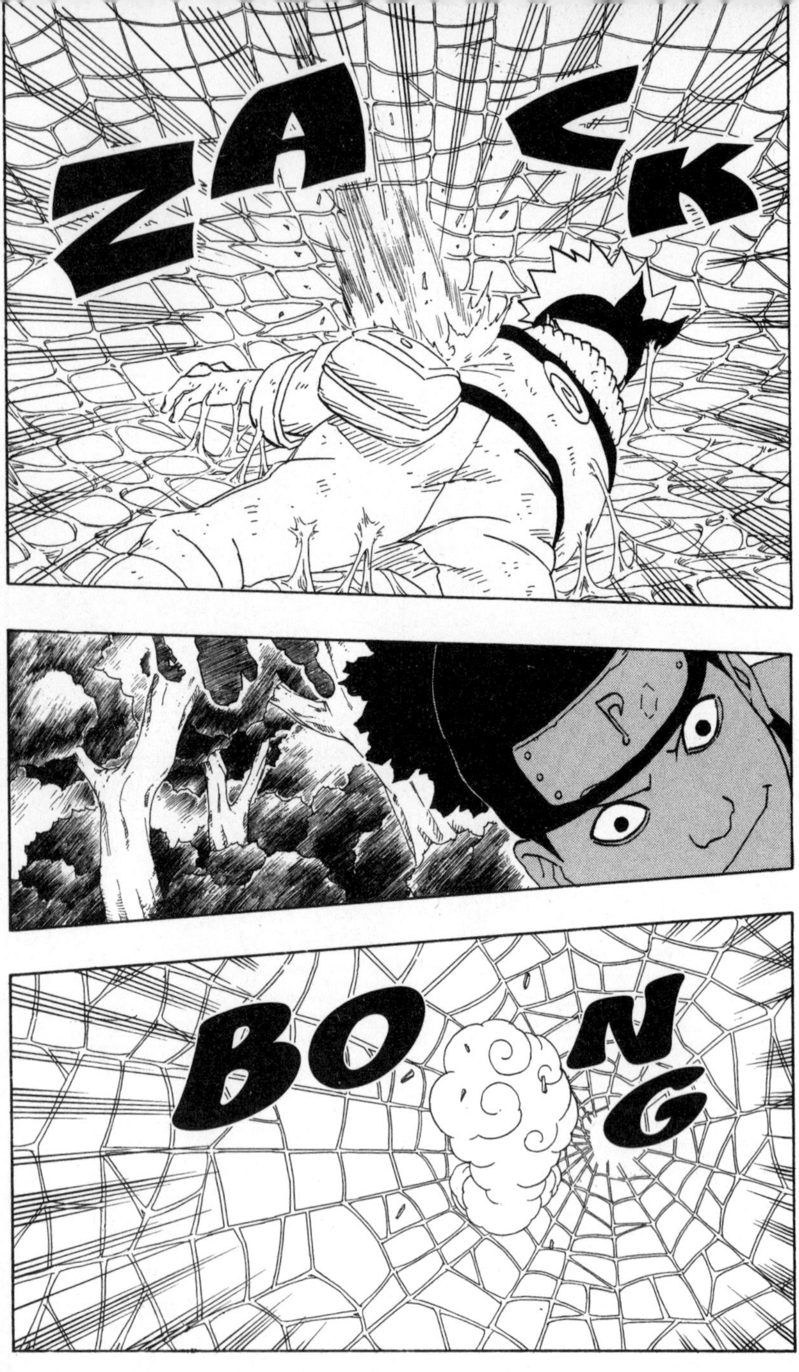
ZACK
BO NG

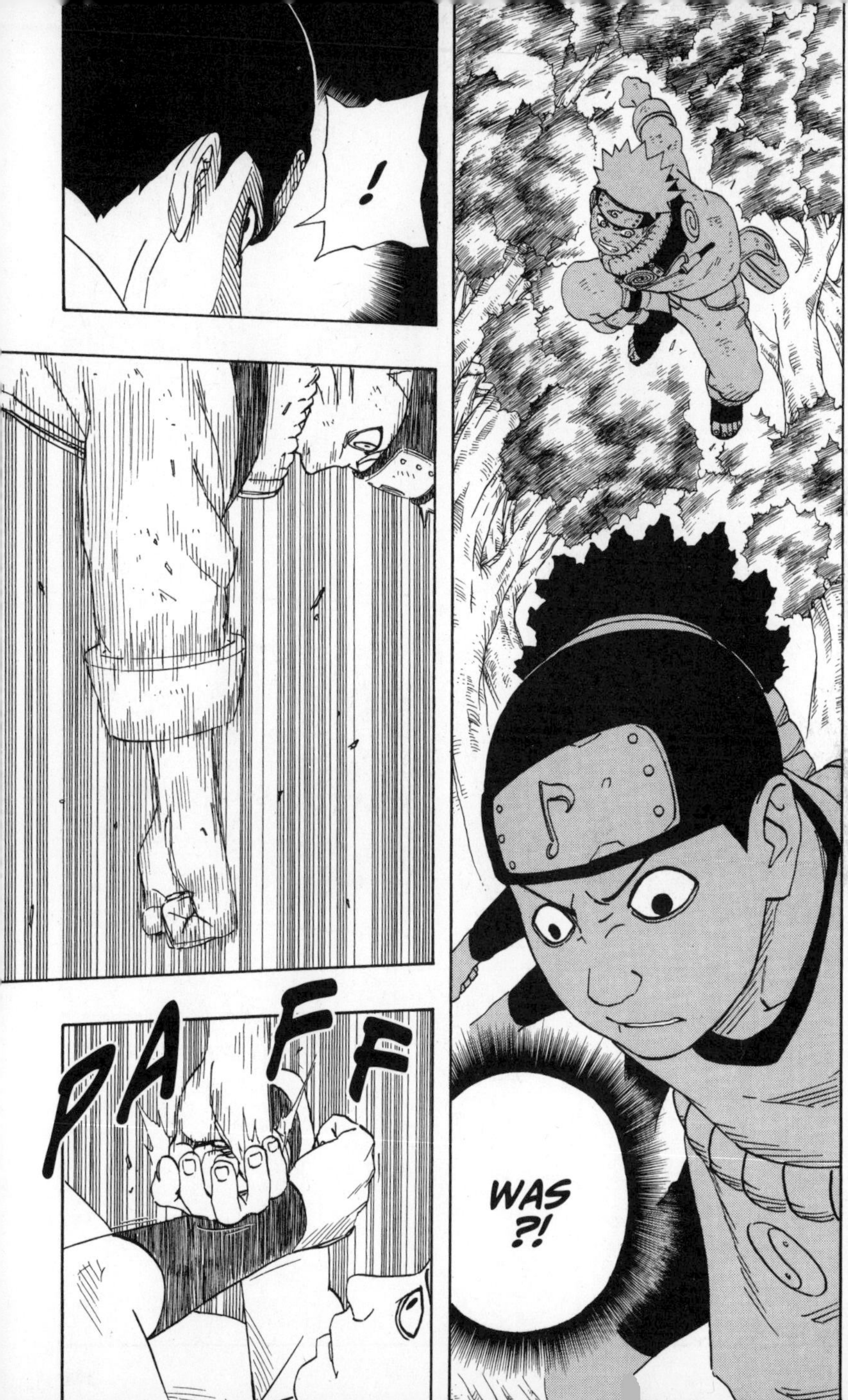
WAS ?!
!
PAFF

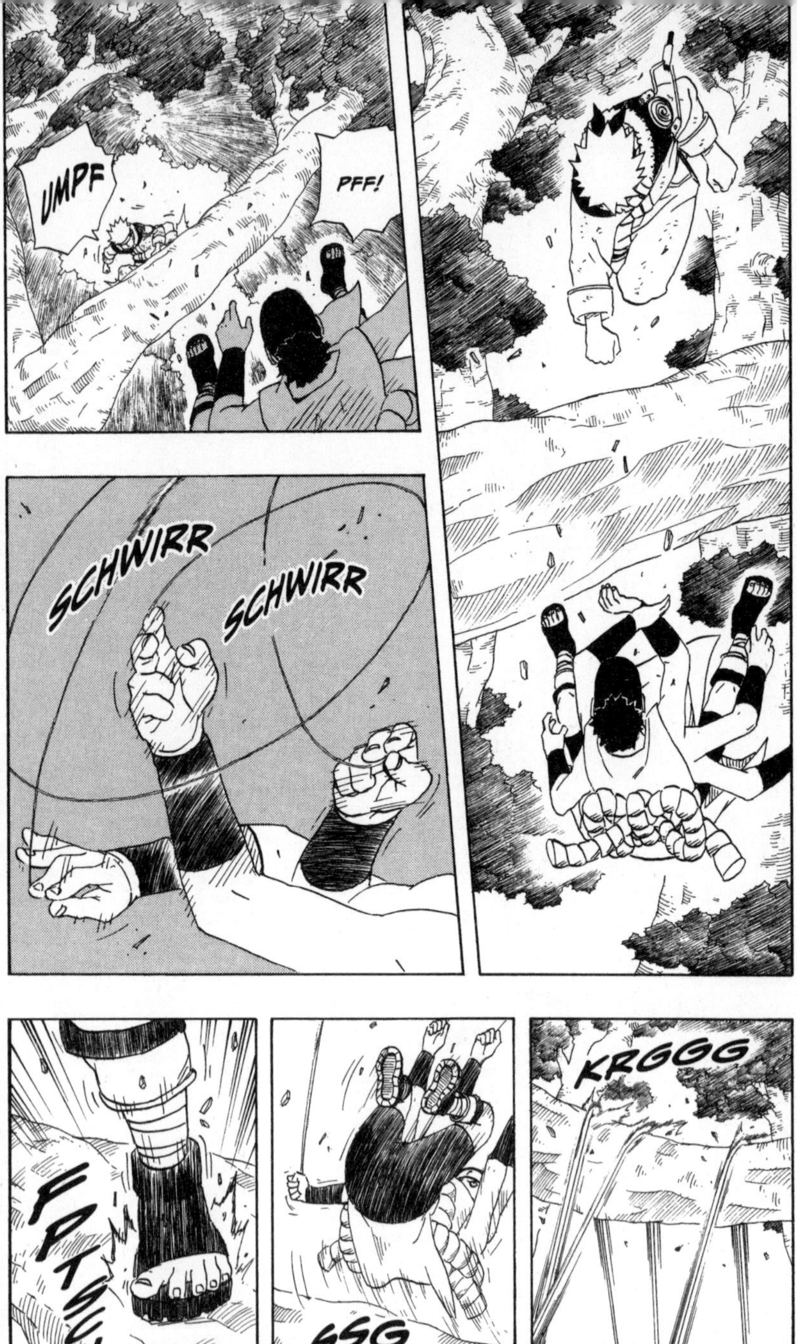
UMPF
PFF!
SCHWIRR
SCHWIRR
KRGGG
SSG
FPTSCH

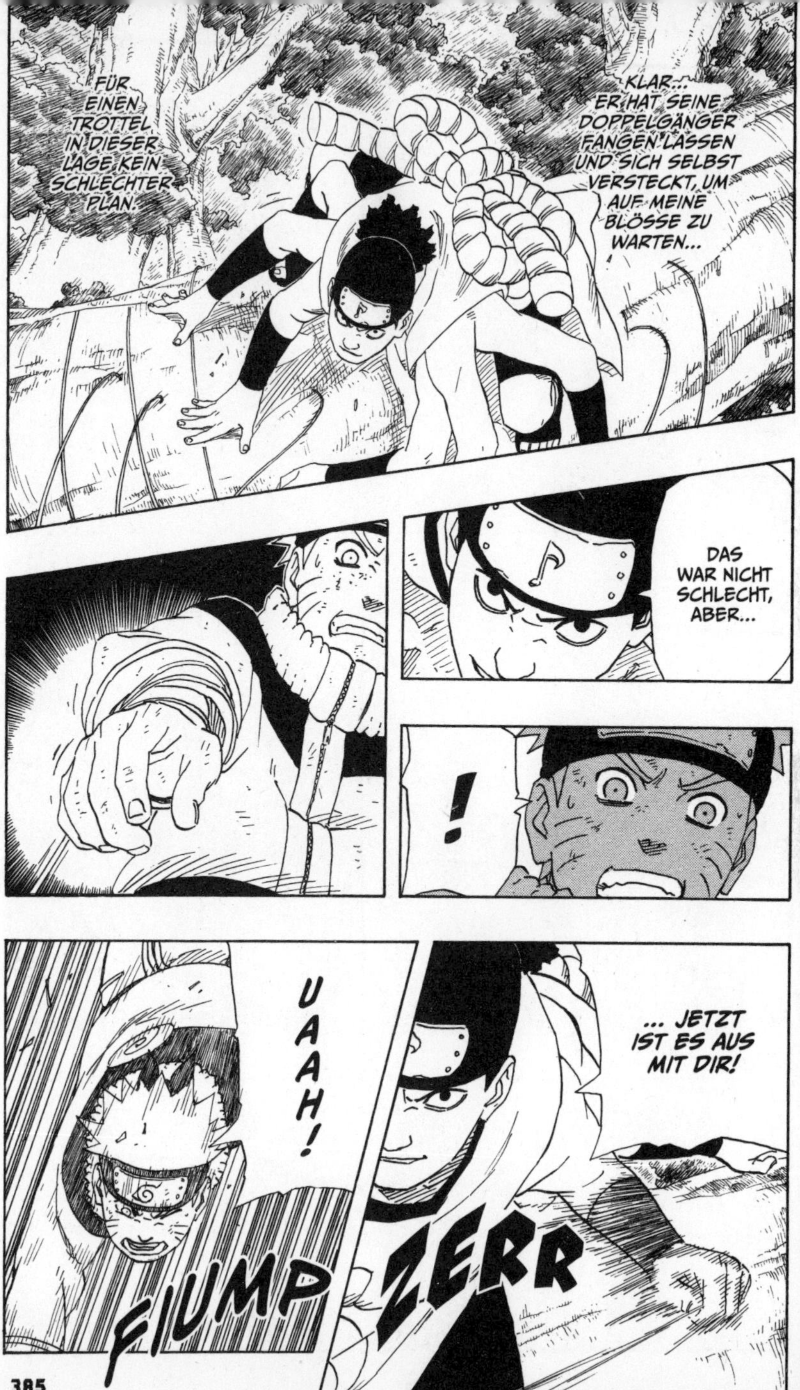
KLAR... ER HAT SEINE DOPPELGÄNGER FANGEN LASSEN UND SICH SELBST VERSTECKT, UM AUF MEINE BLÖSSE ZU WARTEN...
FÜR EINEN TROTTEL IN DIESER LAGE KEIN SCHLECHTER PLAN.
DAS WAR NICHT SCHLECHT, ABER...
!
... JETZT IST ES AUS MIT DIR!
UAAAH!
ZERR
FLUMP

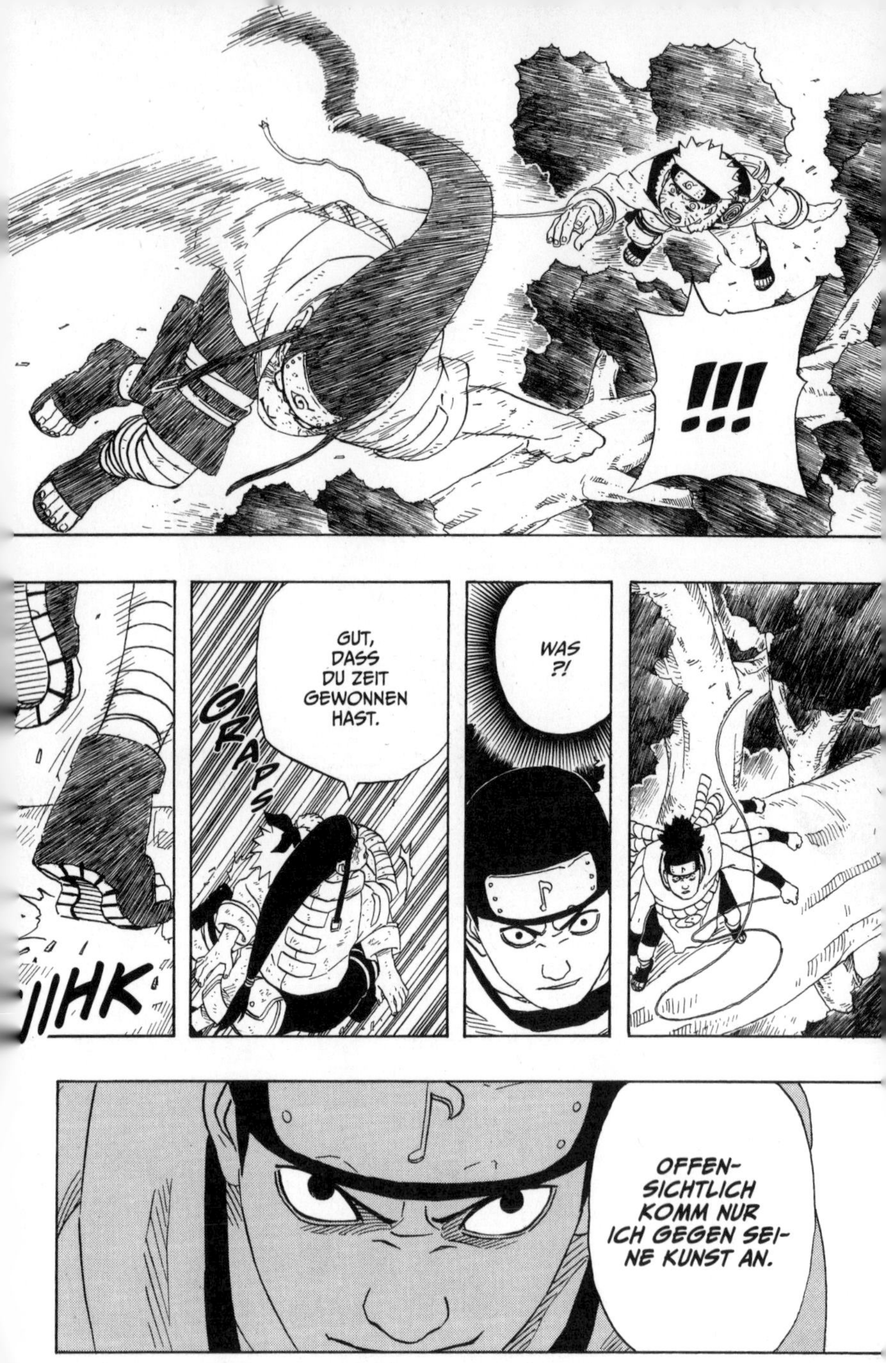
!!!
WAS ?!
GUT, DASS DU ZEIT GEWONNEN HAST.
GRAPS
IIHK
OFFEN-SICHTLICH KOMM NUR ICH GEGEN SEI-NE KUNST AN.

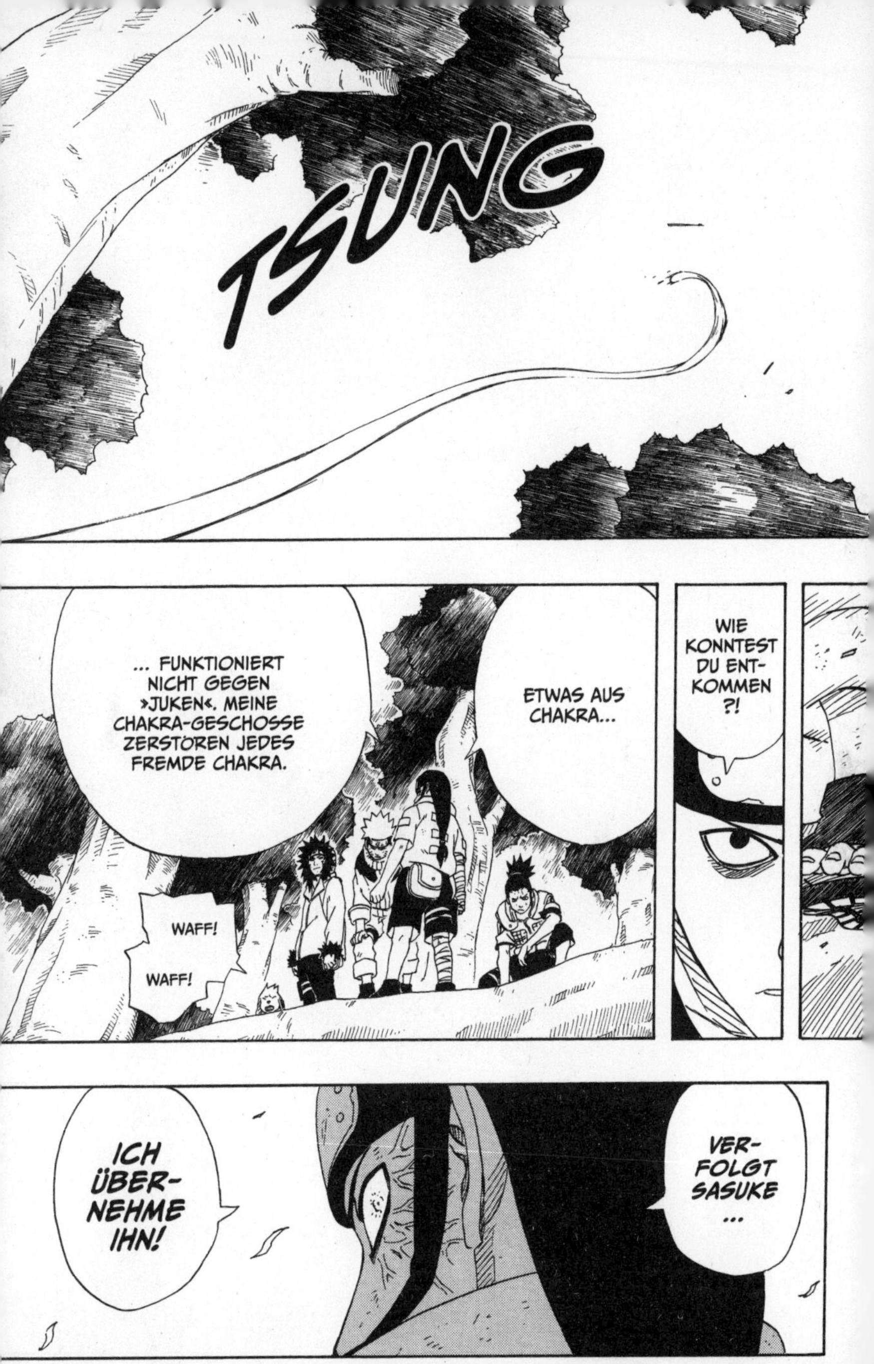
TSUNG
WIE KONNTEST DU ENT-KOMMEN ?!
ETWAS AUS CHAKRA...
... FUNKTIONIERT NICHT GEGEN »JUKEN«. MEINE CHAKRA-GESCHOSSE ZERSTÖREN JEDES FREMDE CHAKRA.
WAFF!
WAFF!
VER-FOLGT SASUKE ...
ICH ÜBER-NEHME IHN!

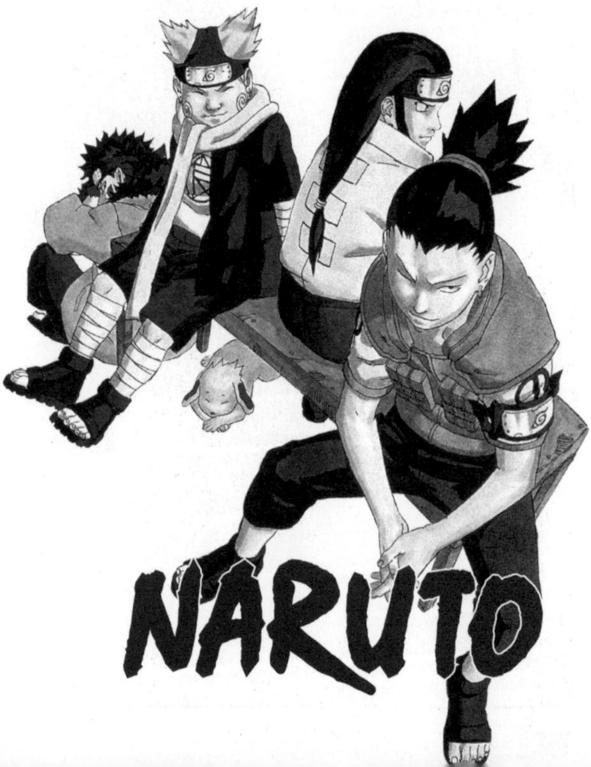
NARUTO

193. Kapitel: Das Ende des Spiels

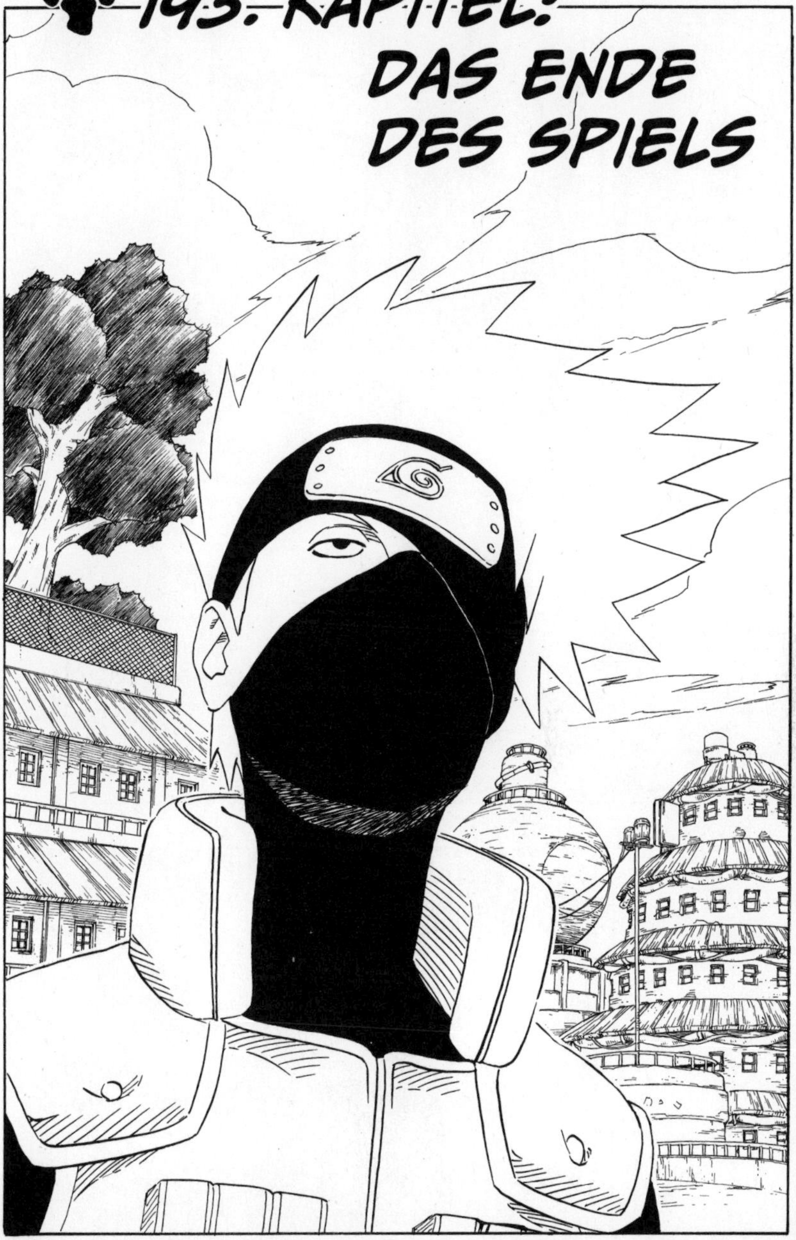

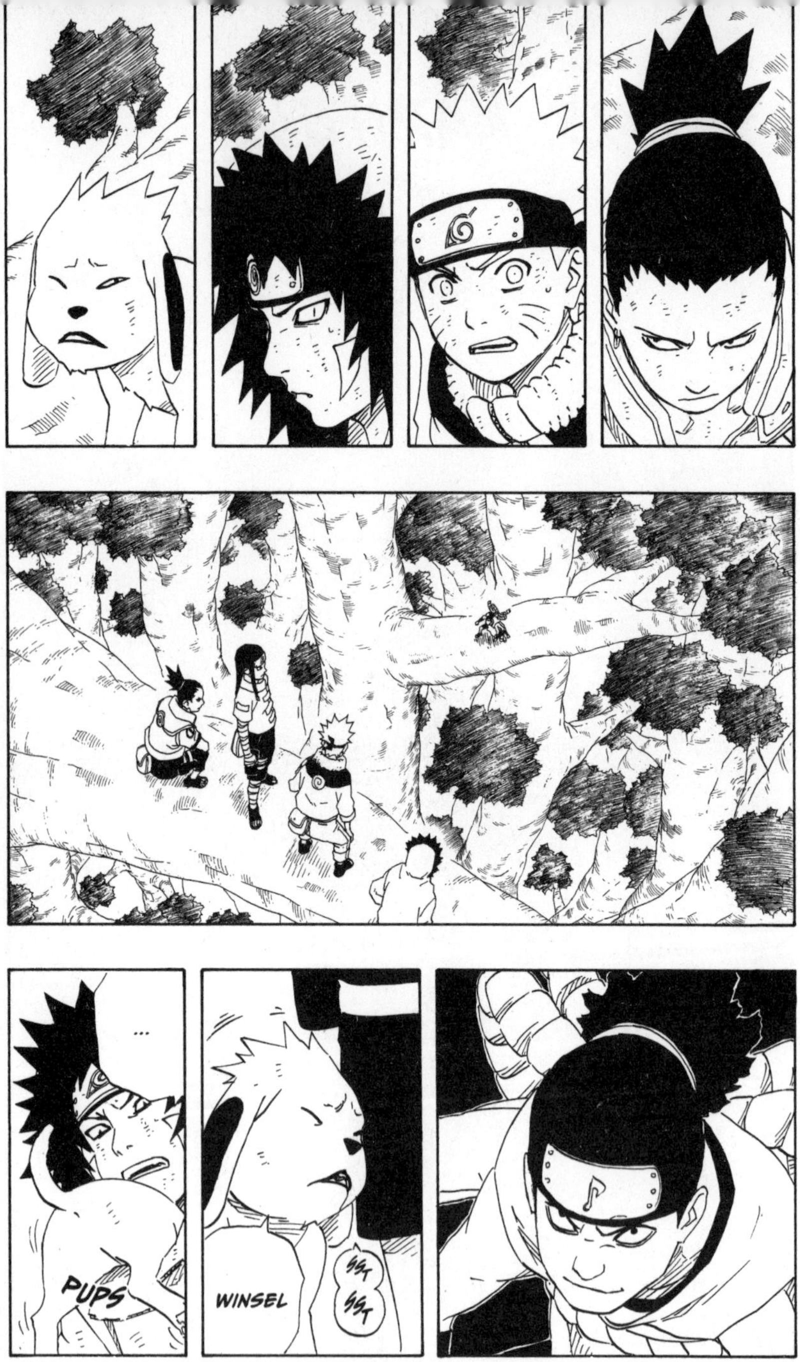
...
PUPS
WINSEL
SST
SST

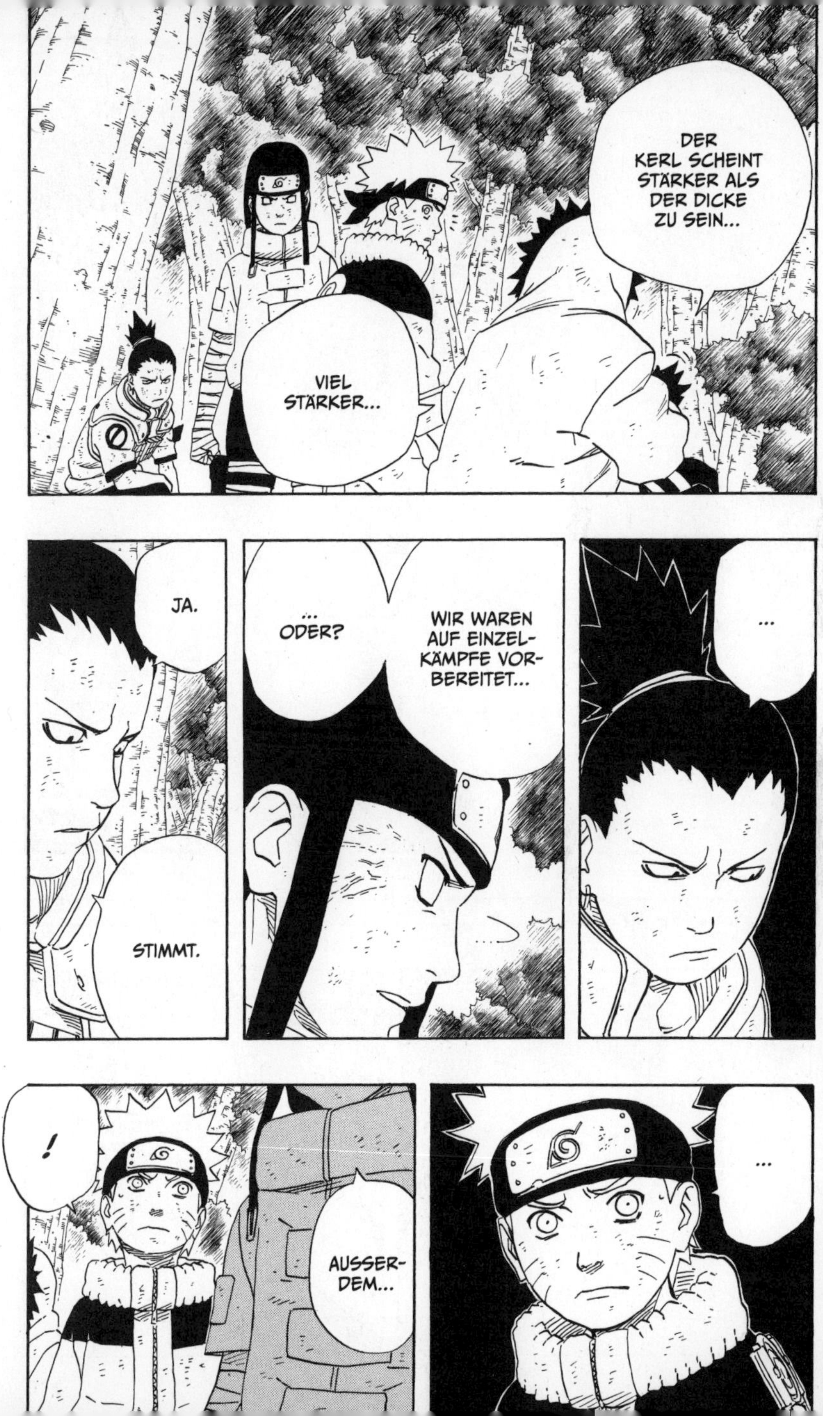
DER KERL SCHEINT STÄRKER ALS DER DICKE ZU SEIN...
VIEL STÄRKER...
...
WIR WAREN AUF EINZEL-KÄMPFE VOR-BEREITET...
... ODER?
JA.
STIMMT.
...
!
AUSSER-DEM...

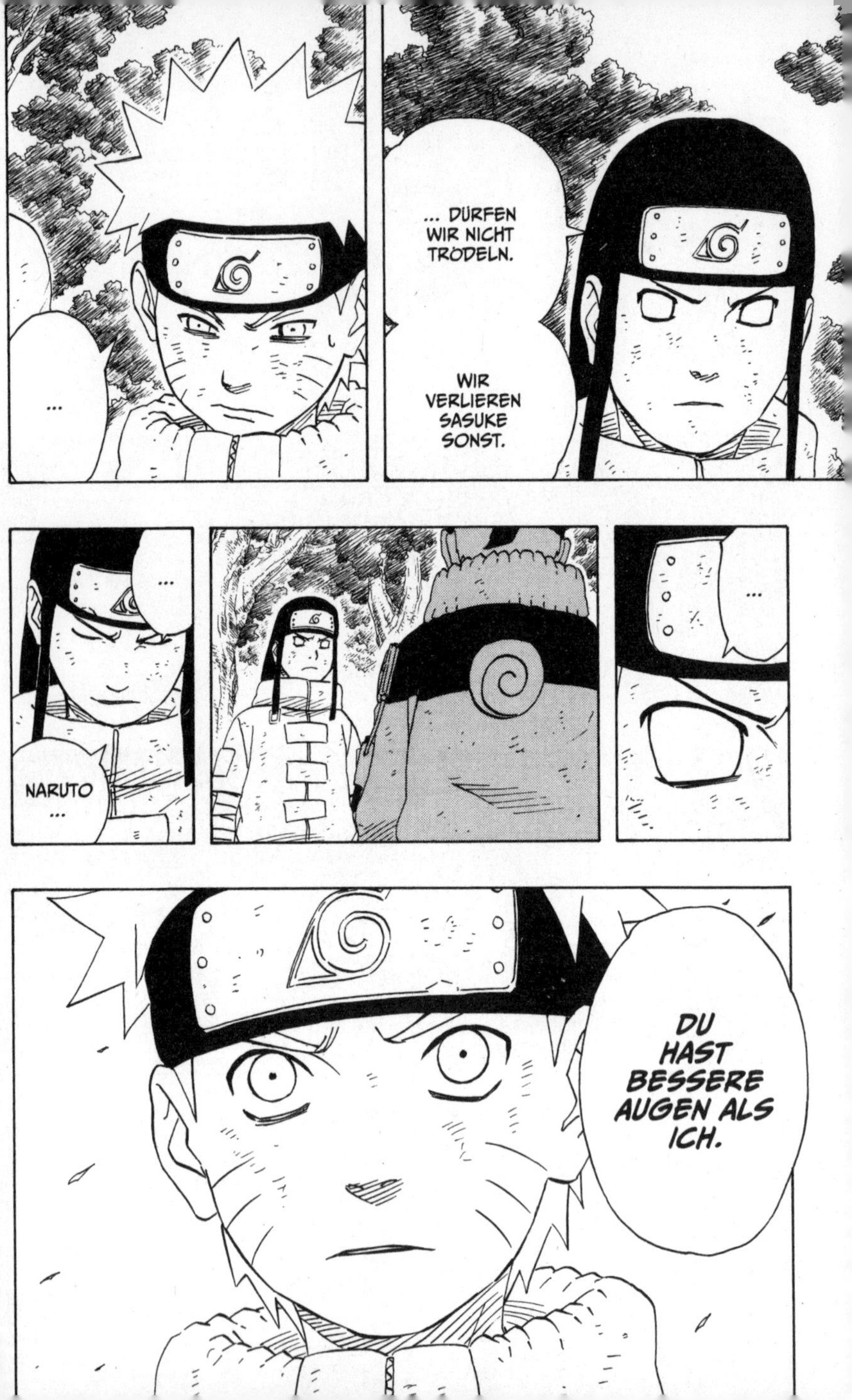
... DÜRFEN WIR NICHT TRÖDELN.
WIR VERLIEREN SASUKE SONST.
...
...
...
NARUTO ...
DU HAST BESSERE AUGEN ALS ICH.

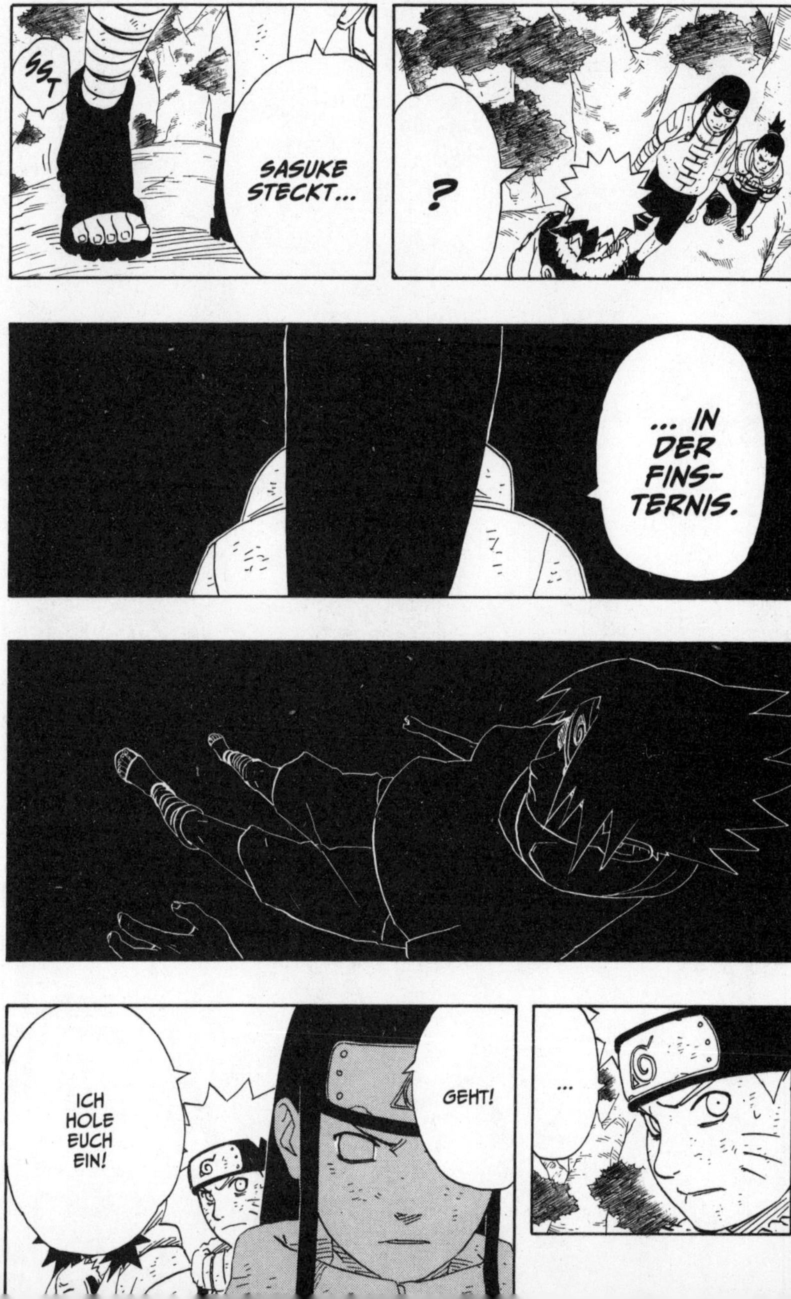
?
SST
SASUKE STECKT...
... IN DER FINS-TERNIS.
...
GEHT!
ICH HOLE EUCH EIN!

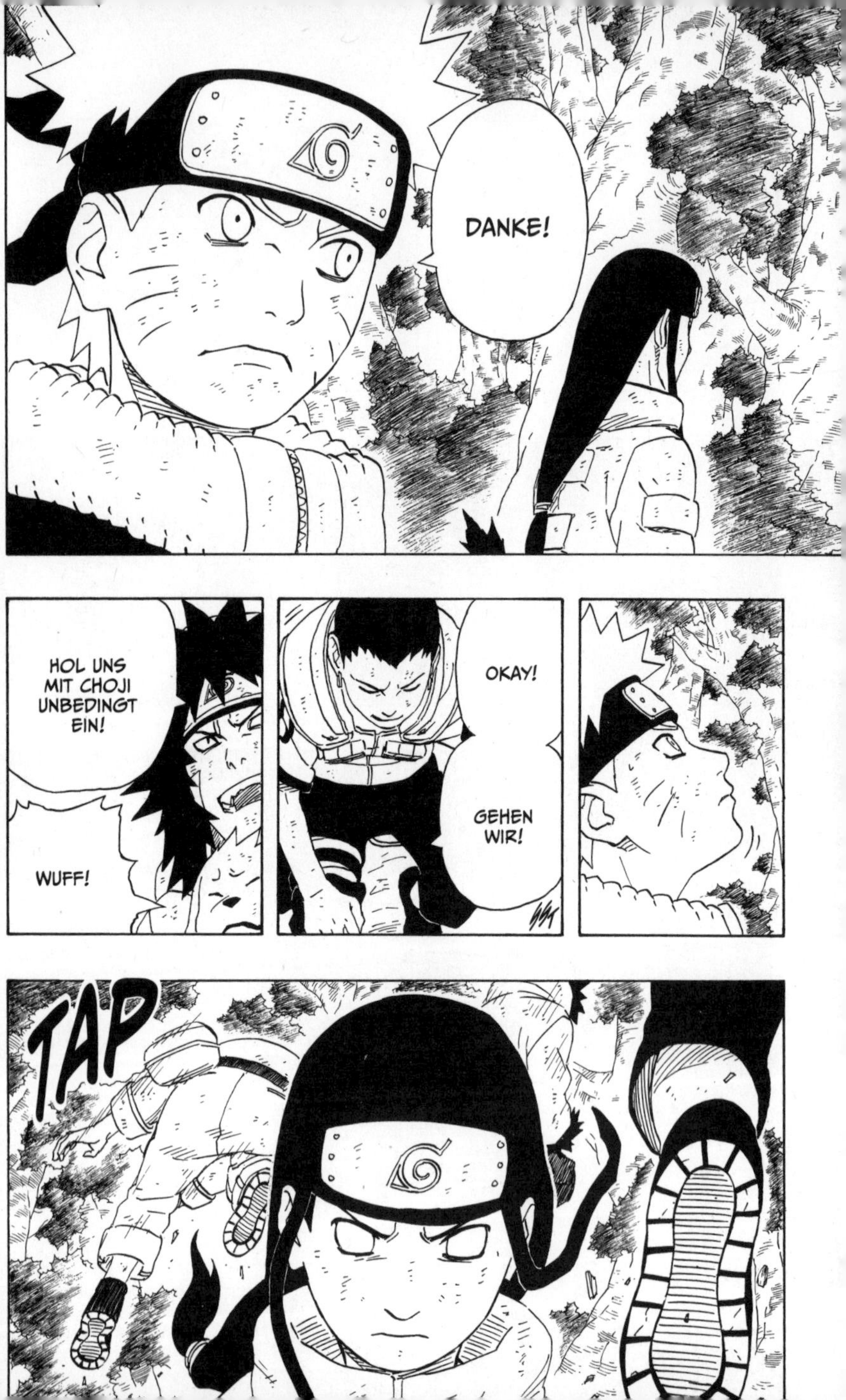
DANKE!
OKAY!
GEHEN WIR!
HOL UNS MIT CHOJI UNBEDINGT EIN!
WUFF!
TAP

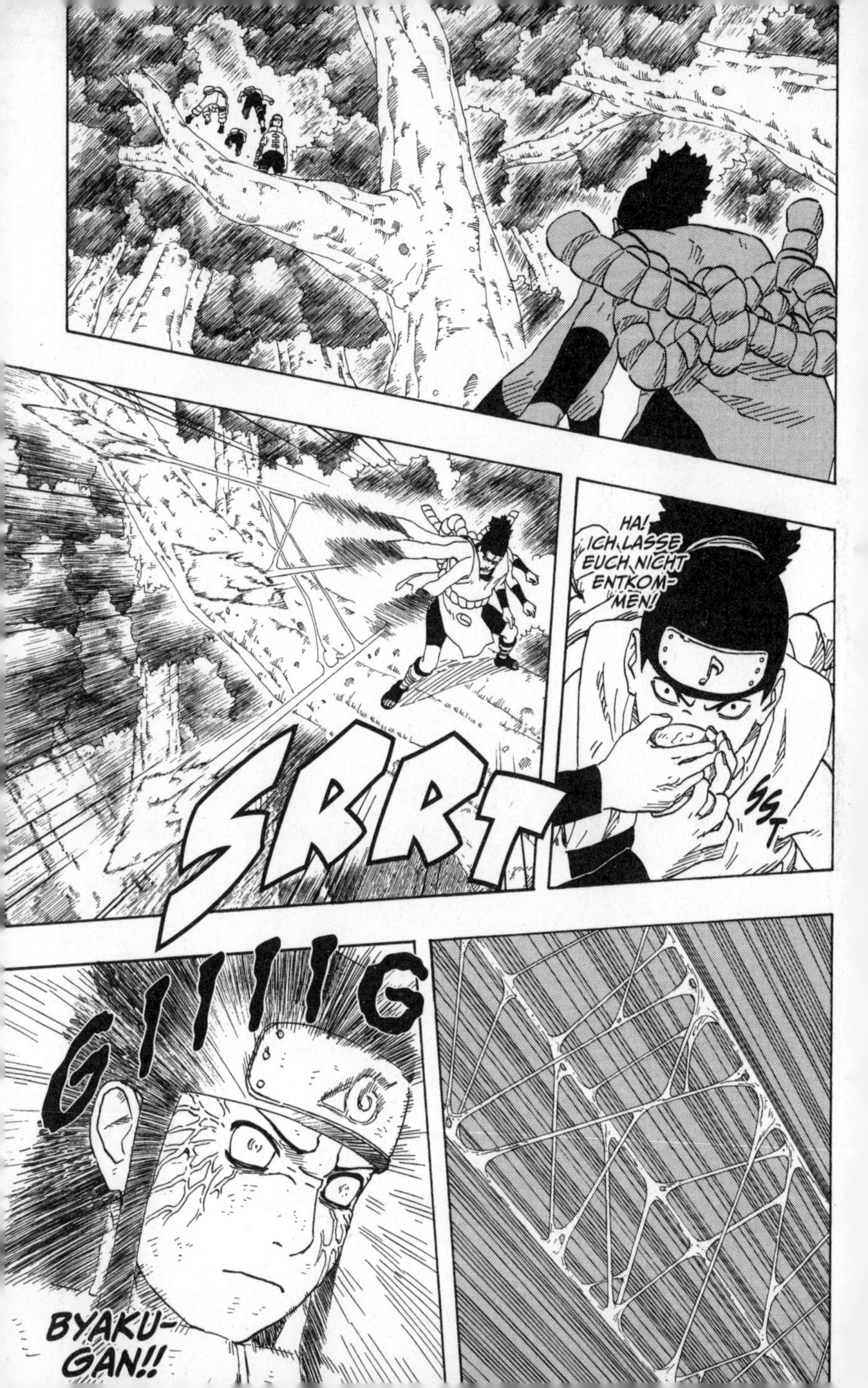
HA! ICH LASSE EUCH NICHT ENTKOMMEN!
SST
SRRT
GIIIIG
BYAKU-GAN!!

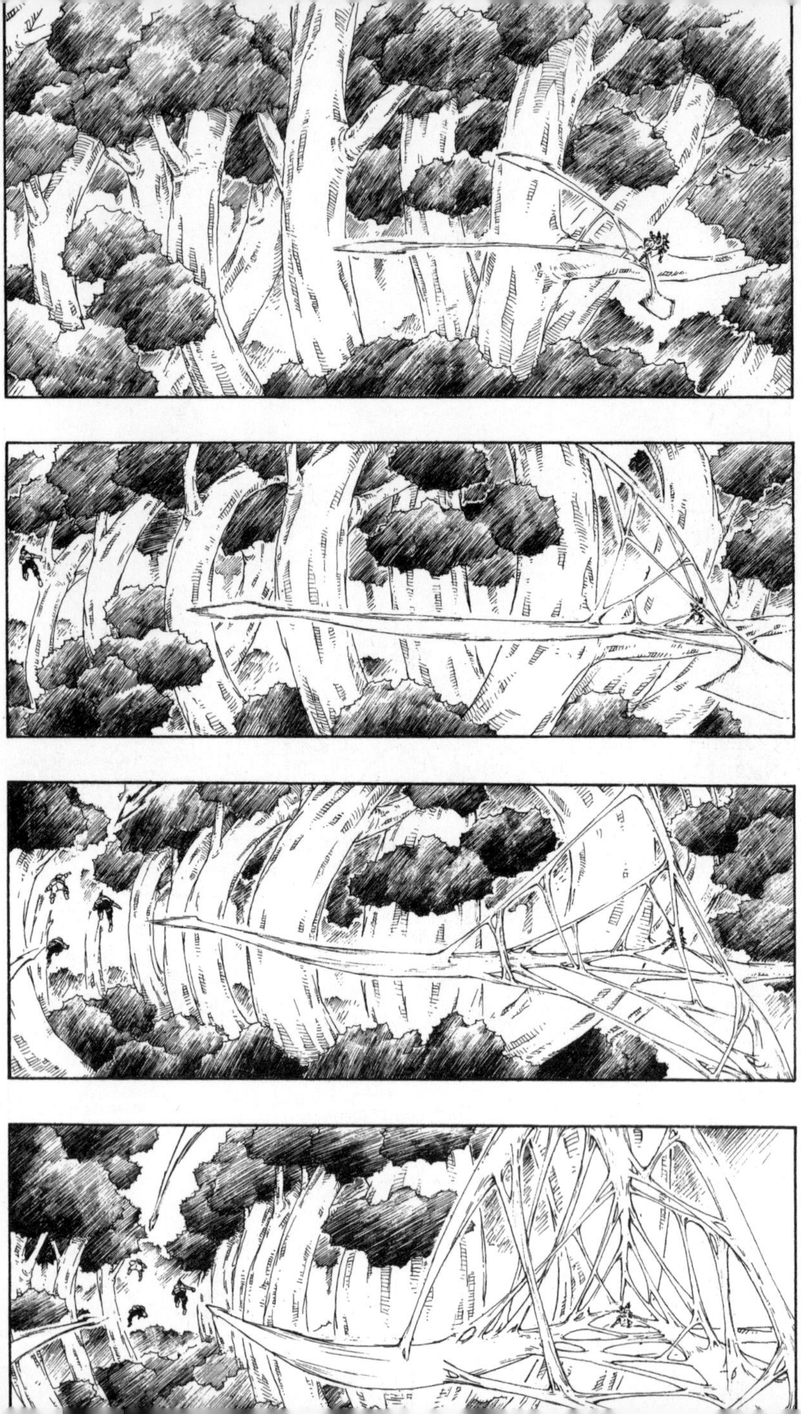

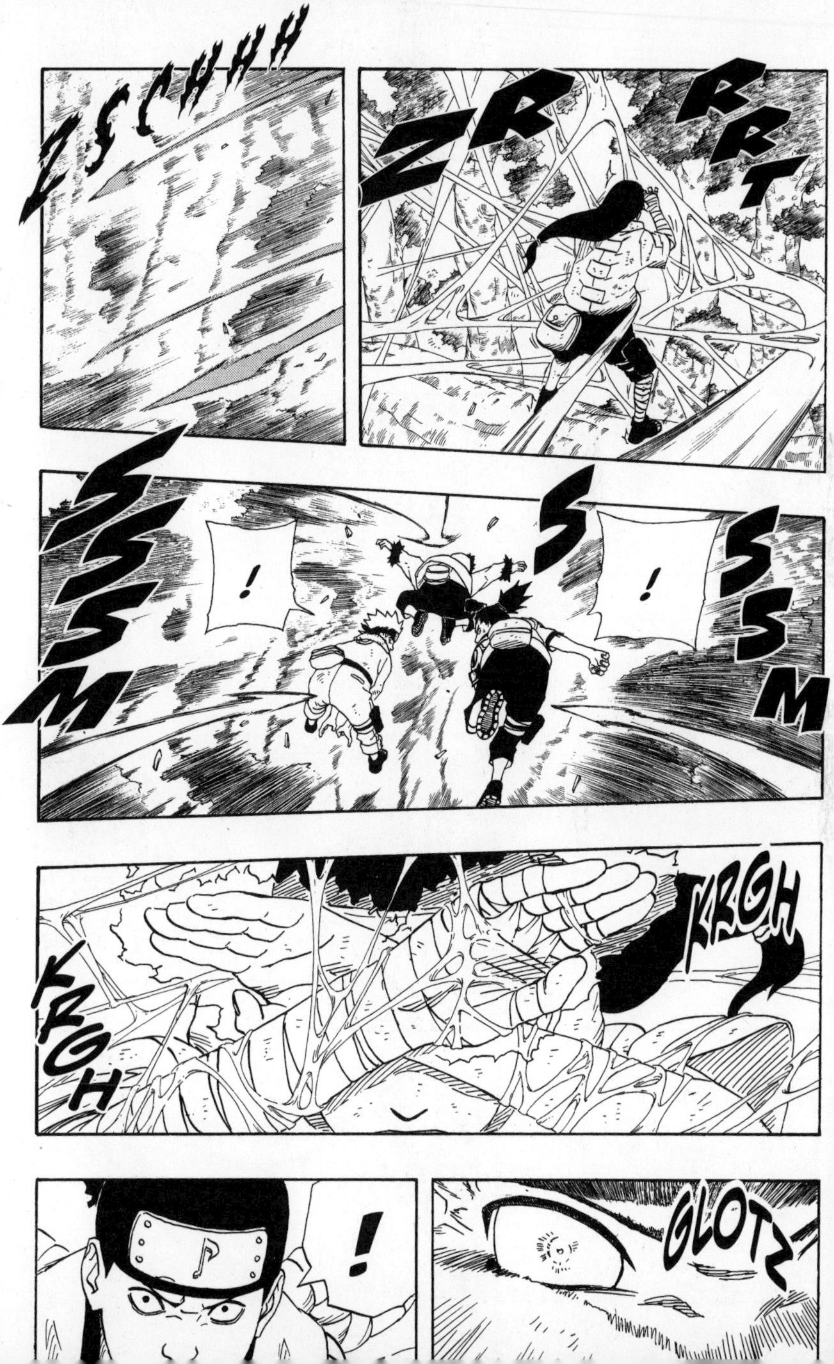

ZRRRT
ZSCHHH
SSSM
!
!
WWSM
KRGH
KRGH
GLOTZ
!

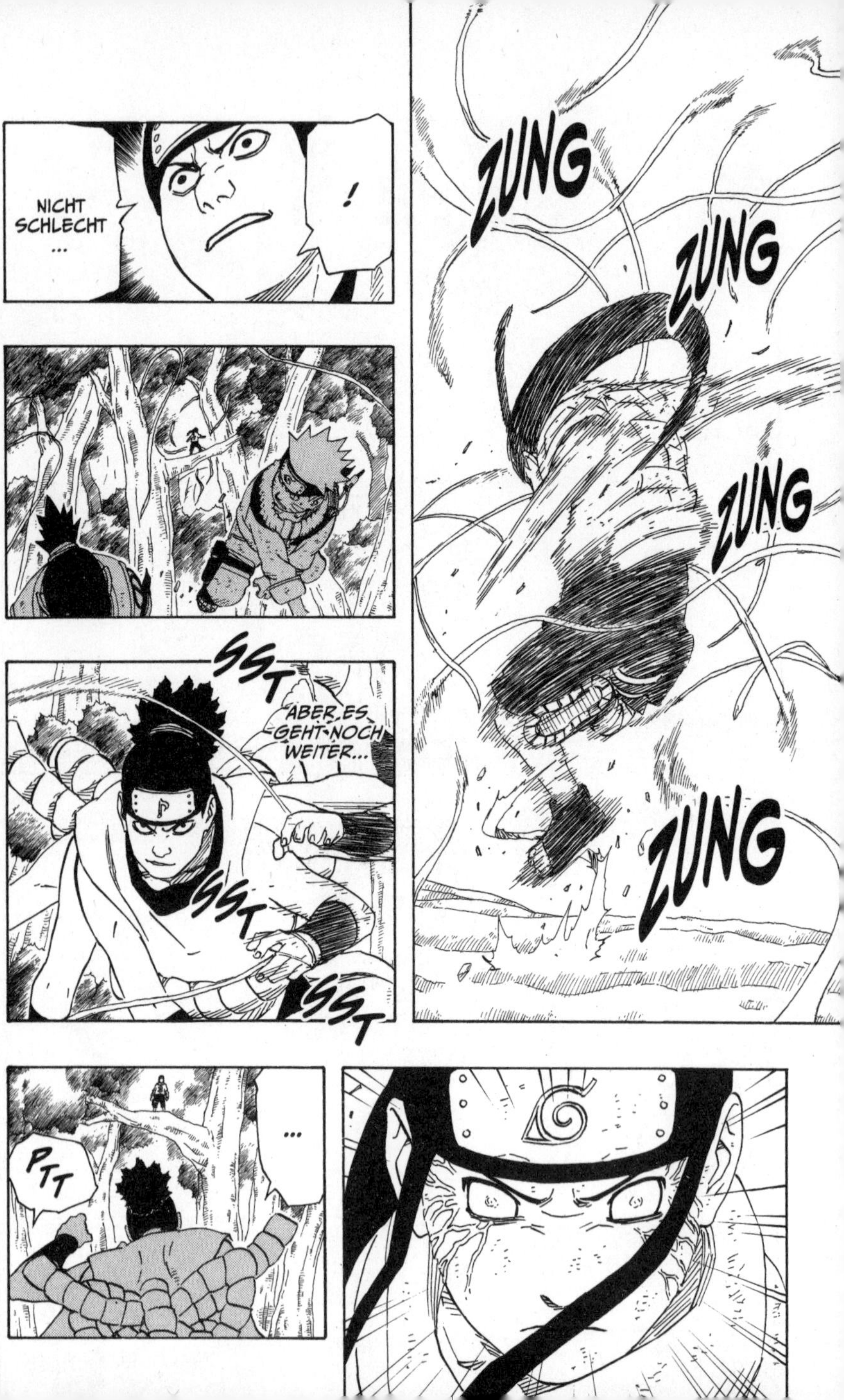
ZUNG
ZUNG
ZUNG
ZUNG
!
NICHT SCHLECHT ...
SST
ABER ES GEHT NOCH WEITER...
SSKT
SST
...
PTT

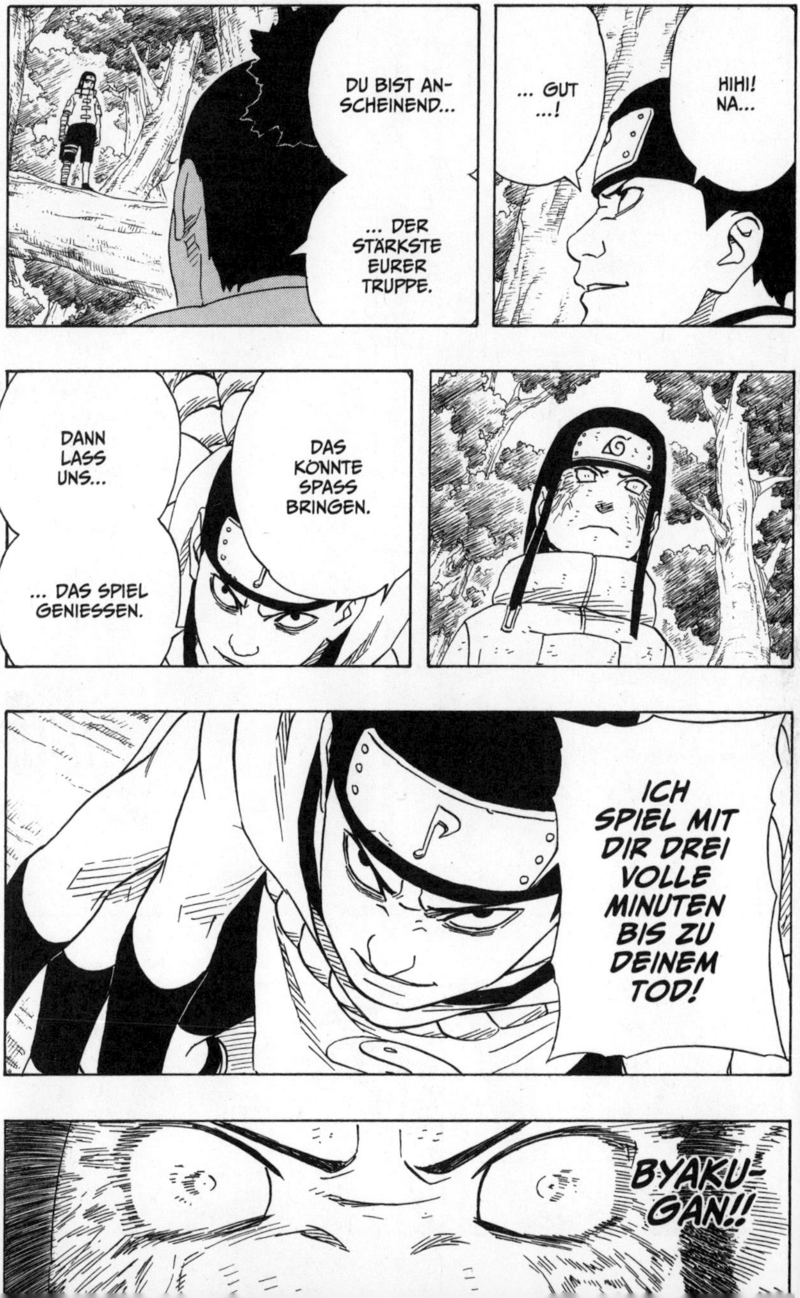
HIHI! NA...
... GUT ...!
DU BIST AN-SCHEINEND...
... DER STÄRKSTE EURER TRUPPE.
DAS KÖNNTE SPASS BRINGEN.
DANN LASS UNS...
... DAS SPIEL GENIESSEN.
ICH SPIEL MIT DIR DREI VOLLE MINUTEN BIS ZU DEINEM TOD!
BYAKU-GAN!!

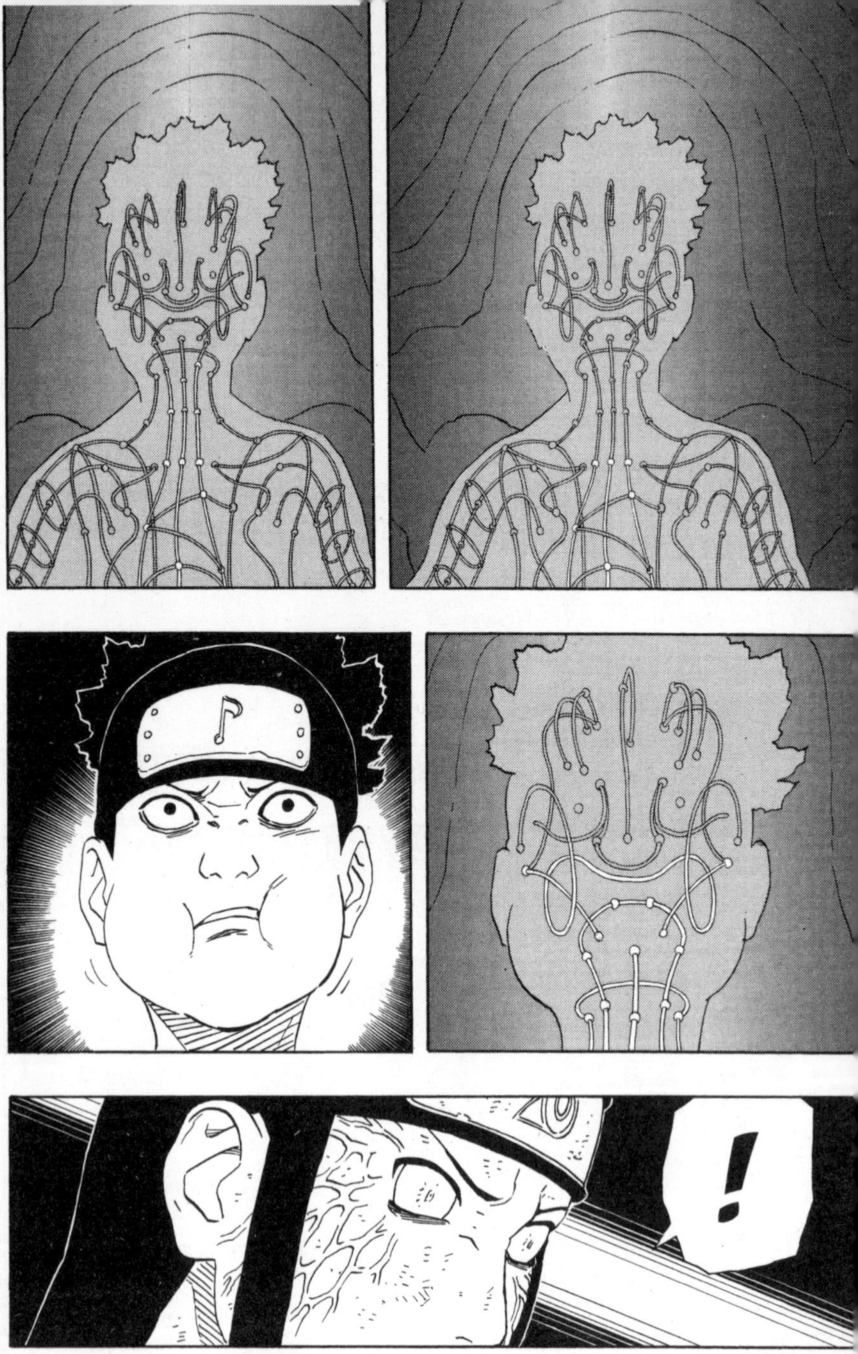

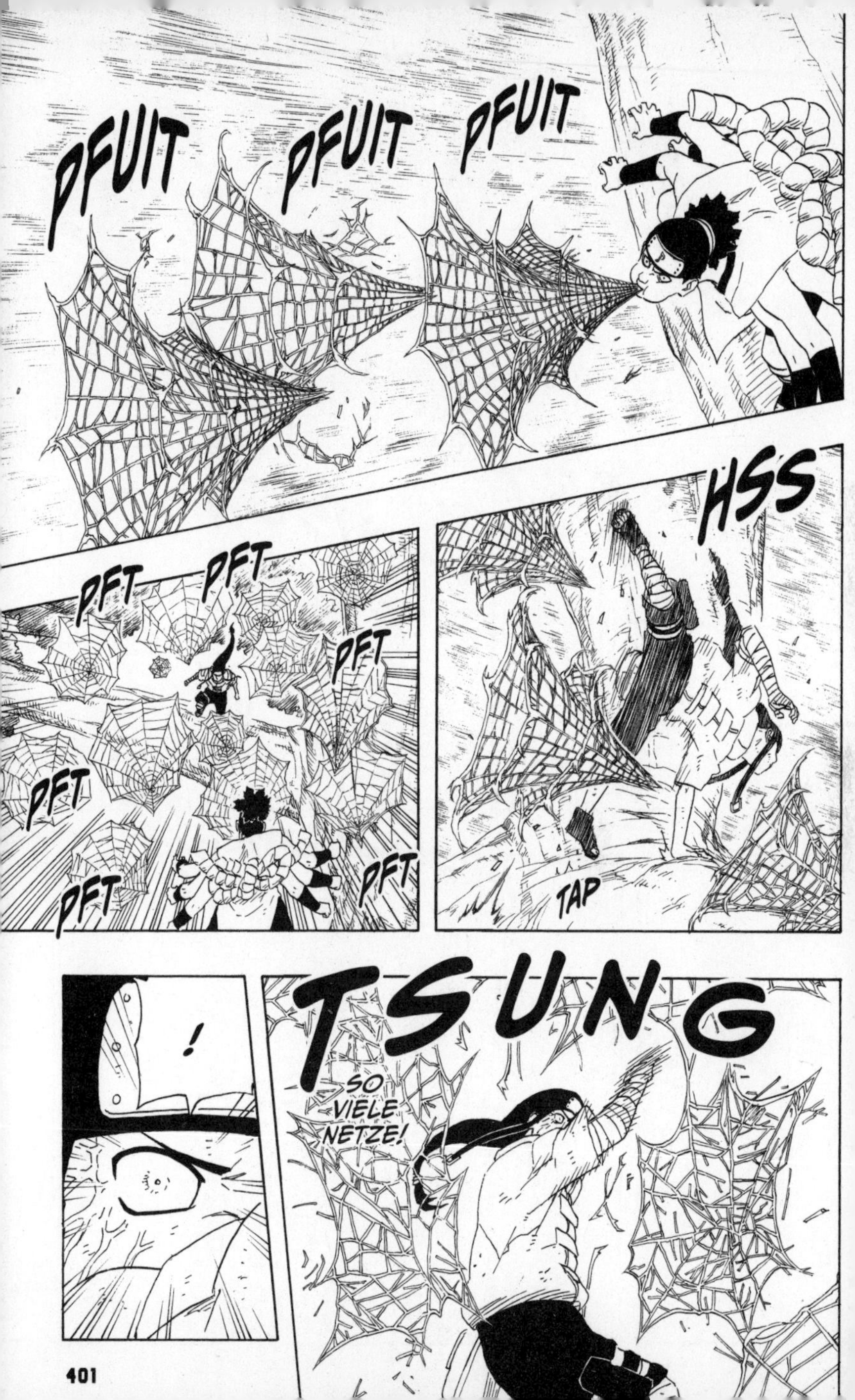
PFUIT
PFUIT
PFUIT
HSS
TAP
PFT
PFT
PFT
PFT
PFT
PFT
TSUNG
SO VIELE NETZE!
!

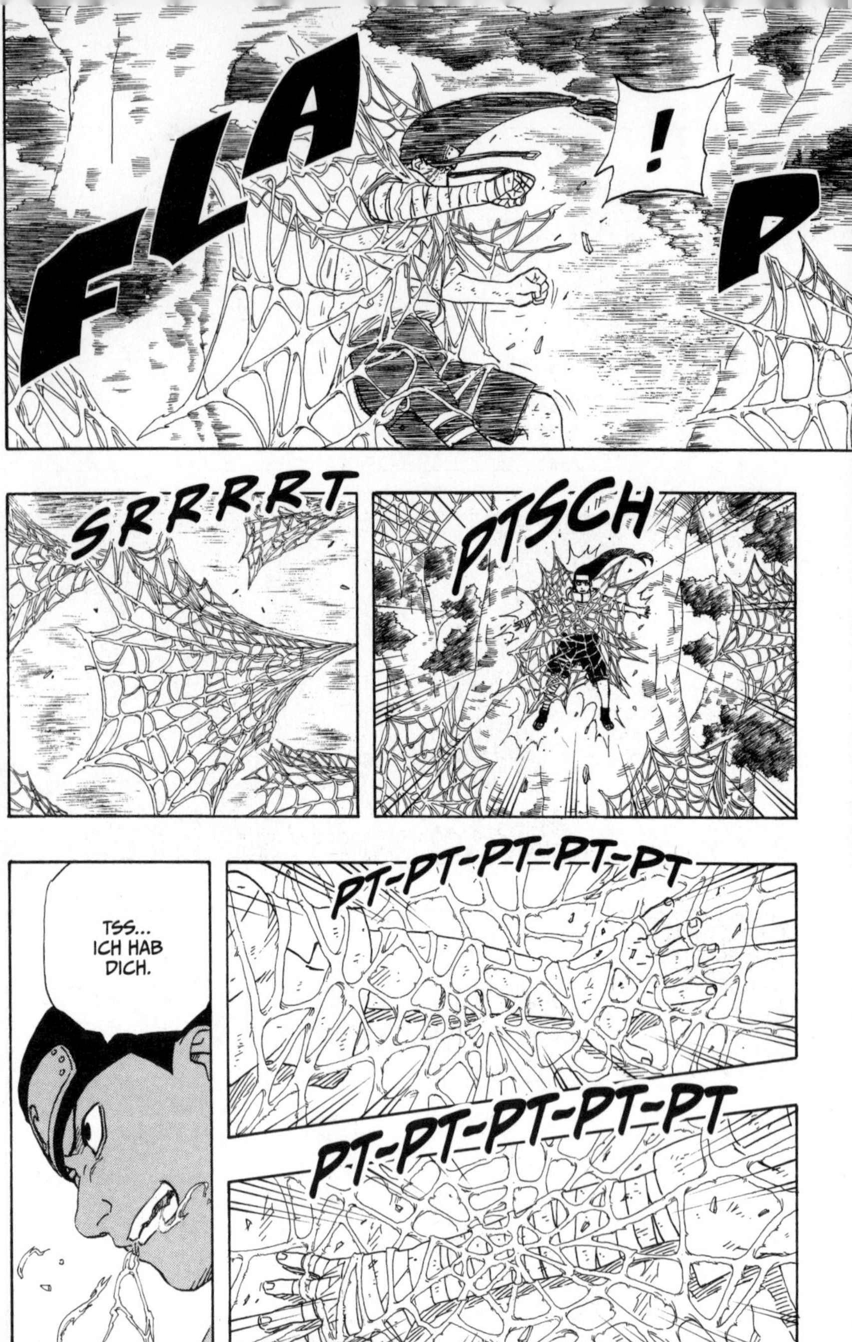
FLAP
!
SRRRRT
PTSCH
PT-PT-PT-PT-PT
TSS... ICH HAB DICH.
PT-PT-PT-PT-PT

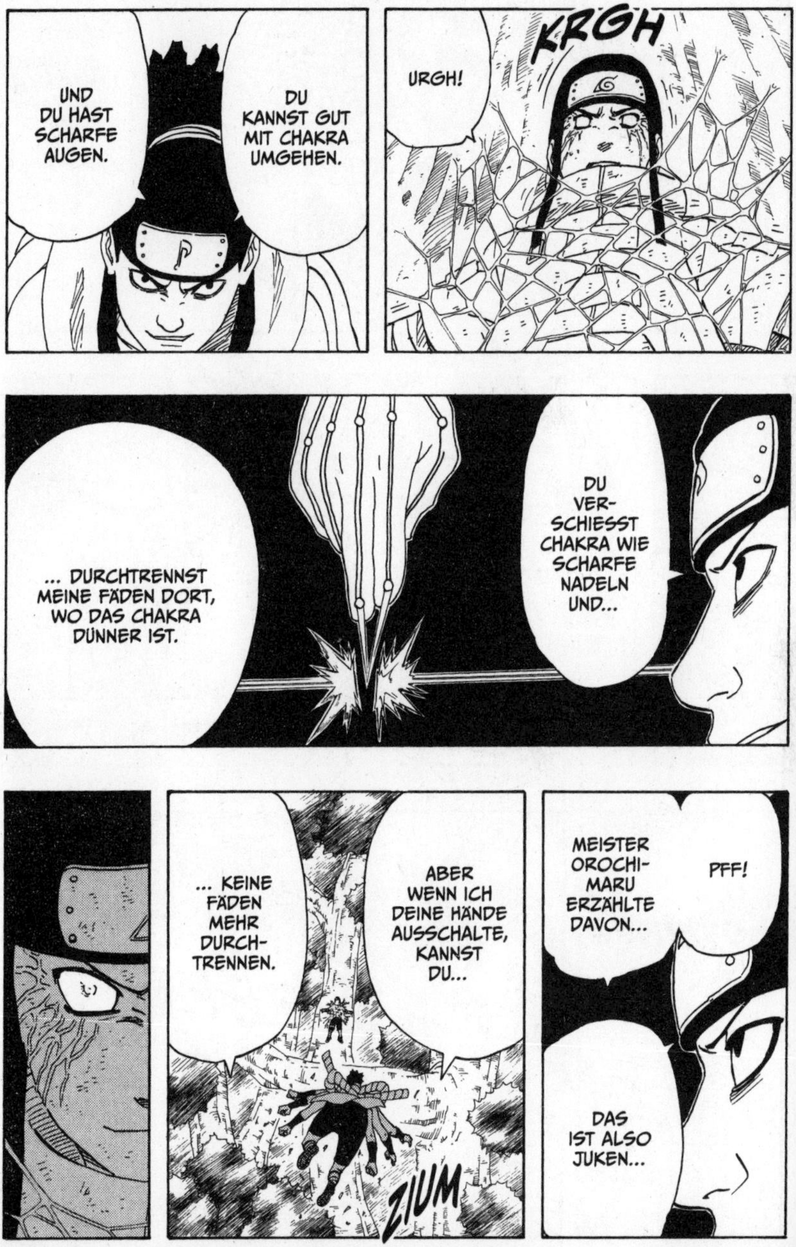
KRGH
URGH!
DU KANNST GUT MIT CHAKRA UMGEHEN.
UND DU HAST SCHARFE AUGEN.
DU VER-SCHIESST CHAKRA WIE SCHARFE NADELN UND...
... DURCHTRENNST MEINE FÄDEN DORT, WO DAS CHAKRA DÜNNER IST.
PFF!
MEISTER OROCHI-MARU ERZÄHLTE DAVON...
DAS IST ALSO JUKEN...
ABER WENN ICH DEINE HÄNDE AUSSCHALTE, KANNST DU...
... KEINE FÄDEN MEHR DURCH-TRENNEN.
ZIUM

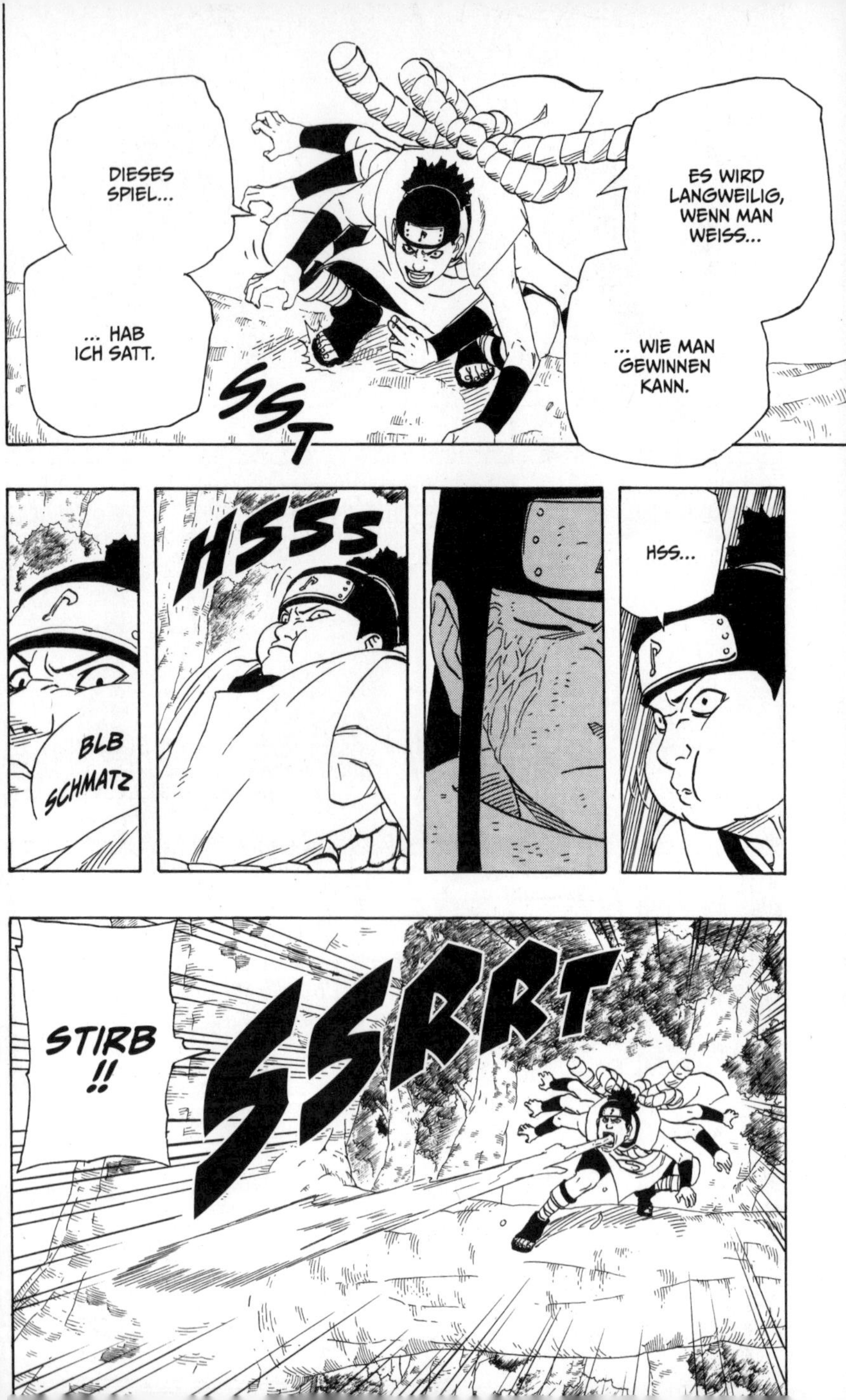
ES WIRD LANGWEILIG, WENN MAN WEISS...
... WIE MAN GEWINNEN KANN.
DIESES SPIEL...
... HAB ICH SATT.
SST
HSS...
HSSS
BLB SCHMATZ
SSRRT
STIRB !!

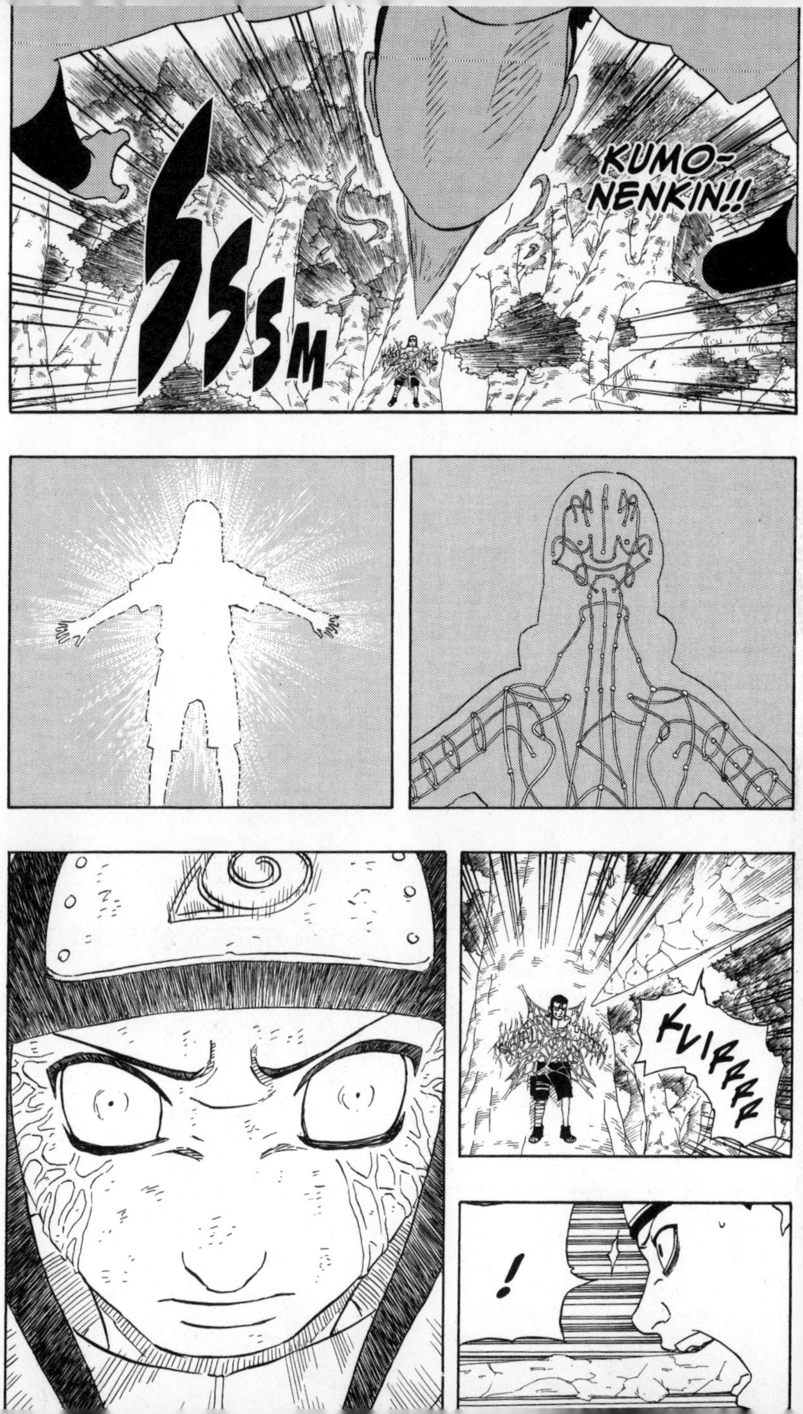
KUMO-
NENKIN!!
SSSM
KVIFFFF
!

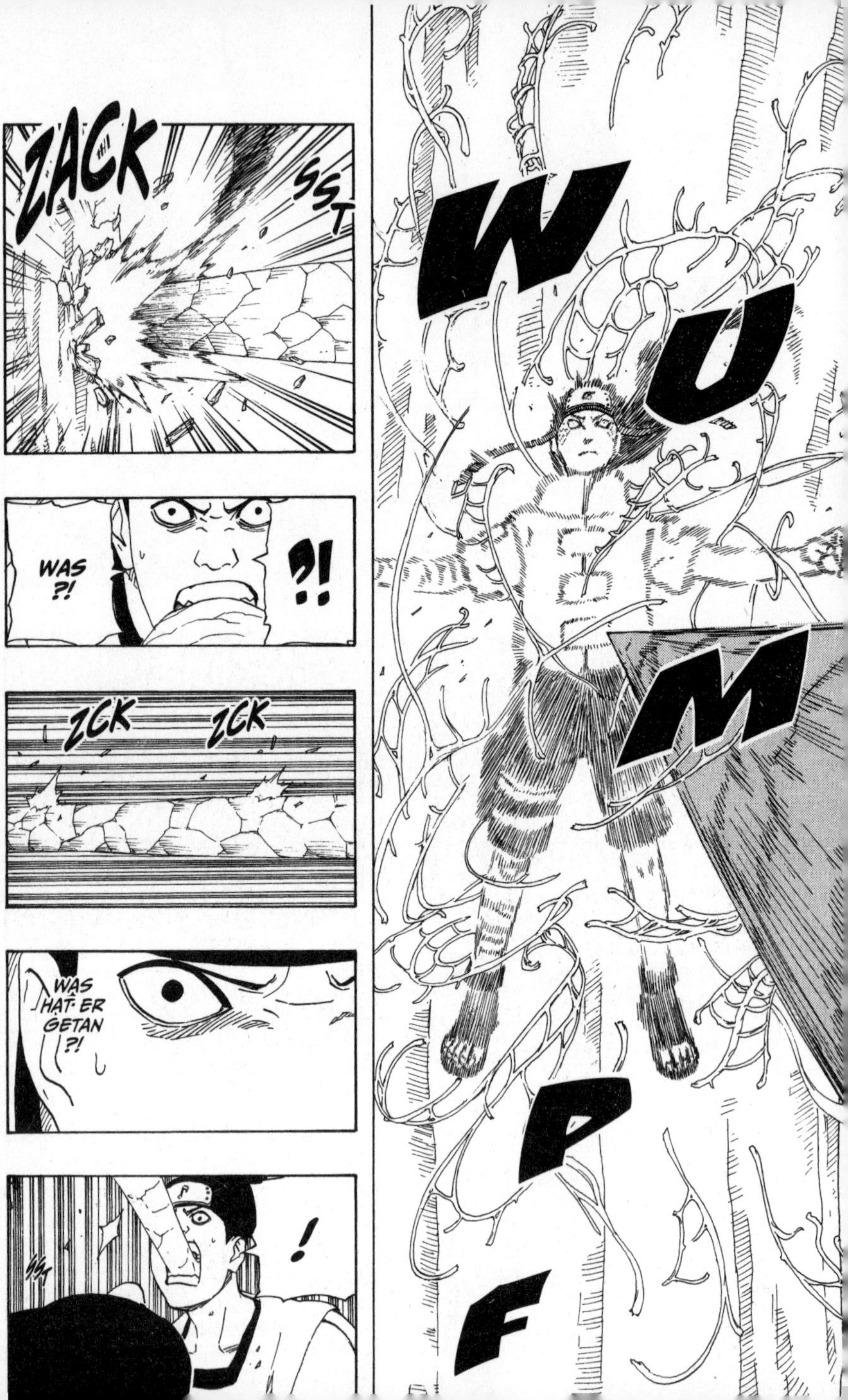
WUMPF
ZACK
SST
WAS ?!
?!
ZCK ZCK
WAS HAT ER GETAN ?!
SST
!

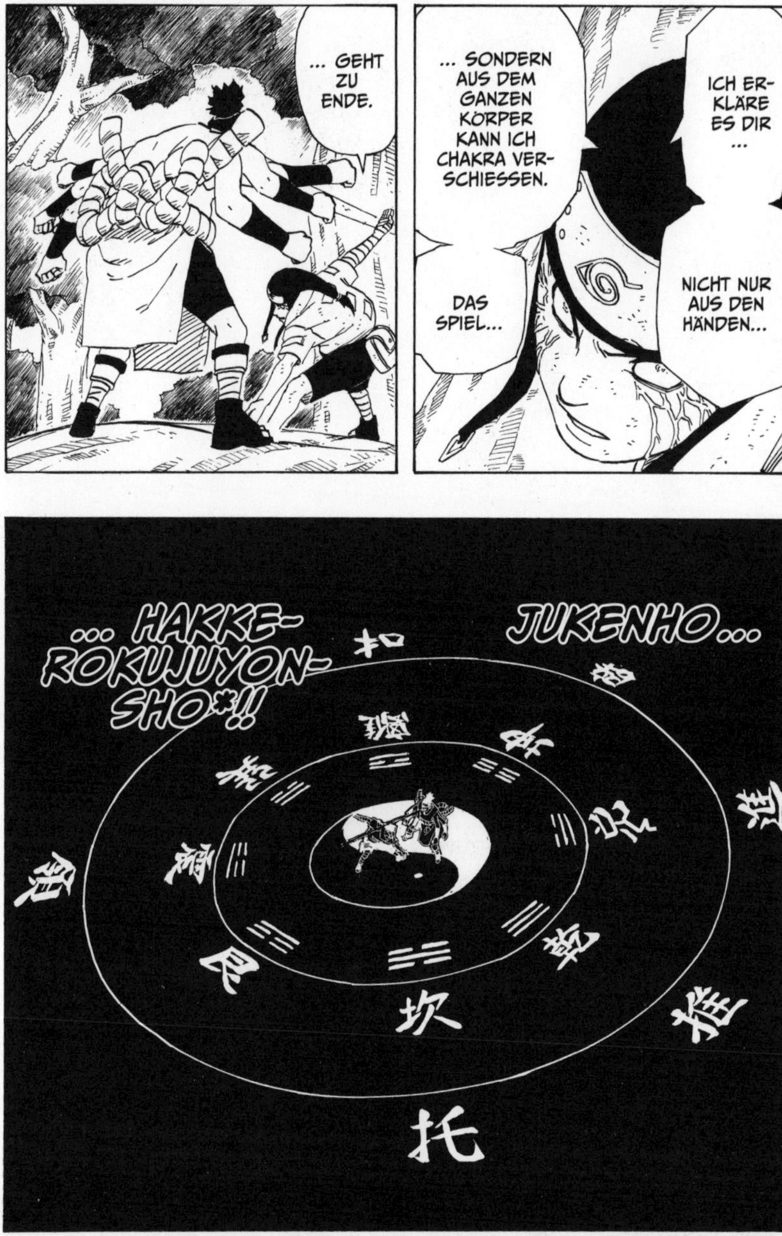

* JU = WEICHE, KEN = FAUST, HO = METHODE, HAKKE = ORAKEL, ROKUJUYONSHO = 64 HÄNDE

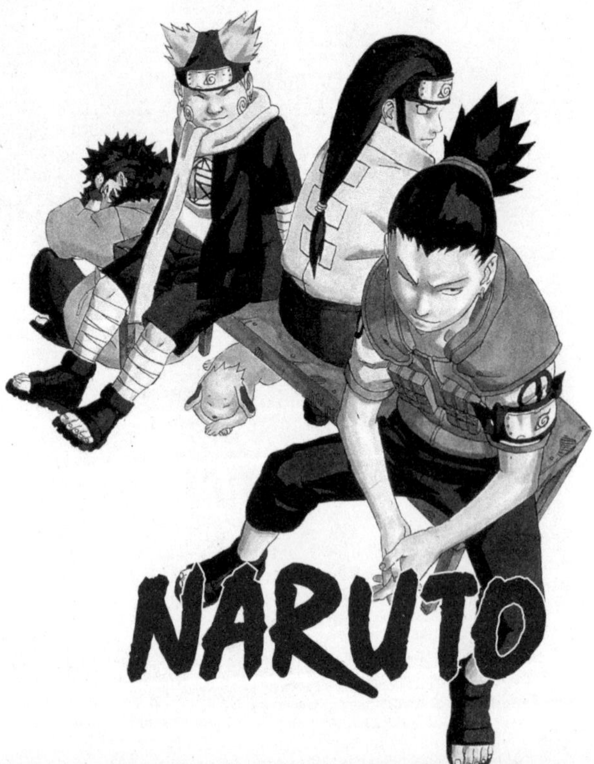
NARUTO

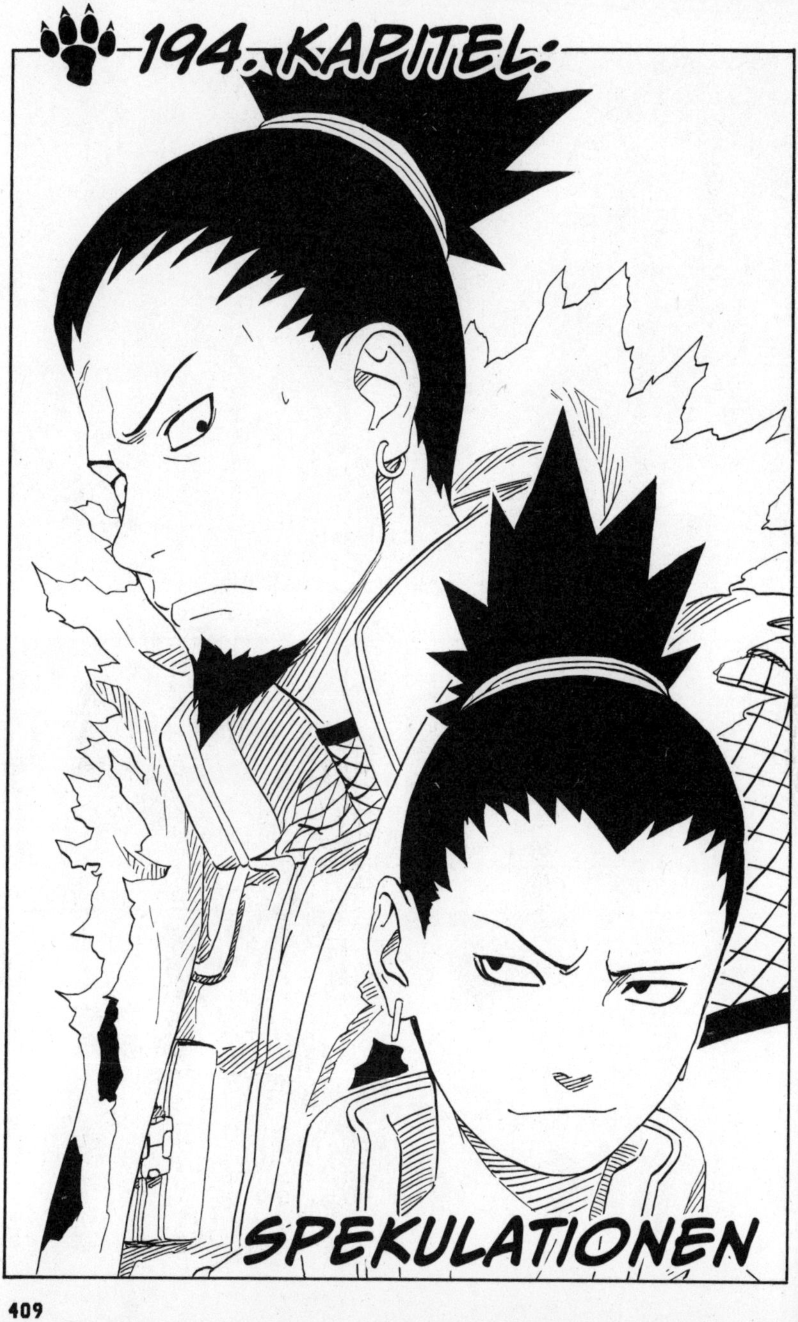
194. KAPITEL:
SPEKULATIONEN

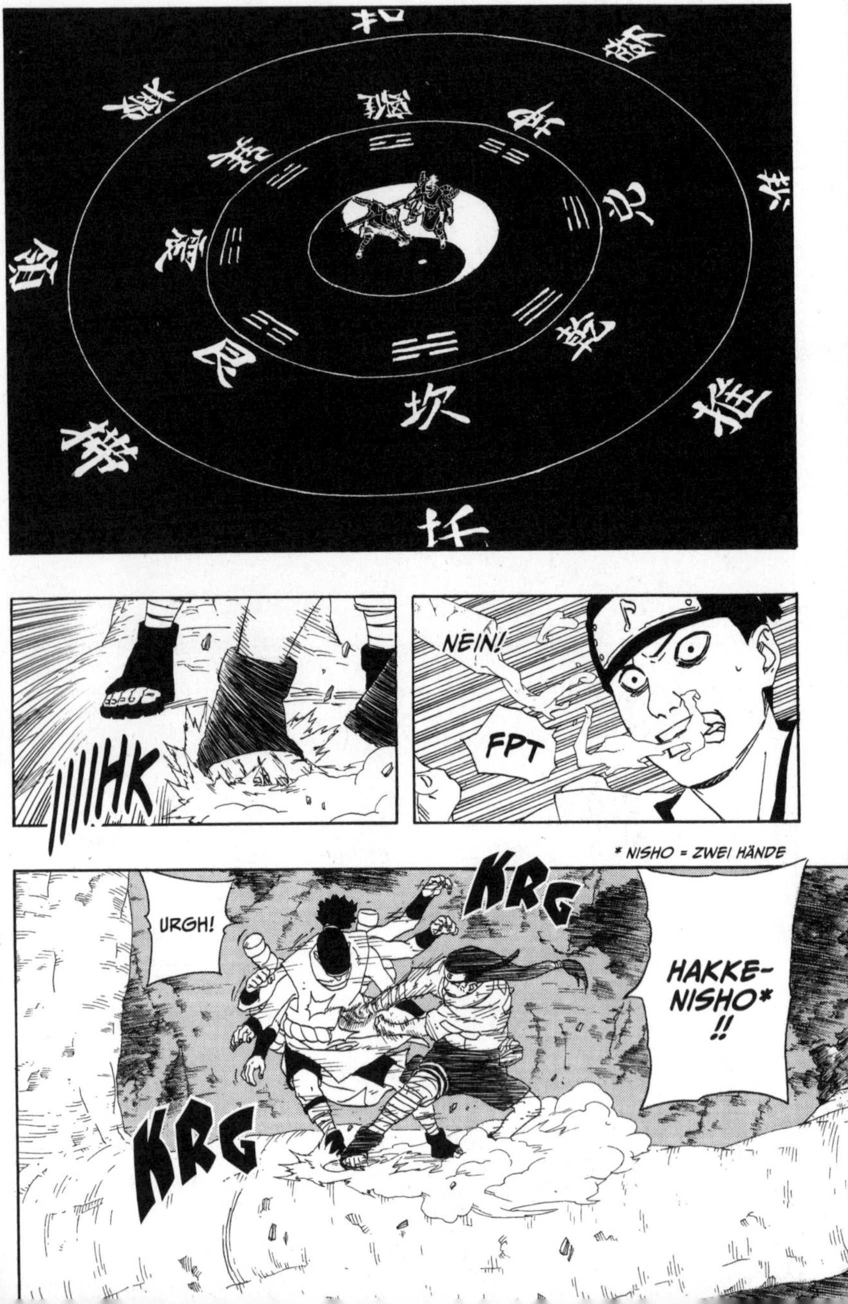

* NISHO = ZWEI HÄNDE

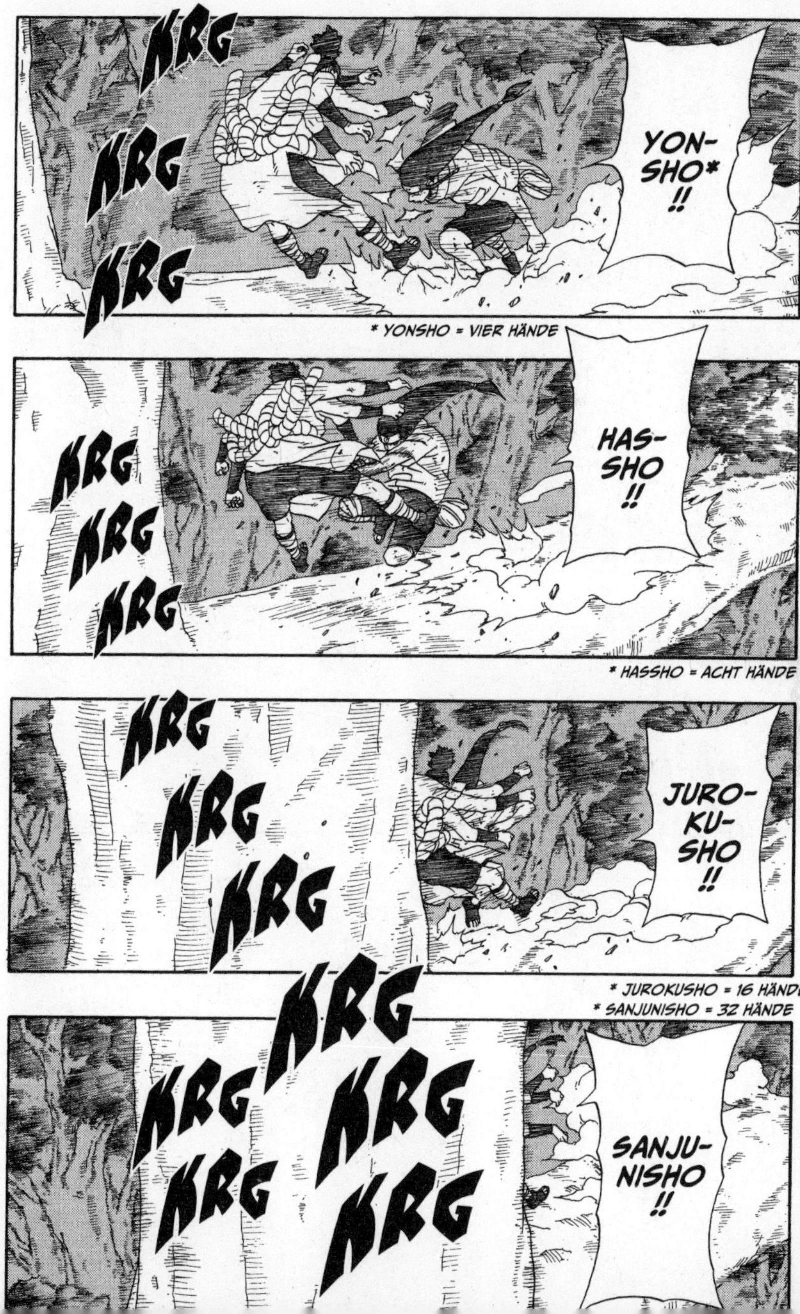

YON-SHO* !!
KRG
KRG
KRG
* YONSHO = VIER HÄNDE
HAS-SHO !!
KRG
KRG
KRG
* HASSHO = ACHT HÄNDE
JURO-KU-SHO !!
KRG
KRG
KRG
* JUROKUSHO = 16 HÄNDE
* SANJUNISHO = 32 HÄNDE
SANJU-NISHO !!
KRG
KRG
KRG
KRG
KRG
KRG

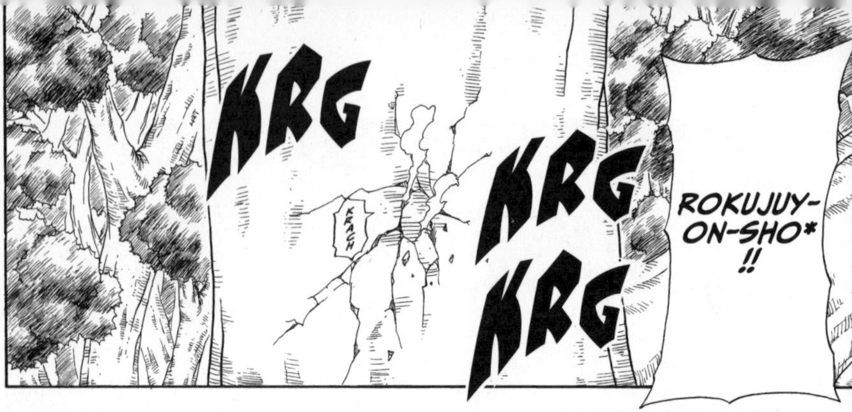

* ROKUJUYONSHO = 64 HÄNDE

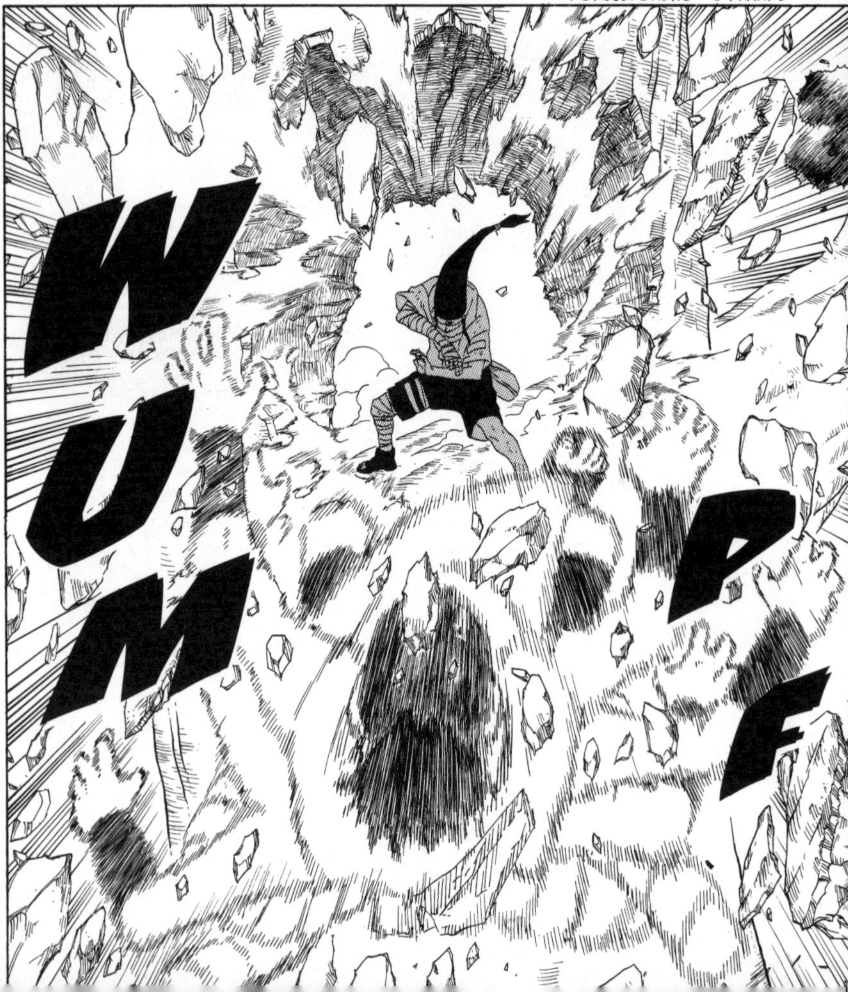

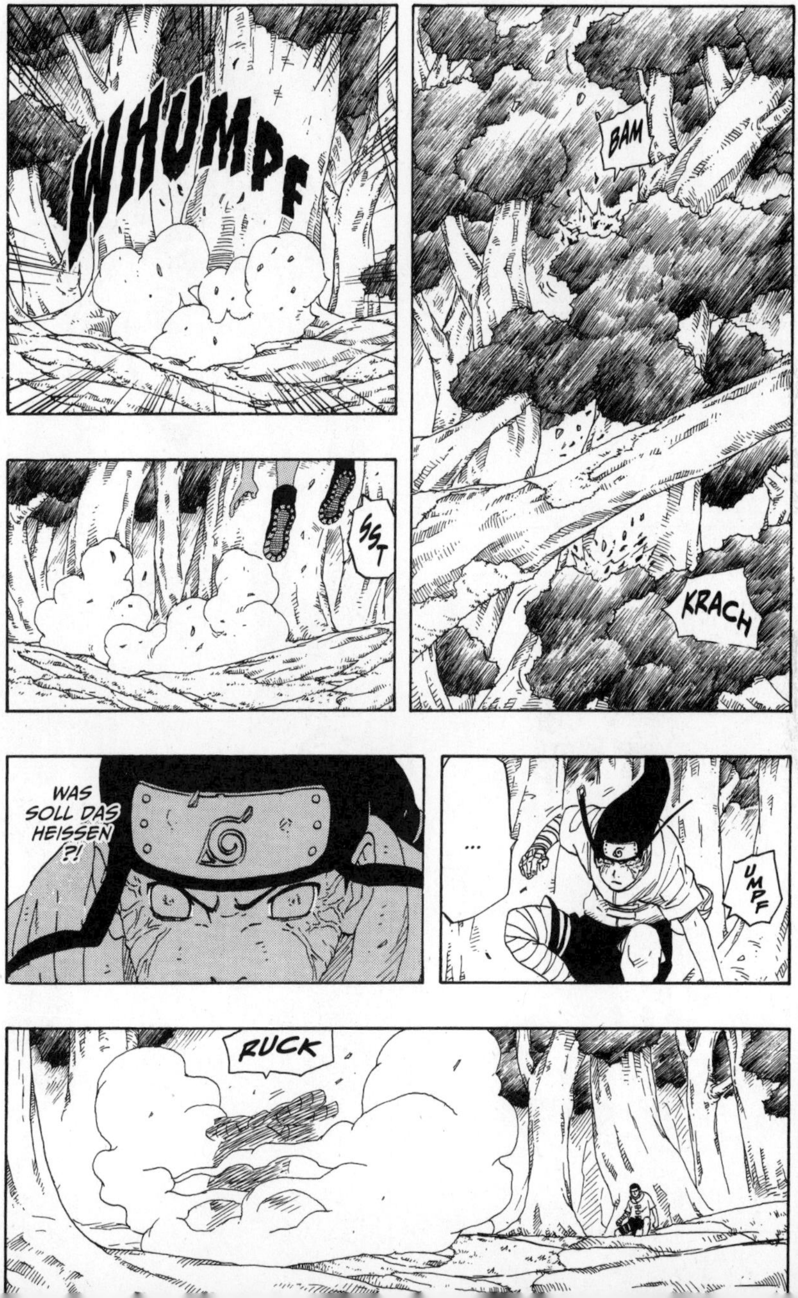
BAM
KRACH
WHUMPF
SST
...
UMPF
WAS SOLL DAS HEISSEN ?!
RUCK

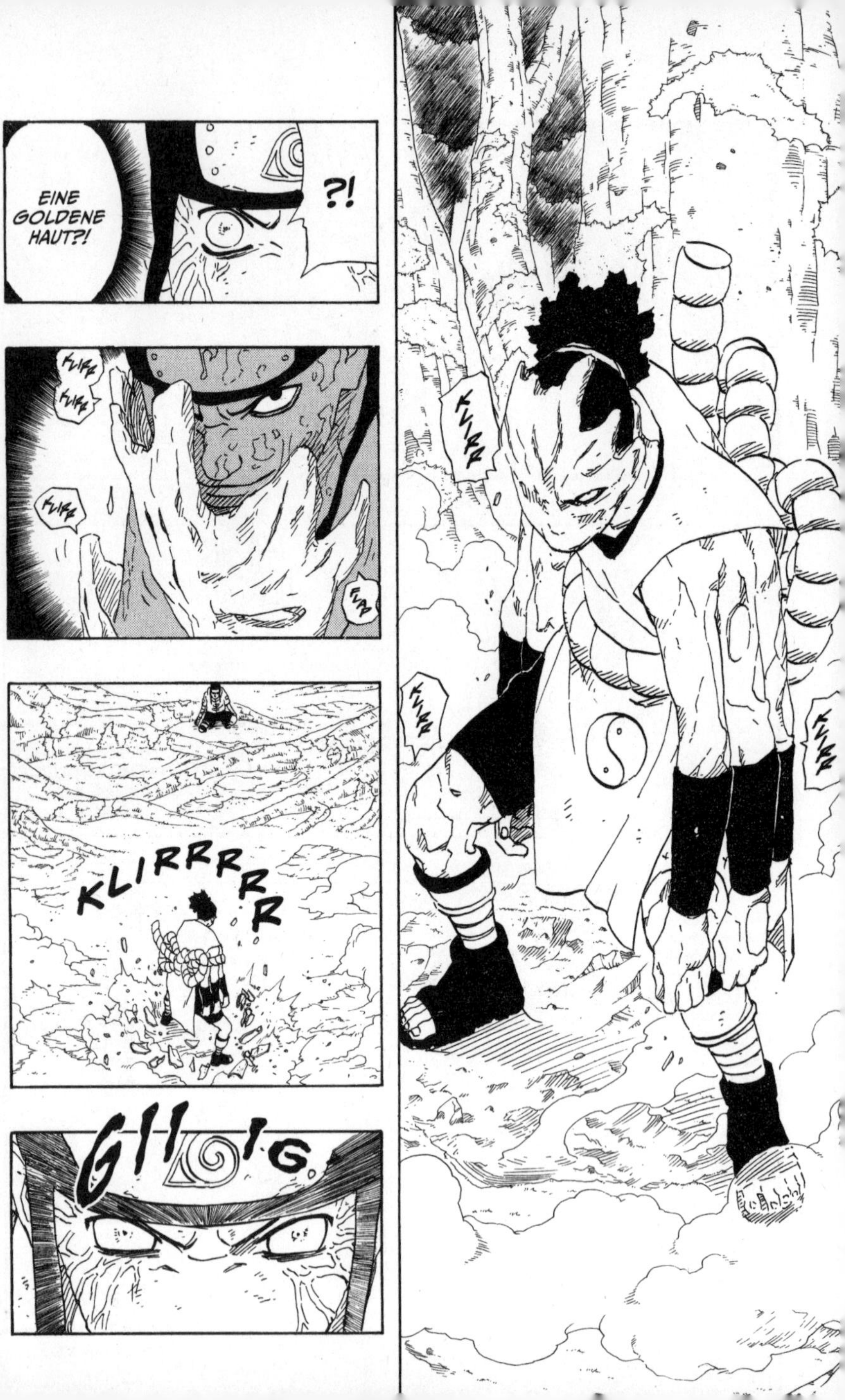
KLIRR
KLIRR
KLIRR
EINE GOLDENE HAUT?!
?!
KLIRR
KLIRR
KLIRR
KLIRRRRRR
GIIIG.

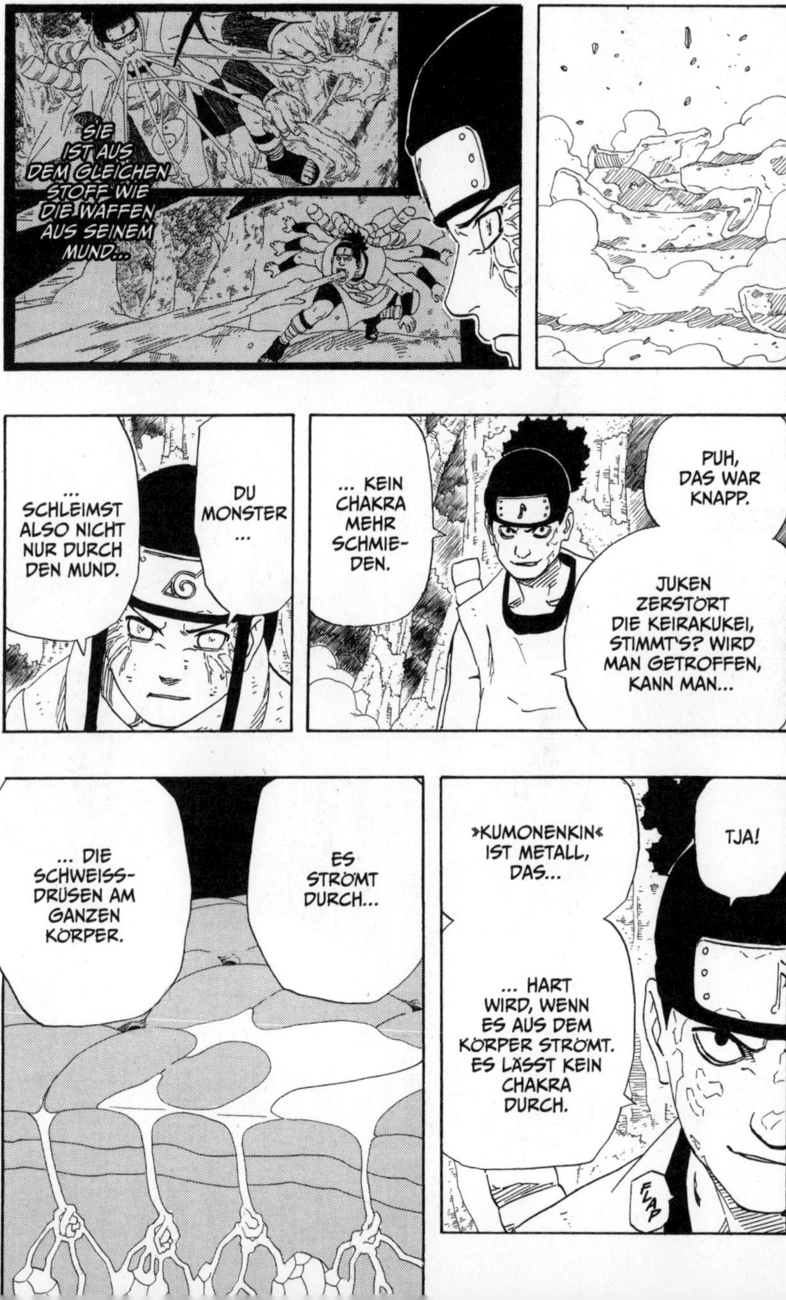

SIE IST AUS DEM GLEICHEN STOFF WIE DIE WAFFEN AUS SEINEM MUND...
PUH, DAS WAR KNAPP.
JUKEN ZERSTÖRT DIE KEIRAKUKEI, STIMMT'S? WIRD MAN GETROFFEN, KANN MAN...
... KEIN CHAKRA MEHR SCHMIEDEN.
DU MONSTER ...
... SCHLEIMST ALSO NICHT NUR DURCH DEN MUND.
TJA!
»KUMONENKIN« IST METALL, DAS...
... HART WIRD, WENN ES AUS DEM KÖRPER STRÖMT. ES LÄSST KEIN CHAKRA DURCH.
FLAP
ES STRÖMT DURCH...
... DIE SCHWEISS-DRÜSEN AM GANZEN KÖRPER.

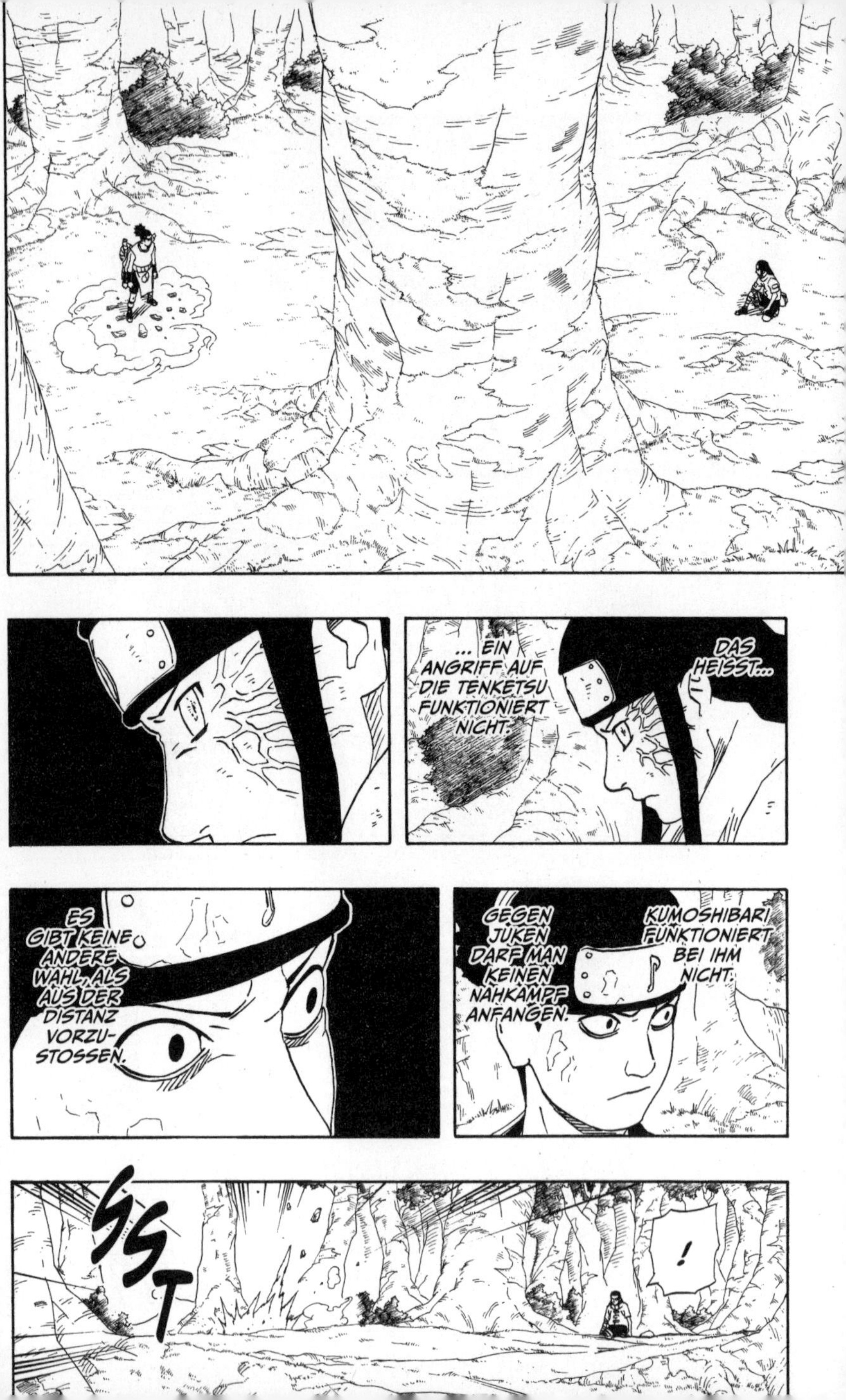
DAS HEISST...
... EIN ANGRIFF AUF DIE TENKETSU FUNKTIONIERT NICHT.
KUMOSHIBARI FUNKTIONIERT BEI IHM NICHT.
GEGEN JUKEN DARF MAN KEINEN NAHKAMPF ANFANGEN.
ES GIBT KEINE ANDERE WAHL, ALS AUS DER DISTANZ VORZUSTOSSEN.
!
SST

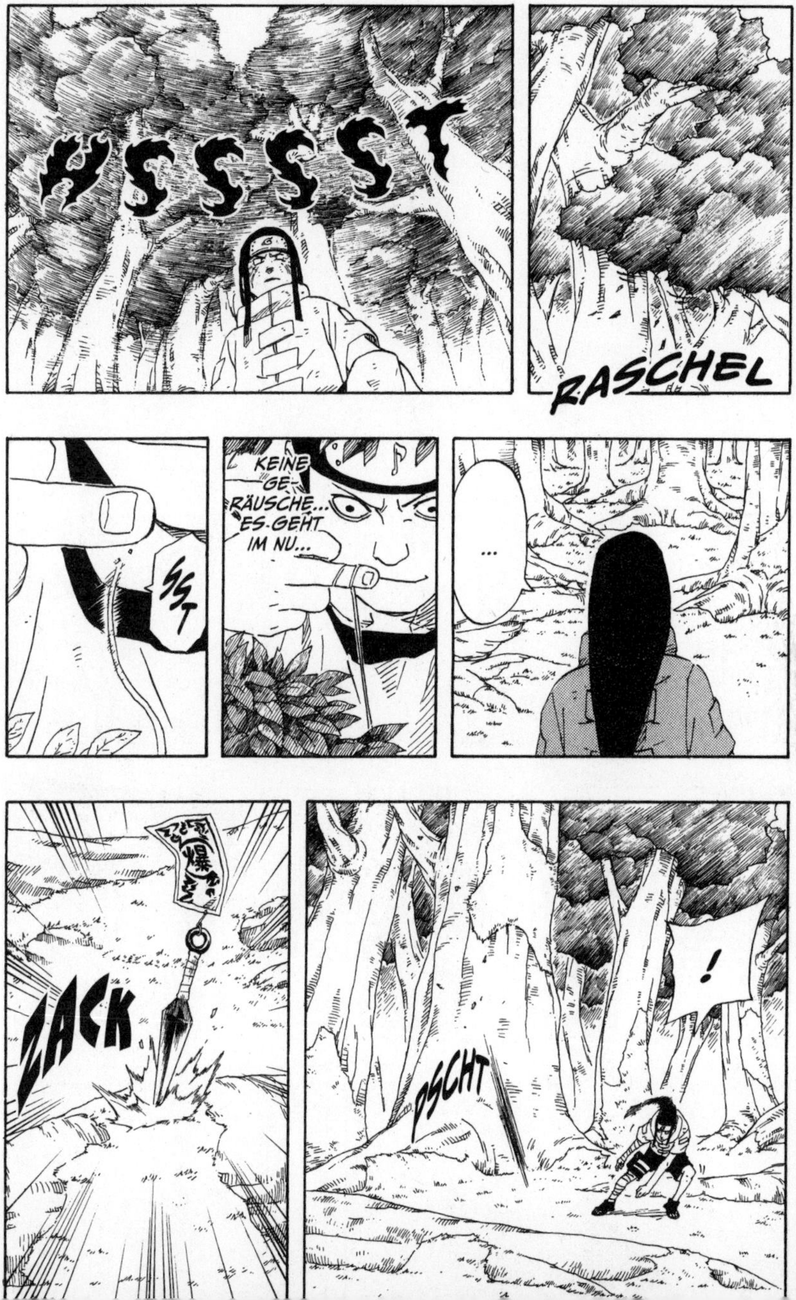
RASCHEL
HSSSST
SST
KEINE GE-RÄUSCHE... ES GEHT IM NU...
...
!
PSCHT
ZACK

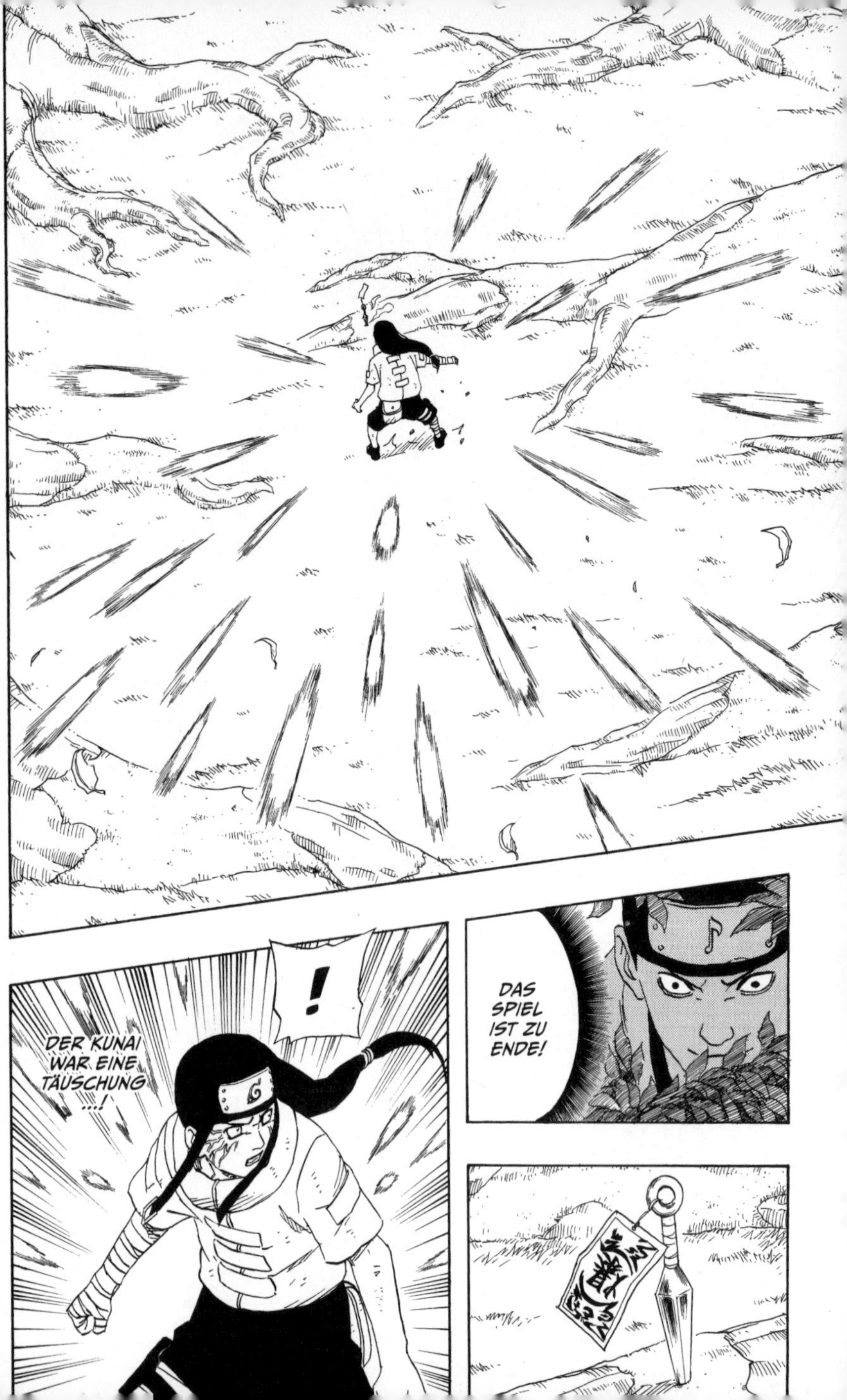
DAS SPIEL IST ZU ENDE!
!
DER KUNAI WAR EINE TÄUSCHUNG ...!

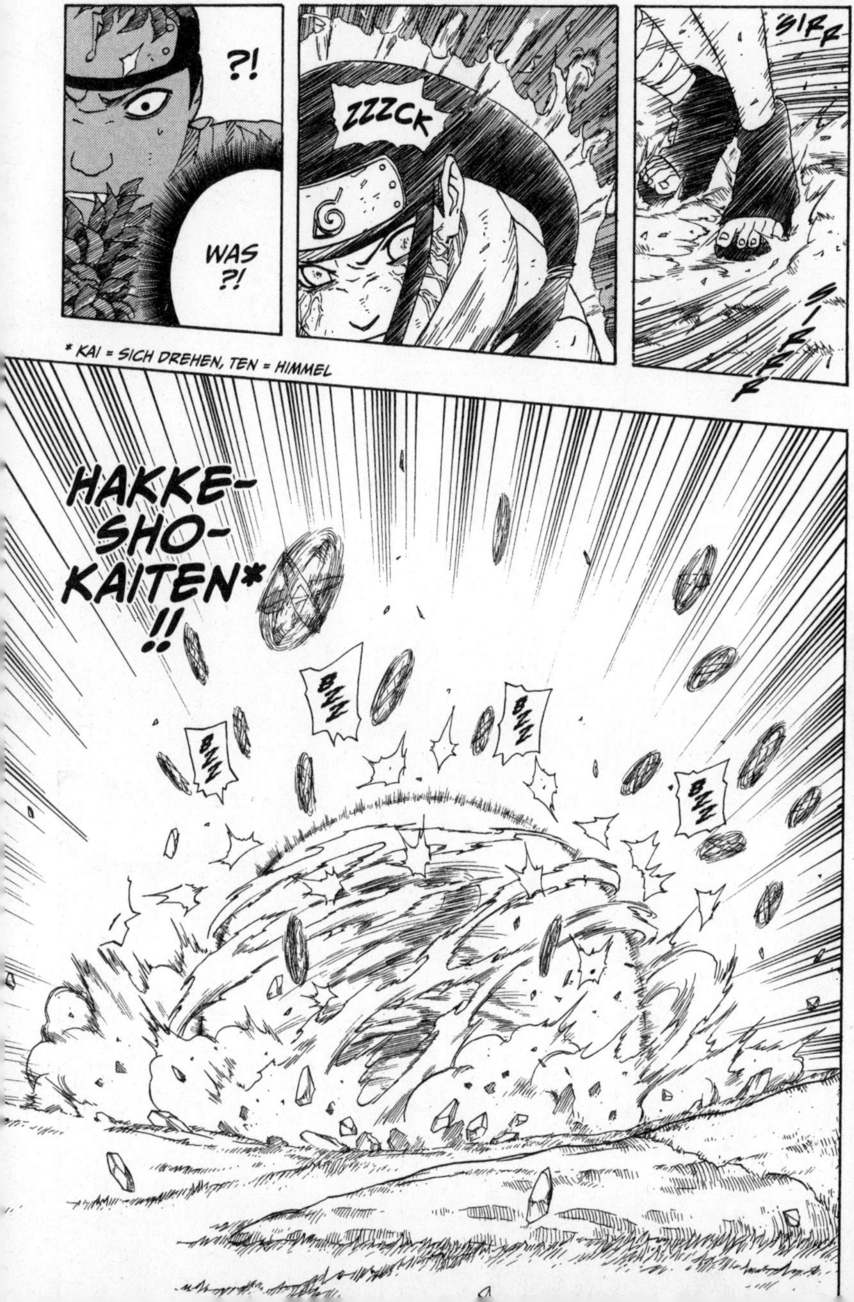

* KAI = SICH DREHEN, TEN = HIMMEL

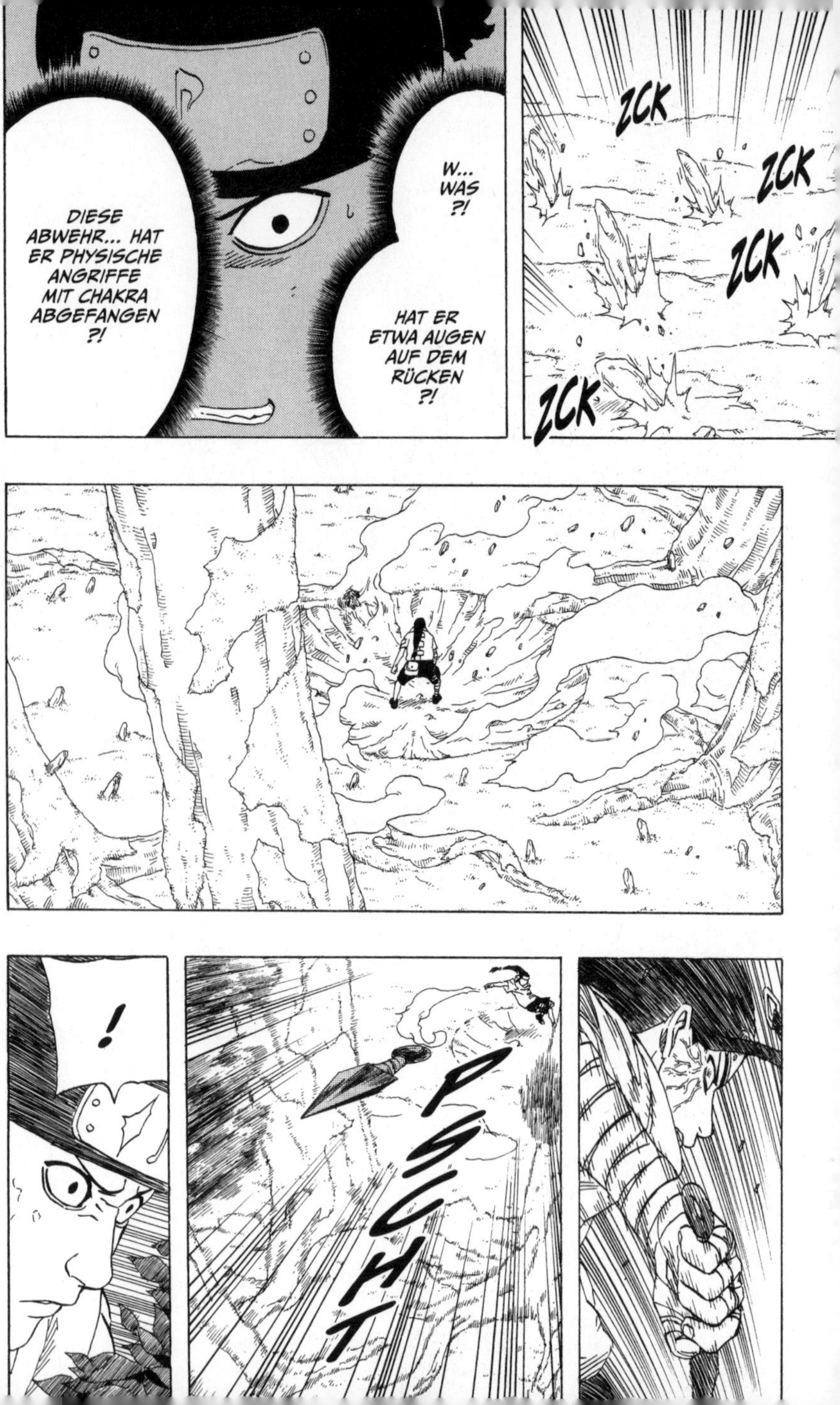
ZCK
ZCK
ZCK
ZCK
W... WAS ?!
HAT ER ETWA AUGEN AUF DEM RÜCKEN ?!
DIESE ABWEHR... HAT ER PHYSISCHE ANGRIFFE MIT CHAKRA ABGEFANGEN ?!
PSCHT
!

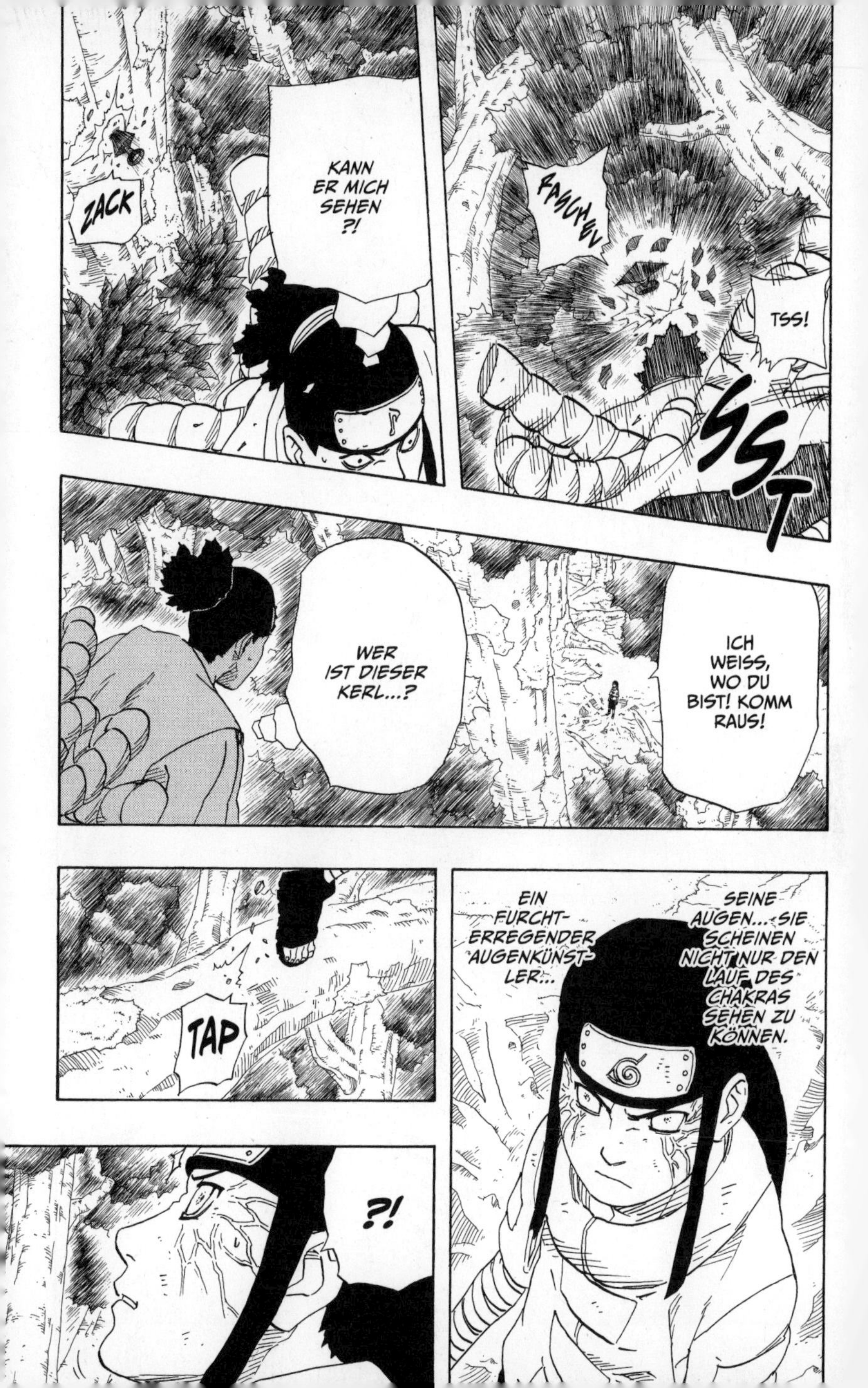
RASCHEL
TSS!
SST
ZACK
KANN ER MICH SEHEN ?!
ICH WEISS, WO DU BIST! KOMM RAUS!
WER IST DIESER KERL...?
SEINE AUGEN... SIE SCHEINEN NICHT NUR DEN LAUF DES CHAKRAS SEHEN ZU KÖNNEN.
EIN FURCHTERREGENDER AUGENKÜNSTLER...
TAP
?!

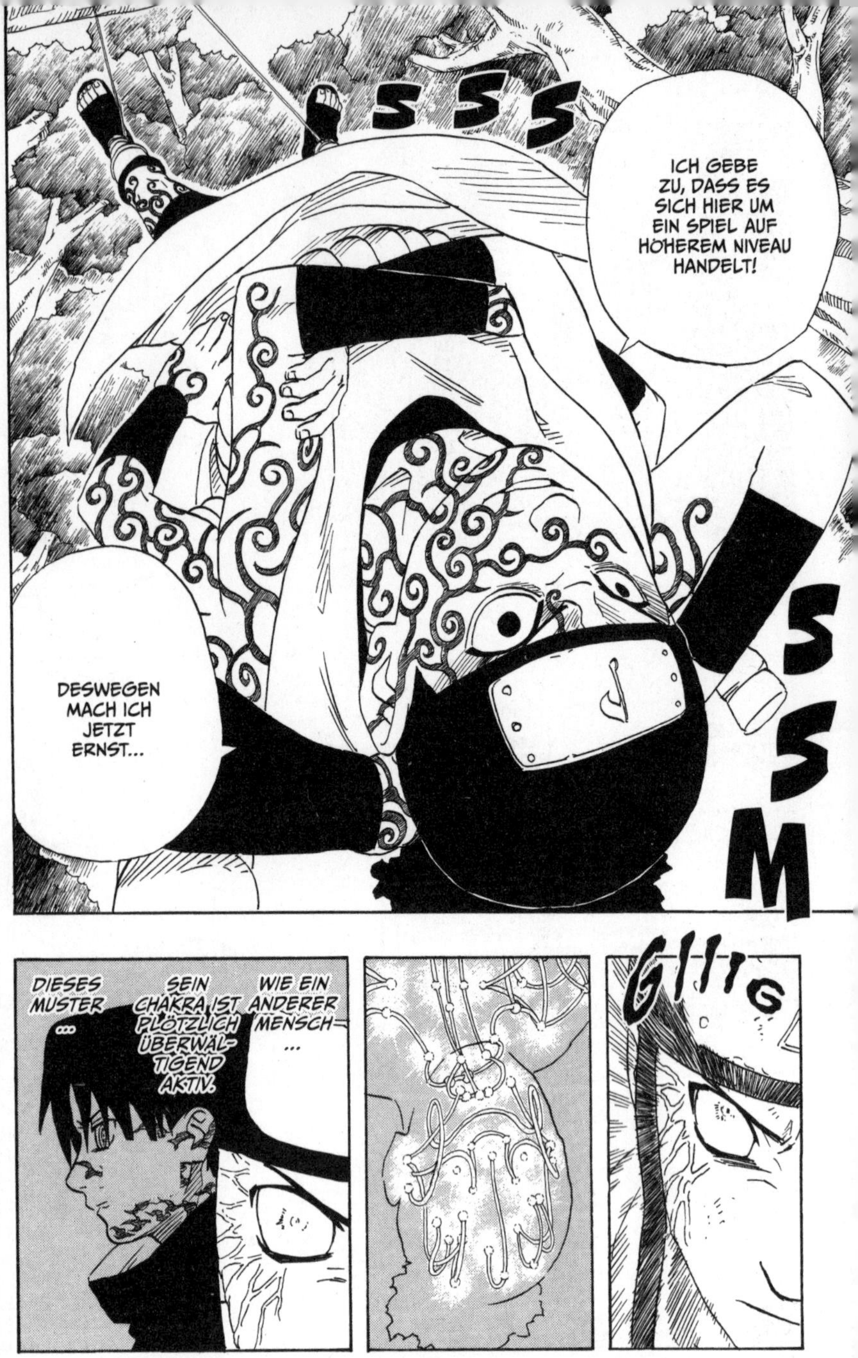

SSS
ICH GEBE ZU, DASS ES SICH HIER UM EIN SPIEL AUF HÖHEREM NIVEAU HANDELT!
DESWEGEN MACH ICH JETZT ERNST…
SSSM
WIE EIN ANDERER MENSCH- …
SEIN CHAKRA IST PLÖTZLICH ÜBERWÄL-TIGEND AKTIV.
DIESES MUSTER …

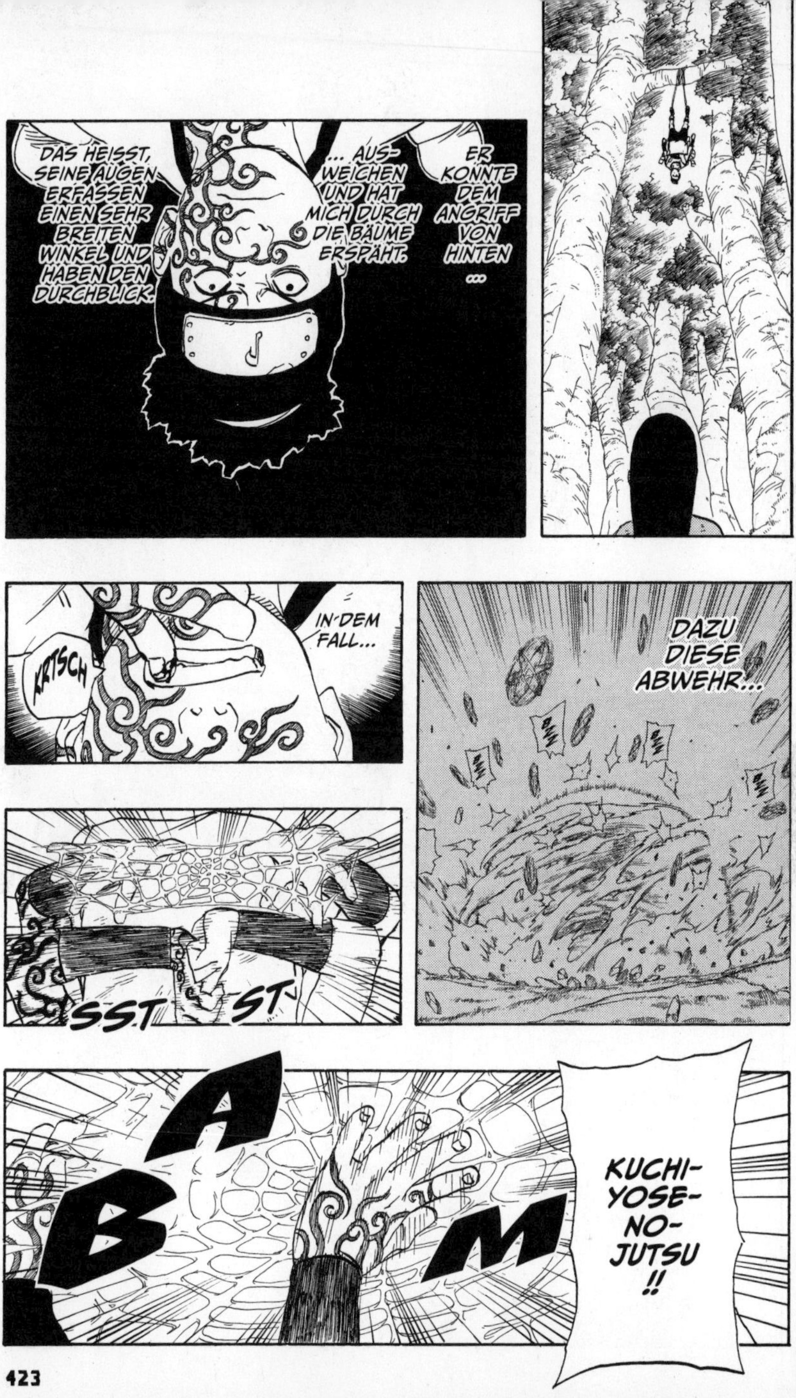
ER KONNTE DEM ANGRIFF VON HINTEN ...
... AUSWEICHEN UND HAT MICH DURCH DIE BÄUME ERSPÄHT.
DAS HEISST, SEINE AUGEN ERFASSEN EINEN SEHR BREITEN WINKEL UND HABEN DEN DURCHBLICK.
DAZU DIESE ABWEHR...
IN DEM FALL...
KRTSCH
SST ST
KUCHI-YOSE-NO-JUTSU !!
BAM

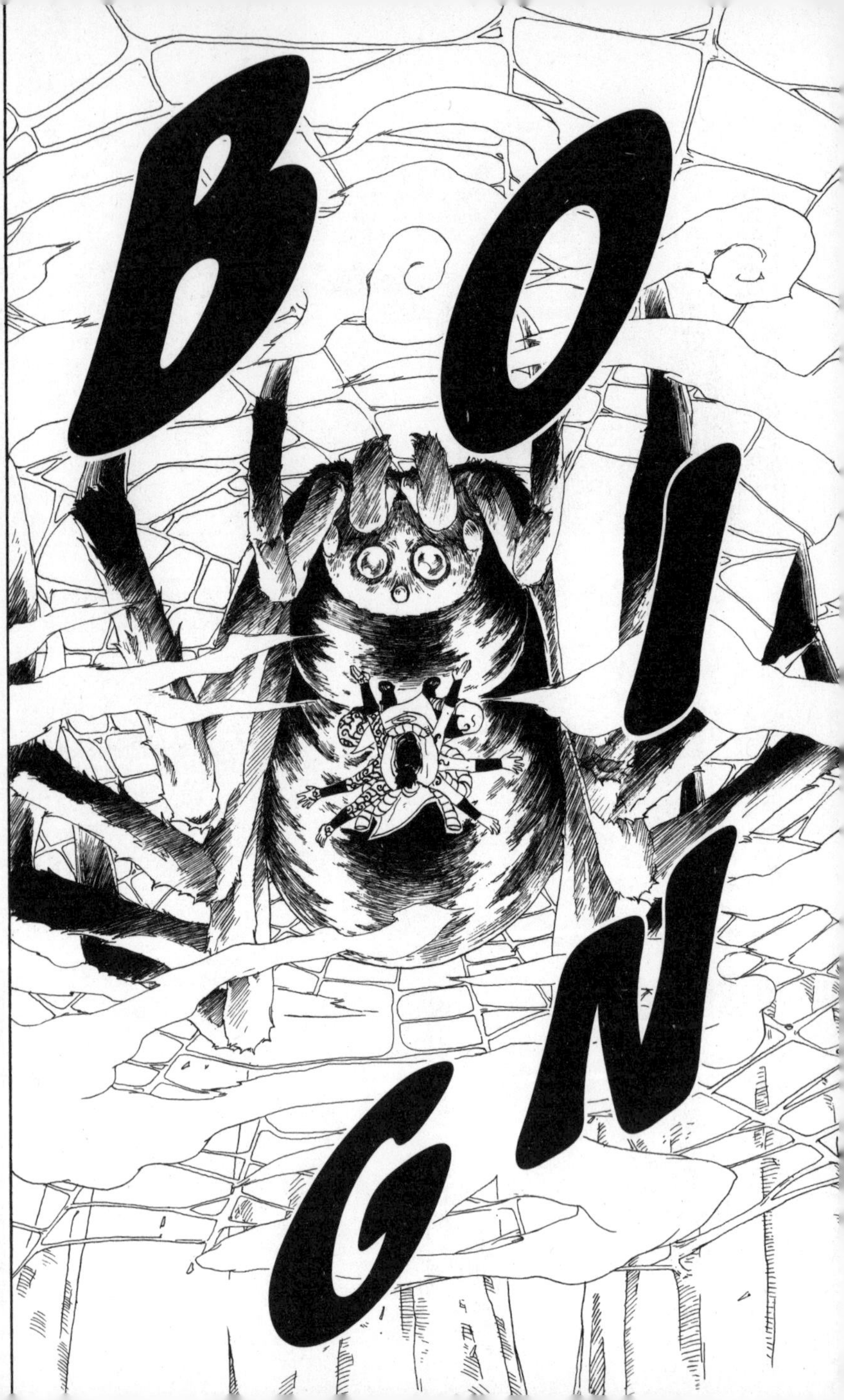
BOING

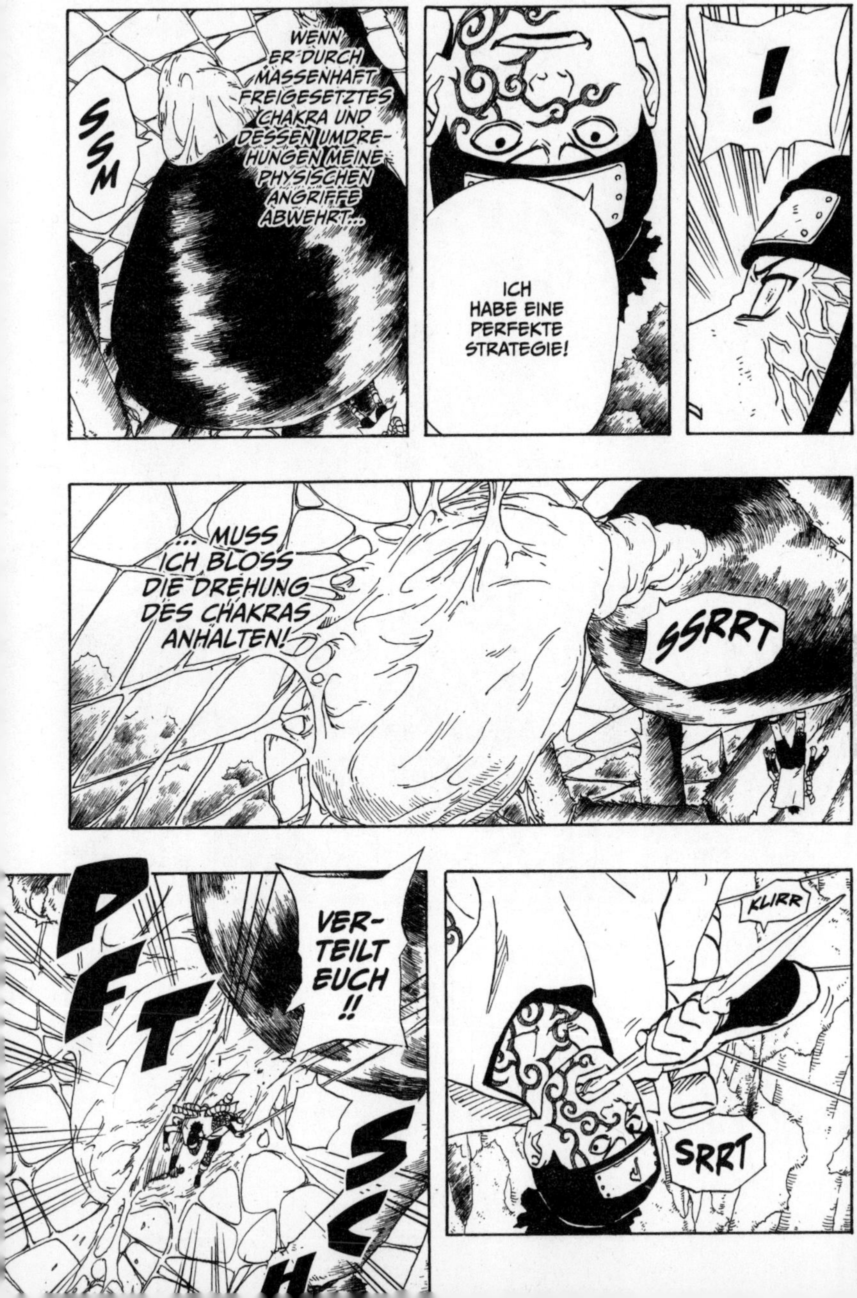
!
ICH HABE EINE PERFEKTE STRATEGIE!
WENN ER DURCH MASSENHAFT FREIGESETZTES CHAKRA UND DESSEN UMDREHUNGEN MEINE PHYSISCHEN ANGRIFFE ABWEHRT...
SSM
... MUSS ICH BLOSS DIE DREHUNG DES CHAKRAS ANHALTEN!
SSRRT
KLIRR
SRRT
VERTEILT EUCH!!
PFFT
SCH

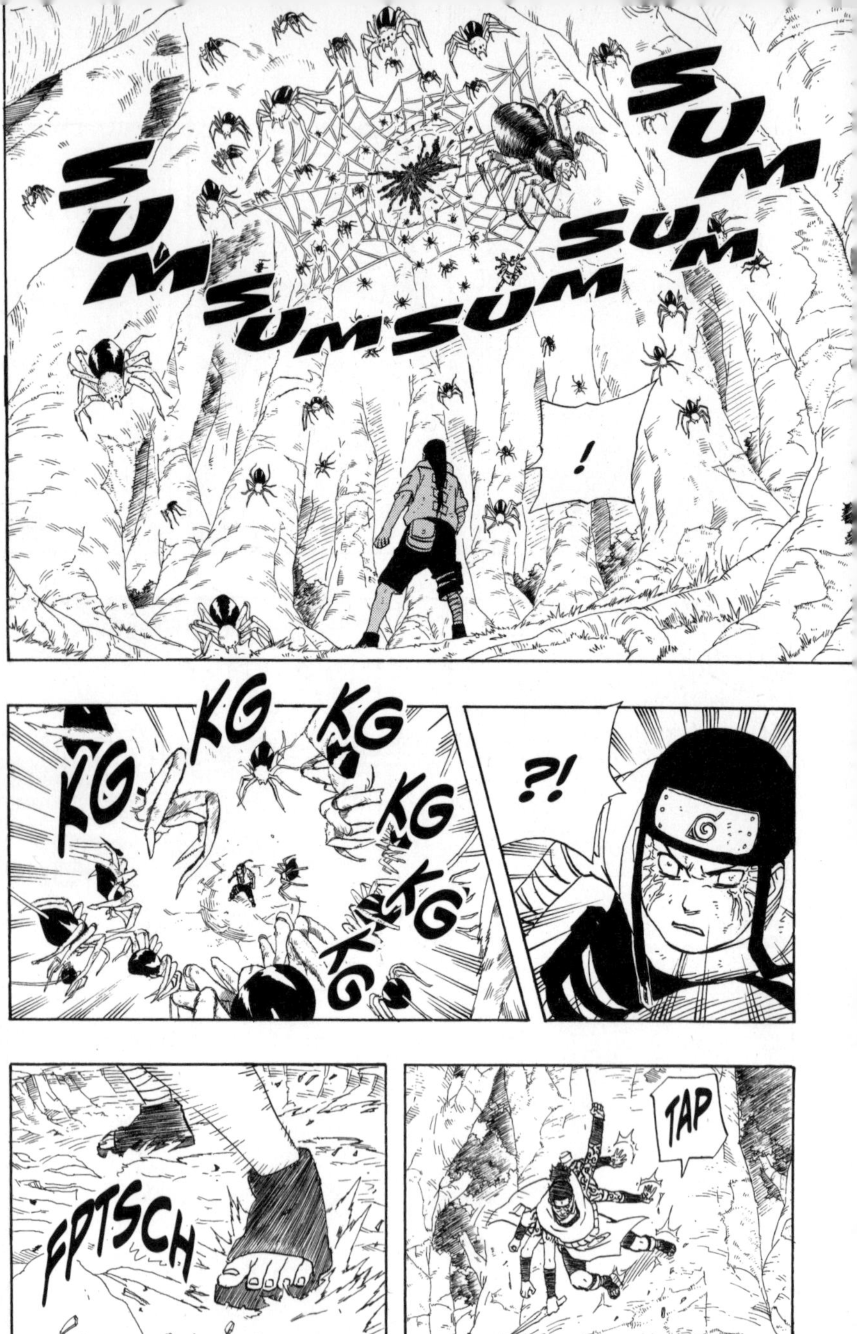
SUM
SUM
SUMSUM
SUM
!
?!
KG KG KG KG KG KG
KG KG KG
TAP
FPTSCH

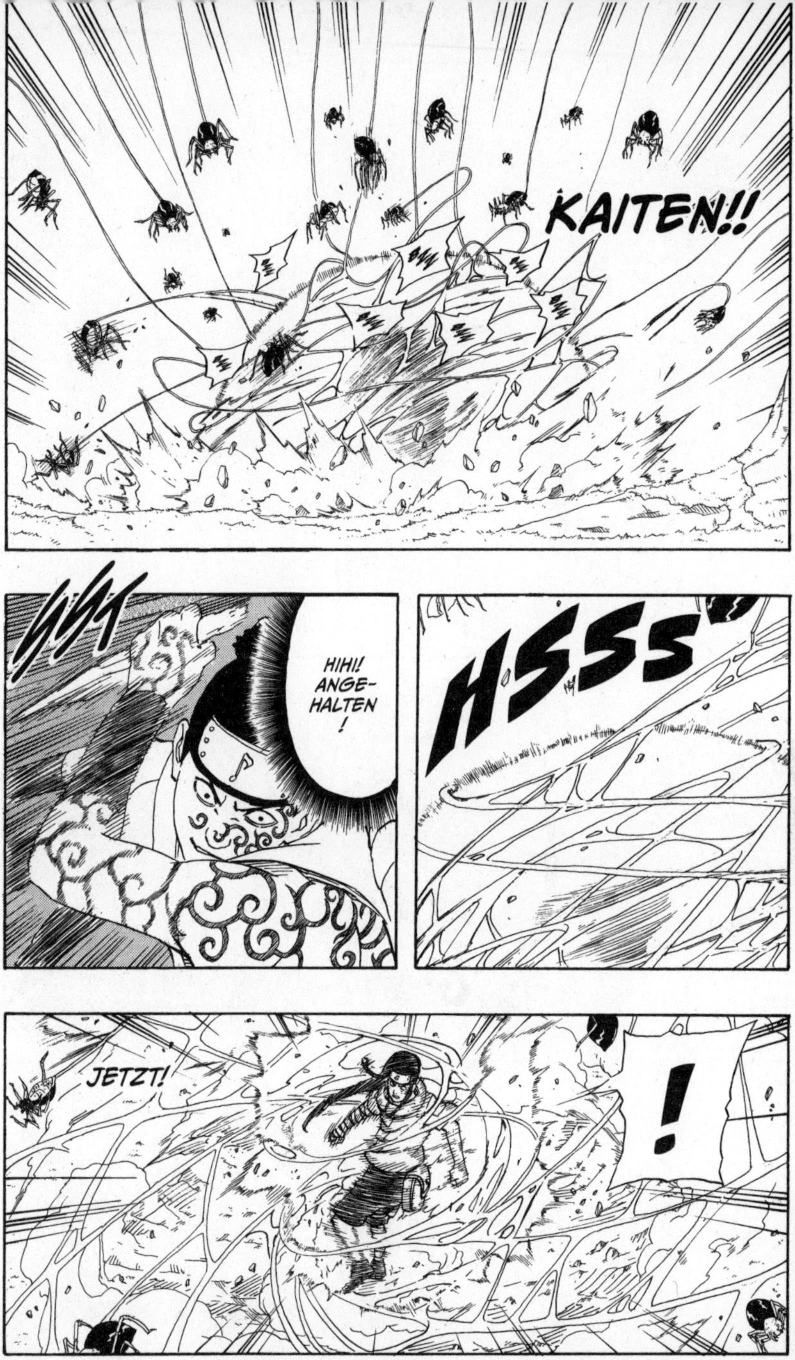
KAITEN!!
HSSS
HIHI! ANGE-
HALTEN
!
JETZT!
!

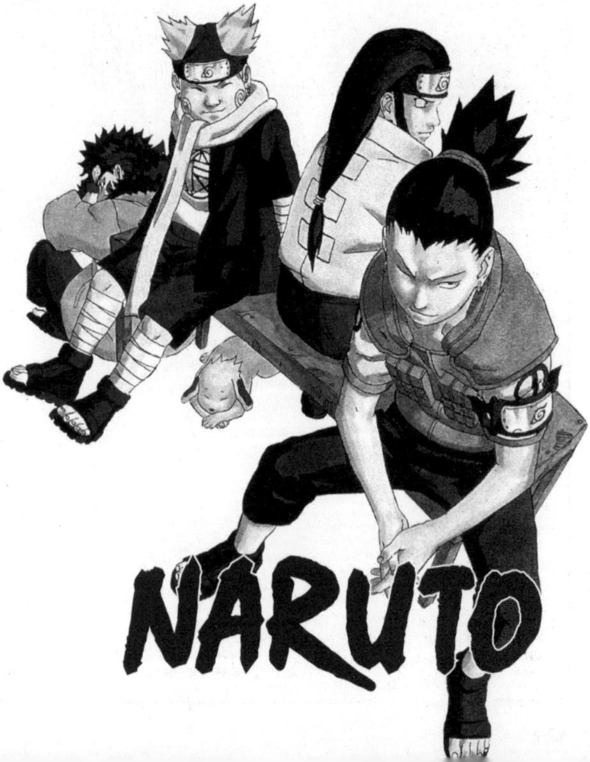
NARUTO

195. Kapitel: Strategien

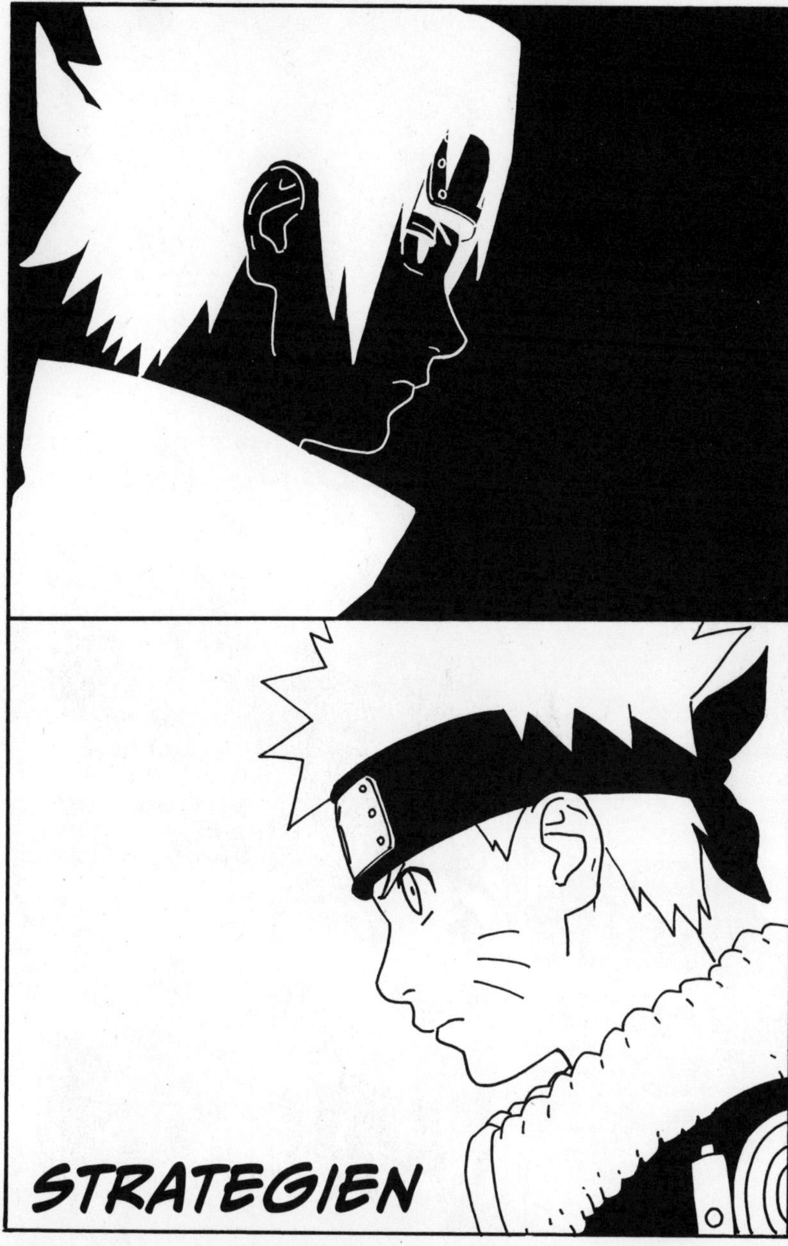

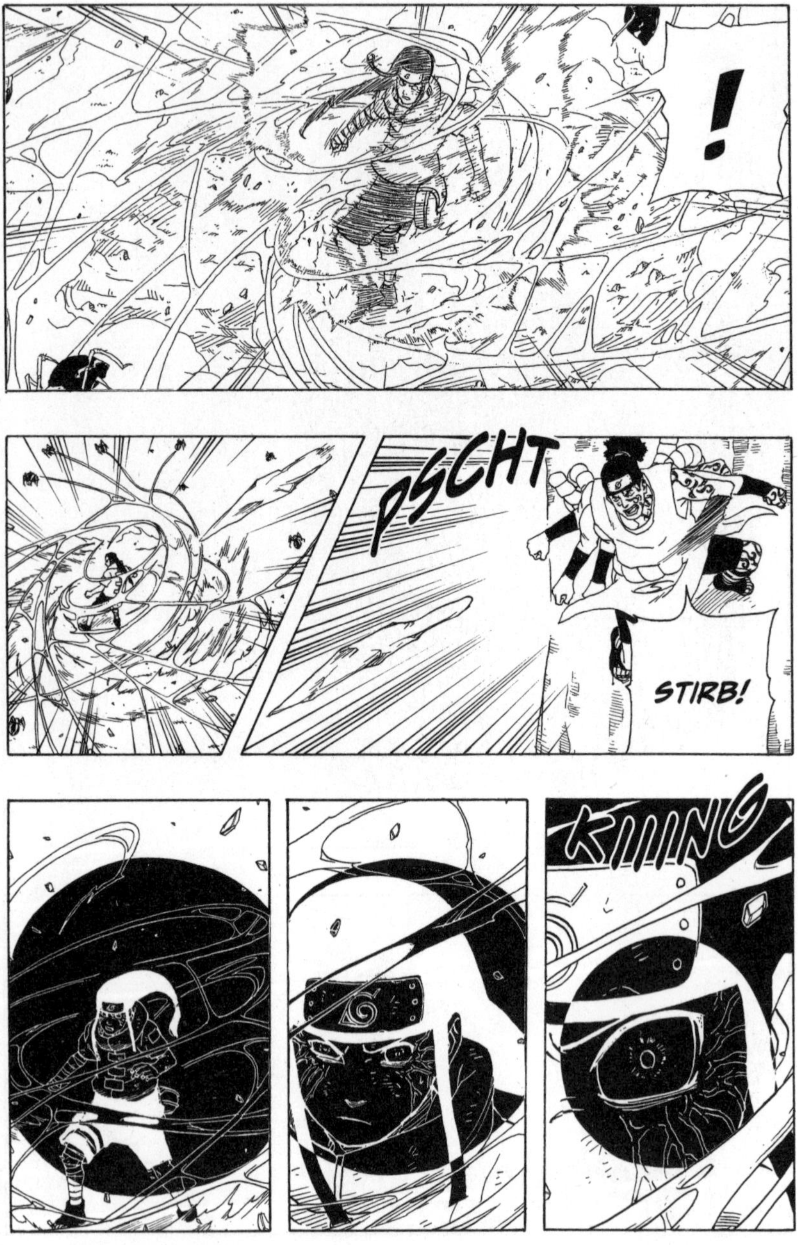
!
PSCHT
STIRB!
KIIIING

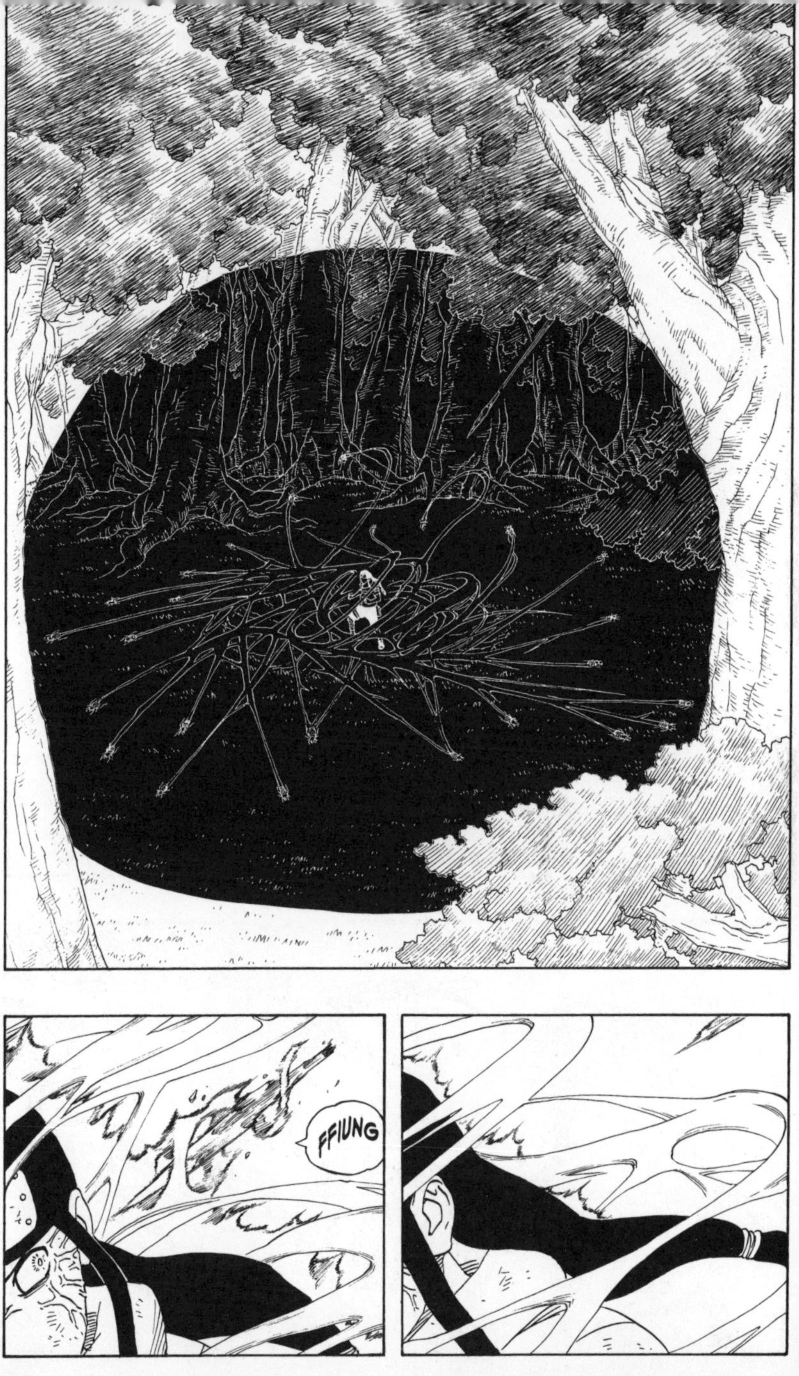
FFIUNG

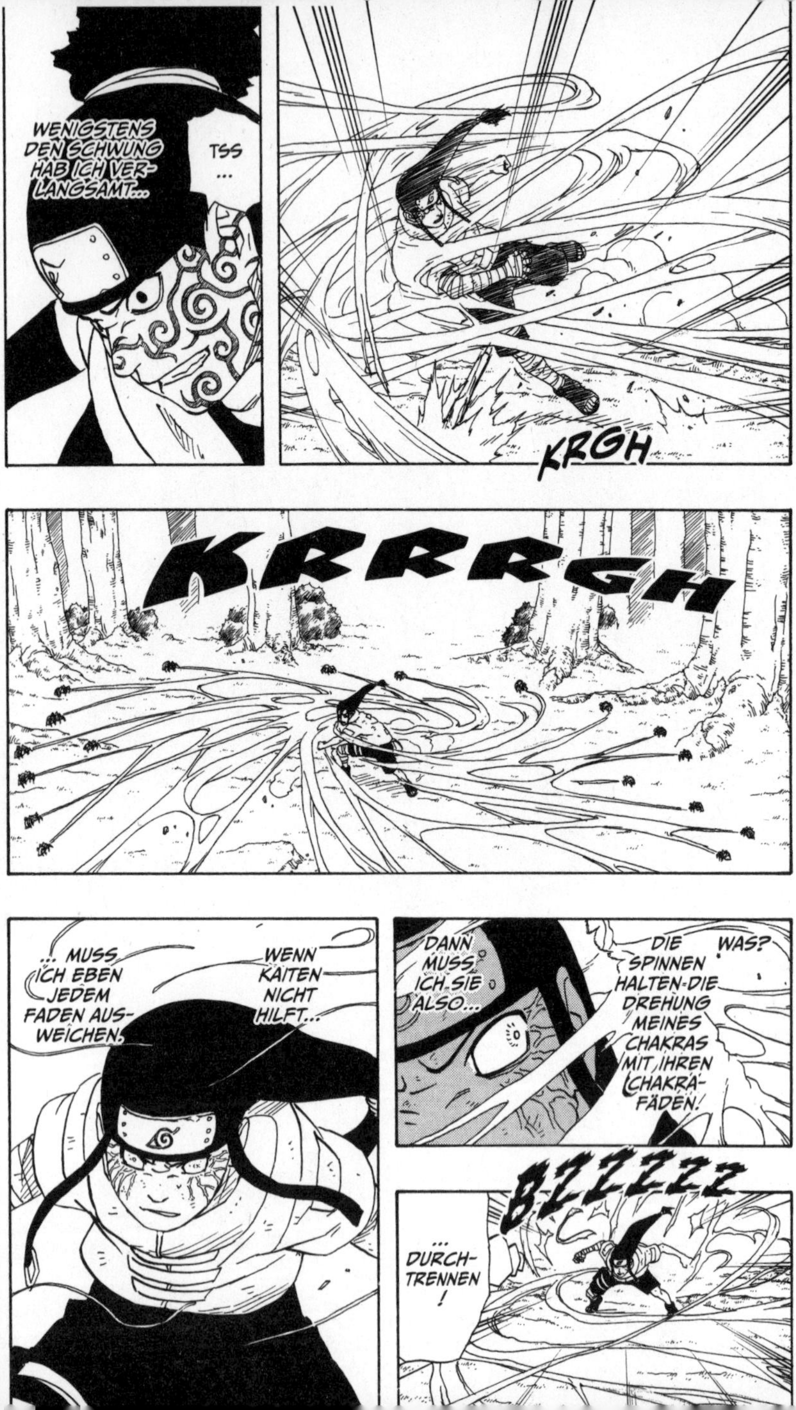
WENIGSTENS DEN SCHWUNG HAB ICH VERLANGSAMT...
TSS ...
KRGH
KRRRGH
WENN KAITEN NICHT HILFT...
... MUSS ICH EBEN JEDEM FADEN AUSWEICHEN.
DIE SPINNEN HALTEN DIE DREHUNG MEINES CHAKRAS MIT IHREN CHAKRAFÄDEN!
WAS?
DANN MUSS ICH SIE ALSO...
BZZZZZ
... DURCHTRENNEN!

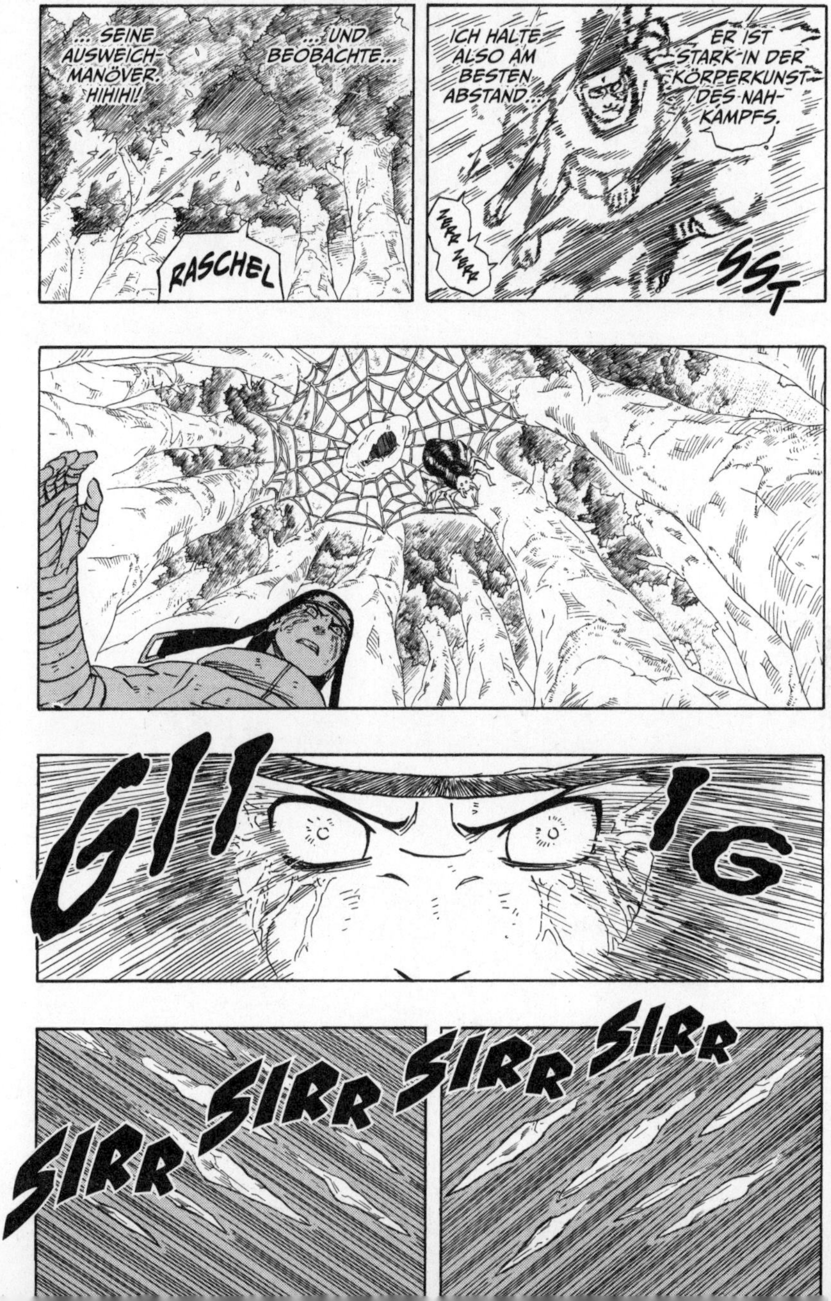
ER IST STARK IN DER KÖRPERKUNST DES NAHKAMPFS.
ICH HALTE ALSO AM BESTEN ABSTAND...
ZERR ZERR
SST
... UND BEOBACHTE...
... SEINE AUSWEICH-MANÖVER. HIHIHI!
RASCHEL
GIIIG
SIRR SIRR SIRR SIRR

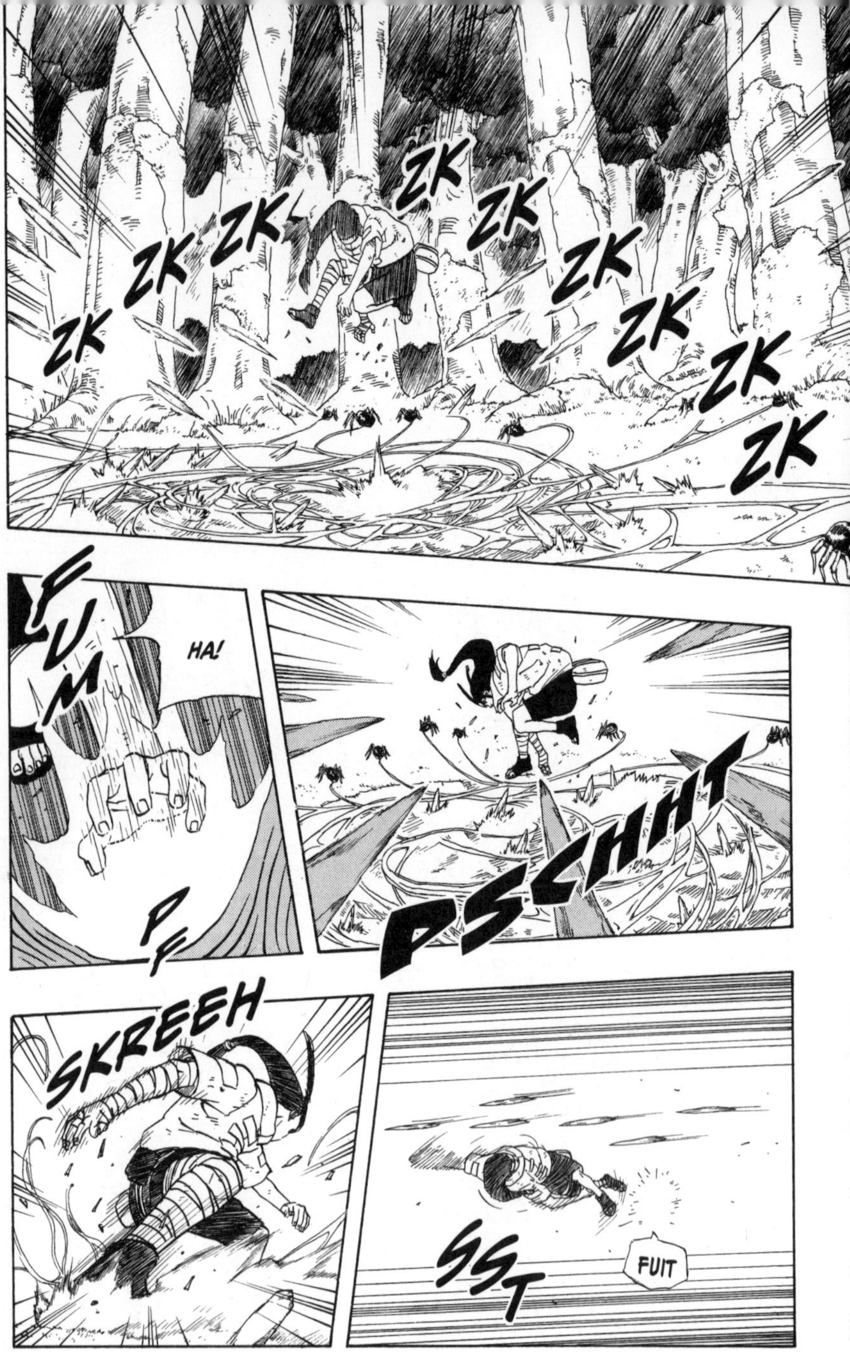
ZK
ZK
ZK
ZK
ZK
ZK
ZK
ZK
ZK
ZK
PSCHHT
FUM
HA!
PF
SST
FUIT
SKREEH

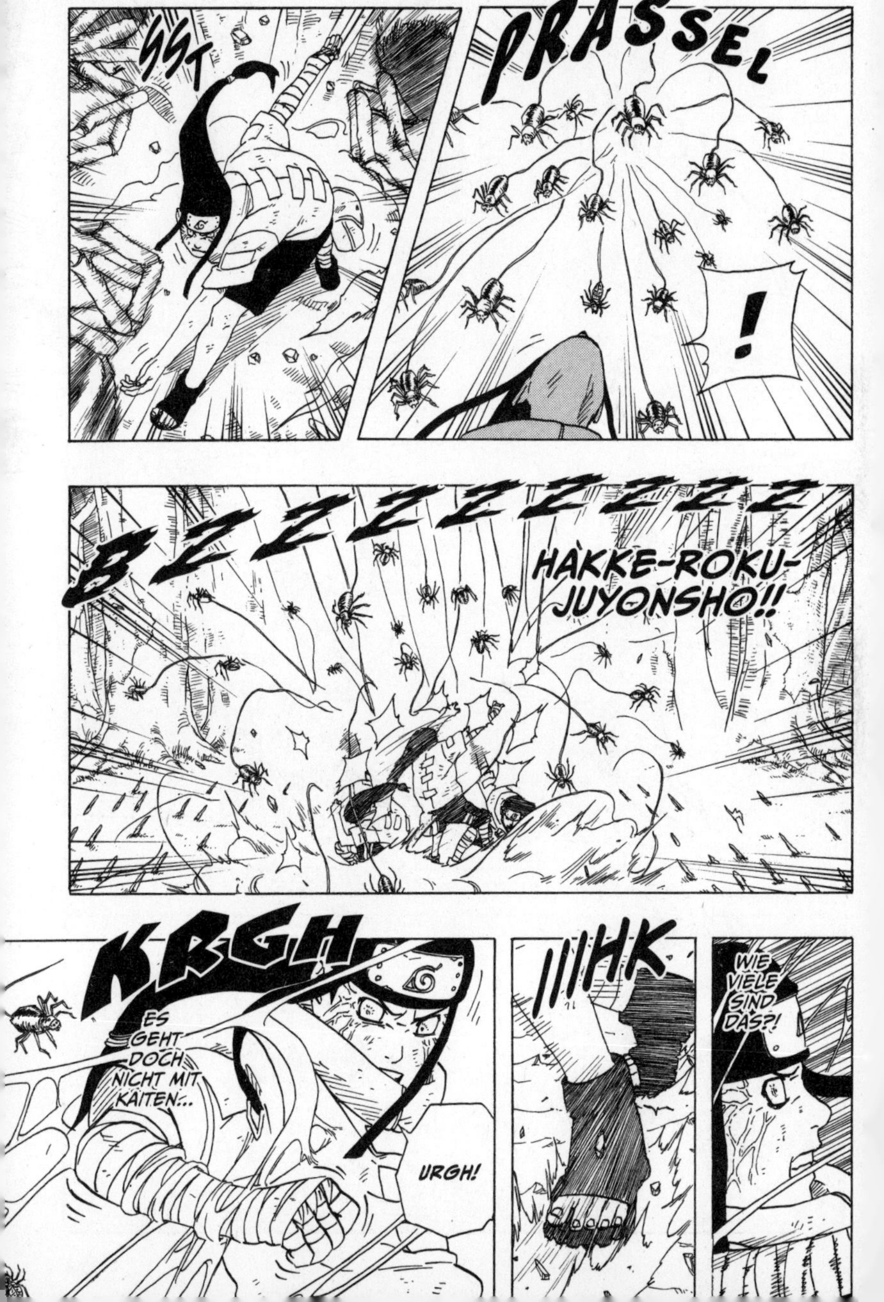
PRASSEL
!
SST
BZZZZZZZZZZ
HAKKE-ROKU-JUYONSHO!!
WIE VIELE SIND DAS?!
HK
KRGH
ES GEHT DOCH NICHT MIT KAITEN...
URGH!

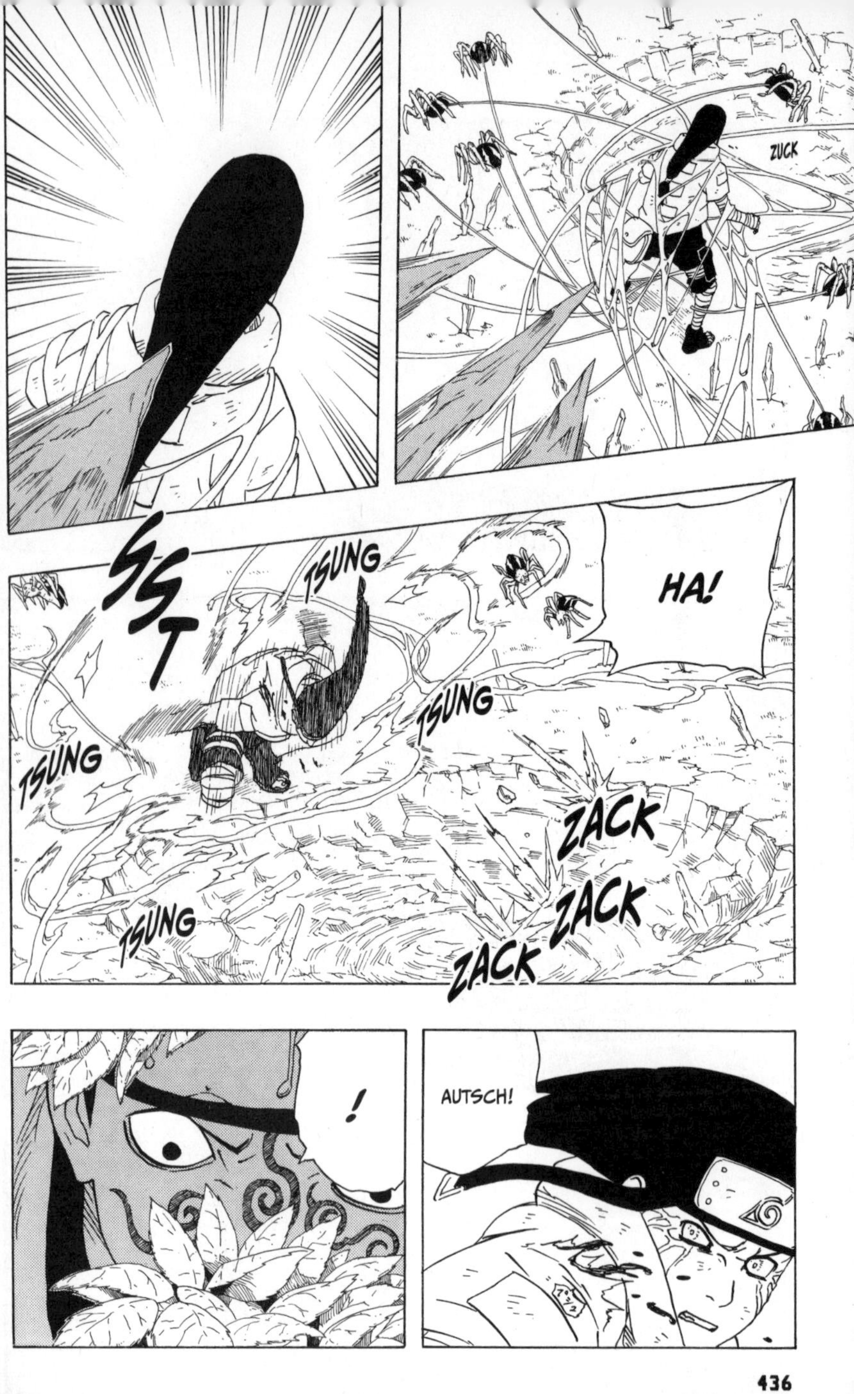
ZUCK
HA!
TSUNG
SST
TSUNG
TSUNG
TSUNG
ZACK
ZACK
ZACK
AUTSCH!
!

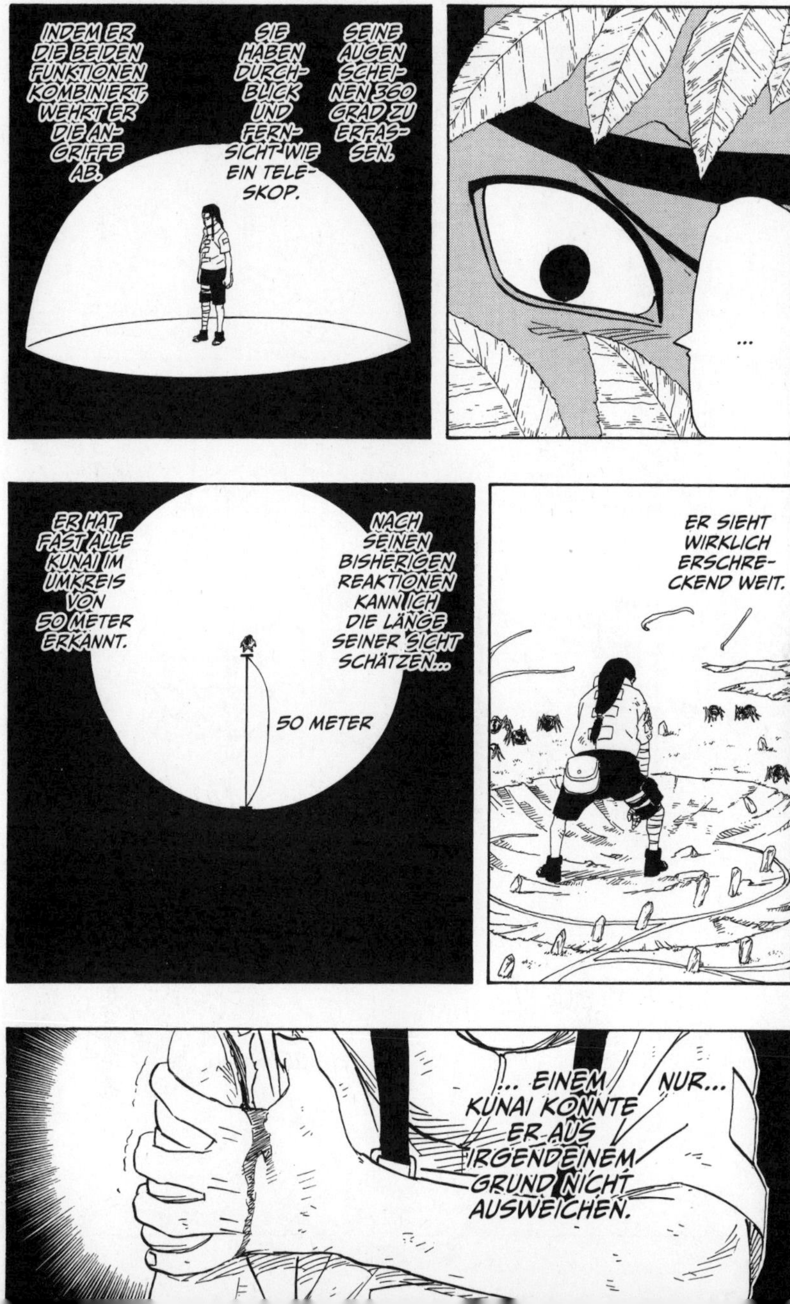
...
SEINE AUGEN SCHEINEN 360 GRAD ZU ERFASSEN.
SIE HABEN DURCHBLICK UND FERNSICHT WIE EIN TELESKOP.
INDEM ER DIE BEIDEN FUNKTIONEN KOMBINIERT, WEHRT ER DIE ANGRIFFE AB.
ER SIEHT WIRKLICH ERSCHRECKEND WEIT.
NACH SEINEN BISHERIGEN REAKTIONEN KANN ICH DIE LÄNGE SEINER SICHT SCHÄTZEN...
ER HAT FAST ALLE KUNAI IM UMKREIS VON 50 METER ERKANNT.
50 METER
NUR...
... EINEM KUNAI KONNTE ER AUS IRGENDEINEM GRUND NICHT AUSWEICHEN.

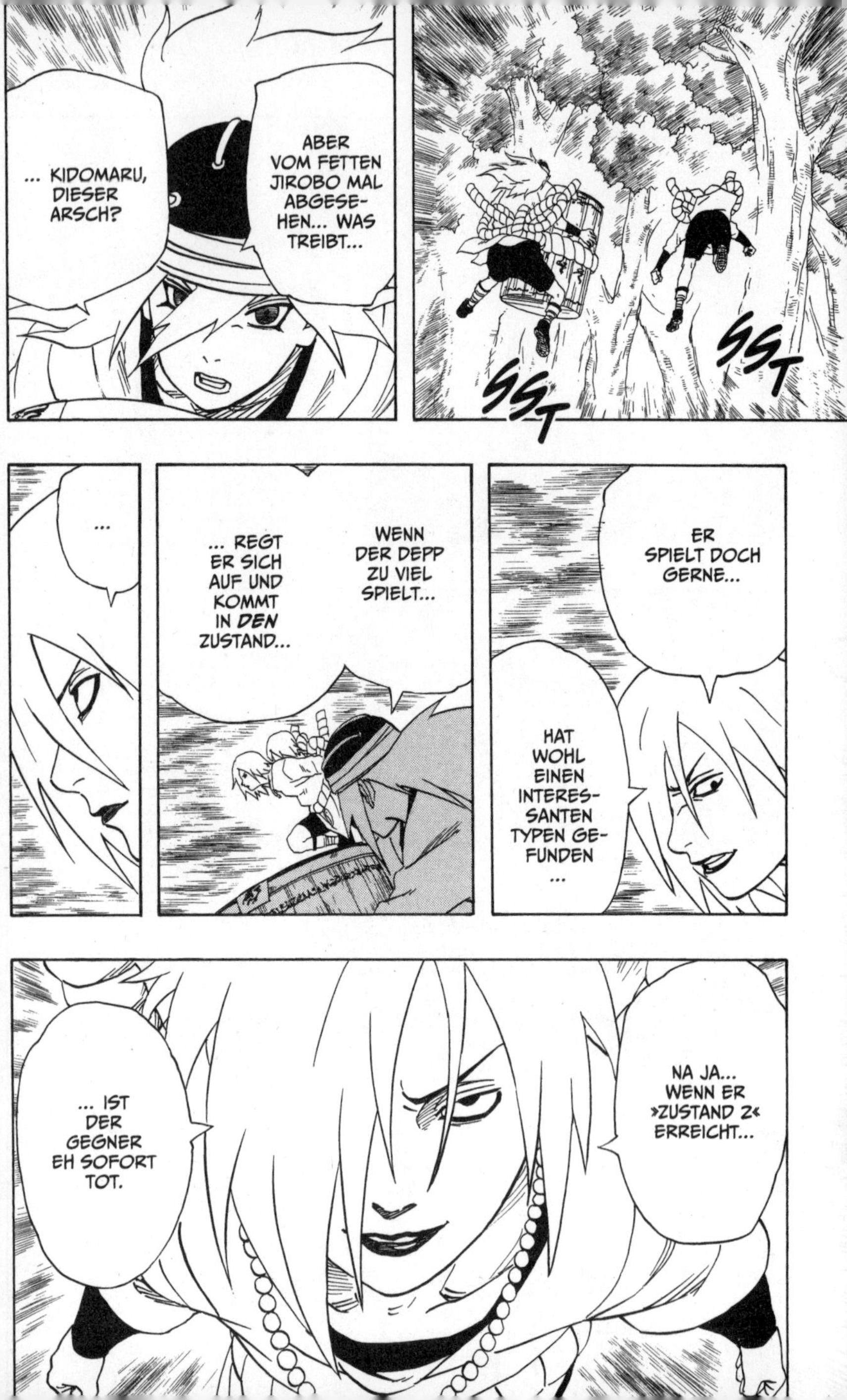
SST
SST
ABER VOM FETTEN JIROBO MAL ABGESEHEN... WAS TREIBT...
... KIDOMARU, DIESER ARSCH?
ER SPIELT DOCH GERNE...
HAT WOHL EINEN INTERESSANTEN TYPEN GEFUNDEN ...
WENN DER DEPP ZU VIEL SPIELT...
... REGT ER SICH AUF UND KOMMT IN *DEN* ZUSTAND...
...
NA JA... WENN ER »ZUSTAND 2« ERREICHT...
... IST DER GEGNER EH SOFORT TOT.

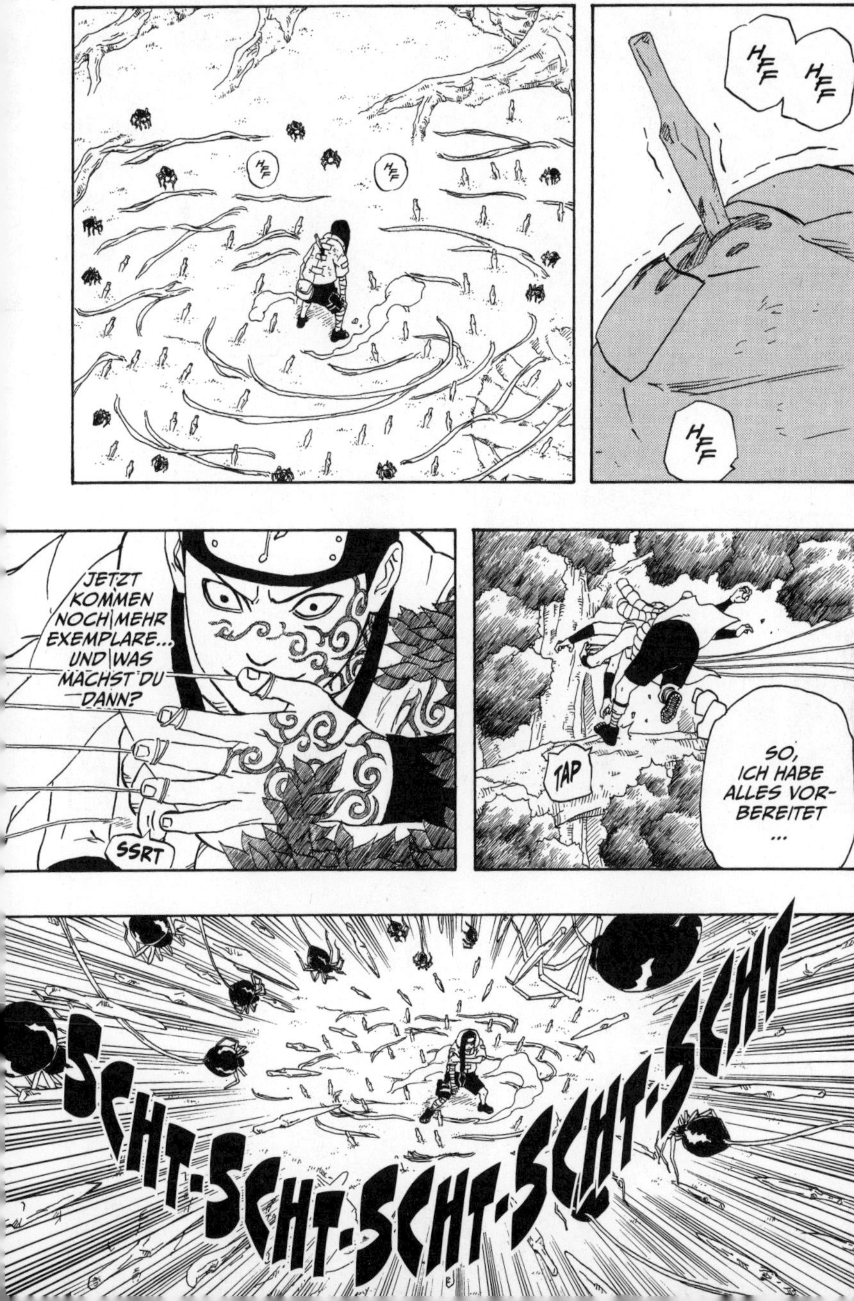
HFF HFF
HFF
HFF
HFF
SO, ICH HABE ALLES VORBEREITET ...
TAP
JETZT KOMMEN NOCH MEHR EXEMPLARE... UND WAS MACHST DU DANN?
SSRT
SCHT-SCHT-SCHT-SCHT-SCHT

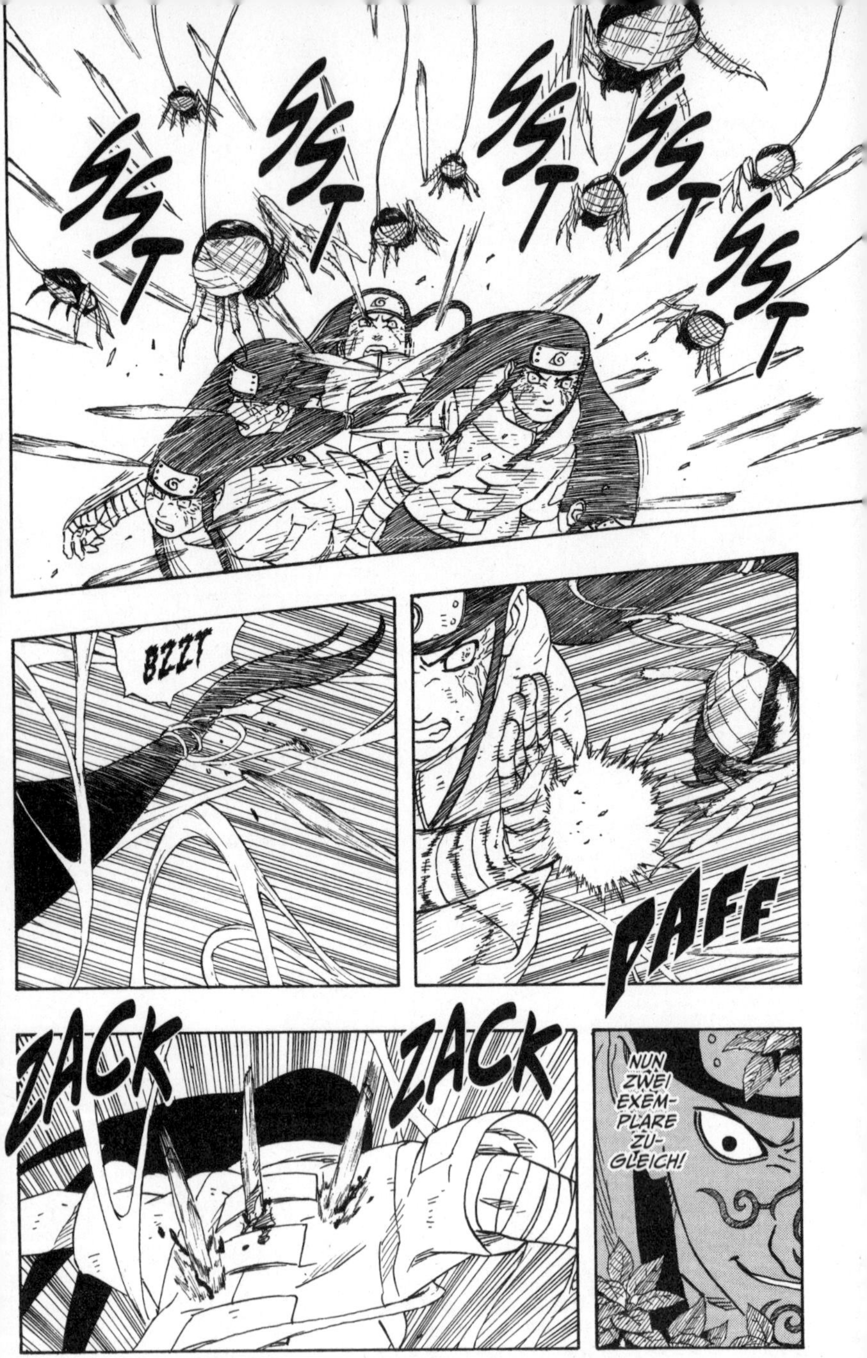
SST
SST
SST
SST
SST
SST
BZZT
PAFF
ZACK
ZACK
NUN ZWEI EXEM-PLARE ZU-GLEICH!

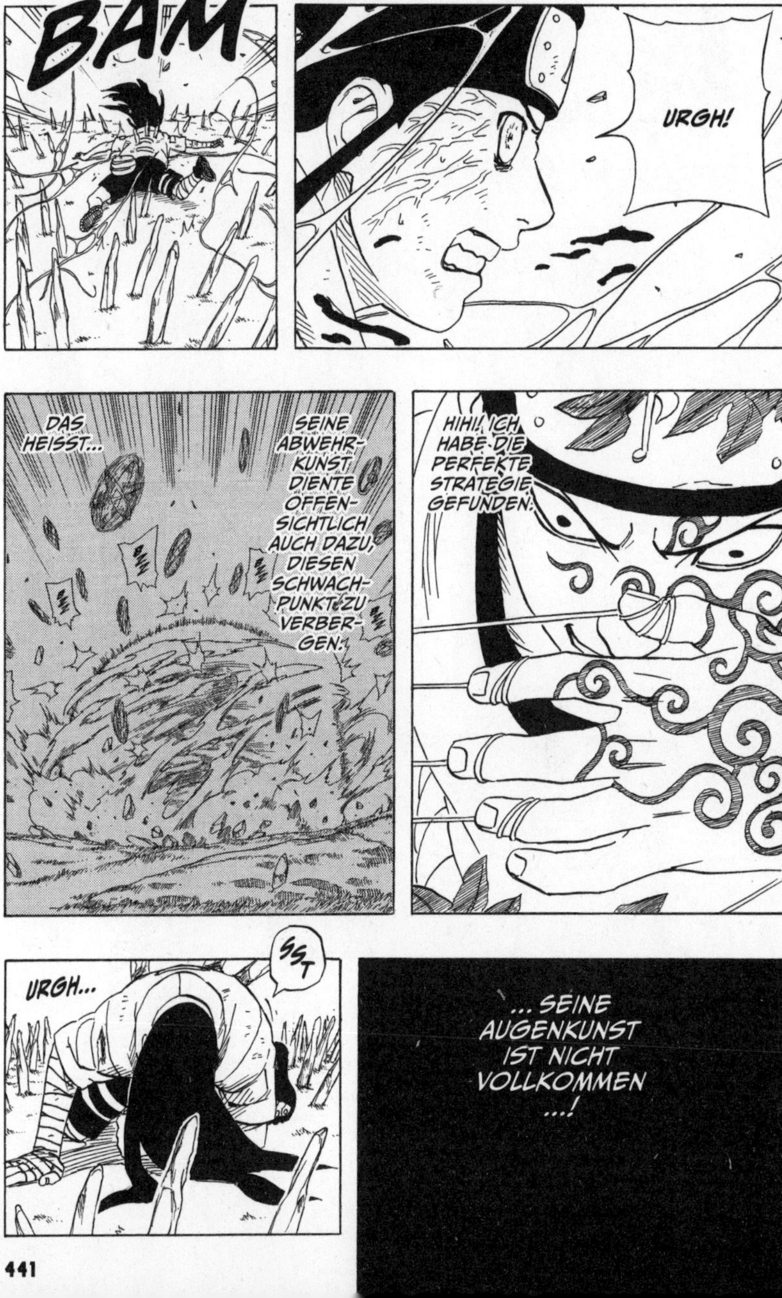
URGH!
BAM
HIHI! ICH HABE DIE PERFEKTE STRATEGIE GEFUNDEN.
SEINE ABWEHR-KUNST DIENTE OFFEN-SICHTLICH AUCH DAZU, DIESEN SCHWACH-PUNKT ZU VERBER-GEN.
DAS HEISST...
... SEINE AUGENKUNST IST NICHT VOLLKOMMEN ...!
SST
URGH...

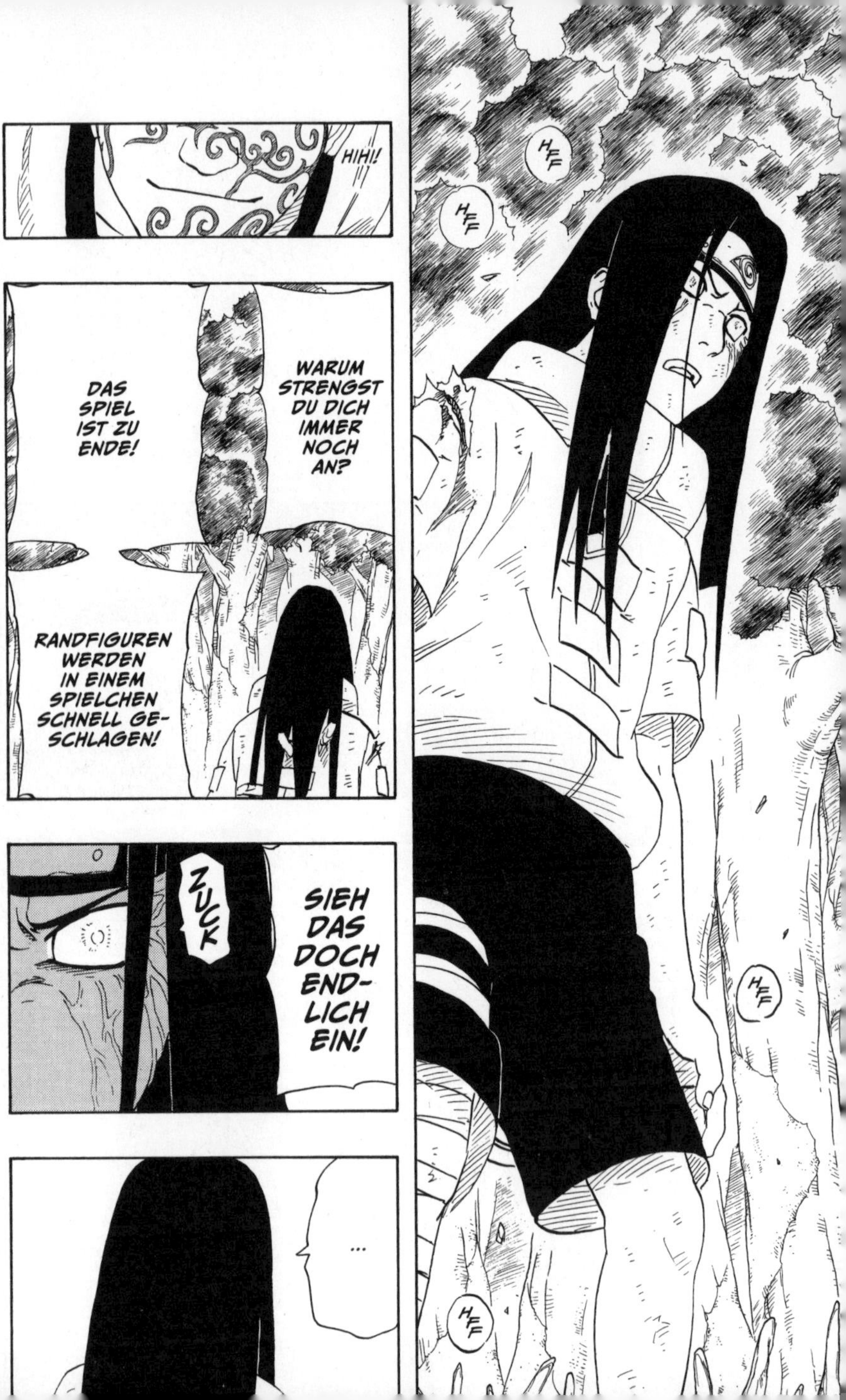

HEF
HEF
HIHI!
WARUM STRENGST DU DICH IMMER NOCH AN?
DAS SPIEL IST ZU ENDE!
RANDFIGUREN WERDEN IN EINEM SPIELCHEN SCHNELL GE-SCHLAGEN!
HEF
SIEH DAS DOCH END-LICH EIN!
ZUCK
HEF
...

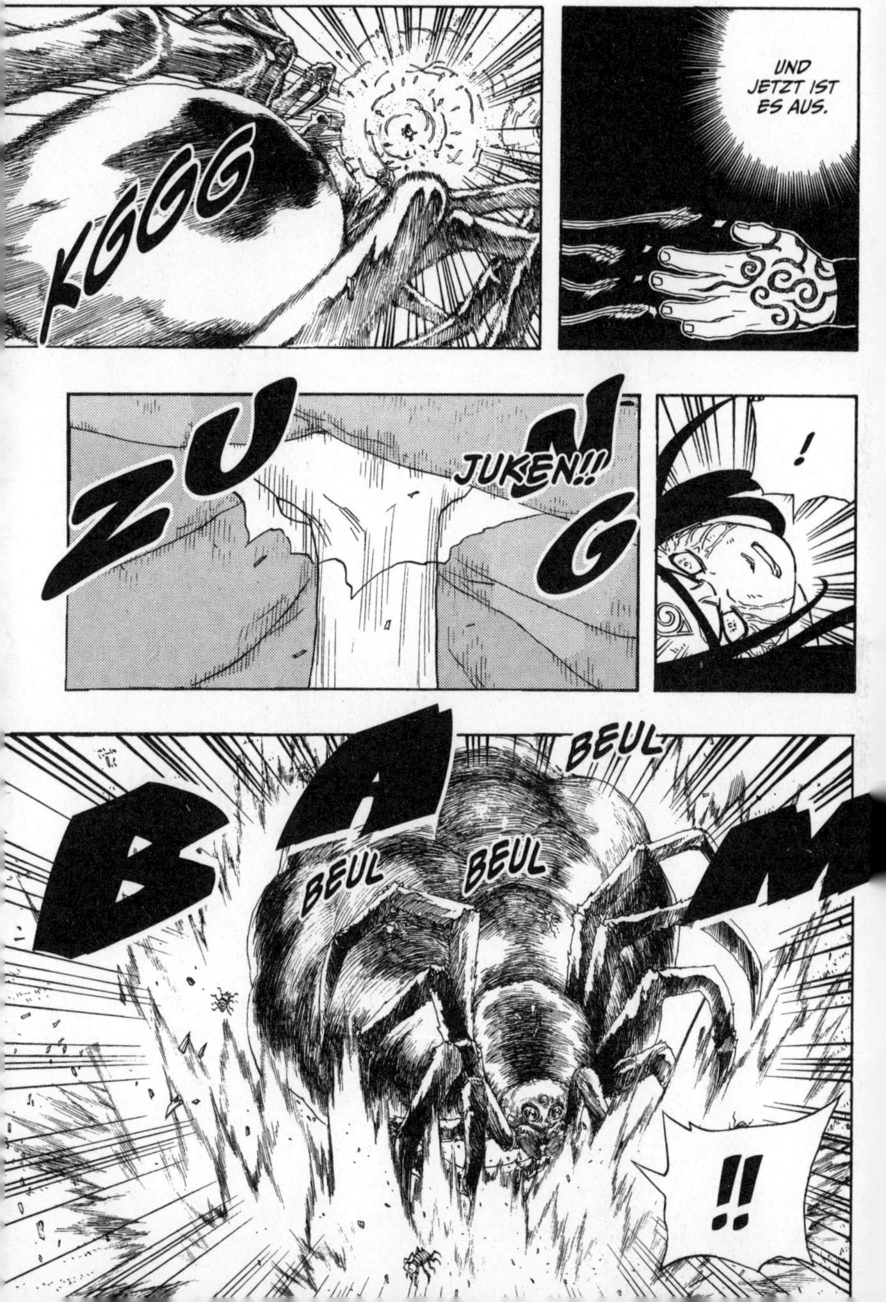
UND JETZT IST ES AUS.
KGGG
!
ZUNG
JUKEN!!
BEUL
BEUL
BEUL
BAM
!!

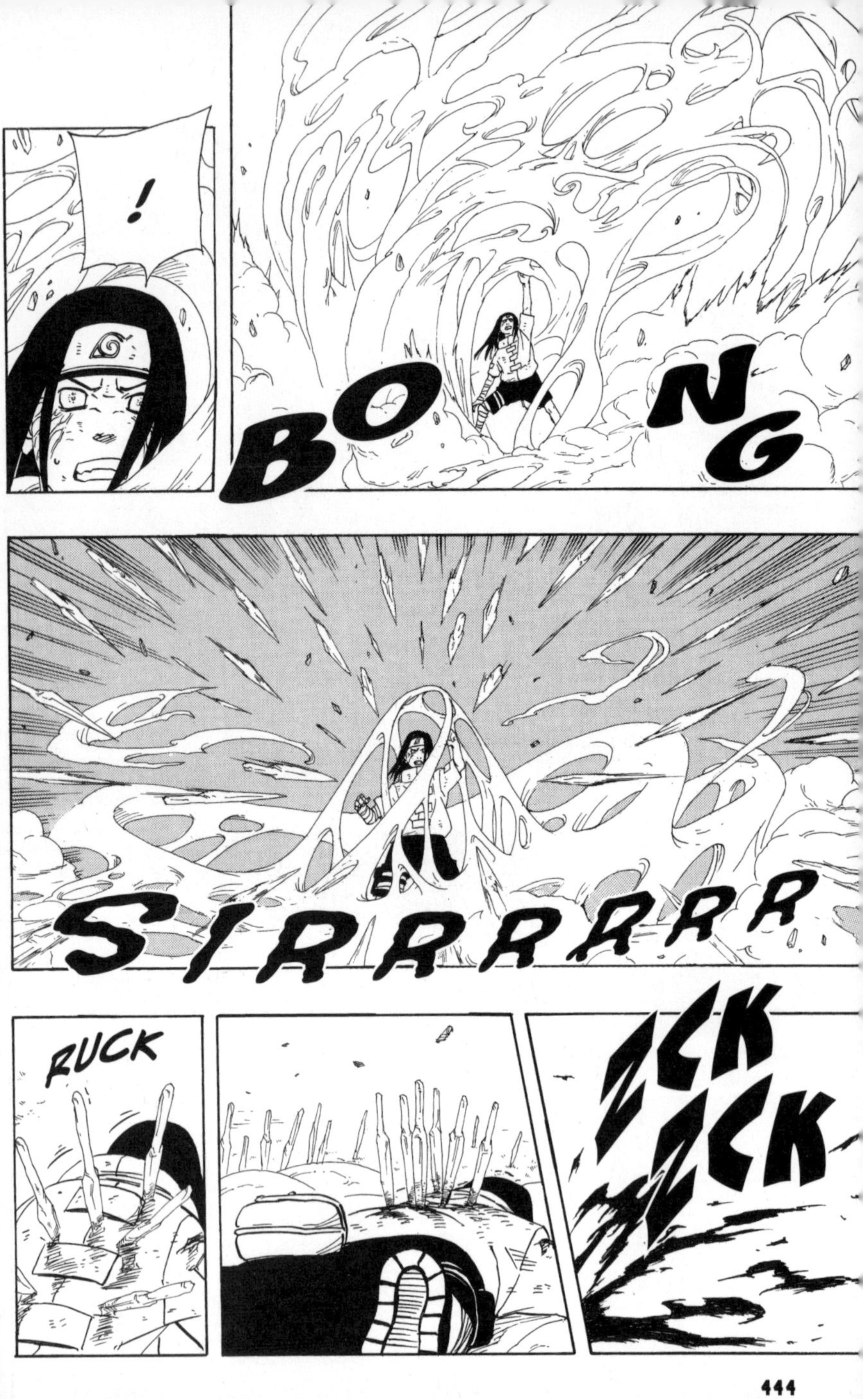
!
BONG
SIRRRRRRR
ZCK
ZCK
RUCK

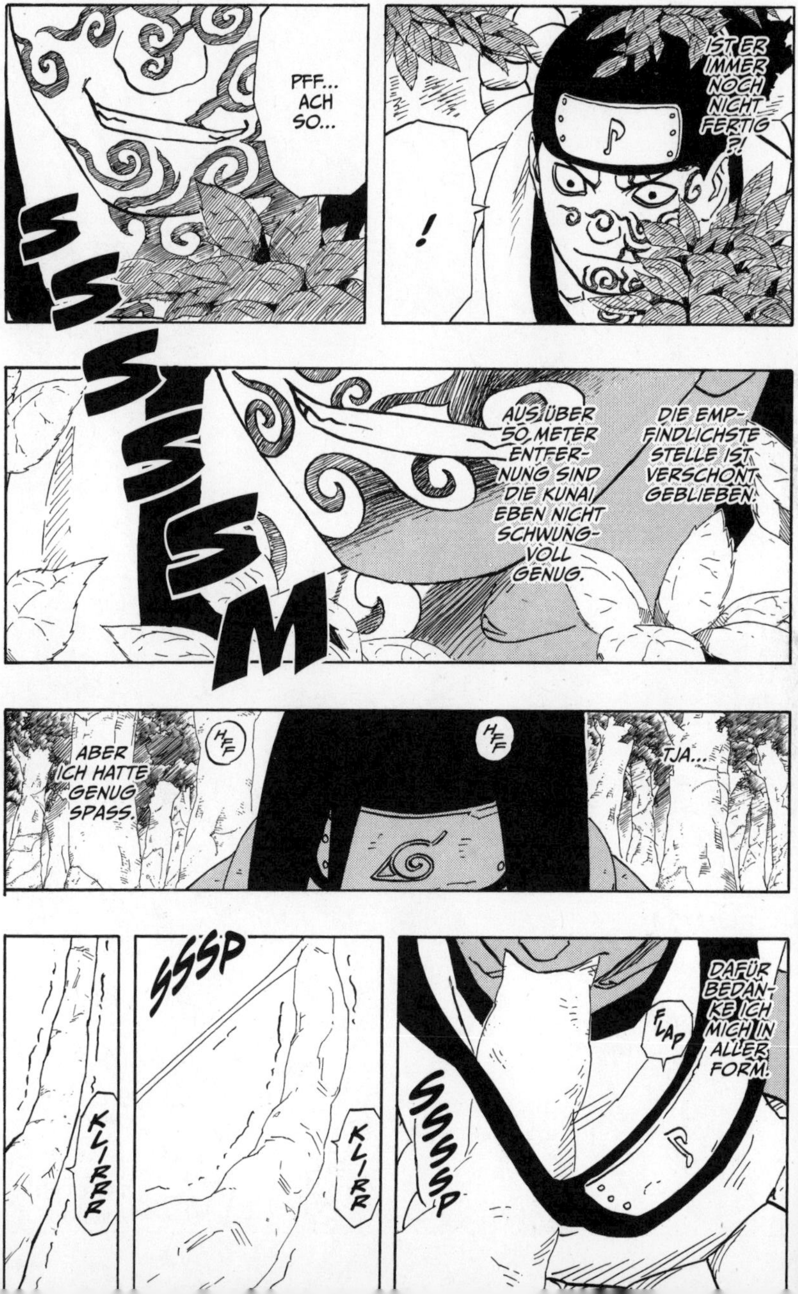
IST ER IMMER NOCH NICHT FERTIG?!
!
PFF... ACH SO...
SSSSSSSSM
DIE EMPFINDLICHSTE STELLE IST VERSCHONT GEBLIEBEN.
AUS ÜBER 50 METER ENTFERNUNG SIND DIE KUNAI EBEN NICHT SCHWUNGVOLL GENUG.
TJA...
HEF
HEF
ABER ICH HATTE GENUG SPASS.
DAFÜR BEDANKE ICH MICH IN ALLER FORM.
FLAP
SSSSP
SSSP
KLIRR
KLIRRR

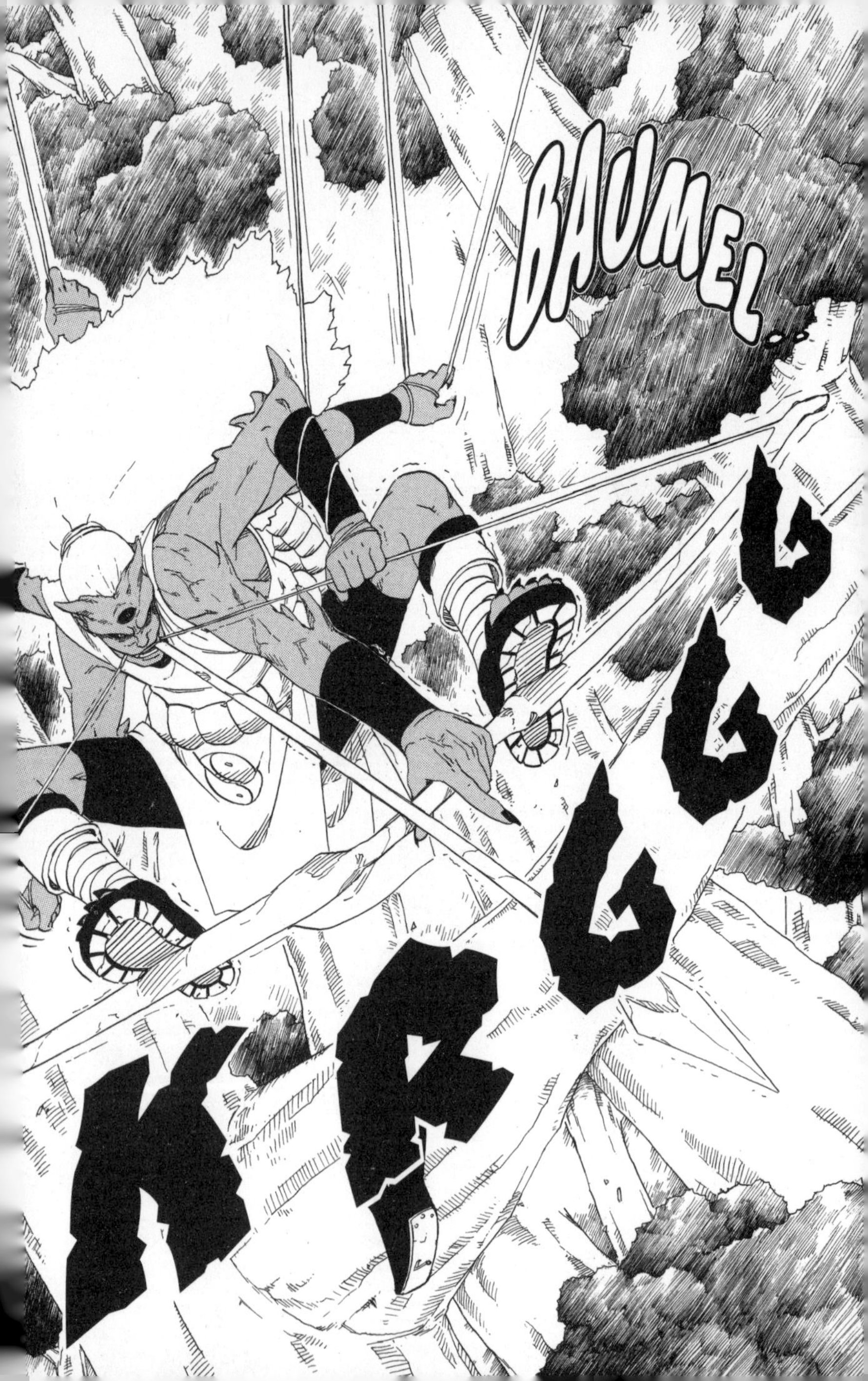
BAUMEL...
KRGGG

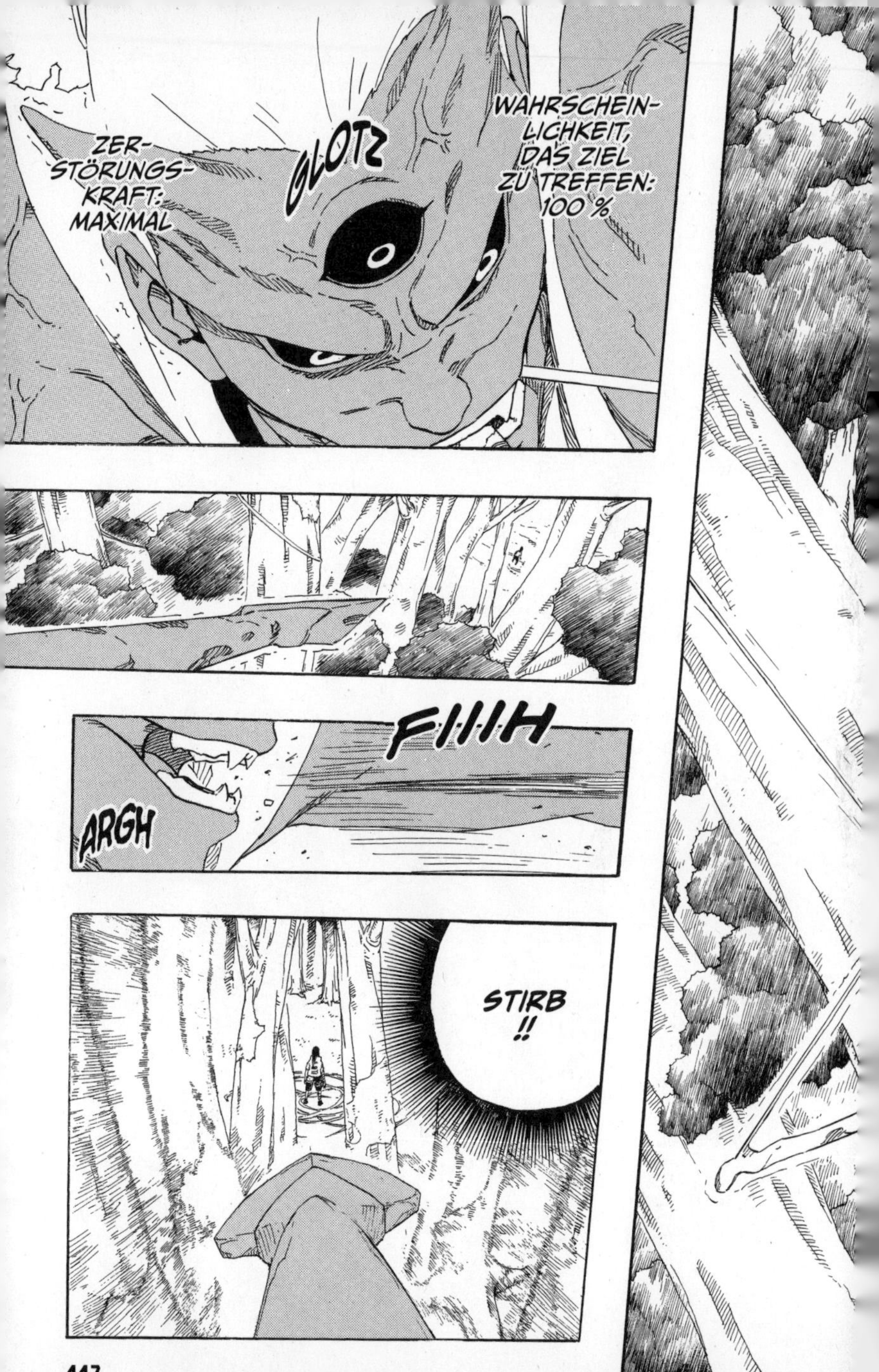
WAHRSCHEIN-LICHKEIT, DAS ZIEL ZU TREFFEN: 100 %
GLOTZ
ZER-STÖRUNGS-KRAFT: MAXIMAL
FIIIH
ARGH
STIRB !!

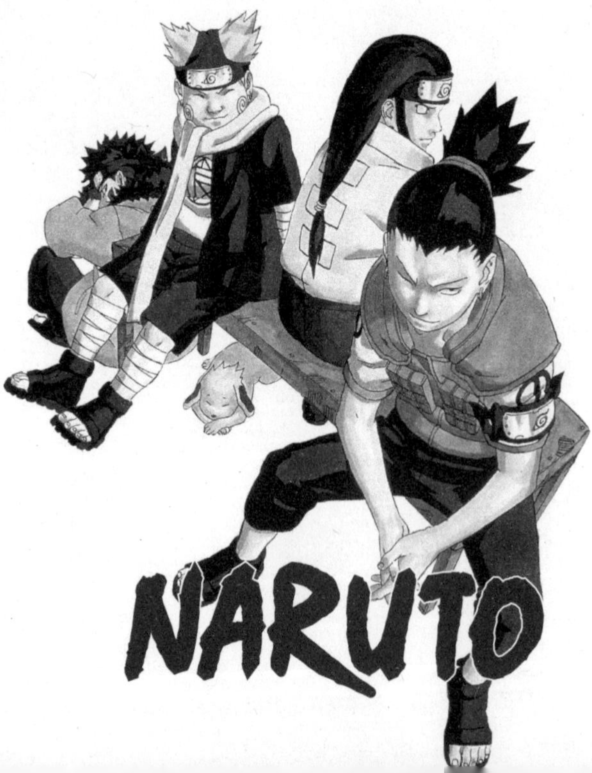
NARUTO

196. Kapitel: Der stärkste Feind

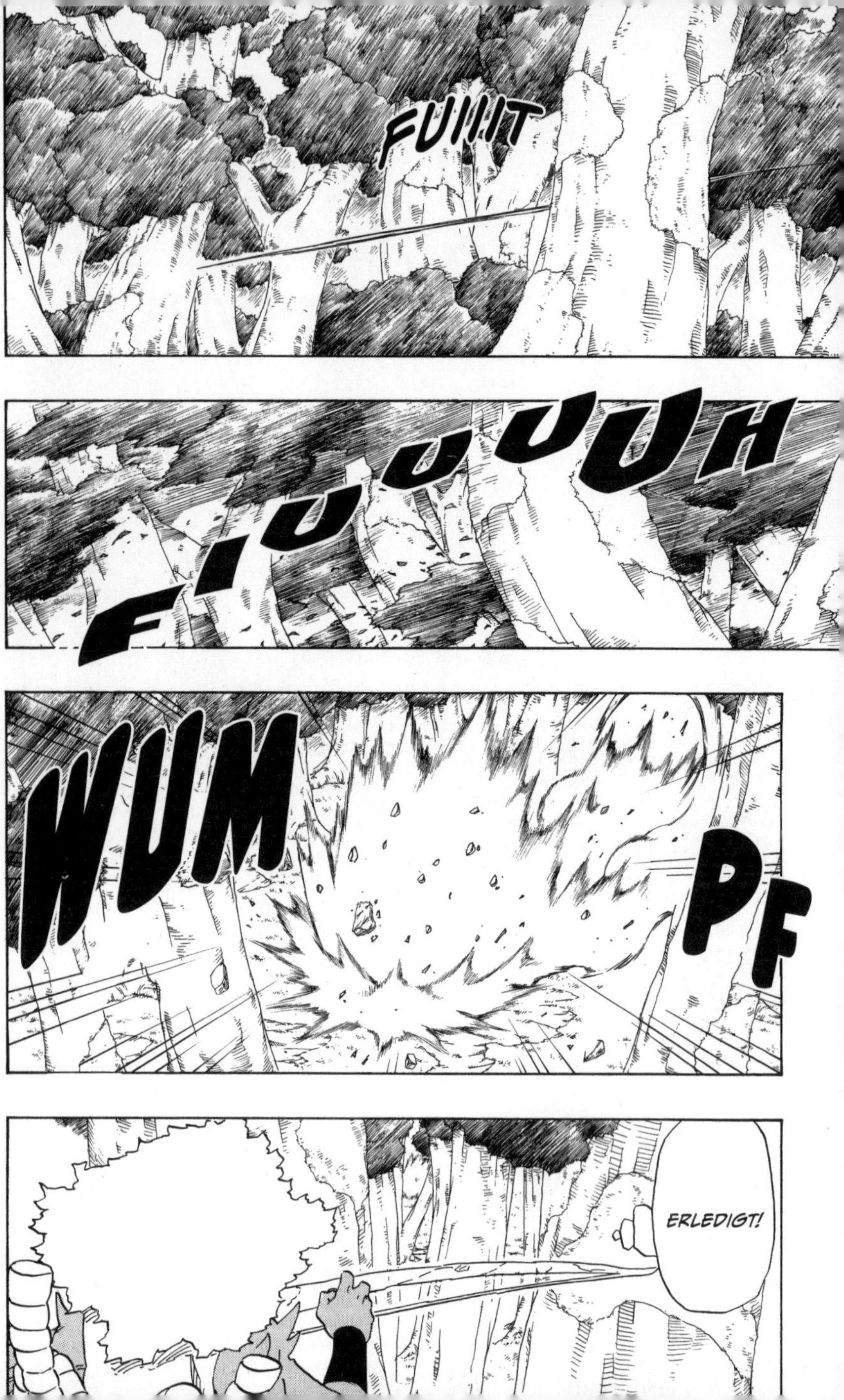
FUIIIT
FIUUUUUH
WUM
PF
ERLEDIGT!

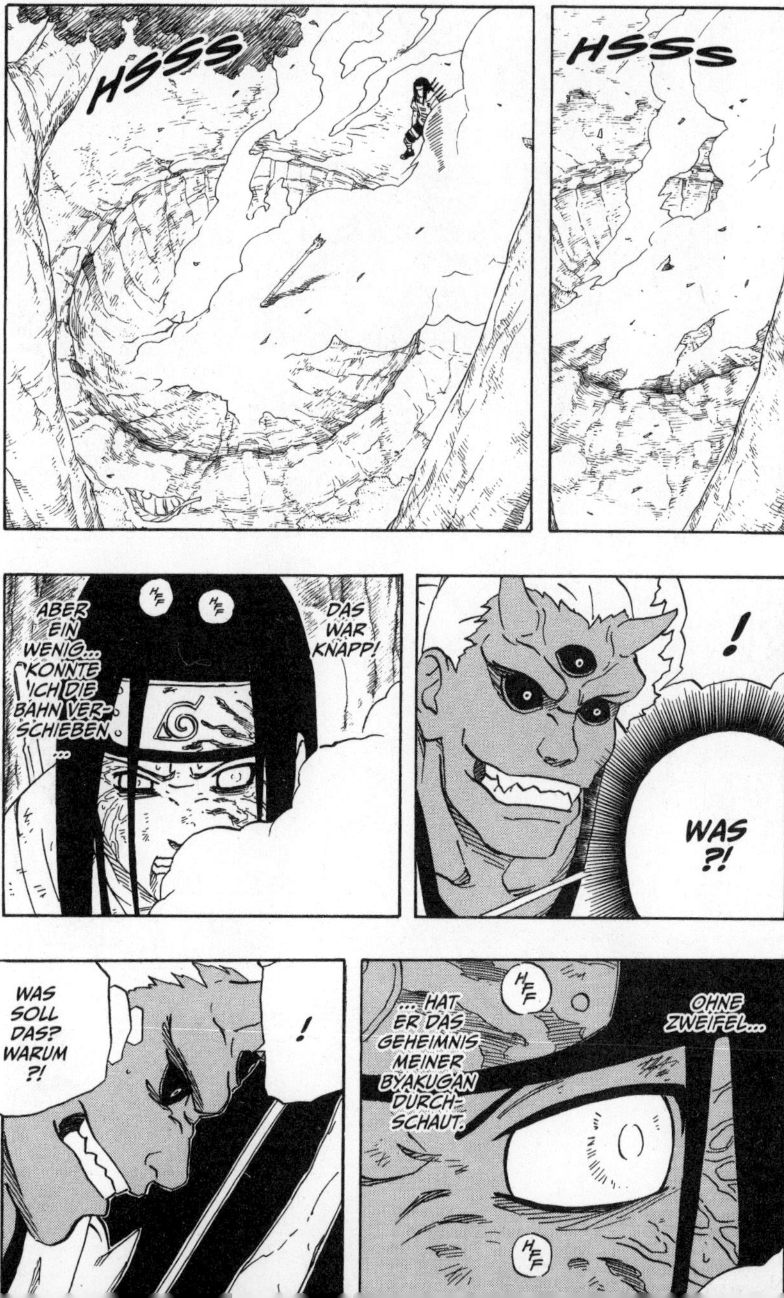
HSSSS
HSSS
!
WAS ?!
DAS WAR KNAPP!
HEF
HEF
ABER EIN WENIG... KONNTE ICH DIE BAHN VER-SCHIEBEN ...
OHNE ZWEIFEL...
HEF
... HAT ER DAS GEHEIMNIS MEINER BYAKUGAN DURCH-SCHAUT.
HEF
!
WAS SOLL DAS? WARUM ?!

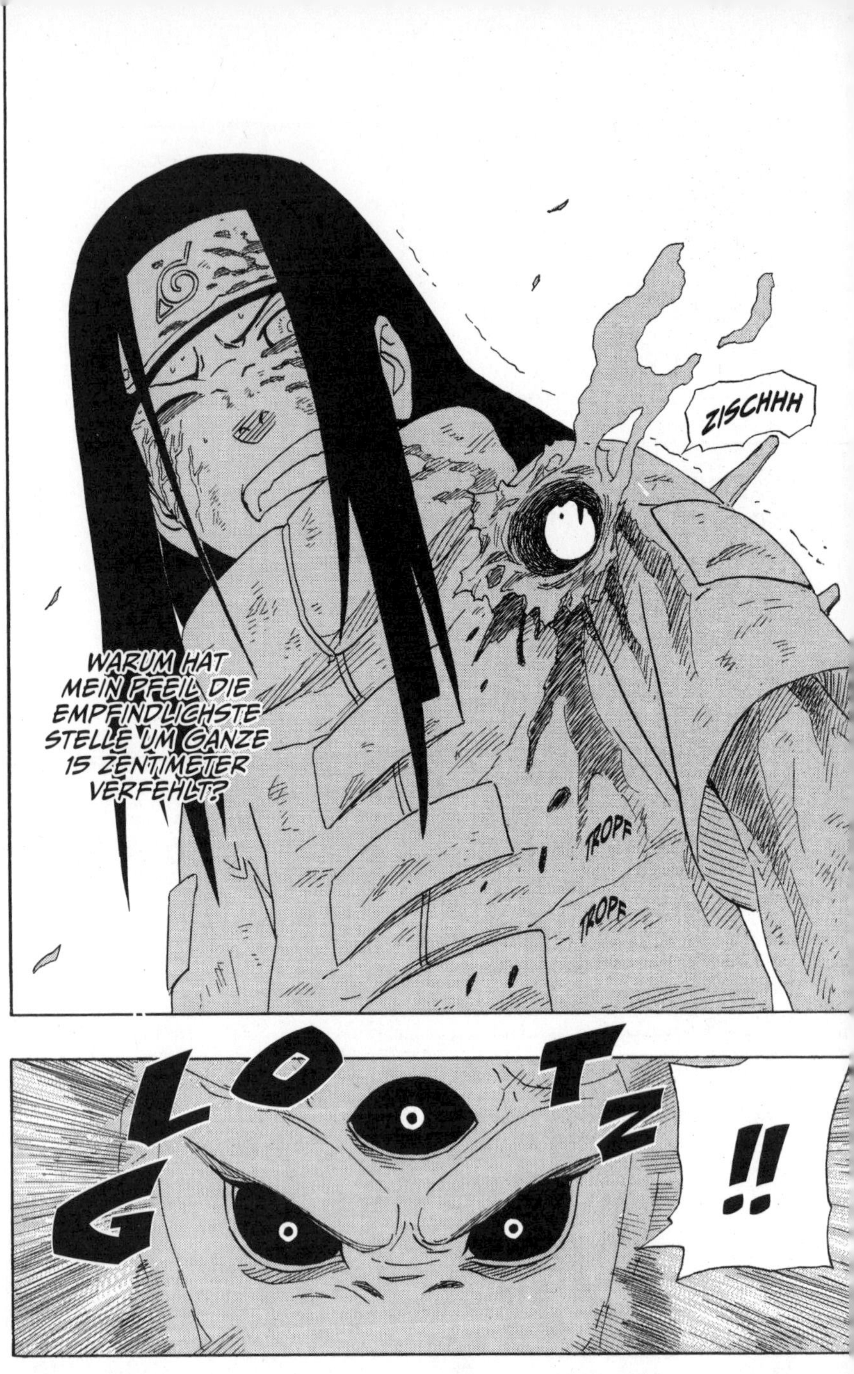
ZISCHHH
WARUM HAT MEIN PFEIL DIE EMPFINDLICHSTE STELLE UM GANZE 15 ZENTIMETER VERFEHLT?
TROPF
TROPF
GLOTZ
!!

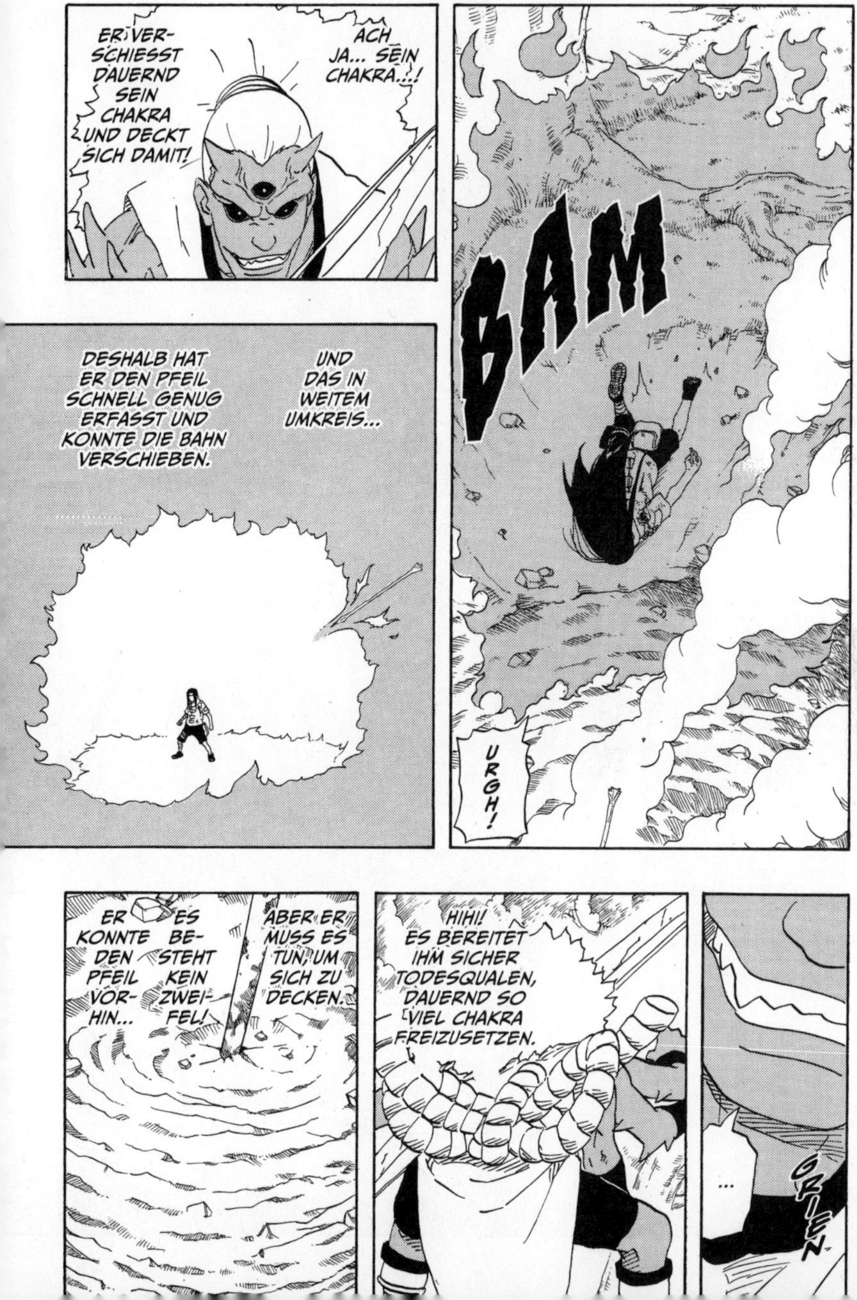

ER VERSCHIESST DAUERND SEIN CHAKRA UND DECKT SICH DAMIT!
ACH JA... SEIN CHAKRA...!
DESHALB HAT ER DEN PFEIL SCHNELL GENUG ERFASST UND KONNTE DIE BAHN VERSCHIEBEN.
UND DAS IN WEITEM UMKREIS...
BAM
URGH!
ER KONNTE DEN PFEIL VORHIN...
ES BESTEHT KEIN ZWEIFEL!
ABER ER MUSS ES TUN, UM SICH ZU DECKEN.
HIHI! ES BEREITET IHM SICHER TODESQUALEN, DAUERND SO VIEL CHAKRA FREIZUSETZEN.
...
GRIEN

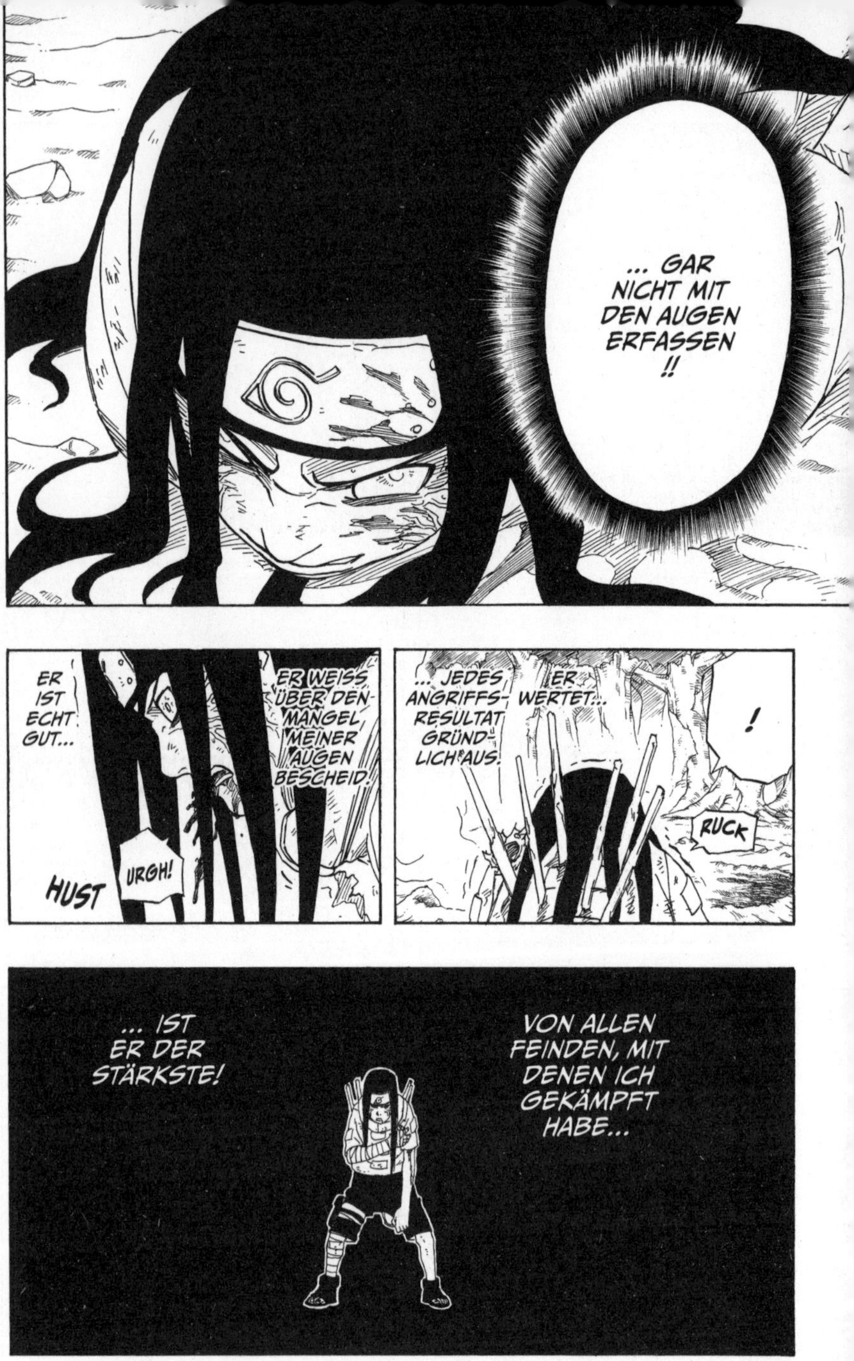
... GAR NICHT MIT DEN AUGEN ERFASSEN !!
!
RUCK
ER WERTET...
... JEDES ANGRIFFS-RESULTAT GRÜNDLICH AUS.
ER WEISS ÜBER DEN MANGEL MEINER AUGEN BESCHEID.
ER IST ECHT GUT...
URGH!
HUST
VON ALLEN FEINDEN, MIT DENEN ICH GEKÄMPFT HABE...
... IST ER DER STÄRKSTE!

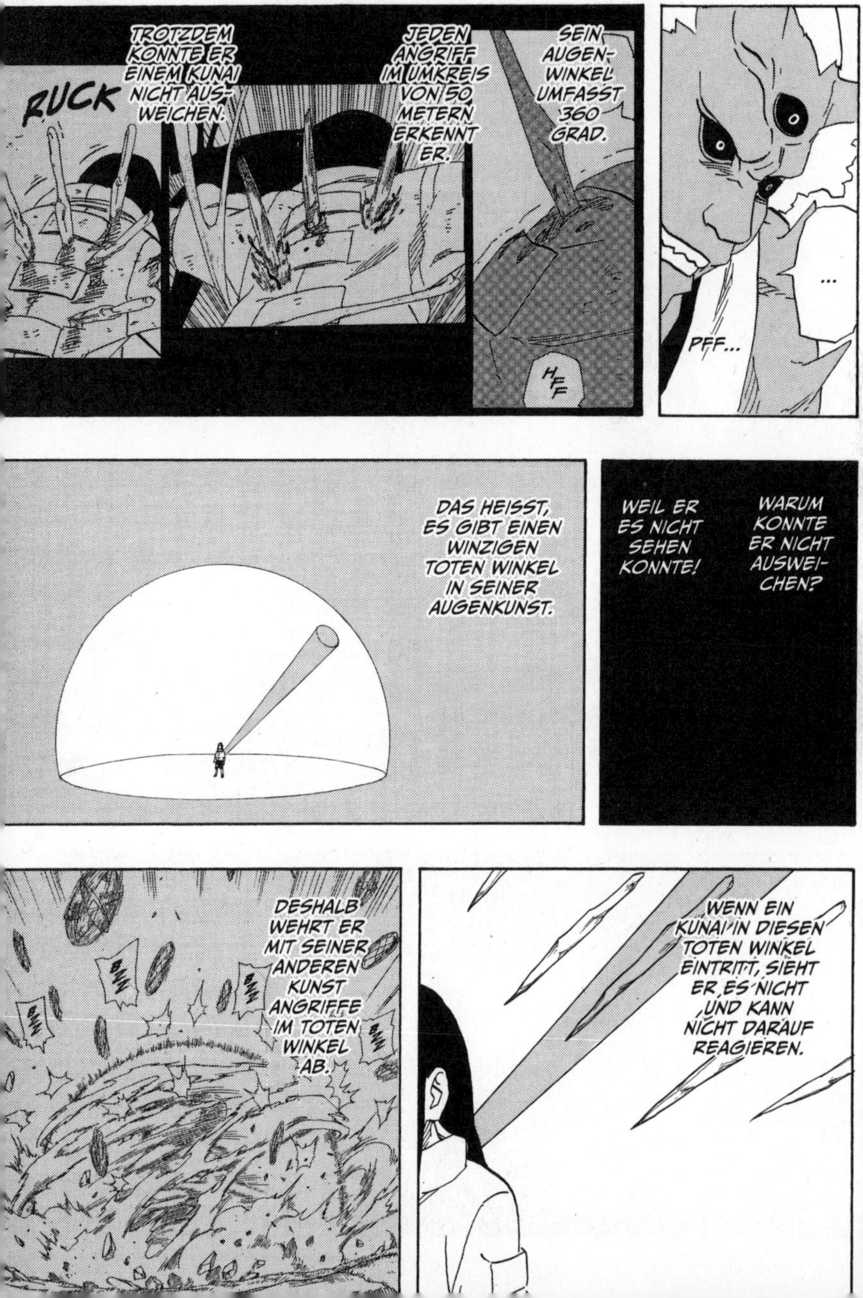
...
PFF...
SEIN AUGENWINKEL UMFASST 360 GRAD.
JEDEN ANGRIFF IM UMKREIS VON 50 METERN ERKENNT ER.
HFF
TROTZDEM KONNTE ER EINEM KUNAI NICHT AUSWEICHEN.
RUCK
WARUM KONNTE ER NICHT AUSWEICHEN?
WEIL ER ES NICHT SEHEN KONNTE!
DAS HEISST, ES GIBT EINEN WINZIGEN TOTEN WINKEL IN SEINER AUGENKUNST.
WENN EIN KUNAI IN DIESEN TOTEN WINKEL EINTRITT, SIEHT ER ES NICHT UND KANN NICHT DARAUF REAGIEREN.
DESHALB WEHRT ER MIT SEINER ANDEREN KUNST ANGRIFFE IM TOTEN WINKEL AB.

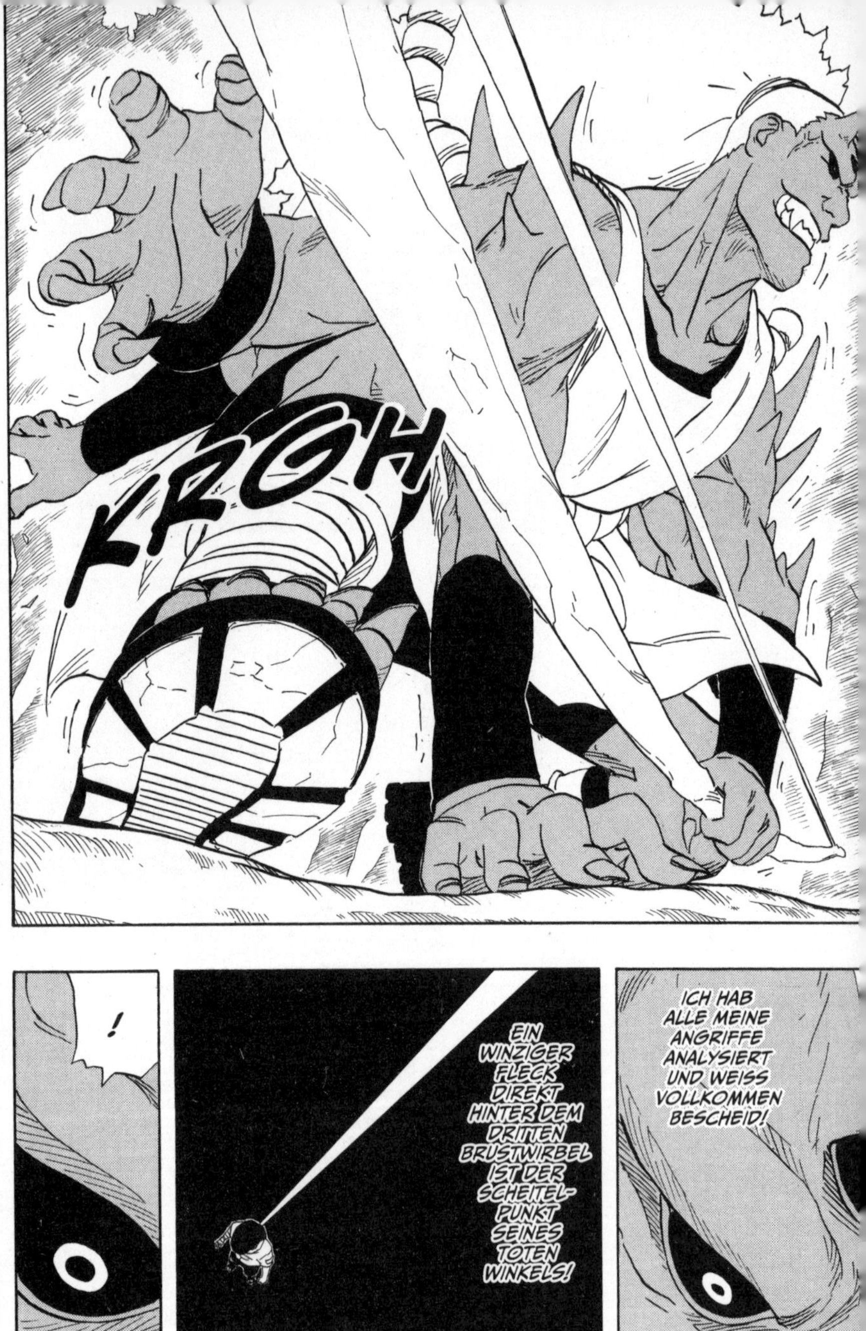
KROGH
ICH HAB ALLE MEINE ANGRIFFE ANALYSIERT UND WEISS VOLLKOMMEN BESCHEID!
EIN WINZIGER FLECK DIREKT HINTER DEM DRITTEN BRUSTWIRBEL IST DER SCHEITEL-PUNKT SEINES TOTEN WINKELS!
!

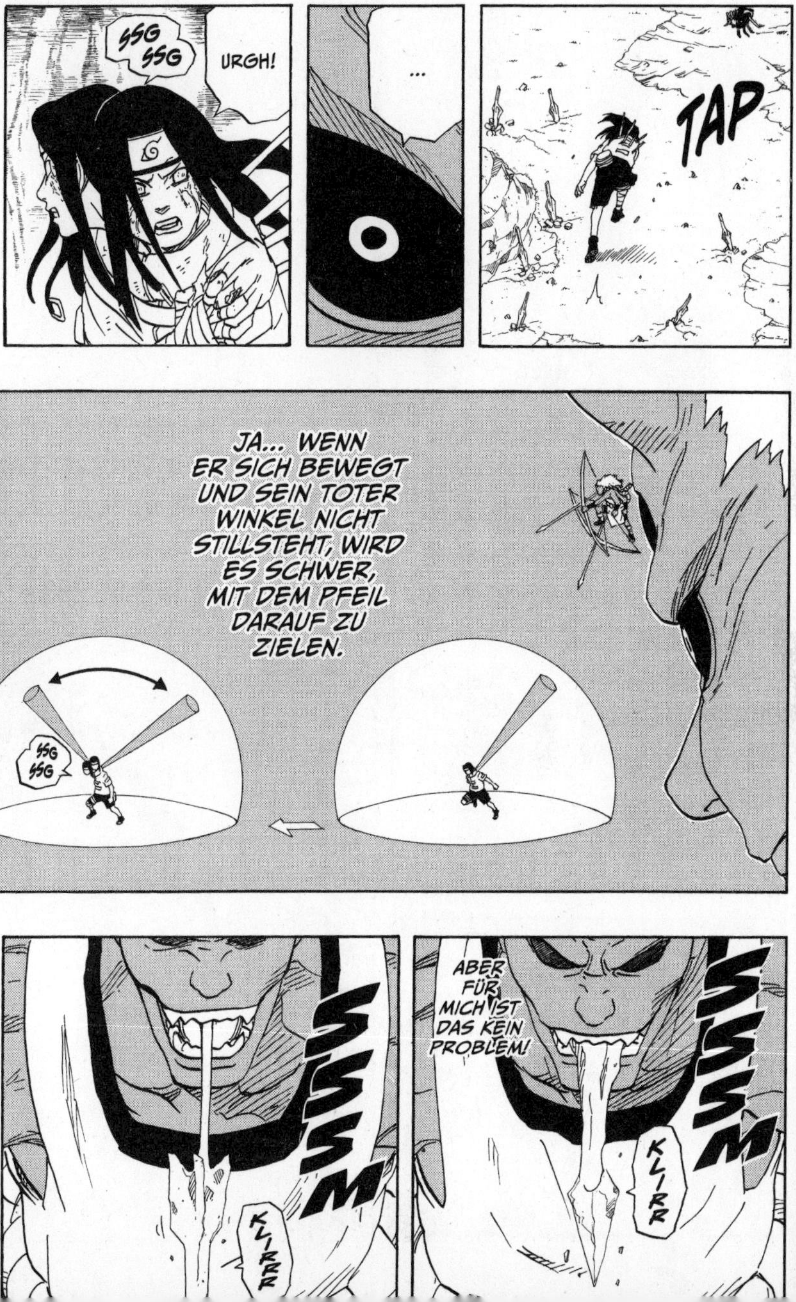
TAP
...
URGH!
SSG SSG
JA... WENN ER SICH BEWEGT UND SEIN TOTER WINKEL NICHT STILLSTEHT, WIRD ES SCHWER, MIT DEM PFEIL DARAUF ZU ZIELEN.
SSG SSG
SSSM
ABER FÜR MICH IST DAS KEIN PROBLEM!
KLIRR
SSSM
KLIRR

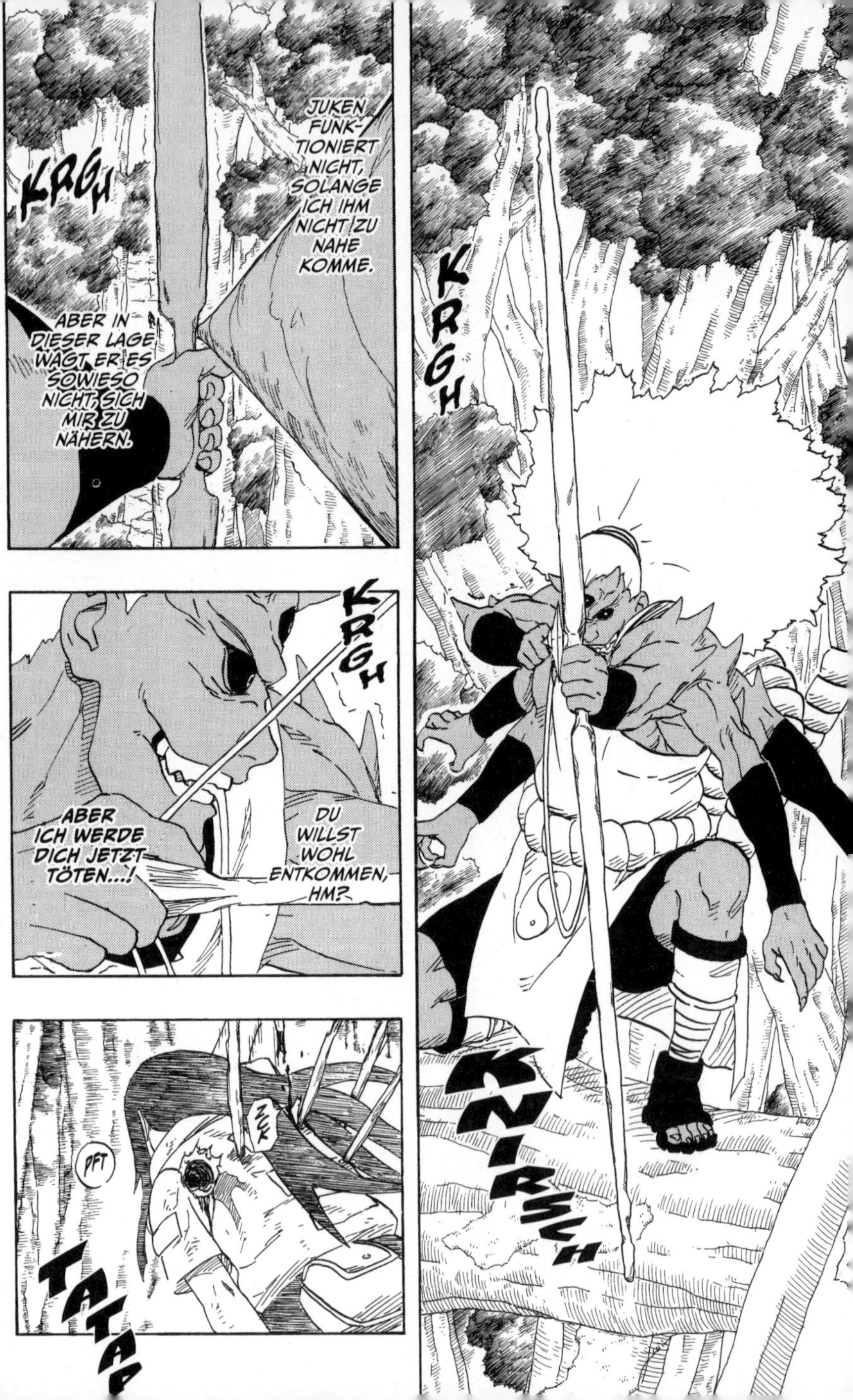

KRGH
KNIRSCH
JUKEN FUNKTIONIERT NICHT, SOLANGE ICH IHM NICHT ZU NAHE KOMME.
KRGH
ABER IN DIESER LAGE WAGT ER ES SOWIESO NICHT, SICH MIR ZU NÄHERN.
KRGH
DU WILLST WOHL ENTKOMMEN, HM?
ABER ICH WERDE DICH JETZT TÖTEN...!
ZCK
PFT
TATAP

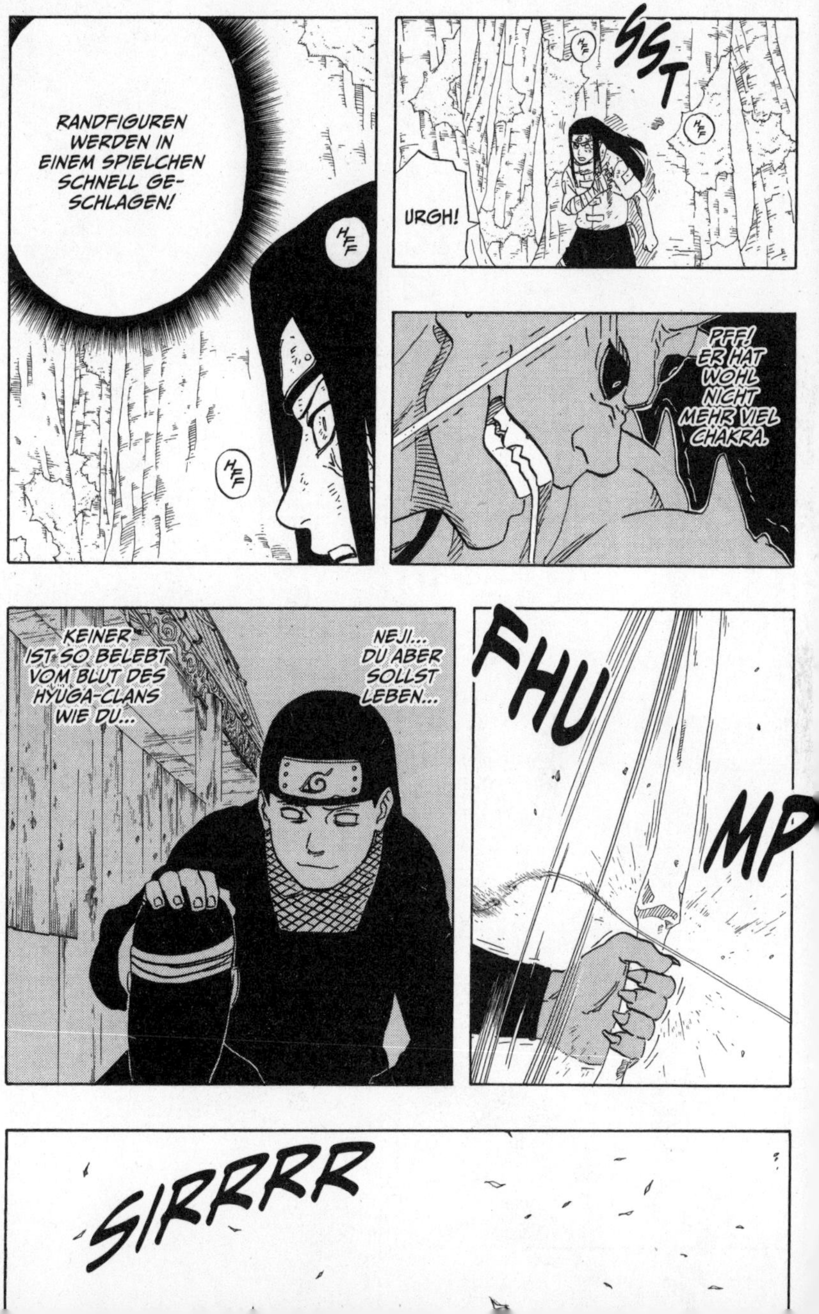
SST
HEF
HEF
URGH!
RANDFIGUREN WERDEN IN EINEM SPIELCHEN SCHNELL GE-SCHLAGEN!
HEF
HEF
PFF! ER HAT WOHL NICHT MEHR VIEL CHAKRA.
FHUMP
NEJI... DU ABER SOLLST LEBEN...
KEINER IST SO BELEBT VOM BLUT DES HYUGA-CLANS WIE DU...
SIRRRR

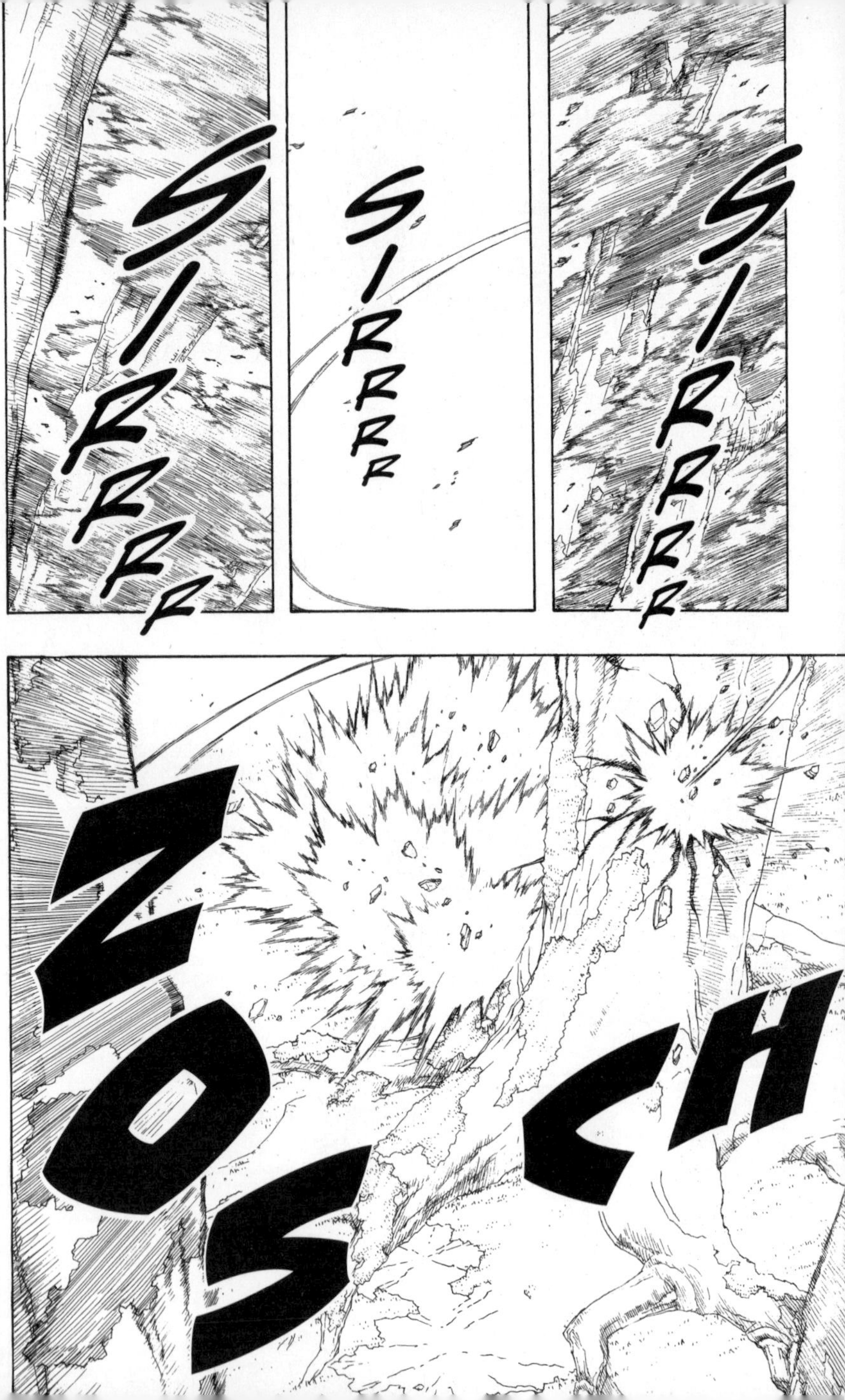
SIRRRRR
SIRRRR
SIRRRRR
ZOSCH

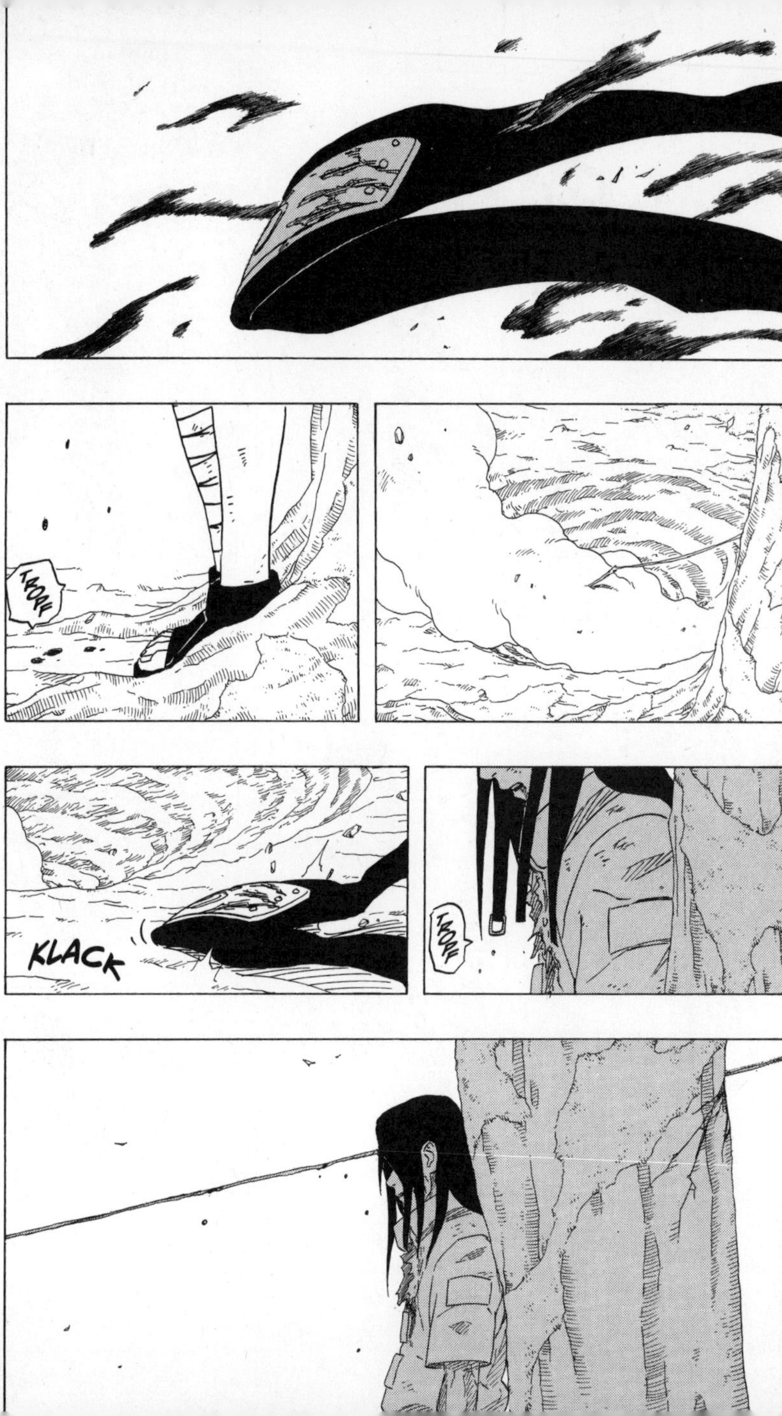
TROPF
TROPF
KLACK

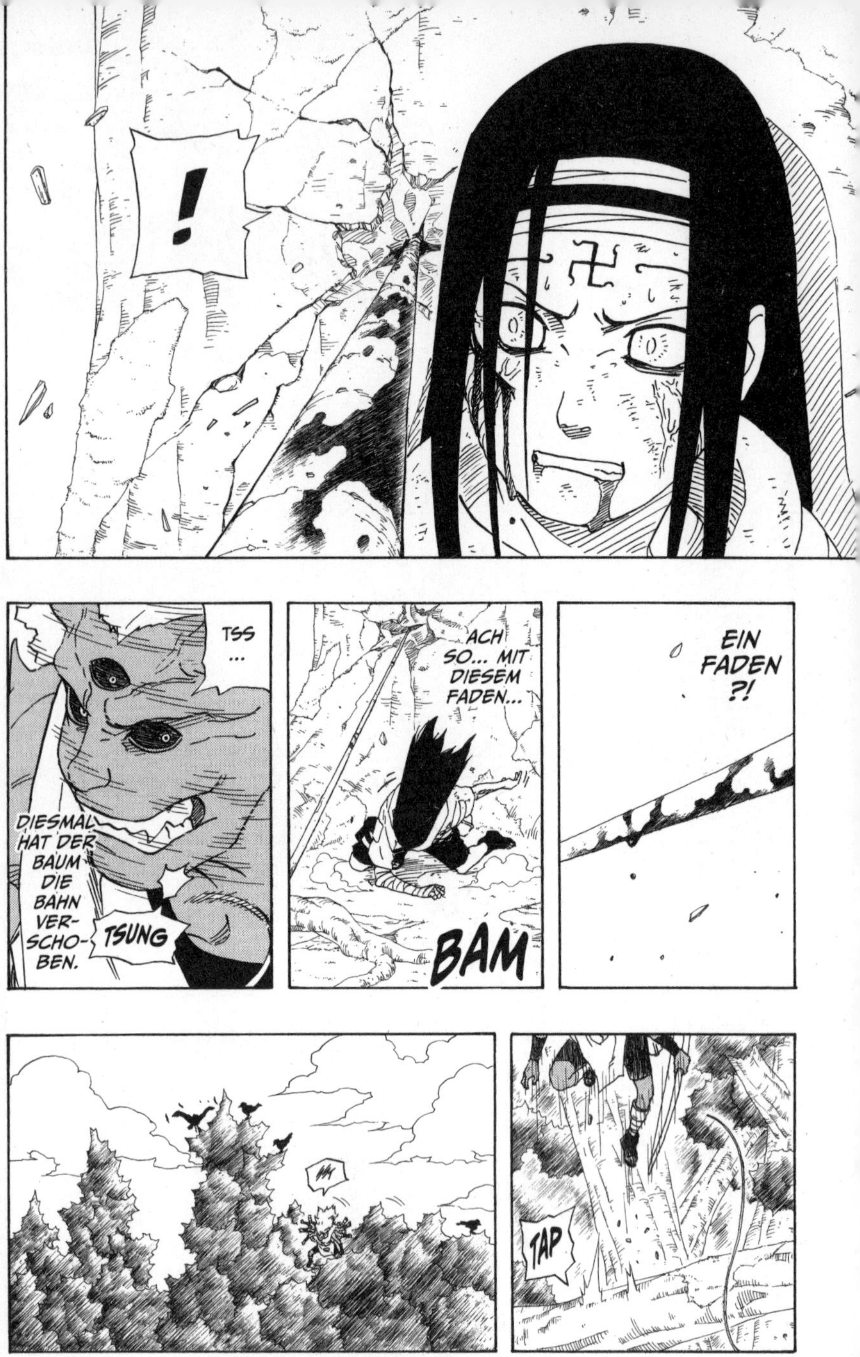
!
EIN FADEN ?!
ACH SO... MIT DIESEM FADEN...
BAM
TSS ...
DIESMAL HAT DER BAUM DIE BAHN VERSCHOBEN.
TSUNG
TAP

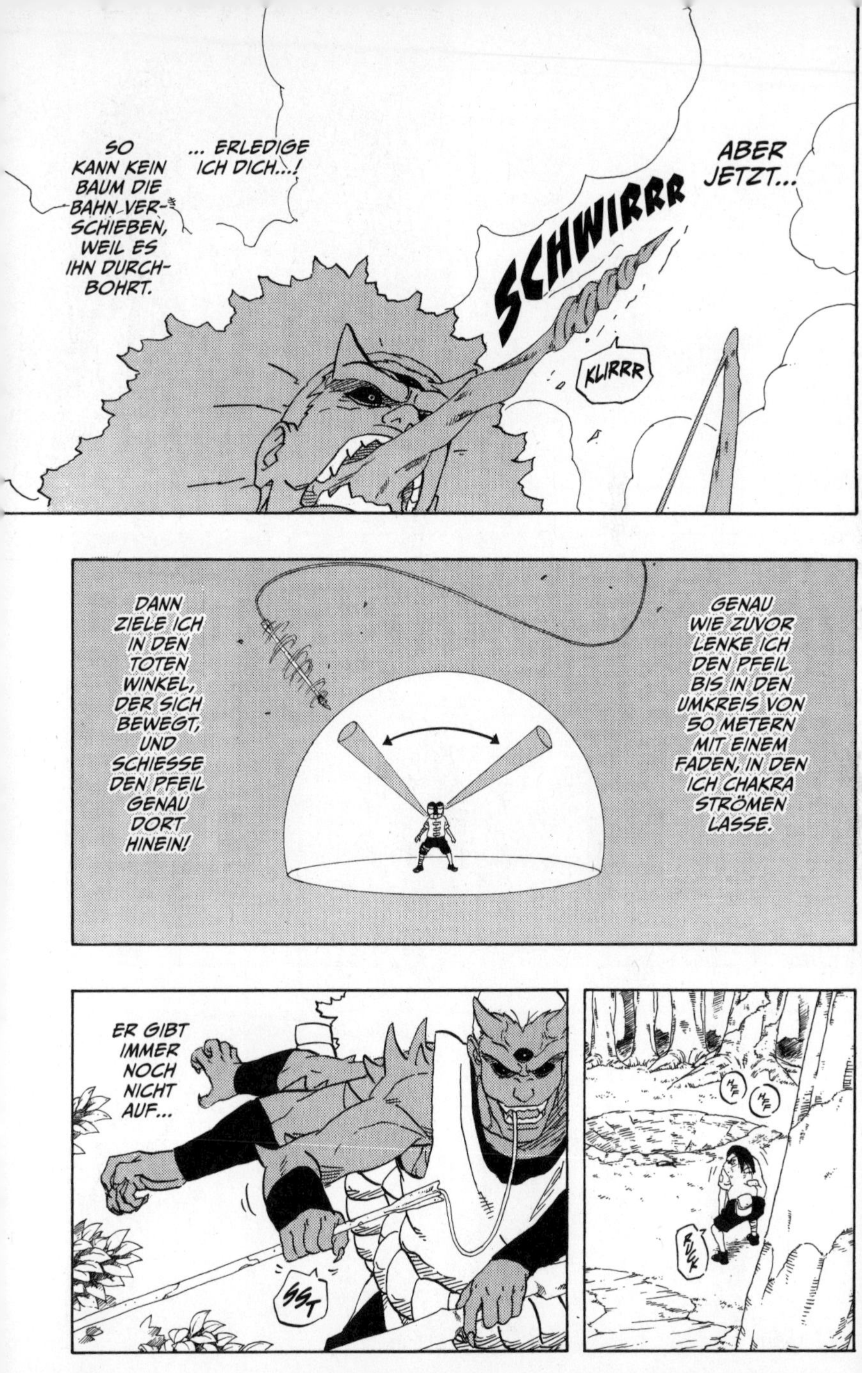
ABER JETZT...
SCHWIRRR
... ERLEDIGE ICH DICH...!
SO KANN KEIN BAUM DIE BAHN VERSCHIEBEN, WEIL ES IHN DURCHBOHRT.
KLIRRR
GENAU WIE ZUVOR LENKE ICH DEN PFEIL BIS IN DEN UMKREIS VON 50 METERN MIT EINEM FADEN, IN DEN ICH CHAKRA STRÖMEN LASSE.
DANN ZIELE ICH IN DEN TOTEN WINKEL, DER SICH BEWEGT, UND SCHIESSE DEN PFEIL GENAU DORT HINEIN!
HEF
HEF
RUCK
ER GIBT IMMER NOCH NICHT AUF...
SST

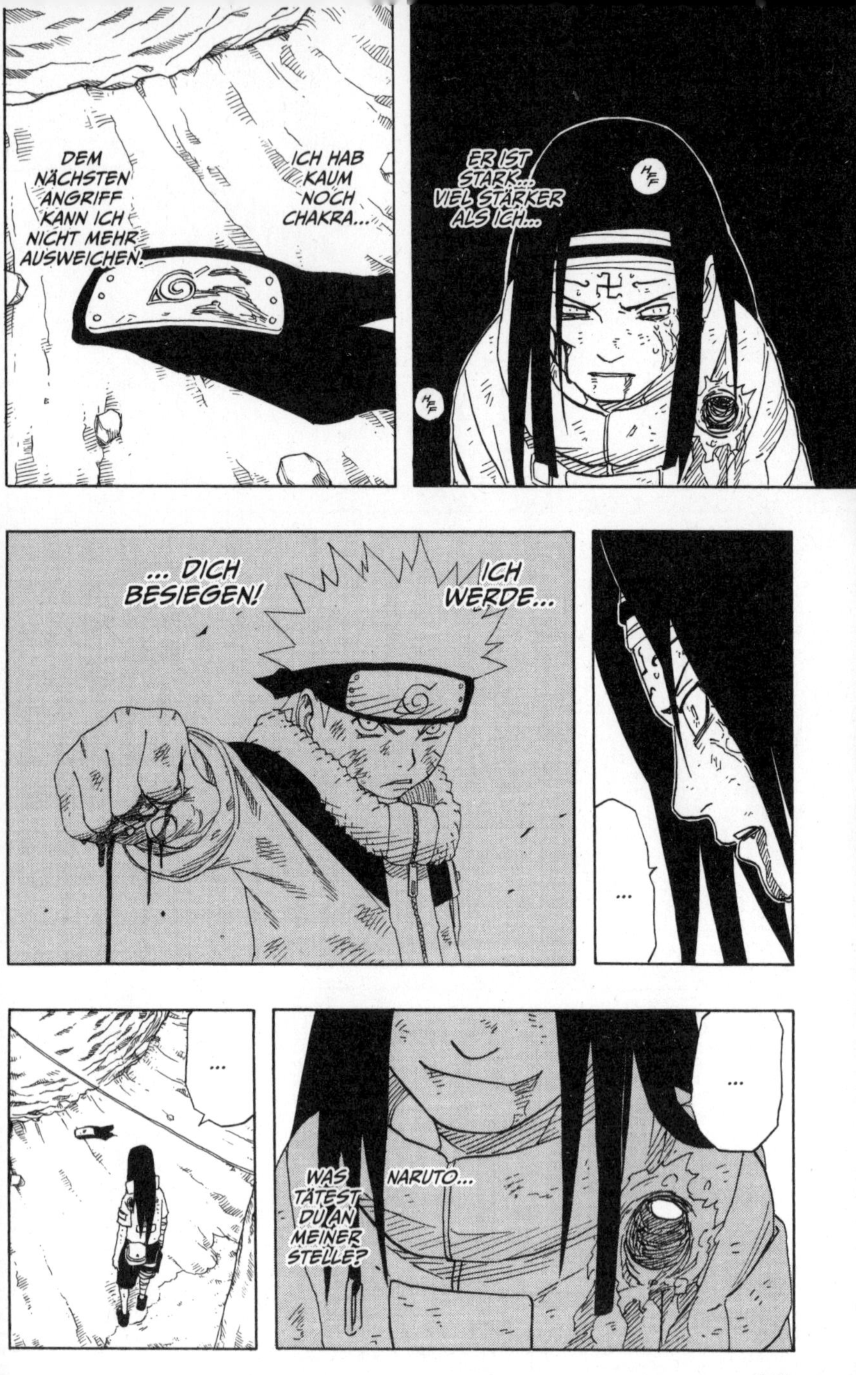
HEF
ER IST STARK... VIEL STÄRKER ALS ICH...
HEF
ICH HAB KAUM NOCH CHAKRA...
DEM NÄCHSTEN ANGRIFF KANN ICH NICHT MEHR AUSWEICHEN!
...
ICH WERDE...
... DICH BESIEGEN!
...
NARUTO...
WAS TÄTEST DU AN MEINER STELLE?
...

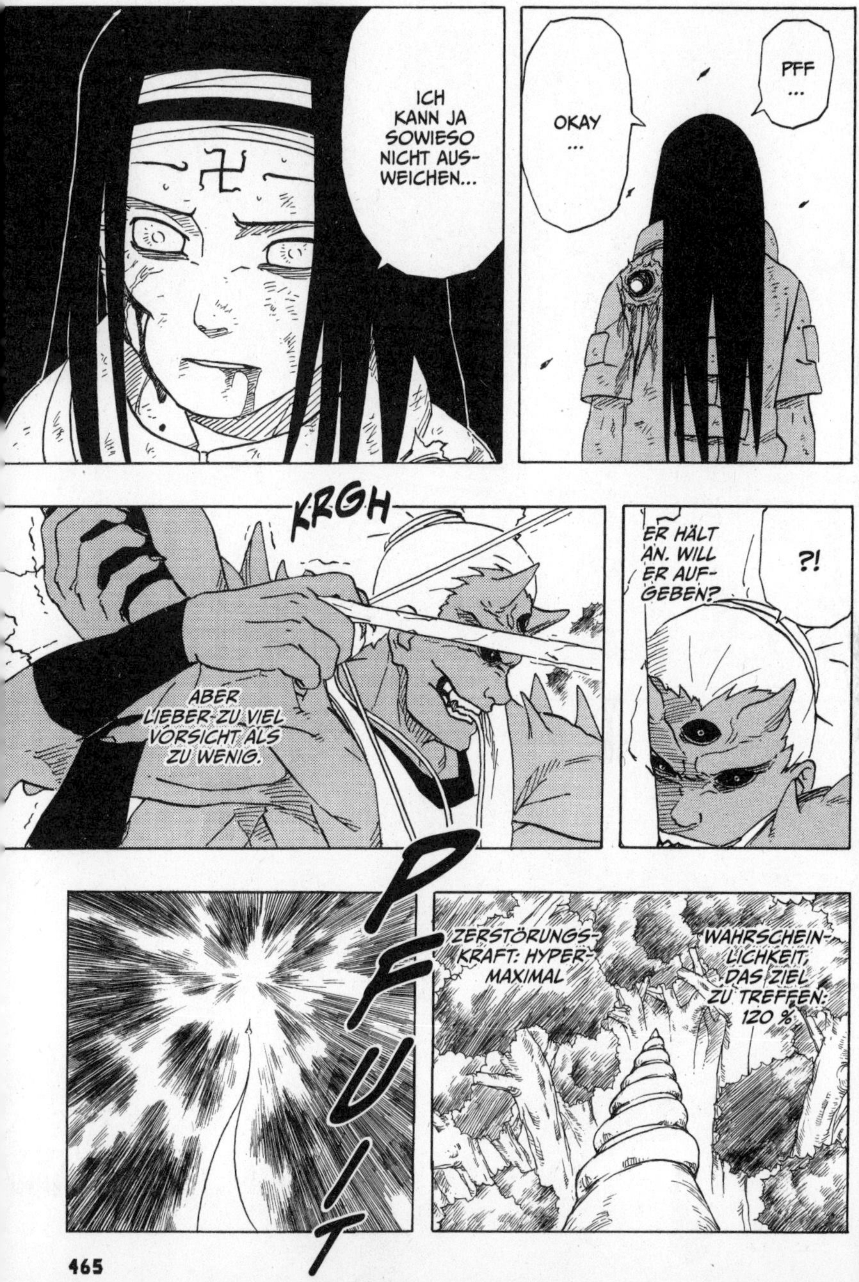
PFF ...
OKAY ...
ICH KANN JA SOWIESO NICHT AUS-WEICHEN...
?!
ER HÄLT AN. WILL ER AUF-GEBEN?
KRGH
ABER LIEBER ZU VIEL VORSICHT ALS ZU WENIG.
WAHRSCHEIN-LICHKEIT, DAS ZIEL ZU TREFFEN: 120 %
ZERSTÖRUNGS-KRAFT: HYPER-MAXIMAL
PFUIT

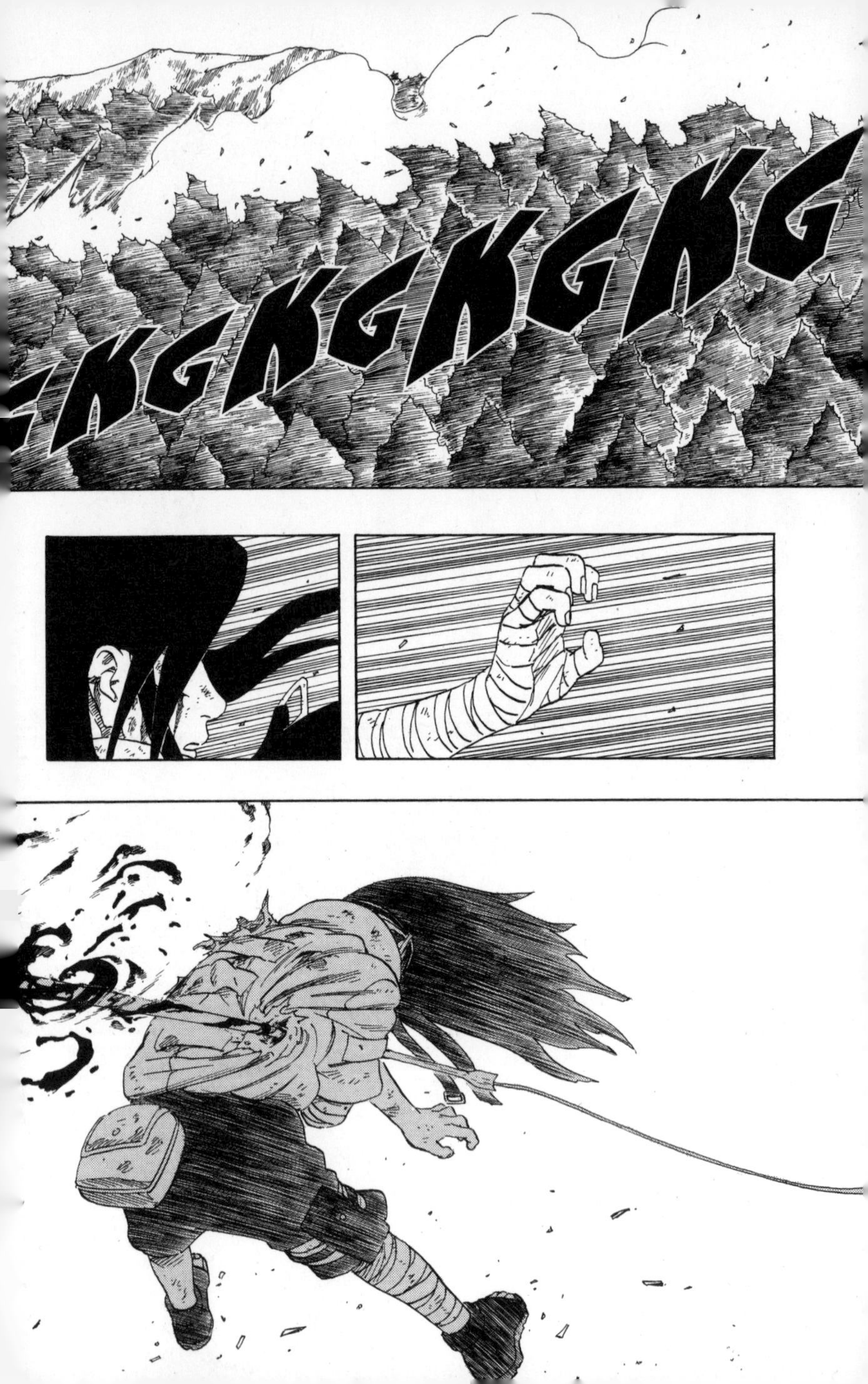
KGKGKGKGKG

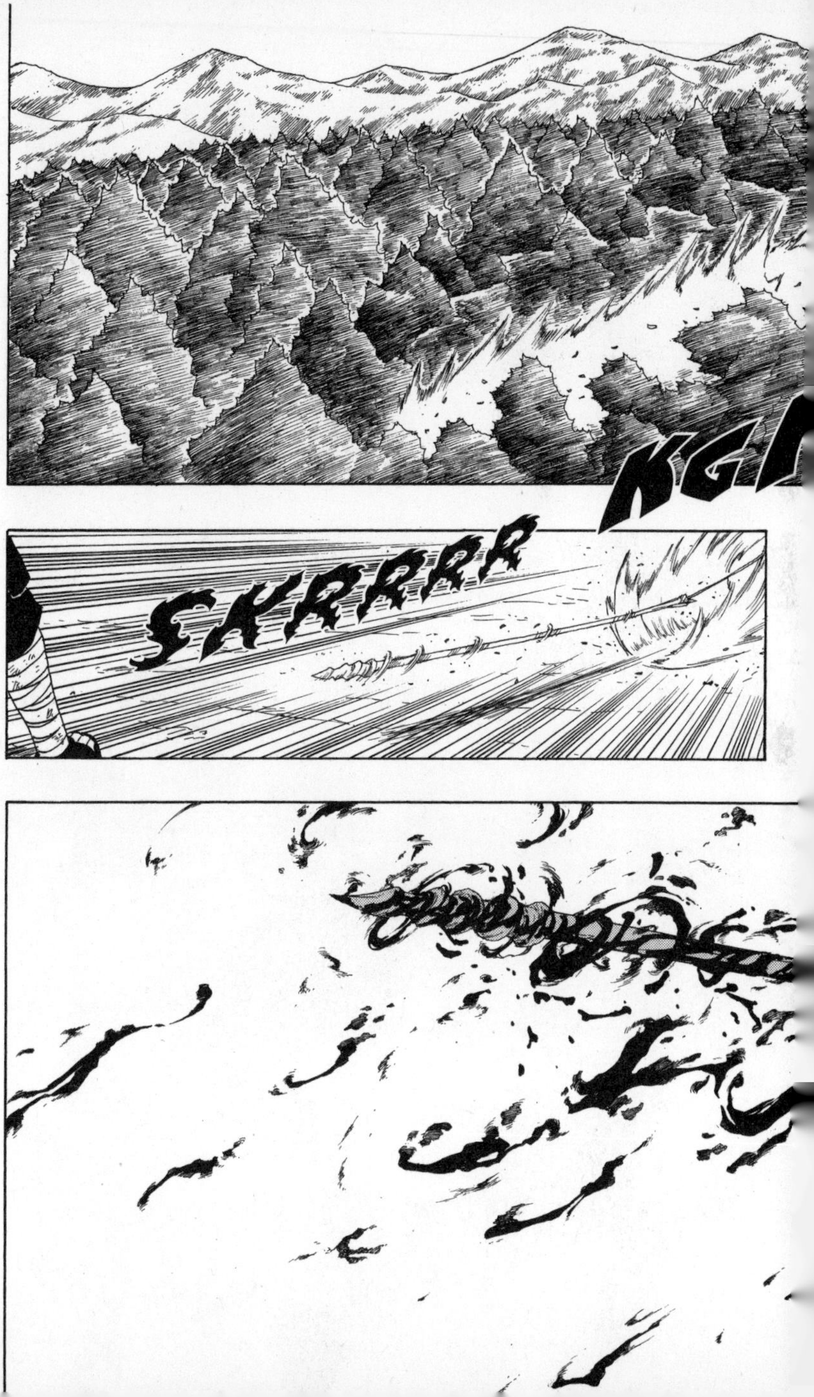

KGL
SHRRRRR

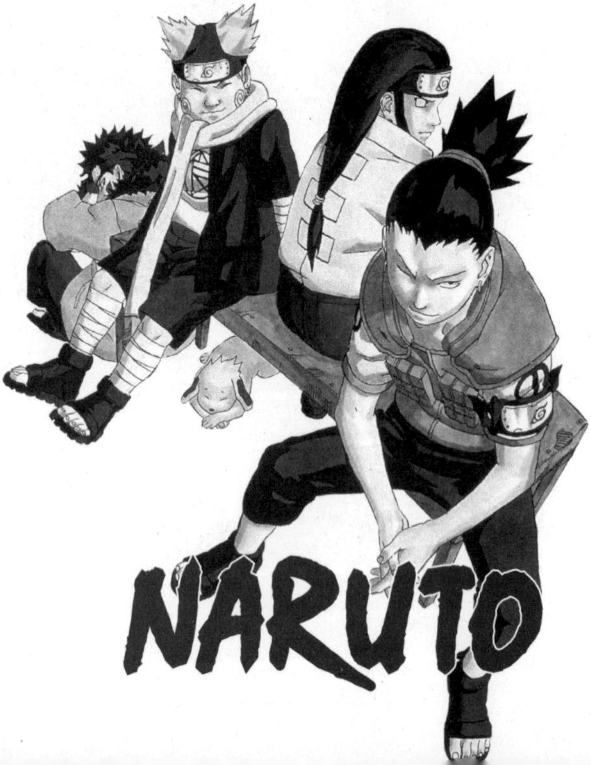
NARUTO

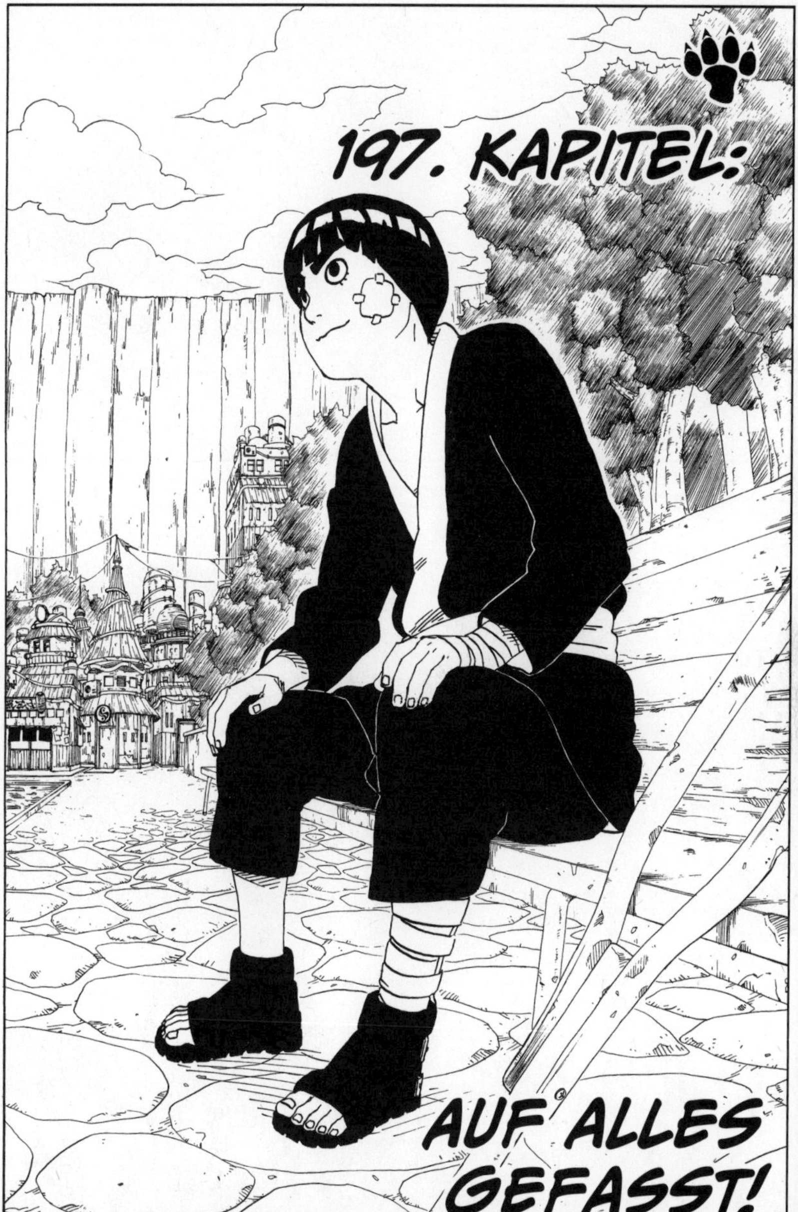
197. KAPITEL:
AUF ALLES
GEFASST!

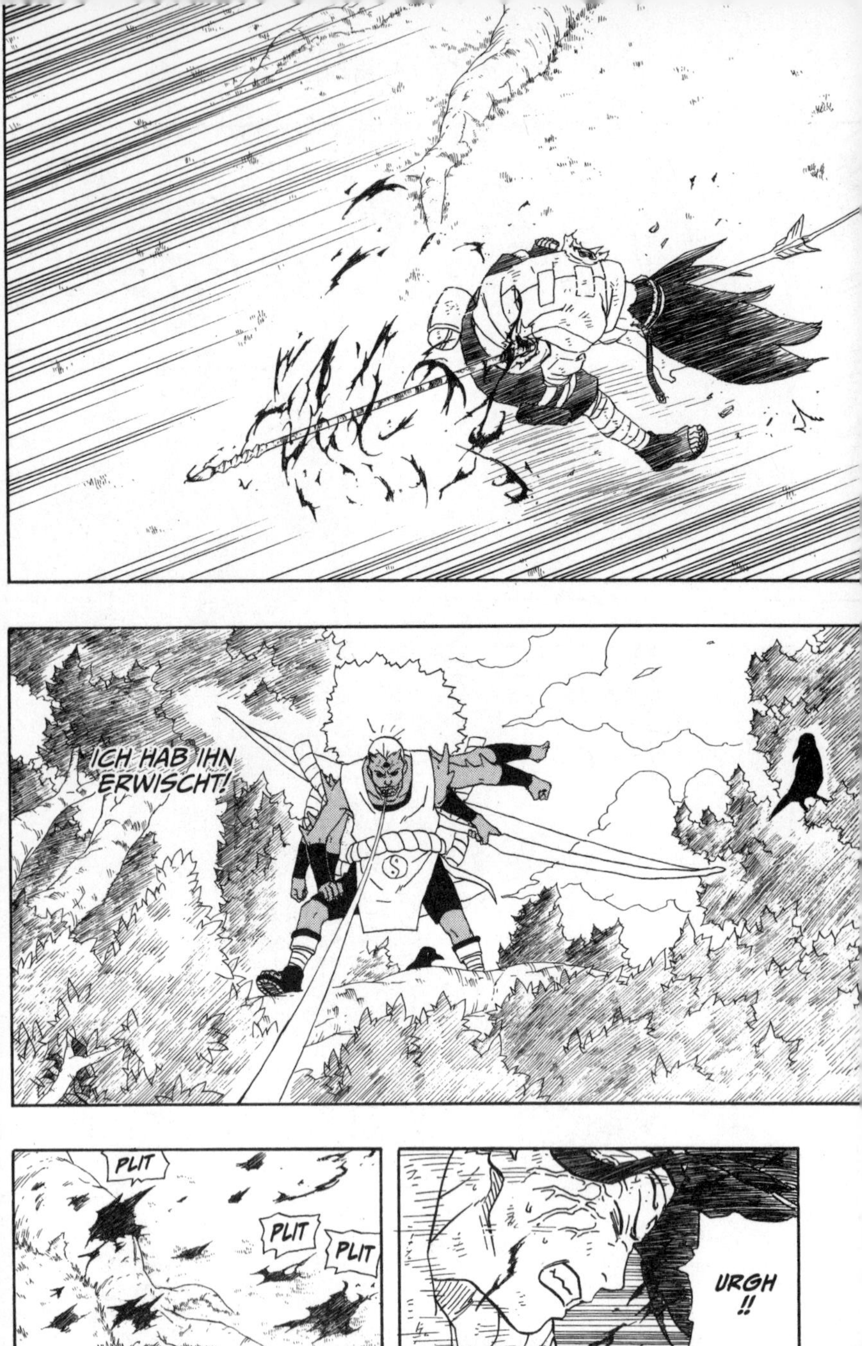
ICH HAB IHN ERWISCHT!
URGH !!
PLIT
PLIT
PLIT

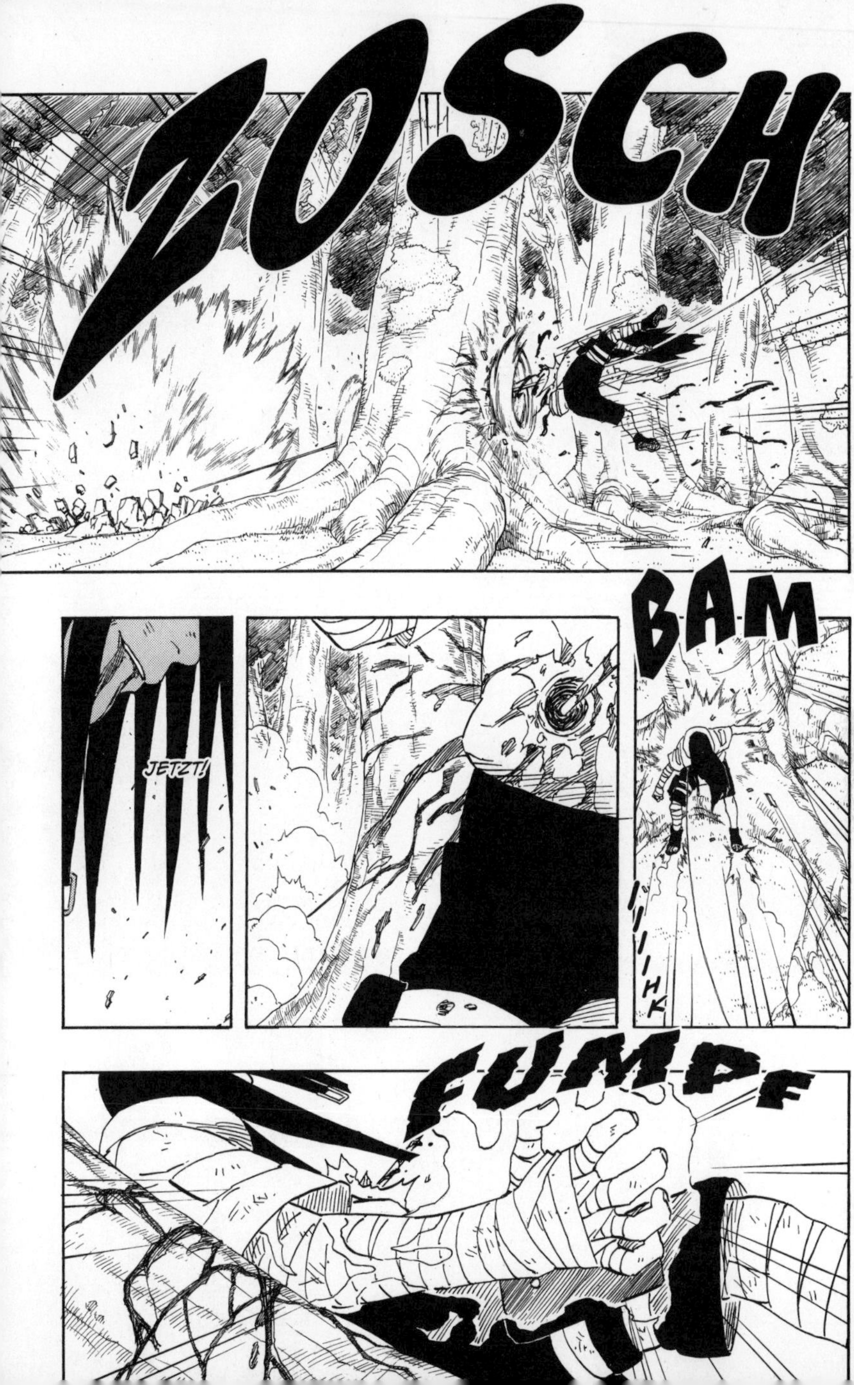
ZOSCH
BAM
IIIIIHK
JETZT!
FUMPF

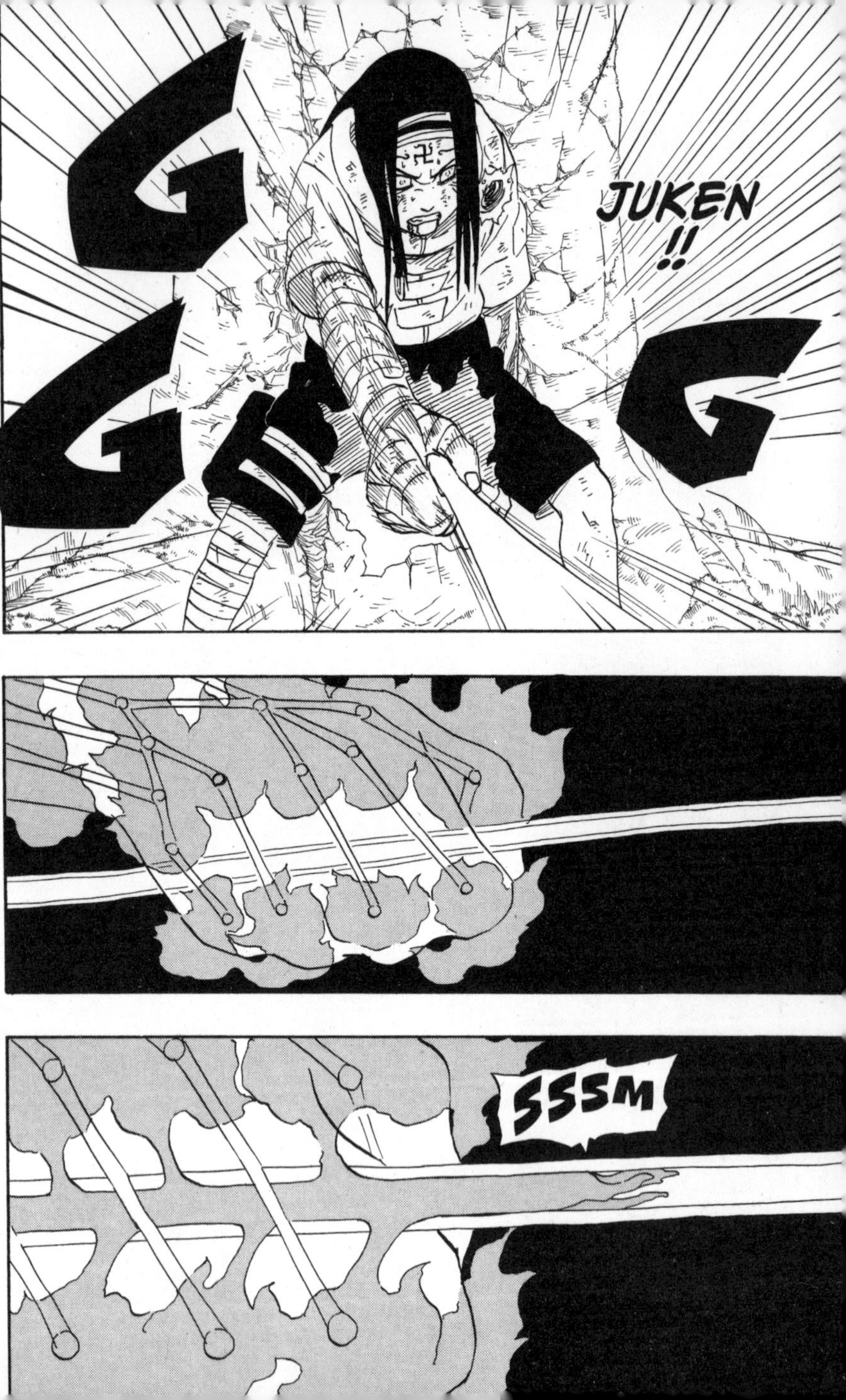
GGG
JUKEN !!
SSSM

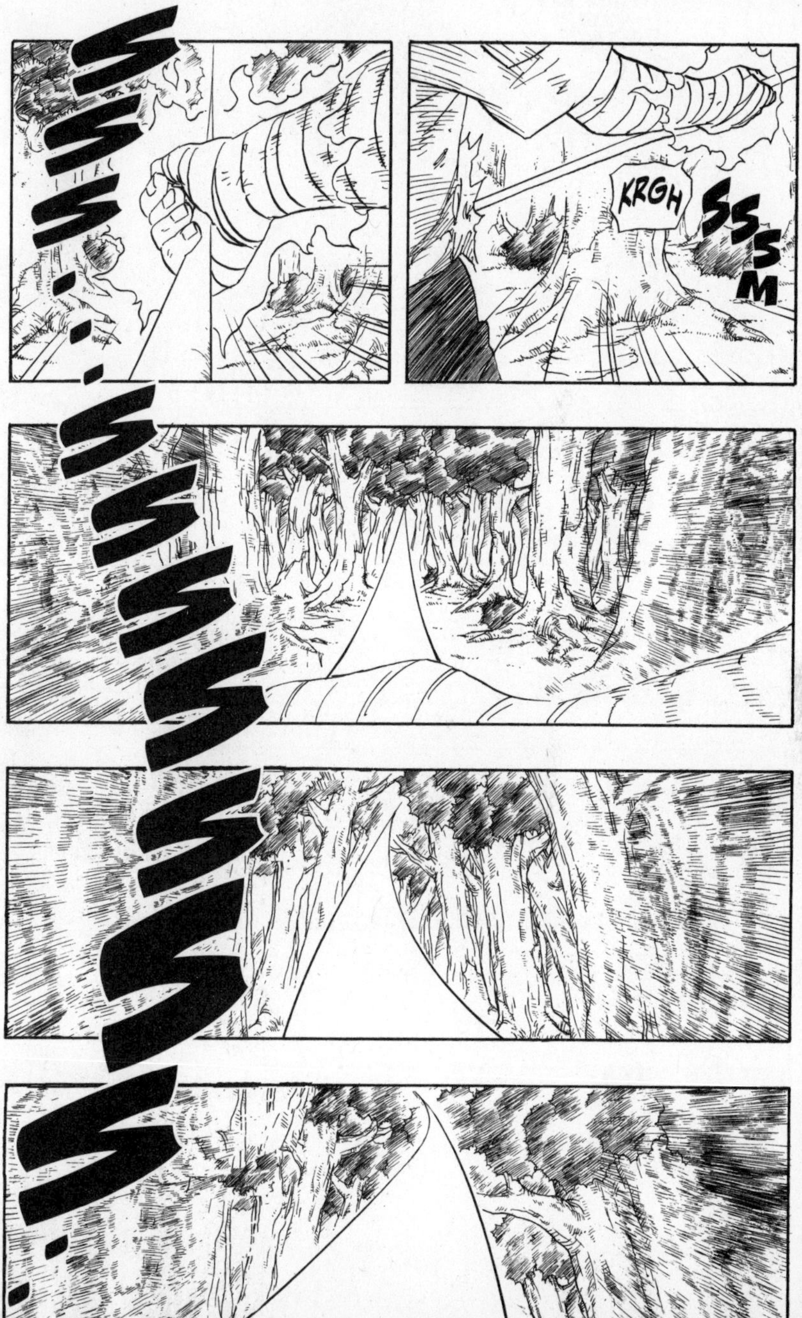
SSS...SSSSSSSSS..
KRGH
SSSM

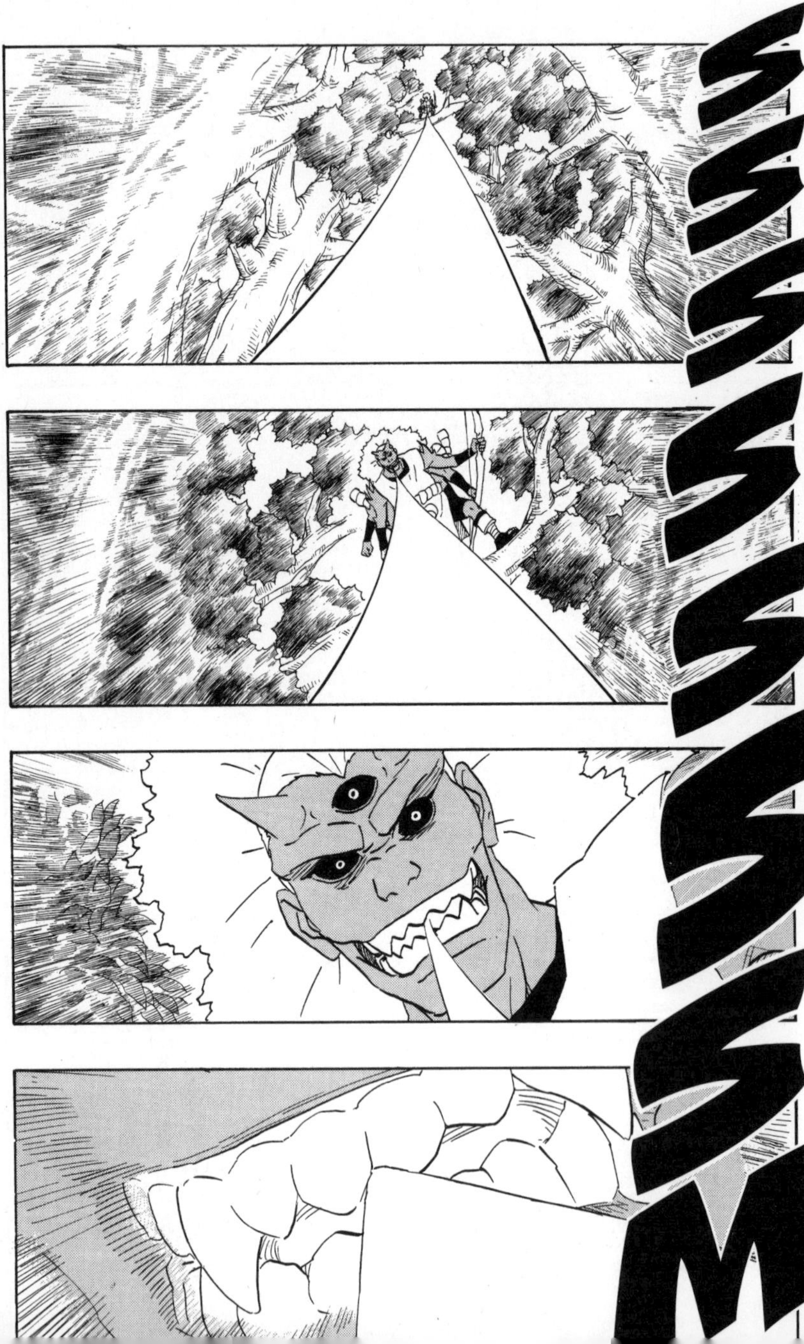

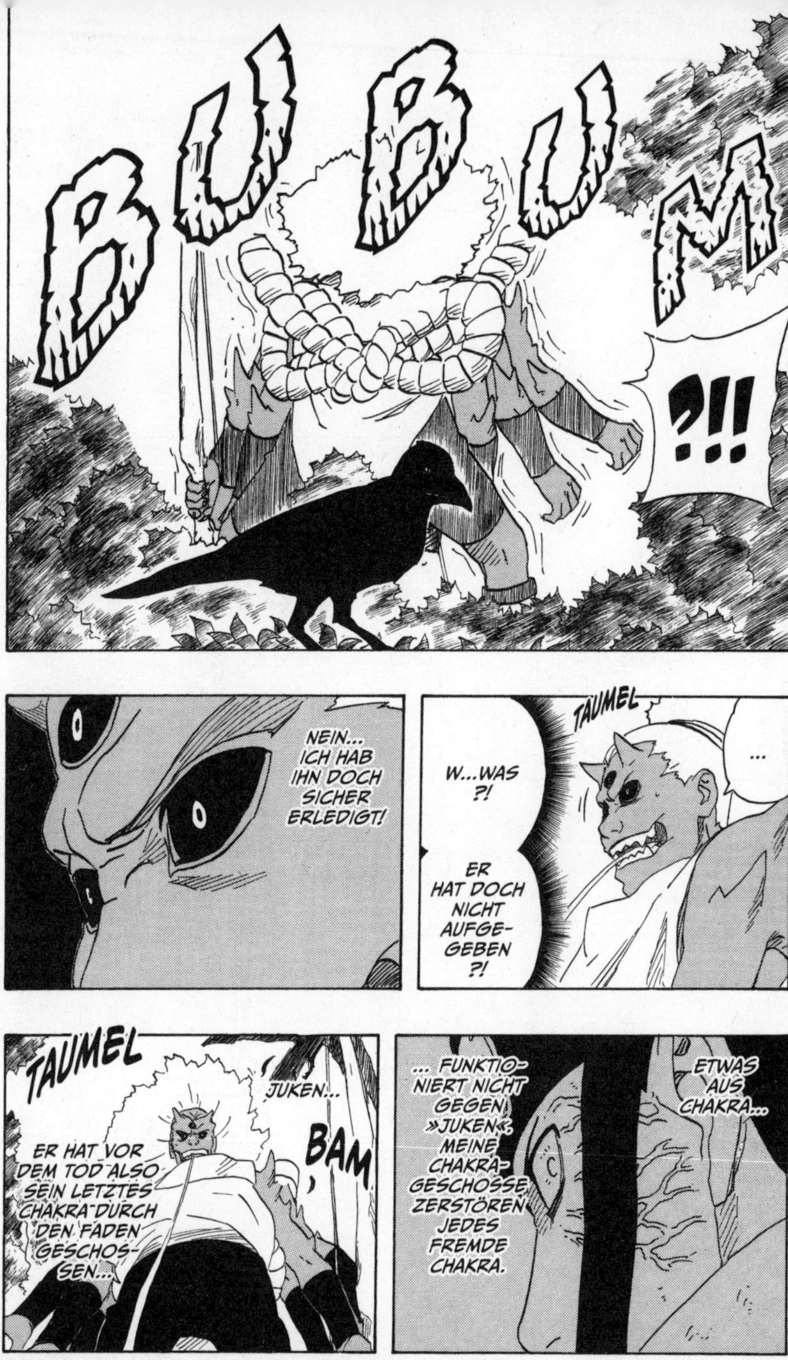
BUBUM
?!!
TAUMEL
...
W...WAS ?!
ER HAT DOCH NICHT AUFGE-GEBEN ?!
NEIN... ICH HAB IHN DOCH SICHER ERLEDIGT!
ETWAS AUS CHAKRA...
... FUNKTIO-NIERT NICHT GEGEN »JUKEN«. MEINE CHAKRA-GESCHOSSE ZERSTÖREN JEDES FREMDE CHAKRA.
JUKEN...
BAM
TAUMEL
ER HAT VOR DEM TOD ALSO SEIN LETZTES CHAKRA DURCH DEN FADEN GESCHOS-SEN...

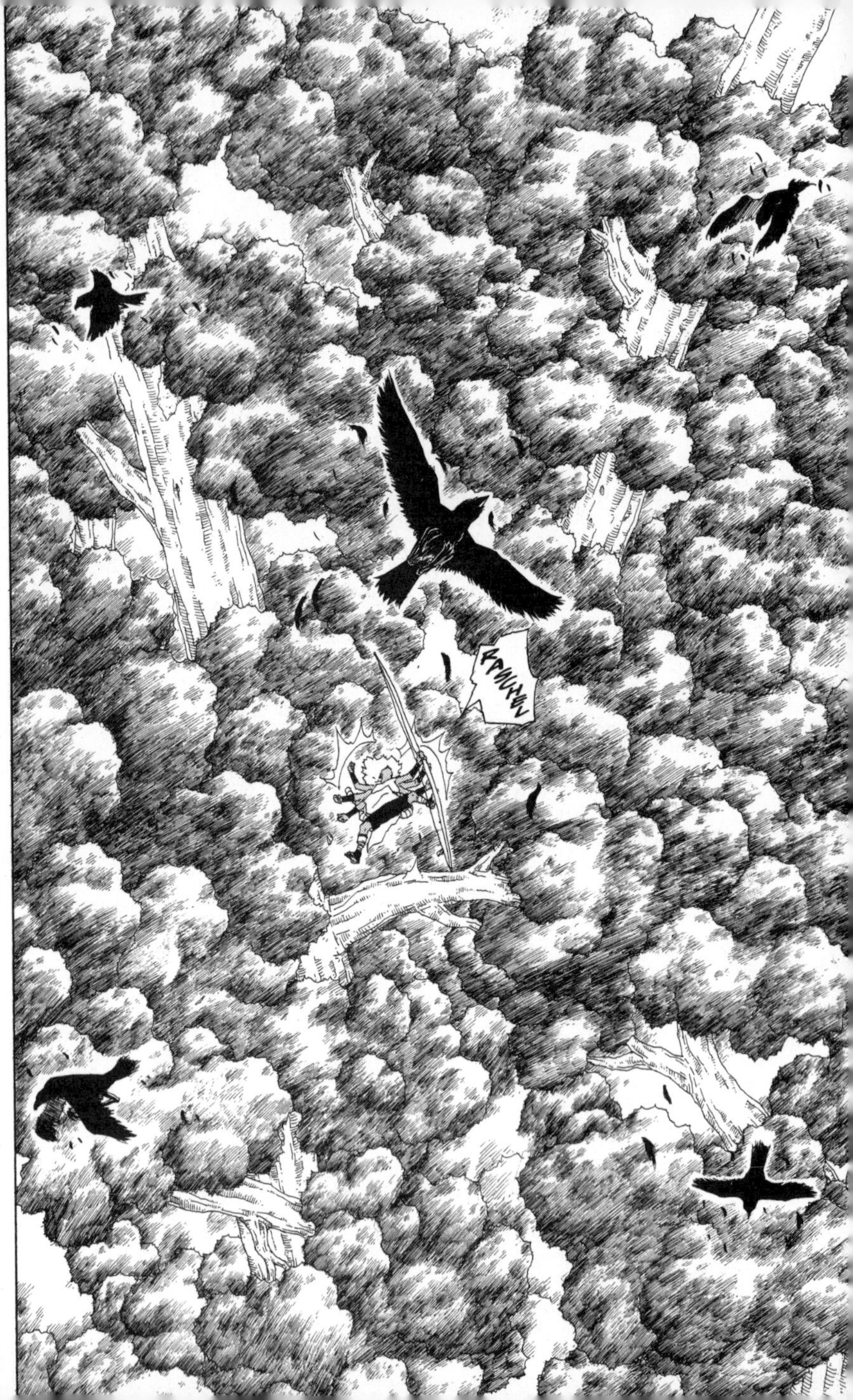
RASCHEL

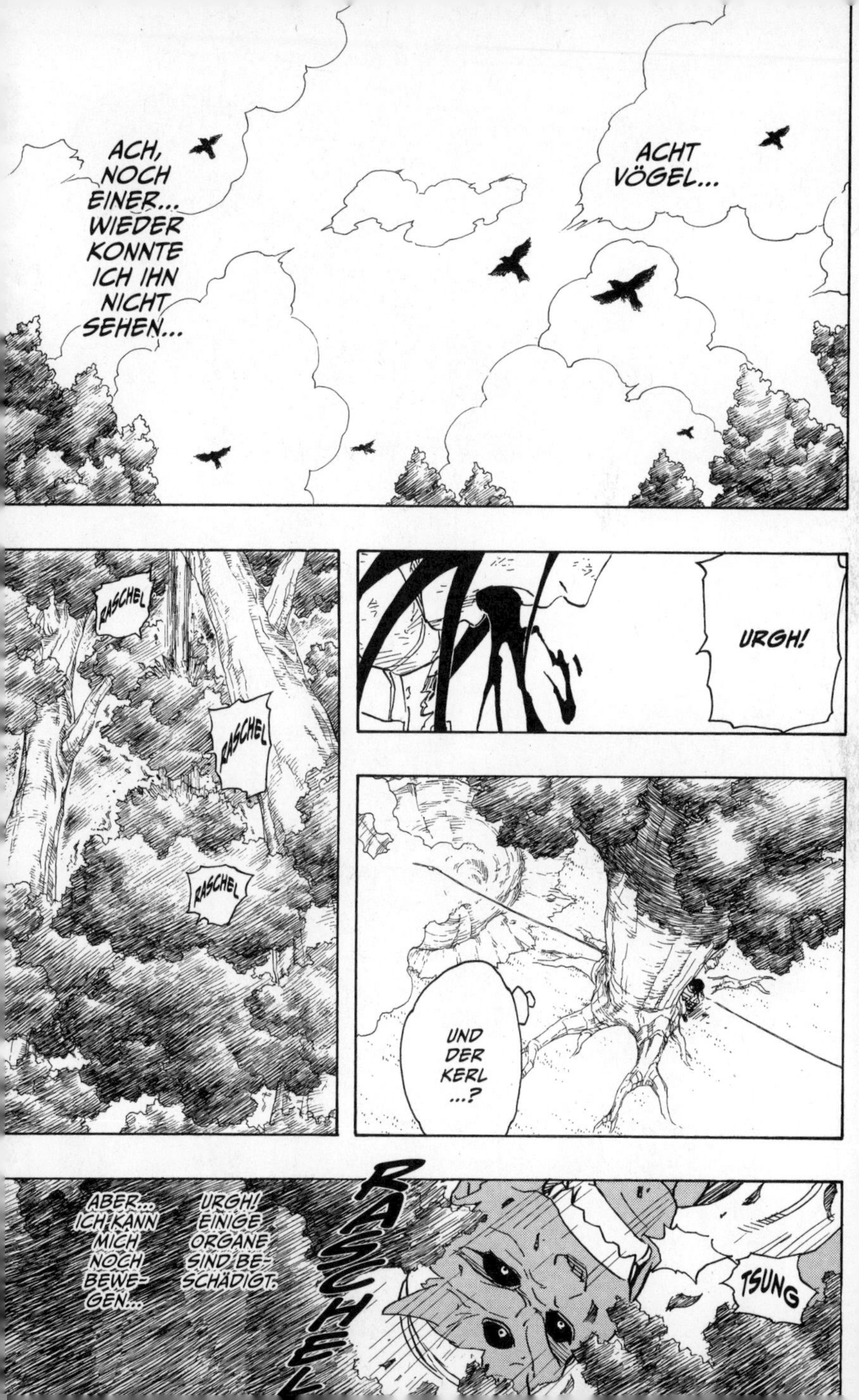
ACHT VÖGEL...
ACH, NOCH EINER... WIEDER KONNTE ICH IHN NICHT SEHEN...
URGH!
RASCHEL
RASCHEL
RASCHEL
UND DER KERL ...?
TSUNG
RASCHEL
URGH! EINIGE ORGANE SIND BESCHÄDIGT.
ABER... ICH KANN MICH NOCH BEWEGEN...

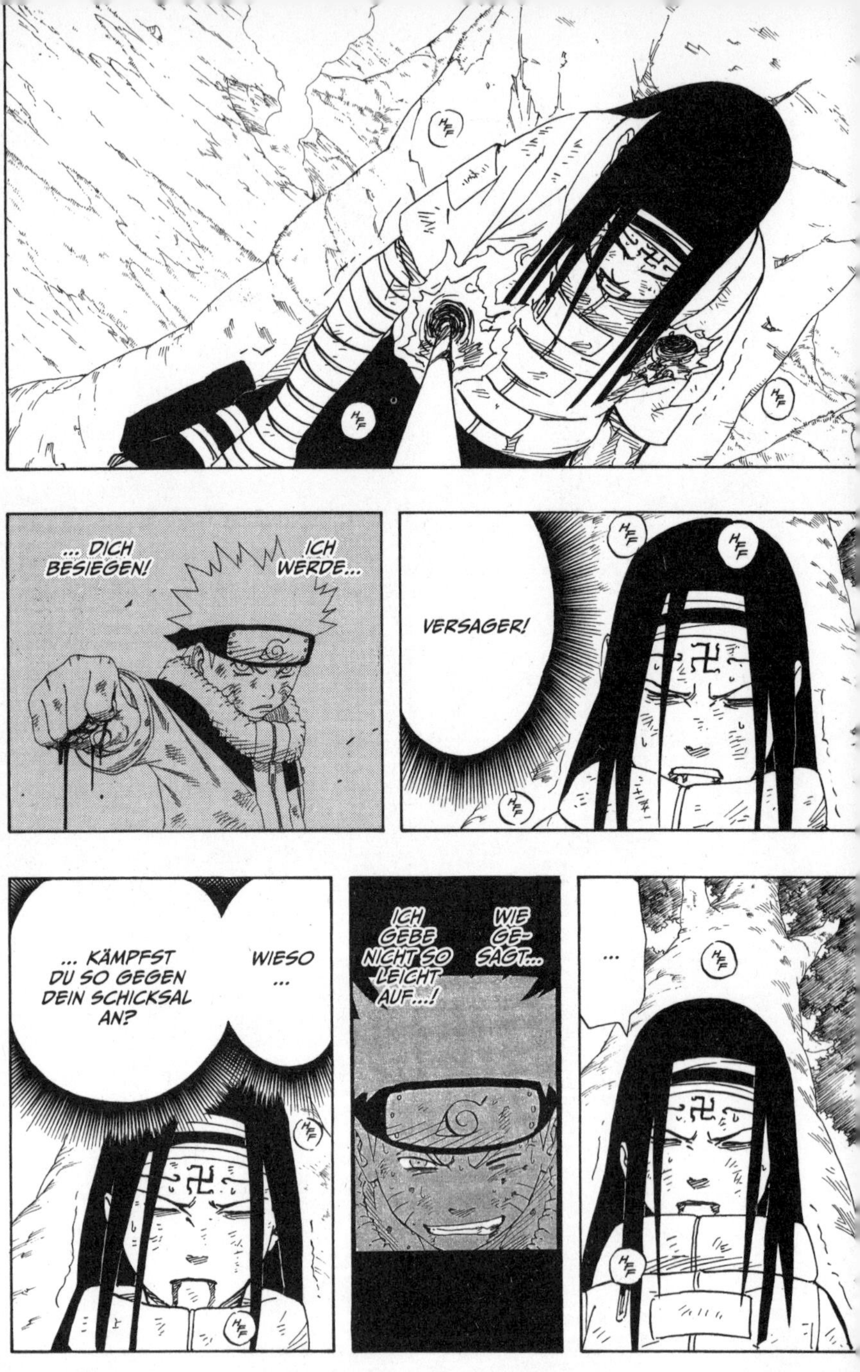
VERSAGER!
ICH WERDE...
... DICH BESIEGEN!
...
WIE GESAGT...
ICH GEBE NICHT SO LEICHT AUF...!
WIESO ...
... KÄMPFST DU SO GEGEN DEIN SCHICKSAL AN?

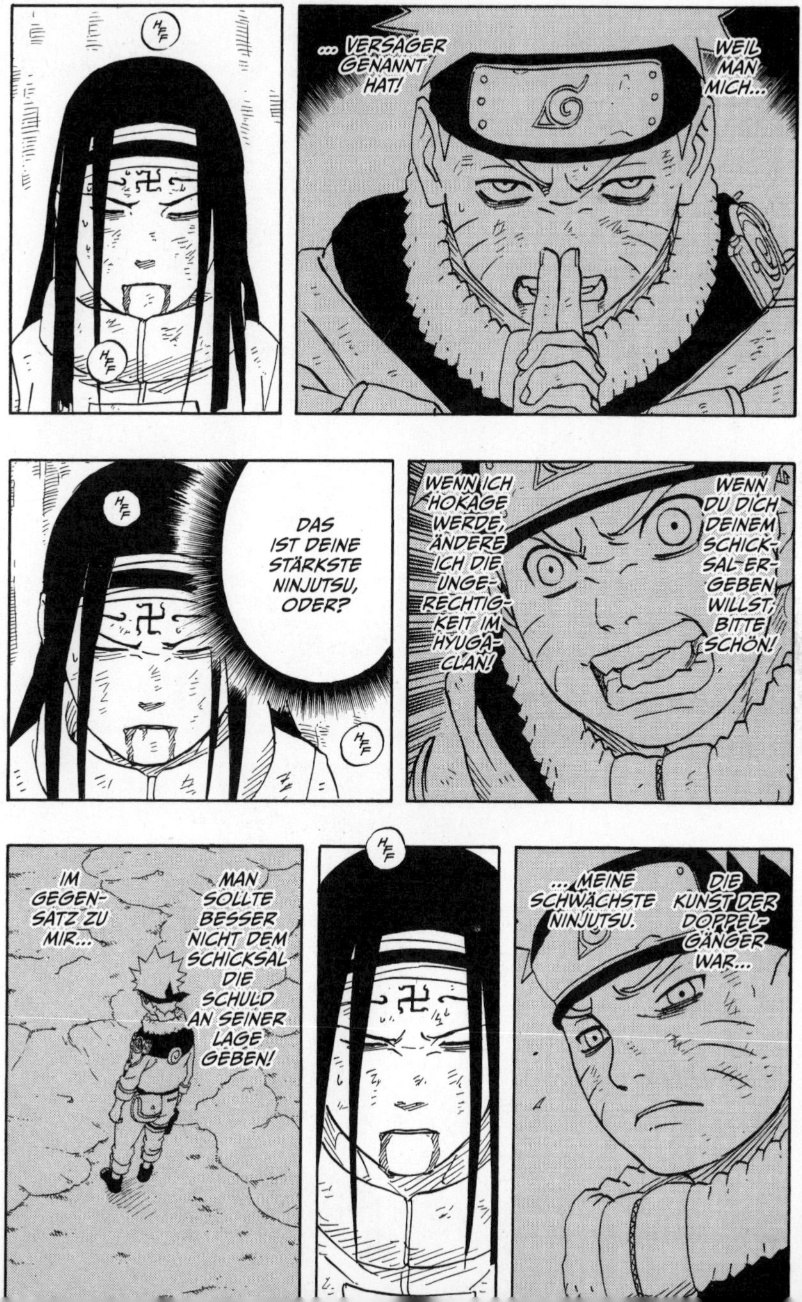
WEIL MAN MICH...
... VERSAGER GENANNT HAT!
HEF
HEF
WENN DU DICH DEINEM SCHICKSAL ERGEBEN WILLST, BITTE SCHÖN!
WENN ICH HOKAGE WERDE, ÄNDERE ICH DIE UNGERECHTIGKEIT IM HYUGA-CLAN!
HEF
DAS IST DEINE STÄRKSTE NINJUTSU, ODER?
HEF
DIE KUNST DER DOPPELGÄNGER WAR...
... MEINE SCHWÄCHSTE NINJUTSU.
HEF
MAN SOLLTE BESSER NICHT DEM SCHICKSAL DIE SCHULD AN SEINER LAGE GEBEN!
IM GEGENSATZ ZU MIR...

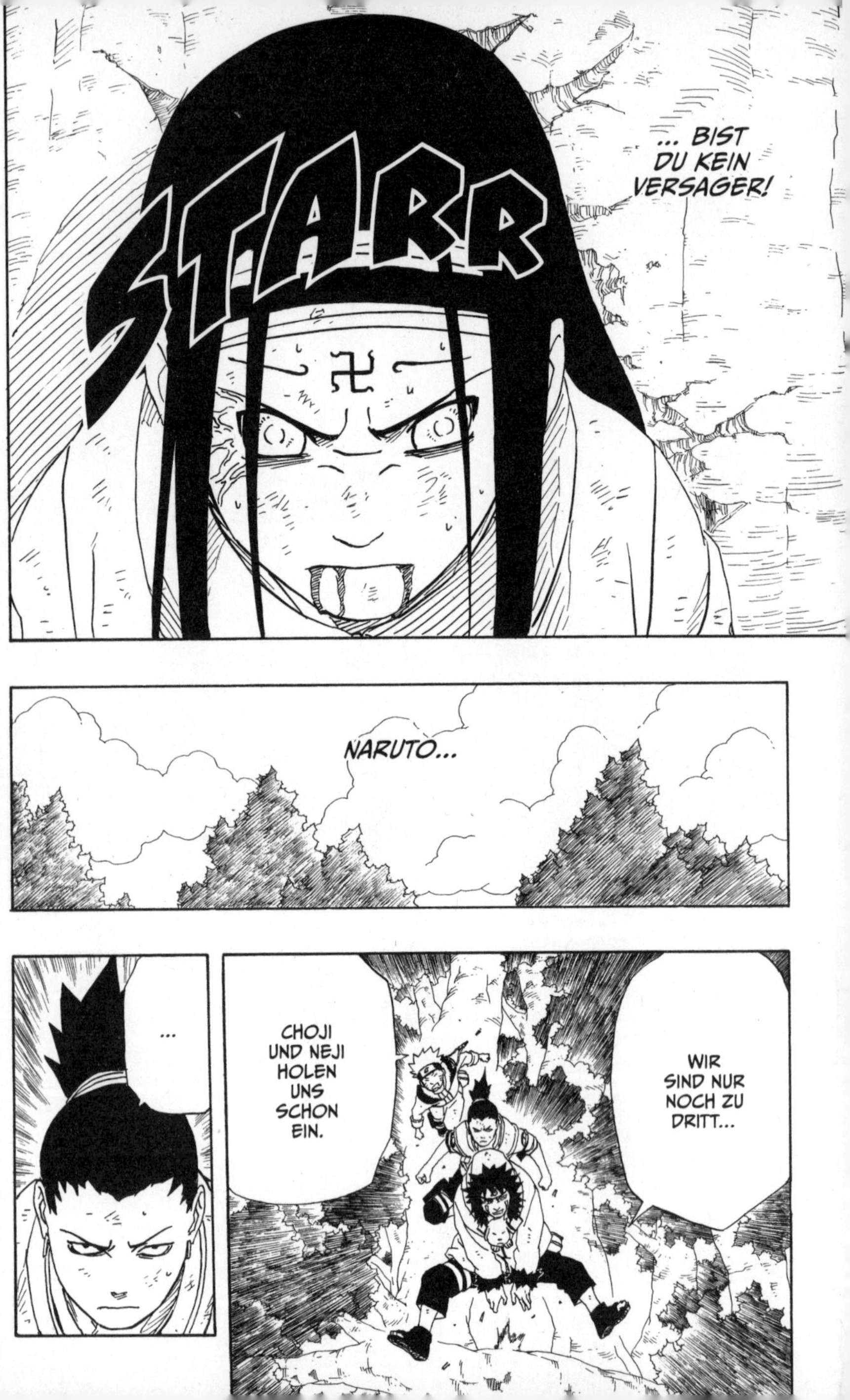
... BIST DU KEIN VERSAGER!
S.T.A.R.R
NARUTO...
WIR SIND NUR NOCH ZU DRITT...
CHOJI UND NEJI HOLEN UNS SCHON EIN.
...

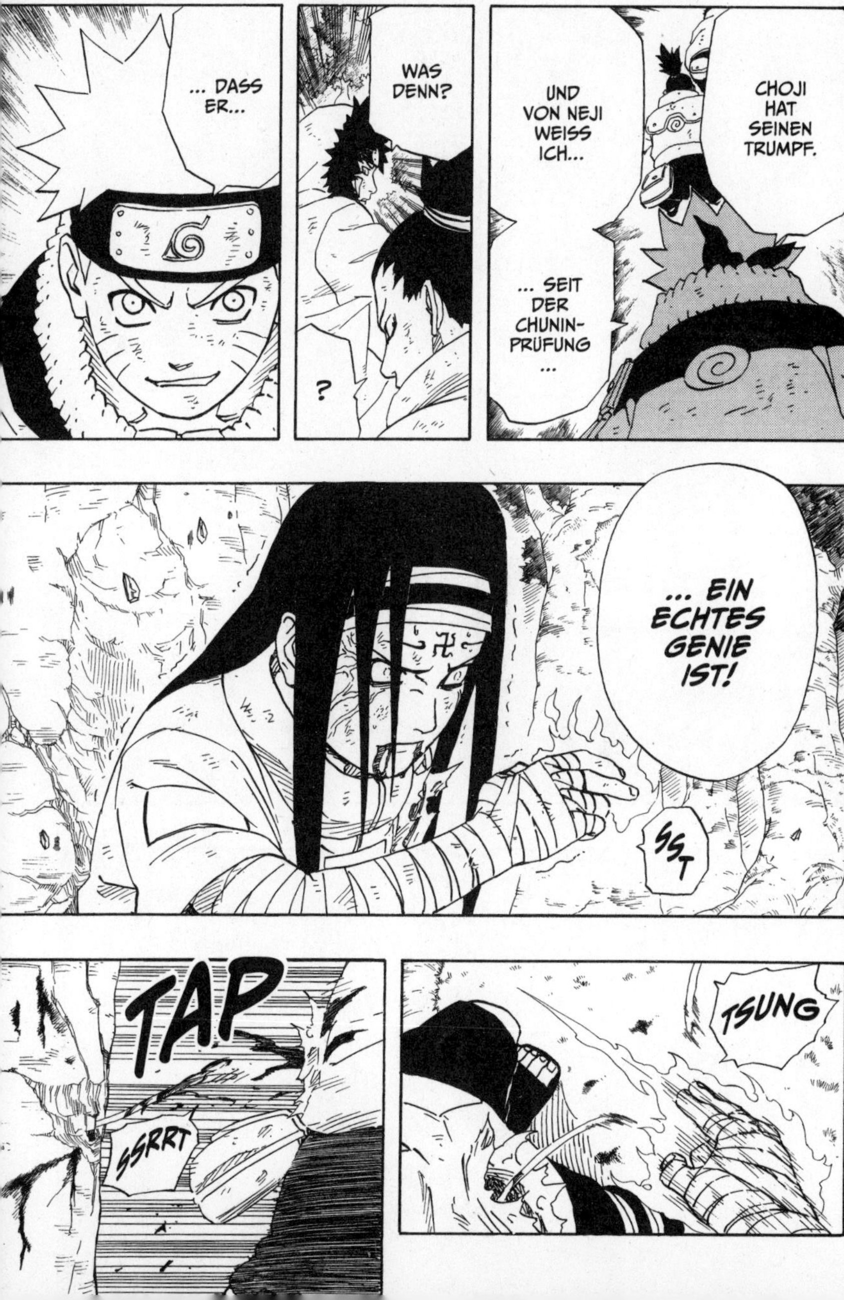
CHOJI HAT SEINEN TRUMPF.
UND VON NEJI WEISS ICH...
... SEIT DER CHUNIN-PRÜFUNG ...
WAS DENN?
?
... DASS ER...
... EIN ECHTES GENIE IST!
SST
TSUNG
TAP
SSRRT

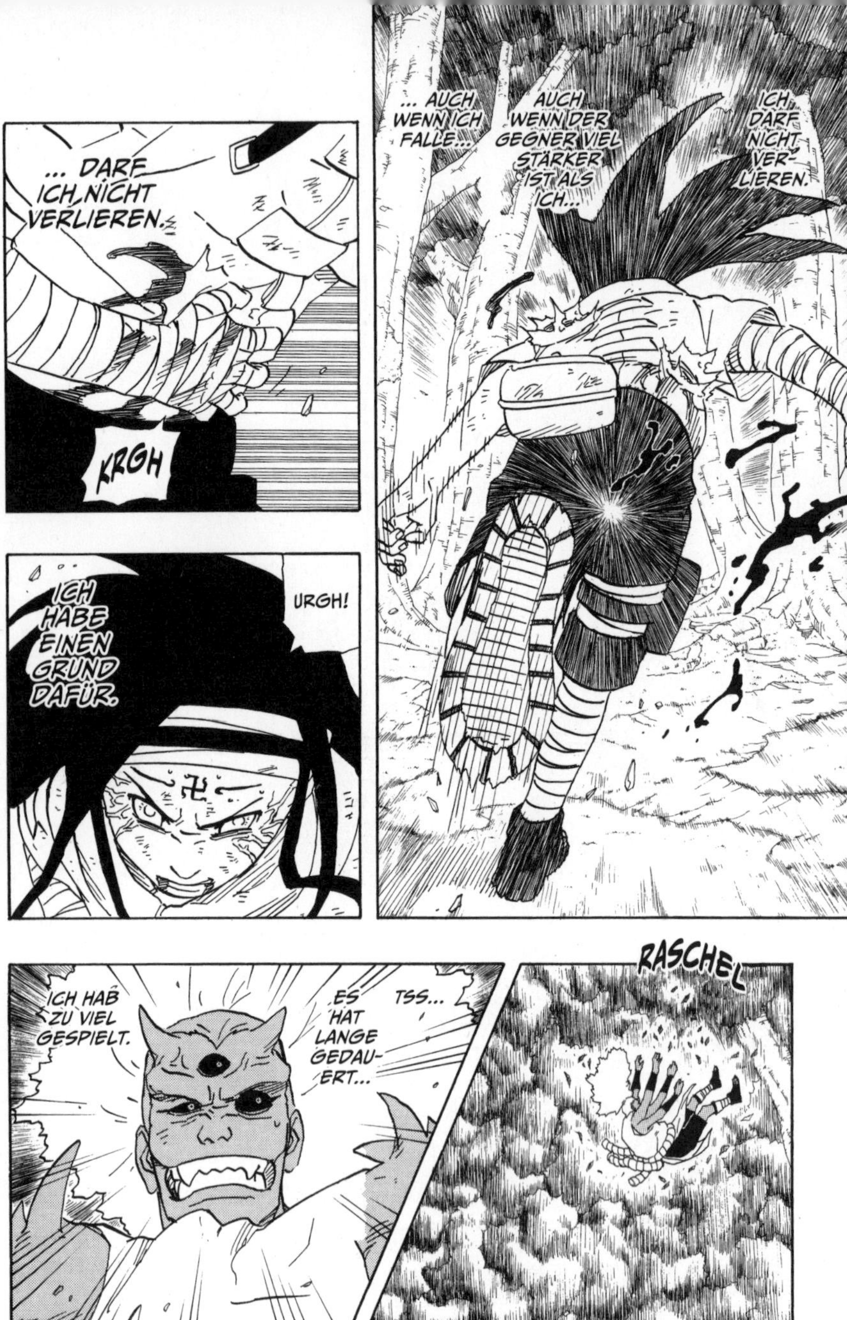
ICH DARF NICHT VER-LIEREN.
AUCH WENN DER GEGNER VIEL STÄRKER IST ALS ICH...
... AUCH WENN ICH FALLE...
... DARF ICH NICHT VERLIEREN.
KRGH
URGH!
ICH HABE EINEN GRUND DAFÜR.
RASCHEL
TSS...
ES HAT LANGE GEDAU-ERT...
ICH HAB ZU VIEL GESPIELT.

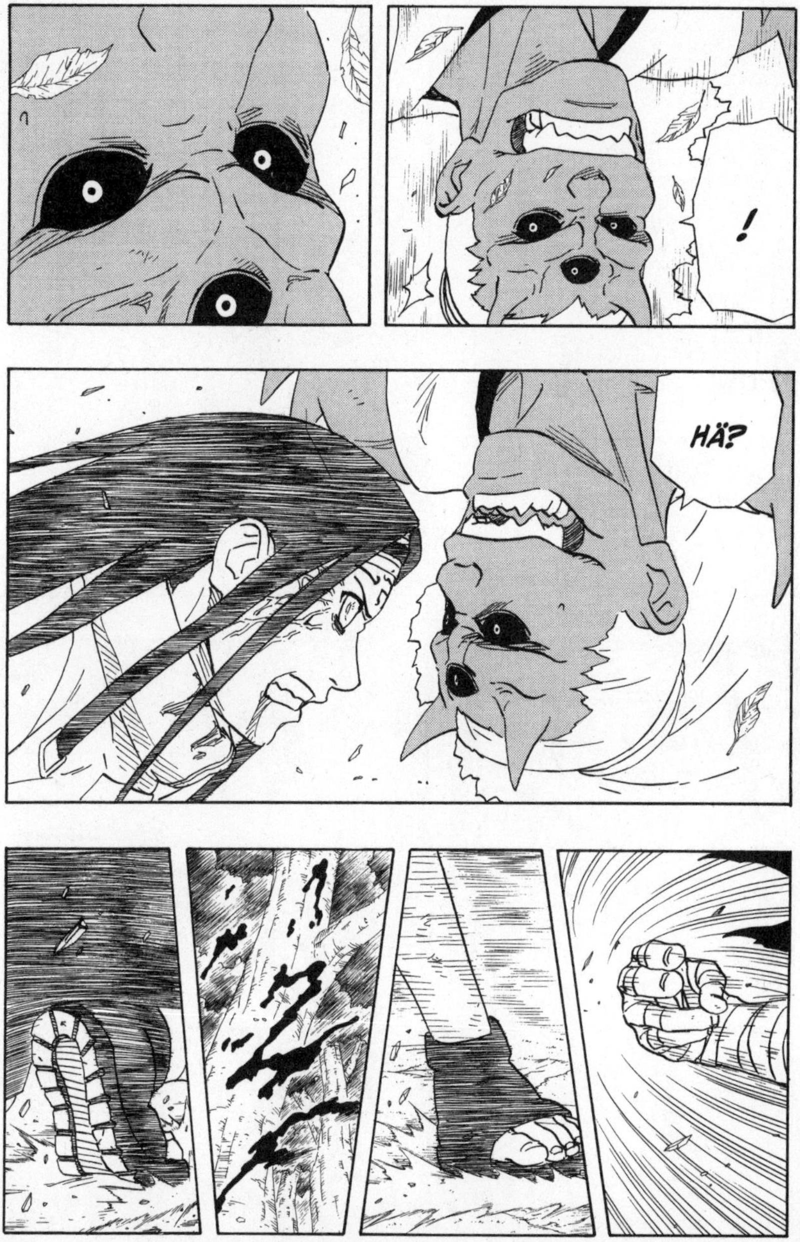
!
HÄ?

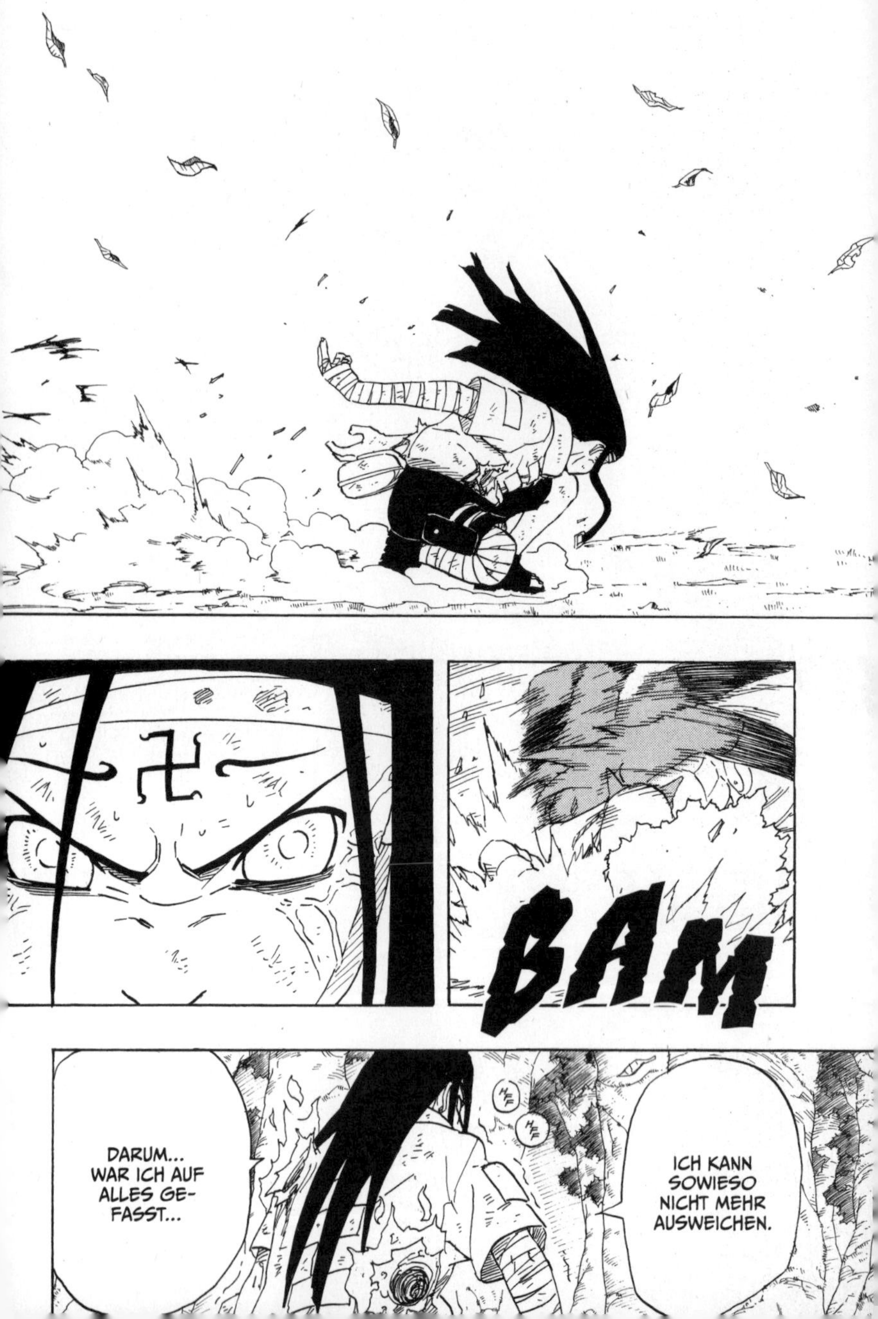
BAM
ICH KANN SOWIESO NICHT MEHR AUSWEICHEN.
HEF
HEF
DARUM... WAR ICH AUF ALLES GE-FASST...

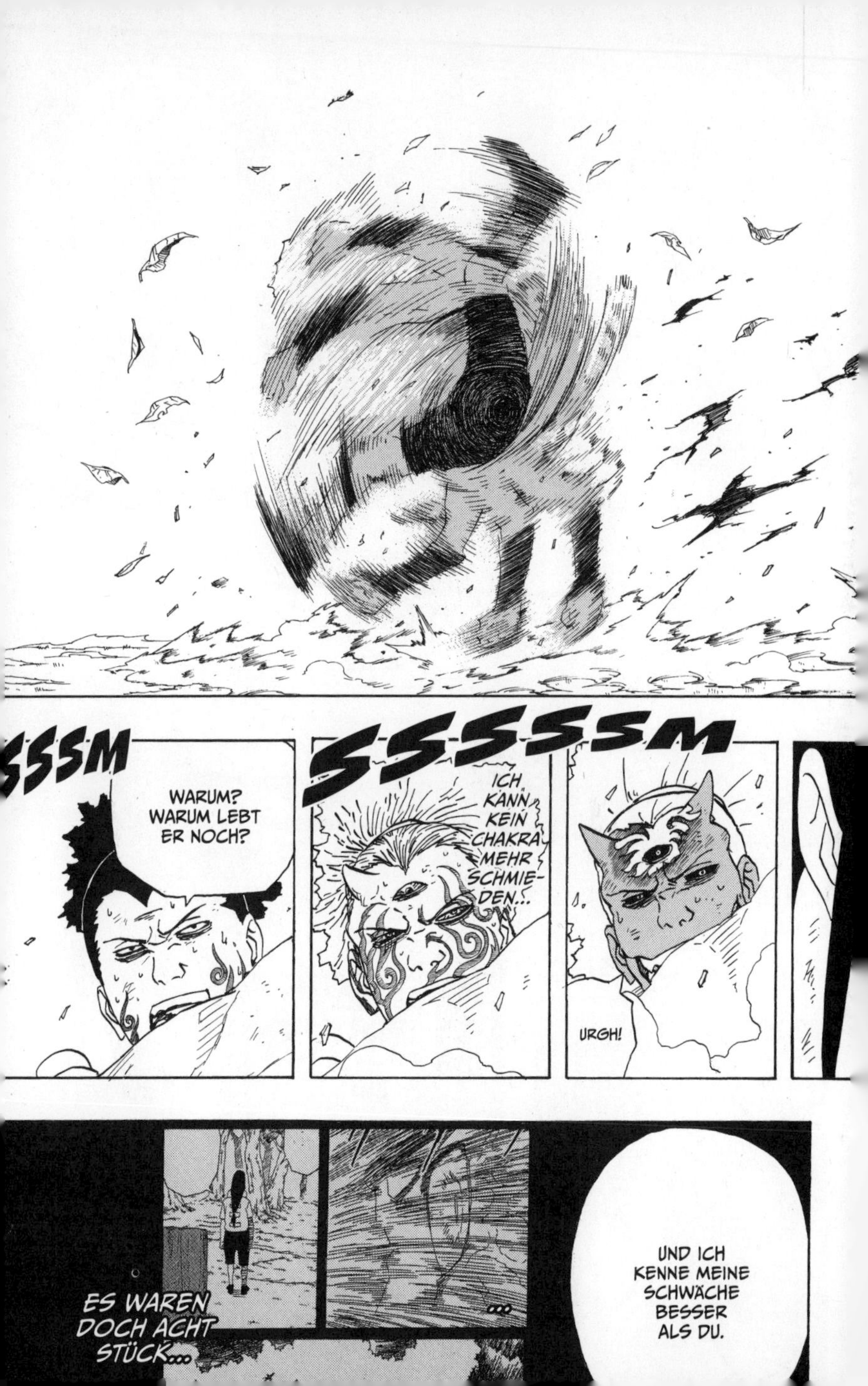
SSSM
SSSSSM
URGH!
ICH KANN KEIN CHAKRA MEHR SCHMIEDEN...
WARUM? WARUM LEBT ER NOCH?
UND ICH KENNE MEINE SCHWÄCHE BESSER ALS DU.
...
ES WAREN DOCH ACHT STÜCK...

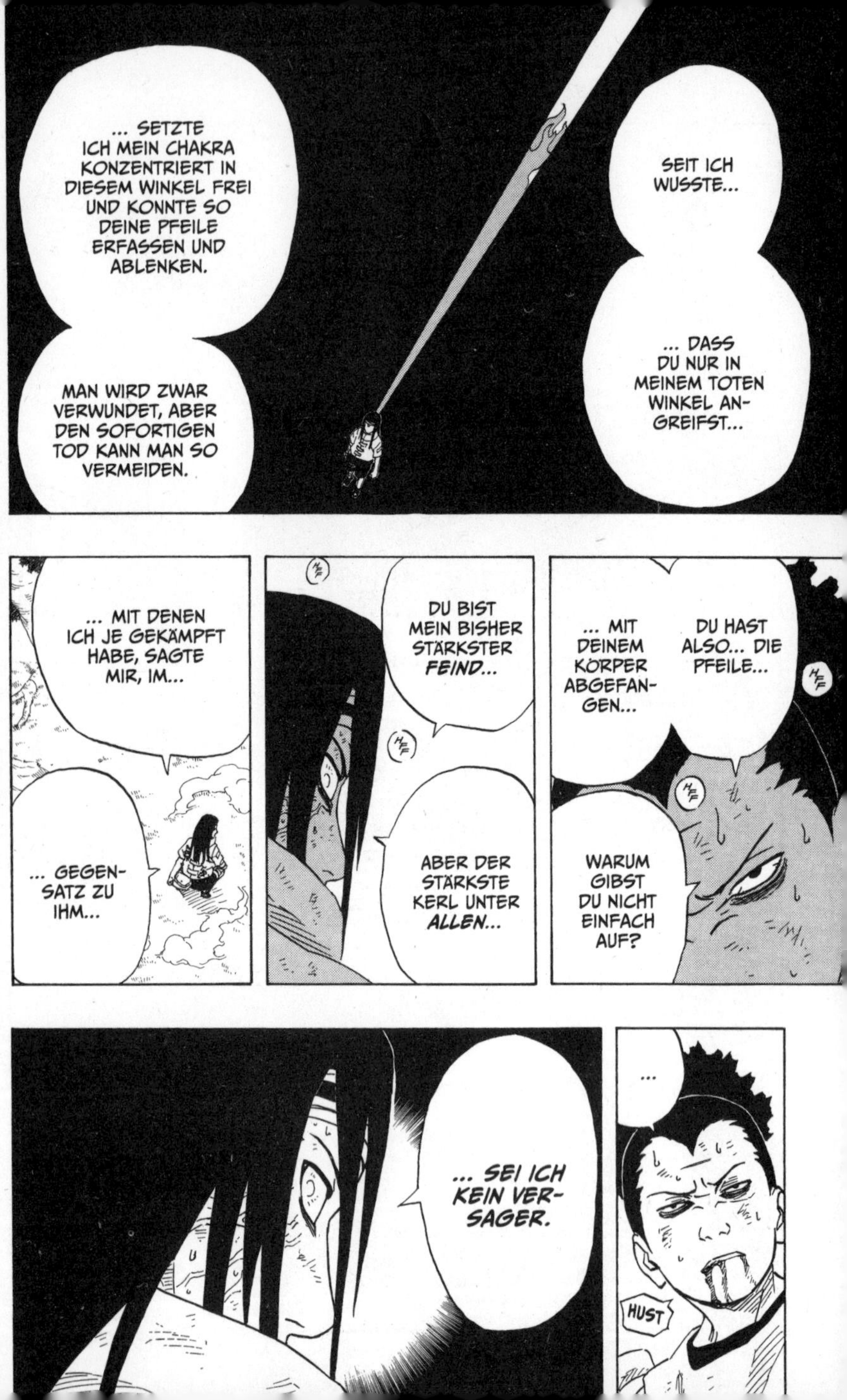
SEIT ICH WUSSTE...
... DASS DU NUR IN MEINEM TOTEN WINKEL ANGREIFST...
... SETZTE ICH MEIN CHAKRA KONZENTRIERT IN DIESEM WINKEL FREI UND KONNTE SO DEINE PFEILE ERFASSEN UND ABLENKEN.
MAN WIRD ZWAR VERWUNDET, ABER DEN SOFORTIGEN TOD KANN MAN SO VERMEIDEN.
DU HAST ALSO... DIE PFEILE...
... MIT DEINEM KÖRPER ABGEFANGEN...
HF
HF
WARUM GIBST DU NICHT EINFACH AUF?
HF
DU BIST MEIN BISHER STÄRKSTER FEIND...
HF
ABER DER STÄRKSTE KERL UNTER ALLEN...
... MIT DENEN ICH JE GEKÄMPFT HABE, SAGTE MIR, IM...
... GEGENSATZ ZU IHM...
...
HUST
... SEI ICH KEIN VERSAGER.

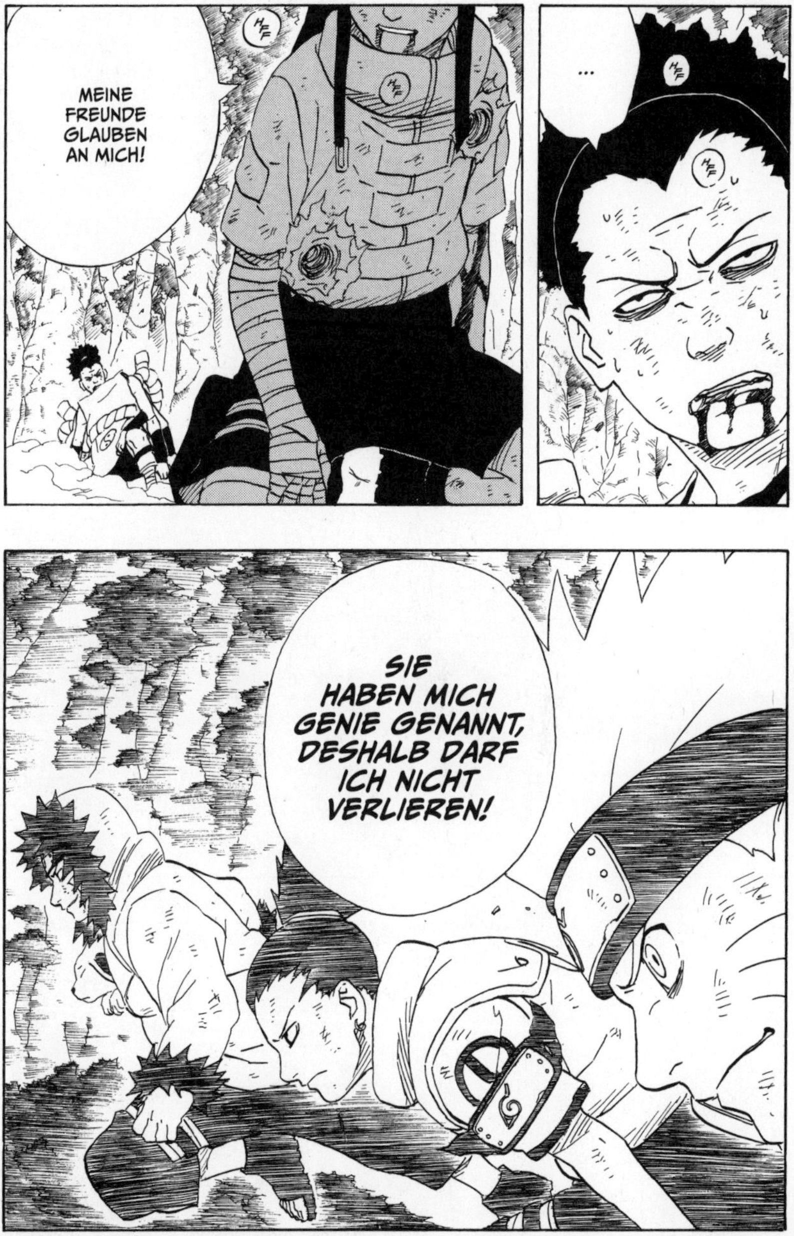
...
MEINE FREUNDE GLAUBEN AN MICH!
SIE HABEN MICH GENIE GENANNT, DESHALB DARF ICH NICHT VERLIEREN!

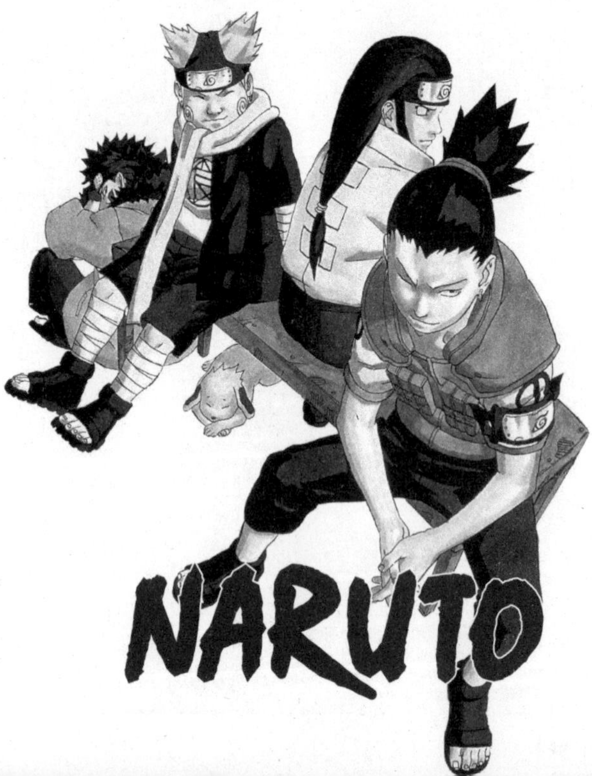
NARUTO

198. KAPITEL: WIEDERGEBURT

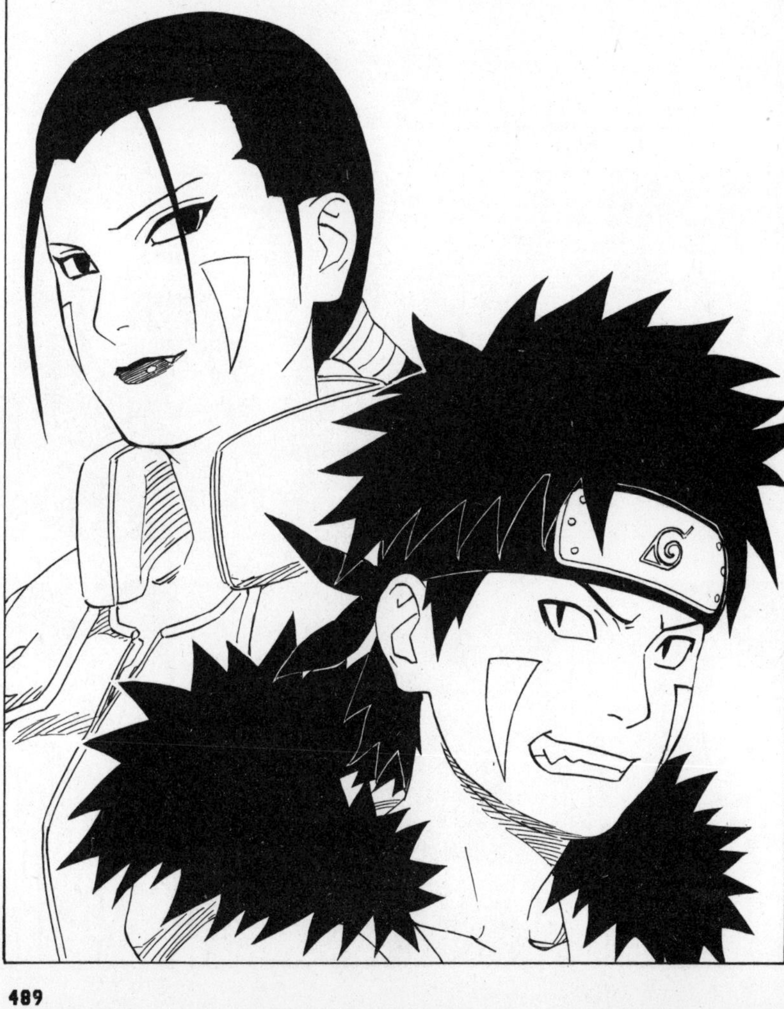

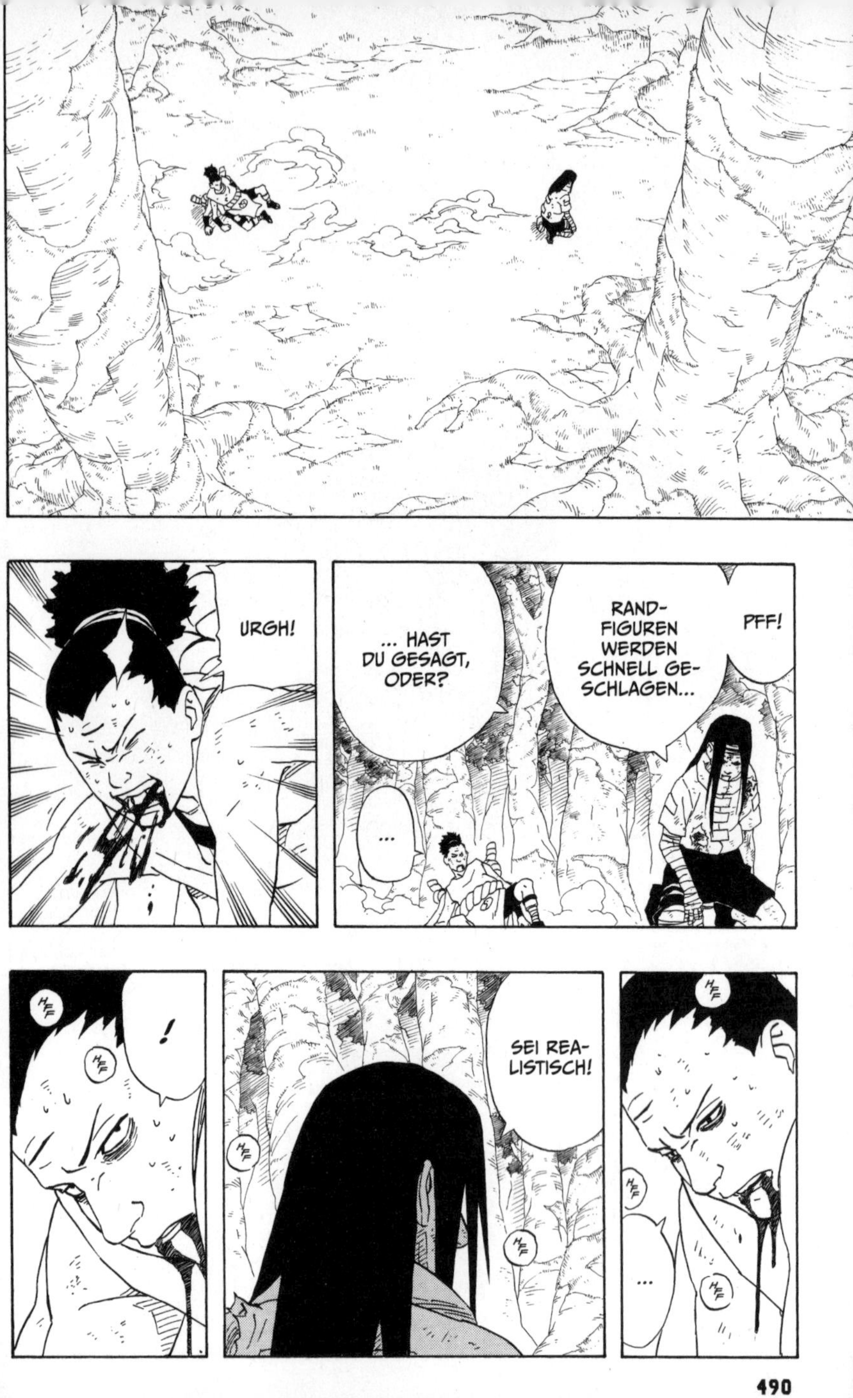
PFF!
RAND-FIGUREN WERDEN SCHNELL GE-SCHLAGEN...
... HAST DU GESAGT, ODER?
...
URGH!
HEF
HEF
...
HEF
SEI REA-LISTISCH!
HEF
HEF
!
HEF

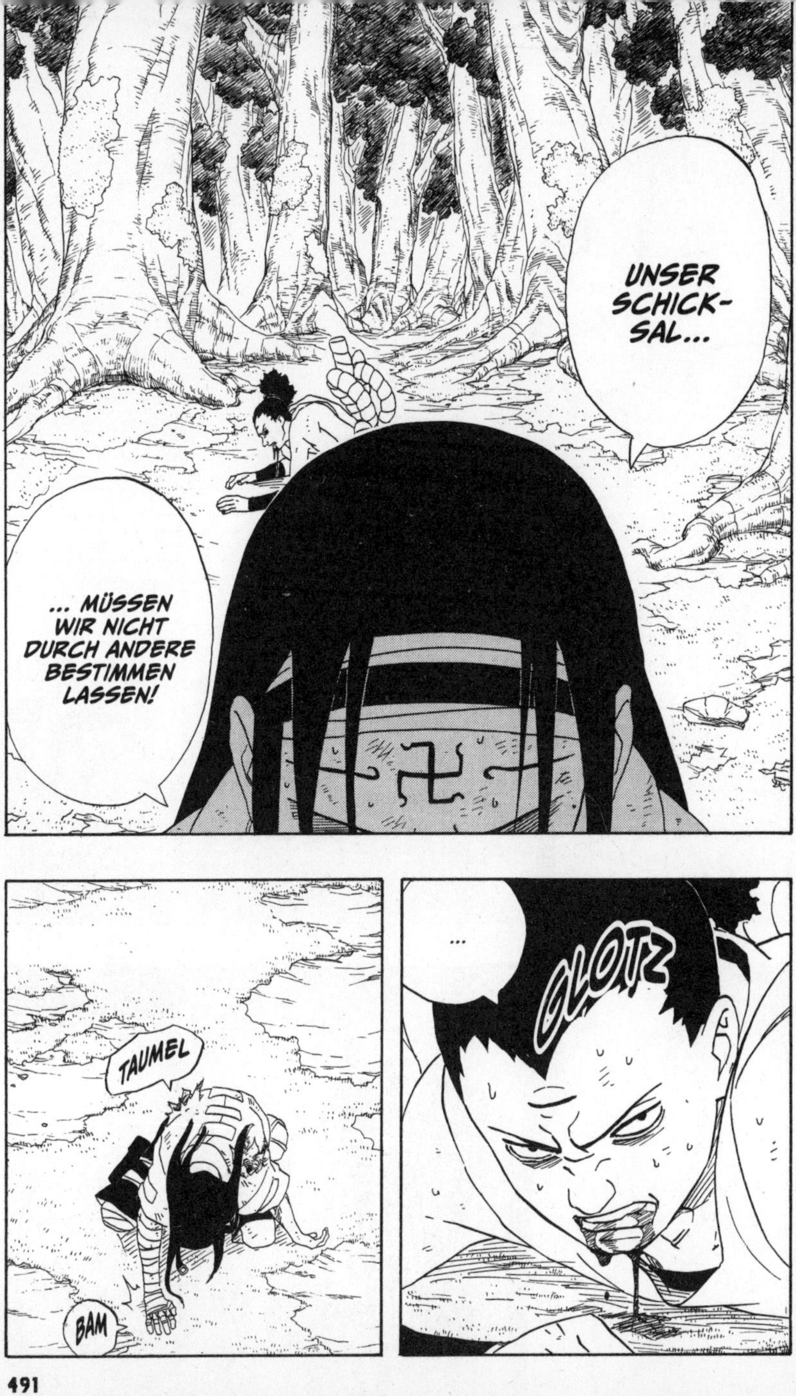
UNSER SCHICK-SAL...
... MÜSSEN WIR NICHT DURCH ANDERE BESTIMMEN LASSEN!
...
GLOTZ
TAUMEL
BAM

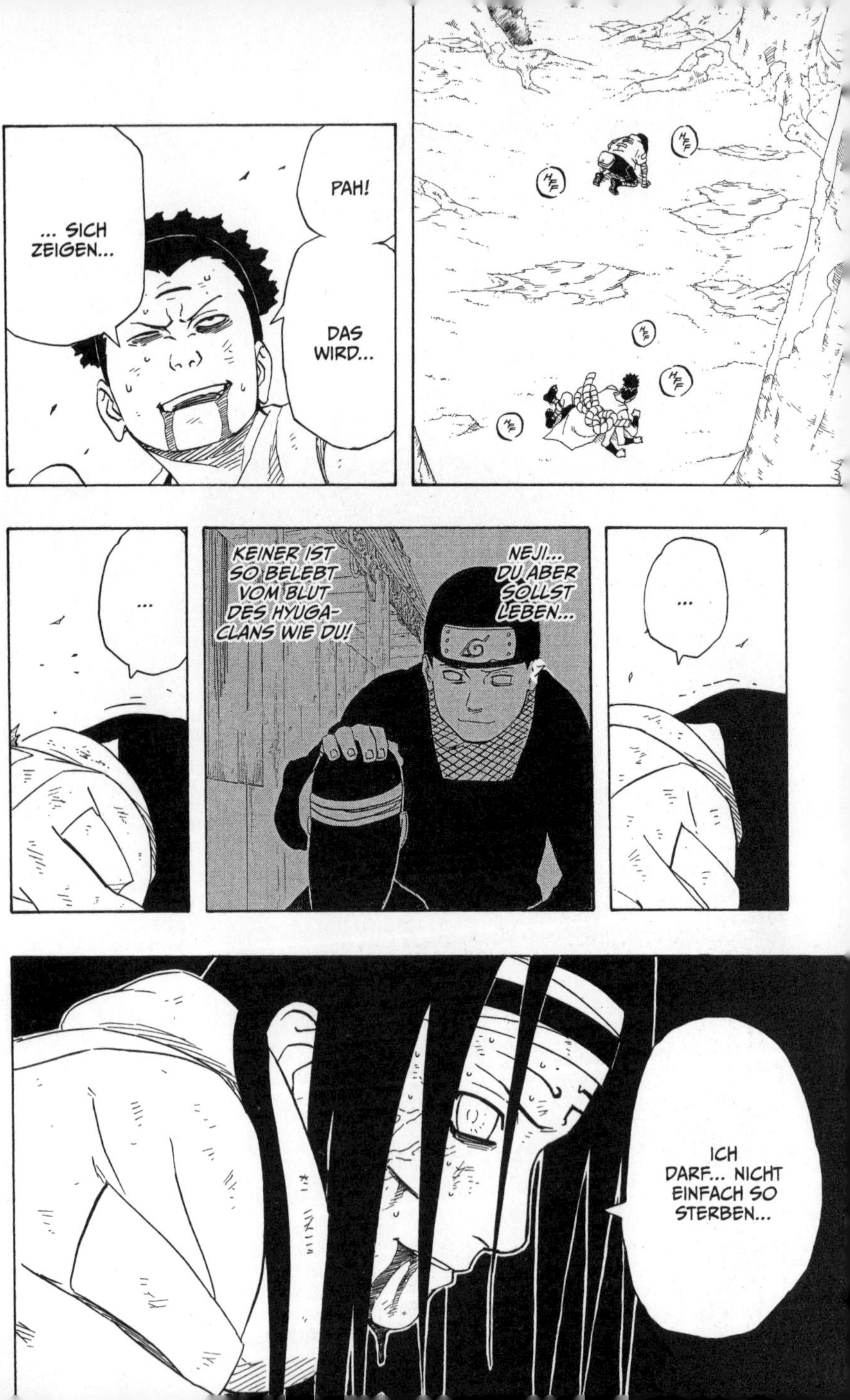
PAH!
DAS WIRD...
... SICH ZEIGEN...
...
NEJI... DU ABER SOLLST LEBEN...
KEINER IST SO BELEBT VOM BLUT DES HYUGA-CLANS WIE DU!
...
ICH DARF... NICHT EINFACH SO STERBEN...

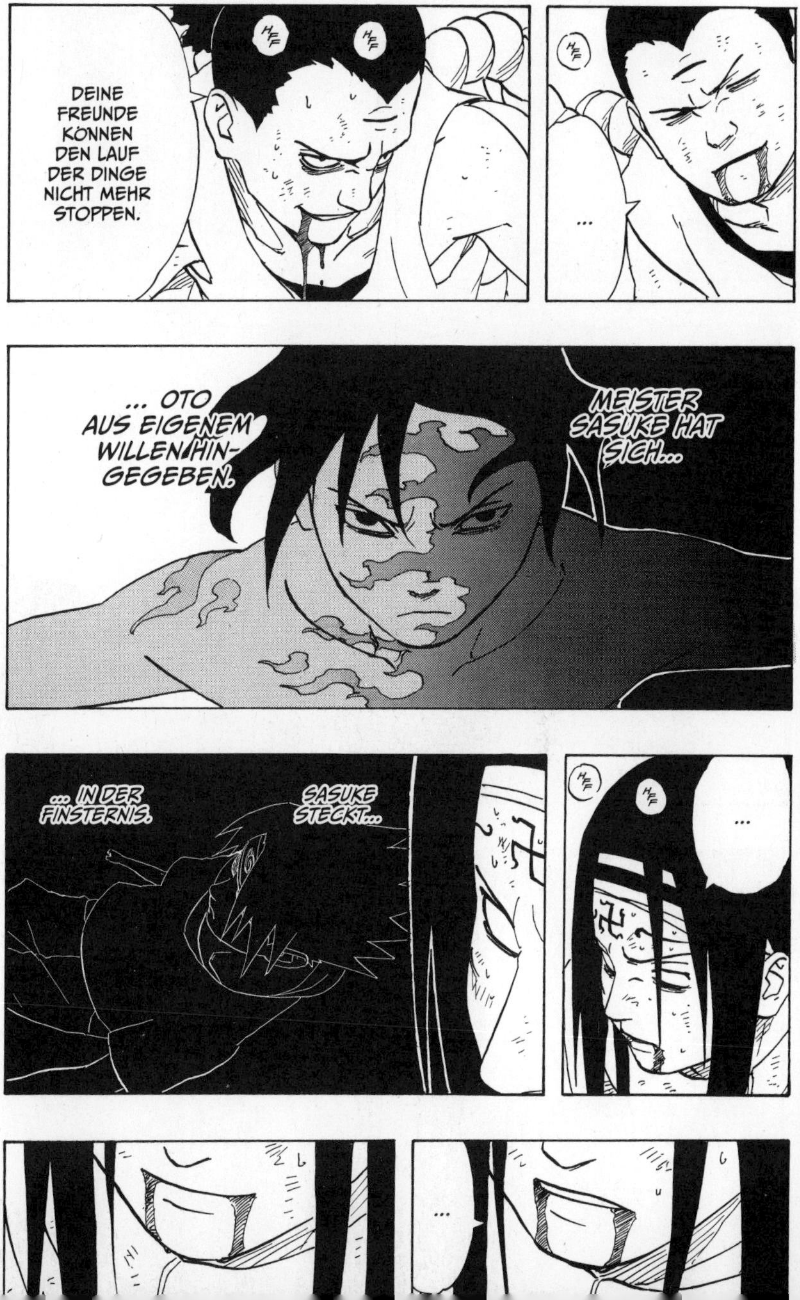
HEF
...
HEF HEF
DEINE FREUNDE KÖNNEN DEN LAUF DER DINGE NICHT MEHR STOPPEN.
MEISTER SASUKE HAT SICH...
... OTO AUS EIGENEM WILLEN HIN-GEGEBEN.
HEF
...
HEF
SASUKE STECKT...
... IN DER FINSTERNIS.
...

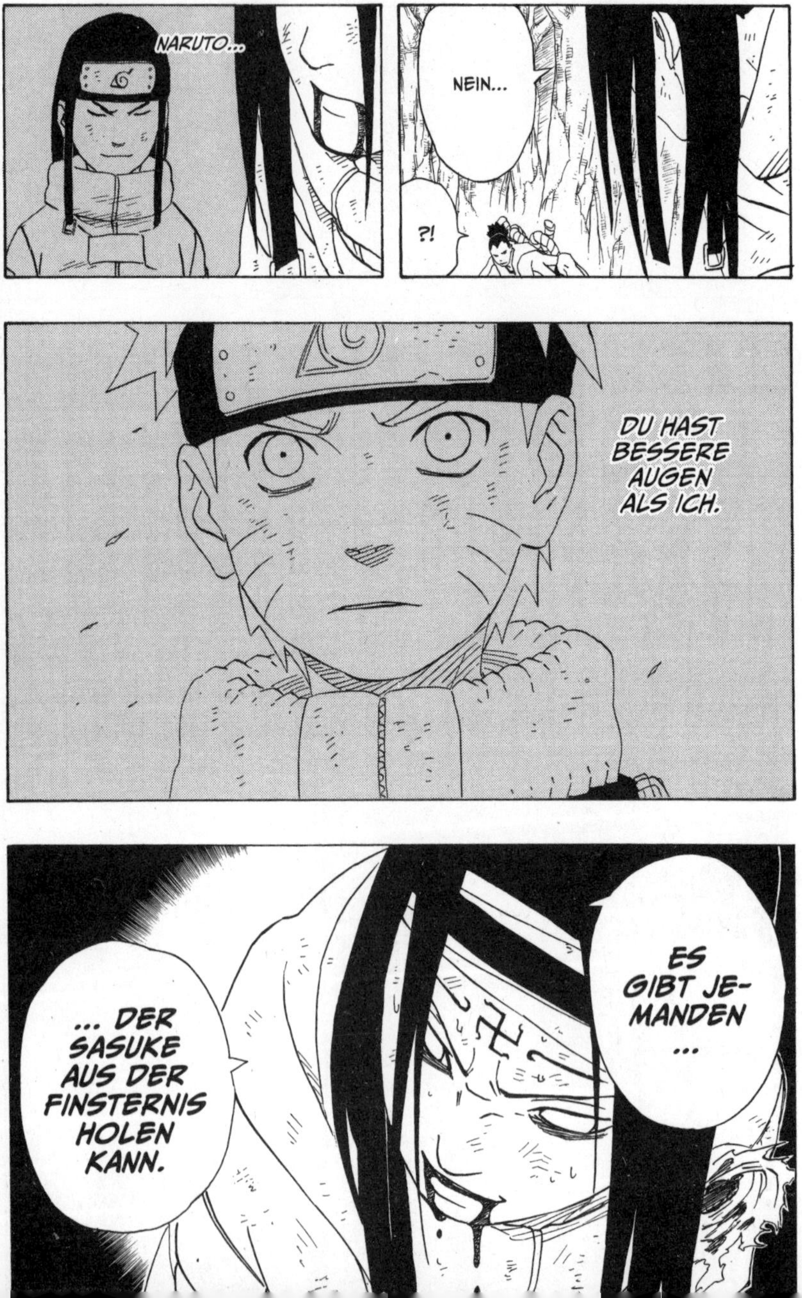
NARUTO...
NEIN...
?!
DU HAST BESSERE AUGEN ALS ICH.
ES GIBT JE-MANDEN ...
... DER SASUKE AUS DER FINSTERNIS HOLEN KANN.

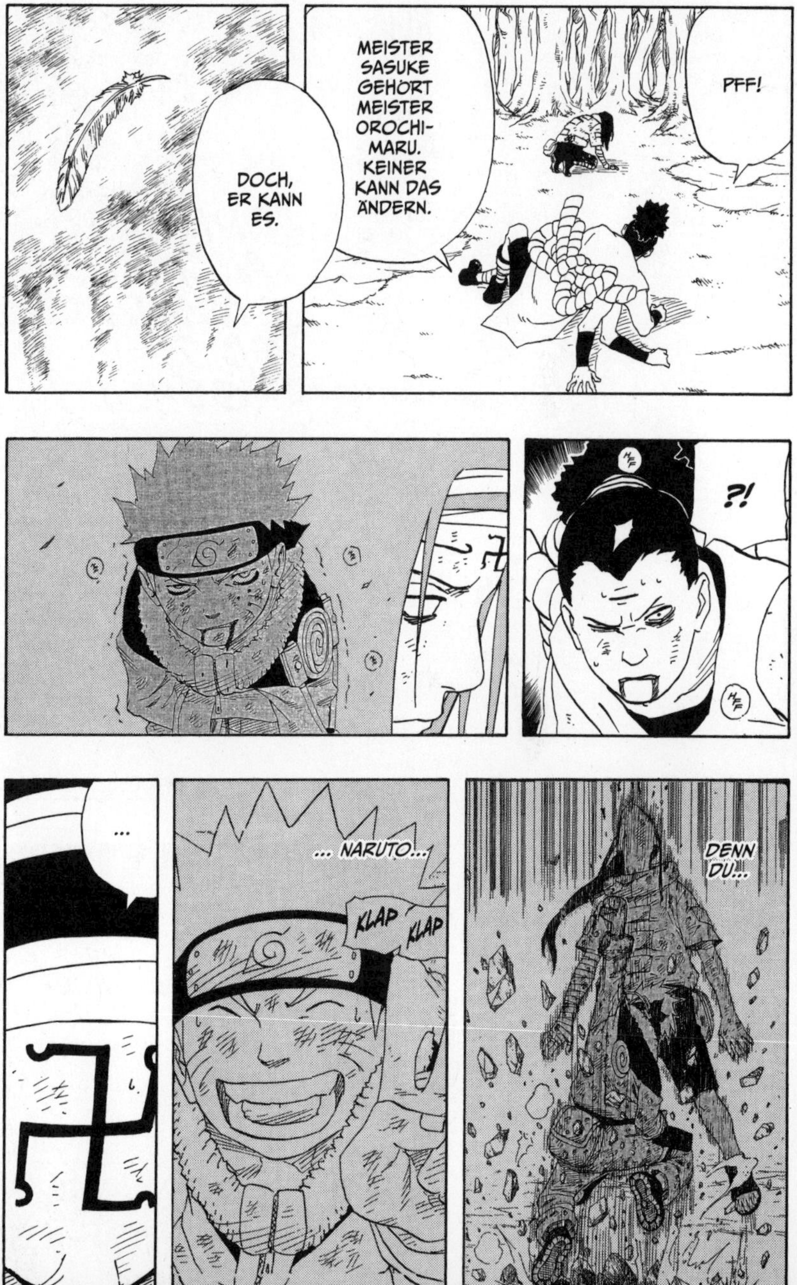
PFF!
MEISTER SASUKE GEHÖRT MEISTER OROCHI-MARU. KEINER KANN DAS ÄNDERN.
DOCH, ER KANN ES.
?!
DENN DU...
... NARUTO...
KLAP
KLAP
...

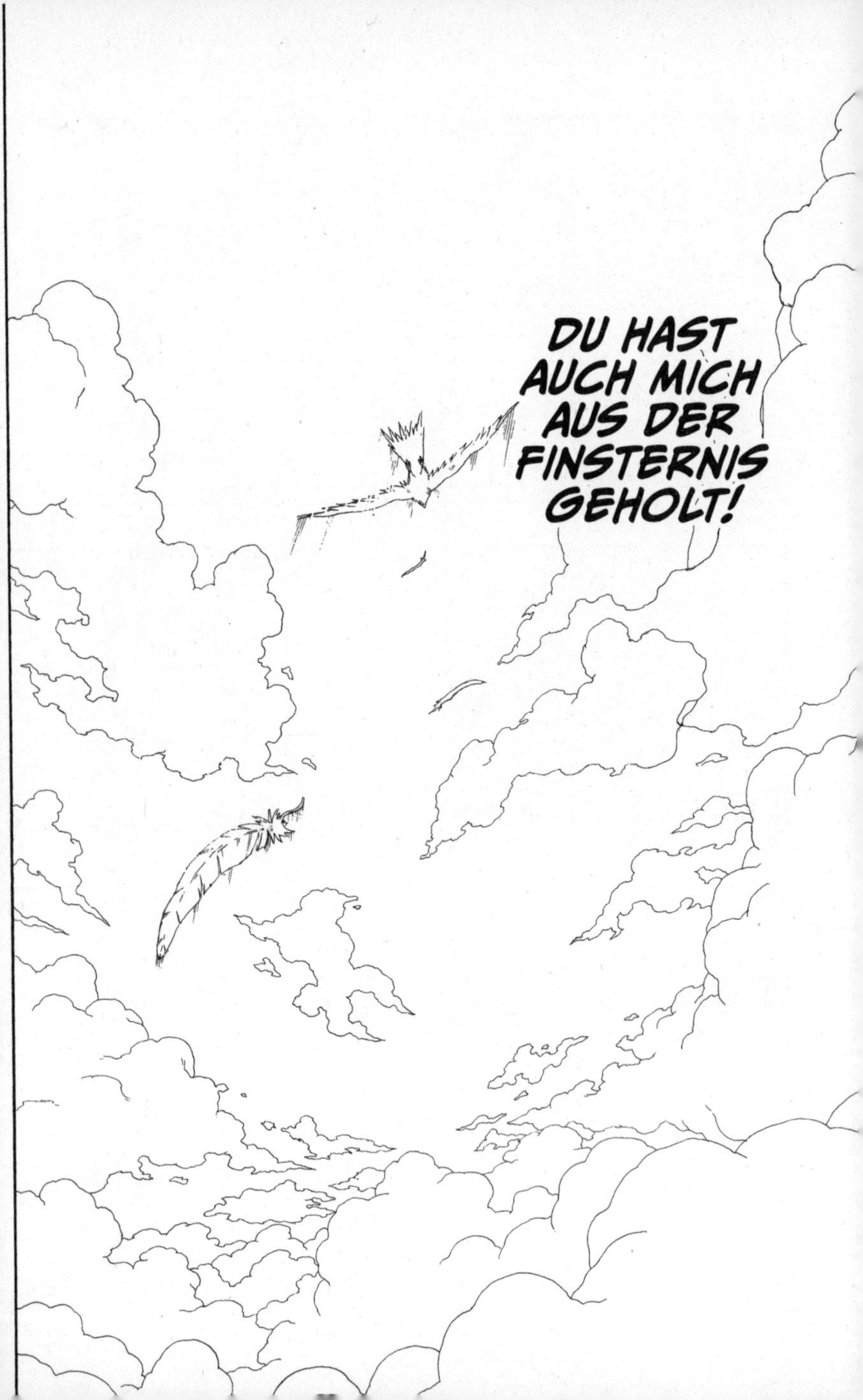
DU HAST AUCH MICH AUS DER FINSTERNIS GEHOLT!

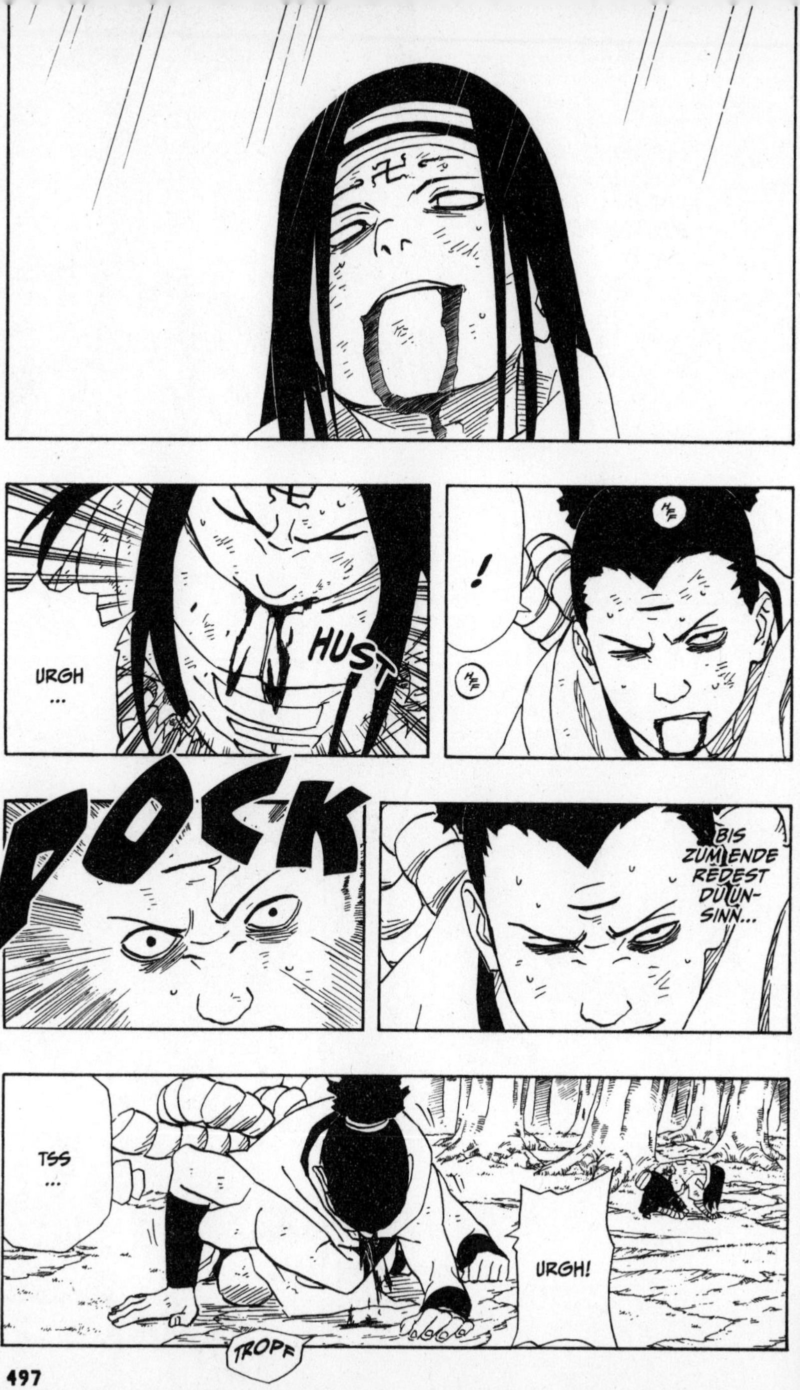
HUST
URGH
...
HEF
!
HEF
BIS ZUM ENDE REDEST DU UN-SINN...
DOCK
URGH!
TSS
...
TROPF

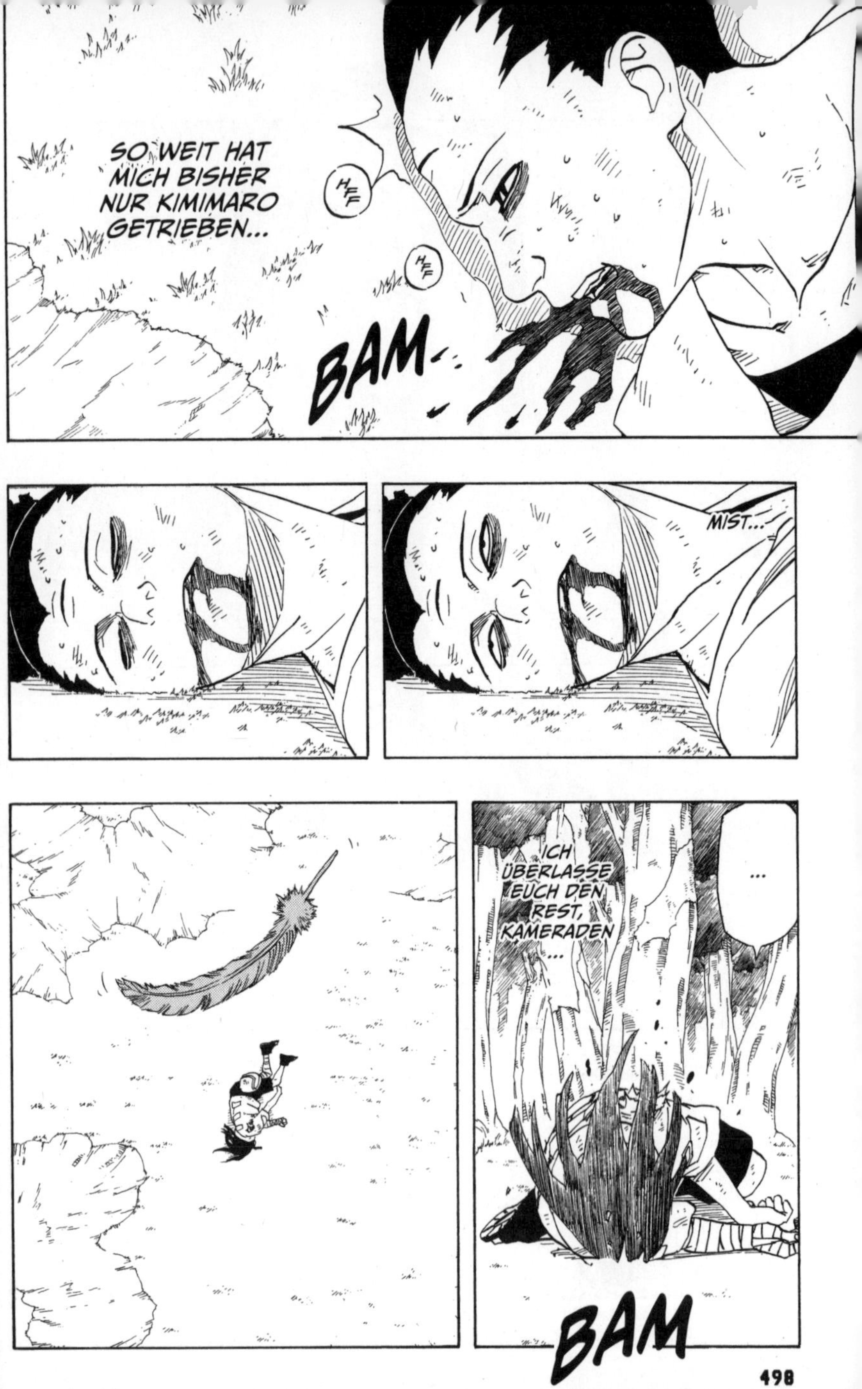

HFF
HFF
SO WEIT HAT MICH BISHER NUR KIMIMARO GETRIEBEN...
BAM
MIST...
...
ICH ÜBERLASSE EUCH DEN REST, KAMERADEN ...
BAM

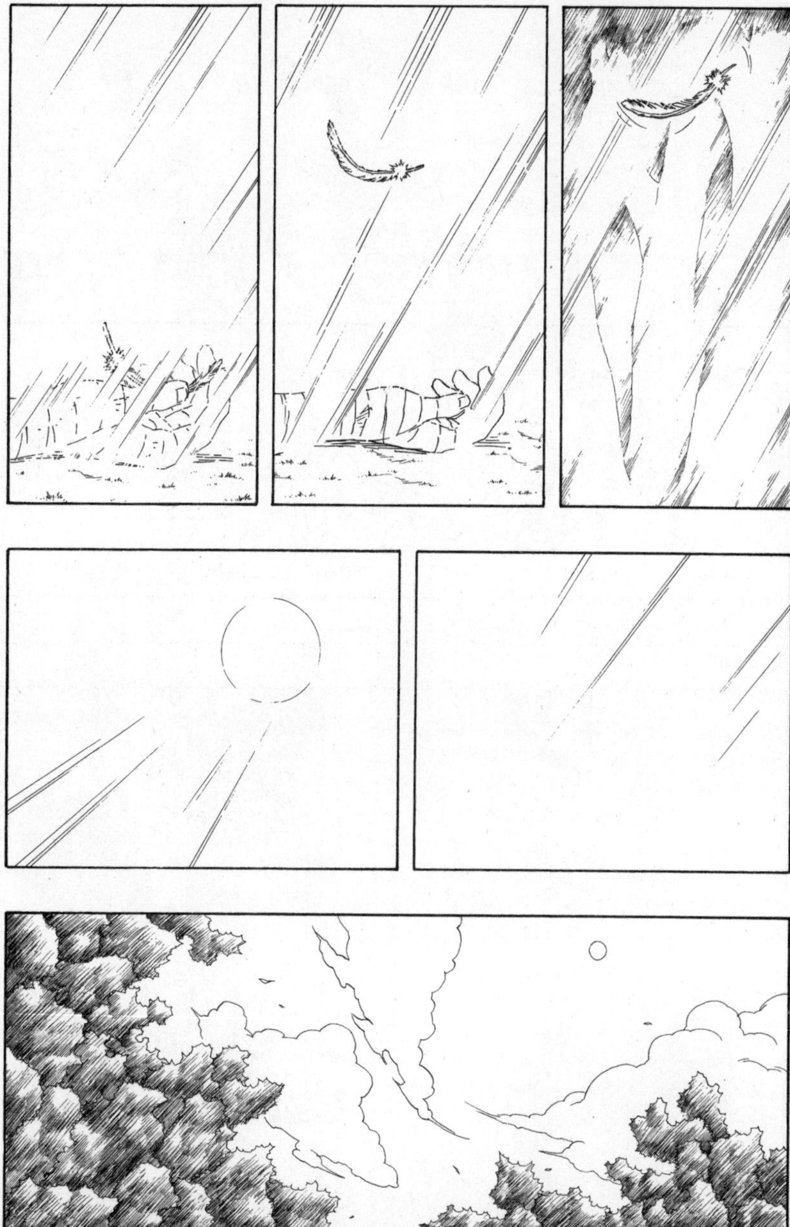

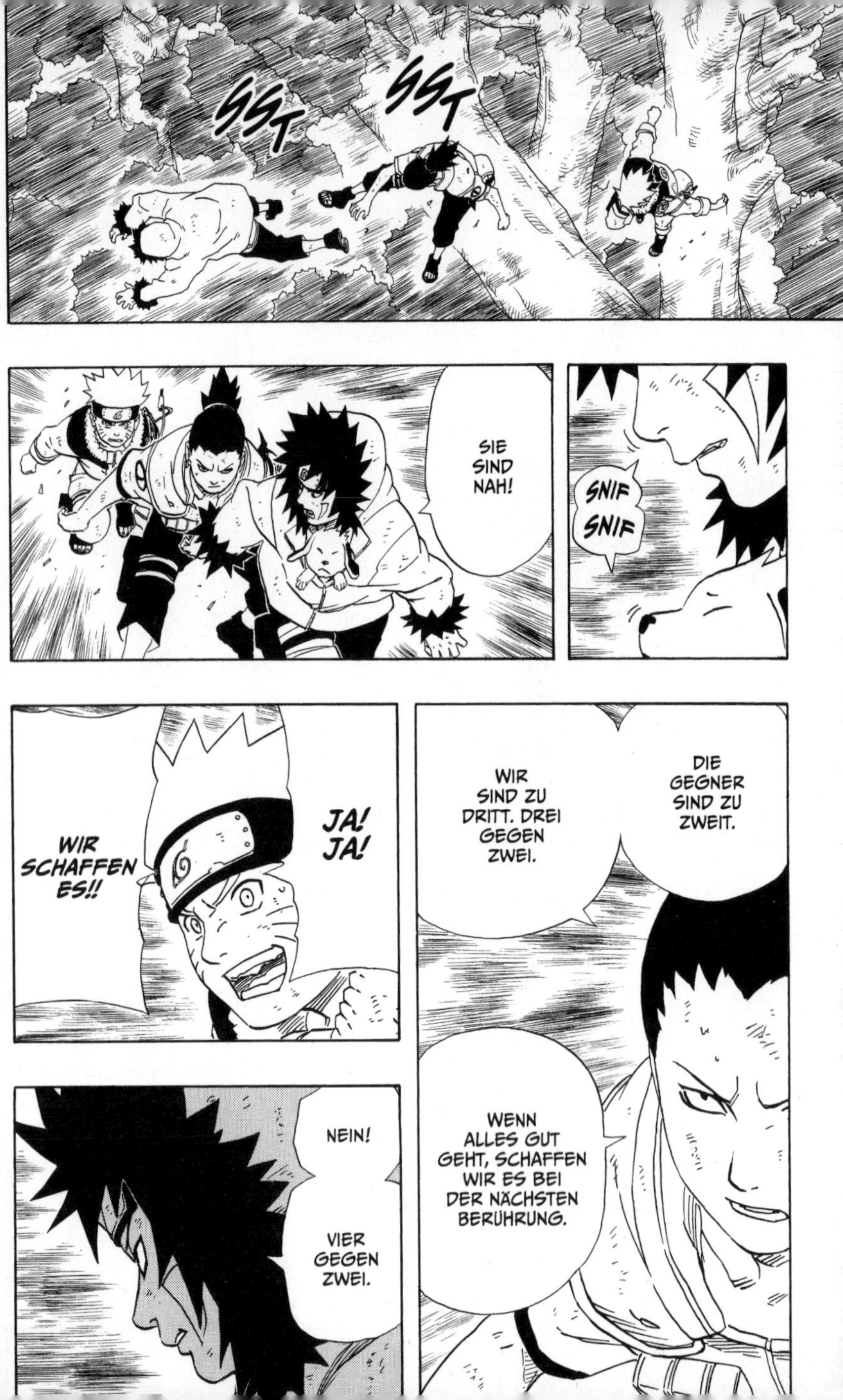
SST
SST
SNIF SNIF
SIE SIND NAH!
DIE GEGNER SIND ZU ZWEIT.
WIR SIND ZU DRITT. DREI GEGEN ZWEI.
JA! JA!
WIR SCHAFFEN ES!!
NEIN!
VIER GEGEN ZWEI.
WENN ALLES GUT GEHT, SCHAFFEN WIR ES BEI DER NÄCHSTEN BERÜHRUNG.

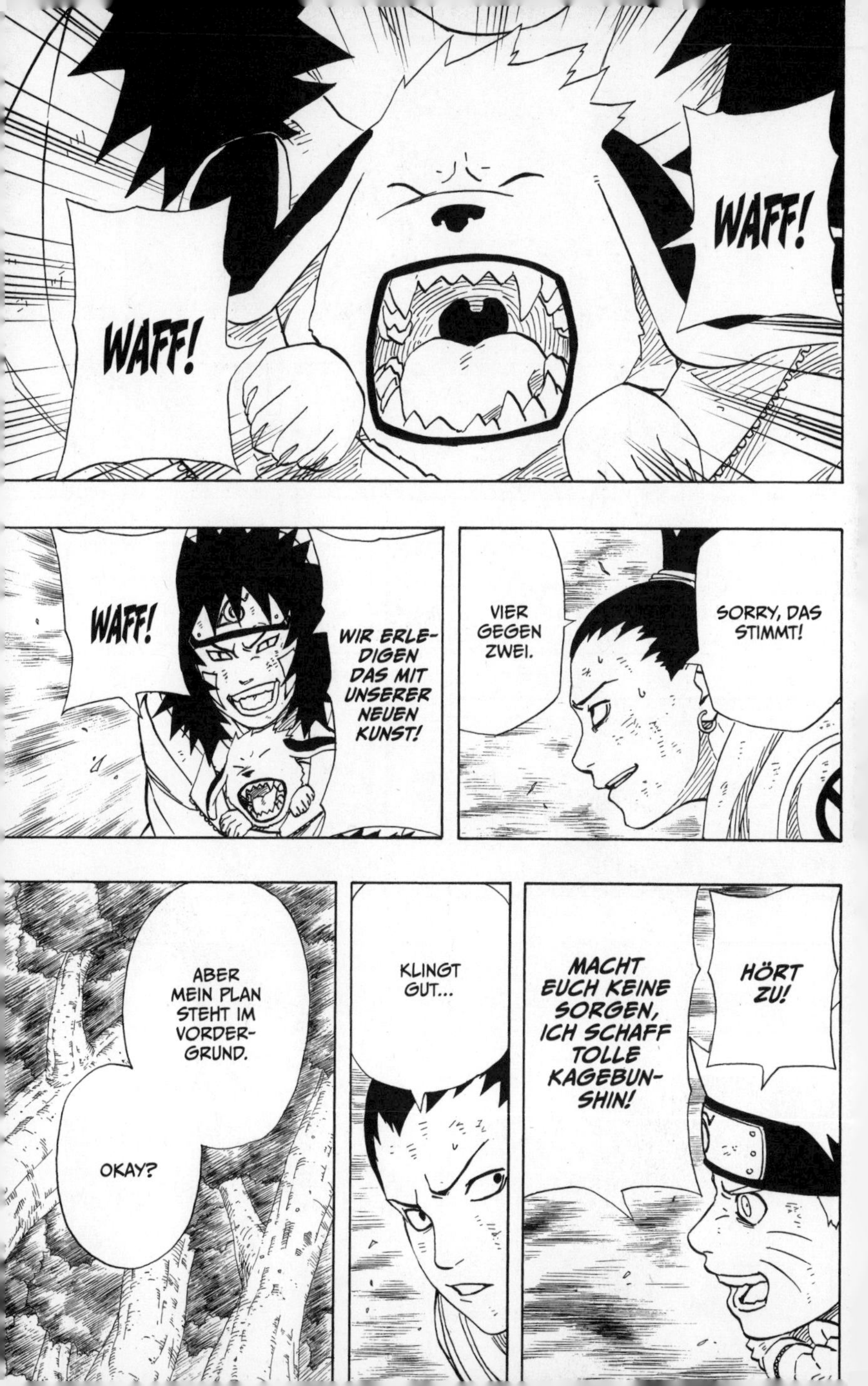
WAFF!
WAFF!
WAFF!
WIR ERLEDIGEN DAS MIT UNSERER NEUEN KUNST!
SORRY, DAS STIMMT!
VIER GEGEN ZWEI.
HÖRT ZU!
MACHT EUCH KEINE SORGEN, ICH SCHAFF TOLLE KAGEBUNSHIN!
KLINGT GUT...
ABER MEIN PLAN STEHT IM VORDERGRUND.
OKAY?

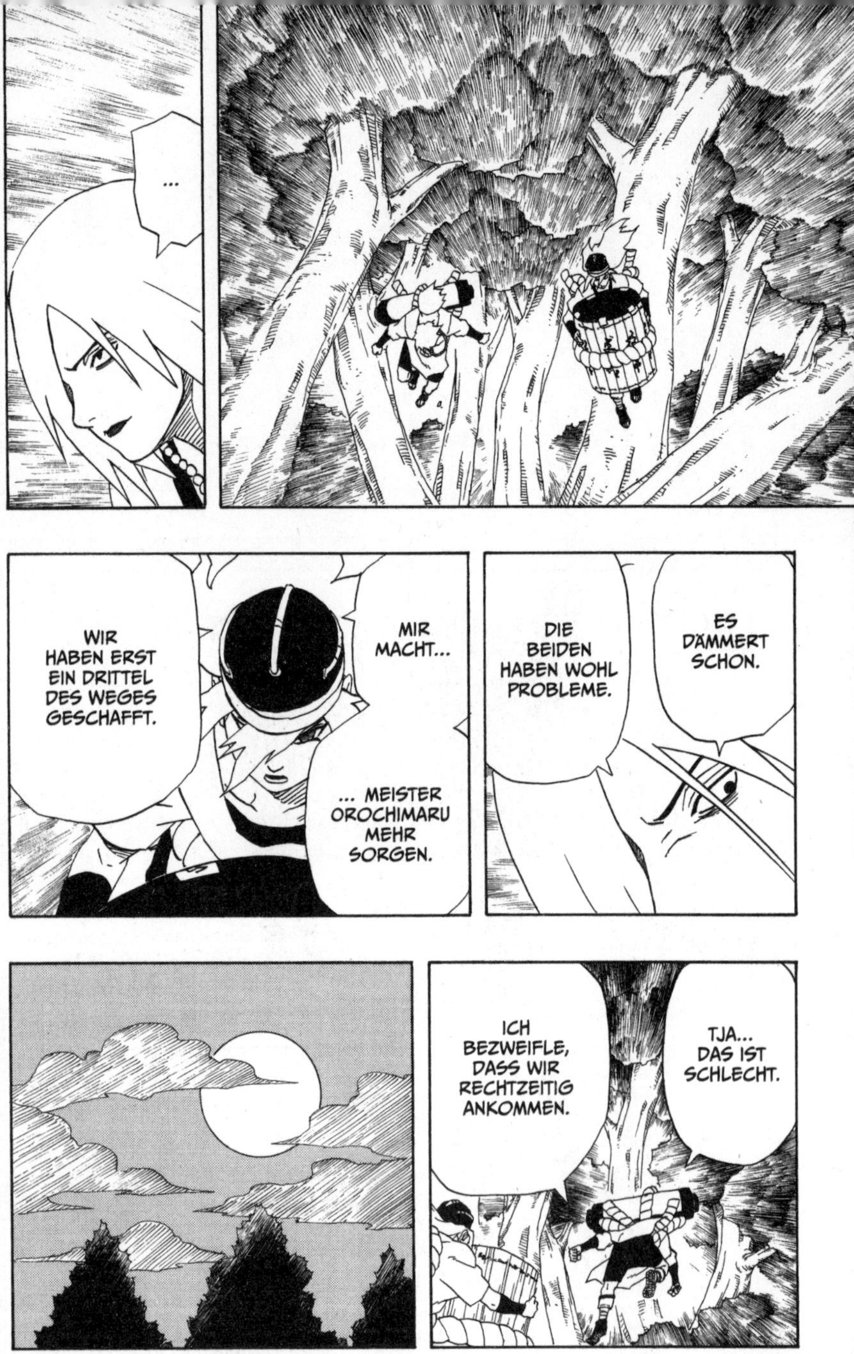
...
ES DÄMMERT SCHON.
DIE BEIDEN HABEN WOHL PROBLEME.
MIR MACHT...
... MEISTER OROCHIMARU MEHR SORGEN.
WIR HABEN ERST EIN DRITTEL DES WEGES GESCHAFFT.
TJA... DAS IST SCHLECHT.
ICH BEZWEIFLE, DASS WIR RECHTZEITIG ANKOMMEN.

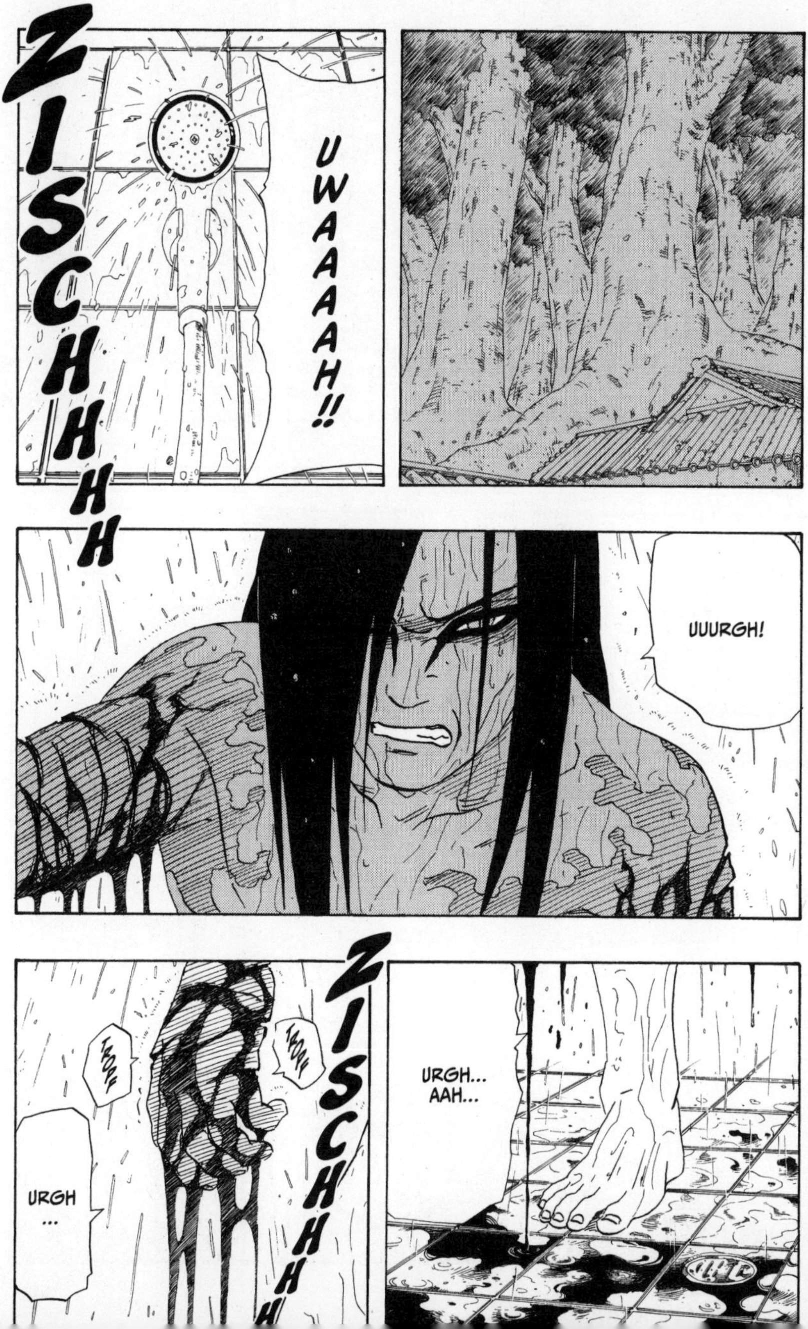
ZISCHHHHH
UWAAAAAAH!!
UUURGH!
URGH... AAH...
ZISCHHHHH
TROPF
TROPF
URGH ...

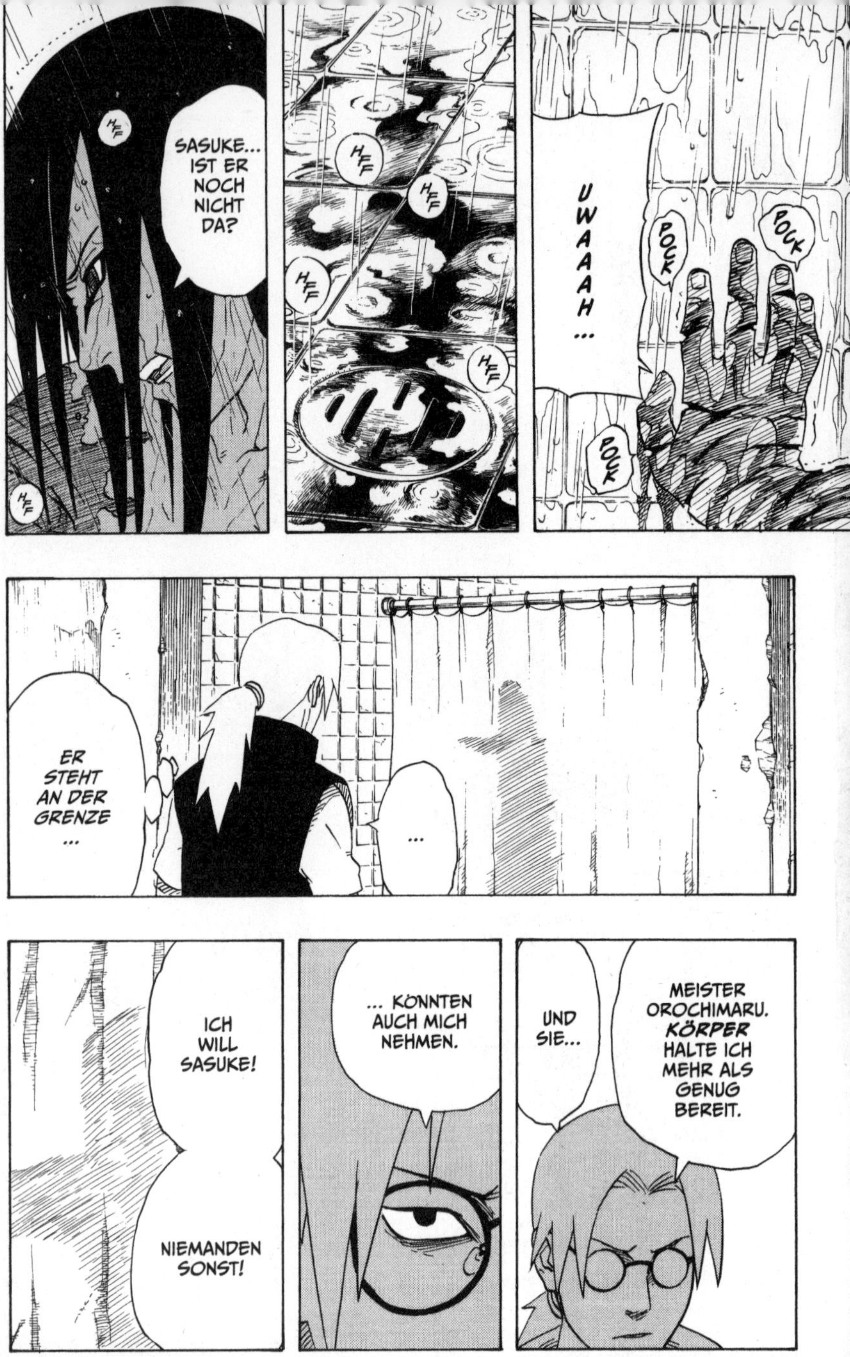
UWAAAAH ...
POCK
POCK
POCK
HFF
HFF
HFF
HFF
SASUKE... IST ER NOCH NICHT DA?
HFF
HFF
...
ER STEHT AN DER GRENZE ...
MEISTER OROCHIMARU. KÖRPER HALTE ICH MEHR ALS GENUG BEREIT.
UND SIE...
... KÖNNTEN AUCH MICH NEHMEN.
ICH WILL SASUKE!
NIEMANDEN SONST!

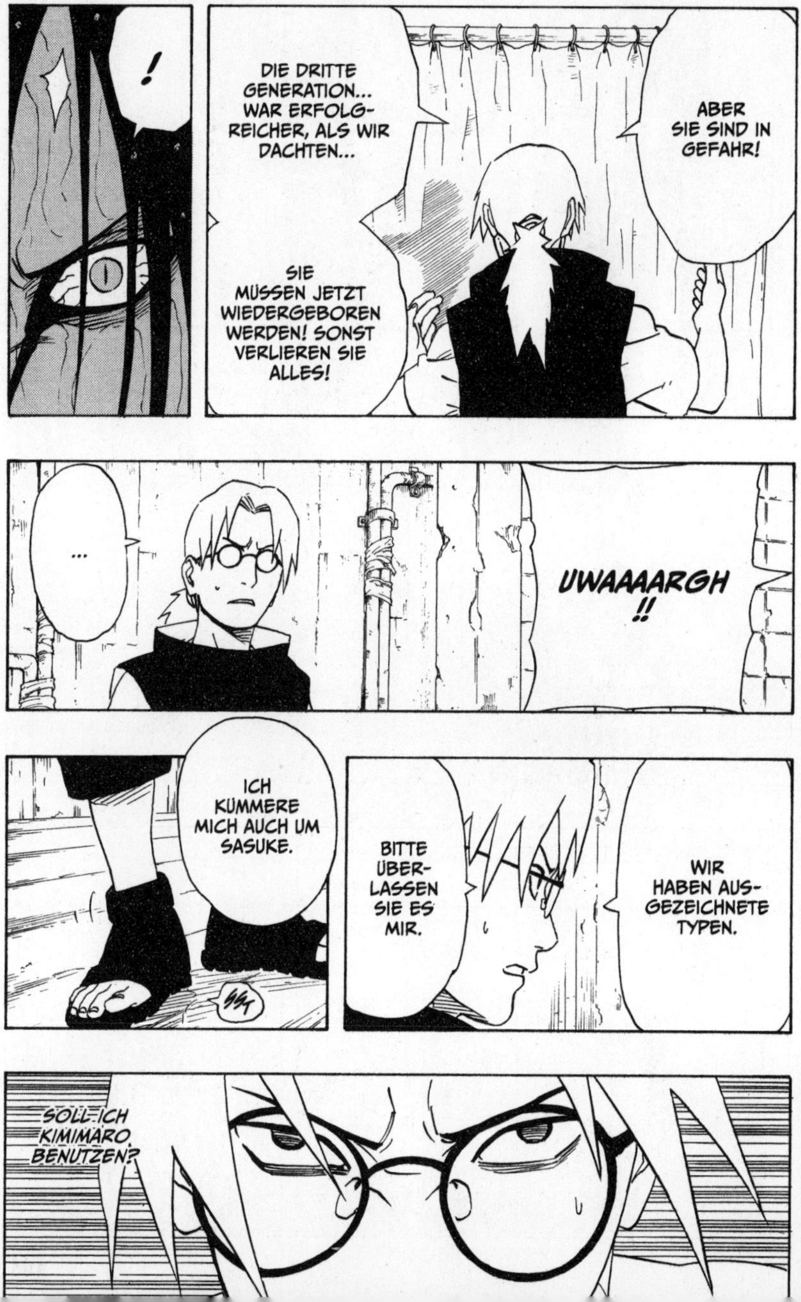
ABER SIE SIND IN GEFAHR!
DIE DRITTE GENERATION... WAR ERFOLGREICHER, ALS WIR DACHTEN...
SIE MÜSSEN JETZT WIEDERGEBOREN WERDEN! SONST VERLIEREN SIE ALLES!
!
UWAAAARGH !!
...
WIR HABEN AUSGEZEICHNETE TYPEN.
BITTE ÜBERLASSEN SIE ES MIR.
ICH KÜMMERE MICH AUCH UM SASUKE.
SOLL ICH KIMIMARO BENUTZEN?

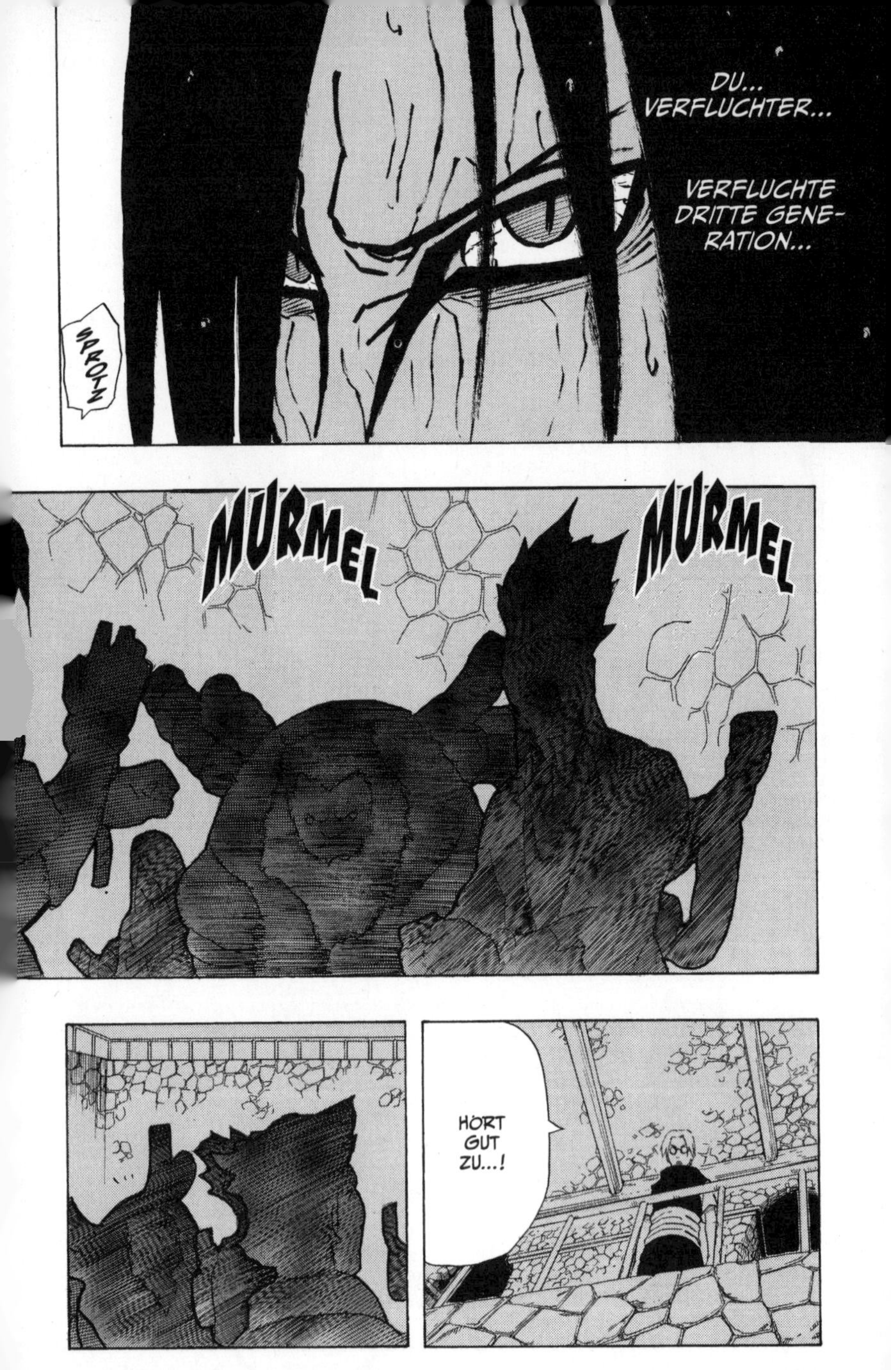
DU... VERFLUCHTER...
VERFLUCHTE DRITTE GENE-RATION...
SPROTZ
MURMEL
MURMEL
HÖRT GUT ZU...!

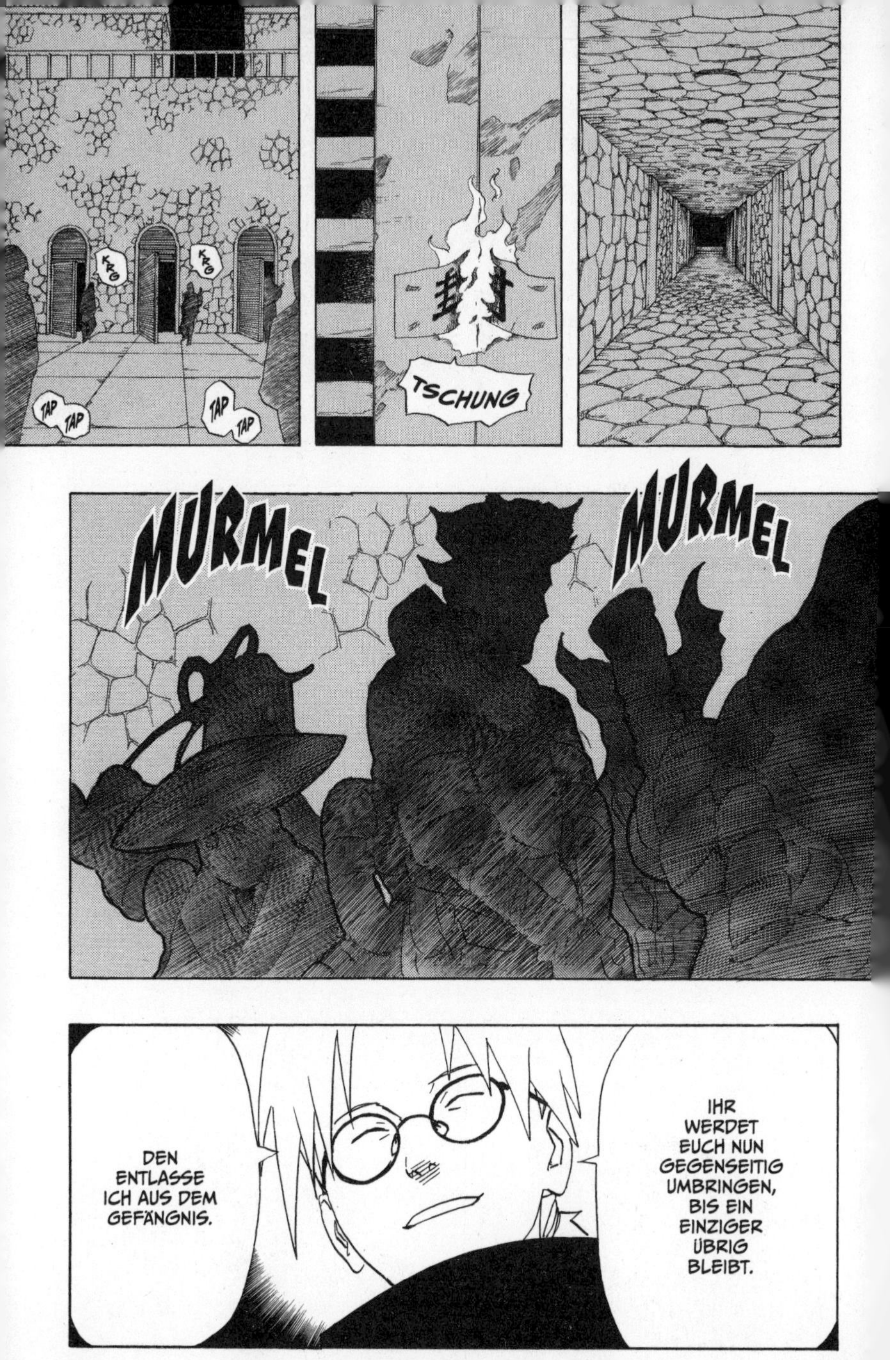
TSCHUNG
KRG
KRG
TAP TAP
TAP TAP
MURMEL
MURMEL
IHR WERDET EUCH NUN GEGENSEITIG UMBRINGEN, BIS EIN EINZIGER ÜBRIG BLEIBT.
DEN ENTLASSE ICH AUS DEM GEFÄNGNIS.

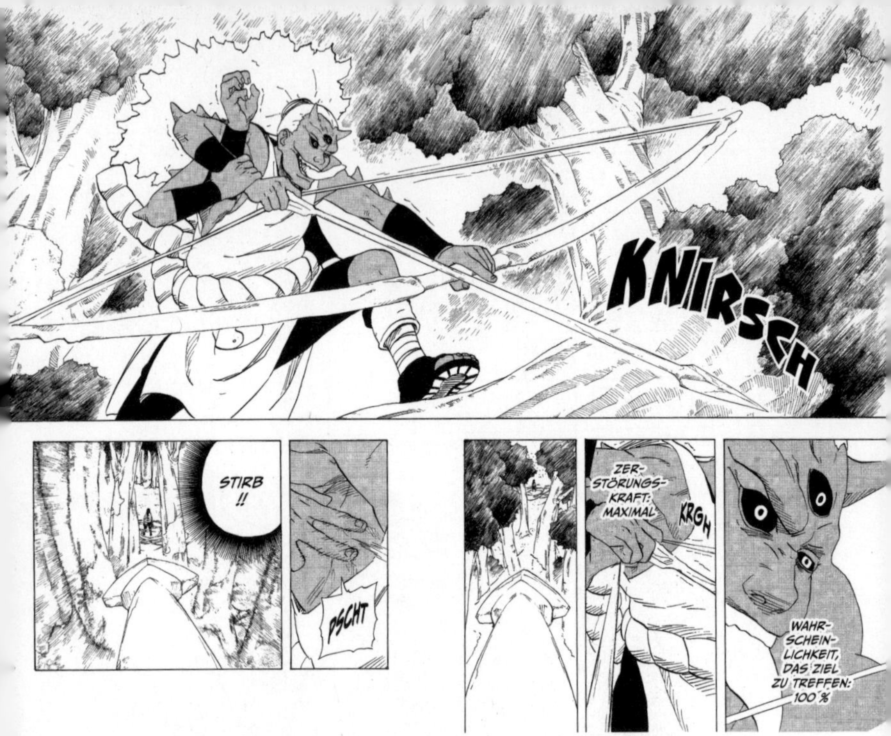

MASASHI KISHIMOTOS BOTSU-MANGA

DIE ABSCHNITTE OBEN SIND ZWAR IM WEEKLY-JUMP ERSCHIENEN, ABER... MEIN BRUDER FAND SIE »ÜBERHAUPT NICHT COOL«, SONDERN »TOTAL DOOF« UND SAGTE IMMER WIEDER: »ZEICHNE DIE NEU!« UND LETZTENDLICH HABE ICH DIESE BEIDEN SEITEN DANN TATSÄCHLICH NEU GEZEICHNET, OBWOHL ICH EIGENTLICH GAR KEINE ZEIT HATTE.

WISST IHR, WELCHE SEITEN ES SIND?

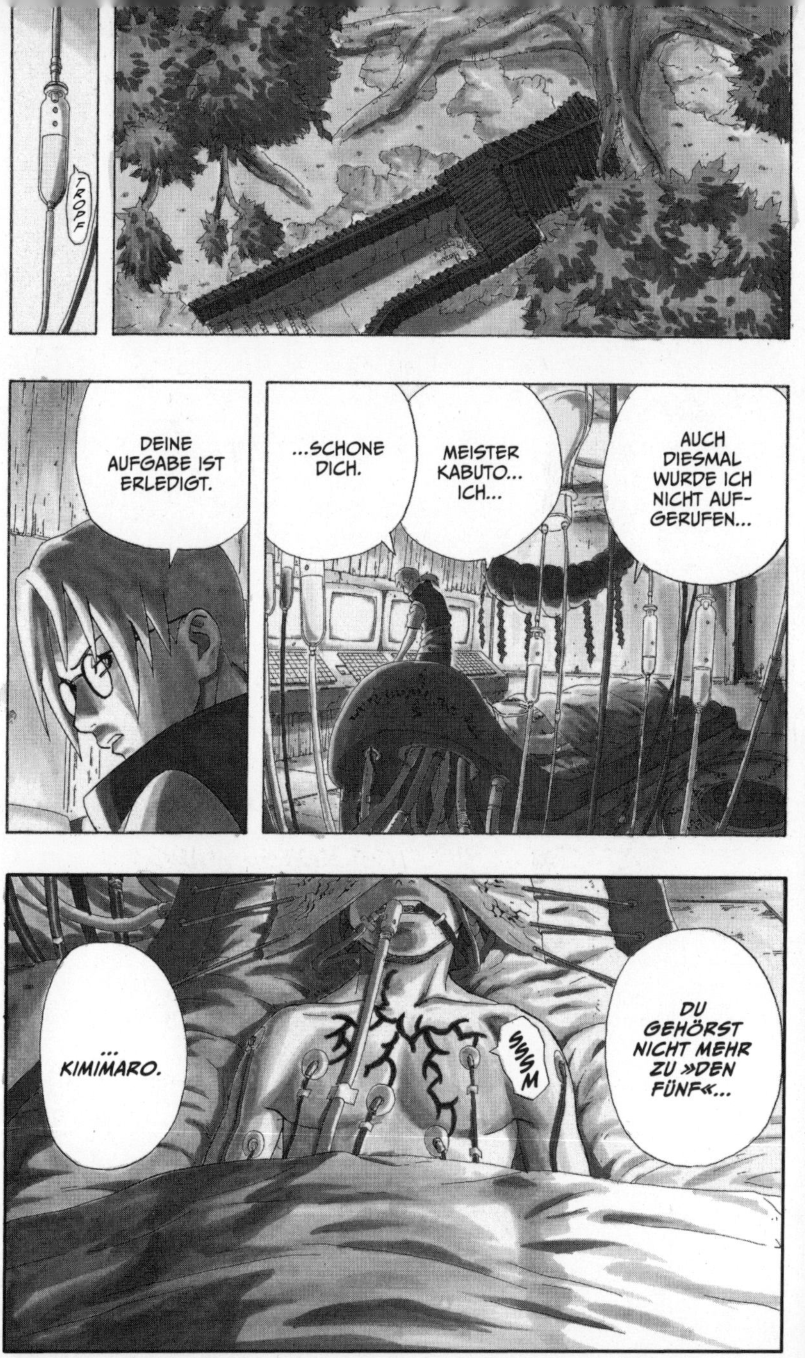
TROPF
AUCH DIESMAL WURDE ICH NICHT AUFGERUFEN...
MEISTER KABUTO... ICH...
...SCHONE DICH.
DEINE AUFGABE IST ERLEDIGT.
DU GEHÖRST NICHT MEHR ZU »DEN FÜNF«...
... KIMIMARO.

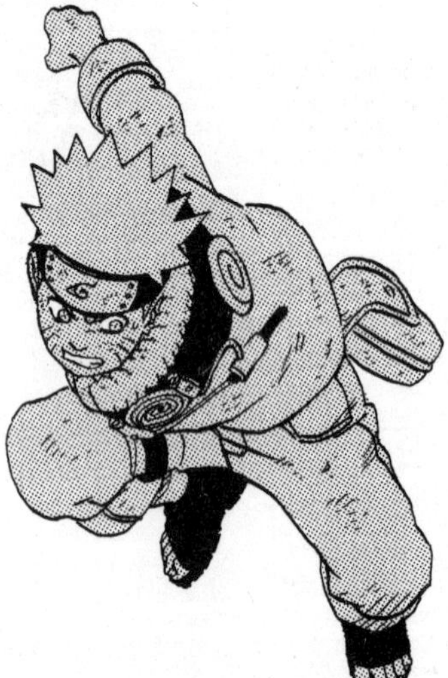

199. KAPITEL: EIN WUNSCH

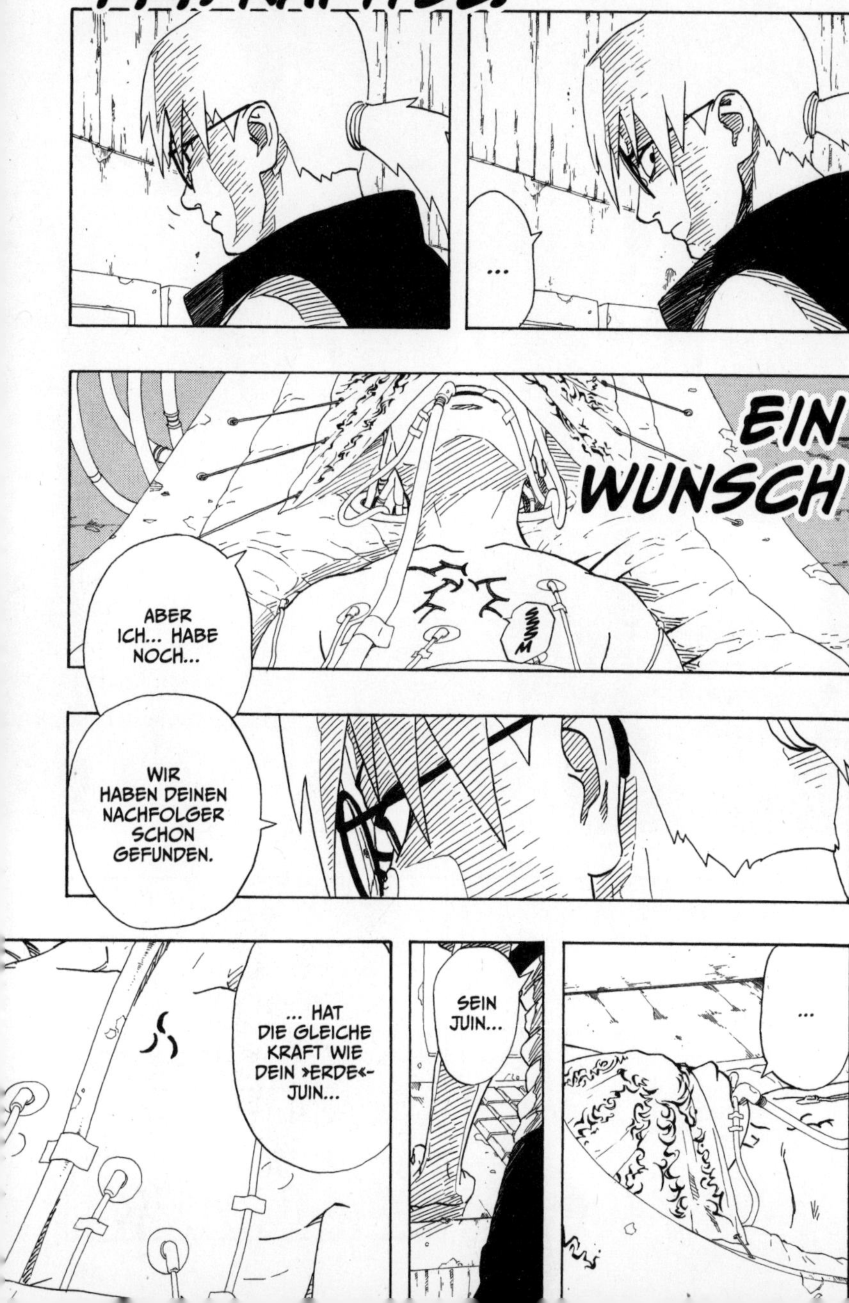

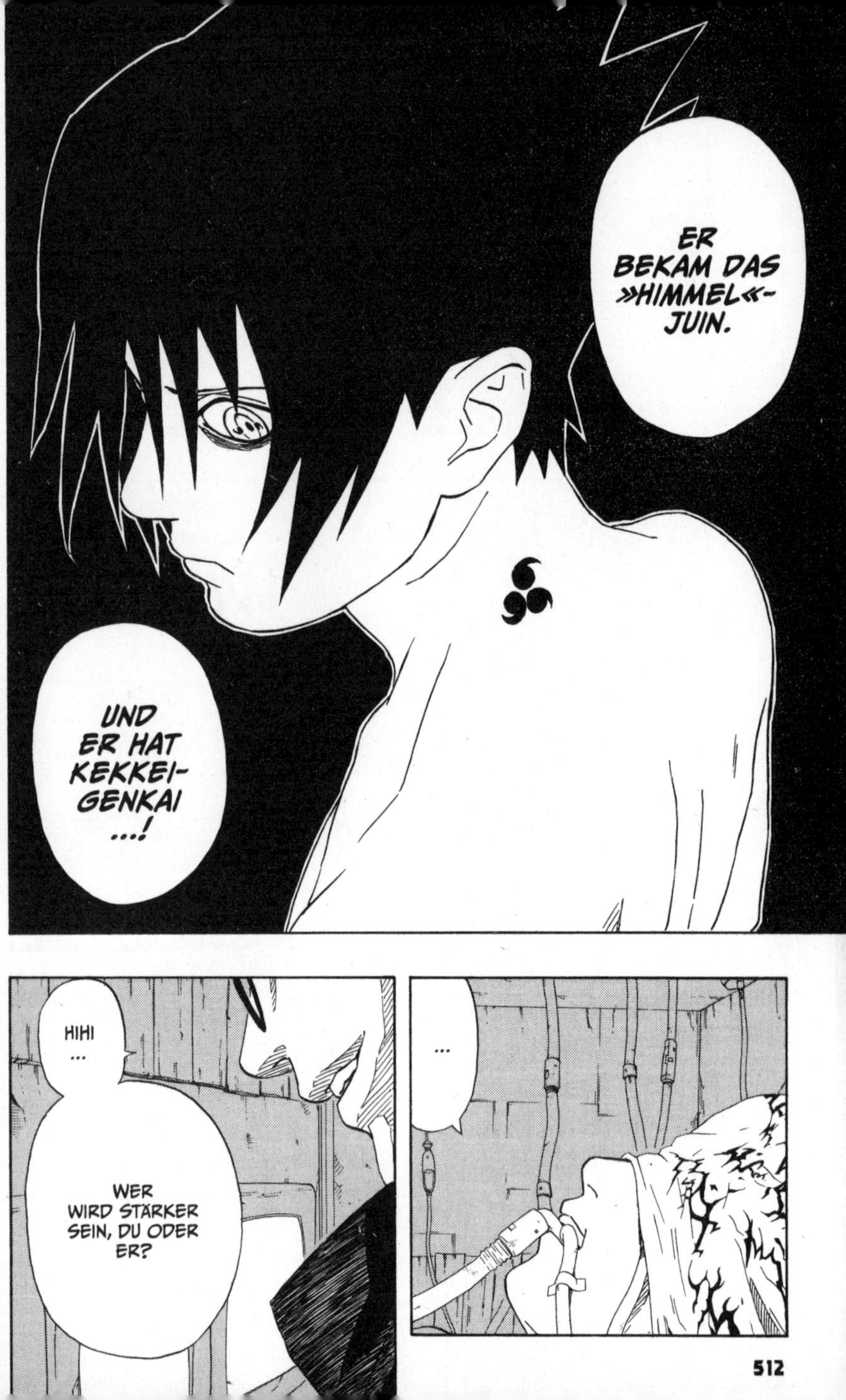
ER BEKAM DAS »HIMMEL«-JUIN.
UND ER HAT KEKKEI-GENKAI ...!
...
HIHI ...
WER WIRD STÄRKER SEIN, DU ODER ER?

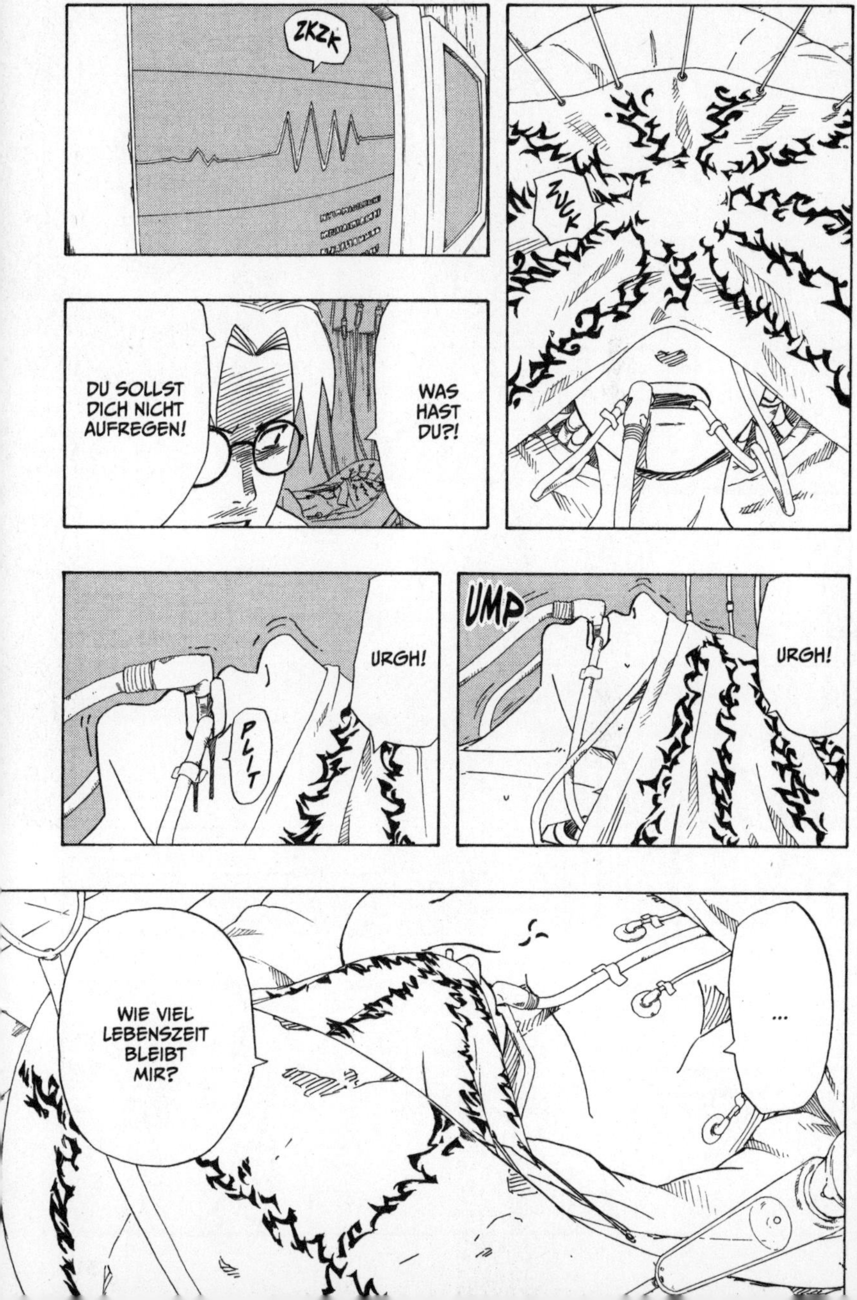

ZKZK
ZUCK
WAS HAST DU?!
DU SOLLST DICH NICHT AUFREGEN!
UMP
URGH!
URGH!
PLIT
...
WIE VIEL LEBENSZEIT BLEIBT MIR?

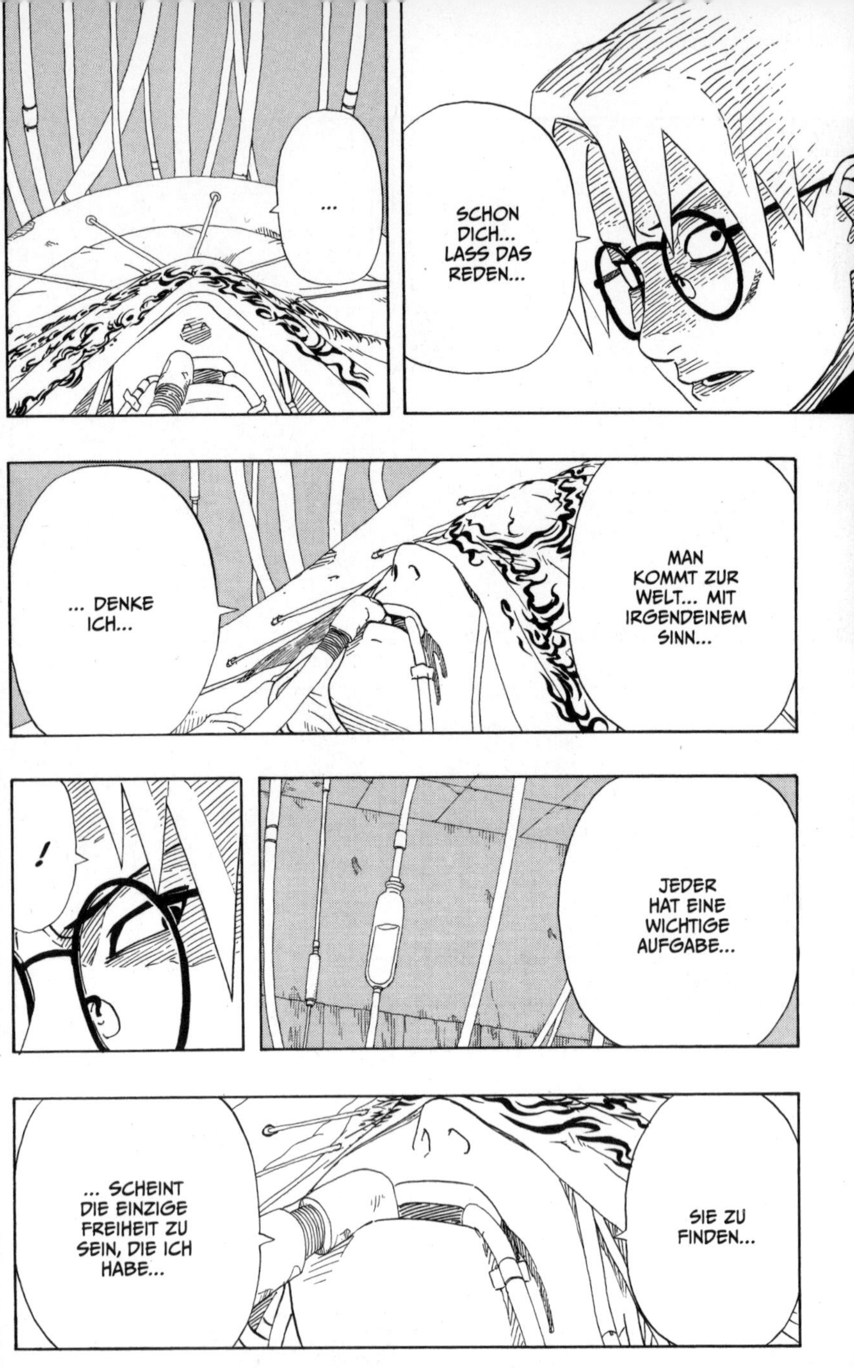
SCHON DICH... LASS DAS REDEN...
...
MAN KOMMT ZUR WELT... MIT IRGENDEINEM SINN...
... DENKE ICH...
JEDER HAT EINE WICHTIGE AUFGABE...
!
SIE ZU FINDEN...
... SCHEINT DIE EINZIGE FREIHEIT ZU SEIN, DIE ICH HABE...

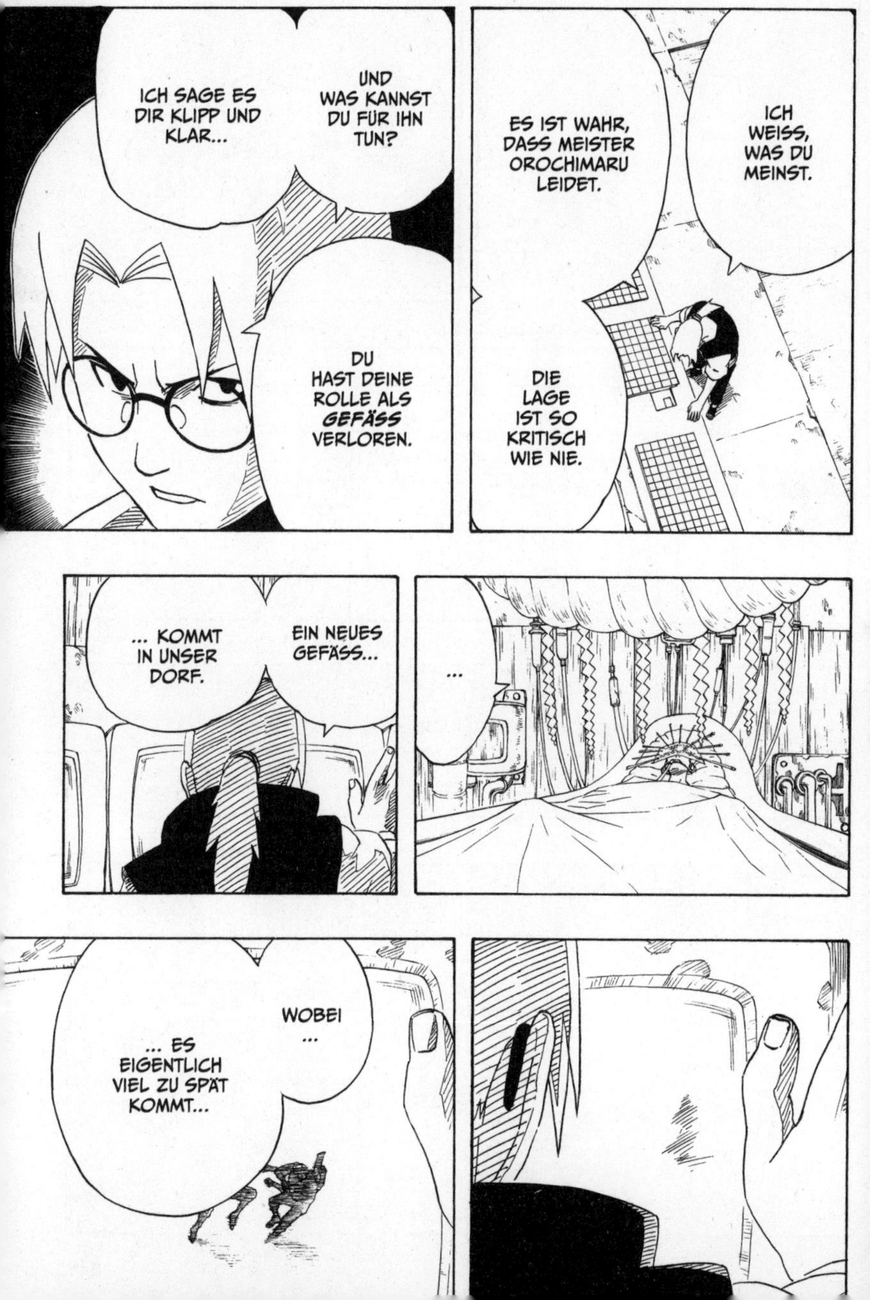
ICH WEISS, WAS DU MEINST.
ES IST WAHR, DASS MEISTER OROCHIMARU LEIDET.
DIE LAGE IST SO KRITISCH WIE NIE.
UND WAS KANNST DU FÜR IHN TUN?
ICH SAGE ES DIR KLIPP UND KLAR...
DU HAST DEINE ROLLE ALS *GEFÄSS* VERLOREN.
...
EIN NEUES GEFÄSS...
... KOMMT IN UNSER DORF.
WOBEI ...
... ES EIGENTLICH VIEL ZU SPÄT KOMMT...

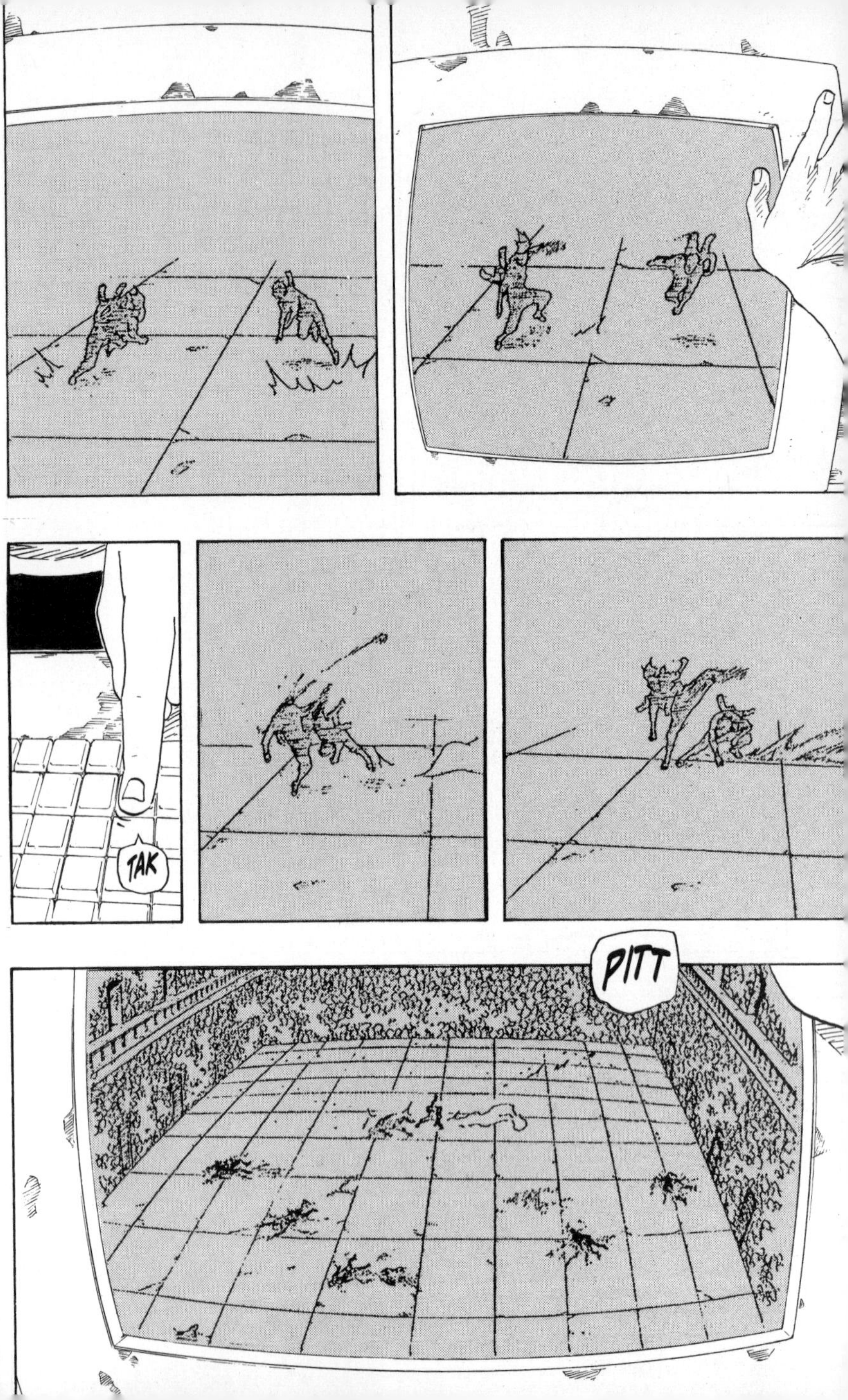
TAK
PITT

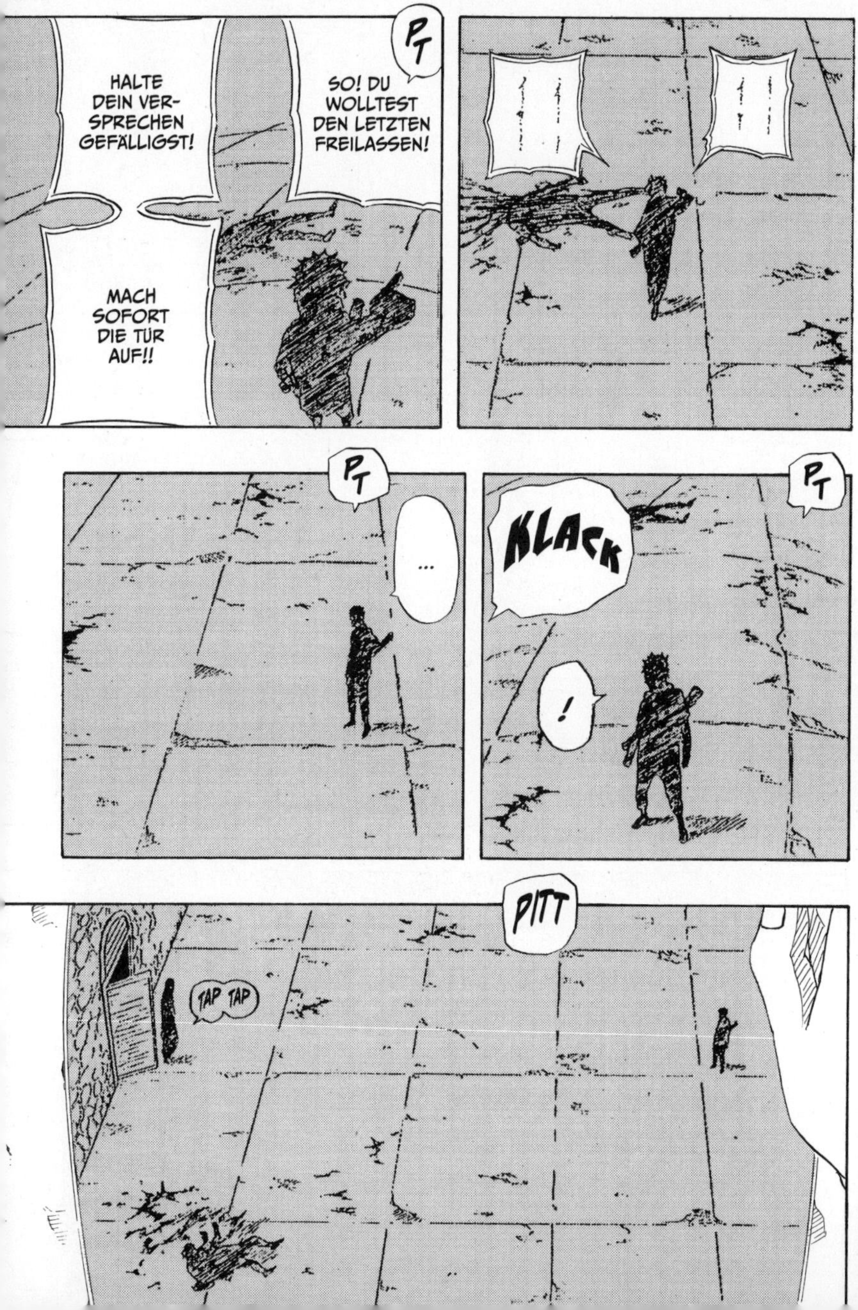
PT
SO! DU WOLLTEST DEN LETZTEN FREILASSEN!
HALTE DEIN VER-SPRECHEN GEFÄLLIGST!
MACH SOFORT DIE TÜR AUF!!
PT
KLACK
!
PT
...
PITT
TAP TAP

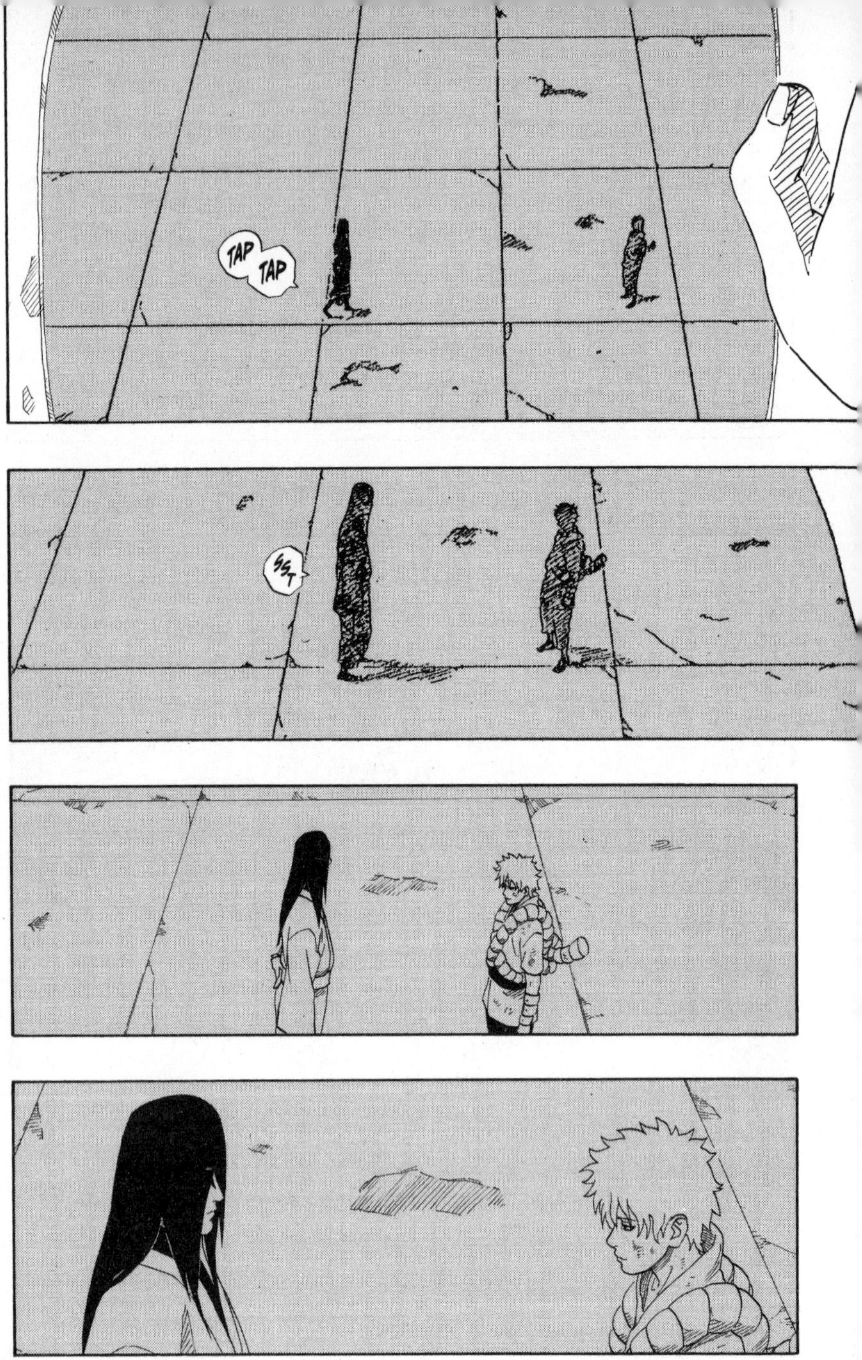
TAP
TAP
SST

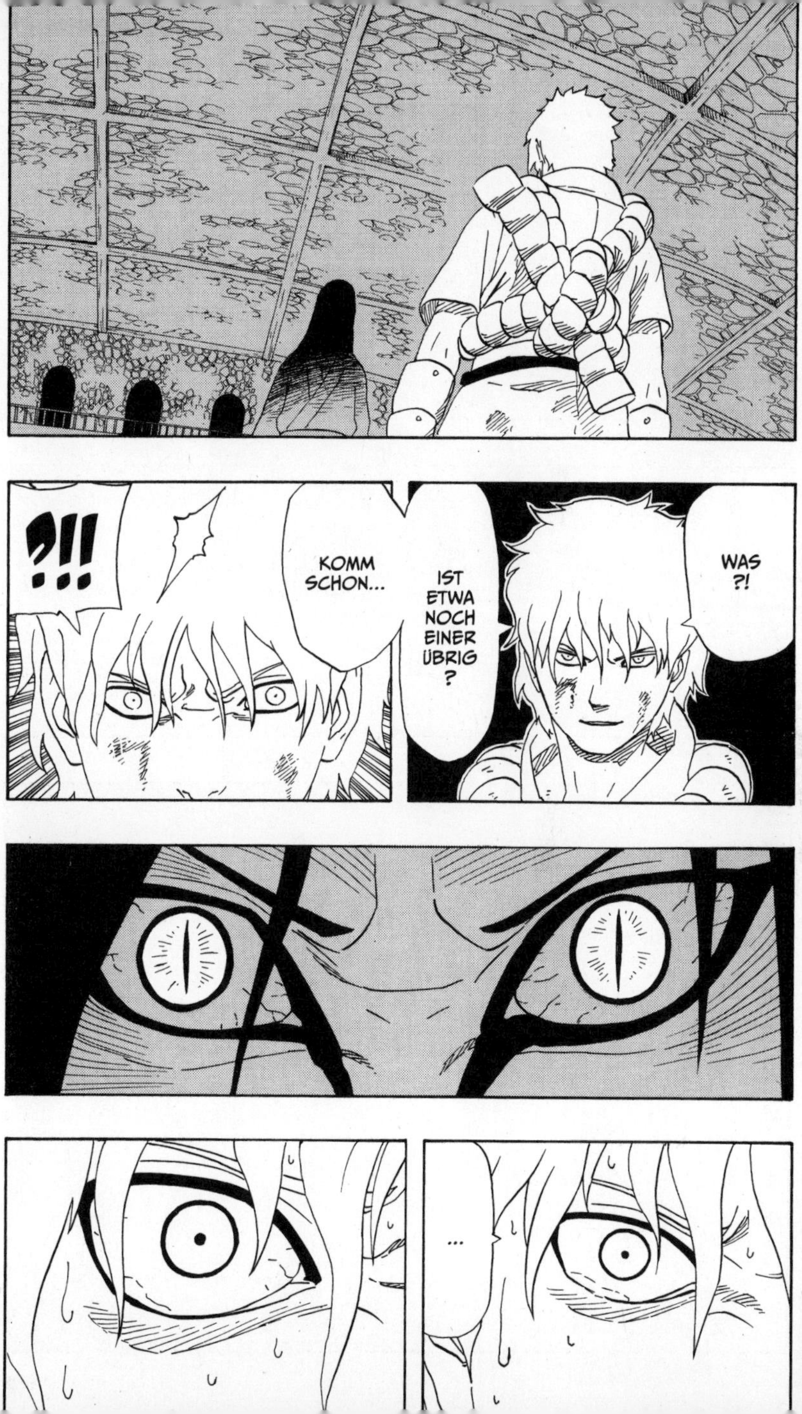
WAS ?!
IST ETWA NOCH EINER ÜBRIG?
KOMM SCHON...
?!!
...

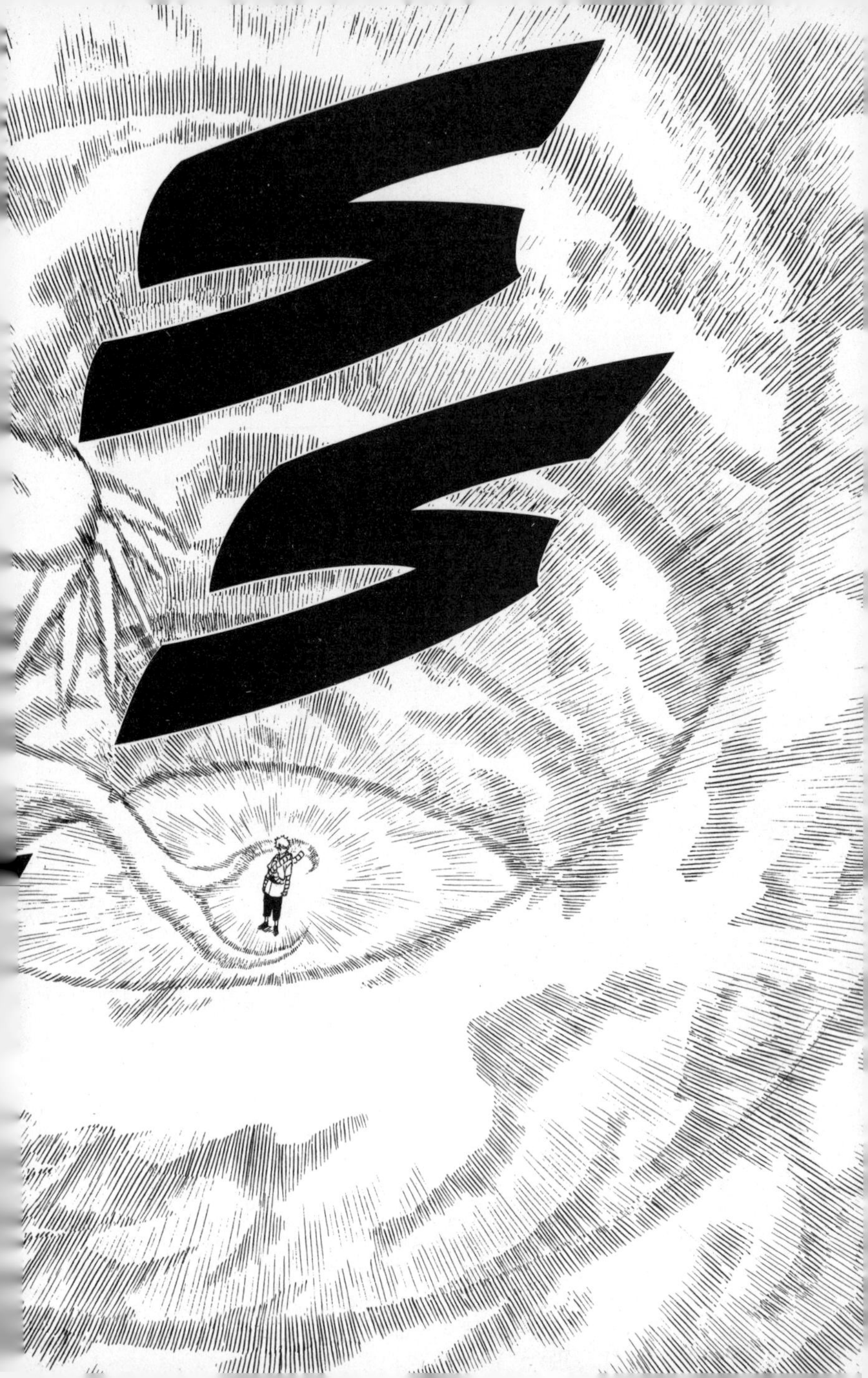

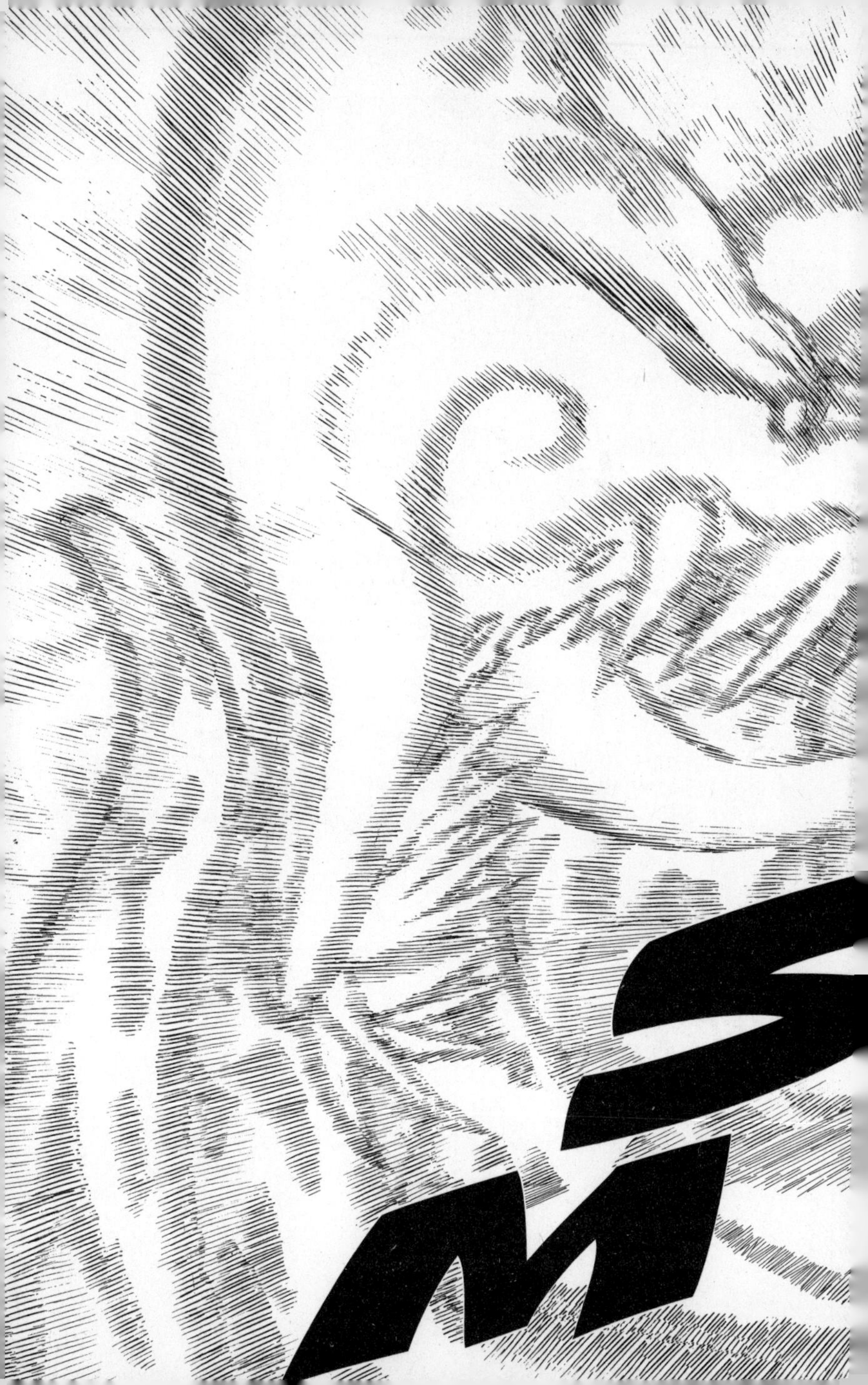

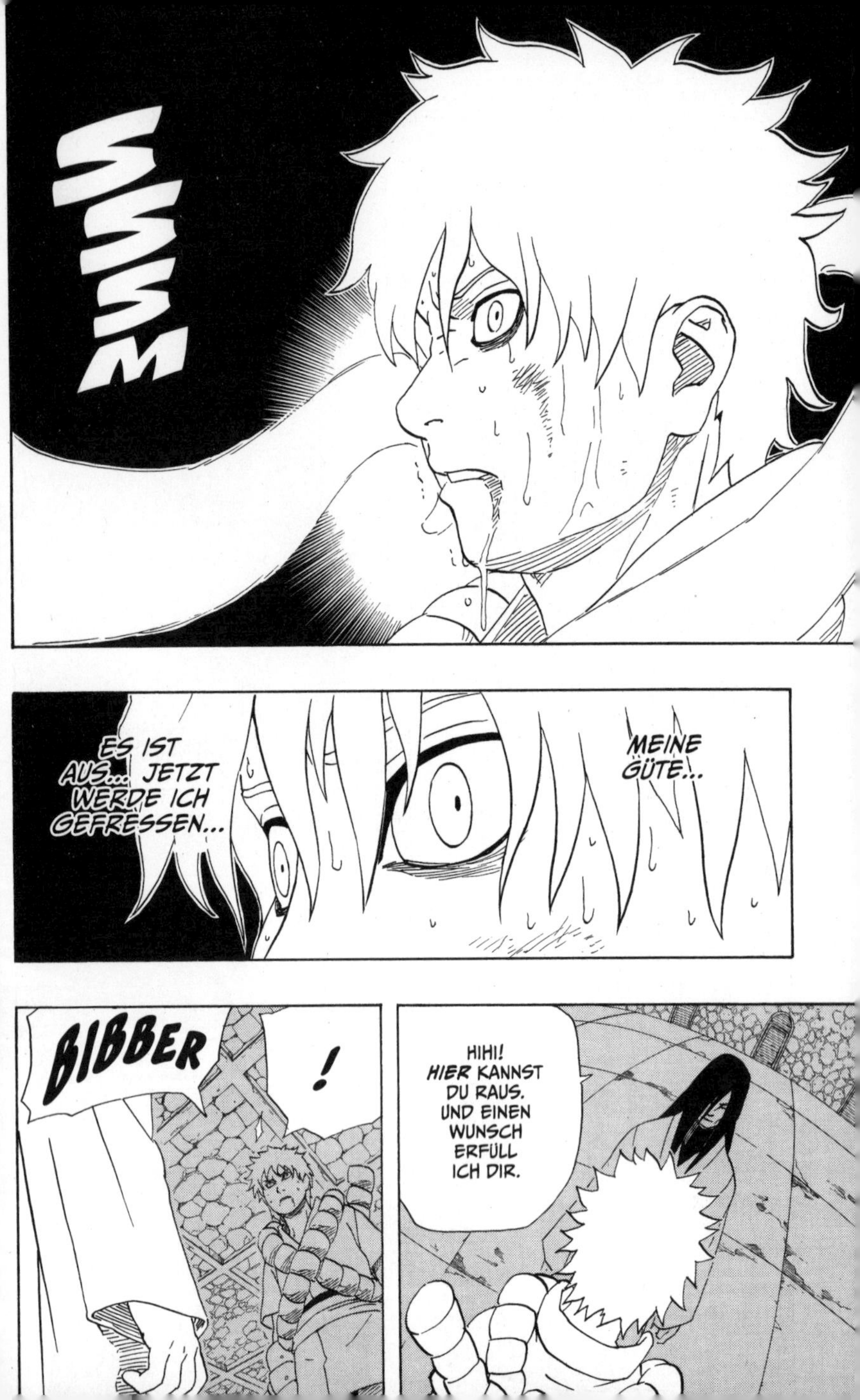
WSSSM
MEINE GÜTE...
ES IST AUS... JETZT WERDE ICH GEFRESSEN...
HIHI! HIER KANNST DU RAUS. UND EINEN WUNSCH ERFÜLL ICH DIR.
!
BIBBER

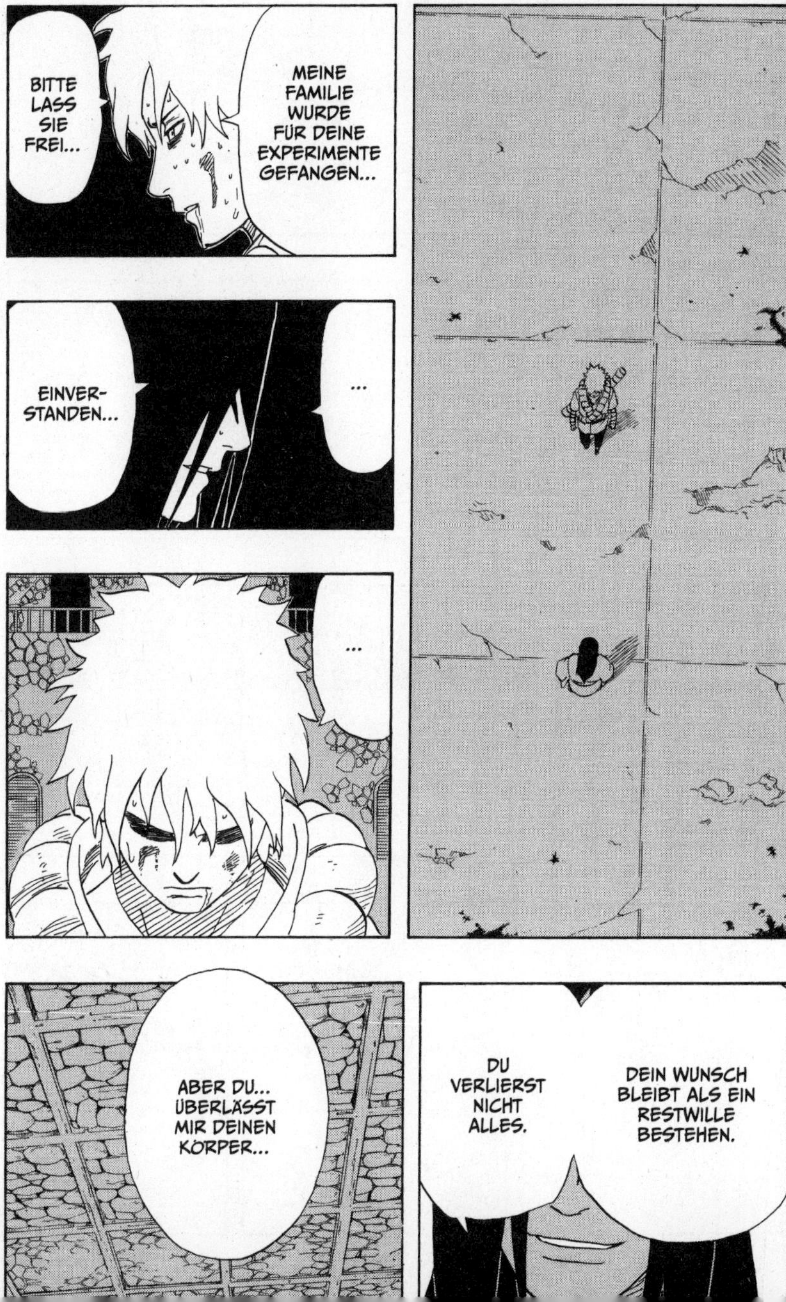
MEINE FAMILIE WURDE FÜR DEINE EXPERIMENTE GEFANGEN...
BITTE LASS SIE FREI...
...
EINVER-STANDEN...
...
DEIN WUNSCH BLEIBT ALS EIN RESTWILLE BESTEHEN.
DU VERLIERST NICHT ALLES.
ABER DU... ÜBERLÄSST MIR DEINEN KÖRPER...

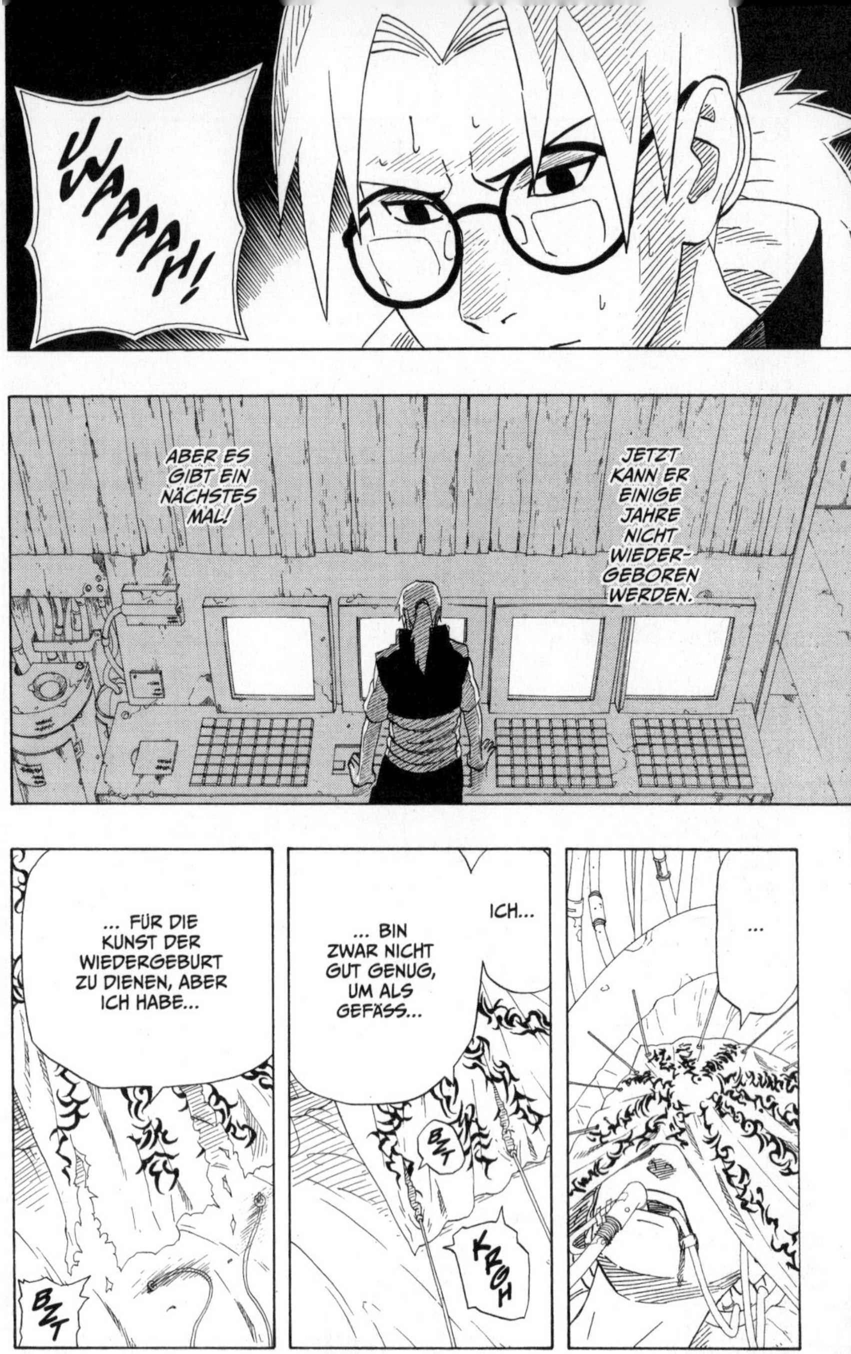
UWAAAAH!
JETZT KANN ER EINIGE JAHRE NICHT WIEDER-GEBOREN WERDEN.
ABER ES GIBT EIN NÄCHSTES MAL!
...
ICH...
... BIN ZWAR NICHT GUT GENUG, UM ALS GEFÄSS...
KRCH
... FÜR DIE KUNST DER WIEDERGEBURT ZU DIENEN, ABER ICH HABE...

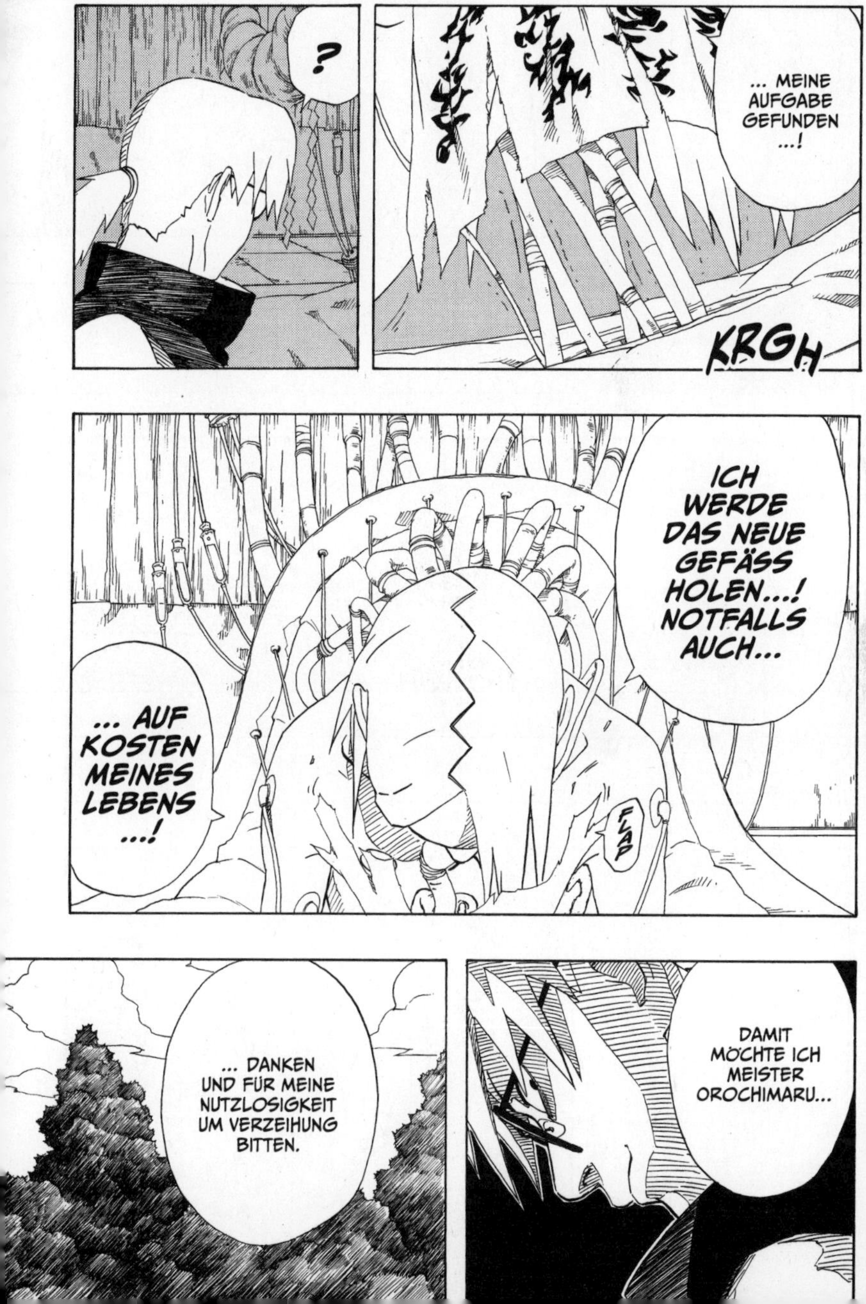
... MEINE AUFGABE GEFUNDEN ...!
KRGH
?
ICH WERDE DAS NEUE GEFÄSS HOLEN...! NOTFALLS AUCH...
... AUF KOSTEN MEINES LEBENS ...!
FLAP
DAMIT MÖCHTE ICH MEISTER OROCHIMARU...
... DANKEN UND FÜR MEINE NUTZLOSIGKEIT UM VERZEIHUNG BITTEN.

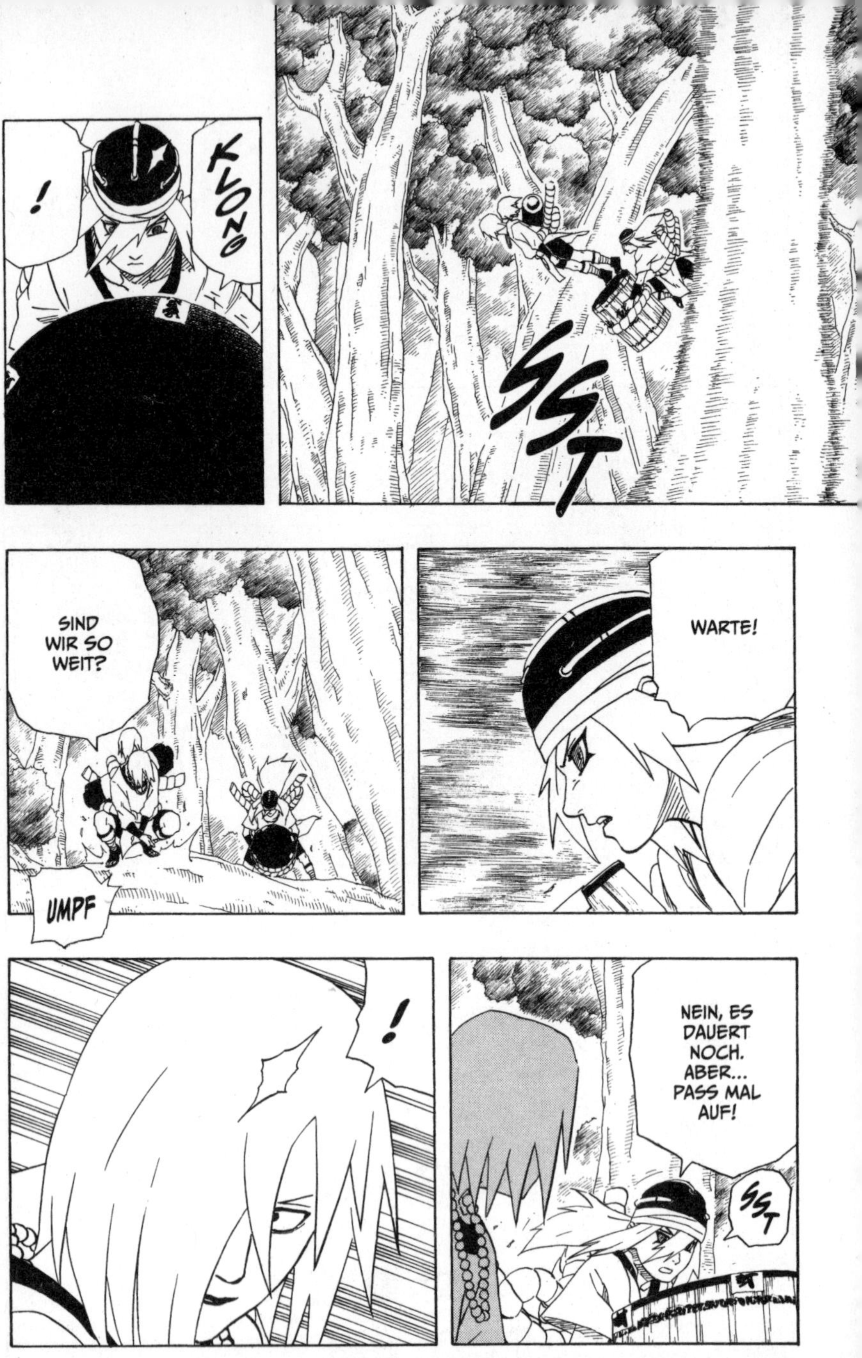
SSST
!
KLONG
WARTE!
SIND WIR SO WEIT?
UMPF
NEIN, ES DAUERT NOCH. ABER... PASS MAL AUF!
SST
!

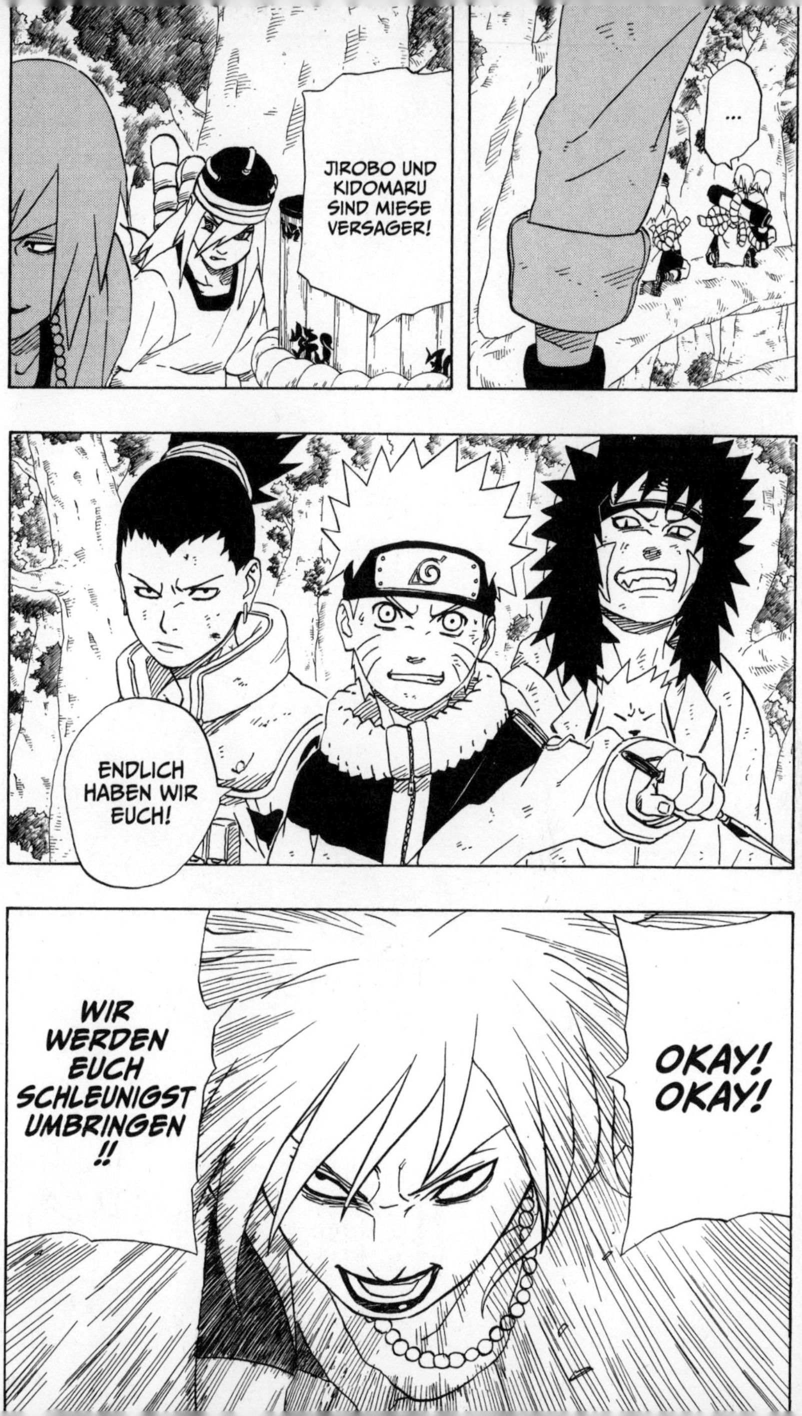
...
JIROBO UND KIDOMARU SIND MIESE VERSAGER!
ENDLICH HABEN WIR EUCH!
OKAY! OKAY!
WIR WERDEN EUCH SCHLEUNIGST UMBRINGEN!!

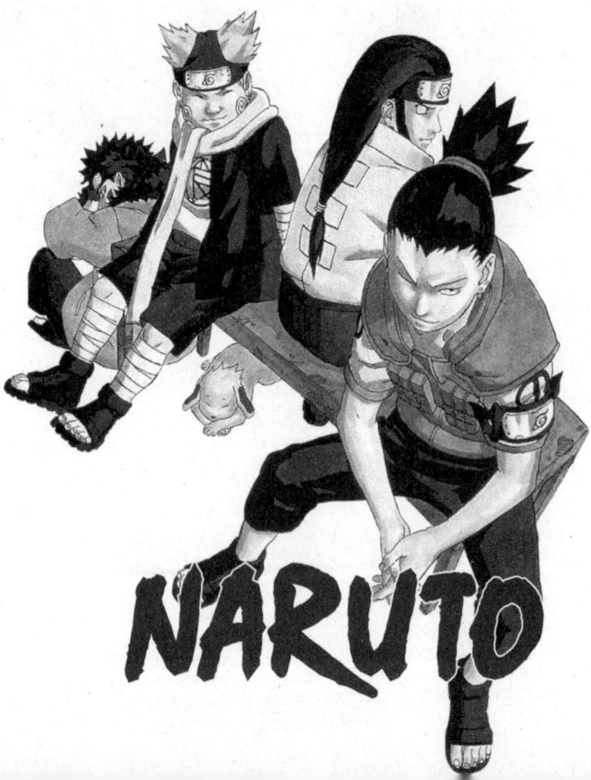
NARUTO

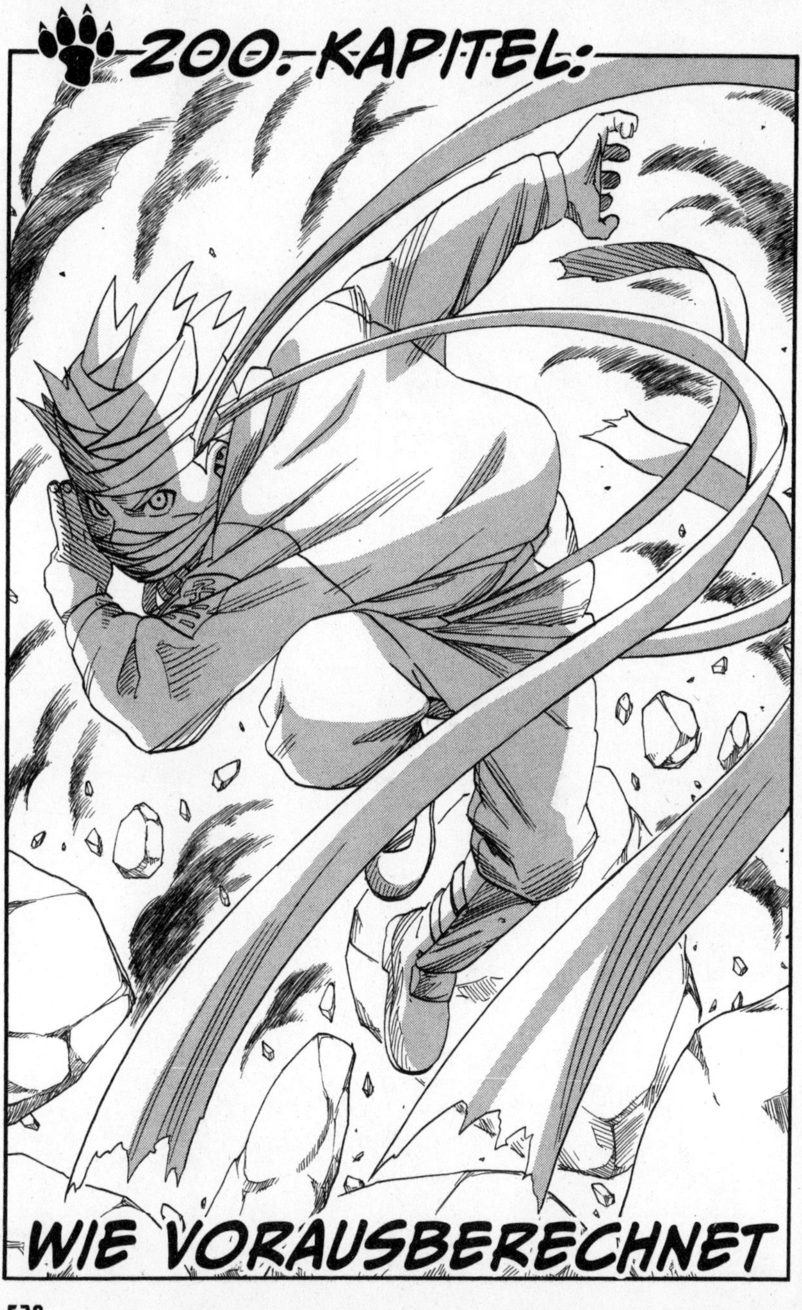
200. KAPITEL:
WIE VORAUSBERECHNET

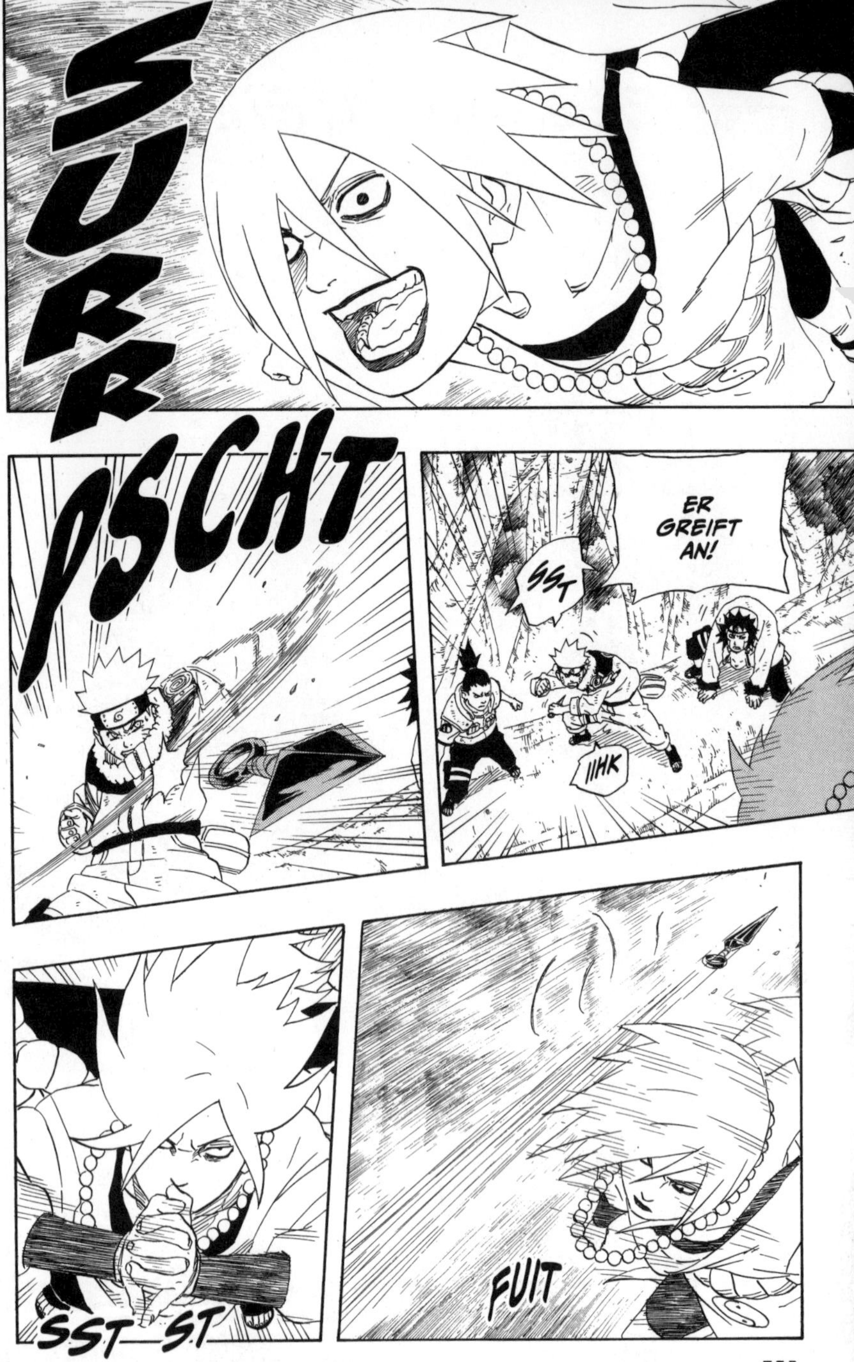
SURR
PSCHT
ER GREIFT AN!
SST
IIHK
FUIT
SST ST

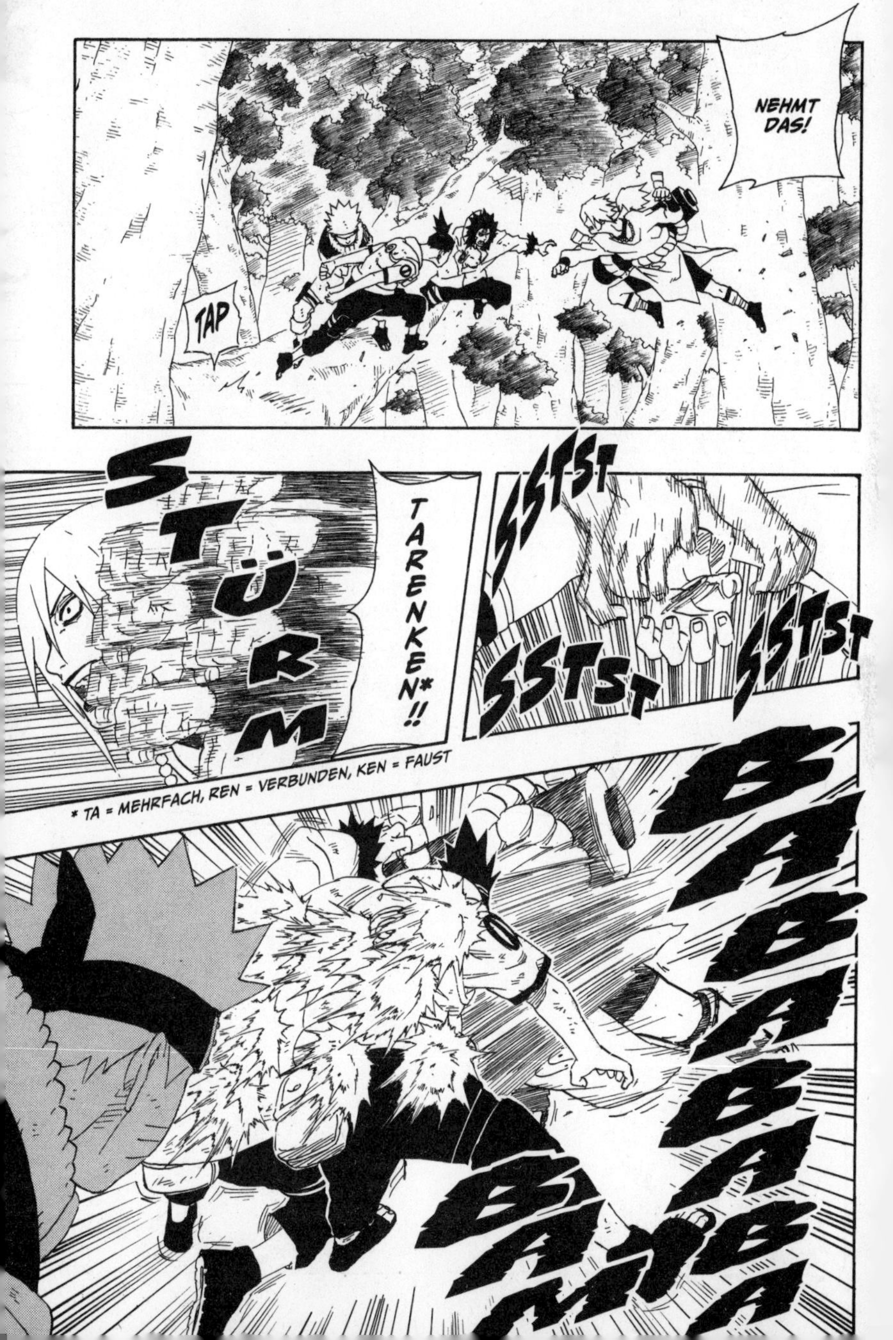
NEHMT DAS!
TAP
STÜRM
TARENKEN*!!
SSTST
SSTST
SSTST
* TA = MEHRFACH, REN = VERBUNDEN, KEN = FAUST
BABABABABAMM

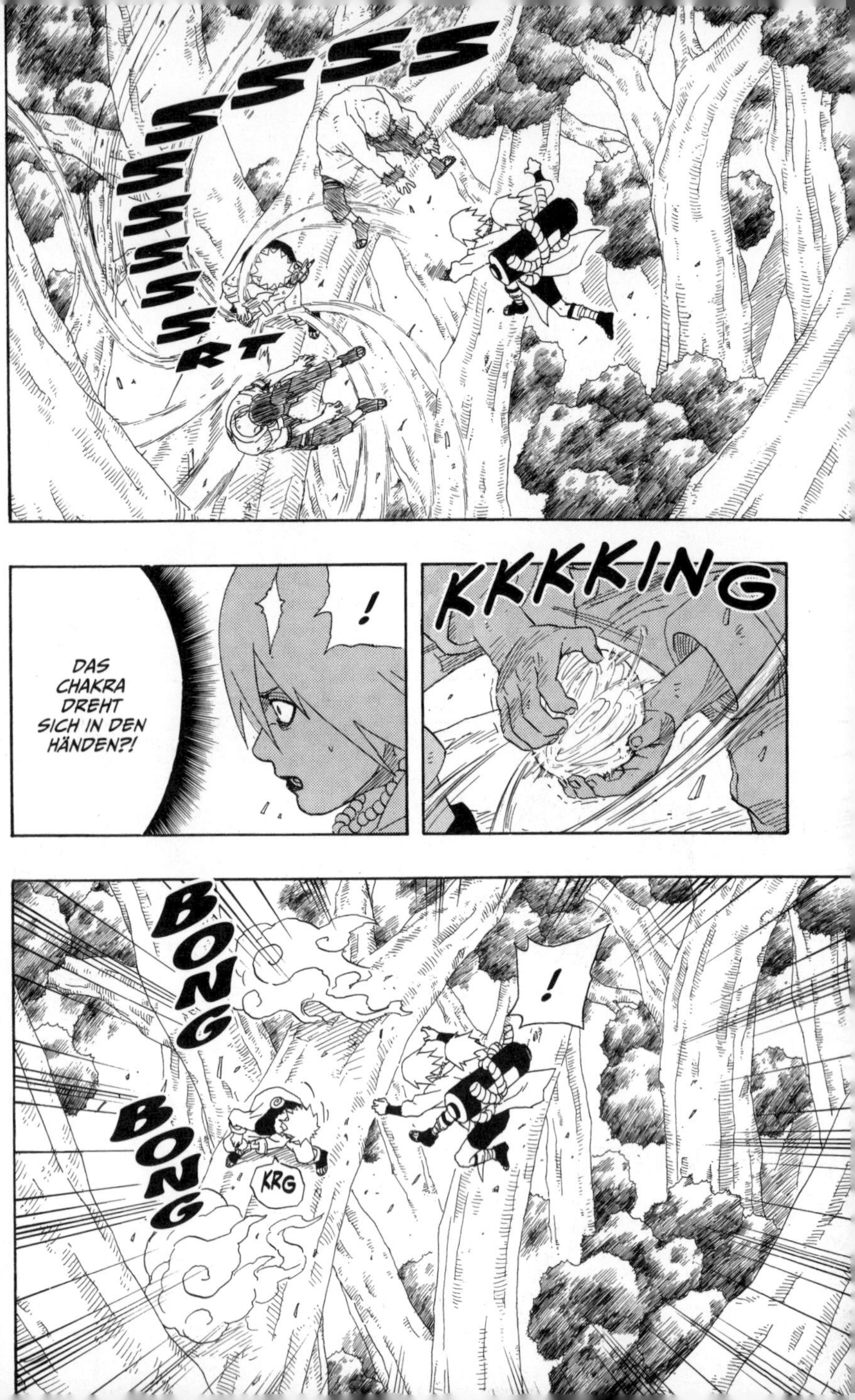
SSSSSS
SSSSSSRT
KKKKING
!
DAS CHAKRA DREHT SICH IN DEN HÄNDEN?!
BONG
BONG
!
KRG

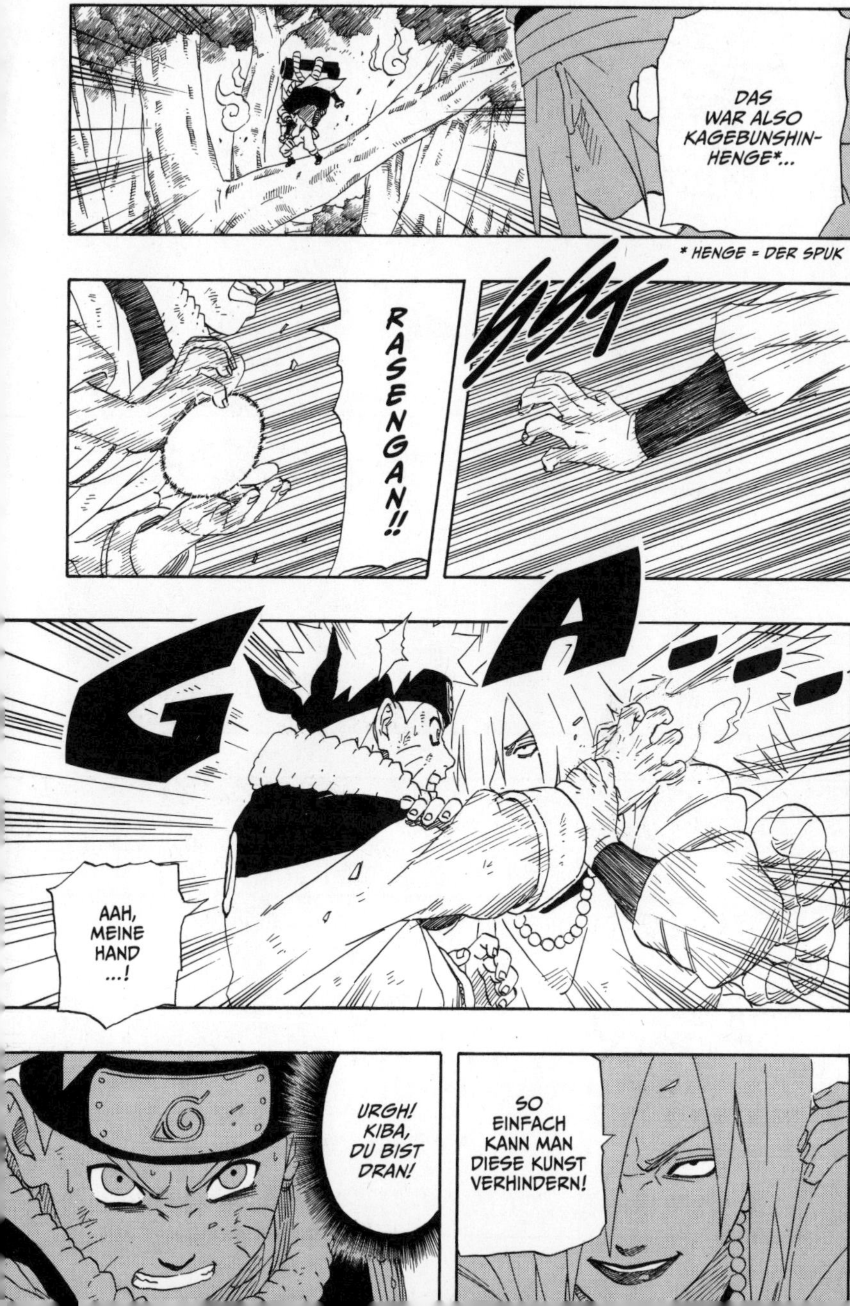

* HENGE = DER SPUK

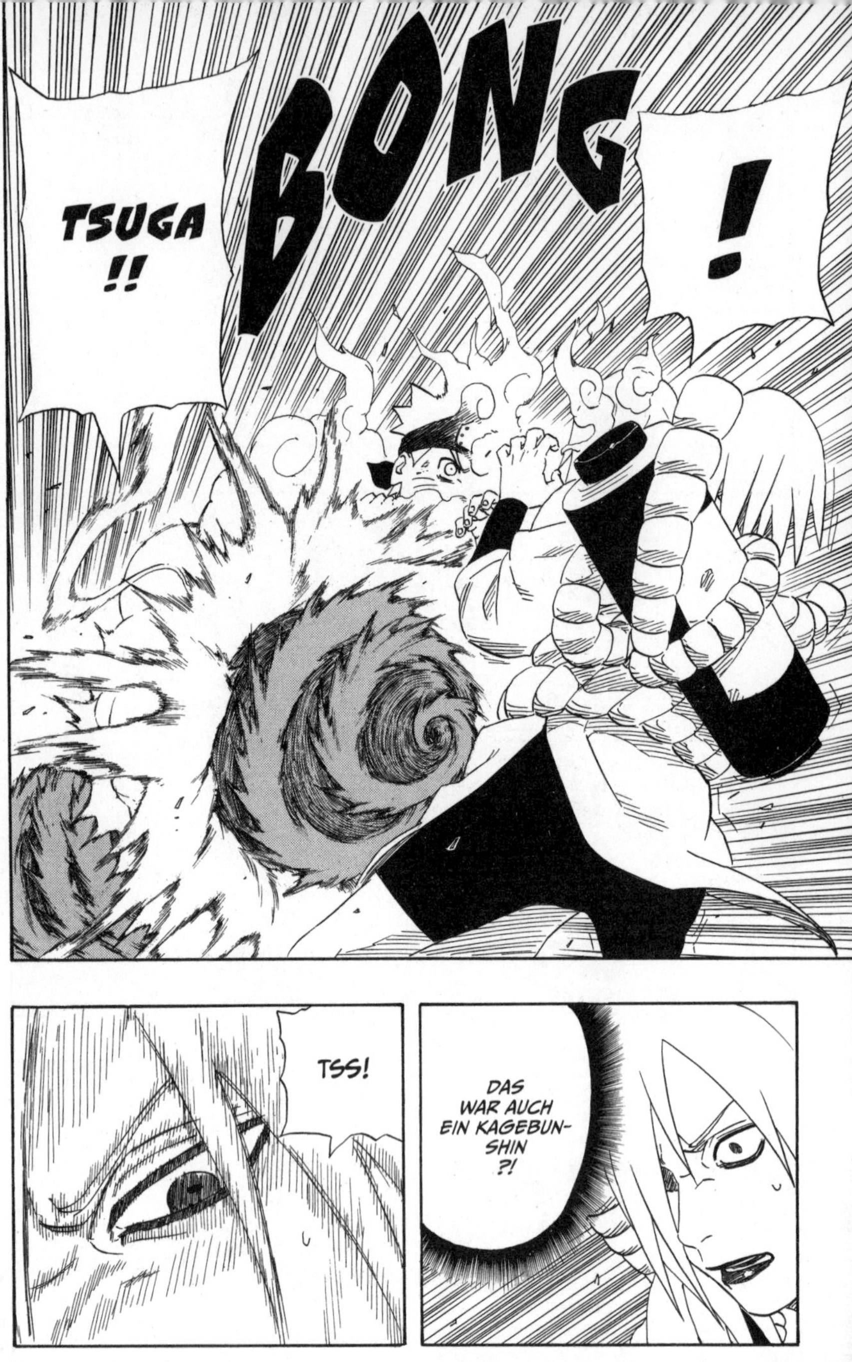
BONG!
TSUGA !!
TSS!
DAS WAR AUCH EIN KAGEBUN-SHIN ?!

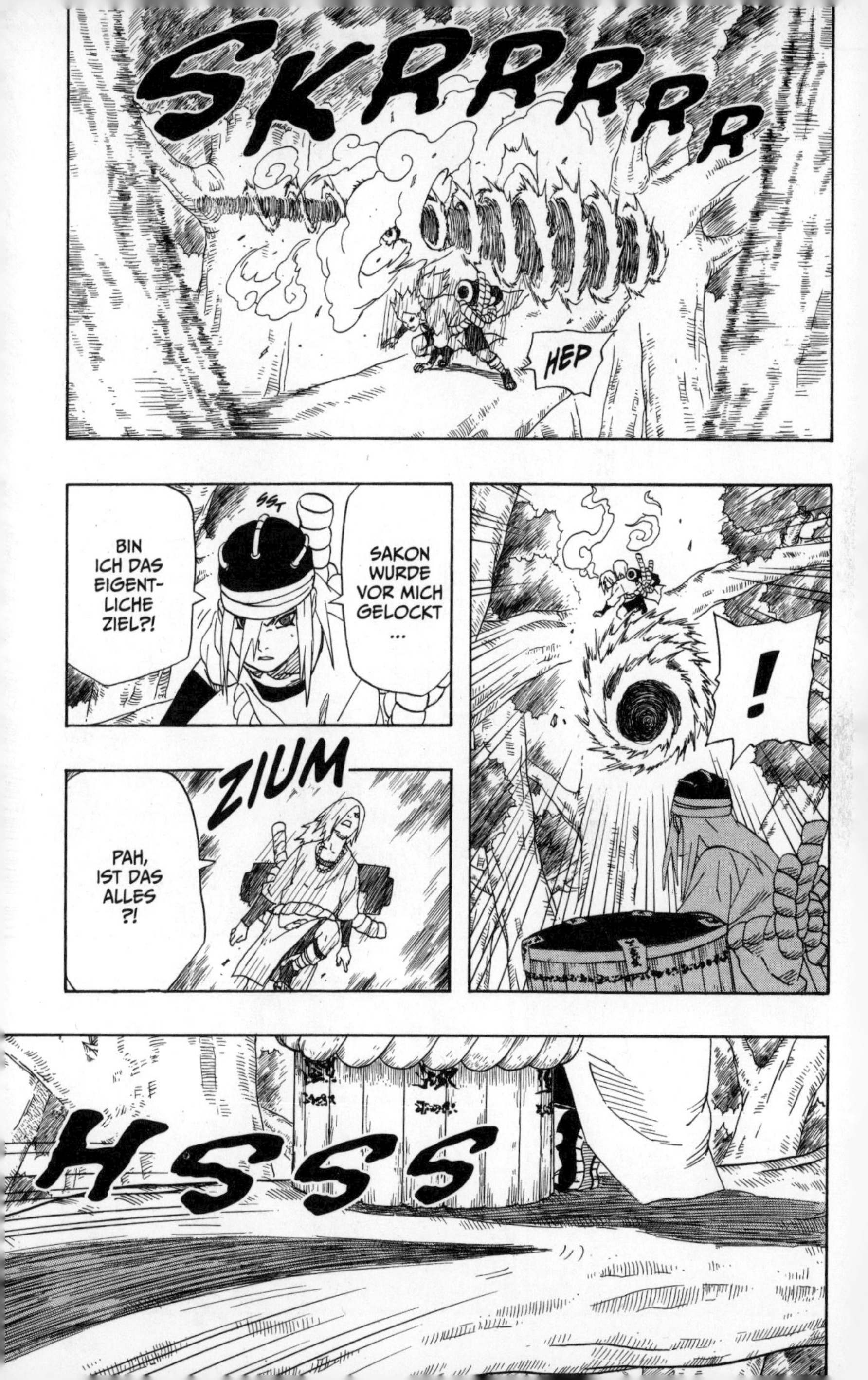
SKRRRRRR
HEP
SAKON WURDE VOR MICH GELOCKT ...
SST
BIN ICH DAS EIGENTLICHE ZIEL?!
!
ZIUM
PAH, IST DAS ALLES ?!
HSSS

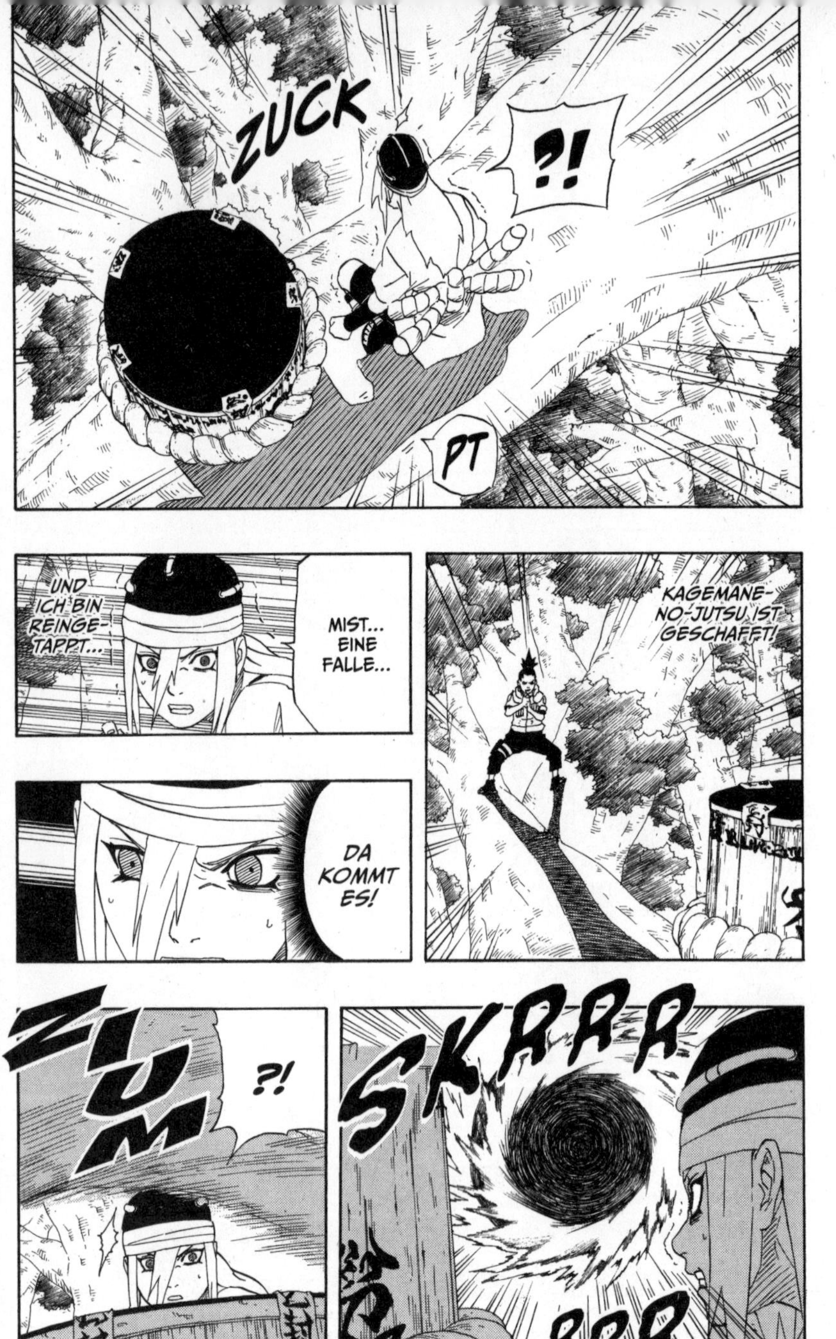

ZUCK
?!
PT
MIST... EINE FALLE...
UND ICH BIN REINGE-TAPPT...
KAGEMANE-NO-JUTSU IST GESCHAFFT!
DA KOMMT ES!
SKRRRR
RRR
ZUM
?!

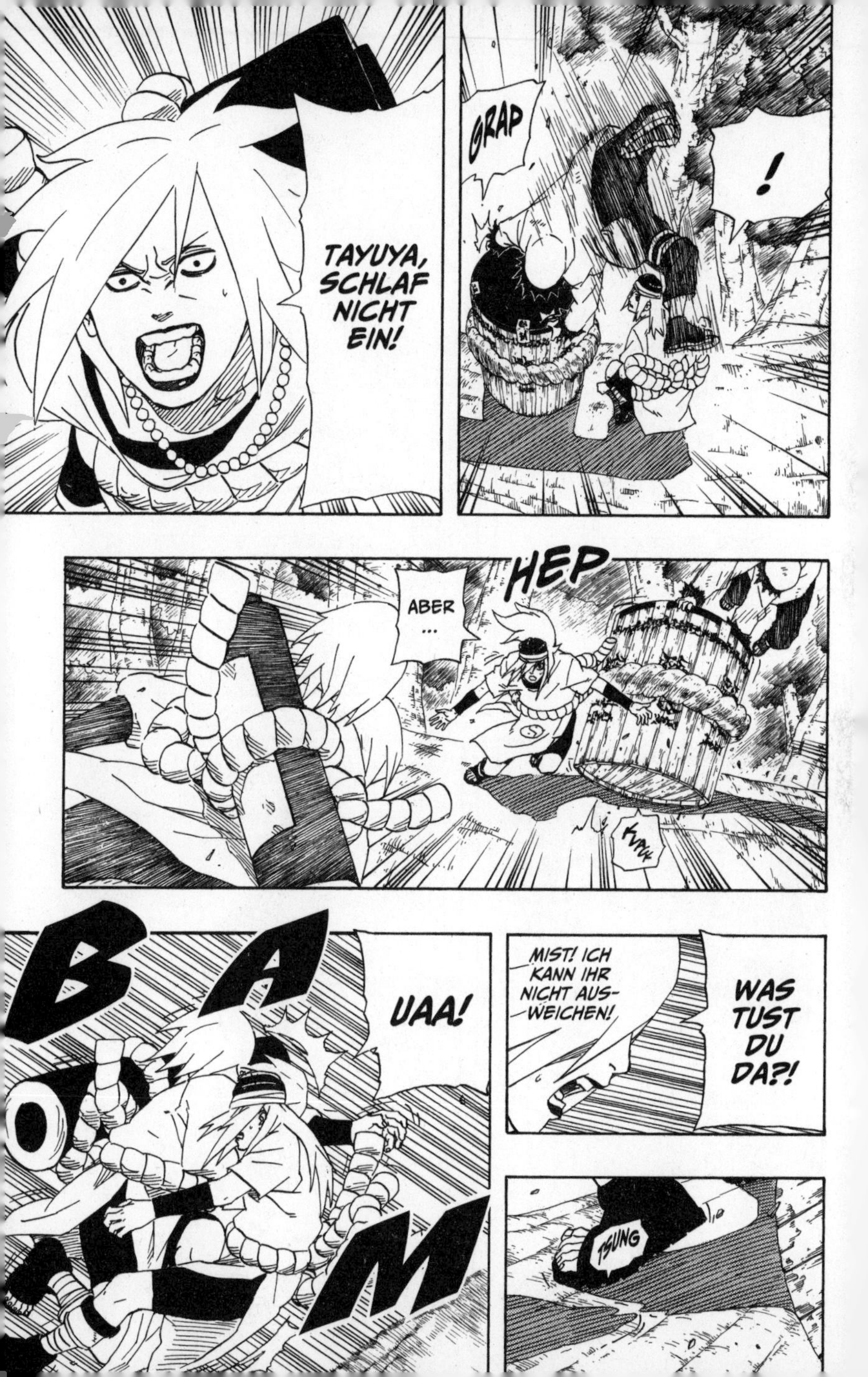
GRAP
!
TAYUYA, SCHLAF NICHT EIN!
HEP
ABER ...
KNACK
WAS TUST DU DA?!
MIST! ICH KANN IHR NICHT AUS-WEICHEN!
TSUNG
BAM
UAA!

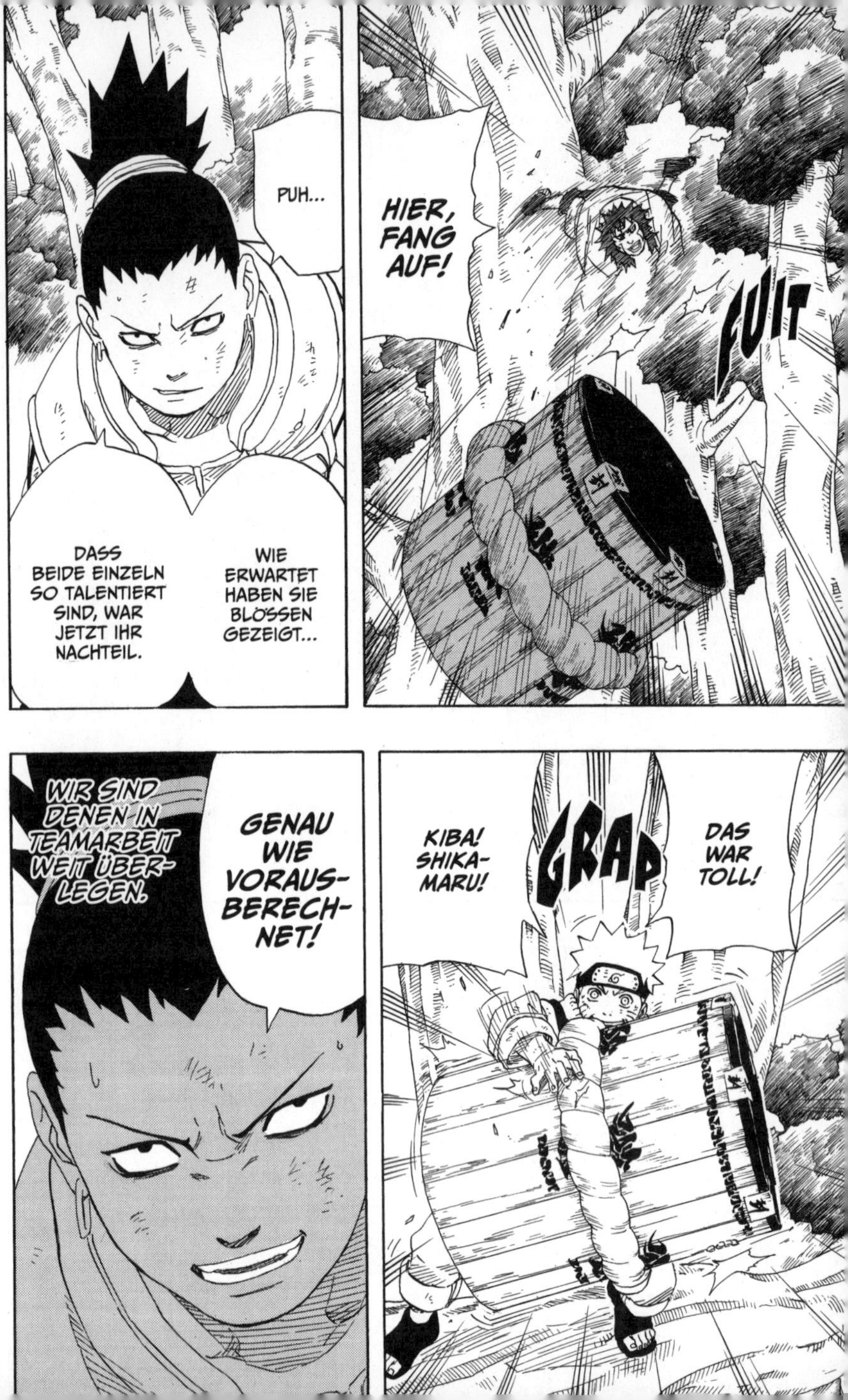
HIER, FANG AUF!
FUIT
PUH...
WIE ERWARTET HABEN SIE BLÖSSEN GEZEIGT...
DASS BEIDE EINZELN SO TALENTIERT SIND, WAR JETZT IHR NACHTEIL.
DAS WAR TOLL!
GRAP
KIBA! SHIKA-MARU!
GENAU WIE VORAUS-BERECH-NET!
WIR SIND DENEN IN TEAMARBEIT WEIT ÜBER-LEGEN.

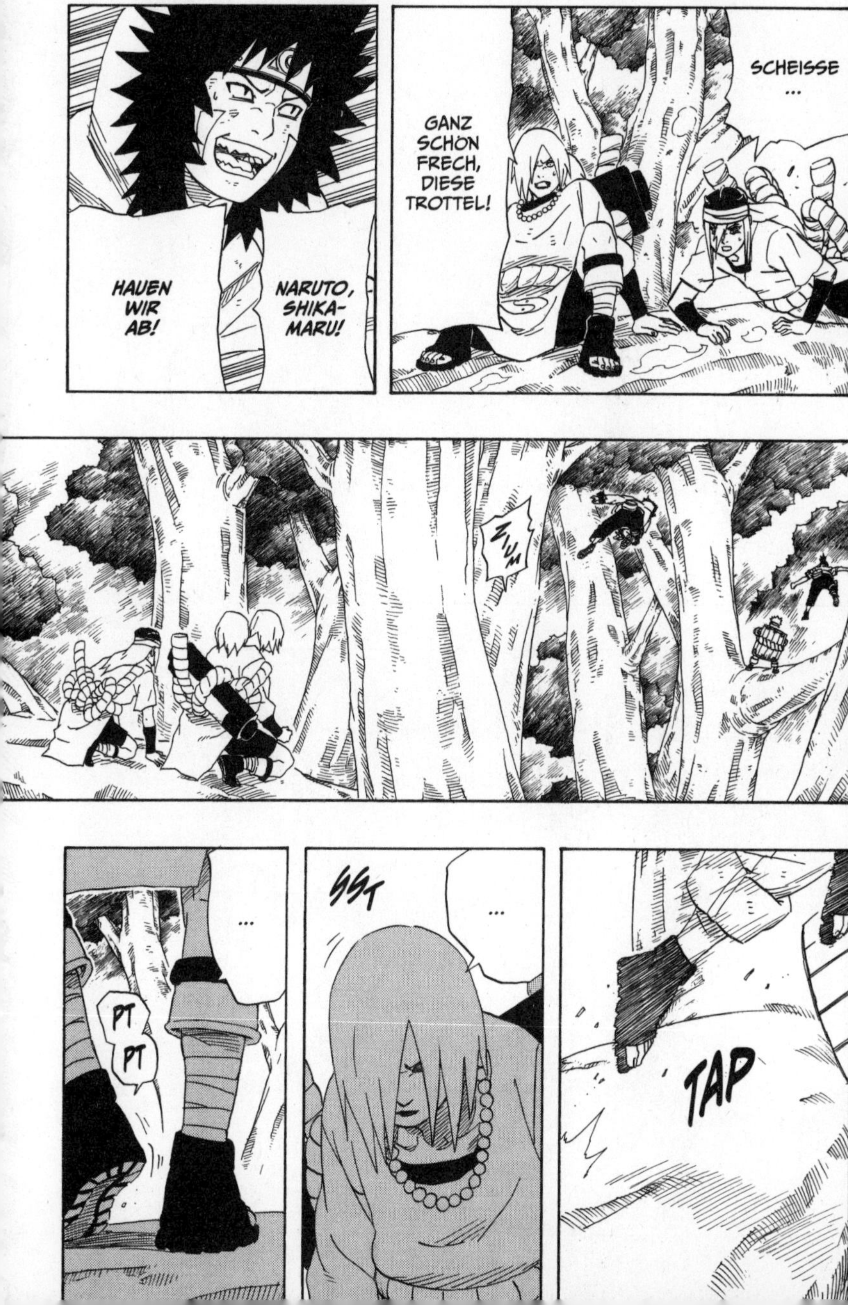

SCHEISSE …
GANZ SCHÖN FRECH, DIESE TROTTEL!
NARUTO, SHIKAMARU!
HAUEN WIR AB!
ZIUM
…
PT PT
SST
…
TAP

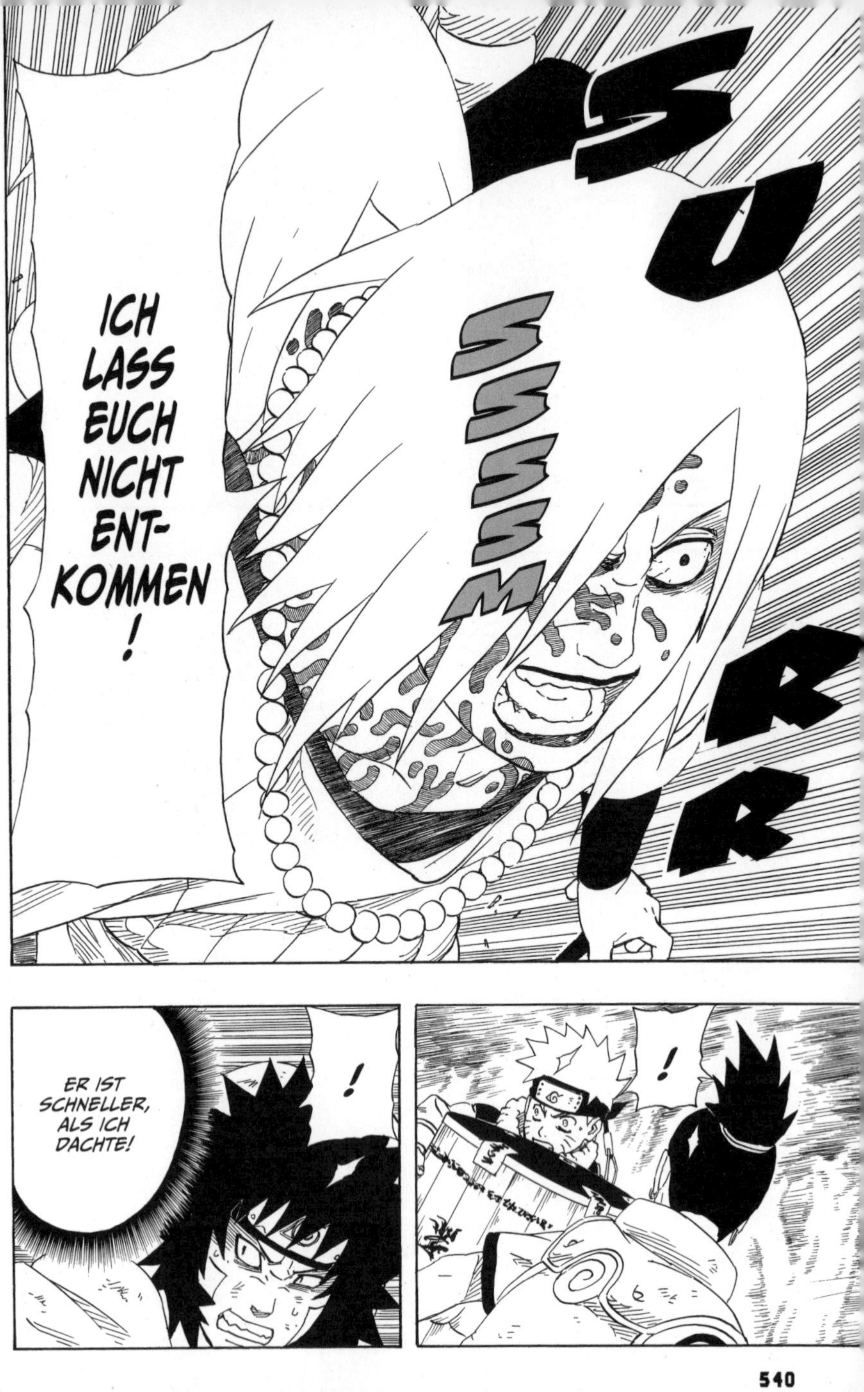

SU
RR
SWSSSM
ICH LASS EUCH NICHT ENT-KOMMEN!
!
!
ER IST SCHNELLER, ALS ICH DACHTE!

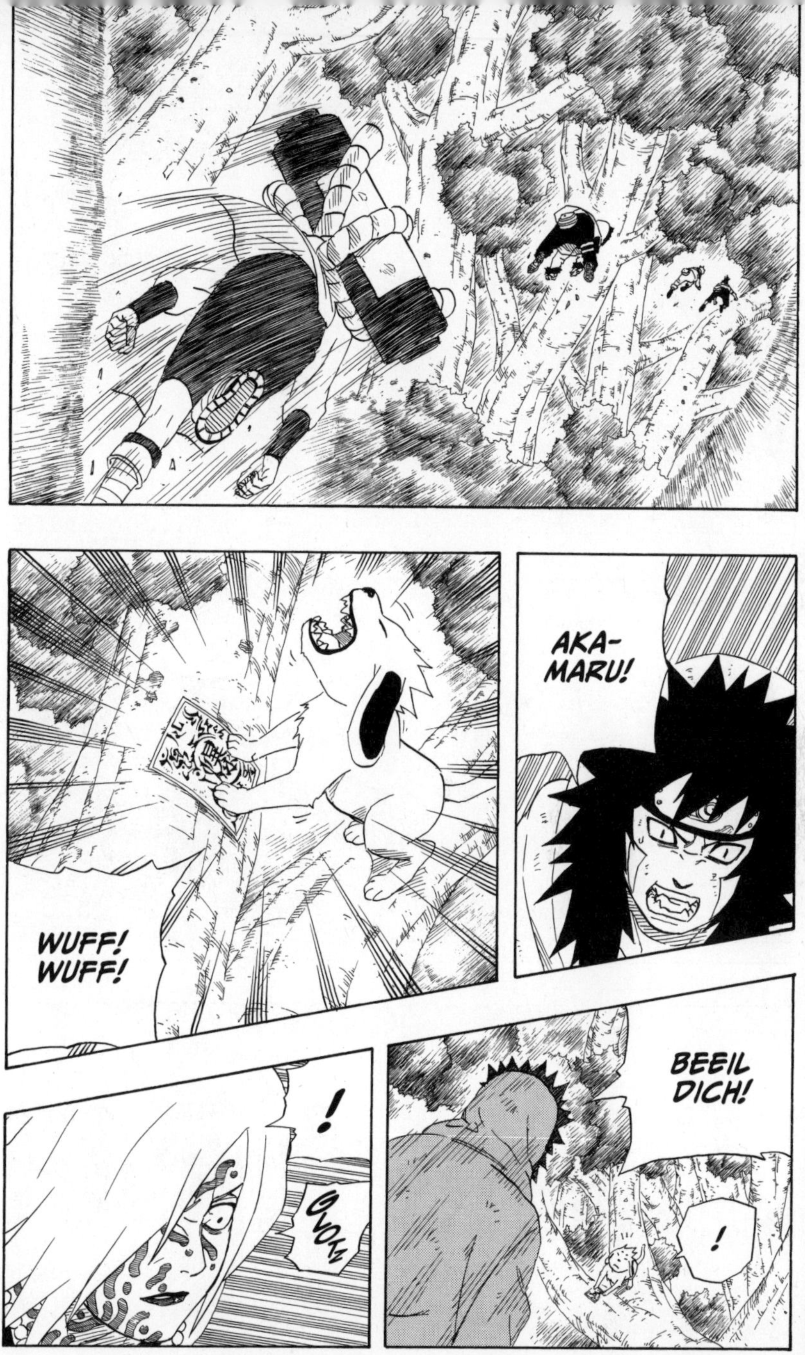
AKA-
MARU!
WUFF!
WUFF!
BEEIL
DICH!
!
!
GWOM

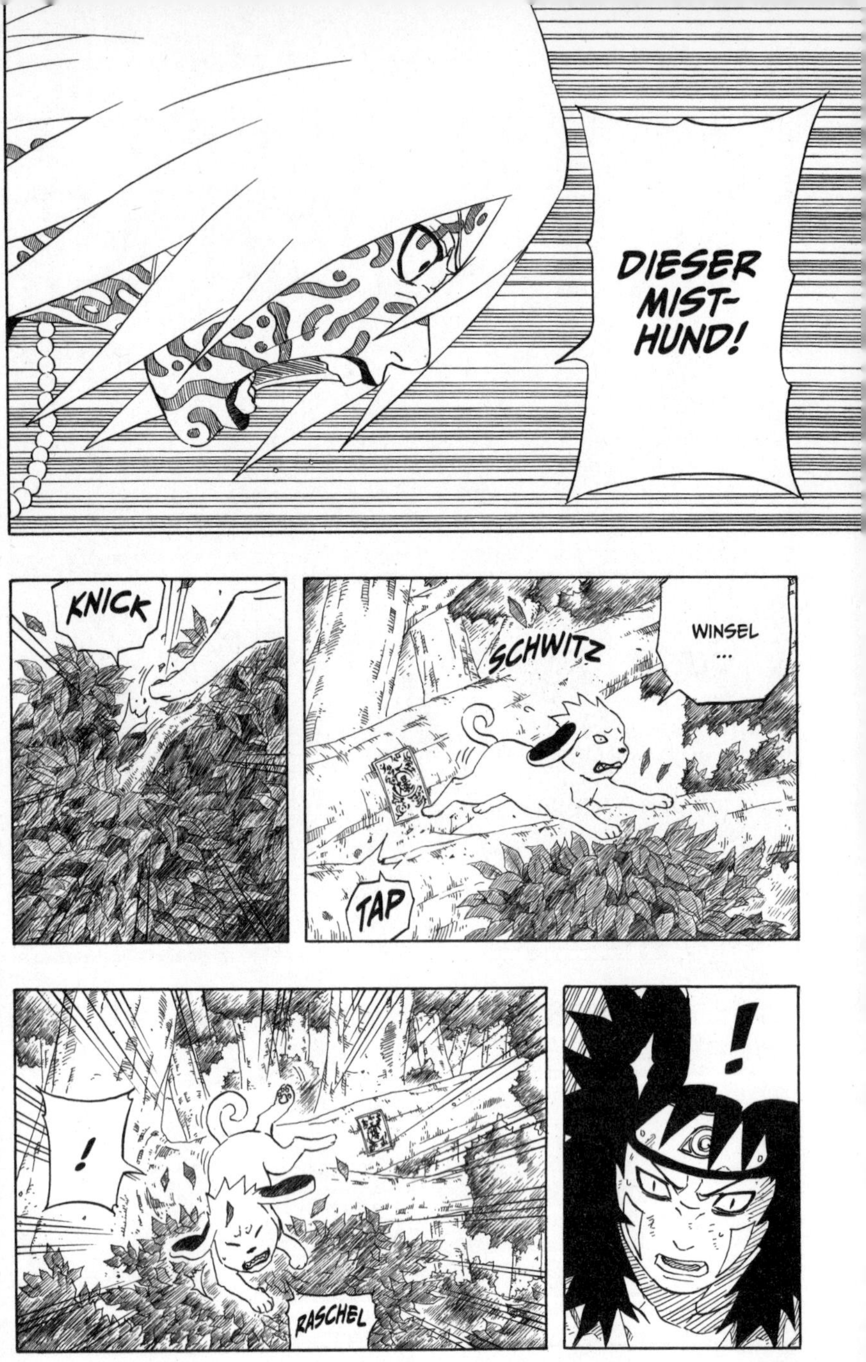
DIESER MIST-HUND!
KNICK
WINSEL ...
SCHWITZ
TAP
!
!
RASCHEL

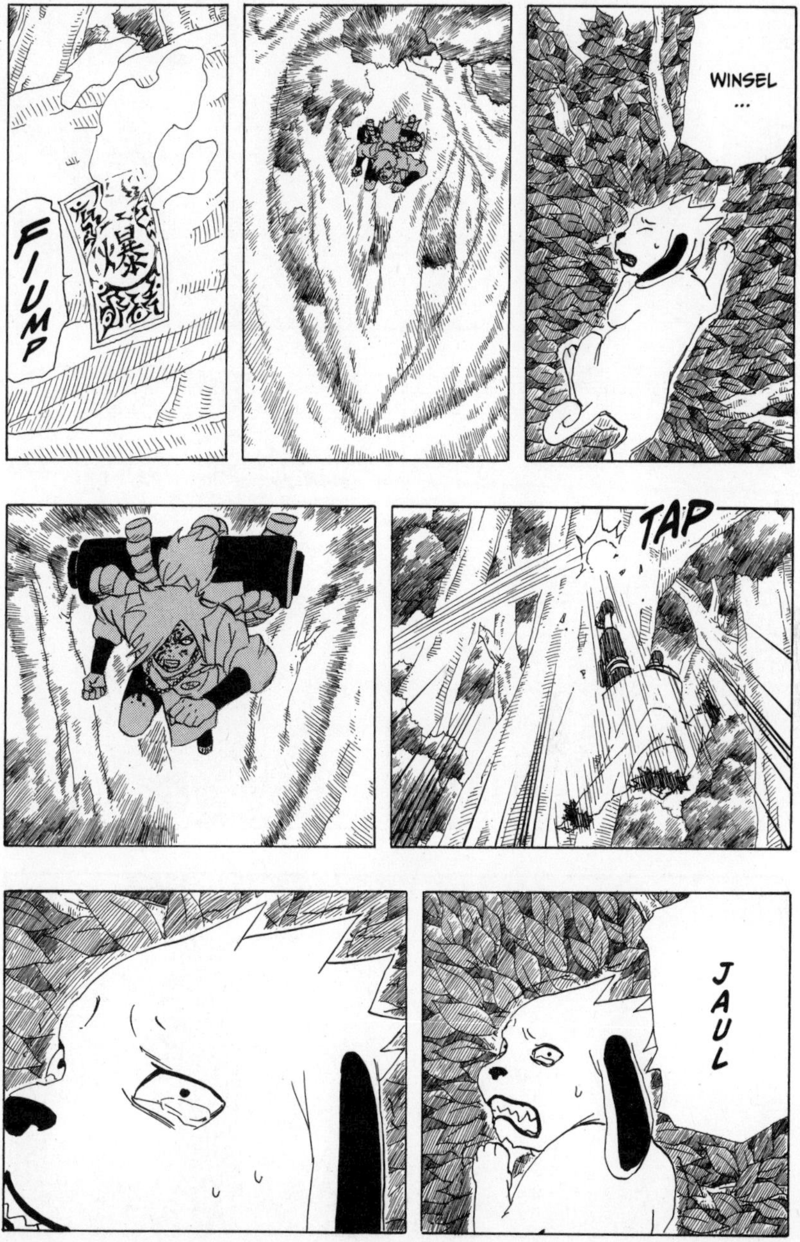
WINSEL
...
FIUMP
TAP
JAUL

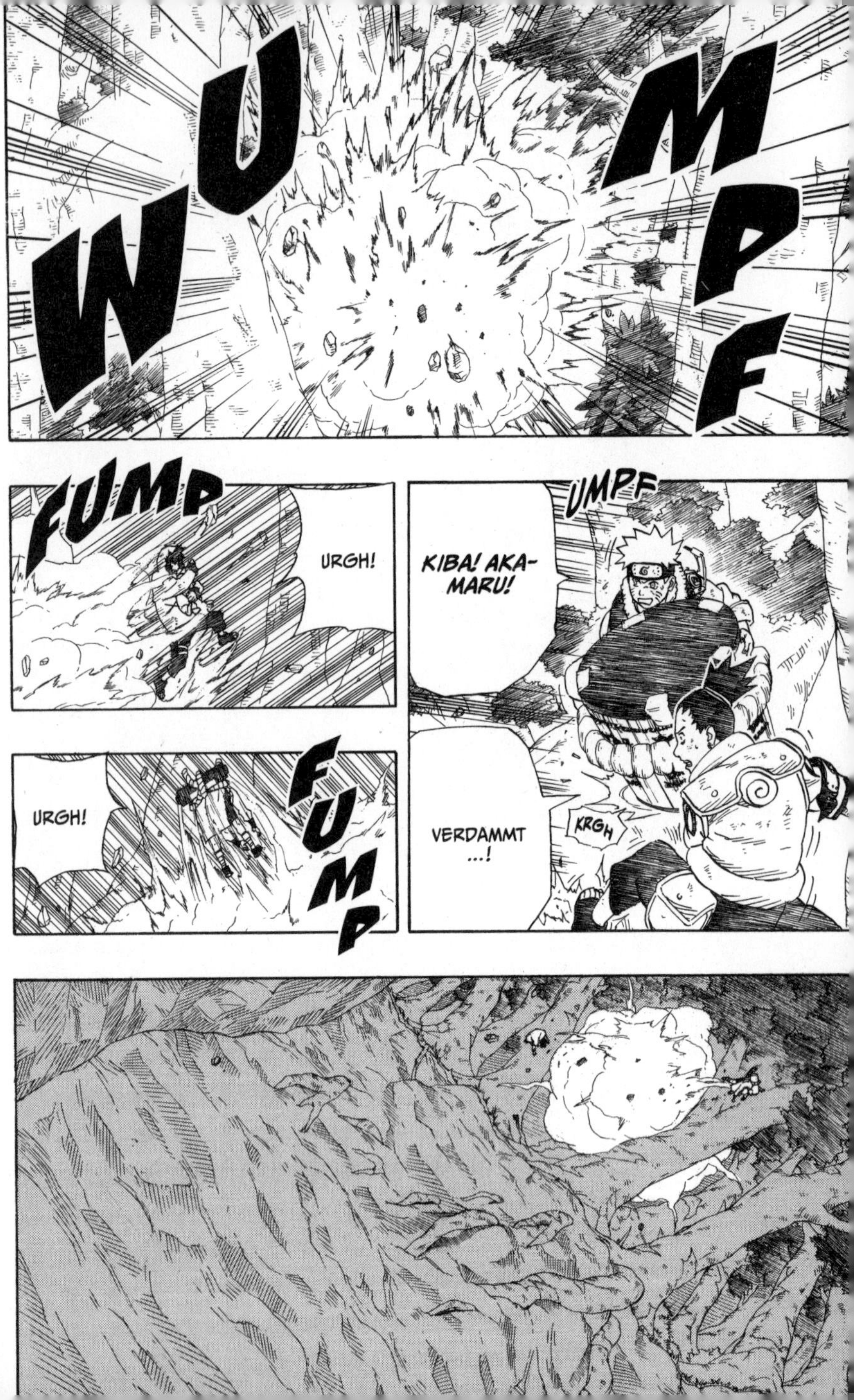

WUMPF
UMPF
KIBA! AKA-
MARU!
VERDAMMT
...!
KRGH
FUMP
URGH!
FUMP
URGH!

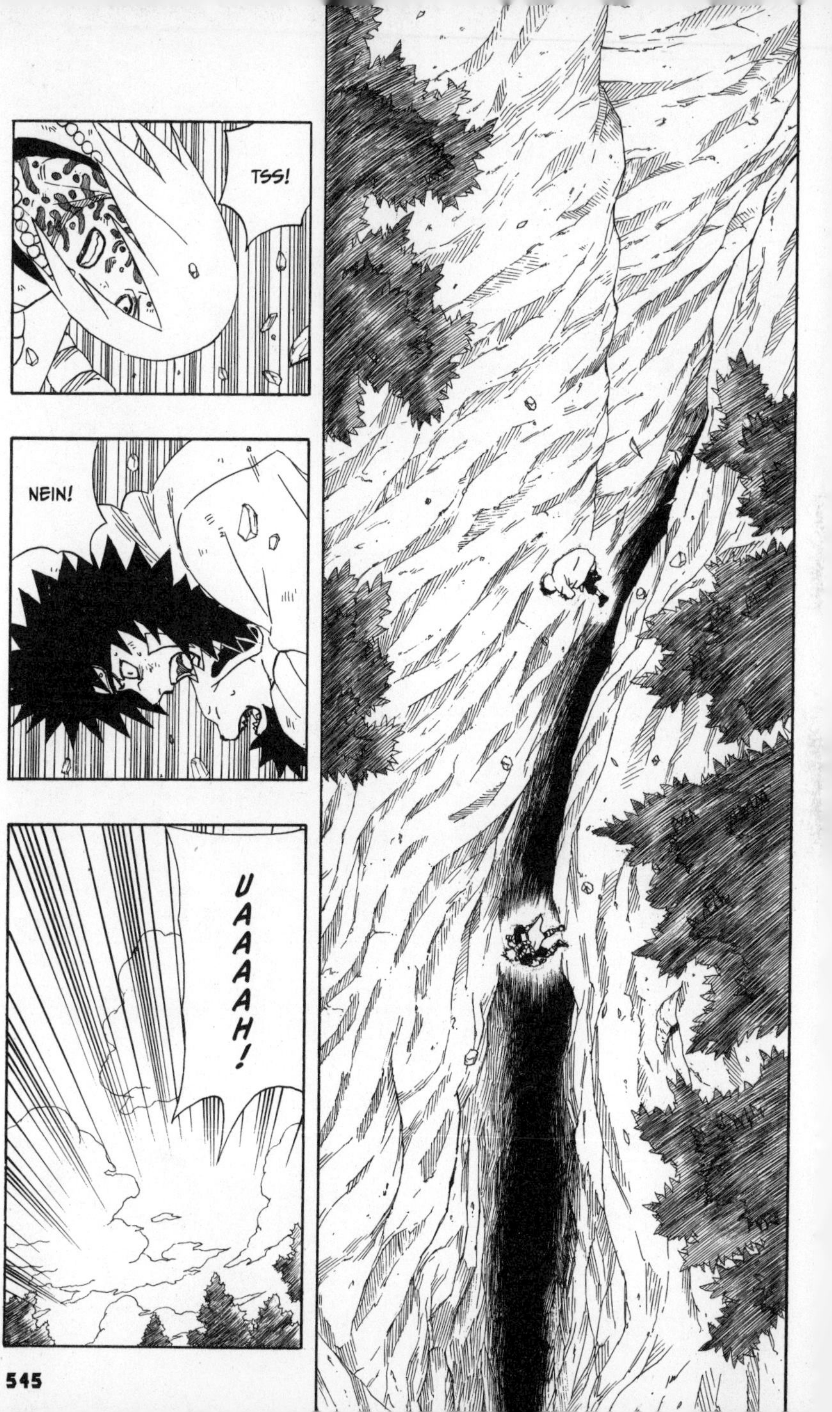
TSS!
NEIN!
UAAAAAH!

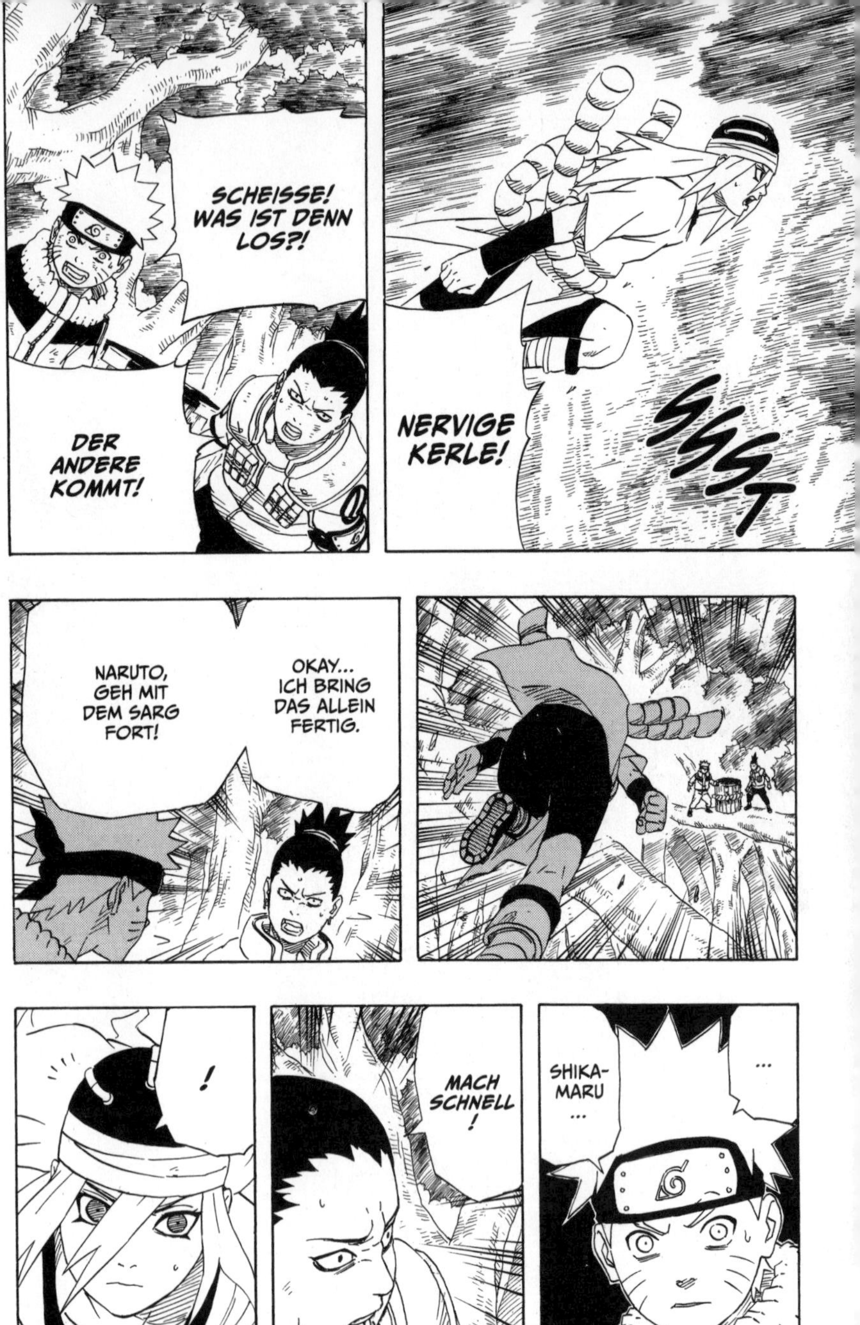
NERVIGE KERLE!
SSST
SCHEISSE! WAS IST DENN LOS?!
DER ANDERE KOMMT!
OKAY... ICH BRING DAS ALLEIN FERTIG.
NARUTO, GEH MIT DEM SARG FORT!
...
SHIKA-MARU ...
MACH SCHNELL!
!

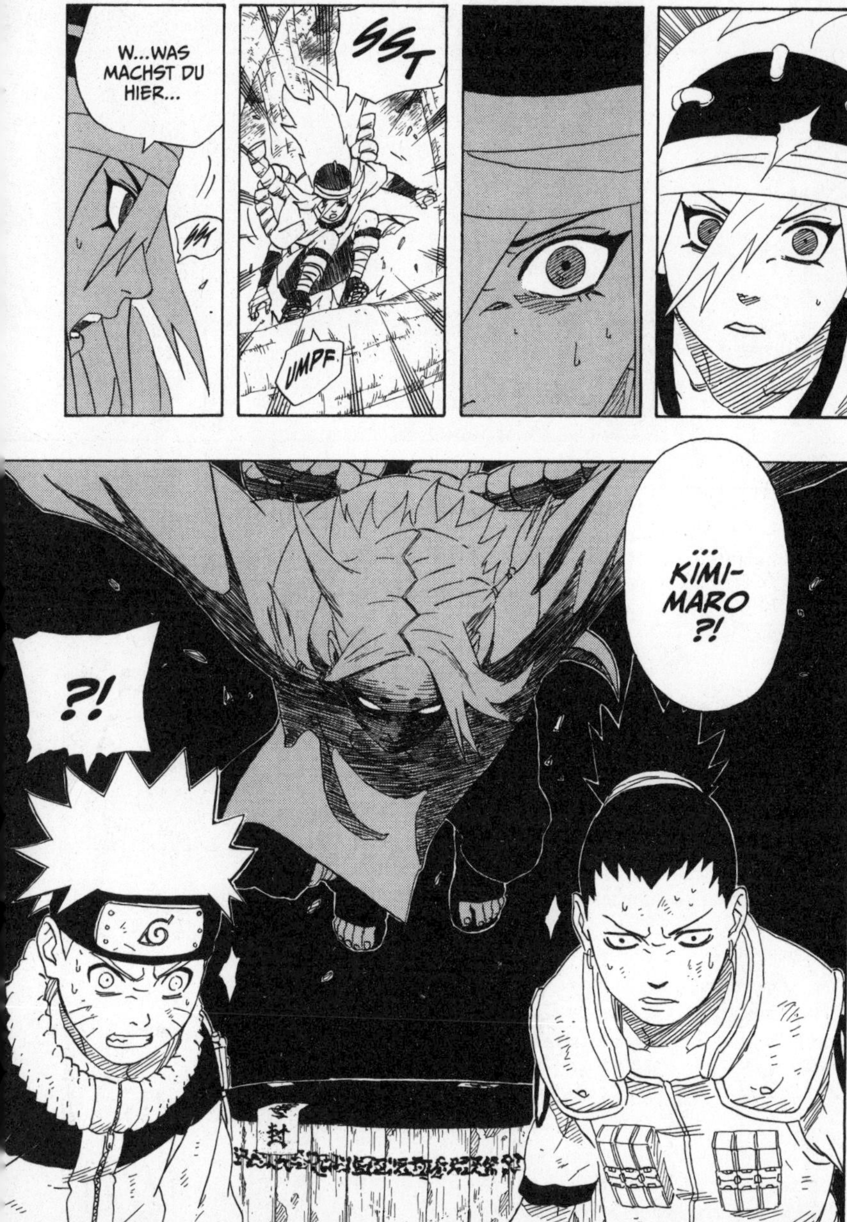
SST
UMPF
W...WAS MACHST DU HIER...
... KIMI-MARO ?!
?!

Naruto-Navigator

NARUTO auf RTL II! Der Anime zum Manga!

NEJI HYUGA

Mann, Mann, Mann! Bringen wir unseren **aufgeputschten Adrenalinhaushalt** erst einmal wieder auf ein normales Level runter. Die letzten 184 Seiten haben uns alle sicherlich kräftig eingeheizt. Die spektakuläre Schlacht Nejis gegen den Spinnenmann **Kidomaru** hatte es wahrlich in sich. **Neji Hyuga** gehört seit Beginn des **Naruto-Epos** zu einem der geheimnisvollsten Charaktere. Immer noch zählt er, neben Naruto und Sasuke, zu einem der unangefochtenen Stars der Ninja-Szene! Was wissen wir nach 22 Bänden über den jungen Neji?

NEJI HYUGA

Alter: nicht genau bekannt, zwischen 14 und 16 Jahre alt
Geburtstag: 3. Juli
Körpergröße: 1,60 m
Gewicht: 46,8 kg

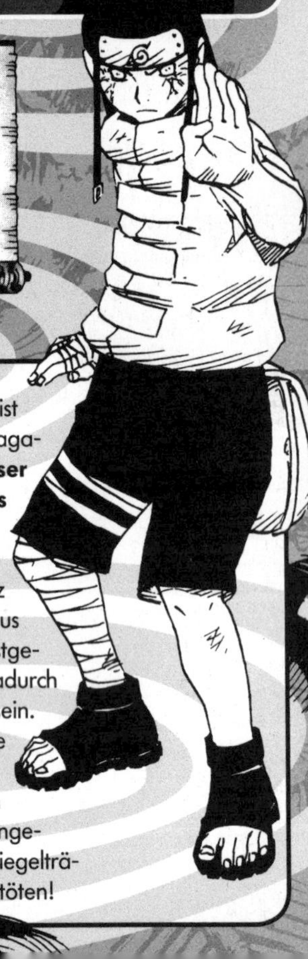

DER GESPALTENE CLAN

Neji gehört zum Clan der **Hyuga**. Die Hyuga-Familie ist eine der **ältesten existierenden Blutlinien** in Konohagakure. Vor vielen Jahren hat sich der Clan in **zwei Häuser** gespalten, wobei die Erstgeborenen in das **Haupthaus** der Hyuga kommen, während die anderen Geschwister im **Niederhaus** des Clans aufwachsen müssen. Die Teilung des Clans dient einzig und allein dem Schutz der Blutlinie der Hyuga. Die Aufgabe der im Niederhaus untergebrachten Geschwister ist der Schutz der Erstgeborenen, und das unter Einsatz ihres Lebens. Dass dadurch immense Spannungen aufgebaut werden, dürfte klar sein. Damit aber niemand aus dem Niederhaus auf die Idee kommt, sich gegen Mitglieder des Haupthauses zu stellen, wurden die Mitglieder des Niederhauses mit einem **Siegel** versehen. Dieses Siegel kann durch die Familiengehörigen des Haupthauses aktiviert werden und dem Siegelträger **starke Schmerzen** bereiten. Es könnte ihn sogar töten!

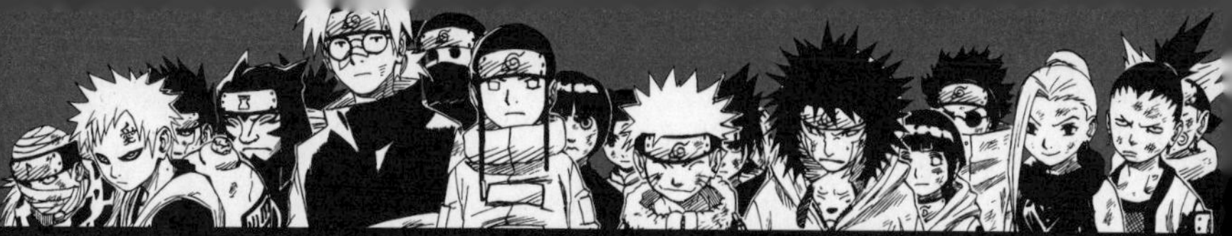

DIE GEHEIME KUNST DER HYUGA

Clanangehörige: Hanabi, Hiashi, Hinata und Neji
Heimatdorf: Konohagakure

Die Hyuga besitzen eine sehr effektive Kunst: das **Byakugan**! Das Byakugan, oder auch »**Weißauge**« genannt, ist das Bluterbe des Hyuga-Clans und kann nur von bestimmten Familienmitgliedern angewendet werden. Im Kampf gegen Kidomaru **rettet** das Byakugan Neji **mehrfach das Leben**! Um das Byakugan zu benutzen, muss es mit **Jutsu** aktiviert sein.

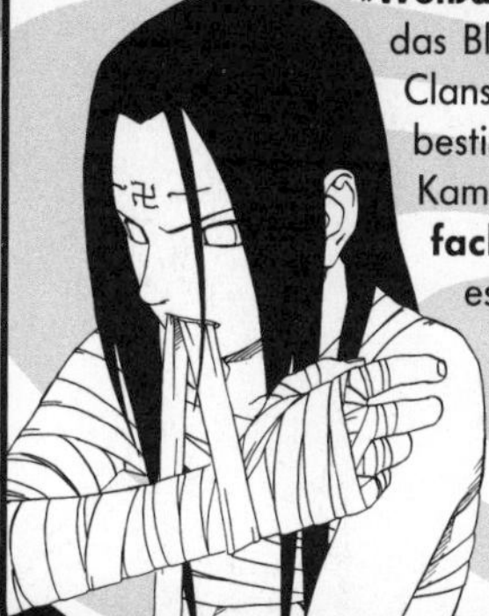

Hier sieht man das Siegel, mit dem Neji kontrolliert werden kann!

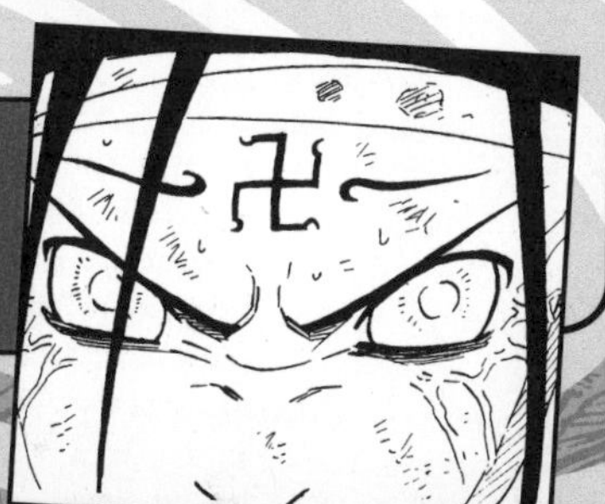

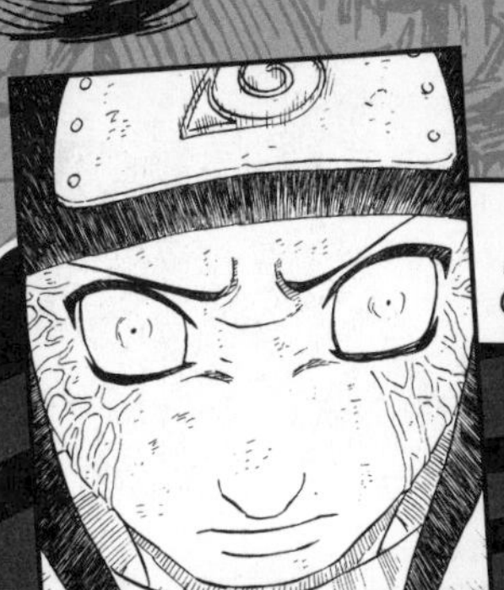

Die Anstregung ist Neji wortwörtlich ins Gesicht geschrieben!

Die Kunst erlaubt seinem Benutzer, durch fast alle Materialien, auch durch Menschen und Tiere hindurchzusehen oder weit entfernte Objekte zu registrieren. Der Sichtwinkel beträgt ganze **360 Grad** und gewährleistet so einen nahezu **perfekten Schutz** bis auf einen kleinen toten Winkel im Rücken. Doch mit dem Byakugan kann man noch mehr anstellen. Der wohl interessanteste Aspekt dieser Kunst ist, dass man das gesamte **innere Chakra-System** seiner Gegner analysieren und die einzelnen Chakra-Punkte verschließen bzw. direkt angreifen kann. Wenn man bedenkt, dass der Körper eines Menschen mit insgesamt **361 Chakra-Punkten** versehen ist und jeder Punkt die Größe eines **Nadelkopfes** besitzt… eine wirklich **außergewöhnliche Technik**! Kidomaru kann ein Lied davon singen, wie effektiv das Weißauge sein kann…!

Naruto-Navigator

NARUTO auf RTL II! Der Anime zum Manga!

OROCHIMARU – ZWISCHEN SCHLANGEN UND INTRIGEN

Orochimarus Oto-Quartett attackiert unsere Helden mit einer bisher nicht da gewesenen Härte! Auch wenn der Überfall auf Konohagakure gescheitert ist, hält das Orochimaru nicht davon ab, seinen **finsteren Plan** weiter umzusetzen!

MEISTER DES BÖSEN

Orochimaru, **Meister** der **Intrige** und **Bösartigkeit**, sitzt unangefochten auf dem Thron der Schurken und Scheusale! In kürzester Zeit erschuf er sich ein **riesiges Machtzentrum**, welches er von seinem selbst gegründeten Dorf **Otogakure** aus lenkt. Für seine Ziele geht er über Leichen und um seinen schwarzen Masterplan zu verwirklichen, benutzt er jedes Mittel, sei es noch so hinterhältig!

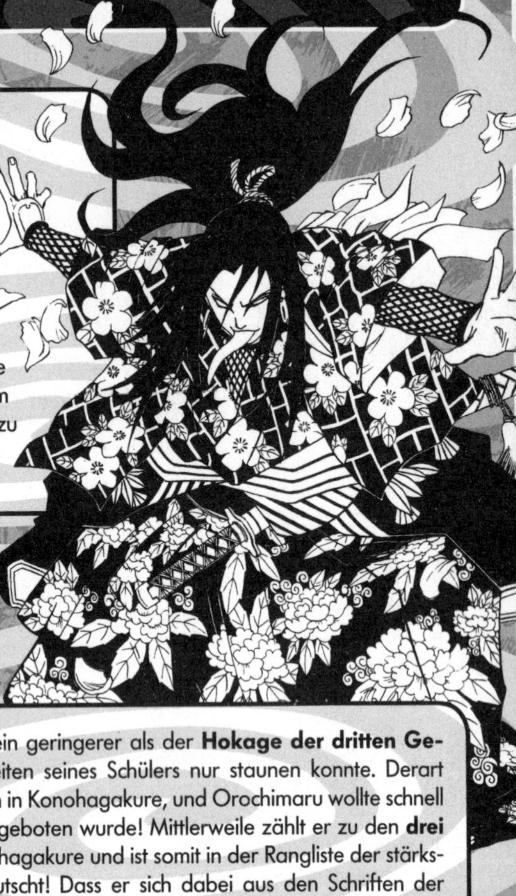

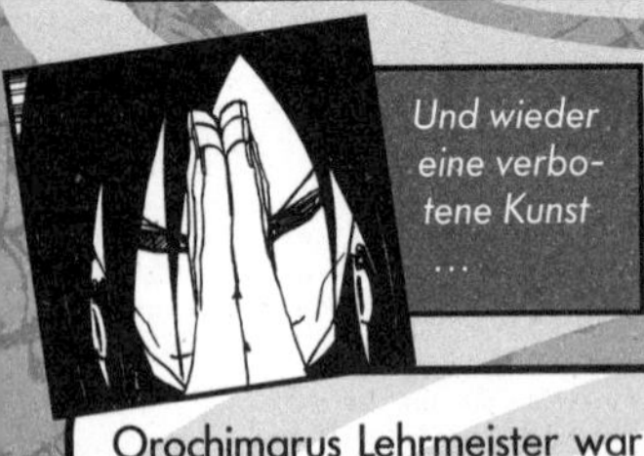

Orochimarus Lehrmeister war kein geringerer als der **Hokage der dritten Generation**, der über die Fähigkeiten seines Schülers nur staunen konnte. Derart talentierte Lehrlinge gab es selten in Konohagakure, und Orochimaru wollte schnell mehr, als ihm in der Ausbildung geboten wurde! Mittlerweile zählt er zu den **drei legendären San-Nin** aus Konohagakure und ist somit in der Rangliste der stärksten Ninja ganz nach oben gerutscht! Dass er sich dabei aus den Schriften der **verbotenen Künste** bedient, passt zu ihm und seinem Charakter!

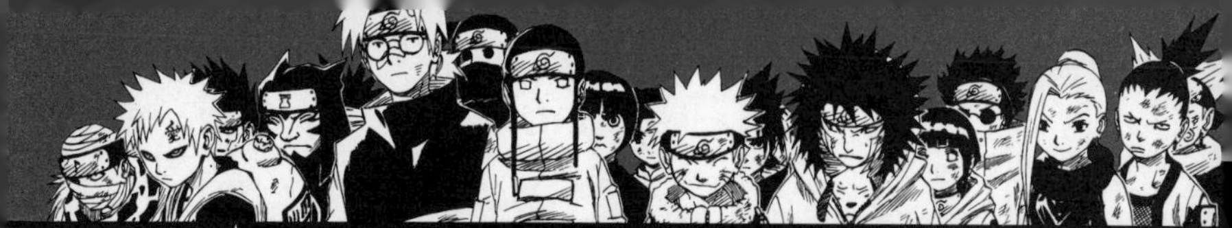

DER ANFANG VOM ENDE

Der **Bruch** mit dem Guten kam für Orochimaru mit der anstehenden Wahl zum **Hokage der vierten Generation**. Als klar war, dass er nicht gewählt werden würde, wandelte sich Orochimarus Enttäuschung in **Wut** und er wählte den Weg eines Abtrünnigen. Er gründete Otogakure und rekrutierte seine rechte Hand **Kabuto**, der ihn unter anderem mit wertvollen Informationen aus Konohagakure versorgte! Wie eine Schlange sich ihrem Opfer nähert, schlich Orochimarus Intrige leise und zischend umher, bis sie schließlich zuschnappte! Dass der Überfall auf das Dorf gescheitert ist, bedeutet noch lange nicht, dass die Schlange ihr Interesse an ihrem Opfer verloren hat…

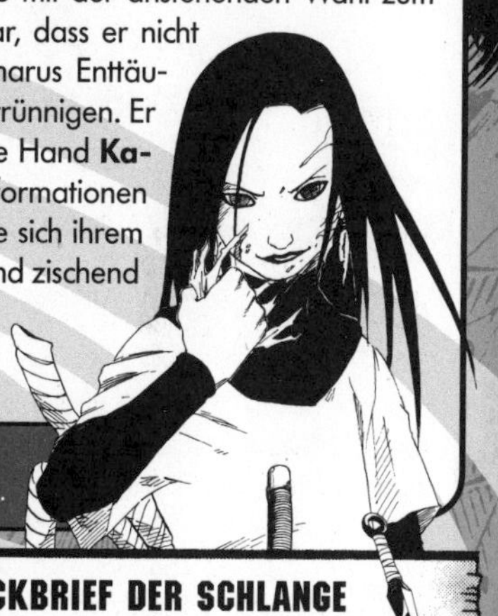

Ewig jung! Der bösartige Orochimaru…

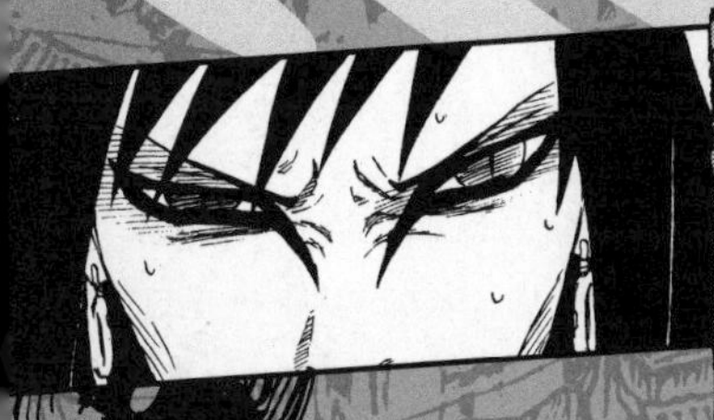

STECKBRIEF DER SCHLANGE

Alter: 51
Geburtstag: 27. Okt.
Größe: 179,4 cm
Gewicht: 63,9 kg
Blutgruppe: B
Ninja-Registriernummer: 002300

Einige Techniken
Kuchiyose no Jutsu
Kusanagi no Tsurugi
Nan no Kaizo
Kanashibari no Jutsu

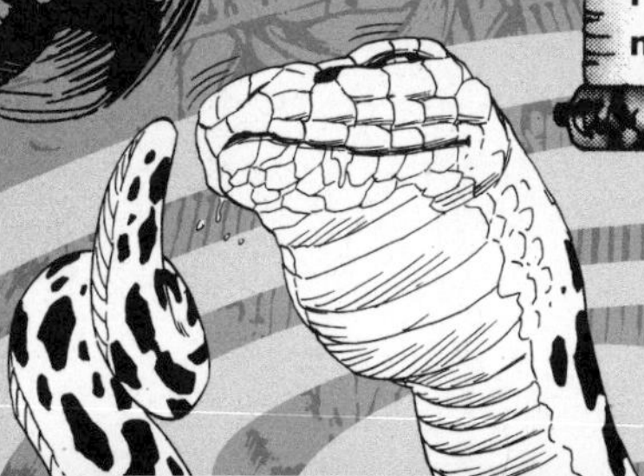

Orochimarus **Name** leitet sich aus einer alten Geschichte der **japanischen Mythologie** ab. **Yamata no Orochi** war laut dieser Geschichte ein Drache. Yamata no Orochi bedeutet so viel wie »**Achtgabelige Riesenschlange**«.

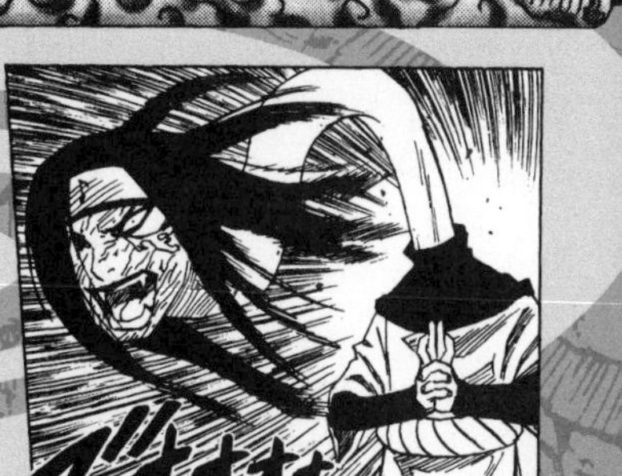

Beweglich wie eine Schlange – Nan no Kaizo macht's möglich!

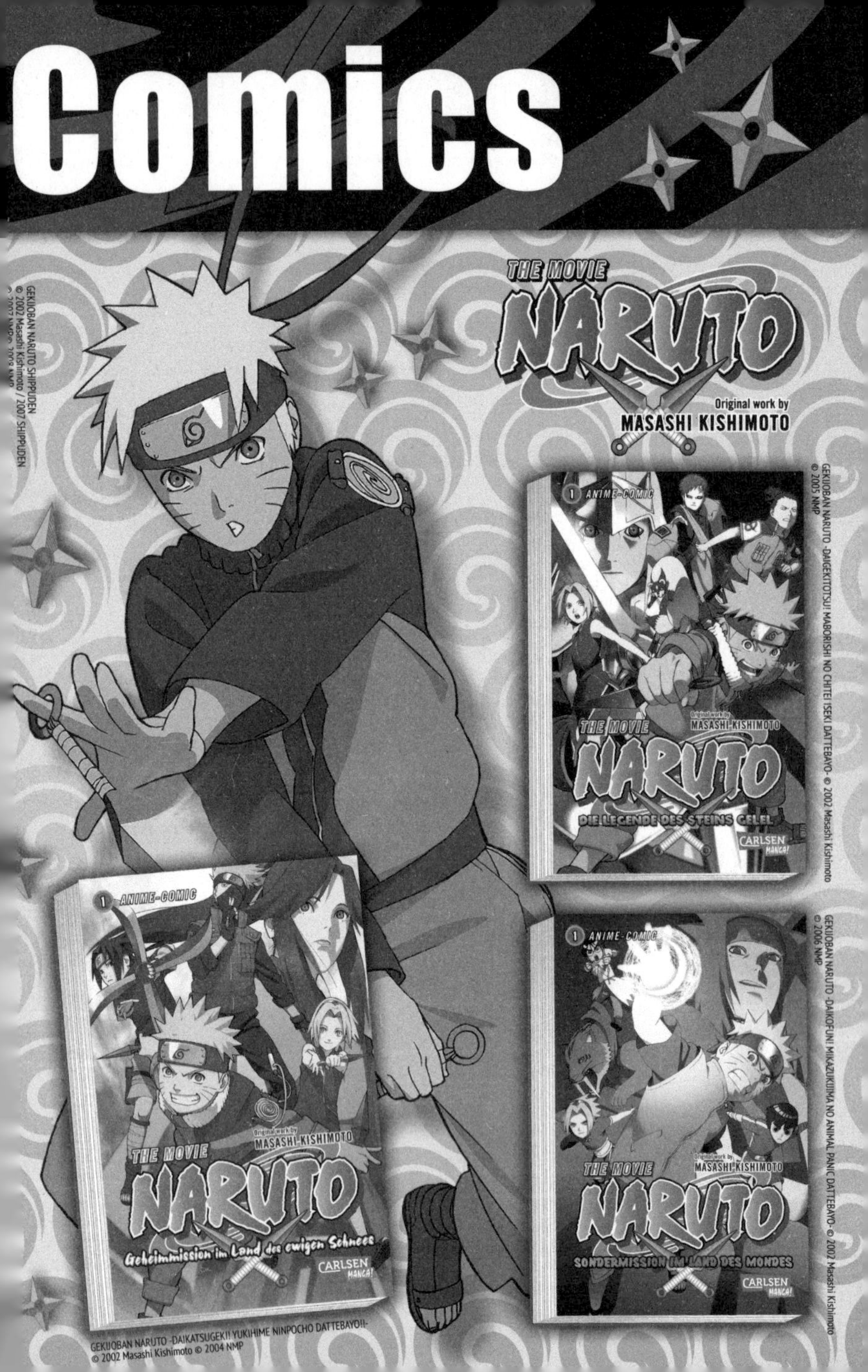
Comics
THE MOVIE
NARUTO
Original work by
MASASHI KISHIMOTO
GEKIJOBAN NARUTO SHIPPUDEN
© 2002 Masashi Kishimoto / 2007 SHIPPUDEN
1 ANIME-COMIC
Original work by
MASASHI KISHIMOTO
THE MOVIE
NARUTO
DIE LEGENDE DES STEINS GELEL
CARLSEN MANGA!
GEKIJOBAN NARUTO -DAIGEKITOTSU! MABOROSHI NO CHITEI ISEKI DATTEBAYO- © 2002 Masashi Kishimoto
© 2005 NMP
1 ANIME-COMIC
Original work by
MASASHI KISHIMOTO
THE MOVIE
NARUTO
Geheimmission im Land des ewigen Schnees
CARLSEN MANGA!
1 ANIME-COMIC
Original work by
MASASHI KISHIMOTO
THE MOVIE
NARUTO
SONDERMISSION IM LAND DES MONDES
CARLSEN MANGA!
GEKIJOBAN NARUTO -DAIKOFUN! MIKAZUKIJIMA NO ANIMAL PANIC DATTEBAYO- © 2002 Masashi Kishimoto
© 2006 NMP
GEKIJOBAN NARUTO -DAIKATSUGEKI!! YUKIHIME NINPOCHO DATTEBAYO!!-
© 2002 Masashi Kishimoto © 2004 NMP

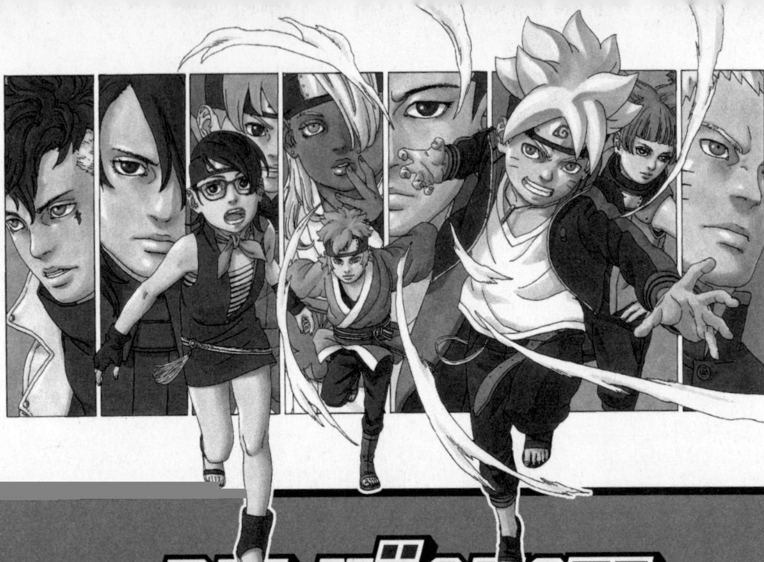

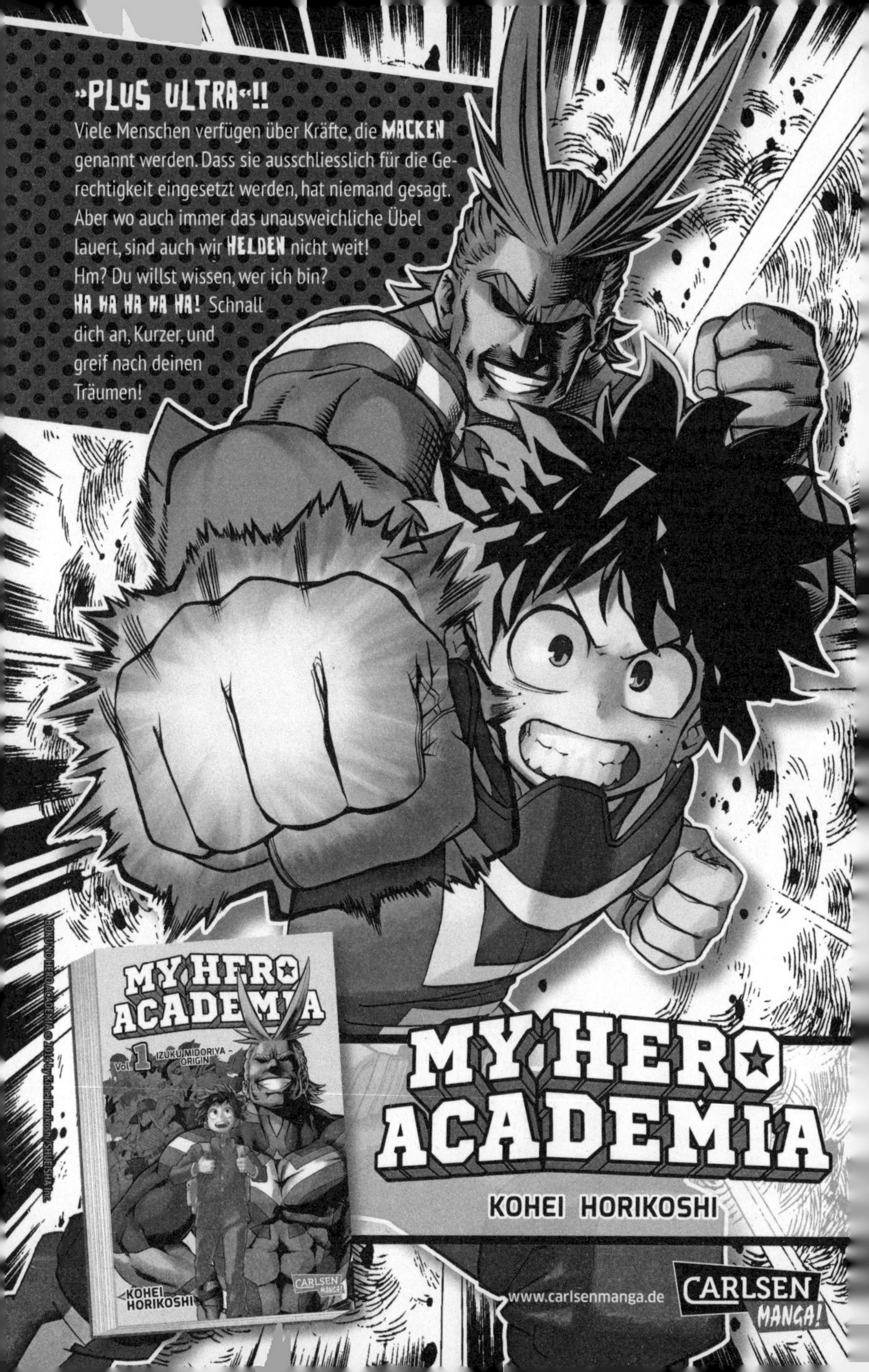
»PLUS ULTRA«!!
Viele Menschen verfügen über Kräfte, die MACKEN genannt werden. Dass sie ausschliesslich für die Gerechtigkeit eingesetzt werden, hat niemand gesagt. Aber wo auch immer das unausweichliche Übel lauert, sind auch wir HELDEN nicht weit! Hm? Du willst wissen, wer ich bin? HA HA HA HA HA! Schnall dich an, Kurzer, und greif nach deinen Träumen!
MY HERO ACADEMIA
Vol. 1 IZUKU MIDORIYA – ORIGIN
KOHEI HORIKOSHI
CARLSEN MANGA!
MY HERO ACADEMIA
KOHEI HORIKOSHI
www.carlsenmanga.de
CARLSEN MANGA!
BOKU NO HERO ACADEMIA © 2014 by Kohei Horikoshi/SHUEISHA Inc.

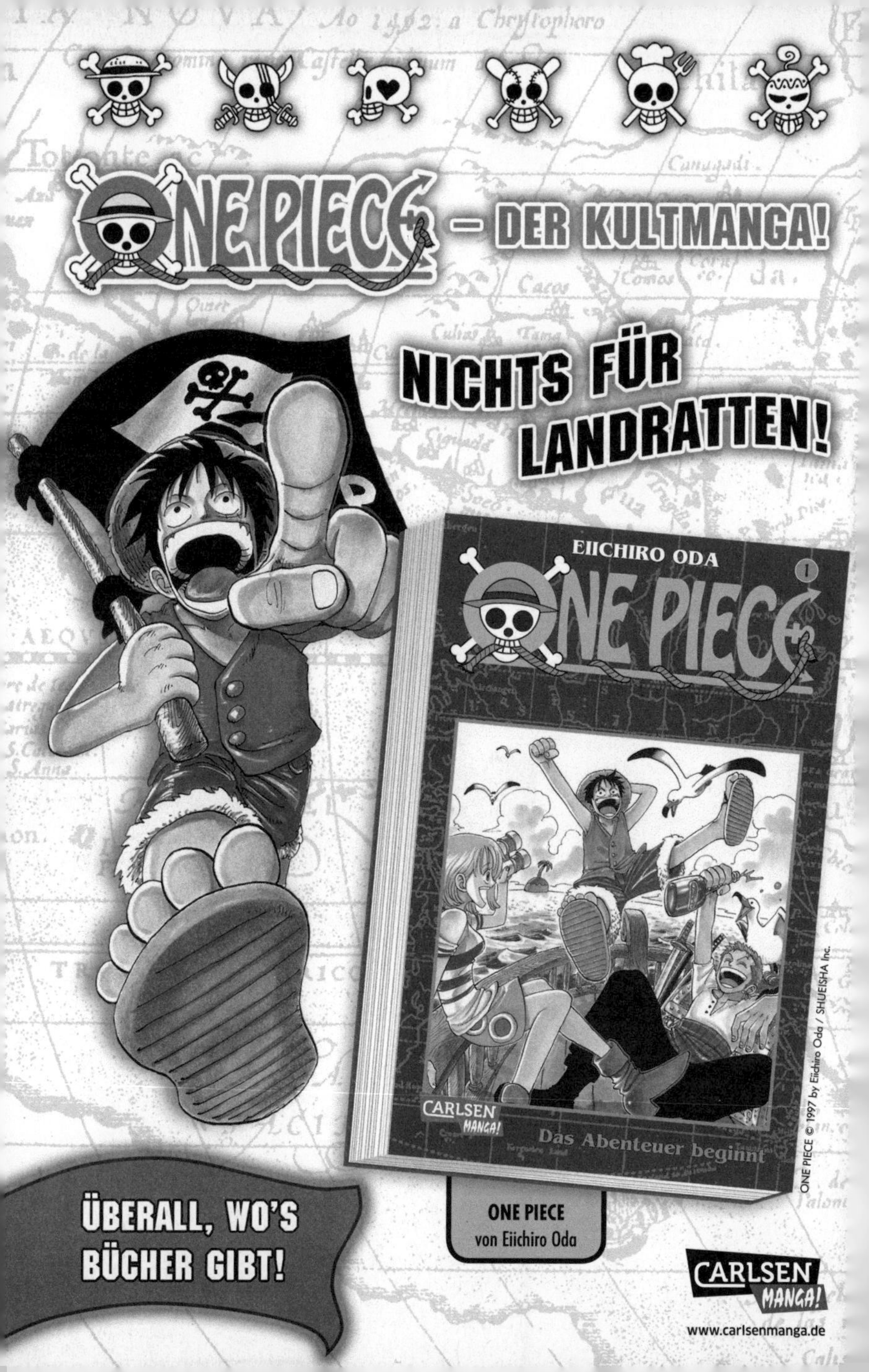
ONE PIECE – DER KULTMANGA!
NICHTS FÜR LANDRATTEN!
EIICHIRO ODA
ONE PIECE
1
CARLSEN MANGA!
Das Abenteuer beginnt
ONE PIECE © 1997 by Eiichiro Oda / SHUEISHA Inc.
ÜBERALL, WO'S BÜCHER GIBT!
ONE PIECE
von Eiichiro Oda
CARLSEN MANGA!
www.carlsenmanga.de

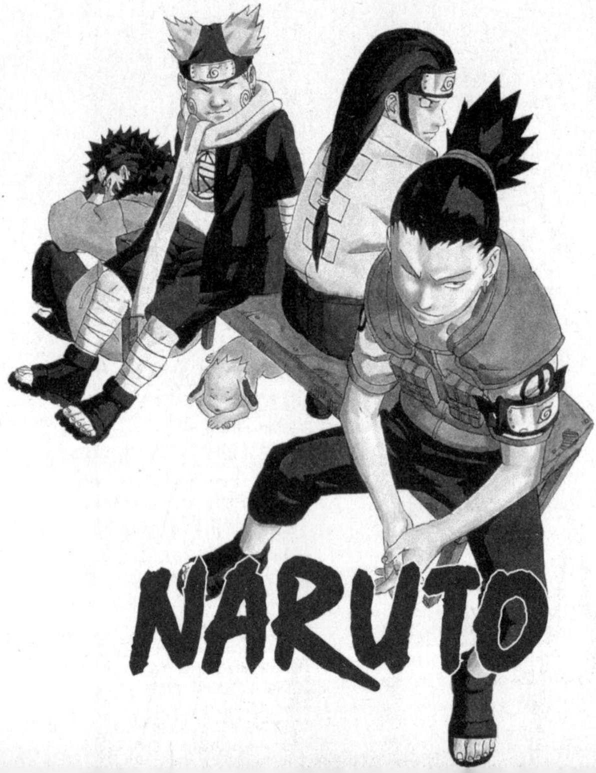
NARUTO

CARLSEN MANGA! NEWS
jeden Monat neu per E-Mail
www.carlsenmanga.de
www.carlsen.de

CARLSEN MANGA
Deutsche Ausgabe/German Edition

Völckersstraße 14-20, 22765 Hamburg
Aus dem Japanischen von Miyuki Tsuji

First published in Japan in 1999 by SHUEISHA Inc., Tokyo
German translation rights in Germany, Austria, Luxembourg and German-speaking Switzerland
arranged by SHUEISHA Inc. through VME PLB SAS, France.
Redaktion: Anne Berling, Jonas Blaumann
Textbearbeitung: Ina Schiele
Herstellung: Gunta Lauck, Wiebke Lück

Bei Fragen zum Produkt: carlsen.de/kontakt
ISBN 978-3-551-79533-5

HALT!

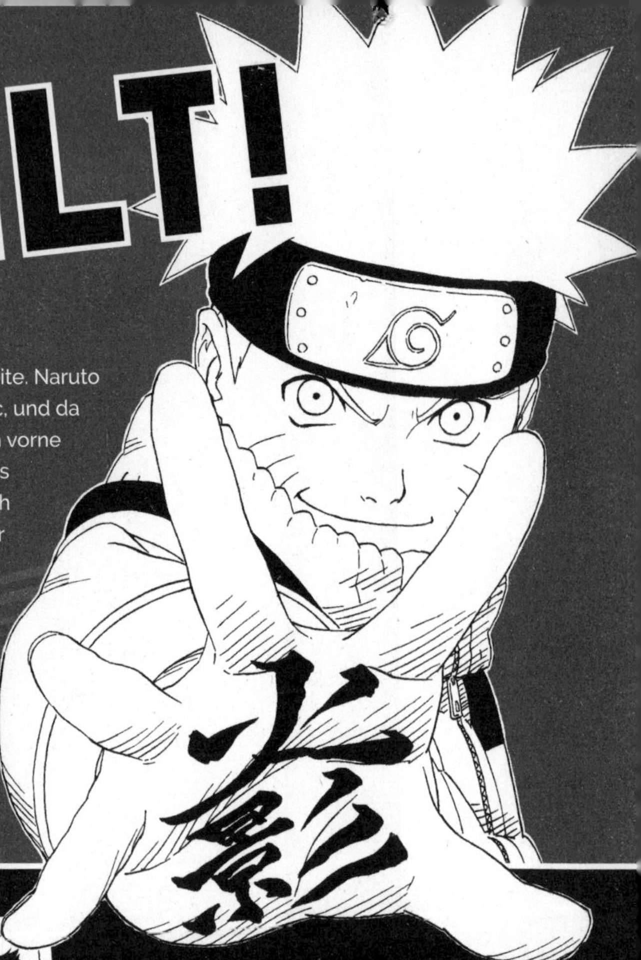

Das ist nicht die erste Seite. Naruto ist ein japanischer Comic, und da in Japan von hinten nach vorne und von rechts nach links gelesen wird, musst auch du diesen Comic von der anderen Seite aufschlagen und von hinten nach vorne lesen.

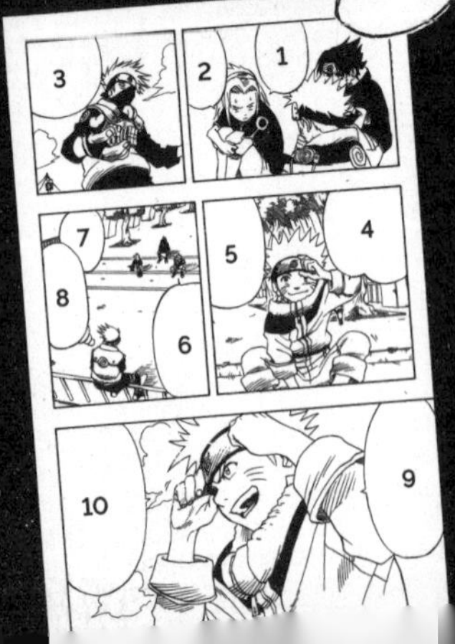

Auch die Bilder und Sprechblasen werden von rechts oben nach links unten gelesen, so wie es die Grafik hier zeigt. Schwer? Zuerst ungewohnt, doch es bringt richtig Spaß. Probiert es aus!

Viel Vergnügen mit **NARUTO** und der ganzen Ninja-Bande!